ESTUDIOS SOBRE LA ASAMBLEA NACIONAL CONSTITUYENTE Y SU INCONSTITUCIONAL CONVOCATORIA EN 2017

ESTUDIOS SOBRE LA ASAMBLEA NACIONAL CONSTITUYENTE Y SU INCONSTITUCIONAL CONVOCATORIA EN 2017

Compiladores:

Allan R. Brewer-Carías y Carlos García Soto

Colección Estudios Jurídicos
Nº 119

Editorial Jurídica Venezolana
Caracas/2017

Email: allan@brewercarias.com
Hecho el depósito de Ley
Depósito Legal: DC2017001830
ISBN: 978-980-365-403-0

Editorial Jurídica Venezolana
Avda. Francisco Solano López, Torre Oasis, P.B., Local 4, Sabana Grande,
Apartado 17.598 – Caracas, 1015, Venezuela
Teléfono 762.25.53, 762.38.42. Fax. 763.5239
Email fejv@cantv.net
http://www.editorialjuridicavenezolana.com.ve

Impreso por: Lightning Source, an INGRAM Content company
para Editorial Jurídica Venezolana International Inc.
Panamá, República de Panamá.
Email: editorialjuridicainternational@gmail.com

Diagramación, composición y montaje
por: Francis Gil, en letra Time New Roman 12
Interlineado Exacto 13, Mancha 18 x 11.5

Contenido General

NOTA DE LOS COORDINADORES 17

A MANERA DE INTRODUCCIÓN

EL PODER CONSTITUYENTE DE SIÈYÈS A MADURO, **Eduardo Jorge Prats**, ... 19

VENEZUELA Y LA IZQUIERDA, **Diego Valadés** 23

CRIMEN CON PREAVISO, **Luis Ugalde** 25

LA INCONSTITUCIONAL CONVOCATORIA DE UNA ASAMBLEA NACIONAL CONSTITUYENTE EN 2017 COMO UNA MUESTRA MÁS DE DESPRECIO A LA CONSTITUCIÓN, **Allan R. Brewer-Carías** 27

PRIMERA PARTE:

ASPECTOS GENERALES SOBRE EL PROCESO CONSTITUYENTE EN EL CONTEXTO HISTÓRICO

«LA CONSTITUCIÓN SIRVE PARA TODO», *"Dentro de la Constitución todo, fuera de la Constitución nada"* (Hugo Chávez), **Juan Carlos Rey** 41

LA ASAMBLEA NACIONAL CONSTITUYENTE DE 2017 EN SU CONTEXTO HISTÓRICO, **Carlos García Soto** 73

REEMBOZALANDO AL PITBULL, *Consideraciones sobre el proceso que culminó con la puesta en vigor de la Constitución de 1999 y el que está en marcha para sustituirla*, **Gustavo A. Grau Fortoul** 103

GÉNESIS DEL AUTORITARISMO DEL SIGLO XXI EN VENEZUELA. ASAMBLEA CONSTITUYENTE 1999. DERECHO CONSTITUCIONAL COMPARADO, **Humberto Briceño León** 113

SEGUNDA PARTE:
SOBRE LA CONVOCATORIA DE LA ASAMBLEA NACIONAL CONSTITUYENTE

RÉGIMEN JURÍDICO DEL PROCESO CONSTITUYENTE EN VENEZUELA, **Rafael Badell Madrid,** ... 137

ALGUNAS REFLEXIONES SOBRE ESTE ASUNTO DE LA CONSTITUYENTE, **Claudia Nikken** ... 205

LA TRAGEDIA DE VENEZUELA Y LA "CONSTITUYENTE" DE NICOLÁS MADURO, **José Rafael Bermúdez** ... 211

GÉNESIS Y PERSPECTIVAS DE CIERTA ASAMBLEA NACIONAL CONSTITUYENTE. UNA MIRADA POLITOLÓGICA **Humberto Njaim** ... 219

LA ASAMBLEA NACIONAL CONSTITUYENTE DE MADURO-2017: FRAUDE CONSTITUCIONAL Y USURPACIÓN DE LA SOBERANÍA POPULAR (Inconstitucionalidad e inconvencionalidad de la Convocatoria y las Bases Comiciales), **Carlos Ayala Corao** ... 229

BOICOT A LA CONSTITUYENTE COMUNAL, **Froilán Barrios Nieves** ... 257

COMENTARIOS SOBRE LA CONVOCATORIA DE UNA SUPUESTA ASAMBLEA NACIONAL CONSTITUYENTE CONTENIDA EN EL DECRETO N° 2.830, DEL 1 DE MAYO DE 2017, **Jesús M. Casal** ... 259

LA ILEGÍTIMA E INCONSTITUCIONAL CONSTITUYENTE CONVOCADA POR MADURO, **Juan Manuel Raffalli** ... 267

TEMAS BÁSICOS QUE UD. DEBE CONOCER CON OCASIÓN DE LA TENTATIVA DE USURPACIÓN DEL PODER CONSTITUYENTE ORIGINARIO EN CURSO, **Jesús J. Ortega Weffe** ... 273

LA ILEGÍTIMA Y FRAUDULENTA CONVOCATORIA A UNA "ASAMBLEA NACIONAL CONSTITUYENTE CIUDADANA", **José Ignacio Hernández G.** ... 297

CONSTITUYENTE CORTINA DE HUMO, **Jorge Kiriakidis,** ... 315

DEL ABUSO EN LA PRETENDIDA CONSTITUYENTE, **José Gregorio Silva,** ... 323

CONSTITUYENTE DE 2017: FRAUDE A LA CONSTITUCIÓN, **Manuel Rojas Pérez** ... 329

IMPLICACIONES Y CONSECUENCIAS DEL FRAUDE CONSTITUYENTE, **Miguel J. Mónaco,** ... 335

CONSTITUYENTE: TODO EL PODER PARA EL FRENTE FRANCISCO DE MIRANDA, **Néstor Ecarri Angola**, ... 347

LA ASAMBLEA NACIONAL CONSTITUYENTE COMO MECANISMO DE ANIQUILACIÓN REPUBLICANA, **Rafael J. Chavero Gazdik**..................... 353

LAS FACULTADES (I) LIMITADAS DE LA ASAMBLEA NACIONAL CONSTITUYENTE DE ACUERDO A LA CONSTITUCIÓN DE LA REPÚBLICA, **Fernando Sanquírico Pittevil**..................... 363

ASAMBLEA NACIONAL CONSTITUYENTE 2017 VS. CONSTITUYENTE PROGRESIVA EN VENEZUELA, **Humberto Briceño León** 371

TERCERA PARTE:
SOBRE LAS BASES COMICIALES DE LA CONVOCATORIA DE LA ASAMBLEA NACIONAL CONSTITUYENTE DE 2017

COMENTARIOS A LOS DECRETOS N° 2.830, 2.831 y 2.878 SOBRE LA PRETENDIDA ASAMBLEA NACIONAL CONSTITUYENTE Y SUS BASES COMICIALES NO APROBADAS POR EL PUEBLO, **Juan Domingo Alfonzo Paradisi**, ... 381

EL VENENO ESCONDIDO EN LAS BASES COMICIALES, **Juan Manuel Raffalli**, ... 409

BASES COMICIALES DECRETADAS POR EL PRESIDENTE DE LA REPÚBLICA MEDIANTE DECRETO N° 2.878, **Rafael Badell Madrid**, ... 413

LAS BASES COMICIALES PARA LA ASAMBLEA NACIONAL CONSTITUYENTE. ESPECIAL REFERENCIA A LA TEORÍA DE LOS ACTOS DE EJECUCIÓN DIRECTA E INMEDIATA DE LA CONSTITUCIÓN Y AL PRINCIPIO DE RESERVA LEGAL EN MATERIA ELECTORAL, **Alexander Espinoza Rausseo**, ... 419

OBSERVACIONES PRELIMINARES SOBRE LA INCONSTITUCIONALIDAD DEL DECRETO PRESIDENCIAL N° 2878, DE 23-5-2017, CONTENTIVO DE LAS BASES COMICIALES DE LA ASAMBLEA NACIONAL CONSTITUYENTE “CONVOCADA” POR NICOLÁS MADURO, **José Peña Solís**, ... 439

ESTUDIO SOBRE LAS BASES COMICIALES DE LA CONVOCATORIA PRESIDENCIAL A UNA ASAMBLEA NACIONAL CONSTITUYENTE, **Juan Alberto Berríos Ortigoza**, ... 447

NOCIÓN DE PUEBLO EN LAS BASES COMICIALES Y EN LA SENTENCIA DE LA SALA CONSTITUCIONAL, **Ramón Escobar León** 465

CUARTA PARTE:
EL JUEZ CONSTITUCIONAL Y EL PROCESO CONSTITUYENTE

EL JUEZ CONSTITUCIONAL vs EL PUEBLO COMO PODER CONSTITUYENTE ORIGINARIO, *De cómo la Sala Constitucional del Tribunal Supremo de Justicia de Venezuela avaló la inconstitucional convocatoria por el Ejecutivo Nacional de una Asamblea Nacional Constituyente, arrebatándole al pueblo su derecho exclusivo de convocarla*, **Allan R. Brewer-Carías**, ... 481

EL APARTHEID CRIOLLO SOCIALISTA: LA INTERPRETACIÓN CONSTITUCIONAL COMO CREADORA DE DISCRIMINACIÓN POLÍTICA. LOS EFECTOS DE LA SENTENCIA 455/2017 DE LA SALA CONSTITUCIONAL CONSTITUYENTE, **Emilio J. Urbina Mendoza**, ... 495

EL JUEZ CONSTITUYENTE COMO PATOLOGÍA DEL GOBIERNO "A LA CRIOLLA" DE LOS JUECES. LA CRUCIFIXIÓN DE LA CONSTITUCIÓN, EL PUEBLO Y LA DEMOCRACIA "EN SU NOMBRE" POR LA SALA CONSTITUCIONAL CONSTITUYENTE, **Emilio J. Urbina Mendoza**........, 515

QUINTA PARTE:
ALGUNOS ARTÍCULOS DE OPINIÓN

FRAUDE CONSTITUCIONAL INACEPTABLE, **Oswaldo Álvarez Paz**........, 569

LA CONSTITUYENTE, **Eduardo Fernández** ...., 571

LA ASAMBLEA CONSTITUYENTE, **Carlos Canache Mata** ...., 573

"LA GRAN SORPRESA", **Hildegard Rondón De Sansó** ...., 575

BOICOT A LA CONSTITUYENTE COMUNAL, **Froilán Barrios Nieves** 579

DICTADURA DEL SIGLO XXI O LAS MALDADES CONSTITUYENTES, **Eduardo Semtei** 581

OTRO GOLPE DE ESTADO EN VENEZUELA, EL DE LA LUCENA, **Asdrúbal Aguiar** 585

EL DERECHO AL REFERENDO Y LA SALA CONSTITUCIONAL, **Jesús M. Casal H.** ...., 587

MADURO Y SU CONSTITUYENTE ESPUREA. **Luis Granados** 591

MAMARRACHO CONSTITUYENTE Y SALIDA DE MADURO, **Carlos Blanco** 595

SEXTA PARTE:
COMUNICADOS Y PRONUNCIAMIENTOS INSTITUCIONALES

Sección primera:
SOBRE LA CONVOCATORIA A LA ASAMBLEA NACIONAL CONSTITUYENTE

PRONUNCIAMIENTO CONJUNTO DE LAS ACADEMIAS NACIONALES 597

COMUNICADO DEL GRUPO DE PROFESORES DE DERECHO PÚBLICO DE LAS UNIVERSIDADES VENEZOLANAS ANTE LA PRETENDIDA CONVOCATORIA A UNA ASAMBLEA NACIONAL CONSTITUYENTE HECHA POR EL PRESIDENTE DE LA REPÚBLICA, CIUDADANO NICOLÁS MADURO MOROS 601

ACCESO A LA JUSTICIA: EL FRAUDE DEL PODER PARA EL PODER 607

FACULTAD DE DERECHO DE LA UNIVERSIDAD CATÓLICA ANDRÉS BELLO: COMUNICADO DE 2 DE MAYO DE 2017, A LA OPINIÓN PÚBLICA, ... 611

DECLARACIÓN DE LA FACULTAD DE CIENCIAS JURÍDICAS Y POLÍTICAS DE LA UNIVERSIDAD MONTEÁVILA EN RECHAZO A LA CONVOCATORIA A UNA ASAMBLEA NACIONAL CONSTITUYENTE COMUNAL ANUNCIADA POR EL PRESIDENTE NICOLÁS MADURO MOROS 615

COMUNICADO DE LA PRESIDENCIA DE LA CONFERENCIA EPISCOPAL VENEZOLANA: NO REFORMAR LA CONSTITUCIÓN SINO CUMPLIRLA 617

LOS PROFESORES INTEGRANTES DE LAS CÁTEDRAS DE DERECHO CONSTITUCIONAL DE LA UCV. EN DEFENSA DE LA CONSTITUCIÓN, ... 617

PRONUNCIAMIENTO DEL CONSEJO UNIVERSITARIO DE LA UNIVERSIDAD DE LOS ANDES SOBRE LA CONVOCATORIA A UNA ASAMBLEA NACIONAL CONSTITUYENTE POR PARTE DEL PRESIDENTE DE LA REPÚBLICA 619

Sección Segunda:

SOBRE LAS BASES COMICIALES DE LA ASAMBLEA NACIONAL CONSTITUYENTE

ACADEMIA DE CIENCIAS POLÍTICAS Y SOCIALES. PRONUNCIAMIENTO SOBRE LA INCONSTITUCIONALIDAD DE LAS BASES COMICIALES DECRETADAS PARA LA ELECCIÓN DE LA ASAMBLEA NACIONAL CONSTITUYENTE 625

FACULTAD DE DERECHO DE LA UNIVERSIDAD CATÓLICA ANDRÉS BELLO: COMUNICADO DE 30 DE MAYO DE 2017, A LA OPINIÓN PÚBLICA, ... 637

EL CONSEJO DE LA FACULTAD DE CIENCIAS JURÍDICAS Y POLÍTICAS DE LA UNIVERSIDAD MONTEÁVILA ANTE LOS DECRETOS PRESIDENCIALES Nos. 2.830 Y 2.831, PUBLICADOS EN LA GACETA OFICIAL N° 6.295 EXTRAORDINARIO DE 1° DE MAYO DE 2017, ANTE LAS BASES COMICIALES PRESENTADAS AL CONSEJO NACIONAL ELECTORAL, CONTENIDAS EN EL DECRETO Nº 2.878, PUBLICADO EN LA GACETA OFICIAL N° 41.156 DEL 23 DE MAYO DE 2017 Y ANTE LA DECISIÓN Nº 378 DEL 31 DE MAYO DE 2017 DE LA SALA CONSTITUCIONAL DEL TRIBUNAL SUPREMO DE JUSTICIA, ... 641

LOS PROFESORES INTEGRANTES DE LAS CÁTEDRAS DE DERECHO CONSTITUCIONAL DE LA UCV, EN DEFENSA DE LA CONSTITUCIÓN, ... 645

Sección Tercera:

RECHAZO A LA PROPUESTA DE ASAMBLEA NACIONAL CONSTITUYENTE

CÁTEDRA DE DERECHO ADMINISTRATIVO DE LA UNIVERSIDAD CENTRAL DE VENEZUELA: LA PROPUESTA DE ASAMBLEA NACIONAL CONSTITUYENTE CONTENIDA EN EL DECRETO Nº 2.830 ES INCONSTITUCIONAL Y CONTRARIA AL ESTADO DE DERECHO, ... 647

FRENTE ZULIANO DE TRABAJADORES EN DEFENSA DE LA CONSTITUCIÓN Y LA DEMOCRACIA: MANIFIESTO 651

PRONUNCIAMIENTO DE LA ASOCIACIÓN VENEZOLANA DE DERECHO CONSTITUCIONAL EN DEFENSA DE LA CONSTITUCIÓN 653

PRONUNCIAMIENTO DEL CONSEJO ACADÉMICO DE LA UNIVERSIDAD METROPOLITANA ANTE EL LLAMADO A UNA SESIÓN EXTRAORDINARIA DEL CONSEJO NACIONAL DE UNIVERSIDADES PARA DISCUTIR COMO PUNTO ÚNICO LA CONVOCATORIA A ASAMBLEA NACIONAL CONSTITUYENTE 659

SÉPTIMA PARTE

MANIFESTACIONES DESDE EL EXTERIOR EN RECHAZO A LA PROPUESTA DE ASAMBLEA NACIONAL CONSTITUYENTE

PROFESSORES DE DIREITO CONSTITUCIONAL, E A ASSOCIAÇÃO BRASILEIRA DE CONSTITUCIONALISTAS DEMOCRATAS: A ASSEMBLEIA NACIONAL CONSTITUINTE NA VENEZUELA E SUA INCONSTITUCIONALIDADE: A ASSEMBLEIA NACIONAL CONSTITUINTE NA VENEZUELA E SUA INCONSTITUCIONALIDADE, ... 663

PROFESORES ARGENTINOS DE DERECHO CONSTITUCIONAL: DECLARACIÓN DE CONSTITUCIONALISTAS ARGENTINOS 665

PROFESORES DE DERECHO CONSTITUCIONAL DE ESPAÑA: A LA OPINIÓN PÚBLICA VENEZOLANA Y LATINOAMERICANA, ESPAÑOLA Y EUROPEA, ... 667

DECLARACIÓN DEL INSTITUTO COSTARRICENSE DE DERECHO CONSTITUCIONAL, ... 673

PRONUNCIAMIENTO ASOCIACIÓN PERUANA DE DERECHO CONSTITUCIONAL SOBRE LA CONVOCATORIA A ASAMBLEA NACIONAL CONSTITUYENTE EN VENEZUELA Y SU INCONSTITUCIONALIDAD 675

PRONUNCIAMIENTO DE PROFESORES Y EXMAGISTRADOS ECUATORIANOS SOBRE LA INCONSTITUCIONAL CONVOCATORIA A ASAMBLEA CONSTITUYENTE EN VENEZUELA 677

DECLARACIÓN PÚBLICA DE LOS PROFESORES DE DERECHO CONSTITUCIONAL DE COLOMBIA ACERCA DE LA SITUACIÓN DE VENEZUELA 681

DECLARAÇAO DOS PROFESSORES DE DIRETTO CONSTITUTIONAL INTEGRANTES DE ABCD (Brasil) SOBRE A SITUAÇÀO POLÍTICA ATUAL DE VENEZUELA LA SITUACIÓN DE VENEZUELA 683

DECLARACIÓN PÚBLICA. EL CENTRO DE ESTUDIOS CONSTITUCIONALES DE CHILE SOBRE VENEZUELA ANTE LA RUPTURA DEL ORDEN CONSTITUCIONAL, LAS VIOLACIONES A LOS DERECHOS HUMANOS Y LA ILEGÍTIMA CONVOCATORIA PRESIDENCIAL A UNA CONSTITUYENTE 685

DECLARACIÓN DE CONSTITUCIONALISTAS COLOMBIANOS SOBRE LA ASAMBLEA NACIONAL CONSTITUYENTE EN VENEZUELA 687

DECLARACIÓN DE PROFESORES DE DERECHO PÚBLICO DE LA REPÚBLICA DOMINICANA 691

DECLARACIÓN DEL INSTITUTO IBEROAMERICANO DE DERECHO CONSTITUCIONAL ACERCA DE LA SITUACIÓN DE VENEZUELA 693

PRONUNCIAMIENTO DE LA SECCIÓN MEXICANA DEL INSTITUTO IBEROAMERICANO DE DERECHO CONSTITUCIONAL SOBRE LA GRAVE SITUACIÓN QUE VIVE ACTUALMENTE EL PUEBLO DE VENEZUELA 695

EUROPEAN COMMISSION FOR DEMOCRACY THROUGH LAW (VENICE COMMISSION), VENEZUELA. PRELIMINARY OPINION. ON THE LEGAL ISSUES RAISED BY DECREE Nº 2878 OF 23 MAY 2017 OF THE PRESIDENT OF THE REPUBLIC ON CALLING ELECTIONS TO A NATIONAL CONSTITUENT ASSEMBLY 697

OCTAVA PARTE:
OTROS COMUNICADOS Y PRONUNCIAMIENTOS INSTITUCIONALES Y POLÍTICOS

ASAMBLEA NACIONAL. ACUERDO SOBRE LA INCONSTITUCIONALIDAD Y NULIDAD DE LOS DECRETOS N° 2.830 Y 2.831 (GACETA OFICIAL N° 6.295 DEL 1 DE MAYO DE 2017) SOBRE LA FRAUDULENTA CONVOCATORIA DE UNA SUPUESTA ASAMBLEA NACIONAL CONSTITUYENTE HECHA POR EL PRESIDENTE DE LA REPUBLICA EN CONSEJO DE MINISTROS 721

ASAMBLEA NACIONAL. ACUERDO EN RECHAZO A LA ACTUACIÓN INCONSTITUCIONAL DEL CONSEJO NACIONAL ELECTORAL RELACIONADA CON LAS ELECCIONES A UNA SUPUESTA ASAMBLEA NACIONAL CONSTITUYENTE, NO CONVOCADA POR EL PUEBLO MEDIANTE REFERENDO 727

PRONUNCIAMIENTO DE PLATAFORMA CIUDADANA EN DEFENSA DE LA CONSTITUCIÓN: NO A LA ASAMBLEA NACIONAL CONSTITUYENTE. ABSTENCIÓN Y VOTO NULO.. 731

CONFERENCIA EPISCOPAL VENEZOLANA ANTE LAS ELECCIONES PARA LA CONSTITUYENTE 737

FRENTE ZULIANO DE TRABAJADORES EN DEFENSA DE LA CONSTITUCION Y LA DEMOCRACIA: MANIFIESTO 739

A MANERA DE EPÍLOGO

CARTA A UN PRESIDENTE DESCONOCIDO,
Laureano Márquez, ... 741
¿QUÉ VA A PASAR A PARTIR DEL 30 DE JULIO?,
José Ignacio Hernández 745

ÍNDICE GENERAL 751

NOTA DE LOS COORDINADORES

Este libro es la recopilación de diversos estudios y expresiones de rechazo que se fueron divulgando en Venezuela y el exterior, sobre la inconstitucional convocatoria de una Asamblea Nacional Constituyente hecha por quien ejerce la Presidencia de la República el día 1° de mayo de 2017, contrariando la Constitución y en fraude a la voluntad popular; cuyos miembros fueron finalmente "electos" el 30 de julio de 2017, en medio de denuncias de fraude hechas por la propia empresa encargada del conteo de votos en el país.

La convocatoria de una Asamblea Nacional Constituyente en Venezuela, de acuerdo con la Constitución, solo la puede hacer el pueblo mediante referendo de convocatoria, y solo el pueblo puede aprobar las bases comiciales para la elección de dicha Asamblea Constituyente, así como determinar su duración, su funcionamiento y su misión.

La inconstitucionalidad cometida, sin embargo, no quedó allí, sino que además se cometió al violarse con dicha convocatoria el principio democrático representativo y participativo establecido en la Constitución, al decretarse ejecutivamente el 23 de mayo de 2017, unas "bases comiciales" no aprobadas por el pueblo, estableciendo un sistema de elección territorial y sectorial de corte fascista o corporativista para conformar la Asamblea Constituyente, contraria a la elección universal, directa y secreta de representantes prevista en la Constitución.

Además, en los decretos de convocatoria se le fijó a la Asamblea Constituyente la "misión" de nada más ni nada menos que eliminar el Estado democrático y social de derecho y de justicia regulado en la Constitución, y sustituirlo por un Estado Comunal o del Poder Popular que el pueblo ya rechazó mediante referendo en 2007, y con el cual se pretende eliminar definitivamente el régimen democrático representativo en el país.

Las opiniones recogidas en los estudios que conforman este libro, en todo caso, conforman un sólido sustento jurídico que demuestra la inconstitucionalidad de la convocatoria y elección efectuada de la Asamblea Nacional Constituyente el 30 de julio de 2017, que no ha sido rebatido ni por un solo estudio que haya sido publicado en sentido contrario

Allan R. Brewer-Carías/Carlos García Soto

31 de julio de 2017

A MANERA DE INTRODUCCIÓN:

EL PODER CONSTITUYENTE DE SIEYÈS A MADURO

Eduardo Jorge Prats
Profesor de Derecho Constitucional de la Pontificia Universidad Católica Madre y Maestra.
Presidente del Instituto Dominicano de Derecho Constitucional

Comprender el significado, desde la perspectiva de la teoría constitucional, de la "Asamblea Nacional Constituyente" decretada el pasado 1 de mayo por el gobierno de Nicolás Maduro es clave no solo para entender el proceso político venezolano sino también para develar los mitos construidos en los últimos dos siglos alrededor de la noción de "poder constituyente," concepto de tan funestas consecuencias para las repúblicas democráticas que bien pudiera exclamarse, parafraseando la célebre frase de Marie-Jeanne Roland de la Platière pronunciada el 8 de noviembre de 1793, momentos antes de ser guillotinada por orden de los revolucionarios franceses del Terror: ¡Oh, poder constituyente!, ¡cuántos crímenes se cometen en tu nombre!

Hay quienes abogan por la expulsión de los juristas del terreno del análisis del poder constituyente sobre la base de que, al tratarse de una cuestión que atañe a los fundamentos del orden político, nada busca la ciencia constitucional estudiando un fenómeno inmune a su tratamiento jurídico y que precede al Derecho mismo. Son los mismos que, frente a los ataques del poder de reforma disfrazado de poder constituyente originario, ignorando adrede que el poder de reforma constitucional es un poder constituido, incluso sostienen que le está vedado al juez contralor de la constitucionalidad declarar la nulidad de una reforma con vicios de forma o que atente contra la cláusula de intangibilidad que garantiza los principios fundamentales del orden democrático y de los derechos fundamentales. Lo cierto es, sin embargo, que, así como la cosmología no solo estudia el funcionamiento del Universo sino también su origen, la pregunta sobre los fundamentos del orden jurídico-político, es decir, el poder constituyente, como bien nos advirtió Ernst-Wolfgang Böckenförde, es una que no deben ignorar y que deben responder necesariamente los juristas. Por eso, el poder constituyente no debe escapar a la fuerza del Derecho, pues en un Estado Constitucional no hay poder absoluto, por lo que el poder constituyente, aun repose en el pueblo, sea originario –es decir, verdaderamente constituyente- o derivado –o poder de reforma constitucional-, está siempre encuadrado jurídico-constitucional-mente a nivel nacional y supranacional.

Las razones políticas por las que Maduro pone en movimiento el poder constituyente nos interesan como dominicanos preocupados por la terrible suerte de nuestros hermanos de una Venezuela solidaria que acogió a nuestro Padre de la Patria, Juan Pablo Duarte, y a los dominicanos exiliados durante la Era de Trujillo y los Doce Años de Balaguer, y que hoy sufre el autoritarismo del régimen chavista. Es obvio que el régimen está intentando pasar, en la terminología de Karl Loewenstein, de una Constitución que, en los primeros años de Hugo Chávez en el poder, comenzó siendo "normativa"; que, en la actualidad, es "nominal", o sea, no se aplica realmente, por su constante violación por los poderes públicos y por su mala interpretación, equivalente a "maltrato constitucional" (Roberto Gargarella), gracias a la macabra, funesta y descarada "alquimia interpretativa" (Néstor Pedro Sagues) del infame Tribunal Supremo de Justicia; y que ahora se busca que mute a una Constitución "semántica", "pseudoconstitución", "Constitución disfraz", "Constitución fachada", aplicada no tanto para normar el proceso político sino para solamente legalizar el existente monopolio del poder por parte del grupo gobernante chavomadurista.

Nadie ignora el pecado original constituyente venezolano, lo que Allan Brewer Carías ha denominado el "golpe de estado constituyente": la asamblea constituyente venezolana en 1999, si bien no detentaba el poder constituyente originario, pues era simplemente un poder constituido que debía actuar dentro del marco establecido para su elección y funcionamiento, amparada en su nombre de "constituyente", entendió que era un poder supremo, extraordinario, soberano, unitario e indivisible, como lo quiere la teología política de Emmanuel-Joseph Sieyès e ignorando adrede el mandato conferido por el pueblo venezolano al momento de la elección de los constituyentes, se autoproclamó poder constituyente originario, suspendió la Constitución de 1961, sustituyó e intervino el resto de los poderes constituidos, los que quedaron subordinados totalmente a la asamblea constituyente y debieron cumplir y hacer cumplir los actos jurídicos que emanaron de ésta, pasando así la asamblea constituyente no a reformar la Constitución, como era el mandato original y único del pueblo soberano que la eligió, sino a gobernar directamente el país, en lugar de los mandatarios elegidos para ello por el pueblo.

A pesar de desmentidos públicos del gobierno de Maduro, se pretende ahora repetir este pecado original con la agravante de que se ha cambiado la titularidad del poder constituyente. Si bien en un Estado constitucional y democrático, esta titularidad solo puede y debe recaer en el pueblo, tal como lo especifica la Constitución venezolana, la teoría del poder constituyente, por lo menos desde la óptica de Carl Schmitt, afirma que el titular de este poder puede ser un monarca, el pueblo, una clase social –como postula el marxismo-, un partido –como reclama el leninismo-, o una junta militar –como ocurrió en el Chile de Pinochet-, o un "ámbito sectorial", como pretende la aberrante constituyente "ciudadana" o "comunal" de Maduro, reminiscente de las constituyentes corporativistas de los regímenes totalitarios. Como muchos juristas sostienen que es inconstitucional controlar la constitucionalidad de la constituyente, los chavistas, apoyados por Antonio Negri, bien pueden afirmar que el "pueblo armado" (Maquiavelo) constituyente "es una fuerza que explota, rompe, interrumpe, disloca cualquier equilibrio preexistente y cualquier posible continuidad." En otras palabras, dos siglos de desbocada y autoritaria dogmática sobre un poder constituyente dotado de los atributos de la divinidad no facilitan la mejor arma para que el pueblo venezolano se defienda de la fraudulenta "constituyente" de Maduro. Solo quien admite que el poder constituyente es limitado, controlable y sometido a Derecho Constitucional puede contribuir a llevar a esta falsa constituyente a su propia legalidad.

VENEZUELA Y LA IZQUIERDA

Diego Valadés

Profesor en el Instituto de Investigaciones Jurídicas,
Universidad nacional Autónoma de México y
Presidente del Instituto Iberoamericano de Derecho Constitucional *

El ascenso al poder de Hugo Chávez en 1999 estuvo relacionado con el desprestigio de los partidos políticos en Venezuela. Formó parte de un movimiento antisistema que ya para entonces se había generalizado en diversos lugares del mundo, como respuesta a la corrupción e ineptitud de los gobernantes y a la incapacidad de las instituciones representativas para ejercer controles sobre ellos.

El fenómeno venezolano alerta acerca de lo que llega a suceder cuando las instituciones del constitucionalismo democrático fracasan. Dentro de esas instituciones unas de las más sensibles son los partidos, cuyos espacios de acción son el electorado, base de su mandato, y el congreso, donde actúan representando a la nación.

Sucede con frecuencia que el sistema electoral es funcional pero que no lo es el representativo, pues existe un mecanismo aceptable de atribución de sufragios y falta una actuación satisfactoria de los elegidos.

Esa fue una de las causas que propiciaron al chavismo, en tanto que la libertad para elegir no se traducía en un ejercicio democrático del poder. En un ambiente así la retórica demagógica da dividendos.

A la experiencia chavista se añade la de Nicolás Maduro, que ha culminado en el golpe de Estado y la represión. Un golpe de Estado consiste en el desconocimiento del orden constitucional por parte de un órgano constituido, y Maduro desconoció la Constitución de 1999 para eliminar a la Asamblea Nacional, último refugio de la democracia en Venezuela.

El dictador se arrogó el poder constituyente, para lo cual adoptó una estrategia aun más agresiva que los tradicionales estatutos unilaterales de los

---

* Publicado en diario *La Reforma*, Opinión, México, martes 18 de julio de 2017.

regímenes castrenses. Maduro pretende dominar a la sociedad mediante la intimidación, la corrupción o la represión.

La Constitución venezolana contiene una disposición cesarista: faculta al Presidente para convocar una Asamblea Constituyente. Maduro rebasó esa atribución y convirtió la convocatoria en un sistema para elegir constituyentes, al mismo tiempo que asumió parte de la función constituyente y definió el contenido político de la posible Constitución.

En la elección de los constituyentes Maduro excluyó a los partidos políticos y suprimió el voto universal, libre e igual. En su lugar impuso un esquema con tres modalidades de sufragio: de clase (campesinos, pescadores, trabajadores, empresarios, estudiantes de universidades públicas y de universidades privadas), corporativo (trabajadores del petróleo y la minería, del comercio, del transporte, de la construcción, etcétera) y territorial: las comunas. Para cada categoría fijó a su arbitrio un número de representantes; determinó así en qué sectores del pueblo recae la potestad constituyente y cómo la van a ejercer.

Uno de los objetivos de la nueva Constitución, según el convocante, será construir el poder comunal como eje del Estado. Esto hace sentido en una dictadura. Las comunas están reguladas por una Ley Orgánica que les atribuye un amplio elenco de facultades, excepto en uno de sus 66 artículos, casi al final de la Ley, donde aparece la verdadera naturaleza verticalista de la institución comunal. Allí se dice que el Ministerio del Poder Popular, dependiente del Presidente, "dictará los lineamientos estratégicos y normas técnicas" de las comunas, a las que "acompañará" para verificar el cumplimiento de sus fines. Este Ministerio también tiene a su cargo la comisión presidencial encargada de la "conformación y funcionamiento de la Asamblea Nacional Constituyente". El control hegemónico es claro.

El chavismo fue expansivo. Por ejemplo, el primer partido PODEMOS (Por la Democracia Social) fue una organización oficialista fundada en Caracas en 2002, años antes de que naciera un partido análogo en España.

La dictadura venezolana se refugia en un lenguaje progresista. Esto ofrece a los partidos conservadores latinoamericanos la oportunidad de apoyar al movimiento democrático, muy plural, y de generar confusión en la izquierda por su aparente afinidad con el madurismo.

En Alemania, España, Francia, Gran Bretaña e Italia, y en algunos países latinoamericanos, se encuentran casos recientes de gobiernos socialistas. En Venezuela hay cesarismo, no socialismo. Ser de izquierda es promover un Estado democrático de equidad y de servicios, no reprimir las libertades.

CRIMEN CON PREAVISO

Luis Ugalde
Individuo de número de la Academia de Ciencias Políticas y Sociales

El régimen ha decidido matar su "mejor constitución del mundo". Para no seguir violándola, decide librarse de ella asesinándola. Mejor matarla y hacer otra sumisa y dictatorial. Con ese propósito Maduro -usurpando un poder que no tiene- convocó a una Asamblea Nacional Constituyente. Maduro es usurpador porque él no es el pueblo y sólo "el pueblo de Venezuela es el depositario del poder constituyente originario" y sólo éste "puede convocar a una Asamblea Nacional Constituyente con el objeto de transformar el Estado, crear un nuevo ordenamiento jurídico y una nueva Constitución" (art. 347). Cuando Venezuela clama indignada por el brutal empobrecimiento por falta de comida y medicinas, alto costo de la vida, inseguridad, persecución y exilio, es una burla cruel agravar estos problemas y decir que se necesita una nueva constitución para resolverlos. El régimen la quiere para impedir elecciones con voto libre, universal y secreto del pueblo entero para acallar del todo su grito y eliminar "los poderes constituidos" no serviles.

En el fascismo y en el comunismo el Jefe es el soberano, que se autoproclama como la suprema encarnación del pueblo. Maduro no es el pueblo, como no lo eran Hitler y Stalin, pero el pueblo – afirman esos dictadores- se encuentra con su verdadera esencia al identificarse con el Caudillo.

Todo el poder para los soviets, dijeron los bolcheviques a partir de 1917; todo el poder para los consejos de obreros, campesinos, soldados… Poder popular ascendente desde la base hasta la cúspide de la Unión Soviética. En la realidad -fuera de los primeros momentos revolucionarios – todo el poder fue para el Jefe de Estado, llámese Stalin, Mao o Castro. El Partido único comunista manda en el país, en el partido manda su Comité Central y en éste su Secretario General. El partido, la burocracia, los cargos y los soviets o consejos, todos deben convertirse en "correas de transmisión" de las órdenes de arriba. La Constitución, como instrumento dócil del poder dictatorial, consagra esa realidad, con líder único, omnipotente y permanente. Castro en Cuba, era jefe vitalicio del partido, del gobierno y del estado. Sociedad totalitaria donde el Estado-gobierno-partido es el único empresario, el único educador, el único comunicador... Todos los demás son buenos si adoran a ese ídolo y comulgan de ese sacramento; malos y enemigos sin derechos, si disienten.

El año 2007 el pueblo de Venezuela logró derrotar con votos la imposición de la constitución cubanoide y el Jefe se vio obligado a reconocer la derrota. En diciembre de 2015 con la estrepitosa derrota en las elecciones para la Asamblea Nacional, el régimen comprendió que nunca más podría ganar elecciones con voto libre, secreto y universal. Su legitimidad estaba perdida a causa de la evidente ruina, ineptitud y corrupción; el 80% de los venezolanos está convencido de que con este régimen y modelo llegó la muerte de toda esperanza.

Conclusión: hay que anular la AN, evitar las elecciones democráticas y aplicar la tenaza jurídico-militar que legisle y reprima al gusto y necesidad del Ejecutivo. Pero ¿qué hacer con la constitución democrática de 1999 que sigue molestando? Hay que acabarla con una nueva "constituyente originaria" (que puede barrer con todo lo "constituido") Pero, como el pueblo pide a gritos la aplicación de los principios e ideales humanitarios de esa constitución y no su eliminación, no queda más alternativa: que Maduro usurpe el derecho de convocarla y elabore las "bases comiciales" en laboratorios gubernamentales. El CNE esperaba de rodillas para aplicar de inmediato fórmulas mágicas para que una minoría sumisa de menos de 20% se imponga a la mayoría. Recordemos que en los países comunistas el gobierno siempre ganaba sus peculiares elecciones con una votación entre 93 y 97 por ciento. Por eso el madurismo ha decidido cambiar las reglas del juego y pasar a jugar con otro tablero hecho a su imagen y control. No más elecciones con voto universal y secreto, sino voto sectorial parcial que permita a la minoría decidir como si fuera mayoría.

Los venezolanos queremos comida, trabajo, ingresos suficientes, medicinas y salud, seguridad, paz, libertad... No una nueva constitución, sino el cumplimento de la que tenemos. Pero esta dictadura necesita nueva constitución, por eso ha decidido asesinar a la Bolivariana y el CNE vergonzosamente se apresura a hacer los mandados del Ejecutivo. La sociedad venezolana, los demócratas todos (chavistas o no) estamos obligados a impedir este crimen con preaviso. Como dice el artículo 333 todo ciudadano "tendrá el deber de colaborar en el restablecimiento de su efectiva vigencia" y el pueblo de Venezuela "desconocerá cualquier régimen, legislación o autoridad que contraríe los valores, principios y garantías democráticos o menoscabe los derechos humanos". Al convocar la Constituyente el régimen dictatorial anuncia su decidida voluntad de matar la constitución que viene violando sistemáticamente, y el pueblo demócrata de Venezuela está obligado a "desconocer cualquier régimen, legislación o autoridad que contraríe los valores, principios y garantías democráticos o menoscabe los derechos humanos" (art. 350).

LA INCONSTITUCIONAL CONVOCATORIA DE UNA ASAMBLEA NACIONAL CONSTITUYENTE EN 2017 COMO UNA MUESTRA MÁS DE DESPRECIO A LA CONSTITUCIÓN

Allan R. Brewer-Carías

Profesor emérito de la Universidad Central de Venezuela

A diferencia de otros países latinoamericanos con mayor estabilidad política, como es el caso de Colombia donde el proceso constituyente que se llevó a cabo en 1991 mediante una Asamblea Constituyente, fue producto de un amplísimo pacto político, con el resultado de haber gozado de una mayor estabilidad política; en la Venezuela contemporánea la Constitución de 1999, si bien también fue producto de una Asamblea Nacional Constituyente, la misma no fue el resultado de pacto político alguno, sino que fue impuesta por un grupo que asaltó el poder utilizando para ello la Asamblea Constituyente como mero instrumento, con propósitos muy alejados de establecer un sistema de Estado constitucional democrático, a pesar de lo que se expresó en el texto constitucional. Por ello, la Constitución de 1999 no es más que una falsa promesa, expresada para no ser cumplida.

La misma nació torcida, convirtiéndose sus principios en declaraciones vanas, y los muy completos mecanismos de justicia constitucional que consagró, degradados, en meros instrumentos para asegurar que las violaciones a la Constitución por los gobernantes nunca iban a ser controladas.

Y es que en efecto, vista retrospectivamente, 17 años después, puede decirse que la Constitución, desde que se sancionó en 1999 ha sido violada descaradamente en sus tres componentes fundamentales, la Constitución Política, la Social y la Económica, sin que haya habido un Juez Constitucional que hubiese controlado dichas violaciones; siendo la última de las manifestaciones de desprecio a la Constitución de 1999, precisamente la inconstitucional convocatoria de una Asamblea Nacional Constituyente por parte de quien ejerce la presidencia de la República, Nicolás Maduro, el 1° de mayo de 2017 mediante decreto N° 2830 de la misma fecha,[1] usurpando la potestad exclusiva del pueblo de hacer dicha convocatoria mediante referendo de convocatoria, conforme al artículo 347 de la Constitución.[2]

En todo ese período de desgobierno la hazaña o el milagro de la política destructiva que ha desarrollado y que ahora promete "corregir" mediante una Asamblea Nacional Constituyente, que convirtió a Venezuela en "una fábrica de pobres,"[3] conducida –como se afirmó en un artículo del año pasado en *The Washington Post*–, por un "Estado inepto, secuestrado por una élite gubernamental de burocracia corrupta, que niega todos los derechos sociales y económicos constitucionales, y que manipula la ignorancia y pobreza de las clases sociales menos favorecidas."[4]

En todo caso, en cuanto a la Constitución política, elaborada por una Asamblea Nacional Constituyente que en 1999 fue mal conformada y peor estructurada,[5] lo que en mi criterio fue precisamente el origen remoto de todo el colapso posterior, la misma ha sido desde entonces objeto de un desprecio sistemático que ha conducido al país al total colapso de sus instituciones, destrozándose las bases del Estado democrático y social de derecho y de justicia, con forma Federal y descentralizada,[6] que nunca llegó a estructurarse, y que debía haberse montado sobre la base de un sistema de separación de poderes y de control recíproco entre los mismos.

Precisamente, la última de las manifestaciones de ese desprecio a la Constitución ha sido la convocatoria de la Asamblea Nacional Constituyente fraudulenta en mayo de 2017, para precisamente eliminar de la Constitución el

---

1 *Véase Gaceta Oficial* N° 6295 Extraordinario de 1 de mayo de 2017.

2 *Véase* Allan R. Brewer-Carías, *La inconstitucional convocatoria de una Asamblea Nacional Constituyente en fraude a la voluntad popular,* Allan Brewer-Carías, Caracas 2017.

3 En tal sentido, Brian Fincheltub, destacó que "Las misiones se convirtieron en fábrica de personas dependientes, sin ninguna estabilidad, que confiaban su subsistencia exclusivamente al Estado. Nunca hubo interés de sacar a la gente de la pobreza porque como reconoció el propio ministro Héctor Rodríguez, se "volverían escuálidos". Es decir, se volverían independientes y eso es peligrosísimo para un sistema cuya principal estrategia es el control." *Véase* Brian Fincheltub, "Fabrica de pobres," en *El Nacional*, Caracas, 5 de junio de 2014, en http://www.el-nacional.com/opinion/Fabrica-pobres_0_421757946.html.

4 *Véase* Matt O'Brein, "There has never been a country that should have been so rich but ended up this poor," *The Washington Post*, Washington, May 19, 2016, en https://www.washingtonpost.com/news/wonk/wp/2016/05/19/there-has-never-been-a-country-that-should-have-been-so-rich-but-ended-up-this-poor/.

5 *Véase* Allan R. Brewer-Carías, *Golpe de Estado y proceso constituyente en Venezuela,* Universidad Nacional Autónoma de México, México 2002.

6 *Véase* el estudio de la Constitución en cuanto a la regulación de este modelo de Estado Constitucional en Allan R. Brewer-Carías, *La Constitución de 1999. Derecho Constitucional venezolano*, 2 tomos, Caracas 2004.

modelo de Estado democrático y social de derecho y de justicia, con forma Federal y descentralizada, y establecer en su lugar un "Estado Comunal," sobre la base de un agobiante centralismo de Estado y un sistema de concentración del poder, que desconoce la representatividad y en definitiva es la negación de la participación política.

El desprecio la Constitución de 1999 puede decirse que lo inició la misma Asamblea Constituyente de ese año al adoptar sin aprobación popular y a pesar de que ya había concluido sus funciones, un "Régimen Transitorio" (22-12-1999),[7] que dio origen a otra "Constitución" paralela cuya duración fue de varios lustros, contraria a lo que se prometía en el texto aprobado popularmente, y destinada a asegurar que la misma no se pudiera cumplir, en lo que entonces califiqué como un golpe de Estado constituyente.[8]

Ese fue el origen de un régimen constitucional que en definitiva fue establecido para no ser cumplido, que se configuró institucionalmente como una gran mentira, en particular por lo que se refirió al establecimiento de un régimen político democrático representativo y participativo, lo que nunca ocurrió; al establecimiento de un Estado democrático de derecho y de justicia, el cual tampoco nunca se estructuró; a la consolidación de un Estado federal descentralizado, lo cual al contrario se abandonó; y al establecimiento de un Estado social, que no pasó de ser una vana ilusión propagandista, habiendo solo adquirido la deformada faz de un Estado populista para en definitiva, empobrecer y hacer dependiente a toda la población de una burocracia gigante e ineficiente, que lo que ha asegurado es que hoy toda la población, y no solo las personas de menos recursos, sufran las mismas cares-tías.

Desde el punto de vista político, por tanto, los enunciados de la Constitución no fueron más que una máscara para el establecimiento, en su lugar, de un Estado Totalitario, de concentración y centralización total del poder, donde ninguno de los elementos esenciales y de los componentes fundamentales de la democracia se ha ejecutado.[9] Para blindar esa mutación y encubrir el

---

7 Después de aprobada por el pueblo la Constitución (15 diciembre 1999), la Asamblea dictó el Régimen Constitucional Transitorio (22-diciembre 1999), habiéndose publicado ambos textos a la vez (30 diciembre 1999) *Véase* en *Gaceta Oficial* Nº 36.859 de 29 de diciembre de 1999.

8 *Véase* Allan R. Brewer-Carías, *Golpe de Estado y proceso constituyente en Venezuela*, Universidad nacional Autónoma de México, México 2002. A ello se sumaron diversas "modificaciones" o "reformas" al texto introducidas con ocasión de "correcciones de estilo" para su publicación lo que ocurrió el 30 de diciembre de 1999. *Véase* Allan R. Brewer-Carías, "Comentarios sobre la ilegítima "Exposición de Motivos" de la Constitución de 1999 relativa al sistema de justicia constitucional", en la *Revista de Derecho Constitucional*, Nº 2, Enero-Junio 2000, Caracas 2000, pp. 47-59.

9 *Véase* Allan R. Brewer-Carías, *Estado totalitario y desprecio a la ley. La desconstitucionalización, desjuridificación, desjudicialización y desdemocratización de Venezuela,* Fundación de Derecho Público, Editorial Jurídica Venezolana, 2014.

incumplimiento de la Constitución, se utilizó el sistema de Justicia Constitucional para en definitiva lograr lo contrario de lo que motivó su consagración;

El primer y fundamental pilar de la Constitución que fue despreciado desde el inicio fue el principio elemental de la separación e independencia de los poderes públicos, sin el cual no existe un Estado de derecho ni democracia, destinado a asegurar que el ejercicio del poder esté sometido a control, particularmente al que debe ejercer una Justicia autónoma e independiente.[10]

En Venezuela, al contrario de las promesas de la Constitución, lo que se estableció fue un Estado donde todo el poder se ha concentrado en las manos del Poder Ejecutivo al cual todos los otros Poderes Públicos están sometidos, particularmente el Tribunal Supremo de Justicia y el órgano electoral, y hasta 2015, también la Asamblea Nacional.

Se habituó tanto el régimen a ejercer desde el inicio el control absoluto del poder, que a pesar de que en diciembre de 2015 se eligió una nueva Asamblea Nacional mayoritariamente controlada por la oposición al gobierno autoritario, durante todo el año 2016 y en lo que va del corriente año, lo que hemos visto ha sido el desarrollo de una política de Estado para privar progresivamente a la representación popular, de todas sus competencias y funciones, lo que se ha ejecutado gracias a una perversa colusión entre el Poder Ejecutivo y el Juez Constitucional.

Para lograrlo, la Asamblea Nacional que ya había finalizado sus sesiones en diciembre de 2015, procedió a designar inconstitucionalmente a nuevos magistrados del Tribunal Supremo, todos militantes del partido de gobierno y asegurar el control total del Juez Constitucional, a través del cual se procedió a despojar a la Asamblea Nacional de todas sus potestades y funciones mediante una serie interminable de desafueros judiciales, [11] asegurándose que el Juez Constitucional nunca controlará las acciones de quienes controlan el Estado.

Una muestra de ello, y del absoluto desprecio de la Constitución manifestado por el régimen, ha sido el desarrollo, particularmente en los últimos siete

---

10 *Véase* sobre el tema Gustavo Tarre Briceño, *Solo el poder detiene al poder, La teoría de la separación de los poderes y su aplicación en Venezuela*, Colección Estudios Jurídicos Nº 102, Editorial Jurídica Venezolana, Caracas 2014; y Jesús María Alvarado Andrade, "División del Poder y Principio de Subsidiariedad. El Ideal Político del Estado de Derecho como base para la Libertad y prosperidad material" en Luis Alfonso Herrera Orellana (Coord.), *Enfoques Actuales sobre Derecho y Libertad en Venezuela*, Academia de Ciencias Políticas y Sociales, Caracas, 2013, pp. 131-185.

11 *Véase* Allan R. Brewer-Carías, *Dictadura judicial y perversión del Estado de Derecho*, Segunda Edición, (Presentaciones de Asdrúbal Aguiar, José Ignacio Hernández y Jesús María Alvarado), Nº 13, Editorial Jurídica Venezolana International, 2016; edición española: Editorial IUSTEL, Madrid 2017.

años, de un proceso de desconstitucionalización progresivo del Estado,[12] para establecer en el país un "Estado del Poder Popular" o "Estado Comunal," cuyo último intento ha sido precisamente mediante la convocatoria de la Asamblea Nacional Constituyente en mayo de 2017. En 2007, Hugo Chávez pretendió imponer ese Estado Comunal o del Poder Popular mediante una reforma constitucional que sometida a referendo fue abrumadoramente rechazado por el pueblo. Ese Estado del Poder Popular se quería montar sobre la base de suplantar la democracia representativa y el propio Estado democrático y social de derecho previsto en la Constitución, eliminando el sufragio y además la forma federal del Estado, desmunicipalizando a la nación.[13] Dicho Estado Comunal, sin embargo, a pesar de que fue rechazado por voto popular, en fraude a la Constitución y a la voluntad popular, fue decretado mediante leyes orgánicas en 2010, ante la completa abstención y pasividad cómplice del Juez Constitucional, que se ha negado a juzgar que la Constitución no puede reformarse mediante leyes sino solo mediante los procedimientos establecidos en la Constitución.

Por todo esto, luego de 17 años de desgobierno autoritario en Venezuela, no queda otra conclusión institucional a la que podamos llegar, que todo aquél proceso constituyente de 1999, no fue otra cosa sino un soberano fracaso; habiéndose aprobado una gran mentira, concibiendo la Constitución como una máscara para justificar el asalto al poder y dar un golpe de Estado constituyente.

Dada la crisis política de entonces, el país fijó sus esperanzas de cambio en la Asamblea Constituyente que se prometía resolvería todos los problemas del país, pero lo que resultó fue que cayó inmisericordemente en manos de una secta antidemocrática que asaltó el poder a mansalva, a la vista de todos, cumpliendo, sí, con la promesa de acabar con la vieja política de los partidos tradicionales, pero no para edificar una nueva democracia en su sustitución, sino para acabar en fraude a la Constitución con la propia democracia, utili-

---

12 *Véase* Allan R. Brewer-Carías, *Estado totalitario y desprecio a la Ley. La desconstitucionalización, desjuridificación, desjudicialización y desdemocratización de Venezuela*, Fundación de Derecho Público, Editorial Jurídica Venezolana, 2014, 532 pp.; segunda edición, (Con prólogo de José Ignacio Hernández), Caracas 2015, 542 pp.

13 *Véase* Allan R. Brewer-Carías, "El inicio de la desmunicipalización en Venezuela: La organización del Poder Popular para eliminar la descentralización, la democracia representativa y la participación a nivel local", en *AIDA, Opera Prima de Derecho Administrativo. Revista de la Asociación Internacional de Derecho Administrativo*, Universidad Nacional Autónoma de México, Facultad de Estudios Superiores de Acatlán, Coordinación de Postgrado, Instituto Internacional de Derecho Administrativo "Agustín Gordillo", Asociación Internacional de Derecho Administrativo, México, 2007, pp. 49 a 67.

zando sus propios instrumentos, y con ello demoler y machacar institucionalmente el país. [14]

En ese contexto, la Constitución se convirtió en un conjunto normativo maleable por absolutamente todos los poderes públicos, cuyas normas, una vez abandonada su rigidez, han tenido en la práctica la vigencia y el alcance que dichos órganos han dispuesto mediante inconstitucionales leyes ordinarias y decretos leyes que el Juez Constitucional se niega a juzgar y controlar, e incluso, para mayor tragedia, con la participación activa del mismo, como antes dije, mediante sentencias de interpretación constitucional todas hechas a la medida, o mediante mutaciones ilegítimas para "garantizar" que dichas actuaciones inconstitucionales no serán controladas.

La última muestra de este desprecio a la Constitución ha sido precisamente la inconstitucional convocatoria por parte de quien ejerce la Presidencia de la República de nada menos que de una Asamblea Nacional Constituyente para transformar el Estado, adoptar un nuevo ordenamiento jurídico y dictar una nueva Constitución, sin consultar al pueblo para precisamente constitucionalizar el mismo Estado Comunal rechazado por el pueblo en 2007. Los Estudios que se recogen en este libro tienen por objeto, precisamente analizar dicha inconstitucional convocatoria.

En todo caso, debe dejarse sentado que el procedimiento escogido para tal convocatoria es absolutamente inconstitucional, habiendo sido incluso rechazado por la Fiscal General de la República[15] y unos Magistrados del Tribunal Supremo.[16]

De acuerdo con el texto de la Constitución, al supuestamente estar montado sobre el concepto de democracia participativa, el mismo exige la participación del pueblo mediante referendo en cualquier de los tres mecanismos de reforma constitucional que son según la importancia de la reforma propuesta, la enmienda constitucional, la reforma constitucional y la asamblea constituyente.

En los tres casos, la Constitución exige que en el caso de la enmienda o de la reforma constitucional el pueblo apruebe la revisión constitucional mediante referendo aprobatorio, una vez que ha sido sancionada, (arts. 341.3, y 344); o que el pueblo convoque también mediante referendo a la Asamblea Nacional Constituyente (art. 347).[17] No es posible concebir que para cambiar "una

14 *Véase*. Allan R. Brewer-Carías, *La ruina de la democracia. Algunas consecuencias. Venezuela 2015,* Editorial Jurídica Venezolana, Caracas 2015.

15 *Véase* Luisa Ortega Días, en "Fiscal Ortega Días envió carta a Jaua para rechazar la Constituyente," en *El Nacional*, 19 de mayo de 2017.

16 *Véase* declaraciones del Magistrado Danilo Mujica, de la Sala de Casación Social, Caracas 23 de mayo de 2017, en https://www.youtube.com/watch?v=axFlSExNcRE.

17 *Véase* Allan R. Brewer-Carías, Véase sobre ello lo que hemos expuesto en Allan R. Brewer-Carías, *Reforma constitucional y fraude a la Constitución (1999-2009)*, Academia de Ciencias Políticas y Sociales, Caracas 2009, p. 64-66; y en *La Constitución*

coma" de un artículo, o para reformar un artículo fundamental se requiera de la participación del pueblo mediante referendo; y ello no se requiera en cambio para cambiar toda la Constitución y dictar una nueva.

Por ello, la Constitución exige que sea el pueblo el que pueda convocar una Asamblea Constituyente, pudiendo manifestarse sólo mediante referendo, y así vote también por las bases comiciales sobre la asamblea constituyente que deben garantizar el funcionamiento de la misma conforme a los valores, principios y garantías democráticas (art. 350), y entre ellas, el derecho a la democracia representativa. Ello implica que los constituyentes se tienen que elegir exclusivamente mediante sufragio universal, directo y secreto (art. 63), quedando proscrita toda otra forma de representación grupal, sectorial, de clase o territorial.

Esa convocatoria necesariamente popular de la Asamblea Nacional Constituyente (mediante referendo) es distinta a la *iniciativa* para que dicha convocatoria la pueda realizar el pueblo, que la Constitución le atribuye al Presidente en Consejo de Ministros, a la Asamblea Nacional con voto calificado, a los dos tercios de los Concejos Municipales, o a un quince por ciento de los electores (art. 348).

Por tanto, el hecho de poder tener la iniciativa para que se convoque la Asamblea Nacional Constituyente no puede implicar que se pueda usurpar el carácter del pueblo como depositario del poder constituyente originario, y que el Presidente de la República pueda convocar directamente una Constituyente sin el voto popular expresado en un referendo.

Pero esto, que es texto expreso de la Constitución, también ha sido abiertamente violado y despreciado por quien ejerce la Presidencia de la República, al haber convocado el 1 de mayo de 2017, mediante el antes indicado decreto Nº 2830, una Asamblea Nacional Constituyente.[18] Ello ha sido un gran fraude tanto respecto de la Constitución como de la propia voluntad popular, pues ha sido dictado usurpando y arrebatándole al pueblo su derecho exclusivo de convocar la Asamblea Constituyente, y además para considerar algo que ya el pueblo rechazó en 2007 mediante referendo.

Es decir, el decreto presidencial, además de ser un fraude a la Constitución, por su contenido también es un fraude a la voluntad popular expresada mayoritariamente mediante referendo en diciembre de 2007 rechazando la reforma constitucional que Hugo Chávez propuso[19] y que diez años después se quiere volver a aprobar pero sin la participación popular. Ese es el propósi-

---

de 1999 y la Enmienda constitucional Nº 1 de 2009, Editorial Jurídica Venezolana, Caracas 2011, pp. 299-300.

18 *Véase Gaceta Oficial* Nº 6295 Extraordinario de 1 de mayo de 2017.

19 *Véase* Allan R. Brewer-Carías, "La proyectada reforma constitucional de 2007, rechazada por el poder constituyente originario", en *Anuario de Derecho Público 2007,* Año 1, Instituto de Estudios de Derecho Público de la Universidad Monteávila, Caracas 2008, pp. 17-65.

to que se quiere asignar a la Asamblea para dictar una nueva Constitución con el objeto de "constitucionalizar" un "Estado Comunal" o "del Poder Popular,"[20] lo que ya fue rechazado por el pueblo, pero sin ahora permitir que el pueblo se pronuncie. Es decir, el Sr. Maduro, en fraude a la voluntad popular, violando la Constitución y quitándole al pueblo su derecho a participar políticamente mediante referendo en cualquier reforma constitucional, pretende imponerle al pueblo con su sola voluntad, lo que desde 2010 se ha hecho inconstitucionalmente mediante leyes orgánicas,[21] un sistema de Estado del Poder Popular que el pueblo rechazó, y que falsamente califica como supuestamente de "democracia participativa y protagónica."

Además, lo más descarado del decreto es haber fijado como criterio para la conformación de la Asamblea que la misma "obedezca a la estructura geopolítica del Estado Federal y Descentralizado, con base en la unidad política primaria de la organización territorial que nuestra Carta Magna consagra." Esta fraseología, además de ininteligible, es engañosa y contradictoria con lo que ha sido la política de Estado desde que se sancionó la Constitución de 1999, que ha sido preciosamente la demolición del "Estado Federal y descentralizado" que define la Constitución de 1999 (art. 4), y la destrucción del Municipio como la "unidad política primaria de la organización territorial" que debería ser conforme a la Constitución, mediante la desmunicipalización del país; y todo incongruentemente para elegir una Constituyente cuya misión

---

20 *Véase* Allan R. Brewer-Carías, *Hacia la consolidación de un Estado socialista, centralizado, policial y militarista. Comentarios sobre el sentido y alcance de las propuestas de reforma constitucional 2007,* Colección Textos Legislativos, Nº 42, Editorial Jurídica Venezolana, Caracas 2007; *La reforma constitucional de 2007 (Comentarios al proyecto inconstitucionalmente sancionado por la Asamblea Nacional el 2 de noviembre de 2007)*, Colección Textos Legislativos, Nº 43, Editorial Jurídica Venezolana, Caracas 2007.

21 *Véase* Allan R. Brewer-Carías, "Las leyes del Poder Popular dictadas en Venezuela en diciembre de 2010, para transformar el Estado Democrático y Social de Derecho en un Estado Comunal Socialista, sin reformar la Constitución," en *Cuadernos Manuel Giménez Abad,* Fundación Manuel Giménez Abad de Estudios Parlamentarios y del Estado Autonómico, Nº 1, Madrid, Junio 2011, pp. 127-131; "La Ley Orgánica del Poder Popular y la desconstitucionalización del Estado de derecho en Venezuela," en *Revista de Derecho Público,* Nº 124, (octubre-diciembre 2010), Editorial Jurídica Venezolana, Caracas 2010, pp. 81-101; "*Introducción General al Régimen del Poder Popular y del Estado Comunal (O de cómo en el siglo XXI, en Venezuela se decreta, al margen de la Constitución, un Estado de Comunas y de Consejos Comunales, y se establece una sociedad socialista y un sistema económico comunista, por los cuales nadie ha votado)," en Allan R. Brewer-Carías,* Claudia Nikken, Luis A. Herrera Orellana, Jesús María Alvarado Andrade, José Ignacio Hernández y Adriana Vigilanza, *Leyes Orgánicas sobre el Poder Popular y el Estado Comunal (Los consejos comunales, las comunas, la sociedad socialista y el sistema económico comunal*) Colección Textos Legislativos Nº 50, Editorial Jurídica Venezolana, Caracas 2011, pp. 9-182.

es precisamente terminar de instaurar el Estado del Poder Popular basado en Consejos Comunales[22] que implica precisamente la eliminación de los Estados y Municipios.

Adicionalmente, el regular el Decreto quiénes pueden ser candidatos a constituyentes, dispuso en violación abierta de la Constitución (arts. 21, 39) que solo los venezolanos por nacimiento sin tener otra nacionalidad podrían ser candidatos, discriminando políticamente a los venezolanos por naturalización y a los venezolanos por nacimiento que tengan otra nacionalidad como lo permite la Constitución (art. 39), en la cual se regulan los únicos casos en los que para una elección se exige la condición de venezolanos por nacimiento sin otra nacionalidad (art. 41).

Otra inconstitucionalidad en la que incurren las bases comiciales se refiere a la regulación de la elección de los integrantes de la Asamblea Nacional (art. 2), incurriendo en una contradicción imperdonable e insalvable, al expresar que los constituyentes "serán elegidos en los ámbitos sectoriales y territoriales [...] mediante voto universal, directo y secreto."

La elección universal de acuerdo con la Constitución es aquella en la cual *votan todos los ciudadanos* o electores, sin discriminación ni exclusión de cualquier tipo, por lo que una elección que se haga en "ámbitos sectoriales" como lo indica el decreto, precisamente por tratarse de sectores, es la antítesis de la universalidad. Como lo destacó la Comisión de Venecia de la Unión Europea en el *Informe* de 21 de julio de 2017 elaborado precisamente sobre la Convocatoria de la Asamblea Nacional Constituyente en Venezuela:

> "la representación democrática se basa en la idea de que el pueblo es una unidad que expresa su voluntad principalmente por la elección de una cámara parlamentaria. Cada representante no representa sólo a los ciudadanos que han votado por ellos sino a todos los ciudadanos del país, y el parlamento representa a todo el pueblo." 23

En consecuencia, continuó la Comisión de Venecia:

> "La división de los ciudadanos en varios sectores de acuerdo con sus actividades profesionales y la existencia de registros separados, uno para cada sector, crea dife-

---

22 *Véase* Allan R. Brewer-Carías, "El inicio de la desmunicipalización en Venezuela: La organización del Poder Popular para eliminar la descentralización, la democracia representativa y la participación a nivel local", en *AIDA, Opera Prima de Derecho Administrativo. Revista de la Asociación Internacional de Derecho Administrativo*, Universidad Nacional Autónoma de México, Facultad de Estudios Superiores de Acatlán, Coordinación de Postgrado, Instituto Internacional de Derecho Administrativo "Agustín Gordillo", Asociación Internacional de Derecho Administrativo, México, 2007, pp. 49 a 67.

23 *Véase* European Commission for Democracy through Law (Venice Commission), Opinion N° 894/ 2017, *Venezuela. Preliminary Opinion On The Legal Issues Raised By Decree No. 2878 Of 23 May 2017 Of The President Of The Republic On Calling Elections To A National Constituent Assembly,* Strasbourg 21 July 2017, par. 56. El texto íntegro del *Informe* se publica al final de este libro.

rencias que no son legítimas. Con ello se asume que los miembros de los grupos ocupacionales y/o de intereses no pueden alcanzar entendimiento solo rompe el cuerpo electoral en categorías sino que también rompe la posición igual de los ciudadanos en relación con la ley."[24]

Por tanto, en cuanto a las elecciones "sectoriales," en Venezuela conforme a la Constitución, solo son admisibles en el ámbito de las instituciones del Estado, para elegir representantes de los pueblos indígenas como diputados a la Asamblea Nacional (arts. 125, 186); y fuera del ámbito de los órganos del Estado, por ejemplo, para un partido político, un club social, un sindicato o una cámara de comercio, donde solo los miembros de esas organizaciones son electores; pero no para integrar una Asamblea Nacional Constituyente que tiene que representar la universalidad del pueblo.

En realidad, lo que se denomina representación sectorial en el Decreto, como lo indicó la misma Comisión de Venezia, no es otra cosa que una "representación corporativa" respecto de la cual dijo, "no es la primera vez en la historia que se ha establecido," citando que:

> "Bajo la dictadura de Franco, el artículo 2 de la Ley española de las Cortes de 17 de julio de 1942 dividía a los electores y representantes por sectores, como el Sindicato oficial, las familias y las municipalidades. Bajo la dictadura de Salazar, el artículo 5 de la Constitución portuguesa de 1933 definía a Portugal como una "república unitaria y corporativa" y regulaba en sus Títulos III y IV la familia y otras corporaciones morales y económicas que el Estado debía crear. En Italia, bajo la dictadura de Mussolini, la Ley N° 129 de 19 de enero de 1939 abolió la Cámara de Diputados e instituyó la Cámara de Fasci y Corporaciones, integrada por los miembros del Consejo Nacional del partido Nacional Fascista y los miembros del Consejo Nacional de Corporaciones. Este último órgano se organizó en siete secciones, como la industria, la agricultura o el comercio." 25

Es demasiado conocida en la historia de las dictaduras esta representación sectorial o corporativa, como la que se ha propuesto para la Asamblea Nacional Constituyente, para que pueda ser aceptada.

Por otra parte, en cuanto a las elecciones "territoriales" las mismas solo pueden realizarse conforme a la Constitución para integrar los órganos representativos en cada una de las entidades políticas, como los concejales para los Concejos Municipales y los diputados a los Consejos Legislativos de los Estados (arts. 175, 162). Fuera de esos ámbitos, municipal y estadal, en ningún otro caso en el órgano representativo nacional, que es la Asamblea Nacional, se permite representación territorial alguna, la cual está proscrita de la Constitución al punto de que en la misma se prevé respecto de los diputados a la Asamblea, que los mismos son representantes del pueblo y de los Estados en su conjunto (art. 201), y por tanto no tienen representación territorial alguna.

---

24 *Idem*, par. 61. El texto íntegro del *Informe* se publica al final de este libro.

25 *Idem*, par. 57. El texto íntegro del *Informe* se publica al final de este libro.

El decreto de convocatoria inconstitucional de la Asamblea Constituyente, y el Decreto N° 2878 de fecha 23 de mayo de 2017[26] que fijó inconstitucionalmente unas "bases comiciales" que no se someterán a "comicios" es decir, a votación; estableció sobre esta elección "territorial" de los miembros de la Asamblea Nacional, un sistema de elección de constituyente, uno por cada uno de los 335 Municipios del país, lo que conduce al absurdo de que, por ejemplo, los municipios de la ciudad capital (Caracas), de Maracaibo, o de Valencia, con más de un millón de habitantes, tendrían igual representación que los pequeños municipios de los Estados Amazonas o Apure con solo unos miles de habitantes.

En todo caso, ninguno de los anteriores argumentos ha tenido valor alguno para la Sala Constitucional del Tribunal Supremo acostumbrada a impartir justicia "a la medida" de lo solicitado por el Ejecutivo, razón por la cual, en fecha 31 de mayo de 2017, dictó la sentencia N° 378, al decidir un recurso de interpretación interpuesto por un ciudadano respecto de los artículos 357 y 358 de la Constitución que regula la figura de la Asamblea Nacional Constituyente como instrumento para la reforma total e integral de la Constitución.

La sentencia concluyó indicando, simplemente, que como dichas normas constitucionales no indican expresamente que debe haber un referendo popular para convocarla, ignorando que es el pueblo el que solo la puede convocar la Constituyente, usurpando la voluntad popular indicó que el Presidente de la República sí podía convocar la Asamblea Constituyente sin consultar al pueblo. Es decir, ni más ni menos, ello es equivalente a indicar que para cambiar una simple coma en una frase de un artículo en la Constitución mediante el procedimiento de Enmienda constitucional, o para reformar un artículo de la misma mediante el procedimiento de Reforma constitucional, se requiere de un referendo popular, pero que sin embargo, para reformar *toda la Constitución y sustituir el texto vigente por otro nuevo,* no se necesita consultar al pueblo.[27]

Ante este absurdo constitucional, con toda razón, la Fiscal General de la República solicitó al Tribunal Supremo con fecha 1° de junio de 2017, conforme a lo dispuesto en el Código de Procedimiento Civil, una aclaratoria de dicha sentencia, la cual ni siquiera fue considerada por el Tribunal Supremo de Justicia, al decidir mediante sentencia N° 441 de 7 de mayo de 2017,[28] dictada hace escasos días, que la Fiscal General de la República no tenía legi-

---

26 *Véase* en *Gaceta Oficial* N° 41156 de 23 de mayo de 2017.

27 Ante las críticas generalizadas, mediante Decreto N° 2889 de 4 de junio de 2017 (*Gaceta Oficial* N° 6303 Extra de 4 de junio de 2017), el Presidente de la república "complementó las bases comiciales" exhortando a la Asamblea Nacional Constituyente que se elija para someter a referendo aprobatorio la Constitución que se sancione.

28 *Véase* en http://historico.tsj.gob.ve/decisiones/scon/junio/199712-441-7617-2017-17-0519.HTML

timación alguna para solicitar aclaratorias de sentencias pues supuestamente no era "parte" en el proceso específico, ignorando que en una parte nata en todos los procesos constitucionales, como veladora que es, conforme a la Constitución, de las garantías constitucionales (art. 285.1).[29] La Sala para decidir en esta forma, en la sentencia, incluso llegó a eliminar el carácter de "proceso" que necesariamente debería tener el proceso constitucional de interpretación constitucional que se origina con los recursos de interpretación.

Ante este revés, al día siguiente, 8 de junio de 2017, la Fiscal General de la República en su condición de ciudadana, de electora y de Fiscal General, buscando poder argumentar ante alguna autoridad judicial su demanda de inconstitucionalidad de todo el proceso de convocatoria de la Asamblea Nacional Constituyente fraudulenta hecha por el Poder Ejecutivo, introdujo recurso contencioso electoral por razones de inconstitucionalidad, conjuntamente con una petición de amparo cautelar, ante la Sala Electoral del Tribunal Supremo de Justicia,[30] contra las decisiones del Consejo Nacional Electoral, mediante las cuales había aprobado y convalidado la convocatoria a la Asamblea Nacional Constituyente efectuada por el Presidente de la República, había validado las bases comiciales respectivas, había convocado a postulaciones para constituyentístas y había convocado a las elecciones de los mismos.

La Fiscal General, además, desde la sede del mismo Tribunal Supremo de Justicia, convocó públicamente a todos los ciudadanos interesados a adherirse y hacerse parte en el recurso que había intentado, lo cual fue acogido por los gremios de abogados, y en general, por representantes de ONGs y otras personas de la oposición al gobierno, buscando que el mayor número de personas se adhiriera a dicho recurso, como medio de presión al Tribunal Supremo.

En los días que siguieron, sin embargo, la Sala Electoral del Tribunal Supremo de Justicia cesó de dar audiencias de despacho, a los efectos de no recibir ningún recurso o adhesión, y en todo caso, las fuerzas de seguridad represivas del gobierno bloquearon e impidieron a las personas llegar hasta la sede del mismo. Además, desde la organización administrativa del Poder Judicial, los Jueces Rectores Civiles en los Estados se dirigieron a todos los jueces de cada Estado informándoles que *debían abstenerse de recibir* dichas adhesiones. Días después, mediante sentencia N° 67 de 12 de junio de 2017, la Sala Constitucional simplemente declaró inadmisible el recurso intentado por la Fiscal, por supuestamente haber una inepta acumulación ya que según la Sala, habría impugnado actos de distintos órganos del Estado (cuya nulidad

29 *Véase* en http://www.panorama.com.ve/politicayeconomia/TSJ-declaro-inadmisible-solici-tud-de-aclaratoria-interpuesta-por-la-fiscal-Luisa-Ortega-Diaz-20170607-0083.html.

30 *Véase* el texto en http://www.mp.gob.ve/c/document_library/get_file?uuid=-3e9aba8c-59ab-4e99-86e0-8953e5e1a504&groupId=10136.

compete a diferentes tribunales), cuando ello es absolutamente falso pues en el recurso la Fiscal solo impugnó decisiones del Consejo Nacional Electoral.

En cuanto a la impugnación del Decreto sobre las bases constituyentes por no haber sido sometidas a referendo popular, en todo caso, la Sala Constitucional al declarar sin lugar un recurso de nulidad mediante sentencia N° 455 de 12 de junio de 2017 (caso: Emilio J. Urbina Mendoza),[31] resolvió sin fundamento alguno que no era "necesario ni constitucionalmente obligante, un referéndum consultivo previo para la convocatoria de una Asamblea Nacional Constituyente, porque ello no está expresamente contemplado en ninguna de las disposiciones del Capítulo III del Título IX," declarando así de antemano y *Urbi et Orbi*, la "constitucionalidad" del decreto impugnado con lo cual con ello se anticipó a decir que desecharía en el futuro cualquier otro recurso de nulidad por inconstitucionalidad, así los fundamentos del mismo fueran otros.[32]

Y eso fue precisamente lo que ocurrió con el recurso de nulidad por inconstitucionalidad intentado ante la Sala Constitucional contra el mismo Decreto, por la Fiscal General de la República y otros altos funcionarios del Ministerio Público, respecto del cual la Sala lo declaró inadmisible mediante sentencia N° 470 de 27 de junio de 2017,[33] precisamente por haber "operado la cosa juzgada" sentada en dicha sentencia N° 455 de 12 de junio de 2017 que ya había "juzgado la constitucionalidad" del Decreto.

Ante tanto desprecio de la Constitución, ante tantas promesas incumplidas sobre el establecimiento de un Estado democrático y social de derecho y de justicia, federal y descentralizado, y de una democracia representativa y participativa, y ante la ausencia de un Juez Constitucional que pueda asumir el rol de ser sustituto de la rebelión popular contra las violaciones a la Constitución, no es de extrañar que el pueblo venezolano haya comenzado a rebelarse contra el gobierno autoritario.

Ello se manifestó, primero en diciembre de 2015, cuando sin duda se produjo una rebelión popular contra el autoritarismo, aun cuando por la vía elec-

---

31 *Véase* sobre lo expuesto en esta Parte, el documento: "El Juez Constitucional vs. el pueblo, como poder constituyente originario," (Sentencias de la Sala Constitucional N° 378 de 31 de mayo de 2017 y N° 455 de 12 de junio de 2017), 16 de junio de 2017, en http://allanbrewercarias.net/site/wp-content/uploads/2017/06/161.-doc.-Sobre-proceso-constituyente-SC-sent.-378-y-455.pdf

32 Como lo indicó el profesor Emilio Urbina, recurrente en el caso, haciendo el decreto, "*inmune a cualquier otra acción,*" o sea declarándolo como no controlables por el Poder Judicial. *Véase* los comentarios a la sentencia en Emilio J. Urbina, "El Apartheid criollo socialista: La interpretación constitucional como creadora de discriminación política. Los efectos de la sentencia 455/2017 de la Sala Constitucional Constituyente," 19 de junio de 2017.

33 *Véase* en http://historico.tsj.gob.ve/decisiones/scon/junio/200380-470-27617-2017-17-0665.HTML

toral, mediante el voto, exigiendo un cambio de régimen político, habiendo logrado la oposición democrática la mayoría calificada e la Asamblea nacional.

Esa vía democrática, sin embargo, lamentablemente se cerró por el régimen autoritario, no sólo castrando a la Asamblea Nacional de absolutamente todos sus poderes, sino impidiendo que otras fórmulas de manifestación del voto popular se pudieran manifestar.

Y así ocurrió con la postergación injustificada e inconstitucional de las elecciones regionales de Gobernadores y Alcaldes que constitucionalmente debieron haberse realizado el año pasado; con la obstaculización hasta su eliminación de la realización del referendo revocatorio presidencial al cual tiene derecho el pueblo; y ahora con la convocatoria de la Asamblea Nacional Constituyente que ha ignorado al pueblo.

Ello ha producido ahora el inicio de otra forma de rebelión popular, como todo el mundo lo ha constatado, aún frente a todas estas adversidades antidemocráticas, que se ha manifestado, no mediante el sufragio cuyo ejercicio se le niega al pueblo, sino mediante la masiva movilización popular de protesta generalizada de las cuales el país, de las cuales el mundo ha sido testigo durante los últimos meses y que ha concluido con la votación de más de 7.5 millones de personas, el 16 de Julio de 1017, contra la convocatoria de la Asamblea Nacional Constituyente inconstitucionalmente convocada.[34]

Estas demostraciones populares incluso se han producido, a pesar de la brutal represión militar desatada contra manifestantes pacíficos e inermes que son asesinados por fuerzas oficiales de represión y bandas criminales protegidas por el Estado, que más bien parecen pertenecer a un ejército de ocupación que a unidades encargadas de velar por el orden público.

En todo caso, más argumentos que demuestren que la convocatoria de la Asamblea Nacional Constituyente no solo es jurídicamente una aberración, sino que es un error político incuestionable no puede haber – y muestra de ello son los estudios que se incluyen en este volumen - , siendo una muestra más de ello incluso es la reacción que ha originado en la comunidad internacional en favor del proceso democrático del país, y contra la convocatoria de dicha Asamblea, en lo cual ha jugado un rol fundamental, el Secretario General de la Organización de Estados Americanos Dr. Luis Almagro.[35]

---

34 *Véase* Alison Linares, "Los venezolanos acudieron masivamente a votar contra la reforma constitucional," 16 de julio de 2017, en The New York Times.es, en https://www.nytimes.com/es/2017/07/16/los-venezolanos-acudieron-masivamente-a-votar-contra-la-reforma-constitucional-que-impulsa-nicolas-maduro/

35 *Véase La Crisis de la democracia en Venezuela, la OEA y la Carta Democrática Interamericana. Documentos de Luis Almagro*, Iniciativa Democrática de España y las Américas (IDEA), Editorial Jurídica Venezolana International, 2016.

PRIMERA PARTE

ASPECTOS GENERALES SOBRE EL PROCESO CONSTITUYENTE EN EL CONTEXTO HISTÓRICO

«LA CONSTITUCIÓN SIRVE PARA TODO»* "DENTRO DE LA CONSTITUCIÓN TODO, FUERA DE LA CONSTITUCIÓN NADA" (HUGO CHÁVEZ)

Juan Carlos Rey

Profesor de la Universidad Central de Venezuela

PRESENTACIÓN

La convocatoria del presidente Nicolás Maduro a una Asamblea Constituyente, con el propósito de modificar el contenido y alcance de la Constitución de 1999, hasta ahora formalmente vigente, está dando lugar a una severa pugna entre quienes se oponen a tal reforma y los defensores de la misma.

Entre los primeros están los tradicionales opositores al *chavismo*, pero también algunos antiguos partidarios de Chávez, que creen que el presidente Maduro con sus políticas, y en particular con su intento de modificar la Constitución, está abandonando principios revolucionarios que *el "comandante supremo y eterno"* impulsó, por lo que consideran que el "madurismo" se ha convertido en una traición al *chavismo*.

Frente a ellos se encuentran los defensores de las políticas del presidente Maduro, que sostienen que lo que en realidad éste trata de hacer es desarrollar y profundizar varios de los principios propios de la democracia participativa y protagónica, que Chávez intentó plasmar con la reforma constitucional de 2007, pero que el resultado adverso del referéndum al que se la sometió le

* Frase del Presidente de la República, José Tadeo Monagas, con ocasión del llamado "asalto a Congreso" del 24 de enero de 1848..

impidió perfeccionar. Señalan, además, que mientras quienes ahora se oponen a la reforma, alegando su supuesta inconstitucionalidad, fueron los mismos que desde el principio se negaron a reconocer la legitimidad de la Constitución 1999, en la cual nunca han creído, en cambio los que apoyan la reforma, son quienes fueron y se han mantenido fieles a las ideas y al proyecto político de Chávez. Y mientras que los primeros aparentan defender la intangibilidad de la Constitución de 1999, en cuya legitimidad nunca han creído, los segundos aspiran a desarrollar y profundizar los principios propios de la nueva forma de gobierno —la democracia participativa y protagónica— que dicha Constitución proclama.

Por otra parte, según sostiene Maduro y quienes le apoyan, la convocatoria a la Asamblea Constituyente es el recurso con el que el gobierno trata evitar la guerra civil, pues en lugar de la violencia y el terrorismo, que la oposición está interesada en mantener, proporcionará un espacio en el que ambas partes podrán intercambiar sus puntos de vista y hacer valer sus respectivas pretensiones para poder solucionar pacíficamente sus diferencias, mediante el dialogo y la negociación.

En el presente ensayo utilizaré varias ideas y análisis tomados de mis publicaciones anteriores que me servirán para ilustrar las diversas formas de concebir el constitucionalismo, que espero puedan arrojar luz sobre las implicaciones y posibilidades de las reformas constitucionales que pretende hacer Maduro.

LA CONSTITUCIÓN Y EL "CONSTITUCIONALISMO" COMO IDEOLOGÍAS POLÍTICAS

Mientras que hay países en los que las ideologías políticas han asumido formas de discurso religioso, filosófico o económico, en el caso de Venezuela esas ideologías frecuentemente se han desarrollado como discursos del tipo jurídico, centrados en la "Constitución", considerada como el fundamento del gobierno. Pero el "*constitucionalismo*" —como podríamos llamar a esta modalidad ideológica— puede revestir diferentes formas. Como lo observaba Vallenilla Lanz, puede consistir en un utopismo ingenuo, para el cual las constituciones escritas son moldes para fabricar pueblos, y cree que basta con diseñar sobre el papel un orden ideal y deseable para que se convierta en realidad. Pero frecuentemente tales ideologías, lejos de caracterizarse por la ingenuidad, se utilizan para justificar o encubrir la situación real existente, pues por medio de una constitución escrita inefectiva ("la constitución de papel, como la llamaba Vallenilla Lanz[1]) tratan de ocultar la sordidez y abyección del "orden" político real, proporcionando una ilusión de respetabilidad a alguna élite interna o ante otras naciones.

1 La expresión y el concepto de "constitución de papel", original de F. Lassalle (Lassalle, [1864] 1931) fue popularizado en Venezuela por Laureano Vallenilla Lanz, contraponiéndolo a veces al de "constitución orgánica" (Vallenilla [1925] 1963).

La famosa frase que he utilizado como título del presente ensayo (*"La Constitución sirve para todo"*) ilustra lo dicho, pues fue pronunciada por el presidente José Tadeo Monagas, quizá irónicamente, para referirse a la supuesta "normalidad" constitucional, que en realidad no existía, con motivo del llamado "asalto al Congreso" del 24 de enero de 1848.[2]

Por otra parte, para poder comprender el cabal significado de la frase que Chávez se complacía en repetir —*"Dentro de la Constitución todo, fuera de la Constitución nada"*—, tenemos que aclarar qué era lo que entendía con tal expresión, pues a primera vista parecería que está confirmando la doctrina sustentada por los más prestigiosos autores de Teoría del Estado y Derecho Constitucional, que han defendido la tesis de la *soberanía de la constitución*, que implicaría la supremacía de unas normas impersonales, objetivas, que se imponen a los gobernantes por encima de sus eventuales preferencias personales. Pero como veremos, para Chávez la constitución no consistía en un conjunto de normas impersonales relativamente fijas, sino que significaba la instauración de una "Revolución permanente", tal como él la concibe y la va diseñando como personaje carismático que "representa", o mejor "encarna" al *pueblo.* Y lo que entiende por *pueblo,* no es el conjunto de todos los ciudadanos en los que se supone que reside la soberanía, sino aquellos que reconocen y aceptan el liderazgo de Chávez, que constituyen —o que se espera que

---

2 Recordemos los hechos. El Congreso, que contaba con una mayoría del partido conservador, amenazaba con enjuiciar al Presidente José Tadeo Monagas, que era apoyado por los liberales, por presuntas violaciones de la Constitución para destituirlo de su cargo y condenarlo por traición. Mientras esto ocurría, turbas liberales armadas, que contaban no sólo con la pasividad sino con la aquiescencia apenas velada del gobierno, rodearon amenazadoramente el Congreso para impedirlo. Los miembros de éste, viendo en peligro sus decidieron disolver la reunión para que cada uno buscara la mejor manera de ponerse a salvo. Cuando trataron de abandonar el Congreso, varios de sus miembros fueron atacados por la muchedumbre y cuatro de ellos fueron muertos. Buena parte de los que se salvaron, temiendo por sus vidas, se ocultaron donde pudieron o buscaron refugio en diversas legaciones extranjeras. El presidente Monagas, que no había hecho nada para garantizar la seguridad de los legisladores, envió a algunos de sus partidarios para que los hallaran y les convencieran, mediante una mezcla de promesas y amenazas, de la necesidad de restablecer el *quórum* para el funcionamiento del Congreso, y así dar la impresión de que el hilo constitucional no se había interrumpido y de que todo continuaba trascurriendo con plena normalidad. Un joven político liberal, Lucio Pulido, que visitó al presidente Monagas en su casa, la misma noche del día en que ocurrió esto, pudo oír la narración de los enviados por el Jefe de Estado, que acudieron a comunicarle el éxito de sus gestiones. Según Pulido, el presidente Monagas pronunció su famosa y cínica frase: "La Constitución sirve para todo" (p. 97). De acuerdo al propio Pulido, ese supuesto restablecimiento de la "normalidad" consistió en realidad, en una "reunión forzada" del Congreso que "había sido disuelto por la fuerza", de modo que "su reinstalación en Caracas", en el contexto en que esto ocurría (es decir, con unas turbas liberales amenazantes, que contaban con la complicidad del gobierno) "era una verdadera irrisión" (p. 96). Pulido (1880: 96-97).

constituirán, más temprano que tarde— la mayoría. Una vez muerto Chávez, su sucesor Maduro, ante el evidente declive del apoyo que experimenta el régimen, trata de recuperarlo mediante una desesperada reforma de la Constitución, intentando desarrollar, en las circunstancias que hoy en día son mucho más adversas, un proyecto constitucional que se inscribe en la misma línea, aunque es mucho más radical, que el que Chávez intentó que se aprobara en el referéndum de 2007, y no obstante fracasó. De "huida hacia delante" han calificado algunos a tal intento.

LA SOBERANÍA DE LA CONSTITUCIÓN

De acuerdo a la Teoría del Estado y la Teoría de la Constitución clásicas, cuando el pueblo, como poseedor de la soberanía —y por tanto, como titular del poder constituyente originario— dicta una Constitución, está llevando a cabo un acto revolucionario, que no está sometido a límites constitucionales ni legales. Pero tan pronto como culmina tal acción y se pone en vigencia la nueva Constitución, el poder constituyente entra por su propia decisión en una especie de letargo o de hibernación. Lo que ocurre es que a partir de entonces, en vez de la *soberanía directa el pueblo*, rige la *soberanía de la Constitución*. O si se prefiere, en adelante la soberanía popular se va a ejercer indirectamente, a través de la supremacía de la Constitución, obra del pueblo. Tal es el significado del conocido aforismo "un gobierno de leyes y no de hombres", que se expresa en principios como el Estado de Derecho, el principio de legalidad, etc., y que implica la *soberanía de la Constitución* y el imperio de las normas.

El pueblo puede desempeñar distintas funciones, pues mientras en unos casos —como cuando establece una Constitución— actúa como poder constituyente originario, titular de la soberanía, sin estar sometido a límites constitucionales previos, en otras ocasiones —como cuando vota para elegir a los gobernantes— lo hace como poder constituido, con las limitaciones o restricciones, perfectamente democráticas, que el mismo pueblo, en el ejercicio democrático de la soberanía, decidió imponerse cuando estableció una constitución.

El pueblo cuando vota para elegir un gobierno, no está ejerciendo un acto de soberanía. A este respecto, hay que recordar, con Rousseau, que el instituir un gobierno es una acto complejo que está compuesto, al menos, de otros dos: por un lado, en primer lugar, el pueblo actuando como soberano (y por tanto como poder constituyente originario) debe dictar una ley política fundamental (Constitución) en la que establece la forma y las condiciones en que se elegirá el gobierno. Por otra parte, en un acto posterior, ese pueblo —pero esta vez actuando como poder constituido (y no como soberano)— elige un gobierno, de acuerdo a la forma y en las condiciones que pauta la Constitución (Véase, J.-J. Rousseau, *Contrato Social*, Libro Tercero, Capítulo XVIII). Es evidente que el pueblo, actuando como soberano, puede establecer democráticamente límites o condiciones que él mismo tendrá que respetar cuando actuando como poder constituido vaya a elegir un gobierno. El pueblo puede, ciertamente, modificar los límites que ha establecido, siempre que actúe como poder constituyente originario, pero deberá sujetarse a tales límites cuando vote para elegir el gobierno.

Sin embargo, el hecho de que la llamada *Constitución Bolivariana,* la de 1999, haya sustituido el tradicional modelo de *democracia representativa*, por uno nuevo caracterizado por ser una *democracia participativa y protagónic*a, significaría, según algunos de los chavistas, defensores de este modelo, que el pueblo estaría dispuesto en todo momento a ejercer su poder soberano. De modo que el poder constituyente originario podría ser permanentemente activado por el presidente, no sólo durante el proceso de elaboración de la Constitución, sino también durante toda su ejecución, por lo cual, en principio, no concluye nunca. Lo cual significa la muerte del constitucionalismo y del orden constitucional, pues estaríamos en un estado que Chávez califica, tomando la expresión de Trotsky, como de "Revolución permanente", que evidentemente es la negación del Estado de Derecho.

Por otra parte, el Presidente Chávez identificaba como manifestaciones del *Poder constituyente originario* cualquier expresión de apoyo de las masas a su proyecto político o hacia su persona, como por ejemplo, las actos del 13 de abril del 2002, en los que muchedumbres chavistas se movilizaron en su respaldo y contra el *golpe de Estado*. Pero en cambio, no identifica como expresión de tal poder la manifestación, no menos masiva, que la oposición organizó dos días antes pidiendo su renuncia. También consideraba que eran manifestaciones del poder constituyente originario, los votos a su favor en las elecciones presidenciales del 3 de diciembre de 2006, pues —citamos textualmente al Presidente— "casi 7 millones y medio de votos, esos millones y millones de almas, corazones y voluntades no fueron otra cosa sino el poder constituyente convertido en un día en actor fundamental de su propia historia". Resulta así que para el Presidente Chávez, el *Poder constituyente originario* no es la totalidad del pueblo en cuanto titular de la soberanía, que sólo se expresaría muy ocasionalmente, cuando se trata de dictar una nueva constitución, sino que entiende por tal a cualquier parcialidad con tal que se manifieste, en algún modo, a favor de la revolución que él propugna. Inspirándose en las confusas ideas de un revolucionario italiano, Antonio Negri,[3] famoso por su extrema radicalidad, Chávez ataca el normativismo racionalista que está en la base del constitucionalismo occidental, para sustituirlo por una suerte de *decisionismo voluntarista*, que siempre caracterizó a sus proyectos políticos, y que le permite dar rienda suelta a una utopía, carente de un mínimo de racionalidad. De manera que ese poder constituyente, siempre disponible para ser activado por el Presidente, "nos permite —dice Chávez— relativizar, romper con el racionalismo modernizante y abrir nuevos espacios y nuevos tiempos [...] pues rompe, pulveriza el racionalismo de los modernos

3 *Véase*, Antonio Negri (1994).

[y] nos permite activándolo, incluso, cambiar el tiempo histórico, [pues] todo es relativo [como] está demostrado".[4]

Un Poder Constituyente originario, siempre presente y omnipotente equivale a lo que Carl Schmitt (1964) ha llamado una *dictadura soberana* sin límites de duración.[5]

FORMA DE ESTADO Y FORMA DE GOBIERNO: POSIBLES INCONGRUENCIAS ENTRE AMBAS

Es importante distinguir, por una parte, cuál es la autoridad última en la que reside el poder supremo o soberanía, que sirve para caracterizar la *forma de Estado* y, por otra parte, la *forma de gobierno* que es la estructura política especializada encargada de tomar las decisiones colectivas, y hay que tener en cuenta la posible falta de coherencia entre ambas, pues pueden ser de naturaleza distinta (Rey 2003: 48-51). La distinción factual y conceptual entre ambas formas se desarrolló a partir de la Baja Edad Media, pero es sobre todo Rousseau quien precisó la diferencia existente entre el soberano, formado por la generalidad del pueblo, y el gobierno, que tiene una existencia particular, y que a diferencia de aquél, que es lento y pesado en sus decisiones, puede actuar con vigor y celeridad (*Du Contrat Social*, 1762, Lib. III, Cap. I). Para Rousseau la única forma legítima de Estado es la *democracia*, en la que el soberano es la totalidad del pueblo, al cual corresponde la aprobación de las leyes y el nombramiento del gobierno. Pero el soberano puede optar por cualquiera de la tres posibles formas de gobierno desarrolladas por el pensamiento político clásico (democracia, aristocracia o monarquía), además de una multitud de formas mixtas. (Lib. III, Cap. III). Pero aunque la falta de semejanza —o incoherencia— entre la forma de Estado y la de gobierno no ocurre sólo con las democracias, es sin duda con éstas cuando resulta más peligrosa y tiene consecuencias más graves. Según Rousseau, el mero hecho de la existencia del gobierno como un cuerpo especializado, distinto del soberano, representa un peligro continuo para la soberanía, pues la usurpación de ésta (que se supone que pertenece a la generalidad del pueblo) por parte de unos gobernantes particulares es "el vicio inherente e inevitable" de todo cuerpo político democrático. La razón de ello es muy clara: bajo la forma de Estado democrático, el soberano no existe como un cuerpo, que se pueda reunir permanentemente para expresar su voluntad y así enfrentarse y resistir la voluntad de los gobernantes (Lib. III, Cap. X), como sí ocurre, en cambio, cuando

---

4 "Texto del Discurso de Juramentación del presidente Hugo Chávez del 10 de enero de 2007", versión sin corregir de la Sección de Edición de la Dirección de Servicio y Atención Legislativa, bajado el 12 de enero de 2007 de la dirección <ttp/asambleanacional.gob.ve/ns2/discursos.asp?id=88>

5 En Carl Schmitt (1964). *Véase* el artículo de H. Njaim (2000). Por su parte Alberto Arvelo Ramos ha ido más lejos, al calificar el poder constituyente chavista como "una dictadura totalitaria de duración indefinida (Arvelo Ramos 1998: 47).

el soberano es un monarca o una aristocracia. En el Estado democrático "el soberano sólo actúa cuando el pueblo está reunido", pero aunque es necesario que existan asambleas periódicas frecuentes que se reúnan con tal fin, es imposible hacer de tales reuniones una actividad continua y permanente (Lib. III, Caps. XII-XIII). En teoría el pueblo es la fuente última de toda autoridad, pero frecuentemente esto no es sino una mera imputación o ficción jurídica. El poder del pueblo es en gran parte puramente nominal, pues en la práctica no va más allá de aprobar la Constitución (cuando se somete a referéndum tal aprobación) y de elegir a los gobernantes, en tanto que el poder real y efectivo está en manos de estos últimos. Resulta así que a menos que el Estado democrático esté acompañado de formas de gobierno o de instituciones también democráticas, que permitan al pueblo controlar efectivamente a los gobernantes y, en el extremo, desplazarles del poder cuando su conducta sea insatisfactoria, el poder último que se atribuye al pueblo no pasa de ser una ilusión.

Eso explica el que la mera idea de un Estado democrático sin gobierno democrático, resulte insatisfactoria; y explica, también, que no pocas veces los enemigos de la democracia estén dispuestos a reconocer la soberanía nominal del pueblo, siempre que ellos conserven el control del gobierno. Pero tampoco es satisfactorio para la teoría de la democracia, un mero gobierno democrático (en el sentido de que los gobernantes sean seleccionados mediante elecciones competitivas), pero en el que el poder último y supremo —la soberanía— resida en titulares distintos del mismo pueblo (por ejemplo, en una aristocracia, una oligarquía, o en el estamento militar, etc.), pues a diferencia del pueblo, estos otros eventuales sujetos de la soberanía no son entidades ideales o abstractas, sino grupos reales, organizados permanentemente y dotados de poderosos recursos; de modo que en este caso el poder soberano no será meramente nominal, sino muy real y efectivo.

LA PERSPECTIVA CONSTITUCIONAL PARA EL ANÁLISIS POLÍTICO

Si consideramos al Estado como un sistema de toma de decisiones colectivas obligatorias para el conjunto de la sociedad, en él se pueden distinguir analíticamente dos niveles de funcionamiento. Por un lado, el *nivel constitucional*, en el que se establecen las reglas básicas del orden político, en virtud de las cuales se tomarán las decisiones colectivas; y, por otro lado, el *nivel operacional,* en el que el gobierno, de acuerdo a esas reglas, toma las decisiones obligatorias para el conjunto de la sociedad. De modo que el establecimiento de la *constitución* es un acto político de la más alta jerarquía: es una meta-decisión, es decir, una decisión acerca de la forma de tomar decisiones colectivas.[6]

---

6 Rey (1992: 17-18). Sigo la formulación de Buchanan y Tullock (1962).

En su sentido más general el término "constitución" se refiere al conjunto de normas fundamentales del orden político de un Estado, que proceden de su máxima autoridad, el *poder soberano,* que en su carácter de "poder constituyente originario" regula las siguientes cuestiones: (i) Cuál es la estructura especializada (= *gobierno*) —en el supuesto de que exista[7]— encargada de tomar decisiones obligatorias para el conjunto de la sociedad, y la forma de seleccionar a sus titulares; (ii) cuáles son los requisitos formales y sustantivos que deben cumplir esas decisiones para poder ser consideradas obligatorias. Esto comprende tanto los procedimientos para la toma de decisiones, como los límites materiales de las mismas, incluyendo posibles temas que no pueden ser objeto de decisiones colectivas. También puede incluir ciertos criterios generales acerca del contenido positivo de las decisiones. Y (iii) normalmente incluye, también, los procedimientos que deben seguirse para modificar válidamente las propias reglas constitucionales (reforma y enmienda constitucional). Cualquier intento de modificación que se haga sin respetar dichas normas es, en realidad, un acto revolucionario.

En el mundo occidental la idea de *gobierno constitucional* suele asociarse con la idea de *gobierno democr*ático, pero las relaciones entre ambos conceptos no están exentas de tensiones, hasta el punto que puede decirse que existe una cierta contradicción entre la *democracia*, entendida como gobierno supremo del pueblo, y el *constitucionalismo*, entendido como un intento de limitar el poder gubernamental, de modo que éste (el *constitucionalismo*) podría ser considerado antidemocrático, o al menos como una expresión de desconfianza hacia la democracia.[8] Esta contradicción es, en muchos de sus aspectos, la misma que existe entre liberalismo y democracia, y que las democracias occidentales trataron de conciliar por medio del Estado democrático liberal contemporáneo. En Venezuela, después de la muerte de Juan Vicente Gómez, los dos presidentes que le sucedieron, López Contreras y Medina Angarita, unieron y confundieron las ideas de *gobierno democrático* y de *gobierno constitucional*, hasta llegar a considerarlas como equivalentes.[9] Pero para evitar esta confusión hay que precisar lo que entendemos por *constitución* y por *pueblo.*

En cuanto al *pueblo,* puede referirse *al* conjunto de personas que integran runa nación, en el que reside la soberanía nacional y como tales son los titulares del poder constituyente originario; pero también el pueblo puede ser la parte inferior de esa población, caracterizada por carecer de cultura y de pro-

7 El soberano, en vez de delegar el poder gubernamental, puede decidir ejercerlo él directamente.

8 Sobre las tensas relaciones entre constitucionalismo y democracia, consúltese Elster y Slagstad (1988). Véanse, también, los libros de Greenberg, Katz, Oliviero y Wheatley eds. (1993); y Mueller (1996).

9 *Véase* .Rey (2017: 23-290).

piedad y al que las élites y clases privilegias desprecian y llaman despectivamente *populacho* o *chusma*.

Pero no hay que confundir la *democracia* (en la que *el pueblo gobierna directamente o a través de un representante*), con la d*emofili*a (amor al pueblo y gobierno a su favor, con independencia de la forma de acceso al poder, y con ausencia de controles que puedan limitar sus acciones); y con la *demolatría* (en la que se alaba como a un fetiche a un pueblo ideal mientras se desprecia al pueblo real y existente). (Sartori 1988: 46)

Es importante a tener en cuenta que no todo tipo de limitación al poder público por vía constitucional, tiene el mismo significado, pues es posible distinguir al menos tres especies de ellas, de acuerdo a su finalidad.

Están, en primer lugar, ciertas limitaciones a la acción del poder público destinadas a evitar que el gobierno abuse de sus funciones y ponga fin a la misma democracia. A esta categoría pertenecen, por ejemplo, el conjunto de garantías destinadas a preservar los derechos de la oposición y la pureza de las elecciones. Si bien algunas de ellas pueden haber sido originalmente de inspiración liberal, resultan también imprescindibles para instaurar o preservar un régimen democrático.

En segundo lugar están ciertas limitaciones a la acción de gobierno que responden a la necesidad de realizar y preservar valores típicamente liberales (como, por ejemplo, el reconocimiento de la libertad de conciencia), distintos, pero no necesariamente contrarios a los estrictamente democráticos.

Finalmente están ciertas limitaciones a la acción del gobierno destinadas a preservar los intereses de grupos minoritarios, frecuentemente poderosos, mediante el reconocimiento de verdaderos privilegios —por ejemplo, confiriéndoles un derecho de veto o una participación privilegiada, de naturaleza corporativa, sobre determinadas decisiones colectivas. En esta categoría pueden incluirse ciertas instituciones características de las llamadas "democracias *consociacionales*" o "consensuales" (Lijphart 1977, 1984). .

Resulta así que bajo el prestigio de la idea de gobierno constitucional, entendida como gobierno limitado, se pueden cobijar valores no sólo democráticos y liberales, sino también antidemocráticos. Cuando tienen lugar procesos de transición democrática a partir de una dictadura, la necesidad de dar a ciertos actores o sectores sociales poderosos pero minoritarios, garantías de que no se verán perjudicados por la nueva situación, puede llevar al establecimiento de limitaciones constitucionales que implican serias restricciones a los gobiernos democráticos. Esto es lo que sucedió, por ejemplo, en Venezuela cuando en 1958 se produjo la transición hacia la democracia y se instauró lo que he llamado un *sistema populista de conciliación de élite*s. *Vid.* Rey (1991: 542-544; 2015: 116-120)

LA CONSTITUCIÓN COMO EXPRESIÓN DE LA VOLUNTAD UNITARIA DEL PUEBLO FRENTE A LA CONSTITUCIÓN COMO UN PACTO NEGOCIADO

Cuando se trata de una nueva Constitución hay dos posibles formas extremas de concebir el modo como va ser dictada. Según la primera, uno de cuyos más destacados exponente fue Carl Schmitt, una Constitución debe ser entendida como la expresión de la voluntad unitaria del pueblo, que en virtud de su poder constituyente, dicta el contenido de la misma mediante una decisión unilateral a través del voto de la mayoría, por medio del cual se determina cuál es la *voluntad general*, en un sentido próximo al de Rousseau. [10]

Pero de acuerdo a la segunda concepción, una Constitución es un *pacto* o *contrato* que implica un compromiso, y que exige un acuerdo entre todos los actores políticos y sociales, para fijar las "reglas del juego" o de la competencia entre ellos. Para esta interpretación, dictar una Constitución equivale a llegar a un compromiso entre intereses diversos, pues tratar de imponer unilateralmente la voluntad de la mayoría cuando se trata de fijar las reglas básicas del orden político-constitucional, llevará con gran probabilidad a la falta de su aceptación sincera por la minoría, y al cuestionamiento de la legitimidad de esa Ley Fundamental.

La totalidad de los grandes teóricos políticos iusnaturalistas, desde Hobbes a Rousseau, consideraban que para legitimar una decisión fundamental, como era la aprobación del contrato social original, no bastaba con el voto favorable de la mayoría de los ciudadanos, sino que se requería la unanimidad. Varios de esos autores consideraban que la Constitución era un contrato social más, cuya aprobación debía responder a exigencias de mayorías parecidas a las del contrato social original. Pero, sin llegar a tal extremo, hay que recordar que un autor como Rousseau —al que corrientemente se le considera como el máximo defensor del voto de la mayoría como forma de expresión de la voluntad general— distingue claramente el contrato social original, distinto de la Constitución, que según él es la primera ley política fundamental hecha por el legislador. La aprobación del contrato social original, es el único caso para el cual Rousseau exigiría el consentimiento unánime de los ciudadanos. Pero con respecto a las leyes, creía que "cuando la opiniones se aproximan más a la unanimidad, más domina la voluntad general"[11], de modo que el tamaño de la mayoría que se debería exigir para aprobar cada ley deberá depender de la importancia de lo que se va a decir, de tal manera que "cuando más importante y graves son las deliberaciones, la opinión que prevalezca debe aproximarse más a la unanimidad" (*Ibíd*., p. 441). Teniendo en cuenta la importancia de la Constitución, como Ley Fundamental, su aprobación debería requerir un porcentaje incluso muy superior a la mayoría absoluta y próximos a la unanimidad..

10 Rey (1999: 196-197).

11 Rousseau (1964: 439).

Desde mediados del siglo XX, en Venezuela hemos sido testigo de las dos maneras de concebir una Constitución. La primera triunfó con la Constitución de 1947. Una mayoría aplastante, que pretendía expresar la auténtica *voluntad general*, impuso su decisión al resto de la sociedad, que sólo pudo hacer constar su protesta salvando sus votos al suscribir su texto. El resultado fue que unos pocos meses después, el primer gobierno elegido con esa Constitución fue derrocado por un golpe militar incruento, ante la indiferencia o la aprobación de quienes no formaban parte de ese gobierno.

La segunda manera de concebir la Constitución se impuso al aprobarse la reforma constitucional de 1961. El texto final fue el resultado de una serie de pactos y compromisos, sin que los que tenían la mayoría trataran de imponer sus puntos de vista. El resultado fue la Constitución cuya aprobación ha contado con el mayor respaldo, prácticamente el de todos partidos, y que ha sido la de más larga duración de la historia de Venezuela.

LA ASAMBLEA CONSTITUYENTE DE 1999 COMO PODER REVOLUCIONARIO TOTAL

Es claro que Hugo Chávez concibió la Constitución de 1999 de la primera forma —como expresión de la *voluntad general* del pueblo, expresada mediante el voto de la mayoría—, y rechazó el pluralismo característico del "sistema de Puntofijo" con los partidos y los pactos que lo acompañaron.[12]

12 Como se recordará el "sistema de Puntofijo" (llamado despectivamente por los chavistas "el puntofjismo") consistió en un conjunto de pactos y acuerdos, los principales de ellos formalizados y por escrito, pero varios de ellos producto de acuerdos tácitos entre los principales partidos democráticos (Acción Democrática, Unión Republicana Democrático y el Partido Social Cristiano COPEI, con la notable exclusión del Partido Comunista de Venezuela), a través de los cuales se comprometían a colaborar para el mantenimiento de la democracia en Venezuela. Según el principal de tales pactos, el llamado *Pacto de Puntofijo* (por el nombre de la quinta en que fue suscrito, el 31 de octubre de 1958), los tres partidos acordaban ir a las elecciones con "un programa común y mínimo de gobierno"; y a que, con independencia de quien resultara ganador, todos ellos participarían en un gobierno unitario, sin predominio de ninguno en el gabinete. El Pacto fue complementado por el mencionado programa mínimo, que fue suscrito, el 6 de diciembre, por los candidatos a la Presidencia de los tres partidos. Pero, más allá de la duración formal de tales pactos, el "espíritu de Puntofijo" se ha mantenido a través de acuerdos tácitos de que ciertas decisiones fundamentales sólo podían ser tomadas mediante el consenso de los principales partidos. Así, por ejemplo, funcionó el llamado "pacto institucional" (pacto que nunca ha sido escrito, ni formalizado), por el cual los titulares de ciertos cargos públicos (como por ejemplo, el Presidente de ambas Cámaras del Congreso, el Fiscal General, el Contralor General, los miembros de la Corte Suprema de Justicia, el Presidente del Consejo Supremo Electoral, etc.) debían ser designados mediante acuerdo entre los principales partidos, sin que el mayoritario pueda imponer unilateralmente su voluntad. Lo mismo ocurría, más allá de tal pacto, para la toma de decisiones que afectan los inter-

La idea de Chávez al decidir participar en las elecciones de 1998, estuvo indisolublemente unida a la de convocar una Asamblea constituyente, no sólo para elaborar una nueva Constitución, concebida como delegataria de la soberanía popular, con el fin —según sus palabras— de "demoler el poder establecido" y "asumir todos los poderes" (Blanco1998: 534). Pues para Chávez, había que "transformar la estructura y el cuadro de fuerzas en el congreso y en el poder judicial y los factores reales" de poder, de modo que a "la CTV, por ejemplo, [...] hay que demolerla", ya que "sin ello no habremos hecho nada". Pero "¿cómo demolerla, cómo desmontarla? Con [una] Constituyente popular" (*Ibid.*, p. 603). Para tal propósito no servía la concepción tradicional que se ha tenido en Venezuela, de modo que "[n]uestra propuesta de constituyente [la de los chavistas] es un proceso que no tiene que ver nada con las élites, viene desde abajo, desde el mismo pueblo. Es un proceso revolucionario para destruir este sistema, no para rehacerlo, como procuran otros proyectos" (*Ibid*,. p. 287).

Se trataba, como ha dicho Petkoff (2000), de un enfoque revolucionario que pretendía lograr un "desplazamiento definitivo del *viejo régimen* de todas las posiciones de poder [...] No se trata simplemente de ganar unas elecciones y luego gobernar coexistiendo democráticamente con las fuerzas derrotadas, sino de lo que se trata es de *aniquilarlas*" (*Ibid*,. p. 23). De manera que en vez de utilizar los procedimientos de revisión constitucional, previstos en la propia Constitución de 1961 para modificarla, Chávez prefirió invocar el poder constituyente originario, convocando a una Asamblea Constituyente, que era un poder revolucionario, no sólo al margen del texto constitucional entonces vigente, sino prohibido por dicho texto. Por otra parte, el hecho de que la Asamblea fuese convocada por un decreto presidencial —y no por un acuerdo parlamentario, como hubiera sido posible—, unido al sistema de elección que se adoptó para la elección de la misma (que aseguró el abrumador dominio del chavismo sobre la oposición, y que alrededor del 40% del electorado del país quedara sin representación[13]), indica que el presidente Chávez asumía "una voluntad tajante de ruptura, de no aceptar la posibilidad de una Constituyente consensual, una Constituyente que produjera un texto acordado entre las distintas partes de la sociedad", y que correspondía a una voluntad revolucionaria, que afirmaba: "Nosotros estamos rompiendo con el pasado. Por tanto, *nada de consensos ni de acuerdos con los demás. Los revolucionarios no pactan*" (cita de Petkoff 2000: 49).

Se pretendió reconstruir la unidad nacional, mediante la adhesión popular a la figura de Chávez como presidente plebiscitario. De modo que una vez

---

eses vitales del país, como por ejemplo, las negociaciones en materia de límites fronterizos, o para las decisiones en materia petrolera.

13 Se recordará que, en vez de la tradicional representación proporcional, que hubiera permitido una presencia importante de las minorías, se adopto un sistema de representación por mayorías, en parte por regiones y en parte nacionalmente.

elaborado el proyecto de Constitución por la Asamblea, el texto sólo estuvo disponible para el conocimiento de los venezolanos dos días antes de someterlo a referéndum, lapso sin duda insuficiente incluso para su simple lectura (recuérdese su enorme extensión de 350 artículos), y que hacía imposible su discusión y reflexión. De manera que para la inmensa mayoría de los ciudadanos, el referéndum fue, en realidad, un acto plebiscitario, pues los venezolanos, sin conocer adecuadamente el contenido del texto constitucional, lo que hicieron al emitir su voto fue simplemente pronunciarse a favor o en contra de la persona del Presidente Chávez, impulsor del proyecto. Y aunque el mismo obtuvo una holgada mayoritaria del 68,5% de los votantes, estos sólo representaban el 30,2% del total de electores inscritos en el registro electoral, pues sólo habían participado en el plebiscito el 44,4% de dicho total. De tal manera que una importante proporción de los ciudadanos venezolanos no sintió como propia la llamada *Constitución bolivariana*, sino que vio en ella una expresión de las preferencias hacia la persona del Presidente por parte de una mayoría relativa chavista, que apenas representaba menos de la tercera parte de quienes tenían derecho a votar.

UNA REFORMA URGENTE, INTEGRAL Y PROFUNDA DE LA CONSTITUCIÓN DE 1999

Para el Presidente Chávez la aprobación de la Constitución de 1999 marcó el hito inicial fundamental de una nueva época en la historia de Venezuela, pues iba a permitir refundar la República sobre bases sólidas y seguras. Con la nueva Constitución se inauguraba el milenio de la V República, en la que se iban a superar todos lo males y la corrupción que se habían acumulado durante los pasados ciento setenta años de vida republicana, y se recuperaría, para su plena realización, el proyecto bolivariano que las oligarquías habían traicionado desde 1830 y que ahora cobraba plena vida en la imagen del nuevo país que se expresaba en el texto constitucional aprobado en 1999, que debería perdurar por siglos.

Pero apenas habían transcurrido seis años de la aprobación de tal Constitución, cuando el Presidente Chávez, durante el acto juramentación del 10 de enero de 2007, anunció "la *urgencia* de la reforma i*ntegral* y *profunda*" del texto constitucional. Se trata de una Constitución que el propio Presidente había calificó varias veces como "maravillosa" y "la mejor del mundo"; y que según sus cálculos debería durar 200 años.[14]

Según explicaba el Presidente, la reforma radical de la Constitución de 1999, era necesaria para eliminar los componentes de la misma que impedían

14 Véanse, por ejemplo, las palabras del Presidente durante el acto de la Asamblea Nacional en el segundo aniversario de la Constitución (Diario *El Universal*, 16 de diciembre de 2001), en el cual, tras vaticinar que nuestra Carta Magna cumpliría 200 años, descartó su reforma: "Para este momento yo la veo perfecta. Yo no le modificaría nada. En el 2021 podría ser que se estudie la posibilidad de reformar algo"

u obstaculizaban avanzar hacia el socialismo y que, al ser eliminados, iban a permitirán abrir "la vía venezolana al socialismo" e iban a hacer posible "el socialismo del siglo XXI"[15].

En verdad, nadie sabe qué entendía Hugo Chávez por "el socialismo venezolano del siglo XXI", pero parece evidente que si se tratara de un socialismo democrático, como el que existe o ha existido en algunos países de Europa occidental, sería posible, pese a los muchos defectos de la Constitución de 1999, que se hubiera construido a partir de tal texto, sin necesitar de ninguna modificación. Dicha Constitución afirma, por una parte, la validez de los clásicos derechos del hombre, proclamados por el liberalismo político; por otra parte, los derechos de inspiración democrática, relativos a la participación de todos en las decisiones públicas; y finalmente consagra los más recientes derechos de carácter económico y social que requieren prestaciones positivas del Estado. Lo que se trata de lograr es una cierta síntesis de todos ellos, que conduzca al modelo que nuestro texto constitucional denomina *Estado Democrático y Social de Derecho y Justicia*. Incluso quienes desde el principio se opusieron al proyecto político chavista y objetaron gran parte de la Constitución de 1999, han reconocido que su parte menos mala, es la que desarrolla lo relativo a los derechos humanos, en lo cual algo ha podido tener que ver el interés que en esta materia pusieron los escasos miembros de la oposición que consiguieron ser electos en la Asamblea Constituyente.

La Constitución de 1999, debido a la coexistencia, en su interior, de valores y principios heterogéneos, podría hacer compatible la unidad política nacional con una diversidad y pluralidad cultural y de opiniones políticas. Y también, que entre los ciudadanos surjan controversias sobre el distinto peso o énfasis que deben tener los diversos principios y valores incorporados a la Constitución y, especialmente, sobre la oportunidad y ritmo con que deben ser desarrolladas las distintas normas programáticas contenidas en ella. Todas estas controversias son normales y los eventuales conflictos políticos que de allí pueden surgir son perfectamente legítimos. Pero cuando se pretende reducir unilateralmente esa pluralidad de valores y principios consagrados en la Constitución a los de un signo político, seleccionando sólo aquellos que responden a una ideología particular e ignorando o rechazando los restantes, se abandona el terreno de la legitimidad y de la constitucionalidad, que requiere de la pluralidad, para propugnar un socialismo no democrático. Esto es lo que se ha pretendido hacer por parte de algunos chavistas radicales, que apoyándose en algunas citas selectivas del Preámbulo de la Constitución y en algunas disposiciones de la misma, referentes a ciertos principios generales y a algunos valores políticos y sociales considerados deseables, tratan de prescindir de los que son de signo contrario, y alegan que aquéllos autorizan a la implantación de un modelo socialista no democrático. Quienes tal pretenden

15 *Véase* el texto del discurso en <http://archivos.minci.gob.ve/doc/folleto_juramentacion_presidente.pdf>.

proceden a una selección unilateral y sesgada del texto constitucional, pues entre la diversidad de derechos consagrados en el mismo desechan algunos de los mas importantes, contradiciendo con ello el mismo texto de nuestra Constitución que garantiza a todos "el goce y ejercicio irrenunciable, indivisible e interdependiente de los derechos humanos" (Artículo 19); de *todos los derechos* y *no de algunos interpretados unilateralmente de acuerdo a un determinado signo ideológico*.

Más en concreto. La Constitución vigente garantiza expresamente, entre otras cosas, "el pluralismo político" (Art. 2), la iniciativa privada y la libertad económica (Art. 112 y 299), así como el derecho de propiedad, sin excluir la de los medios de producción (Art. 115). Si además tenemos en cuenta las disposiciones en las que se consagran los derechos políticos, el texto constitucional vigente haría posible al establecimiento de un socialismo democrático, pero no un socialismo totalitario.

¿ESTADO SOCIAL O ESTADO SOCIALISTA?

El propio Chávez, inspirador y propulsor principal del texto constitucional aprobado en 1999, ha aclarado que en el tiempo en que dicho texto fue propuesto, él no era ni socialista ni comunista, sino que creía en la posibilidad de un "capitalismo humano", inspirado en la "tercera vía" de Tony Blair. Es cierto, sin embargo, que entre los opositores al proyecto político de Chávez había grandes temores de que él fuera un comunista solapado, y que la nueva Constitución pudiera ser un instrumento para llevar al país hacia un socialismo totalitario, tipo cubano, temores que se veían alimentados por la ambigüedad ideológica de Chávez, la amistad que mostraba hacia los dirigentes del régimen cubano y a que varios de sus asociado y consejeros más próximo eran personas con un conocido historial marxista-leninista. Los esfuerzos que hizo el propio Fidel Castro para tratar de disipar los temores que inspiraba la nueva Constitución, no fueron muy exitosos, sino que, más bien tuvieron un efecto contrario[16].

---

16 Hay que recordar que en noviembre de 1999, poco antes de que nuestra Constitución fuese sometida a referéndum popular, Fidel Castro invito a un apreciable número de periodistas venezolanos a la Habana y durante varias horas, transmitidas por nuestras televisoras, les hizo una exposición examinando el texto del proyecto de Constitución de nuestro país que iba a ser sometido a consulta popular, comparándolo con la Constitución cubana para demostrar que, a diferencia de lo que decían los adversarios de Chávez y propagaban las mentiras del imperialismo, la nuestra sería una constitución claramente capitalista y no socialista. Casi un año después, el 27 de octubre del 2000, el mismo Castro en su discurso solemne ante nuestra Asamblea Nacional, en la visita que hizo a nuestro país, volvió a insistir en que, a diferencia de lo que ocurría en Cuba, la Constitución venezolana se apoyaba en una economía de mercado y en ella la propiedad privada recibía amplias garantías, además de consagrar una división de poderes y el pluripartidismo.

Debemos tener en cuenta una importante sentencia de la Sala Constitucional de nuestro Tribunal Supremo de Justicia en la que se analiza el significado y alcance que en nuestra Constitución tiene el *Estado Social de Derecho*, y en la que se aclara que el mismo no implica ninguna tendencia o inclinación hacia un Estado Socialista, pues respeta "la libertad de empresa" y "el derecho de propiedad". Se trata de un "Estado que protege a los habitantes del país contra la explotación desproporcionada [...] impidiendo o mitigando las prácticas que atentan contra la justa distribución de las riquezas", mediante medidas legales para regular la economía, restringir la propiedad con fines de utilidad pública o interés general o limitar legalmente la libre empresa por las razones previstas en la Constitución.[17]

En todo caso, si creemos la confesión del propio Chávez, su conversión al socialismo fue relativamente tardía, y sólo la hizo pública, sin discutirla antes con nadie, incluso de su propio partido, en el V Foro Social Mundial de Porto Alegre, en enero de 2005[18]. Fue como consecuencia de tal conversión, cuando en un importante discurso pronunciado con motivo de su juramentación como Presidente, el 10 de enero de 2007, anuncio al país que se iniciaba un proceso urgente de reforma radical de la Constitución de 1999, para eliminar los componentes de la misma que impedían u obstaculizaban avanzar hacia el socialismo y que, al ser eliminados, iban a permitirán abrir "la vía venezolana al socialismo" e iban a hacer posible "el socialismo del siglo XXI"[19]. Con ello estaba reconociendo expresamente que el texto constitucional vigente constituía un obstáculo para la implantación del socialismo.

Simultáneamente, en el mismo discurso, anunciaba que iba a solicitar de la Asamblea Nacional, que se aprobara una ley habilitante, que iba a funcionar como el "primer motor constituyente", a la que llamó "ley de leyes revolucionarias" y "madre de leyes", que iba a servir para "acelerar el tiempo constituyente". Se trataba, en verdad, de una verdadera delegación de los poderes constituyentes al Presidente de la República, que la Asamblea estaba impedida constitucionalmente de hacer, de manera que, mediante ese conjunto de leyes, se fuera abriendo el camino del socialismo, que en ese momento estaba cerrado. Pero para que esto fuera posible era necesario y urgente —decía Chávez—proceder a "la reforma integral y profunda de la Constitución", porque había leyes, entre las que iban a ser delegadas por la habilitante, "que sólo serán posibles cuando se haga alguna reforma o se reforme alguna

---

17 Sentencia Nº 85, del 24 de Enero del año 2002, Ponencia del Magistrado Jesús Eduardo Cabrera, <http://www.tsj.gov.ve/deci-siones/scon/Enero/85-240102-01-1274%20.htm>,

18 *Véase* la Entrevista a Manuel Cabieses, Director de "Punto Final", Edición 597, desde el 5 al 18 de agosto de 2006, en <http://www.alterinfos.org/article.php3?id_article=66>

19 *Véase* el texto del discurso en <http://archivos.minci.gob.ve/doc/folleto_juramentacion_presidente.pdf>.

parte de la Constitución", porque ésta es la ley de leyes que tenía que ser respetada (p. 62).

Las palabras de Presidente parecían expresar un cierto respeto, al menos verbal, a la supremacía de la Constitución. Sin embargo, pese a que su reforma constitucional fue rechazada en el referéndum celebrado, al efecto, Chávez, usando las ley habilitante que de forma inconstitucional le otorgó la Asamblea Legislativo, y que en realidad era un *Ley de Plenos Poderes*[20], no dejó de dictar los decretos leyes que se proponía, incluso introduciendo a través de ellos varias de las reformas constitucionales que el pueblo había rechazado en el referéndum.

ESTADO DEMOCRÁTICO Y SOCIAL DE DERECHO Y DE JUSTICIA

La Constitución venezolanas de 1999 incluye por primera vez, en su Artículo 2, la fórmula de que Venezuela se constituye en "un Estado democrático y social de Derecho y de Justicia". Aunque la expresión *Estado social de Derecho* no se haya incluida expresamente en los anteriores textos constitucionales, sin embargo el concepto correspondiente (aunque no la expresión) estaba ya presente en las Constituciones de 1947 y 1961[21]. Se trata de un concepto de origen alemán que se remonta a la Constitución de Weimar (1919), pero la fórmula venezolana es casi idéntica a la del artículo 1.1 de la Constitución española de 1978, a la que apenas ha añadido tres palabras ("y de Justicia"), que para muchos eran innecesarias, en cuanto creen que la Justicia no es algo ajeno al Derecho sino que forma parte de él.

El Estado de Derecho social modifica al Estado de Derecho liberal, pero sin que esto implique una ruptura con el mismo, sino sólo una adaptación y un complemento con otros valores. La Constitución afirma, simultáneamente, la validez de los clásicos derechos del hombre proclamados por el liberalismo político, y los derechos de inspiración democrática, relativos a la participación de todos en las decisiones públicas. Pero también consagra los más recientes derechos de carácter económico y social que requieren prestaciones positivas del Estado. Se trata de lograr una cierta síntesis de todos ellos, que conduzca al modelo que nuestro texto constitucional denomina *Estado De-*

---

20 *Véase* el documento titulado "Ante la sanción y promulgado de la «Ley que autoriza al Presidente de la República para dictar Decretos contentivos de actos con rango, valor y fuerza de ley en las materias que se le delegan» (ley Habilitante de fecha 1° de febrero de 2007), elaborado por la Comisión de Profesores, designada por el Consejo de la Facultad de Ciencias Jurídicas y Políticas, con la finalidad de estudiar los posibles cambios constitucionales anunciados por el Presidente de la República, en: http://www.juri.ucv.ve/cambio_consti-tucional/pagina3.htm

21 Incluso hay juristas que han tratado de rastrear la presencia de elementos del concepto de *Estado. social* en las constituciones posgomecistas, desde la primera de 1936. Sin embargo estaba ausente el elemento esencial que es el *Estado democrático*, que no se dará en la Venezuela del siglo XX hasta la Constitución de 1947.

mocrático y Social de Derecho y Justicia. Como ha señalado García-Pelayo se trata de un ámbito de síntesis de varios términos —como Estado de Derecho, Estado social, Estado democrático— en la cual no se debe considerar a cada uno aisladamente ni tampoco como una simple agregación de todos sino tomando en cuenta sus necesarias conexiones e interrelaciones (Rey 2009).

Si comparamos la Constitución venezolana de 1999 con las de 1947 y 1961, vemos que la actual contiene un mayor número de disposiciones relativas a los derechos económicos y sociales que las anteriores, pero esto no significa que no haya reconocido o que haya descuidado los derechos individuales y políticos más tradicionales. El Estado de Derecho social modifica al Estado de Derecho liberal, pero sin que esto implique una ruptura con el mismo, sino sólo una adaptación y un complemento con otros valores. La Constitución de 1999 afirma, simultáneamente, la validez de los clásicos derechos del hombre proclamados por el liberalismo político, y los derechos de inspiración democrática, relativos a la participación de todos en las decisiones públicas. Pero también consagra los más recientes derechos de carácter económico y social que requieren prestaciones positivas del Estad. Se trata de lograr es una cierta síntesis de todos ellos, que conduzca al modelo que nuestro texto constitucional denomina *Estado Democrático y Social de Derecho y Justicia*.

La coexistencia en el interior de la Constitución, de valores y principios heterogéneos e incluso contradictorios, podría haber hecho compatible la unidad política nacional con una diversidad y pluralidad cultural y de opiniones políticas, y posibilitar, también, que entre los ciudadanos surgieran controversias sobre el distinto peso o énfasis que deben tener los diversos principios y valores incorporados a la Constitución, y especialmente sobre la oportunidad y ritmo con que deben ser desarrolladas las distintas normas programáticas contenidas en ella. Todas estas controversias serían normales y los eventuales conflictos políticos que de allí surgirían serían legítimos. Pero cuando se pretende reducir unilateralmente los valores y principios consagrados en la Constitución de 1999 a los de un signo político, seleccionando sólo aquellos que responde a una ideología particular y rechazando o ignorando los restantes, se abandona el terreno de la democracia que exige la pluralidad. Esto es lo que se pretenden hacer desde un chavismo radical que apoyándose en algunas citas selectivas del Preámbulo de la Constitución y en ciertos artículos de la misma referentes a ciertos principios generales y a algunos valores políticos y sociales considerados deseables, pretenden que ellos autorizan a la implantación del socialismo; o incluso van más allá pretendiendo que un desarrollo consecuente de ciertas disposiciones programáticas del texto constitucional debe llevar necesariamente a la implantación del socialismo.

En realidad la actitud de Chávez, apoyándose en la peculiar manera que tenia de interpretar la democracia consagrada en la Constitución, creía que puede prescindir de la idea del Estado de Derecho y de la constitucionalidad, en aras de la realización de la Justicia.[22.] Y no son pocos los políticos que apoyan al gobierno que han afirmado que, teniendo en cuenta ciertos principios y algunos de los elementos consagrados en la Constitución, un correcto y consecuente desarrollo y aplicación de los mismos, debería conducir a la implantación del socialismo

Se trata de una selección unilateral y sesgada del texto constitucional, pues entre la diversidad de derechos consagrados en el mismo, desechan algunos de los mas importante, contradiciendo con ello el mismo texto de nuestra Constitución, que garantiza a todos "el goce y ejercicio irrenunciable, indivisible e interdependiente de los derechos humanos" (Artículo 19), de todos los derechos y no de algunos interpretados unilateralmente de acuerdo a un determinado signo ideológicos.

LA *MOVILIZACIÓN TOTAL* PARA LA GUERRA ASIMÉTRICA DE TODO EL PUEBLO Y LA FRUSTRADA REFORMA CONSTITUCIONAL

En un importante discurso ante una multitud congregada en la Avenida Bolívar el 16 de mayo de 2004,[23] Hugo Chávez, proclamó solemnemente el advenimiento de una *nueva etapa antiimperialista*, en el país que nos obliga a desarrollar y concretar, como ya lo señalaba la Constitución de 1999, nuestras políticas para la *defensa integral de la Nación. S*egún Chávez, esto exigía reformular los viejos conceptos estratégicos, como el de *movilización total,* asociado a la antigua idea de "guerra total" que tenía lugar entre Estados de aproximadamente el mismo potencial, para adaptarlo al nuevo tipo de guerras entre Estados de potencial militar muy desigual, y a la necesidad de que el más débil use métodos e instrumentos no convencionales y difíciles de detectar por el enemigo, para compensar sus desventajas en cuanto a potencia militar. Hay que desarrollar una "estrategia de la guerra asimétrica", que es la técnica necesaria para la defensa de la soberanía de nuestro país, y adoptar la forma de a organización comunitaria adecuada para la defensa y seguridad del Estado".[24]

Chávez, en su discurso en la Av. Bolívar, anunció: "hoy lanzo, basándome en el mandato constitucional, [la idea de] la defensa nacional popular integral". Lo cual significaba que había que asignar a los ciudadanos los medios y las armas para cumplir la parte que les corresponde en la defensa nacional. De modo que "Cada hombre y cada mujer debe tener un fusil y bastantes municiones, con el al arma en la mano. *La guerra para defender la revolución es*

---

22 *Véase*, para un desarrollo de lo que lo que sigue mi artículo, Rey (2007)

23 He bajado el texto en: <http://aloplresidente.gob.ve/component/option,com_docman/Itemid,0/task,doc_view/gid,239/>

24 Hugo Chávez, "Primer Foro sobre la Guerra de 4ª Generación y Guerra Asimétrica (de todo el pueblo)". Conferencia pronunciada en el Auditorio de la Academia Militar, 8 de abril 2005.

de todos." Se trataba de la "organización popular para la defensa del país "en cada barrio, en cada quebrada, en cada isla, en cada campo, en cada universidad, en cada fábrica, en cada selva, en cada lugar donde haya un grupo de patriotas, ahí deben de estar organizándose para la defensa territorial, para la defensa nacional." Y terminaba con un llamado a la defensa de la Revolución.

Para lograrlo se organizaron las Milicias populares, distintas y aparte de las fuerzas armadas ordinarias, con la función de llevar a cabo "operaciones de resistencia locales contra cualquier agresión externa o interna". Pero teniendo en cuenta la poca efectividad de tal dispositivo frente a una eventual invasión de tropas bien equipadas y entrenadas de una potencia imperialista, las Milicias estaban pensadas fundamentalmente como elementos disuasorios frente a eventuales golpes de Estado y para preservación del orden interno. Además de sus supuestas actividades estrictamente militares, tenían importantes funciones de inteligencia interna, sobre los llamados "escuálidos" (es decir los enemigos del gobierno), según decía el Mayor General Carlos Freites, comandante general de las Milicias.

Cuando en 2007 Chávez propone un proyecto de reforma constitucional, para eliminar los obstáculos que en la Constitución de 1999 impedían implantar el socialismo, quiso incluir en el mismo ciertas reformas en materia de seguridad y defensa, cuyo sentido general era una abierta politización de la fuerza armada al servicio del presidente, que le permitiera contar con su apoyo para el mantenimiento y desarrollo de la Revolución y para la preservación del orden público interno y de la represión. Un papel prominente entre estas reformas lo ocupaban las necesarias para a *movilización total* en función de una eventual *guerra asimétrica* o *de cuarta generación*

Entre las reformas constitucionales propuestas se deben mencionar las siguientes:

-- En el proyecto de reforma constitucional se ampliaba el periodo presidencia, desde el actual número de 6, a 7 años, y además se permitía su reelección inmediata. Se reafirmaban y reforzaban los poderes supremos del Jefe de Estado como comandante en Jefe de la Nación, concebida como unida y movilizada para hacer frente al nuevo tipo de guerra que la agresión imperialista le obligaba a enfrentar. A la atribución tradicional del Presidente de "dirigir la acción del Gobierno" (que ya figuraba en el Art. 236, ord. 2° de la Constitución de 1999), se añadía ahora la de "dirigir la acciones del Estado y del Gobierno y coordinar las relaciones con los otros Poderes Públicos Nacionales, en su carácter de Jefe del Estado" (Art. 236, 2°). Declaración que podría tener un significado que iba más allá de lo puramente simbólicos, pues dependía de la interpretación que se quisiera dar a expresiones tales como "*dirigir las acciones* del Estado" y "*coordinar las relaciones* con los otros Poderes".

– Se otorgaban al Presidente amplios e indefinidos poderes para "decretar regiones estratégicas de defensas en cualquier parte", sin respetar la divisiones político-territoriales establecidas en la Constitución y las leyes; y la facultad de nombrar autoridades especiales en situaciones de contingencia o que requiriera la intervención inmediata y estratégica de Estado. Todo ello en forma muy amplia e indefinida.

– En cuanto a la Fuerza Armada, se añadía el adjetivo "bolivariana" al nombre de cada uno de sus componentes, con lo cual se trataba de señalar una identificación política con el Presidente y su partido. Una propuesta del presidente Chávez suprimía la prohibición, que figuraba en las anteriores constituciones, de que los miembros de la Fuerza Armada tuvieran militancia política. Sin embargo la Asamblea Nacional, integrada sólo por diputados chavistas (la oposición se había negado a participar en las elecciones, por no confiar en su pureza) decidió conservar tal limitación.

– En la propuesta presentada por Chávez se *eliminaba* también la disposición de la Constitución de 1999, según la cual *los militares no podían estar al servicio de ninguna persona ni parcialidad política*; así como la norma que establecía que la Fuerza Armada era una institución *esencialmente profesional*, por considerar esta disposición de carácter elitista y oligárquica, sustituyéndola por otra que la definía como "cuerpo esencialmente patriótico, popular y antiimperalista".

– Frente a la Constitución de 1999, que consideraba que responsabilidad especial del Ejército, la Marina y a Aviación era la defensa militar frente al exterior, el proyecto Chávez atribuía a toda la Fuerza Armada, sin distinciones, la defensa integral frente a cualquier ataque *externo o interno*. Por otra parte, frente a la normativa anterior, que consideraba que la preservación del orden público interno estaba especialmente reservada a la Guardia Nacional y sólo permitía la cooperación en dichas tareas de los otros cuerpos en los casos en que la Guardia hubiese sido rebasada, el proyecto señalaba como función de la Fuerza Armada, sin hacer distintos entre sus diferentes componentes, la defensa de integral de la seguridad ciudadana y la conservación del orden público, en toda ocasión.

– El proyecto de reforma incorporaba como un componente más de la Fuerza Armada, equiparada a lo otros cuatro tradicionales, a la Milicia Popular que no estaba prevista en la Constituciones anteriores, y existían dudas sobre la legalidad de su creación.

El proyecto de reforma constitucional, después de ser discutido y aprobado por la Asamblea, fue rechazado por el pueblo en el referéndum a que fue sometido, pero pese a ello poco tiempo después muchos de sus contenidos fueron incluidos, mediante el Decreto Nº 6.239 con rango, valor y fuerza de Ley Orgánica de la *Ley Orgánica de la Fuerza Armada Bolivariana*, del 31/07/2008, dictado por el Presidente en uso de la delegación legislativa que había recibido de la Asamblea Nacional.

Ese Decreto establece, entre otras cosas[25]:

— Los poderes que esa reforma de la Ley otorga al Presidente, que son inmensos y en varios casos abiertamente inconstitucionales. Una disposición

25 Para una contundente crítica a los distintos aspectos del contenido de tal reforma legal, véase Usón (2009).

(Art. 4, 7), otorga poder al Presidente para autorizar a la Fuerza Armada a intervenir para preservar o restituir el orden publico interno, en caso de graves perturbaciones, de acuerdo a su juicio.

— Se crea el cargo de Comandante en Jefe, con carácter vitalicio, como un grado militar (antes era puramente civil) a favor del Presidente de la República. La Fuerza Armada pasan a estar, desde el punto de vista operacional, bajo el mando directo del Presidente en tanto que Comandante en Jefe, que en dicho carácter goza de los mas amplios poderes directos (Art. 6).

— Se crea la Milicia Nacional Bolivariana, a la que se otorgan muy amplias funciones, no estrictamente militares, sino para la seguridad y el desarrollo, incluyendo el control de la población y de los Consejos comunales (Arts. 43-46).

— El Presidente tiene la facultad de establecer Regiones Estratégicas de Defensa Integral (Art. 23-24), que son espacios territoriales que transcienden la división territorial establecida por la Constitución, con facultades para controlar la población, el territorio, bienes y servicios (Art. 26)

Mediante este Decreto-Ley se incluyeron varios de los más importantes cambios contenidos en el proyecto de reforma constitucional que el pueblo había rechazado, y que, por tanto, estaban en abierta contradicción con varios principio de la Constitución de 1999 que formalmente continuaban estando vigentes. En unos cuantos casos la nueva ley no contradice expresamente a la Constitución de 1999, pero no incluye algunas importante disposiciones que figuraba en la versión anterior de la ley, y que pretendieron ser eliminadas en el proyecto de reforma constitucional. Por ejemplo, no figuran en la nueva ley ni la prohibición expresa de que los miembros de Fuerza Arma tengan militancia política, ni tampoco el que no puedan estar al servicio de ninguna persona ni parcial política (ambas disposiciones serían suprimidas en caso de aprobarse la frustrada reforma constitucional). Se podría decir que en derecho estricto, como quiera que las normas constitucionales que contienen dichas prohibiciones continúan vigentes, el silencio legislativo en esa materia en nada altera la situación jurídica. Sin embargo, conocedores del mundo y de las costumbres militares advierten que dicho silencio legal es un primer paso deliberado para empezar a ignorar las prohibiciones constitucionales. Lo cual es lo que efectivamente ya está ocurriendo.

LA "NUEVA GEOMETRÍA DEL PODER"[26]

El Proyecto de Reforma constitucional que presentó el Presidente de la República a la Asamblea Nacional en fecha 15 de agosto de 2007, formulaba propuestas de cambio en la distribución territorial y funcional del poder público, que se expresaban en lo que era denominado "Nueva Geometría del

26 Me ha sido muy útil para redactar esta sección el informe inédito escrito por el Doctor Armando Rodríguez, sobre la "Nueva Geometría del Poder", que sigo muy de cerca.

Poder", con la que se aspiraba a cambiar la "geometría del poder actual" y generar una "explosión del Poder Popular" por el sentido y profundidad de los cambios que se proponían. Según Chávez re trataba de "una nueva manera de distribuir el poder político, económico, social y militar sobre el espacio, con lo cual no solo se destruiría totalmente la actual estructura político-constitucional del Estado, sino también se trastocaría la estructura económica y social del país". Era todo un nuevo sistema que en forma progresiva, según Chávez, permitiría que "salgamos de las viejas estructuras del Estado capitalista-burgués que lo que hace es frenar los impulsos revolucionarios [...]".

En lo referente a la llamada "geometría territorial", el artículo 136 señalaba que: "El Poder Público se distribuye territorialmente en la siguiente forma: el poder popular, el poder municipal, el poder estatal y el poder nacional [...]", y más adelante añadía: "El pueblo es depositario de la soberanía y la ejerce directamente a través del Poder Popular. Este no nace del sufragio ni de elección alguna, sino que nace de la condición de los grupos humanos organizados como base de la población [...]": Y finalizaba diciendo que "el Poder Popular se expresa constituyendo las comunidades, las comunas y el autogobierno de las ciudades, a través de los consejos comunales, los consejos obreros, los consejos campesinos, los consejos estudiantiles y otros entes que señale la ley."

Por otra parte, el artículo 18 dice que pertenecen al "Poder Popular" "las Comunidades, Comuna, Consejos Comunales y demás organizaciones sociales elementos que carecen de base territorial, como lo son los "consejos obreros, campesinos o estudiantiles".

Pero nada se dice sobre los parámetros y condiciones que deben cumplir los grupos humanos para ser reconocidos como miembros del Poder Popular.

En canto a llamada "geometría funcional" su característica más sobresaliente es que su ejercicio del poder depende, a través de varios mecanismos, del Ejecutivo Nacional. Todo ello —como se reconoce en el *Proyecto de Exposición de Motivos para la Reforma Constitucional*, emanado de la Presidencia de la y República— con el objetivo central de establecer un "Estado Socialista", lo cual exige, entre otras cosas, "romper el modelo capitalista burgués", "superar los obstáculos generados por las relaciones sociales capitalista", asegurar "la continuidad presidencial" y "crear una nueva estructura político territorial".

Se pretendía consagrar formalmente una nueva estructura de Estado, un Estado Socialista cambiando la estructura federal y la descentralización reconocidas en la Constitución de 1999, por el centralismo y la concentración del poder; la sustitución deli Principio de Legalidad y el Estado de Derecho por un ejercicio del poder público exento de, participación, responsabilidad y control; sustituir la elección como expresión de la soberanía popular, por la designación de los gobernantes; y el pluralismo por la fórmula única del socialismo para la participación política.

Pero es muy importante tener en cuenta que esta " nueva geometría del poder", pese a que fue rechazada por el pueblo mediante el referéndum de

2007 y ser evidentemente inconstitucional es aplicada corrientemente por los gobiernos, tanto el de Chávez como el de Maduro; y en gran parte ha sido utilizada por Nicolás Maduro para diseñar la organización y funcionamiento del sufragio para la elección de la Asamblea Constituye según lo dispone el Decreto Nº 2.878 de 27 de mayo 2017 mediante el cual se establecen las Bases Comiciales para dicha Asamblea.

EL *ESTADO SOCIAL* COMO TRANSACCIÓN O CONVENIO

El establecimiento de un Estado democrático y social de Derecho no ha sido, la mayoría de las veces, resultado de una decisión unánime que expresaría la totalidad homogeneidad de quienes comparten las mismos valores o las mismas ideologías políticas, sino fue, más bien, el resultado de una transacción o convenio, que se produjo como resultado de negociaciones entre personas con ideologías y valores no sólo diferente sino a menudo opuestas.

Conviene recordar que numerosos autores han considerado a la Constitución de Weimar, pionera en esta materia, como de carácter "mixto", en el sentido de que representaría un compromiso o intento de conciliación de principios heterogéneos e incluso contradictorios, sustentados por las diferentes fuerzas que apoyaban el nuevo régimen. Así en lo relativo a los derechos y garantías vemos que se recogen principios de raigambre individualista liberal, cristianos y socialistas, difícilmente conciliables y que coexistían, sin que se definiera cuál de ellos debía prevalecer en cada ocasión. Y no ha faltado quien ha acusado a esa Constitución, por esta razón, de carecer de decisión (Kirchheimer), o de representar un compromiso inauténtico o apócrifo, pues el acuerdo entre los partidos de la coalición se logra mediante fórmulas dilatorias que, en realidad, soslayaron una decisión (Carl Schmitt). Así, los socialistas podían pensar —en base a los enunciados del texto constitucional que consagraban el "Estado social"— que la Constitución de Weimar constituía el instrumento adecuado para la construcción del socialismo, o incluso que las normas programáticas contenidas en ella deberían llevar lógica y necesariamente a tal objetivo (algo parecido piensan algunos chavistas venezolanos con respecto a nuestra Constitución de 1999). En tanto que los elementos más conservadores podían sostener que lo esencial en ella eran los principios de libertad individual y que excluía todo Estatismo. Si tuviéramos que buscar analogías en Venezuela, tendríamos que señalar nuestra Constitución de 1961.[27]

Aunque se trata de una cuestión que debe ser examinada país por país y en sus distintas épocas, en términos generales se intentaba lograr una transacción o convenio entre dos grupos muy distintos: por un lado estaban quienes consideraban que el orden social y económico de la sociedad capitalista era, en

27 Juan Carlos Rey, "Algunas analogías entre la República Alemana de Weimar y la democracia consensual o pactista venezolana a partir de 1958", en mi *blog* en Internet:< https://ucv.academia.edu/JuanCarlosRey>

conjunto, satisfactorio o adecuado y estaban interesados, sobre todo, en preservar la libertad individual frente a los peligros de intromisión estatal; y por otro lado, se situaban los partidarios de la intervención del Estado para modificar dicho orden económico y social, introduciendo criterios de justicia social, que podría incluir medidas de redistribución, lo cual requeriría cambiar las reglas constitucionales bajo las que había funcionado el Estado liberal. Un acuerdo entre ambos grupos, que hiciera posible la común aceptación de las nuevas reglas era difícil, sin embargo en muchos casos fue posible lograr una transacción y compromiso, mediante la instauración de un Estado de bienestar keynesiano, capaz de promover al mismo tiempo el crecimiento y la distribución y a través de la constitución de un Estado social y democrático de Derecho[28].

El compromiso consistió, básicamente, en la mayoría de los casos, en abrir a nivel constitucional la posibilidad de crear nuevos derechos de carácter económico o social, o en limitar los derechos tradicionales, pero, en ambos casos, se difiere o se traslada la decisión concreta sobre tales cuestiones a nivel de la legislación ordinaria. Esto significa, en primer lugar, que junto a los derechos individuales clásicos, de raigambre liberal, que implican fundamentalmente un deber de abstención por parte del Estado, se reconocen otros derechos de naturaleza económica y social, a favor de ciertos sectores sociales menos favorecidos, que lejos de suponer una abstención del Estado, requieren cierta actividad positiva de las autoridades públicas, a través de regulaciones o de prestaciones directas (derecho a la seguridad social, a la educación, a la salud, etc.). Pero, a diferencia de los preceptos constitucionales tradicionales, que garantizan los derechos del primer tipo, y que son tenidos como normas perfectas, acabadas y plenamente exigibles, muchas de las que consagran estos nuevos derechos económicos y sociales, son consideradas como normas meramente programáticas, de modo que para ser efectivas necesitan un desarrollo jurídico y administrativo, mediante la creación de servicios públicos y la consiguiente provisión de recursos presupuestarios. De manera que la mera consagración constitucional de estos nuevos derechos, a través de normas de carácter programático, implica una obligación de carácter mas bien político o moral, pero no estrictamente jurídico, por parte del Estado. El "compromiso" o "transacción" consiste en que la Constitución, tras una consagración del derecho que considera en abstracto deseable, remite a la legislación para el establecimiento de las condiciones o modalidades de su ejercicio, suspendiendo entre tanto su aplicación. De manera que el compromiso puede consistir en aplazar o diferir la decisión relativa a su efectiva aplicación *sine die*.

Pero el Estado social implica también que la Constitución admite la posibilidad de que por vía legislativa se establezcan ciertas limitaciones o condicionamientos a algunos de los derechos fundamentales tradicionales, que antes eran considerados como absolutos.

28 Para los detalles puede consultarse el libro de García-Pelayo (1985).

CONSTITUCIONALIDAD Y "ORDEN" POLÍTICO

La introducción de una perspectiva constitucional, puede arrojar luz sobre importantes problemas relativos a la instauración y consolidación de un régimen político, pues cualquier intento de explicar, o incluso simplemente describir un gobierno prescindiendo de la idea de *normatividad*, resulta insatisfactorio, pues gran parte de las regularidades empíricas del comportamiento de la población son expresión de una "normalidad", entendiendo por tal término una conducta en conformidad con normas o reglas[29]. En particular, todo orden político que sea relativamente estable y continuo, incluye como uno de sus elementos esenciales, componentes de naturaleza normativa y, en particular, normas jurídicas. De forma que el funcionamiento efectivo de cualquier tipo de gobierno supone, como mínimo, la obediencia de sus decisiones, por parte de sus destinatarios, *por regla general y para la mayoría de los casos*.

Ahora bien, dejando aparte las circunstancias, que pueden ser muy numerosas en tiempos "normales", en que la obediencia se basa en la inercia psíquica o en la fuerza de la costumbre (Weber 1964: 706), podemos distinguir tres posibles mecanismos a partir de los cuales se puede producir esa obediencia.

En primer lugar, las personas pueden obedecer decisiones gubernamentales concretas, caso por caso, en razón de una evaluación de los méritos intrínsecos de cada una de ellas y de las posibles consecuencias de oponerles resistencia, incluyendo la probabilidad de que la desobediencia acarree la aplicación de sanciones jurídicas. En tal tipo de situaciones, el gobierno debe lograr obediencia para cada decisión concreta, una tras otra, tratando de convencer a los destinatarios de la bondad y/o utilidad de cada medida específica, a través de un complejo proceso de interacción estratégica que puede incluir, además de la argumentación y la persuasión, negociaciones expresas o tácitas y el eventual uso de promesas y amenazas diversas. Aunque no puede excluirse que a través de tales medios se pueda lograr imponer una cierta regularidad de comportamiento, es evidente que el "orden" político que de esta manera puede surgir es efímero, pues debe ser reconstruido o renegociado para cada nueva decisión y, con toda probabilidad, será inestable.

En segundo lugar, la gente puede obedecer decisiones gubernamentales, sin necesidad de evaluar sus méritos intrínsecos, en razón de ciertas cualidades positivas extraordinarias ("carisma") que atribuye a la persona concreta de la que provienen (es decir, al gobernante), y de la confianza o crédito que éste les merece. Pero el orden político que puede surgir a partir de semejantes procesos de personalización del poder público, es frágil, mientras carece de

29 Sobre la importancia de los conceptos de *normalidad* y *normatividad* y el papel del derecho en el análisis político, todavía conserva todo su valor el antiguo texto de Herman Heller (1955: 199-216). Sobre la importancia de las normas constitucionales, *Ibidem*: 267-289.

base institucional. El problema típico, aunque no único en tales casos, es el de la *sucesión*, como lo muestra el caso de Nicolás Maduro sucediendo a Hugo Chávez.

En tercer lugar, es posible que la gente obedezca las decisiones del gobierno sin necesidad de evaluar los méritos intrínsecos de cada una de ellas, y con independencia de las cualidades que le atribuya a las personas de los gobernantes, en virtud de haber sido *dictadas de acuerdo a ciertas reglas de juego (= constitución) que se consideran como válidas y obligatorias*. En este caso la obediencia es el resultado de un compromiso normativo de carácter axiológico o/y de naturaleza pragmática-racional con esas reglas, y de la consiguiente disposición a obedecer las decisiones que tomen las autoridades establecidas en la Constitución, siempre que cumplan los requisitos estipulados en la misma. El orden político que así resulta es un *orden constitucional* y, en principio, debería gozar de un grado alto de estabilidad y permanencia, pues está verdaderamente institucionalizado.

Es evidente que en la vida real la obediencia a las decisiones del gobierno, en los distintos sistemas políticos concretos, se debe a alguna mezcla de los tres tipos de mecanismos que acaban de ser considerados, y el problema que se presenta es el de precisar, para cada caso, el peso relativo de cada uno de ellos.

La constitución equivale a las reglas de juego básicas que *rigen efectivamente la vida política*, y su efectivo funcionamiento requiere la existencia de un amplio consenso por parte de los principales actores o grupos sociales y políticos (los "factores reales de poder", como los denominaba Lassalle) acerca de la validez y obligatoriedad de esas reglas, de modo que la sanción que se aplique a los eventuales infractores sea sentida por aquellos factores como justa y debida. Aunque la pretensión de validez de estas reglas o normas se dirige a todos los miembros de la sociedad, en realidad no es necesario que sean reconocidas como válidas y obligatorias por todos o por la mayoría de sus destinatarios. Bastará tal reconocimiento por parte de esos factores reales de poder, pues es el consenso de ellos el que permitirá al gobierno contar con el apoyo moral y/o material necesario para poder movilizar con éxito el conjunto de recursos sociales y colectivos que se requieran para hacer efectivas sus decisiones.

Es muy importante tener en cuenta que no todos los regímenes políticos realmente existentes están acompañados de una verdadera Constitución. En ciertos casos, la falta de consenso entre los principales grupos o actores políticos y sociales acerca de unas reglas básicas del juego político, hace que podamos hablar de falta o ausencia de una constitución real (aunque pueda existir una *constitución de papel*), de modo que el orden político es el resultado de una constante interacción estratégica entre los distintos factores de poder. Pero los eventuales equilibrios que de allí pueden surgir son esencialmente inseguros e inestables

El esquema anterior puede servir para analizar las diferencias existentes entre el régimen de Hugo Chávez y el de Nicolás Maduro en materia de obediencia a las decisiones gubernamentales y sobre el eventual "orden" político que resulta en cada uno de ellos. Lo ilustré presentando un brevísimo esbozo de ambos casos.[30]

En el caso de Hugo Chávez, su participación en la Asamblea constituyente de 1999, no fue para pactar o convenir con los adversarios, partiendo del reconocimiento de sus derecho e intereses considerados como legítimos, sino que fue una maniobra táctica dentro de una estrategia revolucionaria que aspiraba a deshacerse de ellos como fuerza política, social y económica, a ser posible sin tener que utilizar las armas (al menos por el momento), pero dejando claro que disponían de ellas y que estaban dispuesto a utilizarlas si la situación lo requiriera. En verdad no existía una verdadera Constitución entendida como unas "reglas de juego" comunes aceptadas por los participantes. Para Chávez y sus partidarios la Constitución significaba la "Revolución Permanente", y el Poder constituyente lo identificaban con las masas chavistas que aclamaban al Comandante. En cambio, para la oposición, la Constitución de 1999 era, en gran parte, la expresión de la tiranía de la mayoría chavista (aunque podían exceptuar de esta calificación algunas normas constitucionales relativas a la defensa de los derechos humanos). Durante buena parte de su existencia el gobierno de Chávez obtuvo la obediencia a sus decisiones, pese a la inexistencia de una verdadera Constitución (la de 1999 ha sido una "constitución de papel" más) debido en parte a la presencia de dos factores fundamentales que se complementaban dialécticamente, de modo que cuanto más hay de uno de ellos, disminuye la necesidad del otro. Se trata del "carisma" que buena parte de la población ha reconocido en Hugo Chávez y de las políticas distributivas del gobierno.

La relación de complementación dialéctica entre ambos componentes quiere decir que cuanto mayor sea la creencia en el carisma del gobernante, menos necesarias serán las políticas distributivas; y viceversa: cuanto más exitosas sean las políticas distributivas, disminuirá la necesidad de confiar en el carisma del gobernante. Chávez fue hábil en el manejo de esta relación, dosificando adecuadamente el moto de atención que debía prestar a cada uno de los dos elementos de la misma con el fin de obtener un resultado final de equilibrio en función del "orden" que deseaba.

Pero durante la presidencia de Chávez, debido al deterioro de su *carisma* , unido a la mala situación fiscal, en varias ocasiones y para algunas decisiones, no contó con la confianza y crédito necesarios para que pudieran ser aceptadas "en principio" por los destinatarios sin necesidad de discutir previamente su contenido y evaluar los méritos intrínsecos de cada una de ellas. En tales ocasiones el gobierno debería lograr la aceptación y obediencia para cada decisión concreta, una tras otra, mediante el uso de la argumentación y la persuasión, y el uso de diversas promesas y amenazas. Chávez tuvo sufi-

30 Para ampliar lo que a continuación se expone pueden consultarse mis diversos ensayos en mi *blog* en internet: https://ucv.academia.edu/JuanCarlosRey.

ciente habilidad y recursos para hacer frente a ese tipo de situaciones que si se convertían en habituales podrían hacer imposible el mantenimiento de un orden político. Este es, precisamente, el problema que debe enfrentar el sucesor de Chávez, Nicolás Maduro.

Bajo la presidencia de Maduro la situación jurídico-constitucional era la misma que heredó de Chávez, incluyendo las muchas inconstitucionalidades e ilegalidades que caracterizaron a aquel gobierno. Pero en cambio la situación fiscal era bastante peor, y el nuevo presidente carecía del carisma y demás cualidades personales que tuvo Chávez. Éste, gracias a esas cualidades había gozado de un importante apoyo popular, lo cual le había permitido permanecer durante 14 años en el poder usando la violencia y la represión frente a sus opositores, con una extensión e intensidad bastante baja si la comparamos con la de los dictadores tradicionales. Pero Maduro, ante las crecientes dificultades para mantener el orden público y lograr la obediencia de sus decisiones, recurrió progresivamente a los métodos de esas dictaduras tradicionales (a las que cada día se parece más), especialmente a la violencia y la represión

La personalidad de Maduro es un tanto gris. Nunca se distinguió por su liderazgo y actividad dentro del partido. Su promoción, bastante sorpresiva, se debió a las funciones que desempeñó como ayudante personal de Chávez que muy satisfecho con su entrega y lealtad personal auspició su progreso.

Se trata de una persona de escasa cultura y para la cual el pensamiento de Hugo Chávez es la máxima expresión de sabiduría política. Consciente de que su llegada a la presidencia se debe a la voluntad de Hugo Chávez, y que ésta es la única fuente de su legitimidad, se ha encargado de exaltarlo en forma increíble. Tal es el caso de *El Libro Azul*, y *Un Brazalete Tricolor*, obras juveniles y mediocres de Chávez. De la primera mandó a imprimir 5 millones de ejemplares "como un tesoro para la consulta permanente", para distribuirlos en toda Venezuela, pues según cree Maduro representa "las bases del socialismo Venezolano y latinoamericano nuevo". Propuso hacer con este libro "una gran red de formación y estudio", pues considera que el "Libro Azul" se asemeja al "Libro Rojo" de Mao Tse-tung o al "Libro Verde" de Gadafi.

La penuria intelectual de Maduro se muestra en la exagerada estima de esa obrita elemental y en la exaltación del pensamiento contenido en "El Árbol de la 3 Raíces" del que llega a decir que el pensamiento de Simón Rodríguez es para él muy superior y preferible al de Carlos Marx.

Es sabido que el "Libro Azul" y "El Árbol de las 3 Raíces", aparte de algunos pocos chavistas nadie se toma la molestia en analizarlo y mucho menos pretender convertirlo en la base ideológica del nuevo socialismo. Pero lo que en realidad pretende Maduro es hacer del chavismo una verdadera Iglesia en la que Hugo Chávez, al igual que Cristo, sería el fundador, y Nicolás Maduro, semejante a Pedro, sería la cabeza designada por el propio fundador, con poderes superiores de disciplina y para definir la verdadera doctrina. Como he escrito en otra ocasión (Rey 2015*: 32-33), creo que el Chavismo puede ser una religión popular del tipo de María Lionza o el Negro Primero, pero no una iglesia jerárquica institucionalizada.

Frente a los que dicen que el *madurismo* es una traición al chavismo hay que señalar que Nicolás Maduro ha afirmado solemnemente: *"en nombre propio y como hijo de Chávez y Presidente de la república Bolivariana de Venezuela tengo clara conciencia de que no hay convivencia posible con el capitalismo* ".[31]

Pero se afirma que la convocatoria de Maduro a la Asamblea Constituyente invitando a participar en ella a la oposición con el fin de crear un espacio de intercambio de opiniones en el que sea posible negociar y llegar con ella a un acuerdo pacífico es una muestra de la citada traición, pues hay que recordar la advertencia de Hugo Chávez con motivo de la convocatoria a la Asamblea Constituyente de 1999: "*nada de consensos ni de acuerdos con los demás. Los revolucionarios no pactan*".

Sin embargo, según *El Universal* del 18 de julio de 2014 (págs. 1-2) el Presidente Nicolás Maduro, recién elegido por aclamación y sin debate, el primer día en que se reunió el III Congreso del PSUV, dijo:

"Podríamos activar una Constituyente para activar el socialismo", pues "la constituyente no ha terminado, la constituyente no sólo es la Asamblea Constituyente, es un poder popular que va constituyendo una nueva realidad que va desarrollando los elementos vitales de la Constitución, del Proyecto Nacional Simón Bolívar para profundizar el socialismo".

Lo cual muestra la semejanza, en este sentido, del pensamiento de Maduro con el de Chávez, y no es de extrañar que la oposición no haya creído en la sinceridad de su invitación y la haya rechazado, viendo en ella un engaño del gobierno para superar las dificultades y mejorar su poder.

LA ASAMBLEA NACIONAL CONSTITUYENTE

El texto constitucional de 1999, si bien establece límites al procedimiento de reforma, que impedirían usarlo para llevar a cabo algunas de las modificaciones que el presidente Chávez trató de implantar mediante la reforma de 2007, abre la posibilidad, desde el punto de vista exclusivamente formal, de que tales cambios pudieran llevarse a cabo mediante el procedimiento, previsto en la propia Constitución, de convocar una Asamblea Constituyente (Art. 347), que no estaría sometida a límite alguno de derecho positivo, pues se supone que se basaría en las facultades que tiene el pueblo "como depositario del poder constituyente originario".

La Constitución formalmente vigente, la de 1999, atribuye poderes soberanos de tal Asamblea —se supone que delegados por el pueblo— declarando válidas todas las decisiones que tome, sin que puedan ser objetadas o impedidas por ninguno de los poderes constituidos, incluyendo el poder judicial, y

31 Maduro en el Prólogo a Serrano Mancilla (2016).

sin necesidad de someterlos a referéndum popular, algo insólito para una democracia que se define como participativa y protagónica. De modo que los ciudadanos no tendrán posibilidad alguna de rechazarlas. Solo podrían oponerse a ellas acudiendo al procedimiento extrajurídico de la insurrección, al que se alude en el Art. 350.

Resulta claro, por la lectura del texto de la Constitución sobre el particular, que la Asamblea no tendría límite alguno en cuanto al tipo de decisiones que puede tomar, ni tampoco estaría sometida a términos temporales para su ejercicio. Como lo reconoce expresamente esa Ley suprema, podrá transformar el Estado, crear un nuevo orden jurídico o redactar una nueva Constitución. En realidad, sus poderes serían totales, de manera que también podría establecer una tiranía temporal o perpetua, incluyendo la suya propia, sin que la ciudadanía dispusiera, según la Constitución, de ningún recurso jurídico para impedirlo.

El problema y la dificultad mayor consiste en cómo limitar, en la práctica, al Poder constituyente originario, esto es, el que se supone que es el soberano. Las soluciones han consistido en afirmar que existen un conjunto de derechos fundamentales de los individuos que, con independencia de que estén reconocidos en el texto constitucional, tienen plena validez. En ciertas culturas (incluida la que ha predominado en la historia venezolana) se trata de derechos naturales, anteriores y superiores a la existencia misma del Estado, que se pueden interpretar como de origen divino, o en versión laica, como productos de la razón que rige al mundo. En otras culturas, como en Inglaterra, se trataría, más bien, de derechos históricos-tradicionales.

La parte más débil de estas ideas, desde el punto de vista práctico, es que contra la eventual violación de tales derechos por parte de quienes gobiernan, cuando no existen o no funcionan los recursos jurídicos el único remedio asequible a los ciudadanos sería el ejercicio del derecho de resistencia, como se sugiere el artículo 350 de la Constitución vigente, pero que desde el punto de vista jurídico es una solución técnicamente imperfecta. Sin embargo, en los últimos años se ha desarrollado la idea de que los derechos humanos y su protección forman parte del orden jurídico internacional, que obliga a los distintos Estados por encima de su soberanía, de forma tal que la comunidad internacional organizada podría imponer sanciones a las naciones que no los respetaran. El desarrollo de tal idea y su aplicación podría proporcionar un cuadro más sólido a la protección de los derechos humanos, y aunque por ahora no se puede ser demasiado optimista con respecto a su eficacia, los efectos de una condenación moral de la comunidad internacional no son para despreciar, y pueden ser un primer paso para el establecimiento de un futuro orden jurídico internacional mucho más efectivo

Cuando se elige una Asamblea Constituyente, siempre se pueden presentar dudas sobre si el sistema electoral adoptado refleja las verdaderas preferencias del pueblo (caso de la Asamblea Constituyente de 1999). Pero desde el punto de vista de los principios democráticos, lo que resulta totalmente inadmisible (muy especialmente en una Constitución que proclama una democracia participativa y protagónica) es que los poderes soberanos del pueblo pasen a esa Asamblea (artículo 349). En virtud de esos poderes, la Asamblea podrá hacer toda clase de cambios políticos y jurídicos, incluyendo el de la Constitución, sin ningún control y sin que se necesite que sus decisiones sean sometidos a un referéndum popular para que el pueblo pueda aprobarlos o rechazarlos[32]. Todo ello en evidente contradicción no sólo con la elemental lógica de la democracia, sino en Venezuela con el artículo 5 de la propia Constitución, que establece que la soberanía, que reside en el pueblo, es intransferible.

Me parece evidente que cualquier persona amante de la democracia no podrá aceptar, por razones de principios, la legitimidad de la convocatoria a una Asamblea constituyente, en las condiciones y con los poderes que para ella fija la Constitución vigente. Los peligros de acudir a tal procedimiento resultan obvios, y en mi opinión, inaceptables desde un punto de vista de la táctica política. Sin embargo, hay sectores de la oposición que insisten en exigir el procedimiento de la convocatoria a una Asamblea constituyente, como el medio para adelantar las modificaciones constitucionales que desean. Es muy posible que lo hagan por razones meramente tácticas, con la falsa esperanza de que, a través de este procedimiento, podrían eventualmente lograr una mayoría en dicha Asamblea y usar los poderes totales de los que así dispondrían para acabar con un sistema que detestan. Pero una Asamblea Nacional Constituyente, en los términos de los artículos 347/349 de la Constitución, resulta inadmisible por ser claramente antidemocrática. Como lo muestra la historia constitucional universal, para que una Asamblea constituyente sea verdaderamente democrática se requieren varias condiciones, entre las cuales hay que destacar al menos tres: (i) su convocatoria ha de ser por iniciativa del pueblo; (ii) sus facultades se limitan a elaborar un *proyecto de Constitución* y fuera de esta función carece de todo tipo de poderes (en especial deben carecer de facultades legislativas o ejecutivas); y (iii) dicho proyecto, una vez elaborado, deberá ser sometida a referéndum, de cuyo resultado dependerá su aprobación o rechazo.

REFERENCIAS BIBLIOGRÁFICAS

Arvelo Ramos, A. (1998), *El dilema del Chavismo. Una incógnita en el poder*. Caracas: José Agustín Catalá. El Centauro.

Blanco Muñoz, A. (1998), *Venezuela del 04F-92 al 06D-98. Habla el comandante Hugo Chávez*. Caracas: Universidad Central de Venezuela.

32 En todos los anteproyectos de Constitución que e manejaron durante su discusión, figuraba la necesidad de referéndum popular previo para autorizar la convocatoria a una Asamblea Constituyente. A última hora, por razones desconocidas, tal exigencia desapareció en la última versión que fue objeto de discusión final y aprobación, sin objeción de nadie.

Buchanan, J. M. & G. Tullock (1962), *The Calculus of Consent. Logical Foundations of Constitutional. Democracy*. Ann Arbor: Michigan Uiversity Press.

Elster, J. & R. Slagstad, eds. (1988), *Constitutionalism and Democracy*. Cambridge: Cambridge University Press

García-Pelayo, M. (1985), *Las transformaciones del Estado contemporáneo* .

Greenberg, D., S. N. Kartz, M. B. Oliviero & S. C. Wheatley, eds. (1993). *Constitututionalism and Democracy. Transitions in the Comtemporary World*. New York: Oxford University Press

Heller, H. (1955), *Teoría del Estado*. (Edición y Prólogo de G. Niemeyer). México: Fondo de Cultura Económica

Lassalle, F. [1841] (931), *¿Qué es una Constitución?*. Trad. de Wenceslao Roces. Madrid: Cenit.

Mueller, D. C. (1996), *Constitutional Democracy*. New York: Oxford University Press

Negri, A. (1994), *El poder constituyente. Ensayos sobre las alternativas de la modernidad*. Madrid: Libertarias/Prodhufi.

Njaim, H. (2000), "Las implicaciones de la democracia participativa: un tema constitucional de nuestro tiempo", en Eduardo García de Enterría *et alii*, *Constitución y Constitucionalismo,* Caracas: Fundación Manuel García-Pelayo.

Petkoff, T. (2000), *La Venezuela de Chávez. Una segunda opinión*. Caracas: Grijalbo

Pulido, L. *(*1880), *Recuerdos Históricos con Motivo de la Colocación en el Panteón Nacional de los Restos del Ilustre Prócer de la Independencia Sur-Americana General José Ignacio Pulido (padre)*. Caracas: Imprenta de Vapor de "La Opinión Nacional

Rey, J. C. (1991), "La democracia venezolana y la crisis del sistema populista de conciliación". *Revista de Estudios Políticos* (Madrid), N° 74, Octubre-Diciembre, pp. 533-578.

Rey J. C. (1992), "Apogeo y Decadencia de la Democracia Representativa", en: Juan Carlos Rey, J. Barragán, y R. Hausmann, *América Latina. Alternativas para la Democracia.* Caracas: Monte Ávila Editores, pp. 15-5

Rey, J. C. (1999), "Observaciones sobre el Título VII y el Título IX de las Ideas Fundamentales para la Constitución Bolivariana de la V República, Propuesta del Presidente Hugo Chávez Frías". *Politeia* N° 23 Segundo Semestre, pp. 177-200.

Rey, J. C. (2003), "Poder, libertad y responsabilidad política en la democracia representativa". *Revista de Teologia ITER*, N° 30-31, Enero-Agosto, pp. 37-97.

Rey, J. C. (2007), "Constitución y Poder Constituyente en el proyecto político de Hugo Chávez", Revista *SIC*, N° 697, Agosto, pp. 307-316.

Rey, J. C. (2009). "Sobre el Estado social de derecho", Revista *SIC*, N° 718, Julio, pp, 259-264

Rey, J. C. (2015), *El sistema de partidos venezolano , 1830-1999.* 2ªedción. Caracas: Editorial Jurídica Venezolana.

Rey, J. C. (2015), "Los tres modelos venezolanos de democracia en el siglo XX", en *La Democracia Venezolana y sus Acuerdos en los Cincuenta Años del Convenio con la Santa Sede*. Caracas: Konrad Adenauer - Universidad Católica Andrés Bello.

Rey, J. C. (2017), El decenio predemocrático y el surgimiento de la movilización populista. Caracas: Fundación Manuel García-Pelayo.

Rousseau, J-J. (1964), *Du contract social. Œuvres complètes*. Vol. III. París: Gallimard,

Sartori, G. (1988), *Teoría de la democracia.* Vol. 1. *El debate contemporáneo.* Madrid: Alianza Universidad.

Schmitt, C. (1964), *La Dictadura*. Trad. de J. Díaz. Madrid: Revista de Occidente.

Serrano Mancilla A. (2016), *El Pensamiento Económico de Hugo Chávez.* La Habana: Editorial de Ciencias Sociales.

Usón, F. (2009), "El írrito Decreto N° 6.239 con rango, valor y fuerza de Ley Orgánica de la Fuerza Armada Bolivariana", en José Rafael Revenga (comp.), *La muerte de la Constitución. Los 26 decretos leyes revisados por el M/2D.* Caracas: Los Libros de El Nacional, págs. 83-110.

Vallenilla Lanz, L. (1983), "Las Constituciones de papel y las Constituciones orgánicas" [1925] , en *Cesarismo Democrático*. Apéndice IV. *Obras Completas*. Tomo I. Caracas: Fondo Editorial Lola Fuenmayor. Centro de Investigaciones Históricas. Universidad Santa María.

Weber, M. (1964), *Economía y Sociedad.* Vol. II. 2ª ed. en español de la 4ª alemana. México: Fondo de Cultura Económica.

LA ASAMBLEA NACIONAL CONSTITUYENTE DE 2017 EN SU CONTEXTO HISTÓRICO

Carlos García Soto

Profesor de la Universidad Monteávila y de la Universidad Central de Venezuela

INTRODUCCIÓN

En el contexto de la grave crisis política, económica y social que atraviesa Venezuela, se ha vuelto a plantear una vez más la discusión en torno a un proceso constituyente.

El proceso constituyente que se ha planteado al país es abiertamente fraudulento y violatorio de la Constitución. En una interpretación contraria a la letra del artículo 347 constitucional, el Presidente de la República ha dictado el Decreto N° 2.830 (Gaceta Oficial N° 6.295 extraordinario del 1 de mayo de 2017), por el cual ha "convocado" directamente una Asamblea Nacional Constituyente (ANC), cuando conforme a esa norma es al pueblo a quien corresponde la facultad de convocar un proceso constituyente, mediante referendo.

Esa inconstitucionalidad se ha visto agravada por el Decreto N° 2.878, mediante el cual se establecen las Bases Comiciales para la Asamblea Nacional Constituyente (Gaceta Oficial N° 41.156 del 23 de mayo de 2017), a través del cual el Presidente Maduro estableció las normas por las cuales se rige la elección de los miembros de la ANC. Sin embargo, así como la convocatoria a la ANC debe ser objeto de un referendo, las bases comiciales también deberían ser objeto de un referendo para que el pueblo decida si las aprueba o no.

Este trabajo intenta colocar en contexto histórico este proceso constituyente fraudulento e inconstitucional, a través de (i) un breve análisis de la historia de las Asambleas Constituyentes en Venezuela; (ii) una referencia al primer y genuino proceso constituyente venezolano, en 1811; (iii) la crónica del proceso constituyente de 1999, y (iv) alguna nota sobre el origen de la regulación que sobre la ANC establece la Constitución de 1999.

UNA NOTA SOBRE LAS ASAMBLEAS CONSTITUYENTES EN LA HISTORIA DE VENEZUELA

La historia institucional de Venezuela ha presenciado varios "procesos constituyentes" y reformas constitucionales y otras tantas Constituciones como producto de esos procesos: hemos tenido cierta debilidad por convocar procesos de este tipo, o al menos por reformar la Constitución. Algunas veces, como en 1811 o en 1947, la nueva Constitución implicó una ampliación de los derechos de los ciudadanos. Otras veces, como entre 1908 y 1935, las reformas a la Constitución sirvieron para aumentar los poderes del Presidente. Como ocurrió, precisamente, también en el proceso constituyente de 1999.

Pero, en realidad, a los únicos procesos constituyentes a los que genuinamente puede dárseles ese calificativo son al de 1811, cuando comienza el tránsito de la Monarquía a la República, y al proceso constituyente en 1830, cuando se produce la separación de Venezuela de la Gran Colombia. Propiamente, el Estado venezolano se constituyó en 1811, con lo que no hace ni ha hecho falta en realidad ni "reconstituirlo" ni "refundarlo" de nuevo.

Por ello, los términos "Asamblea Nacional Constituyente" o "proceso constituyente" han sido utilizados en varias oportunidades como una excusa para la obtención del poder, o para la ampliación de las competencias presidenciales. En otras ocasiones, como en el período entre 1908 y 1935 no se convocaron "procesos constituyentes", sino que se procedió a realizar enmiendas puntuales a la Constitución, para ajustar así la Constituciones a las necesidades políticas que se querían atender en el momento.

Por supuesto, en el contexto de las distintas crisis políticas que conforman la historia de Venezuela, alrededor de estas Constituciones se dictaron muchos actos que intentaron regular alguna situación de hecho. Y así, junto a las Constituciones, se dictaron actos de contenido político, desde el que confirió al Libertador poderes extraordinarios en 1813 y 1814, hasta el Acta Constitutiva de la Junta Revolucionaria de 1945, pasando por el Decreto del General Castro por el cual asume la jefatura del Poder Ejecutivo en su carácter de Jefe de la Revolución Liberal Restauradora el 23 de octubre de 1899.

1. *El primer Congreso constituyente: el Supremo Congreso de Venezuela y la Constitución de 1811*

El 2 de marzo de 1811 se instaló el primer Parlamento en el país: el Supremo Congreso de Venezuela, también conocido como el Congreso Constituyente de 1811. Aquel Parlamento se convocó según lo dispuesto en el Reglamento de Elecciones que dictó el 11 de junio de 1810 la Junta Suprema de Venezuela Conservadora de los Derechos de Fernando VII, redactado por Juan Germán Roscio.

Ese Supremo Congreso de Venezuela daría lugar al Acta de Independencia del 5 de julio de 1811 y, también, a la tercera Constitución del mundo moderno: luego de la Constitución estadounidense (1787) y la francesa (1791) se firmó el 21 de diciembre de 1811 la Constitución Federal para los

Estados de Venezuela, justo antes de terminar las sesiones por ese año y será aprobada por 37 Diputados, representantes de las 7 provincias confederadas para el momento: Barcelona, Barinas, Caracas, Cumaná, Margarita, Mérida y Trujillo. Francisco de Miranda la firmaría realizando observaciones al texto aprobado, advirtiendo que en su opinión carecía de "un justo equilibrio", y que la Constitución no sería conforme "con la población, usos y costumbres de estos países".

La vigencia de la Constitución de 1811 fue efímera. Diversas razones dieron lugar a la llamada "caída de la Primera República". De hecho, al sistema institucional creado por la Constitución de 1811, según el cual el Poder Ejecutivo no era fuerte, se atribuye, entre otras razones, la caída de la Primera República. El mismo Bolívar criticaría amargamente el esquema de la Constitución de 1811 en su Manifiesto de Cartagena de 1812, y luego en el Discurso de Angostura de 1819.

2. *Las Constituciones del siglo XIX*

A la Constitución de 1811, le seguiría las Constituciones de 1819, llamada como "Constitución de Angostura", influenciada por algunas de las ideas de Simón Bolívar.

La Constitución de 1819 sería sustituida por la Constitución de 1821, promulgada por Bolívar, luego de la Batalla de Carabobo.

El Congreso de Valencia, poco antes de morir Bolívar, dictaría la Constitución de 1830, promulgada por José Antonio Páez, que sellaría nuestra separación de la Gran Colombia.

Esta Constitución de 1830 sería una de las Constituciones con mayor tiempo de vigencia, porque sólo será sustituida por la Constitución de 1857. Sin embargo, esta Constitución de 1857, que fue impulsada por Monagas para asegurar su reelección, sería a su vez sustituida por la Constitución de 1858, producto de la Gran Convención Nacional, convocada por Julián Castro, que lideraba la Revolución de Marzo.

La Constitución de 1858 sería objeto de reforma por la Constitución de 1864, luego de las Guerras Federales, y va a recoger la repartición del poder de los caudillos regionales.

La Constitución de 1864 tendría una vigencia de 10 años, siendo objeto de reforma constitucional, para dar lugar a la Constitución de 1874, luego de la Revolución Azul y de la Revolución de 1870.

La Constitución de 1874, a su vez, sería objeto de reforma constitucional, para dar lugar a la Constitución de 1881, luego de la Revolución Reivindicadora de 1879.

La Constitución de 1881, muy influenciada por Antonio Guzmán Blanco, y conocida en nuestra historia constitucional como la "Constitución Suiza", también tendría una vigencia de 10 años, siendo sustituida por la Constitución de 1891.

La Constitución de 1893 será la última Constitución del siglo XIX, luego de la Revolución Legalista.

3. *Las Constituciones del siglo XX*

El siglo XX vería su primera Constitución en 1901, con la llegada de los andinos al Poder, a partir de la Revolución Liberal Restauradora. A partir de esta Constitución, y progresivamente, se irá desmontando la estructura federal que se había instaurado a través de las Constituciones del siglo XIX.

La Constitución de 1901 será reformada por la Constitución de 1904.

Luego de asumir el poder el General Gómez, promoverá hasta siete reformas puntuales a la Constitución, siempre para apalancarse en el poder. Y así, se dictarán las Constituciones de 1909, 1914 (previo Estatuto Constitucional Provisorio de los Estados Unidos de Venezuela de 1914), 1922, 1925, 1928, 1929 y 1931.

Con la muerte del General Gómez y los sucesos que comienzan a darse a partir de la asunción de la Presidencia del General López Contreras, se dictará la Constitución de 1936. Esta Constitución empieza a recoger las exigencias de libertades políticas, sociales y económicas que el país planteaba con mayor énfasis, una vez muerto Gómez.

La Constitución de 1936 será sustituida por la Constitución de 1945, que sin embargo sólo tuvo una vigencia de meses, debido a la Revolución de Octubre.

La Asamblea Constituyente de 1947, presidida por Andrés Eloy Blanco, dará lugar a la Constitución de 1947, que incluyó importantes avances en el reconocimiento de los derechos de los venezolanos y en la regulación orgánica del Estado venezolano.

La vigencia de la Constitución de 1947 sería breve, debido al golpe que derrocó al Gobierno de Rómulo Gallegos. La Junta Militar de Gobierno, en una acción que constituía un retroceso en los derechos conquistados, declaró que se aplicaría la Constitución de 1945, si bien reconocía que podía aplicar las disposiciones más progresivas previstas en la Constitución de 1947.

En 1953 una Asamblea Constituyente, bajo la Dictadura Militar, dictaría una nueva Constitución, que implicaba una disminución de los derechos y garantías previstas en las Constituciones de 1945 y 1947.

Con el inicio del período democrático, tendrá lugar la Constitución de 1961, la de más larga vigencia en la historia de Venezuela, que será sustituida por la vigente de 1999. La Constitución de 1961 fue uno de los productos de la Revolución de 1958 y es un reflejo del Pacto de Punto Fijo, también de 1958. Con la Constitución de 1961 se estableció el cauce institucional para que por primera vez en nuestra historia republicana, partidos políticos de distintas ideologías pudieran sucederse de modo pacífico en el ejercicio del Poder.

4. *El proceso constituyente de 1999: el último "proceso constituyente"*

En 1999 fue la última experiencia de tipo "constituyente" en el país. En 1998, la principal oferta electoral del entonces candidato Hugo Chávez fue la convocatoria a una Asamblea Nacional Constituyente (ANC). Ese proceso dio lugar a la Constitución de 1999, hoy vigente.

A pesar de lo atropellado, arbitrario y fraudulento que resultó el proceso constituyente de 1999, o quizá precisamente por ello, el entonces Presidente Chávez alabó en diversas oportunidades el texto de la Constitución de 1999. Para el oficialismo, esa Constitución se convirtió en un verdadero "documento fundacional". Desde el año 2000, la justificación de la actuación estatal se encontró siempre en la Constitución de 1999, aun cuando en muchas ocasiones esa actuación suponía, irónicamente, una violación de la propia Constitución.

5. *De la Constitución de 1999 a la ANC de 2017*

Luego de la victoria electoral que le llevó a un segundo período presidencial, sin embargo, el entonces Presidente Chávez planteó la necesidad de ir a un proceso de reforma constitucional. La propuesta formulada, se recordará, suponía una ampliación de los poderes presidenciales, la reducción del ámbito de libertades políticas y económicas y la instauración de lo que en el momento se denominó como el "Estado Comunal", sobre la base del llamado "Poder Popular".

El 2 de diciembre de 2007, el pueblo rechazó la propuesta de reforma constitucional en un referendo. Prevaleció la idea en el electorado que se trataba de una propuesta fraudulenta, que en el fondo pretendía aumentar los poderes del Estado y restringir las libertades de los ciudadanos. Uno de los argumentos que utilizaron quienes se oponían a la reforma constitucional propuesta era que los cambios que se pretendían realizar a la Constitución de 1999 eran de tal magnitud, que en realidad para proponer tales cambios era preciso convocar una ANC. Es sabido cómo a pesar que el electorado rechazó la propuesta de reforma constitucional de 2007, luego se intentó implementar varios de los aspectos de su contenido, como ocurrió con las "Leyes del Poder Popular" en diciembre de 2010.

Uno de los aspectos que se incluían en la propuesta de reforma constitucional que fue rechazada por el pueblo era establecer la reelección indefinida del Presidente de la República. A pesar que esa propuesta particular había sido rechazada por el pueblo al votar en contra de todo el proyecto de Constitución, al año siguiente el entonces Presidente Chávez propondría una enmienda constitucional que permitiera la reelección indefinida del Presidente, de Gobernadores, Diputados a las Asambleas Legislativas, Alcaldes y Diputados a la Asamblea Nacional. A diferencia de lo ocurrido en el año 2007, en esta ocasión el pueblo votaría mayoritariamente a favor de la propuesta de enmienda, de manera que la reelección indefinida de esas autoridades comenzó a formar parte de la Constitución. Uno de los argumentos de quienes se oponían a la enmienda, era que resultaba fraudulenta, porque esa propuesta en concreto ya había sido rechazada por el pueblo en la votación en contra de la reforma el año 2008.

Luego de la aprobación de la enmienda no se había cuestionado la pertinencia y vigencia de la Constitución de 1999, hasta el 1 de mayo, cuando el Presidente Maduro ha propuesto un proceso constituyente. Este proceso constituyente, en violación de la Constitución de 1999, ha sido "convocado" por el Presidente Maduro y no por el pueblo, aun cuando conforme a los artículos 347 y 348 de la Constitución el pueblo es el verdadero convocante de un proceso constituyente. Los riesgos que para Venezuela suponen este proceso constituyente han sido ampliamente discutidos en las últimas semanas.

II. EL PRIMER PROCESO CONSTITUYENTE EN VENEZUELA (1811)

En la historia institucional de Venezuela puede señalarse un solo proceso constituyente verdaderamente tal, el proceso constituyente de 1811. Con ocasión de ese proceso, se da la transformación política más importante de nuestra historia: de la Monarquía a la República.

Desde 1811 ha habido otros "procesos constituyentes", incluido el más reciente, el de 1999. Se han dictado, en consecuencia, diversas Constituciones. En esas Constituciones, además, ha habido avances y retrocesos. Y, sin embargo, sólo puede hablarse de genuino proceso constituyente cuando nos referimos al de 1811.

1. *El primer Congreso constituyente: el Supremo Congreso de Venezuela*

Como se señaló, el 2 de marzo de 1811 se instaló el primer Parlamento en el país: el Supremo Congreso de Venezuela, también conocido como el Congreso Constituyente de 1811.

Aquel Parlamento se convocó según lo dispuesto en el Reglamento de Elecciones que dictó el 11 de junio de 1810 la Junta Suprema de Venezuela Conservadora de los derechos de Fernando VII, redactado por Juan Germán Roscio, y que dio lugar a la tercera Constitución del mundo moderno: luego de la Constitución estadounidense (1787) y la francesa (1791) se firmó el 21 de diciembre de 1811 la Constitución Federal para los Estados de Venezuela.

2. *La elección de los Diputados del Congreso*

La elección de los Diputados del Congreso se realizaría entonces según lo previsto en el Reglamento de Elecciones. Este Reglamento preveía un sistema de dos grados. En primer lugar, los "electores parroquiales", que debían ser hombres libres, mayores de 25 años, o mayores de 21 años si estaban casados, que fueran propietarios de domicilio fijo (es decir, "casa abierta y poblada") o que al menos fueran propietarios de 2.000 pesos en bienes muebles o en bienes raíces. Luego, estos "electores parroquiales" debían reunirse en las capitales de las jurisdicciones en las que residieran, para elegir entonces a los Diputados al Congreso.

3. *La instalación del Supremo Congreso de Venezuela*

Como se señaló, la instalación del Congreso sería el 2 de marzo, en la llamada casa del conde San Javier, con la presencia de 30 Diputados y de los miembros de la Junta Suprema de Venezuela Conservadora de los derechos de Fernando VII. Luego de la elección del presidente del Congreso (Felipe Fermín Paúl), los Diputados asistieron a la Misa celebrada por el Arzobispo Narciso Coll y Prat, ante quien los Diputados prestarían juramento de cumplir su misión. El juramento implicaba comprometerse, fundamentalmente, a (i) conservar y defender los derechos de Fernando VII, (ii) oponerse a toda dominación que pretendiera ejercer soberanía en estos países o impedir su absoluta y legítima independencia, (iii) mantener la religión católica, (iv) defender el Misterio de la Concepción Inmaculada de la Virgen María, (v) promover los intereses de la Confederación y (vi) respetar y obedecer las leyes y disposiciones del Congreso sancionare e hiciere promulgar.

4. *El proyecto de Constitución*

El 16 de marzo de 1811 se nombraría una Constitución para preparar un proyecto de Constitución, formada, entre otros, por los Diputados Juan Germán Roscio, Gabriel de Ponte y Francisco Javier Ustáriz, correspondiendo a éste último el peso fundamental de la redacción.

5. *Los debates*

Los debates comenzarían, sin embargo, a partir del 21 de agosto. Téngase en cuenta que, por ejemplo, en julio el Congreso declara, redacta y firma el Acta de Independencia. El proceso, sin embargo, fue abierto. Resalta por ello que el inicio de la preparación del proyecto de la Constitución de 1811 es incluso anterior a la propia firma del Acta de Independencia. En mayo y junio se habían publicado avisos en la Gaceta de Caracas en los que se exhortaba a los ciudadanos a que "contribuyan con sus luces y conocimientos al acierto de asunto tan importante".

6. *La aprobación de la Constitución*

La aprobación de la Constitución sería el 21 de diciembre, justo antes de terminar las sesiones por ese año y será aprobada por 37 Diputados, representantes de las 7 provincias confederadas para el momento: Barcelona, Barinas, Caracas, Cumaná, Margarita, Mérida y Trujillo. Francisco de Miranda la firmaría realizando observaciones al texto aprobado, advirtiendo que en su opinión carecía de "un justo equilibrio", y que la Constitución no sería conforme "con la población, usos y costumbres de estos países".

7. *Algunos rasgos de la Constitución de 1811*

La Constitución de 1811 va a reflejar las ideas dominantes para el momento, que exigían que el Poder estuviera controlado y que se respetaran los derechos de los ciudadanos. No sólo serán las ideas expuestas en las Revoluciones Francesa y Norteamericana, sino las ideas que ya habían circulado en

Venezuela, como se desprende, por ejemplo, de los documentos de la llamada Conspiración de Gual y España o del Proyecto de Constitución Americana de Francisco de Miranda. Tales planteamientos van a configurar la estructura de toda la Constitución. Entre otros, estos son algunos de los rasgos fundamentales de la Constitución de 1811.

A. *La Constitución como acuerdo*

El primer rasgo que quizá conviene resaltar de la Constitución de 1811 es que se plantea como un verdadero acuerdo para la República naciente. Toda Constitución, en realidad, debería ser un acuerdo político. Comenzará por ello señalando principios y valores que hoy deberíamos recordar:

> "En el nombre de Dios Todopoderoso
>
> Nos, el pueblo de los Estados de Venezuela, usando de nuestra soberanía y deseando establecer entre nosotros la mejor administración de justicia, procurar el bien general, asegurar la tranquilidad interior, proveer en común a la defensa exterior, sostener nuestra libertad e independencia política, conservar pura e ilesa la sagrada religión de nuestros mayores, asegurar perpetuamente a nuestra posteridad el goce de estos bienes y estrecharlos mutuamente con la más inalterable unión y sincera amistad, hemos resuelto confederarnos solemnemente para formar y establecer la siguiente Constitución, por la cual se han de gobernar y administrar estos Estados".

B. *Separación de poderes*

La separación de poderes va a ser una exigencia de la Constitución. Desde el mismo Preliminar ("Bases del Pacto Federativo que ha de constituir la autoridad general de la confederación") de la Constitución se va a señalar que

> "el ejercicio de esta autoridad confiada a la Confederación no podrá jamás hallarse reunido en sus diversas funciones. El Poder Supremo debe estar dividido en Legislativo, Ejecutivo y Judicial, y confiado a distintos Cuerpos independientes entre sí, y en sus respectivas facultades. Los individuos que fueren nombrados para ejercerlas se sujetarán inviolablemente al modo y reglas que en esta Constitución se les prescriben para el cumplimiento y desempeño de sus destinos".

C. *Federalismo*

La Constitución de 1811 establece una Federación como organización política. Concretamente, se le denomina como una "Confederación" de las Provincias de Venezuela. En este punto, se ha reconocido la influencia de la Constitución norteamericana de 1787.

D. *Bicameralismo*

Por otra parte, la Constitución de 1811 adopta un sistema bicameral para la organización del Parlamento, formado por una Cámara de Representantes y una Cámara del Senado.

E. *Triunvirato*

El Poder Ejecutivo se ejerce por tres personas elegidas popularmente.

F. *Supremacía de la Ley*

Conforme a la Declaración Universal de los Derechos del Hombre y del Ciudadano francesa de 1789, la Constitución de 1811 va a reconocer la supremacía de la Ley, como una protección de los ciudadanos frente al Poder. Así, en el artículo 149 se va a advertir que

> "La Ley es la expresión libre de la voluntad general o de la mayoría de los ciudadanos, indicada por el órgano de sus representantes legalmente constituidos. Ella se funda sobre la justicia y la utilidad común, y ha de proteger la liberta pública e individualidad contra toda opresión o violencia".

G. *Sistema electoral*

El sistema electoral tiene carácter "censitario", por lo cual, se establecían restricciones de tipo económico a los electores y a quienes podían ser elegidos.

H. *Reconocimiento amplio de derechos*

La Constitución de 1811 contiene una carta de derechos significativa, lo que permite ver en ella el influjo de la Constitución francesa de 1791 y de las declaraciones de derechos derivadas de la Revolución Francesa y de la Revolución Americana. Sin embargo, ya en Venezuela se había aprobado la Declaración de los Derechos del Pueblo del 1 de julio de 1811, cuyo contenido va a ser incorporado a la Constitución de 1811.

El reconocimiento amplio de derechos en la Constitución de 1811 se realizó a partir de una idea fundamental: el Poder está al servicio de los ciudadanos, y en toda su actuación debe respetar esos derechos, que reflejan la dignidad humana. Así se deriva del artículo 151:

> "El objeto de la sociedad es la felicidad común, y los Gobiernos han sido instituidos para asegurar al hombre en ella, protegiendo la mejora y perfección de sus facultades físicas y morales, aumentando la esfera de sus goces y procurándole el más justo y honesto ejercicio de sus derechos".

8. *La relativa pérdida de vigencia de la Constitución de 1811*

Ciertamente, la vigencia de la Constitución de 1811 fue efímera. Diversas razones dieron lugar a la llamada "caída de la Primera República". De hecho, al sistema institucional creado por la Constitución de 1811, según el cual el Poder Ejecutivo no era fuerte, se atribuye, entre otras razones, la caída de la Primera República. El mismo Bolívar criticaría amargamente el esquema de la Constitución de 1811 en su Manifiesto de Cartagena de 1812, y luego en el Discurso de Angostura de 1819.

Por ello, la reflexión sobre los inicios de nuestra vida republicana puede estar muy influenciada por la "caída de la Primera República", de la cual la pérdida de vigencia de la Constitución de 1811 sería una de sus manifestaciones. Como lo ha señalado recientemente Carole Leal en su discurso de incorporación a la Academia Nacional de la Historia, titulado precisamente "El pacto fundacional: seguid el ejemplo que Caracas dio":

"Por lo general, cuando se evalúan estos primeros años se suelen explicar a la luz de su fracaso, lo que historiográficamente se conoce como la caída de la Primera República. La lectura que propongo va exactamente en dirección contraria, esto es, mostrar el éxito político logrado por la provincia de Caracas al articular las distintas provincias al proyecto confederal gracias a la estrategia seguida para persuadir o imponer el proyecto caraqueño, lo que junto con el Reglamento de elecciones del Cuerpo Conservador de los Derechos de Fernando VII redactado por Juan Germán Roscio, constituirían los pilares que posibilitaron nuestro pacto político fundacional. Esta primera revolución de Caracas, más allá de su imposibilidad de mantenerse por diversas y conocidas razones, sentó las bases que hicieron posible la independencia aunque ésta luego se haya alcanzado y logrado por la vía de las armas. La primera revolución abrió el cauce a la reflexión sobre la idea de república, sus fundamentos y principios (igualdad, libertad, propiedad, seguridad), y dejó abierto el problema de la organización del Estado y distribución del poder –la república federal/confederal–, tema que será de recurrente polémica a lo largo del siglo xix venezolano e hispanoamericano" (pp. 14-15).

Que la Constitución de 1811 haya perdido formalmente vigencia en julio de 1812 tiene un significado relativo. Porque para nuestros ojos contemporáneos, en realidad, bastantes de las ideas reflejadas en ella deberían tener plena vigencia. Por ejemplo, hoy es plenamente actual para los venezolanos lo planteado en el artículo 227 de la Constitución de 1811 al reconocer expresamente que la Constitución es la norma suprema a la cual debían someterse los ciudadanos y quienes ejercen el Poder. Decía esa norma:

"La presente Constitución, las leyes que en consecuencia se expidan para ejecutarla y todos los tratados que se concluyan bajo la autoridad del gobierno de la Unión serán la Ley Suprema del Estado en toda la extensión de la Confederación, y las autoridades y habitantes de las Provincias estarán obligados a obedecerlas religiosamente sin excusa ni pretexto alguno; pero las leyes que se expiden contra el tenor de ella no tendrán ningún valor sino cuando hubieren llenado las condiciones requeridas para una justa y legítima revisión y sanción".

III. EL PROCESO CONSTITUYENTE DE 1999

1. *Introducción*

La crónica de la redacción y aprobación de la Constitución de 1999 está íntimamente vinculada con la historia reciente de Venezuela, porque la convocatoria a una Asamblea Nacional Constituyente fue la principal oferta electoral del entonces candidato Hugo Chávez Frías.

Pero esa Asamblea Nacional Constituyente no sólo dio lugar a la Constitución de 1999, sino que fue el instrumento por el cual la mayoría policía reflejada en esa Asamblea Nacional Constituyente se hizo con el control de buena parte del Estado venezolano. Toda la historia posterior del país está directamente influenciada por los hechos ocurridos en 1999.

El proceso constituyente, como se señaló, no sólo dio lugar a la Constitución, sino que implicó que la Asamblea Nacional Constituyente asumiera el control de los Poderes Públicos. La redacción de la Constitución de 1999 y la toma del Estado venezolano a través de la Asamblea Nacional Constituyente se dio en paralelo.

2. *El contexto en el cual se plantea el tema constituyente*

Para el momento en el cual el Presidente Chávez asume la presidencia estaba vigente la Constitución de 1961. Esta Constitución había sido producto del consenso entre las distintas fuerzas políticas democráticas que hacían vida luego del fin de la dictadura del General Marco Pérez Jiménez (1958). En buena medida, la Constitución de 1961 está influenciada por otra Constitución también de consenso, la de 1947.

De tal manera, la Constitución de 1961 era la Constitución con mayor vigencia en la historia republicana de Venezuela, y fue la Constitución que rigió durante prácticamente todo el período democrático que se iniciaría en 1958.

Justo antes del golpe de Estado de 4 de febrero de 1992, se había comenzado a plantear ante la opinión pública la necesidad de la convocatoria a una Asamblea Nacional Constituyente, como un instrumento para recomponer el sistema político. Con ocasión del golpe de Estado fallido del 4 de febrero de 1992, el planteamiento se haría más común.

En paralelo, se intuye en varios sectores y personalidades la necesidad de discutir una reforma general a la Constitución de 1961. Para ello, se conforma una Comisión especial en el Senado de la República, presidida por la autoridad que significaba el expresidente Rafael Caldera.

Igualmente, con ocasión de los trabajos desarrollados por la Comisión Presidencial para la Reforma del Estado (COPRE), se harían importantes planteamientos para una reforma de la Constitución.

Del mismo modo, varios dirigentes políticos e intelectuales plantearían a partir de 1992 al país la conveniencia de ir a un proceso constituyente, como una forma de legitimar el sistema político venezolano, ampliando los canales de participación y representación.

En todo caso, como se señaló, para la elección presidencial de 1998, en la que resultaría vencedor el candidato Chávez, la Constitución vigente era la Constitución de 1961, en la medida en la que ninguna de las iniciativas de reforma de la Constitución que se habían planteado llegó a término.

3. *La propuesta del candidato Chávez sobre la Constituyente*

Si se quiere, la discusión sobre el proceso constituyente perdió un poco de fuerza a partir del inicio del segundo gobierno del Presidente Caldera. Pero con ocasión de la campaña presidencial de 1998 retomaría interés, sobre todo a partir de su planteamiento por el candidato Chávez.

La propuesta fundamental del candidato Chávez fue la convocatoria a una ANC, que tuviera como objeto (i) refundar la República y (ii) crear un nuevo ordenamiento jurídico.

4. *La propuesta de la Constituyente en el marco de la Constitución de 1961*

La propuesta de la Constituyente no implicaba una mera enmienda o reforma de la Constitución. Implicaba nada menos que sustituir la Constitución de 1961 por una nueva Constitución.

Pero para asegurar un mínimo de institucionalidad, esa sustitución de la Constitución de 1961 debía implicar, al menos, dos aspectos: (i) por una parte, que la derogación de la Constitución de 1961 y su sustitución por una nueva se realizara según un cauce formal permitido por la propia Constitución de 1961 y (ii) que hasta que no se dictara una nueva Constitución, la Constitución de 1961 debía mantener íntegra su vigencia. Como luego veremos, ninguna de esas garantías institucionales mínimas se mantuvieron en el proceso constituyente venezolano de 1999.

La Constitución de 1961 sólo permitía dos cauces formales para su modificación: (i) la enmienda, para modificaciones puntuales que no alteraran la estructura fundamental de la Constitución, y (ii) la reforma, para modificaciones que sí implicaran una alteración importante de la Constitución (artículos 245 al 248 de la Constitución de 1961). Por ello, la Constitución no podía ser modificada, derogada o sustituida por un mecanismo distinto a la enmienda o a la reforma. En ese sentido, si se quería incluir a la Asamblea Nacional Constituyente como un mecanismo para sustituir a la Constitución de 1961, primero había que, precisamente, modificar la Constitución de 1961, para incluir en ella la figura de la Constituyente, lo cual implicaba que el electorado se pronunciara a favor de esa modificación de la Constitución (artículo 246 de la Constitución de 1961).

Desde ese punto de vista, entonces, en Venezuela no podía convocarse una Asamblea Nacional Constituyente, salvo que se modificara la Constitución, por la sencilla razón de que la misma Constitución señalaba los únicos mecanismos a través de los cuales podía ser modificada, y en esos mecanismos no estaba contemplada una Constituyente.

Ello, por supuesto, implicaba un serio obstáculo para la propuesta que impulsaba el entonces candidato Chávez: la Constituyente no era un mecanismo de sustitución de la Constitución previsto en la Constitución de 1961. Con lo cual, desde el punto de vista constitucional, no podía convocarse a un proceso constituyente bajo la vigencia de la Constitución de 1961, a menos que se modificara la Constitución de 1961.

5. *La elección del candidato Hugo Chávez como Presidente y la convocatoria a la Asamblea Nacional Constituyente*

En todo caso, el 6 de diciembre de 1998 el candidato Chávez ganaría la elección presidencial, obteniendo el 56,20 % de los votos, sobre el 40 % obtenido por el candidato Henrique Salas, con una abstención del 36,24 %.

Para ese momento, la discusión constitucional en torno a la Constituyente se manifestaba a través de dos posiciones: o era necesaria una reforma a la Constitución de 1961 para incluir en ella la figura de la Constituyente, o el pueblo convocado podía expresar su soberanía decidiendo directamente la convocatoria a una Constituyente, a pesar que ésta no estuviera prevista en la Constitución de 1961.

En relación con esta última posición se planteó acudir a la figura del referendo consultivo prevista en el artículo 181 de la Ley Orgánica del Sufragio y Participación Política de 1997. Conforme a esa norma, el Presidente de la República en Consejo de Ministros; el Congreso de la República o un 10% de electores inscritos en el Registro Electoral tenían la iniciativa para "convocar la celebración de un referendo con el objeto de consultar a los electores sobre decisiones de especial trascendencia nacional".

Esta opción, es bueno aclararlo, partía de la base según la cual supuestamente si el pueblo se expresaba en un referendo consultivo a favor de la Constituyente, ésta podría ser convocada para que sustituyera la Constitución de 1961, aun cuando esa Constitución no incluyera a la Asamblea Nacional Constituyente como uno de los mecanismos institucionales para su modificación.

6. *Las sentencias de la Corte Suprema de Justicia sobre el carácter del referendo consultivo*

A. *¿Qué se planteó a la Corte Suprema de Justicia?*

Habíamos señalado que en la medida en la que en la Constitución de 1961 no se establecía la posibilidad de una convocatoria a un proceso constituyente para modificar la Constitución, se planteó la discusión jurídica sobre si era posible celebrar un referendo consultivo para que el pueblo se expresara acerca de la Constituyente. En paralelo, se planteaba la discusión principal del asunto: si era o no conforme a la Constitución el convocar a una Asamblea Nacional Constituyente no prevista expresamente en la propia Constitución.

En definitiva, la duda que se planteaba era si un referendo consultivo era un mecanismo suficiente para convocar a una Asamblea Nacional Constituyente no prevista en la Constitución. Por ello, no se discutía si el referendo podía o no celebrarse. En realidad, el referendo consultivo era un derecho de los ciudadanos, reconocido incluso en la propia Ley Orgánica del Sufragio y Participación Política. Lo que no estaba claro es si ese referendo era suficiente para convocar la Constituyente.

Sobre cada uno de estos dos temas, se plantearían ante la Sala Político-Administrativa de la Corte Suprema de Justicia dos recursos de interpretación. Tales recursos fueron decididos a través de dos sentencias del 19 de enero de 1999, denominadas entonces como los casos *Referendo Consultivo I* y *Referendo Consultivo II*.

Por supuesto, para la Corte no era un asunto menor la solución a esos dos recursos. Porque, tal como se estaban desarrollando los acontecimientos, parecía que a la Corte le iba a corresponder dar una solución jurídica al conflicto político-constitucional que se había planteado en el país.

En la sentencia *Referendo Consultivo II* la Sala Político-Administrativa resumiría su interpretación cuál era el asunto de fondo que tenía ante sí:

> "Si la Constitución como norma suprema y fundamental puede prever y organizar sus propios procesos de transformación y cambio, en cuyo caso el principio democrático quedaría convertido en una mera declaración retórica, o si se estima que, para preservar la soberanía popular, es al pueblo a quien corresponderá siempre, como titular del Poder Constituyente, realizar y aprobar cualquier modificación de la Constitución, en cuyo supuesto la que se verá corrosivamente afectada será la idea de supremacía".

Sin embargo, la Corte no dio una interpretación definitiva al problema que se le estaba planteando. Es decir, no señaló con la claridad que quizá se aspiraba si podía o no convocarse una Asamblea Nacional Constituyente, a partir de un referendo consultivo, a pesar que esa figura no estuviera prevista en la Constitución. En definitiva, si era posible o no convocar a un proceso constituyente sin modificar antes la Constitución de 1961.

Por el contrario, la Corte realizó extensas consideraciones sobre el papel de la Constitución y el lugar de la soberanía popular, y si bien en algunos momentos parecía que iba a expresar una conclusión expresa sobre el problema planteado, luego el camino argumental se interrumpía.

B. *Las respuestas de la Corte Suprema de Justicia*

Uno de los principales problemas que se le planteaban a la Corte era que determinara si era posible convocar a un referendo consultivo para que el electorado pronunciara su opinión sobre un proceso constituyente. Sobre este aspecto, la sentencia *Referendo Consultivo I*, como era lógico, señalaría que resultaba

> "procedente convocar a un referendo en la forma prevista en el artículo 181 de la Ley Orgánica del Sufragio y Participación Política, para consultar la opinión mayoritaria, respecto de la posible convocatoria a una Asamblea Constituyente".

De tal manera, no había ningún problema jurídico en que se consultara al electorado a través de un referendo consultivo sobre su opinión acerca de una Asamblea Nacional Constituyente. En ese sentido, el proceso constituyente era un derecho de los ciudadanos, incluso previsto expresamente en la Ley Orgánica del Sufragio y Participación Política, como ya se señaló.

Pero el tema fundamental planteado a la Corte sería si era posible que se convocara a la Constituyente sin que ésta estuviera prevista en la Constitución.

Sin embargo, en las sentencias la Corte no se pronunció de modo expreso sobre si era o no posible convocar una Constituyente aún a pesar de no estar prevista en la Constitución como un instrumento para la reforma o sustitución de la Constitución. Por el contrario, realizó varias consideraciones, ambiguas, sobre la soberanía popular y su relación con el poder constituyente.

Con lo cual, el verdadero problema constitucional que estaba planteado, es decir, si podía o no convocarse una Constituyente a pesar de no estar prevista en la Constitución, no fue resuelto expresamente por las decisiones de la Corte. En realidad, las sentencias, como se dijo, se dedicaron a afirmaciones generales sobre los asuntos planteados. Sin embargo, de varios párrafos de las sentencias podía concluirse que en criterio de la Corte, o los Poderes Públicos competentes establecían el régimen de la Constituyente, o era preciso modificar la Constitución para incluir la figura de la Constituyente, aún luego de un referendo consultivo en el cual los votantes se manifestaran a su favor.

Por ejemplo, en la sentencia *Referendo Consultivo II* se dirá:

> "Ciertamente que el asunto que se debate en el presente caso, tiene una especial transcendencia nacional, en la medida en que los resultados de una consulta popular como la que se pretende, sería factor decisivo para que los órganos competentes del Poder Público Nacional diseñen los mecanismos de convocatoria y operatividad de una Asamblea a los fines propuestos; o para que, previamente, tomen la iniciativa de enmienda o de reforma que incluya la figura de una Asamblea de esta naturaleza".

También se señalaría de modo ambiguo en la sentencia *Referendo Consultivo I*:

> "Aún cuando el resultado de la decisión popular adquiera vigencia inmediata, su eficacia solo procedería cuando, mediante los mecanismos legales establecidos se dé cumplimiento a la modificación jurídica aprobada. Todo ello siguiendo procedimientos ordinarios previstos en el orden jurídico vigente, a través de los órganos del Poder Público competentes en cada caso. Dichos órganos estarán en la obligación de proceder en ese sentido".

Sin embargo, otras afirmaciones de la sentencia *Referendo Consultivo II* eran aún más confusas, y permitieron que se creara la idea en parte de la opinión pública de que sí podía procederse a convocar a una Asamblea Nacional Constituyente, aun cuando no estuviera prevista expresamente en la Constitución. Por ejemplo, entre otros, señalaría en un párrafo:

> "Un sistema participativo, por el contrario, consideraría que el pueblo retiene siempre la soberanía ya que, si bien puede ejercerla a través de sus representantes, también puede por sí mismo hacer valer su voluntad frente al Estado. Indudablemente quien posee un poder y puede ejercerlo delegándolo, con ello no agota su potestad, sobre todo cuando la misma es originaria, al punto que la propia Constitución lo reconoce".

Pero otras afirmaciones confusas llevaban a otra conclusión. Por ejemplo, en la sentencia *Referendo Consultivo II* se diría:

> "Sin embargo, en ningún caso podría considerarse al poder constituyente originario incluido en esa disposición (art. 250), que lo haría nugatorio, por no estar expresamente previsto como medio de cambio constitucional. Es inmanente a su naturaleza de poder soberano, ilimitado y principalmente originario, el no estar regulado por las normas jurídicas que hayan podido derivar de los poderes constituidos, aún cuando éstos ejerzan de manera extraordinaria la función constituyente.
>
> Esta, indudablemente, es la tesis recogida por el propio constituyente de 1961, el cual, consagró normas reguladoras de la reforma o enmienda de la Constitución dirigidas al Poder Constituido y a un tiempo, incluso desde el Preámbulo, la consagración

de la democracia como sistema político de la nación, sin soslayar, coherentemente, el reconocimiento de la soberanía radicada directamente en el pueblo.

Ello conduce a un conclusión: la soberanía popular se convierte en supremacía de la Constitución cuando aquélla, dentro de los mecanismos jurídicos de participación, decida ejercerla".

De ese razonamiento ambiguo, parecía entonces que podía concluirse que el ejercicio de la soberanía popular, a través de un referendo consultivo, eventualmente podía implicar que esa soberanía se convirtiera en supremacía de la Constitución y, en consecuencia, en una forma de modificación de la Constitución.

C. *La ambigüedad de los criterios de la Corte Suprema de Justicia y la interpretación de parte de la prensa*

De tal manera, lo que podía concluirse de las sentencias *Referendo Consultivo I* y *II* era que (i) el pueblo podía expresar su opinión acerca de la Asamblea Nacional Constituyente mediante un referendo consultivo, (ii) de esa manifestación de voluntad podía derivarse un mandato político los Poderes Públicos para que establecieran un mecanismo institucional que permitiera convocar un proceso constituyente, pero (iii) la soberanía popular no podía estar limitada por los Poderes Públicos.

Que, por una parte, la Corte aclarara que era posible convocar un referendo consultivo para que el pueblo se expresara acerca de la Constituyente y, por otra parte, que la Corte evadiera un pronunciamiento expreso acerca de si era posible desde el punto de vista constitucional la convocatoria a una Constituyente para sustituir la Constitución de 1961, dejaría entonces el asunto sin resolver de modo expreso por la Corte.

Como señalaría posteriormente el profesor y miembro de la Asamblea Nacional Constituyente Allan R. Brewer-Carías:

> "lejos de decidir con precisión la cuestión constitucional planteada respecto de la posibilidad constitucional de la convocatoria de una Asamblea Constituyente y de la necesidad o no de reformar previamente la Constitución, tanto la sentencia Caso Referendo Consultivo I como la Caso Referendo Consultivo II, dejaron abierta la discusión constitucional" (Golpe de Estado y proceso constituyente en Venezuela, Universidad Nacional Autónoma de México. México, 2002, p. 73).

De hecho, y como ha advertido Lolymar Hernández Camargo, los argumentos terminaban siendo contradictorios entre sí:

> "La Corte no podía reconocer la existencia de un poder constituyente originario e ilimitado sin desconocer la vigencia de la Constitución que le daba respaldo a todo ordenamiento jurídico y a su existencia como máximo tribunal de la República, por el contrario, si reconocía –como hizo- la vigencia del sistema jurídico y de la Constitución como norma suprema no podía vulnerarla haciendo uso de la noción ilimitada del poder constituyente originario" (El proceso constituyente venezolano de 1999, Academia de Ciencias Políticas y Sociales, Caracas, 2008, p. 167).

Pero a pesar de la ambigüedad de los criterios de la Corte Suprema de Justicia, parte de la prensa daría su interpretación a lo interpretado por la propia Corte. Así, por ejemplo, en *El Nacional* se daría una lectura a las sentencias que favorecía la convocatoria de la Asamblea Nacional Constituyente a partir de la celebración del referéndum consultivo:

POLITICA

TRIBUNALES

Lucy Gómez e-mail lgomez@el-nacional.com

Jueves 21 de enero de 1999

TRAS LA DECISION DE LA CORTE

Alcances del fallo de la CSJ

No es necesario reformar la Constitución para convocar el referéndum

Humberto J. La Roche y el resto de los magistrados de la Sala Político Administrativa consideran que la "inviolabilidad" de la Carta Magna, tal como está referida en su propio texto, es un imperativo para el poder constituido, pero no para el poder constituyente originario, el cual es absoluto e ilimitado

EDGAR LOPEZ

Asegura J.V. Rangel

No habrá golpe de Chávez ni golpe antichávez

ALFREDO CARQUEZ SAAVEDRA

El gobierno del presidente electo Hugo Chávez Frías no va a disolver el Congreso Nacional, aseguró el ministro de Relaciones Exteriores designado, José Vicente Rangel, luego de intervenir en la "Cumbre Empresarial" organizada por Fedecámaras.

Como señala Lolymar Hernández Camargo:

> "lo más acorde con la institucionalidad y estabilidad del sistema era haber hecho una reforma general de la Constitución vigente. Sin embargo, en la opinión pública dominaba la tesis de la constituyente, como la panacea, como una forma de empezar de nuevo, de constituirse de nuevo, que garantizaba la solución a todos los problemas de una forma casi mágica" (El proceso constituyente venezolano de 1999, *cit.*, pp. 140-141, nota 28).

Por supuesto, el gran riesgo político y constitucional de convocar una Asamblea Nacional Constituyente que no estuviera prevista y regulada en la Constitución, era que esa ausencia de regulación fuera una ocasión para que la Asamblea se autoproclamara como soberana y como exenta de cualquier regulación que limitara su actuación. Ese riesgo se verificaría luego en los hechos, cuando la Asamblea Nacional Constituyente actuó sin sujetarse a los Poderes Públicos ni a la Constitución.

En todo caso, correspondía al Congreso, cuando se incorporara a sus sesiones ordinarios en enero, decidir si procedía a realizar una enmienda o reforma a la Constitución, que incluyera la figura de la Asamblea Nacional Constituyente como un mecanismo válido para sustituir la Constitución de 1961.

7. *El referendo consultivo convocado por el Presidente Chávez*

Sin embargo, el Congreso no tendría oportunidad de debatir sobre el importante asunto político-constitucional que el país tenía ante sí.

Durante el mes de enero, aún antes de tomar posesión, el Presidente electo Chávez conformó una comisión llamada "Comisión Presidencial Constituyente", que tenía como objeto prestar asesoría sobre el modo de convocatoria a la Asamblea Nacional Constituyente.

Y el mismo 2 de febrero, al tomar posesión del cargo, el ahora recién electo Presidente Chávez dictaría el Decreto N° 3, por medio del cual convocaría un referendo consultivo para que los electores se pronunciaran sobre la Constituyente. Así, el Presidente Chávez tomaría la delantera en la discusión, y plantearía el asunto para que el pueblo se expresara sobre la Constituyente, sin que fuera necesario entonces reformar la Constitución de 1961 para incluir a la Constituyente como un mecanismo válido para la sustitución de la propia Constitución de 1961.

No se olvide que cuando el Presidente electo tomó juramento ante el Presidente Caldera, advirtió:

> "Juro delante de Dios, juro delante de la Patria, juro delante de mi pueblo, que sobre esta moribunda Constitución impulsaré las transformaciones democráticas necesarias para que la República nueva tenga una Carta Magna adecuada a los nuevos tiempos. Lo juro".

Mediante el Decreto N° 3 (Gaceta Oficial N° 36.634 de 02 de febrero de 1999), el ya Presidente en funciones Hugo Chávez, dictaría la decisión de convocar al pueblo para un referendo consultivo sobre la Asamblea Nacional Constituyente. En realidad, y como puede constatarse del modo como fue planteado el referendo, el Presidente Chávez aspiraba a que la Constituyente fuera diseñada según el modo como él consideraba debía conducirse. En ese sentido, el texto del Decreto va a señalar:

> "*Artículo 1°*: La realización de un referendo para que el pueblo se pronuncie sobre la convocatoria de una Asamblea Nacional Constituyente.
>
> *Artículo 2°*: El Consejo Nacional Electoral ejecutará los actos necesarios para divulgar el contenido de la propuesta de convocatoria, invitar a los ciudadanos a participar en el referendo y realizar el escrutinio del acto de votación.
>
> *Artículo 3°* El instrumento electoral contendrá las siguientes preguntas que serán contestadas con un "si" o un "no":
>
> *Primera*: ¿Convoca usted una Asamblea Nacional Constituyente con el propósito de transformar el Estado y crear un nuevo ordenamiento jurídico que permita el funcionamiento efectivo de una Democracia Social y Participativa?

> *Segunda*: ¿Autoriza usted al Presidente de la República para que mediante un Acto de Gobierno fije, oída la opinión de los sectores políticos, sociales y económicos, las bases del proceso comicial en el cual se elegirán los integrantes de la Asamblea Nacional Constituyente?".

Por supuesto, la interpretación que el Presidente Chávez había dado a las sentencias de las Corte Suprema de Justicia, es que simplemente bastaba con que el Pueblo se manifestara a favor de la Constituyente, para poder convocarla. Por ejemplo, señalaría en el literal b) de la Exposición de Motivos de ese Decreto:

> "La Corte Suprema de Justicia, en sus dos decisiones del 19 de enero de 1999, ha establecido que para realizar el cambio que el país exige, es el Poder Constituyente, como poder soberano previo y total, el que puede, en todo momento, modificar y trasformar el ordenamiento constitucional, de acuerdo con el principio de la soberanía popular consagrado en el artículo 4 de la Carta Fundamental".

En este sentido, la redacción del Decreto era contraria a lo dispuesto por la Constitución, por la Ley Orgánica del Sufragio y Participación Política, y por las mismas sentencias dictadas por la Corte Suprema de Justicia, al (i) convertir el referendo revocatorio en una suerte de referendo decisorio o plebiscito, (ii) para sustituir la Constitución de 1961 a través de un mecanismo no previsto por ésta, (iii) para delegar en el recién electo Presidente Chávez la regulación del modo de elección de los miembros de esa Asamblea Nacional Constituyente y (iv) para que esa Asamblea Nacional Constituyente electa asumiera el control del Estado, en sustitución de los poderes constituidos.

8. *Las reacciones al Decreto N° 3 y la Resolución del Consejo Supremo Electoral que fijó la fecha de celebración del referendo consultivo*

Varios abogados ejercieron recursos de nulidad ante la Sala Político-Administrativa de la Corte Suprema de Justicia, pidiendo se declarara la nulidad de ese Decreto N° 3, por considerarlo ilegal e inconstitucional. Sin embargo, el Juzgado de Sustanciación de la Sala declaró inadmisibles todos los recursos intentados. Básicamente, la Corte señaló que el Decreto del Presidente como tal no podía tener "efectos externos" que pudieran acarrear su nulidad, por lo que había que pedir la nulidad en consecuencia de los actos del Consejo Supremo Electoral que éste órgano electoral dictara en ejecución de ese Decreto del Presidente Chávez.

Y, en efecto, el Consejo Supremo Electoral dictaría la Resolución N° 990217-32 de 17 de febrero de 1999, por la que se fijó la realización del referendo consultivo para el 25 de abril de ese año 1999. De la convocatoria del referendo en esa Resolución se desprendía que la consulta se realizaría en los mismos términos de las preguntas sugeridas por el Presidente Chávez en su Decreto N° 3, en la medida en la que su redacción era prácticamente igual a la Decreto N° 3 que había dictado el Presidente Chávez.

9. *La modificación de la pregunta sobre las "bases comiciales"*

Al igual que el Decreto N° 3, la Resolución N° 990217-32 del Consejo Supremo Electoral, por la que se fijó la realización del referendo consultivo para el 25 de abril de ese año 1999, fue objeto de varias demandas de nulidad ante la Sala Político-Administrativa del Tribunal Supremo de Justicia.

Ante los distintos argumentos que cuestionaban la constitucionalidad y legalidad del Decreto N° 3 y de la Resolución N° 990217-32 del Consejo Supremo Electoral, el Presidente Chávez dictó otro Decreto Presidencial el 10 de marzo (Gaceta Oficial N° 36.658 de 10 de marzo de 1999), por el cual hizo una "propuesta" de bases comiciales, que debían ser incluidas en la consulta que se realizaría a los electores en el referendo consultivo que debía celebrarse el 25 de abril, para regular a través de esas bases comiciales el modo como se elegiría a los miembros de la Asamblea Nacional Constituyente.

Por ello, con este Decreto, el Presidente Chávez modificaba la pregunta 2 del artículo 3 del Decreto N° 3, que le habilitaba a él para fijar esas bases comiciales. Conforme al nuevo Decreto, en el referendo consultivo del 25 de abril, los electores debían pronunciarse sobre la "propuesta" de bases comiciales que hacía el Presidente a través de este nuevo Decreto.

La consecuencia de ello, era que el Consejo Supremo Electoral debía proceder a modificar los términos de la Resolución N° 990217-32 de 17 de febrero de 1999, sustituyendo el contenido del artículo 3, en el que se le facultaba al Presidente para él fijar las "bases comiciales" para incluir la "propuesta" que el mismo Presidente Chávez realizaba sobre el contenido de las bases comiciales, para que el pueblo se pronunciara sobre ellas.

Sin embargo, la Sala Político-Administrativa se adelantó al Consejo Supremo Electoral, y procedió a declarar la nulidad del contenido de la pregunta 2 del artículo 3, a través de la sentencia del 18 de marzo de 1999, y ordenó al Consejo Supremo Electoral que replanteara esa pregunta ahora anulada, tomando en cuenta las bases comiciales que había propuesto el Presidente Chávez en su Decreto de 10 de marzo.

> La Corte no sólo declaró nula la segunda pregunta del artículo 3, que habilitaba al Presidente para que él mismo fijara las "bases comiciales" de la elección de los miembros de la ANC, sino también procedió a recordar que (i) el referendo a ser convocado tenía un carácter esencialmente consultivo y que (ii) la ANC no podía alterar los principios fundamentales del Estado democrático de Derecho.

En acatamiento a lo dispuesto por la sentencia de la Sala Político-Administrativa de 18 de marzo, el Consejo Supremo Electoral procedió a dictar una nueva Resolución, la N° 990323-70 de 23 de marzo de 1999, en la que reprodujo las bases comiciales que había propuesto el Presidente Chávez en su Decreto de 10 de marzo.

Por otra parte, en sentencia de 13 de abril de 1999, la Sala Político-Administrativa de la Corte Suprema de Justicia ordenaría suprimir la frase "como poder originario que recoge la soberanía popular" que se atribuía a la Asamblea Nacional Constituyente en la base comicial octava.

10. *La celebración del referendo consultivo sobre la Constituyente*

Llegaría el 25 de abril, fecha fijada por el Consejo Supremo Electoral para la celebración del referendo consultivo acerca de la convocatoria de la Asamblea Nacional Constituyente.

Con una participación de 4.137.509 electores, y una abstención del 62.2%, los votos a favor del "sí" fueron del 92,4%, mientras que los votos a favor del "no" fueron del 7,6%.

Prácticamente todo el país que fue a votar se pronunció a favor de la convocatoria a una Asamblea Nacional Constituyente impulsada por el Presidente Chávez, sin que se reformara previamente la Constitución para que la propia Constitución estableciera los límites a los poderes de esa Asamblea Nacional Constituyente.

11. *La elección de los miembros a la ANC*

Una vez que en el referendo consultivo del 25 de abril el electorado se pronunció a favor de la Asamblea Nacional Constituyente, el Consejo Supremo Electoral procedió a convocar para el 25 de julio de 1999 la elección de sus miembros.

Conforme a lo dispuesto en las "bases comiciales" que había propuesto el Presidente Chávez, a la Asamblea Nacional Constituyente había que elegir un total de 131 miembros, de los cuales 24 corresponderían a la circunscripción nacional, 104 se elegirían de 24 circunscripciones regionales y 3 serían electos como representantes de las comunidades indígenas.

El 25 de julio se realizaría la elección de los miembros de la Asamblea Nacional Constituyente, con una abstención del 53.7% de los electores.

Debido al sistema de postulaciones que se diseñó en esa oportunidad, si bien los candidatos que eran apoyados por el entonces Presidente Chávez (el denominado "Polo Patriótico) sumaron un total del 65 % de los votos de los electores, obtuvieron un total de 125 de los 131 miembros a la Asamblea Nacional Constituyente. Los candidatos que no estaban agrupados en torno al "Polo Patriótico" logró un 22, 1 de los votos, pero debido a ese sistema de postulaciones, sólo un total de 6 de los 131 miembros a la Asamblea Nacional Constituyente.

12. *La instalación de la ANC*

La Asamblea Nacional Constituyente se instalaría el 3 de agosto de 1999. El 8 de agosto comenzaría sus sesiones, con la discusión acerca de su Estatuto de Funcionamiento.

Al redactarse el Estatuto de Funcionamiento de la Asamblea Nacional Constituyente, sin embargo, quedaría reflejada la voluntad de la mayoría de los miembros de la Asamblea Nacional Constituyente con respecto al carácter de esa Constituyente. En efecto, en contra de lo que señalaba la Constitución, la Ley Orgánica del Sufragio y Participación Política, las bases comiciales que electorado había votado y con lo que habían señalado las sentencias de la Corte Suprema de Justicia se establecería un Estatuto de Funcionamiento de la A Asamblea Nacional Constituyente contrario a los valores republicanos, que le daba poderes omnipotentes a esa Asamblea:

> "*Artículo 1*. Naturaleza y misión. La Asamblea Nacional Constituyente es la depositaria de la voluntad popular y expresión de su Soberanía con las atribuciones del Poder Originario para reorganizar el Estado Venezolano y crear un nuevo ordenamiento jurídico democrático. La Asamblea, en uso de las atribuciones que le son inherentes, podrá limitar o decidir la cesación de las actividades de las autoridades que conforman el Poder Público.
>
> Su objetivo será transformar el Estado y crear un nuevo ordenamiento jurídico que garantice la existencia efectiva de la democracia social y participativa.
>
> *Parágrafo Primero*: Todos los organismos del Poder Público quedan subordinados a la Asamblea Nacional Constituyente, y están en la obligación de cumplir y hacer cumplir los actos jurídicos estatales que emita dicha Asamblea Nacional.
>
> *Parágrafo Segundo*: La Constitución de 1961 y el resto del ordenamiento jurídico imperante, mantendrán su vigencia en todo aquello que no colida o sea contradictorio con los actos jurídicos y demás decisiones de la Asamblea Nacional Constituyente".

Con lo cual, la Asamblea Nacional Constituyente, en contra de la Constitución de 1961 entonces vigente, se autoatribuyó unos poderes amplísimos, que en última instancia le colocaban no sólo por encima del ordenamiento vigente, sino por encima de los Poderes Públicos. En ese sentido, la Asamblea Nacional Constituyente se autoproclamó soberana por encima del Derecho y del Estado venezolanos.

Como señalamos, la Asamblea Nacional Constituyente no sólo usaría sus poderes prácticamente ilimitados para redactar la Constitución de 1999, tal como se explica en esta crónica, sino que además los utilizó para tomar el poder de todo el Estado venezolano.

13. *La redacción de la Constitución de 1999*

En todo caso, el proceso de redacción de la Constitución de 1999 tendría cuatro etapas, que implicaron, que se realizara un proceso de redacción de la Constitución improvisado y atropellado.

Tales cuatro etapas se desarrollaron entre el 7 de agosto y el 15 de diciembre de 1999: (i) la reorganización de los Poderes Públicos; (ii) el trabajo de las Comisiones Permanentes y de la Comisión Constitucional; (iii) la discusión del proyecto de Constitución surgido de las distintas Comisiones y (iv) la difusión en el país del texto constitucional.

La Asamblea Nacional Constituyente no quiso partir de ningún anteproyecto de Constitución para el inicio de sus labores. Sin embargo, utilizó como papel de trabajo un documento que había presentado ante la Asamblea Nacional Constituyente el Presidente Chávez el 5 de agosto, titulado "Ideas fundamentales para la Constitución Bolivariana de la V República". De ese documento, por ejemplo, se tomó la idea de incluir en la Constitución la figura del referendo revocatorio.

En cuanto a la redacción de la Constitución, la primera etapa de esta labor como tal, comenzó el 2 de septiembre, y finalizó el 18 de octubre. Para ello, se constituyeron 20 Comisiones Permanentes, a cada una de las cuales les correspondía preparar el texto de una parte de la Constitución.

Tales Comisiones recibieron sugerencias de juristas, dirigentes políticos, partidos políticos y organizaciones de la sociedad civil, acerca de distintos aspectos que se consideraba debían ser incluidos en el texto constitucional.

Sin embargo, como reconocería el profesor y miembro de la Asamblea Nacional Constituyente Ricardo Combellas:

> "Cada comisión trabajó con mucha independencia, con su propio grupo de asesores. La falta de mayor fluidez e intensidad en sus relaciones entre sí y con la comisión constitucional, dificultó en grado sumo la labor de articulación y contribuyó a la precipitación del producto final y la amplia extensión del texto definitivo" ("El proceso constituyente y la Constitución de 1999", en Elena Plaza y Ricardo Combellas (Coordinadores), Procesos constituyentes y reformas constitucionales en la historia de Venezuela, Tomo II, UCV, Caracas, 2005, p. 781, nota 22).

El trabajo que las 20 Comisiones realizaron por separado fue remitido el 28 de septiembre a la Comisión Constitucional, la cual desde esa fecha hasta el 18 de octubre debía realizar la labor de integración de las 20 secciones de la Constitución preparadas por las 20 Comisiones Permanentes. En ese sentido, las Comisiones Permanentes dispusieron de poco menos de un mes para realizar sus trabajos, y luego la Comisión Constitucional dispuso de tres semanas para la realización del trabajo de integración.

El 19 de octubre el proyecto integrado por la Comisión Constitucional fue entregado a la plenaria de la Asamblea Nacional Constituyente, para su discusión.

Entre el 20 de octubre y el 09 de noviembre, se realizaron 19 sesiones en la plenaria de la Asamblea Nacional Constituyente, para realizar la primera discusión del Proyecto de Constitución. Para la segunda discusión, se realizaron tres sesiones, entre los días 12 y 14 de noviembre.

Ricardo Combellas concluirá sobre el proceso de redacción de la Constitución por parte de la Asamblea Nacional Constituyente:

> "La premura y la improvisación que guiaron sus últimos actos no dejaron de producir a la larga consecuencias indeseables: confusión sobre cuál texto de Constitución se había efectivamente aprobado, debate sobre inclusión o exclusión de normas que no constaban discutidas en el diario de debates e imperdonables errores gramaticales, de sintaxis y de estilo" ("El proceso constituyente y la Constitución de 1999", *cit.*, p. 782).

14. *Aprobación, sanción, promulgación en 1999 y promulgación en 2000*

El 15 de diciembre de 1999, en pleno desarrollo de lo que se conocería como "la tragedia de Vargas", se realizaría la votación para la aprobación de la Constitución de 1999.

En ese proceso electoral, concurrirían a la votación un total de 4.819.786 electores, lo cual implicó un porcentaje de abstención del 54,74%. De ese número de electores, votó a favor de la aprobación de la nueva Constitución un número de electores equivalente al 71,37 %, es decir, 2.982.395 votos a favor. Votaron en contra de la aprobación de la Constitución un total de 1.196.146 electores, equivalente al 28.63 %. Una mayoría importante de los electores le darían su aprobación a la Constitución de 1999.

Si bien la Constitución de 1999 fue publicada por primera vez en la Gaceta Oficial N° 36.860 de 30 de diciembre de 1999, se ordenó su nueva publicación casi tres meses después, el 24 de marzo de 2000, en la Gaceta Oficial N° 5.423 extraordinario, junto con la Exposición de Motivos que no había sido incluida en la primera publicación. Como ha explicado Lolymar Hernández Camargo, hay diferencias entre el texto publicado en la primera y en la segunda publicación, que exceden los "errores de gramática, sintaxis y estilo" que justificaron la segunda publicación (*El proceso constituyente venezolano de 1999*, *cit*., p 235, nota 180).

15. *La intervención de los Poderes Públicos*

A. *El Estatuto de Funcionamiento de la ANC y la intervención de los Poderes Públicos*

Esa ANC de 1999, sin embargo, no se limitó a redactar la Constitución de 1999, sino que, por el contrario, fue el instrumento para que el Gran Polo Patriótico se hiciera con el control del Estado venezolano, a partir de la intervención de los órganos del Poder Público. Recuérdese que de acuerdo al fraudulento método electoral que se aprobó para elegir a los constituyentes en 1999, de 131 miembros de la ANC, sólo 6 miembros hacían oposición al Gran Polo Patriótico.

De tal manera, el proceso constituyente de 1999 se utilizó como el cauce institucional para apoderarse por completo del Estado, en contra de lo dispuesto por la Constitución de 1961. A partir de la interpretación sesgada de las sentencias que había dictado la entonces Corte Suprema de Justicia sobre la posibilidad de convocar una ANC para modificar la Constitución de 1961, la ANC de 1999, apenas se instaló, dictó un Estatuto de Funcionamiento por el cual se autoatribuyó poderes constituyentes originarios. En el artículo 1 de ese Estatuto de Funcionamiento, se harían las siguientes afirmaciones sobre el carácter de la ANC de 1999:

> La ANC es la depositaria de la voluntad popular y expresión de su soberanía con las atribuciones del poder originario para reorganizar el Estado venezolano y crear un nuevo ordenamiento jurídico democrático;

> la ANC, en uso de las atribuciones que le son inherentes, podrá limitar o decidir la cesación de las actividades de las autoridades que conforman el Poder Público;
>
> todos los organismos del Poder Público quedan subordinados a la ANC y están en la obligación de cumplir y hacer cumplir los actos jurídicos y demás decisiones de la Asamblea Nacional Constituyente, y
>
> la Constitución de 1961 y el resto del ordenamiento jurídico imperante, mantendrán su vigencia en todo aquello que no colida o sea contradictorio con los actos jurídicos y demás decisiones de la ANC.

De tal manera, conforme a esa norma, la ANC de 1999 entendió que todos los Poderes Públicos le estaban sujetos, al punto de que se autofacultaba para limitar o decidir la cesación de las autoridades que conforman el Poder Público. Por supuesto, ello resultaba contrario a la Constitución de 1961 y al régimen de las bases comiciales que el pueblo había votado en el referendo consultivo.

La referencia a ese Estatuto de Funcionamiento de la ANC de 1999 es particularmente relevante, al menos, por tres razones, (i) porque es el antecedente más inmediato del que podemos extraer lecciones ante la ANC que se impulsa desde el Gobierno; (ii) porque en el Decreto de Bases Comiciales que dictó el Presidente Maduro para regular la actuación de la ANC, se advierte en el artículo 10 que mientras la ANC no dicte un nuevo Estatuto, se aplicará el Estatuto de la ANC de 1999, y (iii) porque fue con base precisamente a ese Estatuto de Funcionamiento de 1999 que se procedió a realizar lo que hemos denominado como la toma del Estado por la ANC de 1999.

B. *La ratificación del Presidente Chávez*

La primera decisión que tomaría la ANC d 1999 sobre los poderes constituidos, el 10 de agosto de 1999, sería la de "ratificar" al entonces Presidente Chávez, quien había sido electo popularmente en diciembre de 1998, y que por ello no necesitaba de ninguna "ratificación" por la ANC. En las semanas previas, en entonces Presidente Chávez había insistido en que "ponía su cargo a la orden" de la ANC.

C. *El Decreto de reorganización de los Poderes Públicos*

En segundo lugar, el 12 de agosto, la ANC dictaría un Decreto por el cual se decidía la reorganización de todos los órganos del Poder Público (Gaceta Oficial Nº 36.764 de 13 de agosto de 1999). Este Decreto facultó a la ANC para tomar las medidas que considerara necesarias para realizar la reorganización de los órganos del Poder Público, y se otorgaba la competencia a la propia ANC para decidir sobre la intervención, modificación o suspensión de los órganos del Poder Público.

D. *La reorganización del Poder Judicial*

El primer Poder Público que sería objeto de la toma por parte de la ANC sería el Poder Judicial. Como una ejecución del Decreto por el cual se había decidido la reorganización de los órganos del Poder Público, el 19 de agosto se dictó un Decreto para la reorganización del Poder Judicial (Gaceta Oficial Nº 36.782 de 08 de septiembre de 1999). Para ello, se creó una Comisión de Emergencia Judicial integrada por cuatro miembros de la ANC, un miembro de la Corte Suprema de Justicia, un miembro del Consejo de la Judicatura y tres miembros más. Entre otras facultades, esta Comisión podía destituir jueces. Como de hecho lo hizo en todo el país.

E. *La regulación de las funciones del Poder Legislativo*

El segundo Poder Público intervenido sería el Poder Legislativo, a través del Decreto de 25 de agosto (Gaceta Oficial Nº 36.772 de 26 de agosto de 1999). Mediante ese Decreto se declaraba la suspensión de las funciones del Congreso de la República, que había sido electo por los ciudadanos unos meses atrás. Permanecían en sus funciones la Comisión Delegada y la Comisión de Finanzas y Contraloría. También se decretó la suspensión de las actividades de las Asambleas Legislativas de los Estados.

F. *La suspensión de las elecciones municipales*

Pero la ANC de 1999 no sólo intervino los Poderes Públicos constituidos, sino que procedió a suspender el 26 de agosto de 1999 las elecciones municipales, que debían celebrarse ese año.

G. *La ANC luego de la Constitución de 1999*

Aún luego de haberse aprobado la Constitución de 1999, la ANC siguió tomando decisiones, que, por supuesto, excedían el ámbito que se le había fijado en el referendo consultivo por el cual el pueblo aprobó su convocatoria y en las bases comiciales por las cuales había sido electa. Entre otras actuaciones, designó a los miembros del CNE, aprobó la Ley de Crédito Público y aprobó el Estatuto Electoral para las elecciones de 2000.

IV. UNA NOTA SOBRE EL ORIGEN DE LA ANC EN LA CONSTITUCIÓN DE 1999

Una de las innovaciones de la Constitución de 1999 fue la inclusión de la figura de la ANC. La inclusión de esa figura se debió a que, precisamente, la Constitución de 1999 fue producto de un proceso constituyente.

1. *El contexto en el cual llega la figura de la ANC a la Constitución de 1999*

Si bien en Venezuela no ha sido tradicional que la propia Constitución incluya la regulación de una figura como la ANC, en 1999 la ANC era el tema político fundamental. No en vano había sido la oferta electoral fundamental de Hugo Chávez.

De hecho, la gran discusión constitucional en 1999 fue, precisamente, que la Constitución de 1961 no incluía a la ANC como una de las vías institucionales para la sustitución de la Constitución de 1961. Esa discusión dio origen a dos sentencias de la Corte Suprema de Justicia que, sin embargo, no aclararon el punto con la claridad que era necesaria.

Ello llevó a que la fundamentación constitucional del proceso constituyente de 1999 se viera cuestionada desde el principio, si bien luego la fuerza de los hechos llevó a que efectivamente se instalara la ANC y que ésta dictara la Constitución de 1999.

Quizá para intentar legitimar políticamente un proceso que había sido turbulento y cuya legitimidad se había cuestionado durante todo el año 1999, en la Constitución de 1999 se incluiría la figura de la ANC, a la cual se le dedican los artículos 347, 348 y 349.

A esto apuntaría la Exposición de Motivos de la Constitución de 1999, que al hacer referencia a la ANC va a resaltar que la soberanía popular es la base sobre la cual se fundamenta la figura:

> "se consagra expresamente la Asamblea Nacional Constituyente, instrumento fundamental para garantizar al pueblo de Venezuela la posibilidad abierta de modificar sustancialmente el Estado y crear un nuevo ordenamiento jurídico, creando un nuevo texto constitucional. Esta posibilidad inexistente formalmente en la Constitución del 1961 hubo de ser incorporada por vía de interpretación de la Corte Suprema de Justicia, para hacer posible la convocatoria de la Asamblea Nacional Constituyente que produjo esta Constitución. En el presente texto constitucional pasa a ser norma vigente, expresiva de la más acertada definición democrática en torno a la soberanía popular".

2. *La regulación de la ANC en el proyecto de Constitución preparado por el entonces Presidente Chávez*

Pero el origen de esta regulación se encuentra en el proyecto de Constitución que presentó el entonces Presidente Chávez a la ANC, el 5 de julio de 1999, titulado como *Ideas fundamentales para la Constitución Bolivariana de la V República* (publicado en el libro *Documentos fundamentales de la República Bolivariana de Venezuela*, Ediciones de la Presidencia de la República, Caracas, 2000). En ese proyecto de Constitución presentado por el entonces Presidente Chávez se dedican hasta 6 artículos a la figura de la ANC. Destaca que los artículos 3, 4, 5 y 6 del Capítulo III se dedican a regular la convocatoria y funcionamiento de la ANC y la aprobación vía referéndum de la Constitución.

Así, por ejemplo, el artículo 3 señala sobre la iniciativa de la convocatoria a la ANC que

> "*Artículo*.- La iniciativa de convocatoria a la Asamblea Constituyente la podrá ejercer el Presidente de la República en Consejo de Ministros, la Asamblea Nacional por acuerdo aprobado de las dos terceras partes de cada Cámara o por un número no menor al diez por ciento de los electores inscritos en el Registro Electoral Nacional".

Sin embargo, el artículo siguiente señala expresamente que la aprobación de la convocatoria requiere de un referéndum en el que se consulte al pueblo su decisión de ir o no a un proceso constituyente:

"*Artículo*.- Se considerará aprobada la convocatoria a la Asamblea Constituyente, si en el referéndum llamado al efecto, el número de votos afirmativos es superior al número de votos negativos. Si el resultado del referéndum fuese negativo, deberá transcurrir, al menos un año para una nueva convocatoria. Si transcurrido ese tiempo, la nueva convocatoria fuese rechazada, no podrá llamarse a un nuevo referéndum en el mismo período constitucional".

Pero, conforme a ese proyecto, las bases para elegir a los miembros de la ANC, también debían ser consultadas al pueblo. En el artículo 5 de ese Capítulo propondría el entonces Presidente Chávez que

"*Artículo*.- Las bases para elegir y conformar la Asamblea Constituyente serán incluidas en el referéndum de convocatoria y se consideraran aprobadas si el número de votos positivos es mayor el número de votos negativos".

Finalmente, en el proyecto se dedica un artículo a la regulación de la aprobación, por voto popular, de la Constitución que resulte de los trabajos de la ANC:

"*Artículo*.- La Constitución que redacte la Asamblea Constituyente será sometida a referéndum dentro de los treinta (30) días calendarios continuos siguientes a su aprobación. La Constitución quedará definitivamente aprobada si el número de votos afirmativos es superior al número de votos negativos. Si la Constitución sometida a referéndum fuese rechazada, todos los actos dictados por la Asamblea Constituyente quedarán anulados, salvo aquellos que sean estrictamente indispensables para garantizar la continuidad del Estado de Derecho. Así mismo, no podrá convocarse una nueva Asamblea de ésta naturaleza en el mismo período constitucional, y la Carta Magna existente antes de la Asamblea mantendrá su vigencia".

Con lo cual, como puede verse de la regulación propuesta por el entonces Presidente Chávez, el proceso constituyente debe tener hasta tres consultas al pueblo: (i) el referendo para que el pueblo apruebe ir a un proceso constituyente y la aprobación de las "bases comiciales" de ese proceso; (ii) la elección directa, universal y secreta de los miembros de la ANC y la aprobación por el pueblo del texto de la Constitución que resulte de los trabajos de la ANC. Incluso tal fue el régimen que se siguió en el proceso constituyente que dio lugar a la Constitución de 1999.

3. *La propuesta sobre la ANC del entonces presidente Chávez y las discusiones en la ANC de 1999*

Ese fue igualmente el planteamiento en la discusión de la regulación sobre la figura de la ANC en la misma ANC de 1999. Si se comparan las propuestas de normas sobre el régimen de la ANC entre la propuesta del Presidente Chávez y el texto del articulado del anteproyecto de Constitución que se discutió en la ANC de 1999, podrá concluirse que se tratan de textos muy similares, en algunos casos literalmente iguales. Si bien luego la redacción del anteproyecto de Constitución fue modificada en algunos aspectos, la base democrática del régimen democrático se mantuvo.

REEMBOZALANDO AL PITBULL. CONSIDERACIONES SOBRE EL PROCESO QUE CULMINÓ CON LA PUESTA EN VIGOR DE LA CONSTITUCIÓN DE 1999 Y EL QUE ESTÁ EN MARCHA PARA SUSTITUIRLA

Gustavo A. Grau Fortoul
Profesor de Derecho Administrativo, UCAB / UCV

I. PRELIMINARES

Cuando todavía no se han cumplido 20 años del censurable proceso que condujo a la indebida supresión de la Constitución de 1961 y a la puesta en vigor de la Constitución de 1999, los venezolanos nos enfrentamos nuevamente a la amenaza de volver a vivir una vez más un proceso similar, sólo que esta vez lo hacemos en medio de una de las peores crisis que ha vivido el país en el plano institucional, político, económico y social; sumidos en incesantes protestas callejeras que, a la fecha en la cual se escriben estas líneas, llevan más de 3 meses de haber iniciado y que continúan siendo brutalmente reprimidas, no solo por las fuerzas de seguridad del Estado, sino también por colectivos armados, sumando casi una centena de muertos, incontables heridos y civiles detenidos y sometidos arbitrariamente a procesos militares; sufriendo los estragos de una galopante hiperinflación, mezclada con una pasmosa escasez de alimentos, medicinas e insumos básicos que, paradójicamente, llega a nosotros luego de haber recibido el mayor "boom" de ingresos por exportaciones petroleras a lo largo de toda su historia, dilapidados en la compra de lealtades y apoyos de otros países, así como en actos de corrupción.

En aquella primera ocasión, el proceso se llevó a cabo en medio de una borrachera eufórica de caudillismo endémico, de esas que ha vivido este pueblo muchas veces a lo largo de su existencia, pero en la cual se embebieron también no pocos miembros de la élite política, empresarial, académica y social del país.

Y gracias a la imposición comunicacional de una peculiarísima lectura dada a un fallo emitido por la Sala Político-Administrativa de la Corte Suprema de Justicia el 19 de enero de 1999, escrito en un lenguaje bastante ambiguo en cuanto al análisis de un tema frente a cual se requería una respuesta clara, firme e inequívoca, se terminó celebrando una consulta popular cuyo resultado condujo -en definitiva- a la elección e instalación de una Asamblea Nacional Constituyente, así como a la redacción y sometimiento a referéndum aprobatorio de un nuevo Texto Constitucional, que sin seguir ninguno de los únicos métodos previstos en la Constitución de 1961 -entonces vigente- para poder modificarla válidamente, terminó asesinándola y sustituyéndola.

A esos fines, luego de haber fracasado 7 años antes en varios intentos fallidos de golpe militar contra el gobierno democrático y legítimamente constituido, los propulsores visibles de esa idea, liderados por el mismo felón que los guió en el fracaso de la primera de aquellas aventuras y que posteriormente devino electo presidente, tras quien se albergaron hábilmente sobrevivientes y herederos de esa izquierda trasnochada, resentida y borbónica venezolana, de obsecuente y entreguista adulación castrista, con la ayuda del inefable y ampuloso *togado cortesano* de turno,[1] invocaron a todo pulmón la existencia de un poder constituyente originario e ilimitado, cuya titularidad, al igual que la de la soberanía, correspondía ejercer directamente al pueblo.

Y para ello, lo mismo que a un *pitbull* bravo que muerde duro, había que quitarle aquel bozal de la representatividad impuesto por el artículo 4 de la Constitución de 1961, de tal manera que en lugar de limitarlo a ejercerla únicamente a través de sus representantes electos, mediante los órganos del Poder Público, tenía que preguntársele directamente, a través de un referéndum consultivo, si quería ejercer ese súper poder ilimitado y sin restricciones para decidir, nada más y nada menos, si refundaba la República, creaba un nuevo ordenamiento jurídico y dictaba una nueva Constitución.

Como se sabe, no hubo entonces una reacción colectiva adversa, generalizada y estruendosa, que fuera proporcional a la extrema gravedad de la amenaza que se cernía sobre la institucionalidad democrática. Todo lo contrario, cuando no imperó esa candidez pendeja, emotiva y suicida por lograr un cambio radical ante el hartazgo frente a malos gobiernos, se impuso la complicidad oportunista de ser partícipe, protagonista o al menos jugar un papel relevante en el orden naciente, mezclada con la vanidosa aparición de un sin

---

1 Betancourt, Rómulo: "Discurso pronunciado por el Presidente de la República, señor Rómulo Betancourt, en el acto de la firma de la nueva Constitución Nacional, celebrado en el Salón Elíptico del Capitolio Federal, Caracas, 23 de enero de 1961", en Aveledo Coll, Guillermo Tell: *La segunda República Liberal Democrática, 1959-1998*. Serie antológica historia contemporánea de Venezuela N° 7, Fundación Rómulo Betancourt, Caracas, 2014, página 61: "*El togado cortesano jugó papel de primer plano en esa tragicomedia de las constituciones irrespetadas, o fabricadas para acomodo de las ambiciones del déspota de turno. Aquélla cínica frase:* "La Constitución sirve para todo", *la pronunció un caudillo doblado de dictador, pero a su oído la había susurrado el doctor-secretario surgido del aula universitaria y a quien, como a otros congéneres suyos en distintas épocas, cabría aplicar el ácido concepto de Bolívar de que* "el talento sin probidad es un azote".

número de nuevos y supuestos "constitucionalistas", que sin formación académica en el área pero sin pudor alguno, permitían que se les endilgara ese mote en entrevistas de radio y televisión en las cuales promocionaban su candidatura a la Asamblea Nacional Constituyente, miembros sempiternos de esas fundaciones para el mutuo elogio que abundan entre nosotros, llenas de reputaciones consagradas y de nulidades engreídas, tan claramente identificadas por POCATERRA,[2] utilizando la famosa frase acuñada por ROMERO GARCÍA, el autor de *Peonía*. El resultado lo seguimos padeciendo amarga y generalizadamente, cada vez con mayor intensidad.

Muy contrariamente a esa actitud mostrada entonces, el instinto de supervivencia de los que llevaron adelante ese primer proceso constituyente en 1999, los ha conducido ahora a no dudar un segundo en proceder con absoluta inconsecuencia y en abierta contradicción con los postulados básicos sostenidos por ellos en aquel momento, cuando ya harto e incontroladamente iracundo, después de tanto palo y malos tratos, no les queda más remedio que reembozalar a ese mismo *pitbull* para evitar que los muerda, impidiendo la realización de un referéndum revocatorio presidencial, difiriendo la celebración de las elecciones de gobernadores y alcaldes, y finalmente, convocando a esta nueva Asamblea Nacional Constituyente, con la cual se busca cambiar desesperadamente las reglas que por aquella vía impusieron en 1999, pero esta vez es para no tener que consultarlo abierta y directamente nunca más.

En el marco de esta iniciativa destinada a recopilar distintos aportes en torno a este nuevo intento de subversión del orden institucional, considero prudente dejar a los verdaderos especialistas en Derecho Constitucional abordar en mejores condiciones la tarea de analizar en profundidad el proceso en curso, limitando esta breve contribución simplemente a compartir varias inquietudes sobre algunos de los principales aspectos que caracterizaron aquel proceso que muchos vivimos muy de cerca en ese año de 1999, así como sobre este nuevo proceso aún en curso, cuyo resultado final está por verse, procurando propiciar con ello la reflexión en torno a la importancia de aprender de esa anterior experiencia lo que nos pueda ser útil para enfrentar con mayor acierto la nueva amenaza con la cual nos toca lidiar esta vez.

II. SOBRE EL PROCESO CONSTITUYENTE DE 1999:

El 21 de octubre de 1998, cuando aún era candidato y no Presidente el principal propulsor visible del proceso constituyente de 1999, un grupo de jóvenes abogados venezolanos, preocupados genuinamente por lo que se avecinaba entonces, decidieron ejercer ante la Sala Político Administrativa de

---

2 Pocaterra, José Rafael: *Memorias de un venezolano de la decadencia*, Biblioteca Ayacucho, Caracas, Tomo II (Castro: 1899-1908 / Gómez: 1909-1919), página 64. El autor hace referencia a la frase originalmente formulada por Manuel Vicente Romero García (1861-1917), autor de *Peonía*, a quien se atribuye haberla acuñado por primera vez en El Cojo Ilustrado, en Caracas, en el año de 1896.

la Corte Suprema de Justicia un recurso de interpretación, cuyo alcance estuvo limitado única y exclusivamente a que se analizara el contenido del artículo 181 de la entonces vigente LEY ORGÁNICA DEL SUFRAGIO Y PARTICIPACIÓN POLÍTICA, con el fin de esclarecer si, con base en esa disposición, podía celebrarse un referéndum que tuviera por objeto convocar a una Asamblea Nacional Constituyente, sin necesidad de reformar o modificar la Constitución de 1961 a los fines de contemplar esa posibilidad como una de las formas de modificarla, o si como lo sostenían los recurrentes, esa disposición sólo permitía "consultar" al respecto a los integrantes del cuerpo electoral nacional, sin que la opinión manifestada por dicho cuerpo pudiera ser considerada en sí misma como la convocatoria a una asamblea de ese tipo, pues para ello sería necesario enmendar o reformar previamente el Texto Fundamental.

Posteriormente, el 16 de diciembre de 1998, ya habiendo sido electo Presidente el propulsor de aquel proceso, un político de izquierda, junto con otros 2 ciudadanos en representación de una fundación de defensa de los Derechos Humanos, ejercieron ante la misma Sala del Máximo Tribunal un recurso de interpretación similar, solo que en esta ocasión solicitaron que a los fines de resolver la duda planteada de cara a la misma situación de hecho descrita en aquel primer recurso, se analizara e interpretara no solo el contenido del mencionado artículo 181 de la LEY ORGÁNICA DEL SUFRAGIO Y PARTICIPACIÓN POLÍTICA, sino también el artículo 4 de la Constitución de 1961, el cual establecía que la soberanía reside en el pueblo, quien la ejerce mediante el sufragio, a través de los órganos del Poder Público.

Como es sabido, ambos recursos fueron decididos el mismo día 19 de enero de 1999, pero mediante 2 sentencias diferentes.

Siempre me pregunté por qué el orden en el cual fueron emitidos esos 2 fallos, no guardó correspondencia alguna con el orden en el cual fueron presentados los 2 recursos resueltos por ellos, pues resulta innegable que el recurso presentado antes (el 21 de octubre de 1998), fue resuelto mediante un fallo con ponencia del Magistrado HÉCTOR PARADISI LEÓN, en el cual se hizo referencia y se dio por reproducida prácticamente la argumentación expuesta en otra sentencia dictada ese mismo día, con ponencia del Magistrado HUMBERTO J. LA ROCHE, pero que resolvió el recurso presentado después (el 16 de diciembre de 1998).

Dicho más claramente, siempre me pregunté por qué se resolvió primero el recurso presentado con posterioridad, cuya única diferencia con el primero, aparte de los recurrentes, fue precisamente el haberse solicitado la interpretación no sólo del artículo 181 de la LEY ORGÁNICA DEL SUFRAGIO Y PARTICIPACIÓN POLÍTICA, sino también y adicionalmente la del artículo 4 de la Constitución de 1961 (soberanía popular), a pesar que de conformidad con lo establecido en la LEY ORGÁNICA DE LA CORTE SUPREMA DE JUSTICIA entonces vigente (artículos 42 -numeral 24- y 43), la competencia de la Sala Político Administrativa se limitaba a conocer y decidir, únicamente, recursos de interpretación de aquéllas Leyes que contemplaran expresamente en su propio texto la posibilidad de ser interpretadas a través de ese especial recurso, que fue precisamente lo que se limitaron a pedir los recurrentes en el primer caso, únicamente frente al ya mencionado artículo 181.

Otro aspecto interesante de la tramitación de estas causas, que quizás guarde relación con el primero, es que se haya designado como ponente del recurso en el cual se pidió la interpretación del artículo 4 de la Constitución de 1961 al único de los Magistrados de la Sala Político Administrativa que, para ese momento, contaba en su haber con obra escrita en la cual, precisamente, se había planteado la inquietud relativa a la posibilidad de invocar la soberanía popular regulada en esa norma, como argumento para sustentar el ejercicio del poder constituyente originario por parte del pueblo en su condición de titular de la misma.

Pero más allá de las respuestas que puedan darse a estas y otras interrogantes relacionadas con la tramitación de ambos casos, lo cierto es que en ese primer fallo, dictado para resolver el segundo de los recursos planteados, se incluyeron varios párrafos que -indudablemente- fueron silenciados o al menos preteridos en cuanto a su relevancia o significación para definir el alcance del pronunciamiento que estaba siendo emitido por la Corte en ese momento, comenzando por lo dicho en el mismísimo dispositivo, en el cual lo único que se afirmó textualmente fue que "*La interpretación que debe atribuirse al artículo 181 de la Ley Orgánica del Sufragio y Participación Política, respecto del alcance del referéndum consultivo que consagra, en cuanto se refiere al caso concreto objeto del recurso que encabeza las presentes actuaciones, es que: a través del mismo puede ser* ***consultado el parecer del cuerpo electoral*** *sobre cualquier decisión de especial trascendencia nacional distinto a los expresamente excluidos por la propia Ley Orgánica del Sufragio y Participación Política en su artículo 185, incluyendo la relativa a la convocatoria de una Asamblea Constituyente*" (énfasis añadido), sin que pudiera interpretarse de esta declaración que la opinión manifestada por dicho cuerpo pudiera ser considerada en sí misma como la convocatoria a una asamblea de ese tipo.

En perfecta sintonía con ese pronunciamiento y al analizar precisamente el contenido de los artículo 181 y 185 de la LEY ORGÁNICA DEL SUFRAGIO Y PARTICIPACIÓN POLÍTICA, para determinar si la materia objeto del referéndum consultivo previsto en la primera de esas normas "*podría estar referida a la voluntad popular de reformar la Constitución mediante la convocatoria de una Asamblea Constituyente*", ese primer fallo también indicó textualmente que "*Aun cuando el resultado de la decisión adquiere vigencia inmediata, su eficacia solo procedería cuando, mediante los mecanismos legales establecidos, se dé cumplimiento a la modificación jurídica aproada. Todo ello siguiendo los procedimientos ordinarios previstos en el orden jurídico vigente, a través de los órganos del Poder Público competentes en cada caso. Dichos órganos estarán en la obligación de proceder en ese sentido*".

Sin embargo, ya sabemos que lo que terminó imponiéndose fue esa peculiarísima lectura de los no escasos párrafos de ese mismo primer fallo cuya redacción condujo a considerar que se estaba avalando abiertamente el ejercicio del poder constituyente originario como manifestación directa de la soberanía popular, a fin de poder convocar a una Asamblea Nacional Constituyente sin necesidad de reformar previamente a esos fines la Constitución.

Las restantes incidencias de ese proceso, incluyendo las decisiones judiciales emitidas para resolver los recursos presentados posteriormente en cuanto al contenido de las bases comiciales y a la tramitación de ese referéndum consultivo, son por todos conocidas y han sido tratadas ya en anteriores ocasiones.

Simplemente interesa destacar aquí cómo se impuso en aquel momento, por distintas vías, una arrolladora y ciega voluntad colectiva, mayoritariamente favorable a la realización de un proceso constituyente que, literalmente, terminó no sólo redactando una nueva Constitución, sino que adicionalmente, como bien lo sabía el mismo togado cortesano que apoyó aquel proceso y que vuelve a apoyar el que está en curso, implicó nada más nada menos que la creación de un nuevo ***ordenamiento jurídico general***, entendido no en la acepción vulgar propia del lego común, indicativa del conjunto de normas que regulan la vida en sociedad, sino en los términos en que lo hace SANTI ROMANO,[3] como equivalente a un grupo organizado que se da sus propias normas y que sobre una base territorial claramente identificable, crea un nuevo Estado soberano, lo cual terminó traduciéndose en la refundación de la República anunciada como objetivo finalista de dicho proceso, incluyendo la adopción de una nueva denominación, y posteriormente, hasta de unos nuevos símbolos patrios.

Ese fue evidentemente el verdadero significado atribuible a todas esas frases contenidas en la primera pregunta formulada al cuerpo electoral en aquel referéndum consultivo,[4] que celebrado con base en la invocación de la soberanía popular y del ejercicio directo de la misma por el pueblo en calidad de titular, terminó siendo desvirtuado y convertido en referéndum de convocatoria y aprobación de las bases comiciales utilizadas para elegir a los miembros de la Asamblea encargada de redactar el nuevo Texto de 1999.

---

3 Romano, Santi: *El Ordenamiento Jurídico* (Traducción al castellano de Sebastián Martín-Retortillo y Lorenzo Martín-Retortillo), Instituto de Estudios Políticos, Madrid, 1963.

4 *Ver* el contenido del Decreto N° 3, dictado el 2 de febrero de 1999 y publicado en la *Gaceta Oficial* N° 36.634, de la misma fecha. La primera pregunta del referéndum cuya realización fue solicitada mediante ese instrumento, inquiría textualmente lo siguiente: "*¿Convoca usted a una Asamblea Nacional Constituyente con el propósito de transformar el Estado y **crear un nuevo ordenamiento jurídico** que permita el funcionamiento efectivo de una Democracia Social y Participativa?*".

III. SOBRE EL PROCESO EN MARCHA EN 2017:

El 1° de mayo de 2017 el Presidente de la República anunció que ya no era el pueblo, en ejercicio de esa soberanía de la cual sigue siendo titular y ahora "*intransferiblemente*", según el artículo 5 de la Constitución, el que "***convocaba***" a una Asamblea Nacional Constituyente, sino él mismo como Jefe de Estado, directamente y sin necesidad de consultar más a ese pueblo, invocando a tal efecto, como pretendido fundamento de su actuación, los artículo 347, 348 y 349 de la Constitución de 1999, que a diferencia del panorama reinante bajo la vigencia del Texto de 1961, ahora sí contempla expresamente la figura, como una de las formas de modificación del Texto Fundamental.

A esos fines dictó ese mismo día el Decreto N° 2.803, contentivo de la convocatoria, al cual hizo seguir el día 23 del mismo mes y año de un segundo Decreto N° 2.878, en el cual (también unilateralmente y sin consultarlas con el titular intransferible de la soberanía) definió las "*bases comiciales*" que deben aplicarse para que determinados grupos de la colectividad (clase obrera / líderes comunitarios / campesinos / pescadores / gremios), puedan designar directamente a una parte de los constituyentes que, junto a otros electos en circuitos desbalanceados poblacionalmente, conformarán dicha Asamblea, complementando finalmente esas bases mediante Decreto N° 2.889 dictado el 4 de junio de 2017.

Sin lugar a dudas, el aspecto que más llama la atención de cara al tenor literal de estos instrumentos, es la radical ausencia de invocación en ellos del artículo 5 de la Constitución de 1999.

Ciertamente, no puede olvidarse que fue la invocación del artículo 4 del Texto de 1961 lo que terminó jugando un papel decisivo en la celebración de un referéndum al cual, gracias a la falta de contundencia o al exceso de candidez con que fue redactado aquel primer fallo judicial del 19 de enero de 1999, pero sobre todo a la peculiar lectura del mismo que se impuso a la colectividad en ese momento, se le terminó atribuyendo un efecto de convocatoria popular directa a una Asamblea Nacional Constituyente que nunca pudo ni debió haber tenido, no sólo por la ausencia de previsión expresa de la figura en el Texto de 1961 y por el estricto carácter consultivo del único referéndum previsto entonces en nuestro Derecho positivo, sino sobre todo y muy especialmente porque el reconocimiento de la titularidad de la soberanía en cabeza del pueblo contenido en ese artículo 4 del Texto de 1961, había sido expresamente concebido para que la ejerciera mediante el sufragio, a través de sus representantes, siendo precisamente ése el bozal que desesperadamente se exigía suprimir entonces para que el pueblo se pudiera expresar, convocando él directamente a una Asamblea Nacional Constituyente sin necesidad de reformar la Constitución.

En esta ocasión, a pesar que la norma equivalente en materia de soberanía (artículo 5 del Texto de 1999) es substancialmente más proclive a su ejercicio directo por parte del pueblo, al cual se reconoce categórica e inequívocamente como titular de la misma de manera "***intransferible***", es ramplonamente evidente que los propulsores de este nuevo proceso han evitado a toda costa hacer aunque sea una mención tangencial a este precepto, pues saben muy bien que cualquier consulta abierta al respecto resultaría dramáticamente contraria a la convocatoria de una Asamblea de este tipo, siendo por ello necesario volver a poner desesperadamente a ese bravo pueblo aquel bozal de la representatividad que exigieron quitarle cuando les convino.

Y por paradójico que parezca, así como a la Corte Suprema de Justicia le correspondió en 1999 propiciar la posibilidad de dar cabida al ejercicio directo de la soberanía, obviando el principio de representatividad, ha sido el Tribunal Supremo de Justicia el encargado de reembozalar ahora nuevamente al pueblo con ese mismo principio, cuando en la ya conocida y reciente decisión N° 378, del 31 de mayo de 2017, despachó el cuestionamiento que a este respecto se ha planteado, alegando insólitamente que el Presidente de la República es ***representante*** del pueblo, y en tal condición, puede convocar directamente a una Asamblea Nacional Constituyente, sin necesidad de que el pueblo tenga que ser consultado mediante referéndum.

Parafraseando a CARRERA DAMAS, en esta larga marcha de la sociedad venezolana hacia la democracia, marcada por la dinámica de continuidad y ruptura, una vez más un régimen despótico se pretende valer de la "*confusión entre independencia y libertad, para enmascarar la abolición de esta última, mediante el secuestro de la Soberanía popular.*"[5]

Ello pese a que al tenor literal de las disposiciones invocadas por el Presidente de la República, como pretendido fundamento de su actuación, han sido redactadas en términos tales que, aún sin ser interpretadas a la luz del artículo 5 del Texto Fundamental, pero indiscutiblemente mucho más cuando lo son de esa manera, conducen inequívocamente a concluir que es al pueblo, como titular del poder constituyente originario, y no al Presidente de la República, a quien corresponde convocar a una Asamblea de este tipo.

En efecto, el artículo 347 de la Constitución establece textualmente que "***EL PUEBLO DE VENEZUELA*** *es el depositario del poder constituyente originario. En ejercicio de dicho poder,* ***PUEDE CONVOCAR UNA ASAMBLEA NACIONAL CONSTITUYENTE*** *con el objeto de transformar el Estado, crear un nuevo ordenamiento jurídico y redactar una nueva Constitución*". De cara al tenor literal de este precepto, no cabe duda alguna que es al **PUEBLO y SOLO AL PUEBLO** a quien corresponde **CONVOCAR** a una Asamblea Nacional Constituyente, como depositario del poder constituyente originario.

---

5 Carrera Damas, Germán: "La larga marcha de la sociedad venezolana hacia la democracia", Mensaje Histórico N° 2 (esquema para su estudio), Caracas, abril de 2005, en *Continuidad y ruptura en la historia contemporánea de Venezuela*. Serie antológica historia contemporánea de Venezuela N° 11, Fundación Rómulo Betancourt, Caracas, 2016, p. 15.

Partiendo de este postulado básico y obrando igualmente de cara a lo establecido en el tenor literal de los preceptos de la Constitución en esta materia, tenemos que para determinar si el pueblo quiere convocar o no a una Asamblea Nacional Constituyente, hace falta **CONSULTARLO** a través del único mecanismos previsto en la propia Constitución para ello: el SUFRAGIO UNIVERSAL, DIRECTO Y SECRETO (artículos 5, 63, 70 y 71 de la Constitución), siendo únicamente a esos fines que la propia Constitución, en el artículo 248, establece quienes tienen la **INICIATIVA** para que se **ACTIVE** esa **CONSULTA AL PUEBLO**, en cuanto a si quiere convocar o no una Asamblea de este tipo.

Ese es el único sentido que, de cara a su redacción literal, cabe atribuir al artículo 348 de la Constitución, cuando establece que *"**LA INICIATIVA** de **CONVOCATORIA** a la Asamblea Nacional Constituyente podrá tomarla el Presidente o Presidenta de la República en Consejo de Ministros; la Asamblea Nacional, mediante acuerdo de las dos terceras partes de sus integrantes; los Consejos Municipales en cabildos, mediante el voto de las dos terceras partes de los mismos; o el quince por ciento de los electores inscritos y electoras inscritas en el Registro Civil y Electoral*".

Por tanto, ***INICIATIVA*** y ***CONVOCATORIA*** son 2 cosas muy distintas. La Iniciativa es el primer paso para que se comience con el proceso de consulta al pueblo (artículos 70 y 71 de la Constitución), respecto a si quiere convocar o no una Asamblea Nacional Constituyente, y en caso de una respuesta mayoritariamente afirmativa, sobre las bases comiciales aplicables para elegir a los miembros de esa Asamblea. Pero esa convocatoria solo puede hacerla de manera exclusiva y excluyente el propio pueblo, manifestando su voluntad en las urnas mediante comicios que, por expreso mandato de la Constitución (artículos 5 y 63), deben ser siempre universales, directos y secretos.

En consecuencia, de acuerdo con la Constitución, el Presidente de la República no puede, por sí solo y mediante Decreto, convocar a una Asamblea Nacional Constituyente. Al hacerlo simplemente está usurpando un poder que, según el artículo 347 de la Constitución, no le corresponde a él, sino únicamente al pueblo: el poder constituyente originario, del cual el propio pueblo es el único depositario, siendo precisamente esa condición lo que determina que solo el pueblo, como tal depositario de ese poder y como titular intransferible de la soberanía, puede hacer la convocatoria a una Asamblea de este tipo.

Por otra parte, el mismo artículo 347, al atribuir el poder constituyente originario al pueblo, no distingue entre los distintos sectores o grupos que lo conforman, ni les confiere privilegios o prerrogativas a determinados miembros de la colectividad. El pueblo, a estos fines, es uno solo y en caso que decida convocar a una Asamblea Nacional Constituyente, todo él, sin distinción o discriminación de ningún tipo, mediante sufragio directo y secreto, pero sobre todo UNIVERSAL, deberá designar a quienes conformarán esa

Asamblea. Cualquier sesgo en esta materia simplemente es una trampa, que violando la Constitución, procura hacerse con el control de la Asamblea.

Finalmente, si mediante sufragio universal, directo y secreto, el pueblo decide convocar a una ANC, aprobando de esa misma forma las bases comiciales aplicables para elegir a quienes la integrarán, y luego elige efectivamente (también mediante sufragio universal, directo y secreto) a los miembros de dicha Asamblea, pareciera lógico que la nueva constitución que sea sancionada por ese Cuerpo también debería ser sometida a aprobación popular mediante Referéndum, tal y como sucedió con el Texto Constitucional de 1999, para luego ser promulgada en los términos previstos en el artículo 349 de la Constitución.

En efecto, si los artículos 341 (numeral 3) y 344 de la Constitución, exigen que las enmiendas y reformas a la Constitución, respectivamente, como modificaciones parciales de la Constitución, sean sometidas a Referéndum aprobatorio, cabe pensar inicialmente que con mayor razón aún una nueva Constitución debe ser sometida al mismo mecanismo para que sea el pueblo, como titular intransferible de la soberanía y del poder constituyente originario (artículos 5 y 347 de la Constitución), el que apruebe efectivamente el nuevo Texto, cumplido lo cual el mismo debería ser promulgado y publicado en Gaceta Oficial, conforme al artículo 349 de la misma Constitución.

Sin embargo, al acudir al tenor literal de esta última norma (artículo 349), es absolutamente evidente que, a diferencia de los artículos 341 (numeral 1) y 344, en ella no se ordena que el nuevo Texto Constitucional que sea redactado por la Asamblea Nacional Constituyente, deba ser sometido a referéndum aprobatorio antes de que pueda ser promulgado y publicado en Gaceta Oficial.

Ha sido precisamente este aspecto uno de los que ha propiciado con mayor recurrencia que se acuda al contenido de lo expuesto por los miembros de la Asamblea Nacional Constituyente de 1999, con ocasión del debate suscitado en torno a la discusión dada para definir el contenido de estas disposiciones. Al hacerlo, lo primero que sorprende es ver cómo en la discusión de unas disposiciones sencillamente vitales, de cuya aplicación dependía nada más y nada menos que la pervivencia o desaparición del todo el Texto Constitucional en su conjunto, el Diario de Debates no recoge o refleja los aportes, discusiones o sugerencia de quienes contaban con mayor formación en materia de Derecho Constitucional dentro de ese cuerpo para debatir sobre un punto tan trascendente.

También sorprende que no haya habido una discusión más profunda y una insistencia más tenaz en hacer aprobar el texto de los artículos originalmente presentados en esta materia, en los cuales se establecía textualmente y sin dejar nada a la interpretación, no sólo que la convocatoria a una Asamblea Nacional Constituyente implicaba inexorablemente la realización de un referéndum mediante el cual fuera el pueblo el que decidiera directamente si convocaba o no a un proceso de este tipo, sino que la Constitución que redactara la Asamblea Nacional Constituyente debía ser sometida obligatoriamente a referéndum aprobatorio.

Lo que igualmente sorprende, pero ahora entiendo con mayor claridad, es que fuera precisamente desde las filas de los propulsores de aquel proyecto constituyente de 1999, hasta entonces defensores del ejercicio directo de la soberanía popular sin el bozal de la representatividad, desde donde terminara planteándose, como bien lo revela el Diario de Debates, la inconveniencia de regular excesivamente el funcionamiento de la Asamblea Nacional Constituyente, viendo cristalizar finalmente sus esfuerzos porque ninguna de estas precisas regulaciones al respecto, sobre la necesidad de efectuar tanto el referéndum de convocatoria como el aprobatorio de la nueva Constitución, terminaran siendo plasmadas en el Texto aprobado en definitiva.

En todo caso, mas allá incluso del resultado que arrojan los análisis que se han venido efectuando respecto al contenido de las discusiones suscitadas en torno a este tema, en los términos en los cuales han sido recogidas por el Diario de Debates, para concluir que el "espíritu" reinante respecto a estos temas era proclive a sostener la exigibilidad de la consulta popular directa, no cabe duda que ello resulta además un mandato derivado ya no de la interpretación que pueda hacerse de las discusiones que refleja ese texto, sino del tenor literal tanto del artículo 5 como del artículo 347 de la propia Constitución.

Solo queda seguir haciendo todos los esfuerzos constitucionalmente posibles por impedir que, en esta ocasión, vuelva a imponerse un proceso de alteración del orden institucional que, finalmente, nos cueste la República.

GÉNESIS DEL AUTORITARISMO DEL SIGLO XXI EN VENEZUELA
ASAMBLEA CONSTITUYENTE 1999 DERECHO CONSTITUCIONAL COMPARADO

Humberto Briceño León
Profesor Universidad Central de Venezuela y Monteávila

I. INTRODUCCIÓN

Un modelo antidemocrático y opuesto al constitucionalismo resultó del profundo y relativamente exitoso esfuerzo del Proceso Bolivariano[1] en Venezuela para encubrir su propósito autoritario. Mantenerse en el poder se convirtió en el objetivo real y dependió de bloquear subrepticia y eficientemente los métodos democráticos. La Asamblea Constituyente que en 1999 dictó la Constitución Bolivariana de Venezuela fue expresión de un plan político que reconoció y detectó claramente que la cultura democrática imperante y sus instituciones representaban severos obstáculos a su proyecto autoritario. Los líderes del Proceso Bolivariano centraron sus esfuerzos políticos en enmascarar sus designios autoritarios, y estos esfuerzos encubridores desplazaron los objetivos transformadores que habían proclamado. Lograron arrancar a las élites venezolanas de entonces el poder para destinarlo a beneficiar a quienes supuestamente habían sido política y económicamente excluidos durante la vigencia de la Constitución venezolana de 1961. La tensión entre el objetivo proclamado y el encubridor produjo el desplazamiento del primero, así la Asamblea Constituyente de 1999 dio inicio a un golpe encubierto e ilegítimo a los valores democráticos y constitucionales que la Venezuela del siglo XXI comparte. La Asamblea Constituyente no plasmó ni atendió el genuino y exigente espíritu democrático presente en los venezolanos. Al menos desde la

---

1 Corresponde al movimiento político que lideró el Comandante Hugo Chávez contra la democracia representativa que desde 1961 se había establecido en Venezuela. Ese movimiento impulso y promovió la Asamblea Constituyente que condujo el reemplazo constitucional y dicto la Constitución Bolivariana de Venezuela de 1999.

década de los años noventa se expandió la crítica al sistema bipartidista instalado desde la vigencia de la Constitución de 1961, los líderes de ese Proceso Bolivariano eran caras nuevas, propusieron desmantelar la democracia representativa y sustituirla por una democracia participativa, ofrecieron acabar con el neoliberalismo, sustituir los interés parciales por los intereses del Pueblo, y se encubrieron con supuestos valores y principios democráticos.

Hasta entonces la Nación había vivido con gobiernos que podían mostrar importantes credenciales democráticas y realizaciones concretas en el campo de la educación pública, sanidad, salud, infraestructura industrial y vial, logros que fueron reportados en el 2014 por Curiel[2] en una publicación en la que presentó los datos correspondientes recogidos de fuentes oficiales y de organizaciones internacionales confiables. El avance democrático y sus logros no bastaron, la misma vida democrática acrecentó el deseo por una mejor democracia. El modelo de conciliación bipartidista se deterioro y era claro que la sociedad deseaba profundizar la democracia. La Asamblea Constituyente fue un instrumento esencial del plan para encubrir el propósito real de instaurar un sistema autoritario, conspiró exitosamente contra la democracia representativa que rigió en Venezuela desde 1961 hasta 1999, se alejo de la forma alternativa de gobierno e instauró un ilegítimo modelo antidemocrático.

La dinámica del Proceso Bolivariano se desplego en dos dimensiones la primera destinada a encubrir el autoritarismo y la segunda dirigida a asegurar la permanencia en el poder de quienes lo dirigían a través de medios contradictorios con sus propios postulados "híper democráticos o pro mayoritarios".

La primera dimensión se uso para encubrir el objetivo autoritario del Proceso Bolivariano y correspondió al uso inconsistente e intermitente de las herramientas que podemos recoger del debate teórico constitucionalismo vs. democracia[3]. Manipularon el dilema constitucionalismo vs democracia con un criterio utilitario no legítimamente ideológico, se usó para legitimar al régimen y sus expresiones autoritarias sin importar la contradicción implícita. Cuando convino a ese propósito encubridor lo inconstitucional lo defendieron por democrático, y lo antidemocrático por constitucional.

El debate teórico entre monismo y dualismo democrático[4] nos ayuda a develar el carácter autoritario del Proceso Bolivariano. Para los monistas democráticos los ganadores de elecciones libres y justas están autorizados para actuar con toda la autoridad del Pueblo[5] rechazando las interferencias de ins-

---

2 Curiel José, *Del pacto de Punto Fijo al Pacto de la Habana*, Cyngular José Curiel, Caracas, 2014

3 Colón Ríos Joel, *The End of Constitutionalism-Democracy Debate*, 28 Windsor Rev. Legal & Soc. (2010) p. 5.

4 Ackerman Bruce, *We the People Foundations*, Belknap Harvard, London, (1991).

5 *Id.* Los demócratas monistas están fundamentados, según Ackerman, en las teorías de Woodrow Wilson, James Thayer, Charles Beard, Oliver Wendell Holmes, Roberto Jackson, Alexander, Bickel, John Ely,

tituciones que afirman "contra mayoritarias" como la revisión o control judicial constitucional alegando su naturaleza antidemocrática. El dualismo demócrata o el constitucionalismo dual de Ackerman[6] distingue entre dos tipos de decisiones y momentos democráticos, uno corresponde al momento de las decisiones políticas constitucionales que toma el Pueblo en raros y muy especiales momentos para cambiar la ley fundamental a través de un proceso legitimado por una muy elevada y extraordinaria participación en un foro altamente deliberativo, y otro el momento de la política y legislación normales en el que el gobierno toma diariamente decisiones controlado por elecciones libres y justas, sin influencia de estrechos intereses de grupos en donde el legislador ordinario y los políticos electos no pretenden cambiar las decisiones que antes ha tomado el Pueblo soberanamente en el momento constitucional. Para este modelo dualista el rol del control judicial de la constitucionalidad es mantener las decisiones de la política ordinaria dentro del marco de las decisiones constitucionales que el Pueblo tomo. El Proceso Bolivariano aparentó transitar un momento constitucional caracterizado por las tensiones políticas que vivía el país, clamó por una elevadísima participación democrática en el proceso de reemplazo constitucional, y propusieron sustituir la democracia representativa por una participativa. Cuando les convino a sus planes autoritarios contradictoriamente con sus predicas sobre la ilimitada soberanía del Pueblo usaron la retórica constitucionalista prescriptiva. De este modo cuando el discurso democrático les era insuficiente o políticamente contraproducente acudieron al constitucionalismo prescriptivo, a las instituciones supuestamente "contra mayoritarias" o de naturaleza antidemocrática según los monistas. Aplaudieron con euforia las decisiones de la entonces Corte Suprema de Justicia[7] que los autorizó a avanzar hacia la Asamblea Constituyente. También usaron la retórica democrática acudiendo al ropaje del momento constitucional del Pueblo soberano cuando el constitucionalismo prescriptivo incomodaba, por ejemplo al rechazar e ignorar la decisión de esa misma Corte Suprema de Justicia la cual luego de haber autorizado la Asamblea Constituyente intento establecer tímidos límites provenientes de la anterior Constitución de 1961[8]. Lo que explica esta contradicción es el carácter no democrático del Proceso Bolivariano, devela su carácter autoritario. El uso indiferenciado de estas perspectivas explica la naturaleza autoritaria del proyecto, en verdad no defendieron la Constitución ni la democracia, pretendieron implantar con engaños un régimen autoritario y lo lograron. Para quienes defienden el texto constitucional como la categoría a prevalecer por encima de las doctrinas meta constitucionales o supra constitucionales, los ex-

---

6 *Id.* p. 6

7 Corte Suprema de Justicia de Venezuela, Sala Político Administrativa, Junta Directiva para la Fundación de los Derechos Humanos, sentencia N° 17, 19 de Enero 1999.

8 Corte Suprema de Justicia de Venezuela, Sala Política Administrativa, Gerardo Blyde vs. Resolución N° 990217, sentencia N° 271, 18 de Marzo de 1999.

presivitas[9], es primero la Constitución y luego la democracia, para los monistas primero la democracia y luego la Constitución. Para los dualistas la Constitución prevalece en los momentos de política ordinaria o normal y la democracia en los momentos constitucionales.

De esta forma, la dimensión encubridora manipuló argumentos constitucionales, los esgrimieron cuando convino, se pontificó sobre la necesidad de las estructuras fundamentales del constitucionalismo moderno, el apego a las instituciones, el respecto a la separación de poderes, la independencia y autonomía del poder judicial, el estado de derecho, y se enaltecieron los juzgamientos constitucionales de la entonces Corte Suprema de Justicia de Venezuela, por supuesto, solo cuando les eran favorables.

La dimensión encubridora del Proceso Bolivariano se baso también en la versión de la soberanía ilimitada del pueblo, el otro polo del dilema, el correspondiente a la teoría democrática, así cuando el nivel de dificultad para encubrir el autoritarismo entro en tensión o conflicto con el constitucionalismo escudaron la expresión autoritaria en la soberanía popular. Lo cuestionado por inconstitucional resultó defendido como manifestación directa de la democracia, entonces hicieron a un lado la Constitución y la reemplazaron por el poder soberano e ilimitado del Pueblo. Con ello el Proceso Bolivariano justifico muchas de sus acciones políticas, a su decir atendiendo al verdadero sentido democrático del proceso que debía prevalecer como prevaleció incluso sobre la Constitución misma.

La segunda dimensión apareció cuando el Proceso Bolivariano enfrentó los riegos de su propia inestabilidad política, la desplegó para asegurar su permanencia contra la alternabilidad, imponiendo así un régimen autoritario. La Asamblea Constituyente lo hizo al desarmar, intervenir, tomar y controlar los poderes públicos[10] correspondientes a lo que denominaron la IV República, esto es, los poderes públicos correspondientes al régimen que se desarrolló durante la vigencia de la Constitución de 1961. El desarrollo posterior del Proceso Bolivariano luego de aprobada la Constitución de 1999 profundizo paulatina pero sostenidamente el control político de los poderes públicos para perpetuarse en el poder. Neutralizó medios de comunicación independientes censurando directa o indirectamente sus líneas editoriales contra el gobierno, en muchas ocasiones imputándoles ilícitos, criminalizando la oposición, procesando a sus dirigentes por supuestos delitos no políticos con el propósito político de excluirlos, ejerciendo para ello un férreo control sobre el poder judicial y todas sus instituciones. Inhabilito dirigentes destacados negándoles el derecho a poder ser elegidos, reprimió severamente protestas antigubernamentales, violentó derechos humanos de quienes se atrevieron a

9 Landau David, *Abusive Constitutionalism*, UC Davis L. Rev. Forthcoming FSU College of Law, Public Law Research Paper Nº 646(2013), p. 32.

10 Asamblea Constituyente, Decreto del 12 de Agosto de 1999, *Gaceta Oficial* Nº 36.764, 13 de Agosto 2009.

disentir y desplegó una eficaz herramienta al objetivo anticompetitivo, un sistema electoral hecho a la medida de sus propósitos.

Esa Asamblea Constituyente encubrió un proyecto ideológicamente autoritario. De acuerdo a Rey[11] el Libertador Simón Bolívar no creía en la democracia participativa, según este académico: "En todo caso, es un total desatino hablar de una democracia participativa bolivariana, pues Bolívar no fue nunca partidario de un gobierno democrático, ni en la forma de una democracia completamente representativa, ni mucho menos como una directa participativa, pues su preferencia fue por un gobierno mixto, como en la antigua Roma o en la Inglaterra de su época,..." continúa este autor: "Un sistema como este era el que los políticos de la época llamaban un sistema de gobierno constitucional, pero no democrático." Hugo Chávez, el líder del Proceso Bolivariano, manipulo la figura y pensamiento de Bolívar, tratando de legitimar la democracia participativa que auspiciaba[12]. Nos relata Rey[13] que Chávez preparando el golpe de estado militar que intentó en 1992 dijo refiriéndose a Bolívar: "...al preparar la insurrección buscando igualdad, lo use [a Bolívar] como un arma para decirle a los oficiales que Bolívar planeaba la igualdad. Creo que todo es válido hoy en día para buscar la igualdad." Pues bien sí creemos que Chávez era realmente seguidor de las ideas del Libertador, de este modo queda claro que no endosaba la democracia que pontifico para su modelo, y tenemos así razones para creer su secreta adhesión a la incredulidad del Libertador por ese tipo de democracia. De este modo el Proceso Bolivariano se propuso y logró desarticular en la vida política cotidiana de la Nación el funcionamiento democrático de estructuras que el constitucionalismo ha diseñado para los estados modernos. Se propuso supuestamente acabar con la democracia representativa, y decimos supuestamente porque esa misma Constitución de 1999[14], aun cuando dijo instaurar una democracia participativa al mismo tiempo plasmo la forma representativa tal como demuestran sus artículos 5, 62, 66, 201 que postulan la representación que ejercen en nombre del Pueblo los funcionarios electos. La supuesta revolución proclamó, en ocasiones, la participación directa del Pueblo en la sustitución constitucional, pontificó su autoridad soberana y su ilimitado, irrenunciable e intransferible poder. El proceso constituyente reconoció como autoridad real ilimitada a la de los líderes del proceso de reemplazo constitucional, contradictoriamente esos mismos líderes asumieron representar y ser la voluntad del soberano, dijeron ser la voz de ese pueblo, lo sustituyeron. Estos dirigentes se proclamaron representantes de ese Pueblo, para ellos mismos irrepresentable, maquillando

---

11 Rey Juan Carlos, "El Ideario Bolivariano y la democracia en la Venezuela del siglo XXI", *Revista Venezolana de Ciencias Políticas*, N° 28, (2005) p. 167-191.

12 *Id.* p. 169

13 *Id.* p. 171.

14 Constitución de la República Bolivariana de Venezuela de 1999, Artículo 5, 62, 66, y 201. *Gaceta Oficial* N° 36.860, 30 de diciembre de 1999.

la insalvable contradicción con espectaculares llamados retóricos a la participación en la construcción constitucional. Abogaron por el ejercicio directo del poder soberano, lo transformaron inevitable y veladamente en indirecto. Así resultó el nuevo disfraz, la propia Asamblea Constituyente estructuro una supuesta forma representativa para enmascarar el autoritarismo, los conductores de este proceso autoritario se aseguraron aparentar eficazmente hacer presente al gran ausente, al Pueblo.

II. HACIA UN "MOMENTO CONSTITUYENTE"

Durante la década de los años 90 Venezuela probablemente se dirigía hacia lo que Ackerman[15] en su concepción dualista de la democracia llama un "momento constituyente" o de "política constitucional", en sus palabras: "En otros momentos fuerzas políticas apremiantes toman el centro del escenario. Eventos que catalizan el levantamiento de la conciencia han ocurrido en la historia de varios países, guerras, catástrofes económicas, o llamados urgentes a la conciencia nacional. Por la razón que sea, la política se expresa y las acciones que la acompañan se plantean como urgentes. Los ciudadanos normalmente pasivos se hacen más activos, se movilizan, argumentan, y sacrifican intereses que parecen extraordinarios."[16] Estos momentos son también raros y excepcionales para Rousseau[17], ocurren solo cuando el Pueblo establece una forma de Estado, noción esta que responde a la pregunta ¿a quién pertenece la autoridad suprema o poder soberano? en contraste con el establecimiento de la forma de Gobierno y para este célebre autor la democracia es la única forma de Estado legitima. Colón Ríos[18], otro académico del dualismo democrático, al criticar a Ackerman[19] por no proveer de medios ordinarios a la ciudadanía para participar en los cambios constitucionales, define esta dimensión como "democracia en el nivel de las leyes fundamentales", para Colon Ríos: "Debido a que el ejercicio de la democracia al nivel de las leyes fundamentales es por su naturaleza eventual, es mayormente compatible con extraordinarios y elevados procesos de participación que son difíciles o impo-

---

15 Ackerman Bruce, supra nota 5, p. 6.

16 *Id,* p. 6, "But at other times, politics can take center stage with compelling force. The events catalyzing a rise in political consciousness have been as various as the country's history-war, economic catastrophe, or urgent appeals to the national conscience. For whatever reason, political talk and action begin to take on an urgency and breadth lacking must of the time. Normally passive citizens become more active-arguing, mobilizing, and sacrificing their other interests to a degree that seems to them extraordinary."

17 Rey Juan Carlos, "El Ideario bolivariano y la democracia en la Venezuela del siglo XXI", *Revista Venezolana de Ciencia Política,* Nº 28, p 177-179 (2005).

18 Colón Ríos Joel, supra nota 4, p. 7.

19 Ackerman Bruce, supra nota 5.

sibles poner en práctica diariamente."[20] Parecía que Venezuela avanzaba hacia uno de esos eventuales momentos constitucionales, un síntoma fue el deterioro de lo que Rey llamó el Sistema Populista de Conciliación[21] que permaneció desde 1961 hasta 1999 en Venezuela y que desde su origen se basó políticamente en el llamado "Pacto de Punto Fijo"[22] que en 1958 acordaron los tres principales partidos políticos de la época el social demócrata Acción Democrática A.D., el social cristiano COPEI, y Unión Republicana Democrática URD que fue paulatinamente desapareciendo. Tal vez resulte de interés observar que el Partido Comunista de Venezuela a pesar de haber ayudado a derrocar la dictadura militar que gobernó a Venezuela entre 1948 y 1958 fue excluido del pacto.

La crisis del sistema bipartidista se caracterizó en Venezuela por cierta desafección a los partidos políticos durante los años noventa, así lo demuestra el estudio de González Fuentes[23], pero al mismo tiempo esa misma ciudadanía venezolana expreso un apoyo mayoritario a la democracia. Este estudio cita una encuesta Torcal 2000 según la cual la desconfianza en los partidos políticos se duplico entre 1983 y 1993 y la abstención electoral paso del 7% en 1958 a 36.2% en 1998[24], a la vez en el año 1998 la mayor parte de los encuestados prefirieron la democracia a cualquier otro sistema. Concluye este trabajo: "La parte más novedosa de este artículo es la que comprueba la hipótesis del voto frustrado como expresión de la pérdida de confianza en los partidos políticos."[25] Esta crisis permitió el surgimiento de importantes líderes nacionales alternativos como el de Irene Sáez[26] quien contaba para febrero de 1998 con el 39% del apoyo popular mientras que Hugo Chávez, el otro emergente luego electo presidente ese mismo año, solo tenía para ese momento el 14%. Sáez logro ese apoyo debido a su exitosísima labor como Alcaldesa en uno de los más importantes municipios de Caracas, ella atrajo la atención nacional de

---

20 Colon del Rios Joel, supra nota 4, p 7, "Because the exercise of democracy at the level of the fundamental laws is episodical by nature, it is more compatible with extraordinary and highly participatory processes with are difficult or impossible to put in practice on a daily level."

21 Rey Juan Carlos, "La Democracia Venezolana y la crisis del sistema populista de Conciliación", 74 *Revista de Estudios Políticos*, Instituto de Estudios Políticos, Universidad Central de Venezuela, Caracas, (1991) p. 535-577.

22 *Id.* p. 552

23 González Fuentes Sonia, "Desconfianza política: el colapso del sistema de partidos en Venezuela", en *Los intersticios de la democracia y el autoritarismo-Algunos casos de Asia, África y América Latina,* Buenos Aires, Consejo Latinoamericano de Ciencias Sociales, (2006).

24 *Id,* p. 20.

25 *Id,* p. 28.

26 Accesible en: http://news.bbc.co.uk/hi/spanish/latin_america/newsid_7769000/7769014.stm

quienes criticaban a la dirigencia política tradicional que había ocupado el gobierno por más de cuarenta años. También fue un síntoma en la misma dirección la reelección en 1993 para un segundo período del ex presidente Rafael Caldera quien había renunciado al partido social cristiano COPEI el cual había fundado a mediados de los años cuarenta, esta vez se lanzó como candidato de un nuevo partido político "Convergencia Nacional" aliado a varios pequeños partidos y agrupaciones políticas en su mayoría de izquierda que llamaron en su conjunto el "Chiripero". La Constitución de 1961 permitía la reelección del presidente para un nuevo periodo luego de haber transcurrido 10 años de haber finalizado el primer periodo[27]. La academia especializada en Venezuela también advirtió la crisis, en efecto, en 1991 Rey [28] publicó un estudio detallado sobre la situación que para él requería una modificación de las reglas básicas de juego del orden político, Rey en su artículo citó varios trabajos de destacados académicos en el área de las Ciencias Políticas, a Romero[29] 1986 y a Mata 1987[30], el primero de pensamiento liberal y el segundo de izquierda, ambos criticaron profundamente el rumbo que había tomado la democracia venezolana de entonces, también Guevara[31] en 1989 advirtió el desgaste del sistema político venezolano. Algunos de los líderes políticos de la Venezuela de entonces percibieron la necesidad de cambio, en 1989 el Congreso Nacional aprobó la creación de una comisión bicameral para la revisión de la Constitución, en 1990 un grupo de opinión denominado "Frente Patriótico" propuso la convocatoria de una Asamblea Nacional Constituyente, y así el debate parlamentario sobre este tema en 1992 condujo a considerar conveniente una reforma general de la Constitución que incluyera entre otras cosas la incorporación de una Asamblea Nacional Constituyente como salida a la crisis política del país. En 1994 Venezuela estaba inmersa en una profunda crisis bancaria que desplazó por completo el interés o la prioridad del tema del reemplazo constitucional[32].

Venezuela vivía una crisis de envergadura, el 27 de febrero de 1989 se produjo en Venezuela una explosión social, el "Caracazo" como se le llamó, en la que se involucraron varias organizaciones de izquierda radical. En rela-

27 Constitución de la República de Venezuela de 1961, articulo 185.

28 Rey Juan Carlos, supra nota 22.

29 Citado por Juan Carlos Rey, supra nota 22, p. 568.

30 Citado por Juan Carlos Rey, supra nota 22, p. 568.

31 Guevara Pedro, *Concertación y Conflicto. El pacto social y el fracaso de las respuestas consensuales a la crisis del Sistema político venezolano,* Caracas, Facultad de Ciencias jurídicas y Políticas, Universidad Central de Venezuela, (1989).

32 Rachadell Manuel, *Evolución del Estado venezolano 1958-2015 de la conciliación de intereses al populismo autoritario,* Fundación de Estudios de Derecho Administrativo y Editorial Jurídica Venezolana, Caracas (2015).p. 106-111. Este trabajo presenta un estudio de este proceso durante la década de los años noventa en Venezuela en el que se discutió la necesidad de un cambio constitucional.

ción a este fenómeno la organización jesuita venezolana Centro Gumilla[33] hizo un cuidadoso reportaje y hubo conceso en considerar que el "Caracazo" fue en parte una reacción a las medidas neoliberales adoptadas por el entonces presidente Carlos Andrés Pérez. El "Caracazo" fue una revuelta colectiva, se produjeron protestas en casi todo el territorio nacional y saqueos en los que resultaron varias decenas de muertos en las calles de Caracas y en otras ciudades del país. Posteriormente el presidente Pérez en 1992 sobrevivió a dos intentos de golpe de estado militar y luego fue procesado judicialmente, removido del cargo y condenado por la entonces Corte Suprema de Justicia el 30 de Mayo de 1996[34].

No hay duda, Venezuela se encontraba en momentos conflictivos, su sistema bipartidista parecía agotado, en la población se generó resquemor en torno a los partidos políticos, la violencia había aparecido en el escenario, los líderes tradicionales no dieron respuestas eficientes a las demandas de la sociedad, el terreno estaba abonado, fértil para un cambio. Los ciudadanos no abandonaron su fervor democrático, no querían una dictadura, pedían un gobierno sano y eficiente.

III. PRIMERA DIMENSIÓN, LA ILIMITADA SOBERANÍA DEMOCRÁTICA Y EL CONSTITUCIONALISMO COMO HERRAMIENTAS ENCUBRIDORAS

El reemplazo constitucional en Venezuela se produjo a través de métodos antidemocráticos. Fue antidemocrático aun aceptando la doctrina del poder constituyente original expuesta por Sieyès y Schmitt[35] según la cual la voluntad nacional no está sujeta a una Constitución y el Pueblo tiene, para esta tesis, un poder inherente para rehacer su orden constitucional en cualquier momento sin las restricciones del orden político existente. Para esta escuela de pensamiento los actos que produce este poder soberano no son legalmente controlables por ello son inmunes a este tipo de control, a esta concepción se adhiere Colón Ríos[36] al llamarla "Débil Constitucionalismo". Afirma que la Constitución debe permanecer abierta a futuras transformaciones, tantas como sean necesarias a través de un proceso altamente participativo. Esta noción se basa en la supuesta naturaleza democrática de ese proceso, en la ilimitada capacidad del Pueblo para imponer su voluntad en cualquier forma que desee así sea desviándose de las reglas dispuestas por la propia Constitución para su reforma o reemplazo. No obstante, esté mismo autor Colón Ríos[37] sostiene que hay algunos derechos como la libertad de asociación, el derecho

33 Accesible en: http://gumilla.org/caracazo-trigo

34 Rachadell Manuel, supra nota 33, p. 62-73.

35 Landau David, supra nota 10, p. 42

36 Colón Ríos Joel, supra nota 4.

37 *Id.*, p. 9

al voto y a la libertad de expresión, sin los cuales cualquier significativo ejercicio de democracia estaría cerca de ser imposible. Esta idea desliza un límite a pesar de la amplitud con que esa doctrina le acuerda poder al Pueblo, parece conceder contradictoriamente que sin esos derechos se estaría subvirtiendo un orden democrático inviolable superior al conferido al Pueblo. La restricción propuesta por esta teoría de la soberanía ilimitada democrática podría registrarse como una concesión al constitucionalismo fundacionalita al admitir la existencia de principios no desplazables por el poder soberano del Pueblo. Otra importante objeción que se formula a esta perspectiva surge de preguntarse ¿porque limitar a los antes mencionados derechos la restricción?, ¿porque no ampliarlos e incluir el derecho a un sistema de representación proporcional real tomando en consideración que proclama un alto nivel de participación en el proceso de reemplazo constitucional? Colón-Ríos también se contradice con su propia idea de limitar el proceso de sustitución constitucional cuando afirma que una asamblea constituyente puede efectuar cualquier clase de cambios sin importar lo fundamental que ellos sean, en sus palabras: "... pueden incluso resultar [los cambios] (improbable) en la abolición o modificación de los derechos que hacen el ejercicio de cualquier democracia posible y en alterar las reglas de reforma para convocarla,..."[38]

Los líderes del Proceso Bolivariano convocaron a la participación, postularon pertenecía al Pueblo el derecho a cambiar la Constitución. Veamos cómo no se produjo ni esa alta participación ni una significativa deliberación, por el contrario fue baja y lo que es peor la participación cualquiera que haya sido fue desatendida pues no se reflejó significativamente en el texto constitucional, por lo cual esa Asamblea Constituyente resulto seriamente deficiente desde el punto de vista democrático.

El 25 de abril de 1999 se efectuó el referéndum consultivo para determinar si el Pueblo deseaba convocar una Asamblea Constituyente. El cuerpo electoral, es decir el número total de personas que podían votar en la consulta fue de 11.022.031[39] de electores y votaron 4.129.547 el 37.6 % de ese cuerpo electoral, se abstuvieron de votar 6.850.747 electores, es decir, el 62.4%; a favor de convocar la Asamblea Constituyente votaron 3.630.666 el 87.75 % de quienes acudieron, por no convocarla 300.233 el 7.26 %, y votos nulos 198.648 el 4.80%; como se ve cerca de 7 millones de personas no acudieron al proceso de decidir si convocaban una Asamblea Constituyente. El 25 de julio de 1999 se realizó la elección de los representantes a la Asamblea Constituyente, el cuerpo electoral estaba conformado por 10.986.871 personas, votaron el 46.3 % de ellos, esto es, 5.079.445 personas, se abstuvieron de votar 5.907.426 el 53.8 %, y votaron nulo el 11.9 % 604.454 personas; a fa-

38 *Id.*, p. 11

39 Accesible en: www.cne.gob.ve/web/documentos/estadisticas/e0010.pdf.Fuente oficial: Consejo Nacional Electoral, Dirección General Sectorial de Información Electoral, Dirección de Análisis Político.

vor del gobierno Bolivariano votaron el 65.8 % del total de votos emitidos válidamente y en contra el 22.3 %. Luego el 15 de diciembre de 1999 fue convocado un referéndum para que el electorado decidiera si aprobaba la Constitución que había diseñado la Asamblea Constituyente, el total de personas que podían votar fue de 10.940.596 y votaron solo 4.819.056 personas el 44.38 %, se abstuvieron 6.041.743, así de las personas aptas para votar dejaron hacerlo el 55.62 %, por aprobarla votaron 3.301.475 el 71.78 %, y por no aprobarla votaron 1.298.105 el 28.22%, y se emitieron 219.476 votos nulos[40] el 4.55%.

Estos tres proceso electorales, el referendo Consultivo del 25 de Abril de 1999, la elección de los miembros de la Asamblea Constituyente el 25 de julio de 1999, y el referéndum aprobatorio de la Constitución realizado el 15 de diciembre de 1999, demuestran que hubo un importante y significativo déficit de participación en el proceso constituyente venezolano. Un sector significativo de la sociedad no se movilizó a votar, bien por desinterés, incredulidad, desafección, por no sentirse representados, o por el efecto anti partidos políticos que provenía del periodo anterior a 1999. En esos procesos se abstuvieron respectivamente el 62.35 %, el 53.8 %, y el 55.62 %, de los ciudadanos llamados a votar. El proceso Bolivariano fallo en poder convocar ese inmenso sector del cuerpo electoral venezolano. Resulta trascendental destacar que la abstención referida es la más elevada de todas las elecciones nacionales que se llevaron a cabo en Venezuela entre 1958 y 1999[41]. La comparación reseñada proviene de cifras oficiales dadas por Consejo Nacional Electoral, prueban que la falta de participación más alta de los ciudadanos en elecciones nacionales en el periodo reseñado es la correspondiente al proceso constituyente que analizamos. Dicho de otro modo, el proceso constituyente venezolano al que nos hemos referido muestra la más baja participación del Pueblo en relación al total de los electores y ciudadanos convocados a participar en dichos procesos electorales nacionales.

El Proceso Bolivariano impuso unilateralmente las normas para elegir la Asamblea Constituyente[42], así con el 65.8 % de los votos que obtuvo logró el

---

40 Fuente de estas cifras, oficial: Consejo Nacional Electoral, Dirección General Sectorial de Información Electoral, Dirección de Análisis Político, accesible en: www.cne.gob.ve/web/documentos/estadisticas/e010.pdf Observamos que si sumamos los porcentajes de quienes votaron por él SI con los que votaron por el NO y agregamos el porcentaje de votos nulos, el resultado excede el 100% en 4.55 %, sin embargo estas cifras corresponde a los cuadros oficiales del CNE que aquí citamos.

41 Fuente de estas cifras, oficial: Consejo Nacional Electoral, Dirección General Sectorial de Información Electoral, Dirección de Análisis Político, accesible en: www.cne.gob.ve/web/documentos/estadisticas/e001.pdf

42 Méndez la Fuente José, "La Ilegitimidad de Origen del Segundo Gobierno de Chávez. Caso Venezolano", Biblioteca Jurídica Virtual Cuestiones Constitucionales *Revista Mexicana de Derecho Constitucional*, accesible: www.juridicas.unam.mx/publica/rev/cconst/cont/17/ard/ard5.htm.

95 % de los puestos en ese cuerpo Constituyente, logrando maximizar su representación y marginalizar la de la oposición[43] dejándola casi sin voz apenas logro el 5 % de los puestos cuando había obtenido el 22.3 % de los votos.

La Asamblea Constituyente venezolana de 1999 contrariando su propio postulado "híper participativo" eliminó el principio de la representación proporcional de las minorías que estaba en la Constitución de 1961[44]. Este principio predica que la proporción de votos debe reflejar proporcionalmente los puestos adjudicados, garantizando a quienes obtengan menor proporción de votos una representación acorde con esos votos. Con este sistema la proporción de puestos debería ser aproximadamente proporcional al monto de votos obtenidos, reproduciendo así el mapa político electoral de la Nación en el órgano deliberativo del cual se tratase. El nuevo principio que la Constitución de 1999 estableció fue el de "representación proporcional"[45] el cual al sustituir el de la "representación proporcional de las minorías" buscó un sistema que maximizara la representación de la mayoría y marginalizara la de las minorías. En Venezuela el Proceso Bolivariano impuso y usó exitosamente el sistema electoral llamado "first-past-the-post"[46] asegurándose recibir muchos más puestos en la Asamblea Constituyente que los que representaban proporcionalmente sus votos. Un modelo electoral puede enmascarar propósitos antidemocráticos, las regulaciones electorales como las correspondientes al método "gerrymandering" de elecciones distritales pueden abonar las bases para un Autoritarismo Encubierto como lo define Varol[47], así ocurrió en Hungría. Fidesz, el partido político de centro-derecha que llevo al poder al primer ministro Viktor Orban, avanzó hacia un proceso de reemplazo Constitucional usando sus dos terceras partes en el Parlamento al ganar las eleccio-

---

43 Landau David, *Constitution-Making Gone Wrong*, 64 Alabama L. Rev. (2012) p. 941.

44 Constitución de la República de Venezuela de 1961, *Gaceta Oficial* Ext. Nº 662, 23 de Enero de 1961, Artículo 113: "La legislación electoral asegurará la libertad y el secreto del voto, y consagrará el derecho de representación proporcional de las minorías."

45 Constitución de la República Bolivariana de Venezuela de 1999, Artículo 63: "El sufragio es un derecho. Se ejercerá mediante votaciones libres, universales, directas y secretas. La ley garantizará el principio de la personalización del sufragio y la representación proporcional."

46 Landau David, supra nota 10, p. 963.

47 Ozan Varol, *Stealth Authoritarianism*, 100 Iowa L.Rev.(2015): "These mechanisms include overtly defying or disregarding laws and constitutions; imposing emergency laws or martial law; silencing dissidents through harassment and violence; shutting down newspapers and television stations; banning publications; manipulating the vote count through vote buying, intimidation, and electoral fraud; disregarding or evading term limits; packing courts and other state institutions with loyalists; establishing direct control over the media and civil society; and amending or replacing constitutions to eliminate checks and balances on their power." p. 1677-1678.

nes parlamentarias en el 2010 con el 58% de los votos obteniendo el 68 % de los puestos, lo que le dio una "súper mayoría" con la cual pudo hacer los cambios para ejecutar su fórmula autoritaria. De este modo las normas que ajustaron los distritos electorales aumentaron sustancialmente la distribución de los puestos y crearon la dificultad de sacar a Fidesz del poder en el futuro[48]. Muy distinto fue el caso de Egipto[49] en el 2011 cuando se deshabilitó el partido político de Mubarak, las reglas para las elecciones parlamentarias fueron negociadas entre los militares y las fuerzas políticas, resultaron complejas pero parecen haber sido diseñadas para evitar el dominio de un solo grupo.

El proceso electoral que acompañó el reemplazo constitucional en Venezuela tampoco resultó genuina ni altamente deliberativo si observamos su impacto en texto final de la Constitución que se dictó. Distinto al caso venezolano fue el del sistema constitucional de Sur África el cual si reflejo una genuina deliberación si se observan sus resultados sustantivos. Parece ser este modelo surafricano un: "...parangón para muchos académicos de la teoría constitucional"[50], hubo un compromiso con la democracia de los principales jugadores en la escena política, compartieron el tipo de sistema que querían crear y "probablemente lo más importante el país conservo altos grados de capacidad institucional"[51]. En el caso venezolano la Asamblea Constituyente dedicó muy poco tiempo a debatir el texto, en efecto, redactó el proyecto de Constitución en tres meses, la mayor parte del tiempo se dedicó a desarticular las instituciones legislativas, judiciales, locales estadales, y a desarmar a los sindicatos nacionales. La Asamblea Constituyente recibió, consideró y en algunos casos incorporó cambios propuestos por la sociedad civil[52]. García-Guadilla, citado por Landau[53], reporta que estas organizaciones presentaron 624 propuestas y más del 50% fueron en principio aceptadas para su inclusión en el texto de la Constitución. La influencia del entonces presidente Chávez, líder del Proceso Bolivariano, prevaleció y por ello la versión final fue bastante semejante a su propuesta original en la mayor parte de los elementos importantes. Concluye Landau[54] que la influencia de la sociedad civil puede haber afectado detalles de la Constitución pero no de forma significativa su estructura fundamental. La Asamblea Constituyente fue electa el 25 de julio

48 Kim Lane Scheppele, *Constitutional Coups and judicial Review: How Transnational Institutions can strengthen Peak Court at Times of crises (with special reference to Hungary)*, Transnational Law and Contemporary Problems, Univ. Iowa College of Law. 1 (2014), p. 6.

49 Landau David, supra nota 44, p. 973.

50 *Id.*, supra nota 44, p. 935.

51 *Id.*, supra nota 44, p. 936.

52 *Id.*, supra nota 44, p. 942

53 *Id.*, supra nota 44, p. 941-942

54 *Id.*, supra nota: 44, p. 942.

de 1999, el profesor y jurista venezolano Allan Brewer[55] fue uno de los pocos de oposición en formar parte del cuerpo constituyente, nos narra que esa Asamblea funcionó desde julio de 1999 hasta enero del 2000, desde agosto hasta septiembre se dedicó a desmantelar los poderes públicos preexistentes bajo la constitución de 1961, en agosto de 1999 dictó con ese propósito el decreto de "Reorganización de los poderes públicos"[56]. Reporta Brewer[57] que no se permitió casi ninguna discusión pública ni participación popular. El Presidente de la República creó una comisión informal a los efectos de asesorar la redacción de la nueva Constitución, pero nunca dio resultados ni presentó una propuesta coherente de proyecto de Constitución. El presidente Chávez por su parte publicó y sometió a la Asamblea Constituyente sus ideas para el proyecto de Constitución. Después de dos meses de interferencias, la Asamblea comenzó a elaborar un borrador para lo cual se designaron 20 comisiones que debían presentar sus borradores entre los días 2 y 28 de septiembre de 1999. Las comisiones enviaron en septiembre sus proyectos que eran en conjunto más de 800 artículos. Se dieron dos semanas para integrar las propuestas lo que no dio tiempo para discusión pública alguna, y así finalmente la llamada Comisión Constitucional emitió un proyecto de 350 artículos y se dio un mes para aprobarlo, es decir desde el 17 de septiembre hasta el 19 de octubre de ese año 1999. De acuerdo a Brewer[58] el resultado fue una muy reducida participación del público. El resultado final, el prescriptivo, de esa Constitución de 1999 devela en su propio texto su perspectiva autoritaria, el jurista venezolano Brewer[59] afirma "... en cuanto a la Constitución política en el proyecto de Constitución, cuando se analiza globalmente, ...pone en evidencia un esquema para el autoritarismo, que deriva de la combinación del centralismo de Estado, del presidencialismo exacerbado, de la partidocracia y del militarismo que constituyen los elementos centrales diseñados para la organización del poder del Estado".

Para quienes adhieren la teoría de la ilimitada soberanía popular para realizar los cambios o sustitución constitucional el reemplazo de la Constitución ocurre fuera del orden constitucional, para ellos es un proceso no regulado y a lo sumo pueden sus protagonistas ser responsables por abusar al actuar en nombre del Pueblo. Algunos instrumentos jurídicos internacionales y sus interpretaciones hoy por hoy parecieran pretender imponer límites a ese poder soberano. En efecto, así podría desprenderse de la Carta de las Naciones Uni-

---

55 Brewer Carías Allan, *Dismantling Democracy in Venezuela*, Cambridge, (2010) p. 57-64.

56 Asamblea Constituyente, supra nota 11.

57 Brewer Allan, supra nota 56. p. 60.

58 *Id.*, supra nota 56. p. 63.

59 Brewer Carías Allan, "Razones del voto No en el referendo aprobatorio de la Constitución" en *Debate Constituyente*, tomo III, Fundación Derecho Público, Editorial Jurídica Venezolana, Caracas 2000.

das, la Declaración Universal de los Derechos Humanos, la Convención Internacional de Derechos Civiles y Políticos que incluye el derecho a la libertad de expresión, asociación y al voto. En 1990 se firmó un compromiso con la democracia qué fue expresamente emitido por los miembros de la NATO y con el cual Polonia, Hungría, la República Checa, y Eslovenia fueron admitidos sobre la base de haber establecido regímenes democráticos[60]. Otra resolución emitida por las Naciones Unidas en el 2005 declaró la democracia como un valor universal[61]. De acuerdo a Franck y Hart[62] lo que registra la práctica del sistema internacional son requerimientos generales para la participación en los asuntos públicos, lo que incluye en aquellos asuntos correspondientes al proceso de imponer una Constitución.

De esta manera la falta de participación y deliberación en la dimensión que requiere una Asamblea Constituyente en los momentos constitucionales referidos deslegitima el proceso, y como ha ocurrido en otros casos estudiados comparativamente, esta falla democrática permite que un líder y un partido fuertes puedan imponer unilateralmente un autoritarismo. Partlett[63] nos enseña como en el este de Europa y en Repúblicas en Asia de la entonces Unión Soviética han tendido a usar el reemplazo constitucional para entronizar a líderes y partidos autoritarios en el poder.

La Asamblea Constituyente de 1999 también usó los planteamientos teóricos del constitucionalismo para encubrir su plan autoritario. En efecto en el marco del constitucionalismo el Proceso Bolivariano se apoyó en ocasiones en el control judicial de la Constitución para ejecutar su plan hacia la Asamblea Constituyente. La crítica central que hace el constitucionalismo monista y los "híper demócratas" en general a ese control judicial se basa en la supuesta naturaleza antidemocrática de la justicia constitucional por no estar revestida de legitimidad democrática. Para esta tesis el poder sin legitimidad democrática para anular lo que proviene de instituciones legitimadas democráticamente hace prevalecer poderes no democráticos. De esta forma se critica la jurisdicción para la revisión constitucional por ser "contra mayoritaria" pero la Asamblea Constituyente venezolana fue autorizada por esa institución, por la Corte Suprema de Justicia[64] de entonces al acordar a esa Asamblea Constituyente poderes originarios no derivados. Poco tiempo después y contradictoriamente esa misma Corte Suprema de Justicia[65] decidió imponer límites a la Asamblea Constituyente basados en los principios fundamentales que se derivaban, según la decisión de la Corte, de la Constitución de 1961,

---

60 Ozan Varol, supra nota 48, p. 1727.

61 Landau David, supra nota 10, p. 47.

62 Landau David, supra nota 44, p. 934.

63 *Id.* p. 959.

64 Corte Suprema de Justicia, supra nota 8.

65 Corte Suprema de Justicia, supra nota 9.

pero esta vez el Proceso Bolivariano rechazo e ignoro dicha restricción. La Corte fue buena para los bolivarianos cuando declaró el poder soberano e ilimitado del Pueblo, pero anti democrática cuando acordó limitar aunque tímidamente el ejercicio de ese mismo poder, limitación que nunca acepto ni atendió la Asamblea Constituyente. Se debatió si la Constitución de 1961 podía autorizar una Asamblea Constituyente, esa Constitución previó dos mecanismos para modificarla, la enmienda[66] prevista en su artículo 245 y la reforma general[67] en su artículo 246. Por su parte el artículo 250 de esa misma Constitución prohibía derogarla por medios diferentes a los que ella misma dispuso. La Constitución de 1961 previó una triple protección a su vigencia un procedimiento de relativa dificultad para llevar a cabo cambios parciales cuya iniciativa correspondía fundamentalmente a un cuarto de los miembros del congreso, un procedimiento de alto grado de dificultad para ejecutar cambios generales a la Constitución cuya iniciativa correspondía básicamente a una tercera parte de los miembros del congreso, y una cláusula cerrojo, esto es, una prohibición para derogar esa Constitución por medios distintos a los dos antes mencionados. En Enero de 1999 la Corte Suprema de Justicia de Venezuela[68], instaurada bajo la vigencia de la Constitución de 1961, enarboló una postura meta constitucional, resolvió que si podía remplazarse la entonces vigente Constitución por medio de la Asamblea Constituyente ignorando la Corte Suprema de Justicia venezolana el artículo 250[69] de esa misma Constitución que prohibía su derogatoria por medios diferentes a los dos que ella misma dispuso. Esa misma Corte Suprema de Justicia[70] posteriormente el 14 de Octubre de 1999 autorizó a la Asamblea Constituyente a intervenir los poderes públicos que aún subsistían antes de la vigencia de la Constitución de 1999, esta decisión admitió que los poderes de esa Asamblea Constituyente eran ilimitados, indivisibles, no derivados, así ese máximo tribunal se aparto de nuevo radicalmente de la perspectiva del constitucionalismo prescriptivo que tímidamente había expuesto[71] en su sentencia del 18 de Marzo de 1999 en la que al menos había dicho que la Constitución de 1961 seguía imponiendo el estado de derecho.

---

66 Constitución de Venezuela de 1961, ver supra nota 45, Artículo 245.

67 Constitución de Venezuela de 1961, ver supra nota 45, Artículo 246

68 Corte Suprema de Justicia, supra nota 8.

69 Constitución de Venezuela de 1961, ver supra nota 45, Artículo 250: "Esta Constitución no perderá su vigencia si dejare de observarse por acto de fuerza o fuere derogada por cualquier otro medio distinto del que ella misma dispone. En tal eventualidad, todo ciudadano, investido o no de autoridad tendrá el deber de colaborar en el restablecimiento de su efectiva vigencia".

70 Corte Suprema de Justicia, Sala Plena, Presidente de la Cámara de Diputados vs decretos 25 y 30 de la Asamblea Constituyente, 14-10-99, Exp. 1110, votos salvados: Grisanti, Harting, La Roche, Rondón, y Ramírez, accesible en: www.redalyc.org/articulo.oa?id=19750217

71 Corte Suprema de Justicia, supra nota 9.

Contra la tesis que permitió el reemplazo constitucional en Venezuela por medio de una Asamblea Constituyente que no estaba prevista en el texto de la Constitución de 1961 se levantó la tesis del constitucionalismo "expresivista"[72] o "hipertextualista". Proclamó que las modificaciones constitucionales solo podían ocurrir por los medios que la propia Constitución había previsto para ese propósito, tesis que objetan los demócratas monistas[73]. La Corte[74] Venezolana al permitir esa Asamblea Constituyente no solo actuó fuera del orden constitucional también ignoro que esa Asamblea estaba prohibida expresamente, decidió contra el expreso cerrojo que la propia Constitución de 1961 había dispuesto para su protección en el artículo 250[75]. Ante circunstancias comparables, atendiendo expresas disposiciones constitucionales, otras cortes del mundo han actuado no solo en defensa de su vigencia, también con la determinación que requiere muchas de las situaciones históricas que esos momentos reflejaron. Hay ejemplos contrarios al caso venezolano, la sentencia que tomó en el 2012 la Corte Suprema Administrativa de Egipto que suspendió la Asamblea Constituyente designada por el parlamento, luego la Corte Constitucional de esa Nación disolvió ese parlamento[76], también la Corte Suprema de India en 1980 detuvo los intentos de Indira Gandhi de excluir de los poderes de la Corte el de anular las enmiendas constitucionales, la Corte Constitucional Colombiana tampoco autorizó una reforma que permitía una tercera reelección del presidente Álvaro Uribe con base en que un tercer término lo autorizaría a controlar a casi todas las instituciones democráticas de ese país, la Corte Suprema de Canadá[77] al tratar el asunto de la secesión unilateral de parte de su territorio negó tal posibilidad sobre la base de que la Constitución de ese país no tenía una cláusula expresa que lo permitiera, y similar aproximación tuvo recientemente el Tribunal Constitucional de España[78] al pronunciarse en contra de un intento similar relacionado con Cataluña.

La Constitución de 1961 respondía, en este asunto, al constitucionalismo "expresivista"[79] similar a la Ley fundamental de Alemania. El visto-bueno judicial a la Asamblea Constituyente venezolana es como si la Corte Federal Constitucional de Alemania permitiera que se reformara el principio que protege la dignidad humana cuando este y otros derechos no son enmendables por expresa disposición prohibitiva de la Ley Fundamental de Alemania[80].

72 Landau Davis, supra nota 10.

73 Ackerman Bruce, supra nota 5.

74 Corte Suprema de Justicia, supra nota 8.

75 Constitución de Venezuela de 1961, ver supra nota 70, articulo 250.

76 Landau David, supra nota 44. p. 977.

77 Corte Suprema de Canadá, [1998] 2 S.C, R, 217.

78 Tribunal Constitucional de España, sentencia Nº 31, 25 de febrero del 2015. Accesible en: www.tribunalconstitucional.es

79 Landau David, supra nota 10.

80 Ley Fundamental de Alemania, articulo 79. 3.

Para la defensa de las constituciones que contienen este tipo de cláusulas prohibitivas han expuesto los constitucionalistas "expresivistas" la doctrina de la inconstitucionalidad de las modificaciones constitucionales. Esta doctrina ha sido usada con gran impacto por cortes en Alemania, India, Turquía y Colombia[81]. La Constitución de 1999 estableció como la de 1961 un sistema de prohibiciones selectivo para impedir su fácil reemplazo o cambio, solo puede enmendarse[82] para añadir o modificar artículos sin alterar su estructura fundamental, también reformarse[83] para revisarla parcialmente sin modificar su estructura y principios fundamentales, y previó una Asamblea Constituyente[84] para transformar el Estado y redactar una nueva Constitución. Igual que la anterior Constitución de 1961, la de 1999 previó una cláusula cerrojo, el mecanismo correspondiente a las constituciones que siguen el constitucionalismo expresivista[85], en efecto dispuso no puede remplazarse a través de medios distintos a los previstos en esa misma Constitución. La Asamblea Constituyente de 1999 abandonó la posibilidad jurídica que le sirvió de base doctrinal para remplazar la de 1961. De este modo la de 1999 prohibió cualquier otro proceso de reemplazo constitucional distinto a los que previó, obligando a ceñirse únicamente al procedimiento y formula que dispuso expresamente. El proceso de reemplazo efectuado al amparo de la doctrina del ilimitado poder del soberano fue posible ejecutarlo sin atender a los límites que esa Constitución de 1961 estableció. Se limitó así aquel poder absoluto del soberano a las fórmulas que para la sustitución constitucional determino la misma Constitución de 1999. Esta nueva Constitución ciertamente previó una Asamblea Constituyente pero sometida a altísimas dificultades y acordando una sola vía fácil que acordó iniciativa para su convocatoria al Presi-

---

81 Landau David, supra nota 10, p. 33.

82 Constitución de la República Bolivariana de Venezuela 1999, ver supra nota 15, Artículo 340: "La enmienda tiene por objeto la adición o modificación de uno o varios artículos de esta Constitución, sin alterar su estructura"

83 Constitución de la República Bolivariana de Venezuela 1999, ver supra nota 15, Artículo 342: "La reforma constitucional tiene por objeto una revisión parcial de esta Constitución y la sustitución de una o varias de sus normas que no modifiquen la estructura y principios fundamentales del texto constitucional."

84 Constitución de la República Bolivariana de Venezuela 1999, ver supra nota 15, Artículo 347: "El pueblo de Venezuela es el depositario del poder constituyente originario. En ejercicio de dicho poder, puede convocar una Asamblea Nacional Constituyente con el objeto de transformar el Estado, crear un nuevo ordenamiento jurídico y redactar una nueva Constitución."

85 Constitución de la República Bolivariana de Venezuela 1999, ver supra nota 15, Artículo 333: "Esta Constitución no perderá su vigencia si dejare de observarse por acto de fuerza o porque fuere derogada por cualquier otro medio distinto al previsto en ella. En tal eventualidad, todo ciudadano investido o ciudadana investida o no de autoridad, tendrá el deber de colaborar en el restablecimiento de su efectiva vigencia."

dente de la República, también dispuso esa misma iniciativa para la convocatoria a las dos terceras partes de la Asamblea Nacional, a las dos terceras partes de los órganos legislativos de todos los municipios del país, y también al 15% de los electores inscritos. El Proceso Bolivariano impuso una Constitución protegida y así atada a sus propios mecanismos de cambio cuando antes había tomado el poder proscribiendo por antidemocrático ese mismo mecanismo cerrojo que contenía para su preservación la de 1961. La Constitución de 1999 no previó literalmente un referendo consultivo para la convocatoria de una nueva Asamblea Constituyente, tampoco expresamente un referendo aprobatorio para una posible nueva Constitución. ¿Dónde quedó el tan vociferado poder ilimitado correspondiente a la soberanía popular? El destacado profesor de derecho constitucional venezolano y ex decano de la Facultad de Derecho de la Universidad Central de Venezuela Jorge Pabón[86] sostiene que existe una contradicción entre el artículo 347[87] de la Constitución de 1999 que declara al Pueblo como "depositario" del poder constituyente originario y la disposición que acuerda a otros órganos la iniciativa para convocar esa misma Asamblea Constituyente. Debemos anotar que la Constitución en esa disposición confiere al Pueblo la potestad para convocar y el siguiente artículo constitucional el 348 se refiere la "Iniciativa de convocatoria", es decir distinguió entre convocatoria e iniciativa de convocatoria.

V. SEGUNDA DIMENSIÓN. LA ASAMBLEA CONSTITUYENTE DE 1999 Y EL CONTROL POLÍTICO DE LOS PODERES PÚBLICOS

Luego de finalizada la segunda guerra mundial no ha adherido ningún constitucionalista ni demócrata la tesis de la proscripción de la separación de poderes. Ackerman[88] refiere la noción de división de poderes a aquella que ocurre entre los estados y la nación en el sistema federal de los Estados Unidos de América y a la de separación de poderes en esa República a la que opera entre Presidente, Congreso y Corte. Por su parte el constitucionalista británico Alder[89] refiere la doctrina de la separación de poderes como aquella que se dispone entre las ramas ejecutiva, legislativa y la judicial. Recordemos que el artículo 16 de la declaración francesa de los Derechos del Hombre de 1789 prescribió que una sociedad en donde los derechos no estén asegurados o en la que no se establezca la separación de poderes no tiene Constitución.

Parte central de la estrategia que desplegó la Asamblea Constituyente venezolana de 1999 fue controlar políticamente todos los poderes públicos. Alguien que pudiese intentar sostener que ese era el deseo del Pueblo sobera-

---

86 Pabón Raydan Jorge, *La Constituyente*, 19 de agosto del 2013, accesible en: constituyentevenezuela.blogspot.com/2013/08

87 Constitución de la República Bolivariana de Venezuela 1999, supra nota 85.

88 Ackerman Bruce, ver supra nota 5, p 20-21

89 Alder John, Constitutional and Administrative Law, Palgrave Macmillan, Gran Britain, 2005, p. 145-154.

no se enfrentaría con las evidencias que enseñan la insuficiente participación que ese mismo Pueblo tuvo en el proceso de formulación de la Constitución de 1999 y con la abrumadora mayoría de los venezolanos quienes afirmaron querer continuar con una democracia[90], y lo que es más claro y prueba irrefutable del enmascaramiento de sus designios autoritarios, es que la misma Constitución que aprobaron los líderes del Proceso Bolivariano en 1999 dispuso la separación de poderes, claro al mismo tiempo concentró todo el poder en unas mismas manos con la poderosa herramienta que para ello tenían, la Asamblea Constituyente. En efecto la Constitución de 1999 reconoció expresamente la separación de los poderes públicos nacionales entre Ejecutivo, Legislativo, Judicial, Ciudadano y electoral, también la autonomía de los Estados Federados, y de los Municipios. Expresamente acordó la independencia del Poder Judicial, la autonomía e independencia del Ministerio Público Fiscalía, de la Contraloría General de la República, de la Defensoría del Pueblo, de la Defensoría Pública, del Poder Electoral, e incluso del Banco Central de Venezuela[91].

Pues bien, por un lado la Asamblea Constituyente acordó autonomía e independencia para los poderes públicos y por el otro impuso su absoluto control político. La entonces Corte Suprema de Justicia[92] colaboró, probablemente atrapada entre los conflictos políticos de la época, con el propósito interventor de la Asamblea Constituyente al confirmar el decreto de intervención que había dictado.

La Asamblea Constituyente después de aprobada la Constitución por el referendo respectivo decidió disolver el Congreso Nacional y creó una Comisión Nacional Legislativa "Congresillo" conformada por simpatizantes del gobierno bolivariano a la que acordó los poderes legislativos nacionales, disolvió las legislaturas estadales y creó en cada Estado una Comisión Legislativa con sus copartidarios, colocó a los órganos legislativos municipales bajo su supervisión y control. Declaró la supresión de las salas que entonces conformaban la Corte Suprema de Justicia y removió a sus jueces sustituyéndolos por partidarios de la revolución en su gran mayoría, también intervino al órgano de control del poder judicial cuyos nuevos miembros igualmente designó la Asamblea Constituyente para que reestructuraran el poder judicial y así nombraran y destituyeran a su arbitrio al resto de los Jueces de la República[93]. Seleccionó al nuevo Defensor del Pueblo "Ombudsman", al Fiscal General de la República y a los miembros del Comisión Electoral Nacional[94]. Como se observa desde el principio la Asamblea Constituyente les dio a los

90 González Fuentes Sonia, supra nota 24.

91 Constitución de la República Bolivariana de Venezuela, ver supra nota 15, artículos: 136, 159, 168, 254, 268, 273, 294,318.

92 Corte Suprema de Justicia de Venezuela, supra nota 71.

93 Brewer Carías Allan, supra nota 56. p. 71-85.

94 Landau David, supra nota 44, p. 946-949.

líderes del Proceso Bolivariano todo el poder contrariando su propia Constitución. El propósito fue claro, controlar todas las instituciones que pudiesen obstaculizar el ejercicio absoluto del poder.

VI. CONCLUSIONES

Las predicas al Pueblo del Proceso Bolivariano que condujeron a las Constitución Bolivariana de Venezuela en 1999 en lugar de ejecutarse plasmaron un sistema autoritario. La participación popular y ciudadana fue insuficiente para los postulados democráticos que demagógicamente esgrimieron. Las estructuras e instituciones fundamentales del constitucionalismo democrático moderno que pontificaron se convirtieron en espejismos en la vida político constitucional de Venezuela. Falló seriamente la participación mayoritaria del Pueblo en el proceso constituyente y fue solo maquillaje el argumento de respeto a los postulados del constitucionalismo. La realidad fue la concentración del poder político en pocas manos, controlaron las más importantes instituciones destinadas al equilibrio entre los poderes. Aquel momento de transformación que pudo destinarse a profundizar el sistema democrático se frustró. La Asamblea Constituyente de 1999 y el Proceso Bolivariano se alejaron de los principios que hoy inspiran la vida política ciudadana de las modernas repúblicas constitucionales.

La doctrina de la ilimitada soberanía popular con la que arengaron al Pueblo en el proceso de sustitución constitucional no resulto genuina en la práctica, fue instrumento retorico y demagógico para la manipulación de las verdaderas creencias, valores y aspiraciones de los venezolanos. Por una parte el Proceso Bolivariano enarbolo la democracia y por la otra la desmantelaron traicionando su propia predica y a su Constitución.

Hoy los síntomas anuncian claramente nuevas tormentas políticas, la desafección al Proceso Bolivariano, el fracaso del gobierno en casi todos los órdenes, y el clamor por una democracia eficiente, son el preludio de una crisis mucho más aguda a la que le precedió y que condujo a la Constitución Bolivariana de Venezuela.

SEGUNDA PARTE

SOBRE LA CONVOCATORIA DE LA ASAMBLEA NACIONAL CONSTITUYENTE

RÉGIMEN JURÍDICO DEL PROCESO CONSTITUYENTE EN LA CONSTITUCIÓN DE VENEZUELA

Rafael Badell Madrid

Individuo de Número de la Academia de Ciencias Políticas y Sociales. Profesor de la Universidad Católica Andrés Bello (pregrado, postgrado y doctorado)

INTRODUCCIÓN

En Venezuela han habido, desde al año 1811 hasta 1999, 26 Constituciones[1], hechas en la mayoría de los casos a la medida del gobernante de turno y producto de diversos modos de cambios en su texto, desde modificaciones[2], reformas[3], enmiendas, hasta procesos constituyentes. Por lo que se refiere a los procesos constituyentes, conviene distinguir, en primer lugar, aquellos

---

1 Estas han sido: la que se atribuye a Juan Germán Roscio en 1811; la de Simón Bolívar de 1819, la de Colombia (Congreso de Cúcuta) en 1821; la de José Antonio Páez en 1830; la promovida por José Tadeo Monagas en 1857; la que corresponde a Julián Castro en 1858; la de Juan Crisóstomo Falcón en 1864; Antonio Guzmán Blanco en 1874, reformada por él mismo en 1881; la de Raimundo Andueza Palacio en 1891; en el período de Joaquín Crespo tenemos la de 1893, reformadas por el mismo en 1901 y 1904; luego las siete constituciones de Juan Vicente Gómez de 1909, 1914, 1922, 1925, 1928, 1929 y 1931; la Eleazar López Contreras en 1936; la de Isaías Medina Angarita en 1945; la convocada por Rómulo Betancourt que culminó con la Constitución de 1947; la de Marcos Pérez Jiménez en 1953; la del período democrático de 1961 y la de Hugo Chávez en 1999.

2 Tal y como fue denominado el mecanismo establecido en el artículo 122 de la Constitución de 1864, que fue modificada en 1874 y posteriormente en 1881.

3 Como ha sido el caso de, por ejemplo, la constitución de 1830, reformada en 1857 (conforme al procedimiento previsto en la misma –artículo 227).

convocados con la finalidad de "*constituir un Estado, es decir, establecer la organización política de una sociedad dada, en un territorio determinado*"[4] y que dieron origen al Estado independiente y autónomo de Venezuela, estos son: el proceso constituyente de 1811, cuando se reunió el Congreso General en Caracas con el objeto de constituir el Estado venezolano independiente de la Corona Española, el cual dio lugar a la sanción de la Constitución Federal para los Estados de Venezuela de fecha 21 de diciembre de 1811; y el proceso constituyente de 1830, llevado a cabo por el Congreso Constituyente convocado por el General Páez para constituir el Estado venezolano separado de la Gran Colombia, el cual dio lugar a la sanción de la Constitución del Estado venezolano del 22 de septiembre de 1830.[5]

Además de esos dos procesos constituyentes señalados precedentemente, a lo largo de la historia política y constitucional de Venezuela, ha habido siete procesos más, dirigidos a reconstruir el sistema político y reformar sustancialmente la Constitución[6]. Se trata de las Asambleas Constituyentes de los

---

4 *Ibídem*. p. 47

5 *Vid.*, Brewer-Carías, Allan, "Asamblea constituyente y ordenamiento constitucional", *Ob. cit.*, pp. 47-48.

6 Téngase en cuenta que no son las constituciones o los procesos constituyentes los que separan los períodos políticos conocidos en nuestra historia republicana, pues los regímenes constitucionales no contienen diferencias sustanciales entre unos y otros, salvo en cuatro oportunidades entre 1811 y 1998 y un último período que nació en 1999.

Así, tal como lo señala Brewer-Carías los períodos constitucionales se dividen en cinco:

i) Desde 1811 hasta 1863, cuando se realizó la estructura del Estado Independiente y autónomo, que se subdivide a su vez en tres sub-etapas que son: la formación del Estado independiente (1811-1819), la República de Colombia (1821-1830) con la unión de Venezuela en la Gran Colombia y el Estado venezolano autónomo (1830-1863);

ii) Desde 1863 hasta 1901, correspondiente a la federalización del Estado, marcado por la Constitución de 1864, que configuró el estado Federal bajo la fórmula de la autocracia liberal, a través de la cual se reformó la Constitución en los años 1874, 1881, 1891 y 1893. El período concluyó con la Revolución Liberal Restauradora de 1899.

iii) Desde 1901 hasta 1945, el período perteneciente a la consolidación del Estado Nacional, conformado por las Constituciones que dieron forma al Estado autocrático centralizado (1901, 1904, 1909, 19141 1922), producto de la iniciación de la dictadura como "petrolera". El período concluyó con la Revolución de Octubre de 1945.

iv) Desde 1945 hasta 1998, correspondiente a la etapa de la democracia del Estado Petrolero, iniciado por la Constitución de 1947, la cual a pesar que tuvo una vigencia breve, fue la principal fuente de inspiración de la Constitución de 1961. Esta fase comprende el período inicial del populismo democrático (1945-1948);

años 1858, 1864, 1893, 1901, 1946, 1952 y 1999[7], las cuales, exceptuando la del 1999, "fueron producto de una situación de hecho consecuencia de una ruptura del hilo constitucional precedente[8].

Por lo que se refiere a la Constitución de 1961, de la misma forma como ocurrió con la Constitución de 1904, el Congreso asumió el poder constituyente para reformar totalmente la Constitución. En efecto, luego del derrocamiento de la dictadura de Pérez Jiménez, la Junta de Gobierno optó por mantener vigente la Constitución de 1953 y convocar a comicios generales para la elección del Presidente y los miembros del Congreso para el 7 de diciembre de 1958. El Congreso, instalado en 1959, reformó la Constitución de 1953 ateniéndose para ello al mecanismo de reforma general previsto en ese texto[9]

---

el interregno de la intervención y dictadura militar (1948-1958) y el Estado Democrático Centralizado de Partidos (1958-1998).

v) A partir de 1999 hasta la actualidad, se encuentra en proceso de configuración. Fue iniciado con la conformación constitucional, en medio de una crisis política, de las bases de un Estado autoritario centralizado, populista y de signo socialista, que se encuentra "desmoronando las bases del Estado de derecho, de la separación de poderes, de la federación, de los sistemas de control del poder y de la propia democracia representativa". *Véase* Brewer-Carías, Allan R. "Las Constituciones de Venezuela". Academia de Ciencias Políticas y Sociales. Caracas, 2008. pp. 26 y 27.

7 Cabe destacar que en esta lista de procesos no mencionamos el de la Constitución de 1961 y el de la Constitución de 1904, en tanto que fue el propio Congreso el que asumió el poder constituyente para reformar totalmente la Constitución, sin la instalación previa de una Asamblea Constituyente. En efecto, luego del derrocamiento de la dictadura de Pérez Jiménez, la Junta de Gobierno optó por mantener vigente la Constitución de 1953 y convocar a comicios generales para la elección del presidente y los miembros del Congreso para el 7 de diciembre de 1958. El Congreso, instalado en 1959, reformó la Constitución de 1953 ateniéndose para ello al mecanismo de reforma general previsto en ese texto (artículo 140 y ss.) y sancionó la Constitución del 23 de enero de 1961, que tuvo como modelo la de 1947.

8 Siempre fueron los líderes de la Revolución o el golpe de Estado triunfante los que convocaron la Asamblea Constituyente como consecuencia, precisamente, de la ruptura del hilo constitucional. En todos esos casos que nos muestra la historia, el "Poder Constituyente Originario fue convocado por gobiernos de facto para legitimar el sistema y constitucionalizar la propia Revolución", *Vid.* Brewer-Carías, Allan, *Poder Constituyente Originario y Asamblea Nacional Constituyente (Comentarios sobre la interpretación jurisprudencial relativa a la naturaleza, la misión y los límites de la Asamblea Nacional Constituyente)* Colección Estudios Jurídicos N° 72, Editorial Jurídica Venezolana Caracas, 1999.

9 *Vid.* Badell Madrid, Rafael, "Estudio sobre las Constituciones en el siglo XX" en *Venezuela Siglo XX. Visiones y Testimonios*, Fundación Polar, Caracas, 2001. pp. 67 y ss.

(artículo 140 y ss.) y sancionó la Constitución del 23 de enero de 1961, que tuvo como modelo la de 1947[10].

I. EL PROCESO CONSTITUYENTE DE 1999

El proceso constituyente de 1999, consecuencia indirecta del golpe de estado encabezado por Chávez el 4 de febrero de 1992, se hizo a través de un proceso consultivo, mediante votaciones directas, universales y secretas. Ese proceso constituyente fue desarrollado en tres fases y en él fue reconocida la soberanía y, por tanto, el poder constituyente, a todo el pueblo venezolano. En efecto, este proceso constituyente de 1999 fue un proceso complejo que se inició con el Decretó N° 3, del recién electo presidente de la República, Hugo Chávez. Ese Decreto tuvo como fundamento una decisión de la Sala Político Administrativa de la Corte Suprema de Justicia de fecha 19 de enero de 1999, dado que la Constitución de 1961 (vigente para la fecha) no contemplaba dicho mecanismo y sólo preveía la enmienda y la reforma constitucional. De esta forma la Sala Político-Administrativa, con ponencia del Magistrado Humberto J. La Roche, en interpretación del artículo 181 de la Ley Orgánica del Sufragio y Participación Política (que consagraba la figura del referendo consultivo para asuntos de trascendencia nacional), estableció que el poder constituyente originario es un poder soberano e ilimitado que reside en el pueblo y que por lo tanto la soberanía popular es suprema a la Constitución y por ello no está regulada por las normas que derivan del poder constituido. Expresamente determinó la Sala que: "*La soberanía popular se convierte supremacía de la Constitución cuando aquella, dentro de los mecanismos jurídicos de participación decida ejercerla*" y con ello dio lugar a que se convocara un referendo que permitió consultar al pueblo su voluntad de iniciar un proceso constituyente o no.

Así fue como, mediante Decreto N° 3 del 2/02/1999 publicado en Gaceta Oficial N° 36.634, el Presidente tomó la iniciativa y acordó un referendo para consultar al pueblo sobre la convocatoria de una Asamblea Nacional Constituyente; instó al Consejo Nacional Electoral ejecutar los actos necesarios para divulgar el contenido de la convocatoria, e invitar a los ciudadanos a participar y realizar el conteo de votos; y estableció las dos preguntas que contenía el instrumento electoral, las cuales fueron: 1. ¿Convoca usted a una Asamblea Nacional Constituyente?; 2. ¿Autoriza usted al Presidente de la República para que mediante un Acto de Gobierno fije, oída la opinión de los sectores

---

10 En efecto, Luego de un nuevo golpe de Estado, en 1958, la Junta Militar y la subsiguiente Junta de Gobierno asumieron el poder continuando en aplicación la Constitución de 1953, hasta que el Congreso electo en 1958, conforme a dicho texto (art. 140 y ss.), reformó totalmente la Constitución, sancionando la Constitución del 23-01-61, que tuvo como modelo la de 1947… ", *Cfr.*, Brewer-Carías, Allan, "Asamblea constituyente y ordenamiento constitucional", *Ob. cit.*, p. 50.

políticos, sociales y económicos, las bases del proceso comicial en el cual se elegirán los integrantes de la Asamblea Nacional Constituyente?.

Ahora bien, el Decreto N° 3 fue objeto de varias impugnaciones dado que no hizo referencia alguna a la forma en que se haría la consulta y, por el contrario, incluía como segunda pregunta una solicitud del presidente al pueblo para que delegara en aquél la fijación de las bases del proceso comicial para la elección de los miembros de la Asamblea Nacional Constituyente. Dentro de estas impugnaciones están, en primer lugar, la decidida en sentencia del 18 de marzo de 1999 por la Sala Político Administrativa de la Corte Suprema de Justicia, que anuló la referida segunda pregunta. En su fallo, apuntó la Corte que la posibilidad de que se pudiera convocar a una Asamblea Nacional Constituyente por vía de un referendo consultivo no constituía una alteración de los principios fundamentales del Estado democrático de derecho, contenidos en la Constitución de 1961.

Tales circunstancias obligaron al Consejo Nacional Electoral a modificar el documento de consulta para el referendo y a incorporar en éste las bases comiciales conforme a las cuales la propia Asamblea dictaría su Estatuto. Sin embargo, contrariando lo dispuesto en la sentencia dictada por la Corte, el 18 de marzo de 1999, el Consejo Nacional Electoral insertó dentro de las bases comiciales, en la base octava, una frase que calificaba a la Asamblea como poder originario que recoge la soberanía popular. Habiendo sido impugnadas las referidas bases comiciales por ante el Máximo Tribunal, mediante sentencia del 13 de abril de 1999 fue anulada dicha frase al considerar que se estaba desvirtuando la vigencia del régimen de la Constitución de 1961, como elemento limitante de la actuación de la Asamblea Nacional Constituyente.

Una vez resueltas las controversias, el 25 de abril de 1999 fue realizada la consulta, la cual arrojó un resultado favorable para la convocatoria de la Asamblea Nacional Constituyente. Tres meses después, el 25 de julio de 1999, fueron elegidos los miembros de la Asamblea Nacional Constituyente. El 3 de agosto de 1999 se instaló la Asamblea y para esta primera etapa, en el período comprendido entre el 2 de septiembre y el 18 de octubre de 1999[11], el trabajo se concentró en las 20 comisiones permanentes designadas para la elaboración de los artículos constitucionales.

---

11 Durante su primer mes de funcionamiento dedicó a la intervención de los poderes constituidos. Con base en un Decreto de Reorganización de los Poderes Públicos, la Asamblea Nacional Constituyente dictó los Decretos para la Regulación de las funciones del Poder Legislativo y de Reorganización del Poder Judicial, los cuales sirvieron de fundamento para que la Asamblea Nacional Constituyente usurpara algunas de las funciones atribuidas al Congreso e interviniera el Poder Judicial. *Vid.* BADELL MADRID, Rafael, "Estudio sobre las Constituciones en el siglo XX". en *Venezuela Siglo XX. Visiones y Testimonios, Ob. cit.*

La primera discusión constó de 19 sesiones plenarias, celebradas entre el 20 de octubre y el 19 de noviembre de 1999[12]. Concluido el Proyecto, fue sometido a la consideración popular mediante la convocatoria a un referendo aprobatorio. La Constitución fue finalmente aprobada el 15 de diciembre de 1999 y puesta en vigor el 30 de diciembre del mismo año.

II. DISTINCIÓN ENTRE PROCESO CONSTITUYENTE, PODER CONSTITUYENTE Y ASAMBLEA NACIONAL CONSTITUYENTE

1. *Punto previo*

Conforme a la Constitución de 1999, el régimen jurídico del proceso constituyente está regulado en el Título IX "De la Reforma Constitucional", Capítulo III, "De la Asamblea Nacional Constituyente", en el cual están contenidos los artículos 347, 348 y 349.

El artículo 347 determina, en concordancia con el artículo 5 constitucional, que el pueblo venezolano, como único soberano, es el depositario del poder constituyente y por ende, el único que puede iniciar un proceso constituyente a través de la convocatoria de una Asamblea Nacional Constituyente, con el fin de transformar el Estado, crear un nuevo ordenamiento jurídico y redactar una nueva Constitución.

Por su parte, el artículo 348 regula la iniciativa de la convocatoria a la Asamblea Nacional Constituyente y dispone los órganos competentes para activar la iniciativa constituyente; estos son, el Presidente de la República en Consejo de Ministros, la Asamblea Nacional mediante acuerdo de las dos terceras partes de sus integrantes, los Consejos Municipales en cabildo mediante el voto de las dos terceras partes de los mismos y al quince por ciento de los electores inscritos en el registro electoral y civil. Por último, el artículo 349 establece la prohibición de los poderes constituidos, incluyendo al Presidente de la República, de intervenir o impedir de forma alguna las decisiones de la Asamblea Nacional Constituyente; a la vez que dispone que una vez promulgada la nueva Constitución, ésta debe ser publicada en la Gaceta Oficial de la República Bolivariana de Venezuela o en la Gaceta de la Asamblea Nacional Constituyente.

Pero además de las anteriores disposiciones mencionadas, la Constitución contiene un conjunto de normas que deben ser todas tomadas en cuenta para la correcta interpretación y aplicación de las disposiciones referidas concretamente al proceso constituyente. De forma que para determinar el régimen jurídico que informa y rige el proceso constituyente, el poder constituyente y la Asamblea Nacional Constituyente en la Constitución de Venezuela,

12 Los debates sobre el Proyecto se caracterizaron por su rapidez y por ser poco reflexivos; en vez de discutirse los artículos separadamente, las discusiones se hacían por bloques o capítulos, limitando las intervenciones de los participantes.

además de los precitados artículos 347, 348 y 349 de la Constitución, es necesario integrar todos los principios y normas contenidos en la Constitución, desde su preámbulo hasta la última de sus disposiciones.

Es el bloque de la constitucionalidad lo que determina la correcta interpretación de la norma constitucional, no sólo las normas supraconstitucionales y los valores y principios que lo integran, sino también la labor integradora que impone el principio de unidad de la Constitución y que impide la interpretación aislada de sus artículos sin conexión con el resto del ordenamiento constitucional.

Así entonces, el proceso constituyente está regido e informado por los principios fundamentales que establece la propia Constitución, referidos especialmente al ejercicio de la soberanía del pueblo venezolano y la democracia. Todos y cada uno de los aspectos del proceso constituyente deben ajustarse a los valores superiores del ordenamiento jurídico venezolano y de su actuación, como la democracia, el pluralismo político (artículo 2 de la Constitución); los fines esenciales del Estado, como lo es el ejercicio democrático de la voluntad popular (artículo 3); al ejercicio de la soberanía, la cual reside intransferiblemente en el pueblo, quien la ejerce directamente en la forma prevista en la Constitución y en la ley, e indirectamente, mediante el sufragio, por lo que los órganos del Estado están sometidos a dicha soberanía (artículo 5); al carácter democrático, participativo, electivo, descentralizado, alternativo, responsable, pluralista y de mandatos revocables que debe tener el gobierno de la República Bolivariana de Venezuela y las demás entidades políticas que la componen (artículo 6); al principio de supremacía constitucional (artículo 7); al principio de progresividad de los derechos (artículo 19); al respeto de los derechos inherentes a la persona (artículo 22); al respeto de los derechos políticos de los venezolanos (artículo 40), incluyendo el de participación libre en los asuntos públicos (artículo 62), el sufragio, el cual se ejercerá mediante votaciones libres, universales, directas y secretas (artículo 63) y por supuesto, los medios de participación y protagonismo del pueblo en ejercicio de su soberanía, entre los cuales y en lo político, se encuentra las iniciativa constituyente (artículos 70 y 71 en concordancia con el artículo 348 de la Constitución), a la vigencia de la Constitución (artículo 333), entre otros.

De allí que con el objeto de lograr una correcta integración de todas las normas y principios constitucionales ya mencionados, es preciso hacer uso de una desinteresada interpretación constitucional, que parta de la premisa de que las disposiciones constitucionales no se encuentran aisladas unas de otras y que la Constitución debe ser considerada como un todo, como un bloque que no acepta interpretaciones de una de sus normas divorciada del resto de las disposiciones constitucionales, que fue lo que precisamente hizo la Sala Constitucional del Tribunal Supremo de Justicia en la decisión N° 378, de fecha 31 de mayo de 2017, para así justificar la inconstitucional convocatoria realizada por el Presidente de la República en base al artículo 348 que sólo contempla la iniciativa más no el poder de convocatoria que por virtud del artículo 347 y de todas las normas constitucionales atañederas los principios mencionados de soberanía y democracia implican reservar de forma exclusiva y excluyente al pueblo de Venezuela.

La incorrecta interpretación con el desviado fin de justificar la ilegítima convocatoria presidencial, lleva al absurdo de obviar que lo mismo aplicaría a los otros titulares de la iniciativa, esto es, la Asamblea Nacional, mediante acuerdo de la dos terceras partes de sus integrantes; los Consejos Municipales en cabildos, mediante el voto de las dos terceras partes de los mismos; y el quince por ciento de los electores inscritos en el Registro Civil y Electoral. En el último de los supuestos el absurdo es evidente porque implicaría que un porcentaje minoritario del 15% de los electores podrían convocar al proceso constituyente, razón por la cual la sentencia lo niega, sin razonamiento alguno. Lo cierto es que ninguno de estos sujetos tiene el poder de convocatoria, sí el de iniciativa, para someter la decisión al pueblo soberano, único titular de la potestad constituyente. Desvirtuó la Sala Constitucional del Tribunal Supremo de Justicia los artículos 347 y 348, que por sí solos dan lugar a una interpretación contraria a la decidida, pero además obvió considerar el resto de disposiciones y principios constitucionales, de los que se desprende también todo lo contrario, como es que la soberanía reside en el pueblo y es intransferible[13] y por ende es éste el único que puede convocar a una Asamblea Nacional Constituyente.

La doctrina del bloque de la constitucionalidad, de uso frecuente no sólo en Francia sino también en España, obliga tener presente desde el contenido del preámbulo de la Constitución hasta la última de sus disposiciones, así como todos aquellos principios, valores y derechos no presentes en su texto pero que, sin embargo, rigen la estructura constitucional del Estado, lo cual incluye también sus antecedentes y el proceso de formación de la Constitución precedente.

En el derecho administrativo francés (Maurice Hauriou) se hacía referencia a la doctrina del bloque de la legalidad "bloc de légalite" para referirse a las leyes y principios generales de derecho que podía aplicar el Consejo de Estado Francés para controlar la legalidad de la actuación de la administración pública, y a partir de esta doctrina se ha desarrollado el principio del

13 En efecto, la Sala Constitucional, interpretando aislada y literalmente los artículos 347 y 348 de la Constitución, ha despojado con su fallo al pueblo del ejercicio exclusivo e intransferible de la soberanía (artículo 5 de la Constitución), justificando la usurpación cometida por el Presidente de la República, Nicolás Maduro, al convocar una Asamblea Nacional Constituyente, facultad exclusiva del poder constituyente originario, cuyo único depositario es el pueblo de Venezuela (artículo 347 de la Constitución). Mediante la sentencia N° 378 se usurpa el derecho del depositario del poder constituyente de decidir si convoca o no convoca la una Asamblea Nacional Constituyente y por lo tanto se viola los principios de democracia y soberanía establecidos expresamente en la Constitución (artículos 2, 3, 5, 63, 70, 71, entre otros, de la Constitución).

"bloque de la constitucionalidad" que alude al conjunto de principios y reglas de valor constitucional, en elaboración primero académica y después jurisprudencial, según se desprende de la decisión del Consejo Constitucional del 16 de julio de 1971[14]. En efecto, a partir de esta decisión, el Consejo Constitucional francés utilizó la noción "bloque de constitucionalidad" por primera vez para proteger la libertad de asociación, derecho consagrado en la Declaración de los Derechos del Hombre y del Ciudadano y en el Preámbulo de la Constitución de 1946, mas no en el texto constitucional vigente en Francia para entonces. De esta forma, "el Consejo constitucional reconoce sin ambages que la Declaración de los derechos del hombre y del ciudadano de 26 de agosto de 1789 y el preámbulo de la Constitución de 1946, a los que se remite el preámbulo de la Constitución de 1958, forman parte de las normas constitucionales de referencia y pueden ser así invocadas en el marco del control de constitucionalidad"[15].

Respetando esta doctrina del "Bloque de la Constitucionalidad" pasaremos a continuación a desarrollar la noción de "proceso constituyente" "poder constituyente" y "Asamblea Nacional Constituyente" y los principios, normas y valores constitucionales que lo rigen.

2. *Proceso constituyente*

2.1. *Concepto de proceso constituyente*

El proceso constituyente, tal y como ha sido definido por la exposición de motivos de la propia Constitución venezolana, es el "*instrumento fundamental para garantizar al pueblo de Venezuela la posibilidad abierta de modificar sustancialmente el Estado y crear un nuevo ordenamiento jurídico, creando un nuevo texto constitucional*", por lo que corresponde su convocatoria exclusivamente al pueblo como único titular de la soberanía nacional, en ejercicio directo de la toma de decisiones fundamentales del país, como lo sería el cambio sustancial de su Constitución y, por lo tanto, del Estado, conforme a lo dispuesto en el artículo 5, en concordancia del artículo 347 de la Constitución[16].

---

14 Para estudiar la doctrina del "Bloque de la Constitucionalidad" *Véase*: George Vedel y Pierre Devolvé. *Droit Administratif*, 11ª ed., vol., I, Paris, 1990, p. 60 y Louis Favoreu, "El Bloque de la Constitucionalidad" en *Revista del Centro de Estudios Constitucionales*, Nº 5, enero-marzo 1990, Madrid.

15 *Vid.,* el sitio Internet del Consejo Constitucional de la República Francesa: http://www.conseil-constitutionnel.fr/conseil-constitutionnel/espanol/consejo-constitucional/presentacion-general/presentacion-general.25785.html

16 En este marco, uno de los signos más característicos de la Constitución de 1999, es el haber establecido un régimen de democracia representativa y participativa (art. 5), lo que implica el derecho del pueblo (y por tanto, todos los ciudadanos), de ejercer su soberanía en forma indirecta mediante el sufragio para elegir a sus representantes (art. 62); y en forma directa, participando en la toma de decisiones expresando su vo-

De forma que el proceso constituyente es un proceso de rango constitucional, de naturaleza compleja, que se ejecuta en varias fases, dirigido a modificar de forma sustancial el Estado y crear un nuevo ordenamiento jurídico que culmina con un nuevo texto constitucional.

Los motivos por los cuales se pretenda modificar el texto constitucional a través de una Asamblea Nacional Constituyente de conformidad con el artículo 347 constitucional deben estar dirigidos a la finalidad de transformar el Estado, crear un nuevo ordenamiento jurídico y redactar una nueva Constitución. La interpretación que sobre este precepto constitucional se realice debe ser restrictiva, de modo que no puede ampliarse la motivación y finalidad de un proceso constituyente, pues de hacerlo se estaría incurriendo en un fraude a la Constitución a través de una evidente desviación de poder.

De no tratarse de una modificación sustancial, la Constitución prevé otros mecanismos dirigidos a reformar su texto, como son la enmienda y la reforma constitucional.

i. *Enmienda constitucional*

De conformidad con el artículo 340 de la Constitución, la enmienda es un mecanismo para su modificación, cuyo fin es la adición o cambios en uno o varios artículos de la Constitución, sin alterar su estructura fundamental.

Según lo dispuesto en el artículo 341 de la Constitución, el trámite se hará: i) mediante iniciativa que podrá partir del quince por ciento de los ciudadanos inscritos en el Registro Civil y Electoral; o de un treinta por ciento de los integrantes de la Asamblea Nacional o del Presidente de la República en Consejo de Ministros (Artículo 341, numeral 1); cuando la iniciativa parta de la Asamblea Nacional, la enmienda requerirá de la aprobación de ésta por la mayoría de sus integrantes y se discutirá según el procedimiento establecido en la Constitución para la formación de leyes (Artículo 341, numeral 2); ii) el Poder Electoral someterá a referendo la enmienda a los treinta días siguientes a su recepción formal (Artículo 341, numeral 3); se considerará aprobada la enmienda de acuerdo a los resultados de la elección, conforme a lo previsto en la ley relativa al referendo aprobatorio; y iii) de ser aprobada por el pueblo venezolano deberá el Presidente de la República promulgarla dentro de los diez días siguientes (artículo 346), y se deberá numerar consecutivamente y publicar a continuación de la constitución sin alterar su texto, anotando al pie

---

luntad, por ejemplo, a través de referendos (art. 71). De eso trata la democracia representativa y la democracia participativa regulada en la Constitución", *Vid.*, Brewer-Carías, Allan, "El derecho del pueblo de participar en las reformas de la Constitución es el signo más característico de la democracia participativa que no puede ser arrebatado por los gobernantes", en http://allanbrewercarias.com/documentos/155-derecho-del-pueblo-participar-las-reformas-la-constitucion-signo-mas-caracteristico-la-democracia-participativa-no-puede-arrebatado-los-gobernantes/

del artículo enmendado la referencia del número y fecha en que la enmienda lo modificó (Artículo 341, numeral 5).

ii. *Reforma constitucional*

La reforma constitucional, conforme a lo dispuesto en el artículo 342 de la Constitución, tiene por objeto una revisión parcial de la Constitución y la sustitución de una o varias de sus normas que no modifiquen la estructura y principios fundamentales del texto constitucional. La iniciativa puede partir de la Asamblea Nacional mediante acuerdo aprobado por el voto de la mayoría de sus integrantes, del Presidente de la República en Consejo de Ministros; o un número no menor del quince por ciento de los ciudadanos inscritos en el Registro Civil y Electoral.

La Asamblea Nacional deberá tramitar la iniciativa de reforma constitucional en la forma siguiente: i) una primera discusión en el período de sesiones correspondiente a la presentación del mismo, ii) una segunda discusión por Título o Capítulo, según fuera el caso; y iii) una tercera y última discusión artículo por artículo. La Asamblea Nacional deberá aprobar el proyecto de reforma con el voto de las dos terceras partes de sus integrantes, en un plazo no mayor de dos años, contados a partir de la fecha en la cual conoció y aprobó la solicitud de reforma (artículo 343, numerales 4 y 5).

Posteriormente, el proyecto de reforma aprobado por la Asamblea Nacional se someterá a referendo dentro de los treinta (30) días siguientes a su sanción (artículo 344). La reforma se considerará aprobada si el número de votos positivos es mayor al número de votos negativos (artículo 345). Por último, el Presidente de la República deberá promulgar la Reforma dentro de los diez días siguientes a su aprobación (artículo 346).

2.2. *Fases del proceso constituyente*

El proceso constituyente, según se desprende del bloque de la constitucionalidad, se desarrolla en tres fases: i) La primera etapa se compone de dos trámites fundamentales: la iniciativa del proceso y la convocatoria al proceso consultivo respecto de si se convoca o no una Asamblea Nacional Constituyente y la aprobación de las bases comiciales; ii) La segunda fase se inicia con la convocatoria a referendo para la elección de los integrantes de la Asamblea Nacional Constituyente; dentro de esta fase tenemos la instalación de la Asamblea Nacional constituyente y todo el proceso de deliberación, discusión y elaboración de la nueva Constitución; iii) y la última fase se refiere al referendo consultivo sobre la aprobación o no del proyecto de Constitución elaborado por la Asamblea Nacional Constituyente.

Fase 1	Fase 2	Fase 3
I. Iniciativa de convocatoria	I. Elección de la Asamblea Nacional Constituyente	I. Consulta popular para aprobar el proyecto de Constitución
II. Consulta popular: 1. Convocar Asamblea Nacional Constituyente 2. Aprobar normas comiciales	II. Instalación y sesión III. Elaboración del texto de la Constitución	II. Publicación y entrada en vigor de la nueva Constitución

i. *Fase 1*

a. *Iniciativa de convocatoria (art. 348)*

La iniciativa de convocatoria a un proceso constituyente, según lo dispone el artículo 348 de la Constitución, puede ser tomada por el Presidente de la República en Consejo de Ministros; la Asamblea Nacional, mediante el acuerdo de las dos terceras partes de sus integrantes; los Consejos Municipales en cabildo, mediante el voto de las dos terceras partes de los mismos; o el quince por ciento de los electores inscritos en el registro civil y electoral. Una vez que haya sido formulada la iniciativa por cualquiera de los cuatro legitimados para ello, la misma debe consignarse junto con las bases comiciales (estatuto) ante el Poder Electoral, con el fin de que el órgano encargado para ello, el Consejo Nacional Electoral, proceda a convocar un referendo para que el pueblo, mediante votación universal, directa y secreta, decida si adopta o no dicha iniciativa para convocar la Asamblea Nacional constituyente[17].

Es preciso señalar que al referido artículo 347 se le da como título el de "Convocatoria a la Asamblea Nacional Constituyente", que atribuye al Pueblo. Mientras que al artículo 348 se le denomina "Iniciativa de Convocatoria", y la atribuye al Presidente, la Asamblea Nacional, los Concejos Municipales y un 15% de electores.

Entonces, es el pueblo, depositario del poder constituyente originario, y no los poderes constituidos quien debe convocar la Asamblea Nacional Constituyente; dichos poderes sólo pueden promover tal convocatoria, por lo cual tal iniciativa conduce necesariamente a una consulta mediante un referendo al pueblo sobre si quiere o no convocar a la Asamblea Nacional Constituyente.

17 Brewer-Carías, Allan, "Sobre cómo se puede convocar en Venezuela una Asamblea Nacional Constituyente", *Véase* enlace web: http://versionfinal.com.ve/politica-dinero/sobre-como-se-puede-convocar-en-venezuela-una-asamblea-nacional-constituyente/

En este sentido es menester hacer alusión al concepto de pueblo, el cual debe entenderse no sólo como el conjunto de personas físicas que habitan en el territorio del Estado[18], sino como un todo complejo y unitario que comprende el elemento personal del ente estadal y que está caracterizado por una "continuidad histórica manifestada a través de una sucesión de generaciones, vinculadas a ese Estado por una relación de permanencia, puesto que es en virtud de ello que tienen el derecho de imprimirle una determinada fisonomía y una determinada orientación política, es decir, tienen un poder conformador de la organización estadal"[19]. De forma que es el pueblo quien tiene la iniciativa de convocar una Asamblea Nacional constituyente y es éste a quién se refieren los artículos 5 y 347 de la Constitución cuando regulan que la soberanía reside en el pueblo, que es intransferible y que en ejercicio de esa soberanía puede convocarse una asamblea Nacional Constituyente para dictar una nueva Constitución.

a.1 *Inconstitucionalidad de la convocatoria de una Asamblea Nacional Constituyente mediante Decreto 2.830*

En fecha de 1° de mayo de 2017 fue publicado en *Gaceta Oficial* N° 6.295 extraordinario el Decreto N° 2.830, mediante el cual el Presidente de la República "convoca una Asamblea Nacional Constituyente, ciudadana y de profunda participación popular".

El referido Decreto está viciado de inconstitucionalidad por cuanto usurpa la titularidad atribuida al pueblo en el artículo 347 a estos efectos y como depositario del poder constituyente de decidir si convoca o no la Asamblea Nacional Constituyente, y además inconstitucional en tanto viola los principios de democracia y soberanía establecidos expresamente en los artículos 2, 3, 5, 62, 63, 70, 71, entre otros.

Por disposición del artículo 347, en concordancia con el artículo 5 de la Constitución, le corresponde de manera exclusiva al pueblo de Venezuela, en su globalidad como el único detentador de la soberanía popular, la convocatoria de una Asamblea Nacional Constituyente. La consecuencia principal de que al pueblo le sea reconocida la titularidad de la soberanía es que al mismo le corresponde el ejercicio del poder constituyente.

De conformidad con el artículo 348 de la Constitución, ciertos órganos de los poderes constituidos, como son el Presidente de la República en Consejo de Ministros, Asamblea Nacional y los Consejos Municipales, y de otra parte, el 15% por ciento de los electores inscritos en el registro civil y electoral, tienen un poder de iniciativa de convocatoria a la Asamblea Nacional Constituyente, lo que quiere decir que a lo sumo tienen la facultad de promover tal

---

18 Como lo ha definido la Real Academia Española (2014).

19 Peña Solís, José, "Lecciones de Derecho Constitucional General", Volumen I, Tomo II, Universidad Central de Venezuela, Facultad de Ciencias Jurídicas y Políticas, Caracas, 2008. pp. 19-20.

convocatoria para que se consulte mediante un referendo consultivo al pueblo sobre si quiere o no convocar a una Asamblea Nacional Constituyente.

De acuerdo con lo anterior, el pueblo mayoritariamente, y jamás los poderes constituidos ni un mero 15 % de los electores, pueden considerarse depositarios del poder constituyente originario, y por tanto la convocatoria a una Asamblea Nacional Constituyente es competencia exclusiva de esa mayoría popular, por ser el pueblo el titular de la soberanía.

Esta convocatoria de una Asamblea Nacional Constituyente con el objeto de modificar sustancialmente el Estado y crear un nuevo ordenamiento jurídico, creando un nuevo texto constitucional, es una materia que por comprender una atribución expresa de la soberanía nacional (artículo 5 y artículo 347 constitucional), y por ser de especial trascendencia nacional, debe ser sometida a referendo consultivo, mediante votaciones libres, universales, directas y secretas (artículo 62 y 70, en concordancia con artículos 63 y 71).

Ello fue así reconocido en el proceso constituyente del año 1999, en el que a pesar de que la Constitución de 1961 no preveía la Asamblea Nacional Constituyente, fue determinante el principio conforme al cual éste podía ser convocado por el pueblo, desde el principio que dispone que la soberanía reside en el pueblo, y que éste y sólo éste, como su titular puede decidir cambiar la estructura del Estado y transformar el texto constitucional. La necesidad de esta aprobación popular para la convocatoria del proceso constituyente fue exigida en 1999 por mandato de la sentencia del Tribunal Supremo de Justicia, y en los futuros procesos lo es, por la incorporación de esta jurisprudencia en el texto de la Constitución de 1999, como expresamente lo reconoce su exposición de motivos y que es lo que se recoge en el rtículo347 cuando reserva al pueblo la titularidad de la convocatoria del proceso constituyente.

De esta forma, el Decreto, al omitir la voluntad del pueblo sobre la convocatoria de una Asamblea Nacional Constituyente, y convocar directamente este mecanismo de sustitución constitucional, contraría también el principio de progresividad de los derechos (artículo 19 de la Constitución), en especial el de participación ciudadana en el ejercicio de la soberanía popular (artículo 62 y 70 de la Constitución). De manera que, si el pueblo fue considerado y reconocido como soberano en el 99 para ejercer el poder constituyente a través de la convocatoria a una Asamblea Nacional Constituyente, previa consulta mediante referendo, a pesar de que la Constitución de 1961 no lo preveía, y ello se acogió en el texto de 1999 como así lo indica a letra expresa su exposición de motivos, nadie puede arrebatarle al pueblo no puede su derecho de decidir sobre el ejercicio de su soberanía, si convoca o no una Asamblea Nacional Constituyente para crear un nuevo ordenamiento jurídico, redactar una nueva Constitución y transformar el Estado.

En efecto, no sólo el contenido claro del artículo 347 de la Constitución, sino también la experiencia de la Asamblea Nacional Constituyente de 1999, elimina cualquier posibilidad de que otro cuerpo, distinto al pueblo, sea quien pueda convocar una Asamblea Nacional Constituyente, y de esta forma prohíbe que cualquier órgano del Estado, incluido su Presidente, su Consejo

Nacional Electoral y su Tribunal Supremo de Justicia, usurpen el poder constituyente originario que sólo lo tiene el pueblo.

El Decreto arrebata este derecho exclusivo del pueblo venezolano, como único titular del poder constituyente originario, de convocar una Asamblea Nacional Constituyente, en completa violación de los principios y normas constitucionales establecidos desde el preámbulo de la Constitución, y en los artículos 2, 3, 5, 6, 19, 62, 63, 70, 71, 347 y 348, de la Constitución[20], y lo hace con la complicidad de otros poderes constituidos, la Sala Constitucional del Tribunal Supremo de Justicia y el Consejo Nacional Electoral, y todos otros aquellos que se manifiestan a favor de este fraude constitucional, de forma expresa o por omisión.

a. 2 *Inconstitucionalidad de la sentencia N° 378 de la Sala Constitucional en interpretación de los artículos 347 y 348 de la Constitución*

El Presidente de la República, a través del Decreto N° 2.830, por el cual convoca una Asamblea Nacional Constituyente, ha usurpado el derecho del depositario del poder constituyente de decidir si convoca o no convoca la referida Asamblea Nacional Constituyente, y por lo tanto viola los principios de democracia y soberanía, así como el derecho de participación y protagonismo del pueblo en ejercicio de su soberanía, en fraude a la Constitución y a la voluntad popular.

No obstante lo anterior, la Sala Constitucional del Tribunal Supremo de Justicia mediante sentencia N°378 de fecha 31 de mayo de 2017, pretendiendo legitimar la acción inconstitucional del Presidente de la República de convocar una Asamblea Nacional Constituyente, mediante una pretendida interpretación de los artículos 347 y 348 de la Constitución, que no es tal, determinó que no es necesario ni constitucionalmente obligante un referendo consultivo previo para la convocatoria de una Asamblea Nacional Constituyente.

En efecto, la Sala Constitucional afirmó que el artículo 347 define en quien reside el poder constituyente originario, es decir, en el pueblo como titular de la soberanía, pero contrariamente a la más elemental lógica jurídica que de ello se sigue, dispuso que el artículo 348 contempla que la iniciativa para ejercer la convocatoria constituyente equivale, en el caso del Presidente, al poder de convocatoria, pues éste "*actúa en ejercicio de la soberanía popular*".

---

20 Tal como lo expresa el profesor Brewer-Carías, "El derecho del pueblo a participar directamente mediante referendo en los procesos de reforma constitucional es, como se dijo, el signo más característico de la democracia participativo que se regula en la Constitución y el mismo no le puede ser arrebatado por los gobernantes en forma alguna". *Vid.,* http://allanbrewercarias.com/documentos/155-derecho-del-pueblo-participar-las-reformas-la-constitucion-signo-mas-caracteristico-la-democracia-participativa-no-puede-arrebatado-los-gobernantes/

La Sala Constitucional determinó que la Constitución de 1999, al reconocer la soberanía popular en su artículo 5, dispone a su vez que dicha soberanía puede ejercerse tanto directa como indirectamente, y en este sentido declara la Sala que si bien el pueblo puede ejercer la democracia participativa, también puede ejercer la democracia representativa, en ejercicio indirecto de su soberanía. Indica entonces que los órganos que ejercen el poder público pueden ejercer indirectamente y por vía de representación la soberanía popular y por lo tanto, el Presidente de la República en Consejo de Ministros, de acuerdo con el artículo 348 de la Constitución, puede decidir convocar a una constituyente sin que sea necesario consultar al pueblo.

Indica la sentencia que la situación por medio de la cual se convocó a una Asamblea Nacional Constituyente mediante referendo revocatorio en el año 1999 difiere mucho con la de la actualidad, porque la Constitución de 1961 simplemente no preveía este mecanismo y que en la actualidad no existe esa necesidad de un referendo consultivo para la convocatoria de una Asamblea Nacional Constituyente, puesto que este mecanismo de "revisión" constitucional actualmente sí está contemplado expresamente en el texto constitucional vigente. Existe en efecto en el texto vigente, pero sujeto a la convocatoria que el pueblo debe realizar de acuerdo con el texto expreso del artículo 347, cuestión que omite el sentenciador.

Se afirma en el fallo de la Sala Constitucional que a pesar de estar la Asamblea Nacional Constituyente prevista de forma expresa en la Constitución, no hay previsión sobre un referendo acerca de la iniciativa de su convocatoria y alude al Diario de la Constituyente (contenido de la sesión 41 del 9 de noviembre de 1999), en el cual consta "la propuesta del Constituyente Manuel Quijada de que el pueblo pudiera convocar a la Asamblea Nacional Constituyente mediante un referendo, fue negada". Además, dispone la Sala que esta falta de previsión se debe a que en el debate constituyente prevaleció la tesis según la cual "*la Constitución no puede limitar la Asamblea Constituyente, pues, al ser ésta la expresión directa de la soberanía popular, no admitía limitaciones*", y que de lo contrario se habrían creado límites que desnaturalizarían su carácter de poder constituyente originario y, en principio, ilimitado.

También indicó la Sala que a pesar de que la Constitución sí dispone en su artículo 71 la posibilidad "opcional o facultativa" por la cual pueda convocarse a referendo consultivo las "materias de especial trascendencia nacional", en la actualidad existen circunstancias que de forma sobrevenida dan cabida a un proceso de instalación de la Asamblea Nacional Constituyente ("*como es la aguda situación de la crisis política actualmente enfrentada y que ha provocado el decreto de un estado de excepción no concluido aún, que ha motivado la toma de decisiones genéricas, expeditas y de profundidad constitucional…*"), sin que sea necesario hacer uso en esta posibilidad que como opción brinda lo previsto en el artículo 71 constitucional.

De esta forma, la Sala Constitucional concluyó que "*no es necesario ni constitucionalmente obligante, un referéndum consultivo previo para la con-*

vocatoria de una Asamblea Nacional Constituyente, porque ello no está expresamente contemplado en ninguna de las disposiciones del Capítulo III del Título IX."

Esta decisión es prueba de la complicidad del Tribunal en el denunciado fraude constitucional, pues arrebata con estos baladíes argumentos el ejercicio de la soberanía que en el caso del poder constituyente atribuye el artículo 347 al pueblo de Venezuela.

b. *Sobre la falta de necesidad del referendo consultivo*

La carencia de toda lógica en la motivación de la Sala Constitucional en cuanto a que a diferencia de lo ocurrido bajo la Constitución del 61, en el texto vigente del 99 no hay necesidad de un referendo revocatorio para la constitución de una Asamblea Nacional Constituyente, porque la primera no preveía dicho mecanismo, y la segunda sí lo hace, es evidente.

El hecho de que en el año 1999 se consultara al pueblo si quería o no convocar una Asamblea Nacional Constituyente se debió al criterio establecido en la Sentencia de la Sala Plena de la Corte Suprema de Justicia de fecha 19 de enero de 1999, conforme al cual sólo el pueblo tiene el derecho a decidir esta convocatoria, aun cuando la Constitución no lo previera.

De manera que el criterio lo que hizo fue aplicar el principio conforme al cual la soberanía reside en el pueblo, de manera que si el pueblo fue considerado y reconocido como soberano en el 99 para ejercer el poder constituyente a través de la convocatoria a una Asamblea Nacional Constituyente, a través de referendo, a pesar de que la Constitución de 1961 no lo preveía, hoy en día con más razón se necesita la consulta al pueblo para en ejercicio de esa soberanía popular, pueda ejercerse el poder constituyente originario que la Constitución de 1999 ahora a letra expresa le otorga.

Pero más grave aún es que Exposición de Motivos de la Constitución de 1999 expresamente indica que este criterio constitucional se hizo norma en la Constitución del vigente, por lo cual cualquier negación de esta premisa es indudablemente inconstitucional. Así se explica con meridiana claridad en la Exposición de Motivos de la Constitución de 1999, en la cual se lee: "*En este contexto se debe entender que el ejercicio de la soberanía por parte del pueblo, lejos de afectar el proceso de refundación de la República y de lograr el objetivo de la profundización democrática, se convierte en herramienta indispensable del protagonismo popular, desterrando el sistema de cónclaves que decidían los destinos del país a espaldas de la sociedad*", de modo que la Asamblea Nacional Constituyente se consagra en la Constitución como "*el instrumento fundamental para garantizar al pueblo de Venezuela la posibilidad abierta de modificar sustancialmente el Estado y crear un nuevo ordenamiento jurídico, creando un nuevo texto constitucional.*"[21].

21 Exposición de Motivos de la Constitución de la República Bolivariana de Venezuela, Título IX de la Reforma Constitucional.

Es entonces más que evidente que esta posibilidad de que el pueblo convoque que no estaba presente en la Constitución de 1961, tal y como lo reseña la Exposición de Motivos de la Constitución, que tuvo que ser aplicada por vía de interpretación de la Corte Suprema de Justicia para hacer posible la convocatoria de la Asamblea Nacional Constituyente en aquél momento; ahora se contempla expresamente en el artículo 347 en el texto constitucional vigente.

c. *Sobre la no previsión del referendo consultivo para la convocatoria de la Asamblea Nacional Constituyente en la Constitución de 1999*

La Sala Constitucional argumenta además que la Constitución, si bien contempla la Asamblea Nacional Constituyente, no establece nada sobre el referendo popular para decidir su convocatoria para no limitar el poder constituyente, y para corroborar ello cita el diario de debates de la Asamblea Nacional Constituyente de 1999.

En efecto, la Sala Constitucional señaló expresamente que "En primer lugar, no hay previsión alguna sobre un referéndum acerca de la iniciativa de convocatoria de una Asamblea Nacional Constituyente. Por otra parte, al consultar el contenido de la sesión 41 del 9 de noviembre de 1999, en el Diario de la Constituyente, esta Sala observó que en el desarrollo del debate correspondiente, la propuesta del Constituyente Manuel Quijada de que el pueblo pudiera convocar a la Asamblea Constituyente mediante un referéndum, fue negada."

En primer lugar, lo que se constata en el debate de la Asamblea Nacional Constituyente de 1999 es la imposibilidad de limitar el poder constituyente originario, el cual sólo corresponde al pueblo de Venezuela según el artículo 5 de la Constitución. Ello se desprende expresamente de la discusión iniciada por la Asamblea Nacional Constituyente de 1999, específicamente en la sesión de fecha 19 de noviembre de 1999, en la cual se debatió sobre el articulado del anteproyecto de Constitución referido a la figura de la Asamblea Nacional Constituyente[22] como mecanismo para la reforma de la Constitución[23] .

---

22 Dicho articulado contenía los artículos 390, 391 y 392 del siguiente modo:

"Artículo 390. El pueblo, como constituyente originario, puede convocar una Asamblea Constituyente con el objeto de crear un nuevo ordenamiento jurídico y redactar una Constitución democrática."

"Artículo 391. La iniciativa de convocatoria a la Asamblea Constituyente la podrá ejercer el Presidente de la República en Consejo de Ministros, la Asamblea Nacional por acuerdo aprobado por las dos terceras partes de los miembros de cada Cámara o por un número no menor del diez por ciento de los electores en el Registro Electoral Nacional."

En efecto, tras analizar las normas relativas a la iniciativa y a la convocatoria de una Asamblea Nacional Constituyente, y a raíz de la propuesta formulada por el constituyente Manuel Quijada sobre la incorporación de una norma constitucional que expresara que "*El pueblo venezolano, como constituyente primario u originario puede, cuando así lo desee y en cualquier momento, convocar a una Asamblea Nacional Constituyente para que redacte una nueva Constitución distinta a la vigente, sin estar sujeta a las normas del ordenamiento jurídico ni de la Constitución preexistente. Los Poderes Constituidos quedan sometidos a la jurisdicción de la Asamblea Nacional Constituyente.*", surgió un debate respecto de cómo debía convocarse dicha Asamblea Nacional Constituyente, iniciado por las preguntas del Presidente de la misma -constituyente Luis Miquelena[24]-, dirigidas al constituyente Manuel Quijada, quien en su momento respondió:

> "CONSTITUYENTE QUIJADA (MANUEL).-Ciudadano Presidente. Sería mediante un referendo. Lo que soluciona este artículo es la discusión de si el pueblo tiene Poder Constituyente o no lo tiene, si puede convocar a una Asamblea Constituyente o no cuando bien lo desee.
>
> EL PRESIDENTE.- ¿Pero cómo la convoca el pueblo?
>
> CONSTITUYENTE QUIJADA (MANUEL).-Por medio de un referendo."[25]

Si bien la propuesta del constituyente Quijada no fue en definitiva aprobada, y de hecho prevaleció el criterio expresado por el constituyente Jaua, según la cual disponer expresamente que la convocatoria se hiciere mediante referendo consultivo podría generar un malentendido, de ser el resultado de la misma negativo para la convocatoria, y consistir en una limitación al poder del pueblo de ejercer su poder constituyente originario para decidir convocar de nuevo una; no es cierto que se rechazará el mecanismo de referendo con-

---

"Artículo 392. Se considerará aprobada la convocatoria a la Asamblea Constituyente si en el referendo llamado al efecto el número de votos afirmativos es superior al número de votos negativos. Si el resultado del referendo fuese negativo, no podrá presentarse una nueva iniciativa de convocatoria a la Asamblea Constituyente en el mismo período constitucional."

23 Brewer-Carías, Allan, "La Asamblea Nacional Constituyente de 1999 aprobó que solo el pueblo mediante "referendo de convocatoria" puede convocar una Asamblea Constituyente: Análisis del diario de debates", *Véase* enlace web:

http://allanbrewercarias.com/?s=la+Asamblea+Nacional+constituyente+de+1999+aprob%C3%B3&taxonomy_year=

24 ¿Puede el pueblo convocar? ¿A través de qué mecanismo puede hacerlo? Pues allí se dice que el 15% por ciento de los electores tiene que hacer una representación ante el Congreso o ante el Presidente de la República para que pueda procederse a la convocatoria. ¿Cómo se haría esa convocatoria?

25 Brewer-Carías, Allan, "La Asamblea Nacional Constituyente de 1999 aprobó que solo el pueblo mediante "referendo de convocatoria" puede convocar una Asamblea Constituyente: Análisis del diario de debates", *Ob. cit.*

sultivo para la convocatoria popular de una Asamblea Nacional Constituyente, sino todo lo contrario. La breve discusión que se desarrolló sobre el tema dio a entender a todos los constituyentes el sentido de la norma sobre la Asamblea Nacional Constituyente, en cuanto a que su convocatoria sólo puede ser realizada por el pueblo mediante un "referendo de convocatoria", iniciado por una serie de legitimados (actualmente los que dispone el artículo 348 de la Constitución).

De esta forma, se estableció que son totalmente distintas la convocatoria por el pueblo mediante referendo, y la iniciativa que puedan tener varias personas e instituciones para que el mismo se realice. Cabe destacar que, inclusive el constituyente Jaua aceptó expresamente el postulado de que la convocatoria de una Asamblea Nacional Constituyente corresponde de forma exclusiva al pueblo, al considerar que "no hay más nada que normar en una Constitución referente a la Asamblea Constituyente" que "el reconocimiento de la voluntad de un pueblo de convocar a esa Asamblea, y la manera cómo puede convocarla –que es importante para que tenga una referencia–.". Entonces, "Estuvo por tanto de acuerdo con lo debatido sobre que el pueblo es el único que puede convocar la Asamblea Constituyente, siendo "la manera cómo puede convocarla" un referendo de convocatoria como quedó claro en el debate"[26].

De otra parte, también es falso este argumento de rechazo del referendo popular para la convocatoria del pueblo de una Asamblea Nacional Constituyente, por no estar presente una norma que expresamente lo consagre en la Constitución de 1999, porque a pesar de que los artículos 347 y 348 de la Constitución no plantean una fase electoral previa para la convocatoria, el análisis exegético del bloque constitucional en la interpretación concatenada de los artículos 5, 6, 40, 62, 70 y 71 constitucionales, se impone la participación del pueblo en aprobación tanto de la convocatoria, como en la determinación de las bases comiciales, la elección de los miembros de la Asamblea y finalmente la aprobación o no del nuevo texto constitucional, sobre todo cuando es expreso de la discusión constituyente que con esta norma que prevé la convocatoria popular a la Asamblea Nacional Constituyente lo que se persiguió fue poner en la norma constitucional lo que precisamente se permitió en ausencia de norma en el texto del 61: convocar el proceso constituyente del año 1999. O sea que se quiso expresamente prever que al igual que se admitió para el caso de la Constitución de 1999, en el futuro el pueblo podría también convocar un proceso constituyente, siendo ello manifestación de la soberanía popular, sólo a éste por el voto correspondería la decisión de hacerlo.

Con esta decisión, la Sala Constitucional omite por completo que la intención de *modificar sustancialmente el Estado y crear un nuevo ordenamiento*

---

26 Brewer-Carías, Allan, "La Asamblea Nacional Constituyente de 1999 aprobó que solo el pueblo mediante "referendo de convocatoria" puede convocar una Asamblea Constituyente: Análisis del diario de debates", *Ob. cit.*

jurídico, creando un nuevo texto constitucional se trata de una materia de especial trascendencia nacional que debe ser sometida a referendo consultivo, y de este modo arrebata el derecho exclusivo del pueblo venezolano, como único titular del poder constituyente originario, de convocar una Asamblea Nacional Constituyente, en completa violación del artículo 347 de la Constitución, justificándose para ello sobre supuestas "circunstancias objetivas sobrevenidas" en Venezuela, así como una "aguda situación de la crisis política", para "poner de acuerdo al país en un nuevo Contrato Social".

d. *Sobre la usurpación de la soberanía popular*

De otro lado, la Sala intenta justificar su decisión en el ejercicio indirecto de la soberanía, a la que se refiere el artículo 5 de la Constitución, pero sin embargo contradice lo dispuesto en el mismo. La Sala Constitucional determina que sólo mediante el ejercicio indirecto de la soberanía puede ser convocada una Asamblea Nacional Constituyente, es decir, que sólo los órganos del Poder Público mencionados en el artículo 348 pueden convocar una Asamblea Nacional Constituyente[27], y niega rotundamente el derecho del pueblo de participar directamente en el ejercicio de su soberanía y del poder constituyente, que como sabemos, está depositado únicamente en el pueblo de Venezuela, tal y como lo dispone el artículo 347 de la Constitución[28].

---

27 En efecto, dispone la sentencia N° 378 lo siguiente: "(...) En efecto, el pueblo de Venezuela es el depositario del poder constituyente originario y, en tal condición, y como titular de la soberanía, le corresponde la convocatoria de la Asamblea Nacional Constituyente. Pero la iniciativa para convocarla le corresponde, por regla general, a los órganos del Poder Público (el Presidente o Presidenta de la República en Consejo de Ministros; la Asamblea Nacional, mediante acuerdo de las dos terceras partes de sus integrantes; y los Concejos Municipales en cabildos, mediante el voto de las dos terceras partes de los mismos) quienes ejercen indirectamente y por vía de representación la soberanía popular. La única excepción de iniciativa popular de convocatoria es la del quince por ciento de los electores inscritos y electoras inscritas en el Registro Civil y Electoral.". (negritas nuestras)

28 Al respecto, Escovar León muy acertadamente expresa que: "Ante este cuadro, la Sala Constitucional dictó su sentencia Nro. 378/31.05.17 para decidir lo que se esperaba: ¡que el proceso constituyente no requiere de consulta al pueblo! Sostiene esta sentencia: "no hay previsión alguna sobre un referéndum acerca de la iniciativa de convocatoria de una Asamblea Nacional Constituyente", lo cual no es verdad si se leen las disposiciones constitucionales en conjunto; para esto no podía escapar la norma del artículo 7 de la Constitución que, sin ambages, señala que la soberanía corresponde al pueblo; lo que admite la sentencia, pero agrega que la "ejerce directamente a través del poder popular", lo es una interpretación interesada y dictatorial de la Constitución. De esta manera equipara pueblo con comuna, lo cual es radicalmente incierto. Por si fuera poco, afirma: "el poder popular encarna la democracia directa y sería contradictorio pretender que sus 'expresiones' sean elegidas como si se tratara de una 'representación' del cuerpo electoral". En este ambiguo pasaje, con fallas de sintaxis, pretende justificar que el proceso constituyente no requiere de referéndum, lo cual no es admitido por nadie en ninguna parte.". *Véase* "Justificar lo injustifica-

Cabe destacar, que este criterio de prevalencia de la democracia representativa es contradictorio con el anterior criterio establecido por la misma Sala Constitucional, en la sentencia nro. 355 del 16 de mayo de 2017, mediante la cual la Sala dio preeminencia el ejercicio de la soberanía a través de la democracia participativa sobre la democracia representativa.

En efecto, nótese que la Sala Constitucional en sentencia nro. 355, al decidir demanda de nulidad interpuesta contra el artículo 9 y la Disposición Transitoria Segunda de la Ley de Reforma Parcial de la Ley Orgánica del Poder Público Municipal, respecto de la participación política de los ciudadanos en cuanto a la elección de los integrantes de las Juntas Parroquiales, dispuso que:

"... la Ley Orgánica del Poder Público Municipal de 2010, estableció los mecanismos de participación y protagonismo, que de manera articulada y soberana, se lleva adelante entre las asambleas de ciudadanos y los consejos comunales, para la elección de los miembros de las juntas parroquiales comunales, que en armonía con lo establecido en el artículo 70 constitucional permite el funcionamiento efectivo de una democracia social y participativa, a diferencia de la democracia representativa que consagraba la Constitución de 1961, el cual no entra en contradicción alguna con los mecanismos de participación electoral previstos en los artículos 62 y 63 de la Constitución de la República Bolivariana de Venezuela, toda vez que ambas formas de participación política, tanto pasiva como activa, pueden coexistir libremente y se aplican de una u otra forma de acuerdo a lo establecido en la ley, siendo en este caso, la Ley Orgánica del Poder Público Municipal de 2010, el texto legal que prevé dicha forma, ***la cual interpreta esta Sala como un derecho de participación que se ajusta a las nuevas directrices en nuestro ordenamiento jurídico a partir del vigente Texto Constitucional de 1999, orientada a establecer una sociedad participativa y protagónica, donde se busca la intervención plena del colectivo a través de las asambleas de ciudadanas y ciudadanos, en forma activa y pasiva*** *para la elección de los miembros de las Juntas Parroquiales Comunales."* (negritas nuestras)

De otra parte, véase que, 15 días después, el criterio de la Sala Constitucional en el caso que estamos analizando, fue el siguiente:

"Claro está, lo expuesto no significa que el modelo de democracia participativa excluye la representación. Ello implicaría la desaparición del Estado-aparato, que es imprescindible para la gestión diaria de los asuntos públicos. Como refiere Enrique Dussel, la democracia participativa y la representativa no son términos antitéticos o contradictorios: "Deben ser articulados dialécticamente, de manera que un término enriquezca al otro y se definan mutuamente".

(...)

Ahora bien, la representación que, como advertimos, fue la regla en la Constitución de 1961, no deja de ser democrática y junto con los medios directos de ejercicio de la soberanía que ofrece la Constitución de 1999, constituyen los rasgos característicos del modelo constitucional venezolano.

---

ble", por Ramón Escovar León, enlace web: http://prodavinci.com/blogs/justificar-lo-injustificable-por-ramon-escovar-leon/

El artículo 347, cuya interpretación se solicita, debemos necesariamente articularlo con el artículo 348, ambos del texto constitucional. En efecto, el pueblo de Venezuela es el depositario del poder constituyente originario y, en tal condición, y como titular de la soberanía, le corresponde la convocatoria de la Asamblea Nacional Constituyente. Pero la iniciativa para convocarla le corresponde, por regla general, a los órganos del Poder Público (el Presidente o Presidenta de la República en Consejo de Ministros; la Asamblea Nacional, mediante acuerdo de las dos terceras partes de sus integrantes; y los Concejos Municipales en cabildos, mediante el voto de las dos terceras partes de los mismos) quienes ejercen indirectamente y por vía de representación la soberanía popular. La única excepción de iniciativa popular de convocatoria es la del quince por ciento de los electores inscritos y electoras inscritas en el Registro Civil y Electoral".

Ahora bien, de acuerdo con este último criterio, la Sala Constitucional, interpretando aislada y literalmente los artículos 347 y 348 de la Constitución, despoja con su fallo al pueblo del ejercicio exclusivo e intransferible de la soberanía (artículo 5 de la Constitución), y le otorgar al Presidente de la República, Nicolás Maduro, el poder constituyente originario, cuyo único depositario en derecho es el pueblo de Venezuela (artículo 347 de la Constitución), al concederle la facultad de convocar una Asamblea Nacional Constituyente. Mediante la sentencia N° 378 se usurpa el derecho del depositario del poder constituyente de decidir si convoca o no convoca la una Asamblea Nacional Constituyente, y por lo tanto se viola los principios de democracia y soberanía establecidos expresamente en la Constitución (artículos 2, 3, 5, 63, 70, entre otros, de la Constitución).

La Sala Constitucional confunde gravemente, como lo hizo el Presidente de la República mediante Decreto N° 2.830 del 1° de mayo de 2017, la iniciativa con la convocatoria de una Asamblea Nacional Constituyente, ambas desarrolladas en los artículos 347 y 348 de la Constitución[29]. El depositario del poder constituyente originario es el pueblo, jamás serán los poderes constituidos, quienes a lo sumo tienen un poder de convocatoria a la Asamblea Nacional Constituyente; así pues, dichos poderes sólo pueden promover tal convocatoria para que se consulte mediante un referendo al pueblo sobre si quiere o no convocar a una Asamblea Nacional Constituyente.

La decisión plantea el absurdo de que entonces todos los que como el Presidente tienen la iniciativa podrían ser convocantes, así, la Asamblea Nacional, mediante acuerdo de las dos terceras partes de sus integrantes; los Consejos Municipales en cabildos, mediante el voto de las dos terceras partes de los

29 En este sentido, es preciso señalar que al referido artículo 347 se le da como título el de "Convocatoria a la Asamblea Nacional Constituyente", mientras que al artículo 348 de la misma Constitución se le denomina "Iniciativa de Convocatoria", porque éste establece que la iniciativa de convocatoria puede ser tomada por el Presidente, la Asamblea Nacional, los Concejos Municipales y un 15% de electores, en tanto que el precedente se refiere a la decisión misma de la convocatoria que corresponde sólo ser decidida por la mayoría popular, única titular de la soberanía.

mismos; y el quince por ciento de los electores inscritos y electoras en el Registro Civil y Electoral. El absurdo es entre otras cosas la fragilidad de una Constitución, si todos estos actores pueden con su sola voluntad convocar un proceso constituyente y aniquilar el Estado de Derecho y sus instituciones. Absurda además porque este argumento hecho a la medida presidencial choca con el poder de iniciativa que al 15% de los electores se otorga, caso en el cual la sentencia sin razonamiento alguno pero en vista de la absurdidad de la consecuencia que ello implicaría dice que no se aplica a ese supuesto.

Entrar en un proceso constituyente es una decisión que atañe a la esencia estructural del funcionamiento social, por eso es una decisión que sólo el cuerpo social puede tomar, y nunca los poderes constituidos que no son otra cosa que representantes de éste. Sin embargo, la Sala Constitucional determinó en la sentencia objeto de análisis que "*no es necesario ni constitucionalmente obligante, un referéndum consultivo previo para la convocatoria de una Asamblea Nacional Constituyente, porque ello no está expresamente contemplado en ninguna de las disposiciones del Capítulo III del Título IX.*"

En este sentido, en una interpretación integradora y unitaria de la figura de "revisión" de la Constitución de la Asamblea Nacional Constituyente, exige tomar en cuenta la Exposición de Motivos de la Constitución, en la cual se establece de forma expresa, respecto al Título IX, Capítulo III de la Constitución, que la Constitución: "*... establece una serie de mecanismos a través de los cuales las posibilidades de modificación del texto constitucional sean factibles y accesibles, para evitar el divorcio entre la norma fundamental del sistema jurídico y la realidad social, política, cultural y económica*", de modo que "*... en este Título se consagra expresamente la Asamblea Nacional Constituyente, instrumento fundamental para garantizar al pueblo de Venezuela la posibilidad abierta de modificar sustancialmente el Estado y crear un nuevo ordenamiento jurídico, creando un nuevo texto constitucional.* "; en concordancia con la definición que hace la propia Exposición de Motivos sobre la organización jurídico-política que adopta la Nación de Venezuela como "*... un Estado democrático y social de Derecho y de Justicia",* cual es la definición presente en el artículo 2 de la Constitución, y que implica que "*Ya no sólo es el Estado el que debe ser democrático, sino también la sociedad. Siendo democrática la sociedad, todos los elementos que la integran deben estar signados por los principios democráticos y someterse a ellos*"[30].

De esta forma, la interpretación de la Asamblea Nacional Constituyente y del mecanismo o proceso de convocatoria debe estar sujeta a los principios fundamentales que establece la propia Constitución de 1999, referidos especialmente al ejercicio de la soberanía del pueblo venezolano y la democracia. Así entonces, todas y cada una de las fases del proceso constituyente están obligatoriamente ceñidas a los valores superiores del ordenamiento jurídico

30 Exposición de Motivos de la Constitución de la República Bolivariana de Venezuela, Título I, Principios Fundamentales.

venezolano y de su actuación como la democracia, el pluralismo político (artículo 2 de la Constitución); a los fines esenciales del Estado como lo es el ejercicio democrático de la voluntad popular (artículo 3); al ejercicio de la soberanía, la cual reside intransferiblemente en el pueblo, quien la ejerce directamente en la forma prevista en la Constitución y en la ley, e indirectamente, mediante el sufragio, por lo que los órganos del Estado están sometidos a dicha soberanía (artículo 5); al carácter democrático, participativo, electivo, descentralizado, alternativo, responsable, pluralista y de mandatos revocables que debe tener el gobierno de la República Bolivariana de Venezuela y las demás entidades políticas que la componen (artículo 6); al respeto de los derechos políticos de los venezolanos (artículo 40), incluyendo el de participación libre en los asuntos públicos (artículo 62), el sufragio, el cual se ejercerá mediante votaciones libres, universales, directas y secretas (artículo 63), y por supuesto, los medios de participación y protagonismo del pueblo en ejercicio de su soberanía, entre los cuales, y en lo político, se encuentra las iniciativa constituyente (artículo 70 en concordancia con el artículo 348 de la Constitución), y el referendo popular consultivo ante el cual podrán ser sometidas las materias de especial trascendencia nacional (artículo 71), entre otros.

De acuerdo con lo anterior, la sentencia N° 378 de la Sala Constitucional contradice flagrantemente lo dispuesto en el artículo 5 de la Constitución (i) al negar el ejercicio de los medios de participación en los cuales se concretizan los derechos de los ciudadanos a ejercer su soberanía (a saber, las diversas formas de referendo popular, a la que se dedica una sección en particular de la Constitución que regula el referendo consultivo, revocatorio, aprobatorio y abrogatorio); (ii) al prescindir de la primera fase del proceso constituyente sobre la convocatoria de referendo consultivo al pueblo venezolano en el que mediante votación libre, universal, secreta y directa sea determinada la aprobación o negación del inicio de una Asamblea Nacional Constituyente, el cual constituye una materia de especial trascendencia nacional, a tenor de lo dispuesto en el artículo 71 de la Constitución; y además, (iii) al facultar al Presidente de la República para la convocatoria de una Asamblea Nacional Constituyente, otorgándole el poder constituyente, cuyo depositario originario es el pueblo de Venezuela (artículo 347 de la Constitución), y por lo tanto, la soberanía nacional, la cual “reside intransferiblemente en el pueblo”.

e. *Consulta popular*

i. *Convocatoria de la Asamblea Nacional Constituyente (art. 347)*

La primera de estas fases es la más importante, siendo que es derivación inmediata de los principios de soberanía y democracia[31] la consulta obligato-

31 Artículo 2. Venezuela se constituye en un Estado democrático y social de Derecho y de Justicia, que propugna como valores superiores de su ordenamiento jurídico y de su actuación, la vida, la libertad, la justicia, la igualdad, la solidaridad, la democracia,

ria al pueblo de Venezuela sobre si quiere o no que se inicie un proceso constituyente -¿Quiere usted modificar sustancialmente la Constitución? ¿Sí o no?-, es decir, el pueblo es el único que puede, mediante referendo como ejercicio directo de la soberanía[32], tomar la decisión trascendental en el momento en que las razones reales, históricas, objetivas, de transformar el Estado, así como de crear un nuevo ordenamiento jurídico y por supuesto, modificar sustancialmente el texto entero de la Constitución[33].

Mediante esta convocatoria el pueblo soberano es el único que puede determinar, a través de un consenso social mayoritario, la procedencia de los límites y los criterios que de ser aprobados regirán el proceso constituyente. En este sentido, no puede imponerse mediante los poderes constituidos el objeto sobre el cual procederá la Asamblea Nacional Constituyente, sino que sólo es el pueblo quien puede establecer la misión que tendrá dicha Asamblea a lo largo de todo el proceso constituyente[34].

De otra parte es preciso destacar que además del evidente ejercicio de la soberanía de parte del pueblo venezolano expresado a través de las votaciones sobre la aprobación o no de la convocatoria, la consulta obligatoria también

---

la responsabilidad social y en general, la preeminencia de los derechos humanos, la ética y el pluralismo político.

32 Artículo 5. La soberanía reside intransferiblemente en el pueblo, quien la ejerce directamente en la forma prevista en esta Constitución y en la ley, e indirectamente, mediante el sufragio, por los órganos que ejercen el Poder Público. Los órganos del Estado emanan de la soberanía popular y a ella están sometidos.

33 En efecto, en el año 1999, con el motivo de iniciar un proceso constituyente, se estableció mediante el Decreto N° 3 (*Gaceta Oficial* N° 36.634 del 2 de febrero de 1999), la realización de un referendo, que se llevó a cabo el 25 de abril de 1999, para que el pueblo se pronunciara sobre la convocatoria de una Asamblea Nacional Constituyente. El artículo 3 de dicho Decreto dispuso lo siguiente: *Artículo 3°: El instrumento electoral contendrá las siguientes preguntas que serán contestadas con un "si" o un "no":*

PRIMERA: ¿Convoca usted una Asamblea Nacional Constituyente con el propósito de transformar el Estado y crear un nuevo ordenamiento jurídico que permita el funcionamiento efectivo de una Democracia Social y Participativa?

SEGUNDA: ¿Autoriza usted al Presidente de la República para que mediante un Acto de Gobierno fije, oída la opinión de los sectores políticos, sociales y económicos, las bases del proceso comicial en el cual se elegirán los integrantes de la Asamblea Nacional Constituyente?

34 No así como sucede con el Decreto Nº 2.878 de fecha 23 de mayo de 2017, mediante el cual se impuso por el Presidente de la República las bases comiciales para la Asamblea Nacional Constituyente, sin previa consulta popular, con el objetivo y "*supremo compromiso y voluntad de lograr la mayor eficacia política y calidad revolucionaria en la construcción del socialismo, la refundación de la Nación venezolana, basado en principios humanistas, sustentado en condiciones morales y éticas que persiguen el progreso de la patria...* ".

es una expresión de control del pueblo venezolano. Ciertamente, se verifica un mecanismo de control del pueblo sobre el ejercicio del poder público en este caso en una de sus manifestaciones concretas: la iniciativa de la convocatoria a la Asamblea Nacional Constituyente.

El pueblo ejerce así un control sobre la justificación que se expresa como causante de dicha iniciativa. Es la expresión del pueblo la que verifica su rol como principal contralor del ejercicio de las facultades constitucionales que tienen los sujetos mencionados en el artículo 348 constitucional, incluso cuando el acto de iniciativa emana del porcentaje de electores inscritos en el registro civil y electoral, es el pueblo quien ha de verificar que los motivos que se alegan como causantes de la convocatoria verdaderamente están dirigidos a transformar el Estado, crear un nuevo ordenamiento jurídico y redactar una nueva Constitución y de ser así manifestar su acuerdo o desacuerdo, pues sólo su voluntad mayoritaria puede dar lugar a la apertura del procedimiento para el logro de este objetivo.

El texto constitucional ha sido enfático en cuanto a que la soberanía y, en consecuencia, el poder constituyente reside en el pueblo venezolano, de allí que la primera fase contemple a su vez dos etapas, la primera, la de iniciativa que puede nacer de los sujetos a los que se refiere el artículo 348 constitucional y la segunda que es la de la convocatoria en sí, previa aprobación del pueblo soberano mediante un referendo consultivo[35].

Que los artículos 347 y 348 de la Constitución no planteen una fase electoral previa para la convocatoria, no indica que ella no sea necesaria. Un análisis exegético del texto constitucional, donde obviamente deben tenerse presente también los artículos 5, 70 y 71 constitucionales, lleva a la participación del pueblo en la aprobación o no de la redacción de un nuevo texto constitucional, sobre todo cuando es expreso de la discusión constituyente que con esta norma, que prevé la convocatoria popular a la Asamblea Nacional Constituyente, lo que se persiguió fue incorporar de forma expresa al texto constitucional, la norma constitucional que precisamente permitió en ausencia de norma en el texto de la Constitución de 1961, convocar el proceso constituyente del año 1998. O sea que se quiso expresamente prever que: al igual que se admitió para el caso de la Constitución de 1999, en el futuro el pueblo

35 Fue así como en el proceso constituyente del año 1947, por primera vez, mediante la instauración del sufragio directo y realmente universal, con la participación por primera vez del voto femenino, se realizaron las elecciones para la Asamblea Constituyente…". Los resultados de dichas elecciones fueron publicados en *Gaceta Oficial* y el 17 de diciembre de 1946 fue instalada la Asamblea Nacional constituyente de los Estados Unidos de Venezuela. *Vid.*, Brewer-Carías, Allan, *Historia Constitucional de Venezuela*, Colección Trópicos, Editorial Alfa, Caracas, 2008. p. 12. Asimismo, en el proceso constituyente de 1999, fueron realizadas el 25 de julio la elección de los miembros de la Asamblea Nacional Constituyente y el 7 de agosto del mismo año quedó conformada dicha Asamblea. Aguiar, Asdrúbal, *Historia Constitucional de Venezuela 1999-2012*, Editorial Jurídica Venezolana, Caracas, 2012. pp. 25 y 26.

tendría también el derecho de convocar un proceso constituyente, por ser este la manifestación de la soberanía popular. En este sentido, sólo al pueblo correspondería por el voto la decisión de hacerlo.

Téngase en cuenta al respecto que la Constitución deja constancia de esta primera fase de convocatoria, y por tanto de que el pueblo es el único que puede ejercer el poder constituyente, al disponer que "*En nombre y representación del pueblo soberano de Venezuela, en ejercicio del poder constituyente originario otorgado por éste mediante referendo aprobado democráticamente el veinticinco de abril de mil novecientos noventa y nueve, para transformar el Estado y crear un nuevo ordenamiento jurídico que permita el funcionamiento efectivo de una democracia social y participativa...*".

De lo anterior concluimos que la primera fase debe comprender:

a) La formulación de la iniciativa por cualquiera de los cuatro legitimados para ello (Presidente, en Consejo de Ministros, Asamblea Nacional, Concejos Municipales, 15% de los electores inscritos en el registro electoral y civil);

b) Consignación de la iniciativa, junto a las bases comiciales de la Constituyente[36] ante el Poder Electoral, en su órgano, el Consejo Nacional Electoral; y

c) Convocatoria del referendo consultivo por el Consejo Nacional Electoral sobre la aceptación o no por el pueblo venezolano de la iniciación de un proceso constituyente y de las normas comiciales que lo regirán.

ii. *Aprobación de las normas comiciales*

Dentro de las distintas fases que gobiernan el proceso constituyente, según el bloque de la constitucionalidad, las bases comiciales, que son las normas que regirán tanto la elección como el proceso de conformación, misión y límites de la Asamblea Nacional Constituyente así como el proceso constituyente, deben ser aprobadas mediante referendo por el pueblo soberano y único depositario del Poder Constituyente. Estas no pueden ser las que deriven de la voluntad de una persona o grupo, ni pueden ser impuestas por el poder constituido sin usurpar la voluntad soberana del pueblo.

Al respecto conviene precisar el alcance y significado de la voz "pueblo" a que se refieren los artículos 5, 347, 350 y otros del texto Constitucional.. En este sentido debemos, en primer lugar tener presente la decisión de la Sala Constitucional del Tribunal Supremo de Justicia de fecha 22 de enero de

---

36 Las bases comiciales deben garantizar el derecho de todos los venezolanos, a participar como electores y aspirantes, conforme a las normas constitucionales y las leyes que regulan los procesos electorales. Es por ello que, junto a la iniciativa de la convocatoria a la Asamblea Nacional Constituyente, debe someterse a la aprobación popular, mediante referendo consultivo, las bases comiciales que regirían la elección de los integrantes de la Asamblea Nacional Constituyente, así como el tiempo de duración de la misma, con el objeto de respetar la aplicación de los precitados artículos 2, 3, 5, 63, 64, 70, 71 de la Constitución y, por lo tanto, de no vulnerar o negar el derecho de participación política de todos los venezolanos.

2003, mediante la cual, con base en la interpretación del artículo 350 de la Constitución en concordancia con el artículo 5 eiusdem, declaró que pueblo debe entenderse como "el conjunto de personas del país y no una parcialidad de la población, una clase social o un pequeño poblado, y menos individualidades" en los cuales reside la soberanía de manera fraccionada, por lo que pueblo son "todos los individuos que componen la comunidad política general que sirve de condición existencial del Estado Nacional, siendo cada uno de ellos titular de una porción o alícuota de esta soberanía".[37]

En completa contravención con esta definición de pueblo, y adoptando una que, como veremos, implica una discriminación entre simpatizantes y adversarios[38], el Presidente de la República decretó las bases comiciales para llevar a cabo la elección y conformación de una Asamblea Nacional Constituyente inconstitucionalmente "convocada".

III. COMENTARIOS SOBRE LAS BASES COMICIALES DECRETADAS POR EL PRESIDENTE DE LA REPÚBLICA

1. *Consideraciones generales*

En fecha 23 de mayo de 2017 fue publicado en Gaceta Oficial N° 41.156, el Decreto N° 2.878 de la misma fecha (en lo sucesivo referido como las "Bases"), mediante el cual el Presidente de la República "en su cualidad de convocante", dictó unilateralmente y sin consulta popular, las bases comiciales territoriales y sectoriales, sobre las cuales "se llevará a cabo la convocatoria, conformación y funcionamiento de la Asamblea Nacional Constituyente", inconstitucionalmente convocada previamente por el mismo Presidente mediante Decreto N° 2.830 de fecha 1° de mayo de 2017, publicado en la Gaceta Oficial N° 6.295 extraordinario de la misma fecha.

Posteriormente, el 4 de junio del presente año fue publicado en Gaceta Oficial N° 6.303 extraordinario, el Decreto N° 2.889, mediante el cual el Presidente de la República "complementó" la "propuesta de bases comiciales para la Asamblea Nacional Constituyente contenidas en el Decreto N° 2.878, de fecha 23 de mayo de 2017" y exhortó a que el proyecto de Constitución que se redacte en su seno sea sometido a referendo aprobatorio popular, en los términos establecidos en el artículo 70 de la Constitución de la República Bolivariana de Venezuela.

---

37 Sentencia de la Sala Constitucional del Tribunal Supremo de Justicia del 22 de enero de 2003, con ponencia del Magistrado Iván Rincón Urdaneta.

38 Tal como lo explica el profesor Ramón Escovar León, "...para el madurismo, la noción de pueblo, a los efectos de la constituyente fraudulenta que promueven, se restringe al "escuálido" grupo que queda de lo que fue el movimiento populista-militarista (...)", *Vid.*, Escovar León, Ramón, "Noción de pueblo en las bases comiciales y en la sentencia N° 378 de la Sala Constitucional", en *Jornada sobre la Asamblea Nacional Constituyente: Génesis y perspectivas*, Academia de Ciencias Políticas y Sociales, 13 de junio de 2017.

De conformidad con lo establecido en las bases comiciales, los integrantes de la Asamblea Nacional Constituyente serán elegidos en el ámbito territorial y sectorial, "mediante el voto universal, directo y secreto", sin perjuicio de los integrantes de los pueblos indígenas que serán elegidos de acuerdo a sus costumbres y prácticas ancestrales. Los sectores a los que se refieren las Bases, según su punto PRIMERO, comprenden: 1) Trabajadores y Trabajadoras. 2) Campesinos y Campesinas y Pescadores y Pescadoras. 3) Los y las Estudiantes. 4) Personas con discapacidad. 5) Pueblos Indígenas. 6) Pensionados y Pensionadas. 7) Empresarios y Empresarias. 8) Comunas y Consejos Comunales.

Las bases comiciales disponen que la Asamblea Nacional Constituyente estará integrada por trescientos sesenta y cuatro (364) miembros escogidos territorialmente; ocho (8) electos por los pueblos indígenas; y Constituyentes Sectoriales cuyo número se obtendrá del cociente entre el registro electoral de cada sector y el factor obtenido para calcular las y los Constituyentes Territoriales, esto es una o un (1) Constituyente Sectorial por cada ochenta y tres mil (83.000) electores del registro electoral sectorial. La Asamblea Nacional Constituyente tendrá una conformación unicameral y sólo se elegirán representantes principales (punto SEGUNDO de las Bases).

Las bases comiciales también determinan, en su punto QUINTO, la utilización, por parte del Consejo Nacional Electoral, de registros de los sectores de las instituciones oficiales, gremios y asociaciones, debidamente establecidos, con el fin de agrupar dichos registros por áreas de similar condición y distribuirlos según la base poblacional establecida en el punto TERCERO.

Asimismo, disponen las bases comiciales que ningún elector podrá estar en más de un registro sectorial y que la postulación de los candidatos sólo podrá presentarse: (i) por iniciativa propia, si cuenta con el respaldo del 3% de los electores inscritos en el Registro Electoral de los municipios para la elección de los Constituyentes Territoriales; (ii) Por iniciativa de grupos de electores y (iii) Por iniciativa de los sectores mencionados, si reciben el respaldo del Registro del sector al que pertenece (puntos SEXTO y SÉPTIMO de las Bases).

Por último, para ser postulado como candidato a la Asamblea Nacional Constituyente, las bases comiciales establecen los siguientes requisitos:

1. Ser venezolano o venezolana por nacimiento, sin otra nacionalidad.

2. Mayor de dieciocho (18) años de edad, a la fecha de la elección.

3. Haber residido cinco (5) años en la entidad correspondiente.

4. Estar inscrito o inscrita en el Registro Electoral.

5. En el ámbito sectorial, presentar la constancia del postulado como candidato o candidata a la Asamblea Nacional Constituyente, de que pertenece al sector postulante, y las demás que se establezcan en la normativa que se dicte al efecto.

Las bases comiciales son inconstitucionales por cuanto violan los artículos 5, 39, 42, 62, 63, 64, 67, 70 y 347 de la Constitución al usurpar la soberanía del pueblo, como único titular del poder constituyente y desconocer la voluntad popular a través de la imposición de un proceso constituyente y de las bases comiciales, limitando ilegítimamente el derecho de participación ciudadana en el ejercicio de su soberanía al regular quiénes pueden postularse al cargo de constituyente, determinar elecciones por sectores, excluir de los electores a los venezolanos por naturalización, por violar también el derecho al sufragio libre, universal y secreto, y el principio de representación proporcional.

2. *Inconstitucionalidad por usurpación de poderes del pueblo Soberano.*

Como punto previo es preciso señalar que las bases comiciales son inconstitucionales por cuanto usurpan la soberanía del pueblo establecida en el artículo 5 de la Constitución, así como el poder constituyente originario del pueblo (artículo 347 de la Constitución), al imponer las condiciones de elección de los integrantes de una Asamblea Nacional Constituyente -convocada inconstitucionalmente-, sin haber consultado previamente la voluntad del pueblo, único depositario del poder constituyente y por tanto, único competente para otorgarle a la Asamblea el mandato de representarla, ordenar su misión y establecer los límites dentro de los cuales debe desempeñarla.

Las bases comiciales son inconstitucionales desde que sólo podrían determinarse las normas comiciales y por ende convocarse a referendo electivo de los constituyentes, si en primer lugar, de una convocatoria previa de referendo consultivo, el pueblo, en ejercicio directo de su soberanía, determinara su voluntad de cambiar el texto de la Constitución y construir un orden político y social nuevo, mediante la aprobación de la iniciación de un proceso constituyente; y en segundo lugar, si de una consulta popular se aprobaran las normas comiciales por la mayoría del pueblo soberano de Venezuela.

Es decir, sólo luego de haber sido aprobada la convocatoria y las bases comiciales por la mayoría del pueblo venezolano es que se daría lugar a la elección de los integrantes de la Asamblea Nacional Constituyente, quienes serían los encargados de la elaboración, redacción y discusión del nuevo texto constitucional.

Así entonces, las bases comiciales están contaminadas de los mismos vicios de inconstitucionalidad que se atribuyen a los Decretos N° 2.830 y N°. 2.831, en tanto que la convocatoria a la Asamblea Nacional Constituyente no ha sido legitimada por la voluntad popular, es decir, por el pueblo como único detentador de la soberanía nacional, y única entidad competente para hacerlo según lo dispone el artículo 347 de la Constitución. En este sentido, no puede el Presidente de la República continuar el proceso constituyente mediante la presentación al Consejo Nacional Electoral de unas bases comiciales para la elección de los miembros de la Asamblea Nacional constituyente, cuando el proceso como tal no ha sido iniciado por el pueblo quien es además el único competente para dictarlas.

Asimismo, debemos señalar que el Consejo Nacional Electoral no tiene competencia para convocar elecciones de los miembros de la Asamblea Nacional Constituyente, por cuanto su convocatoria no ha sido aprobada por el pueblo soberano a través de un referendo consultivo y, de iniciar un proceso electoral para escoger a los constituyentes, violaría los artículos 292 y siguientes de la Constitución, en concordancia con los artículos 2 y 3 de la Ley Orgánica del Poder Electoral.

3. *Inconstitucionalidad por la limitación del derecho de participación ciudadana*

El Presidente de la República, al decretar las bases comiciales sin la aprobación mediante referendo consultivo del pueblo como único soberano y titular del poder constituyente originario, está violando flagrantemente la Constitución, pues como se ha explicado junto a la iniciativa de la convocatoria a la Asamblea Nacional Constituyente deben someterse a la aprobación popular, mediante referendo consultivo establecido como forma de participación política en ejercicio directo de la soberanía del pueblo, las bases comiciales que regirían la elección de los integrantes de la Asamblea Nacional Constituyente, así como el tiempo de duración de la misma, con el objeto de respetar la aplicación de los artículos 2, 3, 5, 63, 64, 70, 71 de la Constitución, y por lo tanto, de no vulnerar o negar el derecho de participación política de todos los venezolanos.

Entonces, al presentar el Presidente de la República las bases comiciales para que el Consejo Nacional Electoral proceda a convocar las elecciones de los integrantes de la Asamblea Nacional, sin la previa aprobación de la voluntad del pueblo, está usurpando el poder constituyente en la aprobación de los mecanismos de participación para la elección de los constituyentes, y además está limitando de forma ilegítima el derecho constitucional de participación ciudadana de los venezolanos, dispuesto en el artículo 70 de la Constitución.

4. *Inconstitucionalidad por condicionamiento de la selección de los miembros de la Asamblea Nacional Constituyente.*

Igualmente las bases comiciales son inconstitucionales toda vez que establecen la elección de los integrantes de la Asamblea Nacional Constituyente "Originaria" en los ámbitos sectoriales y territoriales, violando en consecuencia lo dispuesto en el artículo 63 constitucional, en el cual se establece de forma literal que el sufragio, como derecho de participación política, se ejercerá mediante votaciones libres, universales, directas y secretas. En efecto, el artículo 63 dispone que:

> *"Artículo 63. El sufragio es un derecho. Se ejercerá mediante votaciones libres, universales, directas y secretas. La ley garantizará el principio de la personalización del sufragio y la representación proporcional."*

Las bases comiciales son inconstitucionales por cuanto determinan la integración de una Asamblea Nacional Constituyente a través votaciones sectoriales y territoriales, es decir, por sectores escogidos por el Presidente de la República, en completa contravención con lo dispuesto en el precitado artículo 63, que establece que el sufragio es un derecho que se ejercerá mediante la votación universal, la cual implica que cualquiera que detente la condición de elector puede elegir y ser elegido, independientemente de su raza, sexo, creencias o condición social. A tal efecto, el propio texto constitucional determina en el artículo 64 quienes son los electores que están facultados para participar en sufragios de forma activa:

> *"Artículo 64. Son electores o electoras todos los venezolanos y venezolanas que hayan cumplido dieciocho años de edad y que no estén sujetos a interdicción civil o inhabilitación política."*

Las votaciones sectoriales y territoriales por las que se pretende que los miembros de la írrita Asamblea Nacional Constituyente sean elegidos, según lo disponen las Bases, por sectores escogidos por el Presidente de la República, no se corresponden de ninguna forma con las votaciones universales, según las cuales, cualquiera que detente la condición de elector (artículo 64 de la Constitución), puede elegir y ser elegido.

Al disponer estas bases comiciales que parte de los constituyentes deben ser electos entre sectores (Empresarios, campesinos y pescadores, personas con alguna discapacidad, estudiantes, trabajadores, comunas y consejos comunales, y pensionados), de modo que los electores no puedan postularse libremente sino a través de sectores, y que los electores sólo puedan escoger entre los postulados de los sectores, limitan de forma directa el derecho al sufragio universal y libre. Esta inconstitucional limitación a la participación del pueblo en ejercicio de su soberanía, en lo político, supone que los electores no tengan libertad de postulación y que los electores no tengan libertad de selección.

Por esta misma razón, las bases comiciales atentan directamente contra la igualdad del voto (artículo 64 en concordancia con los artículos 19 y 21 constitucional), puesto que favorecen el resultado de los votos de los electores "inscritos" en los determinados sectores, mientras que limitan el derecho al sufragio de los electores no relacionados a esos sectores, en pleno ejercicio de su derecho al pluralismo político.

La Asamblea Nacional Constituyente, por ser un órgano representativo, distinto a los poderes constituidos, que se convoca y elige con la misión específica de elaborar y aprobar una Constitución, debe en su instalación, previa convocatoria del poder constituyente -el pueblo-, contar precisamente con la elección de sus integrantes por la vía del sufragio, a través de votaciones directas, universales y secretas.

Además, debemos resaltar que la universalidad del voto implica esencialmente la participación del pueblo como soberano en todos los electores considerados en su globalidad. Como hemos dicho previamente, el concepto de pueblo debe entenderse como "el conjunto de las personas del país y no una parcialidad de la población, una clase social o un pequeño poblado, y menos individualidades" (sentencia N° 24 de 22 de enero de 2003 de la Sala Constitucional del Tribunal Supremo de Justicia). Ahora bien, siendo que "la soberanía reside de manera fraccionada en todos los individuos que componen la comunidad política general que sirve de condición existencial del Estado Nacional", y no de forma exclusiva en el "conjunto de personas seguidoras del gobierno, con exclusión de quienes se le oponen"[39] (cual es básicamente la noción acogida por las bases comiciales), las bases comiciales, en el momento en que establecen una elección sectorial y territorial en la cual prevalece un enfoque limitado e interesado de pueblo[40], escinden el concepto del mismo, y por tanto divide la soberanía y el poder constituyente, en completa contravención de los artículos 5 y 347 de la Constitución.

En este sentido retiramos que el voto es universal únicamente si cualquier elector puede postularse y cualquier elector puede decidir, con base en los artículos 62 y siguientes de la Constitución.

5. *Inconstitucionalidad por violación del principio de la representación proporcional.*

Las bases comiciales disponen una asignación de los constituyentes sobre una base que no se corresponde con la población nacional del Estado venezolano si no sobre la base territorial de cada municipio según lo dispuesto en el punto TERCERO del Decreto, de forma que vulneran el principio de la prevalencia de la mayoría sobre la minoría y el principio de representación proporcional.

En efecto, dispone el mencionado punto TERCERO la elección territorial de constituyentes de la siguiente forma:

> ***TERCERO.-*** *En el ámbito territorial se producirá la elección de trescientos sesenta y cuatro (364) Constituyentes a la Asamblea Nacional Constituyente, conforme a la siguiente distribución: un o una (1) Constituyente por cada Municipio del País que será electo o electa de forma nominal de acuerdo al principio de representación mayoritario, y dos (2) Constituyentes en los Municipios Capitales, que serán electos o electas mediante la modalidad lista, de acuerdo al principio de representación proporcional. En el Municipio Libertador de Caracas, Capital de la República Bolivariana de Venezuela y el asiento de los órganos del Poder Nacional, se escogerán siete (7) Constituyentes mediante la modalidad lista de acuerdo al principio de representación proporcional.*

Esta norma viola el principio de la representación proporcional que debe estar garantizado por la ley en el ejercicio constitucional del derecho al sufragio, establecido expresamente en el artículo 63 de la Constitución, del siguiente modo: *"... La ley garantizará el principio de la personalización del sufragio y la representación proporcional"*, en tanto implicarían que en Esta-

---

39 Escovar León, Ramón, "Noción de pueblo en las bases comiciales y en la sentencia N° 378 de la Sala Constitucional", *Ob. cit.*,

40 "al considerar, sin más, que lo integran las comunas, los sectores al estilo de Mussolini y los empleados públicos, es decir, aquellos que le pueden garantizar al Psuv los resultados electorales que desea", *Vid.*, Escovar León, Ramón, "Noción de pueblo en las bases comiciales y en la sentencia N° 378 de la Sala Constitucional", *Ob. cit.*,

dos mucho más poblados se elijan igual o menos Constituyentes que en otros con mucha menos población, violando además el principio democrático un ciudadano un voto, el cual garantiza la igualdad del poder de cada voto para conformar una representación efectiva.

En efecto, de la doctrina ideada por Sieyés en su famoso y valioso estudio sobre el Tercer Estado, se desprende el imperativo del principio según el cual los votos deben ser considerados por cabezas y no por órdenes o grupos de personas. Este principio "un ciudadano un voto", parte de considerar que cada ciudadano que conforma el pueblo, y por lo tanto la nación, es titular de una fracción por igual de la soberanía -del poder- de la misma y por ende el voto de cada uno de ellos debe tener el mismo peso o la misma fuerza en todas las decisiones trascendentales para el futuro de toda la Nación, incluyendo, por supuesto, la elección de cuerpos representativos. Este principio persigue entonces el respeto de la mayor parte del pueblo en la toma de decisiones que atañen a toda la Nación. De este modo, es evidente que al no votar "por cabezas, se ignora la verdadera mayoría, lo que constituiría el mayor de los inconvenientes", toda vez que cualquier decisión que no comprenda la voluntad de la mayoría, sería "radicalmente nula"[41].

De este modo, al ser la Asamblea Nacional Constituyente el órgano constituido como representante del poder constituyente del pueblo en su conjunto, es decir, de la totalidad de los habitantes del territorio venezolano, los representantes que la integren deben ser elegidos, según la Constitución y la forma federal del Estado venezolano, mediante sufragio universal, directo y secreto, de carácter nacional. Solo de esta forma se respetaría el principio de prevalencia de la mayoría sobre la minoría en el nivel nacional, el principio un ciudadano un voto, y el principio de proporcionalidad, en los cuerpos representativos de las entidades políticas, de manera que los constituyentes de la Asamblea Nacional constituyente sean electos y efectivamente representen la totalidad de la población de todo el territorio venezolano.

6. *Inconstitucionalidad por exclusión de los partidos políticos del régimen de postulaciones.*

También son inconstitucionales las bases comiciales en tanto que violan lo dispuesto en el artículo 67 de la Constitución al excluir a los partidos políticos del régimen de postulaciones. Las bases comiciales establecen de forma exclusiva la iniciativa individual, la de los grupos de electores y los sectores como posibles postulantes, trasgrediendo el artículo 67 constitucional que confiere a todas las asociaciones con fines políticos el derecho a concurrir a los procesos electorales postulando candidatos. En efecto, el artículo 67 dispone lo siguiente:

---

41 Sieyés, Emmanuel, "¿Qué es el Tercer Estado? Ensayo sobre los privilegios", *Ciencia política,* Alianza Editorial, Madrid, 2003. pp. 118 y ss.

Artículo 67. Todos los ciudadanos y ciudadanas tienen el derecho de asociarse con fines políticos, mediante métodos democráticos de organización, funcionamiento y dirección. Sus organismos de dirección y sus candidatos o candidatas a cargos de elección popular serán seleccionados o seleccionadas en elecciones internas con la participación de sus integrantes. No se permitirá el financiamiento de las asociaciones con fines políticos con fondos provenientes del Estado.

El condicionamiento al que someten las Bases, la elección de los miembros de la Asamblea Nacional Constituyente en los ámbitos territoriales y sectoriales, por el Presidente de la República ante el Consejo Nacional Electoral, viola flagrantemente los artículos 2, 3, 5, 63, 64, 70, 71 de la Constitución, obviando el derecho constitucional a unas votaciones libres, universales, directas y secretas.

7. Inconstitucionalidad por discriminación y exclusión de los electores venezolanos por naturalización y con doble nacionalidad

Las bases comiciales son igualmente inconstitucionales por cuanto determinan en su punto SÉPTIMO que sólo podrán ser postulados como candidatos a la Asamblea Nacional Constituyente los venezolanos por nacimiento sin otra nacionalidad, excluyendo inconstitucionalmente a los venezolanos por naturalización y a los venezolanos que tengan más de una nacionalidad.

La Constitución, en su artículo 39, es más que clara al disponer que todos los venezolanos, sin distinción alguna, ejercen la ciudadanía y en consecuencia, son titulares de derechos y deberes políticos. El mencionado artículo determina únicamente tres excepciones por las cuales los venezolanos no detentan dichos derechos, estos son: 1. Estar sujetos a inhabilitación política, 2. Estar sujetos a interdicción civil, y 3. No cumplir con las condiciones de edad previstas en la Constitución. En este sentido, dispone el artículo 42 *eluden* que el ejercicio de la ciudadanía o de alguno de los derechos políticos sólo puede ser suspendido por sentencia judicial firme en los casos que determine la ley.

Asimismo, dispone la Constitución que todos los ciudadanos tienen el derecho de participar libremente en los asuntos públicos, directamente o por medio de sus representantes elegidos (artículo 62), por lo que son electores todos los venezolanos, de nuevo, sin alguna distinción de única nacionalidad o por origen, que hayan cumplido dieciocho años de edad y que no estén sujetos a interdicción civil o inhabilitación política (artículo 64).

Las únicas excepciones que hace la Constitución de Venezuela sobre los requisitos para optar a ciertos cargos públicos están establecidos en el artículo 41, según el cual sólo los venezolanos por nacimiento y sin otra personalidad podrán ejercer los cargos de Presidente de la República, Vicepresidente Ejecutivo, Presidente y Vicepresidente de la Asamblea Nacional, magistrados del Tribunal Supremo de Justicia, Presidente del Consejo Nacional Electoral, Procurador General de la República, Contralor General de la República, Fiscal General de la República, Defensor del Pueblo, Ministros de los despachos relacionados con la seguridad de la Nación, finanzas, energía y minas, educación; Gobernadores y Alcaldes de los Estados y Municipios fronterizos y aquellos contemplados en la ley orgánica de las Fuerzas Armadas.

Entonces, es evidente que las bases comiciales son inconstitucionales por cuanto discriminan a los venezolanos que no hayan nacido en Venezuela o que tengan más de una nacionalidad, aparte de la venezolana, para ser candidato a la Asamblea Nacional Constituyente, en violación a lo dispuesto en los precitados artículos 39, 42, 62, y 64.

8. *Sobre el Decreto que complementa las bases comiciales*

El Decreto que complementa las bases comiciales (Decreto N° 2.889 del 04 de junio de 2017) y por el cual el Presidente de la República "exhorta" a que el proyecto de Constitución que se redacte en el seno de la "Asamblea Nacional Constituyente", sea sometido a referendo aprobatorio popular, "en los términos establecidos en el artículo 70 de la Constitución", es innecesario e inconstitucional, pues ello no depende de la voluntad presidencial ni de su exhortación, sino de la circunstancia de que la consulta popular para aprobar o improbar el proyecto de Constitución es mandato del texto fundamental al ser el pueblo soberano el único titular del poder constituyente.

La aprobación mediante referendo aprobatorio del Proyecto de Constitución elaborado por la Asamblea Nacional Constituyente es un derecho inherente al poder constituyente que sólo puede ser ejercido por el pueblo soberano. De esta forma fue plasmado en la Constitución de 1999, en cuyo Preámbulo expresamente se indica que "*El pueblo de Venezuela (....) en ejercicio de su poder originario representado por la Asamblea Nacional Constituyente mediante el voto libre y en referendo democrático, decreta la siguiente Constitución de la República Bolivariana de Venezuela*". Así pues, sólo el pueblo soberano de Venezuela como titular del poder constituyente puede aprobar y por tanto adoptar un nuevo texto constitucional.

9. *Contenido de la función constituyente*

Es importante destacar que el exacto contenido de la función del Poder Constituyente se encuentra delimitado en el artículo 347 al definir su objeto en los siguientes términos: "...transformar el Estado, crear un nuevo ordenamiento jurídico y redactar una nueva Constitución".

Se sigue de la norma que no es que el proceso constituyente da lugar a un régimen de facto que pueda por vías de hecho eliminar o destruir el ordenamiento vigente ni los poderes constituidos. Cualquier sustitución o modificación del orden existente ha de producirse con la aprobación de la nueva Constitución, y en caso de que dicha aprobatoria no proceda, porque el pueblo la rechace, continuará vigente el ordenamiento constitucional del 1999 y sus poderes constituidos en el ejercicio de sus funciones, que no ha de interrumpirse, salvo que una nueva Constitución aprobada por el pueblo lo ordene y en los términos en los cuales sus disposiciones transitorias lo regule.

ii. *Fase 2*

a. *Elección de la Asamblea Nacional Constituyente*

La otra fase del proceso constituyente, según se desprende de la Constitución de 1999 y del bloque de la constitucionalidad, consiste en una segunda votación con el fin de elegir a los integrantes de la Asamblea Nacional Constituyente, encargados de la elaboración, redacción y discusión del nuevo texto constitucional. Las Asambleas Constituyentes son órganos representativos, distintos a los poderes constituidos, que se convocan y eligen con la misión específica de elaborar una Constitución. Es por ello que su instalación supone la previa decisión del pueblo, en este sentido, y se decide por la vía del sufragio, a través de un referendo[42] con votaciones directas, universales y secretas.

La universalidad del voto implica esencialmente la participación del pueblo como soberano en todos los electores considerados en su globalidad. En otras palabras, el voto es universal únicamente si cualquier elector puede postularse y cualquier elector puede decidir, con base en los artículos 62 y siguientes de la Constitución. En consecuencia, no puede concebirse una forma de elección distinta, menos aún alguna que represente una elección de segundo grado o sin participación de cualquier elector dentro de los límites del texto constitucional.

b. *Instalación y sesión de la Asamblea Nacional Constituyente para la elaboración del proyecto de Constitución*

Luego de ser elegidos los miembros de la Asamblea Nacional Constituyente, corresponde la instalación de este órgano -representación del poder constituyente- para luego dedicarse a deliberar, discutir y redactar de un proyecto de Constitución.

Los debates sobre el Proyecto de Constitución deben estar caracterizados por su reflexión, deben discutirse los artículos separadamente -uno por uno-no por bloques o capítulos, de manera que no se limite la intervención de los participantes.

42 Fue así como en el proceso constituyente del año 1947, por primera vez, mediante la instauración del sufragio directo y "realmente universal, con la participación por primera vez del voto femenino, se realizaron las elecciones para la Asamblea Constituyente…". Los resultados de dichas elecciones fueron publicados en *Gaceta Oficial* y el 17 de diciembre de 1946 fue instalada la Asamblea Nacional constituyente de los Estados Unidos de Venezuela. *Vid.*, Brewer-Carías, Allan, "Historia Constitucional de Venezuela", Colección Trópicos, Editorial Alfa, Caracas, 2008. p. 12. Asimismo, en el proceso constituyente de 1999, fueron realizadas el 25 de julio la elección de los miembros de la Asamblea Nacional Constituyente y el 7 de agosto del mismo año quedó conformada dicha Asamblea. Aguiar, Asdrúbal, "Historia inconstitucional de Venezuela 1999-2012", Editorial Jurídica Venezolana, Caracas, 2012. pp. 25 y 26.

Luego de la discusión de todos los artículos, en sesiones plenarias suficientemente públicas[43] para que la población tenga acceso al cuerpo del proyecto de Constitución y los debates que lo propiciaron, el texto que conforme el proyecto formal de Constitución debe ser aprobado por mayoría en el seno de la propia Asamblea Nacional Constituyente, para luego ser consultada su aprobación por el pueblo de Venezuela.

iii. *Fase 3*

a. *Consulta popular para aprobar el proyecto de Constitución*

Por último, la tercera fase se realiza a través de una tercera votación, también universal, directa y secreta, mediante la cual el pueblo venezolano decidirá si aprueba o desaprueba el proyecto de Constitución elaborado por la Asamblea Nacional Constituyente, con el fin de validar el producto del proceso constituyente, que es el nuevo texto constitucional. Dicho de otra forma, se trata del mecanismo de consulta popular destinado a legitimar el proyecto de Constitución elaborado por la Asamblea Nacional Constituyente, sin el cual, dicho texto no tendrá validez ni podrá entrar en vigencia en el ordenamiento jurídico venezolano.

El texto definitivo que surja de parte de los miembros de la Asamblea Nacional Constituyente necesariamente debe ser aprobado por el pueblo venezolano. Así, si la enmienda en el artículo 341, numeral 3 de la Constitución, y la reforma en el artículo 344 establecen que el texto modificado debe ser sometido a referendo, más aún debe entenderse que la Asamblea Nacional Constituyente, por tratarse de la transformación del Estado, la creación de un nuevo ordenamiento jurídico y un nuevo texto constitucional, deba ser sometido obligatoriamente al referendo aprobatorio por parte del pueblo venezolano.

En efecto, así ha sido dispuesto por la propia Constitución al señalar expresamente que su texto solo entrará en vigencia, después de su aprobación por el pueblo mediante referendo.

Nótese que en las tres fases del proceso constituyente hay participación del pueblo soberano a través de votaciones libres, directas, universales y secretas. Como quiera que el Consejo Nacional Electoral de conformidad con el artículo 293 numeral 5 de la Constitución es el encargado de la organización, administración, dirección y vigilancia de todos los actos relativos a la elección de los cargos de representación popular de los poderes públicos así como los referendos, le corresponde organizar y ejecutar el proceso de votaciones en cada una de las fases del proceso constituyente en las que participa el pueblo venezolano.

---

43 Como lo fueron en el proceso constituyente de 1999 donde las discusiones en las plenarias fueron transmitidas a través de los medios de comunicación y la población venezolana tuvo acceso a los debates de una Asamblea Nacional Constituyente.

En ese sentido, el Consejo Nacional Electoral, como ente rector del Poder Electoral y de acuerdo a lo ordenado por la Constitución, debe actuar basado en los principios de independencia orgánica, imparcialidad, en obsequio siempre de la participación ciudadana y en defensa de la voluntad del pueblo, que se expresa a través del voto. Contrariamente a lo ocurrido, ha debido el Consejo Nacional Electoral, para proteger y preservar la voluntad del pueblo, negar y rechazar el intento del Presidente de la República de convocar una Asamblea Nacional Constituyente en usurpación de la soberanía popular.

b. *Publicación y entrada en vigor de la nueva Constitución*

Tal como lo establece la Disposición Final Única de la Constitución de 1999, la Constitución, luego de ser aprobado su texto por el poder constituyente originario, es decir, el pueblo, a través de referendo consultivo, entrará en vigor mediante su publicación en la Gaceta Oficial de la República Bolivariana de Venezuela. Así pues, la mencionada Disposición final señala lo siguiente: "Esta Constitución entrará en vigencia el mismo día de su publicación en la Gaceta Oficial de la República de Venezuela, después de su aprobación por el pueblo mediante referendo. Aprobada por el pueblo de Venezuela, mediante referendo constituyente, a los quince días del mes de diciembre de mil novecientos noventa y nueva, y proclamada por la Asamblea Nacional Constituyente en caracas, a los veinte días del mes de diciembre de mil novecientos noventa y nueve. Año 189° de la Independencia y 140° de la Federación".

10. *Poder constituyente*

10.1 *Concepto de poder constituyente*

A los efectos de definir el poder constituyente[44] al cual alude la Constitución en el artículo 347[45], podemos citar la definición de Bodegón, -aceptada el 19 de enero de 1999 por la Corte Suprema de Justicia de Venezuela- , según la cual, se trata de "la potestad de dictar la primera Constitución de un Estado" así como la de "cambiar la Constitución vigente dándole un sentido político sustancialmente diferente" (Bodegón, Carlos María, *Cuadernos del Curso de Derecho Constitucional*, Buenos Aires, 1969. Pág. 68; apud., sentencia de la Sala Político-Administrativa de la Corte Suprema de Justicia de fecha 19-1-99. Caso: Recurso de interpretación de la Ley Orgánica del Sufragio y Participación Política. Expediente 15.395).

Para Bidegain el poder constituyente originario comprende no sólo la potestad de dictar la primera Constitución, sino también la facultad de cambiar

44 Schmitt, Carl. *Teoría de la Constitución*. p. 86.

45 "El pueblo de Venezuela es el depositario del poder constituyente originario. En ejercicio de dicho poder, puede convocar a una Asamblea Nacional Constituyente con el objeto de transformar el Estado, crear un nuevo ordenamiento jurídico y redactar una nueva Constitución".

la Constitución vigente, siempre y cuando la modificación o cambio implique la puesta en vigor de un sentido político *sustancialmente diferente*. Cuando la modificación que se desea introducir a las normas supremas del ordenamiento no apareja un cambio sustancial del texto vigente no será necesario convocar al poder constituyente originario, sino que lo prudente será arbitrar tal modificación por intermedio de los poderes constituidos y a través de los mecanismos que la propia Constitución contempla.

Pedro de Vega define el poder constituyente como el poder absoluto, total, ilimitado, originario y soberano mediante el cual el pueblo hace valer su suprema voluntad de establecer una ley superior, es decir, la Constitución[46]. El poder constituyente también ha sido definido por Linares Quintana, como la "facultad soberana del pueblo a darse su ordenamiento jurídico-político fundamental originario por medio de una Constitución, y a revisar ésta, total o parcialmente, cuando sea necesario"[47]. Para Carl Schmit, poder constituyente es «la voluntad política, cuya fuerza o autoridad es capaz de adoptar la concreta decisión de conjunto sobre modo y forma de la propia existencia política».

Por su parte, Caballero Sierra y Anzola Gil han definido el poder constituyente como "el ejercicio o indirecto de la competencia del pueblo para determinar el contenido y la proporción de la Constitución", contraponiéndolo al poder constituido, el cual es "la competencia del pueblo, o de un órgano estadal, para ejercer determinadas funciones constitucionales, entre las cuales se pueden encontrar la de modificar o remplazar la Constitución siempre dentro de las pautas previstas en la misma[48].

En definitiva, el poder constituyente alude a la potestad pública primaria de naturaleza normativa, y se trata entonces de la facultad de dictar las normas jurídicas *supremas o de mayor rango*, que regirán las principales instituciones del ordenamiento y a través de las cuales –tal como lo ha señalado Pedro De Vega- «se pretende controlar y limitar en nombre de la voluntad soberana del pueblo, la voluntad no soberana del gobernante»[49] .

10.2 *Titularidad del poder constituyente*

El poder constituyente originario, tal y como se desprende del precitado artículo 347 de la Constitución, corresponde únicamente al pueblo soberano.

---

46 Pedro De Vega, *La reforma constitucional y la problemática del poder constituyente*, Editorial Tecnos, Madrid, 1995. pp. 13 y ss.

47 Linares Quintana, *Derecho constitucional e instituciones Políticas*, Tomo II, Editorial Plus Ultra, Buenos Aires, 1975, p. 405.

48 Caballero Sierra, Gaspar y Anzola Gil, Marcela, *Teoría constitucional*, Editorial TEMIS S.A., Santa Fe de Bogotá, Colombia, 1995. p. 398.

49 Ayala, Javier M. *"La Reforma Constitucional y la Problemática del Poder Constituyente"*, Temas Claves de la Constitución Española, Edit. Tecnos, S.A. Madrid, 1988, pág. 18.

En este sentido, el titular del poder constituyente originario se determina atendiendo al sujeto o al grupo de sujetos en quien descansa la soberanía, pues el titular de la soberanía lo es también del Poder Constituyente Originario. Como lo sostiene Xifra, en la cultura occidental es casi unánime la creencia democrática, según la cual el poder constituyente pertenece de modo plenario a la comunidad nacional.

Sin embargo, no siempre se ha admitido en forma pacífica que la titularidad de la soberanía y, por ende, del poder constituyente originario descanse en el pueblo. Nassar Domínguez recuerda que dentro de la doctrina medieval el poder soberano fue entendido de forma sobrenatural, extraño a lo jurídico, y por tanto referido a Dios como supremo creador de todas las cosas. De allí se pasó a su asignación al Monarca, aun cuando dándole una derivación de Derecho divino, y luego, por la acción de los movimientos revolucionarios y teorías al respecto –en las cuales contribuyeron notablemente las concepciones de soberanía popular formuladas por Emmanuel Sieyés- se le atribuyó al pueblo o nación[50].

En efecto, el poder constituyente como lo conocemos hoy es un concepto que en la edad media era inconcebible. Según la concepción medieval, "*sólo Dios tiene la potestad y todo poder es delegado por El al soberano, por tanto todo poder viene de Dios, quien se manifiesta a través de los retes, y son estos los únicos llamados a tener el poder constituyente*", en este sentido, la constitución era entendida como un acto de mera voluntad de los monarcas, y toda ley dictada por ellos mismos era buena porque se derivaba de la voluntad de Dios, por lo que era justa y apropiada[51]. Fue a finales del siglo XVIII que, con motivo de la Declaración de los Derechos del hombre, la Independencia de Estados Unidos (1776), y la Revolución francesa (1789), se superó el concepto de Dios como poder constituyente actuando por medio del monarca y se adoptó la concepción de la Nación como nuevo sujeto del poder constituyente.

En este sentido, el poder constituyente comenzó a conformarse como un principio político según el cual el pueblo tiene el derecho natural de ser libre y soberano, y por lo tanto este derecho viene a ser un aspecto de la soberanía del Estado, es decir, una consecuencia del hecho mismo del nacimiento del Estado[52].

Esa creencia inspiró el constitucionalismo venezolano, pues desde antaño se reconoce que "la soberanía reside en el pueblo"[53]. Así pues, actualmente la

50 Sánchez Falcón, *ob. cit.*, pp. 71-72.

51 Fajardo H., Ángel R., *Compendio de Derecho Constitucional. General y Particular*, 7a. Edición (corregida y aumentada), Caracas, 1985. p. 353.

52 *Ibídem*. p. 355.

53 Invariablemente, las constituciones del siglo XX han acogido el señalado principio. Todas, en efecto, contienen fórmulas que proclaman que la soberanía reside en el pueblo. Existe, sin embargo, una diferencia significativa entre las constituciones correspondientes a los períodos de dictadura militar (1901-1945) y las que se dictaron

Constitución en su artículo 5 determina que "La soberanía reside intransferiblemente en el pueblo, quien la ejerce directamente en la forma prevista en esta Constitución y en la ley, e indirectamente, mediante el sufragio, por los órganos que ejercen el Poder Público. Los órganos del Estado emanan de la soberanía popular y a ella están sometidos".

10.3 *Características del poder constituyente*

i. *Es ilimitado*

El Poder Constituyente tiene carácter ilimitado, de manera que no tiene restricciones en su actuación. Se sostiene en tal sentido que ni siquiera la Constitución previa puede disponer límites al poder soberano del pueblo de convocar una Asamblea Nacional Constituyente con el objeto de dictar nuevas normas fundamentales destinadas a promover cambios políticos sustanciales.

Así entonces, "el poder constituyente es una consecuencia del hecho mismo del nacimiento del Estado, y el pueblo, cuando se constituye en poder constituyente no se encuentra vinculado a ninguna norma constitucional anterior, su única vinculación la tiene el hecho de ser pueblo libre y soberano, y, por eso, es un derecho perpetuo que sigue subsistiendo después de ser creada la constitución"[54].

Este carácter fue reconocido en el artículo 28 de la Constitución Francesa de 1793, en los siguientes términos:

> «Un pueblo tiene siempre el derecho de revisar, reformar y cambiar su Constitución. Una generación no puede someter a sus leyes a las generaciones futuras»[55].

---

con posterioridad a la constitución democrática de 1947. En efecto, quizá para justificar el hecho de que la elección del Presidente no se efectuaba por el pueblo, sino que se producía mediante elecciones parlamentarias completamente ficticias, las constituciones desde 1901 hasta 1945 señalaban que «La soberanía reside en el pueblo, quien la ejerce por medio de los Poderes Públicos». La Constitución de 1947 produce un cambio importante en esta formulación, al añadir que el pueblo, titular de la soberanía, la ejerce «*mediante el sufragio* y a través de los órganos de los Poderes Públicos». Nótese, que a diferencia de las constituciones formadas por los gobiernos militares que le antecedieron, la de 1947 no parte de una delegación absoluta de la soberanía del pueblo en el Poder Público, sino que por el contrario, el pueblo conserva su atributo soberano a través del sufragio. El principio de representatividad en esos términos se mantuvo en las constituciones posteriores y aparece en el artículo 4 de la vigente Carta Fundamental.

54 Fajardo H., Ángel R., *Compendio de Derecho Constitucional. General y Particular*, *Ob. cit.*, p. 355.

55 En este sentido, Antonio Negri ha considerado que el Poder Constituyente está caracterizado, originalmente, por ser motor de renovación de orden social, más que político. *Vid.*, Negri, Antonio, *El poder constituyente. Ensayos sobre las alternativas de la*

Es preciso señalar a pesar de ello, que ha sido admitido también por la doctrina que la falta de límites del poder constituyente no es total[56]. Sin embargo, es preciso también aclarar que con ello se ha pretendido limitar, no el poder constituyente si no el órgano de representación de dicho poder constituyente, es decir, la Asamblea Nacional Constituyente.

De acuerdo con lo anterior, no debe confundirse el Poder Constituyente, que como hemos dicho es de carácter ilimitado, con la forma como él es encauzado, es decir la Asamblea Nacional Constituyente, cuya actuación sí está limitada por una serie de valores, principios y normas para su legítimo funcionamiento.[57]

De esta forma, la actuación de la Asamblea Nacional Constituyente no puede, por ejemplo, amparar en ningún momento la inclusión en el texto Constitucional que redacta de normas lesivas, de cualquier manera, a los derechos fundamentales del hombre, a su integridad física, a su libertad, facultad de procurarse los medios de vida, al matrimonio, a la libertad de culto, y a participar en el bien común del Estado, unas veces como gobernante y otras como gobernado[58]. En este sentido, "por encima del plano del derecho positivo, -anota Quintana- toda comunidad política, al ejercitar tan esencial facultad soberana, está naturalmente constreñida a respetar ciertos valores naturales y absolutos -como la libertad y la dignidad del hombre, la justicia, etc.-, que están por encima del constituyente y del legislador, como que emana del Supremo Constituyente"[59].

ii. *Es originario*

El carácter "originario" del Poder Constituyente del pueblo se concreta en que él es la fuente de las restantes potestades públicas, y no tiene otro origen que el que deriva de los hechos y del principio de autodeterminación de los pueblos; es decir, el poder constituyente es originario porque es la primera manifestación de la soberanía del Estado, "para darle nacimiento y personali-

---

modernidad, Secretaría de Educación Superior, Ciencia, Tecnología e Innovación, Ed. Traficantes de Sueños, Madrid, 2015. p. 11.

56 Reseña el Profesor Tulio Álvarez que "según Sieyés, se trata [el poder constituyente] de un poder inicial, autónomo y omnipotente, pero es imprescindible advertir que, tal caracterización, era permisible en el momento del surgimiento del proceso constitucionalista. En el estado actual de consolidación de los valores democráticos, no puede aceptarse la existencia de un poder incondicionado al cual solo le compete decidir la forma y el modo en que debe darse una Constitución a la Sociedad. Más grave aún sería admitir que exista un Poder, así sea el Constituyente, no subordinado a cualquier regla de forma o de fondo", *Cfr.*, Álvarez, Tulio, *Constituyente, reforma y autoritarismo del siglo XXI*, Universidad Católica Andrés Bello, Caracas, 2007. p. 27.

57 Álvarez, Tulio, *Constituyente, reforma y autoritarismo del siglo XXI*, *Ob. cit.*, p. 28.

58 *Ibídem*. p. 359.

59 *Cit.* en Fajardo H., Ángel R., *ob. cit.*, p. 358.

dad, y para crearle sus órganos de expresión necesarias y continua"[60], por lo que "da origen al orden jurídico"[61]. Se trata pues, en términos de Schmitt, de un poder en el cual "descansan todas las facultades y competencias constituidas y acomodadas a la Constitución", y en este sentido, dicho poder no puede constituirse nunca con arreglo a la Constitución"[62].

No hace falta, por lo tanto, regulación normativa previa que reconozca la existencia del poder constituyente en manos del pueblo, pues -se insiste- dicho poder tiene fuente en sí mismo, y no en declaraciones de Poderes Constituidos que, por tales, le resultan subalternos. La Sala Político-Administrativa del Supremo Tribunal, haciendo suyas las enseñanzas de la mejor doctrina subrayó el carácter "originario" del Poder Constituyente que corresponde a la soberanía popular. En este sentido, sostuvo que el poder constituyente originario "se entiende como potestad primigenia de la comunidad política para darse una organización jurídica y constitucional [...] la idea del Poder Constituyente presupone la vida nacional como unidad de existencia y de decisión. [...]", por lo tanto:

> "...el hecho de estar enmarcado históricamente el Poder Constituyente en la normativa constitucional, no basta para entenderlo subrogado permanentemente al Poder Constituido.
>
> Pretender lo contrario, o sea, que las facultades absolutas e ilimitadas que en un sistema democrático corresponden por definición a la soberanía popular puedan ser definitivamente abdicadas en los órganos representativos constituidos equivaldría, en palabras de BERLIA:
>
> 'que los elegidos dejan de ser los representantes de la nación soberana para convertirse en los representantes soberanos de la nación' [...]
>
> Al respecto, el mismo DE VEGA afirma:
>
> 'De esta forma, la subsunción del poder constituyente en el ámbito de la normativa constitucional, para lo único que terminará sirviendo será, como pretendía Frochot en su célebre discurso 'para garantizar la Constitución contra las ambiciones de sus representantes o delegados', sino para sustraer al pueblo el ejercicio real de su soberanía y asegurar, constitucional y legalmente frente al mismo, el poder ilimitado de sus mandatarios [...]'."

En definitiva, el poder constituyente que corresponde a la soberanía popular es originario, de modo que no hace falta disposición constitucional alguna que reconozca su existencia, antes bien, él mismo constituye su propia razón y fundamento. A esta misma conclusión había llegado varios años antes la Corte Suprema de Justicia de la República de Colombia, al resolver los conflictos suscitados con motivo de las reformas constitucionales efectuadas en

---

60 Linares Quintana, *Ob. cit.*, p. 90., *cit.*, en Fajardo H., Ángel R., *Ob. cit.*,

61 Fajardo H., Ángel R., *Compendio de Derecho Constitucional. General y Particular*, *Ob. cit.*, p. 355.

62 Schmitt; *ob. cit.*, p. 70.

1957 y en 1990, las cuales se realizaron a través de mecanismos –plebiscito popular y Asamblea Nacional Constituyente- que no se encontraban previstos en las Constituciones precedentes.

En este sentido, el procedimiento empleado en Colombia para la reforma plebiscitaria de 1957, no obstante apartarse de las previsiones constitucionales en materia de reformas, fue avalado por la Corte Suprema de Justicia en sentencias del 28 de junio de 1957, al sostener:

> "Cuando la nación, en ejercicio de su poder soberano e inalienable decide pronunciarse sobre el estatuto constitucional que habrá de regir sus destinos, no está ni puede estar sometida a la normatividad jurídica que antecede a su decisión. El acto constituyente primario... escapa a cualquier delimitación establecida por el orden jurídico anterior, y por ende, se sustrae también a todo tipo de juicio que pretenda compararlo con los preceptos de ese orden.
>
> La nación constituyente, no por razón de autorizaciones de naturaleza jurídica que la hayan habilitado para actuar sino por la misma fuerza y efectividad de su poder político, goza de la mayor autonomía para adoptar las decisiones que a bien tenga en relación con su estructura política fundamental.
>
> Cuando se apela a la nación y esta, en efecto, hace sentir su voz para constituir o reconstituir dicha estructura, adopta una posición de carácter político, que por serlo, es inapelable y no susceptible de revisión jurídica. Aun en el caso de posibles violaciones del orden precedente por parte de quienes hubieren convocado al constituyente originario, la manifestación de este hace inútil e improcedente todo posterior pronunciamiento jurisdiccional en torno a la validez de la convocatoria".

De igual manera, la Corte Suprema de Justicia Colombiana, en sentencia del 9 de octubre de 1990 -al resolver la demanda de nulidad incoada contra el decreto 1926 del 24 de agosto de 1990, dictado por el Presidente de la República de Colombia, a través del cual se procedió a realizar una consulta popular para permitirle a los ciudadanos la posibilidad de "convocar e integrar una asamblea constitucional"- sostuvo:

> "Según principio generalmente aceptado en el derecho constitucional, tres son los elementos que configuran un Estado: El territorio o «país», el pueblo que lo habita o «nación» y el orden jurídico que lo organiza (...).
>
> Así, pues, la nación o sea el pueblo que habita nuestro país, es el constituyente primario del cual emanan los poderes constituidos o derivados. (...)
>
> Como la nación colombiana es el constituyente primario, puede en cualquier tiempo darse una Constitución distinta a la vigente hasta entonces, sin sujetarse a los requisitos que esta consagraba. (...)"

Finalmente, por sentencia de fecha 1 de octubre de 1992, la Corte Constitucional de la República Colombiana, con ocasión de una demanda ejercida contra varias disposiciones de la nueva Constitución Política aprobada por la Asamblea Nacional Constituyente, expresó lo siguiente:

> "La teoría constitucional distingue, pues, entre poder constituyente o primario y poder constituido o derivado o secundario.

El poder constituyente es el pueblo, el cual posee *per se* un poder soberano, absoluto, ilimitado, permanente, sin límites y sin control jurisdiccional, pues sus actos son político-fundacionales y no jurídicos, y cuya validez se deriva de la propia voluntad política de la sociedad. Casi siempre su manifestación va acompañada de una ruptura del orden jurídico anterior.

El poder del pueblo es anterior al derecho, fuente del derecho, esencia del derecho e, igualmente, modificatorio de todo el derecho, inclusive el derecho constitucional (...)".

iii. *Es autónomo*

La autonomía del Poder Constituyente Originario alude a la posibilidad de ejercitarlo indefinidamente, aun cuando ya se hubiere dictado un texto constitucional a través de los mecanismos de manifestación de tal poder, e incluso cuando -a través del texto constitucional previo- se hubiere delegado en los Poderes Constituidos, creados de conformidad a ese mismo ordenamiento, el ejercicio limitado de la función constituyente. No se admite entonces hoy lo afirmado por un sector de la doctrina[63] en el sentido que al aprobarse y promulgarse la primera Constitución, el Poder Constituyente Originario desaparece como tal y la soberanía queda en la Constitución. Antes bien, se propugna que el pueblo no se desprende de la titularidad del Poder Constituyente, sino que a lo sumo, en ocasiones llega a transferir su ejercicio –en forma limitada y derivada– a favor de los Poderes Constituidos, reteniendo la titularidad del mismo y, por tanto, como ha expresado Sieyés, el mismo pueblo «al conservar en sus manos el Poder Constituyente, no queda obligado –en el ejercicio de su función constituyente- por la Constitución: ésta podrá obligar a las autoridades constituidas, pero no puede encadenar al soberano mismo, o sea al pueblo, que siempre es dueño de cambiarla»[64]. En el mismo sentido, Schmitt sostiene que «Así como una disposición orgánica no agota el poder organizador que contiene autoridad y poder de organización, así tampoco puede la emisión de una Constitución agotar, absorber y consumir el Poder Constituyente. Una vez ejercitado, no por ello se encuentra acabado y desaparecido el Poder Constituyente. La decisión política implicada en la Constitución no puede obrar contra su sujeto, ni destruir su existencia política. Al lado y por encima de la Constitución, sigue subsistiendo esa voluntad»[65].

El referido carácter (autonomía) del Poder Constituyente también fue reconocido por el la Corte Suprema de Justicia de Venezuela en el citado fallo del 19 de enero de 1999, al sostener, partiendo del análisis del artículo 4 de la Constitución, que ["La soberanía reside en el pueblo, quien la ejerce mediante el sufragio, por los órganos del Poder Público"] que, indudablemente, «quien

63 Acosta Romero, Miguel. *Las mutaciones de los Estados en la Última Década del Siglo XX, necesidad de nuevas constituciones y reformas de las vigentes*. Editorial Porrúa, México, 1993, p. 10.

64 Sánchez Falcón. *ob. cit.*, p. 68.

65 *Ibid.*

posee un poder y puede ejercerlo delegándolo, con ello no agota su potestad, sobre todo cuando la misma es originaria (...)».

10.4 *Modos de manifestación del Poder Constituyente*

La actividad constituyente originaria se manifiesta a través de mecanismos jurídicos que hacen reconocible la inmediata voluntad popular dirigida hacia la adopción de una decisión sobre el modo y la forma de existencia de la unidad política (Schmitt). Esos mecanismos o procedimientos que sirven de manifestación a la actividad constituyente originaria, surgen en forma espontánea cada vez que aparece la necesidad de incorporar cambios sustanciales a los principios políticos fundamentales sobre los cuales se erige el régimen estatal. No es necesario, por tanto, que tales mecanismos se encuentren previstos en textos normativos, máxime si se tiene en cuenta las consecuencias que derivan del carácter soberano, ilimitado y originario de la función constituyente originaria.

Las experiencias del Derecho Constitucional Comparado han permitido a la doctrina (Schmitt) elaborar un catálogo –cuyo carácter enunciativo deriva de la misma naturaleza del asunto estudiado- de mecanismos a través de los cuales el pueble expresa su voluntad constituyente. En este sentido, el pueblo puede manifestar su Poder Constituyente Originario, mediante:

i. *Aclamación*

La aclamación es un mecanismo de democracia directa propio de las sociedades democráticas primitivas, en las cuales la voluntad constituyente era manifestada por el pueblo en multitud reunida. Por la dificultad de su implementación en los Estados complejos, esta figura ha desaparecido de las modernas experiencias.

ii. *Convenciones Constituyentes*

Las Convenciones Constituyentes son órganos representativos, comisionados para preparar un proyecto de constitución, cuya aprobación debe someterse a ratificación del pueblo. Esta modalidad supone entonces dos pasos de participación popular, por una parte, la elección de la Convención Constituyente; y en segundo lugar, la aprobación o ratificación del texto elaborado por dicha Convención.

De acuerdo a las enseñanzas de Duverger, este mecanismo responde más a la teoría rousseauniana de mandato representación fraccionada y mandato imperativo, de mayores bases democráticas que la anterior, y en cuyo mérito se asegura a los electores contar con un mecanismo de sanción o control de las actuaciones cumplidas por sus representantes. Ese mecanismo de control sería, en el caso de las Convenciones Constituyentes, la posibilidad de ratificar o improbar el texto elaborado por la Convención. En este punto, debemos señalar que aun cuando el proceso constituyente que se adelanta en Venezuela ha sido denominado formalmente “Asamblea Nacional Constituyente”, se trata en realidad de una “Convención Constituyente”. En efecto, según lo expuesto con anterioridad, mientras la Constitución adoptada por Asamblea Nacional Constituyente entra en vigencia sin necesidad de aprobación popular, ello no ocurre así en los casos de Convenciones Constituyentes, pues estos organismos solo preparan un proyecto de texto constitucional, el cual entra en vigencia después de ser ratificado por el pueblo en vía de referendo. Este último es, precisamente, el modelo planteado en Venezuela, y así se evidencia de lo previsto en el artículo 9 de las bases comiciales para el referendo consultivo sobre la Convocatoria de la Asamblea Nacional Constituyente (Gaceta Oficial de la República de Venezuela número 36.669 del 25 de marzo de 1999), cuyo contenido, textualmente, es el siguiente:

> «**Noveno**: la Constitución que redacte la Asamblea Nacional Constituyente será sometida a referendo dentro de los treinta (30) días continuos a su sanción. La Constitución quedará definitivamente aprobada si el número de votos afirmativos es superior al número de votos negativos».

Nótese que de acuerdo con la norma transcrita, la denominada "Asamblea Nacional Constituyente" se limitará a elaborar un proyecto de constitución, que será posteriormente sometido a la aprobación de un referendo popular. Por lo tanto, no obstante su expresada denominación, el referido organismo se tratará en verdad de una Convención Constituyente y no de una Asamblea Nacional Constituyente.

iii. *Plebiscito constituyente.*

A través de un mecanismo de consulta popular destinado a legitimar un proyecto de constitución elaborado por algún órgano constituido. Para la legitimidad de este método se exige modernamente que los electores puedan escoger libremente en el temario o articulado, qué votan afirmativamente y qué votan negativamente; así como el cumplimiento de un quórum mínimo de validez. Fue este el mecanismo utilizado para la reforma Constitucional colombiana de 1957.

iv. *Asambleas constituyentes*

Este mecanismo, como modo de manifestación del poder constituyente, lo abordaremos a continuación.

11. *Asamblea Nacional Constituyente*

11.1 *Concepto de Asamblea Nacional Constituyente*

El mecanismo más complejo de modificación de la Constitución es la Asamblea Nacional Constituyente. La Asamblea Nacional Constituyente es la representación del poder constituyente, que tiene como fin redactar un proyecto de Constitución, dirigido a crear un nuevo ordenamiento jurídico y transformar el Estado (artículo 347).

Las asambleas constituyentes son órganos representativos, distintos a los poderes constituidos, que se convocan y eligen con la misión específica de elaborar una Constitución. En principio, el producto de las asambleas constituyentes tiene eficacia solo después de su ratificación por parte del pueblo. Obviamente, la instalación de la Asamblea Nacional Constituyente supone la previa decisión del pueblo en este sentido, lo que se hace por la vía del sufragio, a través de un referendo.

Como postulados actuales de este órgano de representación se sostiene que el conjunto de los diputados de la Asamblea representa al conjunto del pueblo, de manera que los representantes están ligados por un mandato preciso recibido de sus electores, puesto que los verdaderos mandantes son éstos y no la Asamblea. El pueblo, al tratarse del único depositario de la soberanía, y por tanto del poder constituyente, es el único con poder para dar instrucciones a sus representantes; es decir, el pueblo no sólo le otorga a la Asamblea el mandato de representarla, sino que le ordena de forma precisa la misión y los límites como debe desempeñarla. Así, los diputados no son libres en cuanto a sus actos y decisiones, y estos últimos sólo son legítimos en la medida en que se correspondan con las competencias asignadas por el poder constituyente.

Por lo tanto, en el marco de una Asamblea Nacional Constituyente, resultaría necesaria la organización de un nuevo proceso a los fines que el pueblo manifieste su conformidad con las decisiones tomadas por la Asamblea. De esta forma, la implementación pura de este mecanismo -es decir, la convocatoria a una Asamblea Nacional Constituyente que pueda dictar normas de rango constitucional con efectos inmediatos, sin la previa aprobación del pueblo soberano- atentaría contra los valores fundamentales de la sociedad y, en especial, violaría el derecho de los ciudadanos a la participación política, pues supondría la abdicación de la soberanía popular a favor de la Asamblea Nacional Constituyente.

11.2. *Límites de la actuación de la Asamblea Nacional Constituyente*

Hemos dicho que el Poder Constituyente, cuando es ejercido por su titular originario que no es otro que el pueblo, reviste carácter ilimitado[66], de manera que, en principio, dejando a salvo la necesidad de respetar los valores naturales y absolutos, no tiene restricciones en su actuación. Sin embargo, el proceso constituyente, por medio del cual el Poder Constituyente es encauzado, y la Asamblea Nacional Constituyente, como representación de ese poder, de-

66 Los únicos límites que encuentra el pueblo al ejercer soberanamente ese Poder Constituyente, Son los que la propia naturaleza humana le impone, vale decir los derechos del hombre y los derechos fundamentales del ciudadano. Por tal motivo cobra fuerza y relevancia la paz y el orden mundial, pues el pueblo venezolano debe atender al entorno político y social del resto del mundo, atendiendo a instrumentos de protección de derechos humanos tales como la Declaración Universal de los Derechos Humanos, suscrita en el seno de la ONU, el Pacto de San José de Costa Rica suscrito por los miembros de la Organización de Estados Americanos, el cual contiene la Convención Americana sobre Derechos Humanos. *Véase* al respecto Raffalli Arismendi, Juan M. (1998) "Revolución, Constituyente y Oferta Electoral". Caracas: Editorial Sherwood. pp. 41-42.

ben estar necesariamente influidos e informados, de una parte, por los límites establecidos por el poder constituyente originario, es decir, por los que disponga el pueblo en ejercicio directo de su soberanía; y, de otra parte, por los principios fundamentales que establece la Constitución, referidos especialmente al ejercicio de la soberanía del pueblo venezolano y la democracia. Así entonces, todas y cada una de las fases del proceso constituyente, así como todas las actuaciones que desempeñe la Asamblea Nacional Constituyente en el ejercicio de sus funciones, están obligatoriamente ceñidas a los siguientes principios:

11.2.1. *Límites establecidos por el Poder Constituyente originario*

Al ser la Asamblea Nacional Constituyente un producto de la soberanía popular en ejercicio del poder constituyente originario, ella está estrictamente sometida a los criterios y límites precisos que el pueblo soberano disponga al manifestar su voluntad mediante referendo consultivo. Entonces, la soberanía popular, expresada como poder constituyente originario mediante referendo consultivo va determinar en primer lugar la misión y los límites de la Asamblea Nacional Constituyente. Todo lo que sea decidido por la voluntad popular referido al proceso constituyente será de obligatorio cumplimiento y de rango y validez superior. Esa validez superior quiere significar que los resultados que emerjan de la consulta popular efectuada tienen categoría supranacional por ser la manifestación más directa de la soberanía del pueblo[67].

Las actuaciones de la Asamblea Nacional Constituyente estarán regidas en un primer término por las normas aprobadas por el pueblo soberano en el referendo consultivo. Estas normas fijan así el marco jurídico-político dentro del cual debe actuar dicha Asamblea, de modo que determinan cuál será la misión de la Asamblea Nacional Constituyente y los límites dentro de los cuales desempeñará esa misión, incluyendo el límite de temporalidad, es decir, el que define el tiempo en el que deberá estar constituida esta Asamblea Nacional Constituyente para la consecución de su objetivo.

Como ejemplo de lo anterior podemos referirnos a la Asamblea Nacional Constituyente del año 1999, en la cual el pueblo fue el que definió claramente la misión que ésta cumpliría, es decir: redactar una nueva Constitución, y a su vez estableció un parámetro de temporalidad de 6 meses para su funcionamiento. Determinado el objetivo para el cual fue creado la Asamblea Nacional Constituyente, además, se sujetó su actuación a las pautas de la voluntad popular dictadas en las bases comiciales[68], las cuales habían determinado

67 Brewer-Carías, Allan, "Misión y límites de la Asamblea Nacional Constituyente impuestos por el poder constituyente originario a través del referendo consultivo del 25 de abril de 1999", *Véase* enlace web: http://allanbrewercarias.net/Content/449725d9-f1cb-474b-8ab2-41efb849fea3/Content/I.2.34.pdf

68 Hernández Camargo, Lolymar, *El Proceso Constituyente Venezolano de 1999*, Serie Estudios, 78, Academia de Ciencias Políticas y Sociales, Caracas, 2008.

claramente que dicha Asamblea debía preparar una nueva Constitución que correspondiera a los criterios de transformación del Estado que ha determinado la soberanía popular[69], "y a la par permitir el funcionamiento normal de los poderes constituidos, sin inmiscuirse en funciones que no le son propias al poder constituyente del pueblo –único soberano-, del cual esta Asamblea Nacional Constituyente era representante, por tanto sus poderes no eran ilimitados puesto que no es la Asamblea soberana, sino el pueblo que la designó"[70].

En este sentido, expresa Brewer-Carías que *"... si bien la Asamblea Nacional Constituyente no está sujeta a los Poderes constituidos, nunca puede estar por encima de la voluntad popular y de la soberanía del pueblo, a quien corresponde, se insiste, el Poder Constituyente Originario, al cual aquella no puede sustituir.".*

11.2.2 *Límites establecidos en el sistema jurídico vigente*

Debido a que precisamente la Asamblea Nacional Constituyente no detenta un poder ilimitado o absoluto, como el que sí detenta el pueblo en ejercicio de su soberanía y del Poder Constituyente originario, ésta no puede modificar o suspender el ordenamiento jurídico vigente. Es decir, la Asamblea Nacional Constituyente no tiene la facultad de alterar o impedir la vigencia de la Constitución durante su funcionamiento, al no detentar el carácter de originario.

Así pues, "no es posible que la Asamblea Nacional Constituyente pueda disponer, durante su funcionamiento (…), la disolución del Congreso o de la Corte Suprema de Justicia, o de cualesquiera de los Poderes Constituidos que si bien no pueden limitar la actuación de la Asamblea, continúan rigiéndose por lo dispuesto en la Constitución (…) hasta tanto esta sea sustituida por la nueva Constitución". Ello nada más lo puede decidir la voluntad popular como poder constituyente originario, y actuar de forma contraria sería contradecir lo dispuesto por la voluntad popular, fuera de los límites supranacionales que deben guiar su actuación[71].

El límite que impone el ordenamiento jurídico vigente comprende "*la total observancia a la Constitución vigente y el respeto por las instituciones y órganos previstos por esta norma...*"[72].

En este sentido se pronunció la ex Magistrada de la Corte Suprema de Justicia Hildegard Rondón de Sansó, mediante voto salvado en la sentencia 14

---

69 Brewer-Carías, Allan, *Misión y límites de la asamblea nacional constituyente impuestos por el poder constituyente originario a través del referendo consultivo del 25 de abril de 1999. Ob. cit.,*

70 Hernández Camargo, Lolymar, *Ob. cit.*, 217.

71 Brewer-Carías, Allan, *Misión y límites de la asamblea nacional constituyente impuestos por el poder constituyente originario a través del referendo consultivo del 25 de abril de 1999, Ob. cit.,*

72 Hernández Camargo, Lolymar, *Ob. cit.*, 217.

de octubre de 1999, de la Sala Plena de la Corte Suprema de Justicia, donde se decidió el recurso de nulidad por inconstitucionalidad interpuesto por Henrique Capriles Radonsky, en contra del acto emanado de la Asamblea Nacional Constituyente del 25 de agosto de 1999, modificado por el Decreto de fecha 30 de agosto de 1999, mediante el cual se decretó la regulación de las funciones del Poder Legislativo Nacional, y en el cual se concluye que los actos de la Asamblea Nacional Constituyente no están sometidos a la Constitución, y en consecuencia, no cabe contra ellos recurso alguno de inconstitucionalidad. En la sentencia, la Profesora Rondón de Sansó disintió expresando lo siguiente:

> *"La sentencia trata de ignorar que la función atribuida a la Asamblea Nacional Constituyente de reestructurar las bases del Estado, aludía al hecho de que tal reestructuración, debía realizarse mediante un proyecto de Constitución, debidamente aprobado mediante referéndum. Así, considera el fallo que, el hecho de que le hubiese sido otorgada a la Asamblea Nacional Constituyente la facultad de dictar un nuevo texto constitucional, abarcaba la potestad de modificar el orden jurídico, antes que el proyecto de nueva Constitución hubiese obtenido la aprobación popular exigida en la Base Novena.*
>
> *No está presente en el fallo la premisa esencial del proceso constituyente en curso, que es la de la reelaboración de una nueva Constitución dentro de un régimen de iure. Es decir, que la Asamblea Nacional Constituyente se encuentra sometida a las reglas del Derecho existentes, fundamentalmente, a la Constitución y a las leyes de la República; pero asimismo, a toda la normativa vigente (bloque de legalidad), a la cual no puede modificar en forma alguna, sin que ello implique un desbordamiento de sus funciones, y algo aún más grave, la usurpación de autoridad.*
>
> *(...)*
>
> *En el caso planteado, al estar sometida la Asamblea Nacional Constituyente al Estado de Derecho, tiene que obedecer a las reglas que el mismo le impone, hasta tanto surja un nuevo orden jurídico. En la conformación de tal orden, ella opera como el instrumento para la elaboración y presentación al pueblo -que le ha dado el mandato para hacerlo- de un proyecto de Constitución, que sólo será válido y eficaz, una vez aprobado mediante referéndum, tal como lo prevé la antes citada Base Comicial Novena acogida por el cuerpo electoral el 25 de abril de este año.*
>
> *(...)*
>
> *ella está -ante todo- sujeta al sistema de la Constitución del '61, al orden vigente y a las bases comiciales en la determinación de sus competencias. Es con respecto a la estructuración de las nuevas instituciones que se consoliden en el nuevo texto constitucional, que está desvinculada del texto vigente".*

Así pues, la actuación de la Asamblea Nacional Constituyente como órgano constituido no puede limitar, ni mucho menos ejercer, el poder constituyente originario que sólo y exclusivamente le corresponde al pueblo, por lo que debe concretarse al ejercicio de la misión que le ha sido encomendada por el pueblo soberano dentro de las normas y reglas que el derecho vigente le exija, en especial la Constitución. En este sentido, el bloque de la constitucionalidad y el bloque de la legalidad vigente en el momento en que esté dispuesto el funcionamiento de la Asamblea Nacional Constituyente por mandato del Poder Constituyente originario del pueblo soberano, será inalterable hasta que la nueva Constitución sea aprobada por el pueblo, y por lo tanto comprenderá un límite a las actuaciones de la Asamblea Nacional Constituyente.

11.2.2.1 *Principios constitucionales que rigen el proceso constituyente*

Es precisamente la composición del proceso constituyente, deducido de la integridad del contenido de la Constitución, lo que nos permite definir y determinar los siguientes principios y límites constitucionales que rigen el proceso constituyente y por tanto, a la Asamblea Nacional Constituyente:

i. *El principio de la democracia y la soberanía popular (artículos 2 y 5 de la Constitución)*

El Estado venezolano, tal como lo dispone el artículo 2 de la Constitución, es un Estado democrático y social de derecho y de justicia, que propugna como valores superiores del ordenamiento jurídico venezolano -y de su actuación-: la vida, la libertad, la justicia, la igualdad, la solidaridad, la democracia, la responsabilidad social y en general, la preeminencia de los derechos humanos, la ética y el pluralismo político.

La democracia, como calificador del Estado venezolano, es reconocida como el principio más fundamental de los principios generales, y, en su significación más general comprende la titularidad popular del poder. Ello está estrictamente ligado con la definición que hace el artículo 5 constitucional que establece que "la soberanía reside intransferiblemente en el pueblo, quien la ejerce directamente en la forma prevista en la Constitución y en la ley, e indirectamente, mediante el sufragio".

Del artículo 2 se deriva el carácter democrático que debe regir al Estado venezolano en todos sus niveles, mientras que del artículo 5 *eiusdem* se desprende la categoría normativa de la soberanía popular. La principal consecuencia de dicho reconocimiento, es decir, de la titularidad de la soberanía en el pueblo, es la de atribuir también a éste el poder de gobierno. Es por ello que la doctrina ha admitido que democracia y soberanía son dos caras de la misma moneda, de modo que "*Afirmar que el pueblo es el titular de la soberanía es adoptar la idea democrática*".[73]

De acuerdo con lo anterior, la democracia, como principio jurídico inherente a la esencia misma del Estado constitucional, debe estar integrada en todos los niveles del mismo como fuente de validez. Sin embargo, para intervenir en el ordenamiento se requiere de una serie de conexiones que lo determinen en los distintos niveles o momentos en los que jurídicamente opera, para a su vez poder determinar qué efectos se despliegan por su aplicación[74].

---

73 Georges Burdeau *cit.*, en Monagas Rodríguez, *Ob. cit.*,

74 Aragón, Manuel, "La eficacia jurídica del principio democrático", en *Revista española de derecho constitucional*, ISSN 0211-5743, Año N° 8, N° 24, 1988, págs. 9-46

En este sentido, la soberanía popular se erige en fundamento y esencia de la legitimidad democrática del poder, y exige que se garanticen y tutelen la participación efectiva de los ciudadanos y agrupaciones en la actividad política.[75]

Así pues, dentro del proceso constituyente la democracia representa la participación de las tendencias e ideas políticas de toda la ciudadanía con el fin de converger en "*una pluralidad común con vocación para establecer un franco régimen de convivencia democrática*".[76]

El principio democrático implica en el proceso constituyente también, por ejemplo, que los preceptos constitucionales objeto del Proyecto de Constitución sean ampliamente conocidos, criticados, estudiados, analizados, examinados y discutidos, de modo que se evite cualquier imposición ideológica, partidista o personalista[77], y con el fin de procurar el consenso del texto fundamental, como máxima expresión de la voluntad general, propia de la legitimidad democrática, y por ende, de la soberanía popular.

De esa forma, el ejercicio de la soberanía popular es el único origen legítimo que puede tener el constitucionalismo democrático del Poder del Estado, siendo su máxima expresión, el ejercicio del poder constituyente por voluntad general de los ciudadanos, concretado en el artículo 347 de la Constitución. Entonces, para que el proceso constituyente esté dotado de legitimidad, desde un punto de vista político, debe estar sustentado -afirmado y afincado[78]- en la soberanía popular.

Ahora bien, para que dicha soberanía popular se manifieste y en efecto el proceso constituyente sea legítimo, es preciso tener en cuenta una serie de valores y derechos que conforman el principio democrático, y que son desarrollados a lo largo de la Constitución:

a. *Bases federales del Estado venezolano como principio de organización democrática (Preámbulo y artículo 4)*

De acuerdo con el artículo 4 de la Constitución, la República Bolivariana de Venezuela es un Estado Federal descentralizado en los términos consagrados en la Constitución, y se rige por los principios de integridad territorial, cooperación, solidaridad, concurrencia y corresponsabilidad.

Vale destacar que esta forma de estado federal, como principio de organización democrática de Venezuela, tal y como lo señala el precitado artículo 4 de la Constitución, contiene particularidades que no se corresponden, en la realidad, a la clásica concepción del Estado Federal, pero que sin embargo,

---

75 *Vid.*, Monagas Rodríguez, Orlando, "Reflexión sobre soberanía popular, poder constituyente y proceso constituyente", en http://www.franciscosantana.net/2017/05/reflexion-sobre-soberania-popular-poder.html

76 *Ibídem.*

77 *Ibídem.*

78 *Ibídem.*

conserva sus valores fundamentales. Así pues, el texto constitucional de 1999 organiza el Estado venezolano con forma federal mediante un sistema de distribución del Poder Público en tres niveles: Nacional, Estadal y Municipal, "atribuyendo su ejercicio a diversos órganos y asignando competencias exclusivas en los tres niveles, además de las competencias concurrentes entre ellos"[79]

El Estado de Venezuela está compuesto entonces por entidades políticas territoriales típicas del Estado federal y descentralizado como lo son los Estados y Municipios (junto al Distrito Capital, las dependencias federales y los territorios federales, artículo 16 de la Constitución), las cuales gozan de una autonomía territorial que comprende:

i. Autonomía normativa (como la capacidad de dictar sus propias normas, dictar las leyes que regularán la comunidad en el ámbito territorial determinado);
ii. Autonomía tributaria (capacidad de crear impuestos y tener ingresos propios dentro del ámbito de las competencias propias de la ida local);
iii. Autonomía política (capacidad de elegir a sus propias autoridades, sin interferencia alguna de los poderes nacionales), y
iv. Autonomía administrativa (como la libre gestión de los asuntos propios de la entidad)[80].

b. *Ejercicio democrático de la voluntad popular (artículo 3)*

Como fin esencial del Estado, el artículo 3 de la Constitución establece, entre otros[81], el ejercicio democrático de la voluntad popular. De acuerdo con lo dispuesto en el precitado artículo 5 constitucional, la soberanía, y por ende, la voluntad popular, se ejerce de dos maneras según el régimen de democracia representativa y participativa:

i) El ejercicio de la soberanía por el pueblo de forma directa, según lo previsto en la Constitución y la ley.
ii) El ejercicio de la soberanía por el pueblo de forma indirecta, mediante el sufragio, por los órganos que ejercen el poder público.

---

79 Brewer-Carías, Allan, *Historia Constitucional de Venezuela*, Colección Trópicos, Editorial Alfa. Caracas, 2008. p. 176.

80 Brewer-Carías, Allan, "Introducción al estudio de la organización administrativa venezolana", Colección Monografías Administrativas N° 1, Editorial Jurídica venezolana, Caracas, 1978.

81 La defensa y el desarrollo de la persona y el respeto a su dignidad, la construcción de una sociedad justa y amante de la paz, la promoción de la prosperidad y bienestar del pueblo y la garantía del cumplimiento de los principios, derechos y deberes reconocidos y consagrados en esta Constitución.

El artículo 70 de la Constitución determina, entre otros, los medios de participación del pueblo en el ejercicio de su soberanía. En lo que respecta al ámbito político[82], el artículo 70 enuncia los siguientes mecanismos:

a. La elección de los cargos públicos;
b. El referendo;
c. La consulta popular,
d. La revocatoria del mandato;
e. Las iniciativas legislativa, constitucional y constituyente;
f. El cabildo abierto;
g. La asamblea de ciudadanos cuyas decisiones serán vinculantes;
h. Otros.

c. *Pluralismo político (artículo 2)*

El artículo 2 de la Constitución, además de caracterizar el Estado venezolano como democrático, social, de derecho y de justicia, propugna como valores superiores de su ordenamiento, y de su actuación, entre otros[83], el pluralismo político.

El pluralismo político en el proceso constituyente implica, entre otras cosas, el derecho de la mayoría gobernar y el derecho de la minoría a no ser atropellada. De acuerdo con Humberto Njaim, la sociedad contemporánea se caracteriza por ser receptáculo de una variedad compleja de formas y modos diversos de vida cuyas fuentes pueden ser encontradas en factores filosóficos, políticos, económicos, sociales, culturales, geográficos y hasta internacionales[84]. De lo anterior se desprende la necesidad de las constituciones democráticas no sólo de consagrar esa diversidad, sino también valorarla como manifestación de libertad y otros derechos humanos, estableciéndola como principio destacado en las leyes fundamentales, y hasta como valor superior del

---

82 Respecto al ejercicio de la soberanía por el pueblo en lo social y económico, la Constitución enuncia los mecanismos de participación en las instancias de atención ciudadana, la autogestión, la cogestión, las cooperativas en todas sus formas incluyendo las de carácter financiero, las cajas de ahorro, la empresa comunitaria y demás formas asociativas guiadas por los valores de la mutua cooperación y la solidaridad (artículo 70 de la Constitución).

83 Tales como: la vida, la libertad, la justicia, la igualdad, la solidaridad, la democracia, la responsabilidad social y en general, la preeminencia de los derechos humanos y la ética (artículo 2 de la Constitución).

84 Njaim, Humberto, "Reflexión sobre el pluralismo a más de 10 años de "Vigencia" de la constitución", en Casal H., Jesús M. (Coordinador), *Defender la Constitución*, Universidad Católica Andrés Bello, Caracas, 2011.

Estado, como una de las características de su sistema de gobierno, como ocurre precisamente en la Constitución venezolana.[85]

d. *Carácter democrático de las entidades políticas que componen el Estado (artículo 6)*

El Gobierno de la República Bolivariana de Venezuela, así como las entidades políticas que las componen, están sujetos al principio de democracia, es decir, están condicionados a lo que disponga la voluntad popular como titular del poder soberano.

Así se desprende de lo dispuesto en el artículo 5 de la Constitución conforme al cual "los órganos del Estado emanan de la soberanía popular y a ella están sometidos"; y del artículo 6 *euisdem* que indica: "*el Gobierno de la República Bolivariana de Venezuela y de las entidades políticas que la componen es y será siempre democrático, participativo, electivo, descentralizado, alternativo, responsable, pluralista y de mandato revocable*".

e. *Respeto a los derechos políticos (artículo 39)*

El artículo 39 de la Constitución establece que los venezolanos que no estén sujetos a inhabilitación política ni a interdicción civil, y que cumplan con las condiciones de edad previstas en la Constitución, ejercen la ciudadanía y por lo tanto son titulares de derechos y deberes políticos.

f. *Participación libre en los asuntos públicos (artículo 62)*

Los derechos políticos implican esencialmente la facultad que tienen los venezolanos de participar libremente en los asuntos públicos, bien sea de forma directa o por medio de sus representantes elegidos o elegidas (artículo 62 de la Constitución).

g. *Derecho al sufragio (artículo 63)*

Asimismo, a la globalidad los venezolanos como pueblo se les reconocen el derecho al sufragio como manifestación de su soberanía. En este sentido, el artículo 63 de la Constitución determina que el sufragio se ejercerá mediante votaciones libres, universales, directas y secretas.

ii. *Principio legalidad (artículo 137)*

Las actuaciones de los órganos constituidos deben adaptarse a los preceptos establecidos en la Constitución y las leyes. Así, de conformidad con el artículo 137 Constitucional, los órganos que ejercen el Poder Público, incluyendo al Presidente de la República, deben sujetar las actividades que realicen al contenido del texto constitucional y las leyes.

Por lo que se refiere al principio de la legalidad, hay tener en cuenta que se trata de una de las conquistas más grandes del constitucionalismo moder-

---

85 *Ibídem*, p. 69

no: la aceptación de que todas las actuaciones de los órganos de los poderes públicos deben estar sometidos a derecho. Bloque de legalidad. Respecto del tema Moles Caubet, señala que el "concepto de legalidad tiene función de principio, actuando por tanto como lo primero de cuanto le sigue. Así el principio representa un valor jerárquico respecto al conjunto de normas a las cuales da sentido. Por esto mismo el principio de legalidad es algo más que el enunciado contenido en una norma, el artículo 117 de la Constitución, pues consiste realmente en una contextura propia del Estado de Derecho, o sea aquel tipo de Estado cuya actuación ha de estar condicionada por el Derecho, del cual la Ley es una parte integrante".

iii *Principio de separación de poderes (artículo 136)*

El ejercicio del Poder Público, incluso las facultades constitucionales dadas a los órganos constituidos, siempre debe estar enmarcando dentro del principio de separación de poderes, en tanto que conforme al artículo 136 Constitucional, segundo aparte, cada una de las ramas del Poder Público tiene sus funciones propias.

Así, cuando algún órgano del Poder Público realice actuaciones tendentes a activar o continuar el proceso constituyente no puede obligar a otro órgano a que continúe con el ejercicio de dicha actividad si la misma no se encuentra ajustada a derecho conforme al principio de legalidad antes mencionado. Por el contrario, como en el ejercicio de sus competencias éstas son absolutamente independientes, deben ajustar a derecho tales actuaciones y están obligadas a no tramitar las solicitudes efectuadas por otro poder hasta tanto no se enmarque dentro de la Constitución.

La colaboración de los órganos entre sí para los fines del Estado, como lo puede ser la transformar el Estado, crear un nuevo ordenamiento jurídico y redactar una nueva Constitución a través de una Asamblea Nacional Constituyente. En efecto el segundo aparte del artículo 136 establece que los órganos a los que les incumbe el ejercicio del Poder Público colaborarán entre sí en la realización de los fines del Estado.

iv. *Principio de progresividad de los derechos (artículo 19)*

La Constitución establece, artículo 19, el principio de progresividad de los derechos, conforme al cual el Estado debe garantizar a toda persona y sin discriminación alguna el goce y ejercicio irrenunciable, indivisible e interdependiente de los derechos humanos.

Nuestra Constitución prevé la obligación del Estado de garantizar los derechos humanos, mas no de manera simple, sino que debe garantizarlos conforme a la obligación constitucional no solo de establecer los mecanismos para su efectivo y real goce y disfrute, sino con el compromiso de que la actuación estatal no empeore, disminuya, ni constituya un retroceso o una desmejora en el contenido de los derechos humanos.[86]

En palabras de BREWER CARÍAS: *"establece así, en primer lugar, la garantía estatal de los derechos humanos, conforme al principio de la progresividad, lo que implica necesariamente que la interpretación de las normas correspondientes y cualquier revisión constitucional futura debe realizarse de manera más favorable al ejercicio y goce de los derechos y, además, conforme al principio de la no discriminación."*[87]

De manera que las modificaciones a la Constitución, a través del mecanismo de Asamblea Nacional Constituyente, no pueden, en virtud del principio de progresividad, disminuir y empeorar el contenido de los derechos humanos y las garantías para su efectivo goce y ejercicio (Criterio ratificado en sentencia de la Sala Constitucional del Tribunal Supremo de Justicia en sentencia del 22 de enero del año 2003, con ponencia del Magistrado Iván Rincón).

Así lo ha reconocido la Sala Constitucional del Tribunal Supremo de Justicia, la cual mediante Sentencia N° 1709 del 7 de agosto de 2007 (caso *Luis Américo Pérez y otros* vs. *artículo 493 del Código Orgánico Procesal Penal*) al señalar que el principio de progresividad: "*se concreta en el desarrollo consecutivo de la esencia de los derechos fundamentales, en tres aspectos fundamentales: ampliación de su número, desarrollo de su contenido y fortalecimiento de los mecanismos institucionales para su protección. En este contexto surge la necesidad de que la creación, interpretación y aplicación de las diversas normas que componen el ordenamiento jurídico, se realice respetando el contenido de los derechos fundamentales.*"

En suma, este principio se erige como limitante al ejercicio de las potestades de la Asamblea Nacional Constituyente, pues los derechos reconocidos al pueblo venezolano no pueden ser desmejorados en la redacción de un nuevo texto constitucional.

v. *Principios y valores de nuestra historia republicana (artículo 350)*

Los valores y principios de nuestra historia republicana están presentes en la enunciación del artículo 350 de la Constitución, que dispone lo siguiente:

> *Artículo 350. El pueblo de Venezuela, fiel a su tradición republicana, a su lucha por la independencia, la paz y la libertad, desconocerá cualquier régimen, legislación*

---

86 Espina Molina, M. (2007) "Sobre el principio de la progresividad y la regresión de las reformas". *Revista de Derecho Público* N° 112/2007. Caracas. Visto en http://www.ulpiano.org.ve/revistas/bases/artic/texto/RDPUB/112/rdpub_2007_112_261-266.pdf

87 Allan Brewer-Carías, (2004) "La Constitución de 1999", *Derecho Constitucional Venezolano*, Tomo I. Caracas: Editorial Jurídica Venezolana. p. 550.

o autoridad que contraríe los valores, principios y garantías democráticos o menoscabe los derechos humanos.

Esta norma está contenida en el Capítulo III (De la Asamblea Nacional Constituyente) del Título IX (De la Reforma Constitucional), como un límite al Poder Constituyente.

Tal como lo señaló la Sala Constitucional del Tribunal Supremo de Justicia en sentencia del 22 de enero del año 2003, en doctrina se han establecido límites generales al poder constituyente, como el respeto de los derechos fundamentales del hombre (Sieyés); al principio de la división de los poderes; a la idea de la democracia (Torres del Moral); a las condiciones existenciales del Estado, entre otros. Algunos de estos límites fueron incorporados dentro de las bases comiciales para el referendo consultivo del 25 de abril de 1999, concretamente la Base Octava, que a la letra señala:

> *"Una vez instalada la Asamblea Nacional Constituyente, como poder originario que recoge la soberanía popular, deberá dictar sus propios estatutos de funcionamiento, teniendo como límites los valores y principios de nuestra historia republicana, así como el cumplimiento de los tratados internacionales, acuerdos y compromisos válidamente suscritos por la República, el carácter progresivo de los derechos fundamentales del hombre y las garantías democráticas dentro del más absoluto respeto de los compromisos asumidos".*

Así pues, al incorporar el Constituyente esta modalidad de revisión constitucional en la Constitución de 1999 estableció, en el artículo 350, último del Capítulo III, los límites al Poder Constituyente, los cuales siguen en lo fundamental lo contenido en la precitada Base Octava. Entonces, "*El régimen constitucional resultante, así como la normativa legal o las autoridades públicas que se funden o deriven de dicho régimen, deben respetar la tradición republicana, la independencia, la paz, la libertad, la democracia y los derechos humanos*"[88].

Ahora bien, de acuerdo con la precitada sentencia del 22 de enero del 2003: *"En lo que concierne a los términos "tradición republicana", "independencia", "paz" y "libertad"; éstos no requieren aclaración alguna, pues su sentido es inequívoco en la lengua castellana, además de que el propio Constituyente lo ha plasmado tanto en el Preámbulo como en el Título I (Principios Fundamentales) de la Carta de 1999, que consagra la libertad e independencia del país (artículo 1); la opción por la paz internacional "en la Doctrina de Simón Bolívar, el Libertador" (artículo 1); la libertad de la Nación (artículo 1) (y como valor intrínseco del ser humano –artículo 44-); y el modelo republicano de gobierno, consagrado expresamente en la parte orgánica de la Constitución".*

---

88 Sentencia de la Sala Constitucional del Tribunal Supremo de Justicia en sentencia del 22 de enero del año 2003, con ponencia del Magistrado Iván Rincón.

Así pues, como se desprende de la Exposición de Motivos de la Constitución y de su Preámbulo, la tradición republicana venezolana implica por una parte el deber de promoción, respeto, y defensa de todo lo que identifica nuestra Nación (como los símbolos patrios y valores culturales), y por otra parte las misiones que tenía el Poder Moral del Libertador, "*en cuyo proceso se debía sembrar el respeto y el amor a la Constitución; a las instituciones republicanas, sobre la base de que "si no hay un respeto sagrado por la patria por las leyes por las autoridades, la sociedad es una confusión, un abismo"*[89].

vi. *Principio de responsabilidad patrimonial del Estado (artículo 140)*

En Venezuela, la Constitución de 1999 reconoce el principio de la responsabilidad patrimonial del Estado en el artículo 140, el cual dispone:

> *"El Estado responderá patrimonialmente por los daños que sufran los particulares en cualquiera de sus bienes y derechos, siempre que la lesión sea imputable al funcionamiento de la Administración Pública".*

De otra parte la Exposición de Motivos, respecto del tema, establece:

> *«Finalmente, en las disposiciones generales, se establece bajo una perspectiva de derecho público moderna, la obligación directa del Estado de responder patrimonialmente por los daños que sufran los particulares en cualquiera de sus bienes y derechos, siempre que la lesión sea imputable al funcionamiento,* ***normal o anormal, de los servicios públicos y por cualesquiera actividades públicas, administrativas, judiciales, legislativas, ciudadanas o electorales, de los entes públicos o incluso de personas privadas en ejercicio de tales funciones****»* (énfasis añadido).[90]

La interpretación de la norma Constitucional y de la exposición de motivos lleva a considerar incluido en la Constitución de 1999 la responsabilidad del Estado por cualquier actuación de la Administración, así como la responsabilidad originada bien por falta o por sacrificio particular derivado de un daño causado por los servicios públicos o por cualquier actividad pública sea administrativa, judicial, legislativa, de control o electoral, de los entes públicos o privados en ejercicio de tales funciones.

Adicionalmente, la Constitución de 1999 consagra una norma expresa referida a la responsabilidad patrimonial del Estado por la actividad judicial. En este sentido, tal responsabilidad se encuentra referida a los supuestos de error

89 Título V De la Organización del Poder Público Nacional. Capítulo IV Del Poder Ciudadano de la Exposición de Motivos de la Constitución de 1999.

90 Debe tenerse en cuenta que el nuevo texto constitucional venezolano abandona la clásica tripartición del poder público para definir un Estado en el que el Poder se divide en cinco ramas. Además de las tradicionales ejecutiva, legislativa y judicial, se agregan una rama electoral y otra denominada ciudadana, que agrupa los órganos constitucionales de control (Contraloría General de la República, Ministerio Público y Defensoría del Pueblo).

judicial y retardo u omisión injustificados. Así, se establece en el artículo 49, numeral 8:

> *"Toda persona podrá solicitar del Estado el restablecimiento o reparación de la situación jurídica lesionada por error judicial, retardo u omisión injustificada. Queda a salvo el derecho del o de la particular de exigir la responsabilidad personal del magistrado o magistrada, juez o jueza; y el derecho del Estado de actuar contra éstos o éstas".*

Además de las normas citadas precedentemente este principio de responsabilidad patrimonial del Estado se ve respaldado por las disposiciones referentes al derecho a la tutela judicial efectiva[91], el principio de igualdad ante las cargas públicas –fundamento moderno de la responsabilidad–[92] así como la garantía indemnizatoria en la expropiación[93].

vii. *Acuerdos y tratados internacionales (artículo 23)*

Según lo dispuesto en el artículo 23 de la Constitución, en Venezuela, los tratados, pactos y convenciones relativos a derechos humanos, suscritos y ratificados por el Estado, tienen jerarquía constitucional y además, prevalecen en el orden interno, en la medida en que contengan normas sobre su goce y ejercicio más favorables a las establecidas por la Constitución y las leyes de la República, y son de aplicación inmediata y directa por los tribunales y demás órganos del Poder Público, incluyendo en este caso, la Asamblea Nacional Constituyente.

Así pues, en este caso, los atributos y garantías de los derechos esenciales contenidos en tratados internacionales son incorporados al derecho interno como fuentes del derecho constitucional y como parte del bloque constitucional de derechos fundamentales de Venezuela[94]. En este sentido, la Constitución de Venezuela comparte el máximo rango normativo con otras normas, y hasta, puede subordinarse a un ordenamiento jurídico internacional que con-

---

91 Por lo que se refiere al principio de tutela judicial efectiva, la Constitución de 1999 lo prevé en forma expresa en el artículo 26 el cual dispone: "Toda persona tiene derecho de acceso a los órganos de Administración de justicia para hacer valer sus derechos e intereses, incluso los colectivos o difusos, a la tutela judicial efectiva de los mismos y a obtener con prontitud la decisión correspondiente. El estado garantizará una justicia gratuita, accesible, imparcial, idónea, transparente, autónoma, independiente, responsable, equitativa y expedita, sin dilaciones indebidas, sin formalismos o reposiciones inútiles".

92 Artículos, 21, 133 y 140 de la Constitución.

93 Artículo 115 de la Constitución.

94 Nogueira Alcalá, Humberto, "El impacto del control de convencionalidad en las fuentes de derecho chilenas", en *VI Congreso Internacional de Derecho Procesal Constitucional* y *IV de Derecho Administrativo*, Universidad Monteávila, Caracas, 2016. p. 58., p. 32.

tenga como se dijo, normas sobre el goce y ejercicio de los derechos humanos más favorables o ventajosos que su propio texto[95].

Ahora bien, que los tratados Internacionales conformen dicho bloque de la Constitución tiene consecuencias jurídicas[96] con inmensa relevancia, tal como lo explica el Profesor Carlos Ayala Corao: " *al igual que la constitución, los tratados sobre derechos humanos son "la norma suprema y el fundamento del ordenamiento jurídico" por lo que "todas las personas y los órganos que ejercen el Poder Público están sujetos" a ellos (art. 7)* "[97].

IV. BIBLIOGRAFÍA

AGUIAR, Asdrúbal, "*Historia inconstitucional de Venezuela 1999-2012*", editorial jurídica venezolana, Caracas, 2012.

ÁLVAREZ, Tulio, "*Constituyente, reforma y autoritarismo del siglo XXI*", Universidad Católica Andrés Bello, Caracas, 2007.

ARAGON, Manuel, "*La eficacia jurídica del principio democrático*", en Revista española de derecho constitucional, Año nº 8, Nº 24, Madrid, 1988.

AYALA CORAO, Carlos, "*La jerarquía constitucional de los tratados relativos a derechos humanos y su consecuencias*", Fundación Universitaria de Derecho, Administración y Política (funda), México, 2004.

AYALA, Javier M. "*La Reforma Constitucional y la Problemática del Poder Constituyente*", Temas Claves de la Constitución Española, Edit. Tecnos, S.A. Madrid, 1988.

BADELL MADRID, Rafael, "*Estudio sobre las Constituciones en* el *siglo XX. en "Venezuela Siglo XX. Visiones y Testimonios*", Fundación Polar, Caracas, 2001.

BETTI, E., "*Interpretación de la ley y de los actos jurídicos*", traducción J. de los Mozos. Editorial Revista de Derecho Privado, Madrid, 1975.

BIDEGAIN, Carlos María, "*Cuadernos del Curso de Derecho Constitucional*", Buenos Aires, 1969.

BREWER-CARÍAS, Allan, "*Poder Constituyente Originario y Asamblea Nacional Constituyente (Comentarios Sobre la interpretación jurisprudencial relativa a la naturaleza, la misión y los límites de la Asamblea Nacional*

---

95 Lo cual es el ejemplo dominante que han seguido, además de Venezuela, las constituciones de Argentina, Bolivia, Brasil, Colombia, Costa Rica; Ecuador, Guatemala, México, Nicaragua, Santo Domingo, entre otras *Ibídem*, pp. 28- 32.

96 *Ibídem.*

97 Ayala Corao, Carlos, "La jerarquía constitucional de los tratados relativos a derechos humanos y su consecuencias", Fundación Universitaria de Derecho, Administración y Política (funda), México, 2004.

Constituyente) ", Colección Estudios Jurídicos N° 72, Editorial Jurídica Venezolana. Caracas, 1999.

BREWER-CARÍAS, Allan, "*Asamblea constituyente y ordenamiento constitucional*", Serie Estudios N°53, Biblioteca de la Academia de Ciencias Políticas y Sociales, Caracas, 1999.

BREWER-CARÍAS, Allan, "*La Constitución de 1999*", Derecho Constitucional Venezolano, Tomo I. Editorial Jurídica Venezolana. Caracas, 2004.

BREWER-CARÍAS, Allan, "*Historia Constitucional de Venezuela*", Colección Trópicos, Editorial Alfa. Caracas, 2008.

BREWER-CARIAS, Allan R. "*Las Constituciones de Venezuela*". Academia de Ciencias Políticas y Sociales. Caracas, 2008.

BREWER-CARÍAS, Allan, "*Sobre cómo se puede convocar en Venezuela una asamblea nacional constituyente*" véase enlace web: http://versionfinal.com.ve/politica-dinero/sobre-como-se-puede-convocar-en-venezuela-una-asamblea-nacional-constituyente/

BREWER-CARÍAS, Allan, "*Misión y límites de la asamblea nacional constituyente impuestos por el poder constituyente originario a través del referéndum consultivo del 25 de abril de 1999*", véase enlace web: http://allanbrewercarias.net/Content/449725d9-f1cb-474b-8ab2-41efb849fea3/Content/I.2.34.pdf

BREWER-CARÍAS, Allan, "La Asamblea Nacional Constituyente de 1999 aprobó que solo el pueblo mediante "referendo de convocatoria" puede convocar una Asamblea Constituyente: Análisis del diario de debates", véase enlace web: http://allanbrewercarias.com/?s=la+Asamblea+Nacional+constituyente+de+1999+aprob%C3%B3&taxonomy_year=

CABALLERO SIERRA, Gaspar y ANZOLA GIL, Marcela, "*Teoría constitucional*", Editorial TEMIS S.A., Santa Fe de Bogotá, Colombia, 1995.

CASAL H, Jesús María, "*Constitución y Justicia Constitucional*". Universidad Católica Andrés Bello. Caracas, 2004.

ESPINA MOLINA, M. "*Sobre el principio de la progresividad y la regresión de las reformas*". Revista de Derecho Público N° 112/2007. Caracas, 2007. Visto en http://www.ulpiano.org.ve/revistas/bases/artic/texto/RDPUB/112/rdpub_2007_112_261-266.pdf

ESCOVAR LEÓN, Ramón, "Noción de pueblo en las bases comiciales y en la sentencia n° 378 de la Sala Constitucional", conferencia dictada en "Jornada sobre la Asamblea Nacional Constituyente: Génesis y perspectivas", Academia de Ciencias Políticas y Sociales, 13 de junio de 2017.

ESCOVAR LEÓN, Ramón, "*Neoconstitucionalismo y anticonstitucionalismo*", en el Nacional digital. Véase enlace web: http://www.el-nacional.com/noticias/columnista/neoconstitucionalismo-anticonstitucionalismo_180317

ESCOVAR LEÓN, Ramón, "*Justificar lo injustificable*", en Prodavinci. Véase enlace web: http://prodavinci.com/blogs/justificar-lo-injustificable-por-ramon-escovar-leon/

FAJARDO H., Angel R., "*Compendio de Derecho Constitucional. General y Particular*", 7a. Edición (corregida y aumentada), Caracas, 1985.

FAVOREU, Louis, "*El Bloque de la Constitucionalidad*" en Revista del Centro de Estudios Constitucionales, núm. 5, enero-marzo 1990, Madrid.

HERNÁNDEZ, José I., "Lo que dice el diario de debates de la Constituyente (1999) sobre la convocatoria de una Constituyente", en Prodavinci. Véase enlace web: http://prodavinci.com/blogs/lo-que-dice-el-diario-de-debates-de-la-constituyente-1999-sobre-la-convocatoria-de-una-constituyente-por-jose-i-hernandez/

HERNÁNDEZ CAMARGO, Lolymar, "*El Proceso Constituyente Venezolano de 1999* ", Serie Estudios, 78, Academia de Ciencias Políticas y Sociales, Caracas, 2008.

HOYOS, A. *"La Interpretación Constitucional"*. Editorial Temis. Bogotá, 1993.

LINARES QUINTANA, "*Derecho constitucional e instituciones Políticas*", Tomo II, Editorial Plus Ultra, Buenos Aires, 1975.

MARTÍNEZ DALMAU, Rubén, "*La naturaleza emancipadora de los procesos constituyentes democráticos. Avances y retrocesos*", en AA.VV. "*Por una Asamblea Constituyente. Una solución democrática a la crisis*", Ediciones sequitur. Madrid, 2012.

NJAIM, Humberto, *"Reflexión sobre el pluralismo a más de 10 años de "Vigencia" de la constitución"*, en CASAL H., Jesús M. (Coordinador), "Defender la Constitución", Universidad Católica Andrés Bello. Caracas, 2011.

MONAGAS RODRÍGUEZ, Orlando, "*Reflexión sobre soberanía popular, poder constituyente y proceso constituyente*", en http://www.franciscosantana.net/2017/05/reflexion-sobre-soberania-popular-poder.html

NEGRI, Antonio, "*El poder constituyente. Ensayos sobre las alternativas de la modernidad*", Secretaría de Educación Superior, Ciencia, Tecnología e Innovación, Ed. Traficantes de Sueños, Madrid, 2015.

NOGUEIRA ALCALÁ, Humberto, "*El impacto del control de convencionalidad en las fuentes de derecho chilenas*", en "*VI Congreso Internacional de Derecho Procesal Constitucional y IV de Derecho Administrativo*", Universidad Monteávila, Caracas, 2016.

PEÑA SOLÍS, José, "*Lecciones de Derecho Constitucional General*", Volumen I, Tomo II, Universidad Central de Venezuela, Facultad de Ciencias Jurídicas y Políticas, Caracas, 2008.

RAFFALLI ARISMENDI, Juan M. "*Revolución, Constituyente y Oferta Electoral"*. Editorial Sherwood. Caracas, 1998.

RONDÓN DE SANSÓ, H. La *Asamblea Nacional Constituyente Venezolana de 1999*. Libro Homenaje a la Academia de Ciencias Políticas y Sociales en el Centenario de su Fundación 1915-2015. Colección Centenario Academia de Ciencias Políticas y Sociales. Caracas, 2015.

SIEYÉS, Emmanuel, *"¿Qué es el Tercer Estado? Ensayo sobre los privilegios"*, Ciencia política, Alianza Editorial, Madrid, 2003.

VEDEL, George y DEVOLVÉ, Pierre, "*Droit Administratif*", 11ª ed., vol., I, Paris, 1990.

ALGUNAS REFLEXIONES SOBRE ESTE ASUNTO DE LA CONSTITUYENTE

Claudia Nikken
hoy simplemente ciudadana

1. Nicolás Maduro Moros afirma que se fundamenta en los artículos 347 y 348 de la constitución, para convocar una Asamblea Nacional Constituyente[1]. Sin embargo, de acuerdo con esas normas, quien puede convocar una Asamblea Nacional Constituyente es el pueblo, mediante referendo[2].

2. El Consejo Nacional Electoral acepta como válida la convocatoria de la Asamblea Nacional Constituyente[3], a pesar de que la misma es contraria al texto constitucional que **supuestamente** regula la institución.

3. La Sala Constitucional del Tribunal Supremo de Justicia, por su parte, terminó dando el visto bueno a ese proceder, por sentencia del 31 de mayo de 2017[4]

4. De lo anterior resulta que Nicolás Maduro Moros y el Consejo Nacional Electoral, con el aval de la Sala Constitucional del Tribunal Supremo de Justicia, y también en general el gobierno nacional, se han puesto al margen de la constitución, en un intento de provocar un "verdadero" proceso

---

1 *Ver* en http://vtvadminweb.vtv.gob.ve/app/uploads/2017/05/Gaceta-Oficial-Extraordinaria-N%C2%B0-6.295.pdf, consultado el 25.05.2017.

2 Allan Brewer-Carías, *La Asamblea Nacional Constituyente de 1999 aprobó que solo el pueblo mediante "referendo de Convocatoria" puede convocar una Asamblea Constituyente: Análisis del diario de debates*, en http://allanbrewercarias.net/site/wp-content/uploads/2017/05/159.-doc.-Brewer.-ANC-y-referendo-de-convocatoria.-17-5-2017.pdf, consultado el 31.05.2017.

3 *Ver* en http://www.cne.gob.ve/web/sala_prensa/noticia_detallada.php?id=3506, consultado el 25.05.2017. *Ver* también http://www.panorama.com.ve/politicayeconomia/CNE-convoco-a-elecciones-regionales-para-el-10-de-diciembre-de-2017-20170523-0117.html, consultado el 25.05.2017.

4 *Ver* TSJ-SC, 378, 31.05.2017 en http://historico.tsj.gob.ve/decisiones/scon/mayo/199490-378-31517-2017-17-0519.HTML, consultada el 31.05.2017.

constituyente, más aún, un proceso de **desintegración de la constitución**; es decir, un proceso que tiene por objeto no solo modificar las normas constitucionales y las decisiones políticas que las fundamentan, sino también, y muy especialmente, cambiar la titularidad del poder constituyente o, lo que es lo mismo, de la soberanía[5].

5. Con relación a lo último, bastaría hacer referencia a la convocatoria de la Asamblea Nacional Constituyente sin la intervención del pueblo; sin embargo, ello aparece más claramente en las "bases comiciales" [6], que definen tanto la composición de dicho cuerpo –incluidos los procedimientos electorales-, como las normas que fundan el funcionamiento del órgano[7].

6. Con respecto a la composición de la Asamblea Nacional Constituyente, se nos dice que –a esta hora no han sido publicadas las "bases comiciales" en los términos aprobados por el Consejo Nacional Electoral– que la misma será unicameral; que tendrá 545 miembros, de los cuales 364 (66,79%) serán electos a través de un sistema mayoritario en cada municipio, y el resto (181 – 33,21%) lo serán a través de un sistema corporativista, en el que participarán los "sectores" arbitrariamente escogidos por Nicolás Maduro Moros [estudiantes (24), empresarios (5), pescadores y campesinos (8), discapacitados (5), consejos comunales (24), trabajadores (79), pensionados (28) e indígenas (8)]. No se representa entonces al "pueblo", titular de la soberanía y, por ende, del poder constituyente; ni a los estados, a pesar de ser Venezuela un estado federal, con las implicaciones políticas que ello acarrea. La representación es de los municipios y de los sectores que arbitrariamente escogió Nicolás Maduro Moros, en unas proporciones inexplicadas e inexplicables.

7. En cuanto al procedimiento para la adopción y sanción del texto, en realidad, nada se dice. No hay límite temporal. Tampoco se expresa si la nue-

---

5 Siguiendo la *Teoría de la constitución* de Carl Schmitt.

6 El contenido de las bases comiciales puede verse la *Gaceta Oficial* N° 41.156 del 23 de mayo de 2017 (http://www.ghm.com.ve/wp-content/uploads/2017/05/41156.pdf. Consultado el 31.05.2017). Algunos comentarios preliminares al respecto en http://prodavinci.com/2017/05/23/actualidad/cuales-son-las-bases-comiciales-de-la-constituyente-anunciadas-por-maduro-monitorprodavinci/; también en http://www.el-nacional.com/noticias/gobierno/claves-para-entender-las-bases-comiciales-para-constituyente_183829. Ambos consultados el 25.05.2017. Su presunta modificación por el Consejo Nacional Electoral, puede verse en http://www.avn.info.ve/contenido/anc-se-integrar%C3%A1-364-constituyentes-territorial-y-181-sectorial, consultado el 25.05.2017

7 También aparece del "mandato" a la Asamblea Nacional Constituyente, en particular en cuanto se refiere a la "constitucionalización" del Estado comunal, que se sustenta en el "poder popular"; elemento este que no es poder ni popular. *Ver* explicación en https://www.uma.edu.ve/admini/ckfinder/userfiles/files/Derecho%20P%C3%BAblico/DESAFIOS%20PRESENTES%20FRENTE%20AL%20ESTADO%20COMUNAL.pdf, consultado el 25.05.2017

va constitución debe o no ser sometida a referendo para su sanción. De hecho, se ha dicho que eso lo decidirá la Asamblea Nacional Constituyente[8].

8. En esas circunstancias, los partidos políticos de oposición y otras instituciones se han negado a participar en el írrito proceso constituyente[9]. Esto ocurrió también en 1999, cuando se organizó un proceso constituyente en violación de las normas constitucionales en vigor.

9. El resultado histórico de aquel proceso fue que solo hubo 6 integrantes de la Asamblea Nacional Constituyente no chavistas, y 125 del partido de gobierno o afecto al mismo[10].

10. Más allá, siendo la abstención la posición de los partidos –abstención que no tenía ningún efecto jurídico, pues no se exigió quórum de participación ni se fijó una mayoría calificada para su sanción–, la constitución adoptada fue sancionada mediante referendo, pero con el **30,4 %** del total de electores inscritos (quienes ciertamente representaron el 72% de los votos válidos expresados entonces)[11]. En otros términos, so pretexto de no convalidar aquel proceso constituyente, se lo perfeccionó mediante la sanción ilegítima de un texto (que de todas maneras nunca ha estado vigente).

11. La historia reciente nos muestra así que la **abstención pura y simple** no parece ser un camino a seguir. Antes no impidió la sanción de la constitución cuya vigencia y respeto ahora reclamamos, como tampoco impedirá, por sí sola, que Nicolás Maduro Moros instaure la constitución que propone.

12. De acuerdo con la composición de la Asamblea Nacional Constituyente, **participar tampoco parece ser una opción**, aunque los partidos de oposición estén organizados y tengan una mayoría política demostrada en la elección de la Asamblea Nacional (2015) y en la calle, en dos meses de protestas. Lo primero a notar, en ese sentido, es que no se da cabida a los partidos políticos para participar en la Asamblea Nacional Constituyente. En el marco de los representantes a ser electos a nivel municipal, la postulación

---

8 *Ver* en http://www.notiminuto.com/noticia/no-es-seguro-que-nuevo-texto-constitucional-se-someta-a-votacion/#, consultado el 25-05.2017.

9 *Ver* http://prodavinci.com/2017/05/01/actualidad/que-dijo-la-mud-tras-el-anuncio-de-la-constituyente-de-nicolas-maduro-monitorpro-davinci/, http://globovision.com/article/mud-asegura-que-no-participara-en-constituyente-convocada-por-maduro, http://www.pano-rama.com.ve/politicayeconomia/Fedecamaras-Zulia-rechazo-convocatoria-a-Asamblea-Nacional-Constituyente-20170524-0118.html; http://prodavinci.com/2017/05/21/actualidad/lea-aca-el-comunicado-de-la-conferencia-episcopal-venezolana-tras-recibir-a-la-comision-de-la-anc/; consultados el 25.05.2017.

10 *Ver* en https://es.wikipedia.org/wiki/Asamblea_Nacional_Constituyente_de_Venezuela_de_1999#Mar07, consultado el 25.05.2017. Lamentablemente los resultados oficiales publicados no permiten llegar a este detalle.

11 *Ver* resultados en http://www.cne.gob.ve/web/documentos/estadisticas/e013.pdf. Consultado el 25.5.2017

puede ser por iniciativa propia o mediante grupos de electores y electoras, conformados en cada municipio del país[12]. Con respecto a los representantes de los "sectores", el derecho de postulación corresponde a cada sector.

13. Adicionalmente, el "diseño" de la Asamblea Nacional Constituyente no garantiza de ninguna manera que su integración represente a las fuerzas políticas del país. Primero, se fijó un número de "representantes" por municipio sin atender a su población, desconociéndose así de manera flagrante el principio de la representación en el marco de la integración de cualquier órgano deliberante (va sin decir que no hay mecanismo tampoco que garantice la representación proporcional de las minorías)[13]. Además, es obvio que no hay ninguna garantía de que, en el marco sectorial, se materialice la representación proporcional de las fuerzas políticas. Se dice, de hecho, que el diseño permitiría al partido de gobierno ganar una amplia mayoría de los escaños con solo el 20% de los votos[14].

14. Se trata entonces de una trampa fabricada por (o por instrucciones de) Nicolás Maduro Moros, en su condición de Presidente de la República. La abstención de la oposición no impedirá que se lleve adelante el proceso, pero su participación tampoco garantiza que obtenga un número de escaños suficiente para encauzar la nueva constitución hacia el restablecimiento de la república y el Estado de derecho.

15. Surge entonces la pregunta: ¿qué hacer?

16. **Impedir que se produzca la constituyente** es la respuesta.

17. ¿Cómo?

18. En este momento, más allá de la **resistencia**, no parece haber ninguna respuesta concreta.

19. Hay quienes dicen que todos los titulares de los órganos del poder público nacional, a excepción de la Asamblea Nacional y ahora, quizás, del Ministerio Público, carecen de legitimidad y que, por ende, deben perder su investidura, previa declaratoria de la Asamblea Nacional. Se exige desde ese punto de vista que esta proceda a suplir las vacantes en el Tribunal Supremo

---

12 De acuerdo con los artículos 47 y 49 de la Ley Orgánica de Procesos Electorales, los grupos de electores se distinguen de las organizaciones con fines políticos, y se definen como "organizaciones conformadas por ciudadanos y ciudadanas debidamente inscritos en el REP], los cuales tienen como única finalidad postular candidatos o candidatas en un determinado proceso electoral, en el ámbito geográfico que corresponda".

13 En cada municipio, en principio, se elegirá un representante. Excepcionalmente, los municipios que son capitales de estado se elegirán dos, y en el Municipio Libertador se elegirán siete.

14 Héctor Briceño, *Constituyente: reglas manipuladas para ganar con el 20% de los votos,* en http://prodavinci.com/2017/05/27/actualidad/constituyente-reglas-manipuladas-para-ganar-con-el-20-de-los-votos-por-hector-briceno/, consultado el 31.05.2017.

de Justicia, el Consejo Nacional Electoral, la Contraloría General de la República y la Defensoría del Pueblo; e incluso que supla al Presidente de la República, quien sustituiría al resto del ejecutivo, entre otras medidas[15] .

20. Quienes apoyan esa posición no cuentan con varios hechos concretos, entre los cuales resaltan que la Asamblea Nacional no tiene la capacidad de desalojar a los titulares de los cargos de sus despachos; ni tiene el manejo del presupuesto. A lo sumo, podrían instaurarse instituciones paralelas, incluyendo organismos armados, con una sola consecuencia: el enfrentamiento armado.

21. Otra propuesta es un referendo consultivo, convocado por la Asamblea Nacional, referido a dos asuntos de especial relevancia nacional: la convocatoria de la Asamblea Nacional Constituyente y la organización de elecciones generales[16]. Sabiendo que el Consejo Nacional Electoral aceptó que el Presidente de la República convocara a la Asamblea Nacional Constituyente sin mediar referendo, y conociendo la actitud de dicho órgano ante los planteamientos de los partidos de oposición, se afirma que ese referendo no sería organizado por el poder electoral. Esto sin contar con el aval de la Sala Constitucional.

22. ¿Hace falta ese referendo? ¿Tendría algún efecto jurídico?

23. Asumiendo que, literalmente, **no tenemos constitución**[17], si se organiza adecuadamente, ese referendo podría ser el primer acto de la reconstitución de la república. La dificultad de ese camino estriba en la imposibilidad de organizar ese referendo adecuadamente sin contar con la información electoral necesaria, ni los mecanismos de control que requiere cualquier electoral en un marco democrático. Esto sin contar con la imposibilidad, de mantenerse la posición de la Fuerza Armada Nacional, de imponer su resultado.

24. No son las únicas opciones, claro está, pero son las que han aparecido con mayor estridencia en la opinión pública. El ejercicio de la **negociación** es todavía incipiente y, de acuerdo con resultados pasados, el mecanismo a seguir, para que sea útil, debe definirse muy claramente. Eso no está a la vista, al menos no hoy.

---

15 *Ver* por ejemplo https://www.lapatilla.com/site/2017/05/19/juan-carlos-sosa-azpurua-propuesta-para-la-solucion/, consultado el 25.05.2017. también http://www.noticierodigital.com/2017/05/gustavo-tovar-arroyo-el-presidente-julio-borges/; consultado el 25.05.2017

16 http://www.el-nacional.com/noticias/asamblea-nacional/guevara-propone-referendum-consultivo-sobre-futuro-venezuela_183847, consultado el 25.05.2017

17 Siguiendo lo prescrito en el artículo 16 de la Declaración francesa de los derechos del hombre y del ciudadano, tal como ha sido constatado por diversos organismos internacionales, incluidas la Comisión y la Corte interamericanas de derechos humanos, en Venezuela no existe separación de poderes, ni se garantizan los derechos fundamentales.

25. Mientras tanto, a seguir resistiendo y luchando, en la calle y pacíficamente. Esto con dos finalidades: convencer a los tenedores de la fuerza de no seguir usándola contra el pueblo, y a los *detentadores* del poder, de permitir el libre curso del juego democrático[18].

26. Por último, queda esperar que no ocurra lo que suele ocurrir en situaciones como las que estamos viviendo y que **no estalle** entre nosotros un conflicto armado.

18 Recomiendo leer, entre tantas cosas valiosas escritas y publicadas en estos días, lo siguiente: http://prodavinci.com/2017/05/28/actualidad/gerardo-blyde-hay-formulas-constitucionales-para-llamar-a-elecciones-generales-por-hugo-prieto/; http://prodavinci.com/blogs/la-constituyente-en-el-contexto-internacional-por-michael-penfold/; http://prodavinci.com/2017/05/29/actualidad/venezuela-que-esperar-de-la-reunion-de-cancilleres-de-la-oea-por-mariano-de-alba-1/, consultados el 31.05.2017.

LA TRAGEDIA DE VENEZUELA Y LA "CONSTITUYENTE" DE NICOLÁS MADURO*

José Rafael Bermúdez

Ex profesor de la UCV, UCAB y IESA

Los venezolanos están decididos a recuperar la democracia que durante cuatro décadas fue pilar de su convivencia y referencia para América Latina. Están protestando en las calles de todo el país desde hace más de cuarenta días, con notable persistencia y coraje. El Gobierno, en franca violación del derecho a la protesta consagrado por la Constitución, ha reprimido brutalmente a los manifestantes desarmados.

En las seis semanas transcurridas desde el 1° de abril, 41 manifestantes han sido asesinados, y son incontables los heridos y lesionados [1]. Más de dos mil manifestantes han sido detenidos, de los cuales 693 permanecen en prisión [2], con el agravante de que los civiles están siendo sometidos a juicio ante tribunales militares [3].

La prensa internacional da cuenta de la tragedia humanitaria venezolana y sus principales componentes: carencia de medicinas, hospitales sin insumos esenciales, aumento exponencial de la mortalidad infantil y la pobreza extrema, escasez de alimentos (que ha llevado a muchos venezolanos a comer de la basura), las más elevadas tasas de criminalidad e inflación del mundo,

---

* Este informe va especialmente dirigido a quienes no han seguido de cerca los acontecimientos de Venezuela. Este informe fue enviado por correo electrónico a periodistas, políticos, profesores de Derecho, y ONGs fuera de Venezuela, y fue publicado en http://elestimulo.com y en http://lexlatin.com los días 21 y 24 de mayo de 2017, respectivamente.

1 https://twitter.com/PorHumanidad/status/864146499659325440 y http://elestimulo.com/blog/muere-en-barinas-adolescente-herido-de-bala-en-manifestacion-del-lunes/

2 https://twitter.com/alfredoromero/status/862464387906498561

3 https://www.nytimes.com/es/2017/05/12/venezuela-tribunales-militares-maduro/ y https://twitter.com/PorHumanidad/status/864146499659325440

desempleo, caída sostenida y abrupta del PIB, despilfarro, corrupción, narcotráfico, impunidad, servicios públicos deficientes, y destrucción de la producción nacional mediante controles y confiscaciones. El Gobierno mantiene un control de cambios que opera sin transparencia, y las divisas que vende no alcanzan para mitigar el desastre social. Sin embargo, el Gobierno paga regularmente los bonos de su deuda externa.

El Gobierno ha tratado de ocultar la gravedad de los problemas que ha creado, mutilando derechos tan fundamentales como el acceso a la información, la libre expresión y la libertad de prensa. Por ejemplo, los canales CNN en Español y NTN24 fueron prohibidos en Venezuela, las emisoras locales de radio y televisión están controladas por el Gobierno o han sido presionadas para que se autocensuren, y destacados periodistas han tenido que exilarse[4].

Deben mencionarse, como acciones propias de un régimen antidemocrático y despótico, los siguientes atropellos a la democracia y al Estado de Derecho:

- El Gobierno impidió la celebración del referendo revocatorio del presidente de la República, solicitado por los partidos políticos coaligados en la Mesa de la Unidad Democrática (MUD), cuya oportunidad prevé el artículo 233 de la Constitución (debió realizarse antes del 10 de enero de 2017 para llamar a elecciones presidenciales) [5] e impidió las elecciones de los gobernadores de los estados, que debieron realizarse en 2016 [6].
- El Gobierno y el Tribunal Supremo de Justicia desconocieron la Asamblea Nacional, elegida en diciembre 2015 con el voto de catorce millones de venezolanos, valiéndose de más de 50 sentencias que anularon leyes y otras decisiones de la Asamblea. Muchas de estas sentencias fueron dictadas con la participación de magistrados que fueron designados violando las reglas de selección establecidos por la propia Asamblea. Esos magistrados —trece principales y veinte suplentes— fueron designados el 23 de diciembre de 2015 por la Asamblea Nacional saliente de mayoría chavista, pocos días antes de que comenzara a sesionar la nueva asamblea ya elegida el 6 de diciembre, en la cual la oposición logró amplia mayoría —más de dos terceras partes de los diputados) [7].

---

4 http://www.el-nacional.com/noticias/historico/miguel-henrique-otero-dirige-nacional-desde-exilio_27357 y http://www.noticias24.com/actualidad/noticia/91827/poleo-desde-su-exilio-en-venezuela-no-hay-salida-democratica/

5 http://www.el-nacional.com/noticias/politica/cne-ordena-suspender-recoleccion-del-hasta-nueva-orden-judicial_4752

6 http://www.bbc.com/mundo/noticias-america-latina-37699764

7 http://prodavinci.com/blogs/sentencia-156-el-tsj-usurpa-funciones-de-la-asamblea-nacional-por-jose-ignacio-hernandez/

- La Fiscal General de la República, Luisa Ortega Díaz, reconoció el 25 de abril la ruptura del hilo constitucional ocasionada por las sentencias 155 y 156 de la Sala Constitucional del Tribunal Supremo de Justicia, que, en sus palabras, "evidencian varias violaciones del orden constitucional y desconocimiento del modelo de Estado consagrado en nuestra Carta Magna". Dos días más tarde, la Asamblea Nacional difundió un manifiesto para advertir sobre la ruptura del orden constitucional democrático; exigir elecciones con observadores internacionales y autoridades imparciales para elegir al Presidente de la República (cuyo referendo revocatorio se impidió en 2016), gobernadores (que debieron realizarse en 2016) y alcaldes, con la participación de los líderes que están presos o inhabilitados; un canal humanitario para medicinas y alimentos; liberación de presos políticos y desmovilización los grupos paramilitares; y devolución a la Asamblea Nacional las competencias usurpadas por el Gobierno y el Tribunal Supremo de Justicia [8].
- El gobierno de Nicolás Maduro tiene, a la presente fecha, más de 170 presos políticos, incluyendo líderes de la oposición (Leopoldo López), alcaldes en ejercicio (Antonio Ledezma, Daniel Ceballos), diputados (Gilber Caro), militares disidentes (Raúl Baduel, Ángel Vivas), periodistas (Braulio Jatar), y ha perseguido a otros, forzándolos al exilio [9]. No constan en esta rápida enumeración los centenares de estudiantes detenidos, a quienes no se ha liberado ni se les ha dictado condena [10]. Además, ha inhabilitado para aspirar a cargos de elección popular, a líderes de la oposición, como Leopoldo López, María Corina Machado, Henrique Capriles Radonski, y, recientemente, al gobernador del estado Amazonas, Liborio Guarulla [11].

---

https://transparencia.org.ve/dos-sentencias-tsj-le-dio-ultimo-zarpazo-la-democracia-venezuela/

http://prodavinci.com/blogs/5-violaciones-cometidas-durante-la-designacion-de-los-magistrados-del-tsj-por-jose-i-hernandez/

8 http://www.asambleanacional.gob.ve/documento/show2/id/58

http://www.talcualdigital.com/Nota/142026/lea-el-manifiesto-que-aprobo-la-asamblea-nacional-para-restituir-la-democracia

9 https://foropenal.com/presos-politicos/lista-publica

http://veppex.blogspot.com/

10 http://contrapunto.com/noticia/foro-penal-hay-78-personas-privadas-de-libertad-por-protestas-133127/ y https://twitter.com/alfredoromero/status/861920233375846400

11 http://www.cgr.gob.ve/site_sanciones.php?Cod=080

Henrique Capriles:

http://runrun.es/nacional/304395/contraloria-explica-las-razones-de-la-inhabilitacion-de-henrique-capriles.html

- El Gobierno ha criminalizado las protestas de civiles, reprimiéndolas con desproporcionada brutalidad, y entregado armas de fuego a civiles ('milicias bolivarianas'), así como a organizaciones civiles cercanas al Gobierno ('colectivos') cuyos integrantes intimidan, atacan y han cometido asesinatos [12], prácticas que no son nuevas. Durante las protestas de 2014 murieron 44 manifestantes, en poco más de tres meses [13].

Otras acciones del Gobierno muestran su obstinación en esquivar instituciones y acuerdos internacionales que tutelan los derechos humanos (y por ello forman parte del bloque constitucional venezolano), tales como el retiro de la Corte Interamericana de Derechos Humanos [14], la denuncia de la Carta de la OEA [15] y la expulsión del director de Human Rights Watch [16]. Luis Almagro, Secretario General de la OEA, ha emitido informes exhaustivos [17] sobre los desafueros aquí resumidos, y ha declarado: "***El pueblo de Venezuela vive en el terror y bajo un régimen que actúa con impunidad***" [18].

El lunes 1° de mayo, en medio de las protestas, el presidente Maduro pidió una nueva constitución [19]. Convocó a una asamblea nacional constituyente, "para reformar el Estado y redactar una nueva Constitución" sin tener facul-

---

María Corina Machado:

http://www.bbc.com/mundo/noticias/2015/07/150714_venezuela_machado_inhabilitan_dp

Liborio Guarulla:

http://runrun.es/uncategorized/308392/gobernador-de-amazonas-liborio-guarulla-fue-inhabilitado-por-15-anos.html

12 http://efectococuyo.com/principales/represion-de-la-gnb-y-ataque-de-colectivos-armados-en-la-urbina-denuncian-vecinos

http://www.el-nacional.com/noticias/oposicion/colectivos-emboscaron-tiros-concentracion-opositora-candelaria_181568

http://www.eluniversal.com/noticias/politica/onu-advirtio-que-entrega-armas-civiles-causa-mas-tension-venezuela_648819

13 http://runrun.es/nacional/187031/28-de-los-44-muertos-en-protestas-de-2014-recibieron-disparos.html

14 http://minci.gob.ve/2013/09/denuncia-y-salida-de-venezuela-de-la-corte-interamericana-de-los-derechos-humanos/

15 http://www.vicepresidencia.gob.ve/index.php/2017/04/28/venezuela-presento-ante-la-oea-carta-de-denuncia/

16 http://www.noticias24.com/actualidad/noticia/17741/expulsan-de-venezuela-al-director-de-hrw/

17 http://www.oas.org/es/acerca/secretario_general.asp

18 http://www.oas.org/es/acerca/discurso_secretario_general.asp?sCodigo=17-0067

19 http://www.bbc.com/mundo/noticias-america-latina-39775493?ocid=socialflow_facebook

tades para ello, pues ***la potestad de convocar a una asamblea constituyente corresponde exclusivamente al pueblo,*** cuya voluntad debe expresarse mediante referendo. En efecto, al convocar a una asamblea constituyente, el Presidente invocó los artículos 70, 347 y 348 de la Constitución, que no le confieren esa facultad. Veamos:

El artículo 347 establece que el **pueblo de Venezuela** es el depositario del poder constituyente originario, y en ejercicio de ese poder **puede convocar a una asamblea constituyente** [**]. El artículo 70 establece mecanismos de participación y protagonismo del pueblo en ejercicio de su soberanía, e incluye allí el referendo popular, que permite al pueblo tomar las decisiones que le corresponden mediante votación universal, directa y secreta. Ninguna de esas disposiciones concede facultades al Presidente.

El Presidente Maduro también invocó el artículo 348 de la Constitución, el cual establece cuatro categorías de sujetos que tienen la ***iniciativa*** de convocatoria a una asamblea constituyente [***]. Como titulares de esa iniciativa, ellos sólo están facultados para dar el paso ***inicial*** de pedir al pueblo que convoque una constituyente, pero no están facultados para realizar la convocatoria misma, pues esa decisión corresponde al pueblo según el citado artículo 347. Si alguna de esas cuatro categorías de sujetos toma la iniciativa y propone que se convoque una constituyente, el Consejo Nacional Electoral debe realizar un referendo para que el pueblo decida mediante votación universal, directa y secreta, si convoca o no a una constituyente y apruebe las bases para elegir a sus miembros y los principios que regirán su funcionamiento.

Al respecto existe un importante precedente. El presidente Chávez fue uno de los principales promotores de la Asamblea Constituyente de 1999, pero se limitó a proponerla. En efecto, ***la Asamblea Constituyente de 1999 no fue convocada por el entonces presidente Hugo Chávez Frías, sino por el pueblo mediante referendo*** que tuvo lugar el 15 de abril de 1999. En ese referendo, ***cada ciudadano*** respondió a la siguiente pregunta: "***¿Convoca usted una Asamblea Nacional Constituyente*** *con el propósito de transformar el Estado y crear un nuevo ordenamiento jurídico que permita el funcionamiento de una Democracia Social y Participativa?* ***Sí - No"*** (Énfasis agregado).

Convocar una constituyente sin tener facultades para ello, es lo mismo que ***despojar al pueblo su poder de decidir si quiere o no una asamblea consti-***

** Artículo 347: "*El pueblo de Venezuela es el depositario del poder constituyente originario. En ejercicio de dicho poder puede convocar a una Asamblea Nacional Constituyente con el objeto de transformar el Estado, crear un nuevo ordenamiento jurídico y redactar una nueva Constitución*".

*** Artículo 348: "*La iniciativa de convocatoria a la Asamblea Nacional Constituyente podrán tomarla el Presidente o Presidenta de la República en Consejo de Ministros; la Asamblea Nacional, mediante acuerdo de las dos terceras partes de sus integrantes; los Concejos Municipales en cabildo, mediante el voto de las dos terceras partes de los mismos; o el quince por ciento de los electores inscritos y electoras inscritas en el Registro Civil y Electoral.*"

tuyente. Se pretende así usurpar la soberanía popular que reside intransferiblemente en el pueblo según el artículo 5 de la Constitución [****].

Debe entonces concluirse que la convocatoria hecha por Nicolás Maduro, sin estar facultado para ello, es un fraude a la Constitución y a la democracia, lo cual fue denunciado por todas las academias nacionales en pronunciamiento conjunto [20], y por reconocidas universidades, entre las que se cuentan la Universidad Central de Venezuela [21], la Universidad Simón Bolívar [22], la Universidad del Zulia[23], la Universidad de Los Andes [24], la Universidad Católica Andrés Bello [25] y la Universidad Metropolitana [26]. También se han pronunciado la Conferencia Episcopal Venezolana [27] y destacados juristas (Pedro Afonso del Pino, Tulio Álvarez, Alberto Arteaga, Allan R. Brewer-Carías, Jesús María Casal, Ricardo Combellas, Román Duque Corredor, Fortunato González, José Vicente Haro, José Ignacio Hernández, Miguel Mónaco y Juan Manuel Raffalli Arismendi) [28].

**** "Artículo 5. *La soberanía reside* ***intransferiblemente*** *en el pueblo, quien la ejerce directamente en la forma prevista en esta Constitución y en la ley, e indirectamente, mediante el sufragio, por los órganos que ejercen el Poder Público" (énfasis agregado).*

20 http://www.acienpol.org.ve/cmacienpol/Resources/Pronunciamientos/2017-05-05%20Pronunciamiento%20conjunto%20sobre%20ANC%20-%20final.pdf

21 http://www.ucv.ve/fileadmin/user_upload/facultad_ciencias_juridicas/ederecho/Comunic_ANC_comunal_Rev_LWR.pdf

22 https://usbnoticias.info/post/51042

23 http://www.luz.edu.ve/index.php?option=com content&view=article&id=2274:pronunciamiento-del-consejo-universitario-sobre-la-pretension-de-una-asamblea-nacional-constituyente-propuesta-por-el-presidente-de-la-republica&catid=85&Itemid=489

24 http://prensa.ula.ve/2017/05/10/pronunciamiento-del-consejo-universitario-ula-sobre-convocatoria-una-asamblea-nacional

25 http://cidep.com.ve/files/documentos/ComunicadoUCABanc.pdf

26 http://www.unimet.edu.ve/unimetsite/wp-content/uploads/2017/05/Pronunciamiento.pdf

27 http://www.cev.org.ve/index.php/noticias/223-comunicado-de-la-presidencia-de-la-cev-no-reformar-la-constitucion-sino-cumplirla

28 Pedro Afonso del Pino, http://konzapata.com/2017/05/profesor-pedro-afonso-del-pino-una-asamblea-nacional-constituyente-es-para-hacer-una-nueva-constitucion-i/; Alberto Arteaga, http://www.cesarmiguelrondon.com/opinion-2/el-espacio-de-mis-amigos/engano-constituyente-alberto-arteaga-sanchez/; Tulio Alvarez, http://www.2001.com.ve/en-la-agenda/158784/tulio-alvarez-quieren-usurpar-la-soberania-del-pueblo---video-.html; Allan R. Brewer-Carías, http://allanbrewercarias.net/site/wp-content/uploads/2017/05/156.-Decreto-Constituyente.-Nuevo-fraude-a-la-Constituci%C3%B3n-y-a-la-voluntad-popular.-4-mayo-2017.pdf y http://revistasic.gumilla.org/2017/como-se-puede-convocar-en-venezuela-una-asamblea-nacional-constituyente/

Pero eso no es todo. En el referendo de 1999 se preguntó a cada ciudadano si aprobaba o no las bases comiciales, que se aplicarían para elegir los miembros de la constituyente y los principios que regirían su funcionamiento, y el pueblo las aprobó. Por contraste, Nicolás Maduro no propuso que las bases comiciales sean sometidas a la consideración y aprobación del pueblo mediante un referendo. En lugar de eso, designó una comisión para que las redacte y las entregue al Consejo Nacional Electoral, con el fin de que este implemente la elección de los constituyentes. Si esto llega a ocurrir, se estará ***despojando al pueblo su derecho a decidir cómo se elegirán los miembros de la asamblea constituyente y cuáles serán los principios que regirán su funcionamiento***.

Esas bases comiciales no han sido reveladas, pero ya el Presidente dijo que se elegirán "unos 500 constituyentistas, aproximadamente, unos 200 o 250 electos por la base de la clase obrera, de las comunas, de las misiones, de los indígenas, de los campesinos, de los barrios, de los movimientos sociales (...)" [29], mediante elecciones que se harán dentro de las comunas y demás organizaciones sectoriales que controla el Gobierno y que forman parte de un 'poder comunal', también llamado 'Estado Comunal', que no existe en la Constitución y se basa en el llamado Plan de la Patria, 'testamento político de Hugo Chávez'. De manera que esos miembros sectoriales no serían designados por elección directa según el principio 'un ciudadano, un voto' consagrado en la Constitución, sino por algunos sectores indicados por el Gobierno, mediante elecciones de segundo grado que violarían disposiciones constitucionales que exigen votaciones libres, universales, directas y secretas, que garanticen la personalización del voto y representación proporcional de las minorías. [30].

Jesús María Casal, http://globovision.com/article/jesus-maria-casal-esta-constituyente-se-parece-a-lo-que-hizo-fujimori; Ricardo Combellas, http://prodavinci.com/2017/05/10/actualidad/ricardo-combellas-si-triunfa-la-constituyente-comunal-el-camino-sera-de-esclavitud-por-hugo-prieto/; Román Duque Corredor, http://www.miamidiario.com/politica/venezuela/crisis-venezolana/blo-que-constitucional/roman-duque-corredor/constituyente-comunal/constituyente-de-maduro/asambla-nacional-constituyente/374519; Fortunato González, http://actualidadygente.com/noticias-de-merida-venezuela/81423-fortunato-gonzalez-la-constituyente-es-una-trampa-para-evitar-que-se-manifieste-la-voluntad-popular; José Vicente Haro, http://www.eluniversal.com/noticias/politica/haro-sobre-constituyente-debe-garantizar-universalidad-del-voto_650762; José Ignacio Hernández, http://prodavinci.com/blogs/la-fraudulenta-constituyente-otro-golpe-a-la-democracia-por-jose-ignacio-hernandez/; Miguel Mónaco, http://elucabista.com/2017/05/02/presidente-la-republica-no-puede-validamente-convocar-una-constituyente/ y Juan Raffalli Arismendi, http://prodavinci.com/2017/05/02/actualidad/la-ilegitima-e-inconstitucional-constituyente-convocada-por-maduro-por-juan-manuel-raffalli/

29 https://www.youtube.com/watch?v=27C5TUxld94&feature=youtu.be

30 http://blog.chavez.org.ve/programa-patria-venezuela-2013-2019/#.WRNoymQ1-P8

Esa 'constituyente' no aliviará la tragedia venezolana, ni hará viable un país que para el gobierno actual es ingobernable. El Presidente quiere esa 'constituyente' como pretexto para seguir desconociendo a la Asamblea Nacional elegida por el pueblo en diciembre de 2015. De hecho, el Presidente habló de una constituyente 'plenipotenciaria' y citó el artículo 349 de la Constitución, según el cual "los poderes constituidos no podrán en forma alguna impedir las decisiones de la Asamblea Constituyente". [31]

Se trata de una maniobra del Gobierno para aferrarse al poder, y no es la primera artimaña. A fines del año pasado, el Gobierno enfrió las protestas de calle promoviendo un diálogo con cuatro expresidentes y el representante del Vaticano, y luego no cumplió los compromisos que adquirió frente a ellos [32], según lo reconoció el representante de la Santa Sede, en carta dirigida al Gobierno y a la oposición, que se filtró a la prensa[33].

No hemos expuesto aquí las consecuencias y riesgos que la tragedia venezolana está creando en otros países del hemisferio. Basta recordar, por ejemplo, dos puntos críticos: a quienes han emigrado desde Venezuela, que suman más de un millón, se añaden ahora verdaderos refugiados; y que el chavismo, el gobierno cubano y organizaciones guerrilleras de Colombia, tienen una historia de mutua colaboración.

Mientras, el Presidente sigue prorrogando, de manera inconstitucional, el Estado de Excepción y de Emergencia Económica que decretó por primera vez en 2016 (poco después de haberse juramentado la Asamblea Nacional de mayoría opositora), con el fin de tomar medidas sin la autorización de otros poderes públicos que ordena la Constitución.

Todo lo expuesto demuestra que Nicolás Maduro lidera un gobierno *de facto* que oprime y reprime a los venezolanos, y crea consecuencias adversas para el hemisferio. Y ahora pretende consolidar su poder, ilegítimo e inconstitucional, mediante una asamblea constituyente que convocó sin tener facultades para ello.

Todos, en Venezuela y en el exterior, podemos contribuir al restablecimiento de la democracia y la protección de los derechos fundamentales. Cada palabra es útil. Cada voz cuenta. Cada apoyo reconforta.

Caracas, 17 de mayo de 2017

---

31 https://www.youtube.com/watch?v=27C5TUxld94&feature=youtu.be

32 http://www.noticias24.com/venezuela/noticia/326130/claudio-maria-celli-expone-comunicado-establecido-por-el-gobierno-y-la-oposicion-en-la-mesa-de-dialogo/

33 http://runrun.es/nacional/289776/esta-es-la-carta-que-envio-el-vaticano-a-quienes-participan-en-la-mesa-de-dialogo.html

GÉNESIS Y PERSPECTIVAS DE CIERTA ASAMBLEA NACIONAL CONSTITUYENTE
UNA MIRADA POLITOLÓGICA

Humberto Njaim

Decano de la Facultad de Estudios Jurídicos y Políticos de la Universidad Metropolitana

La ciencia política es el estudio descarnado del poder, de cómo se busca obtenerlo y conservarlo y cuál es la probabilidad de que se lo logre y de cómo los actores políticos para obtener y conservar el poder están dispuestos a violar el derecho. Esta es la mirada desde la cual se ubica este trabajo. Por lo tanto no corresponde analizar sino la cierta Asamblea Nacional Constituyente (ANC) como fenómeno político y, en este sentido, interesan no tanto los rasgos del fenómeno que apuntan a catalogar las violaciones jurídicas sino aquellos que apuntan hacia predecir los resultados políticos de dichas violaciones, dentro del marco de su génesis y su éxito y fracaso, aun a costa de infringir no sólo el derecho sino también otras normas como las morales lo cual será el tema de las disquisiciones que, a continuación, se presentan.

GÉNESIS

En cuanto a la génesis formularemos la siguiente proposición:

1. La Asamblea Nacional Constituyente es un recurso para evitar elecciones que el oficialismo tenía perdidas dando la apariencia de ofrecer un proceso electoral más amplio y de mayor significación que las que procuraba eludir.

PERSPECTIVAS:

En cuanto a perspectivas se arriba a la siguiente proposición:

2. A pesar de las ventajas que la Asamblea Nacional Constituyente parece ofrecer al oficialismo es una jugada arriesgada de resultado incierto y probablemente negativo.

A continuación desarrollaremos estas proposiciones:

GÉNESIS

1. La Asamblea Nacional Constituyente es una fórmula de evitar elecciones que el oficialismo tenía perdidas dando la apariencia de ofrecer una elección más amplia y de mayor significación que las que procuraba eludir. Examinemos esta proposición en sus dos aspectos:

A) *Eludir elecciones*

Veamos en este sentido los resultados de algunas de las encuestas principales, conocidos en los momentos anteriores a la convocatoria de la ANC, y en cuanto a variables decisivas para probables resultados electorales.

El primero de estos aspectos a destacar es el agrado o desagrado con la figura presidencial. De esta manera vemos lo siguiente:

Encuesta Datanalisis, estudio de opinión pública (diciembre 2016): 73,3% desagrado, 18% agrado.

Datanalisis en su reporte sobre Tendencias del consumidor venezolano 2017 (abril): Evaluación de gestión por el país: Presidente Nicolás Maduro: 72,3% rechazo, 24,1% aceptación.

Hercon Estudio de opinión pública (mayo de 2017): Nicolás Maduro: desagrado 75%, agrado: 19,8%.

70,5% estarían dispuestos a votar por un candidato presidencial de la oposición

En las elecciones regionales para gobernador por candidato de la oposición 65, 5%. Para alcaldía 63,3%.

Datincorp (comienzos de mayo de 2017): evaluación de la gestión del Presidente Maduro negativa: 78%, positiva 21 puntos

En suma, una distancia de 50 puntos porcentuales de diferencia entre la valoración negativa y la valoración negativa. No es de extrañar que los comentaristas políticos concordaran en cuanto a que no había forma de que el gobierno pudiera resultar vencedor en ningún tipo de elección.

Tampoco podía tener éxito en un referendo de convocatoria a una ANC por parte del pueblo y esta es, sin más, la explicación de toda la parafernalia jurídica montada para justificar que no era necesario tal referendo.

Con la oferta de la Constituyente se trataba pues de ganar al menos en 2 terrenos fundamentales: no dar la impresión de que no se querían elecciones pero realizarlas de la forma más favorable al gobierno y hasta instalar un sistema donde ya no hubiera más elecciones como las hemos conocido y las que requiere la conciencia civilizada actual. Retengamos esta visión pues será una de los aspectos a ser considerados en cuanto a las perspectivas de éxito del designio.

A este respecto se ha analizado exhaustivamente el sesgo de las bases comiciales tanto en su aspecto territorial como sectorial pero quisiéramos llamar especialmente la atención sobre los sectores mencionados. No puede pensarse que hayan sido escogidos caprichosamente se trata de conglomerados en los cuales el gobierno cuenta con maquinarias y capacidad de influencia similar a la que contaría en los municipios de menor población. Esto ocurre con los campesinos los pescadores, los discapacitados, los pensionados, los estudiantes caso en el cual es sabido que el número de estudiantes de la Universidad Bolivariana y otras creadas por el gobierno supera con creces a aquellos de las universidades no controladas. Es cierto que figuran también los empresarios pero su actitud presumiblemente adversa y su número quedan más que compensados por los otros sectores. Esto se refuerza y combina con la especificación de los registros de trabajadores que debe solicitar el CNE en los cuales el sector público es predominante. Además de la inauditabilidad de tales registros. En suma es difícil concebir mayores ventajas a su favor que las que ha ideado el gobierno.

B) *Una elección más atractiva que las usuales*

En cuanto al atractivo que podía comportar la propuesta para la oposición es necesario tener en cuenta que ella, hasta las vísperas de la iniciativa gubernamental, preconizaba unas elecciones generales. Pero, en su seno, un sector inconforme señalaba que tales elecciones no estaban previstas en la Constitución mas sí la Asamblea Nacional Constituyente que resultaba sumamente atractiva como poder plenipotenciario consagrado supuestamente en la Constitución.

Esta característica la hacía también atractiva para el gobierno. No hay que olvidar que hubo momentos bajo Chávez cuando se rumoraba que la consideraba como una alternativa y se observaba por algunos estudiosos que era tanto más atrayente cuanto que la Constitución no establece expresamente un referendo aprobatorio de la nueva Constitución pero, también, porque el gobierno como actor individual tiene mayores ventajas que actores colectivos para la iniciativa, tesis que ahora ha quedado demostrada. Lo cierto es que el diseño constitucional venezolano establece lo que podríamos llamar la tentación constituyente, una espada de Damocles pendiente sobre la Constitución del 99 y todo lo que, a partir de ella, se erija. Así pues el carácter originario de la Constituyente pudiera servir para demoler el Estado existente y para reconstruirlo de manera favorable tanto a la oposición como al gobierno ofreciendo considerables ventajas a quien se adelantara en el designio.

La causa se prestaba además a la acostumbrada estrategia chavista de reversión del discurso que constantemente ha sido utilizada por el partido de gobierno. Si la oposición quería elecciones y se quejaba de las maniobras frustradoras del referendo revocatorio y de la injustificada dilación de las regionales ahora se le ofrecía la posibilidad de algo más atractivo por ser de mayor y más profundo alcance.

Nuestra hipótesis, sin embargo, es que el gobierno no se hacía ilusiones sobre el atractivo de la propuesta para la oposición sino que se trataba de un discurso dirigido principalmente a sus propias filas:

En efecto, la Constituyente podía ser una fuerza movilizadora y cohesionadora para el electorado chavista animándolo a una causa capaz de superar las frustraciones de la escasez, las colas y el desabastecimiento que resultaba tanto más atractiva en la medida en que la oposición se convertía en una amenaza cada vez más seria contra los logros de la revolución. En unas circunstancias, además, en las cuales los incentivos materiales de todo tipo de subsidios se habían agotado era necesario ofrecer incentivos simbólicos. No es de descartar que se haya imaginado que podía serlo la seguridad para sus partidarios de contar de entrada con una considerable ventaja electoral frente a los adversarios. Al dar este paso, sin embargo, el oficialismo emprendía un camino lleno de dificultades como veremos más tarde.

PERSPECTIVAS:

Las perspectivas son, desde luego, que el gobierno se salga con la suya o que no se salga con la suya. Comencemos con la primera.

Salirse con la suya: lo que esto significaría se puede derivar de algo a lo que no se ha prestado suficiente atención quizá porque se ha considerado puramente retórico y la atención se ha concentrado en las violaciones de la Constitución del 99 y los sesgos del sistema electoral diseñado. Se trata de las motivaciones que se alegan en el Decreto 2830 de convocatoria de la Constituyente.

Antes de discutir dichas motivaciones es necesario destacar la paradoja que enfrentan la cual consiste en plantear una Asamblea Constituyente originaria que, por definición, no admite le sea formulado un programa de actuación y si se lo formula no tiene ningún carácter vinculante para la futura Asamblea. Aquí se generan dos dificultades para el gobierno: en su relación con el sector opositor cualquier intento de acercamiento resultaba no creíble tanto si la Constituyente funcionaba como un mero apéndice del gobierno como si se tomaba en serio asumir atribuciones plenipotenciarias; la segunda dificultad es el desconcierto que la iniciativa podía producir en las filas del chavismo y que realmente produjo. Independientemente de la autenticidad del mensaje de democracia participativa y protagónica de Chávez (autenticidad de la cual dudamos pero que no podemos abordar aquí) no se puede predicar ese mensaje, acostumbrar a los chavistas a estar orondos, gracias a su líder, de resultar invictos en sucesivas elecciones y eludir, sin más, no seguir el modelo de 1999 con la convocatoria popular de la Constituyente y el posterior referendo aprobatorio de la Constitución. Ello en cuanto a los sectores más ideológicamente conscientes y en cuanto a las masas no es lo mismo convocar una Constituyente en la embriaguez de las expectativas por un futuro promisorio que en las duras realidades del sufrimiento popular debido a la inflación, el desabastecimiento y la inseguridad entre otras plagas. Así se hace extremadamente arduo explicar la necesidad del tráfago y vastedad de recursos necesarios para una Constituyente que aparece como un desperdicio de recursos difícil de explicar.

Resultan también cómicas las piruetas en el Decreto 2830 para establecer un sistema de elusión de la voluntad popular y al mismo tiempo fundamentarse en el "proceso popular constituyente de 1999, Legado (*sic*) del Comandante Chávez" y remitirse a la Constitución pionera y fundacional de 1999. No es extraño que en el mismo chavismo se haya considerado que, más bien el Legado (*sic*) fue traicionado o para qué modificar algo tan pionero y fundacional cuando habría que concentrarse en resolver los graves problemas que el país afronta. Finalmente la paradoja se hizo más resaltante con la reforma a las Bases Comiciales al agregar posteriormente un artículo en el cual se exhorta a la ANC a convocar un referendo aprobatorio a la nueva Constitución que elabore; simple exhorto que la Asamblea podría no acoger o acogerlo estableciendo un tipo de referendo aprobatorio a su conveniencia.

Por otra parte siendo la Constituyente una caja de Pandora de ella puede salir tanto algo favorable al designio de quienes la han promovido como sorpresas no deseadas, si los constituyentes se toman en serio sus atribuciones y el asunto convertirse en un escenario de pugnas entre las corrientes que se agitan en el seno del gobierno y del partido de gobierno.

LOS OBJETIVOS DEL DECRETO 2830

Después de las anteriores consideraciones, que enmarcan el tema, examinemos, enseguida, los objetivos relevantes, a nuestro modo de ver, enunciados en el Decreto 2830:

En el preámbulo del Decreto antes de formular dichos objetivos programáticos se habla de garantizar la paz del país pero a continuación se define un enemigo constituido por factores antidemocráticos y de marcada postura antipatria. Es decir, se trata de un proyecto destinado a la victoria sobre un adversario existencial. Esto comporta un caso inédito en la historia de las constituciones totalitarias pues estas han sido dictadas después de vencer un enemigo y no como un instrumento para vencerlo.

La situación de Venezuela es, en efecto, una lucha en la que si bien el gobierno posee el poder de fuego no las tiene todas consigo. Las declaraciones de los voceros oficialistas confirman esta impresión puesto que hablan de condiciones de establecimiento de gobernabilidad que traslucen que estas se alcanzarían eliminando a los factores que se consideran molestos, desde la Asamblea Nacional hasta recientemente la titular de la Fiscalía General de la República.

Los subsiguientes objetivos programáticos son diáfanos en cuanto a las preocupaciones que desvelan al gobierno y, al mismo tiempo, establecen un marco para juzgar acerca de sus perspectivas de éxito.

El objetivo 1 comienza refiriéndose nuevamente a la paz y surge una frase promisoria "el reconocimiento político mutuo" pero, a continuación, plantea la recuperación del principio constitucional de cooperación entre los poderes públicos, lo cual está evidentemente dirigido contra la Asamblea Nacional considerada en rebeldía como lo han declarado voceros gubernamentales y no ejerciendo legítimamente sus facultades de legislación y control. Es decir, el enemigo comienza a adquirir perfiles concretos pero la situación se complica porque ahora habría que agregar a la Fiscalía General de la República.

El objetivo 2 toca analizarlo a los economistas pero no podemos dejar de remarcar que “el establecimiento de un sistema de distribución que satisfaga plenamente las necesidades de abastecimiento de la población” revela que estas necesidades no se están satisfaciendo y la incapacidad ideológica de lograrlo crea un serie problema para el gobierno independientemente de que logre establecer una constitución a su medida.

El objetivo 3 de constitucionalizar las Misiones y las Grandes Misiones Socialistas revela que el oficialismo no puede saltar por encima del proyecto de reforma constitucional de 2007 que se hizo avanzar mediante una serie de leyes espurias pero a las que faltaba su colofón constitucional. Esto significaría o bien la institucionalización del Estado paralelo o bien la desaparición de la administración pública para dar lugar a una administración ad hoc y constantemente improvisada.

El objetivo 4 refiere acerca de la ampliación de las competencias del sistema de justicia y lo que con ello se persigue.

Particular atención merece el objetivo 5:

> Constitucionalización de las nuevas formas de la democracia participativa y protagónica a partir del reconocimiento de los nuevos sujetos del Poder Popular, tales como las Comunas y Consejos Comunales, Consejos de Trabajadores y Trabajadoras, entre otras formas de organización de base territorial de la población.

Ya la sentencia 378 confirmó la idea presidencial al establecer la enormidad de que la democracia directa se realiza por los referendos y por el Poder Popular es decir un Poder destinado a realizar el socialismo y al cual no se puede pertenecer si no se hace confesión socialista.

Si el Preámbulo y el objetivo 1 definen el enemigo interno el 6 sobre la defensa de la integridad y la soberanía de la nación definen el enemigo externo pero ya sabemos, según las constantes proclamaciones del gobierno, que enemigo interno y externo están unidos en una confabulación donde no es distinguible el uno del otro. De manera que este objetivo debe verse conjuntamente con lo ya mencionado respecto del preámbulo y del objetivo 1.

Debe resaltarse especialmente que en todo el lenguaje de convocación a la Constituyente en ninguna parte aparece el pluralismo sino lo pluricultural y la diversidad étnica (objetivo 7) lo cual no significa pluralismo puesto que estas múltiples culturas y etnias tendrían una unidad ideológica como lo practicó el régimen soviético con su organización plurinacional bajo un ferreo dominio del partido comunista. Lo dicho sobre el objetivo 5 de establecimiento de un Poder Popular destinado a realizar el socialismo sería la versión vernácula de este sistema. Prueba de que la unificación ideológica está por encima de la diversidad cultural es lo que ha ocurrido con los representantes indígenas del Estado Amazonas a los cuales no se vaciló en invalidar para hacer inefectiva la mayoría absoluta lograda por la oposición en las elecciones parlamentarias. Si todavía quedara duda que pluriculturalismo y diversidad étnica no quiere decir pluralismo ideológico téngase en cuenta lo expresado sobre el objetivo 5 y el segundo Considerando del sucesivo Decreto 2831 que designa la Comisión Presidencial que elaboró las Bases Comiciales se habla allí de "seguir cimentando las bases del Socialismo Bolivariano del siglo XXI". Por cierto que la Comisión que se nombra no tiene nada de plural como ya fue mencionado.

Mención especial merece el objetivo 8 cuyo tema expresa el gran fracaso y la gran desazón del gobierno: la juventud. Que la lucha de calle haya pasado al comando de generaciones que no conocieron el sistema político anterior y que, por lo tanto, no se les pueda achacar nostalgia del pasado debe causar consternación en las filas del PSUV y este objetivo es revelador en tal sentido. Se trata de una juventud unida por una aspiración de libertad y que ha sufrido en carne propia las consecuencias de un modelo fracasado pero que cuenta con el vigor suficiente para la rebelión, agotado o amortiguado en sus mayores.

No perderemos tiempo en el objetivo 9 sobre la preservación de la vida en el planeta por ser inocuo.

Ahora bien, la descripción de estos objetivos nos permite establecer un método para poder responder específicamente la segunda cuestión que es la que más nos interesa. Es decir la probabilidad de que el gobierno no se salga con la suya.

A este efecto agruparemos los objetivos enumerados en dos grupos: aquellos que exacerbarían el conflicto es decir que convertirían la convocatoria de la Asamblea Nacional Constituyente en una especie de bumerán que se volvería contra el régimen y aquellos que, de tener éxito, generarían un estado de cosas altamente inestable de manera que aun venciendo esta victoria sería efímera. De esta manera tendríamos:

Exasperación del conflicto: objetivos 1, 2, 6, 8.

Inestabilidad del orden creado por cierta Constituyente: objetivos 3, 4, 5, 7.

Examinaremos esto en la siguiente sección recapitulativa la cual empleará las dos categorías anteriores de exasperación e inestabilidad aplicándolas a todo el discurso del presente trabajo y no sólo a los objetivos enunciados en el Decreto 2830:

EXASPERACIÓN DEL CONFLICTO:

La intención política del cierto proceso constituyente es tan transparente que asombra la falta de sutileza con que se lo presenta. Es un tanto curioso hablar de la transparencia del mal pues solemos suponer que el mal trata de ocultarse pero no sólo no se oculta en su adminiculación jurídica sino menos lo hace en las declaraciones sucesivas de sus voceros políticos llenas de amenazas de todo tipo a todas las entidades y cargos que se enfrentan al actual estado de cosas y pretensiones gubernamentales, sino también en la precipitación de estos voceros para anunciar sus candidaturas a la Constituyente: confirmación palmaria de los objetivos de obtener un desenlace fulminante y rápido frente a toda oposición. Por supuesto ante la amenaza cierta y proclamada no puede menos que aumentar la alarma de los contrarios e intensificarse su lucha. Tal lucha se convierte ya en una cuestión de supervivencia.

Los objetivos 1, 2 y 6 que convierten al proceso constituyente no en un proceso de búsqueda de un pacto social sino en un espacio de guerra significan que la cuestión de la necesaria puesta en la palestra de los fundamentos del Estado se convierte en una ocasión para la discordia y no para el acuerdo y así como puede producir una alta motivación de lucha en sus propulsores no menos ocurrirá con sus adversarios. Ya no se trata de una deliberación racional sino de un combate de vida o muerte.

El objetivo 7 parece jugar a favor del gobierno porque ofrece un incentivo a las organizaciones que maneja para involucrarse en el propósito constituyente sin embargo aquí se debe tener en cuenta que podría no ocurrir tal cosa. Que más bien se aprovechara la ocasión para manifestar una inconformidad subyacente que buscaría manifestarse de una manera contraria a los objetivos perseguidos por el régimen. Un dato, poco destacado, que apunta en esa dirección es la suspensión por 180 días de las elecciones de los Consejos Comunales, que resolvió en septiembre de 2016 el Ministerio de las Comunas y que siguen postergadas puesto que tampoco se realizaron, como correspondían, en abril de 2017. Esto apunta a un conflicto interno que más bien podría patentizarse a lo largo del proceso constituyente.

ESTABILIDAD:

Aun suponiendo que se lleve a cabo la cierta Asamblea Constituyente no deja de tener importancia la forma como se lo ha logrado, esto es mediante la perturbación de lo que se suponía una revolución invencible, de una popularidad a toda prueba capaz de soportar cualquier tipo de desafío electoral. El resultado deja en muchos sectores chavistas la impresión de una triquiñuela que resiente su confianza y fe en el proceso: ¡tanto hablar de la soberanía del pueblo, de "el Soberano" y luego buscar eludirlo! El entusiasmo se desvanece y el apoyo tiene que seguir basado en sucesivas triquiñuelas e incluso en el uso de la violencia y el amendrentamiento psíquico contra los disidentes internos. El orden así logrado carecerá de porvenir por más que consiga prolongarse en el tiempo.

Veamos ahora los objetivos del Decreto 2830 que hemos incluido en esta categoría.

El 3 que nos habla de constitucionalizar las Misiones y las Grandes Misiones Socialistas es muy interesante en cuanto a sus repercusiones sobre el funcionamiento racional de un Estado moderno. Hasta ahora las Misiones han sido una especie de Estado paralelo mediante el cual se supone poder alcanzar los fines en los que supuestamente se muestra ineficiente la administración establecida. El saltarse por encima las restricciones burocráticas ha significado también la instalación de procedimientos en constante improvisación e incluso del desconocimiento de derechos laborales. Que la constitucionalización pretendida consolide el paralelismo o elimine de una vez a la administración reglada, en cualquier caso el resultado será un desorden permanente a la larga insostenible.

La ampliación de las competencias del sistema de justicia (objetivo 4) lleva a preguntarse qué se entiende por tal ampliación. Ciertamente el sistema de justicia está plagado de deficiencias y de vicios. Sin embargo, la manera como está formulado el objetivo no resulta muy alentadora sobre lo que puede ocurrir en ese campo y las frustraciones que una vez más se originen.

El anzuelo para la juventud que pretende ser el objetivo 8 termina frustrándose ante el atropello de que esta ha sido víctima en los recientes acontecimientos. No es lo mismo inferir daños a los adultos que a quienes son simientes de inconformidad que pueden hacerse más virulentas en el futuro y quizá más efectivas una vez que los hoy jóvenes hayan alcanzado la madurez y experiencia que les permitirá acciones opositoras quizá más efectivas.

Podemos finalizar esta parte determinando que si en la primera referida a la exasperación del conflicto el fracaso del proyecto constituyente habría sido su éxito, aquí, por el contrario, su éxito podría ser su fracaso.

CONCLUSIÓN

En este escrito se quiso analizar desde el punto de vista político una decisión que ha sometido al país venezolano a una conmoción sin precedentes en su historia. Para consumarla se han infringido en forma tan temeraria toda suerte de disposiciones jurídicas que sólo un afán implacable de mantener el poder puede explicarlo.

El análisis se ha desarrollado mediante el empleo de 2 perspectivas. Una referida las intenciones del proyecto y otra a sus posibilidades de éxito. En ambas se encuentra la misma voluntad de sus autores de no vacilar en exponer a la nación a conflictos y enfrentamientos y a engendrar una Constitución que sería ante todo un tratado de rendición de una de las partes de esa nación y en la victoria de otra cada vez más reducida.

Que esto se haya podido desencadenar mediante disposiciones y entidades jurídicas obliga a repensar seriamente el diseño institucional desarrollado contra la llamada Constitución del 99 pero también ella misma y preguntarse si toda la concepción constituyente que la promovió y que en ella se plasmó es fundamentalmente errónea y una lección no sólo para Venezuela sino también para otras sociedades que han caído o han estado a punto de incurrir en el mismo error. De esta manera en la experiencia venezolana y el sufrimiento de nuestro pueblo, pese a que hubiéramos preferido no padecerlo, quizá nos sirva de consuelo haber obtenido enseñanzas, que esperamos perdurables, no sólo útiles para nosotros sino también para otros pueblos especialmente aquellos que nos son hermanos.

LA ASAMBLEA NACIONAL CONSTITUYENTE DE MADURO-2017: FRAUDE CONSTITUCIONAL Y USURPACIÓN DE LA SOBERANÍA POPULAR (INCONSTITUCIONALIDAD E INCONVENCIONALIDAD DE LA CONVOCATORIA Y LAS BASES COMICIALES)

Carlos Ayala Corao

Profesor y jefe de la cátedra de Derecho Constitucional (UCAB), Miembro de la Comisión Internacional de Juristas

INTRODUCCIÓN

El Presidente de la República Bolivariana de Venezuela, Nicolás Maduro Moros, en Consejo de Ministros, mediante el Decreto N° 2.830 de fecha 1 de mayo de 2017[1] decidió convocar ("convoco") a una Asamblea Nacional Constituyente (ANC) (art. 1). Según los considerandos de dicho decreto presidencial, la ANC se convoca con los propósitos de (i) preservar la vida del planeta; (ii) defender la soberanía e integridad de la nación; (iii) constitucionalizar las grandes Misiones Socialistas; (iv) perfeccionar el sistema económico hacia la Venezuela Potencia; (v) la paz; (vi) erradicar la impunidad de los delitos; (vii) constitucionalizar las Comunas y los Consejos Comunales; (viii) consagrar los derechos de la juventud y (ix) reivindicar el carácter pluricultural. En este decreto el Presidente dispuso que los integrantes de la ANC serán elegidos "en los ámbitos sectoriales y territoriales" (art. 2).

Ese mismo día, mediante el Decreto N° 2.831 publicado en la misma Gaceta Oficial, el Presidente creó una Comisión Presidencial para la elaboración de la propuesta de las Bases Comiciales sectoriales y territoriales, y los principales aspectos para la conformación y funcionamiento de la ANC (art. 1). Dicha Comisión Presidencial quedó integrada por 14 miembros: ministros,

1 *Gaceta Oficial* (*G.O.*) N° 6.925 Extraordinario de fecha 1-5-2017.

gobernadores, diputados, funcionarios y asesores, todos ellos del oficialismo (art. 2).

I. LA COMPOSICIÓN, POSTULACIÓN DE CANDIDATOS Y NORMAS DE FUNCIONAMIENTO

El 23 de mayo de 2017 el Presidente de la República dictó el Decreto N° 2.878[2] mediante el cual dictó las "Bases Comiciales" para la ANC, consistentes en once disposiciones sobre la forma y el número de integrantes por los ámbitos territoriales y sectoriales. En este sentido dispuso que la ANC tendrá una composición unicameral y solo se elegirán representantes o Constituyentes principales, en los siguientes ámbitos:

1. En el ámbito *territorial*, dispuso que serían un total de 364 miembros: uno (1) por cada municipio del país electo en forma nominal y sistema mayoritario; dos (2) en los municipios capitales mediante lista y sistema proporcional; y siete (7) en el Municipio Libertador de Caracas mediante lista y sistema proporcional.
2. En el ámbito *sectorial*, dispuso que sería un (1) Constituyente por cada ochenta y tres mil (83.000) electores del registro electoral sectorial. Así mismo se dispuso los siete (7) sectores que elegirán sus Constituyentes: 1. campesinos y pescadores; 2. personas con discapacidad; 3. empresarios; 4. pensionados; 5. estudiantes (universitaria pública, universitaria privada y misiones gubernamentales); 6. trabajadores, por tipos de actividad laboral (petróleo, minería, industrias básicas, comercio, educación, salud, deporte, transporte, construcción, cultores, intelectuales, prensa, ciencia y tecnología y administración pública); y 7. Comunas y Consejos Comunales. A continuación, el decreto presidencial aclaró que ningún elector podrá estar en más de un registro electoral, de acuerdo a un orden de prelación (empresarios, campesinos y pescadores, personas con discapacidad, estudiantes, trabajadores, comunas y consejos comunales y pensionados).
3. Los p*ueblos indígenas* estarán representados por ocho (8) Constituyentes electos de acuerdo a la reglamentación que dicte el Consejo Nacional Electoral (CNE), tomando como base el de respeto a sus costumbres y prácticas ancestrales, conforme al cual se llevó a cabo su elección para la ANC de 1999.

Con relación a la *postulación* de los candidatos, el decreto presidencial dispuso las siguientes tres modalidades:

1. Por iniciativa propia: en el ámbito territorial de los municipios, requiere además el respaldo del 3% de los electores de dicha entidad.
2. Por iniciativa de grupos de electores.
3. Por iniciativa de los sectores (autorizados por el decreto): en el ámbito sectorial, los candidatos solo pueden ser postulados por el sector correspondiente y recibir para ello el respaldo del 3% del Registro de dicho sector. Además, deben presentar una constancia de pertenecer a dicho sector postulante.

2 *G.O.* N° 41.156 de fecha 23-5-2017.

Entre los requisitos para poder ser postulado candidato a la Constituyente, el decreto establece ser "venezolano por nacimiento, y sin otra nacionalidad".

Finalmente, las bases comiciales decretadas por el Presidente disponen que la ANC se instalará a las 72 horas siguientes a la proclamación de los Constituyentes electos en la sede del Salón Elíptico (sede actual de la Asamblea Nacional), y una vez instalada, dictará su estatuto de funcionamiento; no obstante, nada se dispone con relación a su lapso de funcionamiento o término de duración.

Y con relación a los límites de la ANC, de manera similar a lo establecido por las bases en 1999 –aprobadas en referendo-, se dispone que tendrá como *límites* los valores y principios de nuestra historia republicana, el cumplimiento de los tratados internacionales, acuerdos y compromisos válidamente suscritos por la República, el carácter progresivo de los derechos fundamentales y las garantías democráticas, dentro del más absoluto respeto de los compromisos asumidos (Base Décimo Primera).

Posteriormente, debido a las críticas en la opinión pública del carácter unilateral e inconsulto de los decretos presidenciales y el riesgo de que la Constitución elaborada por la ANC no fuera de la aprobación de la mayoría del pueblo, el Presidente Maduro dictó otro Decreto, el No.2.889 de fecha 4 de junio de 2017[3], mediante el cual dispuso "exhortar" a la ANC convocada para que la Constitución que redacte, sea sometida a referendo aprobatorio popular.

II. LA FIJACIÓN DE ELECCIONES CONSTITUYENTES Y LA PUBLICACION DE LAS BASES COMICIALES POR EL CNE

A las escasas 48 horas de haberse dictado y publicado el decreto presidencial N° 2.878 mediante el cual dictó las "Bases Comiciales" para la ANC, el 25 de mayo de 2017 la Presidenta del Consejo Nacional Electoral (CNE), Tibisay Lucena, anunció en conferencia de prensa que dicho organismo había decidido fijar la fecha para la elección de los Constituyentes el día 30 de julio de ese año. Sin embargo, no fue sino unos pocos días después, el 7 de junio de 2017 cuando se publicó en la página o sitio web oficial del CNE la Resolución N° 170607-119 emanada en esa misma fecha de dicho organismo[4], mediante la cual se dispuso convocar a dicha elección de Constituyentes para el día domingo 30 de julio de 2017.

En esa misma fecha 7 de mayo de 2017, el CNE adoptó y publicó la Resolución N° 170607-118 mediante la cual expresó que examinó las bases comiciales contenidas en la propuesta presentada por el Ejecutivo Nacional para la convocatoria y elección de la ANC y acordó aprobarlas con unas reformas parciales puntuales.

---

3 *G.O.* N° 6.303 Extraordinario de fecha 4 de junio de 2017.

4 Consultada en www.cne.gob.ve

Estas reformas consistieron, en primer lugar, en precisar las tres *regiones indígenas* para la elección de los 8 representantes: 4 por Occidente (Zulia, Mérida y Trujillo); 1 por la Sur (Amazonas y Apure); y 3 por Oriente (Anzoátegui, Bolívar, Delta Amacuro, Monagas y Sucre).

En segundo lugar, se precisó que en el *ámbito sectorial*, se elegirán 174 Constituyentes de la siguiente manera:

A. 42 Constituyentes electos nacionalmente, por el sistema de representación mayoritaria:

1. Campesinos y pescadores: 8
2. Personas con Discapacidad: 5
3. Empresarios: 5
4. Estudiantes: universidades públicas 11, privadas 3 y Misiones 10.

B. 79 Trabajadores Constituyentes electos en listas nacionales por sub-sectores, por el sistema de representación proporcional:

1. Petróleo-Minería: 2
2. Social: 12
3. Comercio-Banca: 11
4. Servicio: 14
5. Construcción: 4
6. Industria: 6
7. Transporte: 2
8. Administración Pública: 17
9. Por cuenta propia: 11

C. 24 Constituyentes representantes de Comunas y Consejos Comunales electos por entidad federal por el sistema de representación mayoritaria: uno (1) en cada uno de los 23 estados y uno en el Distrito Capital.

D. 28 Pensionados Constituyentes electos nominalmente por regiones, por el sistema de representación mayoritaria: Capital 7, Central 4, Llanos 2, Centro-Occidente 6, Andes 4, Guayana 1, Insular 1 y Nororiental 3.

En cuanto a la postulación en el ámbito sectorial por el sector correspondiente, el CNE introdujo un número de firmas requerido (en lugar del 3% del registro): 500 firmas para las personas discapacitadas, campesinos y pescadores, empresarios y pensionados; y 1.000 firmas para los estudiantes y los trabajadores. Sin embargo, en el caso de las Comunas y los Consejos Comunales solo se establece como requisito la certificación de la comisión electoral permanente del ente al que pertenece el candidato.

El resto de las Bases Comiciales dictadas por el Presidente de la República en sus dos decretos fueron aprobadas y publicadas sin cambios por el CNE en esta resolución.

III. LAS INCONSTITUCIONALIDADES E INCONVENCIONALIDADES DE LAS BASES COMICIALES

La Constitución como norma suprema del ordenamiento jurídico, implica que todas las personas y órganos que ejercen el Poder Público están sujetos a ella (art. 7). En consecuencia, las atribuciones de los órganos que ejercen el Poder Público se deben sujetar a la Constitución y la ley (art. 137). La sanción a los actos del Estado que violen la Constitución y los derechos es su nulidad; y los funcionarios que los ordenen o ejecuten incurren en responsabilidad penal, civil y administrativa, según los casos, sin que les sirvan de excusas órdenes superiores (arts. 25 y 336, C).

La protección de la supremacía de la Constitución se refuerza con su rigidez normativa, es decir, que las modificaciones a la misma solo pueden llevarse a cabo a través de reformas o enmiendas, que requieren mecanismos reforzados, mayorías especiales y que incluyen su aprobación mediante referendos (arts. 340 a 346). Aparte de estos dos mecanismos de modificación, la Constitución de 1999 prevé que el pueblo de Venezuela como depositario del poder constituyente originario puede convocar a una Asamblea Nacional Constituyente, con el objeto de transformar el Estado, crear un nuevo ordenamiento jurídico y redactar una nueva Constitución (art. 347).

La Constitución de Venezuela de 1999, siguiendo la tradición de la Constitución de 1961, contiene una cláusula pétrea sobre la democracia al disponer que el gobierno de la República y de las entidades "es y será siempre" democrático, participativo, electivo, descentralizado, alternativo, responsable, pluralista y de mandatos revocables (art. 6, C).

El tema de la democracia ya no puede considerarse un asunto interno de los Estados. Tanto el Consejo de Europa como la Organización de Estados Americanos (OEA) y la Unión Africana tienen entre sus principios y fundamentos a la democracia, el Estado de derecho y los derechos humanos.

En el ámbito interamericano, la Carta de la OEA como tratado, establece la "democracia representativa" como una obligación internacional de los Estados Miembros y uno de los propósitos esenciales y principios de la Organización (arts.2 y 3). Así mismo, la Carta Democrática Interamericana (CDI) consagra el derecho de los pueblos a la democracia y la obligación de sus gobiernos de promoverla y defenderla (art.1); y reconoce que la democracia representativa es la base del Estado de derecho y los regímenes constitucionales de los Estados Miembros (art.2). Entre los "elementos esenciales" de la democracia representativa, la CDI consagra, entre otros, la celebración de elecciones periódicas, libres, justas y basadas en el sufragio universal y secreto como expresión de la soberanía del pueblo. El elemento electoral conocido como la "legitimidad de origen" de la democracia, es ciertamente una condición necesaria pero no suficiente de toda democracia.

La democracia requiere así su ejercicio efectivo dentro del marco de respeto del Estado de derecho y los derechos humanos. En contraste con ello, las Bases Comiciales de la ANC impuestas por el Presidente de la República, adoptadas por el CNE y validadas por la SC/TSJ, configuran un fraude constitucional y una usurpación de la soberanía popular, y así mismo, violan la Constitución y los instrumentos sobre derechos humanos por cuanto transgreden los principios de universalidad e igualdad del sufragio.

1. *El fraude constitucional y la usurpación de la soberanía popular*

El poder constituyente consiste en la facultad que tiene un pueblo para darse su Constitución. La Constitución emana del poder constituyente como poder creador normativo superior a los poderes constituidos. Por ello, conforme al principio democrático "le corresponde al pueblo, en cuanto titular de la soberanía, el ejercicio indiscutible del poder constituyente".[5]

En este sentido la Constitución de Venezuela de 1999 dispone que **el pueblo** como depositario del poder constituyente originario, es quien puede **convocar** una ANC:

> *Artículo 347*. El pueblo de Venezuela es el depositario del poder constituyente originario. En ejercicio de dicho poder, puede convocar una Asamblea Nacional Constituyente con el objeto de transformar el Estado, crear un nuevo ordenamiento jurídico y redactar una nueva Constitución. (Resaltados añadidos).

De manera tal que, el pueblo y sólo el pueblo como poder constituyente, es quien puede convocar una ANC. Para ello, conforme a la Constitución, la **iniciativa** a fin de consultar la voluntad del pueblo sobre si desea convocar una ANC la tienen, cualquiera de los órganos del poder constituido allí señalados (Presidente, Asamblea Nacional y Concejos Municipales) o la iniciativa popular de un número mínimo de electores (15%):

> *Artículo 348*. La iniciativa de convocatoria a la Asamblea Nacional Constituyente podrán tomarla el Presidente o Presidenta de la República en Consejo de Ministros; la Asamblea Nacional, mediante acuerdo de las dos terceras partes de sus integrantes; los Concejos Municipales en cabildo, mediante el voto de las dos terceras partes de los mismos; o el quince por ciento de los electores inscritos y electoras inscritas en el Registro Civil y Electoral. (Resaltado añadido).

De allí que, el constituyente de 1999 haya recogido en la Constitución su propia experiencia utilizada en ese mismo año para convocar la ANC, la cual consistió en: (i) la iniciativa por decreto presidencial de convocar al pueblo a un referendo para que decidiera si deseaba convocar a una ANC y aprobar las bases comiciales propuestas; y (ii) la aprobación por el pueblo de la convocatoria y las bases comiciales mediante referendo; y (iii) una vez aprobada la consulta popular, se convocó a las elecciones de los Constituyentes (conforme a las bases aprobadas previamente).

---

5 *Ver*, De Vega, Pedro. *La Reforma Constitucional y la problemática del Poder constituyente*. Madrid, 1991, p. 15. *Ver* también, Linares Quintana, Segundo. *Derecho Constitucional e Instituciones Políticas*. Tomo 2, Buenos Aires, 1975, p. 405.

En otras palabras, debe quedar claro que una cosa es la *iniciativa* del Presidente de la República para convocar la celebración de un referendo para que el pueblo como titular del poder constituyente decida si convoca a una ANC y aprueba sus bases comiciales; y otra cosa es, precisamente la *convocatoria a la ANC* la cual sólo la puede decidir el pueblo mediante su aprobación en dicha consulta popular. Pero lo que no puede hacer el Presidente como órgano del poder constituido -y limitado- es sustituir al pueblo como poder constituyente originario y convocar él directamente por decreto la ANC. La ANC solo puede ser convocada por el pueblo como titular del poder constituyente originario, mediante la aprobación de una consulta popular o referendo.

A pesar de la claridad de los principios y las normas constitucionales comentadas, el Presidente Maduro mediante el Decreto N° 2.830 de fecha 1-5-17 decidió directamente convocar ("convoco") la ANC en lugar de convocar al pueblo a una consulta popular para que decidiera si convocaba una ANC. Y el CNE en lugar de observar la inconstitucionalidad de estos decretos y plantear el conflicto ante el Tribunal Supremo de Justicia (TSJ), procedió el 7-6-17 de forma inmediata y autómata mediante la Resolución N° 170607-119 a convocar directamente la elección de los Constituyentes para la ANC.

Así mismo, primero el Presidente Maduro mediante los Decretos N° 2.878 de fecha 23-5-17 y el N° 2.889 de fecha 4-617 dictó las "Bases Comiciales" para la ANC, las cuales fueron igualmente de forma inmediata y autómata el 7-6-17 aprobadas por el CNE mediante la Resolución N° 170607-118.

De tal manera que esta conspiración para usurpar la soberanía popular y cometer un fraude a la Constitución la comenzó el Presidente de la República y fue consumada finalmente por el CNE. Pero como era previsible, en la jugada entró de inmediato y también de manera autómata el TSJ a través de su Sala Constitucional (SC/TSJ), para imprimirle el *úkase* o blanqueo anticipado de estos actos irregulares mediante la "sentencia" N° 378 de fecha 31 de mayo de 2017. Así, en pocos días, veintidós (22) para ser exactos, la SC/TSJ resolvió interpretar que el Presidente sí podía convocar, el sólo y directamente, una ANC sin consultar al pueblo; es decir, que quien convoca la ANC no es el pueblo sino directamente el Presidente. Este fallo textualmente dispuso lo siguiente:

> [...] la Sala considera que no es necesario ni constitucionalmente obligante, un referendo consultivo previo para la convocatoria de una Asamblea Nacional Constituyente, porque ello no está expresamente contemplado en ninguna de las disposiciones del Capítulo III del Título IX.6 (Resaltados añadidos).

En el mismo sentido, con una rapidez de tan solo 12 días, la Sala Constitucional del TSJ -tomando de oficio conocimiento del segundo decreto presidencial y de la aprobación de las bases comiciales por el CNE- citando su anterior fallo N° 378, declaró la constitucionalidad del decreto presidencial

6 Consultar este fallo en la página web o sitio oficial del TSJ: www.tsj.gob.ve

fijando las Bases Comiciales para la elección de la ANC. De esta manera la SC/TSJ también validó la no aprobación de las Bases mediante un referendo o consulta popular así como su mecanismo eleccionario "particular" mediante sectores y territorial (municipios). Para ello el fallo no dio ningún fundamento serio más que recurrir a distorsionar y manipular a la propia Constitución en sus conceptos de democracia directa y Estado federal descentralizado. Así la SC/TSJ en su "sentencia" No. 455 de fecha 12 de junio de 2017 concluyó señalando lo siguiente:

> El proyecto "Bases Comiciales" respeta, en criterio de esta Sala, el concepto de la democracia participativa y el sufragio universal, directo y secreto. En efecto, sobre el concepto de democracia plasmado en el texto fundamental de 1999, ya hemos advertido que tiene mecanismos de democracia directa que facultan la presencia privilegiada de sectores sociales cuyo protagonismo ha sido destacado por el legislador, en particular a través de las leyes del poder popular.
>
> Por otra parte, es digno de destacar que la escogencia de los constituyentistas deberá hacerse en el ámbito territorial y sectorial, mediante voto universal, directo y secreto" (artículo Primero del Decreto. Extracto y subrayado del fallo). En consecuencia, esta Sala no advierte violación alguna del principio constitucional del sufragio. Así se declara. (Resaltados añadidos).

La burla argumental y los errores jurídicos manifiestos e inexcusables de este fallo no tendrían explicación, a no ser porque se trata del mismo "Tribunal" groseramente sumiso al Poder Ejecutivo que, entre muchas otras barbaridades, desmanteló las competencias constitucionales de la Asamblea Nacional una vez que la oposición ganó la mayoría y se instaló en enero del año 2016. A partir de esa fecha la Sala Constitucional del TSJ luego de más de 50 fallos, llegó a vaciar por completo a la Asamblea Nacional de todas sus competencias hasta el zarpazo de sus fallos Nos. 155 y 156 de marzo de 2017, los cuales fueron denunciadas como una "ruptura del orden constitucional".

La convocatoria a la ANC y las Bases Comiciales para su elección dictadas por los decretos presidenciales, aceptadas por las resoluciones del CNE y avaladas por los fallos de la SC/TSJ, configuran así una evidente usurpación de la soberanía popular y un fraude constitucional.

De conformidad con el artículo 5 constitucional, la soberanía reside intransferiblemente en el pueblo, quien la ejerce directamente en la forma prevista en la Constitución y en la ley, e indirectamente, mediante el sufragio, por los órganos que ejercen el Poder Público. Por ello, los órganos del Estado emanan de la soberanía popular y a ella están sometidos. Desde la dimensión del derecho ciudadano a la participación política, este principio fundamental es reconocido constitucionalmente como el derecho de todos los ciudadanos a participar libremente en los asuntos públicos, directamente o por medio de representantes elegidos (art.62). De allí que la Constitución establezca los siguientes medios de participación y protagonismo del pueblo en ejercicio de su soberanía, en lo *político*: el referendo, la consulta popular, la elección de cargos públicos, la revocación del mandato, las iniciativas legislativa, constitucional y constituyente, el cabildo abierto y la asamblea de ciudadanos (art. 70).

De manera convergente con las normas constitucionales, el Pacto Internacional de Derechos Civiles y Políticos (PIDCP) y la Convención Americana sobre Derechos Humanos (CADH) reconocen el derecho de todo ciudadano sin discriminación alguna ni restricciones indebidas, a participar en los asuntos públicos, directamente o por medio de representantes libremente elegidos (art. 25.a y art. 23.1.a, respectivamente). La Corte Interamericana de Derechos Humanos (CorteIDH) ha sostenido la importancia para una sociedad democrática del ejercicio efectivo de los derechos políticos, como un fin propio y para garantizar los demás derechos humanos reconocidos en la Convención. En su sentencia en el caso *Leopoldo López Mendoza vs Venezuela,* la CorteIDH sostuvo esta doctrina en los siguientes términos:

> La Corte estima pertinente reiterar que "el ejercicio efectivo de los derechos políticos constituye un fin en sí mismo y, a la vez, un medio fundamental que las sociedades democráticas tienen para garantizar los demás derechos humanos previstos en la Convención (Cfr. Caso Castañeda Gutman, párr. 143) y que sus titulares, es decir, los ciudadanos, no sólo deben gozar de derechos, sino también de "oportunidades". Este último término implica la obligación de garantizar con medidas positivas que toda persona que formalmente sea titular de derechos políticos tenga la oportunidad real para ejercerlos (Cfr. Caso Yatama, párr. 195). En el presente caso, si bien el señor López Mendoza ha podido ejercer otros derechos políticos (supra párr. 94), está plenamente probado que se le ha privado del sufragio pasivo, es decir, del derecho a ser elegido.7 (Resaltados añadidos).

En suma, los ciudadanos ejercen sus derechos políticos tanto constitucionales como humanos internacionales, cuando participan directamente en los asuntos públicos (ej. referendos) como cuando eligen a sus representantes (ej. Constituyentes). Por lo cual, tanto desde el Derecho Constitucional como desde el Derecho Internacional es un error jurídico inexcusable confundir la facultad de "iniciativa" constituyente con la aprobación de la "convocatoria" a la ANC: la primera le corresponde a los órganos del poder constituido como puede ser el Presidente de la República –y a la iniciativa popular-; mientras que la segunda le corresponde al pueblo como titular de la soberanía (indelegable). Un ejemplo claro sobre estos conceptos sería confundir la "iniciativa" de ley que tiene el Presidente de la República (art. 204.1, C) ante la Asamblea Nacional con la aprobación misma de la ley por la Asamblea Nacional (art. 213, C). El Presidente puede presentar proyectos de ley a la Asamblea Nacional, pero no aprobarlos él mismo directamente, ya que ello le corresponde a dicha Asamblea.

Por ello, tanto la convocatoria a la ANC como la aprobación de las Bases Comiciales de manera unilateral por el Presidente Maduro con la colabora-

---

7 Corte IDH. *Caso López Mendoza Vs. Venezuela*. Fondo Reparaciones y Costas. Sentencia de 1 de septiembre de 2011. Serie C N° 233, párr. 108.

ción activa y decisiva del CNE y el TSJ, configuran una usurpación de la soberanía popular y un fraude a la Constitución.

Además de lo anterior, el contenido mismo de las Bases Comiciales decretadas por el Presidente Maduro y "aprobadas" por el CNE con el visto bueno de la SC/TSJ, es contrario a los principios constitucionales y convencionales del sufragio a través de votaciones universales, libres e iguales.

2. *La violación del principio de la universalidad del voto*

El sufragio es un derecho de ciudadano que se ejerce mediante votaciones libres, universales, directas y secretas, con base en el principio de personalización del sufragio y la representación proporcional (art. 63, C). Además, conforme al principio de igualdad y no discriminación, son electores todos los ciudadanos (art. 62) que hayan cumplido 18 años de edad y que no estén sujetos a interdicción civil o inhabilitación política (art. 64).

Este derecho de todo ciudadano a elegir (sufragio activo), en términos generales, debe ser equivalente al derecho a postularse para ser electo (sufragio pasivo). En este sentido tanto el PIDCP como la CADH reconocen el derecho de todos los ciudadanos de votar y ser elegidos en elecciones periódicas auténticas, realizadas por sufragio universal e igual y por voto secreto que garantice la libre expresión de la voluntad de los electores (art. 25.b y art. 23.1.b, respectivamente).

En palabras de Dieter Nohlen, la universalidad del sufragio significa que "todo ciudadano tiene derecho a elegir y ser elegido independientemente de sexo, raza, lengua, ingresos o propiedad, profesión, estamento, o clase social, educación, religión o convicción política".[8] Conforme a Nohlen, la universalidad del sufragio puede verse restringida indebidamente por medio de la exclusión directa de determinados grupos de la población, por limitación o imposición de un censo o por otras restricciones irrazonables.[9]

En el caso de las Bases Comiciales para la elección de los Constituyentes a la ANC convocada ilegítimamente para el año 2017, se evidencias varias violaciones al principio de la universalidad del sufragio o voto:

A. *En primer lugar, en el ámbito sectorial, por la exclusión de determinados grupos de la población*

Conforme a las Bases Comiciales, la elección de Constituyentes en el ámbito sectorial, sólo pueden ejercerlo tanto de manera activa (elegir) como de manera pasiva (ser electos), los ciudadanos que integran esos grupos taxativamente. En otras palabras, **los ciudadanos venezolanos que no integran alguno de esos sectores, no pueden votar ni ser electos**.

---

8 Nohlen, Dieter. *Sistemas electorales y partidos políticos*. México, 1995, p. 20.

9 Nohlen, Dieter. *Sistemas electorales..., op. cit.*, p. 21.

Esos sectores habilitados por el decreto presidencial que analizamos arriba (campesinos y pescadores; personas con discapacidad; empresarios; pensionados; estudiantes; trabajadores; Comunas y Consejos Comunales) excluyen a una gran parte de los ciudadanos que no integran estos sectores específicos, pero que forman parte de otros sectores no reconocidos ni habilitados para ejercer este derecho al sufragio, como son entre otros, a título de ejemplo: las amas de casa, los trabajadores de la economía informal, los desempleados, los profesionales por cuenta propia, los profesores universitarios, los académicos, la juventud no escolarizada, las personas de la tercera edad sin trabajo ni jubilación formal, etc. Así, por ejemplo, en mi caso, como el de seguramente muchos otros electores, conforme al padrón electoral para elegir los Constituyentes de la ANC en el 2017, no estoy asignado como elector a ningún "sector", por lo que no podré ejercer el derecho al voto para elegir los Constituyentes de ámbito sectorial.

Pero la sola idea de la sectorialización de los ciudadanos para ejercer el derecho al sufragio viola la universalidad del sufragio. La única excepción aceptada por las constituciones latinoamericanas y el Derecho Internacional es el de los representantes de los pueblos indígenas, por razones de su preexistencia, historia pre-hispánica, cosmovisión, cultura, religión, idioma y demás particularidades propias, que ha permitido que también constitucionalmente se reconozcan a los Estados como multiétnicos y pluriculturales (vgr., art.125, C).

Aparte de la excepción anotada, la obligación de pertenecer a determinado grupo o sector para poder ejercer el derecho a votar es contrario al derecho al sufragio de "todo" ciudadano. En este sentido, con ocasión de la sentencia de la CorteIDH en el caso *Yatama*, el juez Oliver Jackman sostuvo lo siguiente:

> [...] la ratio expuesta en el punto (4) supra es una interpretación innecesariamente indirecta y potencialmente desorientadora de la naturaleza del derecho consagrado en el artículo 23.1.b, cuyos lenguaje y propósito no podrían ser más claros. Un "ciudadano" -quien debe ser obviamente una "persona" y no un grupo, en los términos del artículo 1.2– tiene un derecho absoluto "de votar y ser elegido" en elecciones democráticas, tal como lo establece el referido artículo. De ese modo, cualquier requisito de que un "ciudadano" deba ser miembro de un partido político o de cualquier otra forma de organización política para ejercer aquel derecho viola claramente tanto el espíritu como la letra de la norma en cuestión.10 (Resaltados añadidos).

En virtud de ello, las Bases Comiciales al dividir parcialmente a los electores en siete (7) sectores para elegir 174 Constituyentes por los *ámbitos sectoriales*, violó el principio de la universalidad del sufragio. Para la elección de un cuerpo deliberante nacional, el sufragio puede organizarse por circuitos electorales de base poblacional, que en caso de un Estado federal como Ve-

10 Corte IDH. *Caso Yatama Vs. Nicaragua*. Excepciones Preliminares, Fondo, Reparaciones y Costas. Sentencia de 23 de junio de 2005. Serie C Nº 127, párr.4.

nezuela (art. 4), lo procedente es que se organice por los veintitrés estados miembros de la unión más el Distrito Capital.

Estos sectores para la elección de la ANC parecen el sueño de Mussolini del "Estado Corporativo", basado en el concepto fascista de corporación que pretendía superar la lucha de clases e integrar al pueblo y al Estado en el gobierno. El sistema corporativo fascista establecía la división en veintidós áreas, a cada una de las cuales se asignaba una "corporación". En cada corporación, los representantes de los grupos de organización fascista de los obreros, los empresarios y el gobierno, actuaban bajo la dirección del ministro de corporaciones y en última instancia por el mismo Duce.[11]

B. *En segundo lugar, por la exclusión de ciudadanos venezolanos del derecho a postularse*

Con relación al derecho a la participación política en una democracia consagrado en los instrumentos internacionales sobre derechos humanos, la Unión Interparlamentaria Mundial ha formulado una declaración afirmando que el ejercicio del sufragio es universal, igual y secreto, de manera que todos los electores puedan escoger sus representantes en condiciones de igualdad, apertura y transparencia, lo cual supone el derecho "a postular en iguales condiciones a sus candidatos para elecciones y a expresar sus posiciones por sí mismo o por medio de otros".[12]

La asignación del voto por sectores excluye de los electores a postularse por el ámbito sectorial si no pertenecen a uno de los sectores arbitrariamente escogidos. Conforme a las Bases Comiciales en el ámbito sectorial, los candidatos solo pueden ser postulados *por el sector correspondiente*, para lo cual deben presentar una constancia de pertenecer a dicho sector postulante y recibir para ello el respaldo de un porcentaje del Registro de dicho sector.[13]

---

11 Las cámaras corporativas finalmente terminaron por integrarse al Estado propiamente dicho, de modo que en 1938 la Cámara de los diputados fue sustituida por una Cámara de Fascios y Corporaciones. De este modo se pretendía que la legislatura no represente a los partidos políticos sino a los trabajadores, siendo estos una molécula viva dentro del organismo del Estado Fascista. *Ver* los comentarios sobre *La Dottrina del Fascismo* de Benito Mussolini, entre otras fuentes en: Marra, Realino. *Aspetti dell'esperienza corporativa nel periodo fascista,* en *Annali della Facolttà di Giurisprudenza di Genova*, XXIV-1-2., 1991-1992: y Wiarda, Howard. *Corporativism and Comparative Politics*, London, 1996.

12 Universal Declaration on Democracy, párr. 12, Inter-Parliamentary Union, Cairo, 1997, *Positions Regarding Human Rights Issues*, Geneva, 1998, p. 42.

13 Conforme vimos arriba, en cuanto a la postulación en el ámbito sectorial por el sector correspondiente, el CNE introdujo un número de firmas requerido (en lugar del 3% del Registro): 500 firmas para las personas discapacitadas, campesinos y pescadores, empresarios y pensionados; y 1.000 firmas para los estudiantes y los trabajadores. Sin embargo, en el caso de las Comunas y los Consejos Comunales, solo se estable-

Pero además las Bases Comiciales introducen la *exclusión general* del derecho a postularse a todos los venezolanos por naturalización y a los venezolanos por nacimiento que posean otra nacionalidad. En efecto, conforme a la Base Séptima, numeral 1, tanto del decreto presidencial como de la resolución del CNE, exige ser "venezolana o venezolano por nacimiento, sin otra nacionalidad".

Se trata claramente de una exclusión inconstitucional e inconvencional, discriminatoria por arbitraria, irrazonable y desproporcionada. Conforme a la Constitución, "todos" los venezolanos mayores de 18 años de edad ejercen la ciudadanía[14], y en consecuencia, son titulares de derechos y deberes políticos (art. 39). La Constitución postula como principio general la igualdad de derechos políticos entre los venezolanos por nacimiento y los venezolanos por naturalización (que hubieren ingresado al país antes de cumplir 7 años de edad y residido en él permanentemente hasta alcanzar la mayoridad) (art. 40). Incluso la Constitución de 1999 amplió los cargos que pueden ser ejercidos por los venezolanos por naturalización -y que antes estaban reservados a los venezolanos por nacimiento-. Así los venezolanos por naturalización que tienen domicilio con residencia ininterrumpida en el país no menor de 15 años, podrán desempeñarse como: diputados a la Asamblea Nacional, ministros, gobernadores y alcaldes de los estados y municipios no fronterizos (art. 41, aparte). Si bien los derechos políticos son privativos de todos los venezolanos (ciudadanos) (art.40), incluso los extranjeros, que hayan cumplido 18 años de edad y con más de 10 años de residencia en el país, tienen derecho al voto para las elecciones parroquiales, municipales y estadales (art.64).

A pesar del principio general de la igualdad de los derechos políticos entre los venezolanos, la Constitución de 1999 estableció de manera *taxativa* y por tanto de interpretación restrictiva, determinadas excepciones a dicho principio constitucional de igualdad ciudadana, para postularse y a ejercer ciertos cargos públicos altos. En este sentido, el artículo 41 constitucional lista los cargos que están reservados a los venezolanos por nacimiento y sin otra nacionalidad: Presidente de la República, Vicepresidente Ejecutivo, Presidente y Vicepresidentes de la Asamblea Nacional, magistrados del Tribunal Supremo de Justicia, Presidente del Consejo Nacional Electoral, Procurador General de la República, Contralor General de la República, Fiscal General de la República, Defensor del Pueblo, Ministros de los despachos relacionados con la seguridad de la Nación, finanzas, energía y minas, educación; Gobernadores y Alcaldes de los Estados y Municipios fronterizos y aquellos contemplados en la ley orgánica de la Fuerza Armada Nacional. Si bien se trata de un tema discutible, en todo caso es de estricta "reserva constitucional", ya que como

---

ce: la certificación de la comisión electoral permanente al ente al que pertenece el candidato.

14 Conforme al artículo 39 constitucional, la excepción solo abarca a aquellos ciudadanos sujetos a inhabilitación política o interdicción civil.

vimos la Constitución consagra el principio general de la igualdad de derechos políticos entre los venezolanos (ciudadanos). Por lo cual, cualquier otra restricción o exclusión o discriminación para ocupar funciones o cargos públicos entre ciudadanos venezolanos que no sean las dispuestas expresamente en la Constitución viola el principio de igualdad ciudadana por ser discriminatoria.

En consecuencia, el decreto presidencial y la resolución del CNE sobre las Bases Comiciales para la ANC al establecer como requisito para postularse como candidato a ser electo Constituyente, la condición de ser "venezolano por nacimiento y sin otra nacionalidad", violan la Constitución por excluir de manera discriminatoria tanto a los demás ciudadanos venezolanos tanto por naturalización como por nacimiento.

C. *En tercer lugar, la postulación por sectores viola la universalidad del voto*

Como hemos visto, la universalidad del sufragio incluye la posibilidad del elector de postularse en el circuito electoral. La sectorialización de los circuitos electorales por grupos de actividad política, social, económica, profesional o de cualquier otra índole similar, es claramente una regresión contraria a la universalidad del sufragio.

Mediante el mecanismo particular impuesto en las Bases Comiciales, se requiere –como vimos arriba– no solo pertenecer al sector sino que un número de electores del registro de ese sector apoyen dicha postulación. Incluso en el caso de las Comunas y los Consejos Comunales se requiere la certificación de la comisión electoral permanente a la que pertenece el candidato.

La sectorialización de la elección para la ANC rompe con la conquista de la universalidad del voto para representar a la generalidad de la población del circuito electoral. Con el nacimiento del Estado y especialmente el Estado moderno, los conceptos de bien común (Rousseau) y de soberanía popular (Carré de Malberg) excluyeron la representación estamental o de corporaciones a través del sufragio. Los cuerpos deliberantes deben representar a la nación como un conjunto y no a determinado grupo, lo cual no incluye la representatividad de los electores en su conjunto. En este sentido, la Constitución dispone en el caso de los diputados a la AN como cuerpo deliberante nacional y por tanto asimilable a una asamblea nacional como la ANC, que los diputados son representantes del pueblo y no sujetos a mandatos ni instrucciones (art. 201).

Pero con el esquema impuesto en las Bases Comiciales, la representación de los sectores en la ANC mediante la postulación de candidatos pertenecientes a sectores y la elección por los sectores correspondientes, la representación se convierte en una representación corporativa de dichos sectores y de sus intereses. Se trata por tanto no de una ANC sino de un cuerpo donde más del 30% de sus integrantes (1/3 parte) es de base sectorial o corporativa; y además, como veremos a continuación, ni siquiera Nacional. Ello configura una fractura de la soberanía popular no solo inconstitucional sino contraria a los principios fundamentales republicanos y de la democracia (arts. 2, 3, 5, 6 y 7, C).

D. *En cuarto lugar, la representación territorial por municipios sin proporción a la base poblacional, viola la universalidad del voto y el carácter del Estado federal descentralizado*

Venezuela nació como Estado independiente en la Constitución de 1811 como un Estado federal. Luego de la Guerra Federal, el Estado tanto por razones sociales, como políticas e históricas, se estructuró y definió hasta nuestros días como un Estado federal. La Constitución de 1999 define establece que Venezuela es un "Estado federal descentralizado" en los términos consagrados en dicha Constitución, el cual se rige por los principios de integridad territorial, cooperación, solidaridad, concurrencia y corresponsabilidad (art. 4). Ello tiene como consecuencia, que el territorio nacional de la República se divide en los veintitrés estados y el Distrito Capital, y éstos a su vez se organizan en municipios (art. 16, C).

De allí que el cuerpo deliberante y representativo nacional como es la AN, esté integrado por representantes (diputados) elegidos en cada estado y en el Distrito Capital como las entidades federales: tres diputados fijos y los demás diputados según la base del 1,1% de la población del país (art. 186, C). Este número de diputados de base poblacional da lugar a la creación de los circuitos electorales en cada entidad federal, que pueden o no coincidir con la división municipal dependiendo de su distribución geográfica. En nuestra historia republicana democrática esta ha sido la forma como se ha integrado la cámara de diputados (ej. 1947 y 1961), la ANC en 1999[15] y la AN a partir de la Constitución de 1999.

15 Conforme a las Bases Comiciales de la ANC propuestas por el entonces Presidente de la República, Hugo Chávez, las cuales fueron modificadas parcialmente por el CNE y la Corte Suprema de Justicia y sometidas a la aprobación del pueblo mediante referendo consultivo, ese cuerpo estuvo integrado por 103 miembros, de los cuales 76 se eligieron por cada una de las 24 entidades federales (23 estados y el Distrito capital) en proporción a su base poblacional; 20 de una lista nacional y 3 por los pueblos indígenas: **Segundo:** La Asamblea Nacional Constituyente estará integrada por ciento tres (103) miembros y tendrá una conformación unicameral. A la Asamblea Nacional Constituyente sólo se elegirán representantes principales. **Tercero**: La elección de los constituyentes será en forma personalizada (por su nombre y apellido) de acuerdo al siguiente mecanismo: Se producirá la elección de setenta y seis (76) constituyentes en veinticuatro (24) circunscripciones regionales, coincidentes con los Estados y el Distrito Federal, de acuerdo con su número de habitantes: Amazonas, dos (2); Anzoátegui, tres (3); Apure, dos (2); Aragua, cuatro (4); Barinas, dos (2); Bolívar, cuatro (4); Carabobo, seis (6); Cojedes, dos (2); Delta Amacuro, dos (2); Falcón, dos (2); Guárico, dos (2); Lara, cuatro (4); Mérida, dos (2); Miranda, siete (7); Monagas, dos (2); Nueva Esparta, dos (2); Portuguesa, dos (2); Sucre, dos (2); Táchira, tres (3); Trujillo, dos (2); Vargas, dos (2); Yaracuy, dos (2); Zulia, nueve (9); y Distrito Federal, seis (6). El elector dispondrá de tantos votos como constituyentes se

Siendo la ANC un cuerpo representativo nacional, sus miembros deben representar a la población nacional; y tratándose de un Estado federal, la representación debe organizarse con base al porcentaje de la población en cada estado y el Distrito Capital.

No obstante, las Bases Comiciales decretadas por el Presidente Maduro, que fueron adoptadas por el CNE y validadas por la SC/TSJ, asignaron arbitrariamente la representación territorial a los "municipios" como entidades político-territoriales, independientemente de su base poblacional. Así, conforme a las Bases Comiciales segunda y tercera, la ANC estará integrada por trescientos sesenta y cuatro (364) Constituyentes escogidos territorialmente: un (1) Constituyente por municipio; dos (2) Constituyentes por cada uno de los municipios capitales de los estados; y siete (7) Constituyentes en el caso del Municipio Libertador de Caracas.

De esta manera se evidencia que todos los municipios del país independientemente de su población, tienen asignado el mismo número de representantes: uno (1); y los municipios de las capitales de cada uno de los 23 estados del país independientemente de su población, tienen asignado también el mismo número de representantes: dos (2). Y así mismo, el Distrito Capital como sede de la capital nacional, tiene asignados siete (7) representantes, sin tener relación alguna con su base poblacional.

Al tomar al municipio como entidad jurídico-territorial para la representación en la ANC y no la población del estado y ni siquiera la población del municipio, se generan severas distorsiones que afectan gravemente la universalidad –y como veremos la igualdad- del sufragio.

La representación territorial de la ANC prácticamente es en su mayoría (2/3 partes) una especie de asamblea de municipios y no de la población de éstos. Ello viola el principio de representación del pueblo y de los estados en su conjunto (art. 201, C), para convertir a la ANC en una representación de la persona jurídico-territorial de los municipios con prescindencia de su base poblacional. Por ello, este sistema impuesto por las Bases Comiciales presidenciales igualmente viola el principio de la representación de la población sobre la base poblacional de cada uno de los veintitrés estados y el Distrito Capital (art. 16, C) del Estado venezolano como Estado federal descentralizado (art.4).

---

vayan a elegir en la circunscripción a la que pertenezca. b. se producirá la elección de veinticuatro (24) constituyentes en una circunscripción nacional. El elector dispondrá de un máximo de diez (10) votos. **Parágrafo Único**: En atención al régimen de excepción que los afecta y los compromisos asumidos en los tratados y acuerdos internacionales, las comunidades indígenas de Venezuela estarán representadas por tres (3) constituyentes electos de acuerdo con sus costumbres y prácticas ancestrales, y el mecanismo que elijan las organizaciones indígenas. El derecho de participación aquí previsto atenderá a la pluralidad de culturas existentes en las distintas regiones del país.

3. *La violación del principio de la igualdad del voto*

Como hemos visto, el sufragio es un derecho de todo ciudadano que se ejerce mediante votaciones libres, universales, directas y secretas, con base en el principio de personalización del sufragio y la representación proporcional (art. 63, C). Y conforme al principio de igualdad y no discriminación, son electores todos los ciudadanos (art. 62) que hayan cumplido 18 años de edad y que no estén sujetos a interdicción civil o inhabilitación política (art. 64).

Este derecho de todo ciudadano a elegir debe respetar el principio de "una persona un voto" o lo que es lo mismo "un ciudadano un voto". En este sentido, además de la Constitución, tanto el PIDCP como la CADH reconocen el derecho de todos los ciudadanos de votar y ser elegidos en elecciones periódicas auténtica, realizadas por sufragio universal e igual y por voto secreto que garantice la libre expresión de la voluntad de los electores (art. 25.b y art. 23.1.b, respectivamente).

De allí la importancia de que los distritos o circuitos electorales sean diseñados sobre la base poblacional. Y si bien es casi imposible que todos los circuitos electorales tengan exactamente el mismo número de electores, el diseño de éstos debe guardar relaciones de estricta simetría razonable y proporcional, y no ser arbitrarios.

La igualdad del sufragio como lo afirma K.H. Siefert citado por Dieter Nohlen, es "hoy (en las democracias occidentales), prácticamente el más importante de todos los principios del derecho electoral".[16] Este principio implica que la influencia del voto de todos los electores es igual, es decir, que hay una igualdad cuantitativa de los votos de los electores, especialmente en el ámbito de la distribución de las circunscripciones electorales. Como lo explica Nohlen,"[p]ara que la igualdad cuantitativa de votos permanezca garantizada, se debe tener cuidado en la distribución de las circunscripciones electorales con el fin de lograr, por ejemplo, una relación igual entre la población (o el electorado) y el número de diputados que deben ser elegidos en relación con la proporción nacional (clave de la representación)".[17]

El principio de la igualdad del voto o al sufragio igual como hemos visto, se encuentra consagrado expresamente tanto en el PIDCP (art.25.b) como en la CADH (art. 23.1.b). Sobre el particular, el Comité de Derechos Humanos (ONU) del PIDCP ha reiterado el principio fundamental de "un ciudadano un voto" para que el voto de un elector tenga igual valor que el de otro; y en consecuencia, la importancia de la delimitación de los circuitos electorales, la cual no puede dar como resultado una discriminación contra ninguna persona ni grupo de personas:

16 Seifert, K.H. 1976, p. 50 citado por Nohlen, Dieter. *Sistemas electorales..., op. cit.*, p. 22.

17 Nohlen, Dieter. *Sistemas electorales..., op. cit.*, págs. 21 y 22.

Aunque el Pacto no impone ningún sistema electoral concreto, el sistema electoral vigente en un Estado Parte debe ser compatible con los derechos amparados por el artículo 25 y garantizar y dar efecto a la libre expresión de la voluntad de los electores. Debe aplicarse el principio de un voto por persona y, en el marco del sistema electoral de cada uno de los Estados, el voto de un elector debe tener igual valor que el de otro. La delimitación de los distritos electorales y el método de asignación de votos no deben desvirtuar la distribución de los votantes ni comportar discriminación alguna contra ningún grupo, ni tampoco excluir o restringir en forma irrazonable el derecho de los ciudadanos a elegir libremente a sus representantes.[18] (Resaltados añadidos).

Si bien los derechos políticos, como cualquier otro derecho está sometido a limitaciones, éstas no pueden desnaturalizar el contenido del derecho y en todo caso, deben sujetarse a un test riguroso. En este sentido, la Comisión Interamericana de Derechos Humanos (CIDH) al resolver el caso *Andrés Aylwin Azócar y otros vs Chile,* sostuvo como principio, que en la reglamentación del derecho a votar los Estados no pueden reducir o diluir la posibilidad efectiva de ejercer ese derecho, como ocurre cuando se da mayor fuerza a determinados votos:

La Comisión entiende que los derechos a la igualdad política anteriormente citados establecen la imposibilidad de que los Estados miembros de la Convención Americana den un tratamiento irrazonable distinto o desigual a sus ciudadanos a la hora de elegir a sus representantes. Por ello, estos derechos implican que los Estados partes no pueden reducir o diluir la posibilidad efectiva de elegir a sus representantes, dar mayor fuerza a los votos emitidos por otros miembros del colectivo, así sean representantes populares. (Resaltados añadidos).[19]

Por ello las limitaciones o restricciones a los derechos políticos solo deben ser las necesarias en una sociedad democrática y en todo caso, deben tener un fin legítimo y estar sujetas a la legalidad, a la razonabilidad y a la proporcionalidad. En este sentido, la CorteIDH ha exigido la aplicación de este test a las limitaciones o restricciones al derecho a elegir y ser electo, a fin de evitar una restricción contraria a las obligaciones internacionales de los Estados en la materia. Así, en el caso *Yatama,* la Corte sostuvo:

La previsión y aplicación de requisitos para ejercitar los derechos políticos no constituyen, per se, una restricción indebida a los derechos políticos. Esos derechos no son absolutos y pueden estar sujetos a limitaciones (*Cfr. Case of Hirst v. the United Kingdom* (nº 2), nº 74025/01, § 36, ECHR-2004). Su reglamentación debe observar los principios de legalidad, necesidad y proporcionalidad en una sociedad de-

18 **Comentario General Nº 25** del Pacto Internacional de Derechos Civiles y Políticos, aprobado por el Comité de Derechos Humanos, disponible en: http://tbinternet.ohchr.org/_layouts/treatybodyexternal/Download.aspx?symbolno=CCPR%2fC%2f21%2fRev.1%2fAdd.7&Lang=en

19 CIDH, Informe Nº 137/99, Caso 11.863, *Andrés Aylwin Azócar y otros vs Chile*, de fecha 27 de diciembre de 1999, párr. 97, disponible en: http://www.cidh.org/annualrep/99span/De%20Fondo/Chile11.863.htm

mocrática. La observancia del principio de legalidad exige que el Estado defina de manera precisa, mediante una ley, los requisitos para que los ciudadanos puedan participar en la contienda electoral, y que estipule claramente el procedimiento electoral que antecede a las elecciones. De acuerdo al artículo 23.2 de la Convención se puede reglamentar el ejercicio de los derechos y oportunidades a las que se refiere el inciso 1 de dicho artículo, exclusivamente por las razones establecidas en ese inciso. La restricción debe encontrase prevista en una ley, no ser discriminatoria, basarse en criterios razonables, atender a un propósito útil y oportuno que la torne necesaria para satisfacer un interés público imperativo, y ser proporcional a ese objetivo. Cuando hay varias opciones para alcanzar ese fin, debe escogerse la que restrinja menos el derecho protegido y guarde mayor proporcionalidad con el propósito que se persigue[20]. (Resaltados añadidos).

Sin embargo, la representación de la ANC asignada por las Bases Comiciales tanto en el ámbito sectorial como en el territorial (municipal), como hemos visto, no guarda relación alguna de proporcionalidad ni mucho menos de igualdad con la base poblacional. En otras palabras, la asignación de Constituyentes por sectores y por municipios como las circunscripciones electorales, no tiene una relación igual entre la población (o el electorado) y el número de Constituyentes que deben ser elegidos en relación con la proporción nacional (clave de la representación).

A. *En el **ámbito sectorial***

Conforme vimos, las Bases Comiciales asignan 174 Constituyentes *sectoriales* a elegir, de la siguiente manera: **a)** 42 en lista nacional: 8 Campesinos y Pescadores, 5 Personas con Discapacidad, 5 Empresarios, 24 Estudiantes: 11 universidades públicas, 3 privadas y 10 Misiones; **b)** 79 Trabajadores en listas nacionales por sub-sectores (2 Petróleo-Minería, 12 Social, 11 Comercio-Banca, 14 Servicio, 4 Construcción, 6 Industria, 2 Transporte, 17 Administración Pública, y 11 por cuenta propia); **c)** 24 representantes de Comunas y Consejos Comunales electos: uno en cada uno de los 23 estados y uno en el Distrito Capital; y **d)** 28 Pensionados electos por regiones: 7 Capital, 4 Cen-

20 Corte IDH. *Caso Yatama Vs. Nicaragua. Cit.*, párr. 206. En este fallo se cita en este párrafo otras decisiones internacionales relevantes: *Cfr., Caso Ricardo Canese, supra* nota 5, párrs. 96 y 133; *Caso Herrera Ulloa.* Sentencia de 2 de julio de 2004. Serie C Nº 107, párrs. 121 y 123; y *La colegiación obligatoria de periodistas* (arts. 13 y 29 Convención Americana sobre Derechos Humanos). Opinión Consultiva OC-5/85 del 13 de noviembre de 1985. Serie A Nº 5, párr. 46. Asimismo *cfr. Eur. Court H.R., Case of Barthold v. Germany*, Judgment of 25 March 1985, Series A no. 90, para. 58; *Eur. Court H.R., Case of Sunday Times v. United Kingdom*, Judgment of 26 April 1979, Series A Nº 30, para. 59; O.N.U., Comité de Derechos Humanos, Observación general Nº 27, Libertad de circulación (art. 12) de 2 de noviembre de 1999, párrs. 14 y 15; y O.N.U., Comité de Derechos Humanos, Observación general Nº 25, Derecho a participar en los asuntos públicos, derecho a votar y derecho al acceso, en condiciones de igualdad a las funciones públicas (art. 25) de 12 de julio de 1996, párrs. 11, 14, 15 y 16.

tral, 2 Llanos, 6 Centro-Occidente, 4 Andes, 1 Guayana, 1 Insular y 3 Nororiental.

No se conoce sobre qué base poblacional se asignaron este número de representantes por sector ni por cada sub-sector. Pero en realidad, en la mayoría de los sectores y sub-sectores ni siquiera se conoce ni existe un registro o padrón de sus integrantes, como en el caso de los campesinos y pescadores, los trabajadores sobre todo por cuenta propia y los empresarios; en otros casos, como el de los estudiantes, incluso la mayoría de las universidades públicas y privadas se negaron a enviar sus registros de su matrícula estudiantil; y en el caso de las Misiones Socialistas, por sus características y circunstancias mutables no son confiables, al depender dicho registro –cuando existe- del propio gobierno (Ministerios) que es parte interesada en el proceso electoral, como también es el caso de las Comunas y Consejos Comunales.

Los votos de, por o en sectores o colectivos han sido considerados violatorios del principio de igualdad, ya que tienen por efecto la disminución del voto popular igualitario, al diluir el valor real de éste y privilegiar grupos, instituciones y hasta funcionarios. Por estas razones, con relación a la representación corporativa de los senadores designados bajo la Constitución de Chile de 1980, la CIDH sostuvo que violaban el principio de igualdad de voto. Es notable resaltar que este informe de la CIDH llevó incluso a que Chile modificara su Constitución para eliminar los senadores designados y someterlos al voto popular directo y general de todos los ciudadanos de los circuitos electorales. Pero vale la pena citar el razonamiento del precedente de la CIDH en 1999 sobre el particular, ya que posee no sólo actualidad sino una aplicación *mutatis mutandi* al caso de los Constituyentes sectoriales para la ANC previstos en las Bases Comiciales:

> 107. Debe observarse que los senadores designados constituyen un enclave corporativo que no responde a la condición ciudadana del senador sino al cargo o función que desempeña o desempeñó. En efecto, en el propio artículo 45 se establece que cuando no existan las personas que reúnan las cualidades y requisitos previstos por los literales b) a f), la designación podrá recaer en funcionarios que hayan desempeñado funciones relevantes en los organismos a que se refieren los mencionados literales. De modo que se trata de una representación corporativa -pero no de cualquier corporación- que tiene por efecto una disminución del valor del voto popular igualitario.
>
> 108. Existe, por tanto, una odiosa e ilegítima discriminación que afecta a los ciudadanos chilenos peticionarios, la cual tiene su origen en la Constitución chilena e implica la disminución real del derecho igual de los ciudadanos a elegir sus representantes. En este sentido, la propia Constitución consagra el derecho a la igualdad del sufragio activo, al disponer que "en las votaciones populares, el sufragio será personal, igualitario y secreto" (artículo 15). Con esta diferenciación establecida en el artículo 45 y aplicada por las autoridades ha logrado el efecto de diluir el valor real del voto popular y privilegiar a instituciones y funcionarios castrenses que nada tienen que ver con el desempeño de las funciones legislativas del órgano representativo.
>
> [omissis]

> 115. De acuerdo con lo anterior y puesto que la figura de los senadores designados constituye una desigualdad injustificada que altera el núcleo esencial de la democracia representativa, concluye esta Comisión que existe también una violación de los derechos políticos consagrados en los artículos 23 y 24 de la Convención Americana.
>
> 116. En efecto, entiende esta Comisión que cuando el artículo 23 de la Convención hace referencia al "sufragio universal e igual y por voto secreto que garantice la libre expresión de la voluntad de los electores" requiere, al menos, que la soberanía popular pueda ejercerse sin discriminaciones injustificadas que impliquen una pérdida del valor real del poder del voto. Un Senado compuesto en los términos previstos por la Constitución chilena no garantiza una libre expresión de la voluntad de los electores, pues la figura de los senadores designados contenida en el artículo 45 del texto fundamental chileno le sustrae una porción importante a la voluntad ciudadana.[21] (Resaltados añadidos).

Por las mismas razones, en el caso de las Bases Comiciales para la ANC no se sabe qué porcentaje de la población representan estos sectores vis a vis los sectores no incluidos; ni qué porcentaje representan respecto a toda la población nacional. Y por lo mismo, no hay ni justificación, ni racionalidad ni proporcionalidad en el establecimiento de las representaciones asignadas a esos sectores, lo cual es abiertamente contrario al principio de la igualdad del voto y no discriminación.

Como quedó explicado arriba, muchos ciudadanos electores –aún no se sabe las verdaderas dimensiones– no estamos ni inscritos ni asignados a ninguno de esos sectores, por lo que estamos excluidos del derecho al voto por sector para la ANC. Es decir, no existe siquiera igualdad en la desigualdad, ya que además de la arbitrariedad en la asignación de la representación de los sectores sin relación con la base poblacional (ni nacional ni por estados ni el Distrito Capital), no todos los electores en el ámbito territorial tienen derecho al voto en el ámbito sectorial.

Pero en el supuesto incluso de que todos los electores tuvieran el voto sectorial, no hay justificación alguna para que esos sectores elijan el 31% de la totalidad de los Constituyentes, y que algunos de los sectores y subsectores elijan más Constituyentes que los habitantes de los municipios de varios estados, rompiendo aún más con los principios de la universalidad y la igualdad del voto. Por lo cual, la representación por sectores para la ANC por las Bases Comiciales es violatoria del principio constitucional y convencional de igualdad del voto.

B. *En el **ámbito territorial***

Como se dijo, al ser la ANC un cuerpo representativo nacional, sus miembros deben representar a la población; y tratándose de un Estado federal, la representación debe organizarse con base al porcentaje de la población en cada estado y el Distrito Capital. Pero, las Bases Comiciales asignaron arbitrariamente la representación territorial de trescientos sesenta y cuatro (364)

---

21 CIDH, Informe N° 137/99, Caso 11.863, *Andrés Aylwin Azócar y otros vs Chile*, *cit.*

Constituyentes escogidos a los municipios sin relación con su población: un (1) Constituyente por municipio; dos (2) Constituyentes por cada uno de los municipios capitales de los estados; y siete (7) Constituyentes en el caso del Municipio Libertador de Caracas. Ciertamente el error –voluntario y de mala fe para distorsionar la representación– está en tomar al municipio como entidad jurídico-territorial para la representación por igual en la ANC y no la población del estado o incluso (aunque no sería lógico para un cuerpo nacional) la población del municipio, afectando así al principio de la igualdad del sufragio.

Esta representación "territorial" al asignar un Constituyente por municipio (dos por municipio capital de estado) independientemente de la base poblacional, rompe el principio de una persona un voto. Al convertir al territorio del municipio, tal cual sin modificación, en un circuito electoral, se distorsiona por completo la igualdad en la representación poblacional del voto, ya que cada municipio urbano es distinto en población a los otros y los municipios urbanos son distintos en población que los rurales o selváticos.

La distorsión se incrementa de manera absurda cuando constatamos que cada uno de los distintos estados de Venezuela son quienes han creado sus propios municipios de manera no uniforme y sin relación con la población nacional, a través de las leyes de división político territorial de cada estado dictadas por sus propios poderes legislativos (Consejos Legislativos antes Asambleas Legislativas). Así por ejemplo, el estado Falcón es el que más ha creado municipios: veinticinco (25), por lo cual según las Bases le corresponde elegir veintiséis (26) Constituyentes (uno más en el municipio capital Coro), es decir el 7,14% de los todos Constituyentes territoriales a la ANC. Solo por esta razón, este es el estado de Venezuela que más Constituyentes elegiría para la ANC. Pero ello no guarda relación alguna con la población total del estado Falcón es de 1.029.638 habitantes (2,95% de la nacional[22] ni con el registro electoral del estado que es de 665.712 electores (3,36%)[23]. Ni la población de estos municipios ni el número de sus electores en el estado Falcón guardan relación alguna con los 26 Constituyentes que le fueron asignados por decreto: en resumen, los 26 Constituyentes de Falcón equivalen al 7,14 del total de los 364 Constituyentes territoriales, pero según la base poblacional del estado Falcón le corresponderían menos de la mitad, ello es, el 2,95%.

Ello contrasta, por ejemplo, con el estado Lara, su estado vecino y adyacente, el cual tiene creados nueve (9) municipios, por lo que le corresponde elegir diez (10) Constituyentes (uno más en el municipio capital Barquisime-

---

22 Se toma como cifra el último censo nacional proyectado, que da una población nacional de Venezuela de 34.902.824 habitantes aproximadamente.

23 Estas cifras y las que se citan a continuación son las correspondientes al corte del Registro Electoral Nacional al 30 de abril de 2017, según la Resolución N° 170530-00121 emanada del Consejo Nacional Electoral de fecha 30 de mayo de 2017, publicada en: www.cne.gob.ve

to), es decir apenas el 4,12 % de los Constituyentes territoriales. Pero la población total del estado Lara es más del doble de la del estado Falcón: 2.219.211 habitantes (6,36%) vs 1.029.638 de Falcón; y el registro electoral del estado cuenta con 1.256.710 electores (6,35%) vs 665.712 de Falcón. De allí que el estado Falcón, con la mitad de la población que el estado Lara, sin embargo, tiene asignados para elegir dos veces y media más Constituyentes que Lara. En el estado Falcón, cada uno de los 26 Constituyente representa o cuesta 25.604 votos del total de los electores inscritos; mientras que en el estado Lara, cada uno de los 10 Constituyentes equivale a 83.781. Ello es claramente contrario al principio de igualdad en el voto.

Algo parecido a la sub-representación de Constituyentes ocurre también en los estados Carabobo, Zulia y en el Distrito Capital. En estas entidades federales de concentración en su población urbana, la sub-representación es evidente. El estado Carabobo tiene creados catorce (14) municipios, con lo cual le corresponde elegir quince (15) Constituyentes (uno más en el municipio capital Valencia), es decir apenas el 4,12% de los Constituyentes territoriales. Pero la población total del estado Carabobo es más del triple de la del estado Falcón: 3.315.506 habitantes (9,50%) vs 1.029.638 de Falcón: y el registro electoral del estado cuenta con 1.562.59 electores (7,89%) vs 665.712 de Falcón. De allí que el estado Falcón, una tercera parte de la población que el estado Carabobo, sin embargo, tiene asignados para elegir casi el 60% más de Constituyentes que Carabobo. En el estado Falcón, cada uno de los 26 Constituyentes representa o cuesta 25.604 electores del total de los electores inscritos; mientras que en el estado Carabobo cada uno de los 15 Constituyentes equivale a 104.173 electores.

El estado Zulia, el estado más poblado de Venezuela, tiene veintiún (21) municipios, con lo cual le corresponde elegir veintidós (22) Constituyentes (uno más en el municipio capital Maracaibo), es decir apenas el 6,04% de los Constituyentes territoriales. Pero la población total del estado Zulia es más de cuatro veces la del estado Falcón: 4.323.476 habitantes (12,38%) y el registro electoral del estado cuenta con 2.446348 electores (12,35%). De allí que el estado Falcón, con una cuarta parte de la población que el estado Zulia, sin embargo, tiene asignados para elegir cuatro Constituyentes más que Zulia. En el estado Falcón, cada uno de los 26 Constituyente representa o cuesta 25.604 electores del total de los electores inscritos; mientras que en el estado Zulia cada uno de los 22 Constituyentes equivale a 111.198 electores.

En el Distrito Capital, eminentemente urbano, ocurre otra distorsión grave, ya que a pesar de tener un solo Municipio (Libertador), con el argumento de ser la capital del país, en las Bases Comiciales el Presidente Maduro le asignó siete (7) Constituyentes, pero ello equivale únicamente al 1,92% de los Constituyentes territoriales. Sin embargo, siendo su población de 3.137.710 habitantes (8,98%) y 1.658.012 (8,37%) sus electores inscritos, cada Constituyente de los siete asignados equivaldría a 236.858 electores inscritos. La ruptura del principio de la igualdad del voto se hace nuevamente patente en este caso.

Y así se pueden hacer todo tipo de combinaciones, cálculos y ecuaciones para concluir en lo mismo: la sub-representación de los estados con mayor población predominantemente urbana y como veremos a continuación (como ocurre con el estado Falcón), la sobre-representación de los estados con población predominantemente rural. Para ello podemos tomar como ejemplo los estados Portuguesa, Amazonas y Delta Amacuro. Ahora veremos lo contrario: cómo los diputados asignados a estos estados son mucho más de los que les correspondería por su base poblacional.

El estado Portuguesa que ha creado catorce (14) municipios le corresponde elegir quince (15) Constituyentes (uno más en el municipio capital Guanare), es decir el 4,12% de los Constituyentes territoriales. Pero siendo la población total del estado Portuguesa de 1.012.781 habitantes (2,82%) y que el registro electoral del estado cuenta con 605.540 electores (3,36%), cada Constituyente de los quince asignados equivaldría a 40.369 electores. El estado Amazonas que ha creado siete (7) municipios le correspondería elegir ocho (8) Constituyentes (uno más en el municipio capital Puerto Ayacucho), es decir el 2,19% de los Constituyentes territoriales. Pero siendo la población total del estado Amazonas de 178.670 habitantes (0,0005%) y que el registro electoral del estado cuenta con 106.701 electores (0,54%), cada Constituyente de los ocho asignados equivaldría apenas a 13.338 electores inscritos. Y así también el caso del estado Delta Amacuro que ha creado cuatro (4) municipios le correspondería elegir cinco (5) Constituyentes (uno más en el municipio capital Tucupita), es decir el 1,37% de los Constituyentes territoriales. Pero siendo la población total del estado de 187.022 habitantes (0,005%) y que el registro electoral del estado cuenta con 118.954 electores (0,60%), cada Constituyente de los cinco asignados equivaldría apenas a 23.791 electores.

Lo anterior pone en evidencia que el voto de los electores venezolanos en ciertos municipios de los estados de población predominantemente urbanos como Zulia, Lara, Carabobo y el Distrito Capital vale mucho menos que el voto de los electores de los estados de población predominantemente rurales como Falcón, Portuguesa, Amazonas y Delta Amacuro. Ello viola el principio de un ciudadano igual a un voto, lo cual exige un alto grado de equivalencia o simetría razonable entre los electores de los distintos circuitos electorales del país. Ello contradice incluso la jurisprudencia de la Sala Electoral del TSJ la cual en sentencia de fecha 18 de diciembre del año 2.000 ya había establecido que un voto calificado o preferente resulta contrario al principio de igualdad jurídica de todos los ciudadanos.

En conclusión, las Bases Comiciales de la ANC al establecer la representación "territorial" sobre la base igualitaria del territorio de los municipios – como personas jurídico-territoriales equivalentes al circuito electoral- cuyo número es creado por cada estado de manera no uniforme y sin base en la población nacional ni de los estados, imponen a los ciudadanos desigualdades absurdas, extremas y discriminatorias. Por lo cual, la representación territorial dispuesta en las Bases Comiciales viola el principio de igualdad del sufragio y el voto igual en circunscripciones electorales sobre la base poblacional.

IV. CONCLUSIONES Y REFLEXIÓN FINAL

Tanto la convocatoria a la ANC como las Bases Comiciales para la ANC impuestas por decreto del Presidente Maduro, luego adoptadas por el CNE y validadas por el TSJ, configuran un fraude a la Constitución y una usurpación a la soberanía popular; además de violar los principios de la universalidad y la igualdad del sufragio.

De conformidad con la Constitución, la soberanía reside de manera intransferible en el pueblo (art. 5), quien es además como depositario del poder constituyente originario el único que puede convocar a una ANC y aprobar sus Bases Comiciales (art. 347). Por tanto, la convocatoria a la ANC y sus Bases Comiciales deben ser sometidas al pueblo mediante un referendo para su consideración y aprobación o rechazo. Al obviar este requisito esencial de validez, los actos de convocatoria a la ANC como las Bases Comiciales están viciados de nulidad absoluta insalvable.

Además de ello, el contenido de las Bases Comiciales viola los principios de universalidad e igualdad del sufragio. En efecto, la imposición de candidatos y electores por "sectores" excluyentes del conjunto de los electores y la representación territorial por municipios sin proporción a la base poblacional, violan la universalidad e igualdad del voto.

No se sabe exactamente qué porcentaje de la población representan los sectores vis a vis los sectores no incluidos; o qué porcentaje representan respecto a toda la población nacional. Y por lo mismo, no hay ni racionalidad ni proporcionalidad en el establecimiento de las representaciones asignadas a esos sectores, lo cual es abiertamente contrario al principio de la igualdad del voto

La representación "territorial", al asignar un Constituyente por municipio (dos por municipio capital de estado) independientemente de la base poblacional, rompe el principio de una persona un voto. Ello distorsiona por completo la igualdad en la representación poblacional del voto, ya que cada municipio urbano es distinto en población a los otros y los municipios urbanos son distintos a los rurales o selváticos. Estas desigualdades discriminatorias creadas por las Bases Comiciales de la ANC se agravan al establecer la representación sobre la base igualitaria del territorio de los municipios –como personas jurídico-territoriales equivalentes al circuito electoral-, pero cuyo número es creado por cada estado y no de manera uniforme sobre la base de la población nacional o de cada estado. Por lo cual, la representación territorial impuesta en las Bases Comiciales viola el principio de igualdad del sufragio y el voto igual en circunscripciones electorales sobre la base poblacional.

Dadas estas graves violaciones evidentes y de por sí escandalosas, cabe entonces preguntarse: ¿por qué y para qué convoca el Presidente Maduro en estos momentos a una ANC? La respuesta es evidente: primero, para controlar la ANC con una minoría pro gubernamental a través de unas Bases Comiciales que le permitirán hacer elegir sus candidatos de los sectores diseñados y controlados en buena parte por el gobierno, y de municipios con un peso electoral desproporcionado en los estados mayoritariamente de población rural, con mayor ventaja para el actual partido oficial. De esta manera, se pretende arbitraria e inconstitucionalmente evitar las elecciones de los Gobernadores que debían celebrarse el año 2016, las elecciones municipales que deben celebrarse este año 2017 y las elecciones presidenciales que deben celebrarse en el próximo año 2018, y en todas las cuales el Presidente y los candidatos de su partido (PSUV) resultarían perdedores. Por ello no debe extrañarnos que, en todas las encuestas realizadas entre un 70% y un 85% de la población rechaza la ANC y no piensa ir a votar[24]. Ergo, frente al rechazo de la oposición (MUD) a esta ANC, solo se inscribieron como candidatos e irá a votar esa minoría pro gubernamental que está de acuerdo con la ANC y los candidatos del gobierno.

Pero una de las reglas de la democracia es la alternabilidad, el pluralismo y el respeto a la voluntad del pueblo. Un partido o grupo que hoy es gobierno, mañana pasa a la oposición; y un partido que hoy es oposición mañana pasa a ser gobierno. Y así sucesivamente. Ningún partido o proyecto político se puede sentir "dueño" del poder ni predestinado de por vida a "salvar" a un pueblo, al extremo de identificar su proyecto con la Patria o de lo contrario con la traición a la Patria o incluso la muerte.[25]

Por eso las constituciones no pueden ser ideológicas, sino que deben consistir de principios y reglas pluralistas, objetivas, cuyos principios superiores y derechos universales son para todos y sin discriminación. Sin embargo, en los decretos presidenciales de la ANC se evidencia la intención de elaborar una Constitución Socialista para el proyecto del actual partido de gobierno. En efecto, el Decreto N° 2.831 emanado del Presidente Maduro de fecha 1 de mayo de 2017[26], mediante el cual creó la Comisión Presidencial que tuvo a su cargo la preparación de las Bases Comiciales de la ANC, no solo estuvo integrada exclusivamente por funcionarios públicos y por diputados y asesores oficialistas, sino que dentro de los propósitos de esta Comisión, confesados en el propio decreto está el de "seguir cimentando las bases del Socialismo Bolivariano del Siglo XXI". Pero las constituciones no pueden y por tanto no deben, imponer un modelo político o económico único y mucho menos cuando éste no es democrático y pluralista.

---

24 En este sentido las encuestas coinciden en sus resultados. A continuación una de las encuestas incluso más favorables a la ANC, cuyo apoyo baja más cuando se les pregunta si antes debería consultarse al pueblo: "Encuesta: 66% de los entrevistados está en desacuerdo con Constituyente. El 84,3% de los entrevistados considera que primero habría que preguntarle al pueblo vía referendo si desea una Asamblea Nacional Constituyente, tal como hizo Chávez en el año 1999", diario El Tiempo digital de fecha 9 de mayo de 2017, disponible en: http://eltiempo.com.ve/venezuela/politica/encuesta-66-de-los-entrevistados-esta-en-desacuerdo-con-constituyente/238965.

25 A partir del 2008 el Presidente Hugo Chávez adoptó el eslogan para el gobierno y los miembros de su partido PSUV: "Patria, socialismo o muerte".

26 *G.O.* N° 6.295 Extraordinario de fecha 1-5-17.

Recordemos que en el año 2007 el entonces Presidente Hugo Chávez propuso una reforma constitucional que entre otras cosas establecía el Estado Socialista y Comunal, desdibujaba el derecho de propiedad y restringía los derechos de referendos populares. Esta propuesta de reforma constitucional fue rechazada ese año por el pueblo en el referendo aprobatorio convocado. Pero poco le importó el rechazo popular al Presidente Chávez, quien habiendo controlado políticamente todos los Poderes Públicos Nacionales incluidos la AN y el TSJ, dictó decretos e hizo aprobar leyes del poder comunal y restricciones a la propiedad, que fueron validadas por la SC/TSJ.

Por ello no cabe duda que el principal propósito de la ANC aun antes de aprobar una "Constitución Socialista del Siglo XXI", será terminar de dejar sin efecto Constitución de 1999 y de disolver los poderes constituidos "no alineados" que estorban al gobierno, como son la AN y la Fiscal General de la República, así como posiblemente a los Gobernadores y Alcaldes de oposición. En este sentido, los anuncios hechos por voceros oficiales han adelantado que al instalarse la ANC, entre otras medidas se removerá a la Fiscal General de la República (quien descubrió recientemente una vocación para ejercer su cargo con autonomía e independencia política), y además se les levantará la inmunidad parlamentaria a los diputados de la Asamblea Nacional para juzgarlos penalmente[27].

En fin, esta convocatoria a la ANC y sus Bases Comiciales son un fraude a la soberanía popular y son inconstitucionales e inconvencionales, ya que violan los principios del sufragio universal e igual.

Esta convocatoria a la ANC del Presidente Maduro es una irresponsabilidad frente al país y a la historia, que ha incrementado la crisis política, social y económica que vive el país y no permitirá solucionarla democráticamente mediante el diálogo, la negociación y los acuerdos. Como está diseñada la ANC para tener lugar, no será ni puede ser una oportunidad para un diálogo incluyente, plural y participativo. Además, lo que pide la inmensa mayoría de los habitantes es solucionar sus necesidades más básicas, ante la grave crisis que sufren a diario debido al fracasado modelo económico del socialismo bolivariano. En este sentido lo que piden a diario las personas es evidente: oportunidades de trabajo digno y bien remunerado, que se controle la inflación desatada que le confisca sus ingresos, el acceso a la comida sin tener que

---

27 Así por ejemplo, "Cabello dijo que Constituyente podrá allanar inmunidad parlamentaria. El vicepresidente del PSUV afirmó que la Asamblea Nacional Constituyente podrá aprobar leyes ya que el Parlamento actual no sirve para nada", en diario "El Nacional WEB", de fecha 1 de junio de 2017, disponible en: http://www.el-nacional.com/noticias/gobierno/cabello-dijo-que-constituyente-podra-allanar-inmunidad-parlamentaria_185490; y "Constituyente puede destituir a la Fiscal para garantizar justicia, afirmó Diosdado Cabello", en sitio web de Venezolana de Televisión (VTV), publicado el 2 de junio de 2017, disponible en: http://vtv.gob.ve/activacion-de-la-constituyente-puede-destituir-a-la-fiscal-para-garantizar-justicia-afirmo-diosdado-cabello/

pasar hambre y tener que humillarse ante los funcionarios por las llamadas bolsas de comida "Clap" (que a veces les vende el gobierno pero solo si es portador del "carnet de la Patria"), el acceso a la salud y a las medicinas, y por supuesto, seguridad ciudadana ante el crimen y la impunidad desatada.

Nada de lo anterior se conseguirá con esa ANC y menos como la diseñada e impuesta desde el gobierno, ya que las constituciones son puntos de encuentro no de desencuentro, son acuerdos no imposiciones, en fin, son tratados de paz no declaraciones de guerra. Venezuela lo que necesita es más Constitución y menos Constituyente, más democracia y menos autoritarismo, más civilidad y menos militarismo, más producción y menos importación, más transparencia y menos corrupción, más Estado de derecho y menos Socialismo del Siglo XXI, más Estado de derecho y más Estado social, más independencia de los poderes públicos comenzando por el Tribunal Supremo de Justicia y el resto del sistema de justicia, y así, más justicia y control de la arbitrariedad y menos abuso e impunidad.

Por ello no dudamos en afirmar, que jugarle a esta ANC es un grave error histórico y una irresponsabilidad con toda la nación.

BOICOT A LA CONSTITUYENTE COMUNAL

Froilán Barrios Nieves

Movimiento Laborista

El contenido de las bases comiciales maduristas impuestas ante el CNE el pasado 23/05/ 2017, descubren la verdadera intención del régimen con su convocatoria a la fraudulenta Constituyente Comunal, que no es otra sino evadir al saberse perdedor, toda elección universal en el marco de la vigente CRBV, e implantar el Estado Comunal así sea aplicando la paz de los cementerios.

La propuesta del régimen aprobada a velocidad cibernética por el organismo electoral, resalta violaciones de todo género de principios constitucionales, en referencia al voto universal y la proporcionalidad, a la condición de libertad del voto y la preeminencia sectorial de grupos sociales sobre el resto de la población.

En esta oportunidad solo haré referencia al tema de la universalidad y proporcionalidad del voto. El texto de marras se enjabona con el latiguillo del voto universal, cuya traducción en el ordenamiento constitucional y jurídico internacional, es un ciudadano, un voto y traducido a nuestro país, vale igual el voto de un ciudadano de Araure en Portuguesa, al voto de un parroquiano de los Palos Grandes en Caracas. Pues bien, así no está consagrado en las bases comiciales, cuyo texto establece que de los 545 constituyentes, 364 serán representantes territoriales definidos a partir de 1 diputado por cada uno de los 335 municipios, con la salvedad de los municipios capitales que eligen 2. Con este criterio se viola absolutamente la condición del voto universal y proporcional. Veamos con el siguiente ejemplo, como quedaría la representación por entidad.

Con este criterio municipal identifiquemos la absurda relación de electores por diputado constituyente. El Dtto. Capital de 1.638.451 electores elige solo 7 diputados, entre tanto el Edo. Amazonas de 102.448 electores elige 8 diputados o el caso de Delta Amacuro con 116.972 votantes elige 5 diputados, el Edo. Cojedes de 236.614 electores elige 10, el Edo. Zulia de 2.404.004 electores elige 22. Veamos el ejemplo del Edo. Anzoátegui, en el caso del Municipio San Juan de Capistrano (Boca de Uchire) de 7.092 electores elige un diputado y el Municipio Sotillo (Pto. La Cruz) de 172.059 electores elige 1 diputado, entre tanto el Municipio Bolívar (Barcelona) de 280.073 electores elige 2 diputados por ser capital.

Es evidente la intención de controlar la votación por municipio, ya que el régimen mantiene una relación clientelar con las 335 alcaldías del país, p.e. el Edo. Falcón con 25 alcaldías y 663.287 votantes, elige 26 constituyentes, el Edo. Táchira de 828.960 electores y 29 alcaldías elige 30 constituyentes y el Edo. Mérida de 596.211 electores y 23 alcaldías, elige 24 diputados. Y de esta manera podemos hacer el ejercicio con cualquier estado y municipio del país, y podremos verificar el dantesco fraude que se prepara.

Igualmente en estas bases comiciales se viola el concepto originario de la representación proporcional establecido en el artículo 63 de la CRBV, a saber ..La Ley garantizará la personalización del sufragio y la representación proporcional..” al éstas establecer de facto la uninominalidad absoluta, ya que un solo factor político en un estado podría obtener la totalidad de los constituyentes electos, en perjuicio del factor perdedor y de los votos que obtenga, al dejarlo sin opción a representación alguna, en lugar de aplicarse por ej. el criterio más usado el conocido método de Hond, que conduce a la adjudicación proporcional de puestos.

En definitiva si dejamos que se perpetre este delito fraguado por los laboratorios de la maldad, cuya guarida es Miraflores y su sucursal las Torres del Silencio, el régimen madurista superaría la aborrecible trampa del apartheid en Suráfrica donde el voto de 1 blanco valía por el de 2 ciudadanos de color. Por tanto, no perdamos tiempo, nos quedan pocos días, para que todas las fuerzas democráticas del país organicemos el boicot a la Constituyente Comunal, de hecho un 80% la rechaza contundentemente, e impidamos el crimen político más gigantesco de la historia del continente americano.

COMENTARIOS SOBRE LA CONVOCATORIA DE UNA SUPUESTA ASAMBLEA NACIONAL CONSTITUYENTE CONTENIDA EN EL DECRETO N° 2.830, DEL 1º DE MAYO DE 2017

Jesús M. Casal

Profesor de Derecho Constitucional de la Universidad Católica Andrés Bello

El Decreto N° 2.830, del 1 de mayo del 2017, publicado en Gaceta Oficial N° 6.295 Extraordinario de la misma fecha, se refiere a la convocatoria de una Asamblea Nacional Constituyente, efectuada por el Presidente de la República.

En consonancia con ello, el Decreto N° 2.831, también del 1 de mayo de 2017 y publicado en dicha Gaceta Oficial, crea una Comisión Presidencial encargada de elaborar una propuesta sobre las bases comiciales y de funcionamiento de la Asamblea Nacional Constituyente, que debe ser presentada al Presidente de la República. A continuación se analizarán dos aspectos de estos decretos y de la convocatoria a la que estos aluden que resultan contrarios a la Constitución y a los principios democráticos.

En primer lugar, se observa que, según estos decretos y las declaraciones posteriores del Presidente de la República y de integrantes de la mencionada Comisión Presidencial, no se precisaría de un referendo para que el pueblo se pronuncie sobre la convocatoria de la Asamblea Nacional Constituyente (ANC) y sobre el contenido de las bases comiciales o bases de elección y funcionamiento de esta Asamblea. En segundo término, aquellos establecen que la ANC tendría una composición corporativa, orgánica o sectorial, además de territorial.

Finalmente se examinará si el órgano convocado por el Presidente de la República puede calificarse como una ANC.

1. *El Presidente de la República decidiendo en nombre del pueblo la convocatoria de la ANC*

El artículo 347 de la Constitución señala claramente que quien puede convocar una ANC es el pueblo, como depositario (y titular) que es del poder constituyente originario. De modo que cuando el artículo 348 de la Constitución faculta al Presidente de la República, en Consejo de Ministros, y a otros órganos, o a una porción del electorado, para ejercer la iniciativa de convocatoria de la ANC no puede referirse a la *decisión* sobre tal convocatoria sino a la *iniciativa* que permita que tal decisión sea tomada. En nuestra Constitución la referencia a la "iniciativa" tiene un significado muy claro: es el impulso para que una decisión sea adoptada por el órgano o sujeto competente para ello, no la adopción de la decisión como tal. Así el artículo 204 de la Constitución regula la "iniciativa" de las leyes, que implica la facultad de activar el procedimiento de formación de las leyes, cuyo desarrollo queda en manos de la Asamblea Nacional al igual que el destino final del proyecto, que pudiera no llega a ser ley, según lo que el cuerpo resuelva. Lo mismo cabe decir de la iniciativa para la enmienda o la reforma constitucional (arts. 341, numeral 1, y 343 de la Constitución). La iniciativa también es un acto que conduce a la celebración de un referendo en el cual el pueblo se pronuncia sobre determinados asuntos (art. 71, entre otros).

De la misma manera, cuando el artículo 348 constitucional atribuye al Presidente de la República y a otros órganos, o a una porción del electorado, la "iniciativa de convocatoria a la Asamblea Nacional Constituyente", evidentemente no se refiere a la decisión de convocarla sino a la iniciativa para que sea convocada. De lo contrario la Constitución hubiera dicho que aquellos pueden *convocar* la ANC. La diferencia puede parecer sutil pero es expresión de principios de fondo esenciales a la Constitución: el de la soberanía popular, el del pueblo como titular del poder constituyente y el de la participación ciudadana (arts. 5, 6, 62 y 347 de la Constitución). El titular del poder constituyente y solo él puede decidir si quiere ejercerlo. No puede ser sustituido por ningún poder constituido en la toma de esta determinación.

Al interpretar las escasas normas de la Constitución sobre la ANC ha de tenerse en cuenta el contexto histórico-político en que fueron elaboradas. En particular, ha de recordarse que cuando los constituyentes de 1999 abordaron esta temática tenían muy presente el proceso constituyente en desarrollo, en el cual el decreto presidencial de iniciativa para un referendo consultivo sobre la ANC dio lugar a que el pueblo se pronunciara sobre su convocatoria y sobre la aprobación de las respectivas bases. La parquedad de la regulación de la ANC contenida en el capítulo III del Título IX de la Constitución se explica porque los constituyentes, después de proponer normas en las cuales se precisaba lo relativo al referendo (previo) que era necesario celebrar con los dos fines indicados y a las consecuencias del rechazo popular de la iniciativa, resolvieron reducir al mínimo esta regulación, para que fuera el pueblo el que moldeara su proceso constituyente libremente[1]. En otras palabras, la supresión de esas normas obedeció no a la idea de restar protagonismo a la ciudadanía y de entregar a los poderes constituidos la posibilidad de decidir por ella si se convocaba la ANC, sino más bien al propósito de no colocar barreras al titular del poder constituyente.

Del Diario de Debates de la ANC de 1999 se desprende claramente que la alusión a la "iniciativa de convocatoria" estaba concatenada con la previsión de la celebración de un referendo en los términos señalados. La distinción entre la iniciativa de convocatoria y la convocatoria como tal estuvo claramente plasmada en las propuestas para la nueva Constitución presentadas por el Presidente Hugo Chávez ante la ANC[2].

En el articulado respectivo se mencionaba primero que la ANC es "expresión del poder constituyente originario, cuyo titular es el pueblo soberano", y después de aludir a sus límites, se regulaba "la iniciativa de convocatoria a la Asamblea Nacional Constituyente", reconocida al Presidente de la República, en Consejo de Ministros, a la Asamblea Nacional por acuerdo aprobado por las dos terceras partes de los integrantes de cada Cámara[3] y al diez por ciento de los electores". Luego se preveía la celebración de un referendo relativo a la aprobación de la convocatoria.

Estas propuestas quedaron reflejadas con mínimos ajustes en el Anteproyecto de Constitución y el texto considerado en su primera discusión[4], en relación con la iniciativa y la convocatoria, era de este tenor:

> "*Artículo 391.* – La iniciativa de convocatoria a la Asamblea Constituyente puede hacerla el Presidente de la República en Consejo de Ministros, la Asamblea Nacional mediante el acuerdo de las dos terceras partes de sus miembros, los concejos municipales en cabildo mediante el voto de las dos terceras partes de los mismos, y el 15% de los electores inscritos en el Registro Electoral.
>
> *Artículo 392.* – Se considerará aprobada la convocatoria a la Asamblea Constituyente si en el referendo llamado al efecto el número de votos afirmativos es superior al número de votos negativos. Si el resultado del referendo fuese negativo, no podrá presentarse una nueva iniciativa de convocatoria a la Asamblea Constituyente en el mismo período constitucional.
>
> *Artículo 393.* – Las bases para elegir la Asamblea Constituyente serán incluidas en el referendo de convocatoria. En ellas se establecerán como límites de los actos de la Asamblea los valores y principios de nuestra historia republicana, así como el cumplimiento de los tratados, acuerdos y compromisos válidamente suscritos por la Re-

---

1 Diario de Debates de la ANC, sesión del 9 de noviembre de 1999.

2 Chávez, Hugo, *Ideas fundamentales para la Constitución Bolivariana de la V República*, Caracas, Presidencia de la República, 1999.

3 Estas normas partían de la existencia de un parlamento bicameral.

4 *Vid.* los detalles de esta discusión en Brewer-Carías, Allan, "La Asamblea Nacional Constituyente de 1999 aprobó que solo el pueblo mediante referendo de convocatoria puede convocar una asamblea constituyente: análisis del Diario de Debates".

pública que se refieran al respeto por los derechos humanos y las garantías democráticas."

Los artículos 392 y 393, este último en lo concerniente a la necesaria consulta en referendo de las bases comiciales, fueron suprimidos pero no porque se pensara que pudiera prescindirse del referendo correspondiente, sino porque se quiso reducir al mínimo la regulación sobre la materia. Las intervenciones que se produjeron al discutir el articulado reafirmaban que se estimada indispensable realizar dicho referendo.

Aquellas normas estaban además calcadas del proceso que había conducido a la convocatoria de la ANC en 1999. El artículo entonces numerado como 391, hoy 347, con ajustes de redacción, recogía en sustancia la primera pregunta del referendo impulsado por Hugo Chávez para la convocatoria de la ANC:

> ¿Convoca usted una Asamblea Nacional Constituyente con el propósito de transformar el Estado y crear un nuevo ordenamiento jurídico que permita el funcionamiento de una Democracia Social y Participativa?

La formulación de esta pregunta fue objeto de discusiones y no es en modo alguno casual. Quien convoca la ANC es el pueblo, esto es, los electores, nunca un órgano del poder constituido. Es lo que se aviene con una teoría democrática del poder constituyente.

Los constituyentes de 1999 intentaron replicar en la normativa sobre la ANC el procedimiento que había permitido desembocar en la instalación de la ANC ese mismo año. Nunca se plantearon que los poderes constituidos se apropiaran del poder constituyente del pueblo, es decir, nunca pretendieron invocar el poder constituyente originario del pueblo para que este pudiera ejercerlo a través de ellos y finalmente entregarlo a los poderes constituidos, en evidente usurpación.

Desde el gobierno se ha sostenido que el referendo fue necesario en 1999 porque la ANC no estaba regulada en la Constitución de 1961, mientras que sí lo está en la de 1999. Pero este razonamiento es falaz y regresivo, pues es absurdo interpretar que el protagonismo del pueblo en el ejercicio de su poder constituyente es menor ahora que la Constitución admite expresamente la posibilidad de activarlo, en un marco de Democracia (representativa y) participativa. Adicionalmente, si de lo que se trata es de la invocación del poder constituyente originario, al cual alude el artículo 347 de la Constitución, está completamente fuera de lugar toda lectura de la misma que permita dejar al pueblo al margen de la decisión referida a la convocatoria de la ANC. El medio más trascendental de ejercicio directo de la soberanía (art. 5 de la Constitución) es la convocatoria de una ANC, por lo que el pueblo no puede ser privado de esta facultad, que es también expresión del derecho a participar directamente en los asuntos públicos.

Una ojeada al constitucionalismo de la región corrobora lo expuesto. Nótese en particular que las Constituciones aprobadas en procesos que se inspiraron en el venezolano, como las de Bolivia y Ecuador, reconocen con nitidez esa indispensable manifestación del pueblo, mediante referendo, sobre la convocatoria de una ANC.

El artículo 411.1 de la Constitución de Bolivia reza:

> La reforma total de la Constitución, o aquella que afecte a sus bases fundamentales, a los derechos, deberes y garantías, o a la primacía y reforma de la Constitución, tendrá lugar a través de una Asamblea Constituyente originaria plenipotenciaria, activada por voluntad popular mediante referendo. La convocatoria del referendo se realizará por iniciativa ciudadana, con la firma de al menos el veinte por ciento del electorado; por mayoría absoluta de los miembros de la Asamblea Legislativa Plurinacional; o por la Presidenta o el Presidente del Estado. La Asamblea Constituyente se autorregulará a todos los efectos, debiendo aprobar el texto constitucional por dos tercios del total de sus miembros presentes. La vigencia de la reforma necesitará referendo constitucional aprobatorio.

Y el artículo 444 de la Constitución de Ecuador dispone que:

> La asamblea constituyente sólo podrá ser convocada a través de consulta popular. Esta consulta podrá ser solicitada por la Presidenta o Presidente de la República, por las dos terceras partes de la Asamblea Nacional, o por el doce por ciento de las personas inscritas en el registro electoral. La consulta deberá incluir la forma de elección de las representantes y los representantes y las reglas del proceso electoral. La nueva Constitución, para su entrada en vigencia, requerirá ser aprobada mediante referéndum con la mitad más uno de los votos válidos.

Este referendo previo es igualmente requerido por la Constitución colombiana (art. 376), cuya formación influyó a su vez en el proceso venezolano.

Estas Constituciones son, en este punto, fruto del mismo principio que orientó el proceso constituyente venezolano y el de los países señalados: la facultad inalienable y permanente del pueblo de decidir ejercer el poder constituyente originario, aun cuando ello no estuviere permitido en la Constitución entonces en vigor. Es una idea que se puede compartir o no y que no es frecuente en el constitucionalismo europeo, pero que tienes perfiles nítidos.

De acuerdo con este principio, que es el de nuestra Constitución, no hay nada más alejado de la soberanía popular y del poder constituyente del pueblo que la imposición de un proceso constituyente por un poder constituido. Esto conduciría al exabrupto de que un órgano del poder constituido resuelva convocar una ANC aunque el pueblo no la quiera, tal vez porque está conforme con su Constitución o entiende que hay otras prioridades que atender. Conduciría también al absurdo de que ese órgano decisor imponga unas bases de elección y funcionamiento de la ANC con las cuales el pueblo no esté de acuerdo. Se encontraría en ese caso el electorado, e incluso la mayoría de los electores, ante el dilema de participar o no en unas elecciones para la integración de una ANC que no hubiera querido convocar o cuyas reglas de conformación y funcionamiento le parezcan inaceptables, sobre lo cual ni siquiera habría sido consultado formalmente mediante referendo.

Conviene apuntar que la Corte Suprema de Justicia, durante el proceso pre-constituyente de 1999, debió pronunciarse sobre la pretensión del Presidente Hugo Chávez de preguntar a pueblo si lo facultaba para que él mismo definiera, en consulta con los distintos sectores sociales, las bases comiciales de la ANC. En la sentencia respectiva, del 18 de marzo de 1999, se anuló esta segunda pregunta del referendo relativo a la ANC, ya que:

> Se entiende así, que un mecanismo de consulta directo llamado a resolver sobre materias que no han sido previamente delegadas en representantes, debe preservar, mantener y defender como principal valor, el ser fiel expresión de la verdadera voluntad popular. Tal nivel de certeza será el obligado resultado de disminuir, en tanto sea posible, instancias que medien en la expresión o exteriorización de esa voluntad colectiva.
>
> Dicho en otras palabras, se pretende obtener una expresión popular lo más diáfana posible, lo más cercana al reflejo de voluntad de las mayorías, que implica ineludiblemente la definición de aquellos aspectos relacionados con el régimen de la Asamblea que se pretende instalar. Sólo así se consigue librar el proceso -que por su trascendencia para la vida nacional debe gozar de la plena confianza del colectivo- de toda sombra de dudas o falsas interpretaciones que deriven en un resultado inaceptable.
>
> Entonces, es indispensable, que formulada la pregunta sobre la conveniencia de instalar una Asamblea Nacional Constituyente, proceda a consultarse sobre aquellas reglas fundamentales que detallen su organización y régimen general.
>
> La Resolución impugnada en la segunda pregunta, a que se refiere su artículo 2, ignoró tales postulados al pretender delegar, en el ciudadano Presidente de la República, la fijación de las bases del proceso comicial por el que se elegirán los integrantes de la Asamblea Nacional Constituyente; de allí, concluye la Sala, en su inconstitucionalidad, por vulneración del derecho a la participación política implícito en el artículo 50 de la Constitución de la República, como derecho inherente a la persona humana, y así expresamente se declara.

En suma, sería un contrasentido histórico entender que después de la aprobación de la Constitución de 1999 es posible activar un proceso constituyente en términos menos democráticos (por antidemocráticos) a los que condujeron a la adopción de esa Constitución, a pesar de que las bases comiciales entonces aprobadas por el electorado recogieron el principio de progresividad en materia de derechos humanos, plasmado ahora en el artículo 19 constitucional, entre los cuales se encuentra el derecho de participación de la ciudadanía en los asuntos públicos, que debe ser favorecido por los órganos del poder público (art. 62 de la Constitución).

2. *Una ANC corporativa, orgánica o sectorial*

Otro aspecto polémico del planteamiento presidencial sobre la ANC radica en la composición que pretende atribuirle. Sus miembros serán electos en los "ámbitos sectoriales y territoriales". La mención de los ámbitos sectoriales supone, según han afirmado el Presidente de la República y los integrantes de la Comisión Presidencial correspondiente, la elección de una parte de los constituyentes entre quienes pertenezcan a un determinado sector de la sociedad (campesinos, pescadores, obreros, maestros, transportistas, etc.).

Esta conformación de una eventual ANC sería completamente inconstitucional y antidemocrática, ya que fragmentaría la soberanía popular y el concepto mismo del pueblo como su titular. El artículo 5 de la Constitución reconoce que la soberanía reside en el pueblo, y su artículo 63 establece que el sufragio es un derecho que se ejerce mediante votaciones "libres, universales, directas y secretas". De allí que, con la excepción de los pueblos indígenas que tienen constitucionalmente asegurada una representación propia en cuerpos deliberantes (art. 125), en consonancia con las obligaciones internacionales de la República, no es admisible una división sectorial del electorado o conformación corporativa a los fines de elegir los integrantes de la ANC.

La apelación a esta integración sectorial de la ANC solo puede explicarse por el intento de obtener una mayoría en la ANC que no se alcanzaría en elecciones que preserven la unidad del pueblo y de su soberanía o, en otras palabras, la universalidad del sufragio correspondiente a toda la ciudadanía.

El Decreto N° 2.830 se refiere también a los ámbitos "territoriales", lo cual, al concordarlo con la mención que hace de "la unidad política primaria de la organización territorial" como base para la conformación de la ANC, indica que las circunscripciones electorales no sectoriales serán municipales o infra-municipales, lo cual atenta contra el carácter federal del Estado que el propio decreto invoca.

Las circunscripciones electorales deberían ser principalmente estadales, en atención a carácter federal de nuestro Estado (art. 4 de la Constitución), sin perjuicio de la importancia de prever fórmulas que garanticen la representación proporcional de las organizaciones políticas concurrentes (art. 63 de la Constitución), siendo este un principio fundamental de nuestra evolución democrática desde 1946.

3. *¿Una ANC?*

Cabe preguntarse si lo que el Presidente de la República pretende convocar es una ANC. Existen varias razones para responder negativamente. La primera es que esta ANC nacería con un acotamiento temático extraño a la naturaleza de un cuerpo electo en ejercicio del poder constituyente originario. En el Decreto N° 2.830 el Presidente de la República propone los "objetivos programáticos" de la ANC, los cuales propenden a restringir la esfera material dentro de la cual esta puede moverse. Ello resulta contrario al concepto de poder constituyente originario, ya que una verdadera ANC es libre al decidir las materias que ha de tratar con motivo del cambio constitucional, sin perjuicio de los límites últimos de todo poder constituyente. Además, algunos de los asuntos que el Presidente de la República señala como objetivos programáticos de la ANC son ajenos completamente a un proceso constituyente y a una Constitución, mientras que otros ya están tratados suficientemente en ella o son lesivos de principios democráticos y de nuestra tradición republicana (art. 350 de la Constitución). En tal sentido, el logro de una economía productiva se refiere al diseño y ejecución de políticas públicas; la preservación de la vida en el planeta está comprendida ya en la Constitución por un conjunto de derechos ambientales, pendientes de una actuación pública cónsona con ellos; y la ampliación de competencias o poderes del Estado en materia de seguridad ciudadana y de garantía de la soberanía, en el actual contexto de represión y persecución política, resulta riesgosa para las libertades públicas. La alusión por otro lado a organizaciones del llamado Poder Popular parece ir orientada no a incorporarlas dentro del diseño constitucional de manera compatible con los principios democráticos y el sistema federal, sino a menoscabar estos bajo la concepción y las prácticas ideológicamente excluyentes y ejecutivistas que han prevalecido en estos años.

En segundo lugar, el Presidente de la República ha sostenido que no se pretende introducir grandes modificaciones en la Constitución, es decir, no se busca "redactar una nueva Constitución" (art. 347 de la Constitución), lo cual, además de reforzar la idea de que Maduro y no el pueblo es el dueño de la supuesta ANC, contrasta con la finalidad principal que es propia de dicha instancia: elaborar una nueva Constitución.

En el fondo lo que ocurre es que se acude fraudulentamente el poder constituyente, desfigurándolo, para lograr objetivos distintos a los del cambio constitucional. Lo que se persigue es la postergación de cualquier proceso electoral y, probablemente, la inclusión en la Constitución "ajustada" de nuevas reglas electorales que reediten los criterios sectoriales y territoriales de la ANC y permitan prolongar la ocupación de las instancias de poder por quienes han perdido el respaldo mayoritario del electorado. Tal vez estos mismos criterios sectoriales serán empleados en una eventual e ilegítima consulta popular ratificatoria de la Constitución, para soslayar la celebración de un referendo aprobatorio, con lo cual se cerraría el círculo de un proceso adelantado merced a la usurpación y, a fin de cuentas, la negación del poder constituyente del pueblo.

4. *Conclusión*

En síntesis, es el pueblo el que puede decidir si convoca o no una ANC y el que debe aprobar los términos de su integración (elección de sus miembros y número de estos), periodo de funcionamiento, eventuales límites supraconstitucionales, entre otros aspectos.

Además, debe rechazarse una conformación corporativa, orgánica o sectorial de una parte de la ANC, y el carácter federal del Estado, al igual que el principio de representación proporcional, habrían de reflejarse en el sistema electoral aplicable.

LA ILEGÍTIMA E INCONSTITUCIONAL CONSTITUYENTE CONVOCADA POR MADURO

Juan Manuel Raffalli.

Profesor de Derecho Constitucional en la UCAB y en la Universidad Monetávila.

Finalmente el Presidente Maduro despejó las dudas y firmó el Decreto para convocar a una Asamblea Nacional Constituyente (ANC) que él califica de "ciudadana y popular" [1]. La base de este Decreto convocatorio, según afirmó Maduro, es su competencia constitucional para convocar al Poder Originario y así conformar una ANC "*plenipotenciaria*". Ahora bien, cuál es la intención de este delicado paso en la coyuntura política actual y cuáles serían sus efectos. Veamos:

¿Qué es una Constituyente?

El llamado Poder Constituyente, es precisamente el poder supremo del pueblo como un todo. Es el llamado *Poder Originario* que se da las normas constitucionales que lo rigen como sociedad, es un Poder que brota de la propia existencia del conglomerado social. Para que ese Poder se exprese de manera orgánica, el pueblo elige una Asamblea que precisamente se denomina Asamblea Nacional Constituyente. Este Poder Constituyente no requiere de un reconocimiento formal pues es la esencia misma de la Nación. De hecho no estaba previsto en la Constitución de 1961 y sin embargo la fuerza del voto popular que respaldó la oferta electoral de Chávez, hizo que la antigua Corte Suprema de Justicia abriera paso a un referéndum consultivo que permitiera al Pueblo decidir si se convocaba o no un proceso constituyente (Sentencia de la Sala Político Administrativa del 19 de enero de 1999)[2]. El

1 Decreto N° 2.830, publicado en la *Gaceta Oficial* N° 6.295 Extraordinaria de fecha 3 de mayo de 2017.

2 *"Por las razones expuestas, esta Sala Político-Administrativa de la Corte Suprema de Justicia, administrando justicia en nombre de la República y por autoridad de la Ley, declara que sí es procedente convocar a un referendo, en la forma prevista en el*

pueblo resolvió afirmativamente y ese proceso trajo como resultado la perfectible pero vigente Constitución de diciembre de 1999[3].

¿Puede El Presidente Convocar una Constituyente?

La Constitución actual en su artículo 347 reconoce la posibilidad de que el Pueblo convoque al Poder Constituyente para "transformar el Estado, crear un nuevo ordenamiento jurídico y redactar una nueva Constitución"[4], dando la iniciativa para impulsar el proceso al Presidente de la República; a la Asamblea Nacional; a los Consejos Municipales en Cabildos con el voto de las 2/3 partes; y a un número de electores superior al 15% del padrón electoral nacional. Esto implica que Maduro en principio sí podría iniciar el proceso, pero el verdadero convocante únicamente puede ser el Pueblo a quien habría que consultar mediante Referéndum si convoca o no a la constituyente. Ahora bien, las reglas del juego y el objeto de esa Constituyente son las que determinarán su constitucionalidad y mucho más importante, su legitimidad.

En efecto, según el artículo 70 de la misma Constitución *"La ley establecerá las condiciones para el efectivo funcionamiento de los medios de participación previstos en este artículo"*, dentro de los cuales está la ANC, sin embargo esa Ley no existe[5]. Debido a ello y siguiendo el precedente del proceso constituyente de 1998, el CNE produciría las reglas del juego para elegir a los Constituyentes, bajo la figura de una "Bases Comiciales"[6], o bien la Asamblea Nacional podría producir la Ley que regule este proceso, bajo la alta posibilidad de que la Sala Constitucional la anule por cualquier motivo. En definitiva si el objeto y las reglas del juego no son legítimos y apegados a la Constitución, la Convocatoria sería ilegítima e inconstitucional y por lo tanto nula.

---

artículo 181 de la Ley Orgánica del Sufragio y Participación Política, para consultar la opinión mayoritaria, respecto de la posible convocatoria a una Asamblea Constituyente, en los términos expuestos en este fallo".

3 Referendo celebrado el 15 de diciembre de 1999.

4 *"Artículo 347. El pueblo de Venezuela es el depositario del poder constituyente originario. En ejercicio de dicho poder, puede convocar una Asamblea Nacional Constituyente con el objeto de transformar el Estado, crear un nuevo ordenamiento jurídico y redactar una nueva Constitución".*

5 *"Artículo 70. Son medios de participación y protagonismo del pueblo en ejercicio de su soberanía, en lo político: la elección de cargos públicos, el referendo, la consulta popular, la revocación del mandato, las iniciativas legislativa, constitucional y constituyente, el cabildo abierto y la asamblea de ciudadanos y ciudadanas cuyas decisiones serán de carácter vinculante, entre otros; y en lo social y económico: las instancias de atención ciudadana, la autogestión, la cogestión, las cooperativas en todas sus formas incluyendo las de carácter financiero, las cajas de ahorro, la empresa comunitaria y demás formas asociativas guiadas por los valores de la mutua cooperación y la solidaridad"..*

6 *Ver* Decreto N° 2.878 en la *Gaceta Oficial* N° 41.156 del 23 de mayo de 2017.

¿Cuál debería ser el objeto de una Constituyente?

Como mencionamos, conforme al referido artículo 347 de la Constitución, el Proceso Constituyente tutelado por una ANC, no puede tener otro objeto que "transformar el Estado y crear una nuevo ordenamiento jurídico y constitucional", es decir, darnos una nueva Constitución. Es allí donde luce de bulto que la Revolución, a estas alturas, no plantearía sustituir integralmente su propio ADN, es decir, sustituir su gran logro, ese librito azul que tanto invocan pero no cumplen, por una Constitución totalmente distinta. Eso sería ni más ni menos una bofetada a la memoria de Chávez. Precisamente por ello, los puntos expuestos por Maduro que implican aspectos y temas parciales que ni siquiera deberían ser tratados en la Constitución, lo que permite concluir que el objeto de esa Constituyente no es darnos una nueva Constitución sino una revisión parcial de la misma con propósitos tácticos a los que luego nos referiremos. Todo ello implica que desde el punto de vista de su objeto, la Constituyente convocada por Maduro transgrede claramente el artículo 347 de la propia Constitución. Para hacer esa revisión parcial el mecanismo sería la enmienda[7] o la reforma constitucional[8] pero en ningún caso una Constituyente.

¿Entonces cuál sería la verdadera intención de Maduro al Convocar la Constituyente?

Para responder esta pregunta debemos considerar la tensión política actual que ha conllevado a una represión brutal e incluso llevó al Presidente a intentar absurdamente salirse de la OEA[9]. Estamos en un momento crítico que ha obligado a Maduro a tomar medidas extremas pero que no contribuyen a aplacar los ánimos sino todo lo contrario. Sin dudas la convocatoria a esta Constituyente no es más que otra estrategia para evadir las elecciones regionales e incluso las presidenciales. Recordemos que a Chávez con todo el Poder en la mano le tomó casi 10 meses consumar este proceso. Una Constituyente como la que ha planteado Maduro que pudiera estar integrada por más de 500 constituyentistas, sería un elefante blanco que fácilmente podría demorar un par de años en concluir su misión. Luce muy claro que este es un objetivo real detrás de esta convocatoria y de ser así la misma sería fraudulenta.

Pero además, dado que Maduro en su cadena nacional recalcó que la ANC sería "*plenipotenciaria*" y que ningún poder público podría obstaculizar su misión, es evidente que lo que se pretende también es sustituir por esta vía a la Asamblea Nacional y a cualquier otro Poder (por ejemplo la Fiscal o algunos Gobernadores) que les resulte inconveniente. Recordemos que en 1998 se

7 *Ver* Artículos 340 y 341 de la Constitución de 1999.

8 *Ver* artículos 342 y ss. de la Constitución de 1999.

9 Organización de Estados Americanos.

instaló un "Congresillo" presidido por Luis Miquilena que sustituyó al Congreso con amplia presencia opositora, electo por el Pueblo.

¿Y dónde estaría la trampa?

En su discurso Maduro enfatizó que la ANC sería *ciudadana y popular*. Acá es donde está el veneno. Maduro y sus acólitos no van a permitir que se instale una ANC "*plenipotenciaria*" que se le imponga y que esté integrada por una mayoría opositora. Si van a esa batalla es en la seguridad de que van a ganarla. La forma de asegurarse ese triunfo ya la dejó claro al decir que la ANC sería "*sectorial y territorial*". Esto implica que por vía de la cooptación sus "Movimientos Sociales" y "Comunitarios" (Comunas y Consejos Comunales); los indígenas y los pensionados, entre muchos otros, designarían sus constituyentes lo que le aseguraría a Maduro una mayoría que no tiene. Esto implica que podría haber voto directo y secreto (un caramelo para la oposición) pero para elegir muchos constituyentes dentro de los sectores que el Gobierno maneja. Recordemos que ya en 1998 con el 40% del país en contra, Chávez con sus "llaves" tramposas manejó el 90% de los votos en la Constituyente.

La otra perla venenosa es precisamente el carácter "territorial" de la ANC. En las Bases Comiciales que establezcan las reglas del juego, no solo se podrá prever lo relativo a esa representación sectorial socialista, sino que seguramente se intentará diseñar un sistema de circuitos electorales independiente de la base poblacional, que beneficie a la Revolución, lo cual implica que en las zonas del país donde el PSUV es más fuerte, se elegirían mayor número de constituyentes recurriendo así nuevamente a la nefasta y antidemocrática táctica del *Gerrymandering*[10].

En definitiva, bajo estas estrategias la Revolución saldría muy favorecida, pero con unas reglas justas, democráticas y transparentes saldría estrepitosamente derrotada, por ello con seguridad no se medirán sin los mecanismos que les aseguren una victoria que desconozca la verdadera voluntad de la gente.

¿Sería válida una Constituyente así?

Definitivamente no. Sería una constituyente inconstitucional, y peor aún, ilegítima. De concretarse no sería reconocida por el país entero y sus resultas no serían aceptadas. Incluso el propio Chavismo podría revelarse contra esta manipulación de su Constitución con fines electorales mezquinos. Pero más aún, si con una amplia mayoría del país en contra, se insiste en imponer una Constituyente ilegítima e inconstitucional, se estaría alterando el orden constitucional y todos los ciudadanos, incluyendo la Fuerza Armada, conforme al artículo 333 de la Constitución estarían obligados a defender la Constitución

---

10 Mecanismo de manipulación de circuitos electorales para la manipulación de un resultado electoral.

ante esta iniciativa que sería fraudulenta por su objeto real y por su conformación. Incluso creemos que si esta situación se lleva al límite, sería imposible concretar pacíficamente cualquier referéndum consultivo o la elección de los constituyentes.

Debido a todo lo que hemos expuesto, el Presidente Maduro debería reflexionar y abortar esta convocatoria que hará más severa la crisis política y social actual.

TEMAS BÁSICOS QUE UD. DEBE CONOCER CON OCASIÓN DE LA TENTATIVA DE USURPACIÓN DEL PODER CONSTITUYENTE ORIGINARIO EN CURSO

Jesús J. Ortega Weffe

Abogado, egresado de la Universidad Católica Andrés Bello; con estudios de Especialización en Derecho Constituciona en la Universidad Central de Venezuela

INTRODUCCIÓN

Luego del anuncio realizado por Nicolás Maduro (NM) sobre una supuesta *'convocatoria'* suya a una Asamblea Nacional Constituyente (ANC), redacté unos *Comentarios* que, en tanto aún no se había publicado el *'Decreto'* relativo al tema, tenían necesariamente un carácter preliminar. Publicado el citado *'Decreto'*, por considerar de plena aplicación lo que escribí en cuanto a mi criterio al respecto, los di por ratificados y asumí que escribir más sobre el asunto resultaría innecesario.

Sin embargo, en las opiniones vertidas por diferentes voceros –no necesariamente abogados–, fundamentalmente en redes sociales y otros medios de comunicación (todos con opinión más o menos acorde, en lo primordial, con mi propia postura), he observado una suerte de *'desacuerdo en los detalles'* y, en otros casos, imprecisiones, que me parecen de necesaria aclaratoria de cara a quienes no tienen al Derecho Constitucional como principal materia de estudio, es decir, a la inmensa mayoría de los venezolanos y, por tanto, probablemente, a Ud. estimado(a) lector(a).

Estando en trance de rumiar la antedicha inquietud, recibí la honrosa solicitud para la elaboración de estas páginas, la cual agradezco profundamente, en sí misma, pero también por propiciar que realice un intento en la dirección señalada.

Naturalmente, por el objetivo que persigo, aunque en las siguientes líneas esboce alguna *discusión académica*, no me detendré en ella; al contrario, sólo la expondré al final y compartiré la razón por la que la eludiré. A la par, aunque será inevitable hacer alguna referencia, lo que sigue no será un análisis de los pormenores del mencionado *'Decreto'*, de las decisiones del Consejo

Nacional Electoral (CNE), o de las Sentencias del Tribunal Supremo de Justicia en Sala Constitucional (TSJ-SC) atinentes al tema. Estoy seguro de que los reputados colaboradores de esta obra, que salvan con su presencia la del suscrito, harán pertinentes y esclarecedores trabajos al respecto.

Intentaré explicar, antes bien, el *panorama general* en el que se asienta la materia, enfocando los puntos que considero básicos; y trataré, dentro de los recursos expositivos a mi alcance, de ser lo más gráfico y simple posible en lo que abordaré.

Estos son los temas: (1) Iniciativa; (2) Tipo de Referendo mediante el cual, si fuere el caso, se convoca a una ANC; (3) Inconstitucionalidad de una elección *"sectorial"* o, más propiamente, *corporativista*, para estos efectos; y (4) Poder Constituyente originario ¿existe? ¿es correcta su mención por la norma que lo contempla? (la cuestión académica señalada) ... Comencemos.

I.- ¿EN QUÉ CONSISTE UNA INICIATIVA EN LO QUE SE REFIERE AL EJERCICIO DE POTESTADES DE DERECHO PÚBLICO Y, ESPECIALMENTE, EN CUANTO A LA CONVOCATORIA DE UNA ANC?

1. *Rumbo al absurdo*

El Diccionario de la Lengua Española de la Real Academia Española,[1] aunque no se refiere exclusivamente al ámbito que nos convoca aquí, de todas maneras registra el vocablo *"Iniciativa"* y, en general, nos da una idea de la naturaleza del instituto jurídico en comento:

> «**iniciativo, va**. Del lat. *initiātus*, part. pas. de *initiāre* 'iniciar', e *-ivo*.
>
> (Omissis)
>
> 2. *f. Derecho de* ***hacer una propuesta****.*
> 3. *f. Acto de ejercer el derecho de hacer una propuesta.*
>
> (Omissis)
>
> 6. *f. Procedimiento establecido en algunas constituciones políticas, mediante el cual interviene directamente el pueblo en la propuesta y adopción de medidas legislativas...*».

Si bien incompleta en lo jurídico (en la 6° acepción se refiere a la iniciativa **popular**, la cual repite más adelante con mucha mejor redacción; y en las 2° y 3° sólo contempla la Iniciativa como un *derecho*), la redacción de las acepciones citadas nos da la pauta para tener claro en qué consiste: Se trata, pues, en general, de la posibilidad de *formular una propuesta* sobre la cual, *en un momento distinto*, se decidirá sobre *su adopción*.

---

1 Real Academia Española. *Diccionario de la Lengua Española.* 23° Edición. Versión on line.

Más claro, como era de esperar, es el *Diccionario de Ciencias Jurídicas, Políticas y Sociales* de Manuel Osorio;[2] el cual, en lo pertinente a nuestro tema, expone:

> «**Iniciativa.** *Derecho de presentar una propuesta. || Ejercicio de tal* ***facultad****...*».

Así pues, tenemos un primer acercamiento: la *Iniciativa*, en sí misma, **no surte efecto jurídico alguno**, sino que comporta la formulación de una propuesta por cuyo intermedio se activa el procedimiento dentro del cual, eventual y posteriormente, se producirá la decisión que sí los generaría.

Hagamos un paréntesis para destacar que Osorio –quizá contando demasiado con el conocimiento previo del lector– señala a la *Iniciativa* como un *derecho*, y también como una *facultad*.

En efecto, cuando la *Iniciativa* está atribuida a algún órgano del Poder Público, ***no configura un derecho***, puesto que esos órganos, en cuanto a su desempeño como tales, no tienen *derechos,* sino deberes, funciones y competencias (o facultades, potestades). La *Iniciativa* sólo es *derecho* cuando se consagra a *los ciudadanos*.

Por eso es errada la argumentación de Aristóbulo Istúriz en distintos medios de comunicación, *también* en que se trataría del ejercicio de un *derecho* del Presidente. No, no es un *derecho* del cargo de Presidente, ni mucho menos del ciudadano en la circunstancia de ejercer tal función (quizá hasta en algún momento pensaron en ejercer un Amparo ante la TSJ-SC, dizque para 'proteger' ese derecho inexistente), por lo que el Sr. Ministro se encuentra, también en eso, radicalmente equivocado.

Finalmente, Osorio también reseña el ejemplo clásico y más común de *Iniciativa*:

> «**Iniciativa en la formación de las leyes.** *En Derecho Político, esta expresión se refiere* ***no a quiénes pertenece dictarlas****, sino a quiénes corresponde* ***proponerlas***».[3]

También se refiere más adelante a la *iniciativa popular*, abundando en lo que diremos de seguidas, pero quede buscarla al arbitrio de los interesados, puesto que pienso que con lo transcrito podemos explicar el tema.

Así, tenemos ahora una aproximación más cercana: la **Iniciativa** comporta la facultad o competencia (o derecho, según el caso) de formular una *propuesta* y activar, con tal formulación, el procedimiento establecido **para que el órgano competente, en un momento distinto, decida sobre su contenido.**

Como vemos, no se trata sólo de distintos momentos para el ejercicio de la *iniciativa* y la *decisión* que ella busca, sino que –siempre de acuerdo con el

---

2 Osorio, M. *Diccionario de Ciencias Jurídicas, Políticas y Sociales*. 1° Edición. Editorial Heliasta SRL. Buenos Aires, 1974. p. 381.

3 *Ídem.*

ordenamiento de que se trate– es característico que **distinto sea también el agente decisor**, respecto del que formula la propuesta (justo *por eso* es **Iniciativa** y no el ejercicio de *una competencia para decidir*, a secas).

¿Puede pensarse, acaso, en encontrar, alguna vez, en cualquier país del planeta, un Texto que prevea la *Iniciativa* de un órgano para formularse una propuesta ¡*a sí mismo*!, sobre un asunto cuya decisión sea él, al mismo tiempo, el competente para tomarla? Eso no existe, no tiene sentido. En esos casos, simplemente, se enuncia la competencia sin necesidad de otorgar *"Iniciativa"* alguna.

Por tanto, queda descartada, de plano y *prima facie*, la posibilidad de considerar a los titulares de una *Iniciativa* como titulares también de la competencia de decidir sobre el asunto concernido en su propuesta, por mera reducción al absurdo de la situación jurídica analizada.

Es justamente eso, pues, la *afirmación de un absurdo que no resiste el análisis más elemental*, lo que pretenden imponer NM, la TSJ-SC y demás voceros *"jurídicos"* de ese exabrupto.

2. *El poder del ejemplo*

Un ejemplo de nuestro ordenamiento constitucional, el de la *Iniciativa de Ley*, nos permitirá verlo más claramente.

La competencia de *legislar sobre las materias de competencia nacional* le está acordada por la Carta a la Asamblea Nacional (es por ser suya la competencia que puede, cumplidos los extremos del artículo 203 constitucional, *delegarla temporal y parcialmente* al Presidente).

Así lo consagra el artículo 187.1 constitucional:

«Artículo 187. Corresponde a la Asamblea Nacional:

Legislar en las materias de la competencia nacional y sobre el funcionamiento de las distintas ramas del Poder Nacional».

Pero la propia Carta consagra todo un elenco de actores que ostentan la iniciativa de ley. De conformidad con el artículo 204, eiusdem, la tienen:

«Artículo 204. La iniciativa de las leyes corresponde:

Al Poder Ejecutivo Nacional.

A la Comisión Delegada y a las Comisiones Permanentes.

A los y las integrantes de la Asamblea Nacional, en número no menor de tres.

Al Tribunal Supremo de Justicia, cuando se trate de leyes relativas a la organización y procedimientos judiciales.

Al Poder Ciudadano, cuando se trate de leyes relativas a los órganos que lo integran.

Al Poder Electoral, cuando se trate de leyes relativas a la materia electoral.

A los electores y electoras en un número no menor del cero coma uno por ciento de los inscritos e inscritas en el registro civil y electoral.

Al Consejo Legislativo, cuando se trate de leyes relativas a los Estados».

¿Querrá esto decir, por desventura, que los señalados pueden sustituir a la Asamblea Nacional como Poder Legislativo Nacional y sancionar ellos mismos la Ley cuya propuesta hacen, asumiendo entonces directamente la competencia de *legislar en las materias de competencia nacional* y equiparándose de esta forma la iniciativa de ley con la competencia para legislar?

No. Resulta obvio, ¿verdad? Será la Asamblea Nacional, siguiendo el procedimiento de formación de las leyes previsto por la Constitución, la que pueda sancionar la ley de que se trate.

Pues, *es el mismo caso* con la Convocatoria de una ANC.

¿A quién consagra la Constitución la potestad de *convocar*? Al pueblo, en tanto que soberano, en ejercicio del Poder Constituyente originario.

Es decir, tampoco es el pueblo actuando de cualquier manera, es *en ejercicio de su soberanía* (una de cuyas manifestaciones es el *"Poder Constituyente originario"*), emplazado, en ese carácter, para decidir sobre el tema.

Así, el artículo 347 de la Constitución dispone:

> «*Artículo 347*. El pueblo de Venezuela es el depositario del poder constituyente originario. En ejercicio de dicho poder, puede convocar una Asamblea Nacional Constituyente con el objeto de transformar el Estado, crear un nuevo ordenamiento jurídico y redactar una nueva Constitución».

De forma tal que, así como la función de legislar en las materias de competencia nacional le está consagrada a la Asamblea Nacional, así la función de convocar a una ANC le está reservada al pueblo **en ejercicio del poder constituyente originario** (y, por tanto, se trata la que se encuentra en análisis de una función *exclusiva y excluyente,* pues **no existe** órgano ni persona distinta del **pueblo en su conjunto** que pueda ostentar tal poder, esto es, la *soberanía* manifestada en potestad de cambio constitucional).

Ahora bien, la *propuesta* de convocatoria (esto es, la **Iniciativa**), es decir, la solicitud para que el pueblo en ejercicio de la soberanía se pronuncie, la pueden formular otros actores y someterla a su decisión.

Estos actores son los listados como posibles ejercitantes de la **Iniciativa de Convocatoria**, por el artículo 348 constitucional ya de sobra conocido por todos; y ninguno de ellos, se repite, puede sustituirse en el pueblo en ejercicio de su soberanía a los efectos de realizar esa convocatoria puesto que, nada menos, estaría *usurpando la soberanía popular*, estaría usurpando lo que la Carta llama el Poder Constituyente originario.

En el caso del Presidente, sería la pretensión de convertirse él mismo en *soberano* a la usanza de los monarcas absolutos.

Salvo remitir al artículo 5 constitucional, creemos que huelgan otros comentarios:

> «*Artículo 5*. La soberanía reside intransferiblemente en el pueblo, quien la ejerce directamente en la forma prevista en esta Constitución y en la ley, e indirectamente, mediante el sufragio, por los órganos que ejercen el Poder Público.
>
> **Los órganos del Estado emanan de la soberanía popular y a ella están sometidos**».

II. ¿MEDIANTE QUÉ TIPO DE REFERENDO CONVOCA EL PUEBLO SOBERANO UNA ANC?

Lógicamente, y casi como continuación de lo ya señalado en el punto anterior, antes de establecer el tipo de referendo por medio del cual se convocaría una ANC, es necesario precisar si, efectivamente, se requiere de este mecanismo a tales efectos.

1. *Una curiosidad histórica*

Relatemos una curiosidad histórica: La Comisión encargada de la redacción del Título IX (*"De la Reforma de la Constitución"*) de la Carta vigente en la ANC de 1999, fue coordinada por el inefable Dr. Hermann Escarrá. En el Diario de Debates de la ANC, en ocasión de la presentación del trabajo de esa Comisión a la Plenaria, sesión del 9 de noviembre de 1999, se registra que el constituyente y apreciado profesor Ricardo Combellas hizo una intervención de principio. Los corchetes y negrillas son nuestros:

> «En resumen, la tesis que quiero señalar y que considero que merece una meditación –ya estamos en el último Título, es tiempo de hacerla–, es que no se admita ninguna forma de modificación de este Anteproyecto de Constitución que no sea a través del referendo popular, de la consulta al pueblo soberano… y por ende, no comparto la tesis de este sistema de enmiendas [se refiere a la reglamentación de la Enmienda constitucional presentada por la Comisión] donde el pueblo no tenga una participación directa en un asunto tan trascendente, tan importante como es la modificación del Texto Fundamental de la República. Es todo.».

A este planteamiento, luego de la intervención de varios constituyentes sobre distintos temas en el señalado Título y dentro de otras argumentaciones, respondió Hermann Escarrá (negrillas y cursivas nuestras):

> «Me parece que la reflexión de fondo del constituyente Ricardo Combellas es correcta y así lo entiende la Comisión, doctor Combellas, por unanimidad. Usted ha sido muy preciso, incluso al referirse a la transversalización axiológica y, por supuesto, a los mecanismos de democracia participativa. Se vería como incongruente de verdad que buscáramos cualquiera de las figuras sin la participación popular. De tal manera que la Comisión acoge realmente por unanimidad y más bien agradece la observación seria y ponderada que ha hecho».

La expresión *'transversalización axiológica'*, tan del gusto de H. Escarrá, quiere significar –simplemente– que los valores fundamentales sobre los que se asienta la Constitución, deben estar presentes en, e imbuir a todas las instituciones (y, por tanto, las normas) de las que ella consta. En el caso concreto que atendemos, esos valores son la *soberanía popular* y la *participación*. Por los objetivos de este escrito, dejamos de lado la aclaratoria académica sobre la conversión de los valores en principios una vez positivados (por tanto, la dotación de contenido deóntico que se les incorpora a partir de entonces).

Un poco más adelante, en la misma sesión, se sucedió este *"entretenido"* intercambio entre el constituyente Julián Isaías Rodríguez Díaz, actuando como Presidente de la ANC (en ausencia del titular, él era el 1er Vicepresidente)[4] y el constituyente Manuel Quijada, en el específico tema de la Asamblea Nacional Constituyente prevista en el Texto (Quijada hizo oposiciones varias a los textos de los artículos de este Título durante todo el debate). Los corchetes y negrillas son nuestros:

EL PRESIDENTE. - Ciudadano constituyente, le pido aclare lo leído: "Puede el pueblo convocar" [expresa el artículo propuesto por la Comisión, hoy art. 347 constitucional]. ¿A través de qué mecanismo puede hacerlo? Pues, allí se dice que el 15% por ciento de los electores tiene que hacer una representación ante el Congreso o ante el Presidente de la República para que pueda procederse a la convocatoria. ¿Cómo se haría esa convocatoria?

CONSTITUYENTE QUIJADA (MANUEL).- Ciudadano Presidente, sería mediante un referendo. Lo que soluciona este artículo [que él propuso como sustituto del presentado por la Comisión] es la discusión de si el pueblo tiene Poder Constituyente o no lo tiene, si puede convocar a una Asamblea Constituyente o no cuando bien lo desee.

EL PRESIDENTE.- ¿Pero cómo la convoca el pueblo?

CONSTITUYENTE QUIJADA (MANUEL).- Por medio de un referendo.

EL PRESIDENTE.- Pero ¿quién convoca el referendo? El pueblo debe tener un mecanismo, constituyente Quijada.

CONSTITUYENTE QUIJADA (MANUEL).- Presidente, este es un principio que soluciona la discusión que tuvimos durante muchos meses para poder convocar a referendo. Después, ¿cómo se convoca?, a renglón seguido se explica cómo se convoca.

EL PRESIDENTE.- Pero es que en el artículo aprobado [por la Comisión] está resuelto el problema.

CONSTITUYENTE QUIJADA (MIGUEL).- No, porque no dice que el pueblo puede convocar a un referendo para...

EL PRESIDENTE.- (Interrumpiendo) Pero dice que el 15% de los electores puede convocar al referendo. Ese es el pueblo.

---

4 El respetado profesor Allan Brewer-Carías, además, a la sazón, constituyentista, sostiene en artículo reciente [*Vid.* ‹http://bit.ly/2rZmBmz›] que el titular de la Presidencia se encontraba en funciones en ese momento y, por ende, el intercambio que se narrará y que él también reseña en el citado artículo (aunque no hasta donde lo haremos), habría tenido de protagonista a Luis Miquilena y no a Julián Isaías Rodríguez. No obstante, en el Diario de Debates aparece que antes de la consideración del punto en cuestión Luis Miquilena se habría ausentado, sustituyéndolo Rodríguez; y no contiene mención de su reincorporación a la sesión. El sentido jurídico de nuestro comentario no cambiaría en lo más mínimo, aunque sí la ironía de nuestra referencia a la circunstancia de haber sido el mismo Rodríguez ahora, junto a Elías Jaua, quien la presidió, y Hermann Escarrá, miembros todos de la "Comisión para las Bases Comiciales" que falseó la historia de esa sesión y violentó las decisiones allí tomadas. Recomiendo leer el artículo del Dr. Brewer-Carías y la intervención de Jaua en la sesión del 14-11-1999, a la cual en estas páginas no nos referiremos.

Rodríguez (o Miquilena) se refiere, justamente, a la *iniciativa*, en este caso *iniciativa popular*, hoy prevista en el art. 348 constitucional; y que *se circunscribe*, para todos a quienes se les otorga tal *iniciativa* en esa norma, estrictamente ***a eso***: a *convocar el referendo* mediante el cual el pueblo, en ejercicio del poder constituyente originario, *decidirá si convoca o no una ANC*.

De manera que, si bien las propuestas del constituyentista Quijada fueron negadas en la sesión, en este particular aspecto lo fueron por considerar que ***lo que proponía ya estaba contenido en la redacción de la Comisión*** y, en la discusión de los artículos atinentes a la ANC, en oportunidad de la confección de la Constitución vigente, en efecto se previó que **sería el pueblo en ejercicio del poder constituyente originario quien podría convocarla**; y, por otro lado, sólo puede manifestarse tal voluntad en **referendo**, lo que es hasta risible tener que asegurarlo siendo una verdad de Perogrullo.

Igualmente, en tanto se requiere una actuación institucional previa que instrumente lo necesario para ello, quedó establecido que, ***para convocar a tal referendo***, se habilitaba a varios actores; uno de ellos, una parte del propio pueblo –en rigor, por ser una fracción de él, **no** es *el pueblo* en ejercicio de su soberanía– a través del 15 % de los electores. Esto es, obviamente, distinto a la convocatoria a una ANC, en sí misma, la cual surgiría o no como resultado de *ese referendo*.

Para decirlo en los términos de Julián Isaías Rodríguez (o Luis Miquilena):

> ¿Quién convoca la ANC? El pueblo.
>
> ¿Cómo la convoca? Mediante referendo y según los resultados de éste.
>
> ¿Quién convoca a ese referendo? Cualquiera de los actores previstos en el Texto como los que tienen la Iniciativa.
>
> Esto quedó plasmado claramente en los artículos 347 y 348 constitucionales, que, a pesar de haber sido tan manidos en estos días, reproduciremos de seguidas con la sola intención de evidenciar su concatenación lógica:
>
> «*Artículo 347*. El pueblo de Venezuela es el depositario del poder constituyente originario. En ejercicio de dicho poder, puede convocar una Asamblea Nacional Constituyente con el objeto de transformar el Estado, crear un nuevo ordenamiento jurídico y redactar una nueva Constitución».
>
> «*Artículo 348*. La iniciativa de convocatoria a la Asamblea Nacional Constituyente podrán tomarla el Presidente o Presidenta de la República en Consejo de Ministros; la Asamblea Nacional, mediante acuerdo de las dos terceras partes de sus integrantes; los Concejos Municipales en cabildo, mediante el voto de las dos terceras partes de los mismos; o el quince por ciento de los electores inscritos y electoras inscritas en el registro civil y electoral».

Tanto Escarrá como Rodríguez integraron este año la también inefable *"Comisión Presidencial para la elaboración de las Bases Comiciales para la elección de la ANC"* y ambos han falseado lo verdaderamente acontecido en la sesión de marras.

2. *Dilucidado lo anterior ¿cuál es la naturaleza jurídica de ese referendo así convocado?*

Mucha gente ha afirmado que tal referendo sería uno *consultivo*, incluyendo la Academia de Ciencias Políticas y Sociales en comunicado sobre el tema, según la letra del artículo 71, *eiusdem*. En nuestro modesto criterio se trata de una confusión que desluce la jerarquía del instrumento –la cual, por sí misma, comporta una carga de argumentación disuasiva frente al intento de usurpación– a la que contribuyen dos cosas:

A. *El antecedente*

En ocasión de la convocatoria a la ANC de 1999, el ordenamiento jurídico sólo preveía dos tipos de referéndum:

(a) El referendo (aprobatorio) *constituyente* previsto para decidir sobre el Proyecto de Reforma constitucional, después de cumplido el procedimiento previsto en la Carta (cardinal 4 del artículo 246 de la Constitución de 1961); y

(b) El referéndum *consultivo* previsto en los artículos 181 y ss. de la Ley Orgánica del Sufragio, el cual, a la sazón, *no tenía efectos vinculantes*.

En tanto que no se trataba del primer caso (de hecho, la Sentencia hasta habla de una *"laguna constitucional"* que entrañaría la carencia de un instrumento para el ejercicio de la soberanía en función constituyente, es decir, omitió su existencia), la Sala Político Administrativa de la extinta Corte Suprema de Justicia decidió que podría usarse el mecanismo de la Ley Orgánica del Sufragio y Participación Política; realizado el cual, por la *función institucional* de la que estaría investido el *soberano* en la toma de su decisión, en razón de la materia consultada, se entendió que el instrumento transmutaba de *consultivo* en *constituyente* y, por consecuencia, sí producía efectos jurídicos: tal decisión sería de obligatorio cumplimiento. Esto aseveraba la Sentencia, aunque no en el mismo orden:

«[La] duda planteada por los solicitantes viene fundamentalmente referida al aspecto sustancial del referéndum consultivo, el cual eventualmente, y dada la verificación del caso concreto, ha generado la procedencia del presente recurso. Esto es, si la materia objeto del mismo podría ser referida a la voluntad popular de reformar la Constitución mediante la convocatoria de una Asamblea Constituyente. ...[Si] se considerara que el derecho al referendo constitucional depende de la reforma de la Constitución vigente, el mismo estaría supeditado a la voluntad del poder constituido, lo que pondría a éste por encima del poder soberano... [El] Poder Constituyente Originario... es previo y superior al régimen jurídico establecido... Aun cuando [por ello] el resultado de la decisión popular adquiere vigencia inmediata, su eficacia sólo procedería cuando, mediante los mecanismos legales establecidos, se dé cumplimiento a la modificación jurídica aprobada. Todo ello siguiendo procedimientos ordinarios previstos en el orden jurídico vigente, a través de los órganos del Poder Público competentes en cada caso. Dichos órganos estarán en la obligación de proceder en ese sentido». (Corchetes y destacado nuestro).

Así pues, la figura del referendo *consultivo*, aunque con la precisión anterior, es el antecedente histórico más próximo en la materia; con lo cual –

aunado a la falta de mención expresa en la Carta, mientras que sí designa al consultivo– es relativamente entendible el error de equiparar el que se encuentra en análisis a uno consultivo. En realidad, fue al revés: entonces se equiparó un referendo *consultivo* a uno *constituyente*, por las razones ya reseñadas.[5]

Cabe decir que toda la regulación sobre *referenda* en la Ley Orgánica del Sufragio y Participación Política fue derogada, sin que en los 19 años posteriores a la vigencia del Texto se haya sancionado una Ley de Referendos.

Hoy, entonces, no existe instrumento de rango legal que regule los efectos de la decisión de la voluntad popular emanada de un referendo consultivo (ni de otra índole); pero su convocatoria, según el Texto, es **facultativa** («Las materias de especial trascendencia nacional *podrán* ser sometidas a referendo consultivo...», artículo 71 constitucional), lo que, obviamente, no traduce la obligatoriedad e *imprescindibilidad* de su convocatoria en la materia analizada; ni su **naturaleza** señala la jerarquía de la decisión a que se contrae el que nos encontramos comentando (nada menos que la decisión de mayor jerarquía en nuestro ordenamiento: *el soberano en función constituyente*).

B. *La omisión de denominación y la justificación de su empleo*

La Constitución, aunque los prevé, no *'bautizó'* los referenda *constituyentes* como tales, como tampoco lo hizo en su época la Constitución de 1961; por lo tanto, puede ser dificultosa la primera aproximación sobre su naturaleza. Comentemos, en este punto, por qué catalogamos de *constituyentes* a los que señalaremos:

La decisión que de los referendos de tal naturaleza emana se refiere a cambiar o no las normas constitucionales, ya por consideración directa sobre esas normas, ya por habilitación del procedimiento para hacerlo; para lo cual, visto nuestro actual ordenamiento, tal decisión debe ostentar una jerarquía aún superior a la del instrumento cúspide del ordenamiento jurídico, debe poseer rango *supraconstitucional*, puesto que *(i)* el mecanismo previsto por la Carta para la adecuación de la

---

5 Tal vez no sobre comentar que, a la postre y en verdad, *todo* referendo se contrae a una *consulta* a la voluntad popular, efectuada a través del sufragio, que resultará *aprobatoria* o *denegatoria* del contenido concreto del asunto a dilucidar, según se exprese esa voluntad popular. Sus distintos efectos jurídicos, a partir de la expresión de esa voluntad, si bien dependen de su *naturaleza* en cada caso (esto es, de su *esencia*, que, siendo siempre consultiva, estará impregnada también del carácter, potestad y extensión con el que actúa el pueblo convocado), se vinculan también y en mayor medida: *(i)* a la especificidad del asunto consultado, en sí mismo; *(ii)* al giro de la formulación de la propuesta que contiene la consulta, según el fin buscado por el proponente; y *(iii)* a la ejecutoriedad que le reconozca el ordenamiento a la decisión concreta. Así pues, la diferencia específica entre los tipos de referendo no radica en ser o no una *"consulta"*. Todos lo son; tal es una cualidad inherente a su género próximo. Su categorización, entonces, según uno u otro mote, se articula con las previsiones del derecho positivo y la respuesta que se dé a los apartados aquí enunciados.

eficacia de las propias normas de rango constitucional, cuando son contrarias entre sí, es el de *prevalencia* (artículo 23 del Texto), distinto a los criterios de *jerarquía* y *cronológico* de resolución de conflictos internormativos y entre cuyos efectos *no involucra la derogación de la norma desplazada*,[6] cosa que efectivamente ocurre (o podría ocurrir, en su caso) como consecuencia del resultado de un referendo de los que estamos en ciernes de enumerar; y *(ii)* no admiten la denominación de *'constitucional'*, además de lo ya expresado, por el hecho simple de que con eso no ganaríamos nada en su categorización, pues todos los estatuidos por el Texto son, justo por ello, *constitucionales*.

Obviamente, cuando en el párrafo anterior decimos 'normas', nos referimos a *reglas*. El tratamiento constitucional del mismo caso, pero entre *principios* constitucionales, deberá basarse en la aplicación del criterio de *precedencia*,[7] que también produce el efecto de desplazamiento, pero no el de *preclusión* o cierre del *principio* desplazado para los demás casos distintos al concreto así resuelto, que sí se produce en el caso de las *reglas*.

C. *¿Cuáles son?*

Dicho esto, encontramos que son cuatro los previstos en nuestro ordenamiento constitucional vigente y que ostentan esta cualidad:

(i) Para decidir sobre el Proyecto de Enmienda que hubiere cumplido con el procedimiento previsto en la Constitución (cardinal 3 del artículo 341, constitucional; en el cardinal 4 del mismo artículo se establece que este referendo se regirá por lo que establezcan la propia Carta y **la ley** sobre el referendo aprobatorio –ya dijimos que hoy, simplemente, no existe la regulación legal–, pero este último tipo de referendo está llamado a decidir sobre *las leyes* según el artículo 73 de la Constitución, por lo que, obviamente, no es el tipo de referendo que aquí tratamos pues, aun cuando tienen una naturaleza similar y las reglas para determinar su resultado sean las mismas, son de distinta jerarquía. En todo caso, para armonizar –si hiciera falta– el tema y al mismo tiempo reflejar la ineludible diferenciación, diríamos que se trata, entonces, de un *referendo de tipo aprobatorio y naturaleza constituyente*, con –por ello– rango *supraconstitucional*, lo que nos luce una nomenclatura engorrosa e innecesaria);

(ii) Para decidir sobre el Proyecto de Reforma que hubiere cumplido con el procedimiento previsto en la Constitución (artículo 344 de la Constitución);

(iii) El primer referendo *tácitamente* previsto en el artículo 347, *eiusdem,* antes transcrito. En efecto, se repite, si es el pueblo quien, *siempre que actúe en ejercicio del poder constituyente originario*, está facultado para convocar una ANC, entonces es de Perogrullo afirmar que lo debe hacer a través de un referendo, en tanto que *no existe un mecanismo distinto que pueda cumplir con el cometido de registrar la manifestación de la voluntad popular en este tema.*

---

6 *Vid.* José Peña Solís. *Las Fuentes del Derecho en el marco de la Constitución de 1999*. Fundación de Estudios de Derecho Administrativo (FUNEDA). Caracas, 2006. p. 138 y ss.; especialmente, p. 140.

7 *Vid.* Robert Alexy. *Teoría de los Derechos Fundamentales.* Centro de Estudios Constitucionales. Madrid. 1993. pp. 86-90.

Visto el intercambio entre Julián Isaías Rodríguez (o Luis Miquilena) y Manuel Quijada antes reproducido, sólo puede concluirse que se consideró *"innecesario"* colocar la palabra *'referendo'* por causa de lo ya afirmado: no existe otro mecanismo.

No obstante, vista la tentativa de usurpación del poder constituyente originario que se pretende perpetrar en la actualidad, como que tenía razón Escarrá en la queja que expresó en la misma sesión de la ANC de 1999 ya mencionada: «*Vamos acostumbrándonos a la liviandad de la palabra "innecesariamente", porque de lo que se trata fundamentalmente es de una controversia de naturaleza constitucional y a veces tenemos la costumbre de descalificar sin ir a los conceptos*».

(iv) El cuarto referendo constituyente previsto en la Constitución (que debió establecer *expresamente* y no lo hizo, quizá por suponer también *"innecesario"* decir algo tan evidente) es aquél al que, en segundo lugar, también se refiere el Artículo 347 constitucional y que se debe verificar sobre el Proyecto de Constitución que hubiere surgido como resultado del trabajo de una ANC válidamente convocada, elegida e instalada de conformidad con las normas constitucionales; esto es, sobre la nueva Constitución *"redactada"*, que no *"sancionada"* por la ANC.

En efecto, la atribución de la ANC consagrada por la Carta, *no es la sanción de la nueva Constitución*, puesto que, según la sistemática constitucional, ésta carece del atributo necesario para ello: la *soberanía*, caracterizada en este artículo 347 del Texto como el atributo de Poder Constituyente originario. Su atribución es sólo *redactarla.*

Luego, se infiere inmediatamente que un actor de superior jerarquía debe darle entrada al mundo jurídico y ése no puede ser sino el pueblo en ejercicio del Poder Constituyente originario, como expresa el artículo; y, por vía de consecuencia, al ser la única forma posible, el pueblo validaría o no el trabajo de la ANC mediante *referendo.*

Sin duda, esa omisión en la redacción constitucional configura un peligro *"innecesario"* para la Democracia y la propia estabilidad de la Constitución, en general; pero, a la vista hoy del intento de usurpación de la soberanía popular al que nos referimos, se revela como de extrema gravedad. No porque no sea claro el sentido de las disposiciones constitucionales, que sí lo es, sino por la manipulación fraudulenta de la que se pretende hacerlas objeto.

En conclusión:

Sí, es **necesaria** la realización de un referendo para **convocar** una ANC y sancionar las Bases Comiciales para la elección de sus integrantes; y la caracterización de la naturaleza de esta consulta popular **no puede ser otra** que la de **referendo constituyente**, por:

(a) la jerarquía del actor que se pronuncia: el soberano;

(b) la majestad de la investidura con la que toma la decisión: ejerciendo su soberanía en la faceta que expresa la Constitución: en ejercicio del Poder Constituyente originario, vale decir: actuando en función constituyente; y

(c) la entidad de la decisión a tomar, esto es, si se provee o no a activar el mecanismo pertinente para transformar el Estado, crear un nuevo ordenamiento jurídico y redactar una nueva Constitución.

El mismo razonamiento nos lleva a catalogar de la misma forma al referendo que apruebe o no la Constitución o, más propiamente, el Proyecto de Constitución *redactado* por la ANC.

Detengámonos aquí:

¡Qué cosa tan curiosa! El 19 de enero de 1999, en mi criterio transgrediendo las previsiones de la Constitución de 1961 y de la Ley que regía su funcionamiento, la Sala Político Administrativa de la Corte Suprema de Justicia, instaurada en y partícipe de un *"régimen de falsa democracia, dictadura de partidos, de opresión de la oligarquía, de democracia representativa extrema y asfixiante"*, forzaba el ordenamiento constitucional entonces vigente **para permitir la manifestación de la soberanía popular sobre la convocatoria o no de una Asamblea Nacional Constituyente**.

En los días que corren, el 31 de mayo de 2017, la Sala Constitucional del Tribunal Supremo de Justicia, instaurada en y partícipe de un régimen autoproclamado con pompa y ditirambo como *"de democracia participativa y protagónica, donde manda el pueblo"*, lacera el ordenamiento constitucional ahora vigente y nacido por conducto de aquella otra decisión en la democracia representativa, **para impedir la manifestación de la soberanía popular**, arrogándosela **representar** nada menos que para ejercer el *Poder Constituyente originario*, en los términos que el Texto la contempla para el caso, al Presidente con el cobijo de su sentencia.

Esto decía aquella Sentencia N° 17 de la Sala Político Administrativa de la Corte Suprema de Justicia del régimen *"oligárquico, antidemocrático y oprobioso de la Cuarta República"*:

> «Pretender lo contrario, o sea, que las facultades... que en un sistema democrático corresponden por definición a la soberanía popular puedan ser definitivamente abdicadas en los órganos representativos constituidos, equivaldría, en palabras de BERLIA:
>
> > "que los elegidos dejan de ser los representantes de la nación soberana para convertirse en los representantes soberanos de la nación" (Cfr. BERLIA, G. "De la Compétence Constituante" en Revue de Droit Public, 1945, p. 353, citado por Pedro DE VEGA en La Reforma Constitucional y la Problemática del Poder Constituyente, Editorial Tecnos, Madrid, 1985, p. 231)
>
> Al respecto, el mismo DE VEGA afirma:
>
> > "De esta forma, la subsunción del poder constituyente en el ámbito de la normativa constitucional, para lo único que terminará sirviendo será, no como pretendía Frochot en su célebre discurso, 'para garantizar la Constitución contra las ambiciones de sus representantes o delegados', sino para sustraer al pueblo el ejercicio real de su soberanía y asegurar, constitucional y legalmente frente al mismo, el poder ilimitado de sus mandatarios." (*Cfr.* DE VEGA, Pedro, *op. cit.* pp. 231 y 232).». Destacado nuestro.

Justo lo que pretende hacer NM, con el manto del fallo de la TSJ-SC. Una prueba más sobre en cuál etapa histórica podemos los venezolanos ubicar verdaderamente la democracia; y en cuál, definitivamente, no.

III. INCONSTITUCIONALIDAD DE LA *"CORPORATIVIZACIÓN"* DE LA ELECCIÓN –Y CONFORMACIÓN– DE UNA ANC POR *"SECTORES"*

Este análisis impone considerar varios aspectos, a saber:

1. *El corporativismo*

NM anunció –y proveyó en su *'Decreto'*– una suerte de *elección de segundo grado*, de corte corporativista (modelo de organización estatal usado históricamente por totalitarismos en general, pero hecho tristemente célebre por el fascismo italiano de B. Mussolini), con base en las mal llamadas 'instancias del Poder Popular' y otros 'sectores', de donde saldría alrededor de un tercio de los integrantes de tal ANC.

En este punto es necesario enfatizar que los postulados constitucionales responden a categorías de instituciones políticas que trascienden el mero enunciado normativo y que, más que un entramado de palabras, las normas que tales enunciados contienen son el producto de la decantación histórica, a través de procesos no pocas veces traumáticos, de principios y valores acogidos por la Carta en tanto expresan un determinado modo de *arreglo de convivencia* institucionalizado en la dicotomía siempre en tensión entre el Poder y la Libertad.

En este sentido, entonces, es necesario caracterizar lo que hemos llamado 'corporativismo', trascendiendo la visión que lo encapsula en las relaciones entre sindicatos y patronos (aunque este es el objetivo que le da génesis). Para nuestra caracterización basta una simple búsqueda en cualquier libro de Teoría Política o, más simple aún, en internet.

Con visión acertada, ha sido definido, por ejemplo, por Philipe C. Schmitter como:

> «Un sistema de representación de intereses en el cual las unidades constitutivas se organizan en un limitado número de categorías singulares, compulsorias, no concurrentes, ordenadas jerárquicamente y diferenciadas funcionalmente, reconocidas y autorizadas (si no es que creadas) por el Estado, y a las que se les concede un exclusivo monopolio de la representación dentro de sus respectivas categorías, a cambio de observar ciertos controles en la selección de sus líderes y en la articulación de sus demandas y apoyos».8

---

8 *Vid.* Schmitter, P.; en Alcántara Ocampo, R., compilador, *Teoría del Corporativismo.* Ensayos de Philipe C. Schmitter, ed. de la Universidad de Guadalajara, col. Laberintos de Cristal, Guadalajara, Jalisco, México, 1992, p. 46.

Asimismo, puede leerse en la página web *"definición.de"*: [9]

> «Mediante el corporativismo, la sociedad se organiza de acuerdo a asociaciones (corporaciones) que representan los intereses específicos de un grupo. La intervención del Estado en estas corporaciones, de acuerdo a la doctrina, permite neutralizar los conflictos. Cabe destacar que las corporaciones pueden tener facultades normativas y ser erigidas como la vía obligatoria de representación política de sus afiliados».

Como puede observarse, nada más parecido a la conformación de un porcentaje de una futura ANC a través de las mal llamadas 'instancias del Poder Popular' y otros 'sectores' que NM quiere meter 'de contrabando', que las definiciones transcritas.

Ahora bien, eso, simplemente, no es posible desde el punto de vista constitucional en Venezuela.

Al margen de la crítica que haremos al hecho mismo de siquiera pensar en estas corporaciones como base de elección de representantes a una ANC, es lo cierto que si algo se encuentra lejano de los postulados constitucionales en la materia es el secuestro de la voluntad popular expresada libremente por *los ciudadanos* en forma *universal*, para hacerla prisionera de unas **organizaciones** (algunas de las cuales, por añadidura, no sólo no son contempladas por la Constitución como parte de la estructuración del Poder que ella consagra, sino que son contrarias a sus postulados) *que serían a la postre las 'representadas' en el órgano colegiado a elegir*. Es decir, por medio de la manipulación en comento, serían estos 'sectores' quienes elegirían (sufragio activo) a *sus* representantes a la ANC.

Pero, el **artículo 5 constitucional** es clarísimo:

> «*Artículo 5*. La soberanía reside intransferiblemente en el pueblo, quien la ejerce directamente en la forma prevista en esta Constitución y en la ley, e indirectamente, mediante el sufragio, por los órganos que ejercen el Poder Público.
>
> Los órganos del Estado emanan de la soberanía popular y a ella están sometidos».

Así pues, este órgano del Poder Público a ser elegido (ANC)[10] y que no tiene otro camino de conformación distinto a la *representación*, sólo puede ser integrado a través de **la manifestación del pueblo mediante el sufragio** (ya que no puede, físicamente hablando, constituirlo todo el pueblo directamente).

---

9 *Vid.* ‹http://bit.ly/2qHc4s8›.

10 El cual ostentaría una *delegación* del Poder Constituyente originario que es citado por el artículo 347 *eiusdem*, razón por la cual –junto con el hecho de encontrarse previsto en la propia Constitución– no queda más remedio que catalogarlo como Poder Constituyente *derivado*, *instituido* o *constituido*, aunque con competencias y potestades especiales.

Y el **artículo 63 de la Carta**, impone taxativamente:

> «*Artículo 63*. El sufragio es un derecho. Se ejercerá mediante votaciones libres, universales, directas y secretas. La ley garantizará el principio de la personalización del sufragio y la representación proporcional».

En consecuencia, toda supuesta *"elección"* dentro del seno de una organización, cualquiera ella sea, que, en cuanto tal, secuestre la manifestación del pueblo mediante el sufragio universal, para *sustituirse en el soberano,* es inconstitucional y supone una **usurpación** de la soberanía popular.

Tanto más, cuanto que, al lado del **artículo 63 constitucional** transcrito, encontramos la letra del **artículo 62, *eiusdem***:

> «*Artículo 62*. Todos los ciudadanos y ciudadanas tienen el derecho de participar libremente en los asuntos públicos, directamente o por medio de sus representantes elegidos o elegidas».

Es decir, el derecho de participación política es *de los ciudadanos*, no de corporaciones que **no son sujetos del derecho reconocidos por la Constitución** en cuanto a la conformación, *por su intermedio*, de los órganos del Poder Público (esto es, en fraccionamiento de la manifestación de la voluntad popular, mediante el sufragio activo de los ciudadanos, encapsulado éste en compartimientos estancos que nada tienen que ver con las categorías atinentes a la expresión de la *soberanía*).

Ahora bien, con base en todo lo anterior, llegados a este punto se nos despliega, se devela ante nosotros, un obstáculo insalvable en Derecho para las pretensiones de NM y el grupo en el poder en cuanto a la estructuración de una ANC corporativista: el convocado (válidamente, se entiende, no como pretenden) a elegir es, debe ser, el *soberano,* el cual sólo se conforma, se manifiesta, en esa ***universalidad***. Si no se manifiesta el ejercicio del sufragio activo, esto es, la configuración del *cuerpo electoral*, de forma *universal*, entonces **no estamos en presencia del soberano**.

Pero este sólo puede ser representado en la ANC (y, por tanto, ser ésta receptora pero tributaria de esa delegación o representación) **si tal órgano se conforma de acuerdo a una propuesta electoral igualmente *universal***, condición *sine qua non* para entender al acto electoral concreto que analizamos, por las características que entraña, como *delegación de atributos concernientes a la soberanía* (que no la soberanía *en sí misma*), consecuencia inmediata de una elección para estructurar el Cuerpo colegiado en comento, nada menos que para *transformar el Estado, crear un nuevo ordenamiento jurídico y redactar una nueva Constitución.*

En efecto, el *sufragio* como derecho se estructura, por decirlo así, en esas dos vertientes complementarias: pasiva y activa. Ya vimos la activa; en la pasiva, esto es, en lo atinente a la capacidad para postularse como candidato conformando así la ***oferta electoral para una ANC***, igualmente sólo pueden participar ***ciudadanos* en cuanto tales**, que deberán someterse al escrutinio del ***cuerpo electoral***, para asistir –cada uno con su propia circunstancia vital, en la que perfectamente cabe pertenecer a cualquier 'sector' de la sociedad, pero no por esa característica, sino por ser *ciudadano*– a la realización de la tarea que debe adelantar una ANC.

Entonces: en cuanto al sufragio activo, el **soberano** –que es a quien corresponde escoger– sólo se encuentra expresado en la *universalidad* del **cuerpo electoral** y no a través de compartimientos estancos por membresía a determinados sectores escogidos –no puede ser de otra manera– de forma arbitraria de entre todas las infinitas disecciones que pudieran hacerse de la vida social.

Y, por otro lado, el **soberano** sólo podrá ser representado en la ANC en cuanto al sufragio pasivo, si media la *universalidad* de la **oferta electoral**, puesto que, aun perteneciendo a determinado campo de la vida en sociedad (y, ¿por qué no?, presentándose en la correspondiente campaña como tal), la cualidad para ser electo sólo puede consistir en ser *ciudadano* y no en cualquier otra característica adicional, ya que se trata de encarnar la esencia del actor convocado a elegir, para adelantar una tarea que le concierne sólo a él y para lo cual toda otra cualidad es externa, sobra.

Así, es el *soberano*, instituyendo a una parte de sí mismo y sólo –pero nada menos que– en cuanto parte de sí mismo, como su *representante*; esto es: los *ciudadanos* escogiendo *ciudadanos*, sin atención, en cuanto atañe a la legitimación para el ejercicio de una y/u otra vertiente del sufragio, a si se es zapatero, empresario, hombre, mujer, joven, anciano, médico o bedel.

Es esta concepción democrática la que, arraigada en nuestra tradición republicana y constitucional con el magnífico hito histórico de la Constitución de 1947, se concreta en el principio *"de cada ciudadano, un voto"*; pero, un voto *de igual valor*.

Y, por causa de esta visión, que se encauza y responde, como antes dijimos, «a categorías de instituciones políticas que trascienden el mero enunciado normativo» y que «son el producto de la decantación histórica, a través de procesos no pocas veces traumáticos, de principios y valores acogidos por la Carta en tanto expresan un determinado modo de *arreglo de convivencia* institucionalizado en la dicotomía siempre en tensión entre el Poder y la Libertad», es por lo que **no es posible** en Venezuela una elección cualquiera basada en la concepción totalitarista del corporativismo, tanto menos una elección referida a la conformación de una Asamblea Nacional Constituyente por convocatoria del soberano, del pueblo, que debe ser representado también como pueblo y no compartimentado al gusto y conveniencia del grupo en el poder, que, de entrada, usurpa la soberanía para dizque *'convocar'* lo que no está facultado para convocar.

2. *El pluralismo político*

Asimismo, a lo anterior, que es aplicable a todo tipo de sesgo de la manifestación de la soberanía popular a través del encuadramiento en 'organizaciones' que serían finalmente las representadas en el órgano del Poder Público de que se trate, tanto más en lo que se refiere al de mayor jerarquía en nuestra sistemática constitucional, se le une el que las mal llamadas *'instancias del Poder Popular'*, ellas mismas inconstitucionales (tema que eludiremos en cuanto tal pero que, aunque parcialmente, de todas maneras quedará evidenciado con lo que diremos), son, **por definición**, específicamente inhábiles para cumplir esa función, si es que tal fuere posible –que no lo es–.

En efecto, tales instancias son inconstitucionales por cuanto –entre otras tantas cosas– ellas expresamente fueron previstas en las leyes írritas que las establecieron, ***'para la construcción del socialismo'***. Daremos sólo algunos ejemplos de las innumerables normas que repiten exactamente lo mismo en cada una de las leyes que hacen referencia a tales *'instancias'*:

Ley Orgánica del Poder Popular

(G.O. N° 6011 Ext. de fecha 21 de diciembre de 2010)

«*Artículo 7*.- El Poder Popular tiene como fines:

1.- Impulsar el fortalecimiento de la organización del pueblo, en función de consolidar la democracia protagónica revolucionaria, y construir las bases de la sociedad socialista...».

«*Artículo 15*.- Las instancias del Poder Popular para el ejercicio del autogobierno, son:

1.- El consejo comunal, como instancia de participación, articulación e integración de los ciudadanos, ciudadanas y las diversas organizaciones comunitarias, movimientos sociales y populares, que permiten al pueblo organizado ejercer el gobierno comunitario y la gestión directa de las políticas públicas y proyectos orientados a responder a las necesidades, potencialidades y aspiraciones de las comunidades, en la construcción del nuevo modelo de sociedad socialista...

2.- La comuna, espacio socialista que como entidad local es definida por la integración de comunidades vecinas...».

Ley Orgánica de las Comunas

(G.O. N° 6011 Ext. de fecha 21 de diciembre de 2010)

«*Artículo 7:* La Comuna tendrá como finalidad:

1.- Desarrollar y consolidar el estado comunal como expresión del Poder Popular y soporte para la construcción de la sociedad socialista...».

Insistimos en que las citadas son sólo ejemplos de la copiosa cantidad de normas *"legales"* que hacen exactamente la misma declaración. Pero es el caso que el **artículo 2 de nuestra Constitución** declara:

«*Artículo 2.* Venezuela se constituye en un Estado democrático y social de Derecho y de Justicia, que propugna como valores superiores de su ordenamiento jurídico y de su actuación, la vida, la libertad, la justicia, la igualdad, la solidaridad, la democracia, la responsabilidad social y en general, la preeminencia de los derechos humanos, la ética y el pluralismo político».

Como se observa a simple vista, en las *"leyes"* que 'establecieron' las citadas 'instancias', así como en su conformación y funcionamiento (sobre lo cual sería muy largo detenerse en esta apretada síntesis, pero es ciertamente vasto el campo de las violaciones constitucionales en este tema), se perpetró la conculcación de *la libertad, la democracia, la preeminencia de los derechos humanos* (dentro de los cuales se encuentran los derechos políticos como derechos humanos de la primera generación), *la ética* y, finalmente y sobre todo, ***el pluralismo político***, *todos* **valores superiores del ordenamiento jurídico venezolano** según propugna la Constitución.

Por lo tanto, es un despropósito descomunal pretender secuestrar la manifestación de la soberanía popular a través de estas corporaciones que, justamente, violan la Constitución, para que la destruyan a favor de un Estado Total de ideología única y obligatoria, y permanencia perpetua en el poder del grupo que hoy lo usa para la opresión, que no otra cosa traduce la fórmula: *"construcción del socialismo"*.

En otras palabras, las mencionadas corporaciones no son aptas para cumplir la función que se les pretende asignar –como no lo es ninguna otra– también por el hecho de que ellas, en sí mismas, violan los principios constitucionales reseñados y, dado que **el *pluralismo político* es de imposible preservación en su seno** por la concepción de la que parten **y es conculcado por su funcionamiento**, son menos aptas aún que cualquier otro tipo de 'corporación' para fungir de canal en la conformación de una ANC (en realidad, de ningún órgano del Poder Público), por disposición –inconstitucional– expresa de las leyes que las crearon.

Quedan muchos otros temas en el tintero, pero el espacio no me permite abordarlos. Por ejemplo: conocidas ya las *"Bases* comiciales*"*, es más que evidente el sesgo. Es la apuesta final buscando ganar, *sin votos*, una parodia de "elección" desnaturalizada. La distribución de la representación en el llamado "ámbito territorial" hace de todo menos traducir la voluntad popular y adjudica, de entrada, a menos cantidad de ciudadanos, mayores cuotas de representación. Pero, además, en la determinación de las circunscripciones, burla el carácter federal del Estado; carácter que involucra que el despliegue de la soberanía en potestad organizativa del Poder Político del Estado (en el cual aquella se desdobla con la vigencia del Texto), se actualiza, esto es, se concreta, en entidades políticas que ostentan una parte de ese poder político devenido poder público (artículos 6, 16, 136, constitucionales, fundamentalmente, pero entre muchos otros). Ambas variables: representación de los ciudadanos **según la población** y representación de esos mismos ciudadanos **en atención a las entidades políticas en las que hacen vida**, son las que definirían un ejercicio electoral como traductor de la voluntad manifiesta de la soberanía popular en un **Estado Federal**; toda otra consideración, *"ámbito"* o escenario, no es sino disfraz y no desemboca sino en *secuestro de la soberanía popular*.

Hay, por otro lado, infinitos reparos prácticos a la instrumentación de ese otro atropello que es la sola existencia de un ámbito 'sectorial': ¿registro electoral?, ¿capacidad de sufragio activo y pasivo?, ¿representantes por "sector"?, etc.

Para sólo citar un ejemplo: las fuentes a las que tenemos acceso diagnostican, en el más audaz de los supuestos, a lo sumo un total de **8 %** a **9 %** de la fuerza de trabajo como el número de trabajadores sindicalizados en el país. Un **5 %** en el sector privado, sector el cual congrega alrededor del **80 %** de la fuerza laboral del país en estado de ocupación formal, según las propias cifras oficiales (INE). En consecuencia, cualquier *"representación"* de los trabajadores que surgiera a partir de los listados de quienes están sindicalizados, dejaría por fuera a **más del 90 % del "sector" al que se dice atender**. ¿Cuál representación del 'sector' es posible así?

Dejemos aparte, pues, todos esos temas. Con certeza el(la) lector(a) encontrará luces orientadoras sobre ellos en esta misma obra.

IV. ¿EXISTE COMO TAL EL "PODER CONSTITUYENTE ORIGINARIO"? ¿ES CORRECTA SU MENCIÓN POR LA NORMA QUE LO CONTEMPLA?

He aquí la discusión académica que considero protuberantemente *innecesario* ventilar de cara a la situación actual del país, pero, como hay quien insiste, la sortearemos lo más brevemente posible.

La modalidad de Constituciones escritas como Pacto Social expreso para la conformación y ordenación del Poder Público y la declaración de los derechos fundamentales de los ciudadanos, en un Estado determinado, surgió *en los hechos* a finales del siglo XVIII, en contra de monarquías, tanto en los EE.UU. como en Francia. En ambos casos (y luego, en América Latina, con la misma particularidad) se trataba de una ruptura fundamental con las bases sobre las que descansaba el régimen sustituido. Y, en consecuencia, antes del advenimiento de esas Constituciones, no se encontraban plasmadas las nuevas bases del orden jurídico a ser instaurado desde ellas en adelante, en cuanto se refiere a la *concepción y diseño estructural del Poder*.

Comportaban también, por el tiempo histórico cuando ocurrieron, una característica definitoria y singular: destrucción de la concepción del titular de la *soberanía* trasladándola desde el *monarca* (soberanía personalizada), al Pueblo (en Francia a la *Nación*, donde la diferencia de vocablo utilizado comportó no pocas discusiones y decisiones fundamentales en el ámbito político y jurídico-constitucional; en los EE.UU. esa discusión, en la práctica, ni siquiera se planteó: se instituyó al Pueblo como el soberano –*"We, the People..."*–, pero se establecieron instituciones propias de la soberanía de la Nación que aún hoy funcionan estupendamente; de hecho, han mejorado con el tiempo).

Por si fuera poco, para la época e inspirando a los protagonistas principales de ambos procesos, estaba en boga la teoría *contractualista* o *pactista* del nacimiento del Derecho y, por su intermedio, de la superación por la humanidad del *estado de naturaleza o de sociedad natural* para convertirse en *sociedad civil* (entonces sinónimo de sociedad *política*, fíjese Ud.), según la cual, *grosso modo,* los hombres pactan las fórmulas de su interrelación en un Estado aceptando las normas que en ese pacto se *autoimponen*, derivando así desde una libertad sin límites –o limitada sólo por el arbitrio de los más fuertes– (*estado de sociedad natural*) a una libertad compartida y limitada por la de todos los demás a través del orden jurídico.

¿Y dónde se expresaba ese *Pacto*, ese *Contrato Social*? En la Constitución, que, además, sería escrita.

Así que el hecho mismo de la existencia de algo como una Constitución escrita era una total y verdadera novedad histórica. Si le añadimos tanto el componente político de traslado de la *soberanía* desde su anterior titular a uno nuevo y, finalmente, que se asistía a la expresión práctica, por primera vez, de la Teoría Pactista de nada menos que **el nacimiento del Derecho**; pues ¿de qué otra manera se podía denominar a la fuerza o potencia política actuante del pueblo –o la nación– que lograba tal prodigio, distinta del gráfico título de *"Poder Constituyente originario"*?

Al Abate Emmanuel Joseph Sieyés, de tanta impronta en la Revolución Francesa, se atribuye la acuñación original del término *"Poder Constituyente"* en su *"¿Qué es el Tercer Estado?"*. [11] De esta forma, pues, lo bautizó la Doctrina, dándole carácter de *"originario"* al crear la Constitución primigenia y dejando para los mecanismos de modificación constitucional previstos posteriormente en la propia Constitución así creada, la denominación de *"Poder Constituyente derivado, instituido o constituido"*.

Debemos hacer un agregado: la utilización primigenia del concepto de *soberanía* se atribuye a Juan Bodino (*Jean Bodin*) en su obra *Los Seis Libros de la República* (1576) caracterizándola como *"El poder supremo sobre los ciudadanos y súbditos no sometido a las leyes"*, la cual derivó en su identificación con la potestad o *"poder absoluto, supremo y perpetuo"* del monarca en el Estado Absoluto. Consumado el traslado de su titularidad, cabía entonces entenderla ahora como el *"poder absoluto, supremo y perpetuo"* del pueblo –o la nación, según el caso–.

11 La famosa frase es: «En cada parte la Constitución no es obra del poder constituido, sino del *poder constituyente*». Recordemos lo que blandía Sieyés como petición del Tercer Estado en los días prerrevolucionarios: «El Tercero pide, pues, que *los votos sean emitidos por cabezas y no por órdenes*. A eso se reducen estas reclamaciones que han parecido sembrar la alarma entre los privilegiados, porque han creído que solo con esto se hacía indispensable la reforma de los abusos». Es decir: la conformación de la representación sin sesgos *'sectoriales'*, ariete tan certero contra los privilegios de los opresores en días de la Revolución Francesa, como en la Venezuela de hoy. Y agregaba la formulación del principio *"un ciudadano, un voto"*: «Los derechos políticos, como los derechos civiles, deben corresponder *a la cualidad de ciudadano*. Esta propiedad legal es la misma para todos, sin consideración al más o menos de propiedad real de que cada individuo pueda componer su fortuna o su bien. Todo ciudadano que reúne las condiciones determinadas para ser elector tiene derecho a hacerse representar, y *su representación no puede ser una fracción de la representación de otro*. Este derecho es uno; todos lo ejercen por igual… ¿Cómo puede sostenerse, de un lado, … la expresión de la *voluntad general*, es decir, de la mayoría, y pretender al mismo tiempo que *diez voluntades individuales puedan contrapesar mil voluntades particulares*?».

Mucha agua ha pasado debajo de los puentes desde entonces.

Hoy está más que superada, *jurídicamente hablando,* la contraposición de los conceptos de pueblo y nación respecto de la noción de soberanía (*soberanía popular vs. soberanía nacional*), decantándose el proceso histórico hacia la noción de pueblo, pero asimilando –las democracias– instituciones propias de la soberanía nacional.

Y, *todo* estudioso del Derecho Constitucional y/o de los derechos fundamentales, *sabe* que ya *nadie mínimamente serio* considera a la soberanía como **"absoluta"** puesto que está, en efecto, limitada por esos derechos, aunque sigue siendo considerada *"suprema y perpetua"*.

Igual pasa con la noción de *"Poder Constituyente originario"* como manifestación de esa soberanía (manifestación al fin, no puede sino sufrir las variaciones del concepto del cual emana). Ha evolucionado en el sentido antedicho; y también se cuestiona hoy, con razón, si aún denota la verdadera realidad jurídica a cuya explicación se asigna el aludido mote en nuestros días. En otras palabras ¿es *originario*?

En efecto, si bien en la concepción primigenia su ejercicio denotaba un *momentum* ***exclusivamente*** *político*, por ser pre-jurídico (lo que resulta obvio: si a partir de su expresión nace el Derecho, si es este Poder quien instaura el Derecho, entonces es imposible que estuviera limitado –a su vez– por el Derecho que creará); en la actualidad se asume que denota un *momentum* ***fundamentalmente*** *político*, pues es sólo relativamente pre-jurídico en tanto que está limitado por los derechos fundamentales de la persona humana y, en casos como el nuestro en los corrientes días (me refiero a la Constitución que nos rige, no a la tentativa de usurpación), *por el propio orden jurídico llamado a ser sustituido*, por contener regulación sobre su despliegue en casi todo cuanto no sea de verdadero orden constituyente; y hasta en algunos aspectos de esta última índole. Así, aun actuando bajo el norte del cambio absoluto del régimen jurídico anterior (hablamos, se insiste, del verdadero Poder Constituyente del pueblo, no de su usurpación), de todas maneras encontraría limitaciones jurídicas precedentes a su ejercicio.

Por lo tanto, es precaria su concepción como *originario,* aún en la situación de mayor contenido revolucionario (se quiere decir: de ruptura) respecto del orden jurídico desalojado; tanto menos cuando se aplica a situaciones ya considerablemente pre-regladas, como es el caso nuestro, al estar previsto en la propia Constitución. Por otro lado, hay otras aproximaciones: Kelsen, Schmitt, Bobbio, Hart, Dworkin, Rawls, para sólo citar algunos, han adelantado visiones en su consideración.

Asumimos que por las razones anteriores un grupo de distinguidos compatriotas, al parecer, ha internalizado, de cara a la opinión pública general, una suerte de **deber de consciencia**: el de *negar* la existencia de algo como *"Poder Constituyente originario"* ... Con todo respeto: tarea académicamente correcta, pero, en nuestro modesto criterio, inoportuna como la que más. Para explicar el tema y la *usurpación* que se quiere perpetrar, basta la letra de la Constitución, so riesgo de confundir hasta la incomprensión a quienes no tienen por qué dedicarse académicamente al Derecho Constitucional. Incluso, a la hora de explicar puede usarse en lugar de *"Poder Constituyente originario"* la denominación de *"soberanía"* de la cual aquél dimana, como he visto referirse correctamente a un grupo de respetables abogados; si es que no se quiere "faltar a los dictados del más riguroso espíritu académico" ... Mas, en aras de la mejor comprensión de la situación en que nos encontramos, quien escribe seguirá usando la letra del artículo 347 constitucional.

Cosa curiosa: al autor del único trabajo que conozco de un tratadista patrio, dedicado enjundiosa y atinadamente al cuestionamiento de la denominación que comentamos, frente a la cual propone la de *'Fuerza Constituyente Inicial'* (que es, asimismo, el título de su obra que recomiendo a los interesados), el buen amigo y Jefe de la Cátedra de Derecho Constitucional de la UCV, Tulio Álvarez, no lo he visto ni oído en el predicamento crítico que describimos. Claro que Álvarez combina con el conocimiento jurídico-constitucional, un fino olfato para las cosas de Estado y una descarnadamente aguda capacidad de auscultar la realidad. A su ejemplo remito.

Y aquí dejo el tema. Seguramente al lector no abogado constitucionalista le parecerá todo lo anterior una suerte de *"regorgalla académica"* intragable. En consideración a lo que acontece hoy entre nosotros, creo que tendría sobrada razón. *I rest my case...*

Nuevamente agradezco encarecidamente la solicitud para la redacción de estas páginas. Espero que, de cualquier forma y en cualquier medida, puedan contribuir a dar una idea de la gravedad del panorama general de desconocimiento y ruptura del orden constitucional al que asistimos y aporten algo en la visión de conjunto necesaria para poder afrontarlo con herramientas jurídicas y argumentativas eficaces.

Sólo una cosa más: quien suscribe es un decidido crítico del Texto vigente, con énfasis en su parte orgánica. Mas, con todos sus defectos, este admite interpretación democrática. No así lo que sabemos que se pretende imponer a través de la usurpación de la soberanía del pueblo en ciernes.

LA ILEGÍTIMA Y FRAUDULENTA CONVOCATORIA A UNA "ASAMBLEA NACIONAL CONSTITUYENTE CIUDADANA"

José Ignacio Hernández G.
Profesor de Derecho Administrativo en la Universidad Central de Venezuela y la Universidad Católica Andrés Bello

Por más que se afanen los déspotas y sus cortesanos,
la soberanía ha sido y será siempre un atributo natural,
e inseparable del pueblo

Juan Germán Roscio.
El triunfo de la libertad sobre el despotismo, 1817.

INTRODUCCIÓN

1. Mediante Decreto Presidencial N° 2.830, publicado en la Gaceta Oficial N° 6.295 extraordinario de 1 de mayo de 2017, dictado en Consejo de Ministros, se "*convocó a una asamblea nacional constituyente ciudadana*" (artículo 1).

2. El objeto de este ensayo es exponer las razones jurídicas por las cuales esa convocatoria es ***ilegítima y fraudulenta***. En resumen, tal Decreto usurpa el poder constituyente depositado en el pueblo, al pretender convocar a una asamblea nacional constituyente sin previa consulta popular. Consecuentemente, la "convocatoria" a tal "asamblea nacional constituyente ciudadana", y todos los actos relacionados con ello, deben reputarse como jurídicamente inexistentes.

3. Además, el artículo 2 del Decreto anuncia la forma de "elección" de los miembros de la constituyente, por "ámbitos sectoriales y territoriales". Esta forma de elección viola la Constitución, pues al margen de la inconstitucionalidad del Decreto por usurpación de la soberanía popular, se pretende realizar una elección contraria a los principios de universalidad y representación proporcional de las minorías, reconocidos en el artículo 63 de la Consti-

tución. Este vicio fue consolidado al aprobarse, mediante Decreto N° 2.878, las "bases comiciales" de la ilegítima constituyente[1].

4. Además de ilegítima, esta convocatoria es ***fraudulenta,*** pues su verdadero propósito no es dictar una nueva Constitución, que es la única finalidad de la asamblea nacional constituyente de acuerdo con el artículo 347 de la Constitución. Basta leer la motivación del Decreto N° 2.830, en la cual se describe genérica y ambiguamente los objetivos de la "nueva" Constitución, para comprender que el verdadero propósito de esta convocatoria es otro. Así, se trata del intento por simular el proceso constituyente que, en el fondo, solo pretende consolidar un poder ilimitado, absoluto y de *facto*, por parte de aquellos que controlando tal asamblea, e invocando su carácter originario, quieran consolidar el régimen dictatorial en Venezuela.

I. EL DECRETO N° 2.830 INTERPRETA ERRADAMENTE EL ARTÍCULO 348 DE LA CONSTITUCIÓN

5. La base jurídica del Decreto N° 2.830 es, en primer lugar, el artículo 348 de la Constitución. El Decreto invoca otras normas, pero ese es el artículo que se cita en primer lugar, tanto en la motivación del Decreto como en su artículo 1[2].

6. De acuerdo con el artículo 348:

> "La iniciativa de convocatoria a la Asamblea Nacional Constituyente podrá hacerla el Presidente o Presidenta de la República en Consejo de Ministros; la Asamblea Nacional, mediante acuerdo de la dos terceras partes de sus integrantes; los Consejos Municipales en cabildos, mediante el voto de las dos terceras partes de los mismos; y el quince por ciento de los electores inscritos y electoras en el Registro Civil y Electoral"

7. El Decreto no analiza cuál es la interpretación dada a ese artículo. Entendemos, en todo caso, que se parte de la interpretación según la cual el artículo 348, al otorgar a la Presidencia de la República en Consejo de Ministros la competencia para adoptar la iniciativa de convocar a la asamblea nacional constituyente, le permite decidir directamente la convocatoria de esa asamblea sin necesidad de consulta popular[3].

---

1 *Gaceta Oficial* N° 41.156 de 23 de mayo de 2017, luego "modificadas", como se verá, por el Decreto N° 2.889, publicado en la *Gaceta Oficial* N° 6.303, de 4 de junio de 2017.

2 En efecto, el citado artículo se dicta *"en uso de la facultad"* establecida en *"el artículo 348 de la Constitución"*. Es éste el artículo citado, en primer lugar, en el artículo 1 del Decreto N° 2.830.

3 Desde el anuncio oficial acerca de esta convocatoria, realizada el 1 de mayo de 2017, el Gobierno ha sostenido que el artículo 348 de la Constitución le habilita para decidir la convocatoria de la asamblea nacional constituyente y fijar sus bases, sin necesidad de consulta al pueblo. *Véase El Universal,* 1 de mayo de 2017, en:

8. Tal fue, precisamente, la interpretación de la Sala Constitucional. En su sentencia N° 378/2016, la Sala Constitucional concluyó que el Presidente de la República, al ser representante del pueblo, puede decidir convocar la asamblea nacional constituyente, sin necesidad de consultar previamente al pueblo a través de referendo[4].

9. Esta lectura del artículo 348 constitucional es errada, pues ignora la interpretación del artículo 347, en concordancia con el artículo 5 de la Constitución, norma que, extrañamente, no es invocada en el Decreto N° 2.830.

10. Así, de acuerdo con el artículo 5 de la Constitución:

> "La soberanía reside intransferiblemente en el pueblo, quien la ejerce directamente en la forma prevista en esta Constitución y en la ley, e indirectamente, mediante el sufragio, por los órganos que ejercen el Poder Público.
>
> Los órganos del Estado emanan de la soberanía popular y a ella están sometidos"

11. Este artículo, norma básica del constitucionalismo venezolano, reconoce que la soberanía reside "intransferiblemente" en el pueblo. Por lo tanto, este artículo 5 se relaciona con el artículo 347 de la Constitución:

> "El pueblo de Venezuela es el depositario del poder constituyente originario. En ejercicio de dicho poder, puede convocar una Asamblea Nacional Constituyente con el objeto de transformar al Estado, crear un nuevo ordenamiento jurídico y redactar una nueva Constitución".

12. De acuerdo con los artículos 5 y 347 de la Constitución, el pueblo de Venezuela *(i)* es el ***titular*** de la soberanía y es *(ii)* ***depositario*** del poder constituyente. Interpretando de manera concordada ambos artículos, puede concluirse que el pueblo de Venezuela, en tanto es titular de la soberanía, es también depositario del poder constituyente originario.

13. En este contexto, la expresión "poder constituyente", como se admite en el Derecho Constitucional venezolano, consiste en la facultad para dictar una nueva Constitución o reformar la Constitución vigente. Tal poder constituyente puede ser ***derivado o constituido***, cuando es atribuido a los órganos del Poder Público, específicamente la Asamblea Nacional, mediante la reforma y la enmienda (artículos 340 y siguientes constitucionales). El poder constituyente es ***originario*** cuando es ejercido directamente por el pueblo[5]. El artículo 347, aclaro, alude al "poder originario", precisamente, pues la deci-

---

http://www.eluniversal.com/noticias/politica/maduro-convoco-una-asamblea-nacional-constituyente-ciudadana_650710

4 Brewer-Carías, Allan, "El juez constitucional vs. el pueblo como poder constituyente originario," (sentencias de la Sala Constitucional no. 378 de 31 de mayo de 2017 y no 455 de 12 de junio de 2017), New York 16 de junio, 2017.

5 La Roche, Humberto, *Derecho Constitucional,* 1991, pp. 200 y ss.

sión sobre la convocatoria de la asamblea constituyente la adopta el pueblo, y no un poder constituido[6].

14. Ahora bien, los artículos 347 y 348 de la Constitución aluden a la "convocatoria" de la asamblea nacional constituyente, pero en términos distintos. De acuerdo con el artículo 347, el pueblo de Venezuela, como depositario del poder constituyente, está facultado para ejercer ese poder a fin de "*convocar una Asamblea Nacional Constituyente con el objeto de transformar al Estado, crear un nuevo ordenamiento jurídico y redactar una nueva Constitución*". Por su parte, el artículo 348 define quiénes tienen "*la iniciativa de convocatoria a la asamblea nacional constituyente*".

15. Como se observa, en realidad, ambas normas aluden a la convocatoria desde perspectivas diferentes. Mientras que el artículo 347 regula la convocatoria de la asamblea nacional constituyente, el artículo 348 regula la "iniciativa" para tal convocatoria. Lo que debe entonces precisarse es qué se entiende por "iniciativa".

16. La Constitución alude a la "iniciativa" en los casos en los cuales un órgano del Poder Público puede iniciar el procedimiento para que otro órgano ejerza determinada competencia. Un ejemplo de ese uso es la iniciativa para el ejercicio de la función legislativa en el artículo 204 de la Constitución. Los órganos titulares de esa iniciativa no pueden ejercer la función legislativa, pero sí pueden solicitar al órgano competente –Asamblea Nacional- que ejerza tal función. Luego, la palabra "iniciativa" puede equivaler a petición o solicitud.

17. Este es el mismo sentido con el cual la palabra es empleada en el artículo 71 de la Constitución, según el cual las "*materias de especial trascendencia nacional podrán ser sometidas a referendo consultivo por iniciativa del Presidente o Presidenta de la República en Consejo de Ministros*". La "iniciativa", nuevamente, alude a la petición o solicitud, en este caso, para realizar una consulta al pueblo.

18. La palabra "iniciativa", por ello, en la Constitución, ***equivale a solicitud o petición que hace un órgano para que otro órgano o sujeto lleve a cabo determinada conducta***. La iniciativa no equivale a la realización de tal conducta, sino a la petición formulada para que esa conducta sea realizada por otro órgano o sujeto.

19. De acuerdo con lo anterior, el artículo 348 constitucional regula la competencia para *solicitar* la convocatoria de la asamblea nacional constituyente. Se insiste: el artículo 348 no regula la "convocatoria" de la asamblea nacional constituyente, sino la "iniciativa" para esa convocatoria, o sea, la

6 Debe aclararse que la asamblea nacional constituyente no es, por ende, originaria, en el sentido que el poder constituyente originario pertenece exclusivamente al pueblo, quien lo ejerce al tomar la decisión de convocar a tal asamblea. La asamblea nacional constituyente, por el contrario, es un cuerpo colegiado que representa al pueblo, y cuyo mandato es específico: aprobar una nueva Constitución.

competencia para solicitar esa convocatoria. Fraudulentamente, en su sentencia N° 378/2017, la Sala Constitucional confundió ambas expresiones.

20. ¿Quién debe entonces convocar la asamblea nacional constituyente? O en otras palabras: ¿a quién se le solicita su pronunciamiento sobre la convocatoria de la constituyente? La respuesta es expresa en el artículo 347 constitucional: el pueblo de Venezuela. Así, de conformidad con el artículo 347, es el pueblo quien "*puede convocar una asamblea nacional constituyente*".

21. El artículo 348 no puede interpretarse aisladamente del artículo 347. Tampoco el artículo 348 debe superponerse a la interpretación del artículo 347. En otros términos: el artículo 348 solo puede interpretarse luego de la interpretación del artículo 347. Esto es lógico pues el artículo 348 es una norma procedimental que regula el ejercicio del artículo 347. Dicho en términos más sencillos: el artículo 348 regula el procedimiento a través del cual podrá solicitarse al pueblo que ejerza el derecho declarado en el artículo 347, esto es, "*convocar una asamblea nacional constituyente*".

22. El diario de debates de la asamblea nacional constituyente de 1999 avala esta conclusión. Frente a la propuesta de regular en detalle a la asamblea nacional constituyente, privó la tesis de Elías Jaua según la cual el poder constituyente no podía ser limitado, siquiera, por la Constitución. Por el contrario, se afirmó que la Constitución debía limitarse a reconocer el origen popular del poder constituyente y los mecanismos por los cuales tal poder podía ser convocado. Ciertamente se rechazó la propuesta de aclarar que la convocatoria popular debía efectuarse mediante referendo. Pero al contrario de lo que fraudulentamente concluyó la sentencia N° 378/2017, tal rechazo no implicó negar el origen popular de la constituyente, sino por el contrario, reivindicar tal origen, al punto de negar a la Constitución la posibilidad de regular en detalle la convocatoria de la constituyente[7].

23. El Decreto N° 2.830 ignora todo lo anterior, pues confunde la "iniciativa" con la "convocatoria". Para el Decreto, en efecto, el artículo 348 constitucional le permite al Presidente decidir la convocatoria de la asamblea nacional constituyente, cuando lo cierto es que ese artículo solo regula la iniciativa para solicitar esa convocatoria, que de acuerdo con el artículo 347, es un derecho privativo del pueblo.

24. Desde el punto de vista del orden de los artículos, es errado citar el artículo 348 y luego el artículo 347, como hace el Decreto. El orden de los artículos responde a una clara decisión de la Constitución: otorgarle prioridad al artículo 347 sobre el artículo 348. Así, el artículo 347 regula quién convoca la asamblea nacional constituyente, y el articulo 348 regula el procedimiento para llevar a cabo esa convocatoria. Tanto más: el artículo 347, al declarar el

---

7 *Véase* el amplio estudio de Brewer-Carías, quien además fue testigo de ese debate: "La asamblea nacional constituyente de 1999 aprobó que solo el pueblo mediante "referendo de convocatoria" puede convocar una asamblea constituyente: análisis del diario de debates", New York, 17 de mayo, 2017.

derecho del pueblo a convocar la asamblea nacional constituyente, parte del artículo 5 de la Constitución, que declara al pueblo como titular intransferible de la soberanía.

25. No existe, en realidad, contradicción alguna entre esas normas. La diferencia es clara. Es la diferencia entre "convocatoria" o ejercicio de un derecho, y la "iniciativa" para esa convocatoria, o lo que es igual, la solicitud para que tal derecho sea ejercido[8].

26. A favor de esa interpretación abona la cualidad de los otros sujetos a quienes se reconoce esa iniciativa, y en especial, la iniciativa popular del quince por ciento (15%) de los electores. ¿Ese quórum basta para que la asamblea nacional constituyente se entienda convocada? Sería un claro error, pues se insiste, quien convoca la constituyente, de acuerdo con el texto expreso el artículo 347, es el pueblo. Ese quórum, por ello, solo permite solicitar la consulta al pueblo para que éste decida si quiere o no convocar la constituyente[9].

27. Por ello, y en resumen, el artículo 348 de la Constitución solo permite a los órganos allí señalados solicitar el ejercicio del derecho del pueblo venezolano reconocido en el artículo 347, esto es, solicitar que el pueblo decida si quiere o no convocar a la asamblea nacional constituyente. Por lo tanto, ***el Decreto N° 2.830 interpretó erradamente el artículo 348 de la Constitución, al considerar que la "iniciativa para la convocatoria" de la asamblea nacional constituyente equivale al derecho a convocar tal asamblea.***

II. EL DESCONOCIMIENTO DEL ARTÍCULO 5 DE LA CONSTITUCIÓN

28. Por parte de quienes apoyan la constitucionalidad del Decreto N° 2.830, se ha señalado –y con razón- que la norma constitucional que fundamenta en especial la convocatoria de la convocatoria de la asamblea nacional constituyente es el artículo 5 de la Constitución[10]. Sin embargo, y de manera reveladora, el artículo 5 no es invocado en el Decreto.

---

8 Esta diferencia entre convocatoria e iniciativa, fue tratada por la doctrina venezolana con ocasión al proceso constituyente de 1999. *Cfr.*, Escarrá, Carlos, *Proceso político y constituyente: papeles constituyentes,* Caracas, 1999, pp. 39 y ss.

9 Ese quórum cumple la misma función del quórum exigido para solicitar el referendo revocatorio conforme al artículo 72 constitucional. El quórum del veinte por ciento (20%) se exige para solicitar la consulta popular sobre la revocatoria del mandato, pero en modo alguno ese quórum vale para revocar el mandato.

10 Según Hermann Escarrá, "*ningún mecanismo se puede hacer de espalda al poder constituyente, "el cual es el pueblo, eso lo establece el artículo 5 de la Constitución, pero también está reflejado en la doctrina del proceso revolucionario*". *La radio del sur,* 2 de mayo de 2017. Consultado en: https://laradiodel-

29. De conformidad con el artículo 5, como vimos, la soberanía del pueblo reside intransferiblemente en el pueblo, quien la ejerce por medio del sufragio o de manera directa, de acuerdo con la Constitución. La palabra "intransferible" implica que el pueblo no pierde la soberanía, siquiera, el elegir a sus representantes.

30. La relación entre la soberanía popular y el poder constituyente responde a uno de los temas más relevantes del Derecho Constitucional. En nuestro caso, sin embargo, no es preciso recorrer todo el tratamiento doctrina de esa relación, pues ésta fue muy bien analizada a propósito del proceso constituyente de 1999[11].

31. El proceso constituyente de 1999 estuvo rodeado de diversas discrepancias en cuanto a su articulación jurídica. Sin embargo, dentro de la diversidad de opiniones, siempre existió consenso, al menos, en un elemento: el origen del poder constituyente, y por ello, el fundamento de la asamblea nacional constituyente, es la soberanía del pueblo, reconocida entonces en el artículo 4 de la Constitución de 1961, norma de similar contenido al artículo 5 de la Constitución de 1999[12].

32. Influenciados por esas discusiones, tal relación quedó en evidencia en los artículos 5 y 347 de la Constitución. Como vimos, bajo esas normas, el pueblo es ***titular*** de la soberanía y ***depositario*** del poder constituyente. Con lo cual, el poder constituyente es expresión de la soberanía popular. Así, el poder constituyente es el derecho del pueblo a darse su propia Constitución, derecho que es manifestación de la soberanía, que reside intransferiblemente en el pueblo.

33. Tal y como sostuvo la Corte Suprema de Justicia en sentencia de 19 de enero de 1999, dictada en el marco de los debates en torno a la constituyente de ese año, el poder constituyente siempre puede ser ejercido por el pueblo en tanto éste es soberano[13]. La soberanía popular solo cede en aquellas materias en las cuales, conforme a la Constitución, ha operado de manera expresa una delegación, como corresponde típicamente con la función legislativa: esa función es ejercida por la Asamblea Nacional, y no por el pueblo directamente, pues a través de la Constitución el pueblo decidió confiar tal función a la Asamblea Nacional, dejando a salvo sus derechos relacionados con tal función legislativa. De acuerdo con la citada sentencia:

---

sur.com.ve/2017/05/02/asamblea-nacional-constituyente-un-mecanismo-para-la-paz-de-venezuela-audio/

11 *Véase*, por todos, a Hernández Camargo, Lolymar, *El proceso constituyente Venezolano de 1999,* Academia de Ciencias Políticas y Sociales, Caracas, 2008, pp. 7 y ss.

12 Entre otros, puede verse a Brewer-Carías, Allan, *Asamblea constituyente y ordenamiento constitucional,* Academia de Ciencias Políticas y Sociales, Caracas, 1999, pp. 177 y ss.

13 Sentencia de la Sala Político-Administrativa de 19 de enero de 1999, caso *Raúl Pinto y otros.*

"De allí que, la posibilidad de delegar la soberanía mediante el sufragio en los representantes populares, no constituye un impedimento para su ejercicio directo en las materias en las cuales no existe previsión expresa de la norma sobre el ejercicio de la soberanía a través de representantes. Conserva así el pueblo su potestad originaria para casos como el de ser consultado en torno a materias objeto de un referendo".

34. Esto lo que quiere decir es que el pueblo, como titular de la soberanía y depositario del poder constituyente, puede ejercer directamente esa soberanía en las materias en las cuales la Constitución no contiene previsión expresa en cuanto a que la soberanía solo podrá ser ejercida por sus representantes.

35. Esta solución, que es de general aplicación para el ejercicio de la soberanía popular, no rige sin embargo respecto del poder constituyente, según concluyó la precitada sentencia de la Corte Suprema de Justicia. Esto quiere decir que, sin perjuicio del principio de supremacía constitucional, el pueblo siempre podrá ejercer su poder constituyente al margen de lo que disponga la Constitución, pues el poder constituyente es anterior a la Constitución. Otra forma de afirmar esta conclusión es que la Constitución no puede impedir al pueblo el ejercicio directo de su soberanía a través del poder constituyente.

36. Con lo cual, no puede entenderse –como falsamente concluye la sentencia de la Sala Constitucional N° 378/2017- que el pueblo delegó irrevocablemente su derecho a convocar la constituyente en quien ejerce la Presidencia. Reiteramos: el derecho a convocar la asamblea constituyente, como manifestación de la soberanía popular, reside intransferiblemente en el pueblo. Ello implica que tal derecho no puede ser transferido al Presidente, quien solo ejerce la representación dentro del limitado ámbito de sus atribuciones.

37. Tal y como afirmó Ricardo Combellas, el sujeto del poder constituyente es el pueblo, poder que además es inalienable, esto es, el pueblo nunca puede ceder el poder constituyente a favor de sus representantes[14].

38. Similar conclusión sostuvo Hermann Escarrá en los albores del proceso constituyente de 1999. De acuerdo con Escarrá, la democracia es el principio legitimador de la Constitución, con lo cual, es necesario verificar la facultad inherente a la soberanía popular de darse su propio ordenamiento por medio de la Constitución. El poder constituyente, para Escarrá, está fuera del Estado, pues corresponde al pueblo[15].

39. Más recientemente, Hermann Escarrá ha reiterado esta conclusión[16]:

---

14 Combellas, Ricardo, *Qué es la constituyente: voz para el futuro de Venezuela,* Panapo, Caracas, 1998, pp. 14 y ss. En similar sentido, vid. Álvarez, Tulio, La *Constituyente todo lo que usted necesita saber,* Libros El Nacional, Caracas, 1998, pp. 23 y ss.

15 Escarrá, Hermann, *Democracia: reforma constitucional y asamblea constituyente,* Editorial Biblioteca Jurídica, 1995, pp. 13 y ss.

16 Escarrá, Hermann, *Conferencia magistral sobre la constitucionalidad del gobierno de la república bolivariana de Venezuela,* Caracas 2013. Consultad en:

"(...) en la democracia de avanzada, el único titular de la soberanía es el pueblo, y, en consecuencia, titular del Poder Constituyente; solo a él debía consultársele para convocarla y para iniciar el proceso de la elaboración de la Constitución"

40. De lo anterior puede concluirse entonces que *(i)* el poder constituyente es manifestación de la soberanía popular; *(ii)* la soberanía popular solo se limita ante normas constitucionales expresas y *(iii)* en todo caso, el pueblo siempre mantiene el derecho a darse su propia Constitución, o sea, a ejercer el poder constituyente. Con lo cual, *(iv)* la decisión de dictar una nueva Constitución a través de la asamblea nacional constituyente, corresponde exclusivamente al pueblo, sin que la Constitución pueda eliminar el ejercicio de ese derecho.

41. Es por lo anterior que el artículo 5 de la Constitución priva sobre los artículos 347 y 348. Antes señalamos que el artículo 348 debe ser interpretado conforme con el artículo 347, y no en sentido inverso, como arbitrariamente pretende el Decreto. Ahora debemos señalar que el artículo 347 debe interpretarse conforme con el artículo 5 de la Constitución.

42. En efecto, el artículo 5 de la Constitución reitera el principio según el cual el pueblo es quien puede decidir sobre la convocatoria de la asamblea nacional constituyente, pues solo el pueblo es soberano. Esa soberanía es intransferible, en el sentido que no puede el pueblo delegar irrevocablemente el derecho a convocar a la constituyente. Por ello, el artículo 348 de la Constitución no puede contener una delegación irrevocable de la soberanía que prive al pueblo del derecho a convocar la asamblea nacional constituyente. La Sala Constitucional afirmó lo contrario en sentencia 378/2017, concluyendo que el pueblo había delegado irrevocablemente el derecho a convocar la asamblea constituyente en lo sujetos que, según el artículo 378 constitucional, tienen la iniciativa para la convocatoria. Tal afirmación desnaturaliza el artículo 5 de la Constitución al vaciar de contenido a la soberanía popular, que para la Sala, quedaría eliminada ante el mandato presidencial otorgado. En estos términos, la citada sentencia implica el desconocimiento de la democracia constitucional.

43. Consistente con la desviada interpretación de la Sala Constitucional, el artículo 1 del Decreto N° 2.830 considera que la Presidencia de la República en Consejo de Ministros, con base en el artículo 348 de la Constitución, puede tomar la decisión de convocar al poder constituyente, sin que el pueblo deba ser consultado sobre ello. Esto es, se considera que el artículo 348 de la Constitución impide al pueblo decidir si quiere o no convocar a tal asamblea, pues tal decisión es asumida por la Presidencia de la República.

44. Además de confundir la convocatoria de la asamblea nacional constituyente con la iniciativa para esa convocatoria, esta interpretación desconoce los artículos 5 y 347 de la Constitución. En realidad, solo el pueblo puede

---

http://www.uma.edu.ve/admini/ckfinder/userfiles/files/CONFERENCIA-SOBRE-CONSTITUCION-HERMANN-ESCARR%C3%81-25-01-13.pdf.

decidir si quiere o no darse una nueva Constitución a través de la asamblea nacional constituyente. Tal derecho es inalienable, o sea, que ningún órgano del Poder Público –ni siquiera la Presidencia de la República- puede ejercer, en nombre de pueblo, tal derecho. Solo el pueblo puede decidir convocar a la asamblea nacional constituyente.

45. En resumen, ***el artículo 1 del Decreto N° 2.830 desconoce que la convocatoria de la asamblea nacional constituyente solo puede ser acordada por el pueblo, pues solo el pueblo soberano, de acuerdo con el artículo 5 de la Constitución. El artículo 348 de la Constitución no contiene, ni podría contener, la delegación irrevocable en la Presidencia de la República para ejercer tal poder constituyente.***

III. ES IRRELEVANTE QUE LA CONSTITUCIÓN NO EXIJA EXPRESAMENTE LA NECESIDAD DE CONSULTAR AL PUEBLO SOBRE LA CONVOCATORIA DE LA CONSTITUYENTE

46. Se ha señalado que no hay, en la Constitución, norma expresa que exija que la convocatoria de la asamblea nacional constituyente sea consultada con el pueblo. Quienes defienden al Decreto sostienen, en tal sentido, que no es necesario consultar al pueblo pues ello no está regulado en la Constitución de 1999. Si en 1999 tal consulta se efectuó –se afirma- fue simplemente por cuanto la Constitución de 1961 nada previa al respecto.[17] Tal interpretación. Que la Sala Constitucional repitió en su sentencia 378/3017, es errada por varias razones que resumimos de seguidas.

47. En *primer* lugar, la Constitución no puede interpretarse literalmente, con lo cual, no basta con señalar que la Constitución, al no regular cierta materia, se opone a ésta. La Constitución no puede regularlo todo, con lo cual, su interpretación debe partir de los valores superiores de su artículo 2. Que la Constitución no regule expresamente que la convocatoria de la constituyente deba ser consultada por el pueblo, no puede llevar a concluir que tal consulta es innecesaria, pues incluso siendo cierto tal vacío en la Constitución, éste debería ser suplido a través del valor de la democracia, enumerado en el citado artículo 2.

48. En *segundo* lugar, y en todo caso, es falso que la Constitución guarde silencio en esta materia. El artículo 347 es muy claro: quien convoca a la asamblea nacional constituyente es el pueblo. Luego, la Constitución sí establece quién convoca a la constituyente –artículo 347- y quiénes pueden iniciar el procedimiento para que el pueblo decida –artículo 348. Y esto lo afirma no solo en el artículo 347, sino en especial, en el artículo 5: el pueblo es soberano, con lo cual, a él corresponde convocar a la asamblea nacional constituyente.

---

17 Véanse declaraciones de Aristóbulo Istúriz en *Analítica,* 4 de mayo de 2017: http://www.analitica.com/actualidad/actualidad-nacional/aristobulo-isturiz-no-hay-porque-consultar-al-pueblo-si-quiere-una-cosntituyente/.

49. En *tercer* lugar, el único vacio que existe en el 347 es que éste no señala cómo el pueblo convoca a la asamblea nacional constituyente. Tal vacio debe suplirse con base en el valor de la democracia, que es –como vimos- "principio legitimador de la Constitución". Por lo tanto, el pueblo puede convocar la constituyente mediante el ejercicio directo de su soberanía –artículo 5- por medio de los instrumentos enumerados en su artículo 70, y en concreto, a través del referendo. El derecho de participación ciudadana –artículo 61- abarca el derecho del pueblo a participar a través del referendo, incluso, para decidir si quiere o no convocar a la asamblea nacional constituyente.

50. En *cuarto* lugar, es falso que en 1999 se consultó al pueblo sobre si quería o no convocar a una asamblea nacional constituyente por cuanto tal figura no estaba prevista en la Constitución de 1961. En realidad –como lo destacó la sentencia citada de la Corte Suprema de Justicia- la consulta al pueblo (conforme a la iniciativa que el entonces Presidente Hugo Chávez ejerciera mediante el Decreto N° 3) se realizó pues el pueblo es soberano, con lo cual, solo el pueblo puede decidir si convoca o no la constituyente.

51. En *quinto* lugar, afirmar que no es preciso consultar al pueblo pues tal consulta no está reconocida en la Constitución, equivale a afirmar que la Constitución puede limitar el poder constituyente. Sin embargo como tal poder ha sido concebido en Venezuela –luego del proceso de 1999- lo cierto es que en ningún caso la Constitución podría eliminar el derecho del pueblo a ejercer el poder constituyente. Mucho menos podría hacerlo, observamos, a partir de ciertos vacios o lagunas.

52. En conclusión, ***el Decreto N° 2.830 interpreta erradamente los artículos 5, 347 y 348 de la Constitución de 1999, al sostener que no es necesario consultar al pueblo sobre si quiere o no convocar a la asamblea nacional constituyente. En realidad, solo el pueblo soberano puede tomar esa decisión.***

V. A INTERPRETACIÓN DE LA CONSTITUCIÓN A FAVOR DE LOS DERECHOS HUMANOS RESPALDA EL ORIGEN POPULAR DE LA CONVOCATORIA DE LA CONSTITUYENTE

53. Asumamos como hipótesis que la Constitución de 1999 no es clara sobre si debe o no consultarse al pueblo, como falsamente afirman quienes defienden el Decreto N° 2.830. Ello equivaldría a concluir que habría así dos opciones válidas: consultar o no consultar al pueblo. Asumiendo, insistimos, que esas opciones existen, ¿cuál de ellas debería ser escogida?

54. La respuesta deriva de los artículos 7 y 19 de la Constitución: debe adoptarse la interpretación conforme a la Constitución que favorezca en mayor medida a los derechos humanos, y entre ellos, el derecho de participación (artículo 61). Luego, si es cierto lo que afirman quienes defienden el Decreto N° 2.830, entonces, habría que concluir que la interpretación más favorable a la Constitución y a los derechos humanos es aquella que pasa por consultar al pueblo, mediante referendo, si desea o no convocar la constituyente.

55. La falacia en la que incurre el Decreto N° 2.830 es considerar que como la Constitución nada dispone, no es necesario consultar al pueblo. En realidad, la interpretación más favorable a los derechos humanos apunta a la conclusión opuesta. Pues consultar al pueblo, incluso cuando esa consulta no es obligatoria, en modo alguno viola la Constitución: antes por el contrario, esa consulta reafirma la democracia como valor superior del ordenamiento jurídico.

56. En resumen, ***el Decreto N° 2.830 adopta la interpretación más regresiva a los derechos humanos al obviar la consulta al pueblo sobre la convocatoria de la constituyente.***

VI. LA DESNATURALIZACIÓN DEL CONCEPTO CONSTITUCIONAL DE PUEBLO

57. El Decreto N° 2.830 desnaturaliza el concepto constitucional de pueblo, al considerar que la Presidencia de la República en Consejos de Ministros puede asumir la decisión de convocar la asamblea nacional constituyente. Esto es, que según el Decreto, la Presidencia de la República asume la voz del pueblo para convocar la constituyente, como afirmó también la citada sentencia N° 378/2017 de la Sala Constitucional.

58. Sin embargo, la Sala Constitucional había afirmado en sentencia de 22 de enero de 2003 que "*el sentido que debe asignarse al pueblo de Venezuela es el conjunto de las personas del país y no una parcialidad de la población, una clase social o un pequeño poblado, y menos individualidades*". Tal principio se remonta a la Constitución de 1811, y parte de considerar que la única expresión legítima del pueblo es aquella que abarca la totalidad de los venezolanos, conforme a lo pautado en el artículo 5 constitucional. Ninguna individualidad –siquiera quien ocupa la Presidencia de la República-puede asumir la voluntad del pueblo.

59. En resumen, ***el Decreto N° 2.830 desnaturaliza el concepto constitucional de pueblo, al pretender que la Presidencia de la República en Consejo de Ministros puede asumir la voluntad del pueblo para convocar la asamblea nacional constituyente.***

VII. LA DESVIACIÓN DE PODER: LA ILEGÍTIMA CONVOCATORIA DE LA ASAMBLEA NACIONAL CONSTITUYENTE Y LA RUPTURA DEL ORDEN CONSTITUCIONAL

60. Quienes afirman la validez del Decreto N° 2.830 han advertido contradictoriamente que el propósito de la asamblea nacional constituyente no es dictar una nueva Constitución, ni sustituir la Constitución de 1999[18].

18 Declaraciones de Aristóbulo Istúriz en *Panorama,* 2 de mayo de 2017: http://www.panorama.com.ve/politicayeconomia/Aristobulo-Isturiz-sobre-Constituyente-No-se-trata-de-hacer-una-nueva-Constitucion-20170502-0044.html.

61. Tal declaración evidencia una clara desviación de poder, esto es, un claro ***fraude constitucional***, pues el único fin de la asamblea nacional constituyente, de acuerdo con el artículo 347 constitucional, es dictar una nueva Constitución, que debe derogar la Constitución de 1999. Pero no es ésa la finalidad de la convocatoria ilegítimamente realizada en el Decreto N° 2.830. Por ello estamos ante un fraude constitucional, esto es, un procedimiento que en apariencia es constitucional pero que en el fondo viola la Constitución, pues se simula la "convocatoria" de una asamblea nacional constituyente a fin de modificar la Constitución de 1999, obviando así los procedimientos de reforma y enmienda.

62. El Decreto N° 2.830 no puede ser interpretado fuera de su contexto. Pues ese Decreto se dictó en el marco de lo que la Fiscal General de la República ha calificado como la ruptura del orden constitucional, o lo que es igual, un golpe de Estado[19]. Tal golpe de Estado es consecuencia de un conjunto de actos que han defraudado la soberanía popular, y que pueden resumirse así: *(i)* el desconocimiento de la representación del estado Amazonas, por la ilegítima sentencia N° 260/2015 de la Sala Electoral; *(ii)* el desconocimiento de las funciones de la Asamblea Nacional, y con ello, de la soberanía popular expresada el 6 de diciembre de 2015, en más de cincuenta sentencias de la Sala Constitucional; *(iii)* la inconstitucional decisión de diferir la convocatoria del referendo revocatorio del mandato presidencial y *(iv)* la ilegítima decisión de diferir las elecciones regionales, que debieron haberse celebrado en 2016[20].

63. El Decreto N° 2.830 forma parte de ese golpe de Estado, en tanto él pretende asumir, ilegítimamente, el ejercicio de la soberanía popular para decidir la convocatoria de la asamblea nacional constituyente. El propósito verdadero de tal Decreto, por ende, no puede ser otro que consolidar tal golpe de Estado, ahora, a través de la simulación de un proceso de convocatoria de la constituyente, que en realidad, no es más que un intento por defraudar la soberanía popular expresada en los artículos 5 y 347 de la Constitución.

64. Adicionalmente, ante la ruptura del orden constitucional, lo que se requiere es el restablecimiento de la Constitución de 1999, tal y como ordena su artículo 333. Pero en modo alguno puede pretenderse restablecer la vigencia de la Constitución convocando ilegítimamente una asamblea nacional constituyente.

---

19 *Véase Prodavinci,* 31 de marzo de 20178: http://prodavinci.com/blogs/que-implicaciones-tienen-las-declaraciones-de-luisa-ortega-diaz-por-jose-ignacio-hernandez-g/.

20 Nos remitimos a lo que exponemos en Hernández G., José Ignacio, "La desnaturalización de la justicia constitucional en Venezuela en el 2016", disponible en la página del Instituto de Investigaciones Jurídicas de la Universidad Católica Andrés Bello: http://w2.ucab.edu.ve/documentos-8456.html y *El abuso de poder y referendo revocatorio presidencial en Venezuela,* Editorial Jurídica Venezolana Internacional, 2017.

VIII. LAS ILEGÍTIMAS REGLAS ELECTORALES DE LA FRAUDULENTA CONSTITUYENTE

65. Junto a lo anterior, es preciso señalar que las bases comiciales de la fraudulenta constituyente, definidas en el Decreto N° 2.878, luego modificado en el Decreto N° 2.889, agravan la ilegitimidad de todo el proceso, pues se apartan de los principios constitucionales y legales del derecho al sufragio.

66. En efecto, como había anunciado el artículo 2 del Decreto N° 2.830, la elección de los miembros de la constituyente se realizará por dos mecanismos: una elección territorial y elecciones sectoriales. Según las bases aprobadas por el Gobierno, la elección territorial alcanzará a trescientos sesenta y cuatro (374) constituyentes, mientras que la elección sectorial se realizará mediante postulaciones entre los electores de los sectores previamente definidos por el Gobierno[21]. El Consejo Nacional aprobó un total de ciento setenta y tres (173) constituyentes por sectores[22].

67. Estas bases, como indicamos, violan principios constitucionales y legales del derecho al sufragio, que pasamos a resumir.

68. En *primer* lugar, se viola el derecho de participación ciudadana y al sufragio pasivo (artículos 61 y 65 constitucionales) pues se impide a los electores postularse libremente, y en consecuencia, se viola también el derecho al sufragio activo (artículo 62 constitucional), al impedirse al elector elegir libremente. Por el contrario, una parte de los constituyentes solo podrán postularse por los sectores arbitrariamente seleccionados por el Gobierno, mientras que solo los electores de esos sectores podrán votar por candidatos así postulados. Este sistema sectorial es violatorio, por lo anterior, del principio de universalidad del sufragio, y además, viola el régimen de registro electoral de la Ley Orgánica de Procesos Electorales, pues crea registros paralelos, mediante los fraudulentos sectores definidos desde el Gobierno.

69. En *segundo* lugar, el sistema de elección territorial degenera en la sobrerrepresentación de electores, pues los electores de cada municipio eligen un constituyente, a pesar de las diferencias importantes en cuanto a la población electoral. Además, los municipios capitales eligen a dos (2) constituyentes y el Municipio Libertador a siete (7)[23]. La sobrerrepresentación genera una clara discriminación electoral, pues el voto de ciertos electores vale más que el voto de otros. Ello, además de violar el artículo 63 constitucional, vulnera la regulación de los sistemas electorales de la Ley Orgánica de Procesos Electorales.

---

21 Se trata de ocho sectores, según el artículo 1 del Decreto N° 2.878: trabajadores; campesinos y pescadores; estudiantes; personas con discapacidad; pueblos indígenas (ocho en total); pensionados; empresarias y consejos comunales y comunas.

22 Resolución N° 170607-118, de 7 de junio de 2017.

23 Artículo 3, Decreto N° 2.878.

70. En *tercer* y último lugar, las bases comiciales son también consecuencia de la usurpación de la soberanía popular, pues éstas no fueron sometidas a consulta popular. De lo cual resulta que por medio de actos administrativos (el Decreto N° 2.878 y la Resolución N° 170607-118 del Consejo Nacional Electoral), se establecieron reglas electorales, pese a que ello es materia de la reserva legal.

71. En sentencia N° 455/2017, la Sala Constitucional desestimó la demanda de nulidad incoada contra el Decreto N° 2.878. Sin siquiera tramitar el juicio de nulidad, la Sala consideró –con una motivación exigua- que el proponente de la constituyente es "libre" de fijar las reglas para su elección. En cuanto a la elección sectorial, el fallo se limitó a señalar que "*la participación de sectores representativos de los cuerpos sociales que hagan realidad la democracia directa y los medios de participación y protagonismo del pueblo y de sus integrantes individuales (participación territorial) y comunitarios (participación sectorial)*", resultan consistentes con las bases de la democracia previstas en la Constitución.

72. Lo exiguo de esta motivación es índice revelador de la arbitrariedad con la cual actuó la Sala, para quien el artículo 348 de la Constitución no solo contiene un mandato irrevocable a favor del Presidente para convocar la constituyente, sino que además le otorga a este la "libertad" de fijar las reglas electorales. Esa "libertad" se traduce en la ausencia de subordinación a la Constitución y la Ley, como es sinónimo de arbitrariedad.

73. Todo lo anterior debe ser completando por la duda que existe en cuanto a si la Constitución aprobada bajo este fraudulento proceso será sometida a consulta popular. Ante la ausencia de regulación sobre este punto en el Decreto N° 2.878, el Gobierno aprobó su modificación por medio del Decreto N° 2.889, en el cual se "exhorta" a la asamblea nacional constituyente a someter a consulta popular la nueva Constitución. Tal exhorto no es más que otro fraude.

74. En efecto, es irrelevante que la nueva Constitución sea sometida a referendo aprobatorio, pues esa Constitución será resultado de un proceso constituyente ilegítimo y fraudulento, esto es, un proceso de *facto,* lo que en modo alguno puede convalidarse con una consulta popular.

75. Además, y a todo evento, el carácter "originario" de la asamblea nacional constituyente afirmado en el artículo 11 del Decreto N° 2.878, supone que esa asamblea será un órgano absoluto e ilimitado, no vinculado como tal al "exhorto" formulado en el Decreto N° 2.899.

IX. A MODO DE CONCLUSIÓN: EL DERECHO N° 2.830 ES ILEGÍTIMO Y FRAUDULENTO AL USURPAR LA SOBERANÍA POPULAR. POR LO TANTO, ES INEFICAZ

76. De acuerdo con lo señalado hasta ahora, el Decreto N° 2.830 –y por extensión, los Decretos N° 2.878 y 2.899- es ilegítimo pues desconoce el derecho exclusivo del pueblo venezolano de decidir si quiere o no convocar a

la asamblea nacional constituyente. Por el contrario, el Decreto considera que la Presidencia de la República en Consejo de Ministros puede imponerse al pueblo la decisión de convocar la constituyente. Pues ello es lo que hace tal Decreto: impone al pueblo la convocatoria de la constituyente, impidiéndole decidir si en efecto quiere o no acudir a tal mecanismo.

77. Pero además, este Decreto es un fraude constitucional, pues en apariencia pretende convocar una constituyente cuando su propósito es, en realidad, mantener excluida la soberanía popular. Esta exclusión, incluso, estaría presente en la "elección" de los miembros de la asamblea, tal y como ya analizamos[24].

78. De conformidad con el artículo 138 de la Constitución de 1999, el Decreto N° 2.830 materializa la usurpación de la soberanía popular, en lo que puede considerarse su esencia: el ejercicio de poder constituyente. Luego, este Decreto es, como dispone esta norma, ineficaz. En otros términos: tal Decreto no produce efectos jurídicos, con lo cual, todo acto que se ejecute con base en él será igualmente ineficaz.

79. De ello resulta que el proceso constituyente convocado mediante el Decreto N° 2.380 es *de facto,* no de *iure.* Es decir, no hay una convocatoria constitucional a la asamblea nacional constituyente, pues el pueblo no ha sido consultado sobre ello. Consecuentemente, en sentido constitucional, no estamos ante la convocatoria a la asamblea nacional constituyente, sino ante proceso *de facto* que parte de la usurpación de la soberanía popular. Se trata, así, de un proceso que pretende modificar la Constitución de 199 por mecanismos no previstos en ella.

80. Este proceso, por todo lo anterior, impide cumplir con los valores superiores del artículo 2 de la Constitución, como marco general de referencia para solucionar la crisis por la que atraviesa Venezuela. Mal puede un proceso ilegítimo y fraudulento cumplir con tales valores. Es preciso, se insiste, restablecer la vigencia de la Constitución de 1999 rescatando además el ejercicio al derecho al sufragio, expresión de la soberanía popular, para que tal crisis pueda comenzar a solucionarse. La ilegítima y fraudulenta constituyente solo afectará, todavía más, el desarrollo de tal crisis.

81. Ante tal situación, y de conformidad con el artículo 333 constitucional, los ciudadanos y los funcionarios deben no solo desconocer este fraudulento proceso y abstenerse de colaborar en su desarrollo. Además, como ha señalado la Asamblea Nacional, es preciso restablecer la vigencia efectiva de

24 *Véase* en general a Brewer-Carías, Allan, "Nuevo fraude a la Constitución y a la voluntad popular", 2017. Tomado de: http://allanbrewercarias.net/site/wp-content/uploads/2017/05/156.-Decreto-Constituyente.-Nuevo-fraude-a-la-Constituci%C3%B3n-y-a-la-voluntad-popular.-4-mayo-2017.pdf. *Véase* igualmente la entrevista de Ricardo Combellas publicada en *Prodavinci,* 10 de mayo de 2017: http://prodavinci.com/2017/05/10/actualidad/ricardo-combellas-si-triunfa-la-constituyente-comunal-el-camino-sera-de-esclavitud-por-hugo-prieto/.

la Constitución, desaplicada de *facto* en el marco del golpe de Estado permanente que comenzó a ejecutarse en diciembre de 2015 y que pretende ser consolidado por la asamblea constituyente fraudulenta e ilegítima[25].

Junio 2017

25 *Véase* el Acuerdo de 6 de junio de 2017, *sobre el rechazo a la actuación inconstitucional del Consejo Nacional Electoral relacionada con las elecciones a una supuesta Asamblea Nacional Constituyente, no convocada por el pueblo mediante referendo.*

CONSTITUYENTE CORTINA DE HUMO

Jorge Kiriakidis

Profesor de la UCAB y la UMA

Mientras nos encontramos sumergidos, como país, como sociedad, en una de las más profundas crisis económicas y de gobernabilidad de nuestra historia (crisis que resulta virtualmente inexplicable si consideramos que no nos encontramos en guerra con otra nación y si tomamos en cuenta que apenas hace unos años atfallecidravesamos la mayor bonanza derivada de los precios internacionales históricos más altos de nuestro principal producto de exportación), al borde de una masacre civil o un genocidio (pues no podemos hablar de *guerra civil* cuando un pequeño grupo subyuga por la fuerza y con armas a más del 80% de la población desarmada del país), el vocero principal de la *casta dominante* plantea *una constituyente* para imponer una *nueva Constitución*[1].

Este *llamado* no es espontáneo. Desde hace más de dos meses, el país de modo virtualmente unánime le reclama, a las autoridades, con protestas en la calle (que hasta ahora suman más de setenta fallecidos y varios centenares de heridos[2]), **el cumplimiento de la Constitución** (elecciones de Alcaldes y Gobernadores y respeto a las competencias de la Asamblea Nacional).

Y ahora el destinatario de ese reclamo plantea como respuesta "cambiar la Constitución" por vía de una "Constituyente" que el sedicente Presidente ha

---

1 http://www.el-nacional.com/noticias/gobierno/maduro-convoco-una-constituyente-comunal_179943; http://www.bbc.com/mundo/noticias-america-latina-39774863

2 *Ver* entre otros: http://cnnespanol.cnn.com/2017/05/30/se-cumplen-dos-meses-de-protestas-en-venezuela-que-sigue/; http://www.el-nacional.com/noticias/sociedad/cronologia-muertos-protestas-venezuela-hasta-mayo_182987; http://www.bbc.com/mundo/noticias-america-latina-39956976; http://www.el-nacional.com/noticias/protestas/fallecidos-717-heridos-tras-manifestaciones-entre-abril-mayo_180620

"convocado" para designar a unos constituyentistas mediante una elección *censitaria* y luego aprobar el resultado de esa "constituyente" sin consulta[3].

Frente a semejante pretensión debemos plantearnos tres reflexiones:

La primera es que **nuestro problema no es la Constitución de 1999**. Lo que nos ha llevado a esta tragedia nacional, lo que desencadena finalmente las protestas y la pérdida de popularidad del gobierno y del movimiento político que lo sustenta por debajo del 15%, es justamente el resultado de una acción gubernamental insistentemente contraria y violatoria de los contenidos de la Constitución. En efecto, la catástrofe económica que vivimos es la consecuencia de las confiscaciones (prohibidas, recordemos, por el artículo 116 CR), de la política de expropiaciones al margen de la garantía expropiatoria (en contra de lo que prescribe el artículo 115 CR), de una legislación, una política y una jurisprudencia del TSJ que ha despojado de contenido y virtualmente reducido a la nada a la libertad de iniciativa privada y económica que consagra la Constitución (artículo 112 CR), de la más absoluta irresponsabilidad administrativa en el manejo de los dineros públicos y la implementación de prácticas, leyes y decisiones judiciales que han reducido el control fiscal a la nada lo que nos ha sumido en la una *orgía* de corrupción nunca antes vista en Venezuela (en contra de lo postulado por los artículos 2, 6, 139, 140, 141, 163, 232, 241, 242, 244, 255 in fine, 288 y 289 CR). Ello, al margen que el Estado, ocupado como ha estado por 18 años en fortalecer alianzas internacionales y consolidar un bloque ideológico, al que le ha invertido cuantiosos recursos – recordemos los maletines en Argentina que transportaba un venezolano - ha descuidado completamente la situación de los derechos sociales de los ciudadanos venezolanos como el derecho a la salud[4], a la educación[5], a la seguridad[6] y a la alimentación[7], a cuyo provento y aseguramiento

3 http://minci.gob.ve/2017/05/vea-aqui-decreto-convocatoria-asamblea-nacional-constituyente/

4 Entre otros: http://www.analitica.com/actualidad/actualidad-nacional/federacion-medica-venezolana-denuncio-crisis-hospitalaria-en-venezuela/; http://www.el-nacional.com/noticias/sociedad/falta-medicinas-venezuela-problema-que-sigue-latente_82767; http://www.eluniversal.com/noticias/caracas/deficit-especialistas-complica-manejo-pacientes-psiquiatricos_637546

5 *Ver* entre otros: http://www.el-nacional.com/noticias/sociedad/educacion-pais-crisis-futuro_75013; http://www.eluniversal.com.mx/articulo/mundo/2016/06/17/crisis-en-venezuela-colapsa-sistema-educativo; http://runrun.es/rr-es-plus/295473/los-problemas-que-devoran-a-las-universidades-venezolanas.html; http://www.elmundo.com.ve/firmas/jose-i--moreno-leon/crisis-universitaria-y-crisis-de-entendimiento.aspx

6 Entre otros: http://observatoriodeviolencia.org.ve/venezuela-se-enfrenta-al-aumento-de-homicidios-en-2017/; http://www.eluniversal.com/noticias/sucesos/venezuela-lidera-inseguridad-entre-paises-latinoamericanos-segun-estudio_628556

7 *Ver* entre otros: https://www.hrw.org/sites/default/files/report_pdf/venezuela1016sp_brochure_web_0.pdf; http://efectococuyo.com/politica/datanalisis-

está obligado el Estado venezolano por mandato expreso de la Constitución (artículos 83, 102, 55 y 305 CR). Si algo ha caracterizado este período de la historia de Venezuela son las constantes y sistemáticas e impunes violaciones de la Constitución por parte de los órganos del Poder Público (basta revisar el índice de la RDP de los últimos 17 años para verificar esto, o si se prefiere, revisar las ediciones digitales de diarios como Tal Cual o El Nacional).

Y así, si algún problema tienen los venezolanos con la Constitución, no es su texto, es la constante, impune y sistemática violación a sus contenidos por parte de los entes del Estado. No es un problema de normas sino de comportamientos y conductas al margen de las normas.

La segunda es que **el proceso con el que** el *sedicente* Presidente – y sus colaboradores – **pretende llevar adelante ese cambio de Constitución** – y esto no hace sino confirmar una línea de conducta que se ha prolongado durante toda la vigencia de la Constitución de 1999 y un poco más – **no se compadece con lo que está previsto en la Constitución de 1999**. Esto no sólo lo han advertido los políticos y algunas autoridades nacionales (entre ellas la Asamblea Nacional[8] y la Fiscal General de la República[9]) o internacionales (el Secretario General de la OEA[10] o el Director de Human Rights Watch[11]), sino además la gran mayoría de las Universidades[12], academias[13] y académicos[14] del país. Y en efecto, no se requiere un título de Doctor, sino

escasez-de-comida-es-el-principal-problema-para-venezolanos; http://www.el-nacional.com/noticias/economia/produccion-alimentos-caido-hasta-por-falta-divisas-insumos_43127; http://www.panorama.com.ve/politicayeconomia/Datanalisis-Escasez-de-productos-basicos-en-Venezuela-supera-el-80-20160527-0055.html;

8 Entre otros se puede consultar: http://www.el-nacional.com/noticias/asamblea-nacional/asamblea-nacional-aprobo-propuesta-recuperacion-democratica_182595

9 Entre otros: http://www.el-nacional.com/noticias/politica/para-ortega-diaz-constituyente-necesaria_183285; http://www.univision.com/noticias/crisis-en-venezuela/fiscal-de-venezuela-rechaza-la-constituyente-y-da-un-duro-golpe-a-maduro y; http://www.abc.es/internacional/abci-fiscal-general-venezuela-rechaza-asamblea-constituyente-impulsa-maduro-201705192306_noticia.html

10 Entre otros se puede consultar: http://www.elpais.com.uy/mundo/almagro-propuesta-constituyente-venezuela-fraudulenta-1.html; https://vimeo.com/217694635; http://www.diariolasamericas.com/america-latina/almagro-dice-que-la-constituyente-venezolana-es-un-nuevo-golpe-estado-n4121055;

11 https://www.hrw.org/es/news/2017/05/15/la-dictadura-de-maduro.

12 https://www.el-carabobeno.com/rectores-universidades-constituyente-comunal-viola-estado-derecho/;

13 http://www.el-nacional.com/noticias/politica/academias-nacionales-fijaron-posicion-ante-constituyente-comunal_180974

14 Entre otros: http://www.epnvision.com/profesores-derecho-constitucional-la-ucv-se-pronuncian-respecto-la-constituyente/; http://diariodecaracas.com/politica/profesores-derecho-publico-no-se-puede-sustituir-la-constitucion-consultar

una lectura más o menos completa de la Constitución para observar que, en contra de lo que pretende el *ocupante* de la Presidencia, (i) si bien el Presidente (como otros órganos) tienen un poder de "iniciativa" a convocar al Poder Constituyente, (ii) el Poder Constituyente – y la soberanía – reside en el pueblo, quien es su titular (y nunca y de ninguna manera en el Presidente o cualquier otro funcionario), (iii) que así debe ser el pueblo el que decida si se va a modificar o no la Constitución, mediante una constituyente, (iv) que esa voluntad la expresa el pueblo, como titular de la soberanía y del Poder Constituyente, con votos y a través de una consulta popular, constitucionalmente denominada "referéndum consultivo", (v) que en ese proceso de consulta participan todos los venezolanos mayores de edad a través del sufrago en una votación "libre, universal, directa y secreta", (vi) que es ese mismo pueblo soberano en esa misma consulta, el que debe pronunciarse sobre el llamado a constituyente y sobre las reglas que deben reglamentar el proceso (ya que ningún órgano del poder constituido puede usurpar el poder originario del Pueblo). La Constitución es clara al postular estas reglas que hemos resumido, en sus artículos 5, 63, 70, 71, 347 y 348. No hace falta mayor interpretación, solo se necesita saber leer.

La tercera, es que **con esto el gobierno debe perseguir alguna finalidad concreta**. Lo obvio, es que desean cambiar el texto de la Constitución. Con eso, como hemos dicho, no se arregla ningún problema, pues los problemas – como hemos dicho – pasan por una conducción gubernamental que no cumple con la Constitución. Además es indispensable constatar que el solo cambio del texto constitucional no puede ser el fin que persiga este proceso, ello así por dos razones : (a) el problema de los venezolanos no está en el texto de la Constitución de 1999, sino en la consuetudinaria violación que de sus contenidos se imputa al gobierno, y (b) para el gobierno la Constitución nunca ha sido un límite o un paradigma de actuación, pues si algo caracteriza sus ejecutorias de los últimos 18 años es justamente el irrespeto a la Constitución.

Y así, **si no es para resolver los problemas y si no es porque el texto de la Constitución de 1999 les estorba** ¿para qué puede necesitar cambiar la Constitución una nomenclatura que nunca se ha sentido limitada o compelida en su actuar por lo que dice el texto de la Constitución?

Sobre esto solo es posible – por lo menos para quien esto escribe – especular, con base a circunstancias que son de todos conocidas. Seguramente quien cuente con información interna de las reuniones del Alto Gobierno podría tener una opinión más certera y menos especulativa.

Sin embargo, aún sin información privilegiada, es posible asumir que un gobierno que se ha mantenido en el poder a lo largo de dieciocho (18) años, a pesar de la destrucción del aparato productivo, la creciente pobreza, la destrucción del sistema sanitario y de atención primaria y la violencia desatada, no es irreflexivo o carente de inteligencia. Es, por el contrario, un gobierno que – por lo menos – sabe mantenerse en el poder, y tiene suficiente inteligencia para sostenerse.

De hecho, otra de las características de este período de la historia política de nuestro país (junto con el irrespeto a la Constitución), es que quienes gobiernan hacen – y saben - lo que tienen que hacer para mantenerse en el poder.

Y así, esta *jugada* debe estar orientada por esa misma lógica de comportamiento y de proceder, es decir, esta ejecutoria responde a la misma lógica de conservar el poder y no sentirse limitado por los contenidos de la Constitución de 1999.

Desde el punto de vista político esa lógica de conservación del poder aún a pesar del texto constitucional, se enfrenta a una circunstancia política y social, que le da poco margen democrático de actuación, ya que en efecto: (i) se encuentran pendientes las elecciones de Alcaldes y Gobernadores[15] (ya vencidas y que por mandato constitucional debieron ser realizadas), (ii) el partido de gobierno tiene – en estos momentos- una popularidad que en el mejor de los casos no alcanza el 20% de las preferencias electorales[16], (iii) en un año deberían realizarse las elecciones para elegir al Presidente de la República, (iv) el último evento electoral (la elección de la asamblea nacional) resulto en uno de los más rotundos fracasos electorales jamás sufridos por el partido de gobierno[17], (v) el apoyo internacional al gobierno se ha reducido a su mínima expresión histórica (no sólo porque ha perdido aliados importantes en el concierto internacional, sino además porque las condenas de los organismos internacionales a la actuación del Estado Venezolano se han multiplicado en proporciones geométricas), y (vi) la población se encuentra movilizada en las calles por más de un mes exigiendo el respeto de la constitución,

15 Entre otros: http://www.el-nacional.com/noticias/sociedad/cronologia-muertos-protestas-venezuela-hasta-junio_182987; http://runrun.es/rr-es-plus/296540/venezuela-sin-elecciones-crece-la-deuda-democratica-del-gobierno.html; http://globocosas.com.ve/las-elecciones-regiones-gobernadores-y-alcaldes-es-un-tema-pendiente/; http://eltiempo.com.ve/venezuela/politica/cne-fijo-para-el-2017-eleccion-de-alcaldes-y-gobernadores/231407; http://www.eluniversal.com/noticias/politica/cne-fijo-elecciones-gobernadores-para-finales-primer-semestre-2017_623173

16 Entre otros: https://informe21.com/datanalisis; https://www.lapatilla.com/site/2016/11/18/datanalisis-785-por-ciento-de-los-venezolanos-desaprueba-gestion-de-maduro/; https://www.lapatilla.com/site/2016/11/22/luis-vicente-leon-dice-que-ocho-de-cada-diez-venezolanos-quiere-cambio-de-gobierno-este-2016/

17 Entre otros: http://www.cne.gob.ve/resultado_asamblea2015/r/0/reg_000000.html; http://prodavinci.com/blogs/obtuvo-la-oposicion-112-diputados-que-esta-pasando-por-eugenio-martinez/; http://www.bbc.com/mundo/noticias/2015/12/151204_venezuela_parlamentarias_oposicion_chavismo_dp; http://www.bbc.com/mundo/noticias/2015/12/151207_venezuela_elecciones_mud_mayoria_calificada_ng;

mientras el gobierno ha desatado una represión sin precedentes en su virulencia y en el número de víctimas fatales que ha ocasionado[18].

De cara a todo esto, se nos ocurre – de nuevo, en un ejercicio de especulación, pues carecemos de información privilegiada – que son cinco (5) los posibles beneficios – los fines - que persigue este *pseudo* proceso constituyente (lo llamamos así, porque como hemos dicho es un proceso al margen de la Constitución y al margen de la soberanía popular):

La primera posible explicación de este proceder es que el mismo persigue simplemente **imponer una *agenda noticiosa***, que oculte, opaque o diluya la información sobre las protestas y sobre las violaciones a los derechos humanos que se producen en la represión que llevan adelante los cuerpos de seguridad y los grupos irregulares. La realidad es que aun cuando – por lo menos hasta el momento – esto no ha ocurrido, debemos reconocer que una parte importante de la agenda noticiosa ha dedicado pauta y tiempo al tema de la constituyente, y muchos grupos de ciudadanos han dedicado muchas discusiones al análisis de lo que se ha propuesto. De modo que, por lo menos de modo parcial, la estrategia ha rendido algunos resultados a sus autores.

La segunda posible explicación de esta jugada es que con este proceder se pretende **dar una vía de escape "controlada" a la protesta popular**, que no tenga la posibilidad de desembocar en un cambio de gobierno. **Es decir, utilizar el proceso** – más que el texto que resulte del mismo – **como un medio para desmovilizar las protestas y conducirlas a un largo y adormecedor proceso de discusiones**, que se puede prolongar por meses o años, y que podría incluso, no concluir en texto constitucional alguno.

La tercera explicación de este proceder es que el mismo persigue **mejorar la imagen internacional del régimen**, disfrazando al proceso *pseudo* constituyente de "dialogo nacional". Así, lo importante para el gobierno no sería lo que se discuta o el resultado de las discusiones, sino simplemente mostrar al mundo un panorama de aparente conciliación con unas reuniones en las que aparezcan retratados, incluso, quienes son percibidos como críticos u opositores al régimen. Pero aún si no es posible sentar a quienes adversan al régimen, cuando menos dar la impresión de estar conciliando con amplios sectores de la sociedad.

Una cuarta explicación es que **este llamado a constituyente persigue** (i) **evitar las consultas electorales** para lograr el cambio de autoridades en un momento en el que el partido de gobierno no ganaría – virtualmente – ninguna consulta electoral, y (ii) **perpetuar en el poder a las actuales autoridades nacionales** (o a sus ocupantes), a través de una Asamblea Constituyente (controlada por la actual nomenclatura política y elegida – según lo ha propuesto el sedicente Presidente – por vía de una consulta censitaria y discrimi-

18 Entre otros: http://www.el-nacional.com/noticias/politica/afp-venezuela-cumple-mes-convulsion-las-calles_179721; http://www.el-nacional.com/noticias/sociedad/cronologia-muertos-protestas-venezuela-hasta-mayo_182987

natoria, a la que solo serían llamados o en la que tendrían participación preponderante, los grupos de electores afiliados al partido de gobierno) que ejercería el poder de modo ilimitado y por un tiempo indeterminado[19]. Así, el país se vería "gobernado" por una "Asamblea Constituyente" que designaría y revocaría funcionarios y autoridades[20], y llevaría adelante sus ejecutorias sin límites normativos y por tiempo indefinido. De este modo – para los autores de esta estrategia - lo importante no es la Constitución resultante de dicho proceso, sino el proceso en sí mismo considerado.

La última explicación que encontramos a este proceder gubernamental es que con el mismo lo que podría perseguir el grupo que domina el poder en Venezuela es **legitimar con un texto "constitucional" su proyecto de perpetuarse en el ejercicio de un poder absoluto**. La institucionalización de una oligarquía política mediante un texto constitucional. La constitucionalización de lo que es la "verdadera" constitución del partido de gobierno, el denominado "Plan de la Patria". Sin embargo, en nuestra opinión, este no sería el objetivo más importante de esta iniciativa, sino simplemente una consecuencia de su implementación (una, que en todo caso sería muy grata a sus autores).

En resumen, y por supuesto en nuestra opinión fundada simplemente en los razonamientos y la evidencia que aquí se refiere, esta iniciativa gubernamental no persigue resolver los problemas de los venezolanos sino perpetuarlos, o en todo caso lo que persigue es garantizarle a un pequeño grupo su dominio ilimitado sobre los venezolanos sin importar los reclamos y las necesidades de las personas.

Y así la conducta de quienes *sufren* los problemas del país – y que no pertenecen a la oligarquía gobernante - debe ser la misma que hasta ahora, ejercer el derecho a reclamar un cambio, ejercer el derecho a pedir que se respete la constitución, sin caer en la trampa de esta *constituyente cortina de humo.*

En efecto, la realidad es que los problemas de Venezuela – con o sin esta nueva jugada – siguen siendo los mismos, y el proceso de reclamo social que se ha extendido a lo largo del país difícilmente cese ante esta iniciativa gubernamental. Este llamado a una "Constituyente" – y más éste llamado irre-

---

19 Obsérvese que las Bases que ha establecido el Presidente (sin consultar a nadie y en ejercicio de una competencia que constitucionalmente no le esta atribuida) no establecen una limitación en el tiempo de ejercicio o funcionamiento de la Asamblea Nacional Constituyente.

20 Según el primer vicepresidente del Partido Socialista Unido de Venezuela (PSUV), Diosdado Cabello, este órgano (la Asamblea Nacional Constituyente) podrá ejercer las funciones del a Asamblea Nacional (http://vtv.gob.ve/diosdado-cabello-anc-deberia-asumir-las-funciones-de-la-asamblea-nacional-que-no-sirve-para-nada/) y destituir a funcionarios como la Fiscal General de la República (http://www.el-nacional.com/noticias/gobierno/diosdado-cabello-esa-fiscalia-quedan-dias-uno-mas_186642), entre otros.

gular – es más de lo mismo, y frente a ello no podemos más que esgrimir las mismas razones y las mismas estrategias – civiles pacíficas y ciudadanas – que se han esgrimido frente al actual estado de cosas al margen de la Constitución: reclamar el cumplimiento y el restablecimiento de la Constitución.

Nunca más oportuno el mandato constitucional dirigido a todos:

> "*Artículo 333.-* **Esta Constitución no perderá su vigencia si dejare de observarse por acto de fuerza o porque fuere derogada por cualquier otro medio distinto al previsto en ella.**
>
> **En tal eventualidad, todo ciudadano investido o ciudadana investida o no de autoridad, tendrá el deber de colaborar en el restablecimiento de su efectiva vigencia.**"

DEL ABUSO EN LA PRETENDIDA CONSTITUYENTE

José Gregorio Silva

Profesor de Derecho Administrativo de la UCV

Mucho se ha dicho en estos días aciagos acerca de la ilegítima convocatoria a la Asamblea Constituyente, por parte del Presidente de la República. No pretendo pronunciarme sobre la sustitución que hace el Presidente en la verdadera voluntad del soberano, con maniqueas interpretaciones de supuestos "expertos" en temas constitucionales, pues nadie que se precie de conocer el Texto Constitucional (entiéndase que ni siquiera hablo de expertos constitucionalistas), pudiera ser cómplice de tan torcidas lecturas, salvo que no le guíe otro norte que complacer a quienes detentan el poder. Tampoco pretendo inmiscuirme en el hecho de que se haya manipulado formas y principios constitucionales y electorales de tal manera, que las costuras se ven a kilómetros de distancia.

Procuraré centrarme, en las breves líneas siguientes, en parte de los fundamentos del Decreto de convocatoria y el entorno jurídico bajo el cual se dicta.

En primer lugar, debemos recordar el abuso que más de quince años se ha hecho en Venezuela de la denominada figura de "decretos leyes", en el cual se ha habilitado al Presidente de la República, para que dicte instrumentos normativos con forma de ley y aparente rango que la asimile a ley. Si bien conocemos la doctrina y la "jurisprudencia[1]" que han referido a la institución de los decretos leyes, cuando vamos a su fundamento constitucional (236.8 CRV), establece entre las atribuciones del Presidente, el dictar, previa autorización por una ley habilitante, **decretos con <u>fuerza</u> de ley**. Esa fuerza de ley, nunca puede equipararse en rango a la Ley, ni mucho menos pretender que se trata de un instrumento con "rango", "valor" y "fuerza" de ley, como se ha sostenido, constituyen los decretos leyes, pues resultaría un contrasentido atribuirle el mismo rigor normativo al producto de los cuerpos colegisladores

---

1 Palabra que cada vez es más difícil de pronunciar, en cuanto refiere a la prudencia desvalida de un jurisconsulto envilecido.

(donde exista bicameralidad) o del cuerpo legislativo, compuesto por la representación democrática de todos los sectores, que opera como sistema de frenos, pesos y contrapesos a quienes detentan el poder y que en definitiva la Ley, le impone marcados límites en su actuación. ¿Cuál es producto de limitación que se auto- impondría quien está llamado a limitarse por la misma ley; en especial, cuando ha demostrado un talante totalitario? El resultado han sido instrumentos, con marcado tinte sancionatorio y limitativo de derechos constitucionales, que inconstitucionalmente han ampliado la esfera de actuación de la Administración; es decir, que lejos de promover libertades ciudadanas y tender al límite del poder, han marchado en sentido diametralmente opuesto.

Ésta marcada diferencia entre ley y decreto-ley, tal como lo predicó con total lucidez, el maestro Moles Caubet[2], explicando la estratografía normativa en Venezuela, los coloca como "*normas sui generis*" en tanto se trata de actos administrativos con fuerza de ley, siendo que igualmente se emiten con forma de ley (similitud meramente formal al igual que los reglamentos), omitiendo otros aspectos formales fundamentales de la ley, como producto emanado de un órgano colegiado y verdaderamente representativo, pero nunca con el rango de una ley. Se incluye en un nivel inferior a la ley, lo cual, de manera inmediata, indica que no se trata ni del rango de ley ni el valor de ley; ergo, no es una ley y por el contrario, sujeta y limitada por ésta.

Tal distinción tiene plena cabida, cuando se analiza al decreto ley desde cualquier perspectiva en un Estado de Derecho Administrativo, donde el principio que da origen y sustento al Estado, es el de separación de poderes y estricta sujeción del gobernante a la ley, pues como señaló Rousseau[3]: *"No habría libertad en un Estado en que el cuerpo encargado de aplicar la ley tuviese el derecho a hacerla hablar según su fantasía, pues podría hacer ejecutar como leyes sus voluntades más tiránicas"*. Tal como el comentario del mismo García de Enterría en su cita, "*se trata de un razonamiento esencial, además de obvio"*. Pero pese a lo obvio, fue la constante en Venezuela, cuando el Presidente de la República tenía un Poder Legislativo que le respondía políticamente, en una mezcolanza inexpugnable, injustificada e inexplicable –jurídica y políticamente hablando-, donde el presidente de la república, era al mismo tiempo presidente de un partido político y los diputados electos ejercían al mismo tiempo cargos menores en el mismo partido, el cual tenía una mayoría absoluta que comprendía igualmente todas las mayorías calificadas en la Asamblea, y a su vez, con el mayor desparpajo, el ministro pasa a ser diputado y el diputado a ejercer funciones en un ministerio.

---

2 "Principio de Legalidad y sus implicaciones" Publicaciones del Instituto de Derecho Público N° 3, Caracas 1974.

3 Citado por Eduardo García de Enterría "Las transformaciones de la Justicia Administrativa: de excepción singular a la plenitud jurisdiccional. ¿Un cambio de paradigma? Editorial Civitas- Thomson Reuters. Madrid 2007.

Dentro de estas aberraciones se tiene que el presidente domina a su antojo al Poder Legislativo, pero no contento con esto, dicta leyes unilateralmente, sin ningún tipo de control parlamentario (que sólo le imprimiría solemnidades aparentes), y con un Poder Judicial que le servía, al mejor estilo las enseñanzas de Carl Schmitt, y que a la sazón, inspiró algún discurso de orden en la apertura del año judicial. Entendamos que el principio de separación de poderes ha lucido como freno en el ejercicio del poder, y que en el caso particular de Venezuela, su propuesta de eliminación o sustitución fue sustentada en las bases programáticas del Partido Socialista Unido de Venezuela, tal como lo hace constar en su trabajo en el Diario El Universal, el periodista Francisco Olivare, en reportaje del 18 de julio de 2010[4], en el cual, revisando el documento dimanado del primer Congreso del PSUV, se indica:

> *"en el camino para controlar todo los poderes públicos se señala: "El ejercicio intransferible de la soberanía, de la cual emanan y a la cual están subordinados todos los poderes públicos (Legislativo, Judicial, Ejecutivo, Electoral y Moral), implica necesariamente que "el* ***pueblo*** *los concentre en sus manos" como forma de superar a la concepción liberal burguesa de la separación formal de poderes".*

Por supuesto, hay que entender que pueblo, en la terminología usada por el gobierno y sus adláteres en los últimos 18 años, que se ha pretendido imponer como *neolengua* en Venezuela, se circunscribe a los seguidores políticos del gobierno, entendiendo igualmente que la noción de gobierno ha abarcado, en la mayor parte del ejercicio del poder en estos mismos 18 años los poderes ejecutivo, legislativo, judicial, electoral y moral, salvo muy contadas o excepcionales singularidades[5]. Por otra parte se extienden a cinco, los tres poderes clásicos, como forma de aparentar mayor democracia, control interpoderes y transparencia, pero dominando de manera absoluta los otros poderes, donde quienes lo ejercen, sin el menor pudor, avalan cualquier actuación de su líder político o de su tolda.

No contento con ello, al momento en que la oposición se hace legítimamente con la mayoría de los curules legislativos a nivel nacional, el poder judicial (identificado con el gobierno), desconoce de manera absoluta al Poder Legislativo, tratando de inhabilitarlo, declarando la nulidad de toda ley sancionada, así como de cualquier acto que dicte el legislativo, asumiendo a su vez el órgano judicial, para sí, las funciones encomendadas al Legislativo en cuanto le plazca y otorgando al Presidente la facultad de dictar decretos con fuerza de ley.

4 http://www.eluniversal.com/2010/07/18/imp_pol_art_el-manifiesto-del-ps_1973534

5 Debo aclarar que estos términos políticos- jurídicos (gobierno, pueblo, Poder, Estado, Nación), han de tomarse en consideración, no desde su aproximación terminológica, sino desde la realidad que para la fecha, se ha vivido.

En este contexto, el ejecutivo ha dictado leyes a su único y real entender, y ejercido el poder de la manera más absoluta y totalitaria[6]. Es decir, se ha ejercido el poder de una manera absoluta, por un solo partido; y peor aún, por la voluntad de una sola persona, o en el mejor de los casos, de un pequeño comité, con leyes hechas a la medida de esas intenciones, sin nadie que ejerciendo alguna manifestación de poder, tenga una voz disonante y sin que sean ejercidos los contrapesos a ese poder gobernante. Y eso, aparentemente, no ha sido suficiente para implementar los postulados constitucionales o siquiera para "gobernar" en el mejor sentido de la palabra.

Sin embargo, en un momento de grave crisis política e institucional, producto de ese secuestro indebido de poderes, el Presidente convoca –indebida, ilegítima e inconstitucionalmente- una Asamblea Constituyente, en cuyos objetivos programáticos, involucra a la paz como necesidad, derecho y anhelo de la nación, utilizando al proceso que pretende iniciar como convocatoria a un diálogo nacional para contener la escalada de violencia política, mediante el reconocimiento político mutuo y de una reorganización del Estado, que recupere el principio constitucional de cooperación entre los poderes públicos, como garantía del pleno funcionamiento del Estado democrático, social, de derecho y de justicia, superando el actual clima de impunidad.

Es el caso que sólo en este primer objetivo, hace eco las palabras vacías y vacuas, pues quienes sistemáticamente han estigmatizado a los opositores con los peores epítetos, amenazando no sólo con las palabras, sino con las armas o la fuerza que de ellas deriva, llama a la paz y al reconocimiento mutuo. Difícil –salvo el caso cubano y quizás algún otro- es conseguir un presidente de república alguna que insulte a sus conciudadanos, y que se dirija a la oposición y sus líderes con los más barriobajeros comentarios, como han sido los que han gobernado Venezuela desde 1998.

Por su parte, se refiere al principio de cooperación de poderes, omitiendo el de separación de poderes, el cual tiene cobertura constitucional y que ha definido desde los tiempos de la revolución Francesa, a los Estados libres y democráticos de Derecho, el cual no sólo le ha sido incómodo, sino que expresamente se han pronunciado sobre la necesidad de su eliminación. Se refiere a un Estado democrático, en el cual no se ha evidenciado la pluralidad ni alternabilidad; un Estado de Derecho, donde no hay separación de poderes ni se respeta la ley, ni siquiera la que ha sido elaborada unilateralmente y sin control de pesos y contrapesos por el ejecutivo.

Pretende, con la constituyente, perfeccionar un sistema económico, constitucionalizar las misiones, las formas de democracia participativa, la garantía

---

6 Sobre la noción de estado totalitaria, hemos podido expresarnos anteriormente en el trabajo "Nueva perspectiva en la visión de la responsabilidad del Estado" publicado en la obra colectiva "Libro Homenaje a la Academia de Ciencias Políticas y Sociales en el Centenario de su Fundación 915-2015". Ediciones de la Academia de Ciencias Políticas y Sociales, Tomo II, Caracas 2015.

de un futuro para la patria y los jóvenes y un largo etcétera de calificativos e intenciones, pero omite un pequeño detalle. Todo lo que se indica en el Decreto comentado, forma parte del texto aprobado a finales de 1999 y que entró en vigencia en el año 2000.

De ser así, conviene entender que de ser necesario:

1.- La Constitución de 1999 no tiene el grado de perfección que se le quiso otorgar.

2.- Después de 17 años de su aprobación, siendo que un solo partido ha gobernado en todo ese tiempo, bajo una sola dirección y con los poderes más absolutos, si no se han logrado los objeticos constitucionales básicos, implica que ese gobierno ha sido ineficaz, inoperante, ineficiente o por lo menos negligente.

3.- Si no se ha logrado, pese a la –in- eficiencia del gobierno, entendiendo que los fines incorporados a la constitución de 1999 eran muy altos, modificarlos implicaría menos posibilidad de alcanzarlos.

4.- ¿Es que la Constitución era entonces una mera carta de intenciones y no necesariamente el centro, eje y fundamento de un cuerpo normativo?

5.- ¿Necesitamos de nuevas normas para operativizar la Constitución que nunca terminó en operar?

Interrogantes son muchas, no sólo las planteadas, pero llama la atención las palabras vacías, cuya fuerza reside en las pretensiones de un poder social, que sólo podría entrar a operar en el desconocimiento de libertades básicas y fundamentales, que la Constitución de 1999 consagra, pero que en estos 18 años han sido sistemáticamente desconocidas, en tanto y en cuanto, la Constitución y las leyes solo han servido para imponer límites de actuación al administrado, por una parte, y por la otra, los derechos consagrados expresamente, principalmente los de propiedad, libre empresa, libertad económica y otras libertades y especialmente, el debido proceso, entre otros, ha quedado en letra muerta, cuando el Gobierno los ha desconocido (condenas sin procesos o en el peor de los casos con mera apariencia de su cumplimiento, expropiaciones sin pago –robos-; expropiaciones sin proyecto previo, al solo capricho del gobernante, o donde el interés general brilla por su ausencia; en definitiva, una dantesca danza de abusos y arbitrariedades pretendidamente enmarcadas en la misma constitución que brinda y reconoce las libertades individuales), que ante reclamos judiciales, ha conseguido oídos sordos.

Considero pertinente traer a colación lo señalado por García de Enterría[7]:

> *"El principio limitativo del poder y de definición de zonas exentas o de libertad individual es, en efecto, un principio esencial del constitucionalismo. Por una parte, porque la libertad es consustancial a la idea misma del poder como relación entre hombres; el concepto de un poder absoluto o ilimitado es intrínsecamente contradic-*

---

7 "*La Constitución como norma y el Tribunal Constitucional*". Editorial Thomson Civitas, cuarta edición, Madrid 2006

torio, puesto que nadie puede estar sometido íntegramente a otro semejante sin negar su propia esencia humana, sin 'cosificarse'. Todo poder social es, y no puede dejar de ser, si ha de respetar a los hombres sobre los que se ejerce, esencialmente limitado."

La Constitución debe por una parte, ordenar los poderes del Estado, pero por la otra, determinar el ámbito de las libertades ciudadanas y los derechos fundamentales; y, más importante determinar **los límites al poder**. Esta función primordial no se observa en un país, donde la constitución vigente reconoce esas libertades y esos límites de manera meramente formal, y sin embargo, producto de un asombroso ejercicio ilimitado del poder, esas libertades ciudadanas se han ido al bote de la basura, constituyéndose en un claro ejemplo de poder absoluto, ejercido por un gobernante que no ha tenido ningún tipo de freno en el ejercicio del poder. Qué será que pueda implementar una Constitución a su real saber y entender, por personas llamadas a constituir una Constituyente, que sólo siguen un pensamiento y directriz única.

Peor aún, si entendemos que una constitución nace, al mejor entendimiento legado por Jacobo Rousseau, del pacto de libre reconocimiento de deberes y derechos entre el gobernante y sus gobernados, así como su cumplimiento; con mayor razón lo entendemos en la Constitución patria, que nacida –dentro de esta misma generación- de un *referéndum aprobatorio*, la misma se blinda en lo que a sus reformas y enmiendas se refiere; y en especial, en las únicas formas de convocar, para a su vez ejercer, el poder constituyente originario por parte del pueblo. Qué se puede esperar en un país, donde el gobierno ha ejercido el poder de manera absoluta a sus anchas, y NUNCA ha respetado la Constitución que tanto alaba públicamente, pero mancilla de la manera más aberrante puertas adentro

Si a través de la Ley -parafraseando a Rousseau-, cuando la dicta quien se requiere sea limitado por ese mismo instrumento, puede hacer como ley sus voluntades más tiránicas, pobre del país que ese tirano ha dictado la Constitución según su voluntad. Ha sucedido, incluso en Venezuela en otras épocas, así como en otros países del mundo, y no ha sido más que el reconocimiento y perfeccionamiento de un sistema despótico, opresivo y arbitraio: DICTADURA.

No podría atribuirse al Decreto, otro calificativo que el de bodrio, tomando para ello una frase del difunto profesor Márquez Fernández, de "*parapeto jurídico con visos de legalidad*", pero en el presente caso carece absolutamente de visos de legalidad, y por demás, llamar jurídico a semejante parapeto, es otorgarle altas estimas o calificaciones. De allí, que su producto, más allá que el sueño fantasioso de un tiranuelo en potencia, puede convertirse en la sustracción de cualquier tipo de libertades ciudadanas, que con un falso cobijo de democracia, termine de imponer un frustrado proyecto de absoluto sometimiento a la voluntad de un hombre, partido u organización, ni siquiera imaginado en la peor pesadilla Orwelliana.

Caracas, junio 2017.

CONSTITUYENTE DE 2017: FRAUDE A LA CONSTITUCIÓN

Manuel Rojas Pérez

Profesor de Derecho Administrativo

La propuesta de Asamblea Nacional Constituyente presentado por Nicolás Maduro[1], quien ejerce el cargo de presidente de la República de Venezuela, constituye un verdadero fraude a la Constitución venezolana de 1999, a la democracia y, en última instancia, al Estado de Derecho.

Resulta que la propuesta constituyente de Nicolás Maduro presenta serios vicios de fondo y de forma que invalidan de pleno derecho tal idea.

Es muy importante dejar claro, a efectos de esta breve monografía, que Nicolás Maduro ha presentado una propuesta de Asamblea Nacional Constituyente en el marco de una crisis política, social y económica sin precedentes en Venezuela, que tiene como colofón la sentencia número 156 del 29 de marzo de 2017 de la Sala Constitucional del Tribunal Supremo de Justicia que anuló de facto al Poder Legislativo Nacional –controlado por una amplia mayoría de diputados de oposición-, señalando dicho fallo lo siguiente:

> "...esta Sala Constitucional garantizará que las competencias parlamentarias sean ejercidas directamente por esta Sala o por el órgano que ella disponga, para velar por el Estado de Derecho".

Esta aseveración de la Sala Constitucional, que para la fecha en que fue dictada llevaba un asombroso record de más de sesenta sentencias anulando cada una de las actuaciones de la Asamblea Nacional, impidiendo que sancionara cualquier ley e incluso, prohibiendo que los parlamentarios ejercieran la potestad de interpelar funcionarios del Poder Ejecutivo Nacional menoscabando el democrático proceso de control parlamentario.

1 Decreto número 2830 del 1° de mayo de 2017 publicado en *Gaceta Oficial extraordinaria* N° 6295 del 1° de mayo de 2017.

Esta sentencia, que ha sido calificada de golpe de Estado[2] por los diputados a la Asamblea Nacional[3], por el secretario general de la Organización de los Estados Americanos[4], por los miembros de los Partidos Políticos de oposición venezolanos[5], por Concejos Municipales[6], por los presidentes de Brasil[7], Perú[8], México y Argentina[9], así como por la Comunidad Europea, por casi todos los sectores productivos y académicos venezolanos, incluido el Grupo de Profesores de Derecho Público[10], marcó el inicio de una serie de protestas civiles pacíficas por parte de la población venezolana que, además de tener que vivir una crisis económica catastrófica, no iba a soportar también vivir en dictadura que, para el momento en que escribo este trabajo, va por más de sesenta días, con un saldo de más de sesenta venezolanos muertos[11] por la represión de los órganos de seguridad del Estado y un aproximado de tres mil personas detenidas[12], civiles procesados en jurisdicción militar[13],

---

2 https://www.youtube.com/watch?v=jRXfHbO-1SI. Incluso, ya desde tiempo antes se venía denunciando la ruptura del orden constitucional en Venezuela: http://www.laprensa.hn/mundo/1010956-410/parlamento-declara-que-hay-un-golpe-de-estado-del-chavismo-en-venezuela

3 http://www.el-nacional.com/noticias/asamblea-nacional/asamblea-nacional-denuncia-que-venezuela-dio-golpe-estado_88052

4 http://www.oas.org/es/centro_noticias/comunicado_prensa.asp?sCodigo=C-019/17

5 http://internacional.elpais.com/internacional/2017/03/30/actualidad/1490889781_349765.html;

http://www.noticierovenevision.net/noticias/politica/julio-borges-denuncia-que-en-venezuela-se-dio-un-golpe-de-estado; http://enpaiszeta.com/manuel-perez-rojas-autogolpe-estado-no-se-dio-sentencias-del-tsj/; http://www.el-nacional.com/noticias/asamblea-nacional/ramos-allup-golpe-estado-empezo-desde_89053;

6 http://elcooperante.com/manuel-rojas-tsj-se-quito-la-careta-y-le-arrebato-competencias-a-la-an-cual-ladron/?platform=hootsuite; http://quepasaenvenezuela.com/2017/03/30/rojas-perez-rechaza-madurazo-contra-la-an-vivimos-una-dictadura-judicial/

7 http://elvenezolanonews.com/asi-rechazo-mundo-golpe-estado-venezuela/

8 https://canaldenoticia.com/congreso-del-peru-denuncia-golpe-estado-venezuela/

9 https://es.panampost.com/karina-martin/2017/03/30/argentina-y-mexico-reaccionan-ante-golpe-de-estado-venezuela/

10 https://informe21.com/actualidad/profesores-de-derecho-publico-no-se-puede-sustituir-la-constitucion-sin-consultar-al

11 http://runrun.es/rr-es-plus/306415/infografia-y-mapa-muertos-en-protestas-en-venezuela.html

12 http://www.eluniversal.com/noticias/politica/foro-penal-contabiliza-2815-detenidos-durante-protestas-venezuela_654224

13 https://www.derechos.org.ve/opinion/la-justicia-penal-militar-en-venezuela-procesa-a-civiles-de-como-involucionamos-a-etapas-ya-superadas;

deserciones importantes dentro de las filas del oficialismo[14], la Fiscal General de la República denunciando la ruptura de hilo democrático[15].

Es ahí donde nace la propuesta de Asamblea Nacional Constituyente por parte de Nicolás Maduro, con varios fines oscuros:

El primero, tratar de apaciguar las protestas y nivel de conflictividad política haciendo el amague de que se harán elecciones –una de las peticiones de la oposición-;

En segundo lugar, poder limitar los derechos ciudadanos de los venezolanos. El artículo 347 de la Constitución establece claramente que la Asamblea Nacional Constituyente tiene como objetivo crear una nueva Constitución, establecer un nuevo ordenamiento jurídico y transformar el Estado. Desde hace años, el gobierno liderado por el Partido Socialista Unido de Gobierno ha pretendido (y así lo han dicho expresamente) modificar las bases de la República para convertir a Venezuela en un estado socialista, de manera similar a como se especifica en la Constitución de Cuba, limitando derechos individuales y colectivos como el derecho a la propiedad a la iniciativa privada, a dedicarse a la actividad económica de su preferencia, a la sindicalización, a la asociación política, al libre tránsito dentro y fuera del país, entre otros. Ello ya se intentó en el año 2007 cuando pretendió el fallecido presidente Hugo Chávez llevar a rango constitucional el llamado "Poder Popular" que implicaba dar a los Consejos Comunales y Comunas un carácter más poderoso que los Estados y los Municipios, limitando el ejercicio del derecho del sufragio, como lo hicieron con las Juntas Parroquiales a los que se les eliminó su elección en primer grado;

Y en tercer lugar con esa Asamblea Nacional Constituyente se pretende echar mano, de manera torcida, de lo dispuesto en el artículo 349 de la Constitución que señala que las decisiones de dicho ente o pueden ser refutadas por los órganos constituidos del Poder Público. Es decir, que la Asamblea Nacional Constituyente podría nombrar un nuevo Fiscal General de la Re-

---

http://runrun.es/nacional/venezuela-2/308350/proiuris-exigimos-que-cese-inmediatamente-el-procesamiento-de-civiles-en-la-jurisdiccion-penal-militar.html

14 http://www.panorama.com.ve/politicayeconomia/Eustoquio-Contreras-No-estoy-de-acuerdo-con-la-convocatoria-a-una-Constituyente-20170502-0017.html; http://efectococuyo.com/politica/yibram-saab-hijo-del-defensor-del-pueblo-pide-a-su-padre-que-reflexione; http://globovision.com/article/maripili-hernandez-la-anc-debe-ser-aprobada-en-referendo-consultivo; http://globovision.com/article/gabriela-ramirez-es-necesario-consultarle-al-pueblo-si-quiere-o-no-constituyente; https://elpitazo.com/ultimas-noticias/video-magistrado-del-tsj-se-pronuncia-en-contra-de-la-constituyente/; http://www.entornointeligente.com/articulo/9962718/Hildegard-Rondon-de-Sanso-Constituyente-promovida-por-Maduro-es-una-punalada-a-la-constitucion-de-1999-09052017;

15 https://www.lapatilla.com/site/2017/03/31/fiscal-general-denuncia-ruptura-del-orden-constitucional-video/

pública, ejercer el control fiscal que corresponde al Contralor General de la República, atribuirse y usurpar las funciones parlamentarias de la Asamblea Nacional y hasta ordenar al Consejo Nacional Electoral suspender cualquier elección, incluida las elecciones presidenciales.

Los personeros del gobierno nacional –diputados, ministros, asesores jurídicos y el propio presidente- de lo más que han hablado es de esto último y poco se ha dicho sobre una eventual nueva Constitución[16]. Hasta ahora no se ha hecho propuesta alguna para un nuevo ordenamiento jurídico-constitucional pero sí mucho sobre cómo la Asamblea Nacional Constituyente podría modificar los Poderes Públicos constituidos, especialmente la Fiscalía General de la República[17], o sobre la posible eliminación de la inmunidad parlamentaria de los diputados de oposición –diputado Diosdado Cabello *dixit*[18]–. Estamos frente a una evidente desviación de poder.

Para lograr esta clara violación a la democracia, a la Constitución y al Estado de Derecho, se pretende utilizar un mecanismo absolutamente fraudulento de proceso constituyente.

Y es que el artículo 347 de la Carta Magna destaca muy claramente que el pueblo es el único que puede convocar a una Asamblea Nacional Constituyente. Y en concatenación con el artículo 5 constitucional que señala que la soberanía reside en el pueblo y se ejerce mediante el sufragio, pues es evidente que el primer paso para iniciar el proceso constituyente es, en su carácter de depositario del poder constituyente, preguntar al pueblo mediante elecciones, en este caso en referendo aprobatorio consagrado en el artículo 71 *eiusdem*, si quiere, en efecto, convocar a la Asamblea Nacional Constituyente.

Esto es claro y no admite ninguna otra interpretación, salvo que sea alguna que traspase los límites de la racionalidad y la objetividad. Interpretar lo contrario es no saber leer la Constitución, o leerla con mala fe y de manera errónea.

De hecho, el proceso constituyente debe constar hasta de tres elecciones: (i) el referendo aprobatorio mediante el cual el pueblo convoca –o no- a la Asamblea Nacional Constituyente; (ii) de aprobarse, la elección de los miembros de la Asamblea Nacional Constituyente y (iii) el referendo aprobatorio mediante el cual el pueblo aprueba –o no- el proyecto de nueva Constitución.

Pues bien, fraudulentamente Nicolás Maduro evita a toda costa pasar por la primera fase, y propuso al Consejo Nacional Electoral hacer la elección de los miembros a la Asamblea Nacional Constituyente sin que esta haya sido

---

16 http://www.correodelcaroni.com/index.php/politica/item/56540-diosdado-cabello-revela-en-guayana-plan-para-liquidar-el-disenso-politico-con-la-constituyente;

17 http://www.panorama.com.ve/politicayeconomia/Diosdado-Cabello-Constituyente-debe-voltear-como-una-media-al-Ministerio-Publico-20170601-0046.html

18 http://www.el-nacional.com/noticias/gobierno/cabello-dijo-que-constituyente-podra-allanar-inmunidad-parlamentaria_185490

convocada. Se justifica Nicolás Maduro en que el presidente de la República tiene la iniciativa para iniciar el proceso de consulta para la convocatoria de la Asamblea Constituyente. Pero el artículo 328 constitucional, en el que se basa Nicolás Maduro, solo le da al presidente la potestad de tener la iniciativa para iniciar el proceso, nunca para convocar, porque solo convoca el pueblo según el artículo 347 constitucional, y este se expresa solo en elecciones según el artículo 5 constitucional.

En fin, intentan evitar el referendo donde se pregunte a los venezolanos si quieren convocar a la Asamblea Nacional Constituyente. Esto es, se quiere elegir miembros a una Asamblea Constituyente que no ha sido convocada.

Vale destacar que esto ha sido avalado por la Sala Constitucional del Tribunal Supremo de Justicia en sentencia del 31 de mayo de 2017, expresando equivocadamente que la disposición del artículo 328 de la Carta Magna que le da potestad al presidente de la República para tener iniciativa de iniciar el proceso constituyente equivale a tener potestad para convocar a la Asamblea Nacional Constituyente, argumentación falaz y absolutamente errónea de la Sala en cuestión, ya que la norma constitucional del artículo 347 claramente señala que solo puede convocar el pueblo como depositario del poder constituyente. Los siete magistrados de dicha Sala actuaron como comisarios políticos ya que no hay ninguna argumentación jurídica que justifique no cumplir lo dispuesto en el artículo 347 *eiusdem*.

Además de ello, las bases comiciales presentadas por Nicolás Maduro al Consejo Nacional Electoral establece una Asamblea Nacional Constituyente Corporativa, donde sean los Consejos Comunales, controlados por el Ministerio de las Comunas, quienes elijan más de la mitad de los miembros de esta Asamblea Constituyente. Así, sería una Asamblea ilegítima, desde que la mayoría de sus miembros serían realmente elegidos por el Poder Público Nacional a dedo y no en elecciones universales, libres y directas.

Esto configura un inmenso fraude a la Constitución. Se quieren utilizar figuras e instrumentos de la Constitución para acabar con el sistema constitucional. Se trata de evitar la elección popular para implementar una Asamblea Nacional Constituyente que le de poderes plenipotenciarios y absolutos a Nicolás Maduro y a su gobierno.

La ingeniería constitucional no acepta este tipo de fraudes. Este engaño está definitivamente fuera del orden constitucional. Y así como se do un golpe de Estado el 29 de marzo de 2017 mediante la sentencia 156 de la Sala Constitucional, se da un nuevo golpe de Estado al intentar implementar esta Asamblea Nacional Constituyente, no para hacer una nueva Constitución sino para transformar el Estado venezolano en un Estado que limite de manera formal los derechos de los venezolanos.

Importante hacer una aclaratoria para el futuro: hoy por hoy buscamos la protección de la Constitución de 1999, no porque creamos que sea un buen instrumento jurídico. Por el contrario, desde hace mucho tiempo quien escribe ha dicho, y hoy ratifica, que el texto constitucional de 1999 es muy deficiente en cuanto al aseguramiento pleno del ejercicio democrático. Pero la Constitución de 1999 es la vigente, y como tal, en seguimiento de los principios republicanos, es menester evitar que se derogue por vías diferentes a las que ella misma señala. Nuestra defensa no es tanto de la Constitución de 1999 como instrumento jurídico individual, que la defendemos, sino del Estado de Derecho y del sistema constitucional. En fin, hoy defendemos a la República sobre el totalitarismo y la tiranía. Ya llegará el momento de modificar la letra constitucional con los instrumentos que la Carta Magna permite y de manera transparente, no con un fraude como es la Constituyente de 2017 que pretende Nicolás Maduro.

Nos toca a los venezolanos todos –dirigentes y militantes políticos, sociedad civil, gremios, sindicatos en unidad y sintonía- resistir y ejercer nuestro constitucional derecho a la protesta pacífica pero contundente. Y a los abogados, y muy especialmente a los profesores de derecho público, nos corresponde denunciar esta situación, sin desfallecer, en todos los sitios y espacios donde sea posible para evitar que el Estado de Derecho en Venezuela sea definitivamente desmantelado.

Chacao, junio de 2017

IMPLICACIONES Y CONSECUENCIAS DEL FRAUDE CONSTITUYENTE

Miguel J. Mónaco

Ex Decano de la Facultad de Derecho de la UCAB, y en la actualidad es profesor y Director del Instituto de Investigaciones Jurídicas de esa misma Universidad

I. INTRODUCCIÓN

El presente artículo contiene los argumentos que hemos sostenido en las conferencias intituladas "Implicaciones y Consecuencias del Fraude Constituyente" organizadas por el Instituto de Investigaciones Jurídicas de la Universidad Católica Andrés Bello ("UCAB"). En ellas expusimos las causas por las cuales los decretos presidenciales mediante los que se convocó a una Asamblea Nacional Constituyente ("ANC") y a la elección de sus miembros son inconstitucionales no sólo por ser contrarios a lo dispuesto en los artículos 347 y 348 de la Constitución de la República Bolivariana de Venezuela ("CRBV"), sino también porque son contrario al carácter democrático de nuestra forma de gobierno y a la soberanía popular consagrados en los artículos 2, 3 y 5 *eiusdem*, motivo por el cual cualquier acto de naturaleza constituyente sólo debe y puede provenir del Pueblo de Venezuela a través de su cuerpo electoral.

Igualmente, hemos planteado que la convocatoria a una ANC obedece a lo que la doctrina comparada denomina una "situación constituyente", la cual obedece más a circunstancias de carácter político, razón por la cual resulta complejo para el Derecho regular este tipo de eventos, e incluso, la experiencia histórica demuestra más bien que sucede fuera o previo a éste, pues el Derecho suele actuar como un elemento legitimador posterior a la ocurrencia de tal situación. En este sentido, hemos reiterado que no existe una situación constituyente que amerite la convocatoria de una ANC, pues más bien nos enfrentamos a una necesidad profunda de rescate y respeto de la CRBV, en lugar que a su derogatoria por este mecanismo.

No obstante lo anterior, la situación creada por la irrita convocatoria de una ANC para derogar a la CRBV por medio de procedimientos no previstos en ella, con la connivencia de varios órganos del Poder Público, plantea la paradoja según la cual estaríamos ante un momento o circunstancia equiparable a una situación constituyente, en tanto obliga a los ciudadanos a la protección de la Constitución en el marco de lo dispuestos por el artículo 333 del texto constitucional, norma que pretende positivisar también escenarios en los cuales el Derecho o las instituciones creadas por éste no son capaces de resolverlos. En consecuencia, se estaría en un momento equiparable a una situación constituyente, pero en un sentido contrario, pues en lugar de dirigirse a la conformación de una nueva Constitución y forma de Estado, perseguiría la preservación de la Constitución vigente y su efectiva aplicación.

De esa forma, también hemos aportado una interpretación constitucionalizante del artículo 333 de la CRBV, la cual se encuentra en el punto donde confluyen la Filosofía Política y la Teoría General del Derecho, pero que, al positivizarse reclama de una interpretación y articulación jurídica conforme con los principios democráticos y de la paz consagrados en la propia CRBV.

II. LA INCONSTITUCIONAL CONVOCATORIA A UNA ANC

Con fecha 1° de mayo de 2017, el Presidente de la República dictó los decretos números 2.830 y 2.831, mediante los cuales convocó a una ANC y creó una Comisión Presidencial para que elaborare las bases comiciales conforme a las cuales se establecería el número de miembros que –de acuerdo a dicha convocatoria- deberían conformarla, y los sectores o entidades territoriales que serían representadas[1].

Para la convocatoria a la ANC, el Presidente de la República se fundamentó en los artículos 348, 347, 70 y 236 numeral 1 de la CRBV, los cuales enumeramos en el mismo orden en que lo fueron en el artículo 1° del Decreto 2.830. La razón del orden de la numeración, la cual no se corresponde con el orden numérico creciente de las disposiciones constitucionales deriva del hecho que el Presidente de la República invocó –en primer lugar- el artículo 348 constitucional que le otorga la ***iniciativa de convocatoria*** de la ANC, el cual tiene relación con el artículo 236, numeral 1 *eiusdem*[2] que le lo hace también competente para cumplir y hacer cumplir la CRBV y la ley.

No obstante, por su parte, el artículo 347 de la Carta Magna no le confiere competencia alguna para tal convocatoria y, por el contrario, establece expresamente que el Poder Constituyente Originario le corresponde al **Pueblo de Venezuela**, el cual será el que pueda ***convocar*** a una ANC. De allí que se aprecie la existencia de una distinción clara entre el contenido de ambas disposiciones constitucionales, por cuanto no sólo cada una se refiere a sujetos distintos, como revisaremos más adelante, sino que consagra poderes o potestades diversas para cada uno.

---

1 Ambos decretos fueron publicados en la *Gaceta Oficial de la República Bolivariana de Venezuela* N° 6.295, *extraordinario,* de 1° de mayo de 2017.

2 "Artículo 236. Son atribuciones y obligaciones del Presidente o Presidenta de la República: 1.- Cumplir y hacer cumplir esta Constitución y la ley. (…)."

En concreto ambas normas constitucionales rezan lo siguiente:

"*Artículo 347.* **El pueblo de Venezuela** es el depositario del poder constituyente originario. En ejercicio de dicho poder, **puede convocar una Asamblea Nacional Constituyente** con el objeto de transformar el Estado, crear un nuevo ordenamiento jurídico y redactar una nueva Constitución.

Artículo 348. La iniciativa de convocatoria a la Asamblea Nacional Constituyente podrán tomarla el Presidente o Presidenta de la República en Consejo de Ministros; la Asamblea Nacional, mediante acuerdo de la dos terceras partes de sus integrantes; los Concejos Municipales en cabildo, mediante el voto de las dos terceras partes de los mismos; o el quince por ciento de los electores inscritos y electoras inscritas en el registro civil y electoral." (Subrayado y resaltado nuestro)

De su simple lectura, y tal como hemos resaltado, las normas constitucionales citadas son de una claridad tal que no requieren mayor esfuerzo interpretativo. El artículo 347 constitucional establece que es el ***Pueblo de Venezuela*** el que puede ***convocar*** a una ANC y el artículo 348 cuáles son los órganos o personas que tienen la ***iniciativa*** para que ***el Pueblo de Venezuela decida si la convoca o no*** conforme a la disposición que le antecede.

De hecho, llama la atención que se haya invocado también el artículo 70[3] de la CRBV, para que el Presidente de la República convocara a una ANC, sin tener el poder para ello, cuando más bien esa norma dispone formas de participación directa, entre ellas precisamente el referéndum, por lo que el sentido lógico que tendría el que se apelara a ella en el marco de los artículos 347 y 348 sería para solicitar la realización de ese tipo de consulta popular, destinada a que el electorado decidiese sobre la convocatoria a una ANC.

Seguramente, dado que no existe una explicación clara sobre este punto, el sentido en el cual se citó –de forma descontextualizado- el artículos 70 *eiusdem* en el Decreto 2.830, fue por el hecho que éste dispone como forma de participación del pueblo la "elección a cargos públicos" y, en consecuencia, para dar pié al Decreto 2.831 mediante el cual se designó a una Comisión Presidencial para que elaborara las bases comiciales, que concluyó con posterioridad en el Decreto 2.878, el cual contiene las "Bases comiciales para la Asamblea Nacional Constituyente, convocada según el decreto N° 2.830 de

---

3 "Artículo 70. Son medios de participación y protagonismo del pueblo en ejercicio de su soberanía, en lo político: la elección de cargos públicos, el referendo, la consulta popular, la revocatoria del mandato, las iniciativas legislativa, constitucional y constituyente, el cabildo abierto y la asamblea de ciudadanos y ciudadanas cuyas decisiones serán de carácter vinculante, entre otros; y en lo social y económico, las instancias de atención ciudadana, la autogestión, la cogestión, las cooperativas en todas sus formas incluyendo las de carácter financiero, las cajas de ahorro, la empresa comunitaria y demás formas asociativas guiadas por los valores de la mutua cooperación y la solidaridad.

La ley establecerá las condiciones para el efectivo funcionamiento de los medios de participación previstos en este artículo."

fecha 01 de mayo de 2017 (…)".[4] Así, se sostendría que sería una forma de participación del pueblo la elección de los miembros de la ANC.

Esa interpretación resulta falaz, pues el hecho que el ejercicio del sufragio activo sea una forma de participación popular, no justifica que se conculque otra todavía más relevante, trascendental y directa, como lo es que el electorado decida si desea convocar a una ANC, órgano llamado a redactar una nueva constitución, de la cual parta un nuevo ordenamiento jurídico y una nueva forma de Estado.

De esa manera, puede concluirse que la convocatoria de la ANC contenida en el Decreto 2.830 es inconstitucional, por cuanto el Presidente de la República sólo poseía la ***iniciativa*** para requerir al Consejo Nacional Electoral ("CNE") que realizare un referéndum en el cual los electores decidieren si están de acuerdo en ***convocar*** a una ANC y bajo qué bases comiciales, como lo dispone claramente la CRBV.

III. SOBRE LA SENTENCIA Nº 378 DE LA SALA CONSTITUCIONAL

Frente a tal interpretación, la cual es el resultado de una simple hermenéutica jurídica, quienes sostienen que el Presidente de la República sí tenía la potestad para esa convocatoria han expuesto diversos argumentos, los cuales podrían ser resumidos en la sentencia número 378 de la Sala Constitucional del Tribunal Supremo de Justicia, con motivo del recurso de interpretación de los artículos 347 y 348 de la CRBV interpuesto por el ciudadano Leopoldo Pita Martínez, de fecha 31 de mayo de 2017.[5] Esos argumentos, de manera resumida, serían los siguientes:

1.- Que "(…) la Constitución de 1961 no contemplaba en su Título X (De las Enmiendas y Reformas a la Constitución), la figura de la Asamblea Constituyente para que el pueblo, como poder constituyente originario, pudiera redactar un nuevo texto fundamental."[6] Por esa razón, en aquella oportunidad habría sido necesario convocar un referéndum consultivo, cosa que sería diferente esta vez, pues la CRBV sí prevé la figura de la ANC.

2.- Que en los diarios de debates de la ANC que dio origen al texto de la CRBV, se habría propuesto en el proyecto sometido a discusión de ese órgano que las normas sobre la convocatoria a la ANC incluyeran a la figura del referéndum a tal fin, pero ello habría sido eliminado en el texto definitivo, bajo el argumento que "Constitución no puede limitar la Asamblea Constituyente, pues, al ser ésta la expresión directa de la soberanía popular, no admit-

---

4 Publicada en la *Gaceta Oficial de la República Bolivariana de Venezuela* Nº 41.156, de 23 de mayo de 2017.

5 *Cfr.*, http://historico.tsj.gob.ve/decisiones/scon/mayo/199490-378-31517-2017-17-0519.HTML

6 *Ib.* 11.

ía limitaciones."[7] En consecuencia, a decir de quienes invocan públicamente ese argumento, la "intención del constituyente" habría sido que no se requeriría del referéndum para la convocatoria de una ANC.

3.- Que respecto a la interpretación en concreto de los artículos 347 y 348 de la CRBV, la Sala debía articularlos, para lo cual expuso en concreto lo siguiente:

> "El artículo 347, cuya interpretación se solicita, debemos necesariamente articularlo con el artículo 348, ambos del texto constitucional. En efecto, el pueblo de Venezuela es el depositario del poder constituyente originario y, en tal condición, y como titular de la soberanía, le corresponde la convocatoria de la Asamblea Nacional Constituyente. Pero la iniciativa para convocarla le corresponde, por regla general, a los órganos del Poder Público (el Presidente o Presidenta de la República en Consejo de Ministros; la Asamblea Nacional, mediante acuerdo de las dos terceras partes de sus integrantes; y los Concejos Municipales en cabildos, mediante el voto de las dos terceras partes de los mismos) quienes ejercen indirectamente y por vía de representación la soberanía popular. La única excepción de iniciativa popular de convocatoria es la del quince por ciento de los electores inscritos y electoras inscritas en el Registro Civil y Electoral.
>
> De tal manera que, el artículo 347 define en quien reside el poder constituyente originario: en el pueblo como titular de la soberanía. Pero el artículo 348 precisa que la iniciativa para ejercer la convocatoria constituyente le corresponde, entre otros, al "Presidente o Presidenta de la República en Consejo de Ministros", órgano del Poder Ejecutivo, quien actúa en ejercicio de la soberanía popular.
>
> En los términos expuestos anteriormente, la Sala considera que no es necesario ni constitucionalmente obligante, un referéndum consultivo previo para la convocatoria de una Asamblea Nacional Constituyente, porque ello no está expresamente contemplado en ninguna de las disposiciones del Capítulo III del Título IX."[8] (Resaltado nuestro)

Puede apreciarse que en este último argumento, la Sala Constitucional, aun cuando reconoció que la convocatoria de la ANC le corresponde al Pueblo de Venezuela, sin más explicaciones equiparó convocatoria e iniciativa, a pesar que reconoció que eso no sería posible en el caso que la iniciativa la tuviera el 15% de los electores, pero sin explicar las razones por las que sería un supuesto distinto a cuando la iniciativa se le asigna al Presidente de la República, la Asamblea Nacional y los Concejos Municipales, a pesar que todos se encuentran por igual en el artículo 348 constitucional.

Atendiendo a los argumentos que anteceden, contenidos en la sentencia comentada, corresponde indicar las razones por las cuales el argumento de la "intención del constituyente" es falaz, así como por qué una interpretación teleológica y contextualizada conlleva a ratificar lógica y forzosamente que la convocatoria a una ANC sólo la puede realizar el cuerpo electoral mediante

---

7 *Ib.* 12-13.

8 *Ib.* 16-17.

referéndum aprobatorio, sin que deba confundirse la iniciativa de convocatoria con la convocatoria en sí misma.

IV. SOBRE EL FALAZ ARGUMENTO DE LA INTENCIÓN DEL CONSTITUYENTE

Haciendo un paralelismo entre la "intención del legislador" y la "intención del constituyente", se ha sostenido, en intervenciones públicas de apoyo a la tesis que el Presidente de la República sí tenía la potestad para convocar a la ANC, que en los diarios de debates de la ANC de 1999 constaría que durante las discusiones que dieron origen al texto de la CRBV se habría eliminado el requisito del referéndum para realizar tal convocatoria; por ese motivo, alegan que la "intención del constituyente" sería que no se requeriría de un referéndum para la convocatoria de la ANC y, por lo tanto, que el Presidente de la República sí podría efectuar directamente tal convocatoria.

Una simple razón sirve para demostrar que tal paralelismo no procede en el presente caso: mientras el legislador es el encargado de discutir y aprobar el texto que sirve de fundamento a una ley, la ANC de 1999 sólo estuvo a cargo de redactar el proyecto de CRBV, pues su aprobación la realizó el electorado convocado para ello mediante referéndum efectuado el 15 de diciembre de 1999.

Debe recordarse en tal sentido que, en el marco del proceso que dio origen a la CRBV y en los procesos constituyentes democráticos, el **Poder Constituyente es el Pueblo de Venezuela**, representado en el electorado, y la ANC es un cuerpo delegado de tal poder para redactar el texto del proyecto constitucional, el cual deberá ser sometido a la consideración de aquel para su aprobación.

Por esa razón, las actas de debates que recogen las discusiones que tuvieron lugar en el marco de la ANC de 1999 tienen un valor referencial o histórico, pero en realidad, si quisiera apelarse a la "intención del constituyente" habría que conocer la intención del electorado, el cual fue en realidad el que aprobó a la CRBV, y no la ANC de 1999. En consecuencia, a los efectos de cualquier interpretación de la CRBV, su redacción tiene un valor fundamental, pues fue éste el que el electorado conoció y aprobó, sin que tales discusiones reflejen la intención del electorado más allá de lo que se interprete del texto del proyecto que le fue sometido a su aprobación.

Más aún, no debe olvidarse que existió un debate importante durante el año 2000, en el cual se acusó a la *Comisión de Estilo de la Asamblea Nacional Constituyente* de 1999 de alterar el texto del proyecto de CRBV aprobada por la ANC de 1999, tanto antes como después del referéndum aprobatorio del 15 de diciembre de 1999, a tal punto que la CRBV fue publicada nuevamente el 30 de marzo de 2000. Ese debate dio lugar a que la Fiscalía General de la República objetara esas modificaciones en el texto constitucional.[9]

En ese respecto debe recordarse que no sólo se hicieron aproximadamente 263 correcciones entre el texto sometido a referéndum, sino que también existieron modificaciones previas entre lo aprobado en las discusiones de la ANC de 1999 y el texto sometido a referéndum. Por este motivo, ni resulta válido el argumento de la "intención del constituyente", pues esa intención le correspondería en todo caso al electorado que votó en el referéndum aprobatorio de la CRBV, la cual resulta por tanto imposible de determinar, ni tampoco por los muchos cambios efectuados entre el proyecto aprobado por la ANC, el sometido a referéndum y luego alterado en marzo de 2000.

Todo lo anterior conlleva a que las discusiones del proyecto normativo que dio lugar al texto definitivo de la CRBV, recogidas en las actas de debate, tengan más un valor histórico y referencial, que interpretativo en sí mismo, por lo que debe privar ante todo el sentido propio que deriven de las palabras del texto constitucional, más allá de las otras distintas técnicas de interpretación que puedan legítimamente utilizarse, pero sobre la base de su propio texto y no otro documento.

V. SOBRE LA INICIATIVA DE CONVOCATORIA

Como ya indicamos, la sentencia número 378 de la Sala Constitucional del Tribunal Supremo de Justifica equiparó a la convocatoria de una ANC atribuida a Pueblo de Venezuela por el artículo 347 constitucional, con la iniciativa de convocatoria otorgada al Presidente de la República, la Asamblea Nacional, los Concejos Municipales y el 15% del electorado establecida en el artículo 348 constitucional, pero señalando que, en este último caso, es decir, en el del 15% del electorado, esa equivalencia no operaría.

Si bien la Sala Constitucional no explica la razón de esa excepción, resulta obvio a que ello se debería al hecho que ese tribunal no habría encontrado lógico que un 15% de los electores pudieran convocar a una ANC, sin representar a la mayoría del electorado. En efecto, mientras los órganos representantes de los poderes constituidos a los cuales se les otorgó también la iniciativa de convocatoria actuarían en función de su voluntad (Presidente de la República) o la de la mayoría de sus miembros (Asamblea Nacional y Concejos Municipales), el 15% del electorado no representa la voluntad de éste, y sería contrario al principio democrático y a una interpretación lógica de la norma.

Respecto a la interpretación lógica de la norma, debemos recordar que una técnica de interpretación reconocida para demostrar la validez de una determinación sobre el alcance de una norma es la interpretación al absurdo. En este sentido, como bien señala Escovar León, siguiendo a Tarello, esta técnica

9 *Cfr.*, http://www.eluniversal.com/2000/12/11/pol_art_11104AA.shtml

de interpretación "postula que determinadas interpretaciones de la norma no son posibles por cuanto ellas llevarían a consecuencias inaceptables. Esto significa que la norma debe ser interpretada de una determinada manera, porque las demás interpretaciones conducen a un resultado absurdo. Así, el enunciado A debe ser interpretado como A(I) según la interpretación teleológica, por cualquier otra posibilidad de interpretarlo como A(II) dará lugar a un absurdo."[10]

Partiendo de lo anterior, aunque la Sala Constitucional no lo señala expresamente, cuando excepciona al 15% del electorado de la equiparación de iniciativa de convocatoria de la convocatoria de la ANC, **lo hace porque sería absurdo que ese 15% pudiera convocar a una ANC, aun cuando el restante 85% no lo aprobare y, en consecuencia, lo que forzosamente este grupo de electores podría realizar es solicitar al CNE la realización de un referéndum en el cual todo el electorado decida sobre tal convocatoria.**

Pues bien, a lo señalado debemos agregar que resulta errado que la Sala Constitucional haya creado dos categorías de sujetos que podrían tomar la iniciativa de convocatoria para una ANC, pues el artículo 348 constitucional no distinguió entre el 15% del electorado y el Presidente de la República, Asamblea Nacional y Concejos Municipales, sino que los agrupó a todos en una misma condición de titulares de esa iniciativa. De allí que todos los sujetos enumerados en el artículo 348 *eiusdem* se corresponden con una misma categoría y, en consecuencia, tal iniciativa se corresponde con el derecho a solicitar que el único convocante, a saber, el Pueblo de Venezuela representado por el electorado decida sobre la convocatoria o no de una ANC.

La conclusión que antecede se encuentra además reforzada por el principio democrático, pues así como sería absurdo y contrario a la democracia que el 15% del electorado pudiera convocar a una ANC en contra del restante 85%, también es contrario a la democracia que el Presidente de la República, Asamblea Nacional y los Concejos Municipales tengan la potestad de convocar una ANC en contra de la mayoría de la voluntad popular, titular del Poder Constituyente Originario.

VI. SOBRE LA NATURALEZA JURÍDICA DE UNA CONVOCATORIA A UNA ANC

Analizar la naturaleza de una convocatoria a una ANC resulta extraño, pues no resulta frecuente que ésta se realice en el marco del Derecho. Las ANC y las Constituciones fundamentalmente suelen ser el resultado de procesos políticos en los cuales más bien el Derecho funciona como un medio de legitimación a posteriori de una "situación constituyente", la cual es definida por Ferrajoli como "cualquier situación no positiva, o sea, no causada por

---

10 Escovar León, Ramón. *El Precedente y la Interpretación Constitucional,* Editorial Sherwood, Caracas, 2005, p. 176-177.

actos jurídicos (T6, 43, T6, 44) y por tanto carente de situaciones de grado supraordenado a ella."[11]

Por esa razón, es poco común también que una Constitución prevea a la ANC en su texto, como lo hace la CRBV, pues ésta, insistimos, obedece más a procesos políticos que a procesos jurídicos.

A tal punto se verifica lo anterior, que el propio Ferrajoli indica que el Poder Constituyente debe residir en personas naturales o individuos y no en entidades jurídicas, pues estas últimas son creadas por el Derecho, el cual debe su origen en el marco del proceso constituyente que da lugar a una Constitución y al ordenamiento jurídico que sobre ella se funda.[12] Por esta razón, un poder constituido mal podría ser considerado como un poder constituyente, pues el primero debe su existencia a este último y posterior a éste.

En la democracia el poder constituyente se encuentra forzosamente atribuido al Pueblo, sólo de él deberían emanar los actos que se correspondan son su ejercicio.[13]

Ahora bien, si bien las consideraciones antes expuestas encuentran especial sentido en el ámbito de situaciones de carácter político, resultan útiles para analizar la naturaleza jurídica del acto de convocatoria a una ANC, cuando el Derecho ha pretendido regularlo, como en el caso que nos ocupa.

En tal sentido, un aspecto que se suele olvidar o pasar por alto es que, si bien es cierto que la derogatoria de una Constitución sucedería cuando sea aprobado el nuevo texto constitucional que la sustituiría, **la convocatoria a una ANC significa de por sí la decisión de derogarla**, pues carecería de sentido que la ANC se constituyera para redactar un nuevo texto constitucional si no se pretendiere la entrada en vigencia de una Constitución diferente.

Por eso la convocatoria a una ANC se encontraría entre el tipo de acto que la doctrina denomina como un "acto constituyente", el cual consiste en "(...) el acto institutivo de grado no subordinado a ningún otro e imputado a un sujeto constituyente que, cuando el acto sea 'democrático' (...) es el pueblo: un acto, pues, que aun suponiendo el poder constituyente, es también el mismo originario y del que más bien depende, junto a la efectividad, la propia existencia del poder constituyente."[14]

Obsérvese que la definición aportada por Ferrajoli de "acto constituyente" trae dos aspectos esenciales para la determinación de la convocatoria a una ANC como este tipo de acto. El primero, como un acto originario o institutivo, pues de él parte el Derecho, lo cual se cumple en el caso de la convocatoria de una ANC, pues éste es la base para el inicio de un proceso constituyen-

---

11 Ferrajoli, Luigi. *Principia Iuris, Teoría del derecho y de la democracia*, Editorial Trotta, Madrid, 2011, p. 804.

12 *Ib.,* 804.

13 *Cfr., Ib.,* 807.

14 *Ib.*, 809.

te que derivará en una nueva Constitución y un nuevo ordenamiento jurídico. El segundo, que de él depende la existencia del poder constituyente en sí mismo, pues su ejercicio lo caracteriza como tal.

Partiendo de esa base, y del hecho que el Poder Constituyente en la democracia sólo lo debe ejercer el Pueblo, podemos concluir que, en esencia, no sólo una correcta interpretación de los artículos 347 y 348 de la CRBV conduce a determinar que sólo el Pueblo de Venezuela, representado en el electorado, puede convocar a una ANC, sino que en democracia, tal convocatoria sólo puede y debe emanar de éste, sin que le pueda ser conferido ese poder a un poder constituido, pues él es el resultado del Derecho que el Poder Constituyente genera.

VII. SOBRE EL INTENTO DE DEROGATORIA DE LA CRBV POR MECANISMOS NO ESTABLECIDOS EN ELLA

El hecho que (i) la convocatoria de una ANC se haya realizado por un sujeto no legitimado para ello, (ii) que dicho acto conduzca a la derogatoria de la CRBV por medios no establecidos en ella, (iii) que haya sido ratificado mediante la sentencia número 378 de la Sala Constitucional sin el debido proceso, y (iv) que el CNE haya implementado la elección de los miembros de la ANC sin la realización del referéndum previo en el cual el Pueblo de Venezuela aprobara a esa convocatoria, conduce a que nos encontremos ante uno de los dos supuestos consagrados en el artículo 333 de la CRBV, el cual reza:

> "*Artículo 333*. **Esta Constitución no perderá su vigencia si** dejare de observarse por acto de fuerza o porque **fuere derogada por cualquier otro medio distinto al previsto en ella**.

En tal eventualidad, todo ciudadano investido o ciudadana investida o no de autoridad, tendrá el deber de colaborar en el restablecimiento de su efectiva vigencia." (resaltado nuestro)

Esta norma, la cual tiene como precedente directo el artículo 250 de la Constitución de la República de Venezuela de 1961, trata de positivizar una situación en la cual el Derecho y las instituciones que la aplican son insuficientes para devolver la efectiva vigencia constitucional, por lo que resulta extraño y de difícil interpretación que se trate de reglamentar esta situación.

Por ese motivo, en nuestra opinión el artículo 333 de la CRBV trata de regular una circunstancia equiparable a una situación constituyente, como lo intentan realizar los artículos 347 y 348 *eiusdem*, pero en sentido inverso a éstos, pues, mientras los últimos conducirían -correctamente aplicados- a la derogatoria de la CRBV, el primero apunta más bien a su preservación.

En tal sentido, de cara al supuesto concreto ante el que nos encontramos, en el cual la convocatoria a una ANC ha sido realizada sin seguir el trámite constituyente correspondiente, la interpretación del 333 constitucional debe ser reconducido a condiciones de aplicación que encuentren canales dentro de los propios mecanismos establecidos por la CRBV, basados en la búsqueda del ejercicio democrático de la voluntad popular y la paz establecida en el artículo 3 *eiusdem*, correspondiente a los Principios Fundamentales de la Carta Magna.

En tal virtud, dado que el sujeto al cual se encuentra dirigido el artículo 333 de la CRBV es cualquier ciudadano, sea o no funcionario público, en nuestro criterio, cualquier persona en el marco de sus derechos constitucionales, o cualquier funcionario en el marco de sus competencias, está llamado a realizar aquellos actos dentro de ese ámbito y respeto a la democracia y la paz, que conduzcan a convencer a los poderes constituidos que impulsan la inconstitucional derogatoria de la CRBV a que se abstengan de continuar en esa dirección.

Para ello, los ciudadanos cuentan con el derecho a la protesta pacífica establecida en el artículo 68 constitucional, para demostrar su rechazo a esta írrita iniciativa, y a realizar actos en los cuales logren manifestar su voluntad colectiva, por vía de los mecanismos constitucionales consagrados en el artículo 70 *eiusdem*, tales como la realización de consultas populares o asambleas de ciudadanos donde puedan dejar constancia del rechazo mayoritario a la convocatoria de la ANC.

Por lo que respecta a los funcionarios públicos, a ellos corresponde realizar todos aquellos actos que, en el marco de sus competencias, sean constitucionales y legales para evitar la inconstitucional derogatoria de la CRBV.

Todas las actuaciones que hemos indicados se encuentran en el marco de la CRBV, la democracia y la paz, por lo que su fin apunta a convencer a quienes persiguen la derogatoria de la Carta Magna que desistan de ese proceso, en función de ratificar la plena vigencia de ésta, y paradójicamente, tenga lugar un acto constituyente que no apunte a una abrogación de la CRBV, sino a su ratificación, como el documento que nos une como venezolanos.

CONSTITUYENTE: TODO EL PODER PARA EL FRENTE FRANCISCO DE MIRANDA

Néstor Ecarri Angola
Profesor de Principios de Derecho Público de la Universidad de Carabobo

Cuando el Presidente Hugo Chávez planteó la necesidad de una reforma constitucional, nos planteamos la interrogante cual fue el fundamento de plantear la modificación de la constitución más perfecta del mundo, según su propio ponente? la respuesta se encontró cuando el propio Chávez presento ante el Parlamento Nacional el Plan Desarrollo Económico y Social de la Nación, el cual denominó el Plan Nacional Simón Bolívar, Primer Plan Socialista 2007-2013.

Este plan ya contenía los mismo aspectos que la tal anhelada reforma, pero a diferencia de la reforma el Plan ya entraba en vigencia. El Gobierno en ese mismo año, conjuntamente con un grupo de supuesto intelectuales de la izquierda mundial, crearon La Fundación "**Centro Internacional Miranda**", institución adscrita al Ministerio del Poder Popular para la Educación Superior, la cual tiene como principal objeto, *"La promoción y difusión del sistema político de democracia participativa y protagónica, a través de la creación de espacios para el debate de intelectuales acerca de temáticas centrales que permitan la perfección de dicho modelo y el alcance del pleno desarrollo del pueblo."* En dicha Fundación crearon un Programa de formación socio-política de cuadro, que entre sus ejes principales se encuentran participación popular en la gestión pública; pedagogías críticas y gestión educativa bolivariana; reflexión sobre el rol de los medios de comunicación, hacia una ciencia de la critica mediática; y el Nuevo Modelo Productivo. Este programa de formación buscaba fortalecer la ideologización de uno de los grupos dentro del Psuv: El Frente Francisco de Miranda.

Sin embargo, y a pesar que la tal anhelada reforma sufrió un revés electoral, dicho Plan no solo se mantuvo, sino desarrollo un amplio espectro normativo que todavía a estas alturas sigue en vigencia. Entre los aspectos desarrollados en esos años fue la construcción del Estado Comunal, el cual según los propios lineamientos del Ministerio de las Comunas busca la articulación entre los distintos niveles de gobierno, el Poder Popular y el PSUV, a través de las denominadas Salas de Batalla Social, organización vinculada directamente con un grupo del partido del gobierno denominado Frente Francisco de Miranda, cuya misión era verificar a través de las denominadas fichas de caracterización cuantos consejos comunales y Comunas habían en cada sector y cuantos habían inscritos en el Psuv, cuyo mecanismo trajo como consecuencia malestar dentro del seno de las bases del chavismo.

En el año 2013, el Presidente Nicolás Maduro presentó ante la Asamblea Nacional el Segundo Plan Socialista 2013-2019, el cual busca profundizar los cambios contrarios a la Constitución que ya habían sido promovidos y el pueblo en referendo rechazó. Entre los cambios que resaltan en este Plan se encuentra Expandir la organización del pueblo para la defensa integral de la Patria; Seguir construyendo la hegemonía comunicacional, para que en Venezuela se escuchen todas las voces; Consolidar el despliegue de la infraestructura educativa del país, en los centros universitarios, técnicos, medios y ocupacionales para la formación para el trabajo liberador; Fomentar e incrementar la creación de los Cuerpos Combatientes en todas las estructuras del Estado Venezolano; Diseñar estrategias para garantizar la participación del pueblo que asegure la lucha en cualquier circunstancia, por adversas que estas sean; Incrementar la adquisición de sistemas de armas y materias para la dotación de unidades; adecuar el sistema educativo al modelo productivo socialista; Promover la producción de textos escolares para generar consciencia y formar críticamente las nuevas generaciones; se promoverá la agregación y conformación de 250 Salas de Batalla Social anualmente, tomando como referencia el promedio de salas constituidas en los 4 años de existencia de dicha política; lograr la consolidación de un sistema de articulación entre las diferentes instancias del Poder Popular con el fin de trascender la acción local al ámbito de lo regional y nacional, rumbo a la construcción de un subsistema de Comunas, Distritos Motores de Desarrollo y Ejes de Desarrollo Territorial; Sincronizar, a través de la Planificación Centralizada, la activación y desarrollo de las diversas formas de organización socioproductivas, promoviendo las diversas formas de propiedad social directa e indirecta; Adecuar los planes de estudio en todos los niveles para la inclusión de estrategias de formación de valores cónsonos con la nueva sociedad que estamos labrando; Establecer un sistema de comunicación permanente, para escuchar al pueblo organizado y al pueblo despolitizado, como parte del esfuerzo para la construcción colectiva del Estado Socialista, bajo el principio de "mandar, obedeciendo"; Mejorar y perfeccionar el sistema educativo de la Fuerza Armada Nacional y el Poder Popular y convertirla en un solo bloque que responda a los intereses de la Patria.

En el área que el Gobierno de Nicolás Maduro denomina "La Nueva Geopolítica Internacional" el oficialismo busca: Fortalecer la Alianza Bolivariana para los Pueblos de Nuestra América (ALBA), como el espacio vital del relacionamiento político de la Revolución Bolivariana; fortalecer el mecanismo PETROCARIBE como esquema de cooperación energética y social solidario; Impulsar el nuevo orden comunicacional latinoamericano y caribeño, con énfasis en los nuevos sistemas y medios de información regionales, y en el impulso de nuevas herramientas comunicacionales; Conformar un nuevo orden comunicacional del Sur; y Promover la participación de las redes globales de movimientos sociales en los grandes Foros y Cumbres internacionales.

Sin lugar a dudas el control que ejerce el Frente Francisco de Miranda en todas las esferas de poder, es bastante importante, ya que son los verdaderos artífices de la denominada nueva Geometría del Poder, al colocar a este grupo del Psuv como los verdaderos interlocutores entre las bases y las estructuras de Poder, incluyendo a las Milicias y Grupos Combatientes, dejando de lado a lo que se denomina la institucionalidad de la Fuerza Armada Nacional, gobernadores y alcaldes.

A los fines de ir consagrando la nueva geometría del Poder, la Sala Constitucional del Tribunal Supremo a través de la sentencia N° 355 de fecha 16 de Mayo de 2017 generó un precedente constitucional, según la cual una autoridad electa a través del sufragio universal, directa y secreta con período vencido puede ser sustituida por un nuevo organismo de carácter asambleario sin el voto popular. Al respecto, la Sala afirma en la presente decisión: "Por tanto, debe entenderse que para el momento en que entró en vigencia la Disposición Transitoria Segunda en la Ley Orgánica del Poder Público Municipal de 2010, el período lectivo de los miembros de las Juntas Parroquiales se había completado a cabalidad, por lo que no existe necesidad de análisis alguno con respecto a una supuesta "*temporalidad*" que mantenga a los anteriores miembros en sus cargos, ni de una correlación con quienes las hayan integrado conforme lo previsto la Ley Orgánica del Poder Público Municipal de 2010. En razón de lo antes expuesto, esta Sala determina la inexistencia de los vicios denunciados contra el artículo 35 de la Ley Orgánica del Poder Público Municipal, en lo que respecta a la elección de los miembros de las Juntas Parroquiales Comunales, al precisar que no quebrantan el derecho constitucional al sufragio denunciado por las partes recurrentes. Así se decide.

Por lo tanto, estas instancias al estar encuadradas en lo que denomina el Segundo Plan Socialista 2013-2019 la consolidación de un sistema de articulación entre las diferentes instancias del Poder Popular, el protagonismo del Frente Francisco de Miranda a través de las Salas de Batalla Social se hace imprescindible para la construcción del nuevo modelo.

En un trabajo realizado por el periodista Antonio Maria Delgado del *Nuevo Herald* el 09 de enero de 2017, titulado "Maduro, El Aissami y La Habana conspiraron a espaldas de Chávez para heredar el poder", afirma lo siguiente:

> *"La conversación fue relatada a el Nuevo Herald por fuentes que conocieron de primera mano las luchas internas del "Frente Francisco de Miranda" —agrupación procastrista encabezada por Maduro, El Aissami y el ex canciller Elías Jaua— con el "4F", cofradía de militares liderada por oficiales que fundaron con Hugo Chávez el movimiento bolivariano.*
>
> *Preocupados por las maniobras que La Habana realizaba en Venezuela a través del Frente Francisco de Miranda, el 4F preparó un informe sobre la conspiración del frente, y el documento fue presentado a Chávez por el entonces presidente de la*

Asamblea Nacional, Diosdado Cabello, dijo una de las fuentes que habló bajo anonimato.

"A Chávez se le presenta un informe en el cual se le muestra una serie de situaciones. Al parecer algunas conversaciones y reuniones que se venían dando, y allí es donde se produce una decisión de Chávez de designar a Tarek como candidato a gobernador en Táchira", agregó.

Chávez también decidió enviar a Maduro y a Jaua a las gobernaciones de Carabobo y Miranda, respectivamente.

No obstante, El Aissami era quien Chávez quería realmente neutralizar, ya que demostraba ser demasiado ambicioso y calculador, dijo la fuente.

Las candidaturas para las gobernaciones de Venezuela, eran en ocasiones repartidas por Chávez entre quienes se les habían vuelto incómodos o habían perdido la confianza del mandatario. El verdadero poder en Venezuela se ejerce desde el gobierno central, dijeron fuentes.

Uno de los principales temas de preocupación de los militares era la incidencia que La Habana ejercía sobre el Frente Francisco de Miranda, que parecía ser mucho más extenso del que Cuba ejercía sobre el propio Chávez.

El informe del 4F también acusaba a los presuntos conspiradores de lanzar campañas de desinformación y de armar informes comprometedores para debilitar a potenciales rivales dentro del chavismo.

Sacudidos por la decisión de Chávez de apartarlos de la cúpula del poder, Maduro viajó hasta La Habana para conversar con los hermanos Castro.

Una vez convencido, Chávez no solo abandona su idea de enviar a Maduro a la gobernación de Carabobo, sino que terminó ungiéndolo como su heredero político poco antes de su último viaje a Cuba, donde murió.

El Aissami, por su parte, terminó compitiendo y ganando la gobernación del estado Aragua, pero siempre se mantuvo como un cercano colaborador de Maduro, desde que éste asumió el poder.

Su nombramiento a la vicepresidencia, fue visto como un profundo cambio en la estructura del poder en Venezuela, marcando el triunfo del Frente Francisco de Miranda sobre el 4F.

La designación deja a El Aissami en posición de ocupar la presidencia en caso de que Maduro abandone el poder, antes de que termine su mandato en el 2019 y anuncia una radicalización del régimen al inicio de un año que augura ser de gran volatilidad".

El miércoles 3 de mayo fue publicado en la Gaceta Oficial Extraordinaria N° 6.295, el Decreto presidencial para la convocatoria a la Asamblea Nacional Constituyente, el cual en su artículo 2 establece: Los y las integrantes de la Asamblea Nacional Constituyente Originaria serán elegidos o elegidas en los ámbitos sectoriales y territoriales. Ya los términos de elección en ámbitos territoriales y sectoriales ya había sido utilizado en la Ley de los Consejos Locales de Planificación Pública en el artículo 7: Los consejeros o consejeras del Consejo Local de Planificación Pública por los movimientos y organizaciones sociales, serán electos o electas de la siguiente manera: 1. Cada movimiento u organización social, debidamente articulada a un consejo comunal y registrada en el Ministerio del Poder Popular con competencia en materia de participación ciudadana, elegirá en la respectiva asamblea de ciudadanos y ciudadanas del movimiento u organización social un vocero o vocera ante la asamblea municipal de voceros y voceras del movimiento u organización social. 2. Reunidos en asamblea municipal de voceros y voceras, cada movimiento u organización social elegirá de su seno al consejero o consejera ante el Consejo Local de Planificación Pública. Es decir, a través de una elección de segundo grado tanto los voceros territoriales como sectoriales del Consejo Local de Planificación Pública serían elegidos por una asamblea de unos miembros que ya habían sido escogidos por una comunidad y por un registro controlado por los entes gubernamentales y las Salas de Batalla Social a través del Frente Francisco de Miranda.

Por lo antes expuesto, lo que esconde la convocatoria de una Asamblea Constituyente es la imposición de un grupo minoritario dentro de un partido político (PSUV) sobre las estructuras de Poder. El Frente Francisco de Miranda, tal como lo manifiesta su propio portal web, nace el 29 de junio del año 2003 fue fundado en La Habana, Cuba, creado ante la necesidad que tenía la revolución venezolana de tener en la población actores sociales sólidos y efervescentes como se requieren en los procesos profundos de cambios, reformas y transformaciones. Grupo formado en país extranjero con la finalidad de tomar el poder en todas sus esferas. Ahí está la clave!

Finalmente, concluyó este trabajo de investigación con el discurso de Andrés Eloy Blanco, como Presidente de la Asamblea Nacional Constituyente, al momento de ser sancionada la Constitución de 1947: "***Cuando una Asamblea hace una Constitución, hace el espejo de un pueblo. Cuando se hace el espejo de un pueblo, tiene que haber un buen pueblo para mirarse en él. Cuando se hace una Constitución, se hace un código de moral, pero no se hace una moral; cuando se hace una Constitución se hace una norma de conducta, pero no se hace una conducta; cuando se hace una Constitución, se hace una ley de buen gobierno, pero no se hace un buen gobierno. Es el uso de ella, es el empleo de las facultades que ella confiere, es el timón bien llevado, es la proa siempre puesta a la justicia, lo que de ella va a infundir la grave responsabilidad en la conducta de los gobernantes. Ella es la Constitución".***

Valencia, 29 de Junio de 2017.

LA ASAMBLEA NACIONAL CONSTITUYENTE COMO MECANISMO DE ANIQUILACIÓN REPUBLICANA

Rafael J. Chavero Gazdik
Profesor de Derecho Administrativo y Constitucional
UCV y UCAB

I. INTRODUCCIÓN

La propuesta de Asamblea Nacional Constituyente Comunal (o como se llame) surge como una respuesta política del Presidente Nicolás Maduro a la grave crisis política, económica y social que atraviesa el país. Con el ánimo de cambiar la agenda opositora y obtener un arma adicional frente a una eventual negociación, el Gobierno se hace de una de las herramientas más peligrosas para lo poco que queda de nuestro estado de derecho.

Lo que lucía como un globo de ensayo o una estrategia disuasiva ha derivado en un empeño gubernamental que para la fecha de estas líneas luce indetenible. Lo que implicará tener que transitar nuevamente por caminos que nos alejan del respeto de los valores más esenciales de la democracia. Un nuevo retroceso a nuestra ya maltrecha evolución constitucional.

Lamentablemente, en medio de una gran cantidad de manifestaciones populares, el Presidente ha preferido confrontar y provocar, en lugar de hacer un llamado sincero a la unión nacional, mediante actos concretos y no discursos falsos. La Asamblea Constituyente se impone, entonces, como una especie de castigo frente a las protestas populares. Se radicaliza considerablemente un Gobierno que luce más bien agotado y distanciado. Por la fuerza bruta se pretende dominar a una inmensa mayoría, y en definitiva es eso lo que persigue este mecanismo de modificación constitucional.

Como veremos, se ha convocado a una Asamblea Constituyente a espaldas del pueblo y con un gigantesco rechazo popular, con la clara intención de lograr que una minoría se imponga a una abrumadora mayoría, obstaculizando cualquier mecanismo de participación ciudadana que ponga en peligro la permanencia en el poder de quienes gobiernan.

Pero además, se ha convocado para fines fraudulentos e ilegítimos, lo que la convierte en un mecanismo de destrucción institucional y aniquilación republicana. En efecto, como veremos, las razones que justifican su convocatoria son risibles, poco serias y hasta de burla, lo que evidencia que la intención no es otra que erradicar los pocos mecanismos de control gubernamental y las consultas electorales pendientes.

No nos cabe la menor duda que se trata de uno de los peores errores de nuestra historia republicana, por lo que estará condenada al fracaso. Esta fraudulenta iniciativa acabará también con la Constitución de 1999, la que había sido considerada para algunos como una Constitución popular y revolucionaria.

II. LA ILEGÍTIMA CONVOCATORIA

La Asamblea Nacional Constituyente (en adelante "Constituyente") es la forma más radical de modificar la Constitución. Va mucho más allá de la Enmienda y la Reforma, pues estos mecanismos se utilizan para modificaciones parciales y la Constituyente es más bien para "transformar el Estado y crear un nuevo ordenamiento jurídico"[1].

Por tanto, lo primero que hay que tener en cuenta es que es una opción que debe utilizarse para cambiar un modelo político, para darle un vuelco total al ordenamiento jurídico, y no simplemente para agregar algunos postulados sociales o políticas gubernamentales.

Al tratarse de una modificación radical se requiere de la mayor participación y legitimidad popular posible. No se trata de que un sector se imponga sobre otro, sino de un consenso político general, donde no haya duda de la voluntad popular en la implementación del proceso constituyente. Resultaría claramente contradictorio, ilógico y hasta fraudulento que un cambio constitucional radical se haga sin la mayor participación ciudadana posible.

No puede perderse de vista que uno de los avances más importantes de la Constitución de 1999, al menos en el papel, fue la consagración de un sistema más directo y atento de control de la gestión pública, es decir, un sistema de *democracia participativa*. Según los términos de la exposición de motivos de la Constitución se concibe "la gestión pública como un proceso en el cual se establece una comunicación fluida entre gobernantes y pueblo, implica modificar la orientación de las relaciones entre el Estado y la sociedad, para devolverle a esta última su legítimo protagonismo…" .

El principio general de ese "nuevo sistema participativo" se encuentra recogido en el artículo 6 de la Constitución, el cual establece que "El gobierno de la República Bolivariana de Venezuela y de las entidades políticas que la componen es y será siempre democrático, participativo, electivo, descentralizado, alternativo, responsable, pluralista y de mandatos revocables". Además, otras normas particulares de la Constitución se refieren a la participación ciudadana en distintos ámbitos de la gestión pública, como por ejemplo: el

---

1 Artículo 347 de la Constitución.

artículo 55, el cual se refiere a la participación en los programas destinados a la prevención, seguridad ciudadana y administración de emergencias; el artículo 62, el cual establece la obligación del Estado de facilitar la generación de las condiciones más favorables para la participación del pueblo en la gestión pública; el artículo 66, consagratorio del derecho a que los representantes populares rindan cuentas públicas, transparentes y periódicas a sus electores; los artículos 63, 64, 67 y 68, los cuales se refieren al derecho al sufragio, a ser elegido, a la asociación política y a la manifestación pública; el artículo 79, el cual se refiere al derecho de participación de los jóvenes; artículo 125, referido a la participación política de los indígenas; el artículo 143, referente al derecho a la información administrativa y al acceso a documentos oficiales; los artículos 168 y 173, referidos a la participación ciudadana en el ámbito municipal, parroquial y vecinal; el artículo 186, numeral 4°, referente a la competencia de la Asamblea Nacional para organizar y promover la participación ciudadana; los artículos 205 y 211, referentes a la iniciativa popular de las leyes y consultas legislativas; el artículo 255, el cual garantiza la participación ciudadana en el proceso de selección de los jueces; y los artículos 341, 342, 344, 347 y 348, referentes a las iniciativas ciudadanas para poner en marcha los procesos de modificación constitucional.

Como puede observarse, la participación ciudadana es una de las características elementales de la Constitución de 1999 y uno de los pilares centrales de nuestro estado de derecho, pues se ha abierto al público la posibilidad de intervenir en forma mucho más directa y constante en los asuntos de gestión y gobierno.

De allí que sería un enorme contrasentido pretender modificar radicalmente nuestro sistema político sin participación ciudadana formal. Cualquier intento de desconocer la participación popular en la implementación de una Constituyente no es más que un fraude constitucional y un desconocimiento pleno del texto constitucional.

Por eso, la Constitución le otorga la potestad de *convocatoria* al pueblo como constituyente originario, pues resulta evidente que para un asunto tan trascendente como es el cambio radical del sistema político, debe contarse con la aprobación previa e indubitable del pueblo. Y esa expresión indispensable de voluntad popular sólo puede obtenerse a través de un referendo consultivo, a través de una elección universal, directa y secreta[2].

Lo que puede hacer el Presidente, la Asamblea Nacional, los Concejos Municipales y un número especial de electores es proponer su convocatoria (iniciativa), *pero no la convocatoria misma*. Estos órganos del Estado lo que pueden es proponerle al soberano una Constituyente y este se expresa mediante el sufragio universal. Sólo el pueblo decide si quiere la Constituyente y en qué condiciones.

2 Artículo 63 de la Constitución.

La última experiencia constituyente que tuvimos fue, incluso, utilizada aun cuando la Constitución vigente en la época no la preveía. El máximo tribunal del país entendió que el poder constituyente estaba por encima del constituido y si la voluntad general quería una modificación radical del sistema, entonces no había Constitución que pudiera detenerla. Es una teoría que, en nuestro criterio, desconoce la esencia misma de una Constitución, pero que en definitiva fue la que se impuso en aquél momento y la que quedó plasmada en la actual Constitución. Pueblo mata Constitución es lo que se impuso en 1999.

Debemos tener en cuenta que para realizar la Constituyente de 1999 el entonces Presidente de la República se montó en la confianza popular del momento. Por ello, una vez autorizado por la Corte Suprema de Justicia propuso un referendo para preguntarle al pueblo (como titular de la soberanía) si estaba de acuerdo en convocar una Constituyente y si lo autorizaban a fijar las bases de todo el proceso constituyente.

Frente a esa propuesta del Presidente, la Corte Suprema de Justicia anuló la segunda pregunta planteada, pues entendía que no se podía delegar en el Presidente la fijación de las bases comiciales de la ANC. Por ello, el Consejo Nacional Electoral tuvo que redactar unas bases comiciales (cuantos miembros integrarían la Constituyente, como serían elegidos sus miembros, como podrían postularse los candidatos, el tiempo de su funcionamiento, entre otras consideraciones) para someterlas a referendo[3].

Es decir, todo el detalle de cómo iba funcionar la ANC *tuvo que someterse a la aprobación de la voluntad popular.* Eso no podía quedar en manos del Presidente (y mucho menos en una Comisión Especial) sin la autorización expresa del soberano. Por tanto, el primer referendo tuvo como finalidad aprobar la convocatoria a una Constituyente *y todas sus bases o condiciones de funcionamiento.* Eso fue lo que aprobó el electorado, a pesar de haber existido un 62% de abstención.

Una vez aprobada la convocatoria, vino el proceso de postulación y elección de los candidatos; luego de elegidos sus miembros comenzó el funcionamiento de la Constituyente, donde ésta se abrogó poderes originarios, con lo cual tuvimos un rey sin corona durante el tiempo de duración de la Constituyente[4]. Era esta asamblea la que decidía qué órganos del Estado podían

3 *Véase* las decisiones de la Sala Político-Administrativa de la Corte Suprema de Justicia de fecha 18 de marzo, 23 de marzo y 13 de abril de 1999, todas referidas al mismo caso presentado por el ciudadano Gerardo Blyde.

4 El artículo primero del Estatuto de Funcionamiento de la Asamblea Nacional Constituyente de 1999 expresamente decía, desconociendo las decisiones de la entonces Corte Suprema de Justicia, que la Constituyente "es la depositaria de la voluntad popular y expresión de su soberanía con las atribuciones del poder originario para reorganizar el Estado venezolano y crear un nuevo ordenamiento jurídico...". Por cierto, nótese que en las Bases Comiciales de la propuesta de Constituyente de 2017 se establece que ese mismo Estatuto de Funcionamiento de 1999 tendrá vigencia provisio-

seguir funcionando y cuáles no. Se aprovechó ese momento para ocupar todas las instancias gubernamentales de partidarios del nuevo gobierno. Se derrumbó la República y se cooptaron todos los poderes del Estado. Allí se destruyó la separación de poderes y con ello la esencia misma del sistema democrático. Esta experiencia es la que ahora se pretende repetir.

Pero lo que me interesa resaltar ahora es que nunca hubo dudas de que las condiciones de funcionamiento de la Constituyente debían ser aprobadas por el pueblo, no por un sector del mismo. El Presidente nunca quedó autorizado para imponer nada, todo fue preguntado mediante referendo popular.

En suma, el proceso constituyente que dio origen a la actual Constitución implicó tres procesos electorales: i) el primero para preguntarle al pueblo si estaba de acuerdo en convocar una constituyente y si estaba de acuerdo con las bases o condiciones allí establecidas; ii) la elección de los asambleístas; y iii) el referendo aprobatorio de la Constitución. Todas estas fases son absolutamente necesarias para poder activar este mecanismo de modificación constitucional.

Por tanto, resulta increíble que en tan poco tiempo, los mismos actores pretendan desconocer este precedente, evitando que se someta a consulta popular la convocatoria de la Constituyente y la aprobación popular de las bases o condiciones de funcionamiento. Obviamente, esto se hace a conciencia de las encuestas que han circulado, donde más de un 80% de la población rechaza esta ilegítima convocatoria, realizada, insistimos, a espaldas de la voluntad popular.

La simple lógica indica que la posibilidad de modificar de raíz el ordenamiento jurídico y la transformación del Estado no puede quedar en manos de unos delegados o funcionarios de hecho sin legitimidad popular. La soberanía reside en el pueblo y éste se expresa mediante el sufragio universal[5]. El sufragio se ejerce mediante votaciones libres, universales, directas y secretas. Solo unos representantes directos pueden encargase de tan delicada función y no puede excluirse a ningún ciudadano de su derecho a votar y participar en los asuntos públicos, más aún en aquellos de tanta trascendencia como una convocatoria a una Constituyente[6]. La sola pretensión de desconocer esto refleja el temor a la decisión de la mayoría y la intención de cometer un fraude constitucional.

Sólo mediante una elección popular (universal y no sectorial) puede convocarse a una Constituyente y en esa convocatoria deben definirse claramente todas las condiciones de funcionamiento de esa Constituyente. Pretender lo

---

nal, hasta tanto la nueva dicte su propio Estatuto (Artículo Décimo de las Bases Comiciales). Es decir, ratifica la verdadera razón de ser de la Constituyente, "reorganizar" o más bien controlar, todas las instituciones del Estado.

5 Artículos 5 y 63 de la Constitución.

6 Artículo 62 de la Constitución.

contrario es dotar a unos "mandatarios" de los poderes más amplios posibles, sin que hayan sido legitimados por la voluntad popular.

Por tanto, pretender imponer los integrantes de la Constituyente y sus condiciones de funcionamiento a través de mecanismos distintos a la elección popular es un vulgar golpe de Estado, es un desconocimiento frontal de nuestro Texto Fundamental, al permitir que unos delegados sin legitimidad modifiquen nuestro pacto político.

III. LOS FRAUDULENTOS MOTIVOS DE LA CONVOCATORIA

De entrada, luce extraño –por decir lo menos- que quienes pretendan la iniciativa de Constituyente sean, precisamente, los que impusieron el modelo político y el ordenamiento jurídico vigente. Es decir, que los mismos que han gobernado en los últimos 17 años –sin ningún tipo de control- sean los que busquen cambiar el modelo que ellos mismos diseñaron. Y si se pretende decir que no es un cambio del modelo impuesto en 1999, sino meros ajustes puntuales, entonces no es la Constituyente el mecanismo indicado para ello.

Pero a todo evento, una simple lectura del Decreto N° 2.830 dictado por el Presidente de la República[7], mediante el cual éste se abroga en forma ilegítima la potestad de convocatoria de la Constituyente[8], es suficiente para percatarnos de la burla de los motivos para convocar este mecanismo de modificación constitucional.

En los Considerandos del Decreto se señala que los objetivos programáticos de la Constituyente serían: superar "el clima de impunidad"; el "perfeccionamiento del sistema económico con un nuevo modelo de distribución transparente" para abastecer a la población; constitucionalizar el poder comunal; protegernos del intervencionismo extranjero; vacunarnos "contra el odio social y racial"; garantizar "el futuro de la juventud" y preservar "la vida en el planeta".

Son estos, y sólo estos, los motivos que da el Presidente para convocar una Constituyente. Cualquier comentario serio sobra. Baste sólo con señalar que en los últimos años todas las políticas que el gobierno ha querido implementar lo ha podido hacer sin ningún tipo de control. Nunca el Tribunal Supremo de Justicia o ningún otro órgano estatal ha revertido una decisión gubernamental de importancia. Incluso, luego de rechazada popularmente la reforma constitucional de 2007, se han implementado las propuestas incluidas en esa frustrada Reforma, en claro fraude a la soberanía popular ¿o es que acaso el pueblo no rechazó la implementación del Estado comunal y el llamado Poder Popular? Por ende, es evidente que el gobierno no busca cambiar

---

7 *Gaceta Oficial* N° 6.295 del 1° de mayo de 2017.

8 En el disparatado Decreto se llega a señalar que esta iniciativa constitucional es "exclusiva" del Presidente de la República, lo que implica un desconocimiento absoluto del artículo 347 de la Constitución.

directrices o implementar ciertas políticas públicas con una Constituyente, pues ello lo ha venido haciendo con diversas leyes, decretos y actuaciones materiales.

Pero además, la convocatoria se presenta dentro de un contexto donde el Gobierno y el Consejo Nacional Electoral han suspendido, sin ningún tipo de justificación, las elecciones de gobernadores y alcaldes, frente al claro descenso en las encuestas de quienes apoyan al gobierno; luego de que unas decisiones judiciales fraudulentas impidieron la continuación del proceso del referendo revocatorio del Presidente de la República; y en vísperas a unas elecciones presidenciales a realizarse, supuestamente, en diciembre de 2018.

Por tanto, resulta evidente que los motivos alegados por el Presidente para convocar una Constituyente son sencillamente risibles. Son sencillamente un descaro y un fraude al intelecto. Y esto nos permite concluir, sin ningún tipo de dudas, que la verdadera intención es evitar la expresión popular en los comicios electorales pendientes y terminar de erradicar los pocos órganos estatales que han pretendido hacerle sombra al Ejecutivo Nacional.

IV. LA ILEGITIMIDAD DE LAS BASES COMICIALES Y EL REGRESO DE LOS PODERES SIN CONTROLES

Otra de las graves consecuencias de este proceso constituyente realizado a espaldas de la soberanía popular es que las bases comiciales o las condiciones de funcionamiento de la Constituyente tampoco han sido consultadas o avaladas por el soberano.

Sencillamente el Presidente de la República le encargó la redacción de las bases a una Comisión Presidencial integrada por funcionarios del propio Gobierno[9]. Y las resultas de esa Comisión tampoco fueron consultadas al electorado, y más bien se pasaron directamente al Consejo Nacional Electoral para que éste convocase a unas elecciones sectoriales, a los fines de elegir a los constituyentistas.

En pocas palabras, el pueblo no autorizó ese mecanismo fraudulento y sectorial de elecciones; no autorizó el número (indeterminado) de asambleístas a elegir; no autorizó el otorgamiento de inmunidad a esos "representantes"; no autorizó que sesionaran en el palacio legislativo; y mucho menos autorizó que asumiesen poderes originarios, tal y como está planteado en las Bases Comiciales entregadas al Consejo Nacional Electoral.

Cabe resaltar que es la primera vez en nuestra historia que vamos a un proceso electoral sectorial, donde los integrantes de la Constituyente dependen de unos inéditos y confusos registros electorales improvisados por el complaciente Consejo Nacional Electoral. Y este cambio radical se hace, insistimos, sin consulta popular. Se trata de una fórmula diseñada para que la

9 Decreto N° 2.831, publicado en la *Gaceta Oficial* N° 6.295 del 1° de mayo de 2017.

minoría pueda imponerse a la mayoría, es decir, se busca evitar unas elecciones generales donde decida la mayoría de los electores.

Ni siquiera el número de asambleístas se determina con claridad en el Decreto que establece las Bases Comiciales y mucho menos se determina cuál es la base de los registros sectoriales, lo que a la carrera y en forma improvisada ha hecho el Consejo Nacional Electoral. Tampoco se señala cuál será el plazo de duración de la Constituyente, con lo cual podríamos tener este organismo funcionando durante años, o al menos mientras se termine de destruir la República.

Y para colmo, estas Bases inconsultas ratifican los poderes originarios de la Constituyente, con lo cual queda claro que tendremos nuevamente un órgano estatal que no estará sometido al estado de derecho y que podrá modificar, sin límites, todas nuestras instituciones. Removiendo y eligiendo a dedo a todos los representantes de los distintos poderes del Estado. Revive nuevamente la tesis de la supraconstitucionalidad.

Como era de esperarse, estas ilegítimas bases comiciales fueron avaladas inmediatamente por la Sala Constitucional, la cual, sin ningún tipo de procedimiento, declaró la constitucionalidad del Decreto impugnado. Una vez más, esta Sala le otorga un cheque en blanco al Presidente de la República, obviando la correcta interpretación de la Constitución[10].

Con este mecanismo se busca volver a transitar ese camino libre de trabas para modificar cuantos principios, normas y procesos se juzgue necesario, sin mayor complejidad. Vemos entonces, como la desesperación causada por la pérdida del apoyo popular ha justificado la convocatoria de un órgano autoritario, con poderes ilimitados y exentos de controles, capaz de desbaratar las reglas de juego existentes. Ello a expensas de la seguridad jurídica y del principio de la separación de poderes.

Nada más peligroso que esta potestad extraordinaria, pues permite la creación de un órgano que no está sujeto a Derecho sino a su sola voluntad. Con ello, se terminan de aniquilar los escuetos mecanismos de peso y contrapeso, de chequeo y balance, que estaban en manos de las otras ramas del Poder Público.

Tenemos muy fresca la primera experiencia de este tipo de cambio radical y sin controles, quizás por ello no podamos ver con claridad las graves consecuencias que conlleva el eliminar el sistema de equilibrio de poderes, creando un órgano de poder absoluto, encargado de manejar, así sea de manera transitoria, todas las funciones del Estado. Lamentablemente no aprendimos de esta nefasta experiencia y los órganos del Estado llamados a impedir esta burla constitucional están secuestrados, precisamente, por la eliminación de la separación de poderes que derivó de la Constituyente de 1999.

---

10 http://historico.tsj.gob.ve/decisiones/scon/junio/199906-455-12617-2017-2017-0610.HTML

Todo este atropello de las formas y de los valores trascendentales del sistema de gobierno se justificó en 1999 con del apoyo popular, olvidando que la Constitución obligaba y vinculaba a cualquier órgano -así sea el más popular del mundo- a respetar los procedimientos de reforma y los valores trascendentales de la democracia, precisamente para evitar caer en la tentación de pisotear el ordenamiento jurídico para cobijar los intereses de "la mayoría". Pero lo irónico es que resucite este mecanismo, pero ahora para defender a la minoría que gobierna.

En suma, lo que fue una herramienta de la mayoría para pisotear las minorías, ahora se utiliza por las minorías en el poder para desconocer los derechos de las mayorías. Un triste espectáculo del cual la historia dará cuenta rápidamente.

Caracas, mayo de 2017

LAS FACULTADES (I) LIMITADAS DE LA ASAMBLEA NACIONAL CONSTITUYENTE DE ACUERDO A LA CONSTITUCIÓN DE LA REPÚBLICA

Fernando Sanquírico Pittevil
Profesor de Derecho de las Universidades Central de Venezuela, Monteávila y Católica Andrés Bello

UN ANTECEDENTE AMBIGUO Y DESAFORTUNADO

No pretendemos en el presente análisis hacer un análisis histórico de los infortunados sucesos acaecidos en 1999 con la inconstitucional convocatoria a una nueva Constituyente en nuestro país; ello llevaría a un estudio que escapa completamente del marco que hemos decidido revisar. Sin embargo, se hace necesario repasar puntualmente algunos hechos en los cuales, la Asamblea Constituyente de 1999 asumió facultades ilimitadas, erigiéndose ella misma como la depositaria de la soberanía, y dando sucesivos golpes a la derogada Constitución de 1961.[1]

Al ser nuestro enfoque, un estudio sobre las facultades o potestades que tiene la Asamblea Nacional Constituyente en nuestro país, abordaremos nuestro estudio deslindándonos de presupuestos constitucionales referentes al procedimiento de convocatoria e instalación de la Asamblea Nacional Constituyente.

Una vez instalada la Asamblea Nacional Constituyente, el 8 de agosto de 1999 procedió a dictar el Estatuto de Funcionamiento, en el cual en su artículo 1 ya se excedía en las facultades que puede tener la Asamblea Nacional Constituyente, por confundir conceptos fundamentales como (i) Soberanía,

1 Para una aproximación histórico-jurídica sobre la convocatoria a la Constituyente de 1999 revisar *Brewer-Carías, A. R. (2008) Historia Constitucional de Venezuela. Tomo II. Editorial Alfa. Caracas: Venezuela. p 149 y ss*, o *Sarria Pietri, M (2015) Asamblea Constituyente de 1999 medio "idóneo" para subvertir la democracia: una estrategia bien planificada. En Libro homenaje a la Academia de Ciencias Políticas y Sociales en el centenario de su fundación. Tomo V. Academia de Ciencias Políticas y Sociales. Caracas: Venezuela. p 3331-3362*

(ii) Poder Originario y, (iii) Poder Constituyente, en virtud de una Resolución del Consejo Nacional Electoral[2] en la que se establecía que la Asamblea Nacional era un 'Poder Originario'. En efecto, el Estatuto de Funcionamiento de la Asamblea Nacional Constituyente preveía en su artículo 1 que "...La Asamblea, en uso de las atribuciones que le son inherentes, podrá limitar o decidir la cesación de las actividades de las autoridades que conforman el Poder Público..." Pero ello no quedó ahí; los Parágrafos Primero y Segundo del mencionado artículo, dispusieron que las decisiones que tomare la Asamblea Constituyente estarían por encima de cualquier disposición Constitucional, determinando de esta forma que las decisiones de la Asamblea Nacional Constituyente se erigieses *de facto*, en supraconstitucionales.[3]

Esta facultad suprema autoatribuida de la Asamblea Nacional Constituyente de 1999 se materializó con subsiguientes decretos, en los cuales promovió, sin ningún asidero jurídico más que distintas sentencias de la Corte Suprema de Justicia, que desconocían por completo el Orden Constitucional y por supuesto el Estatuto de Funcionamiento de esta Asamblea Nacional Constituyente. Así se dictaron (i) el Decreto mediante el cual se reorganiza el Poder Judicial, (ii) el Decreto sobre Medidas Cautelares Urgentes de Protección al Sistema Judicial. (iii) el Decreto mediante el cual se le confieren las facultades que se señalan a la Comisión de Emergencia Judicial. (iv) el Decreto de regulación de las funciones del Poder Legislativo y, (v) el Decreto mediante el cual se suspende la convocatoria de los comicios para elegir Alcaldes, Concejales y miembros de las Juntas Parroquiales.

Específicamente, el Decreto de regulación de las funciones del Poder Legislativo fue sometido a examen de la entonces Corte Suprema de Justicia, en donde se solicitó la nulidad de dicho Decreto. La sentencia, dictada el 14 de octubre de 1999 por la Corte en Pleno, que resuelve esta solicitud establece que la Asamblea Nacional Constituyente está por encima del ordenamiento jurídico y constitucional, pues esta es representante de la Soberanía por su constante estrechez con el pueblo depositario de la misma.[4] Esto se vio tris-

---

2 Resolución N° 990323-71 publicada en *Gaceta Oficial* N° 36.669 del 25 de marzo de 1999

3 Los parágrafos mencionados establecían lo siguiente:

"Parágrafo Primero: Todos los organismos del Poder Público quedan subordinados a la Asamblea Nacional Constituyente, y están en la obligación de cumplir y hacer cumplir los actos jurídicos estatales que emita dicha Asamblea.

Parágrafo Segundo: La Constitución de 1961 y el resto del ordenamiento jurídico imperante, mantendrán su vigencia en todo aquello que no colida o sea contradictorio con los actos jurídicos y demás decisiones de la Asamblea Nacional Constituyente."

4 Establece esta sentencia que "Cabe observar que, el poder constituyente, no puede ejercerlo por sí mismo el pueblo, por lo que la elaboración de la Constitución recae en un cuerpo integrado por sus representantes, que se denomina Asamblea Constituyente, cuyos títulos de legitimidad derivan de la relación directa que exista entre ella y el pueblo. (...) es claro que la Asamblea Nacional Constituyente, no es un poder

temente reafirmado por decisiones de la Sala Constitucional del Tribunal Supremo de Justicia de fecha 27 de enero y 6 de julio del 2000, en donde se determinó la supraconstitucionalidad de los actos emanados de la Asamblea Nacional Constituyente, lo que implica que ningún Órgano constituido, ni bajo el imperio de la Constitución de 1961 ni de la Constitución de 1999, podrían revisar dichos actos.

Cabe destacar, que la Constitución de 1961 no consagraba en su articulado ningún procedimiento, o disposición alguna, tendente a la convocatoria o facultades de la Asamblea Nacional Constituyente. Sin embargo, que no hubiese disposición expresa en el Texto Constitucional no implicaba que las facultades de la Asamblea Nacional Constituyente no estuviesen delimitadas por la propia Constitución; ni tampoco, por más que la Corte lo determinase, que la Asamblea Constituyente o sus decisiones estuviesen por encima del ordenamiento jurídico vigente, hasta tanto el pueblo, mediante decisión soberana decidiese derogarlo.[5]

Lamentable precedente constituyente (in)constitucional, nos sumerge de nuevo en un debate sobre facultades de la Asamblea Nacional Constituyente, ante las puertas de un inconstitucional Poder Constituyente, buscando defender una Constitución surgida de un proceso inconstitucional. Triste, que en el presente trabajo se encuentra constantemente presente la palabra '*inconstitucional*', haciéndose pesadamente redundante y tediosamente necesaria.

UNA CONFUSIÓN INNECESARIA

Existe, sin lugar a dudas una estrechez entre los conceptos Soberanía Popular y Poder Constituyente; pero bajo ningún concepto debe admitirse su equiparación. Básicamente la distinción de los conceptos radica en la titularidad de la Soberanía y, una de las formas en que se puede manifestar esa Soberanía, la cual es el Poder Constituyente.

Detengámonos en esto. Cuando se alude a Soberanía, se refiere a una facultad, potestad o poder que detenta un ente, y que implica su autodeterminación sin ningún tipo de obediencia a autoridad externa. Ahora bien, cuando se examina en el Derecho Constitucional el concepto de Soberanía, no puede escindirse de su adjetivo político el cual es *Popular*; en este sentido, al hablar de Soberanía Popular estaríamos hablado de la facultad, potestad o poder que detenta el pueblo y que implica su autodeterminación sin obediencia a autoridad no elegida por él.

---

derivado, pues su función es sancionar una nueva Constitución implica el ejercicio del Poder Constituyente, el cual no puede estar sujeto a los límites del orden jurídico establecido, incluyendo la Constitución vigente."

5 Como explicamos anteriormente, nuestro análisis no abarca la legitimidad y constitucionalidad de la convocatoria a la Asamblea Nacional Constituyente, sino los poderes y los límites que podría tener la Asamblea Nacional Constituyente una vez instalada.

En el ejercicio de esta Soberanía Popular, el pueblo puede decidir hacer una convocatoria para crear un nuevo ordenamiento jurídico, cuya manifestación se hará mediante un mandatario, el cual en virtud de la orden que le da el pueblo, en su uso exclusivo de su soberanía, redacta en nombre de este el nuevo pacto fundacional del Estado. Esto viene a configurarse como el Poder Constituyente; dígase una manifestación de la Soberanía, pero siempre sujeto a esta.[6]

Por si existe alguna duda de lo que planteamos, el artículo 5 de la Constitución de la República Bolivariana de Venezuela determina claramente que "La soberanía reside intransferiblemente en el pueblo..."[7] y que en el ejerci-

---

6 El profesor Alvarez, T. (2011) La fuerza Constituyente Inicial: Revolución y ruptura. Universidad Central de Venezuela. Caracas: Venezuela. p 149, determina muy acertadamente que "...el ideal democrático de que todo poder debe derivar del pueblo, no se puede confundir con el concepto de soberanía popular o de la Nación con el del Poder Constituyente originario. La *Fuerza Constituyente Inicial* proviene de factores que se arrogan la representación popular pero que no son el Pueblo, en sí mismos."

7 Ya que hemos hecho alusión en a la Constitución de la República de Venezuela de 1961, existe un artículo parecido a nuestro artículo 5 de la Constitución de la República Bolivariana de Venezuela de 1999, el cual expresaba que "La soberanía reside en el pueblo, quien la ejerce, mediante el sufragio, por los órganos del Poder Público." En ejercicio de esta Soberanía, fue que, en 1999 en ausencia de disposición Constitucional expresa, se determinó que si el Pueblo quería realizar una convocatoria al Poder Constituyente, podía hacerlo. En sentencia del 19 de enero de 1999, la Sala Político Administrativa de la Corte Suprema de Justicia se expuso "El artículo 4 de la Constitución de la República de Venezuela, según los criterio interpretativos tradicionalmente expuestos, consagra exclusivamente el principio de la representación popular por estimar que la soberanía reside en el pueblo, pero que éste no puede ejercerla directamente, sino que lo hace a través de los órganos del Poder Público, a quienes elige, es decir, que el medio para depositar ese poder es el sufragio. Un sistema participativo por el contrario, consideraría que el pueblo tiene siempre la soberanía, ya que si bien puede ejercerla a través de sus representantes, también puede por sí mismo hacer valer su voluntad frente al Estado. Indudablemente quien posee un poder y puede ejercerlo delegándolo, con ello no agota su potestad, sobre todo cuando la misma es originaria, al punto de que la propia Constitución lo reconoce.

De allí que el titular del poder (soberanía) tiene implícitamente la facultad de hacer valer sobre aspectos para los cuales no se haya efectuado su delegación. La constitución ha previsto a través del sufragio la designación popular de los órganos de representación; pero no ha enumerado los casos en los cuales esta potestad puede directamente manifestarse. Ahora bien, no puede negarse esa posibilidad de tal manifestación si se estima que ella, por un reconocimiento constitucional, radica en el ciudadano y sólo cuando la misma se destina a la realización de funciones del Estado, específicamente consagradas en el texto fundamental (funciones públicas), se ejerce a través de los órganos delegatorios. De allí que la posibilidad de delegar la soberanía mediante el sufragio en los representantes populares, no constituye un impedimento para su ejercicio directo en las materias en las cuales no existe previsión expresa de la norma sobre el ejercicio de la soberanía a través de representantes. Conserva así el

cio de dicha Soberanía puede, según el artículo 347 de la misma Constitución, convocar mediante el Poder Constituyente, del cual el Pueblo es el depositario, una Asamblea Nacional Constituyente, quien estará encargada de crear o redactar un nueva Constitución, por mandato del Pueblo y sometido a este el Poder Constituyente.[8] Será entonces, el Poder Constituyente una manifestación de la Soberanía Popular, el cual tiene como cometido la redacción de una nueva constitución y sanción de una nueva Constitución.

Pero nuestra Constitución no sólo se queda con determinar que el Poder es Constituyente, sino que lo dota de otra característica que fue debatida en 1999 al instalarse la Asamblea Nacional Constituyente, esto es, la Constitución de la República Bolivariana de Venezuela determina que el Poder Constituyente es *Originario*. En este sentido lo determina el artículo 347 de la Constitución de la República Bolivariana de Venezuela, que determina que "El pueblo de Venezuela es el depositario del poder constituyente originario."

La implicación de un poder 'originario' está en que dicho poder es de creación, no sometido a ninguna norma. No implica que el procedimiento de creación de la norma no está sometida a ningún orden jurídico determinado, sino que el resultado de creación de la norma, crea de origen o de forma novísima un nuevo orden normativo, el cual no está sometido a ningún orden superior.

Lo anterior es relevante y no un mero ejercicio académico. Cuando se determina la existencia de un poder creador que no está sometido a ningún orden normativo, cualquiera que este sea, se debe a la inexistencia de un orden jurídico anterior, podríamos llamarlo Estado de Naturaleza; o a una ruptura definitiva del *status* anterior, dígase una revolución que irrumpe sobre los esquemas constitucionales imperantes en determinado Estado.[9] Por su parte, debemos entender esa nota de *originalidad* como un punto de partida u origen que se crea mediante esa nueva norma suprema que determina un nuevo ordenamiento jurídico; lo que implica que el Poder Constituyente es Originario por el resultado que se obtiene del ejercicio de su función, más no de la au-

---

pueblo su potestad originaria para casos como el de ser consultado en torno a materias objeto de un referendo."

8 Expresa Sarría Pietri, M (2015) de forma correcta que "La doctrina jurídica contemporánea, entiende que en el conferimiento de un mandato, es necesaria la definición de esa delegación, especialmente cuando están comprendidos en la misma, facultades que van más allá de la simple administración y, asimismo, que son indelegables los derechos personalísimos como sería el ejercicio a elegir o mas todavía del derecho a la libre determinación. Por lo que, en ningún caso podría afirmarse que se permite la delegación del ejercicio del derecho a la democracia, que se plasmaría en la designación de un ente representativo -como lo es una asamblea electa- al cual pretendiese atribuírsele poder originario."

9 Como explicamos en una nota anterior, esta tesis la aborda el profesor Tulio Alvarez en su trabajo de ascenso de la Universidad Central de Venezuela, y la denomina Fuerza Constituyente Inicial.

sencia de norma que lo pueda determinar. Esto nos lleva a discutir cuáles son las normas que sujetan a ese Poder Constituyente Originario.

LAS FACULTADES LIMITADAS DE LA ASAMBLEA NACIONAL CONSTITUYENTE

Así como existe una relación importante entre la Soberanía y el Poder Constituyente Originario; también existe una relación muy cercana entre el Poder Constituyente Originario y la Asamblea Nacional Constituyente.

En efecto en el ejercicio de la Soberanía, cuando se manifiesta como Poder Constituyente Originario, se conforma una Asamblea Nacional Constituyente, la cual tiene un carácter de representación del Pueblo, que en ningún momento ha transferido la Soberanía, pues esta como determina el artículo 5 de la Constitución de la República Bolivariana de Venezuela, es intransferible. Lo anterior está evidenciado por el ya mencionado artículo 347 de la Constitución, cuando establece que "El pueblo de Venezuela es el depositario del poder constituyente originario. En ejercicio de dicho poder, puede convocar una Asamblea Nacional Constituyente…"

La naturaleza jurídica de la Asamblea Nacional Constituyente no es otra que un Órgano del Estado, sometido a la soberanía popular con carácter temporal, cuyo objeto es el de transformar al Estado mediante la creación de una nueva Constitución. Lo anterior no es sino manifestación expresa de la lectura concordada de la Constitución de 1999. En efecto, el artículo 5 de la Constitución establece que "Los órganos del Estado emanan de la soberanía popular y a ella están sometidos." Igualmente, el artículo 347 del Texto Fundamental establece que el objeto de la Asamblea Nacional Constituyente no es otro que el de "…transformar al Estado, crear un nuevo ordenamiento jurídico y redactar una nueva Constitución."

El significado de lo precitado no es sencillo. La lectura del artículo 347 a primera vista pareciera establecer que son 3 las facultades de la Asamblea Nacional Constituyente, las cuales debe ejercer concurrentemente por tener expresamente establecida la conjunción copulativa "y". En este sentido, la Asamblea Nacional Constituyente debería, al ser convocada (i) Transformar al Estado; (ii) crear un nuevo ordenamiento jurídico y; (iii) redactar una nueva Constitución.

Sin embargo, la realidad es que las dos primeras no pueden darse sin que ocurra la tercera. En efecto, para que pueda existir la transformación del Estado y se cree un nuevo ordenamiento jurídico, debe redactarse una Constitución; solo mediante la redacción de una nueva Constitución puede la Asamblea Nacional Constituyente acometer las otras funciones para las que fue convocada; esto es, transformar al Estado y crear un nuevo ordenamiento jurídico.

Sin embargo, podría determinarse que la Asamblea Nacional Constituyente puede transformar al Estado aun sin redactar la nueva Constitución, tal y como ocurrió con los decretos emanados de la Asamblea Nacional Constituyente en 1999. Pero la verdad es que esto no lo podía hacer la Asamblea Nacional Constituyente en 1999 bajo la Constitución de 1961, ni lo puede hacer la Constitución de 1999 tal y como está planteada en este momento.

Como dijimos, la naturaleza jurídica de la Asamblea Nacional Constituyente es la de un órgano temporal del Estado. En tanto órgano del Estado está sujeta a lo que establece la Constitución, según lo que determina la misma Constitución en su artículo 7, que expresa "...Todas las personas y los órganos que ejercen el Poder Público están sujetos a esta Constitución."

La consecuencia jurídica de esta norma es clara: la Asamblea Nacional Constituyente está sometida a lo que determina la Constitución. Inclusive, la Constitución reconoce la existencia conjunta tanto de los Poderes tradicionales constituidos: Ejecutivo, Legislativo, Judicial, Ciudadano y Electoral; por lo que la Asamblea Nacional Constituyente, por cuanto está sometida a la Constitución y su única función es la de redactar una nueva Constitución, no puede desconocer a dichos Poderes Constituidos.

El reconocimiento de la coexistencia entre todos los Poderes Constituidos y la Asamblea Nacional Constituyente está determinado por el artículo 349 constitucional cuyo texto determina "Los poderes constituidos no podrán en forma alguna impedir las decisiones de la Asamblea Nacional Constituyente." Pareciera entonces que la Asamblea Nacional Constituyente podría, tal y como sucedió en 1999 desconocer y reformar dichos Poderes, sin que estos puedan objetar dichas decisiones.

Como venimos explicando, la función constitucional de la Asamblea Constituyente es única: redactar una nueva Constitución. En virtud de ello, los Poderes Constituidos no pueden objetar de forma alguna las decisiones que tome la Asamblea Nacional Constituyente en el ejercicio de su función constitucionalmente descrita. Pero, si la Asamblea Nacional Constituyente incurriese en usurpación de funciones, los Poderes Constituidos tendrían todo el derecho, consagrado Constitucionalmente de objetar cualquier decisión, pues se configuraría una ruptura del hilo constitucional por parte de la Asamblea Nacional Constituyente, e incluso los constituyentistas estarían sujetos a la responsabilidad penal, civil y administrativa que establezcan las leyes de la República.

Lo anterior, inclusive tiene un fundamento más profundo aún. Si, tal como hemos establecido a lo largo del presente ensayo, la Soberanía del Pueblo es intransferible, y es esta soberanía, manifestada mediante el Poder Constituyente, del cual el Pueblo es el depositario, fue la que dio el inicio a la transformación del Estado, por medio de la Asamblea Nacional Constituyente; es acertado aseverar que todo el proceso debe terminar mediante la expresión de la Soberanía, la cual debe aprobar o no el nuevo texto Constitucional que dé origen a un nuevo Estado.

Haciendo abstracción, podemos suponer que si la Asamblea Nacional Constituyente, dictaminare la supresión de la Asamblea Nacional como Poder Constituido, y al finalizar la función redactora de la nueva Constitución de la Asamblea Nacional Constituyente, el pueblo, soberanamente decide negar el nuevo texto propuesto, estaría, por argumento en contrario, reafirmando la existencia de la Constitución anterior, lo cual determina la existencia de la Asamblea Nacional ya suprimida, lo que sería ilógico e inconstitucional.

Es claro pues, que las facultades que tiene la Asamblea Nacional Constituyente no son ilimitadas, tal y como se quiso determinar con la Asamblea Nacional Constituyente de 1999. Podría argumentarse que la Constitución de 1961 no determinaba ningún procedimiento para la instalación de una Asamblea Nacional Constituyente y que, por tanto, esta asumía poderes plenos. Muy peligroso. Lo que no puede argumentarse, porque no da lugar a debates, es que la Asamblea Nacional Constituyente, según como está determinado en la Constitución de 1999, tenga poderes ilimitados.

Tal y como hemos tratado de desarrollar, la Asamblea Nacional Constituyente, como está planteada en la Constitución de la República Bolivariana de Venezuela está sujeta a lo que ya está determinado por la misma Constitución, en virtud de los artículos 5, 7, 347 y 349.

Pero incluso, podría haber quienes expresen, tal y como se dijo en diferentes sentencias en 1999, que el Pueblo soberanamente puede, mediante consulta popular, darle las facultades absolutas y reformadoras a la Asamblea Nacional Constituyente, y así otorgarle esas facultades ilimitadas que la Asamblea Nacional Constituyente por sí misma no tiene.

No puede caerse en dicho error tampoco. Tal y como dispone el artículo 7 de la Constitución de 1999, el pueblo también está sometido al texto constitucional, y por tanto, la única forma que tiene el pueblo para ejercer su soberanía, la cual es intransferible (art 5), está determinado por la Constitución, de acuerdo a su autodeterminación; y la única forma que tiene el Pueblo Soberano para cambiar las reglas a las que el mismo decidió someterse, es siguiendo los parámetros y procedimientos que él mismo se impuso en su momento. Lo contrario sería vaciar de contenido las normas fundamentales de convivencia ciudadana y refutar los postulados constitucionales, cayendo en una total y devastadora anarquía.

ASAMBLEA NACIONAL CONSTITUYENTE 2017 VS. CONSTITUYENTE PROGRESIVA EN VENEZUELA

Humberto Briceño León[1]

I. INTRODUCCION

Un inédito fenómeno político y constitucional se ha producido en Venezuela, una suerte de constituyente progresiva que transformó lo ilegítimo en legítimo, el rechazo activo o pasivo de ayer en consentimiento de hoy. En estos días la ciudadanía venezolana defiende y enarbola los principios democráticos y republicanos que plasmó la Constituyente de 1999. Ahora en este año 2017 se ha expresado un altísimo concenso en torno a la Constitución de 1999 cuando su génesis adoleció de importantes deficiencias democráticas y deliberativas[2]. En los tres procesos electorales que acompañaron la Constituyente de 1999; en el referéndum consultivo, en la elección de los representantes a la constituyente, y en el referéndum aprobatorio; se produjo la abstención más alta que se haya dado en todas las elecciones nacionales que se hicieronen Venezuela entre 1961 y 1999[3]. Hoy parece haberse producido un importante concenso de los venezolanos para mantener la vigencia de la Constitución de 1999 en contra de la propuesta para su remplazo por medio de una nueva constituyente. Los resultados de una reciente encuesta[4] elabora-

---

1 Esta ponencia fue originalmente preparada para la VI conferencia Internacional de Derecho Procesal Constitucional celebrada en la Universidad Monteavila en Caracas en noviembre del 2016. Posteriormente fue modificada.

2 Briceño León Humberto, *Génesis del Autoritarismo del siglo XXI en Venezuela Constituyente de 1999*, en Estudios sobre la Asamblea Nacional Constituyente, compiladores Allan Brewer y Carlos Soto García, Editorial Jurídica Venezolana, Caracas 2017, p. 125.

3 Accesible en: www.cne.gob.ve/web/documentos/estadisticas/e0010.pdf.Fuente oficial: Consejo Nacional Electoral, Dirección General Sectorial de Información Electoral, Dirección de Análisis Político.

4 Accesible: http://www.reporteconfidencial.info/noticia/3298744/ultima-encuesta-datanalisis-861-considera-que-solo-el-pueblo-puede-convocar-constituyente-/

da por Datanálisis muestra que cerca del 70% de los consultados rechazan la Constituyente convocada para este año y el 85% de los encuestados considera innecesario cambiar la vigente Constitución de 1999. Adicionalmente, la Mesa de la Unidad Democrática, opuesta al gobierno consultó el 16 de julio de este año al país, resultando[5] que 7.535.529 ciudadanos rechazaron la Constituyente convocada por el Presidente de la República.

El Socialismo del Siglo XXI pontificó intensamente la soberanía ilimitada del Pueblo, la democracia protagónica y participativa como fórmula superior de democracia; con esta tesis logró que la entonces Corte Suprema de Justicia[6] autorizara la Asamblea Constituyente y así desestimara el artículo 250 de la Constitución de 1961 que prohibía pudiese ser remplazada por mecanismos distintos a los que ella misma había previsto para ello. La tesis de la soberanía ilimitada del Pueblo se impuso contra la Constitución de 1961, la declamada democracia superior se admitió como supra-constitucional. Para el Socialismo del siglo XXI y para la entonces Corte Suprema de Justicia primero la supuesta democracia superior ilimitada y luego la Constitución.

II. TENSIÓN ENTRE DEMOCRACIA Y CONSTITUCIÓN

En la última década la tensión entre democracia y constitucionalismo, similar a la que se produjo como antes anotamos en el proceso constituyente de 1999, ha sido agudamente debatida por la academia especializada. Quienes pregonan la democracia ilimitada, atienden primero a la democracia y luego a la Constitución; para los que adhieren la fórmula del constitucionalismo, primero la Constitución y después la democracia. El profesor Jan Komarek[7] del London School of Economics and Political Science nos dice "...democracia y constitucionalismo, entendidos estrechamente, algunas veces se presentan en oposición." Pues bien, esto pasó en Venezuela en 1999, la Constitución decía una cosa y la supuesta soberanía del Pueblo otra, además así lo acordó la entonces Corte Suprema de Justicia[8]. La supuesta soberanía ilimitada del Pueblo desplazó el artículo 250 de la Constitución de 1961 que prohibía fuese remplazada por medios distintos a la que ella misma dispuso a tal efecto. Ronald Dworkin[9] concilia el dilema democracia vs. constitucionalismo al señalar que quienes insisten en la tensión entre democracia y constituciona-

5 https://transparencia.org.ve/asamblea-nacional-aprobo-informe-final-sobre-resultados-de-la-consulta-popular-del-16-j/

6 Corte Suprema de Justicia de Venezuela, Sala Político Administrativa, Junta Directiva para la Fundación de los Derechos Humanos, sentencia No 17, 19 de Enero 1999.

7 International Journal of Constitutional Law, Volume 12, 3, July 2014, Jan Komarek, *National constitutional courts in the European constitutional democracy,* Oxford University Press.

8 Supra nota 6.

9 Dworkin Ronald, *Equality Democracy and Constitution, We the People in Court*, 28 Alta, Law Review324, 1990.

lismo es porque la malentienden y exageran. En su opinión quienes ven algo antidemocrático en el constitucionalismo es porque no entienden de que se trata la democracia, la cual, básicamente responde a la protección de los derechos individuales y da tratamiento y respecto a todos por igual. Dworkin expone así una concepción de democracia orientada por sus resultados. En Venezuela el Socialismo del siglo XXI postuló y pregonó hasta el cansancio, debía prevalecer la soberanía ilimitada de la democracia participativa y protagónica y luego pontifico que la Constitución de 1999 había plasmado esa forma democrática. De algún modo el Pueblo fue paulatinamente conectando la idea de esa soberanía popular con la Constitución de 1999, es decir la fue aceptando progresivamente como expresión de sus anhelos y como reacción al obvio deterioro de su vigencia real. Los resultados de esa democracia, la de la soberanía popular ilimitada, se frustraron y así diversos ámbitos de la vida política y social de la Nación, señaladamente la vigencia y ejercicio de los derechos democráticos. La vida política y ciudadana se fue alejando del producto más y mejor vendido por el Socialismo del siglo XXI, la Constitución de 1999. Los resultados reales han sido profundamente deficientes, los anhelos no solo han persistido, se han inflamado y hoy se manifiestan como una importante afección a la Constitución de 1999, tal vez como reclamo al fracaso de los postulados de la soberanía ilimitada. La oferta democrática se desboronó; también la contenida en la Constitución, pero el Pueblo, de tanto vendérsela, la compro.

III. CONSTITUCIÓN Y POLÍTICA NOMINALISMO CONSTITUCIONAL

El proceso de acelerada y profunda promoción de la democracia protagónica y al mismo tiempo de la Constitución de 1999 como expresion de aquella, condujo a que en nuestro país se debatiera sobre la Constitución con una intensidad nunca antes conocida. En efecto, en la última década y de manera progresiva hemos asistido a una creciente constitucionalización del debate político en Venezuela, es decir a la cada vez más intensa formulación de argumentos políticos basados en la Constitución. Al mismo tiempo y en aparente contradicción con ese fenómeno, algunos políticos y constitucionalistas venezolanos califican con frecuencia aspectos del crítico debate como asuntos exclusivamente políticos y por ello no constitucionales. La coetánea presencia de ambos fenómenos en supuesta contradicción nos muestra elementos cruciales que contribuyen a explicar la naturaleza de la crisis en la que está hoy inmersa nuestra Nación.

La visión altamente constitucionalizada de la política expresa una relación aparentemente cercana entre ciudadanía y Constitución o al menos tan cercana como frecuente e intenso sea el uso de argumentos constitucionales en la escena política. Creemos estamos presenciando una polémica en la que la Constitución como argumento juega hoy un papel estelar como tal vez nunca antes en nuestro país. Este uso demuestra que quienes así argumentan en el debate, parten de la premisa según la cual su audiencia percibe a la Constitución como un valor y por ello esperan apoyo a sus argumentos. A su vez esta visión supone que la colectividad espera que sea real en su vida la argumentada Constitución para que pueda lograr movilizarla o impactarla políticamente. Los contendientes reconocen a la Constitución como un factor útil o de riesgo según el papel que desempeñen en la confrontacion.

Es posible que el dilema democracia vs. constitucionalismo al que hemos hecho referencia refleje el dilema venezolano. Quienes adhieren en nuestro pais lo político como extra o supraconstitucional y con ello la tesis de la soberanía ilimitada, entran en tensión con los constitucionalistas que argumentan el estricto contenido de la Constitución. Veamos con atención la afirmación según la cual hay aspectos estrictamente políticos en el panorama venezolano de hoy que no son constitucionales. Esta perspectiva esconde peligrosas asunciones y veladas consecuencias. Proclama la existencia de una dinámica de lo político apartada válidamente de la Constitución, con esto se la asume en un espectro separado del real, práctica política y Constitución para este enfoque se conciben sin relación interactiva. Esta noción contribuye encubiertamente a la visión y rol nominalista de la constitucional no acordarle valor normativo regulador real en esa área de la política. Al respecto Karl Loewenstein en 1957[10] afirmó "La Constitución nominal encuentra su terreno natural en aquellos estados en los que el constitucionalismo democrático occidental se ha implantado, sin una previa incubación espiritual o madurez política..." agregó el autor citado "Iberoamerica continua siendo, tanto antes como ahora, el terreno tradicional en el que se asienta la Constitución nominal." Latinoamérica es la región que ha producido más constituciones en el mundo y en nuestro continente Venezuela es el país a la fecha que más ha promulgado, al menos veintinueve si contamos las reportadas por Luis Mariñas Otero11. Hasta el 2008 Canadá y Estados Unidos de América tres, Europa ochenta, Oceanía una, el Medio Oriente veintiocho, Asia cincuenta y seis, África noventa y una, y Latinoamérica doscientas cuarenta y cinco. Esta explicación sobre el nominalismo constitucional nos da luces sobre el uso manipulado de la Constitución en el campo de la política para quienes ni creen en la democracia ni en la Constitucion, y que al hacer uso oportunista, e intermitente de ambos polos del dilema, según convenga a la preservacion del poder autoritario, muestra su verdadera vocación autoritaria. La Constitución es más nominal, más cosmética, más disfraz entre menos madurez política y menor estimación de la Constitucion se tenga como valor real en la convivencia habitual de la Nación. En nuestro sistema germinó y ha continuando madurando la semilla democrática. González Fuentes[12], al

---

10 Loewenstein Karl, *Poder Político y Proceso Gubernamental*, University of Chicago Press, Chicago USA, 1957, publicado y traducido al español con el título *Teoría de la Constitución,* Ariel, Barcelona España, 1964, p. 220

11 Mariñas Otero Luis, *Las Constituciones en Venezuela Vol17*, Cultura Hispánica, Madrid, 1965, índice de materias p.989.

12 Sonia González Fuentes, *Desconfianza política: el colapso del sistema de partidos en Venezuela, en: Los intersticios de la democracia y el autoritarismo-Algunos casos de*

referirse a una encuesta realizada en el año 2000 (Trocal 2000) demostró que la ciudadanía venezolana apoyaba mayoritariamente a la democracia a pesar de la su elevada desafección a los partidos políticos de aquella época. En efecto, el discurso según el cual hay aproximaciones a problemas que son exclusivamente políticos y por ello no constitucionales, tiende a colocar a la Constitución en una zona ideal abstracta en la que se explica a si misma desde la razón lógica, es decir, desde una visión racional normativa, y para quienes así piensan la practica acontece sin que sea limitada o condicionada en la realidad por el espectro que se asume ideal de la norma constitucional. Al separarse de este modo teoría y práctica se admite al devenir habitual de la vida política como entronizada en una lógica que les propia y por ello distinta o distinguible de la norma. Tal distinción excluye que la realidad política sea obstaculizada o limitada por la norma constitucional, correspondiendo de este modo la práctica política y la norma constitucional a dos órdenes separados sin conexión. Al hacerse cada vez más intenso y expreso el argumento de la exclusividad extra-constitucional se evidencia con la misma fuerza el temor a la Constitución, sobre todo si la sociedad concientemente la desea como realidad. Conforme a la tendencia señalada la dimensión de la interconexión entre ambos espectros del acontecer es resultado de la dimensión de la madurez política y la creencia y deseo real de la sociedad en los valores constitucionales democráticos. En 1934 Hermann Heller en su obra Teoría del Estado[13] contestó la errada separacion formulada entre Ciencias Políticas y Teoría del Estado. Ya para entonces afirmó se había intentado trazar una tajante línea divisoria entre Política, como ciencia práctica y de valoración, y Teoría del Estado incluido el estudio de la Constitucion como ciencia teórica no valorativa. Para este autor había predominado para entonces la opinión de que la Ciencia Política se diferencia de la Teoría del Estado incluida la Constitución, en que la primera es ciencia práctica y valorativa, y la segunda teoría libre de valoración. Refutando esta concepción este jurista afirmo "La Teoría del Estado es también una ciencia práctica y no una ciencia libre de toda valoración y de toda política; y, por su parte, la Ciencia Política, en cuanto es ciencia, es también teoría. El ser y el deber ser aparecen tan entrañablemente entrelazados en todas las ciencias de la sociedad como la teoría y la práctica"[14].

Las tendencias argumentativas contra el nominalismo constitucional, así como las que corresponden a la genuina constitucionalización de la política, reflejan hoy el termómetro de la madurez política y por ello del importante espíritu democrático que compartimos. El neutro nominalismo temprano de nuestra historia republicana se ha erosionado y lo demuestra paradójicamente,

---

Asia, África y América Latina, Buenos Aires, Consejo Latinoamericano de Ciencias Sociales, (2006).

13 Hermann Heller, *Teoría del Estado*, Fondo de Cultura Económica, México, 1977, págs. 68 y siguientes.

14 Id.

como hemos visto, no solo aquel constante e intenso uso de la Constitución que se percibe manipulado, también la elevadísima presencia de genuinos argumentos constitucionales en la controversia actual. El nominalismo constitucional, el roll cosmético de nuestras constituciones, sin que ese fenómeno haya sido suficientemente explicado, ha estado presente en nuestra historia. Ciertamente la evolución indica que su papel se ha ido transformando, al parecer entre otros por el efecto paradójico y no esperado de la gigantesca propaganda política que de la Constitución de 1999 desplego el Socialismo del siglo XXI como expresión de la ilimitada soberanía popular que pregono y como consecuencia ese mismo Pueblo hoy reclama los valores republicanos y democráticos para nuestra vida política de esa misma Constitución.

IV. EL "MISTERIOSO" ROL DE LAS CONSTITUCIONES EN VENEZUELA

Nuestro proceso de descolonización se produjo en plena vorágine de la Revolución francesa y de la Revolución de Independencia de los Estados Unidos de América. La primera, sangrienta y aterradora, acabó con la feudalidad, los privilegios monárquicos, aristocráticos y eclesiásticos, despertaron nuevos actores a la escena política y económica, los trabajadores, los comerciantes, los agricultores, los pobres, y finalmente condujo al imperio napoleónico; la segunda, también sangrienta, estructuró un modelo institucional estable, flexible para la evolución y el cambio, convivió con la ignominiosa esclavitud, para Madison según Dahl[15] con una democracia que evitaría la tiranía de las mayorías sobre las minorías. Al mismo tiempo se impuso el pensamiento liberal republicano y la ilustración contra el obsoleto pensamiento prerevolucionario. Todo esto moldeó el ambiente de aquella época, a nuestros libertadores, a nuestros intelectuales y clérigos, a la conservadora aristocracia criolla, a los sectores inconformes, y también a los realistas. ¿Implantó la República independiente instituciones sólidas, orden social y libertades? En opinión de Elías Pino Iturrieta[16] a partir de 1830, de La Cosiata, se produjo el sometimiento absoluto al caudillismo, al personalismo de las oligarquías conservadoras y liberales, a gobiernos mediocres en un país profundamente empobrecido y junto con la guerra convirtieron a nuestra Nación en "escombro". Se habían eclipsado las glorias de la guerra de independencia, Venezuela había sido destruida, los intentos por institucionalizar al Estado habían sucumbido. Al menos desde la desintegración de La Gran Colombia en 1830 asistimos a una prolífica sucesión de revoluciones. Nos describe Rafael Arráiz Lucca[17] la revolución de los hermanos Monagas, la Revolución de Marzo

15 Robert A. Dahl, *Un Prefacio a la Teoria Democratica,* Universidad Central de Venezuela, 1988, Caracas.

16 Pino Iturrieta Elías, País Archipiélago Venezuela 1830-1858, Fundación Bigott, Caracas 2001, págs. 9-27

17 Arráiz Lucca Rafael, *Venezuela: 1830 a nuestros días*, Alfa, Caracas, 2014, pp. 25-118.

de Julián Castro, la sangrienta guerra Federal, la dictadura que reinstaló a Páez, los Federales, la Revolución Azul de José Tadeo Monagas, la Revolución de Abril de Guzmán Blanco quien gobernó tres veces, la Revolución Legalista del General Joaquín Crespo, el burdo fraude electoral que le dio la presidencia a Ignacio Andrade contra quien el Mocho Hernández emprendió la Revolución de Queipa, la Revolución Liberal Restauradora contra Ignacio Andrade que llevó al poder al General Cipriano Castro, la derrotada Revolución Libertadora liderada por el General y banquero Manuel Antonio Matos contra Castro. Estas montoneras y sus gobiernos autocráticos diezmaron la población probablemente en más de un 30%, llegaron y salieron déspotas y corruptos, unos prometieron lo que los depuestos no habían cumplido y así sucesivamente hasta que llegó el "gendarme necesario", frustración tras frustración nos condujo en 1908 a la dictadura cesarista de Juan Vicente Gómez quien gobernó hasta 1935. Mariano Picón Salas en su formidable obra "Los días de Cipriano Castro"[18] nos ofrece un ejemplo del caudillismo y su disfraz constitucional, nos dice: "Cada reforma constitucional en el eterno paño roto de nuestras constituciones, ha significado algo más ***misterioso***, emboscado y torvo que lo que promete." Castro gobernó sin Poder Legislativo real, nombró y removió jueces a su antojo. Hombres de la talla del Doctor Santiago Briceño, citado por Picón Salas, advirtieron a Castro la necesidad de que su dictadura de facto se convirtiera en gobierno legal "de acuerdo con el espíritu de los principios cardinales de la República", se requería, según Briceño, la intervención del Pueblo ya que de él emana toda autoridad, el país se gobernó con mascaradas constitucionales y electorales. En su delirio megalómano Castro ambicionó restablecer la Gran Colombia y presidirla, durante su gobierno hubo constantes confrontaciones sangrientas entre caudillos y una trágica guerra Civil protagonizada por la Revolución Libertadora entre 1902 y 1903. La impronta de la traición rodeo a Castro según Picón Salas como resultado de una política sin principios, y de una "…tierra tormentosa sin fijeza institucional…". Los reclamos financieros contra Venezuela de Alemania, Inglaterra, Italia, Francia, Bélgica, Holanda, España y México condujeron en 1902 a la agresión militar contra nuestro país de los tres primeros gobiernos europeos mencionados. La firma de protocolos para arbitrar los reclamos se percibió como éxitos, se exaltaron los ánimos nacionalistas en el país y se cubrió de heroicidad latinoamericanista al gobernante. La Revolución Restauradora de Cipriano Castro prometió reinstalar el orden constitucional, tres constituciones enarboló, en 1899 restauró la de 1893, luego convocó una farsa Constituyente y sancionó una nueva en 1901 básicamente amplió su periodo a seis años, y en 1904 promulgó otra confeccionada a su medida para extender su gobierno hasta 1911.

En esta Venezuela durante la segunda mitad del siglo XIX y primeras décadas del XX en medio de las sucesivas e intermitentes autocracias despó-

---

18 Picon-Salas Mariano, *Los días de Cipriano Castro Historia venezolana del 1900*, bid & co, Caracas 2011.

ticas que antes mencionamos se produjo una inexplicada relación entre Constitución y realidad política[19]. Todos los autócratas de la época sustentaron su poder básicamente en la fuerza de sus armas, lo ejercieron sin escrúpulos constitucionales, pero al mismo tiempo confeccionaron constituciones a su medida. Parecían insuficientes las armas como sola fuente de su poder para ser obedecidos y por supuesto temidos. Esos gobernantes no se cohibieron por efecto de la Constitución de turno para cometer actos bárbaros y crueles. Aquella realidad política caudillista contrastó con el persistente deseo de esos mismos déspotas de constitucionalizar sus regímenes aun cuando incluso se apartaron sustancialmente de sus propios textos. Recordemos, para ese momento tenían alrededor de un siglo las primeras constituciones escritas del planeta, no parecían ser parte de una consolidada cultura universal ni principio de convivencia internacional. ¿Por qué los autócratas necesitaron del disfraz constitucional, del papel, de la retórica de una carta fundamental? ¿Será que el proceso independentista plantó la semilla que devendría en una profunda conciencia histórica que demandó, sin adecuada satisfacción, orden político, instituciones estables, libertades y economías sanas? ¿Por qué constituciones? Cuando formulamos esa pregunta salta muy frecuentemente una respuesta casi automática, la cual aún hoy no nos parece suficiente, "para legitimar el régimen". De ser así ello supondría que en la vida política venezolana del siglo XIX se producía algún nivel de relación entre la sociedad y su Constitución, esa respuesta admitiría la necesidad para la estabilidad y supervivencia del régimen de algún nivel de creencia de la sociedad en la Constitución, es decir, la práctica política de nuestro siglo XIX, según la reseñada respuesta, indicaría que la disociación entre Constitución de "papel" y vida política de la Nación no era total. Formulemos hoy una pregunta similar ¿sería posible una vida política estable disociando el contenido de nuestra Constitución de la necesidad de democracia real que reclama mayoritariamente la sociedad venezolana? No lo creemos, en palabras de Heller[20] "No existe Constitución política alguna que, cabalmente como estatus real, no sea a la vez, un ser formado por normas, es decir, una forma de actividad normada, además de una forma de actividad meramente normal."

V. CONTROL JUDICIAL DE LA CONSTITUCIONALIDAD. CONCILIACIÓN ENTRE DEMOCRACIA Y CONSTITUCIÓN.

Al referirse al control judicial de la constitucionalidad Dworkin[21] concilia la tensión entre democracia y Constitución señalando "Si la decisión de una Corte anula una ley adoptada por una mayoría legislativa o por el voto uná-

19 Ver artículo en el Nacional digital, *Cipriano Castro el disfraz constitucional*, Humberto Briceño León, en: http://www.el-nacional.com/humberto_briceno_leon/Cipriano-Castro-disfraz

20 Hermann Heller, supra nota 13, p.272

21 Ronald Dworkin, supra nota 9.

nime de la población porque viola derechos individuales no hay pérdida para la democracia." Un extraordinario ejemplo de la moderna confluencia entre práctica política democrática y Constitución, entre Ciencia Política y Teoría del Estado, entre normalidad y normatividad constitucionales, ha sido el franco fortalecimiento de las Cortes Constitucionales, de la Jurisdicción Constitucional en prácticamente todo el hemisferio occidental luego de la segunda guerra mundial. Finalizada la guerra el mundo se encontró con que tenía que generar fórmulas para preservar a las democracias, a ese propósito sirven hoy las Cortes Constitucionales y la Jurisdicción Constitucional en general. Con ello se transformó la noción misma de democracia al acordarse a un órgano sin la legitimación democrática que provenga de los votos el poder de anular actos dictados por órganos con esa legitimidad electoral democrática, precisamente para preservar la democracia. Aprendimos de la relación interactiva entre norma y realidad, de la conexión entre normalidad y normatividad, entre orden habitual y el normado, entre teoría y práctica, se diseñó un antídoto contra el "suicidio" de la democracia, contra el "parlamentaricidio" que devastó a la humanidad durante la guerra, el remedio, las Cortes Constitucionales autónomas e independientes de altísima credibilidad y confianza.

Los intentos autoritarios dirigidos a controlar políticamente una corte de justicia tampoco es un fenómeno exclusivamente latinoamericano, el término "court packing"[22] en la literatura constitucional norteamericana y británica denota el control político de una Corte de Justicia para que decida favorablemente a los designios e intereses del sector político que adquiere ese control. Franklin Roosevelt en 1937 presentó al Congreso el proyecto de Ley "The court packing bill" que fue rechazado. Fue un plan presidencial dirigido a empaquetar a la Corte Suprema de Justicia de los Estados Unidos de América con el fin de consolidar el control del Presidente sobre ese poder judicial para que apoyase el "New Deal", su programa de recuperación económica contra la gran depresión de los años treinta. Esa Ley le daba al Presidente el poder de nominar nuevos magistrados, cuando cualquier otro, sin que debiese renunciar, hubiese alcanzado la edad de 70 años, aumentando el número de magistrados en ese proceso hasta quince. Roosevelt, para apoyar su proyecto, refería el precedente británico de empaquetamiento de la Cámara de los Lores, recordaba como el Primer Ministro Ingles había logrado reducir el poder de veto de esa Cámara sobre la legislación. Una sociedad civilizada, democrática, avanzada cultural y socialmente, acuerda a sus jueces el poder de decidir sobre esferas fundamentales de su vida, ello requiere de un altísimo nivel de consenso de esa sociedad que refleje confianza en sus magistrados, respeto, credibilidad, independencia, elevados niveles de autoridad jurídica e intelectual, y una excelsa vocación de justicia. Las sociedades sin ese consenso generan formas no deseables para resolver sus controversias y conflictos,

22 Ver diario el Nacional digital, Humberto Briceño León, *TSJ empaquetar o desempaquetar* en: http://www.el-nacional.com/humberto_briceno_leon/TSJ-empaquetar-desempaquetar_0_887911297.html

la corrupción, el amiguismo, el tráfico de influencias y así modos perversos de satisfacer la necesidad de solucionar sus controvertidas dificultades. Una de las tareas fundamentales de las cortes supremas de justicia, de los tribunales supremos de justicia, de las cortes constitucionales o como se llamen, es la de mantener en vigencia e imponer a los órganos del Estado y al resto de la ciudadanía la voluntad de la soberanía del Pueblo legítimamente expresada. El objetivo es hacer que prevalezca esa soberana voluntad democrática recogida por la Constitución a los gobernantes y políticos.

VI. CONCLUSIÓN

Las herramientas teóricas y las categorías científicas que hemos usado en este análisis nos muestran la consolidación del consenso democrático que se ha producido en Venezuela, hoy se expresa en la adhesión mayoritaria de la ciudadanía a los valores y estructura básicos del pensamiento republicano recogidos por la Constitución de 1999. Este consenso se ha construido como expresión de un creciente rechazo al neutro constitucionalismo nominal que oportunistamente también uso el régimen actual cuando le convino, asimismo por efecto del rechazo e incredulidad de la ciudadanía frente al discurso hiperbólicamente retórico sobre la democracia. Se desboronaron los dos disfraces, el democrático y el constitucional, la mayoría de los ciudadanos dejo de creerles, hoy solo queda el autoritarismo desnudo ahora burdo.

La nueva Asamblea Nacional Constituyente es hoy promovida con la misma intención encubridora del autoritarismo, con la misma retorica democrática con la que lo hicieron en 1999, con una importante diferencia, esta vez es percibida como una herramienta clara y toscamente autoritaria.

En Venezuela la Asamblea Nacional Constituyente de este año 2017 no podrá dar unidad política al Estado, ni estabilidad y muchísimo menos satisfacer los requerimientos democráticos que hoy demandan con apremio los venezolanos.

TERCERA PARTE

SOBRE LAS BASES COMICIALES DE LA CONVOCATORIA DE LA ASAMBLEA NACIONAL CONSTITUYENTE DE 2017

COMENTARIOS A LOS DECRETOS N° 2.830, 2.831 Y 2.878 SOBRE LA PRETENDIDA ASAMBLEA NACIONAL CONSTITUYENTE Y SUS BASES COMICIALES NO APROBADAS POR EL PUEBLO

Juan Domingo Alfonzo Paradisi

Profesor de Derecho Administrativo en la UCAB y UCV

I. COMENTARIOS EN CUANTO AL DISCURSO EXPRESADO POR EL PRESIDENTE MADURO EL 1 DE MAYO DE 2017 EN CUANTO A LA PRETENDIDA CONVOCATORIA A UNA ASAMBLEA NACIONAL CONSTITUYENTE

1.- El que puede convocar a una Asamblea Nacional Constituyente es el pueblo, quien es el depositario del poder constituyente originario conforme al artículo 347 de la Constitución vigente.

2.- El Presidente de la República lo que tiene es la iniciativa de convocatoria a una Asamblea Nacional Constituyente, que conforme a la Constitución vigente en su artículo 348 también la tiene la Asamblea Nacional mediante acuerdo de las dos terceras partes de sus integrantes, los consejos municipales en cabildos mediante el voto de las dos terceras partes de los miembros y el 15 % de los electores o electoras inscritos en el registro electoral.

3.-Por tanto, el Presidente de la Republica puede comenzar o iniciar el proceso de convocatoria para una Asamblea Nacional Constituyente, pero ello tiene que ser aprobado por el pueblo. Esto es, si el Presidente inicia el proceso para convocar una constituyente debe preguntar o consultar mediante referéndum al pueblo si éste último aprueba o no la convocatoria a una Asamblea Nacional Constituyente y esto debe realizarse por el voto libre, universal, directo y secreto de los venezolanos conforme al artículo 63 de la Constitución de la República Bolivariana de Venezuela.

4.- Así mismo, deben preparase las bases comiciales que normarán esa convocatoria que contendrá el alcance y objetivo de la constituyente y ello debe ser presentado al Consejo Nacional Electoral e igualmente también debe ser consultado y aprobado por el pueblo, como titular de la soberanía, mediante el voto libre, universal directo y secreto.

5.- Conforme a lo señalado por el Presidente Maduro el 1 de mayo de 2017 en su discurso en la Avda. Bolívar de Caracas dijo: *"Hoy 1 de mayo anuncio que en uso de mis atribuciones presidenciales como jefe de Estado constitucionales de acuerdo al artículo 347 convoco al Poder Constituyente Originario para que la clase obrera y el pueblo convoque a la Asamblea Nacional* Constituyente"[1] para votar y elegir a los constituyentistas y ello es inconstitucional porque no es universal, ni democrático y viola el art. 2 de la Constitución vigente. En efecto, una propuesta para constituir una Asamblea Nacional Constituyente por estamentos, por clases sociales o por sectores, no es democrática porque no sería universal y no se elegiría mediante el voto libre, universal, directo y secreto. El único sufragio libre y democrático implica la formula “una persona un voto”.

6.- Pareciera que el Presidente de la República quiere integrar una eventual Asamblea Nacional Constituyente (ANC) con sus partidarios o grupos que pudieren apoyarle (Comunas, consejos comunales, obreros, beneficiarios de los CLAP, entre otros) y eso no es lo que busca una Asamblea Nacional Constituyente que debe ser expresión de la mayor legitimidad o la mayor representación de todo el pueblo venezolano y no de una parcialidad.

II. DECRETO N° 2.830 DE 1 DE MAYO DE 2017 PUBLICADO EN LA GACETA OFICIAL Nº 6.295 EXTRAORDINARIO DE 1° DE MAYO DE 2017

1. *Distinción entre Inicio del Procedimiento a una Asamblea Nacional Constituyente de la Convocatoria misma:*

Cuando el artículo 1 del Decreto N° 2.830 emanado del Presidente de la República establece ***“Convoco a una Asamblea Nacional Constituyente”*** ello es violatorio del artículo 347 de la Constitución de la República Bolivariana de Venezuela (CRBV) ya que el pueblo es el depositario del poder constituyente originario. En efecto, sólo el pueblo puede convocar a una Asamblea Nacional Constituyente y para ello precisamente se establece el referéndum consultivo. De tal manera éste decreto es inconstitucional ya que el Presidente se estaría arrogando la voluntad popular al convocar directamente a una Asamblea Nacional Constituyente[2].

---

1 http://www.telesurtv.net/news/Presidente-Maduro-convoca-una-Asamblea-Nacional-Constituyente--20170501-0028.html,

2 Consúltese Hernández Camargo, Lolymar: El Proceso Constituyente Venezolano de 1999. Academia de Ciencias Políticas y Sociales. Serie Estudios. Caracas 2008 p.

Esa consulta debe necesariamente respetar el derecho constitucional al sufragio esto es: el voto libre, universal, directo y secreto, así como los arts. 5, 70 y 71 de la CRBV y dicha iniciativa, inicio del procedimiento para la convocatoria, la puede efectuar: el Presidente de la República, las 2/3 partes de la Asamblea Nacional, las 2/3 partes de los consejos municipales y 15% de los electores inscritos en el registro electoral, conforme al artículo 347 de la Constitución vigente. De tal manera que hay que distinguir entre el *inicio del procedimiento* para una Asamblea Nacional Constituyente (iniciativa- proposición), de *la convocatoria* en sí misma que implica que el pueblo ya ha aprobado- una vez consultado- la convocatoria a una Asamblea Nacional Constituyente. Así el Presidente de la República, entre otros sujetos o entes previstos en el artículo 348 de la Constitución vigente tiene la iniciativa para iniciar el procedimiento, para proponer que se convoque a una Asamblea Nacional Constituyente, y por ello es que debe consultar al pueblo, como depositario del poder constituyente originario, mediante referéndum consultivo si está de acuerdo o no en convocar a una Asamblea Nacional Constituyente.[3] Así in-

---

138 y ss. Hernández, José Ignacio: La Ilegitima y Fraudulenta Convocatoria a una "Asamblea Nacional Constituyente Ciudadana" 9 de mayo 2017: Consultada en Original. Del mismo autor: La fraudulenta Constituyente en prodavinci.com/.../la-fraudulenta-constituyente-otro-golpe-a-la-democracia...; Mónaco Miguel: ¿Por qué el Presidente de la República no puede válidamente convocar a una Constituyente? en http: //el ucabista.com/2017/05/2017/05/02 presidente-la república- no-puede-válidamente-convocar- una-constituyentes. Chavero Gazdik, Rafael: "Notas preliminares sobre un intento Gubernamental de burlar la Constitución". Consultada en original. Mayo 2017; Grau Fortoul, Gustavo: "La Convocatoria a una Asamblea Nacional Constituyente hecha por el Presidente de la República es un Fraude y Una Abierta Violación a La Constitución". Consultado en original.

3 *Véase* Comunicado de fecha 16 de mayo de 2017 del Grupo de Profesores de Derecho Público de las universidades venezolanas ante la pretendida convocatoria a una Asamblea Nacional Constituyente hecha por el Presidente de la República ciudadano Nicolás Maduro Moros publicado en www.lapatilla.com/site/2017/05/17/profesores-de-derecho-publico-no-se-puede-sustituir-la-constitucion-sin-consultar-al-pueblo/; Consúltese así mismo: Posición de la Catedra de Derecho Constitucional de la Facultad de Derecho de la Universidad Católica Andrés Bello de fecha 21 del mes de mayo de 2017 frente al Decreto 2.830 del 1 de mayo dictado por el Presidente de la República, http://prodavinci.com/2017/05/22/actualidad/lea-aca-el-comunicado-de-la-facultad-de-derecho-de-la-ucab-sobre-la-anc-monitorprodavinci/; Pronunciamiento de los profesores integrantes de las cátedras de Derecho Constitucional de la UCV en Defensa de la Constitución de fecha 24 de mayo de 2017 http://americanuestra.com/profesores-derecho-constitucional-ucv-en-defensa-de-la-constitucion/; Pronunciamiento de la Facultad de Ciencias Jurídicas y Políticas de la Universidad Central de Venezuela de fecha 2 de mayo de 2017 http://www.faces.ucv.ve/comunicado-de-los-profesores-de-las-catedras-de-derecho-consitucional-de-la-ucv-en-defensa-de-la-constitucion/; Declaración de la facultad de Ciencias Jurídicas y Políticas de la Universidad Monteávila en rechazo de la Convocatoria a una Asamblea Nacional Constituyente anunciada por el Presidente Nicolás Maduro Moros de fecha 2 de mayo de 2017

cluso ha sido reconocido por Escarrá recientemente quien ha señalado "… en la democracia avanzada, el único titular de la soberanía es el pueblo, y en consecuencia, titular del Poder Constituyente, sólo a él debía consultársele para convocarla y para iniciar el proceso de la elaboración de la Constitución"[4] (subrayado nuestro).

Sin embargo, de declaraciones recientes emitidas por el Dr. Manuel Galindo (Contralor General de la República)[5] y Aristóbulo Isturiz[6] han señalado que no es necesaria la consulta mediante referéndum consultivo al pueblo para la convocatoria a la Asamblea Nacional Constituyente, lo cual, como hemos señalado sería violatorio de los Art. 5 y 347 de la Constitución vigente por que no sería el pueblo el que estaría convocando a la Asamblea Nacional Constituyente sino sería el Presidente de la República de manera directa arrogándose así la voluntad popular y usurpando las funciones del poder constituyente originario.

No obstante, también se estableció en el artículo primero del Decreto N° 2.830 del 1 de mayo de 2017: "Para que nuestro pueblo como depositario del poder constituyente pueda decidir el futuro de la patria". De tal manera que pudiese haber sido un escenario- lo cual no ocurrió, que el Presidente iniciase el procedimiento de convocatoria a la Asamblea Nacional Constituyente y presentase el Decreto ante el Consejo Nacional Electoral (CNE) para que fuese éste el que realizase el referéndum consultivo al pueblo, sobre si quería o no que se realizare una Asamblea Nacional Constituyente. Ese pudiere haber un sido ser un primer escenario el cual en esa fase hubiese estado apegado a las normas constitucionales. Si ello se hubiese realizado así se habría

---

https://www.uma.edu.ve/admini/ckfinder/userfiles/files/CCI/Declaratoria%20de%20rechazo%20a%20la%20ANCC.pdf

4 Escarrá Malavé, Hermann: "*Conferencia magistral sobre la constitucionalidad del gobierno de la Republica Bolivariana de Venezuela*". Consúltese en http://www.uma.edu.ve/admini/ckfinder/userfiles/files/CONFERENCIA-SOBRE-CONSTITUCION-HERMANN-ESCARR%C3%81-25-01-13.pdf. *Véase* así mismo, opinión de Gerardo Blyde: http://Globovisión.com//article/blyde-quien-convoca a -una-asamblea-nacional-constituyente-es-el-pueblo-a través-de-una-consulta.

5 En fecha 13 de mayo de 2017 Manuel Galindo según declaraciones publicada en el Diario Notitarde expresó: "Que el llamado para elegir una Asamblea Nacional Constituyente (ANC), decretado por el presidente Nicolás Maduro, no requiere de una consulta popular previa para su convocatoria." Publicado en http://www.notitarde.com/Llamado-para-la-ANC-no-requiere-consulta-popular-previa/Pais/2017/05/13/1059297/

6 En fecha 4 de mayo de 2017 Aristóbulo Isturiz según declaraciones publicada por Globovisión expreso: "Aseguró durante entrevista en el programa *Primera Página* que transmite Globovisión, que la convocatoria de la Asamblea Nacional Constituyente ya está establecida en la Constitución, por lo tanto señaló que no requiere de un referendo consultivo." Señalado en http://globovision.com/article/isturiz-la-constituyente-se-convoca-de-acuerdo-a-la-constitucion-sin-consulta.

cumplido el primer paso, el cual consiste en que el pueblo como depositario del poder constituyente originario convoque a la Asamblea Nacional Constituyente. De no consultarse al pueblo, *como en efecto ocurrió*, si se convoca a una Asamblea Nacional Constituyente directamente por el Presidente, ello constituye en nuestro criterio una vulneración flagrante de las normas constitucionales. Hay un segundo escenario según el cual: presentado el Decreto ante el CNE, éste proceda a llamar directamente a elecciones para elegir a los miembros de la futura Asamblea Nacional Constituyente, este segundo escenario en nuestra opinión también es inconstitucional y contrario a lo previsto en el artículo 347 de la Constitución vigente, ya que el Presidente de la República no puede convocar directamente a una constituyente, ello lo tiene que aprobar el pueblo consultado a través de un referéndum y votarlo de manera mayoritaria aprobando el mismo. Es decir, contestando afirmativamente a la pregunta sobre si está de acuerdo en convocar a una Asamblea Nacional Constituyente. En todo caso, lo acontecido fue que el presidente convocó directamente la constituyente violando las disposiciones constitucionales y arrogándose la voluntad popular y ello fue ratificado por el Consejo Nacional Electoral mediante la resolución N° 170607-119 de fecha 7 de junio de 2017 mediante la cual se convocó a la celebración del proceso comicial para la elección de los integrantes de la Asamblea Nacional Constituyente.

2. *Consulta al pueblo sobre las bases Comiciales*

El pueblo debe también ser consultado sobre las bases comiciales, para ver si las aprueba o no: mediante el sufragio, esto es mediante el voto libre, universal, directo y secreto (Art. 63). Dichas bases comiciales deben referirse a:

-Como se integrará la Asamblea

-Numero de constituyentes y en base a que será ese número.

-Objeto de la Asamblea Nacional Constituyente

-Forma de elección de sus integrantes.

En cuanto a este punto el poder constituyente reside en el pueblo organizado y el pueblo es uno solo. Así las cosas, no se puede distinguir a estos efectos entre diversos estamentos, clases sociales, o grupos, ni gremios; por ello la consulta debe realizarse al pueblo de manera universal, sin distingos ni discriminación, para que sea el pueblo como un todo quien elija a cada uno de los integrantes de la futura Asamblea Nacional Constituyente mediante el voto libre, universal, directo y secreto.

Se debe elegir igualmente a los diputados e integrantes de la Asamblea Nacional Constituyente también de manera universal una vez aprobadas las bases, esto es mediante el sufragio: voto libre, universal, directo y secreto.

Por último, la Constitución que sea redactada por la Asamblea Nacional Constituyente de igual manera debe ser votada por el pueblo, por todos los ciudadanos mediante voto libre, universal, directo y secreto. Así las cosas, debe mediante el sufragio por voto libre, universal, directo y secreto votarse por el pueblo sobre:

a. Si se desea convocar o no una Asamblea Nacional Constituyente.

b. Las bases comiciales

c La elección de los diputados o miembros integrantes de la Asamblea Nacional Constituyente

d. El texto de La Constitución

Las bases comiciales deben ser realizadas de manera plural por el CNE escuchando a todos los sectores de la vida nacional y mal puede el Presidente de la República determinar anticipadamente o prefijar las bases comiciales lo cual de verificarse tal y como se ha establecido en el artículo 2 del Decreto N° 2.830 es inconstitucional ya que vulnera lo establecido en el artículo 348 de la Constitución vigente. Ya existe el antecedente de 1999, en que el Consejo Nacional Electoral (CNE) corrigió la segunda pregunta con ocasión de la Asamblea Nacional Constituyente que aconteció en ese tiempo y que pretendía confiar unilateralmente al Presidente de la República, para ese entonces, la fijación de las bases comiciales y en dicha oportunidad se ordenó por el Tribunal Supremo de Justicia reformular el contenido de la pregunta N° 2 relativa a las bases comiciales para que, examinada dichas bases, decidiese igualmente su incorporación al referéndum consultivo sobre la propuesta del Ejecutivo Nacional a la convocatoria de una Asamblea Nacional Constituyente (Sentencia del TSJ-SPA del 18/03/1999 con ponencia de Hermes Harting.

Así las cosas, la Constituyente **"Comunal"**: es violatoria de la Constitución vigente ya que no es universal al ser elegida por sectores y por ámbitos territoriales.

A. *La predeterminación de las bases comiciales por El Presidente de la República mediante el Decreto 2.830 de 1 de mayo de 2017*

La predeterminación de las bases comiciales por parte del Presidente de la República en ámbitos territoriales y sectoriales apunta a una Constituyente Corporativista. Esta predeterminación hace que las bases comiciales no sean universales, ni plurales, y tienda a la conformación de una Asamblea Nacional Constituyente de naturaleza corporativa que recuerda a regímenes no democráticos. En efecto, la doctrina de derecho constitucional refiriéndose a los parlamentos y a sus funciones se ha referido a la existencia de *segundas cámaras económicas* que: "En lugar de una cámara de representación política por áreas geográficas, se establece una elegida en representación de sectores gremiales o sociales. No se trata entonces de un cuerpo federativo, aristocrático o político, sino de un cuerpo de tipo social: sus electores se agrupan en organizaciones tales como sindicatos, agremiaciones patronales, corporaciones profesionales, etc. Este sistema se ha implantado especialmente en países de sistema de gobierno autoritario. En los regímenes fascistas, como la Italia de Mussolini y la Alemania de Hitler, se intentó reemplazar las cámaras políticas por estas cámaras profesionales, haciendo que ellas absorbieran la totalidad del poder legislativo"[7].

Esta predeterminación en cuanto a los ámbitos sectoriales y territoriales rememoran el proyecto de reforma constitucional rechazado mayoritariamente por el pueblo venezolano en el año 2007, en cuyo proyecto de reforma se trató de establecer una economía socialista tal y como se establecía en los artículos 112 y en la disposición transitoria novena de dicho proyecto de reforma constitucional.

En todo caso, las bases comiciales deben ser sometidas a referendo *consultivo* una vez redactadas para la aprobación mediante referendo popular por el pueblo venezolano.

Imponer una constitución "Comunal" constituiría reiterar la propuesta de reforma de la Constitución de 1999 que fue rechazada mayoritariamente por el pueblo venezolano mediante el referendo del año 2007.[8]

Se pretende ahora, crear unas "bases comiciales" no universales, ni plurales sino predeterminadas por el Presidente de la República como territoriales y sectoriales.

De tal manera, que se pretende elegir una constituyente por sectores o con representantes sectoriales, lo cual no es universal y que además puede implicar no una elección por voto directo mediante sufragio previsto en el art 63 de la Constitución vigente sino una elección indirecta o de segundo grado (véase en ese sentido la sentencia N° 355 dictada recientemente por el Tribunal Supremo de Justicia en Sala Constitucional de fecha 16 de mayo de 2017)[9].

---

7 Naranjo Mesa, Vladimiro: Teoría Constitucional e Instituciones Políticas. Editorial Temis Undécima Edición. Bogotá- Colombia .2010 p. 278.

8 En este sentido la Conferencia Episcopal Venezolana señaló en comunicado el 5 de mayo de 2017: "la propuesta Presidencial de una Asamblea Nacional Constituyente sectorizada para la para la reforma de la Constitución es innecesaria y resulta peligrosa para la democracia venezolana, para el desarrollo humano integral y para la paz social, pues el objetivo fundamental de dicha Asamblea es "constitucionalizar" el "Estado Comunal". Esto equivale a reeditar la reforma constitucional de 2007, planteada también por el Poder Ejecutivo, que fue rechazada por el pueblo en el Referéndum Consultivo de ese mismo año. En definitiva, esta propuesta es querer imponer el "Plan de la Patria", traducción operativa del "Socialismo del Siglo XXI", sistema totalitario, militarista, policial, violento y represor, que ha originado los males que hoy padece nuestro país" www.el-nacional.com/noticias/política/conferencia-episcopal-exige-cumplir-constitución-que tenemos_18-0756.

9 La referida sentencia resolvió la demanda de nulidad y solicitud de medida cautelar interpuesta contra el articulo 9 y la Disposición Transitoria Segunda de la Ley de Reforma Parcial de la Ley Orgánica del Poder Público Municipal, publicada en la *Gaceta Oficial* N° 6.015 Extraordinario de del 28 de diciembre de 2010. El artículo 9 de la ley de reforma parcial modificó el artículo 35 de la Ley Orgánica del Poder Público Municipal previendo una elección de segundo grado de los cinco miembros de la Junta Parroquia Comunal urbana elegidos por los voceros y voceras de los consejos

Una Constituyente integrada por sectores no es universal ni plural ni democrática porque habría preferencia o discriminación de un sector por otro.

---

comunales de la parroquia respectiva y validados por las Asambleas de Ciudadanos y no directamente a través del sufragio libre, universal, directo y secreto previsto en el artículo 63 de la Constitución de 1999 vigente. Así las cosas, se permite que los voceros y voceras de los consejos comunales actúen, dada esta reforma de ley, como "representantes "de las Junta Parroquiales Comunales validadas por la asamblea de ciudadanos, quienes en dicha elección deberán ser fiel expresión de sus respectivas asambleas de ciudadanos y ciudadanas, estableciéndose así una elección de segundo grado y restringiendo el derecho al sufragio con una interpretación regresiva de los Derechos constitucionales. Sin embargo, esta sentencia de la cual diferimos, sostiene que en lo que respecta a la elección de los miembros de las Juntas Parroquiales Comunales no se quebranta el derecho constitucional al sufragio dado que: …"Más recientemente, esta Sala, con fundamento en los avances surgidos en materia electoral, que dan cuenta de una nueva concepción en materia de participación, cuyo origen se remonta a la entrada en vigencia de nuestro texto constitucional en el año 1999, estableció que el Texto Constitucional tiene como eje principal establecer una sociedad participativa y protagónica que busca garantizar a los ciudadanos su intervención de manera efectiva en todos los ámbitos del acontecer nacional ha establecido un nuevo enfoque respecto al alcance de las normas constitucionales previstas en los mencionados artículos 62 y 63 del Texto Fundamental…" "...De las normas legales y constitucionales antes referidas, así como de los criterios de esta Sala Constitucional transcritos supra, se puede apreciar, sin duda alguna que la Ley Orgánica del Poder Público Municipal de 2010, estableció los mecanismos de participación y protagonismo, que de manera articulada y soberana, se lleva adelante entre las Asambleas de ciudadanos y los consejos comunales, para la elección de los miembros de las juntas parroquiales comunales, que en armonía con lo establecido en el artículo 70 constitucional permite el funcionamiento efectivo de una democracia social y participativa, a diferencia de la democracia representativa que consagraba la Constitución de 1961, el cual no entra en contradicción alguna con los mecanismos de participación electoral previstos en los artículos 62 y 63 de la Constitución de la República Bolivariana de Venezuela, toda vez que ambas formas de participación política, tanto pasiva como activa, pueden coexistir libremente y se aplican de una u otra forma de acuerdo a lo establecido en la ley, siendo en este caso, la Ley Orgánica del Poder Público Municipal de 2010, el texto legal que prevé dicha forma la cual interpreta esta Sala como derecho de participación que se ajusta a las nuevas directrices en nuestro ordenamiento jurídico a partir del vigente texto constitucional de 1999, orientada a establecer una sociedad participativa y protagónica, donde se busca la intervención plena del colectivo a través de las asambleas de ciudadanas y ciudadanos, en forma activa y pasiva.

De esta manera, reitera esta Sala que circunscribir lo dispuesto en el artículo 62 constitucional, a la participación decisiva de los ciudadanos de carácter estatal y concatenarlo de forma exclusiva con el artículo 63 eiusdem, referido al sufragio, sería limitar las directrices establecidas en la Constitución de la República Bolivariana de Venezuela, en la que claramente se determinó que "este derecho no queda circunscrito al sufragio, ya que es entendido en un sentido amplio, abarcando la participación en el proceso de formación, ejecución y control de la gestión pública" y, en definitiva, sería contrario al esquema rector que inspira la Carta Magna desde su creación, cual es, sentar las bases para una democracia participativa, en la que la intervención de la sociedad resulta determinante en las distintas fases de la gestión pública.".

Esa Asamblea Nacional Constituyente pudiese estar integrada por sectores afectos al gobierno, producto de la selección a priori de sectores cercanos al gobierno lo cual la convertiría en una Asamblea parcializada que representaría sólo a una forma de pensamiento, por ello no sería una constituyente democrática, ni plural, ni electa mediante el sufragio por voto libre, directo, universal y secreto. En ese sentido ha sido contundente la Conferencia Episcopal venezolana (CEV), la cual emitió un comunicado el 5 de mayo de 2017[10] que entre otros puntos destacó:

> "5. La Convocatoria a una Asamblea manejada en sus bases y en la elección de sus miembros por el Gobierno, la hace parcial, monocolor y excluyente"

Ese carácter parcial plasmado en el Decreto N° 2.830 dictado por el Presidente de la República ha sido destacado por la Fiscal General de La República en su carta de fecha 17 de mayo de 2017 dirigida al Presidente de la Comisión Presidencial para la elaboración de una propuesta para las bases territoriales y sectoriales al señalar:

> "Lo Expuesto en lugar de propiciar equilibrios o generar un clima de paz, estimo que aceleraría la crisis, visto además el carácter sectorial o corporativo- de representación indirecta- que asoma el Decreto dictado por el Ejecutivo y que funge de líneas matrices para la elaboración de las bases comiciales del proceso de convocatoria"[11] (Subrayado nuestro).

De allí pues, dado el Decreto 2.830 y lo previsto en su artículo 2 es claro su carácter corporativo y parcial lo cual como hemos señalado es violatorio de la Constitución vigente de 1999.

B. *De la Inconstitucionalidad de los objetivos programáticos establecidos por el Presidente de la República mediante el decreto N° 2.830 y su equivalencia con el modelo propuesto en la reforma constitucional rechazada por el pueblo venezolano en el año 2007*

Conforme al Decreto 2.830 se señalan como objetivos programáticos de la Asamblea Nacional Constituyente:

> "1. La paz como necesidad, derecho y anhelo de la nación, el proceso constituyente es una gran convocatoria a un diálogo nacional para contener la escalada de violencia política, mediante el reconocimiento político mutuo y de una reorganización del Estado, que recupere el principio constitucional de cooperación entre los poderes públicos, como garantía del pleno funcionamiento del Estado democrático, social, de derecho y de justicia, superando el actual clima de impunidad.

---

10 *Véase* en www. el-nacional.com/noticias/política/conferencia-episcopal-exige-cumplir-constitución-que tenemos_18-0756

11 Carta de la Fiscal General de la República Luisa Ortega Díaz publicada en el diario Nacional de fecha 19 de mayo de 2017 05:27 PM, EN http://www.el-nacional.com/noticias/politica/fiscal-ortega-diaz-envio-carta-jaua-para-rechazar-constituyente_183202

2. El perfeccionamiento del sistema económico nacional hacia la Venezuela Potencia, concibiendo el nuevo modelo de la economía post petrolera, mixta, productiva, diversificada, integradora, a partir de la creación de nuevos instrumentos que dinamicen el desarrollo de las fuerzas productivas, así como la instauración de un nuevo modelo de distribución transparente que satisfaga plenamente las necesidades de abastecimiento de la población.
3. Constitucionalizar las Misiones y Grandes Misiones Socialistas, desarrollando el Estado democrático, social, de derecho y de justicia, hacia un Estado de la Suprema Felicidad Social, con el fin de preservar y ampliar el legado del Comandante Hugo Chávez, en materia del pleno goce y ejercicio de los derechos sociales para nuestro pueblo.
4. La ampliación de las competencias del Sistema de Justicia, para erradicar la impunidad de los delitos, especialmente aquellos que se cometen contra las personas (homicidios, secuestro, extorsión, violaciones, violencia de género y contra niños y niñas); así como de los delitos contra la Patria y la sociedad tales como la corrupción; el contrabando de extracción; la especulación; el terrorismo; el narcotráfico; la promoción del odio social y la injerencia extranjera.
5. Constitucionalización de las nuevas formas de la democracia participativa y protagónica, a partir del reconocimiento de los nuevos sujetos del Poder Popular, tales como las Comunas y Consejos Comunales, Consejos de Trabajadores y Trabajadoras, entre otras formas de organización de base territorial y social de la población.
6. La defensa de la soberanía y la integridad de la nación y protección contra el intervencionismo extranjero, ampliando las competencias del Estado democrático, social, de derecho y de justicia para la preservación de la seguridad ciudadana, la garantía del ejercicio integral de los derechos humanos, la defensa de la independencia, la paz, la inmunidad, y la soberanía política, económica y territorial de Venezuela. Así como la promoción de la consolidación de un mundo pluripolar y multicéntrico que garantice el respeto al derecho y a la seguridad internacional.
7. Reivindicación del carácter pluricultural de la Patria, mediante el desarrollo constitucional de los valores espirituales que nos permitan reconocernos como venezolanos y venezolanas, en nuestra diversidad étnica y cultural como garantía de convivencia pacífica en el presente y hacia el porvenir, vacunándonos contra el odio social y racial incubado en una minoría de la sociedad.
8. La garantía del futuro, nuestra juventud, mediante la inclusión de un capítulo constitucional para consagrar los derechos de la juventud, tales como el uso libre y consciente de las tecnologías de información; el derecho a un trabajo digno y liberador de sus creatividades, la protección a las madres jóvenes; el acceso a una primera vivienda; y el reconocimiento a la diversidad de sus gustos, estilos y pensamientos, entre otros.
9. La preservación de la vida en el planeta, desarrollando constitucionalmente, con mayor especificidad los derechos soberanos sobre la protección de nuestra biodiversidad y el desarrollo de una cultura ecológica en nuestra sociedad". (subrayados son nuestros)

Muchos de estos objetivos programáticos señalados en el Decreto 2.830 no constituyen razón suficiente para una Asamblea Nacional Constituyente y más bien, pueden ser alcanzados con apropiadas y eficientes policías públicas en ejecución de la Constitución vigente. En efecto, de conformidad con el Art. 347 una constituyente debe tener el objeto de transformar al Estado, crear un nuevo ordenamiento jurídico y redactar una nueva Constitución y ninguno de estos objetivos programáticos puede subsumirse en lo establecido en el referido art. 347 de la Constitución de 1.999, salvo los previstos de manera abstracta en los numerales 2 y 5 del Decreto 2.830, que recuerdan al proyecto de reforma constitucional improbado- de manera contundente- por el pueblo venezolano en diciembre de 2007 y que pueden tener como resultado el establecimiento de un Estado Comunal-Socialista transformando así radicalmente el Estado, creando los fundamentos de un nuevo ordenamiento jurídico y redactando una nueva constitución.

Así, las cosas, algunos de los objetivos programáticos establecidos en el Decreto 2.830, por ejemplo, los establecidos en los numerales 2 y 5, entre otros, rememoran el intento de creación de un Estado Comunal en el proyecto de reforma constitucional de 2007 el cual fue rechazado de manera mayoritaria por el pueblo venezolano el 2 de diciembre del 2007. En efecto, la propuesta de reforma constitucional sometida a referéndum el 2 de diciembre de 2007 contenía un proyecto de Constitución de Estado Comunal y de Economía Socialista que vaciaba de contenido el derecho de libertad económica, entre otros, mediante la modificación del artículo 112 de la Constitución vigente de 1.999, así como de la pretendida aprobación de la disposición transitoria novena del proyecto de Reforma, que implicaba que el Ejecutivo Nacional podía regular la transición mediante decretos al modelo de economía socialista, incurriéndose en una deslegalización prohibida por la Constitución de 1999 y vulnerándose de manera permanente el principio de división de poderes característico de un sistema democrático y de derecho. Por tanto, al haberse improbado o rechazado por el soberano, mediante referéndum popular, la pretendida reforma constitucional implicó un rechazo al establecimiento de una Constitución Económico Socialista, lo cual es relevante para rechazar con contundencia las normas legales y sublegales que pretendan imponer un sistema de corte socialista o marxista leninista. Ahora bien, mediante los objetivos programático del Decreto 2.830 del 1 de mayo de 2017 se vuelve a insistir y se reitera el intento de establecer un Estado Comunal, así como un Estado Socialista a lo cual apuntan, desde nuestra perspectiva, los objetivos previstos en los numerales 2 y 5 del señalado Decreto.

En efecto, en el art. 112 y la disposición transitoria novena del proyecto de reforma constitucional del año 2007 rechazado por la mayoría del pueblo venezolano mediante referéndum consultivo establecían:

> "Artículo 112. El Estado promoverá el desarrollo de un modelo económico productivo, intermedio, diversificado e independiente, fundado en los valores humanísticos de la cooperación y la preponderancia de los intereses comunes sobre los individuales, que garantice la satisfacción de las necesidades sociales y materiales del pueblo, la mayor suma de estabilidad política y social y la mayor suma de felicidad posible.

Así mismo, fomentará y desarrollará distintas formas de empresas y unidades económicas de propiedad social, tanto directa o comunal como indirecta o estatal, así como empresas y unidades económicas de producción o distribución social, pudiendo ser esta de propiedad mixtas entre el Estado, el sector privado y el poder comunal, creando las mejores condiciones para la construcción colectiva y cooperativa de una economía socialista.[12]"

"Novena. Hasta tanto se dicten las normas que desarrollen los principios establecidos en el artículo 112 de esta Constitución, el Ejecutivo Nacional podrá mediante decretos o decreto ley, regular la transición al Modelo de Economía Socialista".

Ahora con los objetivos programáticos establecidos en el Decreto 2.830 para la Asamblea Nacional Constituyente fundamentalmente con el numeral 2 y dado como han sido la políticas públicas del Gobierno de corte socialista aunado al plan de la patria (gran objetivo histórico N° 2 "Continuar construyendo el socialismo bolivariano del siglo XXI en Venezuela como alternativa al sistema destructivo y salvaje del capitalismo"), es muy probable que esos nuevos instrumentos, así como ese "nuevo modelo de economía" y ese "nuevo modelo de distribución" profundicen una economía central planificada de corte socialista.

Así mismo, desde el punto de vista de organización territorial como lo apunta el numeral 5 del artículo 1 del Decreto 2.830 en la Asamblea Nacional Constituyente se constitucionalizan "nuevas" formas de Democracia participativa a partir de "nuevos sujetos" del Poder Popular tales como comunas y consejos comunales entre otras formas de base territorial de la población, que pretenden cambiar la organización político territorial como lo pretendió el proyecto de reforma constitucional de 2007, improbado por el pueblo, mediante el artículo QUINTO que pretendió reformar el artículo 16 de la Constitución de 1.999 , el cual estableció:

QUINTO: se reformó el artículo 16 de la forma siguiente:

Art 16 "El territorio nacional se conforma, a los fines políticos-territoriales y de acuerdo con la nueva geometría del poder, por un Distrito Federal en el cual tendrá su sede la capital de la República Bolivariana de Venezuela, por los estados, las regiones marítimas, los territorios federales, los municipios federales y los distritos insulares.

Los estados se organizan en municipios.

La unidad política Primaria de la organización territorial será la ciudad, entendida esta como asentamiento poblacional dentro del municipio, e integrada por áreas o extensiones geográficas denominadas comunas. Las comunas serán las células sociales del territorio y estarán conformadas por las comunidades, cada una de las cuales constituirá el núcleo territorial básico e indivisible del Estado Socialista Venezolano, donde los ciudadanos y las ciudadanas tendrán el poder para construir su propia geografía

12 *Véase* texto del Proyecto de Reforma Constitucional sancionado por la Asamblea Nacional el 2 de noviembre de 2007 publicado en Brewer Carías Allan; La Reforma Constitucional de 2007 (Comentarios al proyecto inconstitucionalmente sancionado por la Asamblea Nacional el 2 de noviembre de 2007. EJV. Caracas 2007 p. 175 y ss.

y su propia historia, respetando y promoviendo la preservación, conservación y sustentabilidad el uso de los recursos y demás bienes jurídicos ambientales.

A partir de la comunidad y la comuna, el Poder Popular desarrolla forma de agregación comunitaria político-territorial, las cuales serán reguladas en la ley nacional, y que constituyan formas de autogobierno y cualquier otra expresión de democracia directa…" (Subrayado nuestro)

Así, conforme al proyecto improbado de reforma constitucional, las comunas serían las células sociales del territorio conformadas por comunidades que constituirían el núcleo territorial y básico del Estado Socialista, sustituyendo así al municipio como la unidad política primaria de la organización nacional, idea ésta, que puede ser desarrollada ahora en la Asamblea Nacional Constituyente con fundamento en el objetivo programático N° 5 del Decreto 2.830 como lo es la constitucionalización de nuevas formas de la democracia participativa y protagónica, a partir del reconocimiento de nuevos sujetos del Poder Popular, tales como: Las comunas, los consejos comunales y los consejos de trabajadores.

Pero, como igualmente fue previsto en el proyecto de reforma constitucional improbado en el 2007, en relación a la reforma del Art. 136 de la Constitución de 1.999 (artículo vigésimo Octavo del proyecto de reforma), estos nuevos sujetos del poder popular "No nacen del sufragio ni de elección alguna, sino de la condición de los grupos humanos organizados como base de la población". Tal como sucede en la legislación actual[13], en efecto, con los voceros de consejos comunales para distintas instancias de participación popular que son designados por las Asambleas de Ciudadanos y no por los ciudadanos directamente.

Así las cosas, al no nacer estos "nuevos sujetos" del poder popular del sufragio o elección alguna no hay real democracia, ya que en toda democracia siempre hay elección de representantes[14].

De esta manera, se elimina toda descentralización política y territorial a nivel local siendo sustituida por los "nuevos sujetos" del Poder Popular, que a partir de las comunidades y comunas desarrollaran formas de agregación comunitaria pudiendo sustituir a los municipios y estados verificándose así, lo que para la reforma constitucional improbada del 2007 se denominó "*La Nueva Geometría del Poder*" y careciendo de mecanismos de sufragio o elección alguna, eliminándose así la democracia representativa a nivel local[15].

---

13 Ley Orgánica de los Consejos Comunales *Gaceta Oficial* 39.335 del 28/12/2009 por ejemplo artículo 23 numeral 10.

14 Brewer Carías, Allan: La Inconstitucional Convocatoria de una Asamblea Nacional Constituyente en Fraude de la Voluntad Popular. Editorial Jurídica Venezolana Caracas 2017 p. 149

15 Brewer Carías, Allan. ibídem.

Cabe destacar que las nuevas formas de democracia participativa y protagónica a través de nuevos sujetos del Poder Popular como las comunas o consejos comunales han limitado, dada su regulación legal en la Ley Orgánica de los Consejos Comunales el carácter libre de la participación política que prevé el Art. 62 de la Constitución de 1.999, así como el carácter plural del sistema político previsto en el Art. 2 de la Constitución de 1.999, condicionándolo a la construcción del nuevo modelo de *sociedad socialista* y con el fin de establecer *las bases del socialismo*[16].

Por tanto, es claro como los objetivos programáticos previstos por el Presidente de la República en el Decreto 2.380 predeterminan de manera inconstitucional los objetivos de la Asamblea Nacional Constituyente y así mismo es evidente como se alinean y equiparan con los establecidos en diversos artículos del proyecto improbado de reforma constitucional del año 2007 así como con los objetivos del Plan de la Patria 2013-2019.

Cabe destacar que esta pretensión de crear el "Estado Comunal" -paralelo y violatorio al Estado Constitucional previsto en la Constitución vigente de 1999- ha sido insistente por parte del gobierno nacional, quien luego de recibir el rechazo mayoritario del pueblo venezolano al proyecto de reforma constitucional de 2007 estableció, tres (3) años después, el conjunto de leyes del Poder Popular: Ley Orgánica del Poder Popular, Ley Orgánica de Planificación Pública y Popular, Ley Orgánica de las Comunas, Ley Orgánica del Sistema Económico Comunal y Ley Orgánica de Contraloría Social todas publicadas en la Gaceta Oficial N° 6.011 del 21 de diciembre de 2010 a la cual se sumó la ley de reforma parcial de la ley Orgánica del Poder Público Municipal publicada en la Gaceta Oficial N° 6.015 del 28 de diciembre de 2010[17], y ahora nuevamente, con esta pretendida convocatoria a una Asamblea Nacional Constituyente mediante sus objetivos programáticos previstos en el Decreto 2.830 y las bases comiciales previstas en el Decreto 2.878 se pretende instaurar y consolidar un Estado Comunal y Socialista[18].

---

16 *Véase* artículos 2 y 3 de la Ley Orgánica de los Consejos Comunales publicada en la *Gaceta Oficial* 39.335 del 28/12/2009

17 *Véase* Brewer Carías, Allan Coordinador; Nikken Claudia; Herrera Orellana, Luis; Alvarado Andrade, Jesús Maria; Hernández, José Ignacio y Vigilanza, Adriana: *Leyes Orgánicas sobre el Poder Popular y el Estado Comunal (Los Consejos Comunales, Las Comunas, La Sociedad Socialista y el Sistema Económico Comunal).* Colección de Textos Legislativos N° 50, Editorial Jurídica Venezolana, Caracas 2011. Alfonzo Paradisi, Juan Domingo "La Constitución Económica en la Constitución de 1.999 y la Ley Orgánica del Sistema Económico Comunal en el *Libro Homenaje al Profesor Alfredo Morles Hernández*, UCAB 2012, volumen V. Diversas Disciplinas Jurídicas Capítulo 93 p. 139 y ss.

18 Consúltese Brewer Carías, Allan: "La reforma de la Constitución Económica para implantar un Sistema Económico Comunista (o de cómo se reforma la Constitución pisoteando el Principio de Rigidez Constitucional "en Tomo I *Memoria del XI Congreso Venezolano de Derecho Constitucional (Homenaje a José Guillermo Andueza)*

Otro aspecto de coincidencia con el proyecto de reforma constitucional improbado por el pueblo el 02 de diciembre 2007, es el de las Misiones, que está contenido en el objetivo programático N° 3 del Decreto 2.830 que tiene como propósito: "Constitucionalizar las Misiones y Grandes Misiones Socialistas, desarrollando el Estado democrático, social de derecho social y de justicia, hacia un Estado de la Suprema Felicidad Social...". A parte del léxico comunista empleado por el referido numeral 3 la constitucionalización de las Misiones fue previsto también en la reforma improbada en el 2007 cuando se pretendió modificar el Art. 141 de la Constitución vigente de 1.999. En efecto, se previó en el Art. Trigésimo mediante el cual se pretendió reformar el Art 141 de la Constitución de 1.999 lo siguiente:

> "Las Administraciones Públicas son las estructuras organizativas destinadas a servir de instrumento a los poderes públicos para el ejercicio de sus funciones para la prestación de los servicios, se fundamentan en los principios de honestidad, participación, celeridad, eficacia, eficiencia, transparencia, rendición de cuentas y responsabilidad en el ejercicio de la función pública, con sometimiento pleno a la ley. Las categorías de administraciones públicas son: Las administraciones burocráticas o tradicionales, que son las que atienden a las estructuras prevista y reguladas en estas constitución; y las misiones, constituidas por organizaciones de variadas naturalezas creadas para atender a la satisfacción de las sentidas y urgentes necesidades de la población, cuya prestación exige de la aplicación de sistemas excepcionales incluso experimentales, los cuales serán establecidos por el poder ejecutivo mediante reglamentos organizativos y funcionales" (subrayado nuestro).

Se pretendió así con el proyecto modificar el Art 141 de la Constitución de 1.999 estableciendo que la Administración Pública es una estructura destinada a servir de instrumento de los poderes públicos y no una estructura organizativa al servicio de los ciudadanos y ciudadanas[19]. Así mismo, dicho proyecto clasificó a la Administración Pública en dos categorías: Administraciones Publicas burocráticas o tradicionales, que son las que atienden a las estructuras previstas por la Constitución y una segunda categoría integrada por las Misiones para atender las más sentidas y urgentes necesidades de la

---

sobre Desafíos de la República en la Venezuela de Hoy. Fundación Konrad Adeanauer- Universidad Católica Andrés Bello. Caracas 2013 p. 247 y ss.; Sobre la creación del Estado Comunal *Véase*: Alfonzo Paradisi, Juan Domingo: El Régimen de los Estados vs la Centralización de Competencias y Recursos Financieros. Editorial Jurídica Venezolana, Caracas 2011. p. 97 y ss. Sánchez Falcón, Enrique: Estado Comunal y Estado Federal en Venezuela son constitucionalmente conciliables ambas formas de Estado?. Fundación Manuel García Pelayo, 2016 p. 125 y ss.

19 Brewer Carías, Allan "La inconstitucional convocatoria de una Asamblea Nacional Constituyente... *op. cit.*, p. 147 en este sentido el Profesor Brewer sostiene "Que en lugar de corregir el descalabro administrativo que se ha producido en, los últimos años por la indisciplina presupuestaria derivadas de fondos asignados a programas específicos del gobierno denominados "misiones", concebido fuera de la organización general del Estado lo que busca es constitucionalizar el desorden administrativo"

población cuya prestación exige de aplicación de sistema excepcionales y experimentales.

Por consiguiente, al incluirse la constitucionalización de las misiones como objetivo programático de la Asamblea Nacional Constituyente se aumenta el aparato del Estado así como los gastos de presupuesto atinente al sostenimiento de las mismas y se refuerza el Estado Social. Ahora bien, tal previsión desde nuestra perspectiva no es necesario otorgarle rango constitucional o insertarla dentro de la Constitución, y menos aún, que constituya una causal de justificación para convocar y realizar una Asamblea Nacional Constituyente, tal objetivo, dependiendo de las políticas publica que se empleen, pudiese perfectamente realizarse con la aplicación de la Constitución vigente de 1999.

III. DECRETO N° 2.831 DE 1° DE MAYO DE 2017 PUBLICADO EN LA GACETA OFICIAL N° 6.295 EXTRAORDINARIO DE 1° DE MAYO DE 2017 MEDIANTE EL CUAL SE CREA LA COMISIÓN PRESIDENCIAL PARA LA ELABORACIÓN DE LA PROPUESTA DE BASES COMICIALES

De igual manera el Decreto N° 2.831 del primero de mayo de 2017 crea la comisión presidencial que tendrá a su cargo la elaboración de la propuesta para las "bases comiciales **territoriales y sectoriales**". Así las cosas, ese artículo primero del Decreto N° 2.831 es igualmente violatorio de la Constitución vigente ya que se crean unas bases comiciales sesgadas no universales ni plurales. En efecto, el Decreto esta predeterminando que las referidas bases comiciales sean "territoriales y sectoriales", lo cual rompe con los principios de universalidad y pluralidad de unos comicios, a pesar de que luego se diga que los representantes de esos territorios y esos sectores serán elegidos mediante el voto libre, universal, directo y secreto, ya que el sesgo y el vicio ya se ha verificado en el origen, esto es en la normativa prevista tanto por el Decreto N° 2.830 art. 2 como por el Decreto N° 2.831 art. 1 que determinan de manera previa que las bases comiciales serán territoriales y sectoriales. En efecto, esto imposibilitará de hecho que los venezolanos puedan elegir a todos los integrantes de la futura Asamblea Nacional Constituyente, sino que únicamente podrán elegir a aquellos que sean candidatos postulados por sus sectores.

Así, el Presidente de la Republica está determinando previa y unilateralmente mediante el Decreto N° 2.830 en su artículo 2 y a través del art. 1 del Decreto N° 2.831 y antes de que sea aprobado por el pueblo- como depositario originario de la soberanía- que los integrantes de la Asamblea Nacional Constituyente serán elegidos en los ámbitos sectoriales y territoriales, bajo la rectoría del CNE, mediante voto libre, universal, directo y secreto. Esa determinación previa y unilateral del Presidente establecida en los señalados Decretos es inconstitucional porque está determinando él y no el pueblo los fundamentos y las condiciones para formular las bases comiciales y esa determinación anticipada hace que la elección no sea universal e impedirá que cada elector venezolano pueda elegir a todos y cada uno de los miembros de la futura Asamblea sino que implicará que los electores sólo puedan votar por los futuros representantes de sus sectores.

Sin duda, pareciera que lo que se pretende es crear o construir una fórmula electoral a través de circuitos electorales, padrones y registros electorales que beneficien al gobierno, para así crear una nueva Constitución y, entre otras cosas, elegir a una nueva Asamblea Nacional la cual se eligió recientemente a finales del 2015 y a la cual se le ha impedido durante todo el año 2016 y 2017 el ejercicio de sus funciones propias y constitucionales. Así mismo, otro objetivo pudiera ser que una vez conformada la Asamblea Nacional Constituyente elegida con fundamento en esas bases comiciales no universales, no se permitan nuevas elecciones e incluso se argumente que dado que la Asamblea Nacional Constituyente tiene el poder originario y no tiene límites se imposibilitaría a los poderes constituidos la toma de decisiones lo cual pudiere impedir la toma de actos parlamentarios, acuerdos y leyes por parte de la Asamblea Nacional.

IV. EL DECRETO PRESIDENCIAL Nº 2.878 DE FECHA 23 DE MAYO DE 2017 PUBLICADO EN LA GACETA OFICIAL Nº 41.156 DE FECHA 23 DE MAYO DE 2017 MEDIANTE EL CUAL SE ESTABLECEN LAS BASES COMICIALES PARA LA ASAMBLEA NACIONAL CONSTITUYENTE

1 *La inconstitucional predeterminación de las bases comiciales territoriales y sectoriales por el Presidente de la República*

Ahora bien, el Presidente de la República insiste en su idea de convocar de manera directa a una Asamblea Nacional Constituyente y en ese sentido en fecha 23 de mayo de 2017 ha dictado el Decreto N° 2.878 publicado en la *Gaceta Oficial* N° 41.156 de la misma fecha[20] mediante el cual decreta las Bases Comiciales para la Asamblea Nacional Constituyente convocada inconstitucionalmente según el Decreto 2.830 de fecha 1 de mayo de 2017 publicado en la Gaceta Oficial N° 6295 Extraordinario de la misma fecha. Como hemos destacado en el presente trabajo, el Presidente *se arrogó la voluntad popular y usurpó las funciones del poder constituyente originario* (el pueblo), al convocar directamente a la Asamblea Nacional Constituyente vulnerando el artículo 347 de la Constitución vigente. Pero más aún, en este Decreto N° 2.878 de fecha 23 de mayo de 2017 se vulnera nuevamente la voluntad popular ya que dichas bases comiciales son impuestas al pueblo y no consultadas a éste a través de referéndum consultivo. En efecto, mediante este Decreto en su artículo primero se señala que los integrantes de la Asamblea Nacional

---

20 Sobre los comentarios a éste decreto consúltese: Brewer Carías, Allan R. "La Esquizofrenia Constituyente: Las inconstitucionales "Bases Comiciales" Dictadas por el Presidente de la República, sin Comicios, Usurpando la Voluntad Popular y Violando el Derecho del Pueblo a Elegir Representantes por votación Universal. New York, 29 de mayo 2017. Consultado en original.

Constituyente serán elegidos en el ámbito territorial y sectorial previéndose en dicho artículo que los sectores son los siguientes:

> "1. Trabajadores y trabajadoras. 2. Campesinos y campesinas y pescadores y pescadoras. 3. Los y las estudiantes. 4. Personas con discapacidad. 5. Pueblos indígenas. 6. Pensionados y pensionadas. 7. Empresarios y empresarias. 8. Comunas y Consejos Comunales". Así las cosas, como se ha criticado anteriormente, este Decreto reitera la mencionada violación de la Constitución por los Decretos 2.830 y 2.831 ya que se predeterminan por el Presidente las bases comiciales sin consultarle al pueblo.[21]

Aunado a lo anterior, nos preguntamos ¿por qué no figuran determinados sectores: por ejemplo las amas de casa, los profesores universitarios o maestros o los profesionales o los técnicos o los obreros?, ello sin duda convierte en sectorial, sesgadas y no universales a las bases comiciales, ya que no todos los electores están comprendidos en esos sectores predeterminados por el Presidente de la República y, por ende, a la integración futura de la Asamblea Nacional Constituyente, cuyas bases no han sido aprobadas por el pueblo, sino que el Presidente de la República se está arrogando la voluntad popular al predeterminarlas mediante los decretos en análisis (2.830, 2.831 y 2.878).

Por otra parte, según el artículo segundo del Decreto 2.878 la Asamblea Nacional Constituyente estará integrada por 364 miembros escogidos territorialmente, 8 electos por los pueblos indígenas y también se elegirán constituyentes sectoriales cuyo número debe ser obtenido del cociente entre el Registro Electoral de cada sector y el factor obtenido para calcular los constituyentes territoriales, esto es un constituyente sectorial por cada 83.000 electores del Registro Electoral Sectorial. De tal manera se puede llegar al número de diputados constituyentes de aproximadamente 545. Así estará integrada dicha Asamblea según Resolución del Consejo Nacional Electoral N° 170607-118 del 07/06/2017 por 364 constituyentes escogidos territorialmente, 8 electos por los pueblos indígenas y 173 constituyentes escogidos sectorialmente.

Ahora bien, el artículo tercero del Decreto 2.878 establece que en el ámbito territorial se producirá la elección de 364 constituyentes, conforme a una distribución de un (1) constituyente por municipio de forma nominal de acuerdo al principio de representación mayoritario y dos (2) constituyentes de los municipios capitales que serán electos o electos mediante la modalidad lista de acuerdo al principio de representación proporcional. Llama la atención que, al establecerse la elección de diputados a la constituyente en el ámbito territorial en base a municipios resulte mucho mayor el número de diputados a elegir en los Estados como, por ejemplo: Anzoátegui (22) o Táchira (30) vs los diputados a elegir en el Distrito Capital (7) y ello dado que no se toma en cuenta la población sino el número de municipios existente en cada Estado, desnaturalizándose así el principio de "un ciudadano igual a un voto" en virtud de los circuitos electorales escogidos por las bases comi-

21 Lo cual fue ratificado por la Resolución del Consejo Nacional Electoral N° 70607-118 de 07 de junio de 2017 modificando parcialmente dichas bases comiciales.

ciales como lo constituyen los municipios. Resultando así una violación del principio de representación del pueblo y de los estados en su conjunto (artículo 201 de la Constitución vigente de 1999), y no tomando en cuenta la base poblacional de cada uno de los veintitrés estados y del Distrito Capital del Estado Venezolano como Estado Federal Descentralizado previsto en el artículo 4 de la Constitución de 1999. Así al ser el Estado venezolano un Estado Federal descentralizado la representación debe organizarse conforme al porcentaje de población en cada estado y el Distrito Capital, asegurando la representación de todo el pueblo de manera global y no sectorial, sin embargo, ello ha sido desconocido por las bases comiciales predeterminadas por el Presidente de la Republica y ratificadas por el Consejo Nacional Electoral.

En contraste, en las Bases Comiciales que fueron previstas para el referéndum consultivo sobre la convocatoria de la Asamblea Nacional Constituyente de 1999, publicadas en *Gaceta Oficial* N° 36.669 del 25 de marzo de 1999, se empleó el criterio de base poblacional y se estableció la elección de 104 Constituyentes en 24 circunscripciones regionales coincidentes con los Estados y el Distrito Federal de acuerdo con su número de habitantes; así mismo esa ha sido la forma como en nuestra historia republicana democrática se integró la cámara de diputados (1947 y 1961) y como se ha integrado la Asamblea Nacional a partir de la Constitución de 1999[22]. En este sentido Ayala Corao señala que "El error – voluntario y de mala fe para distorsionar la representación- está en tomar al municipio como entidad jurídico territorial para la representación por igual en la ANC y no a la población del estado o incluso (aunque no sería lógico para un cuerpo nacional) la población del municipio, afectando así al principio de la igualdad del sufragio. Esta representación "territorial" al asignar un constituyente por municipio (dos por municipio capital de estado) independientemente de la base poblacional, rompe el principio de una persona un voto"[23]. Así al tratarse la Asamblea Nacional Constituyente de un cuerpo representativo nacional debe representar a la población nacional y aquí al tomarse en cuenta la base comicial territorial se estaría eligiendo una Asamblea Constitucional Constituyente como si fueran concejales[24] no representando al pueblo ni a los estados en su conjunto, de

22 *Véase* Ayala Corao, Carlos: La Asamblea Nacional Constituyente de Maduro-2017: Fraude Constitucional y Usurpación de la Soberanía Popular (Inconstitucionalidad e inconvencionalidad de la Convocatoria y las Bases Comiciales). Consultado en Original.

23 Consúltese con provecho en cuanto a la violación del principio de universalidad del voto y de igualdad del voto a Ayala Corao, Carlos en *La Asamblea Nacional Constituyente de Maduro-2017: Fraude Constitucional y Usurpación de la Soberanía Popular (Inconstitucionalidad e inconvencionalidad de la Convocatoria y las Bases Comiciales)*. Consultado en Original.

24 Brewer Carías, Allan: La inconstitucional Convocatoria de una Asamblea Nacional Constituyente... *Op. cit.*, p. 118.

manera global, vulnerando lo previsto en el artículo 201[25] de la Constitución vigente de 1999, así como menoscabando el principio de igualdad del voto ya que municipios con poca población tienen igual representación que municipios con una altísima población.

El artículo cuarto del Decreto en comentario establece que en el ámbito sectorial se producirá la elección conforme a la siguiente distribución: campesinos y pescadores, las personas con discapacidad, los empresarios, los pensionados los trabajadores y estudiantes serán electos en listas nacionales de acuerdo con el principio de representación mayoritario y los representantes de comunas y consejos comunales se escogerán regionalmente de acuerdo con el principio de representación mayoritaria.

Ahora bien, ¿cuál es la racionalidad o motivación de que los primeros serán electos según listas nacionales mientras las comunas y los consejos comunales se harán regionalmente?. De igual manera, con respecto a los consejos comunales que se elegirán regionalmente, ¿con base en qué criterio se determinarán esas regiones, por estados, por municipios o regiones administrativas?

Así mismo, la Resolución del Consejo Nacional Electoral N° 170607-118 del 07/06/2017 estableció en el artículo cuarto una modificación sobre el ámbito sectorial. Como de seguida se cita:

> "**CUARTO**.- En el ámbito sectorial se producirá la elección de ciento setenta y tres (173) Constituyentes conforme a la siguiente distribución:
>
> 1. Los campesinos y Campesinas y Pescadores y Pescadoras
> 2. Personas con Discapacidad
> 3. Los Empresarios y Empresarias
> 4. Los y las Estudiantes
>
> Las y los integrantes de los sectores antes señalados serán electos y electas nacionalmente de acuerdo al principio de representación mayoritaria, de acuerdo a la siguiente distribución:

SECTOR	**CANTIDAD DE CARGOS**
Empresarios	5
Campesinos y Pescadores	8
Personas con Discapacidad	5
Estudiantes – Privadas	3
Estudiantes – Públicas	11
Estudiantes – Misiones	10
(Representación Nominal Mayoritaria)	

---

25 El artículo 201 de la Constitución vigente de 1999 establece" Los Diputados o diputadas son representantes del pueblo y de los Estados en su conjunto…"

5. Los trabajadores y Trabajadoras serán electos y electas en listas nacionales por sub-sectores de acuerdo al principio de representación proporcional conforme a la siguiente distribución:

SECTOR	CANTIDAD DE CARGOS
Trabajadores – Petróleo – Minería	2
Trabajadores – Social	12
Trabajadores – Comercio – Banca	11
Trabajadores – Servicio	14
Trabajadores – Construcción	4
Trabajadores – Industria	6
Trabajadores – Transporte	2
Trabajadores – Administración Pública	7
Trabajadores – Por cuenta propia	11
SUB-TOTALES TRABAJADORES	79
(Representación Lista Nacional Proporcional)	

6. Los y las representantes de las Comunas y Consejos Comunales serán electos y electas por entidad federal de acuerdo al principio de representación mayoritaria, conforme a la siguiente distribución:

SECTOR	CANTIDAD DE CARGOS
Comunas y Consejos Comunales (Distrito Capital)	1
Comunas y Consejos Comunales (Anzoátegui)	1
Comunas y Consejos Comunales (Apure)	1
Comunas y Consejos Comunales (Aragua)	1
Comunas y Consejos Comunales (Barinas)	1
Comunas y Consejos Comunales (Bolívar)	1
Comunas y Consejos Comunales (Carabobo)	1
Comunas y Consejos Comunales (Cojedes)	1
Comunas y Consejos Comunales (Falcón)	1
Comunas y Consejos Comunales (Guárico)	1
Comunas y Consejos Comunales (Lara)	1
Comunas y Consejos Comunales (Mérida)	1
Comunas y Consejos Comunales (Miranda)	1
Comunas y Consejos Comunales (Monagas)	1
Comunas y Consejos Comunales (Nueva Esparta)	1
Comunas y Consejos Comunales (Portuguesa)	1
Comunas y Consejos Comunales (Táchira)	1
Comunas y Consejos Comunales (Trujillo)	1
Comunas y Consejos Comunales (Yaracuy)	1
Comunas y Consejos Comunales (Zulia)	1

Comunas y Consejos Comunales (Amazonas)	1
Comunas y Consejos Comunales (Delta Amacuro)	1
Comunas y Consejos Comunales (Vargas)	1
TOTALES CONSEJOS COMUNALES	24
(Representación Mayoritaria Nominal Regional)	

7. Los Pensionados y Pensionadas serán electos y electas nominalmente por regiones de acuerdo al principio de representación mayoritaria, conforme a la siguiente distribución:

SECTOR	**CANTIDAD DE CARGOS**
Pensionados (Región Capital)	7
Pensionados (Región Central)	4
Pensionados (Región los Llanos	2
Pensionados (Región Centro-Occidente)	6
Pensionados (Región los Andes)	4
Pensionados (Región Guayana)	1
Pensionados (Región Insular)	1
Pensionados (Región Nororiental)	3
SUB-TOTALES PENSIONADOS	28
(Representación Mayoritaria Nominal Regional)"	

De conformidad con el artículo quinto del decreto N° 2. 878 el Consejo Nacional Electoral deberá solicitar los registros de los sectores de las instituciones oficiales, gremios y asociaciones debidamente establecidos. La información al sector de las trabajadoras y trabajadores deberá solicitarla de acuerdo a los tipos de actividad:

a. Petróleo
b. Minería
c. Industrias Básicas
d. Comercio
e. Educación
f. Salud
g. Deporte
h. Transporte
i. Construcción
j. Cultores
k. Intelectuales
l. Prensa
m. Ciencia y Tecnología
n. Administración Pública

La información del sector estudiantil deberá solicitarla de acuerdo a la siguiente clasificación:

a. Educación Universitaria Pública
b. Educación Universitaria Privada
c. Misiones Educativas

El CNE una vez recibidos los distintos registros podrá agruparlos por áreas de similar condición y distribuirlos según la base poblacional establecida.

A fin de preservar el principio de un o una electora un voto, establece el parágrafo único del artículo quinto, ningún elector o electora podrá estar en más de un registro sectorial. A tal efecto, el CNE deberá garantizar este principio de acuerdo a la siguiente prelación:

a. Empresarios y empresarias
b. Campesinos y campesinas y Pescadores y Pescadoras
c. Personas con discapacidad
d. Los y las Estudiantes
e. Trabajadores y Trabajadoras
f. Comunas y Consejos Comunales
g. Pensionados y Pensionadas"

Así, estos registros sectoriales se deben conformar ahora, rápidamente, de manera acelerada y para este propósito; sin haberse integrado y menos utilizados anteriormente, lo cual implica una gran incertidumbre en cuanto a la conformación de los mismos, así como produce una racional suspicacia.

En efecto, no se sabe con exactitud, ¿qué requisitos hay que cumplir para conformar un Registro Electoral Sectorial? ¿Cómo está conformado ese padrón electoral? Cuál es la ¿base poblacional de cada registro? Tradicionalmente, la práctica electoral venezolana ha exigido la cédula de identidad y el ser venezolano mayor de edad, ahora se exige ser miembro de un Registro Electoral Sectorial para la Asamblea Nacional Constituyente, carente de transparencia y seguridad, y por ello hay que preguntarse ¿cuáles son los requisitos de constitución de estos registros? Así mismo, hay que preguntarse ¿qué distingue a un registro de otro?, por ejemplo, ¿los indígenas no son trabajadores?, ¿los miembros de consejos comunales o comunas no son campesinos o estudiantes?, ¿cómo se evidencia o se demuestra que un ciudadano es un estudiante o campesino o empresario a los efectos de pertenecer a cada registro electoral sectorial?, por tanto, ¿quién determina los límites entre uno y otro registro sectorial?, ¿cuál es la certeza y seguridad que tienen los ciudadanos de si forman parte o no de dichos registros?. En todo caso, de acuerdo a lo establecido su agrupación por áreas de similar condición y su distribución según la base poblacional establecida dependerá del CNE. Todo lo anterior, implica una gran discrecionalidad administrativa en cabeza del CNE que puede implicar una gran arbitrariedad violatoria incluso de los derechos constitucionales a elegir y a ser elegidos, así como a ejercer el derecho del voto.

Pero en todo caso, han sido predeterminado por el Presidente y ratificados por el CNE de manera sumamente rápida, sin antecedente alguno desde el punto de vista electoral y determinados dichos grupos electorales de manera arbitraria ya que ¿porque ellos y no otros?, es decir ¿por qué dichos grupos son reconocidos para conformar la Asamblea Nacional Constituyente y porque otros no?. Esto configura sin duda una exclusión de diversos grupos, así como una vulneración al principio de la universalidad del voto. Así mismo se ha señalado que "los votos de o por sectores o colectivos han sido violatorios del principio de igualdad, ya que tienen por efecto la disminución del voto igualitario, al diluir el valor real de éste y privilegiar grupos, instituciones y hasta funcionarios"[26]. Así las cosas, al no constar como están integrados estos re-

---

26 *Véase* Ayala Carlos *Op. cit.*, p. 21 por esas razones, señala el profesor Ayala, la Corte Interamericana de Derechos Humanos (CIDH) con relación a la representación corporativa de los senadores designados bajo la Constitución de Chile de 1980, sostuvo que violaban el principio de igualdad del voto y el informe de la CIDH llevó "incluso a que Chile modificara su Constitución para eliminar los senadores designados y someterlos al voto popular directo y general de todos los ciudadanos de los circuitos electorales. Por considerarla de sumo interés copio de seguida el racionamiento de la Corte Interamericana de Derechos Humanos (CIDH) citado por el Profesor Carlos Ayala en el referido trabajo: 107. Debe observarse que los senadores designados constituyen un enclave corporativo que no responde a la condición ciudadana del senador sino al cargo o función que desempeña o desempeñó. En efecto, en el propio artículo 45 se establece que cuando no existan las personas que reúnan las cualidades y requisitos previstos por los literales b) a f), la designación podrá recaer en funcionarios que hayan desempeñado funciones relevantes en los organismos a que se refieren los mencionados literales. De modo que se trata de una representación corporativa –pero no de cualquier corporacion—que tiene por efecto una disminución del valor del voto popular igualitario.

108. Existe, por tanto, una odiosa e ilegítima discriminación que afecta a los ciudadanos chilenos peticionario, la cual tiene su origen en la Constitución chilena e implica la disminución real del derecho igual de los ciudadanos a elegir sus representantes. En este sentido, la propia Constitución consagra el derecho a la igualdad del sufragio activo, al disponer que "en las votaciones populares, el sufragio será personal, igualitario y secreto" (Art. 15). Con esta diferenciación establecida en el artículo 45 y aplicada por las autoridades ha logrado el efecto de diluir el valor real del voto popular y privilegiar a instituciones y funcionarios castrenses que nada tienen que ver con el desempeño de las funciones legislativas del órgano representativo. [*omissis*]

115. De acuerdo con lo anterior y puesto que la figura de los senadores designados constituye una desigualdad injustificada que altera el núcleo esencial de la democracia representativa, concluye esta Comisión que existe también una violación de los derechos políticos consagrados en los artículos 23 y 24 de la Convención Americana.

116. En efecto, entiende esta Comisión que cuando el artículo 23 y 24 de la Convención hace referencia al "sufragio universal e igual y por voto secreto que garantice la libre expresión de la voluntad de los electores" requiere, al menos, que la soberanía popular pueda ejercerse sin discriminaciones injustificadas que impliquen una pérdida del valor real del poder del voto. Un Senado compuesto en los términos previstos por la Constitución chilena no garantiza una libre expresión de la voluntad de los

gistros y subregistros sectoriales ni cuál es su base poblacional puede haber una gran discrecionalidad susceptible de menoscabar el principio de igualdad del voto.

Por otra parte, nos llama la atención que en el artículo sexto del Decreto 2.878 en el ámbito sectorial los candidatos serán postulados por el sector correspondiente y debe recibir el respaldo del 3% del registro del sector al que pertenece. Sin embargo, dicho respaldo de 3% ha sido sustituido por la Resolución N° 170607-118 del CNE exigiéndose en el parágrafo único del artículo sexto para la postulación en el ámbito sectorial de un número de firmas: 500 para las personas discapacitadas, campesinos, pescadores, empresarios y pensionados y 1000 firmas para el caso de estudiantes y los trabajadores. Como hemos señalado anteriormente, las elecciones en Venezuela no han sido por sectores, y no han existido registros electorales por sectores, por tanto, ¿qué certeza, transparencia, y publicidad existe en cuanto a la conformación e integrantes de dichos registros conformados de manera acelerada y en tiempo record?

2 *La limitación del voto y la limitación de la capacidad de postulación dado por el artículo sexto del Decreto de 23 de mayo de 2017*

Ya hemos comentado que las bases comiciales predeterminada por el Presidente de la República mediante el Decreto 2.830 vulnera el derecho al sufragio porque no es universal y ahora este Decreto N° 2.878 del 23 de mayo de 2017, mediante el cual se presentan las bases comiciales, vulnera el derecho al sufragio ya que no todos los sectores estarán representados en la constituyente sino sólo aquellos determinados y fijados por el Decreto Presidencial N° 2.878, y no es libre por cuanto la capacidad de postulación únicamente la tienen los sectores determinados en éste decreto. De tal manera que, sólo podrán postularse aquellos ciudadanos que formen parte de los sectores seleccionados por el decreto del presidente y el cual no ha sido consultado ni votado por el pueblo, con lo cual el Presidente de la República nuevamente usurpa la soberanía popular. En efecto, el parágrafo único del artículo 6 del Decreto del 23 de mayo de 2017 establece para la postulación de los candidatos en el ámbito sectorial que:

> "en el ámbito sectorial los candidatos y candidatas serán postulados por el sector correspondiente y debe recibir el respaldo del 3% del registro del sector al que pertenece".

De allí pues, se limita la capacidad de postulación ya que no es libre, en virtud de que sólo se pueden postular aquellos ciudadanos que estén dentro de los sectores seleccionados y predeterminados en el Decreto N° 2.878. Por tanto quedan excluidos como hemos señalado supra las amas de casa, los profesores universitarios, los maestros, los profesionales, los técnicos entre

---

electores, pues la figura de los senadores designados contenida en el artículo 45 del texto fundamental chileno le sustrae una porción importante a la voluntad ciudadana"

otros grupos de electores, evidenciándose así que estas bases comiciales en su ámbito sectorial violan el principio de la universalidad del voto y ratificando el carácter corporativo de esa Asamblea Nacional Constituyente que no estará representada, en lo que se refiere al ámbito sectorial , sino una por una parte de los venezolanos , esto es por aquellos grupos de electores que han sido predeterminados y escogidos por el presidente de la República.

3 *Se reconoce carácter originario a la Asamblea Nacional Constituyente en el artículo Decimo Primero del Decreto Nº 2.878:*

Reconocido en el artículo Décimo Primero del Decreto el carácter originario de la Asamblea Nacional Constituyente se presenta la posibilidad, dado dicho carácter originario de ordenar la no realización elecciones por el CNE mientras la Asamblea Nacional Constituyente se encuentre sesionando, o una eventual destitución de la Fiscal General de la República o la Clausura de la Asamblea Nacional entre otras. Así mismo el artículo 349 de la Constitución vigente establece:

> "El Presidente o Presidenta de la República no podrá objetar la nueva Constitución.
>
> Los poderes constituidos no podrán en forma alguna impedir las decisiones de la Asamblea Nacional Constituyente"

Por consiguiente, una vez electos los diputados de la Asamblea Nacional Constituyente e integrada la misma los poderes constituidos no podrán impedir las decisiones de la misma.

V. SENTENCIA N° 378 DE LA SALA CONSTITUCIONAL DEL TSJ DE FECHA 31 DE MAYO DE 2017 ESTABLECE QUE NO ES NECESARIO REFERÉNDUM PARA CONVOCAR UNA ASAMBLEA NACIONAL CONSTITUYENTE

El día miércoles 31 de mayo de 2017 fue emitida la sentencia N° 378 de la Sala Constitucional del Tribunal Supremo de Justicia que resuelve el recurso de interpretación de los artículos 347 y 348 de la Constitución Nacional, interpuesto por el abogado Leopoldo Pita. En dicha sentencia se resuelve lo siguiente:

> "El artículo 347, cuya interpretación se solicita, debemos necesariamente articularlo con el artículo 348, ambos del texto constitucional. En efecto, el pueblo de Venezuela es el depositario del poder constituyente originario y, en tal condición, y como titular de la soberanía, le corresponde la convocatoria de la Asamblea Nacional Constituyente. Pero la iniciativa para convocarla le corresponde, por regla general, a los órganos del Poder Público (el Presidente o Presidenta de la República en Consejo de Ministros; la Asamblea Nacional, mediante acuerdo de las dos terceras partes de sus integrantes; y los Concejos Municipales en cabildos, mediante el voto de las dos terceras partes de los mismos) quienes ejercen indirectamente y por vía de representación la soberanía popular. La única excepción de iniciativa popular de convocatoria es la del quince por ciento de los electores inscritos y electoras inscritas en el Registro Civil y Electoral.

> De tal manera que, el artículo 347 define en quien reside el poder constituyente originario: en el pueblo como titular de la soberanía. Pero el artículo 348 precisa que la iniciativa para ejercer la convocatoria constituyente le corresponde, entre otros, al "Presidente o Presidenta de la República en Consejo de Ministros", órgano del Poder Ejecutivo, quien actúa en ejercicio de la soberanía popular.
>
> En los términos expuestos anteriormente, la Sala considera que no es necesario ni constitucionalmente obligante, un referéndum consultivo previo para la convocatoria de una Asamblea Nacional Constituyente, porque ello no está expresamente contemplado en ninguna de las disposiciones del Capítulo III del Título IX.
>
> Queda de esta manera resuelta la interpretación de los artículos 347 y 348 de la Constitución de la República Bolivariana de Venezuela. Así se decide." (subrayado nuestro)

Esta sentencia es lamentable para la democracia venezolana y señala que no es necesario consultar al pueblo- como depositario del poder constituyente y titular de la soberanía- para que decida si se convoca o no a una Asamblea Nacional Constituyente lo cual constituye arrogarse la voluntad popular y una flagrante usurpación de funciones del Poder Constituyente -el pueblo-. De tal manera que, para transformar el Estado, crear un nuevo ordenamiento Jurídico y redactar una nueva Constitución según la referida sentencia N° 378 del Tribunal Supremo de Justicia no es necesario consultar al pueblo lo cual deja vacío de contenido y de espaldas al pueblo a una supuesta Democracia participativa.

VI. SENTENCIA N° 455 DEL 12 DE JUNIO DE 2017 DE LA SALA CONSTITUCIONAL DEL TRIBUNAL SUPREMO DE JUSTICIA MEDIANTE LA CUAL SE DECLARA LA CONSTITUCIONALIDAD DEL DECRETO 2.878 PUBLICADO EN LA GACETA OFICIAL N° 41.156 DEL 23 DE MAYO DE 2017 QUE ESTABLECE LAS BASES COMICIALES

Dicha sentencia no entra a conocer realmente las inconstitucionalidades señaladas por el recurso interpuesto, sino que toma una postura parcializada en favor de los actos dictados por el Poder Ejecutivo y por el Consejo Nacional Electoral y no efectuando, por supuesto, el debido control de la constitucionalidad, más aún señala en dicha decisión la constitucionalidad del decreto impugnado implicando la posibilidad de desechar otros recursos interpuestos como sucedió con la demanda de nulidad interpuesta por la Fiscal General de la República. La referida sentencia pudiese ser objeto de análisis adicionales[27]

---

27 Consúltese Brewer Carías, Allan: La inconstitucional convocatoria de una Asamblea Nacional. OPCIT. Novena parte página 123 y ss.

VII. CONCLUSIÓN:

En definitiva, el problema en Venezuela no es crear una nueva Constitución o crear un nuevo ordenamiento jurídico, el problema en Venezuela es de políticas económicas, de respeto y cumplimiento a la Constitución vigente, de la liberación de los presos políticos, así como de respeto a la Asamblea Nacional elegida por el pueblo mediante el voto popular y de permitir un cronograma electoral. Por ello la pretendida convocatoria- por demás inconstitucional- a una Asamblea Nacional Constituyente luce forzada, innecesaria e inconveniente de cara a resolver los graves y verdaderos problemas del país salvo que se pretenda- sin legitimidad -crear un Estado Comunal y una Economía Socialista como se deriva de los objetivos programáticos del decreto 2830.

EL VENENO ESCONDIDO EN LAS BASES COMICIALES

Juan Manuel Raffalli
Profesor de Derecho Constitucional
en la Universidad Monteávila y en la UCAB

Finalmente se han divulgado las Bases Comiciales, es decir las reglas del juego mediante las cuales el Presidente pretende llevarnos "llueva, truene o relampaguee" a una Asamblea Nacional Constituyente a todas luces ilegítima[1]. Aún y cuando se pretende hacer ver en los considerandos del Decreto que se trata de un llamado democrático y que se respetará el voto universal, directo y secreto, realmente estas Bases están redactadas de una forma tendenciosa para asegurar al Gobierno de Maduro una mayoría que no tiene y que le permitiría controlar esa Asamblea que sería plenipotenciaria.

Seguidamente exponemos algunos puntos específicos en los cuales se aprecian esas píldoras venenosas:

1.) **Número de Constituyentes**: Según el numeral segundo del Decreto no era posible determinar de inmediato y a ciencia cierta cuántos Constituyentes se elegirán pues en el ámbito sectorial habrá que esperar por el Registro de afiliados o miembros de cada sector y luego dividirlo entre 83.000 que es el cociente previsto en este artículo[2]. Sin embrago con asombrosa rapidez el CNE determinó que serían en total 545 Constituyentes. Salta entonces una pregunta obligada, ¿cómo el CNE pudo en dos días captar y evaluar estos registros sectoriales distintos al Registro Electoral Permanente?, a no dudarlo

---

1 Decreto N° 2.878, publicado en la *Gaceta Oficial* N° 41.156 del 23/5/2017.

2 *"SEGUNDO.- La Asamblea Nacional Constituyente estará integrada por trescientos sesenta y cuatro (364) miembros escogidos territorialmente; ocho (8) electos por los pueblos indígenas; se elegirán también Constituyentes Sectoriales cuyo número se obtendrá del cociente entre el registro electoral de cada sector y el factor obtenido para calcular las y los Constituyentes Territoriales, esto es una o un (1) Constituyente Sectorial por cada ochenta y tres mil (83.000) electores del registro electoral sectorial. La Asamblea Nacional Constituyente tendrá una conformación unicameral y solo se elegirán representantes principales".*

se trabaja desde hace días en estos Registros incluso sin haberse publicado las Bases Comiciales.[3]

2.) **Constituyentes Dependientes del Sector Oficial**: Nótese que dentro de los 8 sectores que se señalan en el primer artículo del Decreto, hay un inmenso número de personas que son trabajadores de la Administración Pública y empresas del Estado[4]. Igualmente que pertenecen a Comunas y Consejos Comunales, así como a la educación pública y misiones educativas. Eso garantiza que la inmensa mayoría de los Constituyentes sectoriales, que no se sabe cuántos serán, vendrán de sectores que dependen del Gobierno.

3.) **Desplazamiento del REP**: El Registro Electoral Oficial y auditable que se usa en todos los procesos electorales, es desplazado en el ámbito sectorial por un Registro distinto que no se ha conformado y que se nutrirá de la información interna que envíen las entidades públicas tales como los ministerios (por ejemplo de Educación cuyo titular es Elías Jaua), los gremios y las asociaciones.

4.) **Mayoría Simple**: Para la elección de Constituyentes de base territorial se establece un número de Constituyentes que se elegiría por representación proporcional de minorías, lo cual asegura que siendo minoría el Gobierno tendrá algunos de estos Constituyentes que en total serían 53; mientras que en el caso de los Constituyentes sectoriales todos se eligen por mayoría simple, lo que le asegura al Gobierno la victoria en casi todos los sectores manipulados.

De nuevo, en este punto debe destacarse que las Bases Comiciales desconocen por completo el mandato constitucional básico que tutela la representatividad de los cuerpos colegiados electoralmente, concretamente el artículo 186 constitucional el cual debe aplicarse por igual a cualquier cuerpo legisla-

---

3 Nótese que la determinación del número de Constituyentes no ha sido publicado en la Gaceta Electoral. EL Rector Luis Emilio Rondón incluso denunció que no hubo reunión formal del Directorio, pero aun así la Rectora Lucena en rueda de prensa el día 25 de mayo de 2017, informó: *"que" el número de constituyentes pasó de 540 a 545, distribuidos de la siguiente forma: 364 constituyentitas serán escogidos a través de la elección territorial, ocho indígenas y 173 electos a través de los sectores, los cuales serán agrupados de la siguiente manera: 24 estudiantes, 8 campesinos y pescadores, 5 empresarios, 5 personas con discapacidad, 28 pensionados, 24 consejos comunales y 79 trabajadores". (http://www.talcualdigital.com/Nota/143074/)*

4 *"PRIMERO.- Los integrantes de la Asamblea Nacional Constituyente serán elegidos y elegidas en el ámbito territorial y sectorial, mediante el voto universal, directo y secreto, sin perjuicio de los y las integrantes de los pueblos indígenas que serán elegidos y elegidas de acuerdo a sus costumbres y prácticas ancestrales, amparados por los artículos 119 y 125 de la Constitución de la República Bolivariana de Venezuela. Los sectores comprenden: 1) Trabajadores y Trabajadoras. 2) Campesinos y Campesinas y Pescadores y Pescadoras. 3) Los y las Estudiantes. 4) Personas con discapacidad. 5) Pueblos Indígenas. 6) Pensionados y Pensionadas. 7) Empresarios y Empresarias. 8) Comunas y Consejos Comunales".*

tivo electo popularmente, y que es muy claro al señalar que los representantes de esos cuerpos colegiados deben ser electos sobre Base Poblacional.

5.) **Exclusión de Partidos**: Se excluye a los Partidos Políticos del régimen de postulaciones, manteniéndose únicamente la iniciativa individual, la de los Grupos de Electores y los ocho sectores como posibles postulantes. Esto es discriminatorio y vulnera el artículo 67 de la Constitución que confiere el derecho a la participación política, que incluye la postulación de candidatos, a todas las asociaciones con fines políticos[5].

6.) **Apoyo Mínimo**: Según el artículo sexto del Decreto, para postularse como candidato sectorial se requiere el apoyo como mínimo del 3% de los afiliados al respectivo sector, mientras que en el caso de los Constituyentes territoriales se aplica el mismo porcentaje pero sobre toda la población del municipio[6]. Esto hace mucho más difícil postularse como candidato territorial que sectorial.

7.) **Omisión de la Base Poblacional**: El esquema de asignación de Constituyentes sobre base territorial municipal y no sobre base poblacional, vulnera principio general de la prevalencia de la mayoría sobre la minoría con respeto de la representación proporcional, previsto en el artículo 63 de la Constitución y lleva al absurdo de que en estados mucho más poblados se elijan igual o menos Constituyentes que en otros con mucha menos población. Ejemplo Miranda que agrupa a casi dos millones de electores elegiría 22 Constituyentes y Falcón que no llega a la mitad de la población de Miranda, elegiría 26 Constituyentes[7].

Nótese que este desplazamiento del REP abiertamente contraía la Ley Orgánica de Procesos Electorales de fecha 31 de julio de 2009, en cuyo artículo 35 se señala: "A los efectos de la celebración de un proceso electoral, el Consejo Nacional Electoral tomará como Registro Electoral Preliminar, el

---

5 *"Artículo 67. Todos los ciudadanos y ciudadanas tienen el derecho de asociarse con fines políticos, mediante métodos democráticos de organización, funcionamiento y dirección. Sus organismos de dirección y sus candidatos o candidatas a cargos de elección popular serán seleccionados o seleccionadas en elecciones internas con la participación de sus integrantes. No se permitirá el financiamiento de las asociaciones con fines políticos con fondos provenientes del Estado".*

6 *"SEXTO.- La postulación de los candidatos y candidatas se podrá presentar en alguna de las siguientes formas: 1. Por iniciativa propia. 2. Por iniciativa de grupos de electores y electoras. 3. Por iniciativa de los sectores antes mencionados. PARÁFRAFO ÚNICO.- Para postularse por iniciativa propia, se requiere el respaldo del 3% de los electores y las electoras inscritas en el Registro Electoral de los municipios para la elección de los Constituyentes Territoriales./ En el ámbito sectorial los candidatos y las candidatas serán postulados por el sector correspondiente y debe recibir el respaldo del 3% del Registro del sector al que pertenece".*

7 "Artículo 63. *El sufragio es un derecho. Se ejercerá mediante votaciones libres, universales, directas y secretas. La ley garantizará el principio de la personalización del sufragio y la representación proporcional".*

corte de la data arrojada por el Registro Electoral publicado dentro de los treinta días siguientes a la convocatoria del proceso. Éste se publicará en la Gaceta Electoral de la República Bolivariana de Venezuela o en el portal oficial de Internet del Consejo Nacional Electoral o en cualquier otro medio de información idónea y eficaz, con las limitaciones que establezca la ley.[8]

8.) **Sede**: No podemos dejar de resaltar que conforme al artículo Décimo de este Decreto, la Asamblea Nacional Constituyente sesionaría en el Salón Elíptico del Palacio Federal Legislativo, es decir, dentro de la sede la Asamblea Nacional, lo cual, considerando el aforo de ese reciento, es un claro preludio de lo que ocurriría después que se instale esa Constituyente, si se consuma el fraude constitucional[9].

Finalmente, debemos resaltar que incluso la forma de este acto es absolutamente inadecuado e inconstitucional pues estas Bases Comiciales deben ser "propuestas" por el Presidente y no "decretadas", toda vez que corresponde ahora al CNE evaluarlas y si actuase apegado a la Constitución debería ordenar un Referéndum Consultivo para aprobar tanto la convocatoria contenida en el Decreto Presidencial N° 2.830[10] como las Bases Comiciales. A no dudarlo estas Bases echarán leña al fuego y en lugar de fomentar la paz y el entendimiento como expresan sus considerandos y el Decreto antes citado, lograrán exactamente lo contrario. Veremos.

8 Este principio es recogido en el artículo 8 de la Ley Orgánica de Procesos Electorales según el cual: *" Para la elección de los integrantes de la Asamblea Nacional, de los consejos legislativos de los estados, de los concejos municipales, y* ***demás cuerpos colegiados de elección popular****, se aplicará un sistema electoral paralelo, de personalización del sufragio para los cargos nominales y de representación proporcional para los cargos de la lista. En ningún caso, la elección nominal incidirá en la elección proporcional mediante lista."*

9 *"DÉCIMO.- La Asamblea Nacional Constituyente se instalará en las 72 horas siguientes a la Proclamación de los Constituyentes y las Constituyentes electas y tendrá como sede el Salón Elíptico del Palacio Federal y se regirá por el estatuto de funcionamiento de la Asamblea Nacional Constituyente del año 1999, de manera provisional en cuanto sea aplicable, hasta tanto dicten su propio estatuto de funcionamiento".*

10 Decreto N° 2.830, publicado en la *Gaceta Oficial* N° 6.295 Extraordinario del 3/5/2017.

BASES COMICIALES DECRETADAS POR EL PRESIDENTE DE LA REPÚBLICA MEDIANTE DECRETO N° 2.878

Rafael Badell Madrid

Individuo de Número de la Academia de Ciencias Políticas y Sociales. Profesor de la Universidad Católica Andrés Bello (pregrado, postgrado y doctorado)

En fecha 23 de mayo de 2017 fue publicado en Gaceta Oficial N° 41.156, el Decreto N° 2.878 de la misma fecha, mediante el cual el Presidente de la República "en su cualidad de convocante", decretó las bases comiciales territoriales y sectoriales, sobre las cuales "se llevará a cabo la convocatoria, conformación y funcionamiento de la Asamblea Nacional Constituyente", convocada según el Decreto N° 2.830 de fecha 1° de mayo de 2017, publicado en la Gaceta Oficial N° 6.295 extraordinario de la misma fecha.

De conformidad con lo establecido en dicho Decreto, los integrantes de la Asamblea Nacional Constituyente, serán elegidos en el ámbito territorial y sectorial, "mediante el voto universal, directo y secreto", sin perjuicio de los integrantes de los pueblos indígenas que serán elegidos de acuerdo a sus costumbres y prácticas ancestrales. Los sectores a los que refiere el Decreto, según el punto PRIMERO del Decreto, comprenden: 1) Trabajadores y Trabajadoras. 2) Campesinos y Campesinas y Pescadores y Pescadoras. 3) Los y las Estudiantes. 4) Personas con discapacidad. 5) Pueblos Indígenas. 6) Pensionados y Pensionadas. 7) Empresarios y Empresarias. 8) Comunas y Consejos Comunales.

El Decreto dispone que la Asamblea Nacional Constituyente estará integrada por trescientos sesenta y cuatro (364) miembros escogidos territorialmente; ocho (8) electos por los pueblos indígenas; y se elegirán también Constituyentes Sectoriales cuyo número se obtendrá del cociente entre el registro electoral de cada sector y el factor obtenido para calcular las y los Constituyentes Territoriales, esto es una o un (1) Constituyente Sectorial por cada ochenta y tres mil (83.000) electores del registro electoral sectorial. La Asamblea Nacional Constituyente tendrá una conformación unicameral y solo se elegirán representantes principales (punto SEGUNDO del Decreto).

También, el Decreto determina la utilización, por parte del Consejo Nacional Electoral, de registros de los sectores de las instituciones oficiales, gremios y asociaciones, debidamente establecidos, con el fin de agrupar dichos registros por áreas de similar condición y distribuirlos según la base poblacional establecida en el punto TERCERO del Decreto (véase punto QUINTO del Decreto).

Asimismo, disponen las bases comiciales que ningún elector podrá estar en más de un registro sectorial, y que la postulación de los candidatos solo podrá presentarse: (i) por iniciativa propia, si cuenta con el respaldo del 3% de los electores inscritos en el Registro Electoral de los municipios para la elección de los Constituyentes Territoriales; (ii) Por iniciática de grupos de electores y (iii) Por iniciativa de los sectores mencionados, si reciben el respaldo del Registro del sector al que pertenece (puntos SEXTO y SÉPTIMO del Decreto).

Por último, para ser postulado como candidato a la Asamblea Nacional Constituyente, el Decreto determina que se requiere de los siguientes requisitos:

1. Ser venezolano o venezolana por nacimiento, sin otra nacionalidad.
2. Mayor de dieciocho (18) años de edad, a la fecha de la elección.
3. Haber residido cinco (5) años en la entidad correspondiente.
4. Estar inscrito o inscrita en el Registro Electoral.
5. En el ámbito sectorial, se requiere presentar la constancia del postulado como candidato o candidata a la Asamblea Nacional Constituyente, de pertenecer al sector postulante, y las demás que se establezcan en la normativa que se dicte al efecto.

Ahora bien, El Decreto es inconstitucional, por cuanto viola los artículos 5, 63, 67, 70 y 347 de la Constitución al usurpar la soberanía del pueblo, como único titular del poder constituyente, y desconocer la voluntad popular, mediante el establecimiento de un proceso constituyente a través de elecciones de constituyente por sectores, de manera que usurpa los poder constituyente únicamente atribuido al pueblo soberano, limitando ilegítimamente el derecho de participación ciudadana al regular quiénes pueden postularse al cargo de constituyente y viola, además, el derecho al sufragio libre, universal y secreto, así como el principio de representación proporcional y la inclusión de los partidos políticos en el régimen de postulaciones.

I. INCONSTITUCIONALIDAD POR USURPACIÓN DE PODERES DEL PUEBLO SOBERANO

Las bases comiciales son inconstitucionales en cuanto usurpan la soberanía del pueblo establecida en el artículo 5 de la Constitución, así como el poder constituyente originario del pueblo (artículo 347 de la Constitución), al convocar inconstitucionalmente una Asamblea Nacional Constituyente "originaria" y al imponer las condiciones de elección de los constituyentes. En primer lugar, las bases comiciales son inconstitucionales desde que el Consejo Nacional Electoral (CNE) sólo podría convocar a la elección de los constituyentistas, si de una convocatoria previa de referendo, el pueblo, en ejercicio directo de su soberanía, determinara su voluntad de construir un orden político y social nuevo, mediante la aprobación de la iniciativa de iniciación del proceso constituyente. Es decir, sólo luego de haber sido aprobada la convocatoria por la mayoría del pueblo venezolano, es que se daría a lugar a la elección de los integrantes de la Asamblea Nacional Constituyente, quienes serían los encargados de la elaboración, redacción y discusión del nuevo texto constitucional.

Las bases comiciales están contaminadas de los mismos vicios de inconstitucionalidad que se atribuyen a los Decretos inconstitucionales N° 2.830 y N° 2.831, por cuanto la convocatoria a la Asamblea Nacional Constituyente no ha sido legitimada por la voluntad popular, es decir, por el pueblo como único detentador de la soberanía nacional, y única entidad competente para hacerlo según lo dispone el artículo 348 de la Constitución, lo cual no ha ocurrido, por lo cual no puede el Presidente de la República continuar el proceso constituyente mediante la presentación al Consejo Nacional Electoral de unas bases comiciales para la elección de los miembros de la Asamblea Nacional constituyente.

Asimismo, ratificamos que el Consejo Nacional Electoral no tiene competencia para convocar elecciones de los miembros de la Asamblea Nacional Constituyente, en tanto que su convocatoria no ha sido aprobada por el pueblo soberano a través de un referéndum consultivo y, de iniciar un proceso electoral para escoger a los constituyentistas, violaría los artículos 292 y siguientes de la Constitución, en concordancia con los artículos 2 y 3 de la Ley Orgánica del Poder Electoral.

II. INCONSTITUCIONALIDAD POR LA LIMITACIÓN DEL DERECHO DE PARTICIPACIÓN CIUDADANA

De otra parte, las bases comiciales son inconstitucionales en tanto que limitan el derecho de participación ciudadana, establecido, entre otros, en el artículo 70 constitucional, al regular quiénes pueden postularse al cargo de constituyente sin consultar previamente al pueblo venezolano sobre la forma de elección de los constituyentes. Únicamente la voluntad popular puede limitar a la propia soberanía popular, por lo que las bases comiciales de la constituyente deben necesariamente ser aprobadas por el voto popular. El Presidente de la República, al decretar las bases comiciales, para que el Consejo Nacional Electoral proceda a convocar las elecciones de los integrantes de la Asamblea Nacional, está usurpando el poder constituyente del pueblo en la aprobación de los mecanismos de participación para la elección de los constituyentes, y además está limitando de forma ilegítima el derecho constitucional de participación ciudadana de los venezolanos, dispuesto en el artículo 70 de la Constitución.

Las bases comiciales deben garantizar el derecho de todos los venezolanos a participar como electores y aspirantes, conforme a las normas constitucionales y las leyes que regulan los procesos electorales. Es por ello que, junto a la iniciativa de la convocatoria a la Asamblea Nacional Constituyente, deben someterse a la aprobación popular, mediante referendo consultivo, las bases comiciales que regirían la elección de los integrantes de la Asamblea Nacional Constituyente, así como el tiempo de duración de la misma, con el objeto de respetar la aplicación de los artículos 2, 3, 5, 63, 64, 70, 71 de la Constitución, y por lo tanto, de no vulnerar o negar el derecho de participación política de todos los venezolanos.

III. INCONSTITUCIONALIDAD POR CONDICIONAMIENTO DE LA SELECCIÓN DE LOS MIEMBROS DE LA ASAMBLEA NACIONAL CONSTITUYENTE

Igualmente, las bases comiciales son inconstitucionales toda vez que establecen la elección de los integrantes de la Asamblea Nacional Constituyente "Originaria" en los ámbitos sectoriales y territoriales, violando en consecuencia lo dispuesto en el artículo 63 constitucional, en el cual se establece de forma literal que el sufragio, como derecho de participación política, se ejercerá mediante votaciones libres, universales, directas y secretas. En efecto, el artículo 63 dispone que:

> *"Artículo 63. El sufragio es un derecho. Se ejercerá mediante votaciones libres, universales, directas y secretas. La ley garantizará el principio de la personalización del sufragio y la representación proporcional."*

Las bases comiciales son inconstitucionales por cuanto determinan la integración de una Asamblea Nacional Constituyente mediante votaciones sectoriales y territoriales, es decir, por sectores escogidos por el Presidente de la República, en completa contravención con lo dispuesto en el precitado artículo 63, que establece que el sufragio es un derecho que se ejercerá mediante la votación universal, la cual implica que cualquiera que detente la condición de elector puede elegir y ser elegido, independientemente de su raza, sexo, creencias o condición social. A tal efecto, el propio texto constitucional determina en el artículo 64 quienes son los electores que están facultados para participar en sufragios de forma activa:

> *"Artículo 64. Son electores o electoras todos los venezolanos y venezolanas que hayan cumplido dieciocho años de edad y que no estén sujetos a interdicción civil o inhabilitación política."*

Las votaciones sectoriales y territoriales por las que se pretende que los miembros de la írrita Asamblea Constituyente sean elegidos, según lo disponen las bases comiciales, por sectores escogidos por el Presidente de la República, no se corresponden de ninguna forma con las votaciones universales, según las cuales, cualquiera que detente la condición de elector (artículo 64 de la Constitución), puede elegir y ser elegido.

Las bases comiciales, al disponer que parte de los constituyentes deben ser electos entre sectores (Empresarios, campesinos y pescadores, personas con alguna discapacidad, estudiantes, trabajadores, comunas y consejos comunales, y pensionados), de modo que los electores no puedan postularse libremente sino a través de sectores, y que los electores sólo puedan escoger entre los postulados de los sectores, limitan de forma directa el derecho al sufragio universal y libre. Esta inconstitucional limitación a la participación del pueblo en ejercicio de su soberanía, en lo político, supone que los electores no tengan libertad de postulación y que los electores no tengan libertad de selección.

La Asamblea Constituyente, al tratarse de un órgano representativo, distinto a los Poderes Constituidos, que se convoca y elige con la misión específica de elaborar y aprobar una Constitución, debe en su instalación, previa convocatoria del poder constituyente -el pueblo-, contar precisamente con la elección de sus integrantes por la vía del sufragio, a través de votaciones directas, universales y secretas.

Además, debemos resaltar que la universalidad del voto implica esencialmente la participación del pueblo como soberano en todos los electores considerados en su globalidad. En otras palabras, el voto es universal únicamente si cualquier elector puede postularse y cualquier elector puede decidir, con base en los artículos 62 y siguientes de la Constitución.

IV. INCONSTITUCIONALIDAD POR VIOLACIÓN DEL PRINCIPIO DE LA REPRESENTACIÓN PROPORCIONAL

Las bases constitucionales determinan una asignación de las constituyentes sobre una base que no se corresponde con la población nacional del Estado venezolano si no sobre la base territorial de cada municipio según lo dispuesto en el punto TERCERO del Decreto, de forma que vulneran el principio de la prevalencia de la mayoría sobre la minoría y el principio de representación proporcional.

En efecto, dispone el mencionado punto TERCERO la elección territorial de constituyentes de la siguiente forma:

> *TERCERO.- En el ámbito territorial se producirá la elección de trescientos sesenta y cuatro (364) Constituyentes a la Asamblea Nacional Constituyente, conforme a la siguiente distribución: un o una (1) Constituyente por cada Municipio del País que será electo o electa de forma nominal de acuerdo al principio de representación mayoritario, y dos (2) Constituyentes en los Municipios Capitales, que serán electos o electas mediante la modalidad lista, de acuerdo al principio de representación proporcional. En el Municipio Libertador de Caracas, Capital de la República Bolivariana de Venezuela y el asiento de los órganos del Poder Nacional, se escogerán siete (7) Constituyentes mediante la modalidad lista de acuerdo al principio de representación proporcional.*

Las bases comiciales, tal y como fueron establecidas en el Decreto N° 2.878, violan del principio de la representación proporcional, que debe estar garantizado por la ley en el ejercicio constitucional del derecho al sufragio, establecido expresamente en el artículo 63 de la Constitución, del siguiente modo: *"... La ley garantizará el principio de la personalización del sufragio y la representación proporcional"*, en tanto implicarían que en estados mucho más poblados se elijan igual o menos Constituyentes que en otros con mucha menos población.

V. INCONSTITUCIONALIDAD POR EXCLUSIÓN DE LOS PARTIDOS POLÍTICOS DEL RÉGIMEN DE POSTULACIONES

También, las bases comiciales son inconstitucionales en tanto que violan lo dispuesto en el artículo 67 de la Constitución al excluir a los partidos políticos del régimen de postulaciones.

Las bases comiciales establecen de forma exclusiva la iniciativa individual, la de los grupos de electores y los sectores como posibles postulantes, trasgrediendo el artículo 67 constitucional que confiere a todas las asociaciones con fines políticos el derecho a concurrir a los procesos electorales postulando candidatos. En efecto, el artículo 67 dispone lo siguiente:

> *Artículo 67. Todos los ciudadanos y ciudadanas tienen el derecho de asociarse con fines políticos, mediante métodos democráticos de organización, funcionamiento y dirección. Sus organismos de dirección y sus candidatos o candidatas a cargos de elección popular serán seleccionados o seleccionadas en elecciones internas con la participación de sus integrantes. No se permitirá el financiamiento de las asociaciones con fines políticos con fondos provenientes del Estado.*

El condicionamiento al que someten los Decretos N° 2.830 y 2.831, y la posterior presentación de las bases comiciales, la elección de los miembros de la Asamblea Nacional Constituyente en los ámbitos territoriales y sectoriales, por el Presidente de la República ante el Consejo Nacional Electoral, violan flagrantemente los artículos 2, 3, 5, 63, 64, 70, 71 de la Constitución, obviando el derecho constitucional a unas votaciones libres, universales, directas y secretas.

LAS BASES COMICIALES PARA LA ASAMBLEA NACIONAL CONSTITUYENTE. ESPECIAL REFERENCIA A LA TEORÍA DE LOS ACTOS DE EJECUCIÓN DIRECTA E INMEDIATA DE LA CONSTITUCIÓN Y AL PRINCIPIO DE RESERVA LEGAL EN MATERIA ELECTORAL

Alexander Espinoza Rausseo

Doctor Iuris y Magister Legum por la Universidad de Passau, Alemania. Profesor Instructor de la Universidad Central de Venezuela

INTRODUCCIÓN

Mediante Decreto N° 2.878, de 23 de mayo de 2017,[1] el Presidente de la República decretó las bases comiciales para la Asamblea Nacional Constituyente.[2] Mediante Resolución N° 170607-118, de fecha 7 de junio de 2017, el Consejo Nacional Electoral resolvió *"establecer"* las bases comiciales contenidas en la propuesta presentada por el Ejecutivo Nacional. En sentencia de fecha 12 de Junio de 2017,[3] la Sala Constitucional se pronunció acerca del recurso de nulidad interpuesto en contra del Decreto Presidencial N° 2.878 dictado por el Presidente de la República.

---

1 Publicado en la *Gaceta Oficial* N° 41.156 con fecha del 23 de mayo

2 Mediante Decreto Presidencial N° 2.889, publicado en la *Gaceta Oficial* N° 6.303 Extraordinario de fecha Domingo 4 de junio de 2017, se complementó la propuesta de Bases Comiciales para la Asamblea Nacional Constituyente (ANC), contenidas en el Decreto N° 2.878 del 23 de mayo de 2017.

En el Decreto se exhorta a la Asamblea Nacional Constituyente, a que, el proyecto de Constitución que se redacte en su seno, sea sometido a referéndum aprobatorio popular, en los términos establecidos en el artículo 70 de la Constitución.

3 SCON-TSJ 12/06/2017 Exp. 2017-0610

http://historico.tsj.gob.ve/decisiones/scon/junio/199906-455-12617-2017-2017-0610.HTML [consultada el 19/06/2017]

El punto de partida del análisis, para determinar cuáles son los requisitos de validez del acto, debe estar referido a la precisión acerca de la naturaleza jurídica del mismo. En segundo lugar, analizaremos el fundamento jurídico de los actos emanados del Ejecutivo Nacional y del Consejo Nacional Electoral. En la medida en que este último se basa en una facultad reglamentaria, analizaremos el ejercicio de tal potestad, así como la existencia de disposiciones constitucionales y legales de aplicación en la elección de los miembros de una Asamblea Nacional Constituyente. Dado que la Sala Político-Administrativa calificó la emisión de las bases comiciales, como un acto de ejecución directa e inmediata de la Constitución, revisaremos en detalle la aplicación y la vigencia de algunos aspectos problemáticos de teoría de los actos de ejecución directa e inmediata de la Constitución. De seguidas, debemos referirnos a la competencia para organizar los procesos electorales. Finalmente analizaremos, como aspecto de fondo de los actos a que se refiere el presente trabajo, la infracción de las normas de la Ley de Procesos Electorales.

I. LA NATURALEZA JURÍDICA DE LOS ACTOS BAJO ESTUDIO

1. *El Decreto de las bases comiciales dictado por el Presidente de la República*

Debemos advertir que no queda claro la relación entre los actos dictados por el Presidente de la República y el Consejo Nacional Electoral, en cuanto a la autoría de las bases comiciales. En el acto dictado por el primero, el Presidente de la República *"decreta"* las bases comiciales, aún cuando en sus considerandos se afirma que su competencia consiste en "proponer" dichas las bases comiciales. El Consejo Nacional Electoral resolvió *"establecer"* las bases comiciales que, en su criterio, habían sido *"propuestas"* por el Presidente de la República. Igualmente confusa es la interpretación de la citada sentencia de la Sala Constitucional, la cual por una parte afirma que el Presidente de la República *"estableció"* las Bases Comiciales, pero luego, contradictoriamente afirma que el Consejo Nacional Electoral *"le dio su conformidad"* a las bases comiciales contenidas en la *"propuesta"* presentada por el Ejecutivo Nacional. El tema es relevante a los efectos del análisis de la sujeción a derecho de tales actos, pero además puede servir de indicio acerca de la inexistente separación o autonomía de los poderes públicos involucrados.

La distinción entre una simple *"propuesta"* y el decreto de las bases comiciales puede ser relevante a los fines del análisis de conformidad a derecho. La propuesta no sería un acto jurídico vinculante, por lo que no produciría efecto jurídico alguno que requiera de nuestro análisis. Un acto sin efectos jurídicos como una *"propuesta"* puede encontrarse amparado por las atribuciones contenidas en los *numerales 1 y 2 del artículo 236* de la Constitución, tal como se indica en el mencionado Decreto. El primero de los mencionados numerales está referido al deber de cumplir y hacer cumplir esta Constitución y la ley, lo cual, además de una obvia reiteración del principio de legalidad a que se refiere el artículo 137, es una especial referencia al deber de fidelidad a la Constitución por parte del Presidente de la República. El segundo de los mencionados numerales atribuye al Presidente de la República, la facultad de dirigir la acción del Gobierno. El artículo 46 de la Ley Orgánica de la Administración Pública[4] deja claro que dirigir la acción del Gobierno es una función distinta a la dirección de la acción de la Administración Pública y el artículo 46 alude a la conducción estratégica del Estado. En la medida en que el acto en cuestión se ubique en la acción política del Gobierno y no produzca efectos jurídicos, el análisis de conformidad a derecho deberá reconocer mayor campo de discrecionalidad a dicho acto y los parámetros de control serían menos estrictos.

Recordemos que un elemento que define a las normas jurídicas lo constituye la regulación de la conducta humana. El derecho es una ordenación normativa del comportamiento humano.[5] El derecho se distingue de otras reglas sociales, por el elemento de coercibilidad. Los sistemas sociales designados como *"derecho"* son órdenes coactivos de la conducta humana.[6] Los actos de la administración pública, de carácter general o particular, tienen como elemento intrínseco la función de regular una situación jurídica, en el sentido de crear, modificar, extinguir o declarar derechos o deberes de los destinatarios del acto. Una propuesta no tiene valor jurídico alguno.

Si por el contrario, se pretende atribuir al Decreto de las bases comiciales dictado por el Presidente de la República algún efecto jurídico, entonces sería preciso señalar que el Presidente de la República no puede atribuirse la facultad de convocar una Asamblea Nacional Constituyente, ni tampoco de establecer las bases del proceso comicial por el que se elegirán sus integrantes. Se trata de una atribución que es inherente a la soberanía popular e indelegable, incluso a través de un referendo consultivo. La afirmación de la Sala Constitucional, contenida en la sentencia del 31 de mayo de 2017,[7] según la cual, la iniciativa para ejercer la convocatoria constituyente le corresponde, entre otros, al Presidente de la República, quien *"actúa en ejercicio de la soberanía popular"*, ha recibido un contundente rechazo en la doctrina venezolana.[8]

---

4 *Gaceta Oficial* Extraordinaria: 6.147 de fecha 17 de noviembre de 2014

5 Kelsen, Teoría pura del derecho, p. 18

6 Kelsen, Teoría pura del derecho, p. 47

7 SCON-TSJ 31/05/2017 Exp. 2017-0519

http://historico.tsj.gob.ve/decisiones/scon/mayo/199490-378-31517-2017-17-0519.HTML [consultada el 19/06/2017]

8 Brewer-Carías, La esquizofrenia constituyente: las inconstitucionales "bases comiciales" dictadas por el presidente de la república, sin comicios, usurpando la voluntad popular y violando el derecho del pueblo a elegir representantes por votación universal; Raffalli, Sentencia 378: La ratificación del fraude, p. 4; Hernández, La ilegítima y fraudulenta convocatoria a una "Asamblea Nacional Constituyente Ciudadana";

Recordemos que, en sentencia N° 271 de la Sala Político-Administrativa del 18 de marzo de 1999,[9] la Sala resolvió expresamente que no correspondía al Presidente de la República, la fijación de las bases del proceso comicial por el que se elegirán los integrantes de la Asamblea Nacional Constituyente; en aquella oportunidad, concluyó la Sala, en la inconstitucionalidad del acto, por vulneración del derecho a la participación política, como derecho inherente a la persona humana.

2. *La Resolución del Consejo Nacional Electoral sobre las bases comiciales*

Como fundamento de la Resolución N° 170607-118, de fecha 7 de junio de 2017 del Consejo Nacional Electoral, se señalan tanto normas constitucionales como legales, al efecto, el ejercicio de las atribuciones conferidas en el artículo 293 numerales 1 y 5 de la Constitución y el artículo 33 numeral 1 y 29 de la Ley Orgánica del Poder Electoral.

De acuerdo con el artículo 293 de la Constitución, el Poder Electoral tiene por función, 1. Reglamentar las leyes electorales y resolver las dudas y vacíos que éstas susciten o contengan y, 5. La organización, administración, dirección y vigilancia de todos los actos relativos a la elección de los cargos de representación popular de los poderes públicos, así como de los referendos. El artículo 33 de la Ley Orgánica del Poder Electoral atribuye al Consejo Nacional Electoral las para: 1. Organizar, administrar, supervisar y vigilar los actos relativos a los procesos electorales, de referendo y los comicios para elegir funcionarias o funcionarios cuyo mandato haya sido revocado, en el ámbito nacional, regional, municipal y parroquial y 29. Reglamentar las leyes electorales y de referendos.

Como se observa, las normas citadas como fundamento de la Resolución dictada por el Consejo Nacional Electoral no se encuentran referidas a la regulación de las bases comiciales de proceso electoral alguno, sino en todo caso a su reglamentación.

De tal forma, analizaremos en primer lugar el ejercicio de la potestad reglamentaria del Consejo Nacional Electoral. Sin embargo, la Sala Político-Administrativa calificó la emisión de las bases comiciales, como un acto de ejecución directa e inmediata de la Constitución, por lo que revisaremos en detalle la aplicación y la vigencia de algunos aspectos problemáticos de teoría

---

Badell, Bases comiciales decretadas por el Presidente de la República mediante Decreto N° 2.878; Alfonzo, Comentarios a los decretos 2830 y 2831 sobre la pretendida Asamblea Nacional Constituyente; Casal, Comentarios sobre la convocatoria de una supuesta Asamblea Nacional Constituyente contenida en el Decreto N° 2.830, del 1 de mayo de 2017

9 SPA-CSJ 18/03/1999 Expediente N° 15.679 Caso: Gerardo Blyde Pérez

http://www.estudiosconstitucionales.com/SENTENCIAS_archivos/036.htm [consultada el 19/06/2017]

de los actos de ejecución directa e inmediata de la Constitución. De seguidas, debemos referirnos a la competencia para organizar los procesos electorales.

II. LA POTESTAD REGLAMENTARIA DEL CNE

Hemos visto que la Resolución N° 170607-118, de fecha 7 de junio de 2017 del Consejo Nacional Electoral señala como fundamento la potestad establecida en el artículo 293 numeral 1 de la Constitución, el cual le atribuye la función de reglamentar las leyes electorales y resolver las dudas y vacíos que éstas susciten o contengan y, el artículo 33 numeral 29 de la Ley Orgánica del Poder Electoral, el cual le atribuye la competencia para reglamentar las leyes electorales y de referendos.

1. *La falta de ejercicio de la potestad reglamentaria*

El primer problema que se plantea es que la Resolución N° 170607-118 no contiene referencia alguna a la ley que sería objeto de reglamentación, sino que – reforzando la ambigüedad en cuanto a la imputabilidad de la autoría sobre las bases comiciales, simplemente *"examinó"* las bases comiciales contenidas en la propuesta presentada por el Ejecutivo Nacional para la convocatoria a la Asamblea Nacional Constituyente y *"acordó reformarlas parcialmente"*.

De tal forma, los artículos 293 numeral 1 de la Constitución y 33 numeral 29 de la Ley Orgánica del Poder Electoral no pueden servir de fundamento a la Resolución N° 170607-118 del Consejo Nacional Electoral, en razón de que su contenido no estuvo referido al ejercicio de su potestad reglamentaria.

2. *La falta de aplicación de principios y reglas constitucionales*

De haber ejercido la potestad reglamentaria a que hace referencia, el Consejo Nacional Electoral hubiera advertido que no se trata de una materia libre de regulación jurídica por normas superiores, sino que deben ser aplicados los principios y normas constitucionales y legales vigentes. La Constitución establece en su artículo 63 el derecho al sufragio, el cual se ejercerá mediante votaciones libres, universales, directas y secretas. La ley debe garantizar el principio de la personalización del sufragio y la representación proporcional. Los artículos 347 y siguientes no contienen disposiciones expresas sobre la elección de los miembros de la Asamblea Nacional Constituyente, pero si se encuentran establecidos en la Constitución ciertos principios y reglas en torno a la elección de los Diputados a la Asamblea Nacional, que deben ser aplicados, en la medida en que regulan una situación análoga, esto es, la elección popular de los representantes que se encargarían de dictar unas normas jurídicas de vigencia para todo el territorio nacional. Entre tales disposiciones, se encuentra el artículo 186, según el cual, la Asamblea Nacional estará integrada por diputados y diputadas elegidos o elegidas en cada entidad federal por votación universal, directa, personalizada y secreta con representación proporcional, según una base poblacional del uno coma uno por ciento de la población total del país. Cada entidad federal elegirá, además, tres diputados o diputadas. Los pueblos indígenas de la República Bolivariana de Venezuela elegirán tres diputados o diputadas de acuerdo con lo establecido en la ley electoral, respetando sus tradiciones y costumbres Cada diputado o diputada tendrá un suplente o una suplente, escogido o escogida en el mismo proceso. También son de aplicación analógica las normas constitucionales sobre las condiciones para ser elegido diputado a la Asamblea Nacional (art. 188) y sobre las incompatibilidades (arts. 189 a 191).

A nivel legislativo, el Consejo Nacional Electoral se encontraba sujeto a lo dispuesto en el Artículo 4 de la Ley Orgánica del Poder Electoral,[10] según el cual, el Poder Electoral debe garantizar la igualdad, confiabilidad, imparcialidad, transparencia y eficacia de los procesos electorales, así como la aplicación de la personalización del sufragio y la representación proporcional. Pero, especialmente, debía aplicar lo dispuesto en la Ley Orgánica de Procesos Electorales,[11] la cual regula y desarrolla los principios constitucionales y los derechos de participación política de los ciudadanos y ciudadanas, en los procesos electorales; así como todas aquellas competencias referidas a los procesos electorales atribuidas por la Constitución de la República y la ley, al Poder Electoral (art. 1).

3. *Aplicación directa de la ley*

Debían ser de aplicación por el Consejo Nacional Electoral, los principios contenidos en el artículo 63 de la Constitución y, por vía de analogía, los principios y reglas constitucionales sobre la elección de los Diputados a la Asamblea Nacional, contenidos en los artículos 186 y siguientes de la Constitución. Pero especialmente, eran de aplicación directa los principios contenidos en el 4 de la Ley Orgánica del Poder Electoral, así como, las normas contenidas en la Ley Orgánica de Procesos Electorales, las cuales no sólo tienen por objeto la regulación de la elección de los integrantes de la Asamblea Nacional, de los concejos legislativos de los estados, de los concejos municipales, sino que expresamente señala su ámbito de aplicación en materia de la elección de *"cuerpos colegiados de elección popular"*. Por ello, eran de aplicación directa, la exigencia de un sistema electoral paralelo, de personalización del sufragio para los cargos nominales y de representación proporcional para los cargos de la lista, establecido en el artículo 8, así como la prohibición de que la elección nominal tenga incidencia en la elección proporcional mediante lista. Era de aplicación directa a la elección de los miembros de la Asamblea Nacional Constituyente la previsión sobre los suplentes (art. 9); la base de población (arts. 10 y 11); la distribución de cargos, según el principio de representación proporcional (art. 14); el derecho al voto nominal y por lista (art. 16); a la conformación de circunscripciones electorales en la forma indicada en el artículo 19 y la adjudicación de los cargos a elegir mediante

---

10 *Gaceta Oficial* Nº 37.573 del 19-11-2002.

11 *G.O.* 5928 E de 12/08/2009.

lista, de acuerdo con lo dispuesto en los artículos 20 y siguientes de la Ley Orgánica de Procesos Electorales.

Sólo en la medida en que alguna disposición dejare algún margen de evaluación, entonces hubiera podido el Consejo Nacional Electoral realizar su desarrollo reglamentario, sin alterar su espíritu, propósito y razón. El *espíritu* de la ley constituye un plus que permite la comprensión de su texto; *razón* equivale al fundamento de su existencia, mientras que el *propósito* está referido a su finalidad.[12]

III. LOS ACTOS DEL CNE COMO DE EJECUCIÓN DIRECTA E INMEDIATA

La sentencia de la Sala Político-Administrativa, que declinó en la Sala Constitucional la competencia para conocer del Decreto de convocatoria a la Asamblea Nacional Constituyente,[13] lo calificó como un acto dictado en ejecución directa e inmediata de la Constitución.

La sentencia de la Sala Constitucional,[14] dictada con ocasión del recurso de nulidad de las bases comiciales para la Asamblea Nacional Constituyente no aclara la situación, sino que hace referencia erróneamente a la competencia establecida en los artículos 334 y 336, *"cardinal 3"* de la Constitución de la República Bolivariana de Venezuela y el artículo 25, *"cardinal 3"* de la Ley Orgánica del Tribunal Supremo de Justicia, los cuales aluden a los actos con rango de ley que sean dictados por el Ejecutivo Nacional. Como veremos más adelante, la Sala tal vez debió referirse al *"numeral 4"* del artículo 336 de la Constitución y al *"numeral 4"* del artículo 25 de la LOTSJ, los cuales corresponden a los actos dictados en ejecución directa e inmediata de la Constitución.

1. *Antecedentes de la calificación como actos de ejecución directa e inmediata de la Constitución*

La Sala Constitucional ha construido progresivamente una especie de facultad legislativa en manos del Consejo Nacional Electoral, en detrimento de las facultades de la Asamblea Nacional.

En sentencia de 19 de mayo de 2000,[15] la Sala Constitucional se pronunció acerca de actos de intervención del Consejo Nacional Electoral en la elec-

---

12 Moles, La Potestad Reglamentaria y sus Modalidades, p. 2090

13 SPA-TSJ 06/06/2017 Exp. N° 2017-0428

http://historico.tsj.gob.ve/decisiones/spa/junio/199659-00647-6617-2017-2017-0428.HTML [consultada el 19/06/2017]

14 SCON-TSJ 12/06/2017 Exp. 2017-0610

http://historico.tsj.gob.ve/decisiones/scon/junio/199906-455-12617-2017-2017-0610.HTML [consultada el 19/06/2017]

15 SCON-TSJ 19/05/2000 Exp. N°. 0038

ción de los miembros de la Junta Directiva de la Asociación de Profesores de la Universidad Central de Venezuela, con base en una Resolución, en la que se establecieron las bases de los procesos comiciales relativos a los gremios profesionales. Observó que, el artículo 293 constitucional, reserva al legislador el establecimiento de la forma de organización de tales elecciones. Sin embargo, la Sala interpretó el contenido de la Disposición Transitoria Octava de la Constitución, que faculta al Consejo Nacional Electoral a convocar, organizar, dirigir y supervisar los procesos electorales *"mientras se promulgan las nuevas leyes electorales"*, así como la potestad potestad reglamentaria de la que goza en la materia, por disposición del artículo 293, como suficiente legitimación para, *"regular lo pertinente a los fines de tal organización"*.

En sentencia de 04 de agosto de 2003,[16] la Sala Constitucional autorizó al Consejo Nacional Electoral a dirigir cualquier proceso electoral conforme a la Ley que lo rige, y a elaborar los proyectos de ley allí señalados, así como las normas y los procedimientos para su funcionamiento, lo que incluye las normas para convocar y efectuar referendos. Tales proyectos de ley tendrían el carácter de ley, y regirían hasta cuando la Asamblea apruebe las leyes en la materia.

La Sala Constitucional ha señalado que la normativa dictada por el Consejo Nacional Electoral para regular lo relativo a los Referendos Revocatorios, constituye un acto de ejecución directa e inmediata de la Constitución.[17] En dicho fallo, la Sala reiteró el criterio expuesto en las sentencias número 566/04 y 2494/06, en el sentido que, no se había dictado una ley para regular ninguna de las modalidades referendarias, de tal manera que la normativa elaborada a tales efectos por el Consejo Nacional Electoral son actos en ejecución directa e inmediata de la Constitución, fundados en el artículo 72 y en la Disposición Transitoria Octava de la Carta Magna. Según la Sala, la invocatoria de la Ley Orgánica del Poder Electoral y el mismo artículo 293 constitucional es a los solos efectos de fundamentar la competencia, pero no hay texto legal pre o post-constitucional que regule los procesos de referendos revocatorios de mandatos de cargos de elección popular. Siendo así, los actos que regulan la materia son de ejecución directa de la Constitución, o desarrollan, amplían o aclaran otros actos sancionados por el mismo Poder Electoral (ejecutando la Constitución).

---

http://estudiosconstitucionales.com/SENTENCIAS_archivos/030.htm [consultada el 19/06/2017]

16 SCON-TSJ 04/08/2003 Exp. Nº 03-1254 y 03-1308

http://www.estudiosconstitucionales.com/SENTENCIAS_archivos/464.htm [consultada el 19/06/2017]

17 SCON-TSJ 24/05/2011 Exp. 04-1037

http://historico.tsj.gob.ve/decisiones/scon/mayo/787-24511-2011-04-1037.HTML [consultada el 19/06/2017]

2. *Los actos dictados en ejecución directa e inmediata de la Constitución*

Debemos advertir que, la complejidad de la teoría de los actos dictados en ejecución directa e inmediata de la Constitución deriva de la inconveniente agrupación de una serie de actos de diferente naturaleza, cuyas características requieren un tratamiento diferenciado:

A. *Los demás actos con rango de ley de los cuerpos legislativos nacionales*

En primer término, la teoría de los actos dictados en ejecución directa e inmediata de la Constitución alude a los actos emanados del Poder Legislativo. Recordemos que el artículo 215 de la Constitución de 1961 atribuía a la Corte Suprema de Justicia, la competencia para declarar la nulidad de las leyes demás actos de los cuerpos legislativos que colidieran con la constitución (num. 3); así como, la de declarar la nulidad de los reglamentos y demás actos del Ejecutivo Nacional cuando sean violatorios de esta Constitución. Por su parte, el artículo 42 numeral 1 de la Ley Orgánica de la Corte Suprema de Justicia excluía implícitamente a los actos administrativos, al precisar que se trataba sólo de los *"actos generales de los cuerpos legislativos nacionales"*.

Tal fue la interpretación de la Corte Suprema de Justicia en Pleno, en el caso del Acuerdo del Congreso de fecha 31 de agosto de 1993, mediante el cual el órgano legislativo declaró que debía considerarse falta absoluta la del Presidente de la República suspendido. La Corte señaló que, los actos de rango sublegal correspondían al contencioso administrativo, mientras que la competencia de la Corte en Pleno se refería a actos emitidos por el cuerpo legislativo nacional, en ejecución directa e inmediata de la Constitución que, sin serlo, *tengan rango equiparable a la ley.*

Este criterio es el recogido por el numeral 1 del artículo 336 de la Constitución de 1999, el cual atribuye a la Sala Constitucional la competencia para declarar la nulidad total o parcial de las leyes nacionales y demás *"actos con rango de ley de los cuerpos legislativos nacionales"* que colidan con la Constitución. Tal sería el caso, por ejemplo de la Ley del Presupuesto y los acuerdos dictados por el Poder Legislativo a los que por vía jurisprudencial se les ha reconocido tal carácter. Así lo ha establecido además la propia Sala Constitucional al señalar, en decisión de fecha 16 de mayo de 2000 (Caso: Erasmo Carmona) que los acuerdos del extinto Congreso de la República mediante los cuales se autoriza, aprueba o delega en la Administración Pública la celebración de un contrato de interés nacional constituyen verdaderos actos con rango de ley cuyo control corresponde a la jurisdicción constitucional.[18]

Además, han sido calificados como de ejecución directa e inmediata de la Constitución, el acto dictado por la Asamblea Nacional Constituyente relativo

18 Badell, Las competencias de la Sala Constitucional, p. 24

a la Regulación de las funciones del Poder Legislativo (SCON 14/02/2002 Exp. 00-1295); el acto de la Asamblea Nacional de Aprobar las líneas generales del plan de desarrollo económico y social de la Nación (SCON-TSJ 09/03/2010 Expediente N° 09-1171), así como el acto de fecha 02 de noviembre de 2007, mediante el cual sancionó la reforma constitucional (SPA-TSJ 16/01/2008 Exp. N° 2007-1072).

B. *Actos de cuerpos deliberantes de los Estados y Municipios*

El numeral 2 del artículo 336 de la Constitución atribuye a la Sala Constitucional la competencia para declarar la nulidad total o parcial de las Constituciones y leyes estadales, de las ordenanzas municipales y demás actos de los cuerpos deliberantes de los Estados y Municipios dictados en ejecución directa e inmediata de la Constitución y que colidan con ésta.

La Sala Constitucional ha señalado al respecto que, el ejercicio de la facultad legislativa que corresponde a los municipios, está limitada por la legislación determinada y su ejercicio puede considerarse derivado de la ejecución de competencias que les son atribuidas directamente por la Constitución.[19] En cuanto al rango, la Sala ha aclarado que, en nuestro ordenamiento jurídico existen tres niveles de legislación, todos de idéntico rango: el nacional, el estadal y el municipal. Así, las leyes nacionales, las leyes estadales y las ordenanzas municipales comparten jerarquía.[20] Por supuesto, el hecho de que se trate de actos de idéntico rango no significa que en determinados supuestos alguno de ellos no pueda sujetarse a otro. No es subordinación, pues no existe jerarquía: es la manifestación del respeto a las competencias constitucionales de cada ente.[21]

En esta categoría ha sido clasificado el acto parlamentario sin forma de ley, dictado por el Consejo Legislativo del Estado Táchira, para elegir la junta directiva de dicho cuerpo.[22]

C. *Los actos con rango de ley dictados por el Ejecutivo Nacional*

El numeral 3 del artículo 336 de la Constitución atribuye a la Sala Constitucional la competencia para declarar la nulidad total o parcial de los actos con rango de ley dictados por el Ejecutivo Nacional que colidan con la Constitución.

---

19 SCON-TSJ 08/04/2003 Exp. 01-2229
http://historico.tsj.gob.ve/decisiones/scon/abril/722-080403-01-2229%20.HTM [consultada el 19/06/2017]

20 Este criterio había sido sostenido por Gustavo Linares Benzo, Leyes Nacionales y Leyes Estadales en la Federación venezolana, p. 24

21 SCON-TSJ 03/12/2003 Exp. N° 00-1693

22 SCON-TSJ 08/06/2011 EXP. N° 11-0117
http://historico.tsj.gob.ve/decisiones/scon/junio/923-8611-2011-11-0117.HTML [consultada el 19/06/2017]

En decisión de fecha 23 de noviembre de 2001 señaló la Sala Constitucional, que solo pueden considerarse leyes: 1. los actos sancionados por la Asamblea Nacional como cuerpo legislador; y los decretos leyes dictados por el Presidente de la República por delegación de la Asamblea Nacional mediante ley habilitante.[23] Debemos agregar, que, de acuerdo con lo dispuesto en el artículo 22 de la Ley Orgánica sobre los Estados de Excepción, el decreto que declare los estados de excepción tendrá rango y fuerza de Ley.[24]

D. *Otros actos en ejecución directa e inmediata de la Constitución*

El numeral 4 del artículo 336 de la Constitución atribuye a la Sala Constitucional la competencia para declarar la nulidad total o parcial de los actos en ejecución directa e inmediata de esta Constitución, dictados por cualquier otro órgano estatal en ejercicio del Poder Público, cuando colidan con ésta.

Como indicamos antes, la Sala Político-Administrativa consideró que a esta categoría pertenecen los llamados actos de gobierno o de ejecución directa e inmediata de la Constitución, emanados del Ejecutivo Nacional y del Consejo Nacional Electoral, a que se refiere el presente estudio.

3. *Características de los actos en ejecución directa e inmediata de la Constitución*

En este punto debemos analizar algunas características que la doctrina dominante le ha atribuido a los actos dictados en ejecución directa e inmediata de la Constitución. Se señala, que no se encuentran sometidos a las leyes, y derivan de normas constitucionales que no requieren de ley alguna que desarrollen su contenido. Se trataría por ello de actos de rango legal.

En Venezuela, la denominación de *"actos en ejecución directa e inmediata de la Constitución"* ha sido utilizada como equivalente a la noción de *"actos de Gobierno"*, de origen francés y de diversa configuración en el derecho comparado.[25] En el modelo francés, la justificación de la existencia de una categoría especial de *actos en ejecución directa e inmediata de la Constitución,* estaba referida al aumento de las facultades del gobierno, que en el sistema iniciado con la Constitución del año VIII, es concebido como expresión de la soberanía popular.[26]

De acuerdo con el criterio dominante, los actos dictados en ejecución directa e inmediata de la Constitución tienen el mismo *rango* que la ley, con relación a la Constitución.[27] El mismo criterio parece desprenderse del texto del

---

23 Badell, Las competencias de la Sala Constitucional, p. 26

24 *Gaceta Oficial* N° 37.261 de fecha 15 de agosto de 2001

25 En detalle, Lares, Manual de derecho administrativo, p. 194

26 Moles, El principio de legalidad y sus implicaciones, p. 294

27 Brewer-Carías, *Introducción General al Régimen de la Jurisdicción Contencioso Administrativa*, p. 63; Araujo-Juárez, *Derecho Administrativo*, p. 473

numeral 3 del artículo 25 de la Ley Orgánica del Tribunal Supremo de Justicia, el cual alude a los actos con *"rango de ley"* que sean dictados por el Ejecutivo Nacional. Esta interpretación es utilizada por la Sala Constitucional, al señalar que, "el criterio acogido por el Constituyente para definir las competencias de la Sala Constitucional, atiende al *rango* de las actuaciones objeto de control".[28]

Según explica el prof. *Brewer-Carías*, ello deriva del principio de la formación del derecho por grados, que constituye una unidad integrado con una multitud de normas estructuradas en forma jerarquizada. Ello determina la relación jerárquica que existe entre el conjunto normas o de reglas de derecho que forman el ordenamiento, de manera que cada norma del mismo siempre deriva de otra, y en la cadena de derivaciones tiene su vértice precisamente en una Grundnorm o Constitución.[29] Por ejemplo, la sanción de leyes ordinarias o actos de la Asamblea están regulados por la Constitución, como lo están los actos de gobierno que dicta el Presidente de la República.[30]

En nuestro criterio, tales afirmaciones pueden conducir al error. La atribución de una competencia por la propia Constitución no es suficiente para afirmar que el acto dictado en esa materia adquiera rango de ley. Recordemos que, uno de los elementos característicos de la Constitución de 1999, es la previsión de disposiciones lo suficientemente determinadas, que no requieran necesariamente de desarrollo legislativo, con el objeto de que puedan ser directamente aplicables.

En el caso de los *actos en ejecución directa e inmediata de la Constitución,* no podemos afirmar que la Constitución hubiera pretendido ofrecerles una especial posición frente al Parlamento, sino que, dada la diversidad de actos comprendidos en esta noción, habría que realizar un análisis individual en cada caso. Hemos visto, por ejemplo, que los actos de los cuerpos deliberantes de los Estados y Municipios dictados en ejecución directa e inmediata de la Constitución tienen rango de ley, aún cuando se encuentran sujetos a la ley nacional. Pero la generalización de ese criterio, para aplicarlo también a actos emanados de los poderes de ejecución podría ser problemática.

En términos generales, sólo podemos afirmar que, la previsión reiterada en el artículo 336 de la Constitución de los actos en ejecución directa e inmediata de la Constitución no tenía por objeto la creación de una nueva categor-

---

28 SCON-TSJ 20/12/2001 Exp. N° 00-3094 Caso: Javier Elechiguerra Naranjo. http://historico.tsj.gob.ve/decisiones/scon/diciembre/2748-201201-00-3094.HTM [consultada el 19/06/2017]

29 Brewer-Carías, *El control de constitucionalidad de los actos del poder ejecutivo dictados en ejecución directa e inmediata de la Constitución, y el principio de la formación del derecho por grados en Venezuela*, p. 10.

30 Brewer-Carías, *El control de constitucionalidad de los actos del poder ejecutivo dictados en ejecución directa e inmediata de la Constitución, y el principio de la formación del derecho por grados en Venezuela*, p. 11.

ía normativa, sino que la finalidad de la norma era simplemente la distribución de competencias procesales, para lo cual contaba con un amplísimo margen de configuración.

Afirmar que los actos del Ejecutivo, que son dictados en ejecución directa e inmediata de la Constitución, tienen *"rango"* de ley, llevaría a deducir que, en general, estos actos en la formación escalonada del orden jurídico, también se colocan *"en el mismo nivel que las leyes formales"*, por lo que, *"no están sujetos a regulación por ley formal".*[31] Según la Sala Constitucional, la competencia deriva directamente de una norma constitucional que no requiere de ley alguna que regule el ejercicio del derecho o de la atribución que fundamenta el acto.[32]

Tales afirmaciones, en lo que atañe a los actos emanados de poderes de ejecución de la ley, requieren de una revisión más detenida.

Una posición distinta es sostenida por *Lares,* quien señala que las decisiones que ordinariamente se enumeran como pertenecientes a la categoría de actos de gobierno están casi en su totalidad condicionadas por las disposiciones de la Ley Orgánica de la Administración Central *(hoy Ley Orgánica de la Administración Pública).*[33] La teoría se habría construido sobre las ideas del profesor austriaco *Adolf Merkl*, quien sin embargo, afirmaba la vinculación a la ley de los actos de gobierno, incluso con mayor intensidad que el acto administrativo de cualquier órgano subordinado.[34]

Según *Lares*, no existen en nuestro derecho decisiones del poder ejecutivo que escapen de modo absoluto al control de legalidad.[35] Debemos añadir que, no existe en la Constitución norma alguna que impida al Parlamento regular determinada materia, por encontrarse reservada a alguno de los poderes de ejecución de la ley. La única limitación constitucional es la referida a la densidad normativa de las leyes relativas a la organización de la Administración Pública Nacional,[36] pero no se trata de una verdadera *"reserva administrativa"*.

---

31 Brewer-Carías, *El control de constitucionalidad de los actos del poder ejecutivo dictados en ejecución directa e inmediata de la Constitución, y el principio de la formación del derecho por grados en Venezuela*, p. 22.

32 SCON-TSJ 24/05/2011 Exp. 04-1037

http://historico.tsj.gob.ve/decisiones/scon/mayo/787-24511-2011-04-1037.HTML [consultada el 19/06/2017]

33 Lares Martínez, *Manual de derecho administrativo*, p. 194

34 Lares Martínez, *Manual de derecho administrativo*, p. 195

35 Lares Martínez, *Manual de derecho administrativo*, p. 195

36 Los artículos 137 y 187 numeral 1 de la Constitución atribuyen a la ley la tarea de establecer la organización y funcionamiento de los órganos del Poder Público. En tal sentido, constituye una materia reservada a la ley. Sin embargo, el artículo 236 numeral 20 de la Constitución establece una limitación material importante. Sólo co-

En términos similares *Gordillo* afirma que, todos los actos del Poder Ejecutivo, incluso los dictados en ejercicio de una atribución otorgada en forma directa e inmediata por una disposición constitucional expresa, están sujetos a regulación legislativa.[37] De tal forma, si bien corresponde al Presidente de la Nación indultar o conmutar las penas por delitos sujetos a la jurisdicción federal, sin embargo, para la interpretación de los términos *"pena", "delito", "jurisdicción federal"* es aplicable el Código Penal. No puede tratarse de un materia vedada al Congreso, que escapa a su competencia legislar acerca de estas facultades del Poder Ejecutivo y que éste pueda *ex novo* y *ex inventione* ponerse en cada caso a determinar discrecionalmente qué es delito, qué es pena, qué es jurisdicción federal. En cuanto a la competencia para nombrar y remover a los embajadores, ministros plenipotenciarios y encargados de negocios, el Poder Ejecutivo y los tribunales deben recurrir a la ley de servicio exterior de la Nación para saber qué es un *"ministro plenipotenciario"* y qué es un *"encargado de negocios"*, esa ley no es inconstitucional, ni puede el Poder Ejecutivo o el tribunal 33 interpretar, contra lo que dispone el Congreso, qué es un ministro plenipotenciario o un encargado de negocios en el sentido de la Constitución.[38]

Como se observa, no existe justificación material alguna para eximir de la sujeción a la ley de los llamados *actos en ejecución directa e inmediata de la Constitución.* Es posible que algunos aspectos se encuentren regulados por la ley, mientras que en otros elementos del acto sea aplicable directamente la Constitución. Tampoco encontramos que esa hubiera sido la intención del artículo 336 de la Constitución, cuya finalidad era simplemente la distribución de competencias procesales entre la Sala Constitucional y los tribunales contencioso-administrativos. Por el contrario, es aplicable el principio general de legalidad contenido en el artículo 137 de la Constitución, según el cual, la Constitución y la ley definirán las atribuciones de los órganos que ejercen el Poder Público, a las cuales deben sujetarse las actividades que realicen.

4. *Aplicación de la teoría a las bases comiciales*

El acto contenido en la Resolución N° 170607-118, de fecha 7 de junio de 2017, por la cual el Consejo Nacional Electoral, que resolvió *"establecer"* las bases comiciales contenidas en la propuesta presentada por el Ejecutivo Nacional, no puede ser considerado como de ejecución directa e inmediata de la Constitución, en razón de que la elección de los miembros de la Asamblea Nacional Constituyente se encuentra regulado en la Ley Orgánica de Procesos

---

rresponde a la ley establecer una regulación programática. El detalle, específicamente, la determinación del número, organización y competencia de los ministerios y otros organismos de la Administración Pública Nacional, corresponde al propio Poder Ejecutivo.

37 Gordillo, *Tratado de derecho administrativo y obras selectas*, p. VII-11

38 Gordillo, *Tratado de derecho administrativo y obras selectas*, p. VII-11

Electorales, por tratarse de una elección de *"cuerpos colegiados de elección popular"*. Pero incluso aún cuando se pueda forzar esa categoría para justificar la competencia de la Sala Constitucional, sin embargo, en ningún caso puede negarse la facultad del parlamento de regular la materia y la sujeción del Consejo Nacional Electoral a la ley.

IV. LA COMPETENCIA PARA ORGANIZAR LOS PROCESOS ELECTORALES

Hemos visto como la Sala Constitucional ha ido construyendo progresivamente una especie de facultad legislativa en manos del Consejo Nacional Electoral, en base a principios de la aplicación inmediata de la Constitución; la atribución de competencias contenida en la Disposición Transitoria OCTAVA y la potestad reglamentaria del art. 293, I de la Constitución. Tal criterio es contrario al principio de reserva legal.

De acuerdo con el principio de reserva legal, el desarrollo normativo de las materias de especial trascendencia se encuentra reservado al poder legislativo y no a los poderes de ejecución de la ley. Este criterio ha sido sostenido por la Sala Constitucional, al señalar que, la figura de la reserva legal viene dada por la consagración a nivel constitucional de determinadas materias que, debido a la importancia jurídica y política que tienen asignadas, sólo pueden ser reguladas mediante ley, desde el punto de vista formal, y ello excluye la posibilidad de que tales materias sean desarrolladas mediante reglamentos o cualquier otro instrumento normativo que no goce de dicho rango legal (SC-TSJ 21/11/2001 Exp: 00-1455. Criterio reiterado SC-TSJ 17/08/2004 Exp. N° 03-0508 y 03-0527).

La reserva legal es manifestación de la separación de Poderes y del principio de democracia. El Parlamento es el primer intérprete de la Constitución. Su posición privilegiada, como representante de la voluntad popular, deriva en primer término de su legitimidad democrática, por la elección popular de sus miembros. Los Parlamentos, son el lugar de reunión de las fuerzas políticas (del país, estado, municipio). Uno de sus atributos básicos es la libertad de discusión para llegar a un resultado producto del consenso (SCON-TSJ 07/04/2005 Exp: 04-3163). El procedimiento parlamentario garantiza la publicidad del objeto de la regulación, la participación crítica de la oposición y el equilibrio de los intereses en conflicto, a través del debate, en mayor medida que los procedimientos del Ejecutivo.[39]

La excepción contenida en la Disposición Transitoria OCTAVA contiene una atribución de competencias a favor del Consejo Nacional Electoral, relativas a la convocatoria, organización, dirección y supervisión de los procesos electorales. Pero su finalidad no estaba referida a una liberación del principio de la reserva legal. Ejemplo de ello, lo constituye la aplicación de la Ley

39 Konrad Hesse, Grundzuge des Verfassungsrechts der Bundesrepublik Deutschland, p. 203.

Orgánica del Sufragio y Participación Política de 1998, para la regulación de la elección de los Diputados a la Asamblea Nacional y a los Consejos Legislativos de 30 de julio de 2000. Se trata de una aplicación por vía de analogía de una ley formal, en lugar de una regulación *ex novo* por parte de un órgano de ejecución de la ley.

Por tales motivos, los principios de la aplicación inmediata de la Constitución; la atribución de competencias contenida en la Disposición Transitoria OCTAVA y la potestad reglamentaria del art. 293, I de la Constitución, no pueden ser utilizados para desaplicar el principio de reserva legal, sin infringir con ello los principios de separación de Poderes y de legitimación democrática del parlamento.

V. EL FUNDAMENTO JURÍDICO DE LOS ACTOS BAJO ESTUDIO

Analizaremos finalmente, como aspecto de fondo de los actos a que se refiere el presente trabajo, la infracción de las normas de la Ley de Procesos Electorales. Hemos visto anteriormente que, la Ley Orgánica de Procesos Electorales previó expresamente la aplicación de sus disposiciones a la elección de *"cuerpos colegiados de elección popular"*. Por ello, tales normas eran de aplicación directa en la elección de los miembros de la Asamblea Nacional Constituyente.

La existencia de un *"ámbito sectorial"* para la elección de los integrantes de la Asamblea Nacional Constituyente constituye una infracción del principio de la votación universal, consagrado en el artículo 63 de la Constitución el cual implica que cualquiera que detente la condición de elector puede elegir y ser elegido, independientemente de su raza, sexo, creencias o condición social,[40] así como el derecho a la igualdad del voto.[41]

Además, la Resolución N° 170607-118, de fecha 7 de junio de 2017, el Consejo Nacional Electoral incurrió en las siguientes infracciones de la Ley Orgánica de Procesos Electorales:

Infracción de la exigencia de un sistema electoral paralelo, de personalización del sufragio para los cargos nominales y de representación proporcional para los cargos de la lista, establecido en el artículo 8. De acuerdo con esta disposición, para la elección de los integrantes de los cuerpos colegiados de elección popular, se aplicará un sistema electoral paralelo, de personalización del sufragio para los cargos nominales y de representación proporcional para los cargos de la lista. Por su parte, en la Resolución del CNE sólo se prevé la modalidad lista, de acuerdo al principio de representación proporcional, en

---

40 Brewer-Carías, *La esquizofrenia constituyente*, p. 5; Badell, *Bases comiciales decretadas por el Presidente de la República mediante Decreto N° 2.878.*

41 Hernández, *Bases comiciales: otro golpe a la democracia*; Briceño, *Constituyente: reglas manipuladas para ganar con el 20% de los votos.*

los municipios capitales, en el Municipio Libertador de Caracas y no en los restantes municipios del país.

Infracción de la previsión sobre los suplentes, contenida en el artículo 9, según el cual cada representante elegido y elegida por lista o por circunscripción nominal a los cuerpos colegiados de elección popular, tendrá un suplente. En las bases comiciales sin embargo, no está prevista la elección de suplentes.

Infracción de los artículos 10 y 11, referidos a la base poblacional. De acuerdo con el artículo 10, en cada estado y en el Distrito Capital, deben ser electos un número de representantes igual al resultado de dividir el número de su población entre una base de población igual al uno coma uno por ciento (1,1%) de la población total del país. Esta regla también se encuentra establecida en el artículo 186 de la Constitución, con respecto a la elección de los diputados a la Asamblea Nacional. Por su parte, en las bases comiciales, el numero de represente s de la base territorial no es proporcional a la población, sino que depende del número de municipios.[42]

BIBLIOGRAFÍA

Alfonzo Paradisi, Juan Domingo: *Comentarios a los decretos 2830 y 2831 sobre la pretendida Asamblea Nacional Constituyente*. Mayo, 2017, http://www.tpa.com.ve/res/noticias/Comentarios%20a%20los%20Decretos%202830%20y%202831%20sobre%20la%20Pretendida%20Asamblea%20Nacional%20Constituyente.pdf [Consultado el 17/06/2017]

Araujo-Juárez, José: *Derecho Administrativo. Parte General*. Ediciones Paredes. Caracas, 2007

Badell Madrid, Rafael, "Las competencias de la Sala Constitucional", en *Derecho y Sociedad. Revista de Estudiantes de Derecho de la Universidad Monteávila* / Universidad Monteávila, Facultad de Ciencias Jurídicas y Políticas.-- Caracas, 3 (abril) (2002)

- *Bases comiciales decretadas por el Presidente de la República mediante Decreto N° 2.878*, en http://www.badellgrau.com/byg/upl/files/Rafael%20Badell%20Madrid_%20Bases%20comiciales%20del%20proceso%20constituyente%202017.pdf [Consultado el 17/06/2017]

Brewer-Carías, Allan R.: *El control de constitucionalidad de los actos del poder ejecutivo dictados en ejecución directa e inmediata de la Constitución, y el principio de la formación del derecho por grados en Venezuela*, en http://allanbrewer.com/Content/449725d9-f1cb-474b-8ab2-41efb849fea8/Content/II,%204,%20728,%20LA%20COMPETENCIA%20DE%20LA%20JURISDICCI%C3%93N%20CONSTITU-CIO-

42 Brewer-Carías, *La esquizofrenia constituyente*, p. 8

NAL%20Y%20EL%20PRINCIPIO%20DE%20LA%20FORMACI%C3%93N%20DE%20DERECHO%20POR%20GR).pdf [Consultado el 17/06/2017]

- "Introducción General al Régimen de la Jurisdicción Contencioso Administrativa", en *Ley Orgánica de la Jurisdicción Contencioso Administrativa*, Editorial Jurídica Venezolana, Primera Edición, Caracas 2010.

- *La esquizofrenia constituyente: las inconstitucionales "bases comiciales" dictadas por el presidente de la república, sin comicios, usurpando la voluntad popular y violando el derecho del pueblo a elegir representantes por votación universal.* http://www.badellgrau.com/byg/upl/files/160_%20Brewer-Carias,%20Allan,%20Las%20inconstitucionales%20bases%20comiciales.pdf [consultada el 19/06/2017]

Briceño, Héctor: *Constituyente: reglas manipuladas para ganar con el 20% de los votos*, http://prodavinci.com/2017/05/27/actua-lidad/constituyente-reglas-manipuladas-para-ganar-con-el-20-de-los-votos-por-hector-briceno/ [Consultado el 17/06/2017]

Casal, Jesús M.: "Comentarios sobre la convocatoria de una supuesta Asamblea Nacional Constituyente contenida en el Decreto N° 2.830, del 1 de mayo de 2017". *Revista Electrónica de Investigación y Asesoría Jurídica* – REDIAJ Nº 11. Instituto de Estudios Constitucionales. Caracas, Mayo 2017, pp. 1042-1054,

http://www.estudiosconstitucio-nales.com/REDIAJ/1042-1054.pdf [consultada el 19/06/2017]

Gordillo, Agustín: *Tratado de derecho administrativo y obras selectas*. Tomo 1, Parte general. 11ª ed., ahora como 1ª ed. del *Tratado de derecho administrativo y obras selectas*, Buenos Aires, F.D.A., 2013, pág. VII-11, http://www.gordillo.com/pdf_tomo1/capituloVII.pdf [Consultado el 17/06/2017]

Hernández, José Ignacio: *La ilegítima y fraudulenta convocatoria a una "Asamblea Nacional Constituyente Ciudadana"*, http://w2.ucab.edu.ve/tl_files/IIJ/recursos/Constituyente%20jose%20ignacio.pdf [consultada el 19/06/2017]

- "Bases comiciales: otro golpe a la democracia," en *Prodavinci*, 23 de mayo de 2017 , http://prodavinci.com/blogs/bases-comiciales-otro-golpe-a-lademocracia-por-jose-ignacio-hernandez/ [Consultado el 17/06/2017]

Hesse, Konrad, *Grundzüge des Verfassungsrechts der Bundesrepublik Deutschland*— 17º Edición, C.F. Müller, Heildelberg 1990

Kelsen, Hans: *Teoría pura del derecho*. Traducción de la segunda edición en alemán, por Roberto J. Vernengo. Universidad Nacional Autónoma de México. México 1982

http://lkservicios.com/maestria-2013-1/descargas/510teoria_kelsen.pdf [Consultado el 17/06/2017]

Lares Martínez, Eloy: *Manual de derecho administrativo*, Décima Edición 1996. Universidad Central de Venezuela

Linares Benzo, Gustavo: *Leyes Nacionales y Leyes Estadales en la Federación venezolana*. Editorial Jurídica Venezolana, Caracas 1995

Moles Caubet, Antonio, "El principio de legalidad y sus implicaciones" en *Estudios de Derecho Público*, Universidad Central de Venezuela, Caracas 1997

- "La Potestad Reglamentaria y sus Modalidades" en *Estudios sobre la Constitución, Libro homenaje a Rafael Caldera*, Tomo IV, Obra colectiva, Universidad Central de Venezuela, Caracas 1979.

Raffalli, Juan Manuel: "Sentencia 378: la ratificación del fraude" en *Prodavinci* 05.06.2017, en http://prodavinci.com/2017/06/01/actua-lidad/sentencia-378-la-ratificacion-del-fraude-por-juan-manuel-raffalli/?output=pdf [consultada el 19/06/2017]

OBSERVACIONES PRELIMINARES SOBRE LA INCONSTITUCIONALIDAD DEL DECRETO PRESIDENCIAL N° 2878, DE 23-5-2017, CONTENTIVO DE LAS BASES COMICIALES DE LA ASAMBLEA NACIONAL CONSTITUYENTE "CONVOCADA" POR NICOLÁS MADURO

José Peña Solís

Profesor Titular de la Universidad Central de Venezuela

I. PREMISAS BÁSICAS QUE SERVIRÁN DE BASE A LAS OBSERVACIONES SOBRE LA INCONSTITUCIONALIDAD DEL DECRETO PRESIDENCIAL N° 2878

1. El marco regulatorio que debe regir a la convocatoria de una Asamblea Nacional Constituyente está constituido por la Constitución de 1999, básicamente por sus artículos 347, 348 y 349, además de aquellos que consagran el derecho a la participación política, el derecho al sufragio, así como por cualquier otro valor o principio que sirva para cubrir los vacíos que deja la escueta regulación contenida en los artículos enunciados.

2. No cabe duda que el Presidente de la República al "convocar" la Asamblea Nacional Constituyente mediante el Decreto 2870, del 1°-5-2017, incurrió en una grotesca violación constitucional de los artículos 347 y 5 de la Constitución, en virtud que al pretender confundir fraudulentamente la potestad de **iniciativa constituyente** que le confiere el citado artículo 348, con la de convocatoria, **usurpó** la potestad de **convocatoria constituyente** que le confiere el artículo 347 al pueblo, el cual actuando en su carácter de depositario del poder constituyente originario como titular de la **soberanía popular**, dado el carácter intransferible de esta, debe ejercerla (caso de convocatoria de una ANC) de **manera directa**, a tenor de lo previsto en el citado artículo 5, en concordancia con el 73 (referendo aprobatorio), ambos de la Constitución.

3. Al formar parte las bases comiciales de la potestad de **iniciativa** de la convocatoria de una ANC, si tal "convocatoria" presidencial es **absolutamente nula**, sin ninguna duda tal nulidad se extiende a las **bases comiciales** de la Asamblea Nacional Constituyente, aunque estén contenidas en otro

decreto; de tal manera que basta este argumento para predicar la **nulidad absoluta "in totum"**, de dichas bases sin necesidad de entrar a examinar su contenido. Sin embargo, dentro de un espíritu de pedagogía jurídica, consideramos oportuno exponer de manera resumida las razones por las que ese contenido está afectado de vicios de inconstitucionalidad. A mayor abundamiento, a favor de la nulidad "per se" del Decreto Presidencial 2878 debe esgrimirse el argumento concerniente a que la validez de la potestad normativa ejercida en este caso por el Presidente de la República, está condicionada por el artículo 347 de la Constitución, es decir, que el producto del ejercicio de la misma (Bases) sea aprobado por el pueblo en el correspondiente referendo, de tal manera que sin esa aprobación popular, las bases comiciales carecen tanto de **validez,** como de **eficacia**.

II. LOS VICIOS MÁS RESALTANTES DEL DECRETO N° 2878 CONTENTIVO DE LAS BASES COMICIALES

1. **La sectorización del cuerpo electoral recogida operacionalmente en las bases, infringe los artículos 62, 63, 64 y 65 de la Constitución, que consagran el derecho a la participación política y el derecho al sufragio activo y pasivo**. Como es bien sabido, la Constitución es el marco regulatorio de la convocatoria de una ANC, y por tanto, durante todo el curso de ese proceso sigue vigente el **principio de supremacía constitucional**, en virtud de que el carácter de poder originario, que legitima la emanación de actos supraconstitucionales, solo lo adquiere la Asamblea Nacional Constituyente después que comienza a funcionar; de allí que cualquier norma destinada a sentar las bases comiciales de ese máximo órgano constituyente debe ajustarse a dicho principio. Pues bien, cuando el Decreto bajo examen establece la "sectorialización" del electorado en trabajadores, campesinos, pensionados estudiantes, personas con discapacidad, consejos comunales, etc, infringe el principio de igualdad de los integrantes del pueblo, conceptuado como cuerpo electoral, según el cual no es admisible ninguna distinción entre sus integrantes, recogido en el citado 64 constitucional, que es una concreción del 62 ejusdem, el cual define en términos de igualdad a los electores que tienen derecho a ejercer el sufragio activo, como a los venezolanos que hayan cumplido dieciocho años de edad y que no están sujetos a interdicción civil ni a inhabilitación política, sin establecer entre ellos ningún tipo de distinción que origine la ruptura de esa igualdad.

Igualmente infringe el derecho al sufragio pasivo consagrado indirectamente en los artículos 63 y 65 constitucionales, porque solo podrán ser postulados y elegidos los que pertenezcan a cada uno de los **sectores** en que conforme al Decreto, se organizará el Registro Electoral. También infringe el principio de la universalidad del voto contenido en el artículo 63 ejusdem, según el cual el sufragio pasivo puede ser ejercido por todos los que conforman el cuerpo electoral, sin posibilidad de que ese ejercicio esté condicionado a la pertenencia del elector a sector alguno; asimismo viola el principio de igualdad del voto, debido a que a esos sectores les corresponde en la integración de la ANC, un porcentaje superior al treinta por ciento de ellos, porque si bien se conoce el número de constituyentes territoriales, se desconoce el número de los serán elegidos por la totalidad de los sectores, lo que puede dar lugar a la introducción de un voto ponderado, contrario al referido principio de igualdad y por supuesto al principio democrático, totalidad que fue determinada posteriormente por el Consejo Nacional Electoral, fijando el número en ciento ochenta y uno (181) "constituyentes sectoriales".

2. **La fijación arbitraria del número de constituyentes por Estados, atendiendo a la organización de colegios electorales por municipio, viola el principio universal que rige los procesos electorales en todos los Estados democráticos descentralizados territorialmente, según el cual los elegidos deben corresponderse con una base poblacional atendiendo a la población total del país.** Este principio aparece recogido en el artículo 186 de la Constitución, para el caso de la integración de la Asamblea Nacional (1,1% de la población total), y dicho sea de paso, es el que ha estado recogido en todas las Constituciones venezolanas, por lo menos desde la de 1947, por supuesto también fue recogido en las Bases Comiciales de la Asamblea Nacional Constituyente de 1999. Más aún, su utilización resulta indispensable en un Estado descentralizado territorialmente, cualquiera que sea la fórmula o sistema electoral en el que se sustente la elección de los representantes populares, máxime si este se trata de un sistema mixto (sistema mayoritario combinado con el sistema de representación proporcional), como el que se pretende incorporar en las bases comiciales bajo análisis. La eliminación del principio de la base poblacional para la determinación del número de constituyentes que corresponde a cada uno de los entes territoriales que conforman el Estado, bien que el registro se organice por entidades federales o por municipios, conduce a la supresión del principio de la igualdad del peso del voto, lo que ve se reflejado, en la bases tercera y cuarta, de las cuales se desprende, por ejemplo, que en el Estado Falcón se elegirán 26 constituyentes y en Miranda y Zulia se elegirán 22; en Yaracuy 15 y en Lara 10; en Trujillo 21 y en Bolívar 12. Esta desnaturalización de la base poblacional como criterio justo, y sobre todo constitucional, para distribuir los integrantes de la ANC está presente en las demás entidades federales, y por supuesto en sus Municipios. Si a dicha desnaturalización del referido principio, se añade que el sistema electoral mayoritario, será el que rija para la elección de la gran mayoría de los constituyentes, esta violación constitucional se torna aún más grave.

3. **La violación del sistema de representación proporcional previsto en el artículo 63 de la Constitución**. En la base cuarta se establece que la elección de los constituyentes elegidos por cada uno de los municipios (uno por cada Municipio), será mediante el **sistema mayoritario**, y que solo dos (2) por cada uno de los municipios que se corresponde con la ciudad capital de cada Estado, y siete (7) por el Distrito Capital, serán electos por el sistema de **representación proporcional**, lo que evidencia, como se asienta en la misma base cuarta, que de los constituyentes elegidos territorialmente, trescientos once **(311)**, serán por el **sistema mayoritario** y solo **cincuenta y tres (53)** por el **sistema de representación proporcional**. Este despropósito, o mejor violación constitucional se agrava mucho más, porque todos los constituyen-

tes electos en los distintos sectores fue fijado por el CNE en ciento ochenta (**181**), resultarán escogidos por el sistema de **representación mayoritario**; por consiguiente, la integración de AN será de cuatrocientos noventa y dos **(492)** constituyentes, es decir, 90,3%, electos por el **sistema mayoritario** y cincuenta y tres (**53**), o sea, 9,7% por el sistema de **representación proporcional**, evidenciándose así una ruptura de este sistema electoral, así como claramente la violación del artículo 63 de la Constitución, que reiteramos establece el sistema electoral mixto, cuya aplicación necesariamente debe guardar un equilibrio entre los dos sistemas electorales que lo integran (mayoritario y por representación proporcional), que debería aproximarse al cincuenta por ciento, y que en las bases, como ha quedado demostrado, la relación es de 90,7% a 9, 3%. Insistimos en que siendo la Constitución el marco regulatorio ineludible que debe regir el proceso de convocatoria de una ANC, entonces obviamente de ninguna manera puede ser soslayado por un Decreto presidencial de carácter normativo, como ocurre con la base cuarta, que no solo soslaya el texto constitucional, sino que infringe su artículo 63, consagratorio del sistema de representación proporcional.

4. **Las Bases Comiciales infringen el principio del sufragio democrático consagrado en el artículo 63 de la Constitución**. Es bien sabido que el concepto de sufragio democrático aparece articulado básicamente a la idea de sufragio universal, que es contrario históricamente al sufragio censitario, pero no necesariamente sufragio universal equivale a sufragio democrático, porque la primera connotación (universal) está presente, por ejemplo, en elecciones como las que se celebran en Cuba, pero en cambio está ausente la connotación democrática, y tal diferencia radica en que para que el sufragio sea democrático, además de universal, libre, directo y secreto debe ejercerse en un Estado donde rija plenamente el pluralismo político y **exista neutralidad de los Poderes Públicos.**

Pues bien, este último principio aparece totalmente negado en la base comicial quinta, que contiene la orden al Consejo Nacional para que a los fines de conformar el Registro Nacional por **sectores**, solicite la información (las nóminas) a los **órganos oficiales,** a las asociaciones y los gremios, y es sobradamente conocido que la integración de esos registros, en poder de los órganos **oficiales**, es totalmente desconocida, y que el acceso a los mismos para los potenciales candidatos a constituyentes que no pertenezcan al PSUV está absolutamente negado, quienes por tanto no podrán ejercer ningún tipo de control sobre su conformación, al punto que esos registros electorales, basados en las referidas nóminas oficiales, serán inimpugnables. Si existiese alguna duda sobre la inexistencia de neutralidad política de los Poderes Públicos en ese aspecto esencial, piénsese simplemente en la especie de cajas negras constituidas por los Consejos Comunales, los cuales para adquirir subjetividad deben inscribirse en el Ministerio de las Comunas (único depositario de las nóminas de inscritos), y además que ese órgano restringe la inscripción únicamente a los de orientación oficialista.

Una situación similar se presenta con los pensionados del IVSS, que según voceros oficiales superan a los dos millones, pero es casi imposible determinar el verdadero número, lo que permite presumir que podrán enviar al CNE, solo la mayoría de aquellos pensionados que resulte de un cruce con la lista de los que hayan obtenido el "carnet de la patria".

Y por lo que respecta a las asociaciones y gremios se sabe de la creación, como política del gobierno, de "entes paralelos", que son los únicos cuyos integrantes aparecen registrados en los órganos oficiales; de allí que la neutralidad política que es básica para garantizar el principio de la transparencia de las elecciones, y por ende, del sufragio democrático, resulta ostensiblemente transgredido por las bases comiciales. Más aún, si persistiera la duda acerca de la falta de neutralidad política en que se traduce esa transgresión, basta con examinar la integración y el comportamiento reciente del "árbitro electoral", que de cinco de sus integrantes, cuatro son militantes del PSUV, razón la cual acatan irrestrictamente las órdenes directas del Presidente de ese Parido, Nicolás Maduro, tal como quedó evidenciado el mismo día en que fueron presentadas las bases comiciales, cuando el "árbitro electoral" en horas fijó la fecha de la convocatoria de la ANC, y por el contrario pasaron más de seis meses sin que convocase el referendo revocatorio, y es casi un año después cuando convoca las elecciones regionales para diciembre de este año, pero solo como una estratagema, y sin duda también cumpliendo órdenes del Presidente de su partido.

5. **La restricción o casi conculcación del derecho al sufragio pasivo por la base comicial sexta**. Queda claramente evidenciada la restricción y casi conculcación de este derecho, cuando se suprime totalmente el derecho de las "organizaciones con fines políticos" (partidos políticos), a postular candidatos a nivel territorial y a nivel sectorial, restricción que configura la violación del artículo 63 (derecho al sufragio pasivo), y también del artículo 67 constitucional, que consagra el derecho a asociarse en partidos políticos, porque además estos entes son fundamentales para poder predicar la existencia de uno de los valores superiores del ordenamiento jurídico, como lo es el **pluralismo político** (art. 2° constitucional), que como también dijimos es básico para calificar al sufragio como democrático. Esta violación implica además una especie de burla, en virtud de que se pretende sustituir a los partidos políticos como postulantes, con las opciones denominadas "iniciativa propia" y "grupo de electores y electoras".

La primera está descartada totalmente- por supuesto solo para las personas de la oposición- en virtud de que resulta casi materialmente imposible tornarla efectiva, pues los que pretendan postularse deben contar con el respaldo de la firma del tres (3%) de los inscritos en el registro electoral de los municipios, en el caso de los constituyentes territoriales, y del mismo tres por ciento (3%) de los inscritos en los registros sectoriales nacionales porque, en primer lugar, se desconoce el número y la identificación de los integrantes de cada uno de esos registros; en segundo lugar, porque basta imaginarse el número de firmas que debe recoger una persona en el caso del Registro de los pensionados del IVSS, cuyo número superan los 2 millones (serían aproximadamente ¡60000 firmas!), o de los estudiantes de universidades públicas, privadas y de las Misiones; en tercer lugar, porque se desconoce a ciencia cierta el número de inscritos en cada uno de esos registros sectoriales, piénsese en las Misiones, en los Consejos Comunales, en los discapacitados, en los empresarios, etc y; en cuarto lugar, debido a la dificultad que se confrontará con la verificación de las firmas por el CNE, así como el reducido lapso a disposición de los interesados para reunir el porcentaje de firmas requerido.

Por otro lado, la opción de la postulación del grupo de electores también resulta casi imposible de hacerla efectiva, porque de conformidad con el artículo 49 de la Ley Orgánica de Procesos Electorales, estas organizaciones tienen una vigencia que fenece al celebrarse la elección en la cual postularon candidatos. Lo que quiere decir que actualmente no existe ningún grupo de electores, cuya constitución, por lo demás, está regida por un Reglamento del CNE, que la somete al cumplimiento de un conjunto de requisitos muy difícil de lograr en tan corto tiempo, entre ellos la validación de las firmas por ese órgano electoral, por supuesto que estos requisitos serán exigidos solamente a los opositores al gobierno. Esta dificultad se acrecienta si se tiene en cuenta el poco tiempo de que dispone el CNE para organizar las elecciones de la ANC (finales del mes de julio), por lo que resulta lógico prever que el plazo de postulación será fijado muy pronto, con una duración limitada.

6. **La base comicial séptima suprime el derecho de los venezolanos por naturalización a ser postulados como candidatos a la ANC.** En efecto, el cargo de "constituyente" no figura en la lista cerrada enunciada en el artículo 41 de la Constitución, en el cual se reserva exclusivamente a los venezolanos por nacimiento y con una sola nacionalidad, el ejercicio de los cargos enunciados en dicha lista. Esta norma tiene un carácter excepcionalísimo, razón por la cual no resulta susceptible de interpretación extensiva ni analógica y mucho menos de ser modificada por un instrumento de rango legal, como el Decreto Presidencial N° 2878 contentivo de las bases comiciales. La tesis interpretativa acerca de la violación del artículo 41 constitucional, aparece reafirmada en el aparte único de ese mismo artículo, que otorga el derecho político a los venezolanos por naturalización a ejercer los cargos de diputados a la Asamblea Nacional, Ministros, Gobernadores de Estado y Alcaldes de Municipios no fronterizos.

7. **La reviviscencia del Estatuto de Funcionamiento por la Base Décima, resulta contraria al principio de general de la vigencia todo ordenamiento jurídico, y el ventajismo que se infiere de la misma**. Es bien sabido que la reviviscencia – diferente a la ultraactividad- es una figura desterrada de los ordenamientos jurídicos, porque atenta contra el principio vigencia de las normas, y por ende, contra el principio constitucional de seguridad jurídica, pues implica que a una norma derogada o decaída se le otorga vigencia o eficacia para regular una o varias situaciones actuales. Eso es lo que ocurre en la base décima bajo examen, que reenvía la regulación del funcionamiento de la ANC que resulte elegida, hasta que esta *ex novo* dicte el suyo, al **derogado**

o decaído Estatuto de funcionamiento de la ANC de 1999, otorgándole de esa manera reviviscencia, lo que como ya dijimos repugna a los referidos principios. Pero lo más grave de esta disposición es que resulta muy probable que tal como está segmentado el cuerpo electoral y conformado cada uno de los registros electorales territoriales y sectoriales, que los oficialistas obtengan una holgada mayoría, y visto que en ese derogado o decaído Estatuto, estaba previsto que una vez instalada la nueva ANC, adquiría la potestad para disolver los poderes constituidos y; en consecuencia, esta proceda a **disolver a la Asamblea Nacional**, como ocurrió en 1999 con el extinto Congreso de la República. Nuestra aseveración resulta más creíble si se tiene en cuenta que en esa misma base comicial se establece que la ANC funcionará en el mismo local donde actualmente funciona la Asamblea Nacional.

8. **El decreto presidencial suprime de las bases comiciales el principio del voto libre previsto en el artículo 63 constitucional**. El principio de **voto libre** que comporta la facultad del elector de votar por determinado candidato o lista, sin estar sujeto a ningún tipo de coacción o amenaza, con la particularidad de que es lógico presumir que esa amenaza está presente en el caso de los colegios electorales organizados sectorialmente, pues como es bien sabido el gobierno controla a la mayoría de los integrantes de casi todos esos sectores y por ende, su registro "oficial", tales como el de la totalidad de los Consejos Comunales, de las Misiones, de los pescadores, de las personas con discapacidad, de los pueblos indígenas, y de los gremios y asociaciones constituidos de manera paralela. Queda claro entonces que en ese caso puede recurrir a diferentes tipos de amenazas creíbles (suspensión de la pensión, suspensión de las bolsas CLAP, suspensión del financiamiento de los Consejos Comunales etc.). De modo que la sectorización del electorado está relacionada directamente con la restricción o suspensión del voto libre, y eso explica que ni en las Bases Comiciales, ni en el Decreto de "convocatoria" de la ANC, se haya establecido que el voto será libre, como lo establece el artículo 63 de la Constitución.

9. **Falta en las Bases Comiciales el lapso de duración de la ANC**. Esta omisión intencionada tiene como finalidad otorgarle una especie de mandato "sine die" a la ANC, que le permitirá ejercer todo el poder legislativo bajo la figura de "actos constituyentes", o la creación de poderes transitorios, o cambiar a los titulares de los Poderes que se mantengan, como ocurrió en 1999. La norma de fijación de la vigencia de la Asamblea es clásica en todos los Estados donde se convocan Asambleas Constituyentes, inclusive en países salidos de una guerra, como en el caso de Italia en 1947, o de una dictadura como la franquista. Esa es la razón por la cual en las bases comiciales de 1999 se incorporó una que fijó el lapso de vigencia de la ANC en ciento ochenta (180 días). Pero además falta una disposición, como la recogida en las Bases Comiciales de 1999, que fijaba el número de votos por cada elector. Esta omisión genera una gran confusión, porque no basta decir que el sufragio es universal, es necesario determinar el número de votos de los electores en cada municipio para los constituyentes territoriales, y si ese número se extiende o no a alguno de los sectores en que se desagrega el registro secto-

rial, e igualmente si los que votan para elegir a los constituyentes sectoriales votan también para elegir a los constituyentes territoriales. En suma, todo este conjunto de infracciones constitucionales apuntan hacia el diseño de una modalidad de "reingeniería electoral", cuya finalidad es garantizar que el PSUV obtenga la mayoría de los integrantes de la ANC, que revela otro indicio del fraude constitucional que se inicia con la "convocatoria" de la Asamblea Nacional Constituyente por el Presidente de la República.

Esta revisión preliminar del Decreto Presidencial de las Bases Comiciales que servirán de base a la "convocatoria" de la Asamblea Nacional Constituyente, nos ha permitido, aparte de identificar los graves vicios de inconstitucionalidad de que adolecen, formarnos la convicción de que las mismas constituyen una evidencia, fraudulenta totalmente despreciable, de "reingeniería electoral", destinada a lograr la elección de una Asamblea Nacional Constituyente corporativa, enteramente oficialista, que culmine el proceso de exterminio del Estado del Estado democrático, social de derecho y de justicia, y sustituirlo por un Estado denominado eufemísticamente "comunal", cuya verdadera denominación es el de **totalitario**.

ESTUDIO SOBRE LAS BASES COMICIALES DE LA CONVOCATORIA PRESIDENCIAL A UNA ASAMBLEA NACIONAL CONSTITUYENTE

Juan Alberto Berríos Ortigoza

Instituto de Estudios Políticos y Derecho Público de la Universidad del Zulia

I. INTRODUCCIÓN

La inconstitucionalidad de la propuesta constituyente no solo alcanza su convocatoria —hecha en el Decreto Presidencial N° 2.830, de 1 de mayo de 2017[1]—, en evidente transgresión de los principios de soberanía y participación, sino también a las bases comiciales propuestas por el Presidente de la República —en los Decretos Presidenciales números 2.878[2], de 23 de mayo de 2017, y 2.889, de 4 de junio de 2017[3]—, y avaladas por el Consejo Nacional Electoral —que se limitó a enmendar algunas de esas bases, mediante la Resolución N° 170607-118, de 7 de junio de 2017[4]. En este ensayo se reflexionará sobre estas normas destinadas a regir los comicios relativos a la Asamblea y su.

En el Decreto Presidencial N° 2.878 se proponen once bases comiciales, referidas al número de integrantes y forma de elección de la Asamblea Na-

1 Publicado en el N° 6.295 *extraordinario* de la *Gaceta Oficial de la República*, de 1 de mayo de 2017, en http://historico.tsj.gob.ve/gaceta_ext/mayo/152017/E-152017-4887.pdf#page=1.

2 Publicado en el N° 41.156 de la *Gaceta Oficial de la República*, de 23 de mayo de 2017, en http://historico.tsj.gob.ve/gaceta/mayo/2352017/2352017-4909.pdf#page=2.

3 Publicado en el N° 6.303 *extraordinario* de la *Gaceta Oficial de la República*, de 4 de junio de 2017, en http://historico.tsj.gob.ve/gaceta_ext/junio/462017/E-462017-4921.pdf#page=1.

4 Resolución del Consejo Nacional Electoral N° 170607-118, de 7 de junio de 2017, publicada en la Gaceta Electoral N° 848, de la misma fecha, en http://200.109.120.13/web/normativa_electoral/elecciones/2017/constituyente/documentos/resolucion170607-118.PDF.

cional Constituyente, los requerimientos para la postulación de los candidatos, el momento de la instalación de la Asamblea, la declaratoria de su carácter originario, y los límites de su actuación. Luego, en el Decreto Presidencial N° 2.889 se complementaron las bases comiciales con un artículo único, en el que se exhorta a la Asamblea a que el proyecto de Constitución que redacte sea sometido a referendo aprobatorio. La propuesta presidencial fue adoptada por el Consejo Nacional Electoral en la Resolución N° 170607-118, que especificó las reglas de la elección, y estableció, en definitiva, doce bases comiciales. En contraste con el proceso constituyente de 1999, estas bases comiciales no contemplan un referendo popular para la convocatoria de la Asamblea[5], ni su tiempo de duración —que en aquella oportunidad se fijó en 180 días. En la base comicial novena de la convocatoria constituyente de 1999, además, se ordenaba a la Asamblea Nacional Constituyente a someter el texto constitucional redactado a referendo.

Asimismo, en los decretos presidenciales relativos a la convocatoria constituyente de 2017 resalta su marcado carácter excluyente y discriminatorio. Los considerandos de estos decretos descalifican a quienes disienten del proyecto político del gobierno nacional, que pretende utilizar la Asamblea Nacional Constituyente como instrumento para imponerlo, desviando los fines democráticos de este mecanismo, en clara contravención del pluralismo político previsto como valor superior del ordenamiento constitucional venezolano (artículo 2 de la Constitución de la República).

En el decreto presidencial que convoca la Asamblea Nacional Constituyente se propone entre los objetivos programáticos, "[l]a paz como necesidad, derecho y anhelo de la nación, [...] para contener la escalada de violencia política"; y "[l]a ampliación de las competencias del Sistema de Justicia, para erradicar la impunidad de los delitos [...] contra la Patria y la sociedad tales como [...] la promoción del odio social y la injerencia extranjera." En correspondencia a estos objetivos, en los decretos presidenciales contentivos de las bases comiciales se argumenta que se ha convocado a la Asamblea Nacional Constituyente "con la finalidad primordial de garantizar la preservación de la paz del país ante las circunstancias sociales, políticas y económicas actuales, en las que severas amenazas internas y externas de factores antidemocráticos y de marcada postura antipatria se ciernen sobre su orden constitucional". También se expresa que la convocatoria se ha realizado "para que el pueblo de Venezuela manifieste su férrea voluntad, con la finalidad primordial de garantizar la preservación de la paz del país ante las circunstancias sociales,

---

5 La Sala Constitucional del Tribunal Supremo de Justicia, en la sentencia 378/2017, de 31 de mayo, interpretó que "no es necesario ni constitucionalmente obligante, un referéndum consultivo previo para la convocatoria de una Asamblea Nacional Constituyente, porque ello no está expresamente contemplado en ninguna de las disposiciones del Capítulo III del Título IX." La decisión puede consultarse en http://historico.tsj.gob.ve/decisiones/scon/mayo/199490-378-31517-2017-17-0519.HTML.

políticas y económicas actuales, que implican un proceso de feroz agresión imperialista, la promoción, por parte de sectores minoritarios de la población, del odio racial y social, la violencia como forma de expresión política y el intento de instrumentar un plan que atenta contra el derecho a la paz de todas y de todos".

Más preocupante aún es que el Consejo Nacional Electoral se haya hecho eco de las motivaciones presidenciales, afirmando en la Resolución N° 170607-118 que la convocatoria de la Asamblea Nacional Constituyente tiene "la finalidad primordial de garantizar la preservación de la paz del país ante las circunstancias sociales, políticas y económicas actuales."

II. FORMA DE ELECCIÓN DE LOS INTEGRANTES DE LA ASAMBLEA NACIONAL CONSTITUYENTE

La base comicial primera del Decreto Presidencial N° 2.878 señala que "[l]os integrantes de la Asamblea Nacional Constituyente serán elegidos y elegidas en el ámbito territorial y sectorial, mediante el voto universal, directo y secreto, sin perjuicio de los y las integrantes de los pueblos indígenas que serán elegidos y elegidas de acuerdo a sus costumbres y prácticas ancestrales, amparados por los artículos 119 y 125 de la Constitución de la República Bolivariana de Venezuela. Los sectores comprenden: 1) Trabajadores y Trabajadoras. 2) Campesinos y Campesinas y Pescadores y Pescadoras. 3) Los y las Estudiantes. 4) Personas con discapacidad. 5) Pueblos Indígenas. 6) Pensionados y Pensionadas. 7) Empresarios y Empresarias. 8) Comunas y Consejos Comunales."[6] Con posterioridad, en la Resolución N° 170607-118, el Consejo Nacional Electoral precisaría que los ámbitos electorales serán el territorial, el de pueblos indígenas y el sectorial[7].

La inclusión del ámbito sectorial es un aspecto cuestionable, debido a que vulnera el carácter universal de la votación, pues para elegir y/o ser elegido

---

6 Esta base comicial desarrolla lo contemplado en el artículo 2 del Decreto Presidencial N° 2.830: "[l]os y las integrantes de la Asamblea Nacional Constituyente Originaria serán elegidos o elegidas en los ámbitos sectoriales y territoriales, bajo la rectoría del Consejo Nacional Electoral, mediante el voto universal, directo y secreto; con el interés supremo de preservar y profundizar los valores constitucionales de libertad, igualdad, justicia e inmunidad de la República y autodeterminación del pueblo."

7 "Los integrantes de la Asamblea Nacional Constituyente serán elegidos y elegidas en los ámbitos territorial, pueblos indígenas y sectorial, mediante el voto universal, directo y secreto, sin perjuicio de los y las integrantes de los pueblos indígenas que serán elegidos y elegidas de acuerdo a sus costumbres y prácticas ancestrales, amparados por los artículos 119 y 125 de la Constitución de la República Bolivariana de Venezuela. Los sectores comprenden: 1) Trabajadores y Trabajadoras, 2) Campesinos y Campesinas y Pescadores y Pescadoras, 3) Los y las Estudiantes, 4) Personas con discapacidad, 5) Pensionados y Pensionadas, 6) Empresarios y Empresarias y 7) Comunas y Consejos Comunales."

en un sector debe "demostrarse" que se pertenece a él. También, rompe con el principio de igualdad, pues hay electores que no estarán representados por no formar parte de ningún sector, sin que exista ninguna razón jurídica que justifique tal exclusión.

La base comicial segunda propuesta por el Presidente de la República establece el número de integrantes de la Asamblea: "[l]a Asamblea Nacional Constituyente estará integrada por trescientos sesenta y cuatro (364) miembros escogidos territorialmente; ocho (8) electos por los pueblos indígenas; se elegirán también Constituyentes Sectoriales cuyo número se obtendrá del cociente entre el registro electoral de cada sector y el factor obtenido para calcular las y los Constituyentes Territoriales, esto es una o un (1) Constituyente Sectorial por cada ochenta y tres mil (83.000) electores del registro electoral sectorial. La Asamblea Nacional Constituyente tendrá una conformación unicameral y solo se elegirán representantes principales." Según el planteamiento del Presidente de la República, debían elegirse 540 constituyentes: 364 de representación territorial, 8 de representación indígena, y 168 de representación sectorial, que luego, fueron aumentados hasta 173 por el Consejo Nacional Electoral. Es decir, se elegirán 545 constituyentes[8].

En la fórmula para calcular el número de constituyentes sectoriales no se hizo público un factor determinante: el total de electores del registro sectorial. De hecho, según la base comicial quinta, el Consejo Nacional Electoral debía solicitar datos a diversas entidades para conformar este registro. Según el cronograma publicado por el Consejo Nacional Electoral, la recepción de los registros sectoriales se realizó el 6 de junio de 2017[9], esto es, un día antes de que aprobara mediante la Resolución 170607-118 las bases comiciales propuestas por el Presidente de la República.

1. *Ámbito electoral territorial*

La base comicial tercera de la propuesta presidencial se refiere a la elección en el ámbito territorial: "[e]n el ámbito territorial se producirá la elección

8 "La Asamblea Nacional Constituyente estará integrada por trescientos sesenta y cuatro (364) Constituyentes escogidos territorialmente, ocho (8) electos por los pueblos indígenas y ciento setenta y tres (173) Constituyentes escogidos sectorialmente. La Asamblea Nacional Constituyente tendrá una conformación unicameral y solo se elegirán representantes principales."

9 El cronograma para la elección de la Asamblea Nacional Constituyente puede consultarse en http://200.109.120.13/web/normativa_electoral/elecciones/2017/constituyente/documentos/cronogramaansamblea.pdf. En el documento se menciona la recepción de los registros sectoriales como actividad previa a la convocatoria de la elección. Este cronograma fue aprobado mediante la Resolución N° 170607-119, de 7 de junio de 2017, publicado en la Gaceta Electoral N° 848, de la misma fecha, en http://200.109.120.13/web/normativa_electoral/elecciones/2017/constituyente/documentos/resolucion170607-119.PDF.

de trescientos sesenta y cuatro (364) Constituyentes a la Asamblea Nacional Constituyente, conforme a la siguiente distribución: un o una (1) Constituyente por cada Municipio del País que será electo o electa de forma nominal de acuerdo al principio de representación mayoritario, y dos (2) Constituyentes en los Municipios Capitales, que serán electos o electas mediante la modalidad lista, de acuerdo al principio de representación proporcional. En el Municipio Libertador de Caracas, Capital de la República Bolivariana de Venezuela, y el asiento de los órganos del Poder Nacional, se escogerán siete (7) Constituyentes mediante la modalidad lista de acuerdo al principio de representación proporcional." Esta base comicial fue adoptada por el Consejo Nacional Electoral con algunas modificaciones de forma[10].

A pesar de la referencia al principio de representación proporcional, lo cierto es que al tratarse de un órgano colegiado, este diseño no solo afectaría la proporcionalidad de los resultados electorales, sino también causa *malapportionment* en la representación de los territorios municipales.

La desproporcionalidad de los resultados electorales es evidente porque 311 de los 364 constituyentes serán electos por votación mayoritaria, y solo 53 por voto en listas, que distan de asegurar una representación proporcional. En efecto, 23 listas tienen apenas dos cargos a elegir, mientras que solo en una se elegirá a siete. Es decir, 46 cargos se elegirán en circunscripciones muy reducidas, donde una fuerza política solo necesita doblar en número de votos a la segunda más votada para ganar los dos escaños en disputa.

Por otro lado, el *malapportionment* es generado por dos factores: la cantidad dispar de municipios por entidad federal, y las notables diferencias en el número de habitantes por municipio. Así, observamos que los estados con más municipios tendrán más representación que los que cuentan con menos, y los municipios menos poblados del país tendrán la misma representación que los más poblados. En definitiva, basar el criterio de elección en circunscripciones municipales y no poblacionales —o al menos, en circunscripciones territoriales estatales, como se ha hecho tradicionalmente en la elección de los órganos legislativos—, adultera la representación.

10 "En el ámbito territorial se escogerán 364 Constituyentes a la Asamblea Nacional Constituyente, conforme a la siguiente distribución: un o una (1) Constituyente por cada municipio del País que serán electos o electas de forma nominal de acuerdo al principio de representación mayoritaria, y dos (2) Constituyentes en los Municipios Capitales, que serán electos o electas mediante la modalidad lista, de acuerdo al principio de representación proporcional. En el Municipio Libertador de Caracas, Capital de la República Bolivariana de Venezuela, se escogerán siete (7) Constituyentes mediante la modalidad lista de acuerdo al principio de representación proporcional."

Entidades	Municipios	Nominal	Lista	Total
Distrito Capital	1		7	7
Amazonas	7	6	2	8
Anzoátegui	21	20	2	22
Apure	7	6	2	8
Aragua	18	17	2	19
Barinas	12	11	2	13
Bolívar	11	10	2	12
Carabobo	14	13	2	15
Cojedes	9	8	2	10
Delta Amacuro	4	3	2	5
Falcón	25	24	2	26
Guárico	15	14	2	16
Lara	9	8	2	10
Mérida	23	22	2	24
Miranda	21	20	2	22
Monagas	13	12	2	14
Nueva Esparta	11	10	2	12
Portuguesa	14	13	2	15
Sucre	15	14	2	16
Táchira	29	28	2	30
Trujillo	20	19	2	21
Vargas	1		2	2
Yaracuy	14	13	2	15
Zulia	21	20	2	22
Total	335	311	53	364

2. *Ámbito electoral de los pueblos indígenas*

El parágrafo único de la base comicial tercera contenida en el Decreto Presidencial N° 2.878 establece que "[l]os pueblos indígenas estarán representados por ocho (8) Constituyentes electos o electas de acuerdo a la previsión reglamentaria que al efecto dicte el Consejo Nacional Electoral, y tomando como base el mismo mecanismo de respeto a sus costumbres y prácticas ancestrales, de la misma manera que se realizó para escoger los y las representantes de los pueblos indígenas en la Asamblea Nacional Constituyente de 1999 y en consideración a los artículos 119 y 125 de la Constitución de la República Bolivariana de Venezuela. El derecho de participación aquí previsto atenderá a la pluralidad de pueblos indígenas existentes en las distintas regiones del país."

El alcance de esta regulación fue especificado por el Consejo Nacional Electoral en la Resolución N° 170607-118[11], con respecto a la forma de elección y la distribución de los representantes de los pueblos indígenas en tres circunscripciones regionales. Estos constituyentes serán electos en "asambleas generales" en las siguientes regiones: (i) Occidente, que comprende los estados Zulia, Mérida y Trujillo, eligiendo 4 constituyentes; (ii) Sur, estados Apure y Amazonas, 1; y (iii) Oriente, estados Anzoátegui, Sucre, Delta Amacuro, Bolívar y Monagas, 3.

Esta elección, según el Reglamento especial para regular la elección de las y los integrantes de la Asamblea Nacional Constituyente por los pueblos y comunidades indígenas[12], no será directa sino de segundo grado: se realizarán asambleas comunitarias indígenas en cada una de estas regiones, 1.400 en occidente, 850 en el sur, y 1.250 en oriente[13]. En estas 3.500 asambleas comunitarias[14] se elegirán los voceros que integrarán cada asamblea general regional y se postularán los candidatos de cada comunidad[15]. Asimismo, el

---

11 "Los pueblos indígenas estarán representados por ocho (8) Constituyentes electos o electas de acuerdo a la previsión reglamentaria que al efecto dicte el Consejo Nacional Electoral, y tomando como base el mismo mecanismo de respeto a sus costumbres y prácticas ancestrales, de la misma manera que se realizó para escoger los y las representantes de los pueblos indígenas en la Asamblea Nacional Constituyente de 1999 y en consideración a los artículos 119 y 125 de la Constitución de la República Bolivariana de Venezuela. El derecho de participación aquí previsto atenderá a la pluralidad de pueblos indígenas existentes en las distintas regiones del País, de acuerdo a la siguiente distribución: 1. Occidente: conformada por los estados Zulia, Mérida y Trujillo, serán electos y electas cuatro (04) integrantes a la Asamblea Nacional Constituyente. 2. Sur: conformada por los estados Amazonas y Apure, será electo o electa un (01) integrante a la Asamblea Nacional Constituyente. 3. Oriente: conformada por los estados Anzoátegui, Bolívar, Delta Amacuro, Monagas y Sucre, serán electos y electas tres (03) integrantes a la Asamblea Nacional Constituyente."

12 Este Reglamento especial fue dictado mediante la Resolución N° 170630-116, de 30 de mayo de 2017, publicado en la Gaceta Electoral N° 847, de 1 de junio de 2017, y puede consultarse en http://www.cne.gob.ve/web/normativa_electoral/elecciones/2017/indigena/documentos/reglamentopyc.pdf.

13 La cantidad de asambleas comunitarias fue informada por la Presidenta del Consejo Nacional Electoral el 7 de junio de 2017. Estos datos pueden contrastarse en http://www.cne.gob.ve/web/sala_prensa/noticia_detallada.php?id=3516.

14 El Consejo Nacional Electoral publicó un formulario de acta de asamblea comunitaria, que puede consultarse en http://www.cne.gob.ve/web/normativa_electoral/elecciones/2017/indigena/documentos/actaasambleindigenafinal.pdf.

15 El artículo 4 del Reglamento especial para regular la elección de las y los integrantes de la Asamblea Nacional Constituyente por los pueblos y comunidades indígenas, señala que "[s]on requisitos indispensables para postularse como candidato o candidata indígena a la Asamblea Nacional Constituyente: ser venezolano o venezolana,

citado Reglamento especial prevé que cada pueblo o comunidad indígena debe elegir un vocero[16]. Luego, cada asamblea general regional[17] votará por los constituyentes que representarán a los pueblos y comunidades indígenas. La elección será a mano alzada, es decir, pública[18]. El Consejo Nacional Electoral anunció que el 30 de junio se terminará el plazo para escoger los voceros de cada asamblea general, mientras que el lapso para la postulación formal[19] de candidatos iniciará el 3 de julio[20]. El anuncio de las fechas de las asambleas generales que votarán por los constituyentes no ha sido fijado hasta el momento.

3. *Ámbito electoral sectorial*

La base comicial cuarta contenida en la propuesta del Presidente de la República regla que "[e]n el ámbito sectorial se producirá la elección conforme a la siguiente distribución: Los Campesinos y Campesinas y Pescadores y Pescadoras; las Personas con Discapacidad; los Empresarios y Empresarias, Los [*sic*] Pensionados y Pensionadas; los y las Estudiantes y los Trabajadores y Trabajadoras, serán electos y electas en listas nacionales de acuerdo al principio de representación mayoritario; y los representantes y las representantes

---

sin otra nacionalidad, mayor de dieciocho (18) años y cumplir con al menos dos (2) de las siguientes condiciones: 1. Hablar su idioma indígena. 2. Haber ejercido un cargo de autoridad tradicional en su respectiva comunidad. 3. Tener conocida trayectoria en la lucha social en pro del reconocimiento de su identidad cultural. 4. Haber realizado acciones en beneficio de los pueblos y comunidades indígenas. 5. Pertenecer a una organización indígena legalmente constituida con un mínimo de tres años de funcionamiento."

16 Artículo 6 del Reglamento especial para regular la elección de las y los integrantes de la Asamblea Nacional Constituyente por los pueblos y comunidades indígenas.

17 El formulario de acta de asamblea general regional puede consultarse en http://www.cne.gob.ve/web/normativa_electoral/elecciones/2017/indigena/documentos/actaasambleindigenafinal.pdf.

18 El tercer párrafo del artículo 11 del Reglamento especial para regular la elección de las y los integrantes de la Asamblea Nacional Constituyente por los pueblos y comunidades indígenas, indica que "[l]a forma de elección será a mano alzada, basada en las tradiciones, usos y costumbres de los pueblos indígenas."

19 El artículo 9 del Reglamento especial para regular la elección de las y los integrantes de la Asamblea Nacional Constituyente por los pueblos y comunidades indígenas, regula el trámite de la formalización de las postulaciones.

20 Estas fechas no constan en el cronograma publicado por el Consejo Nacional Electoral, sino en la nota de prensa sobre las declaraciones de su Presidenta del día 7 de junio de 2017. Puede contrastarse el cronograma en http://200.109.120.13/web/normativa_electoral/elecciones/2017/constituyente/documentos/cronogramaansamblea.pdf, y la referida nota de prensa en http://www.cne.gob.ve/web/sa-la_prensa/noticia_detallada.php?id=3516.

de Comunas y Consejos Comunales, se escogerán regionalmente de acuerdo al principio de representación mayoritaria."

El Consejo Nacional Electoral, en la Resolución N° 170607-118, decidió que en este ámbito se elegirán 173 constituyentes distribuidos así: (i) campesinos y pescadores, 8 constituyentes; (ii) personas con discapacidad, 5; (iii) empresarios, 5; (iv) estudiantes, 24, de acuerdo al tipo de casa de estudios y según la matrícula: los estudiantes de universidades públicas votarán por 11 constituyentes, los de las privadas, 3, y aquellos de las misiones educativas, 10 —en sintonía con la clasificación propuesta en la base comicial quinta del Decreto Presidencial N° 2.878, según la cual "[l]a información del sector estudiantil, deberá solicitarla [el Consejo Nacional Electoral] de acuerdo a la siguiente clasificación: a. Educación Universitaria Pública b. Educación Universitaria Privada c. Misiones Educativas". En todos estos sectores la votación será nominal mayoritaria en el ámbito nacional.

El sector de comunas y consejos comunales elegirá 24 constituyentes, uno por cada entidad federal. En este caso, la elección será nominal regional mayoritaria.

El sector de pensionados elegirá 28 constituyentes por votación mayoritaria en 8 ámbitos regionales: (i) Capital (Distrito Capital, Miranda y Vargas), 7 constituyentes; (ii) Central (Carabobo, Cojedes y Aragua), 4; (iii) Los Llanos (Apure, Portuguesa y Guárico), 2; (iv) Centro Occidental (Lara, Zulia y Yaracuy), 6; (v) Andina (Mérida, Trujillo, Táchira y Barinas), 4; (vi) Guayana (Bolívar, Amazonas y Delta Amacuro), 1; (vii) Insular (Nueva Esparta), 1; y (viii) Nororiental (Anzoátegui, Monagas y Sucre), 3.

La elección de los representantes de los trabajadores será distinta, no por votación mayoritaria como estableció el Decreto Presidencial N° 2.878, sino por votación en listas nacionales por subsectores de acuerdo al principio de representación proporcional. Según el Consejo Nacional Electoral, se elegirán 79 constituyentes, distribuidos en los siguientes subsectores: (i) Petróleo y minería, 2 constituyentes; (ii) Social (ciencia y tecnología, cultores, deportes, intelectuales, prensa y salud), 12; (iii) Comercio y banca, 11; (iv) Servicio (empresas de servicio públicas y privadas), 14; (v) Construcción, 4; (vi) Industria, 6; (vii) Transporte, 2; (viii) Administración pública, 17; (ix) Por cuenta propia, 11[21]. El Decreto Presidencial estableció en la base comicial quinta, que "[e]l Consejo Nacional Electoral deberá solicitar los registros de los sectores a las instituciones oficiales, gremios y asociaciones, debidamente establecidos. La información correspondiente al sector de las trabajadoras y trabajadores deberá solicitarla de acuerdo a los tipos de actividad laboral: a.

21 En la nota de prensa del Consejo Nacional Electoral en la que se anuncia el cronograma electoral, este sector es denominado "economía popular independiente", e incluye a los trabajadores por cuenta propia que cotizan en el seguro social. La información puede contrastarse en http://www.cne.gob.ve/web/sala_prensa/noticia_detallada.php?id=3516.

Petróleo b. Minería c. Industrias Básicas d. Comercio e. Educación f. Salud g. Deporte h. Transporte i. Construcción j. Cultores k. Intelectuales l. Prensa m. Ciencia y Tecnología n. Administración Pública." Al respecto, autorizó al Consejo Nacional Electoral a que "[...] una vez recibidos los distintos registros podrá agruparlos por áreas de similar condición y distribuirlos según la base poblacional establecida." Como se ha observado, tal redistribución ocurrió.

El parágrafo único de la base comicial quinta de la propuesta presidencial expresa, además, que "[a] fin de preservar el principio de un o una electora un voto [*sic*], ninguna elector o electora podrá estar en más de un registro sectorial. A tal efecto, el Consejo Nacional Electoral deberá garantizar este principio de acuerdo al siguiente orden de prelación: a. Empresarios y Empresarias b. Campesinos y Campesinas y Pescadores y Pescadoras. c. Personas con discapacidad d. Los y las Estudiantes e. Trabajadores y Trabajadoras f. Comunas y Consejos Comunales g. Pensionados y Pensionadas". Esta base fue adoptada por el Consejo Nacional Electoral en la Resolución N° 2.878, aclarándose que tal orden de prelación se aplicaría "en caso de duplicidad o múltiples registros".

III. POSTULACIÓN DE CANDIDATOS Y CONDICIONES DE ELEGIBILIDAD

La base comicial sexta del Decreto Presidencial N° 2.878 regula que "[l]a postulación de los candidatos y candidatas se podrá presentar en alguna de las siguientes formas: 1. Por iniciativa propia. 2. Por iniciativa de grupos de electores y electoras. 3. Por iniciativa de los sectores antes mencionados".

En el parágrafo único se concreta que "[p]ara postularse por iniciativa propia, se requiere el respaldo del 3% de los electores y las electoras inscritas en el Registro Electoral de los municipios para la elección de los Constituyentes Territoriales. En el ámbito sectorial los candidatos y las candidatas serán postulados por el sector correspondiente y debe recibir el respaldo del 3% del Registro del sector al que pertenece." La cantidad de firmas fue especificada por el Consejo Nacional Electoral en la Resolución N° 170607-118, aunque parecen no corresponder al 3% aludido en el decreto presidencial: "[e]n el ámbito sectorial, los candidatos y candidatas serán postulados por el sector correspondiente y deben recibir el respaldo de: a. Personas con Discapacidad: 500 firmas. b. Campesinos y Campesinas y Pescadores y Pescadoras: 500 firmas c. Empresarios y Empresarias: 500 firmas. d. Pensionados y Pensionadas: 500 firmas. e. Los y las Estudiantes: 1.000 firmas por candidato o candidata. f. Trabajadores y Trabajadoras: 1.000 firmas por candidato o candidata. g. Comunas y Consejos Comunales: certificación de la comisión electoral permanente de la comuna o consejo comunal al que pertenece."

En la base comicial séptima se contemplan las condiciones de elegibilidad: "[p]ara ser postulado como candidato o candidata a la Asamblea Nacional Constituyente se requiere: 1. Ser venezolano o venezolana por nacimiento, sin otra nacionalidad. 2. Mayor de dieciocho (18) años, a la fecha de la elección. 3. Haber residido cinco (5) años en la entidad correspondiente. 4. Estar inscrito o inscrita en el Registro Electoral. 5. En el ámbito sectorial, se requiere presentar la constancia del postulado como candidato o candidata a la Asamblea Nacional Constituyente, de pertenecer al sector postulante, y las demás que se establezcan en la normativa que se dicte al efecto. Los y las constituyentes electos o electas, gozarán de inmunidad inherente al ejercicio de sus funciones en los términos que consagrará la Asamblea Nacional Constituyente." Esta base comicial fue modificada por el Consejo Nacional Electoral con respecto a las postulaciones en el ámbito sectorial, y agregando las condiciones de postulación de los candidatos en el sector de comunas y consejos comunales. Según la Resolución N° 170607-118, "[e]n el ámbito sectorial, se requiere formar parte del Registro del Sector al cual aspira representar", y "[s]er vocera o vocero de un consejo comunal o comuna, para el postulado o postulada por este sector."

La base comicial octava, adoptada sin reformas por el Consejo Nacional Electoral, señala que "[l]as postulaciones de los candidatos y las candidatas a la Asamblea Nacional Constituyente deberán ser presentadas ante las Juntas Electorales que al efecto determine el Consejo Nacional Electoral."

Por último, con relación a las candidaturas, la base comicial novena de la propuesta presidencial, aceptada por el Consejo Nacional Electoral sin cambios, prevé que "[n]o serán elegibles como integrantes a la Asamblea Nacional Constituyente, las personas que desempeñen los cargos públicos que se mencionan a continuación: el Presidente de la República, el Vicepresidente Ejecutivo, los Ministros o Ministras, el Secretario o Secretaria de la Presidencia de la República, los Presidentes o Presidentas y Directores o Directoras de los Institutos Autónomos y Empresas del Estado, los Gobernadores o Gobernadoras y Secretarios o Secretarias de Gobierno, de los Estados y autoridades de similar jerarquía del Distrito Capital, los Diputados y Diputadas de la Asamblea Nacional, los legisladores y legisladoras de los Consejos Legislativos de los estados, los Alcaldes y Alcaldesas, los Concejales y Concejalas, los Magistrados y Magistradas del Tribunal Supremo de Justicia y demás Jueces y Juezas de la República, la Fiscal General de la República y Fiscales del Ministerio Público, el Defensor del Pueblo y Defensoras y Defensores, el Contralor General de la República, el Procurador General de la República, los Militares activos, el Rector y las Rectoras del Consejo Nacional Electoral, a menos que se separe del cargo una vez admitida la postulación ante el Poder Electoral. La Investidura de Constituyente exige la dedicación exclusiva a los deberes inherentes a esta alta función, por lo que es incompatible con cualquier otro destino público o privado."

IV. INSTALACIÓN DE LA ASAMBLEA NACIONAL CONSTITUYENTE

La base comicial décima del Decreto Presidencial N° 2.878 expresa que "[l]a Asamblea Nacional Constituyente se instalará en las 72 horas siguientes a la Proclamación de los Constituyentes y las Constituyentes electas y tendrá como sede el Salón Elíptico del Palacio Federal y se regirá por el estatuto de funcionamiento de la Asamblea Nacional Constituyente del año 1999, de manera provisional en cuanto sea aplicable, hasta tanto dicten su propio estatuto de funcionamiento." Esta base comicial fue acogida en su totalidad por el Consejo Nacional Electoral en la Resolución N° 170607-118.

Es necesario advertir que el Estatuto de Funcionamiento de la Asamblea Nacional Constituyente de 1999 contempló una serie de disposiciones cuya premisa había sido censurada por la Sala Político Administrativa de la Corte Suprema de Justicia: el carácter originario del órgano constituyente. El artículo primero del estatuto señalaba lo siguiente:

> *Naturaleza y misión*. La Asamblea Nacional Constituyente es la depositaria de la voluntad popular y expresión de su soberanía con las atribuciones del poder originario para reorganizar el Estado venezolano y crear un nuevo ordenamiento jurídico democrático. La Asamblea, en uso de las atribuciones que le son inherentes, podrá limitar o decidir la cesación de las actividades de las autoridades que conforman el Poder Público. Su objetivo será transformar el Estado y crear un nuevo ordenamiento jurídico que garantice la existencia efectiva de la democracia social y participativa.
>
> *Parágrafo Primero*: Todos los organismos del Poder Público quedan subordinados a la Asamblea Nacional Constituyente y están en la obligación de cumplir y hacer cumplir los actos jurídicos y demás decisiones de la Asamblea Nacional Constituyente.
>
> *Parágrafo Segundo*: La Constitución de 1961 y el resto del ordenamiento jurídico imperante, mantendrán su vigencia en todo aquello que no colida o sea contradictorio con los actos jurídicos y demás decisiones de la Asamblea Nacional Constituyente.

Observando que la Asamblea Nacional Constituyente ha sido convocada por el Presidente de la República, con carácter originario, se avizoran excesos como los ocurridos durante el proceso constituyente de 1999, e incluso, más graves, a tenor de lo expuesto en las motivaciones contenidas en los considerandos de los Decretos Presidenciales números 2.830, 2.878 y 2.889. Todo ello, además, en el contexto normativo del artículo 349 de la Constitución de la República, cuyo primer apartado ordena que "[l]os poderes constituidos no podrán en forma alguna impedir las decisiones de la Asamblea Nacional Constituyente."

Por otra parte, en el Estatuto de Funcionamiento de la Asamblea Nacional Constituyente de 1999 se ratificó el contenido de la base comicial quinta de ese proceso constituyente, referido a su tiempo de funcionamiento por 180 días. Ahora bien, debido a que el estatuto tiene carácter provisional para la Asamblea Nacional Constituyente que se instale en 2017, y las bases comiciales no dicen nada sobre su plazo de actividad, existe el riesgo de que esta decida que no se encuentra sujeta a ningún límite temporal.

V. CARÁCTER ORIGINARIO Y LÍMITES DE ACTUACIÓN DE LA ASAMBLEA NACIONAL CONSTITUYENTE

La base comicial undécima del Decreto Presidencial N° 2.878, reproducida íntegramente en la Resolución N° 170607-118 del Consejo Nacional Electoral, expresa que "[u]na vez instalada la Asamblea Nacional Constituyente como poder originario que recoge la soberanía popular, deberá dictar sus estatutos de funcionamiento, teniendo como límites los valores y principios de nuestra historia republicana, así como el cumplimiento de los tratados internacionales, acuerdos y compromisos válidamente suscritos por la República, el carácter progresivo de los derechos fundamentales de los ciudadanos y las ciudadanas y las garantías democráticas dentro del más absoluto respeto de los compromisos asumidos."

Como ya se ha anotado, con este carácter originario, se pretende que la Asamblea Nacional Constituyente, de facto, modifique el orden político y jurídico vigente antes de la discusión o aprobación del nuevo texto constitucional. En 1999 se discutió este aspecto, y la Sala Político Administrativa de la Corte Suprema de Justicia negó que la Asamblea pudiera calificarse como tal. La razón fundamental es que la Asamblea Nacional Constituyente, en tanto órgano de representación popular, no es la depositaria del poder constituyente originario. Este poder lo ostenta el pueblo, titular de la potestad soberana —exclusiva e intransferible— de convocar a una asamblea constituyente, elegir a sus integrantes, estipular las condiciones y los límites para su funcionamiento, y aprobar la constitución que se redacte. Vale destacar, además, que la finalidad de la asamblea nacional constituyente, prevista en el artículo 347 de la Constitución de la República, no es otra que "transformar el Estado, crear un nuevo ordenamiento jurídico y redactar una nueva Constitución", y sus límites materiales se encuentran expresados en el artículo 350 *eiusdem*, cuyo contenido precisa que "[e]l pueblo de Venezuela, fiel a su tradición republicana, a su lucha por la independencia, la paz y la libertad, desconocerá cualquier régimen, legislación o autoridad que contraríe los valores, principios y garantías democráticos o menoscabe los derechos humanos."

Es pertinente recordar que el artículo 350 de la Constitución de la República fue interpretado por la Sala Constitucional del Tribunal Supremo de Justicia en la sentencia 24/2003, de 22 de enero[22], en un sentido muy ambiguo:

> *[...] [S]ólo debe admitirse en el contexto de una interpretación constitucionalizada de la norma objeto de la presente decisión, la posibilidad de desconocimiento o desobediencia, cuando agotados todos los recursos y medios judiciales, previstos en el ordenamiento jurídico para justiciar un agravio determinado, producido por "cualquier régimen, legislación o autoridad", no sea materialmente posible ejecutar el contenido de una decisión favorable. En estos casos quienes se opongan deliberada y conscientemente a una orden emitida en su contra e impidan en el ámbito de lo fáctico la materialización de la misma, por encima incluso de la propia autoridad judicial que produjo el pronunciamiento favorable, se arriesga a que en su contra se activen los mecanismos de desobediencia, la cual deberá ser tenida como legítima sí y solo sí [...] se han agotado previamente los mecanismos e instancias que la propia*

22 El texto de la sentencia puede leerse en http://historico.tsj.gob.ve/decisiones/scon/enero/02-1559%20INTERPRETA-CI%C3%93N%20350.HTM.

Constitución contiene como garantes del estado de derecho en el orden interno, y a pesar de la declaración de inconstitucionalidad el agravio se mantiene.

No puede y no debe interpretarse de otra forma la desobediencia o desconocimiento al cual alude el artículo 350 de la Constitución, ya que ello implicaría sustituir a conveniencia los medios para la obtención de la justicia reconocidos constitucionalmente, generando situaciones de anarquía que eventualmente pudieran resquebrajar el estado de derecho y el marco jurídico para la solución de conflictos fijados por el pueblo al aprobar la Constitución de 1999.

En otros términos, sería un contrasentido pretender como legítima la activación de cualquier medio de resistencia a la autoridad, legislación o régimen, por encima de los instrumentos que el orden jurídico pone a disposición de los ciudadanos para tales fines, por cuanto ello comportaría una transgresión mucho más grave que aquella que pretendiese evitarse a través de la desobediencia, por cuanto se atentaría abierta y deliberadamente contra todo un sistema de valores y principios instituidos democráticamente, dirigidos a la solución de cualquier conflicto social, como los previstos en la Constitución y leyes de la República, destruyendo por tanto el espíritu y la esencia misma del Texto Fundamental.

Debe advertirse en este orden de ideas que no resulta pertinente, al menos en este estado, que esta Sala analice los mecanismos para hacer efectivo tal desconocimiento, ya que el carácter constitucional o no de los mismos no ha sido sometido a su consideración ni forma parte de la interpretación de la norma objeto del presente recurso. Así se declara.

Este criterio interpretativo, en concordancia con el contenido del artículo 349 de la Constitución de la República, imposibilitaría cualquier tipo de control sobre la actividad de la Asamblea Nacional Constituyente que se instale.

En este contexto, es necesario hacer alusión a lo discutido en 1999. Al igual que la base comicial undécima de la convocatoria constituyente de 2017, la base comicial octava del proceso constituyente de 1999 previó que "[u]na vez dictada la Asamblea Nacional Constituyente, como poder originario que recoge la soberanía popular, deberá dictar sus propios estatutos de funcionamiento, teniendo como límites los valores y principios de nuestra historia republicana, así como el cumplimiento de los tratados internacionales, acuerdos y compromisos válidamente suscritos por la República, el carácter progresivo de los derechos fundamentales del hombre y las garantías democráticas dentro del más absoluto respeto de los compromisos asumidos." Al respecto, la Sala Político Administrativa de la Corte Suprema de Justicia se pronunció en el fallo de 18 de marzo de 1999, ratificado en la sentencia aclaratoria de 23 de marzo de 1999, y la de ejecución de 13 de abril de 1999[23], sosteniendo como criterio interpretativo vinculante que la Asamblea Nacional Constituyente a ser convocada "[…] no significa, en modo alguno,

23 El contenido íntegro de estas decisiones judiciales puede consultarse en Brewer Carías, A. (1999), *Poder Constituyente Originario y Asamblea Nacional Constituyente – Comentarios sobre la interpretación jurisprudencial relativa a la naturaleza, la misión y los límites de la Asamblea Nacional Constituyente*, Caracas: Editorial Jurídica Venezolana, pp. 169-198.

por estar precisamente vinculada su estructuración al propio espíritu de la Constitución vigente [de 1961], bajo cuyos términos se producirá su celebración, la alteración de los principios fundamentales del Estado Democrático de Derecho [...]". De acuerdo con la Sala, "[e]n consecuencia, es la Constitución vigente [de 1961] la que permite la preservación del Estado de Derecho y la actuación de la Asamblea Nacional Constituyente, en caso de que la voluntad popular sea expresada en tal sentido en la respectiva consulta. En tal virtud, en aquel entonces, la Sala decidió que la base comicial octava para el referendo sobre la convocatoria de la Asamblea Nacional Constituyente quedaba reformulada en los términos siguientes: "[u]na vez dictada la Asamblea Nacional Constituyente, ésta deberá dictar sus propios estatutos de funcionamiento, teniendo como límites los valores y principios de nuestra historia republicana, así como el cumplimiento de los tratados internacionales, acuerdos y compromisos válidamente suscritos por la República, el carácter progresivo de los derechos fundamentales del hombre y las garantías democráticas dentro del más absoluto respeto de los compromisos asumidos." Sin embargo, el Consejo Nacional Electoral no modificó esta disposición.

A pesar del desacato del Consejo Nacional Electoral, la Sala Político Administrativa de la Corte Suprema de Justicia ratificó que en 1999 se concibió un proceso constituyente de iure. En el fallo interpretativo de 21 de julio de 1999[24], la Sala expresó que "[l]o novedoso —y por ello extraordinario — del proceso constituyente venezolano actual, es que el mismo no surgió como consecuencia de un suceso fáctico (guerra civil, golpe de estado, revolución, etc.), sino que, por el contrario, fue concebido como un 'Proceso Constituyente de Iure', esto es, que se trata de un proceso enmarcado dentro del actual sistema jurídico venezolano." En este sentido, la Sala declaró que "[p]or cuanto la Asamblea Nacional Constituyente, deriva de un proceso que se ha desarrollado dentro del actual marco del ordenamiento constitucional y legal, el mecanismo para su conformación se rige por todo el ordenamiento jurídico vigente, y específicamente, por [...] las Bases Comiciales aprobadas mediante Referendo del 25 de abril de 1999, la Constitución de la República, la Ley Orgánica del Sufragio y Participación Política, y las demás normas dictadas al efecto por el Consejo Nacional Electoral." Más aún, la Sala Político Administrativa, ratificó el criterio expuesto en una sentencia anterior, de 3 de junio de 1999, catalogando a las bases comiciales, "por su peculiaridad e importancia", como "normas de un rango especial". En esta decisión se sostiene que "la voluntad electoral se manifestó a favor de convocar a una Asamblea Nacional Constituyente y aprobar las Bases Comiciales que la regulan", y en consecuencia, "la expresión popular se tradujo en una decisión de obligatorio cumplimiento, pues posee, validez suprema".

Atendiendo al hecho de que las bases comiciales de la convocatoria constituyente de 2017 no fueron aprobadas mediante referendo, y por tanto, no

---

24 Esta decisión judicial puede leerse en Brewer Carías, A., *ob. cit.*, pp. 241-251.

ostenten "validez suprema", es evidente la amenaza de que la Asamblea Nacional Constituyente a instalarse ignore los límites previstos en la base comicial undécima, que reproduce —se insiste— lo señalado en el artículo 350 de la Constitución de la República.

VI. REFERENDO APROBATORIO DEL PROYECTO DE CONSTITUCIÓN

El artículo único del Decreto Presidencial N° 2.889 señala que "[s]e exhorta a la Asamblea Nacional Constituyente, convocada mediante el Decreto N° 2.830, de fecha 01 de mayo de 2017, la cual será constitucional y democráticamente electa en los comicios que regirá el Consejo Nacional Electoral el 30 de julio de 2017, a que, el proyecto de Constitución que se redacte de su seno, sea sometido a referéndum aprobatorio popular, en los términos establecidos en el artículo 70 de la Constitución de la República Bolivariana de Venezuela, para garantizar el ejercicio pleno de la soberanía de las venezolanas y los venezolanos, consolidando así nuestra democracia participativa y protagónica, y en consecuencia, la paz, el desarrollo y la independencia de la patria bolivariana." Este precepto fue reproducido por el Consejo Nacional Electoral en la Resolución N° 170607-118[25], incorporándolo como la duodécima base comicial.

Al tratarse de un exhorto, la Asamblea Nacional Constituyente no estaría obligada a someter a referendo aprobatorio el texto constitucional que redacte. Esta disposición, además, confirmaría la presunción de que la Asamblea está diseñada para funcionar sin atender a los límites previstos en el ordenamiento constitucional vigente, y en las bases comiciales propuestas por el Presidente de la República y ratificadas por el Consejo Nacional Electoral.

VII. CONCLUSIONES

Las bases comiciales de la convocatoria presidencial de la Asamblea Nacional Constituyente, avaladas por el Consejo Nacional Electoral, evidencian la intención de imponer de facto un orden constitucional al pueblo venezolano, titular de la potestad soberana exclusiva e intransferible de transformar el Estado, crear un nuevo ordenamiento jurídico y redactar una nueva Constitución. Las bases están diseñadas para que la Asamblea no sea representativa, y actúe sin límites materiales ni temporales.

En primer lugar, las bases vulneran la participación en condiciones de igualdad, transgrediendo de manera abierta los principios de universalidad del

25 "Se exhorta a las y los integrantes de la Asamblea Nacional Constituyente que resultaren electas y electos, a que, el proyecto de Constitución que se redacte en su seno sea sometido a referéndum aprobatorio popular, en los términos previstos en el artículo 70 de la Constitución de la República Bolivariana de Venezuela, para garantizar el ejercicio pleno de la soberanía de las venezolanas y los venezolanos, consolidando así la democracia participativa y protagónica."

voto —en el caso del ámbito electoral sectorial—, de sufragio directo —e incluso, de su carácter secreto, como ocurre en el caso de la elección de los constituyentes que representarán a los pueblos y comunidades indígenas—, y la proporcionalidad de los resultados electorales con respecto a la composición política de la Asamblea. Estos vicios han sido desestimados por la Sala Constitucional del Tribunal Supremo de Justicia, en la decisión 455/2017, de 12 de junio[26], concluyendo que las bases comiciales sí respetan el concepto de la democracia participativa y el sufragio universal, directo y secreto, incorporando la efectiva representación de los municipios como unidades políticas primarias de la organización nacional, y que existen en la Constitución de la República, medios directos de participación política que facultan la presencia privilegiada de sectores sociales cuyo protagonismo ha sido destacado por el legislador, en particular, a través de las leyes del "poder popular".

En segundo lugar, es manifiesta la intención del gobierno nacional de utilizar la Asamblea Nacional Constituyente como un instrumento para imponer su proyecto político como Constitución de la República. De allí que los límites previstos en las bases comiciales no son más que aparentes, y aseguran que la Asamblea sea omnipotente.

26 El contenido de la sentencia puede consultarse en http://historico.tsj.gob.ve/decisiones/scon/junio/199906-455-12617-2017-2017-0610.HTML.

NOCIÓN DE PUEBLO EN LAS BASES COMICIALES Y EN LA SENTENCIA N° 378 DE LA SALA CONSTITUCIONAL

Ramón Escovar León

I. INTRODUCCIÓN

Con ocasión de la *Jornada sobre la Asamblea Nacional Constituyente: génesis y perspectiva*, organizadas por la Academia de Ciencias políticas y Sociales (13.06.17), elaboré dos artículos de opinión relacionados con el tema. El primero en *El Nacional*, titulado *La noción de pueblo en el discurso de Nicolás Maduro* (1.06.2017); y el segundo en *Prodavinci*, con título *Asamblea Constituyente: ¿una empresa sin ganancia?*" (13.06.17), los cuales recogen el tema que me correspondió exponer como ponente en la Jornada de la Academia. Lo que presento a continuación es un ensayo que reflexiona a partir de ambos textos con ampliaciones y añadidos.

El objeto es demostrar, en *primer lugar,* que la noción de pueblo en el discurso político de la dirigencia del Psuv se restringe en la medida en que la propuesta socialista pierde apoyo popular. Para estos fines voy analizar la sentencia de la Sala Constitucional (SC) 24/2003 para luego contrastarla con la 378/2017, de la misma Sala. De este contraste se advertirá que cuando Hugo Chávez gozaba de popularidad, la noción de pueblo correspondía al concepto jurídico del mismo: la totalidad de los habitantes del territorio de Venezuela. Para Maduro esa noción se restringe a sus seguidores, es decir, a quienes le pueden garantizar el triunfo en las urnas. Así lo acoge, además, las bases comiciales que el Ejecutivo le propone al Consejo Nacional Electoral.

En *segundo lugar,* me voy a referir a la tesis de la sentencia N° 378/31.05.2017 que elimina la consulta popular en el proceso constituyente comunal que propone el madurismo. Se trata de una tesis inédita en el constitucionalismo universal, como se podrá evidenciar al referir a dos posiciones ideológicas opuestas: Antonio Negri y Carl Schmitt. En *tercer lugar*, reflexionaré sobre los derechos consagrados en los artículos 333 y 350 de la Constitución, a partir de la jurisprudencia de la Sala Constitucional. En *cuarto lugar*, me referiré a la posición de Jeromy Waldrom para reflexionar sobre la crisis de la justicia. Por último, presentaré un compendio de conclusiones.

II. LA NOCIÓN DE PUEBLO EN LOS DISCURSOS DE HUGO CHÁVEZ Y DE NICOLÁS MADURO

La noción de *pueblo* puede adquirir distintos significados según la ideología y el contexto dentro del cual se emplee este vocablo. Sin embargo, desde un punto de vista semántico este sustantivo colectivo no deja margen para la duda, como se evidencia del significado que la Real Academia Española (2014) registra para esta palabra en su tercera acepción: "Conjunto de personas de un lugar, región o país". Por su parte, María Moliner (2007), en su célebre *Diccionario de uso del español*, define el término como el "Conjunto de los habitantes de un país".

Con el mismo sentido señalado parece emplearse en la sentencia vinculante de la propia Sala Constitucional, que definió *pueblo* como: "el conjunto de las personas del país y no una parcialidad de la población, una clase social o un pequeño poblado, y menos individualidades" (sentencia N°. 24 /22.01.2003).

En este último texto se señala que: "la soberanía reside de manera fraccionada en todos los individuos que componen la comunidad política general que sirve de condición existencial del Estado Nacional"; concepto que la sentencia toma de Jean-Jacques Rousseau y su *contrato social*. Ello porque la noción de pueblo, al ser sujeto de la soberanía, está estrechamente ligada al concepto de autodeterminación y al principio de integridad territorial.

En claro contraste con lo anterior, el madurismo restringe la noción de pueblo a un "conjunto de personas seguidoras del gobierno, con exclusión de quienes se le oponen". Y esta es la noción que acogen las "bases comiciales", al hacer suyas esa visión limitada e interesada de *pueblo*; al considerar, sin más, que lo integran las comunas, los sectores al estilo de Mussolini y los empleados públicos, es decir, aquellos que le pueden garantizar al Psuv los resultados electorales que desea. En su discurso político el pueblo incluye al propio grupo y a sus seguidores, que suelen ser legitimados; y excluye a los otros, con la respectiva deslegitimación –y descalificaciones salpicadas de insultos– de la que suelen ser objeto los adversarios políticos.

La noción de pueblo no fue discutida en los referéndums correspondientes al proceso constituyente de 1999; ni tampoco en los debates del año 2007 sobre la reforma constitucional; ni en el de 2009 cuando se sometió a votación la reelección indefinida de los cargos de elección popular. Es decir, Hugo Chávez no discriminó, al menos en la práctica, aunque sí en su discurso, cada vez que convocó al "pueblo" en los procesos antes señalados. Nicolás Maduro, al contrario, tiene un referente distinto al de Hugo Chávez en este aspecto, pues el primero, en un deliro semántico, distorsiona el significado del sustantivo colectivo pueblo, no solamente en el discurso si no, lo que es más grave, en la Asamblea Nacional Constituyente (ANC) que pretende poner en marcha, a su minúsculo grupo de seguidores.

Como consecuencia de lo señalado, entre otras cosas, su gobierno se ha debilitado, lo que lo ha llevado a incrementar la represión, la intolerancia y el uso abusivo de las instituciones serviles –como el Consejo Nacional Electoral, la Contraloría General, la Defensoría del Pueblo y el Tribunal Supremo de Justicia– que controla; al tiempo que manipula para falsear el concepto de pueblo en su pretensión de llevar a cabo una constituyente sin llamar al soberano, en toda su extensión, a decidir. La única elección prevista es la de los constituyentes, bajo la modalidad del "entubamiento electoral", como se conoce en el lenguaje político vernáculo. En parte esto explica las razones por las cuales se pretende llevar a cabo una ANC con unas "bases comiciales" y sin la necesaria consulta electoral que exige la Constitución: la primera, para *activar* la convocatoria; la segunda, para *aprobar* o no la nueva Constitución.

Siendo así el asunto, la propuesta de la ANC comunal tendrá mayoritariamente como electores a los cuadros del partido de gobierno; se trata, más bien, de una constituyente del Psuv. A esto se añade que los "juristas" socialistas han interpretado literalmente el artículo 348 de la Constitución que faculta al presidente para la iniciativa del proceso constituyente. Eso y nada más. La convocatoria propiamente dicha corresponde al pueblo, como lo establece el artículo 347 de la Constitución: "El pueblo es el depositario del poder constituyente originario", norma que no distingue la noción de pueblo ni discrimina entre simpatizantes y adversarios. En consonancia con lo anterior, el artículo 5 de la Constitución no deja margen para la duda: "La soberanía reside intransferiblemente en el pueblo". Entonces, el poder constituyente originario corresponde al pueblo, quien ejerce su soberanía mediante el sufragio, y no al presidente de turno. Este asunto no ameritaría discusión alguna pues está claramente explicitado en la Carta Magna. Sin embargo, hay que traerlo a colación ya que se pretende llevar a cabo una constituyente simulada, sin referéndum y con unas bases comiciales que son, más bien, un oxímoron, una *contradictio in terminis*, ya que carecen de comicios.

Aquí conviene referir el valioso ensayo del profesor y poeta Horacio Biord Castillo[1] que distingue cinco acepciones de pueblo; son los siguientes:

- "el jurídico o "pueblo" como conjunto de ciudadanos de un Estado, iguales ante las leyes y con deberes y derechos;
- el sociológico o "pueblo" entendido como población, más bien en un sentido demográfico, aunque con articulación social;
- el antropológico o "pueblo" como sinónimo de sociedad o agregado de individuos con recursos culturales propios, historia e identidad;
- el político o "pueblo" como población objetivo de sus tesis, prédicas y programas; y, finalmente,
- el despectivo o "pueblo" como designación eufemística de grupos desposeídos o clases sociales bajas"[2].

---

1 "De la negación a la reafirmación: polarización, diversidad social y entendimientos en Venezuela". en *Revista venezolana de economía y ciencias sociales*. Caracas, UCV, enero-abril 2013, Vol. 19, n° 1.

La primera de las acepciones señaladas corresponde a la contemplada en la sentencia sentencia N° 24 / 22.01.2003 de la Sala Constitucional; noción que olvida de manera inexplicablemente la sentencia N° 378 como señalaré más adelante (N° V). El profesor Biord destaca, además, que estos conceptos "se han mezclado de manera desprevenida y confusa, por tanto equivoca, en especial durante los últimos años"[3]. Lo que pretendo resaltar es que, para el madurismo, la noción de pueblo, a los efectos de la constituyente fraudulenta que promueven, se restringe al "escuálido" grupo que queda de lo que fue el movimiento populista-militarista, hoy fracturado entre chavistas históricos y maduristas. A través de esta manipulación semántica es que se pretende consumar este fraude constitucional.

De todo lo anterior se desprende que tanto en el discurso de Nicolás Maduro, como en sus acciones, la noción de *pueblo* va a contrapelo del significado que tiene esta palabra en los diccionarios, en la tradición venezolana, en la doctrina y, más grave aún, en la Constitución. Aquí cabe recordar lo que decía Lewis Carroll en *A través del espejo*: "Cuando uso una palabra, ella significa exactamente lo que decido que signifique, ni más ni menos. La cuestión es quién es el que manda; eso es todo".

III. REFLEXIONES SOBRE LA SENTENCIA DE LA SALA CONSTITUCIONAL N° 24/22.01.2003

El texto de la decisión [4] se mueve en el plano de la ambigüedad para interpretar el derecho a la resistencia y a la rebelión. Además de la conceptualización de la noción de pueblo, se adentra de delimitar el sentido de los artículos 333 y 350 de la Constitución, y al respecto declara: (i) que la norma del artículo 350 por ser aislada se interpreta como un conjunto armónico, es decir, con inseparable relación con el artículo 333; (ii) que el ordenamiento jurídico está adscrito al sistema romano-germánico centrado en la norma jurídica "completamente objetivada, con carácter general y abstracto"; (iii) que el derecho a la rebelión previsto en el artículo 350 no se refiere a un gobierno aunque viole derechos humanos o del principios y garantías democráticas, porque ese "no es el sentido que el constituyente asigna a esta disposición"[5]; (iv) que esta norma implica "un límite al Poder Constituyente"[6] al

---

2 BIORD CASTILLO: *Ob. cit.*, p. 174.

3 *Ibíd.*

4 *Véase* Allan Brewer Carías: *El Derecho a la desobediencia y a la resistencia contra la opresión, a la luz de la Declaración de Santiago* en http://allanbrewercarias.net/site/wp-content/uploads/2013/04/II-4-70-Brewer.-DESOBEDIENCIA-Y-RESISTENCIA-DECL.-SANTIAGO-24-2-2012.pdf

5 "A tal respecto, esta Sala aclara que el argumento del artículo 350 para justificar el "*desconocimiento*" a los órganos del poder público democráticamente electos, de conformidad con el ordenamiento constitucional vigente, es igualmente impertinente. Se ha pretendido utilizar esta disposición como justificación del "*derecho de resistencia*" o "*derecho de rebelión*" contra un gobierno violatorio de los derechos huma-

estar contenida en el Capítulo III del Título IX; (v) que la doctrina ha establecido límites al poder constituyente en lo que atañe a los derechos fundamentales, la separación de poderes y "a la idea de democracia"; (vi) que "El derecho de resistencia a la opresión o a la tiranía" está consagrado en el artículo 333 de la Constitución y que este es un "un mecanismo legítimo de desobediencia civil que comporta la resistencia a un régimen usurpador y no constitucional"; (vii) que para acudir a la desobediencia civil hay que agotar "todos los recursos y medios judiciales, previstos en el ordenamiento jurídico para justiciar un agravio determinado, producido por '*cualquier régimen, legislación o autoridad*', no sea materialmente posible ejecutar el contenido de una decisión favorable"; (viii) que lo anterior es la manera de entender el artículo 350 de la Constitución para evitar situaciones de *anarquía* y no entenderlo así "comportaría una transgresión mucho más grave que aquella que pretendiese evitarse a través de la desobediencia, por cuanto se atentaría abierta y deliberadamente contra todo un sistema de valores y principios instituidos democráticamente."

La falta de claridad de la sentencia que se comenta, se explica si la ubicamos en contexto. En efecto, dicha decisión se profiere luego del golpe de Estado contra Hugo Chávez el 11 de abril de 2002; para evitar posibles protestas la Sala Constitucional decidió limitar el derecho humano consagrado en el artículo 350 de la Constitución. Con este propósito produce esta alambicada decisión N° 24 que, por una parte, define el concepto de pueblo y, por la otra, restringe el derecho a la desobediencia civil.

IV. INTERPRETACIÓN DE LOS DERECHOS CONSAGRADOS EN LOS ARTÍCULOS 333 Y 350 DE LA CONSTITUCIÓN

De la referida decisión N° 24/2003 se extrae que los derechos consagrados en los artículos 333 y 350 de la Constitución no pueden leerse sino en inseparable relación. José Ignacio Hernández los ve acertadamente como "dos caras

---

nos o del régimen democrático, cuando su sola ubicación en el texto Constitucional indica que ese no es el sentido que el constituyente asigna a esta disposición".

6 "En efecto, esta norma está contenida en el Capítulo III (De la Asamblea Nacional Constituyente) del Título IX (De la Reforma Constitucional), como un límite al Poder Constituyente. Cuando se anunció la decisión de convocar una Asamblea Constituyente bajo la vigencia de la Carta Magna de 1961, se planteó la duda acerca de si ese poder originario era o no ilimitado. Como lo reconoció la antigua Corte Suprema de Justicia, en sentencia de la Sala Político administrativa del 19-01-99, que abrió el camino a la convocatoria de la Asamblea Constituyente, en principio, el poder constituyente originario es incondicionado e ilimitado, en relación a la organización de los poderes del Estado. Sin embargo, en doctrina se han establecido límites generales a dicho poder, como el respeto de los derechos fundamentales del hombre (Sieyés); al principio de la división de los poderes; a la idea de la democracia (Torres del Moral); a las condiciones existenciales del Estado, entre otros"….

de un misma moneda"[7]: el primero se refiere a un derecho pasivo –desobediencia–, y el segundo es un derecho activo –resistencia–. Eso fue lo que ocurrió en el caso de Ghandi, en la India, quien logró la independencia de los británicos a punta de desobediencia pacífica.

Para la Sala Constitucional la resistencia o desobediencia no es posible contra el poder constituido, pero sí contra el poder constituyente, salvo que se apele al mecanismo previsto en el artículo 70 de la Constitución, esto es: "la elección de cargos públicos, el referendo, la consulta popular, la revocación del mandato, las iniciativas legislativa, constitucional y constituyente, el cabildo abierto y la asamblea de ciudadanos y ciudadanas". Esto es una manera de restringir el derecho humano previsto en el artículo 350 de la Constitución a los procesos electorales a que se refiere el artículo 70 *eiusdem* y, por eso, es que definen el concepto de pueblo en su sentido amplio, es decir, jurídico como lo describe el ensayo de Biord Castillo a que me referí antes.

Bueno es advertir, que la SC, sin motivación, decidió que la desobediencia civil constituye una amenaza que puede propiciar la *anarquía*, tal como lo examinó René Molina en un valioso ensayo sobre el tema[8]. De esta manera, la SC en lugar de interpretar el derecho a la rebelión civil de manera expansiva, lo hace de manera restrictiva, para desestimular cualquier expresión democrática contra el gobierno de la época, en vista de que la sentencia se produce luego del referido golpe de Estado del año 2002. Por eso, según la decisión, se acepta la desobediencia civil contra actos del poder constituyente originario, como dije, que violen derechos humanos y la separación de poderes. Ahora bien, de acuerdo con lo expuesto, sí es posible activar la desobediencia civil-también- contra el poder constituido que impulse una asamblea fraudulenta al violar los valores democráticos, porque según un principio general del derecho *quien puede lo más, puede lo menos (quipotest plus, potestminus).*

En todo caso, como sí se admite la resistencia en relación con el poder constituyente originario, los actos del poder constituido —derivado del primero— no escapan del ámbito de los artículos 333 y 350 de la Constitución. Entenderlo de otra manera es limitar uno de los valores de la democracia, como es el acatamiento absoluto de los derechos fundamentales.

Excluir el derecho consagrado en el artículo 350 de la Constitución en relación con un gobierno democráticamente electo, es restringir un derecho humano que rebasa el texto constitucional. En efecto, ese gobierno electo, con legitimidad de origen, puede mutar a gobierno ilegítimos por el ejercicio

---

7 *Véase* José Ignacio Hernández: "¿Cómo se interpretan los artículos 333 y 350 de la Constitución?" en http://prodavinci.com/blogs/como-se-interpretan-los-articulos-333-y-350-de-la-constitucion-por-jose-ignacio-hernandez/

8 René Molina Galicia: "La Sala constitucional y la desobediencia civil" en *Desobediencia civil en Venezuela: dos ensayos*. Caracas, Colección ensayos jurídicos, 2003, p. 31.

antidemocrático del poder. Es lo que ocurre con el gobierno de Maduro que viola los derechos fundamentales de los ciudadanos, como se evidencia a la asamblea constituyente que promueve.

De manera que la restricción que hace la SC es una limitación a las reglas de la democracia participativa. En todo caso, y como dije antes, como sí lo admite en relación con el poder constituyente originario, los actos del poder constituido que constituyen –inconstitucionalmente– la fuente del poder constituyente no escapan a al ámbito de los artículos 333 y 350 de la Constitución.

Para activar el derecho a la desobediencia civil, según la SC, deben agotarse todos los recursos disponibles en la Constitución, lo que se señala a los efectos de darle una interpretación restrictiva a este derecho. En todo caso, en los actuales momentos la Fiscalía General de la República y otras instituciones como el Colegio de Abogados de Caracas ha propuesto demandas de nulidad contra la convocatoria y, de esta manera, se están agotando todos los recursos a que se refiere esta decisión.

V. UNA REFLEXIÓN A PARTIR DE HENRY DAVID THOREAU

La desobediencia es el verdadero fundamento de la libertad.
Los obedientes deben ser esclavos. Thoreau

El pensamiento de Thoreau sobre la desobediencia civil, de la cual es considerado su padre, nos invita a reflexionar a partir del ser humano. Los ciudadanos, como seres humanos, tienen el derecho al "libre desenvolvimiento de la personalidad", como lo establece el artículo 20 de la Constitución. Es esto uno de los fundamentos de Henry David Thoreau cuando, en su ensayo sobre la desobediencia civil, escribió:

> "Para hablar como simple ciudadano y no como esos que niegan todo gobierno, no pediré que se anule en seguida toda forma de gobierno, sino que se nos dé *en seguida* un gobierno mejor. Que cada hombre haga saber qué clase de Gobierno gozaría de su respeto, y ése será el primer paso para conseguirlo"[9].

Una población tiene derecho a aspirar a un buen gobierno, a uno mejor del que tiene; especialmente si está sometido a un implacable deterioro a su nivel de vida, causado por la corrupción, la ineficiencia y a la aplicación dogmática de modelos económicos fracasados. Los ciudadanos deben pedir el cambio de un gobierno que no garantice un nivel de vida mínimo, con acceso a los alimentos, medicinas, educación y a una sociedad libre del hampa. Si este gobierno cierra las puertas a la salida electoral, amparado en complicidades institucionales, el pueblo puede apelar a la desobediencia civil tal como lo autoriza el artículo 350 de la Constitución.

---

9 Henry David Thoreau: *Del deber de la desobediencia civil*. Medellín, Editorial Álvaro Lobo, 2008, p. 16.

Si se trata de impedir el proceso electoral por la vía de una constituyente fraudulenta que busque cambiar el orden constitucional, se activa también el artículo 333 del texto fundamental. Asimismo, y desde este punto de vista, del derecho de cada cual a desarrollar su proyecto de vida, justifica la activación de esta "moneda de dos caras" que es la articulación de los artículos 333 y 350 de la Constitución.

Un gobierno mejor que garantice el proyecto de vida es lo que aspiran los jóvenes que protestan en Venezuela, porque piden libertad y un país mejor, como parte de ese derecho previsto en la Constitución, pero que la dictadura, a punta de represión, les pretende aniquilar.

VI. LA ASAMBLEA CONSTITUYENTE ORIGINARIA SIN CONSULTA POPULAR

La propuesta del presidente Nicolás Maduro, acogida por el CNE y por la SC representan una modalidad inédita en la historia del constitucionalismo: una asamblea constituyente originaria sin participación del pueblo. Es una manera de burlar el sentido y el alcance de lo que es un proceso constituyente democrático. Para destacar el esquema dictatorial de este "proceso constituyente" voy a referirme a las opiniones de Roberto Viciano Pastor y Rubén Martínez Dalmau, Antonio Negri y Carl Schmitt sobre la vinculación del poder constituyente con la participación del pueblo. En ellas se podrá advertir la coincidencia en lo que atañe a la necesaria participación popular en estos asuntos.

1. *Roberto Viciano Pastor y Rubén Martínez Dalmau*

Estos profesores españoles que fueron asesores de Hugo Chávez en el proceso constituyente de 1999 se pronunciaron contra la constituyente de Maduro en un artículo publicado en *El País* de Madrid titulado *Una constituyente sin legitimidad*[10]. El núcleo de la crítica de estos profesores se basa en que Maduro –sin respaldo popular–decidió fulminar la consulta al pueblo tanto para convocar la constituyente como para aprobar la Constitución que pretenden aprobar. Estos dos constitucionalistas no vacilan en declarar que la propuesta de Maduro "pasará a la historia negra de la política latinoamericana". En otras palabras: la propuesta de Maduro cada día recibí más rechazo, incluso de quienes apoyaron a su mentor, como se evidencia de las declaraciones de los mencionados profesores españoles y de los exfuncionarios chavistas.

10 *Véase*: http://elpais.com/elpais/2017/05/24/opinion/1495650765_391247.html [Disponible: 24.06.17]

2. *La posición de Antonio Negri*

"Hablar del poder constituyente es hablar de democracia", afirma Antonio Negri[11] en su obra canónica sobre el tema. El pensador del marxismo italiano no vacila en proclamar que la noción de dicho poder es asunto difícil de definir cuando "la democracia se resiste a la constitucionalización"[12], porque ella es una "teoría del poder absoluto, mientras que el constitucionalismo es una teoría del gobierno limitado"[13]. La democracia supone algo más que el gobierno de las mayorías, pues implica separación de poderes; la democracia constitucional consagra la protección de las minorías, el límite al poder y el respeto por la ristra de derechos que consagra la Carta Magna. También afirma Negri que la génesis del poder constituyente está ligado al sufragio[14].

Lo anterior se vincula al tema de la representación, porque a través del sufragio universal –hay que añadir– el pueblo decide todo lo concerniente al mismo: si lo quiere o no. El referéndum es inherente a la esencia de este poder porque es la forma en que el pueblo ejerce su soberanía. Sin consulta al pueblo, la asamblea constituyente se traduce en una simulación, en una burla, en una operación fraudulenta.

3. *La opinión de Carl Schmitt*

Además de lo señalado, quiero agregar la posición de Carl Schmitt, quien sostiene que en las democracias modernas la asamblea constituyente democrática debe ser "elegida según los postulados fundamentales del sufragio universal e igual como procedimiento 'democrático' reconocido"[15]. Al mismo tiempo, Schmitt indica que la legitimidad de un Constitución depende de que la autoridad del poder constituyente sea "reconocida"[16]. Por consiguiente, también para este jurista, que diseñó la plataforma jurídica del nazismo, una asamblea como esta debe respetar las reglas del sufragio universal, es decir, la participación de la totalidad de los electores sin discriminación. La legitimidad del poder constituyente y la Constitución que de él emane dependen del carácter democrático de este proceso; y esto depende de la aprobación popular, puesto que el poder constituyente –no lo discute nadie– reside en el pueblo. Vemos que la izquierda y la derecha coinciden en este aspecto.

---

11 *El poder constituyente*. Madrid, Edit. Traficantes de Sueños, tr. Simona Frabotta y David Gámez Hernández, 2015, p. 27

12 *Ibíd*, p. 28

13 *Idem*

14 *Idem*, p. 30

15 *Teoría de la Constitución*. Madrid, Alianza Editorial, tr. Francisco Ayala, 2015, p. 133.

16 *Ibíd*, p. 137

4. *Comentario adicional sobre la falta de consulta popular*

Desde que el presidente Maduro anunció su "Constituyente" se han publicado numerosos escritos de abogados y politólogos, así como pronunciamientos de universidades y academias explicando lo que implica una asamblea de esta naturaleza. Hay consenso en el sentido de que el presidente puede iniciar este proceso; no obstante, solo es el pueblo por medio del referéndum quien puede convocarlo. De no cumplirse este indispensable requisito, su propuesta quedará, al igual que cuando habló a las vacas, como un hecho burlesco. La convocatoria a la Asamblea está marcada por el contexto de dolor, sangre y muerte que padece trágicamente el pueblo de Venezuela en esta hora menguada de su historia.

La oposición a la(in)constitucional constituyente es abrumadora y las razones han sido expuestas abrumadoramente por abogados, politólogos, sociólogos, historiadores, periodistas y analistas nacionales e internacionales. El único apoyo reside en la cada vía más reducida y sectaria dirigencia del Psuv y en los desprestigiados CNE y TSJ.

La consolidación de este daño para nuestro país –que implica la *constituyente simulada* con el propósito de establecer una Constitución reflejo de la cubana– recibió el aval de la Sala Constitucional en su sentencia 378/31.05.17, a la cual me referiré en la sección siguiente.

VII. LA "SENTENCIA" "N° 378/31.05.2017 DE LA SALA CONSTITUCIONAL

Tenemos, entonces, tanto en la visión de Negri como en la de Schmitt, que la base del poder constituyente es el pueblo y que este debe expresarse por medio del sufragio universal. Dicho asunto, sobre el cual no hay discusión en las democracias modernas, no lo asume la Sala Constitucional, como se evidencia en su sentencia N° 378, la cual confunde, entre otras cosas, la iniciativa de convocatoria con la convocatoria misma, como lo dije antes.

Asimismo, la Sala sostiene que se justifica la elaboración de un nuevo contrato social "para poner de acuerdo al país", lo que es una gruesa mentira: basta escuchar las intervenciones públicas del presidente y demás miembros de la *nomenklatura* para advertir el tono de agresividad con que prometen una constituyente comunal. La "constituyente para la paz" es un embuste retórico.

En resumen, el responsable del orden en el contrato social es el gobierno, pero luego de establecerlo viene la Justicia, como lo enseña el sabio Thomas Hobbes.

La Sala Constitucional reconoce que el pueblo es el titular de la soberanía, pero que "la ejerce a través del poder popular"; pese a que este poder no está previsto en la Constitución, pues cuando fue propuesto por Hugo Chávez, el pueblo lo repudió en el referéndum del año 2007. Asimismo, la Sala declara que la soberanía, cuyo titular es el pueblo, puede ser ejercida indirectamente por el presidente de la república, y agrega que: "no hay previsión alguna sobre un referéndum acerca de la iniciativa de convocatoria de una Asamblea Nacional Constituyente".

Lo señalado anteriormente se puede desmontar si se interpretan las disposiciones constitucionales de manera articulada, en un diálogo de unas con otras. En este sentido, el artículo 5 de la Constitución establece que la soberanía reside en el pueblo (no en el presidente de la república) y es intransferible. Ya en los postulados de Locke era necesario el consentimiento del soberano para que hubiese contrato; pero esto es pasado por alto por el medievalismo abusivo de la Sala Constitucional.

El artículo 347 de la CRBV señala de manera tajante que el pueblo "es el depositario del poder constituyente originario", el cual es intransferible. El artículo 348, por su parte, atribuye al presidente el inicio del proceso para la convocatoria de la constituyente, pero llevarla a cabo es decisión del pueblo, es decir, de la totalidad de los habitantes del país. Entonces, es la lectura solapadamente aislada de las normas la que manipula la conclusión de que en el proceso constituyente quien decide es el presidente, y no el pueblo. En otras palabras: la Sala equipara con estos malabarismos retóricos al presidente con el pueblo; tesis que no acepta nadie porque la soberanía en una democracia reside en este último.

VIII. LA "SENTENCIA" 378/2017 CARECE DE MOTIVACIÓN

Por si fuera poco, la sentencia 378 de la Sala Constitucional carece de motivación –o al menos esta es deficiente– puesto que la misma, entre otras cosas, ignora su propia jurisprudencia, concretamente la decisión N° 24/22.01.2003 que definió, como dije, la noción de pueblo acogiendo el significado jurídico del mismo. En esta oportunidad, y de manera autoritaria afirma que "el pueblo es titular de la soberanía y la ejerce directamente a través del poder popular"; y esta mención al poder popular, que es reiterada, la hace sin ninguna justificación, sin explanar las razones que permitan convencer al auditorio que el poder popular es el titular de la soberanía. Asimismo, este supuesto poder, que no fue acogida en la reforma constitucional de 2007, no aparece definido en la Constitución vigente.

Es sabido que la justificación de las sentencias es una de las reglas de la tutela judicial efectiva (artículo 26 CRBV). Por eso se ha dicho que: "El arte del jurista es el arte de la *justificación*. Su trabajo consiste en construir los argumentos suficientemente ingeniosos para *convencer* a su interlocutor o su auditorio de que su solución reposa sobre normas y que estas normas tienen pleno valor jurídico"[17]. Esta cita introduce un concepto esencial en las sentencias que se dictan en los sistemas democráticos: la motivación. Es a través de ella donde se plasman las razones que llevan a los jueces a decidir en un sentido u en otro, siempre buscando la respuesta correcta que ofrece el Dere-

17 Olivier Jouanjan: *Justifier l'injustifiable. L'ordre du discours juridique nazi*. París, Collection Léviathan, PUF, 2017, p. 16),

cho, tal como lo postula Ronald Dworkin. Si la respuesta a la que llegan no convence ni al interlocutor ni al auditorio, la sentencia seguramente será errada o injusta. Pero si la decisión llega a una solución que restringe los derechos fundamentales y las libertades, quienes las profieren se incluyen en la lista de los violadores de derechos humanos, y los hace responsables. Así aconteció con los jueces nazis, lo que es sobradamente conocido[18].

Esta sentencia N° 378 de la SC no solo manipula la noción de pueblo para reducirla a los seguidores de Maduro, sino que fulminó lo que quedaba de justicia constitucional. Pese a lo señalado en la sentencia 24/2003, hay que destacar que a los fines del proceso constituyente la noción de pueblo queda definida de esta manera amplia; aunque la perversa sentencia 378 lo restringe de manera arbitraria.

IX. LA CRISIS DE LA JUSTICIA CONSTITUCIONAL Y LA PROPUESTA DE JEREMY WALDRON

Por esta razón, se ha planteado la discusión sobre la tesis de Jeremy Waldron[19] sobre si la justicia constitucional puede convertirse en un obstáculo para la democracia. La posición de Waldron tiene seguidores y detractores, pero no debe soslayarse por el constitucionalismo venezolano en momentos aciagos en los que la Sala Constitucional se ha convertido en la mayor amenaza para los derechos fundamentales y la libertad, pues se ha encargado de derrumbar, sentencia tras sentencia, las vigas maestras que sostenían la democracia venezolana.

Además, Waldron destaca la importancia de la separación de poderes y su distinción con dos principios relacionados: el de la dispersión del poder –para evitar su concentración en manos de una persona–; y el de balances y controles *–check and balances–* que requiere que cada institución ejerza su poder de control sobre los otros[20].

La propuesta Jeremy Waldron no debería pasar inadvertida para los abogados venezolanos, pues invita a una seria discusión sobre el porvenir de la sala que se ha encargado de "interpretar" la Constitución. Son muchas las reflexiones que abre Waldron para los venezolanos: ¿cómo comenzó la degradación de la justicia constitucional?, ¿cómo se consolidó?, ¿cómo salir de esta crisis? La respuesta a la primera pregunta es sencilla: con el uso y abuso de la justicia constitucional.

---

18 *Véase* mi artículo, "Justificar lo injustificable". En prodavinci.com/blogs/justificar-lo-injustificable-por-ramon-escovar-leon/. Disponible 21.06.17

19 *Democracia y desacuerdo*. Madrid, Marcial Pons, tr. José Luis Marti y Águeda Quiroga, 2005, pp. 341-345. "The Core of the Case Against Judicial Review, en *TheYale Law Journal*, 115, 2005-2006.

20 Jeromy Waldron: *Political political theory*: Cambridge, Massachusetts, Harvard University Press, 2016, Capítulo 3, p. 45.

Para rescatar una justicia constitucional hay que regresar a un gobierno civil que establezca la democracia con separación de poderes y con un Poder Judicial integrado por jueces independientes.

X. EL USO DE LA TÉCNICA DEL *GERRYMANDERING*

El cúmulo de desvaríos no se detiene allí, puesto que las bases comiciales fueron presentadas por el Ejecutivo al Consejo Nacional Electoral, institución que de inmediato le dio la bendición. Entonces tenemos que el presidente convoca la constituyente, al tiempo que elabora sus bases comiciales, en las cuales se establece que los constituyentistas serán escogidos por ámbito territorial, usando la técnica de *gerrymandering* o manipulación de los espacios territoriales electorales al mejor estilo de Mussolini, sin que se sepa quienes integran las listas de "electores". Ello demuestra que la constituyente es ridículamente fraudulenta. Es ya sobradamente conocido que todo este proceso arbitrario y dictatorial tiene como propósito burlar los procesos electorales y consolidar una supuesta revolución –que solo ha traído, y continuara trayendo, hambre, miseria, atraso, represión, sufrimiento y muertes– para establecer el Estado comunal y el modelo cubano, que sabemos ha fracasado; así como en la Venezuela de los 60 fracasó la izquierda de las guerrillas, la cual atentaba contra los gobiernos democráticos.

Por si fuera poco, las bases comiciales de la constituyente también son fraudulentas, pues restringen la noción de pueblo, ya que la participación preferente es la de los seguidores de la "revolución". Esta es una constituyente repudiada por más del 80% de la población, como lo indican las encuestadoras confiables. Estas bases ilegales –puesto que fueron propuestas por el mismo que inicia la convocatoria–, restringe la noción de pueblo a espacios sectoriales y políticos. El concepto jurídico de pueblo se refiere a la totalidad de los habitantes de un territorio, como quedó explicado *supra* (1 y 2).

El Consejo Nacional Electoral hace suyas las bases comiciales que le presentó el ejecutivo, lo cual es una situación anómala y arbitraria. De esta manera usa y expande la técnica del *gerrrymandering* o manipulación de los circuitos electorales. Así se produce un efecto *kafkiano*: el Estado Falcón con un millón de habitantes tendrá 26 constituyentes; el Distrito Capital, con más de tres millones, solo tendrá 7 representantes. A esto se suma la representación proporcional de las minorías, y así tendremos un escenario electoral antidemocrático. Para cerrar el circuito de abusos, la representación sectorial plasma el ineludible aderezo fascista.

XI. CONCLUSIONES

1. La noción de pueblo que acoge la Sala Constitucional (N° 24/22.01.2003) abarca a la totalidad de los habitantes del territorio de Venezuela. Sin embargo, la sentencia 378/31.05.17, manipula los artículos 5, 347 y 348 de la Constitucional, para conectar pueblo con "poder popular" y así reducir el concepto a los seguidores de Nicolás Maduro.

2. La mencionada sentencia 24/2003 de la SC estaba dirigida a restringir el derecho de rebelión civil plasmado en el artículo 350 de la Constitución. Definió la noción de pueblo, pero pretendió limitar este derecho de resistencia a un golpe de Estado y a una constituyente que viole los derechos fundamentales, la separación de poderes y los valores de la democracia. En este sentido, la sentencia autoriza a invocar el artículo 350 en relación con el 333 de la Constitución contra la constituyente comunal que impulsa Nicolás Maduro para evitar las elecciones.

3. La noción de pueblo a la que aludía Hugo Chávez en el proceso constituyente de 1999 se refería a la totalidad de los venezolanos; pero la sentencia 378/2017 de la SC lo restringe arbitrariamente solo a los seguidores de Maduro, para garantizarle su permanencia en el poder, pese a que carece de apoyo popular.

4. La propuesta de la ANC fue repudiada el día 16 de julio en la consulta popular organizada por la MUD-AN. Pese a los obstáculos y amenazas del gobierno, más de 7,5 millones de venezolanos se pronunciaron. Esa es una demostración de rechazo en contra de una constituyente que busca implantar "como sea" el fracasado modelo cubano en nuestro país.

5. El CNE avala las bases comiciales que le presentó el ejecutivo y con ello utiliza la técnica del *gerrrymandering* o manipulación de los circuitos electorales. Así se produce un efecto kafkiano: el Estado Falcón con un millón de habitantes tendrá 26 constituyentes; el Distrito Capital con más de tres millones solo tendrá 7. Si a esto se suma la representación proporcional de las minorías, tendremos un escenario electoral antidemocrático.

6. La elección por sectores evoca las técnicas de Benito Mussolini, por lo que el proceso constituyente es de estirpe fascista

7. De todo lo anterior se evidencia que el poder constituyente, que ha sido consagrado en la Constitución, fue fulminado por las bases comiciales y por la decisión N° 378 de la Sala Constitucional.

8. La evolución de las "sentencias" de la SC, especialmente las números 155, 156 y 378, demuestran que en Venezuela no hay justicia constitucional. Igualmente, la Sala Constitucional, integrada "magistrados" al servicio del madurismo, se ha convertido en un obstáculo para la democracia. La manera de rescatarla es por medio de un gobierno civil y democrático que garantice la libertad y los valores republicanos.

9. Los ciudadanos, como seres humanos, tienen el derecho al "libre desenvolvimiento de la personalidad", como lo establece el artículo 20 de la Constitución. Si el gobierno impide a la población el libre desarrollo de su proyecto de vía y cierra la opción electoral para lograr el cambio por un gobierno mejor, es posible democráticamente invocar el artículo 350 de la Constitución.

10. La disposición del artículo 350 del texto fundamenta es tal vez la más hermosa de toda nuestra Constitución. Bien redactada y muy clara: el pueblo tiene derecho a desconocer "cualquier régimen, legislación o autoridad que contraríe los valores, principios y garantías democráticas o menoscabe los derechos humanos". Y acaso ¿no es esto lo que está ocurriendo en Venezuela? La violación de estos valores y principios autoriza a la desobediencia civil, tal como se ha declarado actualmente en nuestro país.

Cuarta Parte

EL JUEZ CONSTITUCIONAL Y EL PROCESO CONSTITUYENTE

EL JUEZ CONSTITUCIONAL VS EL PUEBLO COMO PODER CONSTITUYENTE ORIGINARIO

De cómo la Sala Constitucional del Tribunal Supremo de Justicia de Venezuela avaló la inconstitucional convocatoria por el Ejecutivo Nacional de una Asamblea Nacional Constituyente, arrebatándole al pueblo su derecho exclusivo de convocarla

Allan R. Brewer-Carías

Profesor de la Universidad Central de Venezuela

I. SOBRE LA NECESARIA E INDISPENSABLE PARTICIPACIÓN DEL PUEBLO EN LOS PROCESOS DE REVISIÓN O REFORMA DE LA CONSTITUCIÓN

El Presidente de la República de Venezuela anunció el 1° de mayo de 2017 que convocaría una Asamblea Nacional Constituyente que es uno de los mecanismos previstos en la Constitución para reformar la Constitución en la forma más radical, ya que se prevé para transformar el Estado, crear un nuevo ordenamiento jurídico y redactar una nueva Constitución.

En cumplimiento de tal anuncio, evidentemente inconstitucional pues solo el pueblo puede convocar dicha Asamblea, dictó el Decreto N° 2803 de 1° de mayo de 2017 convocando la Asamblea Nacional Constituyente,[1] y posteriormente el Decreto N° 2878 de 23 de mayo de 2017[2] mediante el cual defi-

1 *Véase* en *Gaceta Oficial* N° 6.295 Extra de 1 de mayo de 2017.

2 *Véase* en *Gaceta Oficial* N° 41.156 de 23 de mayo de 2017.

nió "las bases comiciales" para la misma, que fue complementado posteriormente mediante Decreto N° 2.889 de fecha 4 de junio de 2017.[3]

Dicha convocatoria de una Asamblea Nacional Constituyente por parte del Presidente de la República sustituyéndose al pueblo, fue evidentemente inconstitucional y fraudulenta.

Como lo explicamos hace unos años, en efecto, conforme a la Constitución de 1999 es indispensable la participación directa del pueblo mediante referendo en todos los tres mecanismos que se regulan para la reforma o revisión constitucional, incluyendo por supuesto la Asamblea Nacional Constituyente.

Entonces resumimos el régimen constitucional en la materia, indicando que la revisión o reforma constitucional:

> "se puede realizar mediante la adopción de enmiendas y reformas que siempre requieren de la aprobación popular por la vía de referendo. En cuanto a la convocatoria de una Asamblea Nacional Constituyente, la misma debe ser convocada por referendo, aun cuando la nueva Constitución no tiene que ser aprobada por el pueblo.
>
> Los artículos 340 y 341 de la Constitución regulan las Enmiendas constitucionales, las cuales deben tener por objeto la adición o modificación de uno o varios artículos de esta Constitución, sin alterar su estructura fundamental; debiendo tramitarse conforme al artículo 341, en la forma siguiente:
>
> 1. La iniciativa puede partir del quince por ciento de los ciudadanos inscritos en el Registro Civil y Electoral; o de un treinta por ciento de los integrantes de la Asamblea Nacional o del Presidente de la República en Consejo de Ministros.
> 2. Cuando la iniciativa parta de la Asamblea Nacional, la enmienda requiere la aprobación de ésta por la mayoría de sus integrantes y se debe discutir, según el procedimiento establecido en esta Constitución para la formación de leyes.
> 3. El Poder Electoral debe someter a referendo las enmiendas a los treinta días siguientes a su recepción formal.
> 4. Se consideran aprobadas las enmiendas de acuerdo con lo establecido en esta Constitución y en la ley relativa al referendo aprobatorio.
> 5. Las enmiendas deben ser numeradas consecutivamente y se deben publicar a continuación de la Constitución sin alterar su texto, pero anotando al pie del artículo o artículos enmendados la referencia de número y fecha de la enmienda que lo modificó.
>
> El Presidente de la República está obligado a promulgar las enmiendas dentro de los diez días siguientes a su aprobación. Si no lo hiciere, se aplicará lo previsto en la Constitución (Art. 346). En este último caso, se aplica el artículo 216 de la Constitución, el cual establece la obligación del Presidente y de los Vicepresidentes de la Asamblea Nacional de promulgar la ley cuando el Presidente de la República no lo hiciere en los lapsos respectivos.

---

3 *Véase* en *Gaceta Oficial* N° 41.165 de 5 de junio de 2017.

En segundo lugar, en cuanto a las Reformas constitucionales, conforme al artículo 342 de la Constitución, las mismas tienen por objeto una revisión parcial de la misma y la sustitución de una o varias de sus normas que no modifiquen la estructura y principios fundamentales del texto constitucional.

La iniciativa de la Reforma puede ser tomada por la Asamblea Nacional mediante acuerdo aprobado por el voto de la mayoría de sus integrantes; por el Presidente de la República en Consejo de Ministros; o por un número no menor del quince por ciento de los electores inscritos en el Registro Civil y Electoral.

El artículo 343 de la Constitución regula el trámite de la iniciativa de reforma constitucional por la Asamblea Nacional en la forma siguiente:

1. El proyecto de reforma constitucional debe tener una primera discusión en el período de sesiones correspondiente a la presentación del mismo.
2. Una segunda discusión por Título o Capítulo, según fuera el caso.
3. Una tercera y última discusión artículo por artículo.
4. La Asamblea Nacional debe aprobar el proyecto de reforma constitucional en un plazo no mayor de dos años, contados a partir de la fecha en la cual conoció y aprobó la solicitud de reforma.
5. El proyecto de reforma se debe considerar aprobado con el voto de las dos terceras partes de los o las integrantes de la Asamblea Nacional.

El proyecto de reforma constitucional aprobado por la Asamblea Nacional, conforme lo exige el artículo 344 de la Constitución, debe ser sometido a referendo dentro de los treinta días siguientes a su sanción. El referendo se debe pronunciar en conjunto sobre la reforma, pero puede votarse separadamente hasta una tercera parte de ella, si así lo aprobara un número no menor de una tercera parte de la Asamblea Nacional o si en la iniciativa de reforma así lo hubiere solicitado el Presidente de la República o un número no menor del cinco por ciento de los electores inscritos en el Registro Civil y Electoral.

La Reforma constitucional se debe declarar aprobada si el número de votos afirmativos es superior al número de votos negativos. La iniciativa de reforma constitucional que no sea aprobada no puede presentarse de nuevo en un mismo período constitucional a la Asamblea Nacional (Art. 345).

El Presidente de la República está obligado a promulgar las reformas dentro de los diez días siguientes a su aprobación. Si no lo hiciere, se aplicará lo previsto en la Constitución (Art. 346). En este caso, igual que en las enmiendas, se aplica el artículo 216 de la Constitución.

Por último, conforme al artículo 347 de la Constitución, el pueblo, como "depositario del poder constituyente originario," puede convocar una Asamblea Nacional Constituyente con el objeto de transformar el Estado, crear un nuevo ordenamiento jurídico y redactar una nueva Constitución. La voluntad del pueblo debe manifestarse mediante un referendo decisorio que debe ser convocado como se indica en el artículo 348, a iniciativa del Presidente de la República en Consejo de Ministros; de la Asamblea Nacional, mediante acuerdo de las dos terceras partes de sus integrantes; de los Consejos Municipales en cabildo, mediante el voto de las dos terceras partes de los mismos; o del 15% de los electores inscritos en el registro Civil y Electoral. La Constitución no exige que la nueva Constitución que apruebe la Asamblea Nacional Constituyente deba someterse a la aprobación popular."4

No tiene ningún sentido, por tanto, en el ordenamiento jurídico venezolano, sostener que en la Constitución de 1999, para por ejemplo cambiar una "coma" de un artículo de la Constitución mediante *Enmienda Constitucional*, o cambiar el sentido de un artículo constitucional con alguna regulación sustancial mediante la *Reforma Constitucional* se requiere de la participación del pueblo mediante referendo aprobatorio, y que para cambiar TODA la Constitución, transformar el Estado y crear un nuevo ordenamiento jurídico mediante una Asamblea Nacional Constituyente no se requiera de la participación del pueblo mediante referendo de convocatoria.

Es un fraude a la Constitución y a la voluntad popular sostener que como en la Constitución solo se hace mención a referendo aprobatorio en el caso de la Enmienda Constitucional y de la Reforma Constitucional, que en consecuencia no es necesario el referendo de convocatoria en el caso de la Asamblea Constituyente a pesar de que la Constitución reserva al pueblo su convocatoria.

Y eso es precisamente lo que hizo la Sala Constitucional del Tribunal Supremo de Justicia, consolidando el fraude constitucional, en dos sentencias dictadas a comienzos de junio de 2017.

II. EL FRAUDE A LA CONSTITUCIÓN Y A LA VOLUNTAD POPULAR POR PARTE DE LA SALA CONSTITUCIONAL DEL TRIBUNAL SUPREMO AL NEGARLE AL PUEBLO SU PODER EXCLUSIVO DE CONVOCAR UNA ASAMBLEA NACIONAL CONSTITUYENTE

La Sala Constitucional del Tribunal Supremo de Justicia, con motivo de la inconstitucional convocatoria por parte del Presidente de la República, ha comenzado a completar el fraude constitucional, al "interpretar" los artículos 347 y 348 de la Constitución mediante sentencia N° 378 de 31 de mayo de 2017,[5] concluyendo con un simplismo inconcebible, que:

> "De tal manera que, el artículo 347 define en quien reside el poder constituyente originario: en el pueblo como titular de la soberanía. Pero el artículo 348 precisa que la iniciativa para ejercer la convocatoria constituyente le corresponde, entre otros, al

---

4 *Véase* lo expuesto en Allan R. Brewer-Carías, *Reforma constitucional y fraude a la Constitución (1999-2009)*, Academia de Ciencias Políticas y Sociales, Colección Estudios N° 82, Caracas 2009, pp. 52-54.

5 *Véase* en http://historico.tsj.gob.ve/decisiones/scon/mayo/199490-378-315-17-2017-17-0519.HTML. *Véase* sobre esto el documento: "El Juez Constitucional vs. el pueblo, como poder constituyente originario," (Sentencias de la Sala Constitucional N° 378 de 31 de mayo de 2017 y N° 455 de 12 de junio de 2017), 16 de junio de 2017, en http://allanbrewercarias.net/site/wp-content/uploads/2017/06/161.-doc.-Sobre-proceso-constituyente-SC-sent.-378-y-455.pdf.

"Presidente o Presidenta de la República en Consejo de Ministros", órgano del Poder Ejecutivo, quien actúa en ejercicio de la soberanía popular.

En los términos expuestos anteriormente, la Sala considera que no es necesario ni constitucionalmente obligante, un referéndum consultivo previo para la convocatoria de una Asamblea Nacional Constituyente, porque ello no está expresamente contemplado en ninguna de las disposiciones del Capítulo III del Título IX.".

Esta absurda conclusión, que contaría la letra del artículo 347 de la Constitución,[6] la elaboró la Sala a la medida de lo que quería el régimen con ocasión de decidir un recurso de interpretación de dichas normas formulado quince días antes por un abogado "actuando en nombre propio," en el cual básicamente argumentó que para que el pueblo en ejercicio del poder constituyente originario pudiese convocar una Asamblea Nacional Constituyente, debía hacerlo mediante referendo que debía realizarse una vez que se tomara la iniciativa por los legitimados para ello ante el Consejo Nacional Electoral,[7] el cual al recibirla debía someterla a "*consulta al soberano como poder originario para que se manifieste en mayoría si está de acuerdo que se realice o no el proceso Constituyente.*"

El peticionante formuló el recurso de interpretación, según se reseña en la sentencia, porque el Presidente de la República y algunos de sus Ministros argumentaron públicamente:

"que ya no hacía falta la manifestación del pueblo en cuanto a la activación de la Constituyente, y que además como quien realizo (sic) la iniciativa era el presidente (sic) de la República pues es el (sic) quien debe presentar los candidatos realizar la escogencia de los mismos, invitando a todos a inscribirse para su elección (...)" (mayúsculas y resaltado del escrito)."

En definitiva, estas fueron según la Sala las dudas e interrogantes planteadas por el recurrente:

"-Será que el termino (sic) la iniciativa deba entenderse como un todo, y que solo lo indispensable sería entonces aprobar o no el proyecto que presente de modelo de Constitución luego de discutida.

-[S]erá que no se requiere que el soberano poder originario evalué (sic) si acepta, si está de acuerdo o no, con una nueva Constitución.

---

6 *Artículo 347.* El pueblo de Venezuela es el depositario del poder constituyente originario. En ejercicio de dicho poder, puede convocar una Asamblea Nacional Constituyente con el objeto de transformar el Estado, crear un nuevo ordenamiento jurídico y redactar una nueva Constitución.

7 *Artículo 348.* La iniciativa de convocatoria a la Asamblea Nacional Constituyente podrán tomarla el Presidente o Presidenta de la República en Consejo de Ministros; la Asamblea Nacional, mediante acuerdo de las dos terceras partes de sus integrantes; los Concejos Municipales en cabildo, mediante el voto de las dos terceras partes de los mismos; o el quince por ciento de los electores inscritos y electoras inscritas en el Registro Civil y Electoral.

-Será que solo emitirá el voto de aprobación o no al proyecto ya presentado por quien ejerció la iniciativa.

La Sala, luego de declararse competente para conocer del recurso de interpretación abstracta de la Constitución, inconstitucionalmente establecido en forma pretoriana por la sentencia N° 1077, del 22 de septiembre de 2000 (caso: *Servio Tulio León*), y luego recogida en el artículo 25 de la Ley Orgánica del Tribunal Supremo de Justicia de 2004, procedió a admitirlo declararlo considerando que el recurrente tenía la legitimidad necesaria.

> "por su interés legítimo, como parte del poder originario, como venezolano y profesional del derecho y ante el clamor popular, vista la ambigüedad e incertidumbre jurídica de los artículos 347 y 348 de la Constitución de la República Bolivariana de Venezuela, manifestada en la realización de la iniciativa y la consulta para la elección de los integrantes de la Asamblea Nacional Constituyente, así como la iniciativa o solicitud al Consejo Nacional Electoral a los fines de que realice la consulta al poder originario, para que manifieste si está de acuerdo en que se efectúe o no el proceso constituyente, el cual podría iniciarse a finales del mes de julio del año 2017, lo cual resulta un hecho notorio y comunicacional, visto el Decreto N° 2.830, dictado el 1° de mayo de 2017, por el Presidente de la República Bolivariana de Venezuela, ciudadano Nicolás Maduro Moros."

Y luego de declarar el asunto planteado como "de mero derecho, en tanto no requiere la evacuación de prueba alguna al estar centrado en la obtención de un pronunciamiento interpretativo," la Sala pasó de inmediato a decidir, "sin más trámites" sobre "el alcance y el contenido de los artículos 347 y 348 de la Constitución," en particular en:

> "lo relativo a la realización de la iniciativa y la consulta para la elección de los integrantes de la Asamblea Nacional Constituyente, así como la iniciativa o solicitud al Consejo Nacional Electoral, a fin de que realice la consulta al poder originario, para que manifieste si está de acuerdo en que se efectúe o no el proceso Constituyente."

Después de copiar el texto de los artículos 347 y 348 de la Constitución, y recordar que la Constitución de 1961, a pesar de contemplar las figuras de la Enmienda y Reforma, no contempló la de "la Asamblea Constituyente para que el pueblo, como poder constituyente originario, pudiera redactar un nuevo texto fundamental," la Sala pasó a referirse al proceso de interpretación del artículo 4 de la Constitución (1961) y el artículo 181 de la Ley Orgánica del Sufragio y Participación Política que en 1998 intentaron unos ciudadanos en diciembre de 1998, "con la finalidad de aclarar si era posible, con base en el, convocarse un referéndum consultivo para que el pueblo determinara si estaba de acuerdo con la convocatoria de una Asamblea Constituyente," que concluyó en la sentencia de la Sala Político Administrativa de la antigua Corte Suprema de Justicia, de 19 de enero de 1999,[8]" en la cual dicha Sala lo único que resolvió fue a través de un referendo consultivo podía:

---

8 *Véase* sobre dicha sentencia los comentarios en Allan R. Brewer-Carías, *Poder constituyente originario y Asamblea Nacional Constituyente (Comentarios sobre la inter-*

"ser consultado el parecer del cuerpo electoral sobre cualquier decisión de especial trascendencia nacional distinto a los expresamente excluidos por la propia Ley Orgánica del Sufragio y Participación Política en su artículo 185, incluyendo la relativa a la convocatoria de una Asamblea Constituyente" (subrayado de este fallo).

Nada dijo la Sala Constitucional, sin embargo, sobre la segunda pregunta que entonces se le formuló y que no fue respondida en 1999 por la antigua Corte Suprema, sobre si se podía convocar una Asamblea Constituyente (no prevista en la Constitución se 1961) sin reformar previamente la Constitución; y solo se refirió a las vicisitudes de la convocatoria de entonces al referendo consultivo por el Presidente de la República mediante Decreto N° 3 del 2 de febrero de 1999, y las modificaciones de las "bases comiciales" de entonces como consecuencia de otras decisiones judiciales, entre ellas, "la sentencia de la Corte Suprema de Justicia del 18 de marzo de 1999 y su aclaratoria del 23 de marzo del mismo año, así como según fallo del 13 de abril de 1999."[9]

En todo caso, luego de constatar que el proceso constituyente de 1999 se inició mediante la convocatoria por el Presidente Chávez "de un referéndum consultivo para que el pueblo se pronunciase sobre la convocatoria de una Asamblea Nacional Constituyente, en cuya oportunidad, el convocante propuso las bases para la elección de los integrantes del cuerpo encargado de la elaboración del nuevo texto fundamental," indicó que tales circunstancias iniciales se debieron a la ausencia en la Carta de 1961 de previsión alguna sobre la Asamblea Nacional Constituyente.

Sin embargo, como se ha visto, en la Constitución de 1999, efectivamente conforme afirmó la Sala "la situación constitucional actual es totalmente diferente," ya que en la misma ahora sí se regula la Asamblea Nacional Constituyente como una de las "tres modalidades de "revisión" constitucional: la enmienda, la reforma y la Asamblea Nacional Constituyente," pasando la Sala con un simplismo que ni siquiera los libros escolares adoptaron, constatando que a pesar de que la Constitución reserva la convocatoria de la Asamblea Nacional Constituyente al pueblo en ejercicio del poder constituyente originario, sin embargo "no hay previsión alguna sobre un referéndum acerca de la iniciativa de convocatoria de una Asamblea Nacional Constituyente."

Luego pasó la Sala a afirmar que en su sesión N° 41 de 9 de noviembre de 1999, conforme al Diario de Debates de la Constituyente, en el desarrollo del debate "la propuesta del Constituyente Manuel Quijada de que el pueblo pudiera convocar a la Asamblea Constituyente mediante un referéndum, fue

---

pretación jurisprudencial relativa a la naturaleza, la misión y los límites de la Asamblea Nacional Constituyente), Colección Estudios Jurídicos N° 72, Editorial Jurídica Venezolana, Caracas 1999.

9 *Véase* Allan R. Brewer-Carías, "La configuración judicial del proceso constituyente en Venezuela de 1999 o de cómo el guardián de la Constitución abrió el camino para su violación y para su propia extinción", en *Revista Jurídica del Perú*, Año LVI, N° 68, 2006, pp. 55-130.

negada." Ello es absolutamente falso. Al contrario, en el Diario de Debates lo que quedó claro es que la propuesta formulada sobre la convocatoria de la Asamblea Constituyente es que ello se haría mediante un "referendo de convocatoria."[10] Ese fue el espíritu de la discusión y el sentido de lo que fue aprobado al atribuirle al pueblo la potestad única de convocar la Asamblea, y evidente y lógicamente el pueblo solo puede convocarla mediante referendo. No hay otra forma., en esta materia, cómo el pueblo pueda manifestarse.

La Sala luego pasó a referirse con argumentos no jurídicos y que de nada sirven para interpretar las normas constitucionales, que aun cuando el artículo 71 de la Constitución al regular el derecho a la participación popular prevé el referendo, supuestamente habría unas "circunstancias objetivas sobrevenidas" que "ambientarían" la premura del proceso de instalación de la Asamblea Nacional Constituyente, en medio de "un estado de excepción no concluido aún," considerando que ello habría motivado al Presidente a tomar:

> "decisiones genéricas, expeditas y de profundidad constitucional, dentro de la cuales, por iniciativa del Presidente de la República se ha resuelto iniciar la convocatoria a una Asamblea Nacional Constituyente, que pueda en condiciones pacíficas poner de acuerdo al país en un nuevo Contrato Social, sin hacer uso en esta oportunidad, por tales circunstancias, de lo previsto en el citado artículo 71."

En fin, a pesar de que la Sala identificó como "uno de los rangos fundamentales distintivos que hacen de la Carta de 1999 una Constitución Social de nuevo tipo, es la opción por la democracia participativa y protagónica," y reconocer que "el ejercicio directo" de la soberanía es decir, la democracia directa se "manifiesta en los medios de participación y protagonismo contenidos en el artículo 70 de la Constitución" entre los cuales está el referendo; sin embargo, en definitiva le negó al pueblo su derecho de participar y poder decidir en forma directa si convoca o no una Asamblea Nacional Constituyente. Para ello, luego de referencias y citas innecesarias sobre las formas de ejercicio de la soberanía, directa e indirecta, la Sala simplemente concluyó afirmando que:

> "El artículo 347, cuya interpretación se solicita, debemos necesariamente articularlo con el artículo 348, ambos del texto constitucional. En efecto, el pueblo de Venezuela es el depositario del poder constituyente originario y, en tal condición, y como titular de la soberanía, le corresponde la convocatoria de la Asamblea Nacional Constituyente. Pero la iniciativa para convocarla le corresponde, por regla general, a los órganos del Poder Público (el Presidente o Presidenta de la República en Consejo de Ministros; la Asamblea Nacional, mediante acuerdo de las dos terceras partes de sus integrantes; y los Concejos Municipales en cabildos, mediante el voto de las dos terceras partes de los mismos) quienes ejercen indirectamente y por vía de representa-

---

10 *Véase* lo indicado en Allan R. Brewer-Carías, "La Asamblea Nacional Constituyente de 1999 aprobó que solo el pueblo mediante "referendo de convocatoria" convocar una Asamblea Constituyente: análisis del *Diario De Debates*. 17 de mayo de 2017, en http://allanbrewercarias.net/site/wp-content/uploads/2017/05/159.-doc.-Brewer.-ANC-y-referendo-de-convocatoria.-17-5-2017.pdf.

ción la soberanía popular. La única excepción de iniciativa popular de convocatoria es la del quince por ciento de los electores inscritos y electoras inscritas en el Registro Civil y Electoral."

Hasta aquí, la Sala sólo copió lo que dicen los artículos 347 y 348 de la Constitución, pero sin darle importancia alguna a lo que reconoce la sentencia en el sentido de que:

> "el pueblo de Venezuela es el depositario del poder constituyente originario y, en tal condición, y como titular de la soberanía, le corresponde la convocatoria de la Asamblea Nacional Constituyente,"

concluyó en la forma más absurda que:

> "no es necesario ni constitucionalmente obligante, un referéndum consultivo previo para la convocatoria de una Asamblea Nacional Constituyente, porque ello no está expresamente contemplado en ninguna de las disposiciones del Capítulo III del Título IX."

O sea que a pesar de que se diga que solo el pueblo como titular del poder constituyente originario puede convocar la Asamblea Nacional Constituyente, como no se identifica expresamente la forma como puede manifestar su voluntad que no es otra que a través de un referendo, simplemente se le quita su poder y se le asigna arbitrariamente al Presidente de la República, usurpándose así la voluntad popular.

De lo que resulta la aberración constitucional de que ni más ni menos, para cambiarle una coma a un artículo constitucional el pueblo debe participar mediante un referendo, pero para sustituir en su totalidad de la Constitución por otra y crear un nuevo Estado al pueblo no deme participar mediante referendo, simplemente porque no se previó expresamente su forma de convocar la Asamblea Constituyente.

El intérprete debió escudriñar en la Constitución cómo el pueblo podía convocar una Asamblea Constituyente, que no era otra vía que no fuera un referendo de convocatoria, pero no podía concluir que como no se indicaba expresamente dicha modalidad, entonces simplemente ya no tenía la potestad exclusiva de convocatoria que le da la Constitución.

III. EL DESPRECIO A LAS PREVISIONES CONSTITUCIONALES DE 1999 POR EL JUEZ CONSTITUCIONAL, CONSIDERANDO AJUSTADAS A LAS MISMAS LAS INCONSTITUCIONALES "BASES COMICIALES" DICTADAS PARA LA CONFORMACIÓN DE LA ASAMBLEA NACIONAL CONSTITUYENTE

Por otra parte, la Sala Constitucional del Tribunal Supremo, mediante sentencia N° 455 de 12 de junio de 2017, declaró sin lugar el recurso de nulidad de nulidad por inconstitucionalidad que había sido intentado por el abogado Emilio J Urbina, "actuando en su propio nombre" contra el Decreto N° 2.878, de 23 de mayo de 2017[11] que estableció las "bases comiciales" para la integración de la Asamblea Nacional Constituyente[12] convocada por el Presidente de la República mediante Decreto N° 2830 de 1 de mayo de 2017; declarando, además, expresamente "la constitucionalidad" del mismo.[13]

La Sala Constitucional, para decidir, comenzó advirtiendo que ya había emitido el fallo antes comentado N° 378 del 31 de mayo de 2017, estableciendo su interpretación de los artículos 347 y 348 de la Constitución, antes comentada, donde simplemente decidió como antes hemos destacado, ignorando lo que regula la Constitución de que sólo el pueblo puede convocar una Asamblea Nacional Constituyente, que "*no es necesario ni constitucionalmente obligante, un referéndum consultivo previo para la convocatoria de una Asamblea Nacional Constituyente, porque ello no está expresamente contemplado en ninguna de las disposiciones del Capítulo III del Título IX* (...);" y además, que ya el Consejo Nacional Electoral, mediante Resolución N° 170607-118, de 7 de junio de 2017, ya había dado su conformidad a las "Bases Comiciales para la Asamblea Nacional Constituyente."

Y luego pasó la Sala Constitucional a resumir, a desechar y a decidir lo que en su criterio fueron los alegatos fundamentales del recurrente sobre la inconstitucionalidad de las mencionadas bases comiciales, reduciéndolos a los siguientes:

> Primero: "a) Que en el primer Considerando del Decreto N° 2.878, se le asignan a la Asamblea Nacional Constituyente, atribuciones que exceden el artículo 347 de la Constitución de 1999, al proponer la construcción del socialismo y la refundación de la Nación venezolana."

Sobre este alegato, la Sala indicó que como se trató de una afirmación en los "Considerandos" del Decreto, la misma "no forma parte del texto de tal acto," y no tiene "un contenido normativo," considerando además que no contiene "en absoluto propuestas vinculantes para el órgano encargado de la elaboración del nuevo texto fundamental." En definitiva, sobre ello, la Sala resolvió que:

> "menciones como la impugnada en un "Considerando", son irrelevantes a los efectos de examinar la constitucionalidad del acto (decreto), salvo si se tratara del fundamento constitucional de su competencia; así se decide."

---

11 *Véase* en *Gaceta Oficial* N° 41.156 de 23 de mayo de 2017.

12 El decreto fue modificado mediante Decreto N° 2.889 de fecha 4 de junio de 2017, *Gaceta Oficial* N° 41.165 de 5 de junio de 2017.

13 *Véase* sobre lo expuesto en esta Parte, el documento: "El Juez Constitucional vs. el pueblo, como poder constituyente originario," (Sentencias de la Sala Constitucional N° 378 de 31 de mayo de 2017 y N° 455 de 12 de junio de 2017), 16 de junio de 2017, en http://allanbrewercarias.net/site/wp-content/uploads/2017/06/161.-doc.-Sobre-proceso-constituyente-SC-sent.-378-y-455.pdf.

En fin, pura y simplemente una negativa a impartir justicia, negándose la Sala a decidir sobre la inconstitucionalidad alegada, en particular sobre la indicación de que la convocatoria a una Asamblea Constituyente tiene un propósito fundamental y es la construcción del socialismo, propuesta rechazada por el pueblo en el referendo de 2007 y por la cual nadie nunca ha votado; y además, con el propósito, no de reformar el Estado que es lo que autoriza la Constitución, sino de "refundar la nación" que no es lo mismo por más malabarismos que haga la Sala para confundir Nación con Estado.

Como bien lo observó el impugnante, primero "proponer una ANC para introducir el socialismo, implica un *flagrante fraude constitucional*," y segundo, "la ANC lo que pudiera en todo caso es refundar al Estado venezolano y su ordenamiento jurídico *-in toto-* por medio de una Nueva Constitución. Nunca, pero nunca, una ANC podría ser establecida para "REFUNDAR LA NACIÓN", sino al Estado, éste último, personificación jurídica de la Nación."

Segundo: "b) El Decreto Presidencial se encuentra en contradicción con el artículo 4 de la Constitución y colide con el carácter universal del sufragio."

En relación con esta denuncia, la Sala se limitó a indicar que no advertía "violación alguna del contenido del artículo 4 del Título I de la Constitución vigente," pues dicha "disposición ratifica el carácter federal descentralizado de la República Bolivariana de Venezuela, 'en los términos consagrados en esta Constitución.'" Agregó la sala, simplemente que:

"Se sabe que el régimen federal venezolano tiene rasgos particulares que lo alejan de un Estado Federal clásico. Por ejemplo, desde 1945 el Poder Judicial es nacional (no estadal) y en la Carta de 1999 se eliminó el Senado, como Cámara representante de los estados como entidades federativas. Por otra parte, no se advierte en este artículo referencia alguna al carácter universal del sufragio. Así se declara."

Tercero: "c) Que se desconoce el modelo federal venezolano y se atenta contra el principio de la soberanía popular, prevista en el principio de proporcionalidad poblacional."

Sobre esta denuncia, la Sala Constitucional insistió en que "no observa del Decreto impugnado una violación al modelo federal venezolano" considerando que el recurrente como fundamento de esta denuncia de violación, para la elección de la Asamblea Constituyente proponía "asumir el itinerario electoral previsto en la Ley Orgánica de Procesos Electorales para las elecciones de los cuerpos colegiados (un concejo municipal, un consejo legislativo estadal o la Asamblea Nacional)," lo que a juicio de la Sala era diferente "por sus propios objetivos" que para "la conformación de un cuerpo o convención constituyente." En este caso, a criterio de la Sala las normas que regulan esta materia "están contenidas en las Bases Comiciales que corresponde presentarlas al convocante," que fueron "objeto de recursos jurisdiccionales y del control del Consejo Nacional Electoral, lo cual se ha dado en similares términos en la presente oportunidad." Y nada más.

Cuarto: *"d) La falta de consulta popular de las Bases Comiciales, por oposición a la consulta por vía "referendaria" de las mismas en el proceso constituyente de 1999."*

Sobre esta denuncia, la Sala simplemente ratificó "lo decido en relación con el recurso de interpretación de los artículos 347 y 348 constitucionales, en su decisión 378/2017, por lo cual resulta inoficiosa pronunciarse de nuevo sobre este punto. Así se declara."

Quinto: *"e) Usurpación de la soberanía popular por la soberanía territorial, al contemplar las bases comiciales inconstitucionales que los constituyentes territoriales representarán a los municipios y no a los ciudadanos."*

En lo referente a esta denuncia la Sala al ratificar que conforme al artículo 5 de la Constitución, el pueblo, titular de la soberanía, la ejerce tanto en forma indirecta, "mediante el sufragio, por los órganos que ejercen el Poder Público," como en forma directa "mediante los medios de participación y protagonismo del pueblo en ejercicio de su soberanía," que se mencionan en el artículo 70 constitucional agregando respecto de "los mecanismos de ejercicio directo de la soberanía [que aún cuando] no exigen en principio el mecanismo del sufragio, en algunos casos es necesario utilizar los comicios, normalmente universales, directos y secretos, en virtud del carácter masivo de algunas comunidades."

Luego agregó la Sala, que estimaba imprescindible advertir:

> "que en la democracia directa, que implica la organización de grupos humanos según su especialidad laboral, profesional, su condición social, la necesidad de su especificidad étnica o cultural o la especial protección que requiere una discapacidad física, motora o etaria; hace que el convocante pueda y/o deba resaltar tales circunstancias para que su participación y sus derechos no se "pierdan" en la masa."

Respecto del Estado federal, la Sala Constitucional reiteró su apreciación de que era de carácter particular, a cuyo efecto la Constitución, "al haber eliminado el Senado, ha instrumentado mecanismos para así asegurar en lo posible la igualdad de las entidades territoriales al margen del elemento cuantitativo de la población," lo que no es cierto, argumentando que el artículo 168 constitucional pauta que "cada entidad federal elegirá, además, tres diputados o diputadas" sin tener nada "que ver con la base poblacional" de los Estados, concluyendo que las bases comiciales establecieron "un mecanismo eleccionario particular que pretende una integración de la Asamblea Nacional Constituyente" que además de asegurar la personalización del sufragio:

> "garantice una adecuada representación territorial, a los fines de incorporar efectivamente a cada uno de los municipios que integran la República, en atención a su condición de "unidad política primaria de la organización nacional" (artículo 168 eiusdem)."

Concluyó la Sala afirmando que en el caso de la Asamblea Constituyente, lo que se ha buscado en las bases comiciales es "la personalización del sufragio y la representación nacional, a través de la unidad política fundamental: el municipio.

Y en cuanto a la "representación sectorial" prevista en las bases comiciales, se limitó a indicar que:

> "está en la base de la democracia directa, contemplada en la Constitución y desarrollada por el legislador (ver sentencia N° 355 del 16 de mayo de 2017). Así se declara."

Por supuesto, todas afirmaciones a la ligera sin fundamento ni explicación, y no creíbles, cuando es bien sabido que las Leyes sobre los órganos del Poder Popular han ignorado al Municipio y han establecido en contra de la Constitución que la unidad política primaria son los Consejos Comunales y no los municipios.

> **Sexto:** "*f) Desconocimiento del principio de organización comicial en representación proporcional a la población en base federal y su sustitución por representación territorial municipal.*"

Sobre esta denuncia, la Sala Constitucional estimó que en materia de convocatoria de una Asamblea Constituyente, sin consultar al pueblo, "el convocante de la Constituyente tiene la libertad de proponer las "Bases Comiciales," como estime, recurriendo a un absurdo temporal y es afirmar que se aplica el "principio del paralelismo de las formas (en lo que respecta al proceso constituyente de 1999)" cuando aquél proceso se hizo al margen de la Constitución de 1961 y este convocado inconstitucionalmente en 2017 se hace supuestamente siguiendo lo pautado en la Constitución de 1999.

A juicio de la Sala Constitucional, antes de la elección de los constituyentistas lo único que debe verificarse es que las bases comiciales no traspasen los límites contenidos en el artículo 350 de la Constitución, en particular para asegurar:

> "la adecuada representación territorial, para que todos los municipios tengan voz y voto y el resultado de la Asamblea no implique la imposición de unos pocos estados cuantitativamente mayoritarios; la participación de sectores representativos de los cuerpos sociales que hagan realidad la democracia directa y los medios de participación y protagonismo del pueblo y de sus integrantes individuales (participación territorial) y comunitarios (participación sectorial)."

Y así, la Sala simplemente dio por buena la representación de los territorios de los municipios y de sectores arbitrariamente definidos, y no de la población que en definitiva es el pueblo (representación poblacional), en una Asamblea Constituyente nada más y nada menos que para reformar el Estado, crear un nuevo ordenamiento jurídico y dictar una nueva Constitución.

> **Séptimo:** "*g) Vicios de desfiguración del principio constitucional de la universabilidad (sic) del sufragio al contemplar la representación sectorial.*"

Sobre esto, en la sentencia la Sala Constitucional consideró que las "Bases Comiciales" respetaban "el concepto de la democracia participativa y el sufragio universal, directo y secreto," al facultar "la presencia privilegiada de sectores sociales cuyo protagonismo ha sido destacado por el legislador, en particular a través de las leyes del poder popular," indicando por último que la escogencia de los constituyentistas debe hacerse "en el ámbito territorial y sectorial, mediante el voto universal, directo y secreto" no habiendo a juicio de la Sala, "violación alguna del principio constitucional del sufragio."

Y eso fue todo lo resuelto en la sentencia.

Las bases comiciales formuladas por el Presidente de la República, usurpando la voluntad popular misma, al contrario de lo sostenido por la Sala Constitucional, son violatorias de la Constitución, primero por usurpación de autoridad del pueblo, pues solo el pueblo es el que puede aprobar las bases comiciales para elegir los constituyentes, y siendo la Asamblea Nacional Constituyente un órgano del pueblo, tiene que representar al pueblo de Venezuela en su conjunto. Para ello, el sistema de elección de los constituyentes tienen que asegurar la representación de todo el pueblo, y no hay otra forma de determinar el pueblo que no sea por el número de habitantes, lo que excluye fórmulas de representación territorial, como la "representación de municipios" independientemente de su población; y de "representación sectorial" arbitrariamente establecida, cuando la única admitida en la Constitución e la representación de los pueblos indígenas.

En este caso, una vez más, la Sala Constitucional sin duda tenía instrucciones de cómo debía decidir de acuerdo con lo que había ya decretado el Presidente de la República, y nada más.

Y lo más grave, la Sala terminó decidiendo, no sólo declarar sin lugar el recurso intentando, negándose a impartir justicia, sino declarando de antemano, y *Urbi et Orbi*, la "constitucionalidad" del decreto impugnado con lo cual con ello se anticipó a decir que desechará en el futuro cualquier otro recurso de nulidad por inconstitucionalidad, así los fundamentos del mismo sean otros.[14]

Y eso fue precisamente lo que ocurrió con el recurso de nulidad por inconstitucionalidad intentado por la Fiscal General de la República y otros altos funcionarios del Ministerio Público contra el mismo Decreto que estableció las "bases comiciales" de la Constituyente fraudulenta, que la Sala mediante sentencia N° 470 de 27 de junio de 2017[15] declaró inadmisible, precisamente por haber operado la cosa juzgada sentada en dicha sentencia N° 455 de 12 de junio de 2017 que ya había "juzgado la constitucionalidad" del Decreto.

Madrid / Heidelberg / New York, 4-28 junio de 2017.

---

14 Como lo indicó el profesor Emilio Urbina, recurrente en el caso, haciendo el decreto, "*inmune a cualquier otra acción,*" o sea declarándolo como no controlables por el Poder Judicial. *Véase* los comentarios a la sentencia en Emilio J. Urbina, "El Apartheid criollo socialista: La interpretación constitucional como creadora de discriminación política. Los efectos de la sentencia 455/2017 de la Sala Constitucional Constituyente," 19 de junio de 2017.

15 *Véase* en http://historico.tsj.gob.ve/decisiones/scon/junio/200380-470-27617-2017-17-0665.HTML

EL APARTHEID CRIOLLO SOCIALISTA: LA INTERPRETACIÓN CONSTITUCIONAL COMO CREADORA DE DISCRIMINACIÓN POLÍTICA. LOS EFECTOS DE LA SENTENCIA 455/2017 DE LA SALA CONSTITUCIONAL CONSTITUYENTE

Emilio J. Urbina Mendoza

Doctor en Derecho (Universidad de Deusto)
Profesor de postgrado de la Universidad Católica Andrés Bello

I. LA SENTENCIA Nº 455/2017 Y LA CRISTALIZACIÓN DE LA LÓGICA ABERRANTE COMO FUNDAMENTO Y BLINDAJE DE LA CONVOCATORIA Y BASES COMICIALES DE LA PROPUESTA CONSTITUYENTE

En estos días hemos recordado con taladrante tensión una de las obras que nos cautivó durante la adolescencia cuando aprendíamos la lengua de CICERÓN: las *Sátiras* del poeta JUVENAL. Del texto subyace una frase que no hemos podido desvanecerla con el pasar de los años, y que al contrario, se afianza al momento de la escritura académica como del ejercicio forense: "(...) *si natura negat, facit indignatio versum* (...)"[1]. CUANDO LO NORMAL ES NEGADO, LA INDIGNACIÓN GENERA PALABRAS MORDACES, sería nuestra traducción, planteada no sólo desde la exquisitez del lenguaje latino, sino de la realidad misma en que la Sala Constitucional ha sumido al país, donde no queda otra que repudiar con la indignación "(...) *quae neque odio magno neque misericordia maxima digna sunt* (...)"[2]. Y precisamente, haciendo alusión al TSJ, lo ocurrido el pasado miércoles 14.06.2017 suma otro de los

1 *Sátiras*, I. 79, pp. 505 y ss. La edición que manejamos se corresponde a una que nos fuera obsequiada en 1992, publicada por la Editorial Gredos (Madrid, 1991), con notas e introducción de Manuel Balasch y Miguel Dolç.

2 M.T. Cicerón. *De oratore*, II, 237-238. Cicerón expone en esta obra que ante una situación de "*monstruosa calamidad*", lo más adecuado es emplear el método de la indignación, por cuanto ni el ridículo ni mucho menos lo analítico servirían para atacar formas supremas de maldad y crimen como de suyo ocurre en Venezuela.

agravios cometidos por la Sala Constitucional, no sólo para los justiciables que recurrimos regularmente a su pretorio, sino para el propio derecho constitucional.

1. *El falseamiento evidente y el desprecio argumental como ADN de la Sala Constitucional Constituyente.*

La Sala resolvió el recurso de nulidad que planteáramos el pasado 30.05.2017 (Expediente nº 2017-610) contra el acto de gobierno (Decreto presidencial nº 2.878) contentivo de las *Bases Comiciales* que regularían la escogencia de los miembros de la Asamblea Nacional Constituyente. El recurso de nulidad lo habíamos trabajado siguiendo las indicaciones metodológicas de RONALD DWORKIN, que ante escenarios judiciales donde precisamente no existen límites hermenéuticos, es recomendable *armar la línea argumental de ese tribunal bajo una sola dirección troncal y lograr que se construya una única respuesta judicial correcta*[3]. En efecto, para evitar someterse dentro de la hermenéutica garbosa de la Sala, asumimos narrativamente argüir sus propias decisiones a lo largo de estos 17 años, para así por lo menos someterla al *principio de autorrestricción argumental*, pues, si los desconoce, entonces, estaría también echando al cesto de la basura sus cientos de motivaciones que sustentaron decisiones judiciales en casi dos décadas de funcionamiento. En pocas palabras queríamos comprobar si esta Sala Constitucional era fiel a sus propias decisiones. Fidelidad que quisimos patentizar a través del execrable *intentio lectoris*[4], que ni siquiera reconoció, para así deshacerse de la Constitución de 1999. Debo recalcar, con toda indignación, que hubo una amnesia jurisprudencial forzada, adulterada y maniquea. Ella mismo prefirió olvidarse de sus razonamientos y fortalecer el gobierno de los jueces a la criolla[5]. Gobierno que tiene como actor exclusivo a la Sala Consti-

---

3 *Véase* Aarnio, Julius. "La tesis de la única respuesta correcta y el principio regulativo del razonamiento jurídico en *Doxa (Cuadernos de filosofía del Derecho)*, Alicante, Nº 8 (1990), pp. 31 y ss.

4 En la hermenéutica fundamental, la intención como criterio para definir un texto es abordada desde tres ópticas: La interpretación como búsqueda de la *intentio auctoris*, la interpretación como búsqueda de la *intentio operis*, y la interpretación como imposición de la *intentio lectoris*. La teoría clásica ha primado el enfrentamiento de intenciones para la búsqueda de una respuesta hermenéutica armónica. En nuestro caso, el enfrentamiento es clarísimo entre la intención del autor de las normas (Constituyente) y la intensión del intérprete (Sala Constitucional). *Véase* Eco, Umberto. *Los límites de la interpretación*. Barcelona, Editorial Lumen, 2000, p. 29.

5 *Véase* Urbina Mendoza, Emilio J. "¿Qué son las sentencias de gobierno? La nueva geografía de actos en la jurisprudencia de la Sala Constitucional del Tribunal Supremo de Justicia". En: *Revista Electrónica de Derecho Administrativo Venezolano (REDAV)*. Caracas, Centro de Estudios de Derecho Público de la Universidad Monteávila, Nº 9 (mayo-agosto 2016), pp. 295-355. [En línea: http://redav.com.ve/wp-content/uploads/2017/04/¿Que-son-las-Sentencias-de-Gobierno_-La-nueva-geografia-EJUM.pdf].

tucional Constituyente, o lo que es lo mismo, la Sala fungiendo ahora como poder constituyente.

A. *Las advertencias de la Sala con otro thema decidendum no planteado por nosotros en la demanda.*

Como lo denunció recientemente el profesor BREWER[6], la Sala en la sentencia 455 de fecha 12.06.2017, simplemente manifestó negativa a impartir justicia, rehusándose a decidir (rectius: argumentar) sobre las gravísimas denuncias de inconstitucionalidad en que se encuentran sumidas las Bases Comiciales. Además, en el capítulo V del fallo (Consideraciones para decidir), la Sala comienza por "advertirnos" sobre el contenido del fallo 378 de fecha 31.05.2017, el cual, resolvió un parcial y circunceleónico recurso de interpretación sobre los artículos 347 y 348 constitucional. Al respecto debemos resaltar que en nuestro escrito no cuestionamos ni mucho menos planteamos el problema de la capacidad de convocatoria a una ANC, como legítimamente lo han denunciado otros accionantes, sino que nuestra demanda era únicamente sobre las BASES COMICIALES planteadas por el Presidente de la República.

De esta manera, la Sala olvida que ella al ser parte del sistema judicial, también se encuentra sometida a los límites legislativos impuestos en el artículo 12 del Código de Procedimiento Civil. Es más, en sentencia de fecha 09.05.2001[7], esa misma Sala expresó que no puede ningún juez salirse de lo estrictamente planteado como *thema decidendum*:

> "(...) Ahora bien, en atención a la cuestión de mérito planteada, la Sala estima oportuno destacar que la **función jurisdiccional implica un proceso de cognición realizado por los jueces, que persigue la aplicación del Derecho**, en su sentido más amplio, a determinadas situaciones o relaciones fácticas que le son sometidas para su comprensión. Entendida así tal función, es necesario precisar que en la ejecución de su misión, los tribunales gozan de independencia, no sólo con respecto a los demás órganos del Poder Público, sino que además los jueces son autónomos e independientes cuando conocen y deciden un caso concreto, siendo soberanos en sus decisiones y en la apreciación de los hechos en que se fundamentan.
>
> De tal afirmación se desprende que, la inferencia desarrollada por el juez en la interpretación y aplicación de las normas jurídicas *-quaestio iuris-* a los hechos comprobados *-quaestio facti-*, elementos a los cuales se encuentra vinculado, lo mantienen al margen de cualquier intromisión exterior, y en tal sentido, el ordenamiento jurídico le permite establecer con absoluta independencia las soluciones jurídicas que encuen-

---

6 Brewer-Carías, Allan R. *El juez constitucional vs. el pueblo como poder constituyente originario (Sentencias de la Sala Constitucional N° 378 de 31 de mayo de 2017 y N° 455 de 12 de junio de 2017).* Nueva York, 16 de junio de 2017, p. 8. [http://allanbrewercarias.net/site/wp-content/uploads/2017/06/161.-doc.-Sobre-proceso-constituyente-SC-sent.-378-y-455.pdf].

7 TSJ/Sala Constitucional, sentencia N° 625 de fecha 09.05.2001 (Caso: *CANTV Vs. Sala de Casación Social*).

tre más adecuada para resolver el conflicto planteado, a través de una libre actividad intelectual que desarrolla en la realización del derecho, **dentro de los límites impuestos por ese mismo conjunto normativo**.

El producto de esa actividad interna de juzgamiento realizada por el órgano jurisdiccional, debe ser consecuencia de una conducta ajustada a Derecho y su aplicación tiene que limitarse a la determinación de la voluntad concreta de Ley que, incluso, puede obedecer a una operación racional que responda a valores del operador jurídico para un caso específico, pero siempre ceñida a las pautas dispuestas por el ordenamiento jurídico. Bajo tales premisas, la revisión de una sentencia definitiva pronunciada por un juez actuando dentro de sus competencias, exige una transgresión de tal naturaleza que autorice a esta Sala, para que de acuerdo con los nuevos lineamientos trazados en el recién instaurado esquema constitucional, intervenga, bajo ciertos parámetros, haciendo uso de sus amplias facultades de control de la constitucionalidad, en la labor decisoria ejecutada por los órganos jurisdiccionales en la administración de justicia, con el propósito de que permanezcan indemnes los derechos y garantías constitucionales, lo cual incide sobre ese principio tradicional que postula la libertad y soberanía que posee todo juez cuando administra justicia.

De tal manera que, si y sólo si se evidencia en una actuación jurisdiccional una infracción a las reglas o principios constitucionales o si la misma resulta contraria a la doctrina sentada por esta Sala Constitucional en la interpretación de tales normas, la injerencia de la Sala y el correspondiente control posterior que tenga como objetivo subsanar la violación producida, como una expresión de la potestad correctiva de la que goza, resulta conveniente. (...)" (Negrillas y subrayado nuestro)

Como bien lo resaltó la propia Sala en 2001, la actividad intelectual de todo juez está restringida por los límites impuestos por el conjunto normativo. Este marco normativo es también el procesal, previsto tanto en la Ley Orgánica del Tribunal Supremo de Justicia como la aplicación supletoria del Código de Procedimiento Civil. Es por ello que la Sala *ni puede advertirnos ni mucho menos está con facultad de imponer un criterio asentado en un fallo (378) que ventiló una interpretación parcial de los artículos 347 y 348 de la Constitución de 1999*. Al hacerlo, termina por transformar la función jurisdiccional en otra cosa que ella como Sala definió en sentencia nº 2.036 de fecha 19.08.2002[8], al establecer:

"(...) Cabe destacar que, la función jurisdiccional es una actividad reglada, que debe adecuarse a ciertos parámetros interpretativos establecidos de manera previa y formal por el Legislador, donde la aplicación indefectible por el juzgador de ciertas consecuencias jurídicas se impone, ante determinados presupuestos de hecho.

Esta actividad reglada previene fórmulas de actuación para la magistratura en virtud de la cual si bien el juez dispone de la posibilidad de emitir juicios de opinión que obedezcan a su particular manera de comprender las situaciones sometidas a su conocimiento y posee un amplio margen interpretativo, debe, sin embargo, ceñirse en su actividad decisoria a los postulados legales que regulan tal actividad. En este sentido,

8 TSJ/Sala Constitucional, sentencia Nº 2.036 de fecha 19.08.2002 (Caso: *Plaza Suite I, C.A.*).

se advierte como el ordenamiento jurídico introduce disposiciones normativas dirigidas especialmente a la actividad de juzgamiento (...)"

B. *La falta de motivación al basar su justificación en razones inexistentes o "Sucitamente".*

Otro de los aspectos preliminares de la sentencia 455, tiene que ver con la ausencia de una motivación frente a las gravísimas denuncias que planteáramos. Curiosamente, la Sala asume una extraña metodología, "resaltando" lo que ella entiende como "*presuntas razones de inconstitucionalidad*". Expone la Sala que éstas son:

"a) Que en el primer Considerando del Decreto N° 2.878, se le asignan a la Asamblea Nacional Constituyente, atribuciones que exceden el artículo 347 de la Constitución de 1999, al proponer la construcción del socialismo y la refundación de la Nación venezolana.

b) El Decreto Presidencial se encuentra en contradicción con el artículo 4 de la Constitución y colide con el carácter universal del sufragio.

c) Que se desconoce el modelo federal venezolano y se atenta contra el principio de la soberanía popular, prevista en el principio de proporcionalidad poblacional.

d) La falta de consulta popular de las Bases Comiciales, por oposición a la consulta por vía "referendaria" de las mismas en el proceso constituyente de 1999.

e) Usurpación de la soberanía popular por la soberanía territorial, al contemplar las bases comiciales inconstitucionales que los constituyentes territoriales representarán a los municipios y no a los ciudadanos.

f) Desconocimiento del principio de organización comicial en representación proporcional a la población en base federal y su sustitución por representación territorial municipal.

g) Vicios de desfiguración del principio constitucional de la universabilidad del sufragio al contemplar la representación sectorial. (...)"

Presentado los supuestos vicios, en forma baladí, nos dice que "(...) *examinemos sucintamente los vicios denunciados* (...)", empleando un adjetivo que no tiene cabida dentro de la actividad jurisdiccional como es el de <<SUCINTAMENTE>>. Según el DRAE[9], la palabra sucinta implica el adjetivo de <<BREVE>>, <<COMPENDIOSO>>, lo cual nos apunta que la revisión formulada por la Sala en el fallo es superficial. En sus propias palabras, pareciera que las denuncias de inconstitucionalidad no son graves, y que al contrario, no vale la pena verificar pormenorizadamente lo que hemos planteado en la demanda de fecha 30.05.2017. A nuestro juicio, la sentencia carece de motivación, no sólo por desechar el análisis constitucional que históricamente exige el control concentrado, sino que cualquier controversia "(...) *debe sustentarse en criterios de justicia y razonabilidad que aseguren la tutela efecti-*

9 *Diccionario de la Real Academia Española de la Lengua*. Madrid, Tomo II, col. 2103 (Vigésima segunda edición, 2001).

va de quien haya demostrado su legítima pretensión en el asunto a resolver (...)"[10].

Lo más peligroso de la sentencia, es que en la dispositiva, específicamente la cuarta, declara la <<CONSTITUCIONALIDAD>> del Decreto Presidencial nº 2.878 de fecha 23.05.2017, cuestión que no opera en la materia porque prácticamente la Sala se ha pronunciado sobre esta materia, haciendo del Decreto Presidencial una suerte de acto de gobierno "*inmune a cualquier otra acción*", reeditando aquella vieja y ya superada controversia sobre los actos no controlables por el Poder Judicial. En pocas palabras, el resto de los recursos y acciones intentados contra las Bases Comiciales y la convocatoria de la ANC[11], quedan desechados de plano, sin que prive el legítimo análisis de cada pretensión propuesta, ya que, no sólo los vicios que nosotros denunciamos pudieran ser precisamente los únicos denunciados.

2. *La solicitud de aclaratoria de sentencia ante la redacción oscura de algunos párrafos de la sentencia 455.*

Fugit irreparabile tempus interpusimos como parte actora, el pasado 15.06.2017, un escrito de aclaratoria, con el objeto de despejar dudas controvertibles sobre párrafos de la sentencia. El mismo fundamentalmente hicimos las siguientes observaciones:

"(...)

A). Está contenido el fallo lo siguiente:

Que "(...) si bien es cierto el artículo 16 de la Constitución indica que el territorio se organiza en Municipios, esto no fundamenta que se determine unas elecciones para la Asamblea Nacional Constituyente en clave municipal. Además, al primar la base territorial por la poblacional, tendremos unas gravísimas distorsiones como en efecto introduce la base comicial tercera. En algunas entidades federales la población se encontrará sobre-representada, como en otras, sub-representadas. Por ejemplo, el estado Zulia escogerá 22 constituyentes con una base electoral de 2.404.025, mientras que el estado Trujillo, con apenas 523.353 electores también elegirá 22 constituyentistas. En este caso, Trujillo estará Sobre-representado en la ANC (sic), mientras que el Zulia Sub-representado. Otro ejemplo que merece la atención de esta Sala Constitucional, tiene que ver con los constituyentes electos por el Distrito Capital. La base los fija en 7 con una población electoral de 1.638.456, mientras que Cojedes, con apenas 236.616 sufragantes escogerá 10 constituyentes; es decir, 3 adicionales que el Municipio Libertador de Caracas cuando éste último posea (sic) 1.400.000 votantes más que Cojedes (...)".

---

10 TSJ/Sala Constitucional, sentencia Nº 692 de fecha 29.04.2005 (Caso: *Gaetano Minuta Arena y Rosa Santaromita vs. Ministerio de Agricultura y Tierras*).

11 Existen otros expedientes en la Sala, que para el 12.06.2017, todavía se encontraban sin resolver: 2017-467, 2017-505, 2017-510, 2017-565 (Propuesto por nosotros en compañía de la abogada Patricia Vargas Sequera), 2017-585, 2017-591 (UCV-UC) y 2017-599.

(…)

f) El convocante de la Constituyente tiene la libertad de proponer las "Bases Comiciales", en atención a lo expuesto supra y al principio del paralelismo de las formas (en lo que respecta al proceso constituyente de 1999). En esta etapa inicial, antes de la elección de los constituyentistas, dos poderes constituidos examinan desde su competencia la iniciativa y sus bases comiciales: el Poder Electoral y el Poder Judicial. En este examen deben tenerse como guía los límites contenidos en el artículo 350 de la Constitución: No hay evidencia alguna de violación de los mismos y la configuración de las bases comiciales sólo debe respetar las garantías democráticas, que se aseguran, entre otros, con el respeto del principio de la personalización del sufragio; la adecuada representación territorial, para que todos los municipios tengan voz y voto y el resultado de la Asamblea no implique la imposición de unos pocos estados cuantitativamente mayoritarios; la participación de sectores representativos de los cuerpos sociales que hagan realidad la democracia directa y los medios de participación y protagonismo del pueblo y de sus integrantes individuales (participación territorial) y comunitarios (participación sectorial). (…)" (Negrillas y subrayado nuestro)

Como puede verificarse, la Sala en la sentencia objeto de aclaratoria, NO resuelve la interrogante que formulamos en el libelo, relativo a ¿cómo puede justificarse los casos de sub y sobrerepresentación poblacional? La Sala respondió el cuestionamiento con un párrafo fundamentando que la organización de los comicios de la ANC de base territorial se hace para que TODOS LOS MUNICIPIOS TENGAN VOZ Y VOTO Y EL RESULTADO DE LA ASAMBLEA NO IMPLIQUE LA IMPOSICIÓN DE UNOS POCOS ESTADOS CUANTITATIVAMENTE MAYORITARIOS (SIC). Este párrafo puede interpretarse como la ERRADICACIÓN del principio de representación proporcional poblacional. Y puede ser interpretado así porque en la propia Sentencia que se busca aclarar, dejó sentado lo siguiente: "(…) la participación de sectores representativos de los cuerpos sociales que hagan realidad la democracia directa y los medios de participación y protagonismo del pueblo y de sus integrantes individuales (participación territorial) y comunitarios (participación sectorial) (…)".

Es decir, que de resultar este nuevo criterio de UNIFICACIÓN, pues los constituyentistas por mucho que la Sala indique la idea de democracia participativa, SON REPRESENTANTES de la población y que al discriminar a los grandes centros poblacionales equiparándolos con el resto de ciudades, caseríos y poblados, entonces, estamos incuestionablemente frente a la representación territorial. De esta forma, si el criterio de la Sala es anular el peso de los estados cuantitativamente mayoritarios, sencillamente puede reconocer peligrosamente que todas las elecciones anteriores, incluyendo la ANC de 1999, eran fraudulentas porque en todas se respetó la participación proporcional de la población. Este punto oscuro debe aclararlo la Sala, pues, introduce una peligrosa distorsión a la esencia democrática, y es que no puede imponerse con mayor cantidad de escaños quien haya perdido las elecciones. Así debe declararlo.

B). Segundo punto dudoso: la justificación de la discriminación y quiebre del principio de igualdad del voto.

Señaló el fallo 455:

"(…) El proyecto de "Bases Comiciales" respeta, en criterio de esta Sala, el concepto de la democracia participativa y el sufragio universal, directo y secreto. En efecto, sobre el concepto de democracia plasmado en el texto fundamental de 1999, ya hemos advertido que tiene mecanismos de democracia directa que facultan la presencia privilegiada de sectores sociales cuyo protagonismo ha sido destacado por el legislador, en particular a través de las leyes del poder popular.

Por otra parte, es digno de destacar que la escogencia de los constituyentistas deberá hacerse "en el ámbito territorial y sectorial, mediante el voto universal, directo y secreto" (artículo Primero del Decreto. Extracto y subrayado de este fallo). En consecuencia, esta Sala no advierte violación alguna del principio constitucional del sufragio. Así se declara (…)" (Negrillas nuestras, subrayado original de la Sala)

Este párrafo de la sentencia es peligroso y lamentablemente debe esclarecerse porque al concretar la Sala en este fallo la "(…) PRESENCIA PRIVILEGIADA DE SECTORES SOCIALES CUYO PROTAGONISMO HA SIDO DESTACADO POR EL LEGISLADOR, EN PARTICULAR A TRAVÉS DE LAS LEYES DEL PODER POPULAR (…)" (SIC) abre las puertas para que de forma inconstitucional, la legislación, privilegie ciudadanos sobre otros, porque unos forman parte de organizaciones de base comunal

Esta frase de la Sala de "PRIVILEGIAR", ocurre precisamente con la concreción "fascista" y "excluyente" de los llamados constituyentistas sectoriales. Esto puede CONSTATARSE en la mismísima web oficial del Consejo Nacional Electoral en [www.cne.gob.ve]. En ella, el máximo ente comicial ha puesto a disposición de todo consultante que ingrese al sitio de internet identificado, para que de MANERA PÚBLICA, acceda a los datos como elector. Al accesar al mismo, se consuma una de nuestras denuncias formuladas en el escrito libelar de fecha 30.05.2017, como es la división de electores que sólo podrán votar por un constituyente territorial, y otros electores que podrán votar por el constituyente territorial más el sectorial.

No puede, bajo ningún ámbito, consentirse que el llamamiento de una Asamblea Nacional Constituyente responda a integrantes que sean elegidos en <<Ámbitos Sectoriales>>, éstos últimos, no contemplados en nuestra Constitución de 1999 salvo el caso de la representación indígena por la peculiaridad sensible de este sector poblacional originario. La representación sectorial cercena el principio del sufragio universal, pudiendo correrse el peligro que la conformación de la ANC responda a criterios de casta, estamento o grupos sectorizados de la sociedad para nada representativos. En el día de ayer, hemos consultado la base de datos del CNE, por cierto, anunciada públicamente por la Rectora Tania D'Amelio en su cuenta twitter [@taniadamelio] en fecha 14.06.2017

En sucesivos twit, la rectora supra identificada señala los pasos sobre cómo aparecerán los datos personales, centro de votación y los ámbitos territoriales y sectoriales respectivos. Nosotros cumplimos a cabalidad dichos pasos, cuando confirmamos LA DENUNCIA formulada en nuestra demanda, relativa a la grotesca discriminación entre los votantes que sólo tienen derecho al voto territorial pero que hemos sido EXCLUIDOS de todo ámbito sectorial, y un tipo de votante que podrá VOTAR TERRITORIAL Y SECTORIALMENTE.

En nuestro caso ingresamos al web-site del CNE, y cuál será nuestra sorpresa, tal y como se puede verificar del screen capture de nuestros datos que EMILIO JOSÉ URBINA MENDOZA, VENEZOLANO, MAYOR DE EDAD, TITULAR DE LA CÉDULA DE IDENTIDAD nº V.-12.856.989 SÓLO PODRÁ VOTAR EN LA ELECCIÓN CONSTITUYENTE EN LA MODALIDAD TERRITORIAL, ES DECIR, YO SÓLO TENGO DERECHO A ESCOGER UN CONSTITUYENTE TERRITORIAL, LO QUE SE REFLEJA EN UN VOTO.

Pero, revisando el registro electoral que es PÚBLICO en la página del CNE, encontramos, por ejemplo, que el Ciudadano Presidente Nicolás Maduro Moros VOTA

EN LA ELECCIÓN CONSTITUYENTE EN LA MODALIDAD TERRITORIAL Y EN LA MODALIDAD SECTORIAL TRABAJADORES - ADMINISTRACIÓN PÚBLICA [Se anexa copia del screen capture de la consulta electrónica de Nicolás Maduro Moros en la página del CNE, bajo el número "3"]. Esto quiere decir que Nicolás Maduro Moros tiene derecho a dos (02) votos, uno territorial y el otro sectorial, mientras que Emilio Urbina Mendoza, sólo tendrá derecho a Un (01) voto en la modalidad territorial. Esto es sencillamente una vulgar discriminación, por cuanto, nosotros nos encontramos afiliados al Seguro Social Obligatorio desde el 12.01.2001, y a pesar de que nuestro estatuos de "cesante", sigo estando dentro del sistema formal y único de la seguridad social venezolana [Se anexa copia de la consulta electrónica de Emilio Urbina en la página del IVSS, bajo el número "4"]

¿Cómo se justifica constitucionalmente que unos electores tengamos derecho a un (01) voto, mientras que otros venezolanos puedan tener derecho a dos (02) votos, o lo que es lo mismo, el DOBLE VOTO?. Por ello cuando demandamos y denunciamos el vicio de la desfiguración de la universalidad del sufragio, hicimos hincapié en que estas bases comiciales son DISCRIMINATORIAS, que en nuestro caso, por el simple hecho de estar cesante y ser trabajador autónomo desde 2005 no me otorgue derecho a votar sectorialmente por el simple hecho de estar cesante (…)"

La Aclaratoria exige una explicación de la Sala sobre cómo ella introduce una gravísima doctrina sobre la justificación de la discriminación a través de lo que ella denomina <<PRESENCIA PRIVILEGIADA DE SECTORES SOCIALES>>, que para mayor indignación, estos sectores son concretados por el legislador a través de las leyes del Poder Popular. Al respecto, debemos señalar lo que el profesor BREWER-CARÍAS ha denunciado, que precisamente tras la abstracción operativa del Poder Popular lo que realmente emerge es el abandono de la democracia[12].

Esperemos que la Sala dilucide las dudas planteadas en la Aclaratoria de la sentencia 455/2017, aunque estamos preparados procesalmente si apela al mismo expediente de desestimarla, tan igual como ocurrió con la interpuesta por la ciudadana Fiscal General de la República en la sentencia n° 441 de fecha 07.06.2017.

II. LA DISCRIMINACIÓN COMO TESIS DE LA SALA CONSTITUCIONAL CONSTITUYENTE. LA INTRODUCCIÓN DE LOS PRIVILEGIOS POR EL LEGISLADOR Y LA CONCRECIÓN DE LOS VOTANTES DE PRIMERA Y DE SEGUNDA EN LA SUPUESTA ESCOGENCIA DE LA ANC.

De las siete (07) controversias constitucionales mal fundamentadas por la Sala, debemos comenzar por la última de las abordadas en el fallo, dada la introducción de una forma de *apartheid criollo*. Es la relativa a la denuncia que formuláramos en el escrito sobre el vicio de desfiguración del principio

---

12 Brewer-Carías, Allan R. *Introducción general al régimen del Poder Popular y del Estado Comunal.* En: AAVV. Leyes Orgánicas sobre el Poder Popular y el Estado Comunal. Caracas, Editorial Jurídica Venezolana, 2011, pp. 37 y ss.

constitucional de la universalidad del sufragio al contemplar la representación sectorial. Así lo planteamos porque ni en la Constitución ni en ningún principio republicano, se contempla el seccionamiento del sufragio en "sectores", salvo, la representación indígena expresamente reconocida por el constituyente de 1999.

1. *La democracia directa según el TSJ: La concreción del privilegio sectorial y la quiebra del principio de igualdad formal ante la ley. El Apartheid socialista.*

Transcribimos cómo nos respondió la Sala la denuncia:

"(...) g) El proyecto de "Bases Comiciales" respeta, en criterio de esta Sala, el concepto de la democracia participativa y el sufragio universal, directo y secreto. En efecto, sobre el concepto de democracia plasmado en el texto fundamental de 1999, **ya hemos advertido que tiene mecanismos de democracia directa que facultan la presencia privilegiada de sectores sociales cuyo protagonismo ha sido destacado por el legislador, en particular a través de las leyes del poder popular**.

Por otra parte, es digno de destacar que la escogencia de los constituyentistas deberá hacerse "en el ámbito territorial y sectorial, mediante el voto universal, directo y secreto" (artículo Primero del Decreto. Extracto y subrayado de este fallo). En consecuencia, esta Sala no advierte violación alguna del principio constitucional del sufragio. Así se declara. (...)" (Negrillas nuestras, subrayado original de la Sala)

Lamentamos este párrafo en nombre de todos los abogados venezolanos comprometidos con la constitucionalidad y los valores democráticos. Debe escandalizar a cualquier ciudadano, estudioso o no, por las gravísimas implicaciones que ya se manifiestan para esta dudosa elección constituyente. Precisamente denunciamos que la concreción de *constituyentes sectoriales* introducirían fueros y otros tipos de privilegios que son inaceptables a la luz del artículo 21 de la Constitución de 1999 que exige:

"(...) *Artículo 21.* Todas las personas son iguales ante la ley; en consecuencia:

NO se permitirán discriminaciones fundadas en la raza, el sexo, el credo, la condición social o aquellas que, en general, tengan por objeto o por resultado anular o menoscabar el reconocimiento, goce o ejercicio en condiciones de igualdad, de los derechos y libertades de toda persona.

La ley garantizará las condiciones jurídicas y administrativas para que la igualdad ante la ley sea real y efectiva; adoptará medidas positivas a favor de personas o grupos que puedan ser discriminados, marginados o vulnerables; protegerá especialmente a aquellas personas que por alguna de las condiciones antes especificadas, se encuentran en circunstancia de debilidad manifiesta y sancionará los abusos o maltratos que contra ellas se cometan (...)" (Negrillas y subrayado nuestro)

De un plumazo, la Sala Constitucional Constituyente viola los preceptos constitucionales al reconocer que los constituyentes sectoriales son manifestación del supino concepto de democracia directa. Esta forma participativa, en el decir de la Sala, autoriza para que se privilegien sectores sociales. Estos fueros son materializados por el legislador, específicamente, a través de las Leyes del Poder Popular sancionadas en 2010. Quebrando toda lógica de equiparación de minorías históricas (vgr. mujeres, analfabetas, campesinos, etc.), más bien termina olvidándolos para privilegiar trabajadores de los sectores que históricamente estuvieron aventajados en beneficios socioeconómicos que el resto de venezolanos, como lo eran quienes formaban parte de la industria petrolera, empresas básicas y mineras. Total, el privilegio de los privilegiados.

La Sala con este pronunciamiento ha terminado por asumir funciones constituyentes, pues, ni el legislador ni el ejecutivo, ni siquiera ella misma puede violentar lo establecido en el artículo 21 constitucional. Precisamente la ley, *entendida como acto sancionado por la Asamblea Nacional (Parlamento) como cuerpo legislador*[13], es un instrumento que busca lo contrario a lo señalado por el fallo, es decir, la legislación sirve con el propósito de equiparar a todos los sectores sociales vulnerables y así hacernos a los venezolanos, todos, sin distinción, iguales ante la ley (vgr. Ley Orgánica sobre el derecho de las mujeres a una vida libre de violencia y la Ley Orgánica de Protección al Niño, Niña y Adolescente). Las repúblicas se caracterizan precisamente por una férrea defensa del principio de igualdad formal. De allí que, como bien nos impone la Constitución en su artículo 21.3, sólo se dará el *trato oficial de ciudadano o ciudadana*, salvo las fórmulas diplomáticas, desconociéndose títulos nobiliarios y distinciones hereditarias (21.4).

Cuando la Sala indica que la democracia directa faculta el privilegio de sectores (léase personas) por el legislador en materia del Poder Popular, crea una forma de **APARTHEID SOCIALISTA**. Si revisamos con detenimiento las *Leyes del Poder Popular*[14], encontraremos que los órganos, instancias y entes concebidos para su total funcionamiento y reconocimiento como sujetos de derecho, NECESARIAMENTE para por un acto administrativo de la Administración Pública Nacional Centralizada (Ministerio de las Comunas). Sin ésta intervención del Estado, ninguna de las supuestas formas de organización tendría validez (adecuación). Por otra parte, el Estado al constituirlo, se encarga de suministrarles recursos del presupuesto público y privilegios fiscales (exenciones). Prácticamente una posición envidiable de estos ciudadanos, que como venían siendo denunciados por su evidente asimetría con el resto de ciudadanos que no pertenecen a estas redes,

Entonces, *¿cómo puede la Sala privilegiar a ciudadanos cuyo único mérito es ser de una Comuna o Consejo Comunal?* La respuesta es sencilla, otorgándole a los ciudadanos que forman parte de esos ocho (08) sectores, un DOBLE VOTO. Nos explicamos. Como lo indicamos en la Aclaratoria de la sentencia 455, logramos constatar que existirán venezolanos que sólo tendrán

---

13 Artículo 202 de la Constitución de 1999.

14 Ley Orgánica del Poder Popular, Ley Orgánica de las Comunas, Ley Orgánica de Contraloría Social, Ley Orgánica de Planificación Pública y Popular y Ley Orgánica del Sistema Económico Comunal. Todas fueron publicadas en la *Gaceta Oficial de la República Bolivariana de Venezuela, extraordinario*, N° 6.011 de fecha 21.12.2010.

derecho a un voto *(Constituyente territorial)* y otros con dos votos *(Constituyente territorial y sectorial)*. En nuestro caso particular, al ingresar al portal web del Consejo Nacional Electoral, pudimos constatar que sólo podremos ejercer un voto y es el relativo al candidato territorial del Municipio Iribarren del estado Lara (Barquisimeto). Mientras que, el ciudadano Presidente de la República, podrá votar por el constituyente territorial y el constituyente sectorial, otorgándole el privilegio a él y otros venezolanos de tener dos (02) votos.

Y la situación de denuncias sobre esta dispar elección se extiende más allá de la lógica y la realidad. Revisando la cuenta pública de twitter del profesor JOSÉ IGNACIO HERNÁNDEZ, él mismo denuncia, en fecha 17.06.2017, que aparece como trabajador del sector "*Administración Pública*", cuando jamás ha trabajado para la Administración. Dislates como estos violentan el carácter universal del sufragio, al segregar a los electores permitiendo que unos cuantos puedan ejercer doble voto y otros apenas un sufragio. Y evidentemente ese doble voto permitirá desfigurar la distribución de las fuerzas políticas en este momento, donde el 80% de quienes se oponen al gobierno de Nicolás Maduro, pueden pulverizarse en apenas 30% del electorado. Y viceversa, el 20% del oficialismo, lograría obtener más del 70% de los cargos. Un fraude descarado contra la Constitución y los principios democráticos.

Esa sentencia también destruye el carácter libre del sufragio, cuando incluyen en sectores donde siquiera conoce los rudimentos, sin consulta previa, para que apoye o no candidatos que jamás ha conocido. En fin, estamos vislumbrando con estos dos párrafos de la sentencia 455, el fundamento para la desigualdad como política de Estado, tan igual como las tres consignas del Partido Socialista Inglés de Oceanía (Ingsoc) que describe magistralmente GEORGE ORWELL en su novela 1984: "LA GUERRA ES LA PAZ. LA LIBERTAD ES LA ESCLAVITUD. LA IGNORANCIA ES LA FUERZA".

III. LA DESTRUCCIÓN DE LOS PRINCIPIOS BÁSICOS DE LA SUPREMACÍA CONSTITUCIONAL Y EL ESTADO DE DERECHO. LA EQUIPARACIÓN DE LA NACIÓN CON EL ESTADO Y EL RETROCESO EN MATERIA DE REPRESENTACIÓN PROPORCIONAL POBLACIONAL.

Dilucidado el gravísimo problema del apartheid socialista que trae consigo el fallo 455, existen otros elementos en la misma que conllevan a sensibles consecuencias para el sistema jurídico, la democracia e inclusive la propia teoría de los actos estatales.

1. *El fin del concepto de fraude constitucional y la equiparación de la Nación al concepto de Estado o el retroceso a las concepciones monistas del siglo XIX.*

La primera denuncia, siguiendo el renglón cronológico propuesto en nuestro libelo de demanda, tiene que ver con el flagrante fraude constitucional en puertas. En efecto, denunciamos que explícitamente el Presidente de la República, en sus bases comiciales, convocaba la celebración de una ANC para "refundar la Nación y construir el socialismo". Sobre el primero, formulamos algunas explicaciones que tanto en doctrina como en legislación, se emplean para diferenciar los conceptos conexos de Nación y Estado. Para ello, quisimos precisar que el artículo 347 de la Constitución nos dice textualmente que la ANC servirá para "transformar el Estado", no la Nación.

La Sala, empleando una vulgar falacia de autoridad (citar al Dr. HUMBERTO J. LA ROCHE), nos dice lo siguiente:

> "(...) Por otra parte, cuando se hace referencia a la Nación venezolana, estamos enmarcados dentro de la teoría clásica francesa que asimila el Estado a la Nación. Como nos refiere el Dr. Humberto J. LA ROCHE en su texto de Derecho Constitucional (Tomo I. Parte General. Valencia. Vadell Hermanos Editores. 1999; pág. 277), en apoyo de esta posición, expone que Carré de Malberg decía que "el principio de la soberanía nacional no puede ser a la vez un atributo del Estado y de la Nación, y que la Nación no puede ser soberana al mismo tiempo que el Estado, sino con la condición de que formen una sola y única persona". En definitiva, la Nación es un concepto esencialmente sociológico: no existe jurídicamente y no es sujeto de derecho, ni titular de la soberanía, sino en la medida en que se encuentra organizada por el estatuto estatal. Como dice LA ROCHE, "la Nación no es la substancia del régimen estatal sino su destinatario" (idem).
>
> Si no se realiza esta asimilación, no existirían en el mundo Estados compuestos (federales, confederados) ni unitarios "multinacionales", como China. (...)" (Subrayado original de la Sala, negrillas nuestras)

Nótese que emplea la obra del profesor HUMBERTO LA ROCHE, que sin él tomar partido, la Sala le obliga a explicar lo inexplicable que la Nación y el Estado son lo mismo. Esta es prácticamente la misma tesis de las dictaduras de extrema derecha política, para aplicar un estatuto unitario y acallar cualquier manifestación no conforme con el Estado. AUGUSTO PINOCHET no dudó en aplicar esta concepción para silenciar la protesta de la tribu mapuche al afirmar que sólo existe una Nación: *la chilena*. El caudillo FRANCISCO FRANCO también echó mano a la tesis de soberanía nacional (*Nación española*) para sosegar las manifestaciones culturales vascas y catalanas luego de la guerra civil española.

Prácticamente la Sala resucita una tesis francesa del siglo XIX, sin identificarla, y nos introduce a la equipolación Nación-Estado. Este proceso teórico ha sido el germen de las perturbaciones socio-culturales en España (secesionismo catalán o nacionalismo vasco), Irlanda del Norte (secesionismo católico antibritánico), Escocia (secesionismo territorial anti-inglés), México (secesionismo étnico de Chiapas) y Chile (secesionismo mapuche). Contemporáneamente -*disertando en nuestra condición de experto en ética, filosofía y modernidad*- este tema se direcciona hacia la teoría del *Patriotismo Constitucional* popularizada por JÜRGEN HABERMAS[15], donde la Nación se diferencia

15 Al respecto, *Véase* Habermas, Jürgen. *Identidades nacionales y postnacionales*. Madrid, Editorial Tecnos, 1989. También, en una versión más actualizada con la globalización, *Véase* del mismo autor, "Ciudadanía e identidad nacional. Reflexiones

del Estado, pero, que todo ciudadano en vez de tener un vínculo común identitario soportado sea a través del *ethos* o del *etnos -como se hacía en los siglos XIX y XX-* ese vínculo es ahora la Constitución y los valores constitucionales contemporáneos universalmente aceptados en defensa de los derechos fundamentales (*geschichtsbewußtsei und posttradionale identität*).

Nos preocupa la definición asumida por la Sala Constitucional en lo que respecta a la Nación-Estado, pues, quien conquiste el Estado políticamente pudiera imponer los valores nacionales como en algún momento lo hicieron los totalitarismos del siglo XX, llámese fascismo, nacionalsocialismo o marxismo-leninismo.

A.1.1. *El nuevo concepto de acto estatal: la irrelenvancia de los considerandos.*

Una de las conquistas del estado de Derecho es precisamente la juridificación del Estado y el sometimiento de sus actos a la constitucionalidad[16]. Gracias a la progresiva procedimentalización, los actos emanados de sus diferentes órganos estatales deben someterse a una serie de requisitos para hacerlos válidos. Al fallar algunos de ellos, el acto o bien se torna nulo o anulable, según sea la categoría del acto (Vgr. actos administrativos, actos legislativos, actos judiciales).

Los considerandos forman parte de los actos estatales, ya que en ellos, sea el órgano administrativo o legislativo, precisa los fundamentos de hecho y de Derecho que permiten explicar lo decidido o acordado, según sea el caso. De igual manera, los considerandos establecen los fines del acto, incluyendo la más amplia de las teleologías. En el Decreto presidencial impugnado, relativo a las Bases comiciales para la ANC, el Presidente de la República introduce los motivos por el cual ha tomado la decisión. Como explicamos, asume así que la finalidad de la ANC es para refundar la Nación y construir el socialismo, ambos conceptos, totalmente ajenos a los límites materiales de la ANC según el artículo 347 constitucional. La Sala, en una interpretación sorprendente nos advierte:

> "(...) si bien los considerandos pueden servir como base axiológica de un acto normalmente de naturaleza administrativa o de una declaración de principios, no forma parte del texto de tal acto. La parte normativa y vinculante del acto en cuestión está en el propio Decreto o en la Resolución.
>
> Al no tener un contenido normativo y referir a razones precedentes al acto, usualmente tienen un valor relevante cuando invocan la potestad competencial, no conteniendo en absoluto propuestas vinculantes para el órgano encargado de la elaboración del nuevo texto fundamental.

---

sobre el futuro europeo" en *Facticidad y Validez*. Madrid, Editorial Trotta, 1998, pp. 619-643.

16 *Véase* Brewer-Carías, Allan R. *Principios del procedimiento administrativo*. Madrid, Editorial Civitas, 1990, pp. 35-38.

(...)

En todo caso, menciones como la impugnada en un "Considerando", son irrelevantes a los efectos de examinar la constitucionalidad del acto (decreto), salvo si se tratara del fundamento constitucional de su competencia; así se decide. (...)" (Negrillas y subrayado nuestro)

Con esta sentencia la Sala golpea de muerte uno de los pilares de todo acto estatal: *la necesaria motivación*. De esta manera, al ser "irrelevante los considerandos", la exigencia de motivaciones en los actos estatales será optativa, dependiendo del grado de conciencia jurídica del órgano. Con este criterio, cualquier dependencia estatal asumir cualquier decisión sin explicar sus razones, y ante un hipotético recurso de nulidad contencioso-administrativo o constitucional, alegaría como defensa la doctrina constitucional inserta en el fallo 455. Por tanto, el *vicio de inmotivación* que es frecuente en los actos administrativos, sería erradicado del derecho administrativo formal, entrando así en una etapa oscura para el Estado de Derecho. Inclusive, la desviación de poder, descontextualizada por la propia Sala al hacerla extensible hacia actos legislativos[17], quedaría extirpada proliferando cualquier tipo de acto con apariencia de legalidad pero cuyos fines no se corresponden con lo previsto en el bloque de legalidad o constitucionalidad.

Además, la Sala nos indica que la relevancia de los considerandos sólo se apreciaría en los casos cuando esos considerandos *establecen reglas competenciales del órgano*. Ante esto habría que preguntarnos ¿Cuál es el fundamento de esta afirmación gravísima para el Estado de Derecho?

B.1.2. *La destrucción del principio de supremacía constitucional y la naturaleza de las bases comiciales.*

Otro de los puntos que sorprenden es la negación absoluta a cualquier consulta popular previa a la elección de la ANC. Esto lo afirmó en la sentencia 378, y lo ratifica en la 455, al calificar de "inoficiosa" pronunciarse de nuevo sobre este punto. Curiosamente jamás ha habido pronunciamiento previo sobre Bases Comiciales, pues la sentencia 378, sólo aborda el problema de la iniciativa constituyente. Por lo tanto, la Sala nos miente de forma descarada al establecer que hubo una interpretación previa cuando la sentencia 378 jamás analiza sobre la consulta popular de las Bases Comiciales, ni siquiera del decreto de convocatoria de la ANC nº 2.830.

Sin embargo, en un párrafo precedente al marcado como d), la Sala indicó un trabalenguas propio del sofismo:

"(...) Las normas que regulan la materia están contenidas en las Bases Comiciales que corresponde presentarlas al convocante. El Constituyente sólo hizo referencia en el Capítulo III del Título IX, a la titularidad del poder constituyente originario: el pueblo de Venezuela (artículo 347); y a los funcionarios y ciudadanos que pueden

17 TSJ/Sala Constitucional, sentencia Nº 259 de fecha 31.03.2016 (Caso: *Nulidad de la Ley de Reforma de la Orgánica del Banco Central de Venezuela*).

ejercer la iniciativa de convocatoria en ejercicio de dicha soberanía (artículo 348). Si bien no hay referencia alguna a la Bases Comiciales en el articulado del Capítulo III, en la Constituyente de 1999 tal carga le correspondió al Convocante y fue objeto de recursos jurisdiccionales y del control del Consejo Nacional Electoral, lo cual se ha dado en similares términos en la presente oportunidad. Así se decide. (...)"

No entendemos dónde fundamenta la Sala el enunciado "carga del convocante", pues, ni la Constitución de 1999 ni los principios constitucionales aceptados motivan para que esto sea así. En todo caso, si como dice la Sala, el pueblo de Venezuela es quien tiene la titularidad del poder constituyente originario, entonces la carga de las Bases Comiciales son del pueblo y no de quien inconstitucionalmente tiene la iniciativas. Y esta aseveración es así, que como hicimos mención en el recurso, la Sala Constitucional en 2000 se había pronunciado sobre la jerarquía de las Bases Comiciales y de cómo se obtiene: *Mediante el Referéndum aprobatorio*. Por eso, no entendemos cómo la Sala no concluye lógicamente este razonamiento, ordenando la celebración del Referéndum popular para que las Bases Comiciales propuestas por Maduro y modificadas por el CNE en fecha 07.06.2017[18] tengan validez y supremacía constitucional.

2. *La aniquilación del principio de representación proporcional de la población y la infundada medida de "corrección numérica" de constituyentistas o de cómo se impone el principio de soberanía territorial a través del Municipio en desmedro del modelo federal.*

La sentencia 455 prosigue con sus incongruencias, sin importar si la justificación de sus razonamientos sean verosímiles. Tampoco le importó si en nuestro escrito libelar señaláramos las decisiones tomadas por ella misma desde 2001 en adelante, pues, siquiera en la sentencia 455 hace mención sea para *cambiar de criterio* o bien para *ratificar la doctrina contenida* en ellas. En pocas palabras, la Sala ignoró sus propios discernimientos como si no existiesen. Es más, llega a excesos injustificables cuando nos dice prácticamente que el proceso de escogencia de la ANC no responderá a los criterios e itinerario de cualquier elección tal y como lo prevé la Ley Orgánica de Procesos Electorales, pues, la "(...) *conformación de un cuerpo o convención constituyente es diferente* (...)" (SIC). Entonces, ¿esta elección no será una elección?

La Sala precisa, como irónicamente ella explica -una vez más hablar de la naturaleza de este proceso constituyente y a los principios que caracterizan al Estado democrático y social de derecho y de justicia- (SIC) que el quid del asunto sobre por qué no se aplica el principio de representación proporcional de la población: la democracia directa.

18 *Resolución N° 170607-118* del Directorio del Consejo Nacional Electoral.

Según el fallo, la democracia directa se ejerce:

"(...) mediante los medios de participación y protagonismo del pueblo en ejercicio de su soberanía. Estos medios se mencionan en el artículo 70 constitucional y la "ley establecerá las condiciones para el efectivo funcionamiento de los medios de participación previstos en este artículo". Múltiples son las modalidades de democracia directa que el Constituyente previó expresamente (como los referendos) y otros han sido desarrollados en las leyes del Poder Popular. Aunque los mecanismos de ejercicio directo de la soberanía no exigen en principio el mecanismo del sufragio, en algunos casos es necesario utilizar los comicios, normalmente universales, directos y secretos, en virtud del carácter masivo de algunas comunidades. Lo que sí es imprescindible advertir es que en la democracia directa, que implica la organización de grupos humanos según su especialidad laboral, profesional, su condición social, la necesidad de su especifidad étnica o cultural o la especial protección que requiere una discapacidad física, motora o etaria; hace que el convocante pueda y/o deba resaltar tales circunstancias para que su participación y sus derechos no se "pierdan" en la masa.

En la Constitución de 1999 el único artículo que garantiza la democracia no es el 63. En efecto, el artículo 63 garantiza en primer término la personalización del sufragio; y si bien el de representación proporcional es también reconocido, no podemos olvidar que estamos en presencia de un Estado federal particular que, al haber eliminado el Senado, ha instrumentado mecanismos para así asegurar en lo posible la igualdad de las entidades territoriales al margen del elemento cuantitativo de la población. Por ejemplo, el artículo 168 constitucional pauta que "cada entidad federal elegirá, además, tres diputados o diputadas".

Estos tres (3) diputados no tienen que ver con la base poblacional, es decir, que le corresponden tanto al Zulia o Miranda, como a Amazonas o Delta Amacuro.

Quiere significar la Sala, que de las Bases Comiciales se evidencia un mecanismo eleccionario particular que pretende una integración de la Asamblea Nacional Constituyente que respeta el artículo 62, base de la democracia participativa y protagónica; que contemple la personalización del sufragio, uno de los pilares de nuestra soberanía electoral, pero además, que garantice una adecuada representación territorial, a los fines de incorporar efectivamente a cada uno de los municipios que integran la República, en atención a su condición de "unidad política primaria de la organización nacional" (artículo 168 eiusdem).

Ningún sistema electoral es puro, siempre es mixto y el propuesto, que no está obligado a seguir a la Ley Orgánica de Procesos Electorales, es una modalidad que busca la personalización del sufragio y la representación nacional, a través de la unidad política fundamental: el municipio. Asimismo, la representación sectorial está en la base de la democracia directa, contemplada en la Constitución y desarrollada por el legislador (ver sentencia n° 355 del 16 de mayo de 2017). Así se declara. (...)" (Negrillas y subrayado nuestro)

La primera nota discordante es que la Sala acepta que la democracia directa no exige en principio el mecanismo del sufragio, sino el de comicios que podrían ser "normalmente universales, directos y secretos" (SIC). Debe aterrar a cualquier espíritu democrático que una Sala Constitucional, garante e intérprete último de la Constitución, propugne en sus fallos que puede existir otro mecanismo alternativo al sufragio universal, directo y secreto, como es el comicio. Éste último, en el decir de la Sala, no necesariamente puede ser ni universal, ni directo ni secreto. Así, se consolida una tesis peligrosa para la democracia, como es el comicio, la antítesis de la conquista democrática más emblemática del siglo XX: el voto popular, universal, directo y secreto.

La segunda nota es la confusión de la Sala al fundamentar que el convocante puede y/o debe resaltar algunas circunstancias específicas relativas a grupo, hecho social y otros, para así resaltar la participación y evitar que *los derechos se pierdan en la masa. ¿Acaso los derechos políticos se pierden por ejercerlo en masa?* A esto debemos calificarlo como una estupidez de gran calibre, pues, los derechos políticos de participación no tienen nada que ver con el origen de grupo o diferencias socio-económicas, como si es posible aplicarlos para otros derechos sociales donde es hasta constitucional resaltar esas circunstancias que la Sala ahora quiere aplicarlo para los derechos políticos.

La tercera nota es la infeliz frase "*adecuada representación territorial*". Debemos recalcar lo que indicamos en el escrito de impugnación, y es que en Venezuela no existe el principio de representación territorial. Por ello no entendemos cómo la Sala Constitucional busca equilibrar los territorios en desmedro de su base poblacional. Esto es esencialmente antidemocrático e inconstitucional, pues, no puedo en nombre de una democracia participativa luchar por la "justa" representación territorial. Esto es un contrasentido de la Sala, que en sus párrafos precedentes descalifica a la democracia participativa, pero, traiga en defensa de otro modelo, el principio territorial más nefasto de la representación.

La cuarta nota es la negación al principio de legalidad electoral. Nos indica que no está esta elección de la ANC a seguir los preceptos de la Ley Orgánica de Procesos Electorales (LOPE), ésta última, el estatuto básico de cualquier elección en Venezuela. Resalta la Sala que el modelo electoral para la escogencia de esta ANC es para "*personalizar el sufragio y proteger la representación nacional a través de la unidad política fundamental: el municipio*" (SIC). Sobre esta oración estamos de acuerdo con BREWER, cuando explica que las afirmaciones de la Sala son a la ligera, sin fundamento ni explicación, además de no ser creíbles al saberse que las leyes del Poder Popular desde 2010 precisamente ha ignorado al Municipio como unidad política primaria[19].

La quinta nota está relacionada a la conclusión de que la representación sectorial está en la base de la democracia directa, contemplada en la Constitución y desarrollada por el legislador. Esto es falso, pues ni en el texto constitucional de 1999 ni mucho menos el legislador está autorizado para concretar una fragmentación al principio de igualdad ante la ley como ya explicamos. Para que tenga fundamento una representación sectorial, el constituyente debió ser taxativo y enunciarlo de forma clara, precisa y sin ambigüedades. En ningún artículo se habla de este tipo de representantes, salvo, el 186 que contempla la representación indígena.

---

19 Brewer-Carías, Allan R. ... *El juez constitucional vs. el pueblo como poder constituyente originario* ... p. 10.

La sexta nota tiene que ver con el recalco que la Sala hace sobre la *"adecuada representación territorial, para que todos los municipios tengan voz y voto y el resultado de la Asamblea no implique la imposición de unos pocos estados cuantitativamente mayoritarios"* (SIC). La Sala pareciera asumir que la distribución poblacional del territorio venezolano fuera la misma que en 1958. En Venezuela existe, con el progresivo proceso de urbanización, una concentración poblacional en todas las capitales de los estados, inclusive, ha vivenciado desde finales de los años 80 del siglo XX, un retroceso poblacional de Caracas, pues, quienes habían emigrado del campo a la capital venezolana poco a poco fueron revirtiendo el proceso, pero, en vez de retornar a los campos, muchos lo hicieron hacia las capitales de sus respectivas entidades federales. De allí que no compartimos esa aseveración de una supuesta imposición de los pocos estados cuantitativamente mayoritarios como fundamento para concretar una "adecuada representación territorial por medio de los municipios". Incluso, es baladí expresar que cada municipio tendrá "voz y voto", cuando, repetimos, en Venezuela no está consagrado en la Constitución de 1999 el principio de representación territorial.

Barquisimeto, 18 de junio de 2017.

EL JUEZ CONSTITUYENTE COMO PATOLOGÍA DEL GOBIERNO "A LA CRIOLLA" DE LOS JUECES. LA CRUCIFIXIÓN DE LA CONSTITUCIÓN, EL PUEBLO Y LA DEMOCRACIA "EN SU NOMBRE" POR LA SALA CONSTITUCIONAL CONSTITUYENTE

Emilio J. Urbina Mendoza

Doctor en Derecho por la Universidad de Deusto (Bilbao-España).
Profesor de Postgrado de la Universidad Católica Andrés Bello

I. LAS INCONVENIENCIAS DE UNA JUSTICIA CONSTITUCIONAL <<NEOCONSTITUCIONALISTA>> PARA SOCIEDADES PATOLÓGICAMENTE AFECTAS A IDEARIOS NO DEMOCRÁTICOS. O DE CÓMO UNA MAL PREPARADA SALA CONSTITUCIONAL IMPONE SU INTERPRETACIÓN PARA CO-GOBERNAR CON EL PODER EJECUTIVO

Desde hace una década hemos venido trabajando el fenómeno mutante de los sistemas judiciales presentes en Venezuela. Más allá de la introducción de mecanismos e instituciones propias del *common law*, nuestra preocupación se centra en la cada vez más evidente -y hasta torpe- coacción de la función gubernativa a través de la Sala Constitucional del Tribunal Supremo de Justicia. Estos documentos disfrazados de fallos, cuyo único rasgo característico con el acto judicial por excelencia es el cumplimiento formal de los requisitos previstos en el artículo 243 del Código de Procedimiento Civil, han trastocado a nuestro juicio lo que el profesor JESÚS MARÍA CASAL expone como el diálogo que debe imperar entre el legislador y la justicia constitucional[1].

---

1 Casal Hernández, Jesús María. "Respuestas del legislador ante la interpretación judicial de la Constitución" en AAVV. *Libro homenaje a la Academia de Ciencias Políticas y Sociales en el Centenario de su fundación,* Caracas, Ediciones de la Academia de Ciencias Políticas y Sociales, 2015, Tomo I, pp. 469-490.

La patología descrita la hemos bautizado como SENTENCIAS DE GOBIERNO[2], que deben entenderse como *Acto político revestido bajo la formalidad de una sentencia anómala con autoridad de cosa juzgada de la Sala Constitucional del TSJ, sin que medie una Litis o cuestionamiento sobre la constitucionalidad de un acto de otro órgano del Poder Público, cuyo objeto es coadyuvar, completar, sistematizar, esclarecer o fundamentar un acto de gobierno dictado por la Presidencia de la República.* Desde 2013 hemos observado como los fallos judiciales del máximo intérprete de la Constitución se convierten en instrumentos fiables para facilitar al gobierno actual todo tipo de pretensiones, con el único objeto de fortalecerlo o sacarlo de aprietos propios de sus circunceliónicas formas de manifestarse. Y en ese ínterin, poco importa si se convierte -*como en efecto ha sido*- en un mecanismo restrictivo de derechos ciudadanos lacerantes de la idea misma de libertad[3].

Una de las patologías de nuestro juez gobernante, en los últimos dos meses, es su derivación en juez constituyente. La insólita convocatoria de una Asamblea Nacional Constituyente por el Presidente de la República, ha puesto de nuevo en tensión los conflictos que a nivel de doctrina constitucional -*especialmente la norteamericana*- se yergue sobre los conceptos de *Justicia Constitucional-Democracia-Derechos fundamentales-Gobierno*[4]. Esto es así por cuanto el detonante de la crisis constitucional que ya venía manifestándose, ocurrió cuando la Sala Constitucional del Tribunal Supremo de Justicia decidió acabar con las competencias formales de la Asamblea Nacional, elevando a los altares imperiales al actual Presidente. Desde entonces (31.03.2017), la crispación en la república ha tornado niveles críticos (70 muertos) y su nota parece incuestionablemente ir "in crescendo". Para frenar-

---

2 *Véase* Urbina Mendoza, Emilio J. "¿Qué son las sentencias de gobierno? La nueva geografía de actos en la jurisprudencia de la Sala Constitucional del Tribunal Supremo de Justicia" en *Revista Electrónica de Derecho Administrativo Venezolano (REDAV)*. Caracas, Centro de Estudios de Derecho Público de la Universidad Monteávila, N° 9 (mayo-agosto 2016), pp. 295-355. [En línea: http://redav.com.ve/wp-content/uploads/2017/04/¿Que-son-las-Sentencias-de-Gobierno_-La-nueva-geografia-EJUM.pdf].

3 *Véase* Escovar León, Ramón. "Justicia constitucional versus democracia" en *Prodavinci*, Caracas, edición del 06.06.2017 [http://prodavinci.com/blogs/justicia-constitucional-versus-democracia-por-ramon-escovar-leon/]

4 Al respecto, *Véase* Waldron, Jeremy. "Socioeconomic Rights and Theories of Justice" en *San Diego Law Review*, Vol. 48 (3), 2011, p. 773. También del mismo autor, *Los derechos en conflicto*. Bogotá, Universidad Externado de Colombia, Centro de Investigación en Filosofía y Derecho, 2006. Cita Waldron al respecto: "(...) *Usted puede escribir en los periódicos, y convocar a una petición, y organizar a un grupo que presione sobre el parlamento. Pero incluso si entonces tuviera éxito y llegara a conquistar al apoyo de un amplio número de hombres y mujeres que piensan como usted, y su visión llegara a prevalecer en la Legislatura, aún entonces podría ocurrir que su propuesta sea revisada e invalidada, en razón de que la misma no coincide con la visión que tiene un juez sobre el derecho en cuestión* (...).

lo, ese propio TSJ debiera prepararse y empaparse mejor de las tesis constitucionales pacíficas y reiteradas de occidente antes de proseguir en sus peligrosos juegos judiciales.

1. *El gobierno de la autopoiesis.*

Desde 2015, una vez la alternativa democrática gana por sufragio la mayoría de los escaños en la Asamblea Nacional; las amenazas del Gobierno de los Jueces se hace cada vez más implacable. Las confidencias -*in camera caritatis*- sobre los diálogos e imposiciones desde el Palacio de Miraflores como centro neurálgico del sistema político, transforman a la Sala Constitucional como una suerte de nódulo para no decir apéndice del gobierno. Así, los factores políticos afectos al poder, minimizados a pasos de vencedores en una minoría numérica, aceleraron desde entonces sus mecanismos antidemocráticos para sostener su concepto "bizarro" de la democracia, donde, ESTADO-PARTIDO-MILITARISMO son la tríada de la *autopoiesis* autobautizada como REVOLUCIÓN.

Dentro de esta *autopoiesis*, la Sala Constitucional del TSJ asume lo que NIKLAS LUHMANN interpreta como el principal equivalente funcional a la integración normativa[5], donde, la norma, se aplica de forma tarambana. Y en esa interpretación sobre normas y principios, a éstos muchas veces se les mutila, falsea, se formulan agregados, e incluso, se les desaparece. Lo resaltante del caso es que ese organismo -*torpe y deforme*- tiene que enfrentar lo que URLICH BECK bautizó hace décadas como *la sociedad del riesgo global*[6]. Y lamentablemente, lo que en cualquier comunidad política democrática pudiera ser un riesgo (terrorismo, militarismo, economía fraccionada, secesionismo, segregación política, etc.) en Venezuela el riesgo y la contingencia son curiosamente la democracia y el pueblo.

En pocas palabras, la autorreferencia del gobierno y sus mecanismos (in) constitucionales, nos arrinconan como pueblo al no integrarnos a sus redes clientelares represivas, cuya opacidad es la divisa. El lenguaje e imaginario son autoritario sin lugar a dudas, combinada con una devoción primitiva hacia supuestos "gigantes eternos", que terminan por banalizarlos[7]. Inclusive, este culto va más allá de nuestras fronteras, asumiéndose peligrosamente por la

---

5 *Véase* Luhmann, Niklas. *Sistemas sociales: lineamientos para una teoría general.* Barcelona, Editorial Anthropos, 1998. También como interpretación al autor y sus implicaciones políticas, *Véase* Molina y Vedia, Silvia. "Conceptos básicos para el estudio de la credibilidad política según la teoría de los sistemas autorreferentes y autopoiéticos de Niklas Luhmann" en *Revista Mexicana de Ciencias Políticas y Sociales,* México D.F., Universidad Autónoma de México, Facultad de Ciencias Políticas y Sociales, N° 162, 1995, pp. 23-41.

6 Beck, Urlich. *La sociedad del riesgo: hacia una nueva modernidad.* Barcelona, Editorial Paidós, 2006

7 *Véase* Pino Iturrieta, Elías. *El Divino Bolívar*. Caracas, Editorial Alfa, 2016, 270 pp.

propia Sala cuando introduce en sus argumentaciones como válidas, citas de libros ideológicos que los valora como fuente de sus razonamientos[8].

II. EL JUEZ CONSTITUYENTE COMO PATOLOGÍA DEL GOBIERNO CRIOLLO DE LOS JUECES. LA VISIÓN DE LA SALA CONSTITUCIONAL SOBRE LO QUE AUTOPOIÉTICAMENTE DEBE ENTENDERSE POR EL PODER PÚBLICO. LAS SENTENCIAS 155 Y 156 DE MARZO 2017.

1. *Construyendo sentencias de gobierno para crear el <<juez constituyente constitucional>>*

Durante 2016, la guerra judicial por acallar al Parlamento se hizo palpable a través de las SENTENCIAS DE GOBIERNO. Este nuevo mecanismo en la geografía de actos judiciales venezolano, cercenó al parlamento nacional, invocando impropiamente un neoconstitucionalismo para facilitar lo que el profesor ALLAN BREWER-CARÍAS denominó dictadura judicial y perversión del estado de Derecho[9]. Se implementó así una suerte de *ius respondendi edicendi* a la bolivariana donde la interpretación jurídica logró disfrazar actos de gobierno insertos en las sentencias de la Sala Constitucional (en adelante la Sala). Sin importar las advertencias de OTTO BACHOF, aquélla creó una dudosa tesis del DESACATO IN ABSTRACTO, obviando los pasos lógicos elementales para su declaratoria in concreto de conformidad con las normas penales. De esta forma, la hermenéutica se transforma en instrumento <<punitivo>> para proteger la concepción autopoiética del Poder Público. Como bien lo afirmó BACHOF, "(...) *no es posible una separación clara entre las cuestiones políticas y jurídicas, a que en las decisiones sobre actos políticos triunfa necesariamente la vinculación política del que juzga y avasalla al Derecho* (...)"[10].

En la imposición de una defraudada INTENTIO LECTORIS[11] de la Constitución, -*que fue poco a poco vaciando las competencias constitucionales de la Asamblea Nacional*- se le desnaturalizó cualquier intento por materializar sus

---

8 TSJ/Sala Constitucional, sentencia N° 264 de fecha 11.04.2016 (Caso: *Nulidad de la propuesta de Enmienda constitucional*).

9 Brewer-Carías, Allan R. *Dictadura judicial y perversión del estado de Derecho*. Caracas, Editorial jurídica venezolana, 2016.

10 Bachof, Otto. *Jueces y Constitución*. Madrid, Editorial Civitas, 1987, p. 61.

11 En la hermenéutica fundamental, la intención como criterio para definir un texto es abordada desde tres ópticas: La interpretación como búsqueda de la *intentio auctoris*, la interpretación como búsqueda de la *intentio operis*, y la interpretación como imposición de la *intentio lectoris*. La teoría clásica ha primado el enfrentamiento de intenciones para la búsqueda de una respuesta hermenéutica armónica. En nuestro caso, el enfrentamiento es clarísimo entre la intención del autor de las normas (Asamblea Nacional) y la intensión del intérprete (Sala Constitucional). *Véase* Eco, Umberto. *Los límites de la interpretación*. Barcelona, Editorial Lumen, 2000, p. 29.

potestades, desde el control político de la Administración[12], la revisión de los estados de excepción[13], la iniciativa para proponer enmiendas[14] e insólitamente, pulverizar su quehacer funcional propio: LEGISLAR[15]. Así, 2016 se escribirá para la historia jurídica nacional como el año del autoritatismo y la degradación judicial.

2. *El juez constituyente que nadie eligió y que no somete sus decisiones la consulta popular.*

Cuando todos pensábamos que una vez abierto el telón de 2017 pisaríamos nuevos territorios temporales donde habría cambios y el retorno de la sensatez de la Sala, los escenarios terminaron por complicarse. Las tensiones comienzan a tomar forma totalitaria, y ante un agregado inesperado de agudización de la crisis fiscal del gobierno, se decide usar este móvil saltar cualquier control por la AN de las finanzas públicas, comenzando por la incomprensible aprobación de un procedimiento sui generis sobre cómo elaborar, presentar y aprobar el presupuesto público nacional[16] que terminaría desembocando en los inescrutables fallos 155 y 156 de fecha 28 y 29 de marzo de 2017, respectivamente. Sentencias que como lo alertara BREWER-CARÍAS[17], usurparon todo el poder del Estado en forma absoluta.

---

12 TSJ/Sala Constitucional, sentencia Nº 9 de fecha 01.03.2016 (Caso: *Recurso de Interpretación artículos 222, 223 y 265 de la Constitución*).

13 TSJ/Sala Constitucional, sentencia Nº 7 de fecha 11.02.2016 (Caso: *Recurso de Interpretación artículo 339 de la Constitución y 27 y 33 de la Ley Orgánica de los Estados de Excepción*).

14 TSJ/Sala Constitucional, sentencia Nº 274 de fecha 21.04.2016 (Caso: *Recurso de Interpretación artículo 340 de la Constitución*).

15 TSJ/Sala Constitucional, sentencia Nº 259 de fecha 31.03.2016 (Caso: *Nulidad de la reforma de la Ley del Banco Central de Venezuela*).

16 TSJ/Sala Constitucional, sentencia Nº 814 de fecha 11.10.2016 (Caso: *Aclaratoria de la Sentencia Nº 810 sobre el régimen financiero del Estado*).

17 *Véase* Brewer-Carías, Allan R. *La consolidación de la dictadura judicial: La Sala Constitucional, en un juicio sin proceso, usurpó todos los poderes del Estado, decretó inconstitucionalmente un estado de excepción y eliminó la inmunidad parlamentaria.* Nueva York, 29 de marzo de 2017 [http://allanbrewercarias.net/site/wp-content/uploads/2017/04/148.-doc.-Brewer.-Consolidación-dictadura-judicial.-Sentencia-155-SC-27-marzo-2017.pdf]. También del mismo autor *El reparto de despojos: La usurpación definitiva de las funciones de la Asamblea Nacional por la Sala Constitucional del Tribunal Supremo de Justicia al asumir el poder absoluto del Estado.* Nueva York, 30 de marzo de 2017 [http://allanbrewercarias.net/site/wp-content/uploads/2017/04/149.-doc.-Brewer.-Usurpación-definitriva-funciones-AN-por-al-Sala-Const.-Sent-156-SC-29.3.pdf]

La sentencia nº 155[18] introduce un insólito concepto de *superpresidencia imperial*, pues, reasigna funciones constitucionales, desvalijando al constituyente. Expresamente la Sala indica:

> "(…) **5.1.1.**- Se **ORDENA** al Presidente de la República Bolivariana de Venezuela que, en atención a lo dispuesto en el artículo 236.4, en armonía con lo previsto en los artículos 337 y siguientes *eiusdem* (ver sentencia n.° 113 del 20 de marzo de 2017), entre otros, proceda a ejercer las medidas internacionales que estime pertinentes y necesarias para salvaguardar el orden constitucional, así como también que, en ejercicio de sus atribuciones constitucionales y para garantizar la gobernabilidad del país, **tome las medidas civiles, económicas, militares, penales, administrativas, políticas, jurídicas y sociales que estime pertinentes y necesarias para evitar un estado de conmoción; y en el marco del Estado de Excepción y ante el desacato y omisión legislativa continuada por parte de la Asamblea Nacional, revisar excepcionalmente la legislación sustantiva y adjetiva (incluyendo la Ley Orgánica contra la Delincuencia Organizada y Financiamiento al Terrorismo, la Ley Contra la Corrupción, el Código Penal, el Código Orgánico Procesal Penal y el Código de Justicia Militar –pues pudieran estar cometiéndose delitos de naturaleza militar-), que permita conjurar los graves riesgos que amenazan la estabilidad democrática, la convivencia pacífica y los derechos de las venezolanas y los venezolanos**; todo ello de conformidad con la letra y el espíritu de los artículos 15, 18 y 21 de la Ley Orgánica Sobre Estados de Excepción vigente. (…)" (Negrillas y subrayado nuestro)

Esta suma de concentración de poderes constitucionales ni está prevista en la Constitución ni mucho menos existen principios democráticos que la pudieran sustentar, ni siquiera en los estados de excepción. La sentencia es clarísima: le ordenan al Presidente de la República para que "TOME" (decida) las medidas de toda índole, incluyendo, la revisión de toda la legislación "sustantiva y adjetiva". En resumen, sólo faltó agregarle la señera expresión ¡*Ave Nicolae, moriture te salutant*!, aunque la más atinada para este caso es la acuñada por otro César, el Papa ALEJANDRO VI: ¡*Aut Nicolae aut nihil*!.

La sentencia nº 156[19] va más allá, precisamente, por el problema creado en la 155. En un arrebato constituyente, la Sala impuso:

> 4.4.- Se advierte que mientras persista la situación de desacato y de invalidez de las actuaciones de la Asamblea Nacional, esta Sala Constitucional garantizará que las competencias parlamentarias sean ejercidas directamente por esta Sala o por el órgano que ella disponga, para velar por el Estado de Derecho. (Negrillas y cursivas nuestras)

Un solo párrafo bastó para suprimir la Constitución, asumiéndose las funciones de la Asamblea Nacional con el agregado peligroso que la Sala puede

---

18 TSJ/Sala Constitucional, sentencia Nº 155 de fecha 28.03.2017 (Caso: *Héctor Rodríguez Castro Vs. Asamblea Nacional*).

19 TSJ/Sala Constitucional, sentencia Nº 156 de fecha 29.03.2017 (Caso: *Corporación Venezolana del Petróleo (CVP) recurso de interpretación del artículo 187,24 de la Constitución y 33 de la Ley Orgánica de Hidrocarburos*).

atribuírselas a otro órgano que ella disponga. Una oración que se enmarca en la expresión más acabada del absolutismo: *Après nous, le déluge.*

Los escándalos de ambos fallos no se hicieron esperar. Los actores políticos de la oposición hicieron lo propio, condenando las sentencias. Sin embargo, ese 31.03.2017, un pronunciamiento disparó las alarmas, así como fundamentó las protestas posteriores. La Fiscal General de la República, abogada LUISA ORTEGA DÍAZ, afirmaría textualmente[20]: "(...) *las sentencias 155 y 156 de la Sala Constitucional del Tribunal Supremo de Justicia constituyen una ruptura del orden constitucional, así como el modelo de Estado consagrado en la Constitución de la República Bolivariana de Venezuela* (...)".

Las declaraciones de la jefa de la vindicta pública dieron la vuelta al mundo, haciendo latentes gravísimas consecuencias jurídicas para los magistrados de la Sala que suscribieron el fallo, sobresaliendo, la indiscutible responsabilidad penal por haber sido artífices de una ruptura del hilo constitucional[21].

3. *La perversión de los mecanismos procesales sobre sentencias, desfigurada por el juez constituyente.*

La respuesta de la Sala Constitucional fue inmediata. El 01.04.2017 (día sábado y sin despacho), procedió a publicar las sentencia n° 157 y 158, ambas, como asombrosas *Aclaratorias* de las sentencias 155 y 156. El principal argumento de la Sala para "Aclarar" los polémicos fallos fue:

> "(...) En fecha 31 de marzo de 2017, en virtud de algunas consideraciones y opiniones emitidas en relación con la sentencia antes mencionada, el Tribunal Supremo de Justicia atendió a una convocatoria del ciudadano Nicolás Maduro Moros, en su condición de Jefe de Estado y Presidente del Consejo de Defensa de la Nación, a una reunión extraordinaria ante dicha instancia constitucional, conforme a lo dispuesto en el artículo 323 del Texto Fundamental y en la Ley Orgánica de la Seguridad de la Nación. (...)"

Este pretexto permitiría a la Sala, violando lo dispuesto en el artículo 252 del Código de Procedimiento Civil, "aclarar" la sentencia eliminando parte de la dispositivas de ambos documentos judiciales. En este caso, se reinterpretó el 252 del CPC, permitiéndose que inconstitucionalmente se revocaran dispositivas. Las aclaratorias de sentencias, como bien lo señala la norma adjetiva, son para: "(...) *aclaras puntos dudosos, salvar las omisiones y rectificar errores de copia, de referencias o de cálculos numéricos, que aparecieren de manifiesto en la sentencia, o dictar ampliaciones* (...)". Ahora, se lee en los fallos 157 y 158 lo siguiente:

---

20 http://www.ministeriopublico.gob.ve/web/guest/buscador/-/journal_content/56/10136/15888019

21 *Véase* Hernández, José Ignacio. "¿Qué implicaciones tienen las declaraciones de Luisa Ortega Díaz". En: *Prodavinci*, Caracas, edición del 31.03.2017 [http://prodavinci.com/blogs/que-implicaciones-tienen-las-declaraciones-de-luisa-ortega-diaz-por-jose-ignacio-hernandez-g/]

"(...) Sobre la base de lo antes expuesto, en ejercicio de la potestad que para este caso corresponde y con base en el artículo 252 del Código de Procedimiento Civil, el cual es aplicable supletoriamente a las causas que conoce este Máximo Tribunal, en concordancia con el artículo 98 de la Ley Orgánica del Tribunal Supremo de Justicia, esta Sala procede de oficio a aclarar que en el fallo n° 155 dictado el 28 de marzo de 2017 el dispositivo 5.1.1 y lo contenido sobre el mismo en la motiva; así como lo referido a la inmunidad parlamentaria, obedecen a medidas cautelares dictadas por esta Sala conforme a la amplia potestad que es propia de su competencia (artículo 130 de la Ley Orgánica del Tribunal Supremo de Justicia) y, en consecuencia, como garantía de la tutela judicial efectiva consagrada en el artículo 26 constitucional, teniendo en cuenta que las mismas se caracterizan por la instrumentalidad, provisionalidad y mutabilidad, esto es, que para este ejercicio se tendrán en cuenta las circunstancias del caso y los intereses públicos en conflicto (sentencia de esta Sala n° 640 del 30 de mayo de 2003), se revocan en este caso la medida contenida en el dispositivo 5.1.1, así como lo referido a la inmunidad parlamentaria. Así se decide. (...)" (Negrillas y Subrayado nuestro) (sentencia n° 157)

"(...) Sobre la base de lo antes expuesto, en ejercicio de la potestad que para este caso corresponde y con base en el artículo 252 del Código de Procedimiento Civil, el cual es aplicable supletoriamente a las causas que conoce este Máximo Tribunal, en concordancia con el artículo 98 de la Ley Orgánica del Tribunal Supremo de Justicia, esta Sala procede de oficio a aclarar que en el fallo n° 156 dictado el 29 de marzo de 2017 los dispositivos 4.3 y 4.4 y lo que respecta a lo indicado en la parte motiva sobre los mismos, tienen naturaleza cautelar, en vista de que el desacato de la Asamblea Nacional, que le impide el ejercicio de sus atribuciones constitucionales es de carácter circunstancial; y, en todo caso, esta Sala no ha dictado una decisión de fondo que resuelva la omisión. Tratándose, en consecuencia, de medidas cautelares dictadas por esta Sala conforme a la amplia potestad que es propia de su competencia (artículo 130 de la Ley Orgánica del Tribunal Supremo de Justicia) y, en consecuencia, como garantía de la tutela judicial efectiva consagrada en el artículo 26 constitucional, teniendo en cuenta que las mismas se caracterizan por la instrumentalidad, provisionalidad y mutabilidad, esto es, que para este ejercicio se tendrán en cuenta las circunstancias del caso y los intereses públicos en conflicto (sentencia de esta Sala n° 640 del 30 de mayo de 2003), se revocan, en este caso, las medidas cautelares contenidas en los dispositivos 4.3 y 4.4. Así se decide. (...)" (Negrillas y subrayado nuestro) (Sentencia n° 158)

Lo más resaltante de estas sentencias, es que ya la propia Sala durante más de 14 años, había negado enfáticamente la posibilidad de emplear el mecanismo de aclaratoria para modificar sus propios fallos[22], pues:

"(...) Tratándose, por tanto, de una decisión de esta Sala Constitucional, a quien corresponde ejercer la atribución contenida en el artículo 336.10 de la Constitución de la República Bolivariana de Venezuela, la revisión sobre sus propios fallos significaría una vía de impugnación no consagrada legal ni constitucionalmente, lo cual violaría, por lo demás, el artículo 335 eiusdem, que, en concordancia con el artículo 266.1 del citado Texto Fundamental, prescribe la supremacía de la Sala respecto de la inter-

---

22 TSJ/Sala Constitucional, sentencia N° 438 de fecha 06.05.2013 (Caso: *Gilberto Rúa e interpretación del artículo 233 de la Constitución*).

> pretación y aplicación última de las normas y principios constitucionales, y la potestad de ejercerla con fundamento en su universalidad, contra las sentencias dictadas por las demás Salas de este Alto Tribunal, pero no contra sus propios fallos, porque ello sería emitir un nuevo fallo (...)" (Negrillas y Subrayado nuestro)

Así, la Sala se arroga una *potestad constituyente* con el agravante que lo hace a través de sentencias con fuerza de cosa juzgada para terceros, pero, no para ella misma. El incidente de ambas sentencias sería un punto de antes y después de la crisis política instalada en el país, derivada por la enconosa postura de la élite chavista de negarse a contar en elecciones libres y democráticas tal y como subraya la Constitución de 1999.

4. *¿Qué es el juez constituyente?*

Haciendo una recapitulación, hemos observado como la Sala Constitucional devino su actividad que originalmente, en su creación, era circunscrita al control de la constitucionalidad de los actos estatales. Incluso, en tiempos de amplia popularidad de su autopoiética revolución (2000-2006), afirmaba que lo correcto era:

> "(...) La función jurisdiccional es una actividad reglada, que debe adecuarse a ciertos parámetros interpretativos establecidos de manera previa y formal por el legislador, donde la aplicación indefectible por el juzgador de ciertas circunstancias jurídicas se impone, ante determinados supuestos de hecho. Esta actividad reglada previene fórmulas de actuación para la magistratura en virtud de la cual si bien el Juez dispone de la posibilidad de emitir juicios de opinión que obedezcan a su particular manera de comprender las situaciones sometidas a su conocimiento y posee un amplio margen interpretativo, debe sin embargo, ceñirse en su actividad decisoria a los postulados legales que regulan tal actividad (...)"23 (Negrillas y subrayado nuestro)

Nuestro juez constituyente ha olvidado sus propios postulados. Ha decidido que su interpretación es una manifestación "viva" del proceso constituyente, que para él, no ha terminado sino que constantemente lo recuerda a la sociedad y lo hace valer para garantizarle al gobierno una injustificable impunidad. Ahora, en los últimos años, siendo extensión de un constituyente de 1999 que buscó imponer un modelo político, la Sala decide hacer letra muerta dispositivos que los constituyentes de 1999 si decidieron colocar como límites al desenfreno del poder. De esta forma, esta Sala echa por tierra cualquier teoría judicial sobre la interpretación constitucional[24], que necesariamente para devolverla a sus cauces dentro de la arquitectura del texto de 1999, debe entenderse como órgano del Poder Público constituido y no como instrumento del gobierno para someter al resto de órganos a la voluntad de éste.

---

23 TSJ/Sala Constitucional, sentencia N° 2.036 de fecha 19.08.2002 (Caso: *Plaza Suite I, C.A.*).

24 Para más detalles, *Véase* Escovar León, Ramón. *El precedente y la interpretación constitucional*. Caracas, Editorial Sherwood, 2005, pp. 77-86.

Lo que caracteriza entonces a nuestro juez constituyente es su sofística forma de amalgamar mecanismos y procedimientos de diversos órdenes lógicos y epistemológicos. Por un lado, usurpa funciones del constituyente equiparándose en cuanto a su jerarquía de supraconstitucionalidad al dejar "sin efecto" reglas de la propia Constitución. Sin embargo, recordemos que para hacer el llamamiento del constituyente, todas sus resoluciones por principio democrático, debe ser consultadas al cuerpo electoral para así adquirir validez. Nuestro juez constituyente se aparta de este último imperativo y en vez de volar con la razón, termina arrastrándose en mecanismos particularistas como el silogismo judicial evidentemente adulterado. Sus sentencias no son consultadas nunca al pueblo, pero, si la mayoría de éste último no las acata, decide criminalizarlo a través de la horrorosa construcción teórica del <<DESACATO>>, donde inclusive, se quiebran los principios elementales del Derecho común, como es que no puede declararse nulo actos que todavía no han sido emitidos.

Hasta estos abusos insospechables ha cometido nuestro juez constituyente, trastocando incluso *las secuencias de las leyes del tiempo y espacio*, pues, como lo afirmó en una de sus tantas sentencias para templar al Poder Legislativo:

> "(...) resultan manifiestamente inconstitucionales y, por ende, absolutamente nulos y carentes de toda vigencia y eficacia jurídica, los actos emanados de la Asamblea Nacional, incluyendo las leyes que sean sancionadas, mientras se mantenga el desacato a la Sala Electoral del Tribunal Supremo de Justicia (...)"25 (Negrillas y subrayado nuestro).

Este juez ha hecho lo imposible, como se verificó en la sentencia parcialmente transcrita, para demoler hasta las leyes del tiempo y la física. Nunca en nuestra historia judicial había existido tal grado de petulancia[26], ni siquiera presente en los diferentes constituyentes históricos donde el rasgo característico fue el paradoxismo de los grupos políticos que dominaron esos escenarios[27].

---

25 TSJ/Sala Constitucional, sentencia Nº 808 de fecha 02.09.2016 (Caso: *Constitucionalidad de la Ley de Reforma Parcial del Decreto Nº 2.165 con Rango, Valor y Fuerza de Ley Orgánica que reserva al Estado las Actividades de Exploración y Explotación del Oro*).

26 Sobre la cotidianidad del siglo XIX judicial venezolano, *Véase* Núñez de Cáceres, Pedro. *Memorias (Prólogo de Caupolicán Ovalles)*. Caracas, Instituto Autónomo Biblioteca Nacional, Fundación para el rescate del acervo documental venezolano (Funres), 1993.

27 Para más detalles de los excesos cometidos en la Constituyente de 1946, *Véase* Cárdenas, Rodolfo José. *COPEI en la Constituyente: la tentación totalitaria de Acción Democrática*. Madrid, s.e. 1988, 853 pp. En la Constituyente de 1999, una de las escasas voces de la sensatez fue el profesor Allan Brewer-Carías, quien publicaría sus opiniones y votos contrarios a la mayoría del chavismo. *Véase Tratado de Derecho Constitucional*. Caracas, Editorial Jurídica Venezolana, 2013, 1198 pp. Tomo

III. LA RELIQUIA DE LA ASAMBLEA NACIONAL CONSTITUYENTE Y LA JUSTICIA CONSTITUCIONAL VENEZOLANA. LOS FALSEAMIENTOS DE LA LÓGICA JURÍDICA IMPUESTOS POR LA SALA CONSTITUCIONAL CONSTITUYENTE DEL TSJ EN LAS SENTENCIAS 355 Y 378/2017

1. *Las Asambleas Nacionales Constituyentes como reliquias del constitucionalismo liberal de la superada ilustración.*

El 01.05.2017, el Presidente de la República, no pudiendo controlar la protesta permanente generada por la incontinencia del juez constituyente, apuesta el límite máximo del crédito político otorgado en la Constitución de 1999: *La convocatoria a la Asamblea Nacional Constituyente*[28]. La ANC, es una de las formas típicas que históricamente asumen los Estados para modificar sus Constituciones. Ésta se impuso por primera vez en la elaboración de la Constitución francesa de 1791 (*Constitución Girondina*), en momentos donde asumía como novedad la representación general de las sociedades[29]. En Venezuela las ANC protagónicas fueron las de 1946 y 1999. La celebrada en 1952 no trascendió dado su carácter antidemocrático. Sólo se rememora en razón del descomunal fraude electoral contra URD que había ganado esas elecciones, manipulándose el resultado comicial a favor del Frente Electoral Independiente (FEI) que aglutinaba las fuerzas del perezjimenismo.

Somos de la tesis que la figura de la ANC son reliquias de otros tiempos donde las sociedades se encontraban en franca disparidad sea por el grado de analfabetismo o la poca o nula cultura de participación ciudadana. La ANC es un mecanismo rupestre para elaborar una Constitución. Si seguimos el modelo de evolución societaria planteada por MAX WEBER, la tecnificación y complejización de la misma termina por concretar órganos especializados que se encargarán de las grandes líneas tanto de la ingeniería como de la arquitectura constitucional. Para su aprobación o no, también se ha tecnificado el sufragio universal, donde el cuerpo electoral otorga su aprobación o negación al proyecto de Constitución pre-elaborado. Las constituyentes venezolanas se han caracterizado por el encono de sus confrontaciones. En la de 1946, presidida por el ilustre Andrés Eloy Blanco, fue escenario de enfrentamientos

---

VI: *Asamblea Constituyente y proceso constituyente*. Sobre el proceso constituyente general de 1999, *Véase* Hernández Camargo, Lolymar. *El proceso constituyente venezolano de 1999*. Caracas, Ediciones de la Academia de Ciencias Políticas y Sociales, 2008.

28 Decreto Presidencial N° 2.830, publicado en la *Gaceta Oficial*, extraordinaria, N° 6.295.

29 Sobre el particular, *Véase* Brewer-Carías, Allan R. *Reflexiones sobre la Revolución Norteamericana (1776), la Revolución Francesa (1789) y la Revolución Hispanoamericana (1810-1830) y sus aportes al constitucionalismo moderno.* Bogotá, Universidad Externado de Colombia, 2008, 369 pp.

verbales entre aquella mayoría aplastante de AD y quienes no comulgaban con las formas del entonces flamante partido socialdemócrata.

La ANC de 1999 mantuvo su peculiaridad jacobina, tropicalizada, pero jacobina al fin y al cabo. Como bien lo expresó el profesor BREWER-CARÍAS, el proceso de 1999 nació de la democracia[30]. Sin embargo, una vez electa e instalada, la ANC conformada por una hegemónica representación del naciente chavismo acentuó las diferencias fundamentales entre los sectores políticos del país. La Venezuela bolivariana aplastó cualquier iniciativa o disidencia, y como bien lo plasmaría BREWER-CARÍAS, "(...) *nada de lo que había que cambiar en el sistema político fue cambiado; y más bien el resultado constitucional del proceso constituyente, fue la acentuación de los aspectos más negativos del sistema* (...)"[31].

2. *La constituyente rupestre de Nicolás Maduro y sus incongruencias con el artículo 347 de la Constitución.*

El Decreto Presidencial de convocatoria a la ANC 2017, en sus considerandos, <u>*asoma graves afirmaciones de hecho*</u> que supuestamente fundamenta el llamamiento constituyente. En el numeral 4 del Decreto, el ciudadano Presidente afirma que debe ampliarse las "(...) *competencias del Sistema de Justicia, para erradicar la impunidad de los delitos* (...)" (SIC). Esto implica que la realidad jurídica actual, incluyendo a la Sala Constituyente, se caracteriza por la impunidad desmedida, donde, los delitos que esgrime el Jefe del Estado son los más gravísimos para una sociedad, citando el "*homicidio, secuestro, extorsión, violaciones, violencia de género, terrorismo, narcotráfico, promoción del odio social y la injerencia extranjera*" (SIC). Al estamparse en un Decreto Presidencial un considerando de este calibre (numeral 4), luce una suerte de confesión de <<incapacidad>> del Estado para hacerle frente a una Venezuela que tras dieciocho (18) años de estrenado el sistema político de la Constitución de 1999, el Presidente Nicolás Maduro Moros enfatice que ha sido <u>**víctima de la impunidad**</u>.

Debemos señalar de antemano que existe una evidente contradicción entre las regulaciones que la Constitución Bolivariana de 1999 -*único texto que fija la competencia constitucional para ello*- ha compelido sobre cuál debe ser el contenido y alcance de una Asamblea Nacional Constituyente y el Decreto Presidencial inconstitucional que la convoca. Esta contradicción se encuentra en lo que como hecho notorio y comunicacional han publicitado desde el Jefe del Estado hasta los altos funcionarios nacionales y asesores como el Doctor HERMANN ESCARRÁ que afirman que no se busca con la ANC "(...) *modifi-*

30 *Véase* Brewer-Carías, Allan R. *Las Constituciones de Venezuela*. Caracas, Ediciones de la Academia de Ciencias Políticas y Sociales, 2008, Tomo I, pp. 367-370.

31 Brewer-Carías, Allan R. *ob. cit.*, p. 369.

car la Constitución sino la Carta Magna (...)"[32]. A este ambiente se le adicionará la amenaza maniquea del mismísimo presidente Maduro al ofrecer al país dos opciones que no debería proponerse por su carácter antidemocrático y totalitario: *Constituyente o Guerra*[33].

Realmente no entendemos cómo un Jefe del Estado otorgue valor a estas frases cuyas consecuencias pudieran traer más conflictos en la República que apaciguarlos.

Pero, regresemos a nuestro juez constituyente, esta vez, una de las vértebras de la columna que sustenta al gobierno del Presidente Maduro. En su frenesí constituyente, la propia Sala ha determinado que la diferencia entre Enmienda, Reforma y Asamblea Constituyente está directamente relacionada con el "(...) *grado de modificación planteada sobre la Constitución* (...)"[34]. Esto quiere decir que dentro de los mecanismos previstos en el Título IX de la Constitución, existen instrumentos que precisan el alcance modificatorio del texto constitucional. Para ello, el Constituyente fue detallista hasta el punto de completar el contenido esencial mismo de cada una de ellas. Revisemos con detenimiento lo planteado en el artículo 347 de la Constitución de 1999:

> "(...) Artículo 347. El pueblo de Venezuela es el depositario del poder constituyente originario. En ejercicio de dicho poder, puede convocar una Asamblea Nacional Constituyente con el objeto de transformar el Estado, crear un nuevo ordenamiento jurídico y redactar una nueva Constitución (...)" (Negrillas y subrayado nuestro)

Tenemos que la función de la ANC debe entenderse COPULATIVAMENTE, es decir, que la ANC se concibió para cumplir las siguientes funciones:

* Transformar el Estado.
* Crear un nuevo ordenamiento jurídico.
* Redactar una nueva Constitución.

El texto no permite que sólo reformemos la Constitución y dejemos intacto el ordenamiento jurídico infraconstitucional. O se mantengan las viejas estructuras del Estado y se introduzca un nuevo ordenamiento jurídico. Por ejemplo, no es hermenéuticamente aceptable que la ANC proceda a transformar el Estado y no redacte una nueva Constitución. O viceversa. Para reformas puntuales -*como la Sala ya lo definió en la sentencia nº 274 de fecha*

---

32 Declaraciones del abogado Hermann Escarrá Malavé, ante Venezolana de Televisión, de fecha 01.05.2017. *Véase* [http://vtv.gob.ve/abogado-hermann-escarra-destaco-que-constituyente-no-trata-de-crear-una-nueva-constitucion-sino-reorganizar-el-estado/].

33 Programa televisivo (VTV) *Los Domingos con Maduro*, edición Nº 89 de fecha 04.06.2017.

34 TSJ/Sala Constitucional. Sentencia Nº 2.208 de fecha 28.11.2007 (Caso: *Antonio José Calatrava y otros*).

21.04.2016[35]- al abordar el problema de la validez de la Enmienda constitucional tramitada por la Asamblea Nacional a finales de marzo de 2016; se concreta o a través de la enmienda o la reforma constitucional, NUNCA POR LA ASAMBLEA NACIONAL CONSTITUYENTE. La Sala en el fallo identificado señaló:

"(...) c) Finalmente, la propuesta de enmienda no solo debe respetar la estructura de la Constitución, sino también los principios fundamentales del texto constitucional y del ordenamiento jurídico vigentes. Este límite o restricción impuesto al poder constituido por el Constituyente es válido para cualquier modificación parcial (enmienda o reforma), pues sólo la Asamblea Nacional Constituyente puede transformar el Estado y crear un nuevo ordenamiento jurídico-constitucional (artículo 347 eiusdem), siempre que no violente los principios contenidos en el artículo 350 del texto fundamental (...)" (Negrillas y subrayado nuestro)

Estos límites los ha prefijado la interpretación constitucional de la Sala Constitucional Constituyente, por tanto, debe considerarse que convocar una ANC implica hermenéuticamente <<**MODIFICAR**>> *-in toto-* la actual estructura del Estado venezolano, su ordenamiento jurídico y erradicar la Constitución de 1999 para redactar una "nueva". Por otra parte, si nos mantenemos fiel a los criterios hermenéuticos que deben imperar al momento de interpretar la Constitución (Sentencia nº 1.309 de 19.07.2001), uno de ellos es la motivación que motorizó al constituyente para concretar el texto constitucional, que en este caso, es el 347. Si revisamos con detalle los DIARIOS DE DEBATE DE LA ASAMBLEA NACIONAL CONSTITUYENTE, tenemos que la discusión sobre el mecanismo bajo análisis ocurrió el 09 de noviembre de 1999 (Sesión nº 41) (*Debate Constituyente*, página 47), y debemos resaltar lo afirmado en ese entonces por quien hoy preside la Comisión de la Constituyente de 2017, el ahora Ministro de Educación ELÍAS JAUA MILANO.

"(...)

EL PRESIDENTE.-Tiene la palabra el constituyente Elías Jaua.

CONSTITUYENTE JAUA (ELÍAS):- Ciudadano Presidente y demás Constituyentes: Quiero hacer la siguiente observación al artículo que está en discusión. Creo que siendo consecuentes con la voluntad originaria que nos trajo y convocó a esta Asamblea Popular, y siendo consecuentes con la doctrina democrática liberal, en el sentido que el Poder Originario del pueblo no conoce ni reconoce ninguna norma anterior a él, ni preexistente. Además, en el sentido de que somos la más fiel expresión, de que cuando la voluntad de un pueblo se manifiesta no hay derecho positivo que pueda detenerla, simplemente tiene que adecuarse o sucumbir ante la voluntad, ante el huracán constituyente de los pueblos cuando se deciden a refundar sus repúblicas y sus instituciones. Por tanto, creo que ese artículo que refleja la manera cómo nosotros, el Poder Constituyente venezolano de 1992, convocó a una Asamblea Constituyente, sus bases comiciales, no tiene por qué, ser normado para las futuras generacio-

35 TSJ/Sala Constitucional. Sentencia Nº 274 de fecha 21.04.2016 (Caso: *Johnny Leónidas Jiménez Mendoza. Interpretación del artículo 340 de la CRBV*).

nes, para el pueblo constituyente de 100 o 200 años que se atreva nuevamente a discutir la refundación de la República con los temas profundos que ser necesario adecuar para ese momento. Considero que tal como está el documento que nos ha presentado la Comisión, desde el Título hasta el artículo 391, que se expresa el reconocimiento de la voluntad de un pueblo de convocar a esa Asamblea, y la manera cómo puede convocarla –que es importante para que tenga una referencia– no hay más nada que normar en una Constitución referente a la Asamblea Constituyente. Lo contrario sería una actitud antihistórica, antipolítica, antiteórica, en el sentido de normar lo que no se puede normar, y que es la voluntad constituyente y revolucionaria de los pueblos en construcción permanente del futuro. El constitucionalismo siempre será un tiempo replegado, un tiempo congelado, el Poder Constituyente es poder futuro, poder permanente de construcción hacia el futuro, y por tanto creo que ese artículo que norma extremadamente y codifica la manera como el Poder Constituyente se presenta debe ser eliminado. (…)" (Negrillas y subrayado nuestro)

Queremos resaltar la idea planteada por el entonces constituyente Elías Jaua, cuando precisó que el mecanismo constituyente es para "(…) *refundar sus repúblicas y sus instituciones* (…)". Entonces, habría que hacernos la interrogante hoy, en 2017, si la ANC fue concebida para hacer una suerte de <<RESETEO>> del Estado mismo y sus instituciones, ¿por qué el Presidente Maduro la convoca? No queda otra conclusión forzosa que busca erradicar el modelo de Estado, sistema político y ordenamiento jurídico construido bajo el amparo de la Constitución de 1999, ésta última, ahora devenida en una probable segunda *moribunda* empleando los términos de quien la engendró cuando de forma burlesca se juramentó sobre la Constitución de 1961, ésta última, paradójicamente, texto que serviría para ascender al poder. Por ello, debe concluirse que existe una desproporcionalidad entre el mecanismo de la Asamblea Nacional Constituyente y lo que ha convocado el Presidente de la República en el Decreto nº 2.830.

3. *La incongruencia de la ANC madurista con los criterios del Juez Constituyente. O de cómo el Decreto 2.830 se enfrenta a la Sala Constitucional Constituyente.*

Ahora bien, revisemos con cuidado lo planteado en las motivaciones del Decreto Presidencial nº 2.830. Las mismas parecieran traídas del reino de la paradoja, pues todos, sin excepción, coliden no sólo con los preceptos constitucionales de 1999, sino también, con el desarrollo que a lo largo de estos dieciocho (18) años ha ejecutado tanto la Asamblea Nacional (legislación) como la propia Sala Constitucional del Tribunal Supremo de Justicia. inclusive, existe contradicción con algunos Decretos con rango, valor y fuerza de ley dictados por Hugo Chávez como por Nicolás Maduro. ¿Maduro vs. Maduro?

Estudiemos una a una de las motivaciones evidentemente inconstitucionales:

A. "(…) *garantizar la preservación de la paz del país* (…)". Indica el encabezado del Decreto, que la ANC preservará la paz del país. En un primer momento debemos indicar, soportado en lo señalado por la Sala, que la ANC no busca ni preservar la paz ni mucho menos defender los "(…) *sagrados derechos y logros sociales conquistados* (...)". Para lograr <<conservar>> todos estos avances obtenidos a lo largo de estos dieciocho (18) años, basta con que se ponga al servicio -*continuo y de calidad*- del ciudadano todo el Poder del Estado, en sus cinco ramas de conformidad con la arquitectura constitucional de 1999. Sólo así se materializa la tan anhelada paz. Por otra parte, si un Estado debe aplicar el mecanismo extraordinario de la ANC para "(...) *enfrentar las severas amenazas internas y externas de factores antidemocráticos y de marcada postura antipatria* (...)", es porque el Estado venezolano ha fracasado y la Constitución de 1999 ha sido desbordada, y por tanto, perdió la capacidad de fundamentar todas las acciones y defensas para hacer frente toda coacción -*intra y extra fronteras*- contra la República.

B. "(...) *el proceso constituyente es una gran convocatoria a un diálogo nacional para contener la escalada de violencia política* (...)" (numeral 1.). Esta afirmación presidencial es peligrosa porque apunta hacia el fracaso o desconocimiento de los mecanismos innovadores que la Constitución de 1999 trajo consigo para precisamente mantener la unidad política nacional, preservando la diversidad dentro del marco institucional. Apelar a una ANC para cumplir este objetivo implica prácticamente darse por vencido como Estado y reconocer que los instrumentos de defensa de los derechos políticos contenidos en el Título III, Capítulo IV del texto constitucional de 1999 son meras referencias retóricas o programáticas. Frente a una situación de gravedad republicana entre sectores políticos, tiene el ciudadano, partidos, grupos ideológicos y movimientos populares, medios como el sufragio para la elección de autoridades municipales, estadales y nacionales. El referendo popular, que como apunta el artículo 71, está diseñado para "(...) *las materias de especial trascendencia nacional* (...)", y que inclusive, en una sentencia tan cuestionada como la 378/2017, la Sala haya enfatizado que es el mecanismo por excelencia de la democracia participativa[36]. Por ello, es desproporcionado una ANC para contener la violencia política, ya que, para asirnos de este proceso modificando radicalmente la Constitución, implica que el Estado venezolano no ha podido cumplir sus fines, siendo así, una suerte de confesión de incapacidad para resolver conflictos políticos que perfectamente pueden ser dirimidos por los mecanismos señalados, o bien, como lo ha materializado esta Sala a través del control de la constitucionalidad a lo largo de los dieciocho (18) años de vigencia de la Constitución de 1999.

C. "(...) *El perfeccionamiento del sistema económico nacional hacia la Venezuela potencia* (...)" (Numeral 2). Este considerando contraría el espíritu equilibrado de la Constitución Económica elucidada en 1999. El modelo económico nacional asumido por la Constitución vigente es innovador y quizá uno de los que teóricamente es más completo a nivel global porque NI

36 TSJ/Sala Constitucional. Sentencia Nº 378 de fecha 31.05.2017 (Caso: *Leopoldo Pita Martínez. Interpretación de los artículos 347 y 348 de la CRBV*).

SE DECANTA POR EL MODELO ECONÓMICO ESTATISTA, COMO TAMPOCO, POR LAS TESIS LIBERALES. Indica el artículo 299 constitucional vigente lo siguiente:

"(...) **Artículo 299**. *El régimen socioeconómico de la República Bolivariana de Venezuela se fundamenta en los principios de justicia social, democracia, eficiencia, libre competencia, protección del ambiente, productividad y solidaridad, a los fines de asegurar el desarrollo humano integral y una existencia digna y provechosa para la colectividad. El Estado, conjuntamente con la iniciativa privada, promoverá el desarrollo armónico de la economía nacional con el fin de generar fuentes de trabajo, alto valor agregado nacional, elevar el nivel de vida de la población y fortalecer la soberanía económica del país, garantizando la seguridad jurídica, solidez, dinamismo, sustentabilidad, permanencia y equidad del crecimiento de la economía, para lograr una justa distribución de la riqueza mediante una planificación estratégica democrática, participativa y de consulta abierta (...)".*

Nótese que el texto constitucional no requiere modificación porque resulta tan flexible y tan preciso en lo que respecta al principio económico humanista, que convocar una ANC implica aceptar que es "insuficiente". Es más, la Sala ha invocado con frecuencia el artículo 299 de forma reciente, específicamente en los controvertibles fallos 810 y 814, ambos, de 2016 donde se analiza el Decreto n° 2.452 de la Presidencia de la República relativo a la emergencia económica. En dichas sentencias -*descontextualizadas y de espaldas a la teoría constitucional*- la Sala ha manifestado hasta la saciedad sobre la plenitud de nuestra Constitución Económica. Es más, en otra oportunidad, la Sala misma ha señalado, de manera enfática, que el sistema económico previsto en el artículo 299 es muy completo. Por lo tanto, como lo indica el Presidente de la República, modificarlo vía ANC, hoy luce no sólo controversial, sino hasta criminal. Señaló la Sala al respecto:

"(...) En este contexto, los derechos relativos a las libertades económicas, se encuentran sujetos a una regulación que determina y canaliza su ejercicio en sociedad, en aras de garantizar una adecuada convivencia social y su articulación dentro del todo armónico que debe representar el Estado; encontrándose por ende sometidos a una serie de limitaciones para su adecuado ejercicio; limitaciones éstas que vienen impuestas y determinadas en la Constitución y las Leyes, y por razones de desarrollo humano y de interés social, lo que permite que el Estado posea un régimen de intervención en la economía, resultando ello del todo comprensible, bajo el entendido de que precisamente el conjunto de actividades de tal naturaleza, implican una de las principales formas a través de las cuáles éste alcanza su desarrollo y la consecución de sus fines.

Ese régimen de intervención que posee el Estado, comprende lógicamente el desarrollo económico establecido en el artículo 299 de la Constitución de la República Bolivariana de Venezuela, la promoción de la iniciativa privada mediante la cual se obliga al Estado en el artículo 112 *eiusdem,* garantizando la creación y justa distribución de la riqueza, así como la producción de bienes y servicios que satisfagan las necesidades de la población, la libertad de trabajo, la libertad de empresa, la libertad de comercio, la libertad de industria, sin perjuicio de su facultad para dictar medidas para planificar, racionalizar y regular la economía e impulsar el desarrollo integral del país, bajo el entendido de que en definitiva el Estado, en su condición de principal garante del orden público, del interés general, de la paz y de la justicia, detenta una serie de deberes respecto de sus habitantes, concebidos como cuerpo social, con miras hacia la consecución de los altos fines que rigen y condicionan su existir, en función de la consolidación de una sociedad justa, próspera y digna.

De esta manera, en el contexto del sistema económico bajo la concepción del Estado Social, el Estado debe no tan sólo intervenir en la dinámica económica para regular y fiscalizar las relaciones que tengan lugar en el seno de la misma, así como los derechos de los ciudadanos; sino también, se encuentra obligado a la creación de las condiciones y a la adopción de medidas de acción, que sean necesarias para establecer la vigencia de sus postulados, y configurar un nuevo orden en las relaciones económicas, que responda a los valores de igualdad, justicia, responsabilidad social, humanismo y dignidad, entre otros, que es en definitiva la finalidad de las normas contempladas en los artículos 2, 3, 112, 113, 114, 115, 117, 299, 300 y 301 de la Constitución de la República Bolivariana de Venezuela.

Precisamente en razón de ello, esta Sala observa que el propio artículo 112 constitucional, establece los parámetros sobre los cuáles el Estado desempeña su actuación en relación con el derecho de la libertad económica, cuando de manera expresa señala que "*El Estado promoverá la iniciativa privada, garantizando la creación y justa distribución de la riqueza, así como la producción de bienes y servicios que satisfagan las necesidades de la población, la libertad de trabajo, de empresa, de comercio, industria...*". Esto además comporta, como también lo expresa el artículo en referencia, el que en base a la serie de factores recién mencionados, el Estado se encuentre en la capacidad de "*...dictar medidas para planificar, racionalizar y regular la economía e impulsar el desarrollo integral del país.*"

De igual manera, también bajo esta óptica, el texto constitucional consagra la severa pena frente a la verificación de ilícitos económicos, de especulación, acaparamiento, usura, cartelización y otros delitos conexos, como expresamente lo indica el artículo 114 constitucional; así como también se indica de manera diáfana en la Ley Fundamental que "*Todas las personas tendrán derecho a disponer de bienes y servicios de calidad, así como a una información adecuada y no engañosa sobre el contenido y características de los productos y servicios que consumen, a la libertad de elección y a un trato equitativo y digno. La ley establecerá los mecanismos necesarios para garantizar esos derechos, las normas de control de calidad y cantidad de bienes y servicios, los procedimientos de defensa del público consumidor, el resarcimiento de los daños ocasionados y las sanciones correspondientes por la violación de estos derechos*" (Artículo 117).

En aplicación de los razonamientos precedentes, observa esta Sala que tiene cabida la vigencia del Decreto con Rango, Valor y Fuerza de Ley Orgánica de Precios Justos publicado en Gaceta Oficial de la República Bolivariana de Venezuela bajo el número 40.340 de fecha 23 de enero de 2014, el cual en función del contenido de sus normas, detenta de manera clara (en cuanto a su ámbito, finalidad y objeto regulatorio), el desarrollo armónico, justo, equitativo, productivo y soberano de la economía nacional, a través de la determinación de precios justos de bienes y servicios, precisamente para lograr la armonización de los derechos económicos contemplados en los artículos 112 y 117 de la Constitución de la República Bolivariana de Venezuela, con la finalidad a la que atiende la noción de Estado Social, en salvaguarda de los ingresos de todos las ciudadanas y ciudadanos, y de manera particular, con el acceso de las personas a los bienes y servicios en condiciones justas, para la satisfacción de sus necesidades en forma digna, evitándose por contrapartida, la verificación de distorsiones económicas proscritas por el ordenamiento constitucional en el ejercicio de una actividad económica, y encontrándose en dicho Decreto Ley, la aplicación de los correctivos necesarios, a través de los distintos sistemas de control, supervisión y fiscalización allí establecidos, así como por el régimen sancionatorio y punitivo que en ese texto normativo está previsto (...)"[37] (Cursivas originales de la Sala).

D. "(...) *Constitucionalizar las Misiones y Grandes Misiones* (...)". Consideramos estéril este planteamiento, primero, porque ha sido articulado en la legislación[38] y ejecutado por la Administración Pública como prioridad. Por otra parte, la Sala Constitucional ya se ha pronunciado[39] indicando en su jurisprudencia que sin necesidad de constitucionalizarlas, estas nuevas formas participativas tienen asidero y fundamentación derivadas del propio texto de la Constitución de 1999. Al respecto, indicó:

> "(...) En ese orden de ideas, el Texto Fundamental establece **modelos alternativos a la democracia representativa y al neoliberalismo**, cuyas insuficiencias permitieron la consolidación, a través de varios siglos, de una sociedad signada por el materialismo, la dominación, la opresión, la exclusión y la pobreza económica. Para ello, recoge uno de los catálogos de valores, principios, derechos y deberes humanos más progresista del continente y del mundo en general, además de propugnar dos grandes transformaciones: por un lado, **establece un modelo de democracia participativa y corresponsable, como mecanismo para garantizar la redistribución del poder, la justicia social y la consecución de una sociedad de verdaderos iguales en derechos y deberes**. Por otro lado, establece un régimen económico solidario y sustentable, centrado en la función social de la economía y en el papel del Estado como regulador de las relaciones económicas, para garantizar los derechos todas y todos por igual.
>
> En ese contexto podría afirmarse que las Misiones son componentes fundamentales del nuevo Estado democrático y social de Derecho y de Justicia, por cuanto expresan un modelo vanguardista de políticas públicas, que conjuga la agilización de los procesos estatales con la participación directa y verdadera del Pueblo en su gestión, es decir, un sistema que potencia de forma inédita la democracia participativa y el auténtico empoderamiento del Estado por parte del titular de la Soberanía: El Pueblo; en otras palabras, un sistema que, por ende, cohesiona el Poder Público con el poder al cual se debe, es decir, el Poder Popular, entendido como poder de ese Pueblo que, por primera vez en la historia patria, decidió convocar democráticamente una Asamblea Nacional Constituyente y refundar la República sobre verdaderos cimientos humanistas y garantistas de los derechos de todas y todos.

---

37 TSJ/Sala Constitucional. Sentencia N° 1.158 de fecha 18.08.2014 (Caso: *Rómulo Plata Vs. Ministerio del Poder Popular para el Comercio y Superintendencia Nacional para la Defensa de los Derechos Socio-Económicos*).

38 Decreto Presidencial N° 1.394, mediante el cual se dicta el *Decreto con Rango, Valor y Fuerza de Ley Orgánica de Misiones, Grandes Misiones y Micro-Misiones*. Publicado en la *Gaceta Oficial de la República Bolivariana de Venezuela, extraordinario*, N° 6.154 de fecha 19.11.2014.

39 TSJ/Sala Constitucional. Sentencia N° 1.586 de fecha 18.11.2014 (Caso: *Constitucionalidad del Decreto-Ley Orgánica de Misiones, Grandes Misiones y Micro-Misiones*).

Por otra parte, las Misiones inician con un formato de atención a demandas sociales prioritarias en las áreas de salud, alimentación, educación, trabajo y vivienda, entre otras tantas, y representan un gran esfuerzo del Estado, en cumplimiento del deber constitucional de garantizar los derechos humanos, dirigido hacia la cancelación de la deuda social postergada y olvidada por décadas, con la población venezolana.

Desde cierta perspectiva, el contenido de las misiones no se diferencia de las políticas que el Estado venezolano venía adelantando desde el año 2000 en diversos planes nacionales y locales: el Plan Bolívar 2000, el Plan Nacional de Desarrollo Económico y Social 2001-2007, los planes sectoriales de los Ministerios de Salud, Educación y Agricultura, y algunos planes de gobernaciones y alcaldías que respaldaban los referidos proyectos. En su mayoría, las Misiones continuaron líneas de esas políticas y que con su impulso, tomaron un curso acelerado, masivo y penetrante en las zonas de difícil acceso, para hacer llegar la política y los programas a las poblaciones más desasistidas. Su propósito fundamental ha sido enfrentar las causas y consecuencias de la pobreza y la exclusión, con la participación protagónica del pueblo. (…)" (Negrillas y subrayado nuestro)

E. "(…) La defensa de la soberanía y la integridad de la nación y protección contra el intervencionismo extranjero, ampliando las competencias del Estado democrático, social, de derecho y de justicia para la preservación de la seguridad ciudadana, la garantía del ejercicio integral de los derechos humanos (…)". En relación al considerando propuesto, estimamos que no tendría sentido hacer una <<ampliación de las competencias del Estado democrático>>, en razón que al ser la Constitución de 1999 suficientemente vasta y redundante en la protección de los derechos fundamentales y sus consecuencias; incluir agregados pudiera más bien terminar restringiendo los mecanismos de protección de la república frente al intervencionismo extranjero. Sobre este razonamiento, la Sala Constitucional, para muestra de sus sentencias a lo largo de estos dieciocho (18) años ha defendido un concepto férreo y contradictorio en materia de SOBERANÍA[40], PROTECCIÓN CIRCUNCELEÓNICA DE LOS VENEZOLANOS EN EL EXTERIOR[41] y FORTALECIMIENTO DE LAS COMPETENCIAS DEL EJECUTIVO NACIONAL PARA EL MANEJO DE LAS RELACIONES CON LOS ÓRGANOS MULTILATERALES DE DERECHOS HUMANOS PARA QUE PUEDAN CUMPLIR LOS COMETIDOS DE SU CREACIÓN[42]. A lo largo de estas dos décadas, no ha requerido que se <<amplíen los poderes de defensa>> cuando el TSJ ha sabido soportarla constitucionalmente con sus sentencias, así éstas últimas se encuentren dentro de la territorialidad de la polémica académica e inclusive forense.

40 TSJ/Sala Constitucional. Sentencia Nº 1.942 de fecha 15.07.2003 (Caso: *Rafael Chavero Gazdik y la nulidad parcial del Código Penal venezolano*).

41 TSJ/Sala Constitucional. Sentencia Nº 937 de fecha 25.07.2014 (Caso: *Hugo Carvajal*).

42 TSJ/Sala Constitucional. Sentencia Nº 478 de fecha 14.06.2016 (Caso: *Procuraduría General de la República Vs. Asamblea Nacional*).

F. "(...) Constitucionalización de las nuevas formas de la democracia participativa y protagónica, a partir del reconocimiento de los nuevos sujetos del Poder Popular, tales como las Comunas y Consejos Comunales (...)". Esta motivación está íntimamente conectada con la esculpida en el numeral 3 como ya explicamos ut supra. Además, posee un desarrollo legislativo conocido como las LEYES DEL PODER POPULAR[43] y la LEY ORGÁNICA DE LOS CONSEJOS COMUNALES[44], ésta última, que cumplió el año pasado su primera década de aparición. Desde entonces, no ha requerido concebirse en la Constitución estas figuras, puesto que, el propio concepto de **Democracia Participativa** prevista en el modelo constitucional de 1999 les sirve de fundamento. Además, esta Sala se pronunció sobre la constitucionalidad de las COMUNAS[45], el SISTEMA ECONÓMICO COMUNAL[46], sobresaliendo que todas las

---

43 Ley Orgánica del Poder Popular, Ley Orgánica de las Comunas, Ley Orgánica de Contraloría Social, Ley Orgánica de Planificación Pública y Popular y Ley Orgánica del Sistema Económico Comunal. Todas fueron publicadas en la *Gaceta Oficial de la República Bolivariana de Venezuela, extraordinario*, Nº 6.011 de fecha 21.12.2010.

44 Publicada en *Gaceta Oficial de la República Bolivariana de Venezuela*, Nº 39.335 de fecha 28.12.2009.

45 TSJ/Sala Constitucional. Sentencia Nº 1.330 de fecha 17.12.2010 (Caso: *Constitucionalidad de la Ley Orgánica de las Comunas*). Expresó esta Sala: "(...) En el caso de autos, se observa que el objeto de la ley en comentarios se ciñe a "*desarrollar y fortalecer el Poder Popular, estableciendo las normas que regulan la constitución, conformación, organización y funcionamiento de la Comuna, como entidad local donde los ciudadanos y ciudadanas en el ejercicio del Poder Popular, ejercen el pleno derecho de la soberanía y desarrollan la participación protagónica mediante formas de autogobierno para la edificación del estado comunal, en el marco del Estado democrático y social de derecho y de justicia*" (**ex** artículo 1 ***eiusdem***). Asimismo, el citado instrumento comprende mecanismos que posibilitan la transferencia de competencias desde los entes político territoriales mayores hacia las organizaciones primarias de vida comunitaria, promoviendo la participación de éstas en la gestión, ejecución y control de servicios y obras de interés local. De esta forma, advierte la Sala, sin que ello implique un análisis de fondo respecto de la constitucionalidad de las normas que componen el texto legislativo estudiado, que el citado instrumento se dicta en desarrollo del principio constitucional de la democracia participativa y descentralizada que postula el preámbulo constitucional y que reconocen los artículos 5 y 6 de la Constitución de la República Bolivariana de Venezuela, de cuyo contenido se extrae el principio de soberanía, cuyo titular es el pueblo, quien está además facultado para ejercerla "*directamente*" y no sólo "*indirectamente*" por los órganos del Poder Público; así como del artículo 62 ***ejusdem***, que estatuye el derecho de las personas a la libre participación en los asuntos públicos y, especialmente, el artículo 70 del mismo texto fundamental, que reconoce expresamente medios de autogestión como mecanismos de participación popular protagónica del pueblo en ejercicio de su soberanía, medios que son sólo enunciativos en los términos de la predicha norma. (...)" (Cursivas y Negrillas originales de la Sala).

46 TSJ/Sala Constitucional. Sentencia Nº 1.329 de fecha 16.12.2010 (Caso: *Constitucionalidad de la Ley Orgánica del Sistema Económico Comunal*) "(...) En ese orden

Organizaciones conocidas como **EL PODER POPULAR**, SON EL DESARROLLO DEL PRECEPTO CONSTITUCIONAL PREVISTO EN EL ARTÍCULO 70 DE LA CONSTITUCIÓN DE 1999[47]. Así, tenemos que la Constitución de 1999 ya contempla en su artículo 70 la más amplia variedad de mecanismos de participación. Tal vez pudiera ser el citado artículo objeto de reforma parcial de la Constitución, más no de una ANC, porque entonces tendría que darle un vuelco absoluto menoscabando así estas formas innovadoras de participación ciudadana. Como lo fijó la Sentencia n° 1.676 de fecha 03.12.2009 (Constitu-

---

de ideas, luego de analizar los fundamentos teóricos anotados, y sin que ello constituya pronunciamiento sobre la constitucionalidad del contenido de la normativa propuesta por la Asamblea Nacional, conforme a la competencia que le atribuye el numeral 4 del artículo 187 de la Constitución de la República Bolivariana de Venezuela, esta Sala se pronuncia a los efectos previstos en el artículo 203 constitucional, y al respecto considera que es constitucional el carácter orgánico otorgado a la legislación denominada Ley Orgánica del Sistema Económico Comunal, pues ésta se adecúa a las características jurídicas que tienen las leyes orgánicas, en cuanto a su forma y contenido, teniendo en cuenta que con la misma se pretende regular uno de los supuestos previstos en la citada norma constitucional que hacen posible convenir en su carácter orgánico, ello por cuanto: En primer lugar, el instrumento jurídico bajo examen torna operativo el derecho constitucional de todos los ciudadanos de participar libremente en los asuntos públicos, a través de los medios de participación y protagonismo popular que les ha reconocido el Constituyente de 1999 en los artículos 62 y 70 del Texto Constitucional, insertos a su vez en su Título III que consagra *"Los Derechos Humanos y Garantías y de los Deberes"*, es decir, regula esta modalidad de derecho constitucional de contenido político de forma frontal y directa, lo cual subsume a esta Ley en la categoría normativa de Ley Orgánica para el desarrollo de los derechos constitucionales como subtipo inmerso en el artículo 203 del mismo Texto Fundamental.

Asimismo, esta Ley fija los principios que deben orientar esta modalidad de participación a través del gobierno comunitario y la participación directa en las políticas públicas dirigidas hacia la construcción del nuevo modelo de sociedad inspirada en principios y valores de Democracia participativa y protagónica, interés colectivo, propiedad social, equidad, justicia, igualdad social, complementariedad, primacía de los intereses colectivos, diversidad cultural, defensa de los derechos humanos, corresponsabilidad, cogestión, autogestión, cooperación, solidaridad, transparencia, honestidad, eficacia, eficiencia, efectividad, universalidad, responsabilidad, deber social, rendición de cuentas, control social, libre debate de ideas, voluntariedad, sustentabilidad, defensa y protección ambiental, garantía de los derechos de la mujer, de los niños, niñas y adolescentes y toda persona en situación de vulnerabilidad, y defensa de la integridad territorial y de la soberanía nacional (*Vid.,* Artículo 5 *eiusdem*), por tanto, en criterio de la Sala se trata de una ley que se encuentra dirigida a regular diferentes medios de participación en las políticas públicas que desarrolla el Estado, como tema de especial trascendencia vinculado a los derechos constitucionales antes mencionados. (…)" (Cursivas originales de la Sala).

47 TSJ/Sala Constitucional. Sentencia N° 1.326 de fecha 16.12.2010 (Caso: *Constitucionalidad de la Ley Orgánica del Poder Popular*).

cionalidad de la Ley Orgánica de Consejos Comunales), el desarrollo legislativo ha permitido:

"(...) En primer lugar, el instrumento jurídico bajo examen torna operativo el derecho constitucional de todos los ciudadanos de participar libremente en los asuntos públicos, a través de los medios de participación y protagonismo popular que les ha reconocido el Constituyente de 1999 en los artículos 62 y 70 del Texto Constitucional, insertos a su vez en su Título III que consagra *"Los Derechos Humanos y Garantías y de los Deberes"*, es decir, regula esta modalidad de derecho constitucional de contenido político de forma frontal y directa, lo cual subsume a esta Ley en la categoría normativa de Ley Orgánica para el desarrollo de los derechos constitucionales como subtipo inmerso en el artículo 203 del mismo Texto Fundamental.

Asimismo, esta Ley fija los principios que deben orientar esta **modalidad de participación a través del gobierno comunitario y la participación directa en las políticas públicas dirigidas hacia la construcción del nuevo modelo de sociedad inspirada en valores de igualdad, equidad y justicia social**, por tanto, en criterio de la Sala se trata de una ley que se encuentra dirigida a regular diferentes medios de participación en las políticas públicas que desarrolla el Estado, como vinculado tema de especial trascendencia a los derechos constitucionales antes mencionados (...)" (Negrillas y subrayado nuestro)

Todos estos numerales (considerandos) que contemplan motivaciones para llamar a una ANC, como se explicó con suficiente fundamento legal y jurisprudencial, en todo caso pudieran ser objeto de una reforma constitucional por ser puntuales. Queremos demostrar que no ha sido óbice para los Poderes Públicos Nacionales concretar instrumentos operativos para el goce y disfrute de las áreas temáticas propuestas en el Decreto Presidencial. Así, podemos forzosamente concluir que resulta incongruente cada uno de los numerales expuestos en el Decreto Presidencial nº 2.830 de fecha 01.05.2017, con relación a las propias interpretación del juez constituyente a lo largo de estos 18 años.

4.- *La desfiguración del principio constitucional de la universalidad del sufragio al contemplar la representación sectorial.*

Observamos que la propuesta constituyente madurista no tiene siquiera asidero en los criterios del juez constituyente, éste último, supuesto afecto al gobierno actual. Pero, queremos detenernos en el artículo 2 del Decreto, que establece:

"(...)

Artículo 2º. Los y las integrantes de la Asamblea Nacional Constituyente Originaria **serán elegidos o elegidas en los ámbitos sectoriales** y territoriales, bajo la rectoría del Consejo Nacional Electoral, mediante el voto universal, directo y secreto; con el interés supremo de preservar y profundizar los valores constitucionales de libertad, igualdad, justicia e inmunidad de la República y autodeterminación del pueblo (...)" (Negrilla y subrayado nuestro)

El artículo contempla una contradicción tanto a nivel terminológico como a nivel semántico. Primeramente, indica que la elección de los hipotéticos constituyentistas serán en ámbitos sectoriales y territoriales, pero, mediante voto universal, directo y secreto. Sobre la base territorial no hay problema, ya que la historia constitucional desde 1947[48], contempla la representación universal por circunscripciones territoriales como en efecto lo hizo el Constituyente de 1999 al cristalizar el artículo 186 vigente.

El problema de constitucionalidad radica en lo que se ha bautizado como elección por <<ámbitos sectoriales>>. En Venezuela, el único sector reconocido constitucionalmente son los *pueblos indígenas* (Art. 186), ya que, aceptar que la elección se realice a través de estamentos corporativos de la sociedad (Vgr. estudiantes, mujeres, artesanos, intelectuales, etc.) **IMPLICARÍA LA RE-INTRODUCCIÓN DEL DENOMINADO SUFRAGIO CENSITARIO**, que estuvo presente en nuestras Constituciones del siglo XIX[49] hasta inclusive el texto de 1945[50], violándose flagrantemente el principio universal de igualdad del elector o sufragio activo.

La Constitución de 1999 en su artículo 63 determina el carácter constitucional del conocido "**sufragio de base universal**", es decir, que se entiende el voto como una expresión unitaria del venezolano que se expresa en comicios libres, directos y secretos. En pocas palabras la universalidad del sufragio implica que no exista discriminación al momento de participar en los asuntos públicos, o bien, que el voto no sea expresión de grupo, clase, ámbito societario y otra forma de segmentación poblacional. Por ello, cuando el Decreto Presidencial impugnado CATEGÓRICAMENTE AFIRMA QUE SE ORGANIZARÁ UNA CONSTITUYENTE ATENDIENDO ÁMBITOS

---

48 Artículo 81, Publicada en *Gaceta Oficial de los Estados Unidos de Venezuela, extraordinario*, N° 194 de fecha 30.07.1947.

49 Por ejemplo, veamos la Constitución de 1830 en su Artículo 27. "*Para ser elector se requiere: 1° Ser sufragante parroquial no suspenso. 2° Haber cumplido veinticinco años y saber leer y escribir. 3° Ser vecino residente en cualquiera de las parroquias del cantón a lo menos por un año antes de la elección. 4° Ser dueño de una propiedad raíz cuya renta anual sea de doscientos pesos, o tener una profesión, oficio o industria útil que produzca trescientos pesos anuales, o gozar de un sueldo anual de cuatrocientos pesos*". *Cfr.*, Allan Brewer-Carías. *Las Constituciones de Venezuela*. Caracas, Ediciones de la Academia de Ciencias Políticas y Sociales, 2008, Tomo I, pp. 711.

50 Constitución de 1945, publicada en *Gaceta Oficial de los Estados Unidos de Venezuela, extraordinario*, N° 131 de fecha 05.05.1945. El artículo 14 establecía: "*El derecho de sufragio en los términos que se expresan a continuación: a) Los venezolano varones, mayores de veintiún años que sepan leer y escribir y que no estén sujetos a interdicción ni a condena penal que envuelva la inhabilitación política, son aptos para elegir y ser elegidos, sin más restricciones que las establecidas en esta Constitución y las que deriven de las condiciones especiales de competencia o capacidad que para el ejercicio de determinados cargos requieran las leyes. b) Las mujeres venezolanas que reúnan las condiciones que se requieren para el ejercicio del sufragio, según el aparte que antecede, gozan del derecho de sufragio, activo y pasivo para la formación de los Concejos Municipales*".

<<SECTORIALES>> está violentando el carácter universal que históricamente se ha adquirido como derecho desde 1947.

Por otra parte, precisamente es el sufragio universal, directo y secreto, que nos introduce en el concepto de **PUEBLO Y SOBERANÍA POPULAR**, tal y como alguna vez la Sala[51] lo interpretaría en tiempos de dificultades políticas:

> "(...) Tomando como norte estas consideraciones previas, esta Sala observa:
>
> a) Que la palabra pueblo contenida en la norma cuya interpretación se solicitó tiene, de conformidad con lo previsto en el Diccionario de la Lengua Española (REAL ACADEMIA ESPAÑOLA. Madrid. España. 2001 –Vigésima Segunda Edición-. Tomo 8. Pág. 1.260), las siguientes acepciones: 1) Ciudad o Villa; 2) Población de menor categoría; 3) Conjunto de personas, de un lugar, región o país; 4) Gente común y humilde de una población; 5) País con gobierno independiente.
>
> Sin embargo, si se hace una interpretación de dicho vocablo, en consonancia con el resto del texto constitucional, debe concluirse, sin dudas, que el sentido que debe atribuirse al mismo debe vincularse al principio de la soberanía popular que el Constituyente ha incorporado al artículo 5 del texto fundamental.
>
> En efecto, dicha disposición pauta que "La soberanía reside intransferiblemente en el pueblo, quien la ejerce directamente en la forma prevista en esta Constitución y en la ley, e indirectamente, mediante el sufragio, por los órganos que ejercen el Poder Público". Este dispositivo se relaciona necesariamente con el derecho que asiste "a todos los ciudadanos y ciudadanas a participar libremente en los asuntos públicos" (artículo 62) y al derecho al sufragio que, según el artículo 63 eiusdem, "se ejercerá mediante votaciones libres, universales, directas y secretas" (subrayados nuestros).
>
> Estas disposiciones, entre otras, no son más que la concreción normativa del principio de la soberanía popular, una de las bases esenciales de la concepción democrática de la soberanía.
>
> La paternidad de dichas bases es atribuida a Juan Jacobo Rousseau, quien hace residir la soberanía en cada uno de los individuos que componen el Estado, siendo cada uno de ellos detentador de una porción alícuota de esta soberanía. Como consecuencia de esta tesis "se colige que la consagración de la soberanía popular comporta por parte del electorado el ejercicio del mandato imperativo" (LA ROCHE. Ibidem. Págs. 359-361).
>
> El mandato imperativo ha sido expresamente reconocido por el Constituyente de 1999, al consagrar como eje fundamental de la democracia participativa, la exigencia de la rendición de cuentas (artículo 66) y la posibilidad de la revocatoria de los cargos y magistraturas de elección popular mediante referendo (artículo 72).
>
> Por lo expuesto, debe concluirse que el sentido que debe asignarse al pueblo de Venezuela es el conjunto de las personas del país y no una parcialidad de la población, una clase social o un pequeño poblado, y menos individualidades.
>
> Por otra parte, en la medida en que la soberanía reside de manera fraccionada en todos los individuos que componen la comunidad política general que sirve de condición existencial del Estado Nacional, siendo cada uno de ellos titular de una porción o

51 TSJ/Sala Constitucional. Sentencia N° 24 de fecha 22.01.2003 (Caso: *Elba Paredes Yéspica. Interpretación del artículo 350 de la Constitución de 1999*).

alícuota de esta soberanía, tienen el derecho y el deber de oponerse al régimen, legislación o autoridad que resulte del ejercicio del poder constituyente originario que contraríe principios y garantías democráticos o menoscabe los derechos humanos; y así se decide. (...) (Cursivas y subrayado de la Sala)

El texto transcrito pudiera ser la clave en un futuro, sobre todo, en lo que respecta la aplicación del artículo 350 constitucional invocado con frecuencia en los últimos meses. Este fallo ratifica la vieja tesis de los remedios contra los actos arbitrarios, en los cuales, para poder acceder a los mismos deben agotarse -probatoriamente- los medios judiciales disponibles dentro de dicho sistema jurídico.

5. *La intervención del juez constituyente para contribuir en la santificación constitucional de la ANC madurista. El insólito caso de las sentencias nº 355 y 378 de 2017 que equipara sufragio a voto asambleario y además niega la iniciativa exclusiva del pueblo para la convocatoria de una ANC.*

Puesta en evidencia las incongruencias del Decreto nº 2.830, la Sala Constitucional Constituyente nuevamente echa mano de sus argumentaciones heterodoxas, sin importarle lo que en otros momentos pudo haber expresado. Ni siquiera el principio de la confianza legítima, constitucionalmente consagrado, ha sido óbice para modificar las interpretaciones de la Constitución y acomodarlas a las exigencias de gobierno.

Muchos han expresado que la Sala demuestra ignorancia en sus sentencias de gobierno. Esto a nuestro juicio es falso. La Sala en primer término, al creerse constituyente, reedita un tosco *ius respondendi edicendi*, haciendo largas citas de autores[52], que a pesar de su amplia reputación dentro del derecho público comparado, no puede un tribunal sostener sus razonamientos sólo con doctrina por los inconvenientes peligros que acarrearía para el sistema judicial[53]. Segundo, no contenta con argüir sus sentencias basada en doctrina, la ensambla en una supuesta <<hermandad doctrinal>> donde se conjuga -*casi de forma mágina y sin contradicciones*- teorías diametralmente opuestas como es el caso de la cita -*sorprendente y armónica en la sentencia nº*

52 Por ejemplo, *Véase* TSJ/Sala Constitucional. Sentencia Nº 264 de fecha 11.04.2016 (Caso: *Nulidad del proyecto de Ley de Amnistía*).

53 El peligro del Autosecuestro doctrinal para un sistema jurídico radica en que termina este sistema por estancarse y sin claras líneas argumentales propias. Por pigricia, los abogados y demás tribunales, seguirían el ejemplo hasta el punto de retornar a los tiempos de la famosa ley de citas promulgada por Justiniano. Como expresa Gustavo Zagrebelski. *Principios y votos. El Tribunal Constitucional y la política*. Madrid, Editorial Trotta, 2008, pp. 98-109, los jueces están para <<juzgar>>. No están ligados a la última novedad doctrinal y su razón de ser es la de militar en la estabilidad, sutileza, ponderación y equilibrio entre todos los factores principales de la vida social y política.

264/2016- entre tradicionalistas (G. RIPERT) y quienes todavía defienden hoy la rupestre metodología del uso alternativo del Derecho (DE SOUZA). En tercer término, la Sala ha sabido jugar con la lógica, que sin emplear sutilmente todos sus recursos, se esfuerza por argumentar y otorgarle una apariencia de logicidad a sus fallos como explicamos en otra oportunidad[54]. En este punto, se enfila a lo que contemporáneamente es el quehacer del jurista: *justificar sus razonamientos*[55].

Luego de publicado el Decreto de convocatoria para una ANC madurista, de evidente corte fascista por su carácter sectorial, la Sala procedió a resolver "inesperadamente", un viejo recurso de nulidad de la reforma de la Ley Orgánica del Poder Público Municipal (2010). Si bien es cierto el *thema decidendum* del recurso no tiene relación alguna con la ANC, sí debe rescatarse el extraño juego racional de justificar el sufragio en segundo grado o también llamado "VOTO ASAMBLEARIO DE CIUDADANOS" que contemplaría dicha reforma legislativa para las Juntas Parroquiales Comunales.

La sentencia aparece publicada el 16.05.2017[56]. Los recursos fueron acumulados procesalmente dada la similitud en ciertas pretensiones de nulidad, resaltando una petición troncal como era la inconstitucionalidad del sistema electoral propuesto en los artículos 35 y 36 de la LOPPM para la escogencia de las Juntas Parroquiales, que como bien lo reflejara la Sentencia nº 355/2017, "(…) *Las mencionadas disposiciones han sido el común denominador de las pretensiones expuestas en los recursos de nulidad. Asimismo, salvo con algunas variantes, se han adicionado otras normas electorales, tales como la falta de posibilidad de reelección de los Alcaldes y la edad a partir de la cual se puede asumir el sufragio activo y pasivo para las Juntas Parroquiales* (…)".

En la reforma de la LOPPM vigente, el artículo 35 incluyó como premisa:

> *"(…) Sin perjuicio de la unidad de gobierno y gestión del Municipio, la parroquia será coordinada por una Junta Parroquial Comunal integrada por cinco miembros y sus respectivos suplentes cuando corresponda a un área urbana y tres miembros y sus respectivos suplentes cuando no sea urbana, elegidos o elegidas para un período de dos años. Todos electos o electas por los voceros y voceras de los consejos comunales de la parroquia respectiva, la cual deberá ser validada por la asamblea de ciudada-*

54 Urbina Mendoza, Emilio J. *Todas las Asambleas son Sufragios, y muchos Sufragios también son Asambleas. La confusión lógica de la sentencia 355/2017 de la Sala Constitucional del Tribunal Supremo de Justicia y la incompatibilidad entre los conceptos de Sufragio y Voto Asambleario.* Estudio en original, 2017, 10 pp.

55 *Véase* Escovar León, Ramón. "Justificar lo injustificable", en *Prodavinci*, Caracas, edición del 31.05.2017 [http://prodavinci.com/blogs/justificar-lo-injustificable-por-ramon-escovar-leon/]

56 TSJ/Sala Constitucional. Sentencia Nº 355 de fecha 16.05.2017 (Caso: *Nulidad parcial de la Ley Orgánica del Poder Público Municipal*).

nos y ciudadanas, quienes en dicha elección deberán ser fiel expresión del mandato de sus respectivas asambleas de ciudadanos y ciudadanas (...)".

Formalmente el texto contempla una supuesta democratización de la escogencia de las Juntas Parroquiales, las cuales, serán en primer lugar electos por los voceros de consejos comunales. Luego de escogidos los integrantes, para que sea procedente, deberá celebrarse la Asamblea de Ciudadanos para que proceda a <<VALIDAR>> la decisión de los voceros de los consejos comunales.

Legalmente regresamos al modelo de 1988, con la única diferencia que en vez de ser el Concejo Municipal quien escoja a las Juntas Parroquiales serán los voceros de los consejos comunales. En la Ley Orgánica de los Consejos Comunales, los voceros son definidos como "(…) *la persona electa mediante proceso de elección popular, a fin de coordinar el funcionamiento del Consejo Comunal, la instrumentación de las decisiones de la Asamblea de Ciudadanos y Ciudadanas* (…)" (art. 4.6). En pocas palabras el vocero será quien materialice una decisión de la Asamblea de Ciudadanos en relación exclusiva al funcionamiento del consejo comunal. Entonces, si legalmente es así, ¿cómo puede un vocero *-cuyo consejo comunal está limitado geográficamente (Art. 16.1)-* terminar escogiendo órganos para toda una Parroquia?

Al respeto, la Sentencia 355/2017 busca darle una salida formal al evidente quiebre del principio de progresividad democrática, pues, como derecho fundamental, si un ciudadano podía escoger mediante sufragio universal un órgano representativo de ámbitos generales (Parroquias) no puede pretenderse ahora imponer una elección particular que ni será directa (validación a los voceros) ni secreta (voto asambleario). Este razonamiento lo ha tergiversado la Sala, suponiendo una supuesta evolución visto que la votación asambleísta tiene la misma jerarquía que el sufragio universal. Así, textualmente:

"(…) De las normas legales y constitucionales antes referidas, así como de los criterios de esta Sala Constitucional transcritos *supra*, se puede apreciar, sin duda alguna, que la Ley Orgánica del Poder Público Municipal de 2010, estableció los mecanismos de participación y protagonismo, que de manera articulada y soberana, se lleva adelante entre las asambleas de ciudadanos y los consejos comunales, para la elección de los miembros de las juntas parroquiales comunales, que en armonía con lo establecido en el artículo 70 constitucional permite el funcionamiento efectivo de una democracia social y participativa, a diferencia de la democracia representativa que consagraba la Constitución de 1961, el cual no entra en contradicción alguna con los mecanismos de participación electoral previstos en los artículos 62 y 63 de la Constitución de la República Bolivariana de Venezuela, **toda vez que ambas formas de participación política, tanto pasiva como activa, pueden coexistir libremente y se aplican de una u otra forma de acuerdo a lo establecido en la ley**, siendo en este caso, la Ley Orgánica del Poder Público Municipal de 2010, el texto legal que prevé dicha forma, la cual interpreta esta Sala como un derecho de participación que se ajusta a las nuevas directrices en nuestro ordenamiento jurídico a partir del vigente Texto Constitucional de 1999, orientada a establecer una sociedad participativa y protagónica, donde se busca la intervención plena del colectivo a través de las asambleas de ciudadanas y ciudadanos, en forma activa y pasiva para la elección de los miembros de las Juntas Parroquiales Comunales. (…)" (Negrillas y subrayado nuestro)

Según pudimos observar del párrafo transcrito ut supra, la Sala estatuye que tanto el sufragio como la votación asamblearia coexisten libremente una y otra de conformidad con la ley porque ambas devienen los principios políticos de la Constitución de 1999. En este contexto luce una verdad que parece incontrovertible, pues, estamos contestes que no sólo el sufragio es la forma exclusiva de participación ciudadana. En la silogística luce impecable el razonamiento del fallo, como un tipo particular de inferencia en la que la conclusión se obtiene a partir de las premisas. El silogismo sofístico evidente sería así:

P/M: Todas las formas de participación popular son constitucionales

p/m: Las Asambleas de ciudadanos es una forma de participación popular

C: Las Asambleas de ciudadanos son constitucionales.

La Sala busca arrinconarnos en lo que B. RUSSELL denominó la "*forma gramatical engañosa*"[57]. Dentro de esta tesis, la estructura gramatical de las oraciones son engañosas porque se centran en la superficialidad de sus términos que en la mayoría de los casos parecen incontrovertibles. De allí que la forma gramatical de una oración pueda enfrentarse a su forma lógica subyacente, permitiendo así que de ésta última se admitan inferencias que bajo ninguna regla estarían justificadas.

Siguiendo este criterio, cuando la Sala nos introduce en la equiparación de las formas de participación ciudadana, desvía la atención del intérprete y de la propia comunidad jurídica haciéndonos ver que lo planteado en los recursos de nulidad como pretensión troncal, era buscar eliminar la equiparación de la Asamblea de Ciudadanos con el Sufragio Universal. Y para ello, refuerza su argumento entrañándonos en una versión desmejorada de la *intentio lectoris*, al citar textualmente la exposición de motivos de la Constitución de 1999 que establece:

> *"(...) la consagración amplia del derecho a la participación en los asuntos públicos de todos los ciudadanos y ciudadanas, ejercidos de manera directa, semidirecta o indirecta. Este derecho no queda circunscrito al sufragio, ya que es entendido en un sentido amplio, abarcando la participación en el proceso de formación, ejecución y control de la gestión pública (...)"* (Cursivas nuestras)

La Conclusión del silogismo que termina arrinconando a los actores es enfatizar en el tema de la participación ciudadana, que como categoría general, fundamenta categorías particulares desde la Asamblea de Ciudadanos, los referéndums, el sufragio universal, etc. Si nos enfrascamos en la derivación de este silogismo, evidentemente se estancaría la discusión y las pretensiones reales de la Sala quedarían incólumes.

---

57 Russell, Bertrand. "On denoting". En: *Mind*, Vol. 114 (456), Oct. 2005, pp. 873-887. El artículo fue republicado en esta revista de su trabajo original de 1905 con motivo al centenario del mismo. La edición fue consultada en 2006 en la Biblioteca de la Universidad de Deusto, Bilbao, España. Su ISSN es 0026-4423.

Sabiendo así la introducción de un sofisma[58] por la Sala, y siguiendo la exposición de RUSSELL, es menester revisar las formas gramaticales engañosas empleadas en la sentencia. Metodológicamente se encuentra en el conocido argumento filosófico conocido como "*la Barba de Platón*". En el procedimiento lógico para negar algo que existe, debe suponerse que existe. En nuestro caso, el silogismo real que impone la Sentencia nº 355/2017 sería así:

P/M: Todas las Asambleas son formas de participación ciudadana particular y sectorial

p/m: El sufragio es una forma de participación ciudadana

~~C: El sufragio es una forma de participación particular y sec~~torial

Como se aprecia, el problema real es el argumento mismo que la Sala subyacentemente quiere imponer al Sistema de Justicia y por ende a toda la comunidad política venezolana. Nos encontramos así lo que en lógica se denomina <<REDUCCIÓN AL ABSURDO>>, ya que quiebra el universo del discurso, sin definir cuál sería el correcto. La equiparación del sufragio a la Asamblea de Ciudadanos termina por concebir que el primero también pudiera ser afectado por las cualidades de la premisa mayor, es decir, que sería silogísticamente válido aceptar el sufragio particular y sectorial. Una conclusión que para la lógica sería un razonamiento formal válido, no puede ser tomado como verdadero por cuanto constitucionalmente el sufragio se caracteriza por su universalidad.

A los pocos días de esta sentencia, la Sala en sus pretensiones constituyentes, procedió a resolver un recurso de interpretación constitucional[59], en específico, del artículo 347 para dilucidar la controversia que había levantado el Decreto nº 2.830 cuando Nicolás Maduro decide *convocar* a la celebración de una ANC cuando textualmente el artículo 348 le otorga es la iniciativa de convocatoria, no la convocatoria en sí que le corresponde al pueblo.

El fallo aparece como resultado de un <<INONCENTE>> recurso de interpretación interpuesto por un quídam:

"(…) *Que "(...) como parte del poder originario y como profesional del derecho, pues nosotros como pueblo de Venezuela vivimos en este momento una constante incertidumbre al no entender el mensaje del Presidente de la República, como legitimado activo que realizo (sic) la iniciativa de activar la realización de la Asamblea Nacional Constituyente, con la intención de realizar una nueva Constitución Nacional, pues una parte del pueblo como poder originario entendemos que siendo el pueblo el que puede convocar una constituyente, el facultado activo solo puede realizar es la iniciativa o solicitud al C-N-E (sic) como poder electoral para que realice la*

58 Por sofisma asumimos la definición del DRAE como "(…) *razón o argumento aparente con que se quiere defender o persuadir lo que es falso* (…)". Tomo II, col. 2082 (Vigésima segunda edición, 2001).

59 TSJ/Sala Constitucional. Sentencia Nº 378 de fecha 31.05.2017 (Caso: *Leopoldo Pita Martínez y la interpretación de los artículos 347 y 348 de la Constitución*).

consulta al poder originario, llámese pueblo, que es requisito indispensable ***Primero:*** *presentar la solicitud de iniciativa de conformidad con lo expuesto en el artículo 348 Constitucional que lo legitima para realizar la iniciativa ante el Consejo Nacional Electoral.* ***Segundo:*** *recibir del C.E.N. (sic) la aceptación y emitir una consulta al soberano como poder originario para que se manifieste en mayoría si está de acuerdo que se realice o no el proceso Constituyente, eso entendemos nosotros una gran parte del pueblo que hoy tenemos esa incertidumbre. Mientras existe otras parte incluido el Presidente de la República, Ciudadano Nicolás Maduro Moros que junto con sus Ministros como el ciudadano ARISTOBULO (sic) ISTURIZ (sic) Ministro hoy de las Comunas, en alocución por el canal Globovisión dijo que ya no hacía falta la manifestación del pueblo en cuanto a la activación de la Constituyente, y que además como quien realizo (sic) la iniciativa era el presidente (sic) de la República pues es el (sic) quien debe presentar los candidatos realizar la escogencia de los mismos, invitando a todos a inscribirse para su elección (...)"* (mayúsculas y resaltado del escrito).(…)"

La Sala realiza un esfuerzo -que raya en lo imposible- para que racionalmente pueda justificarse la interdicción a la participación popular en un referéndum consultivo previo a la ANC, como sí ocurrió en 1999, y que ahora busca bajo cualquier pretexto evitar. Asume como metodología racional una mayéutica cínica y así interpretar los artículos 347 y 348, por cierto, parcialmente realizado. Señaló entonces:

"(…) Precisado lo anterior, esta Sala pasa a dilucidar, tal como le fue demandado por el accionante, el contenido de los artículos 347 y 348 de la Constitución de la República Bolivariana de Venezuela, específicamente lo relativo a la realización de la iniciativa y la consulta para la elección de los integrantes de la Asamblea Nacional Constituyente, así como la iniciativa o solicitud al Consejo Nacional Electoral, a fin de que realice la consulta al poder originario, para que manifieste si está de acuerdo en que se efectúe o no el proceso Constituyente, por lo cual se planteó las siguientes interrogantes:

"(…)¿Aquí nace esta duda jurídica Constitucional, que deberíamos entender?

-Será que el termino (sic) la iniciativa deba entenderse como un todo, y que solo lo indispensable sería entonces aprobar o no el proyecto que presente de modelo de Constitución luego de discutida.

-[S]erá que no se requiere que el soberano poder originario evalué (sic) si acepta, si está de acuerdo o no, con una nueva Constitución.

-Será que solo emitirá el voto de aprobación o no al proyecto ya presentado por quien ejerció la iniciativa.

-[E]l Ministro Aristóbulo Isturiz (sic), como funcionario público anuncio (sic) que la votación se haría por sectorización de las comunas y otros entes constituidos que el pueblo tampoco logra interpretar, todas esas dudas razonables [que] existen hoy día en el pueblo Venezolano del cual no tenemos otra fuente que nos aclare esta incertidumbre, que no sea ustedes ciudadanos Magistrados de esta sala (sic) Constitucional, es por esto la necesidad pertinencia y URGENCIA ante todo de que se nos ilustre y aclare esta duda Constitucional, que solo ustedes como máxima instancia judicial pueden darnos a favor del pueblo soberano (…)" (Cursivas originales de la Sala)

Para responder, el juzgador constituyente en vez de aplicar por completo el método mayéutico, donde una vez formulada la pregunta la respuesta debe ir al contenido sustancial del requerimiento; procedió a la revisión histórico-comparativa entre las Constituciones de 1961 y 1999. Inclusive, nos formula una vulgar falacia AD HOMINES CIRCUNSTANCIAL, cuando afirma que al revisarse el diario de debates constituyente de 1999, la propuesta de referéndum consultivo para convocar a la ANC, formulada por Manuel Quijada, fue rechazada de plano. Aunado a esto, la operación lógica analizada es impertinente, ya que, al ser la pregunta directa no puede cubrirse con razonamientos históricos que terminan por traer a colación *-o bien marcar un contraste incompatible-* otras interpretaciones judiciales que en 1999 fundamentaron la ANC de ese entonces. Así prosiguió la Sala:

> "(…) En relación a la interpretación requerida, debemos inicialmente recordar que la Constitución de 1961 no contemplaba en su Título X (De las Enmiendas y Reformas a la Constitución), la figura de la Asamblea Constituyente para que el pueblo, como poder constituyente originario, pudiera redactar un nuevo texto fundamental.
>
> Ante esta omisión, los ciudadanos Raúl Pinto Peña, Enrique Ochoa Antich y Viviana Castro, interpusieron ante la Sala Político Administrativa de la Corte Suprema de Justicia, en fecha 16 de diciembre de 1998, recurso de interpretación, con la finalidad de aclarar si era posible, con base en el artículo 4 de la Constitución (1961) y el artículo 181 de la Ley Orgánica del Sufragio y Participación Política, convocarse un referéndum consultivo para que el pueblo determinara si estaba de acuerdo con la convocatoria de una Asamblea Constituyente.
>
> La Sala Político Administrativa de la extinta Corte Suprema de Justicia, con ponencia del Magistrado Dr. Humberto J. La Roche, determinó "de conformidad con el orden constitucional vigente (Preámbulo, artículo 4 y 50 de la Constitución de 1961), artículos 234 de la Ley Orgánica del Sufragio y Participación Política y 42, ordinal 24 de la Ley Orgánica de la Corte Suprema de Justicia, que: "La interpretación que debe atribuirse al artículo 181 de la Ley Orgánica del Sufragio y Participación Política, respecto del alcance del referéndum consultivo que consagra en cuanto se refiere al caso concreto objeto del recurso que encabeza las presentes actuaciones, es que: a través del mismo puede ser consultado el parecer del cuerpo electoral sobre cualquier decisión de especial trascendencia nacional distinto a los expresamente excluidos por la propia Ley Orgánica del Sufragio y Participación Política en su artículo 185, incluyendo la relativa a la convocatoria de una Asamblea Constituyente" (subrayado de este fallo).
>
> Con base en este fallo, el Presidente de la República convocó, mediante Decreto N° 3 del 2 de febrero de 1999, el referéndum para que el pueblo se pronunciase sobre la convocatoria de una Asamblea Nacional Constituyente. Asimismo, el 10 de marzo del mismo año, el convocante publicó la propuesta que fijó las Bases de la Convocatoria de la Asamblea Nacional Constituyente, a fin de que fueran sometidas a la aprobación del pueblo en el referéndum convocado por el Consejo Nacional Electoral para el 25 de abril de 1999.
>
> Dichas bases fueron modificadas mediante sentencia de la Corte Suprema de Justicia del 18 de marzo de 1999 y su aclaratoria del 23 de marzo del mismo año, así como según fallo del 13 de abril de 1999.
>
> Ahora bien, de lo expuesto se evidencia que el proceso constituyente que dio a luz la vigente Constitución de la República Bolivariana de Venezuela, se inició mediante

la convocatoria, por parte del Jefe de Estado, de un referéndum consultivo para que el pueblo se pronunciase sobre la convocatoria de una Asamblea Nacional Constituyente, en cuya oportunidad, el convocante propuso las bases para la elección de los integrantes del cuerpo encargado de la elaboración del nuevo texto fundamental.

Tales circunstancias iniciales se debieron a la ausencia en la Carta de 1961 de mención alguna de esta modalidad de revisión constitucional (sensu lato), lo que hizo necesaria la debida consulta interpretativa ante la antigua Corte Suprema de Justicia. (...)"

El razonamiento lo corta de raíz sin que prosiguiera la hilación argumental que era de esperarse para el tribunal cúspide venezolano. Esto se debe, como afirmamos ut supra, a la forma equivocada para responder la pregunta que la propia Sala se formuló en términos <<MAYÉUTICOS>>. Al respecto, esta manipulación de la lógica será el instrumento por el cual esta sentencia, calificada por el profesor JOSÉ IGNACIO HERNÁNDEZ como "*el intento por aniquilar lo que queda de República*"[60], facilita unas conclusiones que rayan casi en el desequilibrio cuando no en el desconocimiento del lenguaje jurídico más básico. Así, terminado el relato histórico que busca manipular, responde con el siguiente razonamiento las primeras preguntas:

"(...) La situación constitucional actual es totalmente diferente. En efecto, como consecuencia del proceso de producción constituyente originaria, se estableció en el Título IX de la Carta de 1999, tres modalidades de "revisión" constitucional: la enmienda, la reforma y la Asamblea Nacional Constituyente. Esta última se integra, por primera vez en la historia constitucional de Venezuela, con ciertas características que es preciso señalar, a los efectos de resolver las dudas planteadas en el recurso de interpretación de autos:

En primer lugar, no hay previsión alguna sobre un referéndum acerca de la iniciativa de convocatoria de una Asamblea Nacional Constituyente. **Por otra parte, al consultar el contenido de la sesión 41 del 9 de noviembre de 1999, en el Diario de la Constituyente, esta Sala observó que en el desarrollo del debate correspondiente, la propuesta del Constituyente Manuel Quijada de que el pueblo pudiera convocar a la Asamblea Constituyente mediante un referéndum, fue negada**.

Esta ausencia de previsión es, además, común a las otras modalidades de modificación constitucional, como lo son la Enmienda (Capítulo I) y la Reforma Constitucional (Capítulo II), ambas contenidas en el Título IX de la Carta Magna.

Ahora bien, ciertamente el artículo 71 *eiusdem* contempla la posibilidad opcional o facultativa de convocar a referendo consultivo las "materias de especial trascendencia nacional"; sin embargo, existen circunstancias objetivas sobrevenidas que ambientan el proceso de instalación de la Asamblea Nacional Constituyente, como es la aguda situación de la crisis política actualmente enfrentada y que ha provocado el decreto de un estado de excepción no concluido aun, que ha motivado la toma de decisiones genéricas, expeditas y de profundidad constitucional, dentro de la cuales, por iniciati-

60 *Véase* Hernández, José Ignacio. "Decisión 378: el intento de aniquilar lo que queda de república". En: *Prodavinci*, Caracas, edición del 31.05.2017 [http://prodavinci.com/blogs/decision-378-el-intento-de-aniquilar-lo-que-queda-de-republica-por-jose-ignacio-hernandez/]

va del Presidente de la República se ha resuelto iniciar la convocatoria a una Asamblea Nacional Constituyente, que pueda en condiciones pacíficas poner de acuerdo al país en un nuevo Contrato Social, sin hacer uso en esta oportunidad, por tales circunstancias, de lo previsto en el citado artículo 71.

Efectivamente, una de las razones fundamentales de que se hiciese necesario convocar un referéndum consultivo bajo la vigencia del texto constitucional de 1961, es que en el mismo no estaba contenida esta modalidad de revisión constitucional (sensu lato). (...)" (Cursivas originales de la Sala) (Negrillas y subrayado nuestro).

La Sala suaviza el impacto de sus propias palabras, cuando nos dice que la posibilidad "opcional" para convocar el referéndum consultivo es porque la Constitución de 1999 no le otorgó el carácter obligatorio (PETITIO PRINCIPII) al ser consagrada expresamente dentro de su articulado. A contrario, la de 1961, al no contemplar la figura de la ANC, se hacía imprescindible la consulta al pueblo. Estos razonamientos justificatorios en su totalidad nos introduce en la conocida falacia "ARGUMENTUM BACULUM"(convencer a palos) que en términos de la propia Sala sería:

"(...) Por el contrario, la Carta de 1999 la contempla expresamente, aunque para conservar su característica de poder constituyente originario (y no constituyente derivado - enmienda y reforma - o constituido), solo se precisa la iniciativa para su convocatoria, la prohibición de que los poderes constituidos puedan impedir u objetar las decisiones constituyentes (art. 349) y el límite al producto de sus actuaciones o deliberaciones: el carácter republicano del Estado, la independencia (soberanía), la paz, la libertad, el mantenimiento de los valores, principios y garantías democráticas, y la progresividad de los derechos humanos (art. 350).

Ello, porque si hubiera sido regulado constitucionalmente el proceso de formación del texto fundamental y la actuación del cuerpo constituyente, se habrían creado límites que desnaturalizarían su carácter de poder constituyente originario y, en principio, ilimitado.

En conclusión, en el debate constituyente prevaleció la tesis de acuerdo con la cual la Constitución no puede limitar la Asamblea Constituyente, pues, al ser ésta la expresión directa de la soberanía popular, no admitía limitaciones. (...)" (Negrillas y subrayado nuestro)

La Sala bajo abusando de una logomaquia mortal para la república, que por su carácter de Tribunal Supremo no debería jugar, nos introduce en el mundo de las *negaciones afirmativas*, que como lo explicamos ut supra en el análisis que nos enseña B. RUSSELL, buscan negar a partir de una pregunta asertiva. En este caso indican sobre la imposibilidad de una regulación constitucional detallada de la ANC por ser ésta un poder constituyente originario, y en principio, ilimitado (SIC). Ahora bien, el juez constituyente indica que dentro del seno de la ANC de 1999 prevaleció la supuesta tesis en la cual la Constitución no puede limitar a la ANC. Sin embargo, debemos partir veritativamente que la Constitución fue creada por otra ANC, siendo ésta, quien se autorestringe bien sea para su convocatoria o durante sus deliberaciones. Y la restricción la impone ella misma en el texto constitucional como en efecto se plasmó en los artículos 347, 348 y 349. Así, la Sala pretende hacernos entender falazmente que la Constitución de 1999 fue concebida desde un poder constituido y no desde la última ANC, apelando al burdo recurso del *argumento ad homines circunstancial.*

Pero insólitamente la contradicción en términos de sus propios razonamientos justificatorios encontrarán paradoxismo en el trabalenguas distintivos entre Democracia Participativa y sus medios de ejercicio y sobre quién es el titular del poder constituyente originario. Determinó la Sala que:

"(...) La Constitución de 1999 consagra el principio de la soberanía popular con las consecuencias políticas aludidas por Rousseau: el mandato imperativo (revocatoria del mandato -arts. 6 y 72- y rendición de cuentas -arts. 6 y 66). Es decir, en la nueva Carta el pueblo no solo es titular de la soberanía sino que, además, puede ejercerlo directamente a través de los medios de participación contenidos en el artículo 70 eiusdem y las modalidades "referendarias" contempladas en los artículos 71, 72, 73 y 74 eiusdem.

Estamos así en presencia de la democracia participativa y protagónica, respaldo político del Estado democrático y social de derecho y de justicia (artículo 2 constitucional).

La democracia participativa se manifiesta en las distintas modalidades referendarias (referéndum consultivo, revocatorio, aprobatorio y abrogatorio) y en el poder popular, que no es más que la concreción del ejercicio directo de la soberanía (artículo 5 constitucional). Democracia participativa es democracia directa y sus expresiones son medios de participación y protagonismo del pueblo, no una representación del cuerpo electoral (democracia representativa).

Claro está, lo expuesto no significa que el modelo de democracia participativa excluye la representación. Ello implicaría la desaparición del Estado-aparato, que es imprescindible para la gestión diaria de los asuntos públicos. Como refiere Enrique Dussel, la democracia participativa y la representativa no son términos antitéticos o contradictorios: "Deben ser articulados dialécticamente, de manera que un término enriquezca al otro y se definan mutuamente".(...)

El artículo 347, cuya interpretación se solicita, debemos necesariamente articularlo con el artículo 348, ambos del texto constitucional. En efecto, el pueblo de Venezuela es el depositario del poder constituyente originario y, en tal condición, y como titular de la soberanía, le corresponde la convocatoria de la Asamblea Nacional Constituyente. Pero la iniciativa para convocarla le corresponde, por regla general, a los órganos del Poder Público (el Presidente o Presidenta de la República en Consejo de Ministros; la Asamblea Nacional, mediante acuerdo de las dos terceras partes de sus integrantes; y los Concejos Municipales en cabildos, mediante el voto de las dos terceras partes de los mismos) quienes ejercen indirectamente y por vía de representación la soberanía popular. La única excepción de iniciativa popular de convocatoria es la del quince por ciento de los electores inscritos y electoras inscritas en el Registro Civil y Electoral.

De tal manera que, el artículo 347 define en quien reside el poder constituyente originario: en el pueblo como titular de la soberanía. Pero el artículo 348 precisa que la iniciativa para ejercer la convocatoria constituyente le corresponde, entre otros, al "Presidente o Presidenta de la República en Consejo de Ministros", órgano del Poder Ejecutivo, quien actúa en ejercicio de la soberanía popular.

En los términos expuestos anteriormente, la Sala considera que no es necesario ni constitucionalmente obligante, un referéndum consultivo previo para la convocatoria de una Asamblea Nacional Constituyente, porque ello no está expresamente contemplado en ninguna de las disposiciones del Capítulo III del Título IX. (…)" (Negrillas y subrayado nuestro)

Nótese que lo argumentado por diferentes sectores del pensamiento en los últimos 20 días, incluyendo al chavismo, queda plasmado en el penúltimo párrafo. El único que puede convocar es el pueblo, mientras que, el resto de poderes constituidos sólo tienen iniciativa de convocatoria. Consideramos la sentencia 378/2017 como una de las manifestaciones del cinismo y frivolidad política de quienes han gobernado desde 1999, que no estando contentos con retrotraernos hacia imaginarios épicos del siglo XIX, quieran ahora tratar al pueblo de Venezuela como un sandio sin imaginación y dignidad.

6. *Las bases comiciales del fascismo y el retorno al principio de soberanía territorial desterrada de la Constitución de 1999. El desprecio al pueblo venezolano y la frenética imposición de una ANC.*

Previa a la sentencia 378/2017, el Presidente de la República fue más allá de su atrevida e inconstitucional convocatoria directa a una ANC. Mediante otro Decreto Presidencial (nº 2.878), procedió a la publicación[61] de las *Bases Comiciales sin comicios*, como bien denunció el profesor BREWER-CARÍAS[62]. Este paso quebró todo molde democrático, pues las referidas bases están plagadas de vicios, sobresaliendo, el desconocimiento de la voluntad popular y nuestra forma de Estado. Además, incorpora un extraño cociente que servirá de referencia para la escogencia de los denominados constituyentes sectoriales a razón de uno por cada 83.000 electores sectoriales.

A. *Fraude a la Constitución y manipulación del mecanismo de la ANC para modificar la "Nación Venezolana" e imponer el modelo económico "socialista". La conceptualización de fraude según el juez constituyente.*

El Decreto Presidencial, tan igual como el 2.830 de fecha 01.05.2017 también repite en sus considerandos graves afirmaciones de hecho y derecho no puede pasar por desapercibido. El ciudadano Presidente afirma, inconstitucionalmente, que:

"(…) con la finalidad primordial de garantizar la preservación de la paz del País ante las circunstancias sociales, políticas y económicas actuales, en las que severas amenazas internas y externas de factores antidemocráticos y de marcada postura antipatria se ciernen sobre su orden constitucional, con el supremo compromiso y volun-

---

61 Publicadas en *Gaceta Oficial*, Nº 41.156 de fecha 23.05.2017.

62 Brewer-Carías, Allan R. *La esquizofrenia constituyente: Las inconstitucionales "bases comiciales" dictadas por el Presidente de la República, sin comicios, usurpando la voluntad popular y violando el derecho del pueblo a elegir representantes por votación universal*. Caracas, 29 de mayo de 2017. [http://allanbrewercarias.net/site/wp-content/uploads/2017/05/160.-doc.-Brewer.-Sobre-las-bases-comiciales-de-la-ANC-29.5.2017.-1.pdf]

tad de lograr la mayor eficacia política y calidad revolucionaria de la construcción del socialismo, la refundación de la Nación venezolana (...)" (Cursivas nuestras)

Este primer considerando informa sobre el verdadero propósito de la Asamblea Nacional Constituyente convocada el pasado 01.05.2017.

Indica el ciudadano Presidente que es necesaria <<LA REFUNDACIÓN DE LA NACIÓN VENEZOLANA>>. Al respecto debemos alertar esta grave afirmación. Según del DRAE, "REFUNDACIÓN ES ACCIÓN Y EFECTO DE REFUNDAR"[63]. Esto implica *apoyar o re-establecer* un nuevo pacto político societario así como nuevos valores sociales, es decir, si tomamos como referencia que la Nación venezolana es equivalente al concepto de pueblo, entendido en el contexto de valores (ethos) y principios republicanos y democráticos; entonces el Presidente de la República busca con esta ANC rebasar los límites materiales impuestos por la Constitución de 1999 en relación a lo que puede hacer una ANC (Artículo 347) que no es más que "(...) *Transformar al Estado, Crear un nuevo Ordenamiento jurídico y Redactar una Nueva Constitución* (...)". Este argumento se ve reforzado con la mismísima exposición de motivos de la Constitución de 1999, que por cierto, fue analizada en las líneas precedentes[64]. Nos ilustra el constituyente en la citada exposición que la Asamblea Nacional Constituyente es "(...) *el instrumento fundamental para garantizar al pueblo de Venezuela la posibilidad abierta de modificar sustancialmente el Estado y crear un nuevo ordenamiento jurídico, creando un nuevo texto constitucional* (...)".

Así, ha quedado muy claro que la ANC lo que pudiera en todo caso es Transformar al Estado venezolano y su ordenamiento jurídico -*in toto*- por medio de una Nueva Constitución. Nunca, pero nunca, una ANC podría ser establecida para "REFUNDAR LA NACIÓN", sino al Estado, éste último, personificación jurídica de la Nación.

El propio ciudadano Presidente de la República busca con esta convocatoria y bases comiciales de una hipotética ANC, **REFUNDAR LA NACIÓN**, siendo esto abiertamente inconstitucional. Por tanto, esta ANC se enmarca dentro del concepto de FRAUDE CONSTITUCIONAL, tal y como lo determinó la propia Sala en sentencia de fecha 25.01.2006[65]:

"(...) Por otra parte, esta Sala considera pertinente aclarar la noción de fraude constitucional invocada por los accionantes. En efecto, en La Francia de Petain, 1943, C. Lieut-Vaux donde observó y denunció la destrucción de las teorías democráticas en Italia, Alemania y Francia, mediante el procedimiento de cambio en las instituciones

---

63 *Diccionario de la Real Academia de la Lengua*. Madrid, Vigésimo segunda edición, 2001, col. 1927.

64 TSJ/Sala Constitucional. Sentencia N° 355 de fecha 16.05.2017 (Caso: *Jorge Enrique Blanco Ibarras y Otros Vs. Reforma Parcial de la Ley Orgánica del Poder Público Municipal*).

65 TSJ/Sala Constitucional. Sentencia N° 74 de fecha 25.01.2006 (Caso: *Partido político Acción Democrática Vs. Consejo Nacional Electoral*).

existentes aparentando respetar las formas y procedimientos constitucionales, como ocurrió con el uso fraudulento de los poderes conferidos por la ley marcial en la Alemania de la Constitución de Weimar, forzando al Parlamento a conceder a los líderes fascistas, en términos de dudosa legitimidad, la plenitud del poder constituyente, otorgando un poder legislativo ilimitado (G. Lieut-Vaux, "Le Fraude a la Constitution", en Revue de Droit Pulic et de la Science Politique, abril-junio de 1943, pág. 116).

Por otra parte, la doctrina francesa del Derecho Público y el Derecho Constitucional comparado han diferenciado la expresión "falseamiento de la Constitución" ("Faussement de la Constitution"), que alude a esa situación en la que se otorga a las normas constitucionales una interpretación y un sentido distinto del que realmente tienen, que es en realidad una modificación no formal de la Constitución que la doctrina alemana llama ("verfassungswandlung") o la trasgresión de la misma, mientras que el fraude a la Constitución se entiende como la utilización del procedimiento de reforma constitucional para proceder a la creación de un nuevo régimen político, de un nuevo ordenamiento constitucional, sin alterar el sistema de legalidad establecido. Una reforma constitucional sin ningún tipo de límites, constituiría un fraude constitucional, tal como lo sostiene Pedro de Vega en su obra "La reforma constitucional y la problemática del Poder Constituyente". (…)" (Negrillas y subrayado nuestro)

En el decreto presidencial se observa como TEXTUALMENTE el ciudadano Presidente llama a desconocer la propia Constitución de 1999, pues, como fue indicado ut supra, el artículo 347 impone el límite al trabajo de la ANC, que se dirige a la transformación del ESTADO no de la NACIÓN.

Esta denuncia se refuerza con la confesión presidencial que textualmente requiere de una ANC para ***construir el "socialismo"***. Al respecto, debemos enfatizar que en ninguna de las manifestaciones histórico-político de Venezuela, se ha abrazado el socialismo como modelo ideológico para organizar al Estado y a la economía venezolana. En la reforma constitucional de 2007[66], rechazada por el pueblo venezolano en el referéndum celebrado el 02.12.2007[67], se barajó esta posibilidad de introducir el modelo socialista tal y como lo contemplaba la citada reforma en los siguientes términos:

"(…) Artículo 299. El régimen socioeconómico de la República Bolivariana de Venezuela se fundamenta en los principios socialistas, antiimperialistas, humanistas, de cooperación, de eficiencia, de protección del ambiente y de solidaridad, a los fines de asegurar el desarrollo humano integral y una existencia digna y provechosa para la

---

66 La propuesta de reforma fue presentada por el Ciudadano Presidente de la República en agosto de 2007, y sancionada por la Asamblea Nacional en fecha 02.11.2007. Sobre la normativa, *Véase* [http://www.cne.gob.ve/web/normativa_electoral/elecciones/2007/referendo_constitucional/index_principal.php]. Sobre el texto propuesto para el referéndum aprobatorio de 02.12.2007, *Véase* Brewer-Carías, Allan R. *La Reforma Constitucional de 2007 (Comentarios al proyecto inconstitucionalmente sancionado por la Asamblea Nacional el 2 de noviembre de 2007).* Caracas, Editorial Jurídica Venezolana, 2007, Colección de Textos Legislativos Nº 43, 224 pp.

67 *Véase* los resultados del referendo consultivo de fecha 02.12.2007 en: [http://www.cne.gob.ve/divulgacion_referendo_reforma/]

colectividad. El Estado, conjuntamente con la iniciativa comunitaria, social y personal, garantizará el desarrollo armónico de la economía nacional con el fin de generar fuentes de trabajo, alto valor agregado nacional, elevar la calidad de vida de la población, lograr la suprema felicidad social y fortalecer la soberanía económica del país, garantizando la solidez, dinamismo, sustentabilidad, permanencia y equidad del crecimiento de la economía, para lograr una justa distribución social de la riqueza mediante una planificación estratégica, democrática, participativa, política, económica y de consulta abierta (...)" (Negrillas y subrayado nuestro)

Este artículo de la reforma FUE RECHAZADO EN REFERENDUM de 2007, y por eso, nos extraña que el Decreto Presidencial indique que busca concretar una ANC para la construcción del socialismo. Debemos indicar que en fallo reciente[68], el juez constituyente en esos arrebatos de normalidad con que a veces reflexiona y sentencia, ha expresado que los mecanismos constitucionales vigentes fundamentan instrumentos también extraordinarios para hacerle frente a cualquier contingencia que sufra la República. Señaló la Sala:

"(...) Al respecto, como antes se indicó, el Decreto sometido al control de esta Sala plantea desde su primer artículo, que el mismo tiene como objeto que el Ejecutivo disponga de la atribución para adoptar las medidas urgentes, contundentes, excepcionales y necesarias, para asegurar a la población el disfrute pleno de sus derechos, preservar el orden interno, el acceso oportuno a bienes, servicios, aumentos, medicinas y otros productos esenciales para la vida, dadas las situaciones fácticas y jurídicas bajo las cuales es adoptado y los efectos que debe surtir con la inmediatez que impone la gravedad o entidad de las circunstancias vulneradoras que el Poder Público, con facultades extraordinarias temporales derivadas del propio Decreto, pues el Presidente de la República como Jefe de Estado y del Ejecutivo Nacional está en la obligación de atender para restaurar la normalidad en el funcionamiento del sistema socioeconómico, para ponderar y garantizar de forma cabal e inaplazable los derechos fundamentales de todos los ciudadanos y ciudadanas.

Por ello, se observa que se trata de un límite y ponderación legítima respecto del ejercicio de algunos derechos y garantías constitucionales, fundado en razones excepcionales, cuyo único propósito es establecer un orden alternativo, temporal y proporcional dirigido a salvaguardar la eficacia del Texto Constitucional y, por ende, la eficacia de los derechos y garantías, en situaciones de anormalidad de tal entidad que comprometan la seguridad de la Nación, de sus habitantes, la armonía social, la vida económica de la Nación, de sus ciudadanos o ciudadanas, así como el normal funcionamiento de los Poderes Públicos y de la comunidad en general.

Observa esta Sala Constitucional que el Decreto n° 2.849 del 13 de mayo de 2017, mediante el cual se declaró el Estado de Excepción y de Emergencia Económica en todo el Territorio Nacional, atiende de forma prioritaria aspectos de seguridad económica, que encuentran razón, además, en el contexto económico latinoamericano y global actual, y resulta proporcional, pertinente, útil y necesario para el ejercicio y desarrollo integral del derecho constitucional a la protección social por parte del Estado, ineludibles para la construcción de una sociedad justa y amante de la paz y para la

---

68 TSJ/Sala Constitucional. Sentencia N° 364 de fecha 24.05.2017 (Caso: *Constitucionalidad del Decreto Presidencial N° 2.849 de fecha 13.05.2017*).

promoción de la prosperidad y bienestar del pueblo, conforme a lo previsto en el artículo 3 Constitucional.

De allí que se estime ajustado al orden constitucional y por ende procedente, que el Ejecutivo Nacional, constatadas las circunstancias suscitadas y que se mantienen en el espacio geográfico de la República, emplee las medidas amparadas por el decreto bajo estudio, en cumplimiento del deber irrenunciable e ineludible del Estado Venezolano de garantizar el acceso oportuno de la población a bienes y servicios básicos y de primera necesidad, así como el disfrute de sus derechos en un ambiente pleno de tranquilidad y estabilidad, asegurando el derecho a la vida de todos los habitantes de la República Bolivariana de Venezuela. (...)" (Negrillas y subrayado nuestro)

Por tanto, proponer una ANC para introducir el socialismo, implica un **FLAGRANTE FRAUDE CONSTITUCIONAL** según se ha precisado el concepto por los precedentes establecidos por la Sala Constitucional Constituyente. En fin, como analiza JOSÉ IGNACIO HERNÁNDEZ, las bases comiciales resultaron un duro golpe a la democracia venezolana[69].

La Sala Constitucional ha determinado, como lo expusimos en líneas precedentes, que la diferencia entre Enmienda, Reforma y Asamblea Constituyente está directamente relacionada con el "(...) *grado de modificación planteada sobre la Constitución* (...)"[70]. Esto quiere decir que dentro de los mecanismos previstos en el Título IX de la Constitución, existen instrumentos que precisan el alcance modificatorio del texto constitucional. Para ello, el Constituyente fue detallista hasta el punto de completar el contenido esencial mismo de cada una de ellas.

Ahora bien, visto que la ANC implica un mecanismo más profundo de modificación constitucional (Art. 347), según lo dicho por la propia Sala como se vio, la misma debe cumplir los pasos reglamentarios como todo proceso electoral visto éste como la principal garantía de participación ciudadana. Para ello, debe ceñirse al **itinerario electoral** previsto en la Ley Orgánica de Procesos Electorales (LOPE)[71], puesto que, ésta última es el instrumento que garantiza los derechos y principios constitucionales de participación política de los ciudadanos venezolanos[72].

Dentro del proceso electoral, una de las fases imprescindibles y que en sí respaldan los derechos fundamentales a la participación, es la relativa a las **normas** sobre el proceso comicial en sí (Vgr. Bases Comiciales). Son estos fundamentos normativos los que determinarán las características, postulados, registro o padrón electoral, procedimientos, vicios, actos electorales, forma y

---

69 Hernández, José Ignacio. "Bases Comiciales: otro golpe a la democracia". En: *Prodavinci*, Caracas, edición del 23.05.2017 [http://prodavinci.com/blogs/bases-comiciales-otro-golpe-a-la-democracia-por-jose-ignacio-hernandez/].

70 TSJ/Sala Constitucional. Sentencia N° 2.208 de fecha 28.11.2007 (Caso: *Antonio José Calatrava y otros*).

71 Publicada en *Gaceta Oficial, extraordinario*, N° 5.928 de fecha 12.08.2009.

72 Artículo 1° de la LOPE.

sistema en que se materializará el voto, formas de impugnación y otros elementos propios de la actividad comicial que son la esencia de la democracia. A esta realidad no escapa un proceso constituyente, es decir, para iniciarlo debe existir unas bases comiciales que servirán de reglas constitucionales supletorias. Para que adquiera este nivel constitucional, es OBLIGATORIO, que el pueblo mediante comicios democráticos se pronuncie si las acepta o no. De esta manera, no puede ni el Presidente de la República, ni mucho menos un órgano de cualesquiera de las ramas del Poder Público constituido *usurpar funciones constituyentes*, como en efecto hizo el Decreto nº 2.878.

B. *La falta de consulta popular de las bases comiciales de 2017 y su contradicción con las bases comiciales dictadas por el Consejo Nacional Electoral, legítimamente consultadas por vía de referendum el 25.04.1999.*

Es importante, a los efectos de plantear la inconstitucionalidad de las bases publicadas por Nicolás Maduro, resaltar lo que la Sala Constitucional interpretó sobre el rango de los actos que se dictaron para la celebración de la ANC de 1999, en específico, de las Bases Comiciales de 1999:

> "(...) Observa esta Sala que, en anteriores oportunidades, han sido impugnados en vía jurisdiccional los actos dictados por la Asamblea Nacional Constituyente. En efecto, la entonces Corte Suprema de Justicia en Pleno, en virtud del principio de la universalidad del control de los actos del Poder Público que debe existir en todo Estado de Derecho, se pronunció afirmativamente sobre su competencia para conocer de las acciones de esta naturaleza, en sentencia de fecha 14 de octubre de 1999, recaída sobre la acción de nulidad por inconstitucionalidad interpuesta por el Vicepresidente del entonces Congreso de la República contra el Decreto de fecha 25 de agosto de 1999, emanado de la Asamblea Nacional Constituyente, que contenía la Regulación de las Funciones del Poder Legislativo, señalando lo siguiente:
>
> > "La Asamblea Nacional Constituyente electa el 25 de julio de 1999, tiene definido su régimen fundamental en las preguntas y Bases Comiciales consultadas en el Referéndum del 25 de abril de 1999. Estas Bases, por haber sido aprobadas en ejercicio de la soberanía popular son de similar rango y naturaleza que la Constitución. Por consiguiente, le corresponde a la Corte Suprema de Justicia, en Pleno, ejercer el control jurisdiccional. (...) En el caso objeto de estudio, el control de la Corte, en Pleno, está fundamentado en el Referéndum Consultivo celebrado el 25 de abril de 1999, que fijó el marco jurídico político dentro del cual debe actuar la Asamblea. Es decir, en dicho Referéndum, el pueblo le precisó a la Asamblea Nacional Constituyente su misión, siendo esta "transformar el Estado y crear un nuevo ordenamiento jurídico", e igualmente, le indicó límite a su actuación consagrado en la Base Comicial Octava del señalado Referéndum. De ello resulta que en el cumplimiento de su misión la Asamblea Nacional Constituyente está sometida, en primer lugar, a "los valores y principios de nuestra historia republicana"; en segundo lugar, "el cumplimiento de los tratados internacionales, acuerdos y compromisos válidamente suscritos por la República"; en tercer lugar, "el carácter progresivo de los derechos fundamentales del hombre" y en cuarto lugar; "las garantías democráticas dentro del más absoluto respeto de los compromisos asumidos (...)". (Subrayado de la Sala).

Tal como lo estableció la entonces Corte Suprema de Justicia en Pleno, las Bases Comiciales consultadas en el Referéndum del 25 de abril de 1999 y, que fijaron los límites de actuación de la Asamblea Nacional Constituyente, son –para el ordenamiento que rige el proceso constituyente- ***"de similar rango y naturaleza que la Constitución"*** y forma el fundamento normativo del proceso constituyente. También se dejó sentado, que las Bases Comiciales son supraconstitucionales respecto de la Constitución de 1961, es decir, que la Asamblea Nacional Constituyente no estaba sujeta a ésta y que dicha Constitución de 1961 sólo regía al Poder constituido. (...)"[73] (Negrillas y subrayado nuestro)

Dichas bases comiciales a las que hace alusión el fallo del año 2000, fueron las publicadas por el Consejo Nacional Electoral en su Resolución nº 990323-71 de fecha 23.03.1999[74]. Las mismas fueron consultadas al país no en conciliábulos como lamentablemente ocurrió con el Decreto Presidencial nº 2.878 de 23.05.2017, sino en un **REFERÉNDUM QUE MARCÓ UN HITO EN LA HISTORIA CONSTITUCIONAL VENEZOLANA.** Desde allí las mismas adquirieron rango constitucional y su vigencia, según precisó la Sala, "(...) *por argumento en contrario, sólo los actos dictados por la Asamblea Nacional Constituyente con posterioridad a la publicación de la nueva Constitución estarían sujetos a ésta* (...)"[75].

Ahora bien, en la actual Constitución, no se contempla reglas específicas relativas al iter procedimental que deben cumplirse hasta la elección de la ANC. Ante esta ausencia normativa, se debe interpretar los artículos 347, 348 y 349, como la propia Sala ha señalado en su jurisprudencia pacífica[76], "(...) *comprometiéndose con la mejor teoría política que subyace tras el sistema que se interpreta* (...)". Esa teoría política ha sido el modelo de democracia participativa instaurada en 1999 y que bien ha sido ejecutada a lo largo de estos 18 años de su vigencia, muchas veces ratificada por el TSJ en centenares de fallos al respecto, incluyendo, la materia de reforma constitucional[77]. Este concepto participativo se ha materializado en más de 17 elecciones celebradas desde 2000 en adelante, y que a pesar de serios y fundados cuestionamientos, como los ocurridos en el referéndum revocatorio de 2004[78], la costumbre política de la década pasada era precisamente consultarlo todo.

---

73 TSJ/Sala Constitucional. Sentencia Nº 951 de fecha 09.08.2000 (Caso: *Generoso Mezzocca Medina*).

74 Publicada en Gaceta Oficial de la República de Venezuela, Nº 36.669 de fecha 25.03.1999.

75 TSJ/Sala Constitucional. Sentencia Nº 6 de fecha 27.01.2000 (Caso: *Milagros Gómez y otros vs. Decreto de Régimen de Transición del Poder Público*).

76 TSJ/Sala Constitucional. Sentencia Nº 1.309 de fecha 19.07.2001 (Caso: *Hermann Escarrá Malavé*).

77 TSJ/Sala Constitucional. Sentencia Nº 274 de fecha 21.04.2016 (Caso: *Johnny Leónidas Jiménez Mendoza. Interpretación del artículo 340 de la CRBV*).

78 *Véase* Brewer-Carías, Allan R. "El secuestro del Poder Electoral y la confiscación del derecho a la participación política mediante el referendo revocatorio presidencial:

Cuando el ciudadano Presidente Nicolás Maduro publica unas supuestas bases comiciales revestidas de un Decreto Presidencial (nº 2.878), éste último NO ADQUIERE rango constitucional por cuanto para que pueda suplir una laguna de la Constitución requeriría ser sometido a CONSULTA NACIONAL (referéndum consultivo), que a diferencia de 1999, ahora éste tipo de consultas sí se encuentra regulado y fundamentado en el artículo 71 del texto constitucional vigente que indica que "(...) *Las materias de especial trascendencia nacional podrán ser sometidas a referendo consultivo por iniciativa del Presidente o Presidenta de la República en Consejo de Ministros; por acuerdo de la Asamblea Nacional, aprobado por el voto de la mayoría de sus integrantes; o a solicitud de un número no menor del diez por ciento de los electores y electoras inscritos en el Registro Civil y Electoral* (...)".

De esta forma, el Decreto nº 2.878 **NO GOZA DE JERARQUÍA CONSTITUCIONAL** sino que mantiene su configuración como acto de gobierno en ejecución directa de la Constitución de 1999. En materia de bases comiciales constituyentes, el Ejecutivo Nacional puede proponer un proyecto de las mismas, como de suyo, el entonces Presidente Chávez consumó mediante la consignación al CNE de *las propuestas para las Bases de la Convocatoria de la Asamblea Nacional Constituyente* de fecha 09.03.1999[79], para que posteriormente, el CNE las consulte al cuerpo electoral venezolano.

Si bien es cierto, el pasado 23.05.2017 en acto público el Presidente Nicolás Maduro consignó su proyecto de bases comiciales al CNE, éste último NO HA ORDENADO LA CELEBRACIÓN DEL REFERÉNDUM CONSULTIVO para aprobarlas o negarlas ante el pueblo venezolano. Este paso ha sido obviado, lo cual, debe forzosamente concluirse que el *Ciudadano Presidente en el citado Decreto 2.878 usurpó funciones constituyentes que sólo pueden ser aprobadas por el pueblo mediante consulta popular de conformidad con el artículo 71 de la Constitución.* Así, y siguiendo entonces el criterio asumido por la Sala Constitucional desde hace 17 años, las únicas bases comiciales de rango constitucional, hasta el momento válidas, son las afirmadas por la mayoría del pueblo venezolano en el referéndum consultivo del 25 de abril de 1999.

Venezuela 2000-2004". En: *Boletín Mexicano de Derecho Comparado.* México D.F., Instituto de Investigaciones Jurídicas, Universidad Nacional Autónoma de México, Nº 112, enero-abril 2005, pp. 11-73.

79 Publicadas en *Gaceta Oficial de la República de Venezuela,* Nº 36.660 de fecha 12.03.1999. Al respecto, *Véase* Brewer-Carías, Allan R. "El desequilibrio entre soberanía popular y supremacía constitucional y la salida constituyente en Venezuela en 1999". En: *Revista Anuario Iberoamericano de Justicia Constitucional.* Madrid, Centro de Estudios Políticos y Constitucionales, Nº 3, 1999, pp. 31-56.

C. *Usurpación de la Soberanía Popular por la Soberanía Territorial al contemplar las bases comiciales inconstitucionales que los constituyentes territoriales representarán a los municipios y no a los ciudadanos.*

Ahora bien, siguiendo el contexto de inconstitucionalidad del Decreto Presidencial nº 2.878 en razón de su carácter infraconstitucional, revisemos con cuidado la supuesta base comicial TERCERA inserta en el mismo. Señala el referido acto de gobierno:

"(...) TERCERO.- En el ámbito territorial se producirá la elección de trescientos sesenta y cuatro (364) Constituyentes a la Asamblea Nacional Constituyente, conforme a la siguiente distribución: un o una (1) Constituyente por cada Municipio del País que será electo o electa de forma nominal de acuerdo al principio de representación mayoritario, y dos (2) Constituyentes en los Municipios Capitales, que serán electos o electas mediante la modalidad lista, de acuerdo al principio de representación proporcional. En el Municipio Libertador de Caracas, Capital de la República Bolivariana de Venezuela y el asiento de los órganos del Poder Nacional, se escogerán siete (7) Constituyentes mediante la modalidad lista de acuerdo al principio de representación proporcional. (Negrillas y subrayado nuestro)

CONSTITUYENTES TERRITORIALES POR MUNICIPIO

ENTIDADES	Nº DE MUNICIPIOS POR ENTIDAD	NOMINAL	LISTA	TOTAL
DISTRITO CAPITAL	1		7	**7**
ANZOÁTEGUI	21	20	2	**22**
APURE	7	6	2	**8**
ARAGUA	18	17	2	**19**
BARINAS	12	11	2	**13**
BOLÍVAR	11	10	2	**12**
CARABOBO	14	13	2	**15**
COJEDES	9	8	2	**10**
FALCÓN	25	24	2	**26**
GUÁRICO	15	14	2	**16**
LARA	9	8	2	**10**
MERIDA	23	22	2	**24**
MIRANDA	21	20	2	**22**
MONAGAS	13	12	2	**14**
NUEVA ESPARTA	11	10	2	**12**
PORTUGUESA	14	13	2	**15**
SUCRE	15	14	2	**16**
TÁCHIRA	29	28	2	**30**
TRUJILLO	20	19	2	**21**
YARACUY	14	13	2	**15**
ZULIA	21	20	2	**22**
AMAZONAS	7	6	2	**8**
DELTA AMACURO	4	3	2	**5**
VARGAS	1		2	**2**
TOTAL	**335**	**311**	**53**	**364**

Revisando la base comicial tenemos los siguientes elementos que las transforman en violatorias de la Constitución:

1.- "(…) *Un o Una (1) Constituyente por municipio* (…)". Debe sorprender a la Sala la inconstitucional consagración del **PRINCIPIO DE REPRESENTACIÓN TERRITORIAL EN DESMEDRO DE LA REPRESENTACIÓN POPULAR**. En el cuadro inserto en la base comicial tercera, se puede apreciar la equiparación de los territorios sin importar la base poblacional que históricamente ha sido el fundamento de todos los procesos comiciales para la elección de las Asambleas Nacionales Constituyentes venezolanas (1946, 1953 y 1999). La base comicial es enfática en determinar que cada Municipio tendrá un número igual de constituyentes (uno), y todos los Municipios capitales de estado, tendrán dos (02) constituyentes, sin importar las asimetrías poblacionales presente en cada uno de ellos. Por esta irregularidad BREWER-CARÍAS ha bautizado que cada constituyente será una suerte de concejal[80], y de consumarse este bodrio, la ANC sería una reunión de Municipios. Por ejemplo, no importa si el Municipio Maracaibo del estado Zulia posea 946.223 votantes y el Municipio Atures (Puerto Ayacucho) del estado Amazonas sea apenas por 75.441 electores. Ambos escogerán DOS (02) Constituyentes.

Esta base comicial quiebra el sagrado y republicano principio de representación poblacional de conformidad como lo obliga la Constitución de 1999 en su artículo 5:

"(…) La soberanía reside intransferiblemente en el pueblo, quien la ejerce directamente en la forma prevista en esta Constitución y en la ley, e indirectamente, mediante el sufragio, por los órganos que ejercen el Poder Público.

Los órganos del Estado emanan de la soberanía popular y a ella están sometidos (…)"

Primero, con la base comicial territorial propuesta e inconsulta popularmente por el Presidente Maduro, el Decreto nº 2.878 viola un corolario dogmático en toda democracia participativa, como es que el número de representantes del pueblo deben necesariamente reflejar el índice poblacional del territorio o circunscripción[81]. En las bases comiciales de 1999, debidamente consultadas al cuerpo electoral, sí se reflejó el *principio de la representación poblacional*, a pesar que en la Constitución de 1961 sí estaba contemplado el *principio de representación territorial* a través del Senado o Cámara Alta, ésta última, representación uniforme e igualitaria de las entidades federales[82]. De esta manera, siguiendo el propio criterio del juez constituyente, las bases comiciales de 1999 que debe reputarse vigente todavía.

---

80 Brewer-Carías, Allan R. *La esquizofrenia constituyente* ... p. 6.

81 Brewer-Carías, Allan R. *La esquizofrenia constituyente* ... p. 4.

82 Artículo 148 de la Constitución de 1961: "(…) *Para formar el Senado se elegirán por votación universal y directa dos Senadores por cada Estado y dos por el Distrito Federal, más los Senadores adicionales que resulten de la aplicación del principio de la representación de las minorías según establezca la lay, la cual determinará también el número y forma de elección de los suplentes* (…)"

La representación estuvo organizada así:

"(...) Tercero:

La elección de los constituyentes será en forma personalizada (por su nombre y apellido) de acuerdo al siguiente mecanismo:

1° Se producirá la elección de 104 constituyentes, en veinticuatro (24) circunscripciones regionales, coincidentes con los Estados y el Distrito Federal, manteniendo el criterio del 1% de la Población total del País (234.102), de acuerdo con su número de habitantes, que sería lo siguiente: (Véase página siguiente)

Entidad	**%**	**Constituyentistas a elegir**
Distrito Federal	8.43	8
Anzoátegui	4.72	5
Amazonas		2
Apure		2
Aragua	6.13	6
Barinas	2.4	2
Bolívar	5.34	5
Carabobo	8.59	9
Cojedes		2
Delta Amacuro		2
Falcón	3.12	3
Guárico	2.65	3
Lara	6.54	7
Mérida	3.09	3
Miranda	10.7	11
Monagas	2.5	3
Nueva Esparta		2
Portuguesa	3.39	3
Sucre	3.46	3
Táchira	4.29	4
Trujillo	2.47	2
Vargas		2
Yaracuy	2.14	2
Zulia	13.15	13
Total por Región		104
Indígenas		3
Circunscripción Nacional		24
Total General		131

El elector dispondrá de tantos votos como constituyentes se vayan a elegir en la circunscripción a la que pertenezca.

2. Se producirá la elección de veinticuatro (24) constituyentes en una circunscripción nacional. El elector dispondrá de un máximo de diez (10) votos. (...)"

En segundo lugar, si bien es cierto el artículo 16 de la Constitución indica que el territorio se organiza en Municipios, esto *no fundamenta que se determine unas elecciones para la Asamblea Nacional Constituyente en clave municipal*. Además, al primar la base territorial por la poblacional, tendremos unas gravísimas distorsiones como en efecto introduce la base comicial tercera. En algunas entidades federales la población se encontrará **sobre-representada**, como en otras, **sub-representadas**, un verdadero absurdo[83]. Por ejemplo, el estado Zulia escogerá 22 constituyentes con una base electoral de 2.404.025, mientras que el estado Trujillo, con apenas 523.353 electores también elegirá 22 constituyentistas. En este caso, Trujillo estará Sobre-representado en la ANC, mientras que el Zulia Sub-representado. Otro ejemplo que merece la atención son los constituyentes electos por el Distrito Capital. La base los fija en 7 con una población electoral de 1.638.456, mientras que Cojedes, con apenas 236.616 sufragantes escogerá 10 constituyentes; es decir, 3 adicionales que el Municipio Libertador de Caracas cuando éste último posea 1.400.000 votantes más que Cojedes.

Vale entonces hacernos la pregunta *¿cómo el Decreto Presidencial nº 2.878 fundamenta constitucionalmente estas distorsiones?* Como respuesta podemos afirmar sin ningún condicionamiento: No existen fundamentos constitucionales de esta propuesta.

Al respecto, queremos rescatar una sentencia de la Sala Constitucional, en la cual, ha CONDENADO estas prácticas de *sobre representación* territorial en desmedro de la poblacional, denunciando:

"(...) Claro está que hay distorsiones estudiadas por el derecho comparado, algunas de las cuales generan una sobre-representación; en este sentido, existe la situación electoral llamada **Gerrymandering,** que es el trazado de circunscripciones electorales que, en forma sesgada, busca favorecer la representación de un partido o grupo político concentrando los votos favorables y esparciendo los de los oponentes; ello ocurre en los sistemas uninominales con límites modificables y su consecuencia es la sobre-representación. La otra distorsión electoral es la llamada **Malapportionment,** cuando la asignación de los escaños no coincide con las proporciones poblacionales, configurando en alguna circunscripción una marcada sobre-representación (veáse; COX, Gary y Jonathan KATZ (2002): Elbridge Gerry´s Salamander: The Electoral Consequences of the Reapportionment Revolution, Cambridge University Press, Cambridge. KATZ, Richard (1994): "*Electoral Systems*", Lecture prepared for delivery at the IPSA Workshop/International, school of political science, Sakala Centre, Tallinn, Estonia. Abril. SARTORI, Giovanni (1994): Ingeniería Constitucional Comparada. Una Investigación de Estructuras, Incentivos y Resultados, Fondo de Cultura Económica, México. COLOMER, Joseph (2001): Instituciones políticas, Ariel, Barcelona.

83 Brewer-Carías, Allan R. *La esquizofrenia constituyente* ... p. 8.

CRESPO, Ismael (1997): "*El sistema Electoral*" en Manuel Alcantara y Antonia Martínez (eds.): Política y Gobierno en España, Tirant lo Blanch, Valencia. GIBSON, Edward, Ernesto F. CALVO y Tulia G. FALLETI (1998): "*Reallocative federalism: Overrepresentation and Public Spending in the Western Hemisphere*", Northwestern University, October, (Manuscrito). REYNOSO, Diego (2000): Distritos y escaños: malaporcionamiento y representación partidaria en perspectiva comparada, Tesis Doctoral, FLACSO, México. TAAGEPERA, Rein y Matthew SHUGART (1989): Seats and votes: The effects and determinants of Electoral Systems, Yale University Press, New Haven, Connecticut, USA. VALLÉS, Josep M. y Agustí BOSCH (1997): Sistemas Electorales y Gobierno Representativo, Ariel, Barcelona (…)"[84] (Negrillas originales de la Sala)

2.- *Desconocimiento del principio de organización comicial en representación proporcional a la población en clave federal y su sustitución por representación territorial municipal.* Venezuela es un Estado Federal de conformidad con lo previsto en el artículo 4 de la Constitución de 1999. Adicional a la proclama federal que ha sido parte de nuestra historia constitucional desde 1864, el texto del 99 agrega la coletilla "Descentralizado", lo cual, debe necesariamente tomar como referencia para una elección nacional, la organización federal como bien lo ha recalcado la Sala Electoral[85] en el polémico caso de los Diputados del estado Amazonas, así como la propia Sala Constitucional Constituyente[86].

Primero, debemos tomar como referencia que somos Estado Federal Descentralizado según el texto de la Constitución de 1999, aunque sea en pura nominalidad[87]. Esto no es un mero enunciado que puede dejarse a un lado y por ende ser desconocido por los órganos del Poder Público Nacional. El Decreto nº 2.878 menoscaba y minimiza no sólo el sagrado principio de representación proporcional poblacional, sino el esquema federal venezolano, éste último, interpretado por la Sala Constitucional en los siguientes términos:

"(…) Las Constituciones venezolanas de finales del siglo XIX y del pasado siglo XX (1893, 1901, 1904, 1909, 1914, 1922, 1925, 1928, 1931, 1936, 1945, 1947, 1953

---

84 TSJ/Sala Constitucional. Sentencia Nº 74 de fecha 25.01.2006 (Caso: *Partido político Acción Democrática Vs. Consejo Nacional Electoral*).

85 TSJ/Sala Electoral. Sentencia Nº 147 de fecha 17.10.2016 (Caso: *Erick Alexander Ramírez Trujillo*). "(…) *Asimismo estima esta Sala que el criterio expuesto por el Consejo Nacional Electoral tiene asidero en principios y valores constitucionales de transcendencia jurídica. En este caso, como se señaló, el criterio asumido por el Consejo Nacional Electoral se corresponde con el particular modelo venezolano de Estado Federal Descentralizado, que se rige por los principios de integridad territorial, cooperación, solidaridad, concurrencia y corresponsabilidad, establecido en el artículo 4 de la Carta Fundamental; tomando en cuenta que los estados son entidades federales autónomas e* ***iguales en lo político*** *conforme al artículo 159 de la Constitución.* (…)" (Negrillas de la Sala Electoral, Cursivas nuestras).

86 TSJ/Sala Constitucional. Sentencia Nº 09 de fecha 01.03.2016 (Caso: *Gabriela Flores Ynserny y otros*).

87 Brewer-Carías, Allan R. … *Las Constituciones de Venezuela* ... Tomo I, pp. 277-278.

y 1961), dejan de lado el concepto tradicional del municipalismo heredado de España, que era el de la "Autonomía Absoluta" por el de "Autonomía Relativa", pues al consumarse nuestra emancipación política, las entidades federales han venido suscribiendo las bases de la Unión, habiendo renunciado de este modo al concepto histórico de su autonomía ilimitada (Vid. sentencia de la Corte Federal y de Casación en Sala Político Administrativa del 2 de diciembre de 1937 y sentencia de la Corte Suprema de Justicia en Sala Plena del 13 de noviembre 1989, caso: Heberto Contreras Cuenca).

No se debe olvidar, que los municipios como partes del Estado venezolano, se vinculan con las demás órganos y entes del Estado en relaciones de coordinación, de supra y subordinación e inordinación propios de un Estado Federal (artículos 4, 16 y 185 de la Constitución), sin embargo, este Estado Federal, tiene características propias que la realidad histórica de Venezuela impone, que escapan del clásico concepto de Estado Federal -de conformidad con la doctrina política-, y que refleja un sentimiento que ha estado en toda nuestra historia republicana; por ello la Constitución vigente establece en su artículo 4 "en los términos consagrados por esta Constitución", lo que significa que para entender el significado que la Constitución atribuye al federalismo, hay que recurrir a las otras normas que integran al texto fundamental que lo explican y complementan, de las cuales resaltaba el hecho que los municipios no poseen autonomía ilimitada (...)"88 (Cursivas originales de la Sala)

Segundo, la base comicial resalta exclusivamente el número de municipios que posee cada entidad federal, obviando las asimetrías que pudieran materializarse en casos extremos como el estado Táchira, que está conformado por 29 municipios. Al contrario, Lara tiene 9 municipios con un territorio de mayor extensión al Táchira. Aunado a esta evidente diferencia, debemos sumar que las bases comiciales chocan directamente con el dogma federal previsto en el artículo 159 constitucional:

"(...) Artículo 159. Los Estados son entidades autónomas e iguales en lo político, con personalidad jurídica plena, y quedan obligados a mantener la independencia, soberanía e integridad nacional, y a cumplir y hacer cumplir esta Constitución y las leyes de la República (...)" (Negrillas y subrayado nuestro)

Según las bases comiciales municipalizadas, habría que cuestionarnos si el ejemplo comparado del número de municipios del Táchira frente al estado Lara, tomados como referente para la elección del número de constituyentes, respetan el principio igualitario de las entidades federales vigente en el precepto parcialmente transcrito. Así, podemos forzosamente concluir que resulta usurpador a la voluntad popular, por quebrantar el principio de proporcionalidad poblacional, la base comicial tercera expuesta en el Decreto Presidencial nº 2.878 de fecha 23.05.2017.

88 TSJ/Sala Constitucional. Sentencia Nº 916 de fecha 07.07.2009 (Caso: *Municipio Libertador del Distrito Capital y otros vs. Ley Especial del Distrito Metropolitano de Caracas*).

7. *Los representantes sectoriales de sectores impuestos por el Presidente de la República. La desfiguración de la universalidad del sufragio*

Si la representación territorial está distorsionada en relación a los principios democráticos y de organización del Estado venezolano, el disparatado andamiaje para la escogencia de los denominados "constituyentes sectoriales" implica una paradoja de corte ideológico. Emulando las reglas del fascismo histórico italiano (CÁMARA DE LA FASCIO Y DE LA REPRESENTACIÓN), español (REGLAS DE LOS TRES TERCIOS MUNICIPALES) y chileno (SENADORES INSTITUCIONALES), el totalitarismo criollo no se queda atrás[89].

La base comicial segunda del Decreto nº 2.878 establece:

> "(...)
>
> SEGUNDO.- La Asamblea Nacional Constituyente estará integrada por trescientos sesenta y cuatro (364) miembros escogidos territorialmente; ocho (8) electos por los pueblos indígenas; se elegirán también Constituyentes Sectoriales cuyo número se obtendrá del cociente entre el registro electoral de cada sector y el factor obtenido para calcular las y los Constituyentes Territoriales, esto es una o un (1) Constituyente Sectorial por cada ochenta y tres mil (83.000) electores del registro electoral sectorial. La Asamblea Nacional Constituyente tendrá una conformación unicameral y solo se elegirán representantes principales (…)" (Negrilla y subrayado nuestro)

La base contempla una contradicción tanto a nivel terminológico como a nivel semántico. A *nivel terminológico* nos indica que estos representantes saldrán de los "sectores" a los que hace referencia el propio decreto. Los mismos son: 1) Trabajadores, 2) Campesinos, 3) Los Estudiantes, 4) Personas con discapacidad, 5) Pueblos Indígenas, 6) Pensionados, 7) Empresarios, 8) Comunas y Consejos Comunales. Si revisamos con cuidado allí no hay sólo sectores sino organizaciones de base territorial como las Comunas y los Consejos Comunales, a lo que BREWER-CARÍAS considera incomprensible[90]. En lo que respecta *a la semántica*, el Decreto de las bases comiciales parece reconocer sus contradicciones, para ello, cuando se aborda ¿cuáles serían los sectores que conforman a los trabajadores?, se interpreta la base comicial con otra base comicial, específicamente, la quinta:

> "(...)
>
> **QUINTO.-** El Consejo Nacional Electoral deberá solicitar los registros de los sectores a las instituciones oficiales, gremios y asociaciones, debidamente establecidos. La información correspondiente al sector de las trabajadoras y trabajadores deberá solicitarla de acuerdo a los tipos de actividad laboral:

---

89 Sobre las patologías totalitarias en Venezuela, *Véase* Brewer-Carías, Allan R. *Estado totalitario y desprecio a la ley.* Caracas, Editorial Jurídica Venezolana, 2014, 534 pp.

90 Brewer-Carías, Allan R. *La esquizofrenia constituyente* ... p. 9.

a. Petróleo
b. Minería
c. Industrias Básicas
d. Comercio
e. Educación
f. Salud
g. Deporte
h. Transporte
i. Construcción
j. Cultores
k. Intelectuales
l. Prensa
m. Ciencia y Tecnología
n. Administración Pública (...)"

De esta forma, semánticamente el concepto de trabajador se direcciona hacia espectros de la masa laboral de 14 sub-sectores, dejando por fuera otros y sólo tomando en cuenta aquellos donde el único empleador es precisamente el Estado venezolano (Vgr. PDVSA, PEQUIVEN, FERROMINERA, VENALUM, SIDOR, etc.). La base Comicial introduce un *cociente* que ni existe en la Constitución de 1999 ni en la legislación electoral vigente. No se sabe cuál es el fundamento que inconstitucionalmente el Decreto nº 2.878 asumió para crear de la nada un cociente de 83.000 electores sectoriales por cada constituyente de esta categoría. Los cocientes electorales son elementos para calcular el número preciso de representantes en órganos colegiados, es decir, el cociente es el número exacto de electores representados por cada escaño. Ahora bien, en la base comicial se introduce un número arbitrario de 83.000 electores sectoriales por cada constituyente, que para llegar a este número cerrado, debería conocerse el universo electoral de todos los sectores, que visto el desorden característico de las dependencias públicas, resulta casi imposible saber a ciencia exacta cuáles son todos los venezolanos registrados. Ni siquiera la data del Seguro Social se encuentra completa o precisa.

IV. LAS PARADOJAS DE LA AUTOPOIESIS: LA AUTODESTRUCCIÓN Y LA DESTRUCCIÓN DE LOS LÍMITES DEL SISTEMA ¿CÓMO PUDIERA LA SALA CONSTITUCIONAL DESTRUIR A LA SALA CONSTITUCIONAL CONSTITUYENTE?

Una de las características paradójicas de la autopoiesis, está relacionada con los mecanismos de autodestrucción insertos dentro de su hábitat. Al consentir que el objetivo es proteger el sistema cerrado, cualquier movimiento en falso de sus componentes, incitan para que otros activen los dispositivos autogarantistas. Nunca desde fuera del sistema encontraríamos la forma de desmantelar el entramado autopoiético, a menos que contemos con componentes de las Fuerzas Armadas que inclinen una solución nada democrática.

Es por ello que desde el principio de la crisis constitucional no haya sido fortuito que la ciudadana Fiscal General de la República formulara los reparos en los términos señalados ut supra, al momento de publicarse las sentencias 155 y 156 de marzo de 2017 de la Sala Constitucional Constituyente. Y esas palabras que tan sólo tomaron unos pocos segundos fueron suficientes para desnudar el cariz totalitario del gobierno de Nicolás Maduro Moros.

El 1° de junio, la propia Fiscal General de la República se trasladó al TSJ a los efectos de interponer un escrito solicitando la aclaratoria de la sentencia 378/2017, publicada el día anterior. En las declaraciones ofrecidas en las afueras del Tribunal, fue enfática en denunciar que el citado fallo había quebrado el principio de la progresividad de los derechos humanos, calificándolo como un "*retroceso en esa materia*"[91]. En sus argumentaciones hizo comparaciones con el proceso constituyente de 1999, señalando que éste fue producto de sendos procesos de participación y consulta a través de referendos, mientras que la convocada por Nicolás Maduro, aquéllos se reducen a su mínima expresión. También destacó que es importante diferenciar entre los términos "convocatoria" e "iniciativa de convocatoria", porque de ser asumido como lo entiende la sentencia 378/2017, *el pueblo tendría menos posibilidades frente a los poderes constituidos para convocar una Asamblea Nacional Constituyente*.

La respuesta autopoiética no se hizo esperar. El 07.06.2017, la Sala responde la solicitud de aclaratoria inadmitiéndola[92], alegando meras argucias procesales lo que motivó a la jefa de la vindicta pública la interposición de un recurso contencioso-administrativo electoral con amparo cautelar, haciendo un llamamiento a todos los venezolanos para que se adhieran al mismo. Lamentablemente, la Sala Electoral, inmiscuyéndose en el fondo de la controversia planteada, decide inadmitir el recurso[93] alegando inepta acumulación de pretensiones, curiosamente, alegando artículos de la Ley Orgánica del Tribunal Supremo de Justicia que en nada se refieren a la acumulación inepta. Ante esta nueva negativa, anunció que solicitará la nulidad de las designaciones de los magistrados del TSJ efectuada en diciembre de 2015, por no cumplirse los requisitos que deben extremarse para ocupar la más alta magistratura judicial venezolana.

El comportamiento de la Fiscal General de la República funge como una suerte de ariete para perforar el casco protectorio autopoiético del gobierno, y así todos los que hemos sido excluido por el sistema, podamos confrontar electoralmente en igualdad de condiciones.

---

91 http://www.ministeriopublico.gob.ve/web/guest/buscador/-/journal_content/56/10136/16662438.

92 TSJ/Sala Constitucional. Sentencia N° 441 de fecha 07.06.2017 (Caso: *Fiscal General de la República. Aclaratoria de la sentencia N° 378/2017*).

93 TSJ/Sala Electoral. Sentencia N° 67 de fecha 13.06.2017 (Caso: *Fiscal General de la República Vs. Consejo Nacional Electoral*).

La segunda paradoja la encontramos con el contenido del Decreto Presidencial nº 2.889[94], que supuestamente complementa la propuesta de Bases Comiciales para la Asamblea Nacional Constituyente contenidas en el Decreto nº 2.878 de fecha 23.05.2017. El artículo único indica:

> "(...) **Artículo Único: Se exhorta** a la Asamblea Nacional Constituyente, convocada mediante el Decreto Nº 2.830, de fecha 01 de mayo de 2017, la cual será constitucional y democráticamente electa en los comicios que regirá el Consejo Nacional Electoral el 30 de julio de 2017, a que, el proyecto de Constitución que se redacte en su seno, **sea sometido a referéndum aprobatorio popular,** en los términos establecidos en el artículo 70 de la Constitución de la República Bolivariana de Venezuela, para garantizar el ejercicio pleno de la soberanía de las venezolanas y los venezolanos, consolidando así nuestra democracia participativa y protagónica, y en consecuencia, la paz, el desarrollo y la independencia de la patria bolivariana (...)" (Negrillas y subrayado nuestro)

¿Cuál referéndum aprobatorio si la ANC, una vez instalada, puede decidir soberanamente si lo acata o no? El Presidente de la República busca, ante las presiones de la calle, otorgarle un barniz democratizador al proyecto de Constitución que sea sancionado por la ANC. Por ello el artículo no indica "se ordena" sino el desventurado término "se exhorta" a la ANC para que sea benevolente y someta "su" Constitución a un referéndum. Responsablemente podemos afirmar que esta *ampliación* no es más que una burla para los que nos encontramos excluidos de la autopoiesis, pero, una *graciosa concesión* para quienes forman parte del sistema autopoiético.

Para todo aquel que haya sido formado o no dentro del constitucionalismo, con profundo arraigo democrático, la ANC abierta y fundamentada por el juez constituyente no puede materializarse. De hacerlo, pronto tendríamos una Venezuela parecida a la siguiente narración:

> "(...) Se trata del duelo entre dos contrincantes muy desiguales: un Estado tremendamente poderoso, fuerte y despiadado, y un individuo particular pequeño, anónimo y desconocido. Este duelo no se desarrolla en el campo de lo que comúnmente se considera la política; el particular no es en modo alguno un político, ni mucho menos un conspirador o un "enemigo público". Está en todo momento claramente a la defensiva. No pretende más que salvaguardar aquello que, mal que bien, considera su propia personalidad, su propia vida y su honor personal. Todo ello es atacado sin cesar por el Estado en el que vive y con el que trata, a través de medios en extremo brutales, si bien algo torpes.

94 Publicado en *Gaceta Oficial, extraordinario*, Nº 6.303 de fecha 04 de junio de 2017.

Dicho Estado exige a este particular, bajo terribles amenazas, **que renuncie a sus amigos, que abandone a sus novias, que deje a un lado sus convicciones y acepte otras preestablecidas, que salude de forma distinta a la que está acostumbrado, que coma y beba de forma distinta a la que le gusta, que dedique su tiempo libre a ocupaciones que detesta, que ponga su persona a disposición de aventuras que rechaza, que niegue su pasado y su propio yo y, en especial, que, al hacer todo ello, muestre continuamente un entusiasmo y agradecimiento máximos** (…)"(Negrillas y subrayado nuestro)[95]

Barquisimeto, junio de 2017.

95 Haffner, Sebastian. *Historia de un alemán. Memorias 1914-1933. (Traducción de Belén Santana).* Barcelona, Ediciones Destino, 2009, pp. 11-12.

Quinta Parte
ALGUNOS ARTÍCULOS DE OPINIÓN

FRAUDE CONSTITUCIONAL INACEPTABLE

Oswaldo Álvarez Paz[1]:

Comparto la difundida afirmación de los más calificados juristas venezolanos. La pretendida constituyente anunciada por Nicolás Maduro es un fraude integral tanto en la forma como en el fondo. La inmensa mayoría de los constitucionalistas venezolanos, los Colegios de Abogados del país, las autoridades universitarias con especial referencia a las Facultades de Derecho y casi todos los gremios profesionales han declarado en la misma dirección. Es la Nación rechazando otra maniobra de dominación de quienes tienen el control circunstancial del Estado. Esta vez mucho más grave que las permanentes arremetidas en contra de los derechos elementales de los ciudadanos.

No voy a repetir innecesariamente los razonamientos bastante promocionados para desnudar el fraude gubernamental. Destacaré sólo el hecho de que además de tratarse de una maniobra continuista, en el fondo destruyen el legado político del difunto Hugo Chávez y anuncian la liquidación de "la mejor Constitución del mundo", como él calificaba a la de 1999. Por supuesto que se trata de una exageración propia del estilo de aquel extraño personaje inimitable en sus exageraciones y agresiones. Lo cierto es que nada de lo anunciado por Maduro se enmarca dentro de los propósitos que el constituyente señaló a los temas específicos que pueden ser sometidos a una Constituyente. El actual encargado de dirigir al Estado está mal, muy mal y camina hacia peor. Haría bien cuidándose las espaldas y los lados. Le han perdido la confianza muchos de sus cercanos "colaboradores" civiles y militares. Sienten que se les derrumba el mundo. La incertidumbre con relación a sus personas y familias, a las riquezas bien o mal habidas y a las reacciones legítimas o

1 En http://noticiasvenezuela.info/2017/05/oswaldo-alvarez-paz-fraude-constitucional-inaceptable/

exageradas de quienes asuman el poder a corto plazo, los obliga a pensar en lo que deben hacer para salir de la situación actual.

Un apreciable número de compatriotas trabaja desde hace varios años en la idea constituyente originaria, pero con ideas claras y criterios certeros de lo que debe hacerse para la reconstrucción institucional de la República y el relanzamiento de un sistema verdaderamente federal y descentralizado, integrad por Estados y Municipios verdaderamente autónomos que liquide el centralismo presidencialista de antes y de ahora hoy convertido en putrefacto régimen de ineficiencia y corrupción. Los amigos de la Alianza Nacional Constituyente con quienes me identifico, no pueden caer en la trampa de un peligroso debate para ver cual "constituyente" es mejor, si la de Maduro o la necesaria para adelantar los importantes proyectos elaborados con dedicación y esfuerzo.

En este momento la lucha es en la calle contra la represión y el crimen, por la libertad de los presos, perseguidos, torturados y exilados políticos. Es decir para provocar el cambio de régimen que debe iniciarse con la salida de Maduro en nombre de la Libertad y los principios generales de la democracia.

8 Mayo, 2017

LA CONSTITUYENTE

Eduardo Fernández[1]

Lo que los venezolanos queremos es un cambio de gobierno y un cambio de las políticas que nos han conducido a la tragedia que estamos viviendo.

Todos lo hemos dicho. Reiterarlo no es ocioso. El problema de Venezuela no se resuelve con una asamblea constituyente. Al contrario, esa maniobra complica más todavía la crisis nacional. No resuelve ninguno de los problemas que tenemos y los agrava todos.

La convocatoria a la Constituyente, de la manera que la propone el gobierno es inconstitucional. Eso está claramente razonado y demostrado por la opinión unánime de los juristas más destacados del país. El gobierno pretende a través de la constituyente perpetuarse en el poder y concentrar, más todavía, el poder absoluto en sus manos.

En 1999, cuando Hugo Chávez propuso convocar una asamblea nacional constituyente, me pronuncié en contra de esa propuesta y la denuncié por inconstitucional, innecesaria, imprudente, inconveniente e inoportuna. Estoy convencido de que estuve en lo correcto. Chávez no quería una constituyente para redactar una nueva carta magna. Lo que quería era el poder absoluto y lo consiguió. El origen de todos nuestros males institucionales está en aquella constituyente.

Frente a esta nueva convocatoria repito mis argumentos. La convocatoria es inconstitucional, pero, además, es innecesaria, imprudente, inconveniente e inoportuna. El gobierno ha perdido el apoyo de la opinión pública. Todas las encuestas indican que el gobierno perdería cualquier elección democrática a la que se someta.

Lo que hay que hacer con la Constitución no es cambiarla, sino cumplirla. Y el cumplimiento de la Constitución supone que el gobierno se someta al calendario electoral previsto en la Constitución y se disponga a someterse al veredicto popular. En tiempos de la República Civil, los gobiernos ganaban y

1 http://www.ifedec.com/category /articulos/eduardo-fernandez/

perdían elecciones y los resultados se respetaban escrupulosamente. Leoni le entregó a Caldera en 1968 y Caldera le entregó a Carlos Andrés Pérez en 1974 y así sucesivamente.

Respeto al carácter alternativo del gobierno nacional. Respeto a la Constitución y respeto a la cultura democrática que aconseja y ordena el acatamiento a la voluntad de la mayoría expresada en elecciones universales, directas y secretas.

La crisis nacional se agrava por todos lados. El hambre, el desabastecimiento, la inseguridad, la crisis económica y social, la confrontación política. Todo aconseja una respuesta inteligente por parte de nuestro liderazgo político. Convocar a la Constituyente no es lo que el país está esperando y reclamando. Lo que los venezolanos queremos es un cambio de gobierno y un cambio de las políticas que nos han conducido a la tragedia que estamos viviendo.

Todavía estamos a tiempo.

26-5-2017

LA ASAMBLEA CONSTITUYENTE

Carlos Canache Mata[1]

El artículo 347 de la CN dice que *el pueblo de Venezuela... puede convocar una Asamblea Nacional Constituyente (ANC) con el objeto de transformar el Estado..., y el artículo 348 ejusdem dice que la iniciativa de convocatoria a la ANC podrá tomarla, entre otros, el Presidente o Presidenta de la República en Consejo de Ministros.* **Está clarísimo que Maduro solo puede solicitar la convocatoria, pero que quien puede hacer la convocatoria propiamente dicha es el pueblo.**

¿Cómo el pueblo hace esa convocatoria? Mediante un referendo consultivo (art. 71 de la CN.) Ese fue el mecanismo que aplicó Chávez cuando en su decreto del 2 de febrero de 1999 requería en la pregunta primera del referendo consultivo: *¿Convoca usted una ANC con el propósito de transformar el Estado...* Se equivoca, pues, el gobierno de Maduro si pretende prescindir de esa consulta al pueblo que, como lo enfatiza la Constitución actual, es el que puede hacer la convocatoria a la Asamblea Nacional Constituyente, distinta a la simple iniciativa presidencial.

En lo que respecta a las condiciones o ***bases comiciales*** para elegir a los constituyentes, Chávez pretendía que el pueblo lo autorizara a fijarlas, como lo pedía en la pregunta segunda de su decreto: *¿Autoriza usted al Presidente de la República para que mediante un acto de gobierno fije, oída la opinión de los sectores políticos, sociales y económicos, las bases del proceso comicial en el cual se elegirán los integrantes de la ANC?*. Por decisión del 18-3-99 de la Sala Político Administrativa de la Corte Suprema de Justicia se declaró que dicha pregunta segunda era inconstitucional por aquella solicitud de *delegación* al Presidente y, al anularse, se ordenó al CNE reformularla y, en definitiva, en el referendo consultivo del 25 de abril de 1999, esa pregunta segunda que se le hizo al pueblo, ya modificada, fue la siguiente: *¿Está usted de acuerdo con las bases propuestas por el Ejecutivo Nacional para la con-*

1 http://www.pedromogna.com/carlos-canache-mata-carloscanachema-%E2%80%8F-la-asamblea-constituyente/

vocatoria de la Asamblea Nacional Constituyente, examinadas y modificadas parcialmente por el Consejo Nacional Electoral..?

En ese entonces, el Máximo Tribunal no estaba subordinado al Ejecutivo. Ahora el gobierno de Maduro cree que la convocatoria de la ANC que propone y las bases comiciales correspondientes, no necesitan que las apruebe el pueblo en un referendo consultivo. Y como actualmente el Máximo Tribunal no es independiente, se irrespeta la Constitución.

4 Mayo, 2017

"LA GRAN SORPRESA"

Hildegard Rondón de Sansó [1]

El Jefe de Estado le anunció al país que, el 1 de mayo, "Día Internacional del Trabajo", le tendría una "gran sorpresa", la cual ha quedado develada y, no debería denominarse "Gran Sorpresa" sino "Gran Infortunio"; "Gran ataque contra la tranquilidad pública; contra el régimen vigente en el Estado; contra el ordenamiento jurídico que nos rige y contra la actual Constitución".

En efecto, desde la vigencia de la Constitución actual, hemos venido señalando en diferentes artículos, conferencias y estudios, que el haber consagrado la figura de la Asamblea Nacional Constituyente, significó para el creador de dicho texto un auténtico "autogol", es decir, una puñalada en contra de los principios que erigiera en la Constitución Bolivariana promulgada en 1999. En efecto, la definición que la norma hace de la Asamblea Nacional Constituyente no esconde ni minimiza ninguno de sus poderes, que son nada más y nada menos los de: transformar el Estado; derogar el ordenamiento jurídico vigente; y, redactar sobre bases completamente ignoradas por el texto que nos rige, una nueva Constitución.

El Capítulo III del Título IX de la Constitución Bolivariana, que se denomina "De la Reforma Constitucional", contempla cuatro artículos que consagran la previsión de una Asamblea Nacional Constituyente. El primero de estos artículos, el 347, pareciera limitar el poder de convocatoria de la Asamblea Nacional Constituyente "al pueblo de Venezuela por ser el depositario del poder constituyente originario". De inmediato, sin embargo, el artículo 348 faculta a otros poderes para asumir la iniciativa de la convocatoria, indicando como tales al Presidente de la República en Consejo de Ministros; a la Asamblea Nacional, mediante acuerdo de las 2/3 partes de sus integrantes y a los Concejos Municipales en Cabildo, mediante el voto de las 2/3 partes de los mismos. Además, el 348 pareciera perfeccionar la facultad acordada al pueblo de Venezuela en el 347, al señalar que ese "pueblo de Venezuela" que se tiene como "depositario del poder constituyente originario", tiene que estar

---

1 9-5-2017, en *aporrea.com*, en https://www.aporrea.org/actuali-dad/n308207.html

representado por el 15% de los electores inscritos en el Registro Civil y Electoral.

Indudablemente que, los artículos 347 y 348 se contradicen y que además, resultan absurdos en su conjunto, por cuanto no se puede otorgar una facultad como lo es la de convocar a una Asamblea Nacional Constituyente, fundado en el hecho de que el titular de la misma es "el depositario del Poder Constitúyete Originario" y de inmediato, en el artículo siguiente, agregar nuevos órganos facultados para la convocatoria y al mismo tiempo, reducir la potestad acordada al "depositario" del poder constituyente, limitándolo a un 15% de los electores.

¿Qué pasó por la mente del constituyente del 99, cuando a diferencia de todas las constituciones anteriores que han regido en Venezuela desde la de 1811 hasta la de 1961, eludieron la consagración de un régimen de convocatoria de la Asamblea Nacional Constituyente? La prudencia, el buen sentido de eludir un tema tan peligroso estuvieron presentes en nuestros constituyentes anteriores y, asimismo, de los que han operado en el ámbito del Derecho Constitucional Comparado, porque la imperdonable normativa del Capítulo III del Título IX no produce beneficio alguno, sino que es el origen natural de toda clase de dudas e incongruencias.

Para hacer una convocatoria a una Asamblea Nacional Constituyente, además del sometimiento a una supuesta normativa, tiene que existir una razón real, objetiva, histórica que la justifique. No es posible que un gobierno que ha proclamado su atención y obediencia a la Constitución actual, fruto de las ideas del líder máximo que lo propiciara, de pronto declare que ese régimen debe ser transformado totalmente (transformar al Estado) y que esa normativa debe ser modificada por un nuevo régimen que tenga lineamientos totalmente diferentes, por lo cual es necesario revocar el texto vigente y sobre sus cenizas erigir uno totalmente diferente a sus pautas y regulaciones.

Es indudable además que un país que se encuentra acosado por problemas económicos, financieros, políticos y morales de gravedad, asuma una tarea que es más comprometedora que todas las restantes y que significa una erogación inmensa, por cuanto la sola reunión de la Asamblea Constituyente exige de recursos muy elevados, pero más aún, lo requieren las transformaciones que se realicen sobre la base de extinguir el pasado y construir un sistema totalmente diferente y novedoso. Tener una Asamblea Constituyente en plena actuación es de un costo enorme para el Estado que, además, de ser costo económico, es un costo de actividad por cuanto con ella se paralizan todas las previsiones de actuación inmediata.

Uno se pregunta ¿cuál es la razón de una medida que en forma alguna puede dar beneficio al Estado? Solo se encuentra una respuesta en el artículo 349, encabezamiento, cuando señala el carácter dictatorial, tiránico de las decisiones de la Asamblea Nacional Constituyente, ya que la norma establece que "los poderes constituidos no podrán en forma alguna impedir las decisiones de la Asamblea Nacional Constituyente". Se trata, en consecuencia, de eliminar la fuerza de los cinco poderes existentes en la Constitución para consagrar el predominio de un nuevo y único representado en la Asamblea Nacional Constituyente.

Es indudable que el artículo 349 está pensado para una Asamblea Constituyente que ha elaborado ya una nueva Constitución contra la cual, no pueden operar las fuerzas anteriormente existentes, pero esta interpretación que es la más lógica, no será justamente la que se aplicará para una Asamblea que, al constituirse, apagará el derecho del ejercicio de poderes preconstituidos que están destinados a desaparecer. Mayor desastre no puede darse en momentos como el presente y lo grave de todo es la inexistencia de un organismo jurisdiccional que opere como salvaguarda de esas bases de la Constitución actual contenidas en el Título I, bajo la denominación de "Principios Fundamentales". Se trata de nueve artículos que deberían preservarse por encima de todo pero que van a caer bajo la misma fuerza que está destinada a destruir el restante articulado, Esos artículos son los siguientes:

Artículo 1: relativo a la libertad e independencia de Venezuela y su fundamentación en los principios de libertad, igualdad, justicia y paz internacional. Asimismo, la facultad irrenunciable de la Nación, a la independencia, la libertad, la soberanía, la inmunidad, la integridad territorial y la autodeterminación.

La previsión del artículo 2 que califica al Estado venezolano como democrático y social de derecho y de justicia, con un ordenamiento jurídico en el cual se preserva la vida la libertad, la justicia, la igualdad, la solidaridad, la democracia, la responsabilidad social, la preeminencia de los derechos humanos, la ética y el pluralismo político.

Las bases del Estado contempladas en el artículo 3 que son la defensa y desarrollo de la persona; el respeto a su dignidad; el ejercicio democrático de la voluntad popular, la construcción de una sociedad justa y amante de la paz; la promoción de la prosperidad y bienestar del pueblo y la garantía de los principios y derechos consagrados en la Constitución .Todo lo anterior en base a la educación y el trabajo como procesos fundamentales para la obtención de los fines.

La forma del Estado consagrada en el artículo 4 que lo califica como federal, descentralizado y regido por los principios de integridad territorial, cooperación, solidaridad, concurrencia y co-responsabilidad.

El principio de soberanía y la forma de su ejercicio consagrado en el artículo 5. Las reglas que rigen el gobierno de la República constituidas por la democracia, la participación, el sistema electivo, la descentralización, el sistema alternativo, la responsabilidad, el carácter pluralista y los "mandatos revocables". A todo ello se agrega las características de los signos nacionales comprendida. La bandera el escudo, el idioma

Todo lo anterior se desvanece ante la facultad omnímoda de una Asamblea facultada para transformar el Estado, modificar el ordenamiento jurídico y redactar una nueva Constitución.

¿Cuál podía ser la vía posible para detener esta fuerza arrolladora en contra de la Constitución? En nuestro criterio, solo el Tribunal Supremo de Justicia a través de su Sala Constitucional puede detenerla, operando en base a lo dispuesto en el artículo 335 y a las atribuciones enunciadas en el artículo 336. Su constitución para decidir; su postura de respeto al derecho sería la mejor forma de Dignificar la Justicia Constitucional.

BOICOT A LA CONSTITUYENTE COMUNAL

Froilán Barrios Nieves

Movimiento Laborista

El contenido de las bases comiciales maduristas impuestas ante el CNE el pasado 23/05/ 2017, descubren la verdadera intención del régimen con su convocatoria a la fraudulenta Constituyente Comunal, que no es otra sino evadir al saberse perdedor, toda elección universal en el marco de la vigente CRBV, e implantar el Estado Comunal así sea aplicando la paz de los cementerios.

La propuesta del régimen aprobada a velocidad cibernética por el organismo electoral, resalta violaciones de todo género de principios constitucionales, en referencia al voto universal y la proporcionalidad, a la condición de libertad del voto y la preeminencia sectorial de grupos sociales sobre el resto de la población.

En esta oportunidad solo haré referencia al tema de la universalidad y proporcionalidad del voto. El texto de marras se enjabona con el latiguillo del voto universal, cuya traducción en el ordenamiento constitucional y jurídico internacional, es un ciudadano, un voto y traducido a nuestro país, vale igual el voto de un ciudadano de Araure en Portuguesa, al voto de un parroquiano de los Palos Grandes en Caracas. Pues bien, así no está consagrado en las bases comiciales, cuyo texto establece que de los 545 constituyentes, 364 serán representantes territoriales definidos a partir de 1 diputado por cada uno de los 335 municipios, con la salvedad de los municipios capitales que eligen 2. Con este criterio se viola absolutamente la condición del voto universal y proporcional. Veamos con el siguiente ejemplo, como quedaría la representación por entidad.

Con este criterio municipal identifiquemos la absurda relación de electores por diputado constituyente. El Dtto. Capital de 1.638.451 electores elige solo 7 diputados, entre tanto el Edo. Amazonas de 102.448 electores elige 8 diputados o el caso de Delta Amacuro con 116.972 votantes elige 5 diputados, el Edo. Cojedes de 236.614 electores elige 10, el Edo. Zulia de 2.404.004 electores elige 22. Veamos el ejemplo del Edo. Anzoátegui, en el caso del Municipio San Juan de Capistrano (Boca de Uchire) de 7.092 electores elige un diputado y el Municipio Sotillo (Pto. La Cruz) de 172.059 electores elige 1 diputado, entre tanto el Municipio Bolívar (Barcelona) de 280.073 electores elige 2 diputados por ser capital.

Es evidente la intención de controlar la votación por municipio, ya que el régimen mantiene una relación clientelar con las 335 alcaldías del país, p.e. el Edo. Falcón con 25 alcaldías y 663.287 votantes, elige 26 constituyentes, el Edo. Táchira de 828.960 electores y 29 alcaldías elige 30 constituyentes y el Edo. Mérida de 596.211 electores y 23 alcaldías, elige 24 diputados. Y de esta manera podemos hacer el ejercicio con cualquier estado y municipio del país, y podremos verificar el dantesco fraude que se prepara.

Igualmente en estas bases comiciales se viola el concepto originario de la representación proporcional establecido en el artículo 63 de la CRBV, a saber: "...La Ley garantizará la personalización del sufragio y la representación proporcional.." al éstas establecer de facto la uninominalidad absoluta, ya que un solo factor político en un estado podría obtener la totalidad de los constituyentes electos, en perjuicio del factor perdedor y de los votos que obtenga, al dejarlo sin opción a representación alguna, en lugar de aplicarse por ej. el criterio más usado el conocido método de Hond, que conduce a la adjudicación proporcional de puestos.

En definitiva si dejamos que se perpetre este delito fraguado por los laboratorios de la maldad, cuya guarida es Miraflores y su sucursal las Torres del Silencio, el régimen madurista superaría la aborrecible trampa del apartheid en Suráfrica donde el voto de 1 blanco valía por el de 2 ciudadanos de color. Por tanto, no perdamos tiempo, nos quedan pocos días, para que todas las fuerzas democráticas del país organicemos el boicot a la Constituyente Comunal, de hecho un 80% la rechaza contundentemente, e impidamos el crimen político más gigantesco de la historia del continente americano.

DICTADURA DEL SIGLO XXI O LAS MALDADES CONSTITUYENTES

Eduardo Semtei[1]

El llamado a una Asamblea Nacional Constituyente hecha por el Presidente Maduro en contra de la opinión del 85% del país es cuando menos una locura. Una provocación infinita. Una burla total. Aquí se perdió la decencia. Ni siquiera el chavismo la aprueba por unanimidad. Lean a Maripili Hernández y a Javier Biardeau, o mejor dicho, léanlos. La moral se fue de viaje. La decencias se escondió en un reducto. El CNE terminó de podrirse. La Defensoría, tal como lo dijo la ex defensora Gabriela Ramírez, defiende solo los intereses de Tarek y alimenta sus periplos y viajes. Las academias, las universidades, los colegios profesionales, los sindicatos denuncian el proceso como vil, inválido, inconstitucional, antidemocrático. La Fiscal General advierte lo peligroso del asunto. Muchos ex constituyentes del 1999 gritan su voz de alarma. El Contralor solo cacarea cuando informa sobre la inhabilitación de algún dirigente opositor. Las protestas se multiplican. La humanidad entera clama por un proceso electoral sincero y de consenso. La comunidad internacional advierte que la ANC solo aumentará la conflictividad y recomienda al gobierno sentarse a dialogar sobre elecciones, equilibrio de poderes, presos políticos y ayuda humanitaria. El sector militar se compromete cada día más con las arbitrariedades y aberraciones del poder. Entonces ¿Cómo es que sabiendo que Raimundo y todo el mundo rechaza este llamado agónico del Jefe del Estado, ellos tienen la creencia que pueden ganarlo? Anjá: Por las trampas prostituyentes, digo, constituyentes.

1. Se anuncia el proceso como justificación nacional e internacional de que el gobierno si escogió la vía electoral.

2. Se suspenden en su nombre las elecciones verdaderas, las previstas, no las traídas por los cabellos como la ANC. El CNE en forma infinitamente irresponsable suspende las elecciones de gobernadores por un año y las muni-

---

1 http://runrun.es/opinion/311561/dictadura-del-siglo-xxi-o-las-maldades-constituyentes-por-eduardo-semtei.html

cipales en forma indefinida. Sobre las conciencias de las Cuatro Damas del Patíbulo penden docenas de muertos y miles de heridos. Y ellas sabiendo de toda la violencia que desata la suspensión de los procesos electorales previstos y la improvisación de uno nuevo, se limitan a bailar samba con el Presidente.

3. El tiempo entre el anuncio del Presidente del llamado a una ANC y la aprobación por parte del CNE se concreta en horas mientras que las elecciones regionales que correspondían en octubre de 2016 son diferidas más de un año.

4. El Gobierno estuvo tras bastidores y desde octubre del año 2016 con la complicidad del CNE preparando toda la documentación que el CNE pediría 8 meses después. Tuvieron 8 meses preparando firmas, documentos, listados, candidatos, procedimientos etc. Y la oposición nada sabía de esta emboscada.

5. El tiempo tan corto entre el anuncio del Presidente y la aprobación por parte del CNE en cuanto se refiere a la presentación de candidatos, 5 días, en el proceso de preinscripción, es imposible de cumplir para la oposición que debe ir a elecciones primarias luego de seleccionar sus candidatos por cada municipio. Este proceso cuando muy rápido puede tardar 60 días y requiere del apoyo del CNE que de una vez lo negó.

6. Los distintos llamados a inscribirse por el Carnet de la Patria o al listado CLAP, o a cualquiera de los otras jornadas oficiales, con el uso y abuso de todos los bienes materiales y de personal del gobierno central, gobernaciones y alcaldías chavistas, eran de verdad la recolección oscura y enmascarada de las firmas para el apoyo a las candidaturas del gobierno. Son los mismos listados, los del carnet patriótico y del Clap, los que servirán de respaldo a los candidatos oficiales, mientras que la oposición no sabe siquiera donde buscar los apoyos a los catalogados como diputados sectoriales.

7. Desaparece la base electoral, la relación entre el número de electores y el número de diputados. Se rompe la sagrada armonía y proporcionalidad de representación de las mayorías y peor aún para las minorías. El municipio Sucre del Estado Mirando puede tener 500.000 electores y algún municipio pequeño del Estado Amazonas unos 5.000 electores. Ambos municipios tienen derecho a un diputado. Todo ello con el objetivo fundamental de garantizar que en todos los municipios pequeños donde la alcaldía y la gobernación y claramente el poder central, estén en manos de Maduro y su grupete, ellos tendrán el control del aparato público para la manipulación, la amenaza, la vigilancia y el chantaje funcional contra los electores y así lograr la mayoría de diputados aunque representen menos del 15% de la población general.

8. El Gobierno sabiendo que todas las capitales de estado son mayoritariamente opositoras y en procura de sacar ventaja y provecho, decreta que los municipios capitales eligen dos diputados, es decir, uno para la oposición y uno para el gobierno. Reitero, en los municipios pequeños y manipulables un diputado para el gobierno por manipulación, amenaza y chantaje, en los grandes, donde siempre gana la oposición, dos diputados para que se repartan uno

y uno. En Caracas son 7 diputados territoriales, nadie sabe de dónde salió esa cifra.

9. Se inventan los diputados sectoriales sin que haya precedente alguno en la historia electoral venezolana ni latinoamericana de un procedimiento tan ventajoso y deformante de los principios democráticos.

10. Nadie conoce los listados de los electores que conforman el padrón para la elección de los diputados sectoriales. Solo el gobierno que los viene organizando y preparando desde que se suspendieron las elecciones de gobernadores. Tienen 8 meses en esa conspiración.

11. El número de firmas de apoyo es exagerado. Para que los partidos mantengan su vigencia deben obtener el 1% de la votación. En este mal habido proceso de validación se les solicitó el 0.5% de las firmas de electores por lo menos en 12 estados, es el caso, que para ser candidato a la constituyente deben obtener del 3% de las firmas del municipio.

12. La tradición democrática, histórica y universal de los derechos políticos y la existencia de los partidos se elimina de un plumazo, pues los partidos no pueden presentar candidatos. No pueden postular. Desaparecieron de pronto. Solo hay iniciativa propia. Este nuevo fenómeno fascista de la eliminación solapada de los partidos políticos es una de las peores maldades y maniobras del llamado a la prostituyente.

13. Otra de las violaciones más flagrantes y aborrecibles es la eliminación de las elecciones universales, directas y secretas que es un principio sacrosanto de la democracia. Al existir 181 diputados sectoriales se hace evidente, totalmente de bulto que no son universales, son sectoriales, pues sectorial y universal son palabras antónimas. Qué dice la RAE. Universal: Que es relativo al universo. Lo comprende todo. Sectorial. Relativo a un sector.

14. Este número de firmas es alarmante. No se sabe quién puede postular a los posibles candidatos sectoriales. Es un misterio sin resolverse. Los territoriales pueden postularse por iniciativa propia, los sectoriales no se sabe aún. Por ejemplo, en cuanto a los pensionados que comprende un listado de unos 2.300.000, según los cálculos del gobierno, el 3% de ellos supone unas 69.000 firmas. ¿Cómo, dónde, cuándo puede una persona recolectar 69.000 firmas de pensionados? ¿Va de casa en casa y pregunta si hay algún pensionado cerca? ¿Los convoca a un estadio de baseball? ¿Por Facebook? Y así sucesivamente. De comienzo tienen la posibilidad de robarse los 181 diputados sectoriales y para obtener la mayoría de la ANC le faltarían 92 para un total de 273. 92 es el 28% del total de municipios. Los discapacitados tienen una base de 450.000 electores aproximadamente, el 3% representa 13.500 firmas. ¿Qué hacer? ¿Recoger la firma de todos los que estén en silla de ruedas por todo el país? Sin el apoyo del Estado cómo puede una persona recolectar 13.500 firmas de discapacitados en toda la nación.

15. El presidente Maduro anuncia sin titubeos lo que debe hacer el CNE en cuanto al número de días o jornadas electorales. El Presidente Maduro no el CNE, el Poder Ejecutivo no el Electoral, dice que serán dos días distintos

para elegir territoriales y sectoriales, esto es simple, la votación sectorial es compleja y requiere de una movilización general, nacional y especial, de todo el aparato público: gobierno central, estados y municipios con todos sus recursos materiales y de personal que no puede hacerse el mismo día de una elección general pues la haría disfuncional, así que el PSUV tienes dos días para hacer el mandado.

Hasta aquí un pequeño inventario de las maldades y maniobras de la prostituyente. Usted puede agregar la suya.

Lo que si es cierto que si fuera una elección universal, directa y secreta y proporcional en cuanto a la base electoral, que cada diputado se eligiera con una cantidad de votos similares, la paliza que le daríamos sería pulverizadora. Polvo cósmico. Aún con este grupo de trampas y zancadillas el gobierno no estaba seguro de ganar las elecciones en el caso que la oposición hubiera decidido participar.

29-5-2017

OTRO GOLPE DE ESTADO EN VENEZUELA, EL DE LA LUCENA

Asdrúbal Aguiar[1]

Me resisto a toda consideración jurídica y formal sobre el nuevo golpe de Estado que, en sucesión del acometido por la Sala Constitucional del Tribunal Supremo de Justicia y les cuesta sanciones individuales internacionales a sus jueces por enemigos de la democracia, ahora llevan a cabo las rectoras electorales, suertes de "tarazonas" de Nicolás Maduro. Algunos se dejan traicionar por el leguleyismo, arguyendo su nulidad de pleno derecho, como si acaso un golpe constitucional fuese algo jurídicamente debatible, antes que aceptación oblicua del macabro juego de la dictadura.

La convocatoria por este de una suerte de constituyente comunal a fin de apalancarse en el poder por sobre la sangre de los centenares de muertos y heridos que ya deja a la vera su labor represora: su masacre de jóvenes que representan el futuro del país, y la autorización por aquellas del esperpento electoral que desde ahora organizan a la medida de quien se encuentra incurso en crímenes contra la humanidad, quedará registrada dentro de las ignominias ocurridas en la historia republicana de las Américas.

Las innombrables Tibisay Lucena, Sandra Oblitas, Socorro Hernández y Tania D'Amelio habrán de responder por este otro acto de violencia contra la soberanía popular venezolana y contra la mayor conquista democrática alcanzada por esta desde la Constituyente de 1947, a saber, el derecho al voto universal, directo y secreto, es decir, un voto, una persona, y un derecho al voto para todas las personas, sin distinciones ni separaciones de origen u oficio.

Esa regla tan elemental, que incluso respeta en su momento la heterodoxa constituyente que organizara Hugo Chávez Frías en 1999, padre de nuestra tragedia actual y causante del felón quien ahora entierra sin honores su obra constitucional, desaparece por obra de las inefables rectoras, por meras cagatintas de la dictadura.

---

1 correoaustral@gmail.com

Que Maduro invoque artículos y los manipule con aviesa conducta de estafador de la legalidad, pues manda dentro de un régimen de la mentira –diría Piero Calamandrei– y le hace decir a la Constitución y las leyes lo que no dicen ni permiten, en modo alguno purifica lo que es, repito, un atentado al orden democrático, una ruptura del pacto que nos rige a los venezolanos, un golpe de Estado más, tan simple como eso.

Intentar crear una asamblea de comunas a la medida, con representantes de grupos sociales escogidos a dedo por el dictador –en una suerte de mal calco del corporativismo de estirpe fascista mussoliniana– a fin de, otra vez y por enésima vez, refundar la república y nuestro sistema constitucional, implica, sin lugar a dudas, la continuación, ahora a manos de la rectoras electorales, del golpe sistemático de Estado que ejecuta desde diciembre de 2015 el cártel que ha secuestrado a Venezuela. Y no exagero ni vilipendio, a pesar de que aquel y estas arguyan que la imponen como un camino "para la paz que nos merecemos", a saber, la paz de los sepulcros que abren a diario en todos los cementerios de Venezuela.

El prestigioso The Washington Post ha sentenciado, no por azar, que "Venezuela está gobernada por el más poderoso cártel del mundo".

Lo esencial salta a la vista, como razonamiento elemental. Si la Lucena, directa responsable, junto a sus colegas, de la prohibición de una salida constitucional y electoral oportuna –el referendo revocatorio y la elección de gobernadores– que conjurase la violenta crisis que provoca el golpe de Estado ejecutado por los jueces constitucionales para desconocer a la Asamblea Nacional y sus competencias de control y de legislación, ahora hablan de elecciones a la "medida" para que se logre la paz, ellas son las responsables de la masacre que ejecuta Maduro. Los muertos, heridos, torturados y presos tienen como agentes materiales a guardias nacionales, policías bolivarianos y grupos paramilitares; pero la espoleta de la granada que mancha de sangre inocente la geografía patria es el efecto de las prohibiciones de CNE, negando y posponiendo "sine die" los actos electorales constitucionalmente previstos, para salvar a la cabeza del narco-andamiaje en que ha mudado el Estado venezolano.

En suma, lo que al término cabe señalar como corolario es que si Maduro enloqueció por incapaz de pagar el costo de su salida junto a sus colaboradores, implicados en crímenes de tráfico internacional de drogas al que se suman los asesinatos del pueblo que han aprisionado a la manera de escudo protector, son responsables de todo ello las rectoras del CNE. Son culpables de la tragedia que nos enluta, por serviles, por indignas de ocupar las sillas de un poder del Estado cuya autonomía relajaron para entregarlo a manos del despotismo criminal e iletrado.

Les llegará su ergástulo, a manos de la justicia, cuando venga de regreso, muy pronto. No podrán dormir hasta entonces.

junio 1, 2017

EL DERECHO AL REFERENDO Y LA SALA CONSTITUCIONAL

Jesús M. Casal H.[1]

La Sala Constitucional del Tribunal Supremo de Justicia resolvió en su sentencia N° 378, del 31 de mayo de 2017, que no es necesario efectuar un "referendo consultivo" para que el pueblo se pronuncie sobre la convocatoria a una Asamblea Nacional Constituyente efectuada por el Presidente de la República. Esta decisión implica una franca regresión democrática y una vulneración a nuestros derechos como ciudadanos de la cual debemos ser conscientes.

En 1999 la Sala Político Administrativa de la Corte Suprema de Justicia, en sentencia del 19 de enero, declaró que todo ciudadano tiene un derecho al referendo que cobra especial significación cuando se trata de ejercer el poder constituyente. Ello permitió, junto a otros argumentos, que el pueblo convocara ese mismo año, mediante referendo, una Asamblea Nacional Constituyente que no estaba prevista en la Constitución de 1961. Nada dice la sentencia reciente de la Sala Constitucional sobre estos fundamentos de aquella decisión del 19 de enero de 1999, lo cual no es casual. Se trata de ocultar la privación de derechos que el pronunciamiento judicial supone.

En 1999 se realizó dicho referendo previo a la Constituyente no solo porque ello era imprescindible ante la inexistencia de esta figura en la Constitución de 1961, como afirma la sentencia N° 378 de la Sala Constitucional, sino también porque el pueblo es el titular del poder constituyente y le corresponde decidir sobre su ejercicio. Sin embargo, la Sala Constitucional sostiene que, como en la Constitución de la República Bolivariana de Venezuela sí hay una regulación sobre la Asamblea Nacional Constituyente, actualmente no sería indispensable consultar al pueblo, mediante referendo, acerca de su convocatoria. Esto es un contrasentido, pues el reconocimiento expreso del derecho del pueblo a convocar una Asamblea Nacional Constituyente, que se desprende de los artículos 5, 62 y 347 de la Constitución, no puede traducirse

1 *El Universal*, 2-6-2017.

en su supresión. El derecho antes tácito y ahora expreso ha desaparecido en virtud de esta sentencia, pese a lo categórico del artículo 347 y a la intención de los constituyentes.

INTENCIÓN DE LOS CONSTITUYENTES

No es cierto, como asegura la sentencia, que la propuesta de que el pueblo efectuara tal convocatoria mediante referendo fue rechazada durante la elaboración de la Constitución de 1999. Al respecto la sentencia asevera que "en el Diario de la Constituyente, esta Sala observó que en el desarrollo del debate correspondiente, la propuesta del Constituyente Manuel Quijada de que el pueblo pudiera convocar a la Asamblea Constituyente mediante un referéndum, fue negada". Es objetable que la Sala haga esta referencia parcial y descontextualizada de la discusión que sobre el tema mantuvieron los constituyentes de 1999. ¿Por qué no dice la sentencia que el planteamiento de hacer un referendo previo a la Asamblea Nacional Constituyente no fue de Manuel Quijada sino originalmente del Presidente Hugo Chávez, en sus *Ideas fundamentales para la Constitución Bolivariana de la V República*, lo cual luego se recogería en el Anteproyecto de Constitución sometido a deliberación de la Asamblea Nacional Constituyente? ¿Por qué no apuntó la Sala que la propuesta de Manuel Quijada que fue negada fue la de una redacción alternativa que propuso a lo que hoy es el artículo 347 de la Constitución, no al artículo posterior del Anteproyecto que aludía al referendo por medio del cual el pueblo podía convocar la Asamblea Nacional Constituyente? La verdad es que el artículo relativo a este referendo fue finalmente eliminado pero no a raíz de la propuesta de Manuel Quijada sino porque se estimó que algunas disposiciones del articulado considerado podían coartar al poder constituyente del mañana (el de 100 ó 200 años después, se vislumbraba) pero siempre bajo la idea de que debía preservarse el protagonismo popular en materia de poder constituyente. Nunca se discutió ni aprobó que el Presidente la República u otros poderes constituidos asumieran la facultad del pueblo de convocar la Asamblea Nacional Constituyente y definir sus bases comiciales.

El propósito fallido de la Sala Constitucional de dar fundamento a la supresión de derechos que su sentencia implica y su búsqueda con sesgo y pinzas de frases del Diario de Debates que puedan sustentarla dejan en todo caso sin responder una cuestión medular: ¿Cómo es posible que el silencio, respecto de la soberanía popular y sus consecuencias, en una parte del articulado constitucional comporte la negación de ese principio en el momento más trascendental de la participación democrática, como lo es el proceso constituyente? ¿Con esa forma de razonar, hubiera sido posible convocar la Asamblea Nacional Constituyente en 1999?

LIMITAR O HACER VALER EL PODER CONSTITUYENTE

Otros alegatos vertidos en la sentencia para respaldar su conclusión son rebatibles con mayor facilidad. Así, se aduce, evocando supuestamente a los redactores de la Constitución que "la Constitución no puede limitar la Asamblea Constituyente, pues, al ser ésta la expresión directa de la soberanía popular, no admitía limitaciones". Pero lo cierto es que exigir un referendo para que el pueblo convoque la Constituyente no es limitarla, sino asegurar que sea expresión auténtica de la soberanía popular. Cómo puede serlo una Asamblea Nacional Constituyente convocada sin el pueblo e incluso en su contra. También se aventura la sentencia a argumentar que el referendo previo no se requiere para las enmiendas o reformas a la Constitución; no obstante, esta comparación está fuera de lugar. La Asamblea Nacional Constituyente es un órgano extraordinario y temporal que se elige con una finalidad específica y de enorme calado: transformar el Estado y redactar una nueva Constitución; mientras que la enmienda y la reforma, que no son manifestación del poder constituyente originario, discurren a través de órganos del poder constituido, y tienen un impacto menor en la Constitución en vigor. Es absurdo plantearse la realización de un referendo previo a la tramitación de una enmienda o reforma, ambas sujetas además a referendo aprobatorio. ¿Será posible inferir que cuando la Sala alude a la enmienda y la reforma de manera comparativa está anticipando que razonará del mismo modo cuando llegue eventualmente el momento de examinar si la nueva Constitución debe someterse a referendo aprobatorio? Pues en este punto la analogía sí es pertinente: si para eliminar una coma de la Constitución se requiere un referendo, cómo puede ser de otra manera cuando de adoptar una nueva Constitución se trata. Pero no cabe albergar al respecto muchas esperanzas.

Insólitamente, la sentencia añade otra línea de justificación cuando establece que el estado de excepción aún vigente y la crisis política han motivado "la toma de decisiones genéricas, expeditas y de profundidad constitucional, dentro de la cuales, por iniciativa del Presidente de la República se ha resuelto iniciar la convocatoria a una Asamblea Nacional Constituyente", lo cual explicaría que se haya prescindido de un referendo consultivo (optativo) de acuerdo con el artículo 71 de la Constitución. Dejo al criterio de los lectores la valoración de estas últimas afirmaciones.

En suma, el Presidente de la República y la Sala Constitucional han confiscado el derecho del pueblo a decidir si convoca o no una Asamblea Nacional Constituyente. Nótese que el asunto que debía ser atendido por la Sala Constitucional no era propiamente el de la necesidad o no de hacer un referendo consultivo sobre la convocatoria, como dice la Sala, sino algo distinto: ¿Quién puede convocar la Constituyente, el pueblo mediante referendo o el Presidente de la República en nombre del pueblo? ¿El representante o el titular de la soberanía? La Sala respondió que lo hace el representante, despojando a la ciudadanía del derecho a resolver sobre la materia en un referendo, como instrumento de ejercicio directo de la soberanía.

La sentencia N° 378 de la Sala Constitucional representa, por tanto, un capítulo culminante de la desinstitucionalización que socava la República.

2 de junio de 2017

MADURO Y SU CONSTITUYENTE ESPUREA.

Luis Granados[1]

Venezuela, país amigo, cordial, generoso, forjador de libertad, refugio del perseguido político, esplendido anfitrión del emigrante, rico, solidario ante la catástrofe sufrida, es hoy un país perdido y a la deriva, asediado en su difícil transitar. Todo en él está en crisis, la devastación es inmensa, huérfano doloroso de la solidaridad efectiva de quienes tanto ayudo, su gente famélica sin encontrar alimentos ni medicina, o víctimas de la brutal represión asesina de la tiranía, cae y fallece en ese deambular incierto y heroico por calles y avenidas buscando afanosas su salvación. Y es que fue asaltada y secuestrada por propios y extraños confabulados para traicionarla y oprimirla, robar sus riquezas, reprimir, humillar, asesinar y secuestrar a su gente y ser refugio y guarida del crimen, el narco terrorismo y hampa organizada.

Hoy Venezuela es un país incierto. Por decisión de la Asamblea Nacional, aparto de la presidencia a Maduro por abandono del poder, por lo que no tenemos presidente legal, además declaro ilegitimo al Tribunal Supremo de Justicia, por estar integrado por "Magistrados" que no cumplen los requisitos establecidos por la ley, hasta el punto que lo preside un ex recluso con graves antecedentes penales, pero igual el CNE, está integrado en su mayoría por rectores que tienen vencido su periodo, afectos sumisos a la tiranía, violando su principal condición de imparcialidad. Ah... pero tampoco tenemos Asamblea Nacional, porque el TSJ, la declaro en desacato y como tal no le acatan sus disposiciones o leyes, aparte le fueron desincorporados tres diputados dejando a la fecha sin representación a Amazonas y para completar los gobernadores y alcaldes y concejales tienen vencidos su periodos al frente de sus entidades. De manera que estamos acéfalos de conducción institucional y en completa inviabilidad como país, esto sin señalar las dramáticas cifras que indican la quiebra económica, la crisis humanitaria, ubicándonos últimos en muchos renglones. Y lamentable es, que teniendo inmensas riquezas, vivimos igual o peor a países subdesarrollados que no las tienen.

---

1 https://goo.gl/PZ9U46

En estas circunstancias a la dirigencia política se le agotaron las vías constitucionales a que acudieron (menos a la constituyente), por lógica conducta de la tiranía de negar toda opción que pueda apartarlos del poder; circunstancia advertida por amplios sectores del país, conocido el talante tiránico del régimen al que aún le siguen pidiendo elecciones, petición ya negada, incluso para el mismo 2018.Y a la Constituyente Originaria convocada por iniciativa popular, fue obstinadamente rechazada, siendo la solución adecuada y con millones de venezolanos que la apoyarían ansiosos de un gran cambio y solución democrática y constitucional a la crisis. La tiranía por su parte ante el fuerte rechazo popular (85%), que le imposibilita ir a un fracaso electoral, el acoso internacional, y más por la imperiosa necesidad vital de mantenerse en el poder, opta convocar sin consulta popular una constituyente espurea que les permita cambiar las reglas de juego, suprimir las instituciones que obstruyen su accionar tiránico entreguista de nuestra soberanía y recursos, eliminar la democracia como sistema de gobierno e implantar un régimen militar y comunista eternizante.

Y en este sentido, no es exagerado decirlo, pero a partir del mes de Agosto, si lo permitimos, instalada la espurea Asamblea Nacional Constituyente, harán efectivo lo que Maduro aspira, que no es otra cosa, "por ahora" que gobernar adicional al TSJ, desde esa sumisa y espurea asamblea, órgano supraconstitucional y representativo del poder originario y soberano del pueblo, según los artículos 5: "La soberanía reside intransferiblemente en el pueblo" y 347: "El pueblo de Venezuela es el depositario del poder constituyente originario".., artículos desvirtuados su significados y esencia según sentencia amañada, inconstitucional y regresiva, N°378 del TSJ, y entonces bajo la excusa de acato al artículo 349 de la constitución, que señala: "Los poderes constituidos no podrán en forma alguna impedir las decisiones de la Asamblea Nacional Constituyente". procederán al desmantelamiento definitivo de lo que queda del sistema democrático, incluida la Asamblea Nacional, la Fiscalía, elecciones, Alcaldías, expropiación de bienes, empresas, banca, etc. en fin, de todo aquello que sea necesario desmontar o liquidar antes de promulgar la constitución que al tirano le convenga, después de 2 o más años de insípidas sesiones, para elaborar una constitución a la cubana, mientras gana tiempo para garantizar su fortalecimiento opresivo del poder y aprobarla en consulta popular, como el tirano lo declaro, pero ya bajo condiciones igualmente fraudulentas, como lo hicieron para convocarla. Estamos así, en situación por demás crítica y peligrosa; la tiranía de lograr su propósito tendrá dentro y fuera del país como justificar, bajo el manto constitucional, y una población en total indefensión, todo lo que le convenga ejecutar, reprimir o establecer alianzas que por su talante tiránico comprometan la existencia de la república en aventuras guerreristas, narcoterroristas, genocidas y de intromisión, en su propósito eternizanté.

Pero aún estamos a tiempo de evitarlo, en nosotros todavía reside la soberanía popular y no en Maduro, que es nuestro empleado, somos todavía depositarios del poder originario constituyente y solo nosotros podemos todavía convocar a una constituyente y no Maduro, y esa soberanía y poder originario esta en todos los venezolanos y en más de 13 millones de electores que aun votamos, amantes de la libertad. Ejerzamos pues ese poder: restituyamos la Asamblea Nacional, con los diputados desincorporados y con esa mayoría de 2/3 tomar ya las decisiones que fortalezcan y posibiliten la opción opositora (liberación de presos, retorno de exilados, nombramiento de un gobierno de transición etc.), canalice y garantice el respaldo de la comunidad internacional en el tránsito hacia el rescate definitivo de la democracia y las instituciones, concitar el apoyo de la Fuerza Armada art. 328. y la impostergable solución de convocar masiva y contundentemente a la auténtica y legal constituyente originaria, libertaria que nos dé una constitución, celosa y firme defensora de los derechos humanos, la libertad, la democracia y sus instituciones, privilegie el poder originario y soberano del pueblo, rescate la ética valores y principios y consagre un nuevo Proyecto de País constitucionalmente descentralizado con autonomía y fortaleza regional y municipal. Constitución que nos permita estar entre los países desarrollados y prósperos del mundo, y en la que todo venezolano se sientan interpretado en sus legítimas aspiraciones, decidido a defenderla, cumplir, hacerla cumplir y respetar.

Que falta? falta conformar una autentica y efectiva unidad, liderada con el único, absoluto y solo propósito de liberarnos a riesgo de todo de la tiranía. Convoquémonos en ese definitivo propósito por Venezuela. Luego de liberados, abran otra vez sus agendas particulares; hoy la agenda es: Venezuela libre, no hay otra. El pueblo soberano ya está en la calle, viene haciendo ejercicio heroico y doloroso del art. 350 y está pendiente y vigilante de lo que sucede y por millones una vez más acudirá decidido a librar esta definitiva y segunda batalla de Carabobo, no está dispuesto a aceptar que un 15% máximo de la población, se imponga al 85% restante, ni a aceptar ser negociada su libertad a sus espaldas, solo falta empezar a ejecutar acciones efectivas y adecuadas acordadas organizadamente para liberarse de este cáncer que aqueja y ha convertido al país en un estado fallido, inviable y tiranizado por un violador de todo el ordenamiento jurídico. País, invadido y tomado por militares y funcionarios extranjeros ejerciendo funciones reservadas a venezolanos y llevando el control de registros propios de la nación. País con pérdida de la soberanía territorial y alimentaria.

País sin seguridad de bienes y personas. País con presencia activa de irregulares guerrilleros, narco traficantes, sicariato, vandalismo "colectivos" amparados unos y pagados otros por la dictadura. En fin, impunidad total, suficiente como para exclamar: basta ya!. Prohibido perder la república... Urgente es ganar...

3-6-2017

MAMARRACHO CONSTITUYENTE Y SALIDA DE MADURO

Carlos Blanco[1]

"Este adefesio constituyente requeriría pasos que el régimen quiere eludir..."

Nicolás Maduro promueve una asamblea constituyente "electa directamente por el pueblo para elegir unos 500 'constituyentistas'... electos por las clases obreras y los movimiento sociales... para derrotar la oposición y para que sea el pueblo con su autonomía quien decida la paz y el destino del país... Quiero una constituyente ciudadana; de campesino, de indígena, obrera, comunal, de jóvenes, de estudiantes...".

Esta maniobra postrera de Maduro confirma que el cadáver sigue siendo cadáver, que la Constitución ya ni siquiera era el librito sino un compendio agusanado de normas violadas o sencillamente inútiles, salvo en lo que se refiere a la consagración del poder de los poderosos.

La protesta opositora ha sido unánime. Y, por fortuna, lo que la calle ha unido no parece que Maduro lo pueda disolver, ni siquiera con la trampajaula de diálogo que todavía agita el Cuarteto Libertino encabezado por Zapatero. El llamado a la rebelión hecho por Julio Borges, presidente de la AN, reitera el de enero pasado, y es un alerta para que ahora no haya incautos que le quieran encontrar alguna "ventaja" al espantajo articulado por los jurisconsultos del Reich.

Esta operación es la muerte del voto. Es oportuno recordar cómo el proyecto de reforma constitucional de Chávez en 2007 contenía en su artículo 136 la siguiente joya: "El pueblo es el depositario de la soberanía y la ejerce directamente a través del Poder Popular. Este no nace del sufragio ni de elección alguna, sino que nace de la condición de los grupos humanos organizados como base de la población. El Poder Popular se expresa constituyendo las

---

1 En http://www.reportero24.com/2017/05/03/carlos-blanco-mamarracho-constituyente-y-salida-de-maduro/

comunidades, las comunas y el autogobierno de las ciudades, a través de los consejos comunales, los consejos obreros, los consejos campesinos, los consejos estudiantiles y otros entes que señale la ley".

La liquidación del sufragio mediante el sufragio ya la hizo Hitler en su momento.

Este adefesio constituyente requeriría pasos que Maduro quiere eludir, como el referéndum que lo autorice. Las elecciones generales, regionales o locales en el marco de un "paquete" de exigencias opositoras dirigidas al cambio de régimen han sido rebasadas por esta brutal maniobra. Parece claro que lo que estaba claro está claro: Maduro y su corte no se van a medir ni siquiera en las condiciones ventajistas de 2015 en las que fue derrotado. Maduro ya no gana ni una elección secreta dentro del gabinete o del Alto Mando.

Lo que queda es la desobediencia civil que solo producirá el cambio de régimen cuando los militares se coloquen a su lado.

3 mayo 2017

SEXTA PARTE

COMUNICADOS Y PRONUNCIAMIENTOS INSTITUCIONALES

Sección primera:
SOBRE LA CONVOCATORIA A LA ASAMBLEA NACIONAL CONSTITUYENTE

PRONUNCIAMIENTO CONJUNTO DE LAS ACADEMIAS NACIONALES
LA CONVOCATORIA PRESIDENCIAL A UNA ASAMBLEA NACIONAL CONSTITUYENTE ES UN FRAUDE A LA DEMOCRACIA.

Las Academias Nacionales exponen su posición en relación a los decretos N° 2.830 y N° 2.831, de fecha 1° de mayo de 2017, dictados por el presidente de la República, mediante los cuales pretende convocar a una Asamblea Nacional Constituyente para que proceda "a decidir el futuro de la patria" y crea una comisión presidencial para que elabore una propuesta de bases comiciales y de conformación y funcionamiento de dicha Asamblea.

Sobre todo ello, las Academias Nacionales declaran lo siguiente:

1.- De conformidad con el artículo 347 de la Constitución, le corresponde de manera exclusiva al pueblo venezolano la convocatoria de una Asamblea Nacional Constituyente. Es solo mediante el voto universal, directo, secreto y libre, a través de un referendo consultivo, que los ciudadanos pueden decidir sobre dicha convocatoria. En esa misma oportunidad debe el pueblo aprobar las bases comiciales que rijan la organización, funcionamiento y límites de la Constituyente.

2.- El proceso constituyente tiene una naturaleza compleja desarrollada en cuatro etapas que involucran el ejercicio de la soberanía, a saber, (1) la convocatoria, competencia exclusiva del pueblo por ser el titular de la soberanía; (2) la elección de los constituyentes que en apego a lo estipulado en la bases comiciales previamente aprobadas deberán elaborar el nuevo texto constitucional; (3) las deliberaciones de la Asamblea Nacional Constituyente siguiendo el mandato de los electores; y (4) la aprobación o rechazo del pueblo, mediante votaciones libres, universales, directas y secretas, del texto fundamental elaborado por la Asamblea Nacional Constituyente. Ninguno de los poderes constituidos puede arrebatar al pueblo el ejercicio directo de la soberanía que, de acuerdo a la Constitución, solo a este se atribuye, de acuerdo con lo dispuesto en su artículo 5: "La soberanía reside intransferiblemente en el pueblo, quien la ejerce directamente en la forma prevista en esta Constitución y en la ley, e indirectamente mediante el sufragio, por los órganos que ejercen el Poder Público".

3.- Como lo expresa la Exposición de Motivos del texto constitucional vigente, la incorporación de la facultad de convocar la Constituyente por el pueblo es consecuente "con la idea de que es el pueblo el legítimo depositario del poder constituyente originario." La incorporación del artículo 348 se hizo precisamente para normar la convocatoria al Poder Constituyente por el pueblo "sin acudir a la interpretación, que produjo esta Constitución". Se califica la atribución de esta convocatoria al pueblo en la referida Exposición de Motivos como "expresiva de la más acertada definición democrática en torno a la soberanía popular."

Por ello, el presidente de la República solo puede tomar la iniciativa para convocar la Constituyente mediante referendo consultivo. En virtud de ello, el decreto 2.830 al convocar directamente la Constituyente usurpa la soberanía popular, viola de manera flagrante, directa e inmediata lo establecido en la Constitución y constituye, por ende, un fraude a la democracia.

4.- No solo el presidente de la República, sino también la Asamblea Nacional, los concejos municipales y los propios ciudadanos (un 15% de los electores inscritos en el Registro Civil y Electoral) tienen iniciativa para proponerle al pueblo la realización de una Constituyente (artículo 348 de la Constitución), pero solo el pueblo, mediante referendo, puede decidir si la convoca.

5.- Destacamos la grave violación constitucional en la que incurre también el Consejo Nacional Electoral, que a través de su presidenta, ha iniciado el trámite de la solicitud formulada por el presidente de la República a través de las vías de hecho, de forma inmediata, sin la debida deliberación del organismo y en violación directa y flagrante de los artículos 292 y siguientes de la Constitución vigente.

Reiteran las Academias que el Consejo Nacional Electoral, como ente rector del Poder Electoral y de acuerdo con lo ordenado por la Constitución, debe actuar basado en los principios de independencia orgánica e imparcialidad, en obsequio siempre de la participación ciudadana y en defensa de la voluntad del pueblo, que se expresa a través del voto. Contrariamente a lo ocurrido, el Consejo Nacional Electoral, para proteger y preservar la voluntad del pueblo, ha debido advertirle al presidente de la República que su iniciativa debe ser sometida a referendo consultivo en aras de no usurpar la soberanía popular.

6.- Las Academia Nacionales consideran que el desafío actual de los venezolanos no es cambiar la Constitución sino rescatar la democracia, hacer cumplir la constitución vigente y restablecer el orden constitucional y el Estado de derecho vulnerado.

Por lo anterior, las Academias Nacionales emiten este pronunciamiento conjunto con la intención de orientar a la opinión pública venezolana:

I.- Los decretos presidenciales 2830 y 2831, de fecha 1° de mayo de 2017, no están acordes a nuestra Constitución y son un fraude a la misma porque la propuesta de convocatoria a una Asamblea Nacional Constituyente, de la manera como está contenida en esos decretos, usurpa la soberanía del pueblo y los derechos fundamentales de los ciudadanos.

II- . La pretensión de convocar una Asamblea Nacional Constituyente sin cumplir los extremos legales puede interpretarse como una maniobra para eliminar todos los poderes actuales de la República. Parecería que la finalidad es instaurar un estado antidemocrático, omnipotente y exclusivo, cambiando para ello el orden democrático de nuestra actual Constitución.

III.- Solicitamos a los órganos del Poder Público Nacional, a los que corresponde velar por la vigencia y supremacía de la Constitución, pronunciarse sobre el necesario restablecimiento del orden constitucional y democrático.

IV.- Exigimos al Consejo Nacional Electoral que actúe con plena independencia y en consecuencia, rechace, niegue y se oponga, en protección de la soberanía popular, al intento del presidente de la República de convocar una Asamblea Constituyente en usurpación de la soberanía popular, esto es, sin cumplir con lo dispuesto en el artículo 347 de la Constitución.

V.- Alertamos a la comunidad internacional y a sus diversas organizaciones para que continúen su cooperación orientada al restablecimiento del orden constitucional y democrático en Venezuela.

En Caracas, a los seis días del mes de mayo de 2017

Horacio Biord Castillo
Presidente de la Academia Venezolana de la Lengua

Inés Quintero Montiel
Directora de la Academia Nacional de la Historia

Gabriel Ruán
Presidente de la Academia de Ciencias Políticas y Sociales

Alfredo Díaz Bruzual
Presidente de la Academia Nacional de Medicina

Gioconda Cunto de San Blas
Presidenta de la Academia de Ciencias Físicas, Matemáticas y Naturales

Humberto García Larralde
Presidente de las Academia Nacional de Ciencias Económicas

Gonzalo Morales
Presidente de la Academia Nacional de Ingeniería y el Hábitat

COMUNICADO DEL GRUPO DE PROFESORES DE DERECHO PÚBLICO DE LAS UNIVERSIDADES VENEZOLANAS ANTE LA PRETENDIDA CONVOCATORIA A UNA ASAMBLEA NACIONAL CONSTITUYENTE HECHA POR EL PRESIDENTE DE LA REPÚBLICA, CIUDADANO NICOLÁS MADURO MOROS

El Presidente de la República, haciendo uso indebido del poder de iniciativa constituyente que le otorga el artículo 348 de la Constitución, pretende convocar una Asamblea Nacional Constituyente, así como exigir al Poder Electoral que, una vez propuestas por él las respectivas bases comiciales, se proceda a organizar las elecciones de los constituyentistas que integrarían la referida Asamblea. Es por ello que ha dictado el Decreto N° 2.830 del 1° de mayo de 2017 y, acto seguido, ha hecho la mencionada exigencia al Poder Electoral.

Ahora bien, ante tal situación el Grupo de Profesores de Derecho Público de las Universidades Venezolanas, desea alertar a la opinión pública nacional e internacional sobre la grosera inconstitucionalidad representada por el hecho de haber realizado dicha convocatoria sin consultar al pueblo acerca de su deseo de que se realice o no esa convocatoria y, además, sin que exista motivo legítimo para ello. He aquí nuestras razones de orden jurídico constitucional:

LA PRETENDIDA CONVOCATORIA ES VIOLATORIA DEL DERECHO A LA PARTICIPACIÓN POPULAR

En primer lugar, por más indeterminada que pueda parecer la palabra "pueblo" mencionada en el artículo 347 de la Constitución, es absolutamente incontestable que se trata de un ente o sujeto al que se puede consultar para que, directamente, exprese su voluntad. A esta verdad incontestable se refiere el artículo 71 del mismo texto fundamental cuando, al aludir a una de las manifestaciones del derecho a la participación del pueblo en ejercicio de su soberanía, prescribe que "Las materias de especial trascendencia nacional podrán ser sometidas a referendo consultivo" por iniciativa del Presidente, de la Asamblea Nacional o de un número no menor del diez (10%) de los electores, en las condiciones allí establecidas. Si esto es así; si es posible consultar directamente al pueblo las decisiones de trascendencia nacional, obviar la consulta referendaria en la que el pueblo se pronuncie al respecto es una flagrante e inaceptable violación del derecho a la participación popular directa, consagrado en el artículo 70 del texto fundamental. La Constitución actual fue aprobada por el pueblo en referendo en 1999 y su intento de reforma fue rechazada por el pueblo en 2007; por ello no se puede pretender sustituir la Constitución aprobada y ratificada por el pueblo sin antes consultarlo.

LA PRETENDIDA CONVOCATORIA CARECE DE JUSTIFICACIÓN LEGÍTIMA

En segundo lugar, todo proceso constituyente originario democrático presupone la necesidad de afirmar un nuevo principio de legitimidad, sin el cual no se justificaría dicho proceso; esto es, presupone la necesidad de rescatar la legitimidad perdida por el orden constitucional que se pretende modificar. Si entendemos la legitimidad de una Constitución como el reconocimiento, por parte del pueblo, de la fuerza y autoridad de esa constitución, lo que, en propiedad, justificaría un nuevo proceso constituyente originario, sería, precisamente, la necesidad de rescatar ese reconocimiento de fuerza y autoridad desaparecido o perdido. Por ello, la Constitución vigente reservó la posibilidad de acudir al constituyente originario únicamente con el objeto de "transformar al Estado, crear un nuevo ordenamiento jurídico y redactar una nueva constitución". No entenderlo así equivale a admitir que en cualquier momento y por cualquier motivo se podría activar un proceso constituyente originario; lo cual, absurdamente, abriría las puertas a una eventual alocada y esquizofrénica "carrera constituyente". Ahora bien ¿quién mejor que el pueblo, directamente consultado, podría indicar, de manera inequívoca, que un orden constitucional ha perdido reconocimiento de su fuerza y autoridad y por tanto ha devenido ilegítimo? La respuesta es evidente: nadie. No existe individualidad, grupo o elite, por más representatividad que se atribuya que pueda sustituir al pueblo en la ocasión de expresar si el orden constitucional ha perdido legitimidad y debe ser sustituido.

LA PRETENDIDA CONVOCATORIA ES USURPADORA DE LA SOBERANÍA POPULAR

En tercer lugar, negar la consulta directa al pueblo y admitir que un elegido, por más representatividad que se atribuya, pueda suplantarlo para afirmar, por ese pueblo, que el orden constitucional ha perdido legitimidad y ha dejado de ser reconocido en su fuerza y autoridad, vaciaría absolutamente el principio de la soberanía popular y pondría de manifiesto la aberración representada por el hecho de "que los elegidos dejen de ser los representantes de la nación soberana para convertirse en los representantes soberanos de la nación" (Berlia). Por ello no es admisible que el Presidente de la República se arrogue la facultad de expresar el deseo del pueblo de convocar a una Asamblea Nacional Constituyente, sin consultar directamente a ese pueblo sobre ese deseo. Al respecto, no podemos dejar de citar la Exposición de Motivos de la Constitución que, al explicar cómo se asume en ese texto el principio de la soberanía popular, dejó establecido que "el ejercicio de la soberanía por parte del pueblo (...) se convierte en herramienta indispensable del protagonismo popular, desterrando el sistema de cónclaves que decidían los destinos del país a espaldas de la sociedad" (Título IX)

LA PRETENDIDA CONVOCATORIA OTORGA, ARBITRARIAMENTE, PODERES NORMATIVOS AL PRESIDENTE DE LA REPÚBLICA Y AL PODER ELECTORAL

En cuarto lugar, no es posible asumir que el Presidente, o algún ente o sujeto con iniciativa constituyente puede convocar a la elección e instalación de una Asamblea Nacional Constituyente, sin consultar al pueblo sobre tal convocatoria, pues ello equivaldría a aceptar que tal elección e instalación se llevarían a cabo conforme a unas reglas relativas a la organización del cuerpo electoral y a la instalación y demás aspectos básicos del funcionamiento de la asamblea resultante de esa elección, sin que el pueblo se haya pronunciado sobre tales aspectos. Ahora bien, ni las potestades reglamentarias del Poder Electoral, referidas limitadamente a las leyes electorales (art. 293.1 CRBV); ni las muy concretas potestades normativas del Presidente de la República (art. 236. 8 y .10), autorizan a estos órganos a producir normas o bases comiciales para la elección e instalación de una Asamblea Nacional Constituyente, sin que dichas normas o bases sean ratificadas, para su validez, por el pueblo en referendo aprobatorio.

La pretendida convocatoria confunde poder de iniciativa con poder de convocatoria

En quinto lugar, a partir del canon de interpretación constitucional según el cual por más flexible que sea la letra de la Constitución jamás podría ello conducir a sacrificar la eficacia o fuerza normativa de su texto (Hesse), es imperativo señalar que la única interpretación válida que puede atribuirse a la lectura concatenada del artículo 347 de la Constitución que expresa que el pueblo, como depositario del poder constituyente originario "puede convocar una Asamblea Nacional Constituyente", por una parte; y, por la otra el artículo 348 *ejusdem* que establece que la iniciativa de convocatoria a la Asamblea Nacional Constituyente la tienen el Presidente de la República, la Asamblea Nacional, los concejos municipales o el quince por ciento (15%) de los electores, en las condiciones indicadas en esa disposición, es la interpretación que postula que éstos últimos órganos o entes tienen la facultad de iniciar el proceso de convocatoria proponiéndola, pero el pueblo tiene la potestad de convocarla expresando su voluntad en referéndum consultivo celebrado a tal efecto.

Todo lo expuesto anteriormente nos conduce a denunciar ante la opinión pública nacional e internacional que configura un inaceptable fraude a la Constitución de la República Bolivariana de Venezuela que el Presidente de la República, en indebido ejercicio del poder de iniciativa constituyente que le otorga el artículo 348 de la misma Constitución, haya convocado a la elección e instalación de una Asamblea Nacional Constituyente y que las autoridades del Poder Electoral pretendan aceptar tal convocatoria, sin la realización de un referendo consultivo mediante el cual el pueblo, en afirmación de un nuevo principio de legitimidad, manifieste su voluntad de llevar a cabo tal convocatoria.

En Caracas a los 16 días del mes de mayo de dos mil diecisiete

Por el Grupo de Profesores de Derecho Público de las Universidades Venezolanas

Allan R. Brewer Carías CI 1.861.982 (UCV)
Alfredo Martínez CI 11.674.426 (UMA)
Ana Elvira Araujo García CI 2.865.159 (UCV)
Andrea Santacruz CI 16.815.026 (UNIMET)
Antonio Canova González CI 9.880.302 (UCAB-UCV)
Antonio Silva Aranguren CI 9.435.159 (UCV)
Armando Rodríguez García CI 3.226.091 (UCV)
Carlos Ayala Corao CI 4.767.891 (UCAB)
Carlos García Soto CI 15.465.071 (UMA)
Claudia Nikken CI 10.810.802 (UCV)
Daniela Urosa CI 12.384.779 (UCAB)
Enrique J. Sánchez Falcón CI 2.104.359 (UCV-UCAB)
Flavia Pesci Feltri CI 6.346.183 (UCV)
Freddy J. Orlando S. CI 2.144.294 (UCV-UCAB)
Gerardo Fernández CI 5.531.007 (UCAB)
Gonzalo Pérez CI 6.749.604 (UMA)
Gustavo Grau Fortoul CI 6.867.497 (UCAB)
Gustavo Linares Benzo CI 6.818.623 (UCV)
Gustavo Tarre Briceño CI 3.183.649 (UCV)
Humberto Angrisano Silva 6.500.463 (UCV-UMA)
José Antonio Muci Borjas CI 6.056.019 (UCAB)
José Ignacio Hernández CI 11.554.371 (UMA-UCV)
José Peña Solís CI 779396 (UCV)
José Vicente Haro CI 13.066.473 (UCV)
Jorge Kiriakidis CI 7.446.042 (UCAB-UMA)
Juan Domingo Alfonzo CI 6.900.978 (UCV)
Juan Korody Tagliaferro CI 12.918.554 (UMA)
Juan Manuel Raffalli CI 6.561.837 (UCAB-UMA)
Laura Louza CI 9.967.775 (UCV-UCAB)

Manuel Rachadell CI 2.678.077 (UCV)
Manuel Rojas Pérez CI 14.351.545 (UJMV)
María Alejandra Correa CI 9.966.163 (UCV)
Miguel Ángel Torrealba Sánchez CI 10.868766 (UCV)
María Elena Toro Dupuy CI 6.822.079 (UCAB-UMA)
Nélida Peña CI 13.113.559 (UCV)
Néstor Ecarri Angola CI 15.334.045 (UC)
Rafael Chavero CI 11.027.970 (UCV-UCAB)
Rogelio Pérez Perdomo CI 2.154.827 (UNIMET)
Román J. Duque Corredor CI 2.455.732 (UCV-UCAB)

ACCESO A LA JUSTICIA:
EL FRAUDE DEL PODER PARA EL PODER

Dijo Montesquieu, un filósofo francés de hace poco más de 3 siglos que: *"Es una experiencia eterna que todo hombre que tiene poder tiende a su abuso"*. Pues esta experiencia resulta muy clara y cierta si analizamos el recorrido del Presidente de Venezuela desde su llegada al poder hasta ahora. Veremos a continuación cómo todas sus medidas y decisiones han sido para ir cada vez logrando más poder y en fraude a la Constitución.

De 2013 a 2015 gobernó casi todo el periodo de manera absoluta a través de leyes habilitantes otorgadas por una Asamblea Nacional dominada en gran mayoría por su partido de gobierno y un Tribunal Supremo de Justicia complaciente, copado por el chavismo desde finales de 2004. Los resultados fueron, por mencionar algunos, el aumento de los presos políticos casi 8 veces más que Chávez, una represión brutal de los ciudadanos que manifiestan pacíficamente, la imposición de un sistema de racionamiento y distribución precario de alimentación y salud y militarización y cierre de la frontera.

Desde la elección de la Asamblea Nacional, en vista de los resultados a favor de la oposición en un porcentaje de 2/3 partes, el Presidente de la República, acompañado de un Tribunal Supremo de Justicia complaciente, un Poder Electoral designado inconstitucionalmente por este; así como, en su mayoría el Poder Ciudadano (hecha excepción por la Fiscal General), no solo ha tratado de mantener el mismo poder, sino de ampliarlo. En este sentido, ha estado gobernando todo el país desde inicios de 2016 con un estado de excepción que le da poderes prácticamente absolutos, ha obstaculizado la nueva Asamblea Nacional, ha mantenido el control casi total de la economía y de los medios de comunicación y ha transformado el gobierno en un bastión del Ejército con una represión a la población sin precedentes.

Sin embargo, aún con tanto poder, parece no ser suficiente. Hace no mucho quiso con dos sentencias de la Sala Constitucional, que pasarán a la historia, obtener un nuevo estado de excepción, este no por la emergencia económica, sino por la supuesta conmoción interior y externa, y además suplir a la Asamblea Nacional por la Sala Constitucional. Luego, al tener que echar para atrás esas decisiones por la negativa reacción internacional, vino algo nuevo: el anuncio de la salida de Venezuela de la OEA.

Como si esto no fuere suficiente, el 1° de mayo, en el día del trabajador, anunció que convocaría a una Asamblea Nacional Constituyente, según lo establecido por el artículo 347 de la Constitución. Pero luego explicó que la Asamblea Nacional Constituyente tendría 500 miembros: 250 serían electos de la base de la clase obrera y los otros 250 en un sistema territorializado, con carácter municipal en las comunidades con voto directo, secreto. No habló de voto universal, al obviamente no incluir a toda la población.

Acceso a la Justicia debe aclarar que lo anunciado por el Presidente de la República no es una Asamblea Nacional Constituyente según los términos de la Constitución, porque ésta es muy clara al establecer que se trata de un órgano que se crea para "transformar al Estado, crear un ordenamiento jurídico nuevo y redactar una nueva Constitución" (artículo 347) y aunque la iniciativa la tiene, entre otros, el Presidente (artículo 348), la convocatoria es del "pueblo de Venezuela" (artículo 347).

El pueblo de Venezuela de acuerdo con la Constitución está compuesto por todos los venezolanos y venezolanas que hayan cumplido 18 años de edad y no estén sujetos a interdicción civil o política (artículo 64), y no un grupo de ellos, y menos aún los elegidos por el Presidente de la República.

El artículo 350 con el que termina el capítulo de la Constitución dedicado a la Asamblea Nacional Constituyente (capítulo III de la Constitución), dice además que el pueblo desconocerá cualquier régimen que contraríe los valores, principios y garantías de la Constitución.

Queda claro entonces que solo el pueblo puede convocar a una Asamblea Nacional Constituyente y aprobar las bases de esa convocatoria y que además cualquier convocatoria que sea contraria a la Constitución no puede ser aprobada por el pueblo.

Por ello, de conformidad con la Constitución, la mera posibilidad de que se configure o no una Asamblea Nacional Constituyente debe ir a referéndum popular con el voto universal, secreto y directo, y no como pretende el Presidente como algo preaprobado y preconstituido por quien él considera. Los constituyentes además deben ser los que diga el pueblo.

Algo que parece no haber entendido el actual presidente de la República desde que fue elegido, quizás en la medida en que se le ha dado mucho poder con leyes habilitantes continuas y estados de excepción sucesivos, es que la Constitución y la ley definen sus atribuciones (artículo 137), por lo que él no puede autoatribuirse potestades que no le otorgan, ni siquiera en estado de excepción. Tampoco ha entendido que "los órganos del Estado emanan de la soberanía popular" (artículo 5), por lo que sin el voto universal, directo y secreto, él no puede tomar iniciativas que cambien esas leyes o la propia Constitución, y reiteramos, ni en un estado de excepción.

Esta conducta del Presidente de la República demuestra lo que ya hemos dicho: Venezuela ya no es un Estado de derecho, porque ello implica que el Estado ejerza su poder según la Constitución y las leyes, como dice el artículo 137 de la Constitución, y no que se usen estas para que el poder, invocándolas, haga lo que quiera, que es lo que ocurre en Venezuela desde la elección de Maduro.

También ya hemos alertado que Venezuela ya no es una democracia, que implica que el poder del Estado emana del pueblo. No se puede invocar a parte del pueblo (en este caso 500 personas, sobre aproximadamente 30.000.000) para decir que se es democrático. De hecho sin elecciones secretas, universales y directas no hay democracia. Y esto es lo que también está ocurriendo en Venezuela desde que se ha desconocido a la Asamblea Nacional elegida por el pueblo y no han convocado las elecciones regionales y se recurre a ardides como este de una Asamblea Nacional Constituyente que no pueden suplir los mecanismos establecidos por la Constitución.

¿Y a ti venezolano, cómo te afecta?

Si con poderes relativamente limitados por nuestra Constitución y con el derecho al voto vigente, el Presidente cada vez ha obtenido más poder y el país está sumido en tal caos como el actual ¿cuál será la situación después de que un grupo de 500 personas dirigidas por el Presidente pretendan establecer un nuevo ordenamiento jurídico sin que tú participes?

ACCESO A LA JUSTICIA: SIN PUEBLO NO HAY CONSTITUYENTE

La desesperación es mala consejera dice el dicho popular, y más cuando escuchar al pueblo no es una posibilidad sino una obligación. Tal es el caso del poder constituyente, esto es, el poder originario que da forma al Estado y al Derecho. En nuestro caso, mediante el Decreto 2.830, el Presidente de la República convocó a una Asamblea Nacional Constituyente pero sin pensar en su obligación de convocar al pueblo para saber si quiere o no una nueva constitución.

Queremos empezar el análisis destacando que para hacerlo no hace falta ser abogado sino utilizar simplemente la lógica. Así, el artículo 347 dice expresamente lo siguiente: "El pueblo de Venezuela es el depositario del poder constituyente originario. En ejercicio de dicho poder, puede convocar una Asamblea Nacional Constituyente con el objeto de transformar el Estado, crear un nuevo ordenamiento jurídico y redactar una nueva Constitución". Es decir, la propia Constitución reconoce, sin duda alguna, que la convocatoria la hace el pueblo, y no menciona a nadie más. A nadie.

Del mismo modo, el texto citado dice claramente que la Constituyente es para hacer "una nueva Constitución", no para reformarla o enmendarla.

Luego, el artículo 348, hace una distinción respecto al anterior, pues si ya el citado dice quién convoca, este artículo indica quién tiene la iniciativa para convocar a ese "depositario del poder constituyente" y así señala literalmente lo siguiente:

> "La iniciativa de convocatoria a la Asamblea Nacional Constituyente podrán tomarla el Presidente o Presidenta de la República en Consejo de Ministros; la Asamblea Nacional, mediante acuerdo de la dos terceras partes de sus integrantes; los Con-

sejos Municipales en cabildos, mediante el voto de las dos terceras partes de los mismos; y el quince por ciento de los electores inscritos y electoras en el registro electoral".

Entonces, resulta de la propia letra de la Constitución que una cosa es la iniciativa para convocar y otra es la convocatoria en sí misma, que sólo la hace el pueblo.

Lo anterior no es un leguleyismo, es la base misma de una democracia, que para serlo debe descansar en la voluntad del pueblo y sólo del pueblo. Una Constitución es la ley fundamental de un país, con rango superior al resto de las leyes, que define cómo va a ser gobernado y el régimen de los derechos y libertades de los ciudadanos. ¿A quién se le ocurre que a este pacto social fundamental una de las partes de él no sean invitados a opinar?

Lo dicho obliga a concluir entonces que el Decreto 2.830 es un fraude por cuanto usurpa la voluntad del pueblo que es el único que puede convocar una Constituyente. Ante esto, se nos ha dicho que la Constituyente es "una generosidad del Presidente", o peor aún que "es un derecho del presidente" y que "el que toma la iniciativa dice cuáles son las condiciones".

El simple hecho de ver el poder como un derecho lo dice todo de quien hace tan grave afirmación, pues el ejercicio del poder es una potestad para servir a los ciudadanos, es un mandato de estos, y por lo mismo temporal y revocable.

En consecuencia, no es cierto que el Presidente pueda convocar a una Asamblea Nacional Constituyente, ya que no se trata de un acto producto de su gracia y mucho menos es un derecho de ese funcionario.

¿Y a ti venezolano como te afecta?

Cuando se usurpa el poder constituyente al pueblo, todos los ciudadanos somos afectados en nuestro ejercicio legítimo del poder originario, que sólo descansa en nosotros, por lo que al usurparse el mismo, se destruyen las bases mismas de la democracia, y recordemos que donde no hay democracia, los derechos son una dádiva del poder.

FACULTAD DE DERECHO DE LA UNIVERSIDAD CATÓLICA ANDRÉS BELLO: COMUNICADO DE 2 DE MAYO DE 2017

Universidad Católica Andrés Bello
Facultad de Derecho
Consejo de la Facultad

A LA OPINIÓN PÚBLICA

Considerando

Que el 1 de mayo de 2017, el Presidente de la República anunció su intención de convocar a una "asamblea nacional constituyente", la cual estaría supuestamente integrada por representantes de diversos grupos obreros, comunas, campesinos, líderes comunitarios y miembros de la "unión cívico-militar", según lo declarado por el Presidente de la República y de acuerdo a las bases que el Gobierno aprobará para su remisión al Consejo Nacional Electoral.

Considerando

Que de acuerdo al artículo 347 de la Constitución, es el pueblo de Venezuela, en su condición de depositario del poder constituyente originario, el único que puede convocar una Asamblea Nacional Constituyente, con el objeto de transformar el Estado, crear un nuevo ordenamiento jurídico y redactar una nueva Constitución.

Considerando

Que el Presidente de la República, de acuerdo al artículo 348 de la Constitución, sólo tiene iniciativa para proponer la convocatoria a un proceso constituyente, más no la convocatoria en sí misma, pues esta última sólo debe realizarse mediante un referéndum en el cual la mayoría de los electores decida si quieren o no ir a dicho proceso y bajo qué bases, incluido el modo de elección de sus miembros, pues de ser afirmativa la voluntad de convocarla, ello implicaría que la Constitución vigente deberá ser sustituida por una nueva, más allá que el proyecto de esta última deba ser también sometido a referéndum.

Considerando

Que según el referido anuncio del Presidente de la República del 1° de mayo de 2017, dicha "constituyente" tendría aproximadamente quinientos miembros, la mitad de los cuales serían electos por aquellos grupos creados por el Ejecutivo Nacional bajo la denominación de "Poder Comunal", los cuales no se corresponden con lo establecido en la Constitución.

Considerando

Que las instancias y consejos del poder popular o comunal no son sujetos titulares de derechos civiles y políticos, las cuales son controladas por el Poder Ejecutivo, que es el único que tiene la potestad de decidir sobre su existencia y funcionamiento.

Considerando

Que esa "asamblea nacional constituyente", cuya mayoría de miembros dependería directamente del Poder Ejecutivo Nacional, pretende ser una asamblea originaria, por lo que tiene por finalidad dictar una nueva Constitución y asumir el ejercicio de todas las funciones de los poderes del Estado, incluyendo la función legislativa y la reorganización de los Poderes Judicial, Ciudadano y Electoral, lo cual implica la reunión de todos los poderes públicos en un órgano directamente dependiente de un poder constituido como lo es el Poder Ejecutivo Nacional, en franca violación del Estado de Derecho y del principio de separación de poderes.

Considerando

Que tal "proceso constituyente" resultaría un fraude a la Constitución de 1999 en franca violación a los artículos 347 y siguientes del propio Texto Fundamental que regulan restrictivamente y con rigidez constitucional los supuestos y el procedimiento a seguir para la convocatoria a una Asamblea Nacional Constituyente.

Considerando

Que tal "asamblea constituyente" también es un fraude a la Constitución, pues no cumple ni puede asimilarse a los parámetros de un proceso constituyente, en los términos establecidos en los artículos 347, 348 y 349 del Texto Constitucional, por cuanto se trataría de una asamblea nacional constituyente que viola el derecho fundamental a optar a cargos de elección popular, recogido en los artículos 64 y 65 de la Constitución, pues el común de los ciudadanos no podrá libremente optar al ejercicio del cargo de constituyente, dado que la selección se realizará de manera cerrada dentro de los grupos escogidos por el Gobierno.

Considerando

Que tal "proceso constituyente" violaría, además, las bases del Estado democrático, tanto de la democracia participativa como la democracia representativa, cuya base fundamental es el ejercicio del poder fundamentado en la elección de los gobernantes, elecciones que deben necesariamente ser libres, universales, directas y secretas, en condiciones de igualdad y competitividad electoral, tal como lo establecen la Constitución Venezolana (artículos 63, 64, 65 y 293), la Declaración Universal de Derechos Humanos (artículo 21) y el Pacto Internacional de Derechos Civiles y Políticos (artículo 25), en la medida en que buena parte de los miembros constituyentes serán designados por los consejos comunales y asambleas del llamado Poder Popular que determine y controle el Poder Ejecutivo Nacional.

Resuelve

Primero: Denunciar que la propuesta presentada por el Presidente de la República no se corresponde con la Asamblea Nacional Constituyente establecida y regulada por la Constitución, y que implica un fraude a la misma destinada a centralizar, bajo el control del Poder Ejecutivo, todas las funciones de los poderes del Estado, incluyendo la función legislativa y conculcar el derecho al sufragio universal, directo y secreto.

Segundo: Rechazar cualquier convocatoria a una asamblea nacional constituyente que realice directamente el Presidente de la República, o cualquier otro de los órganos del poder público establecidos en el artículo 348 de la Constitución, en abierta violación a esa norma constitucional y a la contenida en el artículo 347 *eiusdem*, pues la única convocatoria posible debe provenir del pueblo de Venezuela, quien mediante referéndum y por el voto de la mayoría de los electores así lo decida, aprobando también, en dado caso, las bases constituyentes de tal eventual proceso.

Tercero: Expresar el rechazo de las graves consecuencias que tendría la instalación de esa "asamblea nacional constituyente ciudadana" o comunal que carece absolutamente de soporte constitucional, y que implicaría una grave violación a nuestro sistema democrático, al derecho fundamental al sufragio, al derecho fundamental a ser electo para el ejercicio de cargos públicos, al derecho fundamental a la participación ciudadana en los asuntos públicos y al principio de separación de poderes y el desconocimiento del principio de legalidad, conforme al cual los órganos del Poder Público solo podrán ejercer las competencias que le estén expresamente atribuidas por la Constitución o las leyes.

Cuarto: Exigir el restablecimiento inmediato del Estado Democrático de Derecho, el respeto al principio de supremacía constitucional (artículo 7, constitucional), al principio de separación de poderes (artículo 136, constitucional), a las normas constitucionales que regulan los supuestos, límites y procedimiento a seguir para la convocatoria a una asamblea nacional constituyente, y a los derechos fundamentales a la participación ciudadana, al sufragio y a ser electo para el ejercicio de cargos públicos (artículos 62, 63, 64 y 65, constitucionales) postulados constitucionales inescindibles y a los cuales deben someterse todos los órganos del poder público y los ciudadanos.

Aprobado en Caracas, a los dos (2) días del mes de mayo de dos mil diecisiete (2017), en la sesión nº 837 del Consejo de la Facultad de Derecho de la Universidad Católica Andrés Bello.

DECLARACIÓN DE LA FACULTAD DE CIENCIAS JURÍDICAS Y POLÍTICAS DE LA UNIVERSIDAD MONTEÁVILA EN RECHAZO A LA CONVOCATORIA A UNA ASAMBLEA NACIONAL CONSTITUYENTE COMUNAL ANUNCIADA POR EL PRESIDENTE NICOLÁS MADURO MOROS

Esta Facultad de Ciencias Jurídicas y Políticas, ante el inconstitucional anuncio del Presidente de la República de su iniciativa de convocatoria a una Asamblea Nacional Constituyente Comunal, le recuerda al Poder Ejecutivo, que conforme a lo dispuesto en el artículo 347 de la Constitución Nacional, el pueblo es el único depositario del poder constituyente originario y advertimos que esta convocatoria se suma a los cada vez más sofisticados mecanismos de violación a la carta magna.

Es ilegal e ilegítima una convocatoria para la redacción de una nueva Constitución Nacional por el llamado poder comunal, que no está previsto en la Constitución y no puede tenerse como titular de poder público, ni como representante del pueblo.

El artículo 5 de la Constitución establece que la soberanía se ejerce directamente o a través de los representantes de los Poderes Públicos, constituidos conforme al texto fundamental. El pueblo debe expresarse mediante el sufragio en elecciones universales, directas y secretas, como lo hizo el 6 de diciembre de 2015 al elegir sus representantes a la Asamblea Nacional, que sí es un poder constituido.

En tal sentido, el Poder Electoral no debe dar curso a la inconstitucional iniciativa del Presidente a menos que reforme las bases anunciadas por el Ejecutivo a fin de permitir la expresión del soberano sin vinculación al inexistente poder comunal.

El Ejecutivo recurre al mecanismo de la Asamblea Nacional Constituyente para dar apariencia de democracia ante la comunidad internacional. Se pretende mostrar la voluntad de consultar al pueblo sin verdaderamente oírlo; tal como se ha evidenciado en el reiterado desconocimiento de la Asamblea Nacional y, de manera más arbitraria, en la brutal represión de las manifestaciones pacíficas, de las cuales participa activamente la comunidad estudiantil de la Universidad Monteávila con el apoyo de sus autoridades.

Desde esta Facultad expresamos al pueblo de Venezuela nuestro apoyo y acompañamiento en la lucha por la recuperación de la democracia que es un Derecho Humano de los pueblos. En consecuencia, exigimos se nos reconozca el derecho legítimo a participar en los asuntos públicos en los términos previstos en la Constitución y desconocemos toda intención de derogatoria que se pretenda ejecutar por medios distintos al previsto en su artículo 333.

Al tiempo que exigimos a los diputados que hoy representan la mayoría parlamentaria en la Asamblea Nacional ejerzan su autoridad como legítimos representantes del pueblo y en esta coyuntura procedan a la designación del rector del Consejo Nacional Electoral postulado por las Facultades de Ciencias Jurídicas y Políticas de las universidades nacionales, como debió hacerse en diciembre de 2016, desconociendo la inconstitucional usurpación de esa atribución por la Sala Constitucional, todo ello de conformidad con lo dispuesto en el artículo 138, 296 y 333 de la Constitución.

Con esta declaración rechazamos esta nueva pretensión de usurpar la soberanía que reside intransferiblemente en el pueblo, conformado por todos los venezolanos.

Dado en el salón de sesiones del Consejo de la Facultad de Ciencias Jurídicas y Políticas de la Universidad Monteávila el 02 de mayo de 2017.

Eugenio Hernández-Bretón
Decano

María Verónica Torres Gianvittorio
Directora

COMUNICADO DE LA PRESIDENCIA DE LA CONFERENCIA EPISCOPAL VENEZOLANA: NO REFORMAR LA CONSTITUCIÓN SINO CUMPLIRLA

1. Atendiendo la grave situación que hoy afecta la vida y la convivencia en nuestro país, los obispos miembros de la Presidencia de la Conferencia Episcopal Venezolana, consideramos necesario y urgente hacer llegar nuestra palabra a todo el pueblo venezolano.

2. Luego de las desacertadas decisiones 156 y 157 del Tribunal Supremo de Justicia que han dado origen a las últimas manifestaciones de la población, la reciente iniciativa del Presidente de la República de convocar una Asamblea Constituyente, ha sido percibida por la inmensa mayoría de la población, como una iniciativa divorciada de las urgentes necesidades del país y como un paso más en el socavamiento del Estado Social de Derecho previsto en la actual Constitución.

3. Actualmente lo que más necesita el pueblo venezolano es comida, medicamentos, libertad, seguridad personal y jurídica, y paz. Todo ello se conseguiría, si el Gobierno actuara apegado a lo previsto en el texto constitucional vigente y con mayor sensibilidad ante tantas carencias. Los temas presentados por el Presidente de la República para apoyar su propuesta, no apuntan a resolver los graves problemas que aquejan a los venezolanos sino a prolongar la permanencia de su Gobierno en el poder.

4. La propuesta Presidencial de una Asamblea Constituyente sectorizada para la reforma de la Constitución es innecesaria y resulta peligrosa para la democracia venezolana, para el desarrollo humano integral y para la paz social, pues el objetivo fundamental de dicha Asamblea es "constitucionalizar" el "Estado Comunal". Esto equivale a reeditar la reforma constitucional de 2007, planteada también por el Poder Ejecutivo, que fue rechazada por el pueblo en el Referendo Consultivo de ese mismo año., En definitiva, esta propuesta es querer imponer el "Plan de la Patria", traducción operativa del "Socialismo del siglo XXI", sistema totalitario, militarista, policial, violento y represor, que ha originado los males que hoy padece nuestro país.

5. La convocatoria a una Asamblea manejada en sus bases y en la elección de sus miembros por el Gobierno, la hace parcial, monocolor y excluyente. Es un nuevo intento en el afán de sustituir a la actual Asamblea Nacional, elegi-

da por una mayoría abrumadora representativa de la soberanía popular. Pero, además, esta iniciativa presidencial es engañosa, al dejar en la penumbra muchos aspectos de su diseño y aplicación, y daría amplio margen a interpretaciones ambiguas de su reglamentación.

6. No podemos olvidar ni poner de lado la tristeza y el sufrimiento que este régimen está provocando a nuestro pueblo. Además, en el último mes ha hecho alarde de su naturaleza represiva mediante la sofocación de la legítima protesta con excesiva e inhumana violencia, generada por los organismos de seguridad del Estado, particularmente de la Guardia Nacional Bolivariana, y los grupos armados llamados "colectivos" que actúan bajo la mirada protectora de las autoridades. Se agrava la situación, al actuar no sólo en contra de quienes, apoyándose en sus derechos civiles levantan su voz de descontento y reclamo en la calle, sino también en contra de grupos familiares que en sus propias residencias han sido blanco de lo que parece ya violencia institucionalizada. Hacemos nuestro el dolor del pueblo venezolano y decimos: ¡Ya basta de tanta represión!

7. Ante toda esta lamentable situación, rechazamos la convocatoria a esa Asamblea Constituyente, y exhortamos a la población en general a no resignarse, a levantar su voz de protesta, pero sin caer en el juego de quienes generando violencia quieren conducir al país a escenarios de mayor confrontación con el fin de agravar la situación y mantenerse en el poder.

8. Este es un momento en el cual necesariamente debemos fijar nuestra mirada en el Dios de la Vida y de la Paz. Invitamos a todas nuestras parroquias y comunidades a organizar una Jornada de Oración por la Paz de Venezuela, el próximo domingo 21 de mayo, por el cese de la violencia, la represión oficial y por la búsqueda de caminos para el entendimiento y la reconciliación que tanto necesitamos. Es necesario acrecentar la escucha de la Palabra de Dios y la oración en cada hogar, en cada institución y en cada comunidad cristiana.

9. Acogemos con vivo agradecimiento las palabras del Santo Padre Francisco: "No dejan de llegar noticias dramáticas sobre la situación en Venezuela y el agravarse de los enfrentamientos, con numerosos muertos, heridos y detenidos. Mientras me uno al dolor de los familiares de las víctimas, para quienes aseguro oraciones de sufragio, dirijo un apremiante llamamiento al Gobierno y a todos los componentes de la sociedad venezolana para que se evite cualquier ulterior forma de violencia, sean respetados los derechos humanos y se busquen soluciones negociadas a la grave crisis humanitaria, social, política y económica que está agotando a la población. Encomendamos a la Santísima Virgen María la intención de la paz, de la reconciliación y de la democracia en ese querido país".

10. Jesús resucitado y María de Coromoto nos bendigan y acompañen en nuestro caminar histórico hacia la reconstrucción del país por los caminos de la paz y de la no violencia.

LOS PROFESORES INTEGRANTES DE LAS CÁTEDRAS DE DERECHO CONSTITUCIONAL DE LA UCV. EN DEFENSA DE LA CONSTITUCIÓN

Ante el pronunciamiento del Presidente de la República relacionado con la convocatoria de una Asamblea Nacional Constituyente Comunal, los profesores de Derecho Constitucional de las Escuelas de Derecho, de Estudios Políticos y de Estudios Internacionales de la Universidad Central de Venezuela; y en atención a lo previsto en el Artículo 2 de la Ley de Universidades, quieren llamar la atención del país sobre las siguientes circunstancias:

1. Cualquier convocatoria a una Asamblea Nacional Constituyente, necesariamente, debe ser sometida a referendo para que el pueblo se pronuncie en torno a si la aprueba o no.
2. En ese referendo deben ser sometidas a la aprobación popular las bases comiciales que regirían la elección de los integrantes de la Asamblea, así como, el tiempo de duración de la misma.
3. Luego de aprobada la convocatoria y bases comiciales debe irse a la elección popular de todos los miembros de la Asamblea Nacional Constituyente.
4. Es necesario tener presente que el Presidente de la Republica solo tiene iniciativa para la convocatoria, esto es la facultad de iniciar el proceso constituyente, pero no es quien convoca a la elección de la Asamblea Nacional Constituyente.
5. La elección de los miembros de la Asamblea Nacional Constituyente, debe ser por sufragio democrático; es decir, libre, universal, directo y secreto.
6. Es pertinente advertir, en relación a la mención hecha por el Presidente de la Republica a las Comunas y a los CLAPs, como eventuales electores en el proceso constituyente, lo siguiente:
   6.1. Las Comunas, en atención a la propia definición del Ministerio del Poder Popular para las Comunas y los Movimientos Sociales, contenida en el plan "Comuna o Nada. Chávez Vive", son entes absolutamente identificados con el Partido Socialista Unido de Venezuela, por la mediación del Ministerio del Poder Popular

para las Comunas y los Movimientos Sociales, al punto de que en dicho plan se prevé como una acción del referido Ministerio, la organización de "mesas de acompañamiento", coordinadas por un servidor público designado por ese ministerio, quien deberá impulsar actividades de "Homenajes a Hugo Chávez en el sector, barrio o el caserío, para rendir tributo al comandante eterno como inspiración de la Revolución Bolivariana" (página 16, del plan político estratégico comuna o nada, Chávez vive primera fase).

6.2. Los Comités Locales de Abastecimiento y Producción (CLAPs), mencionados por el Presidente de la Republica como futuros voceros constituyentes están integrados por unidades de base del Partido Socialista Unido de Venezuela (Psuv).

7. Debe entenderse que, aunque no se conoce en este momento el texto completo del Decreto contentivo de los particulares de la supuesta convocatoria presidencial, el presente pronunciamiento se formula como urgente y preliminar, pues estamos a la espera del citado decreto.

Pronunciamiento que se hace el 02 de Mayo de 2017 en la Ciudad Universitaria de Caracas.

Prof. Tulio Álvarez
Prof. Nelson Chitty La Roche
Prof. Isabel Cecilia Esté
Prof. Enrique Sánchez Falcón
Prof. Pedro Afonso Del Pino
Prof. Eduardo Sánchez
Prof. Gustavo Manzo
Prof. Rafael Quiñones
Prof. José Augusto Soares.
Prof. Leonel Alfonso Ferrer
Prof. Oscar Arnal
Prof. Alberto Blanco-Uribe Q.
Prof. Yanira Velásquez
Prof. Alfredo Arismendi
Prof. Javier Elechiguerra
Prof. José Luis Rojas
Prof. Luis Molina

PRONUNCIAMIENTO DEL CONSEJO UNIVERSITARIO DE LA UNIVERSIDAD DE LOS ANDES SOBRE LA CONVOCATORIA A UNA ASAMBLEA NACIONAL CONSTITUYENTE POR PARTE DEL PRESIDENTE DE LA REPÚBLICA

El Consejo Universitario de la Universidad de Los Andes en su sesión ordinaria N° 12 de fecha martes 02 de mayo de 2017, ante el golpe de estado continuado contra la Constitución y las Leyes y, en consecuencia, contra la democracia en el país, en esta oportunidad por la convocatoria írrita a una Asamblea Nacional Constituyente, hecha por el Presidente de la República ciudadano Nicolás Maduro Moros, vulnerando una vez más el orden constitucional al usurpar la soberanía del pueblo venezolano en tanto que único titular con potestad originaria para la convocatoria, y por quebrantar flagrantemente el derecho político fundamental de toda sociedad democrática: el derecho al voto libre, universal, directo y secreto; acuerda pronunciarse pública y categóricamente en contra de tal convocatoria por las siguientes consideraciones:

Considerando

Que el artículo 5 de la Constitución de la República Bolivariana de Venezuela declara: "La soberanía reside intransferiblemente en el pueblo, quien la ejerce directamente en la forma prevista en esta Constitución y en la ley, e indirectamente, mediante el sufragio, por los órganos que ejercen el Poder Público. Los órganos del Estado emanan de la soberanía popular y a ella están sometidos."

Considerando

Que, según el artículo 2 de la Ley de Universidades, es deber y la corresponsabilidad social de las universidades "colaborar en la orientación de la vida del país mediante su contribución doctrinaria en el esclarecimiento de los problemas nacionales."

Considerando

Que es deber y derecho de la Universidad, ante la sociedad y el país entero, mediar e interceder por el restablecimiento del imperio de la Constitución y la Ley y por el respeto de los derechos humanos, en este caso particular el derecho a votar y, por tanto, a elegir y ser elegido y el principio de la soberanía del pueblo en asuntos electorales.

Considerando

Que, el gobierno de Nicolás Maduro Moros, en su afán de "profundizar y radicalizar el proyecto socialista" y, por tanto, en su ambición de mantenerse en el poder, se ha encaminado definitivamente hacia una deriva de la violencia del poder y de las instituciones, en una suerte de cumplimiento del aforismo arendtiano "no hay alternativa a la victoria". En tal sentido, ha convocado írritamente una Asamblea Nacional Constituyente de orientación "comunal", diseñada desde una concepción sectorial y tutelada a la justa medida de sus más oscuros propósitos, para reproducir y profundizar la opresión sobre las ya demostradas amplias mayorías del pueblo venezolano que rechazan el régimen de fuerza instalado.

Considerando

Que la írrita convocatoria hecha por el presidente Maduro, el día 01 de mayo de 2017, para realizar una Asamblea Nacional Constituyente, con la finalidad de "refundar la república, crear un nuevo ordenamiento jurídico y hacer una nueva constitución", viola el artículo 347 constitucional cuya letra declara que: "El pueblo de Venezuela es el depositario del poder constituyente originario." Por tanto, es el pueblo venezolano el único titular de la potestad para convocar a una Asamblea Nacional Constituyente. El presidente de la República, entre otros órganos y entes estatales, sólo tiene la facultad de la iniciativa de convocatoria, y ésta no consiste más que en la tarea de formular las bases electorales para presentarlas ante el Consejo Nacional Electoral, órgano que deberá organizar un referendo aprobatorio para que el pueblo, mediante voto libre, universal, directo y secreto, apruebe o no la convocatoria de la Constituyente así como las bases electorales. En palabras llanas, para que el pueblo exprese la voluntad de querer o no, de estar de acuerdo o no, con convocar a una Asamblea Nacional Constituyente.

Considerando

Que la írrita convocatoria hecha por el presidente Maduro, para realizar una Asamblea Nacional Constituyente, viola el supremo derecho político del pueblo venezolano de elegir y ser elegidos, establecido en el artículo 63 de la Constitución Nacional que señala: "El sufragio es un derecho. Se ejercerá mediante votaciones libres, universales, directas y secretas."

ACUERDA

Primero: Impulsar desde la Universidad, casa que vence las sombras, junto con el pueblo venezolano, la lucha institucional, civilista y democrática por el restablecimiento y pleno respeto del orden Constitucional con miras a la reconstrucción de la nación en un ambiente de sosiego, de progreso, de justicia y de paz. Tal propósito de lucha exige la formación, información y educación continua y permanente del pueblo venezolano, para demostrar la inconstitucionalidad de la convocatoria a una Asamblea Nacional Constituyente por cuanto que, mediante la misma, se usurpa el principio fundamental de la soberanía del pueblo como depositario del poder constituyente originario y los principios básicos del derecho al voto que definen su naturaleza esencial: libertad de elección y ejercicio directo, secreto y universal.

Segundo: Denunciar públicamente la inconstitucionalidad de las actuaciones del ciudadano Nicolás Maduro Moros en su condición de presidente de la República, por cuanto se ha puesto al margen de la Constitución y la Ley, al dirigir un golpe de Estado sistemático y continuo en contra de la Constitución, del pueblo y de la Asamblea Nacional que fue electa por más de 14 millones de venezolanos. Sobran elementos para alertar públicamente sobre la inconstitucionalidad de las actuaciones de quien detenta en estos momentos el Poder Ejecutivo, así como de quienes conforman el Poder Judicial, Electoral y Ciudadano, por cuanto que al suscribir, tácita o flagrantemente, actos que conculcan los derechos constitucionales y legales y los Derechos Humanos del pueblo, se ponen en esa misma medida al margen de la Ley y de la Constitución, de modo que solo nos queda luchar para que Dios y la Patria los castiguen.

Tercero: Rechazar y oponerse categóricamente con los argumentos, razones e instrumentos que provee la Ley y la Constitución a la convocatoria hecha por el presidente Maduro, mediante el Decreto N° 2830 publicado en la Gaceta Oficial N° 6295, del día 01 de mayo de 2017, para realizar una Asamblea Nacional Constituyente por cuanto que la misma, tal como está planteada:

a. Es inexistente por cuanto que la Constitución Nacional vigente determina que el pueblo es el depositario del poder constituyente originario; y constituye no sólo una usurpación de la soberanía del pueblo, sino un fraude a la voluntad popular y a la Constitución Nacional.

b. En tanto que el poder constituyente originario le pertenece al pueblo, sólo el pueblo tiene la potestad de la convocatoria y el poder decisorio sobre la realización o no de la Asamblea Nacional Constituyente, en votaciones libres, directas, secretas y universales.

c. La conformación de una Asamblea Nacional Constituyente ha de asentarse en el principio de elecciones universales y no discriminantes, es decir, no puede ser sectorizada. En tal sentido, ha de estar conformada por ciudadanos que mediante el sufragio libre, directo, secreto y universal del pueblo, son elegidos constituyentistas, independientemente de la clase social que detenten, trabajo que realicen, o partido al que pertenezcan.

Dado, firmado y sellado, en el salón de sesiones del Consejo Universitario de la Universidad de Los Andes, en la ciudad de Mérida, a los ocho días del mes de mayo del año dos mil diecisiete.

Profesor Mario Bonucci Rossini, Rector de la Universidad

José María Andérez Álvarez, Secretario de la Universidad

Sección Segunda:

SOBRE LAS BASES COMICIALES DE LA ASAMBLEA NACIONAL CONSTITUYENTE

ACADEMIA DE CIENCIAS POLÍTICAS Y SOCIALES PRONUNCIAMIENTO SOBRE LA INCONSTITUCIONALIDAD E INCONVENCIONALIDAD DE LAS BASES COMICIALES DECRETADAS PARA LA ELECCIÓN DE LA ASAMBLEA NACIONAL CONSTITUYENTE

1. En fecha 6 de mayo de 2017, las Academias Nacionales se pronunciaron frente al decreto presidencial que decidió convocar a una Asamblea Nacional Constituyente (ANC), en clara violación de la soberanía popular y la Constitución.

2. Posteriormente, en fecha 23 de mayo de 2017 el Presidente de la República dictó el Decreto Nº 2.878 mediante el cual dictó las "Bases Comiciales" para la ANC, consistentes en once disposiciones sobre la forma y el número de integrantes por los ámbitos territoriales y sectoriales. En este sentido dispuso que la ANC tendrá una composición unicameral y solo se elegirán representantes o Constituyentes principales, en los ámbitos territorial y sectorial. El 7 de junio de 2017 se publicó en la página web oficial del Consejo Nacional Electoral (CNE) la Resolución No.170607-118 mediante la cual dicho órgano acordó aprobar las Bases Comiciales contenidas en la propuesta presentada por el Ejecutivo Nacional con unas reformas parciales puntuales.

3. En fecha 31 de mayo de 2017 la Sala Constitucional del Tribunal Supremo de Justicia (SC/TSJ), mediante la sentencia No.378 resolvió interpretar que el Presidente sí puede convocar una ANC sin consultar al pueblo y declaró la constitucionalidad del decreto presidencial fijando las Bases Comiciales para la elección de la ANC. De esta manera la SC/TSJ también validó la no aprobación de las Bases mediante un referendo o consulta popular así como su mecanismo eleccionario "particular" mediante sectores y territorial (municipios).

4. La democracia requiere su ejercicio efectivo dentro de un marco de respeto al Estado de Derecho y a los derechos humanos. En contraste con ello,

las Bases Comiciales de la ANC impuestas por el Presidente de la República, adoptadas por el CNE y validadas por la SC/TSJ, configuran un fraude constitucional y una usurpación de la soberanía popular; y así mismo, violan la Constitución y los instrumentos sobre derechos humanos por cuanto transgreden los principios de universalidad e igualdad del sufragio.

5. En efecto, el poder constituyente consiste en la facultad que tiene un pueblo para darse su Constitución. Por ello, conforme al principio democrático le corresponde al pueblo, en cuanto titular de la soberanía, el ejercicio indiscutible del poder constituyente. En este sentido la Constitución de Venezuela de 1999 dispone que el pueblo como depositario del poder constituyente originario, es quien puede convocar una ANC (art. 347). El Presidente de la República es simplemente uno de los órganos del Poder Público constituido que tiene la iniciativa (art. 348) para convocar al pueblo a una consulta popular, a fin de que éste decida sobre la aprobación de la convocatoria a la ANC y en su caso, las Bases Comiciales.

6. De conformidad con el artículo 5 constitucional, la soberanía reside intransferiblemente en el pueblo, quien la ejerce directamente en la forma prevista en la Constitución y en la ley, e indirectamente, mediante el sufragio, por los órganos que ejercen el Poder Público. Por ello, los órganos del Estado emanan de la soberanía popular y a ella están sometidos. Desde la dimensión del derecho ciudadano a la participación política, este principio fundamental es reconocido constitucionalmente como el derecho de todos los ciudadanos a participar libremente en los asuntos públicos, directamente o por medio de representantes elegidos (art. 62). De allí que la Constitución establezca los siguientes medios de participación y protagonismo del pueblo en ejercicio de su soberanía, en lo político: el referendo, la consulta popular, la elección de cargos públicos, la revocación del mandato, las iniciativas legislativa, constitucional y constituyente, el cabildo abierto y la asamblea de ciudadanos (art. 70).

7. Además de los vicios anteriormente señalados, el contenido mismo de las Bases Comiciales decretadas por el Presidente Maduro y aprobadas por el CNE con el visto bueno de la SC/TSJ, es contrario a los principios constitucionales y convencionales (internacionales) del sufragio a través de votaciones universales, libres e iguales.

8. Las Bases Comiciales al dividir parcialmente a los electores en siete (7) sectores (campesinos y pescadores, personas con discapacidad, empresarios, estudiantes de universidades públicas, privadas y Misiones, trabajadores, pensionados y representantes de Comunas y Consejos Comunales) para elegir 174 Constituyentes, violan el principio de la universalidad del sufragio. En efecto, para la elección de un cuerpo deliberante nacional, el sufragio debe organizarse por circuitos electorales de base poblacional, que en caso de un Estado federal como Venezuela (art. 4), lo procedente es que se organice por los veintitrés estados miembros de la unión más el Distrito Capital.

9. La sola idea de la división por sectores de los ciudadanos para poder ejercer el derecho al sufragio, viola la universalidad del sufragio. Esta "secto-

rialización" de la elección para la ANC rompe con la conquista de la democracia de la universalidad del voto para representar al conjunto de la población del circuito electoral. La única excepción aceptada por las constituciones latinoamericanas y el Derecho Internacional, es el de los representantes de los pueblos indígenas, por razones de su preexistencia, historia pre-hispánica, cosmovisión, cultura, religión, idioma y demás particularidades propias, que ha permitido que también constitucionalmente se reconozcan a los Estados como multiétnicos y pluriculturales (vgr., art. 125, Constitución).

10. Conforme a las Bases Comiciales, la elección de Constituyentes en el ámbito sectorial, sólo pueden ejercerla tanto de manera activa (elegir) como de manera pasiva (ser electos), los ciudadanos que integran esos grupos 3 taxativamente. En otras palabras, los ciudadanos venezolanos que no integran alguno de esos sectores, no pueden votar ni ser electos. Ello configura una fractura de la soberanía popular contraria a los principios fundamentales republicanos y de la democracia (arts. 2, 3, 5, 6 y 7, Constitución).

11. Pero además de lo anterior, las Bases Comiciales introducen la exclusión general del derecho a postularse como candidatos a todos los venezolanos por naturalización y a los venezolanos por nacimiento que posean otra nacionalidad. En efecto, conforme a la Base Séptima, numeral 1, tanto del decreto presidencial como de la resolución del CNE, exige ser "venezolana o venezolano por nacimiento, sin otra nacionalidad". Se trata claramente de una exclusión inconstitucional e inconvencional, discriminatoria por arbitraria, irrazonable y desproporcionada. Conforme a la Constitución, "todos" los venezolanos mayores de 18 años de edad ejercen la ciudadanía, y en consecuencia, son titulares de derechos y deberes políticos (art. 39). Cualquier otra restricción o exclusión o discriminación para ocupar funciones o cargos públicos entre ciudadanos venezolanos que no sean las dispuestas expresamente en la Constitución viola el principio de igualdad ciudadana por ser discriminatoria.

12. Siendo la ANC un cuerpo representativo nacional, sus miembros deben representar a la población nacional; y tratándose de un Estado federal, la representación debe organizarse con base al porcentaje de la población en cada estado y el Distrito Capital.

13. Por otro lado, las Bases Comiciales decretadas por el Presidente Maduro, que fueron adoptadas por el CNE y validadas por la SC/TSJ, asignaron la representación territorial de trescientos sesenta y cuatro (364) Constituyentes a los "municipios" como entidades político-territoriales, con prescindencia de su base poblacional La representación territorial de la ANC prácticamente es en su mayoría (2/3 partes) una especie de asamblea de municipios y no de la población de éstos. Ello viola el principio de representación del pueblo y de los estados en su conjunto (art. 201, C), para convertir a la ANC en una representación de la persona jurídicoterritorial de los municipios con independencia de su base poblacional. Por ello, este sistema impuesto por las Bases Comiciales presidenciales igualmente viola el principio de la representación de la población sobre la base poblacional de cada uno de los veintitrés estados y

el Distrito Capital (art.16, C) del Estado venezolano como Estado federal descentralizado (art. 4).

14. Este derecho de todo ciudadano a elegir, debe respetar el principio de "una persona un voto" o lo que es lo mismo "un ciudadano un voto". En este sentido, además de la Constitución, tanto el Pacto Internacional de Derechos Civiles y Políticos, coincidente con la Convención Americana sobre Derechos Humanos, que reconocen el derecho de todos los ciudadanos de votar y ser elegidos en elecciones periódicas auténticas, realizadas por sufragio universal e igual y por voto secreto que garantice la libre expresión de la voluntad de los electores (art. 25.b y art. 23.1.b, respectivamente).

15. Esta representación "territorial" al asignar un Constituyente por municipio (dos por municipio capital de estado) con prescindencia de la base poblacional, rompe el principio de una persona un voto. En efecto, al 4 convertir al territorio del municipio en un circuito electoral, se distorsiona por completo la igualdad en la representación poblacional del voto, ya que cada municipio urbano es distinto en población a los otros y los municipios urbanos son distintos en población con respecto a los rurales o selváticos.

16. En conclusión:

1. Tanto la convocatoria a la ANC como las Bases Comiciales para la ANC impuestas por decreto del Presidente Maduro, luego adoptadas por el CNE y validadas por el TSJ, configuran un fraude a la Constitución y una usurpación a la soberanía popular.

2. De conformidad con la Constitución, la soberanía reside de manera intransferible en el pueblo (art. 5), quien es además como depositario del poder constituyente originario el único que puede convocar a una ANC y aprobar sus Bases Comiciales (art. 347). Por tanto, la convocatoria a la ANC y sus Bases Comiciales deben ser sometidas al pueblo mediante un referendo para su consideración y aprobación o rechazo. Al obviar este requisito esencial de validez, los actos de convocatoria a la ANC como las Bases Comiciales están viciados de nulidad absoluta insalvable.

3. El contenido de las Bases Comiciales viola notoriamente los principios de universalidad e igualdad del sufragio. En efecto, la imposición de candidatos y electores por "sectores" excluyentes del conjunto de los electores y la representación territorial por municipios sin proporción a la base poblacional, violan la universalidad e igualdad del voto.

En fe de lo cual suscriben,

El Presidente, Gabriel Ruan Santos.

El Secretario, Luciano Lupini Bianchi.

ACCESO A LA JUSTICIA: CONSTITUYENTE SIN ELECCIONES DEMOCRÁTICAS, NO ES CONSTITUYENTE

Así como no se puede estar medio embarazada tampoco se puede ser medio demócrata. Y esto también se aplica a cualquier elección, o es democrática o no lo es.

Esto viene a cuento, porque en la inconstitucional convocatoria a la Constituyente, establecida en el decreto 2.830 se dice vagamente en su artículo 2 que los integrantes de la misma "serán elegidos o elegidas en los ámbitos sectoriales y territoriales, bajo la rectoría del Consejo Nacional Electoral", lo cual es como mínimo sorprendente, pues nunca habíamos tenido en Venezuela una elección para una Constituyente en tales condiciones, pues las dos constituyentes que hemos tenido, tanto la de 1947 como la de 1999 se realizaron mediante la elección de candidatos postulados por los partidos políticos.

El Decreto no explica en qué consiste eso de ser elegidos en "ámbitos sectoriales y territoriales" y sólo se nos ha dicho que la Constituyente sería "popular, sin élites ni partidos", es decir al contrario de las anteriores en la que sí participaron los partidos. De igual manera se nos ha dicho que eso de elegir sectorialmente a los miembros de la Constituyente sería mediante "la clase obrera, las comunas, las misiones y movimientos sociales" y que la mitad de los constituyentes, que se estiman en 500 (sin explicar tampoco el porqué de este número), serían electos en circunscripciones.

Para justificar esto, se nos ha respondido que "El que toma la iniciativa dice cuáles son las condiciones". En tal sentido, debemos aclarar que estamos hablando del poder originario del pueblo venezolano, no de una caimanera donde el dueño de la pelota impone sus condiciones. Las condiciones las impone la Constitución, no hay otra fuente.

Una elección sin partidos y mediante las comunas y otros movimientos sociales es el núcleo de este fraude constituyente, porque excluye a los partidos políticos, como se ha dicho, a pesar de que en todas las elecciones de 1999 hasta ahora no ha habido elecciones sin ellos. Lo que nos lleva a preguntarnos: ¿los partidos son buenos para elegir Presidente, Gobernadores o Diputados, pero no para escoger constituyentes? Esto sencillamente no tiene lógica en una democracia, pues en su estructura los partidos no son prescindibles, son esenciales. En consecuencia, esta exclusión es antidemocrática e inconstitucional. Fraude.

Respecto a la condición de establecer la elección de los miembros de la Asamblea mediante circunscripciones municipales, al no tener los detalles de tal tipo de elección no podemos ahondar en esto, pero lo que sí podemos decir es que parece quererse evitar la manera de elegir en 1999 donde con el sistema aplicado el oficialismo tuvo como resultado que con el 65% de los votos obtuvo el 95% de los constituyentes. Es obvio que si se aplicara ese sistema probablemente los constituyentistas serían representantes solo de partidos de la oposición. Con lo cual sólo podemos concluir que la forma de elecciones varía de acuerdo con los intereses del oficialismo. Otro fraude.

Respecto a la elección por sectores o grupos sociales, debemos decir que en ninguna parte de la Constitución se establecen elecciones sectoriales para ningún cargo. Para ninguno.

Por ello, lo más grave de esta convocatoria es ese voto sectorial que se pretende, pues ya no se tendrían representantes de 30 millones de ciudadanos, sino que habría representantes de grupos, como sería el caso, por ejemplo, de los obreros, y en tal supuesto no sorprende que esos los nombren sólo los sindicatos reconocidos por el CNE, lo cual, como es público y notorio, serían mayoritariamente los sindicatos oficialistas, con lo que los constituyentes de ese sector serían instrumentos del gobierno. Otro fraude.

Más obvio es el caso de las comunas, pues como es sabido, la ley que las regula señala expresamente que son creadas para la construcción del socialismo. En este sentido, la representación de este sector es más que dudosa, primero porque la comuna no está en la Constitución, y segundo porque por más que el gobierno hable mucho de ellas, las comunas apenas están constituidas y vigentes en algunas porciones del territorio nacional, por lo que ni siquiera representan a todas las comunidades organizadas. En conclusión: otro fraude.

Podemos ir a los otros sectores que se han mencionado, y el resultado es el mismo: se trata de elementos controlados por el gobierno, lo que lleva al hecho insólito de que un gobierno que dice que está construyendo el socialismo, utilice herramientas sectoriales o corporativas que sólo han sido aplicadas por regímenes que el propio gobierno describe como contrarios a él, como los fascistas.

Los gobiernos fascistas utilizan la división de la sociedad como excusa para dominarla, y así en el régimen franquista, sólo se reconocían los sindicatos oficiales (¿nos suena esto?) y eran estas entidades las que nombraban representantes en las Cortes, que eran una imitación de poder legislativo, como ahora aquí se pretende con esta apariencia de Constituyente. Por su parte, los regímenes comunistas, quizás más cercanos en apariencia al sistema venezolano al autodenominarse socialismo, como es sabido, justifican su supuesta democracia en la elección mediante un partido único. Sin embargo, también hacia esto es a lo que también se está dirigiendo el gobierno con el requerimiento de la renovación de los partidos y otras acciones que ha llevado adelante para anular la oposición.

En consecuencia, en Venezuela no sólo no hay elecciones, sino que además las que se pretenden realizar ni siquiera son democráticas.

De ahí que la conclusión a todo esto sea más que evidente: la propuesta del gobierno no es hacer una Constituyente, tanto porque no se cumplen los requisitos para que esta se verifique como porque lo que propone no es propio de un régimen democrático.

¿Y a ti venezolano, cómo te afecta?

No puede haber constituyente si no se elige por mecanismos democráticos y la división de la población para controlar una elección no lo es, por lo que su consecuencia, tampoco puede serlo. Y recordemos, una vez más, que los derechos humanos sólo pueden existir en democracia. Y ya sabemos que la democracia, lamentablemente, no es el único deceso provocado por el régimen.

ACCESO A LA JUSTICIA: BASES COMICIALES DE CONSTITUYENTE DESCONOCEN LA SOBERANÍA POPULAR

El Presidente de la República, Nicolás Maduro, dictó las "Bases Comiciales para la Asamblea Nacional Constituyente" (Decreto N° 2. 878), ratificando su intención de llevar a cabo un proceso contrario a la Constitución y sobre todo a la democracia. Su característica principal es en efecto el desconocimiento del voto universal, secreto y directo, conquista de los venezolanos desde la Constitución de 1947. A continuación, explicamos mejor su contenido y las violaciones en que incurren a los derechos de los venezolanos:

Desconocen la soberanía popular al presentarlas ante el Consejo Nacional Electoral (CNE) sin que se celebre previamente un referendo en el que los venezolanos las aprueben o rechacen, de acuerdo con el artículo 347 de la Constitución de Venezuela que establece expresamente que es el pueblo de Venezuela el "depositario del poder constituyente originario" y, en concordancia, con el principio democrático según el cual "la soberanía reside intransferiblemente en el pueblo" (artículo 5 constitucional).

Constituyen una violación de los derechos políticos de los venezolanos especialmente el derecho al sufragio libre, universal, directo y secreto (artículo 63 constitucional) porque el sistema para la escogencia de los constituyentes previsto en la Base Comicial Primera, impuesto por el Ejecutivo es limitativo y discriminatorio.

Cabe señalar, al respecto, que el sistema electoral en cuestión está diseñado con una fórmula sectorizada y comunal (trabajadores, campesinos, pescadores, estudiantes, personas con discapacidad, pueblos indígenas, pensionados, empresarios, comunas y consejos comunales), que impediría la participación de cualquier elector que no estuviese en alguno de esos sectores. Justamente, lo antes expuesto, confirma que el derecho al sufragio es uno de los derechos humanos que los venezolanos han visto afectado gravemente durante los últimos tiempos por los poderes Ejecutivo, Judicial y Electoral.

La Base Comicial Quinta desconoce el principio de la soberanía popular y la universalidad del sufragio al imponer que el CNE elabore un padrón electoral o un registro "segmentado", es decir sub registros que contradicen el Registro Electoral (RE), que está institucionalizado constitucionalmente (artículo 293.7) y que, a la luz del artículo 27 de la Ley Orgánica del Poder Electoral, es la base de datos que contiene la inscripción de todos los ciudadanos que pueden ejercer el derecho al sufragio.

Con respecto a esta Base Comicial, se plantean entre otras las siguientes dudas: ¿publicará el CNE la data de estos sub registros? ¿Será auditable? ¿Podrá impugnarse esa data? ¿Cómo será esa impugnación? ¿Quiénes podrán impugnarla? en el supuesto en que pueda impugnarse ¿qué normativa se aplicará? Estas preguntas, básicas en cualquier elección, no han sido respondidas por un CNE apurado por hacer unas elecciones sin las mínimas garantías.

A la luz de lo expuesto en la Base Comicial contenida en el artículo Sexto en la que establece que las postulaciones de los candidatos a la Constituyente se realizarán por iniciativa propia, a través de los grupos de electores y electoras y por iniciativa de los sectores, Acceso a la justicia advierte que se ignora el derecho de postulación que constitucionalmente tienen reconocido los partidos políticos (artículo 67) al impedirles que puedan concurrir en estas elecciones para postular candidatos como constituyentes. Esto es discriminatorio.

Las Bases Comiciales, en sus artículos Segundo, Tercero y Cuarto establecen un sistema electoral "paralelo". Es decir, se fija una distribución de cargos elegibles por el voto nominal y el voto-lista pero bajo una fórmula establecida por el mismo Ejecutivo que atiende al carácter coyuntural que actualmente vive el país y que beneficiaría a la militancia y simpatizantes del oficialismo, sobre todo en la votación "sectorial" en donde destacan, entre otros, las Comunas y Consejos Comunales que como se sabe están bajo la rectoría del Poder Ejecutivo y forman parte del "Estado Comunal", instaurado inconstitucionalmente en el país por las llamadas "Leyes Populares" para servir a una ideología política.

Asimismo la Base Comicial Tercera, al establecer los municipios como base elección viola el principio de que todos los votos son iguales, pues el Estado Apure teniendo una cuarta parte de la población del Distrito Capital, elige más constituyentes que esta (8 y 7, respectivamente), es decir que los votos de Apure valen más que los de Caracas. Esto también es discriminatorio.

La convocatoria de este proceso constituyente y sus bases sólo tienen una misión: obstruir ilegítimamente la soberanía del pueblo y desconocer sus derechos políticos, bajo la mirada complaciente del Tribunal Supremo de Justicia (TSJ) y el CNE, en aras de la permanencia indefinida en el poder del régimen político actual.

El Jefe de Estado anunció que incluiría en las Bases Comiciales la figura del referendo aprobatorio de la nueva Carta Magna que resulte de la Constituyente, lo cual no soluciona el problema de fondo y es el carácter inconsulto de la convocatoria.

¿Y a ti venezolano, cómo te afecta?

La constituyente al no haber decidido tú si la quieres o no, al no estar constituida en su mayoría por representantes elegidos por ti en condiciones democráticas, ni haber decidido tú si sus bases son las que quieres, es a tus espaldas y por ello, responde solo a los intereses del poder.

Sin derecho al voto, no puedes escoger a tus representantes. Y si no los escoges, no son tus representantes, sino personas que harán lo que consideren sin tu consentimiento y muy probablemente, sin respetar tus derechos.

ACCESO A LA JUSTICIA: 8 CLAVES PARA ENTENDER EL SISTEMA ELECTORAL DE LAS BASES COMICIALES

El fraude de la constituyente convocada directamente por el Presidente de la República desconociendo grotescamente la titularidad de la soberanía que reside en el pueblo configura en una herramienta política que solo está destinada a lograr sus propios beneficios, especialmente, la permanencia absoluta en el poder y la aniquilación de sus opositores y adversarios, tal como lo dejó ver el primer vicepresidente de la organización PSUV Diosdado Cabello en reciente declaración a la prensa nacional.

Para ello, el Presidente de la República ha impuesto en las llamadas Bases Comiciales la utilización de un "curioso" sistema electoral para la elección de los constituyentes, que es ajeno a la Constitución como lo ha advertido Acceso a la justicia.

Tras la introducción de este sistema electoral "paralelo", y con el propósito de aclarar las dudas que rodean a este sistema, Acceso a la justicia a continuación presentará una serie de preguntas y respuestas que permita tener claro a la ciudadanía en qué consiste este sistema y el porqué de entrada pareciera que vulnera, entre otros, los principios democráticos de la representación proporcional y la personalización del sufragio pautado en el artículo 63, además de propiciar ventajas a los simpatizantes del oficialismo.

1. ¿Qué se entiende por sistema electoral?

Es el modo según el cual el elector manifiesta a través del voto el partido o el candidato de su preferencia, y según el cual esos votos se convierten en escaños.

2. ¿Cuál es el sistema electoral contemplado en la Constitución venezolana?

Es un sistema dual fundamentado en la representación proporcional y la personalización del sufragio (artículo 63 de la Carta Fundamental).

3. ¿En qué consiste la representación proporcional?

Consiste en asignar cargos de elección popular tomando como base el porcentaje de votos obtenidos por un partido en una región geográfica.

4. ¿De qué se trata la personalización del sufragio?

Es la elección de candidatos postulados para cargos colegiados de representación (Asamblea Nacional, consejos legislativos estadales, concejos municipales) por sus nombres y apellidos.

5. ¿Cuál es el sistema electoral pautado en las Bases Comiciales?

Es un modo "dual" de elección bastante atípico creado por el Ejecutivo Nacional a través del cual municipaliza y sectoriza simultáneamente el voto de los electores.

6. ¿Cuántos constituyentes se elegirán con este sistema electoral?

Se elegirán un total de 540 constituyentes; 372 serán electos mediante el sistema "territorial por municipio", y 168 constituyentes bajo la modalidad "sectorizada".

7. ¿En qué consiste ese sistema electoral?

Dado que se trata de un sistema "dual", hay que distinguir entre el "territorial por municipio" y el llamado "sectorial".

a. El "territorial por municipio" consiste en la elección de un constituyente por cada entidad municipal de forma nominal (por nombres y apellidos del candidato) y de dos constituyentes por municipios capitales de cada entidad federal mediante voto-lista (representación proporcional).

b. El método de elección "sectorial", por otra parte, implica una elección por áreas establecidas según el Presidente de la República, es decir que la distribución de cargos elegibles que se realizará por voto-lista dependerá de los ámbitos sectoriales (trabajadores, campesinos, pescadores, estudiantes, personas con discapacidad, pueblos indígenas, pensionados, empresarios, comunas y consejos comunales), que de entrada se desconoce cómo se llevará a cabo la constitución de la data de estos sectores.

8. ¿Es constitucional el sistema electoral diseñado en las Bases Comiciales?

No; por dos razones, fundamentalmente:

a. La primera, porque no asegura el sistema de representación proporcional, especialmente porque en el sistema "territorial por municipio" la elección de los constituyentes está sujeto a una distribución impuesta por el Presidente de la República que no se corresponde con la densidad poblacional de las entidades ni con el tamaño de la circunscripción electoral. Un caso, por ejemplo, es el del estado Zulia que con 2.398.460 electores elegirán 22 constituyentes, mientras que la entidad de Falcón con 661.885 electores tendrá que elegir 26 constituyentes.

La distribución de los constituyentes bajo la fórmula electoral propuesta en las Bases Comiciales desbalancea la igualdad del voto y tampoco garantiza el principio de la proporcionalidad visto que los electores de las áreas geográficas pequeñas, en la mayoría rurales, tienen un mayor peso que los electores de los territorios densamente poblados, lo cual crea una desigualdad entre el número de electores y los cargos de constituyentes a elegir.

Este escenario, sin duda, favorece a los actores políticos con mayor fuerza electoral en las entidades de menor población que en los estados o municipios más poblados, situación que no expresaría la verdadera realidad política existente en el país.

b. La segunda, porque el sistema electoral tampoco garantiza el principio de la universalidad del voto. En efecto, de acuerdo con la Base Comicial Segunda se elegirá en el sistema "sectorial" un constituyente por cada 83 mil electores. En tal sentido, si se multiplica esa cantidad de electores por los 173 constituyentes tendremos como resultado un total de 14.359.000.000 electores cifra que sin lugar a dudas es menor a la de los electores inscritos en el Registro Electoral que actualmente alcanza casi los 20 millones de electores. Frente a este panorama, está claro que surgen más inquietudes, entre otras ¿qué pasa con los 5 millones de electores restantes? ¿Acaso no podrán votar por el sistema "sectorial"? ¿Cómo queda el principio "un elector, un voto"? ¿Acaso podrán votar todos los electores en el sistema "territorial por municipio" pero no por el sistema "sectorial"?

A pesar de estas inquietudes puede verse cómo este sistema es excluyente al no ser accesible a todos y, por ende, genera discriminación al querer "privilegiar" a algunos grupos políticos y sociales, por ejemplo, las misiones, comunas o consejos comunales, restándole todo tipo de credibilidad y carácter democrático.

Lamentablemente el sistema electoral propuesto por el Ejecutivo Nacional promueve la implementación de una fórmula de votación bastante compleja que, más allá de la falta de claridad en las reglas establecidas en las Bases Comiciales y la ausencia de un Poder Electoral confiable que debería censurar constitucional y legalmente este sistema, desfavorece abiertamente la libertad de expresión de la voluntad del pueblo, vulnerando el sufragio universal, la no discriminación y la igualdad ante la ley, entre otros derechos y garantías, señales indicativas de un régimen que resulta preocupante al distorsionar y ponerse al margen de la democracia y, por ende, del Estado constitucional de derecho.

Y a ti venezolano, ¿cómo te afecta?

La revisión del sistema electoral para la elección de los constituyentes solo demuestra los números vicios que padece y los graves peligros que corren los intereses democráticos de los venezolanos. No cabe duda que este sistema es tan o más grave que la propia convocatoria a una constituyente convocada por el Presidente de la República sin tener en cuenta la voluntad intransferible del pueblo soberano. Nuevamente, se trata de una amenaza al orden público constitucional y un fraude a la Constitución de 1999.

FACULTAD DE DERECHO DE LA UNIVERSIDAD CATÓLICA ANDRÉS BELLO: COMUNICADO DE 30 DE MAYO DE 2017

Universidad Católica Andrés Bello
Facultad de Derecho
Consejo de la Facultad

A LA OPINIÓN PÚBLICA

Considerando

Que mediante Decreto N° 2.830, publicado en la Gaceta Oficial N° 6.295 extraordinario de 1 de mayo de 2017, el Gobierno Nacional "*convocó una asamblea nacional constituyente ciudadana*";

Considerando

Que mediante Decreto 2.878, publicado en la Gaceta Oficial N° 41.156 de 23 de mayo de 2017, el Gobierno Nacional dictó las "*bases comiciales para la asamblea nacional constituyente*";

Considerando

Que de conformidad con el Acuerdo de este Consejo de Facultad de 2 de mayo de 2017, la convocatoria a una "*asamblea nacional constituyente ciudadana*" es una usurpación de la soberanía popular, pues de conformidad con los artículos 5 y 347 de la Constitución de la República Bolivariana de Venezuela, solo el pueblo, mediante referendo, puede decidir si convoca o no a la asamblea nacional constituyente;

Considerando

Que las "*bases comiciales para la asamblea nacional constituyente*" igualmente usurpan la soberanía popular, pues solo el pueblo, como titular de la soberanía y depositario del poder constituyente originario, puede convocar la asamblea nacional constituyente y aprobar las bases comiciales de acuerdo con las cuales se elegirán a los miembros de tal asamblea;

Considerando

Que a través del Decreto N° 2.878, se impusieron las "*bases comiciales para la asamblea nacional constituyente*", estableciéndose ilegítimas y arbitrarias limitaciones al derecho a la libre participación ciudadana previsto en el artículo 62 de la Constitución de la República Bolivariana de Venezuela, mediante reglas electorales diseñadas para asegurar el control político del Gobierno Nacional sobre tal asamblea;

Considerando

Que los artículos 2, 4 y 5 del Decreto N° 2.878, regulan la elección de miembros de la ilegítima "asamblea nacional constituyente ciudadana" a través de postulaciones realizadas mediante los sectores definidos en ese Decreto, todo lo cual viola el derecho del elector a postularse libremente al cargo de elección de su preferencia, lo que desconoce el carácter universal del derecho al sufragio, de conformidad con lo previsto en el artículo 63 de la Constitución de la República Bolivariana de Venezuela, así como en el artículo 3 de la Carta Democrática Interamericana;

Considerando

Que el artículo 3 del Decreto N° 2.878 regula la elección de miembros de la ilegítima "asamblea nacional constituyente ciudadana" a través de "ámbitos territoriales", fijando reglas que promueven la sobre representación de los electores, todo lo cual genera un tratamiento discriminatorio contrario al principio de igualdad del voto, derivado de los artículos 21, 62 y 63 de la Constitución de la República Bolivariana de Venezuela, así como en el artículo 9 de la Carta Democrática Interamericana;

Considerando

Que el artículo 7 del Decreto N° 2.878 regula la elección de miembros de la ilegítima "asamblea nacional constituyente ciudadana" a través de "ámbitos territoriales", estableciendo un sistema de postulaciones que no admite la postulación realizada a través de partidos y organizaciones políticas, todo lo cual vulnera el derecho de los electores a asociarse en organizaciones políticas, derivado de los artículos 52 y 62 de la Constitución de la República Bolivariana de Venezuela y reconocido en el artículo 9 de la Carta Democrática Interamericana;

Considerando

Que por todo lo anterior, las bases para la elección de los miembros de la fraudulenta "asamblea nacional constituyente ciudadana", como decidió este Consejo de Facultad en Acuerdo de 2 de mayo de 2017, violan los fundamentos del Estado democrático, tanto de la democracia participativa como la democracia representativa, cuya base es el ejercicio del poder fundamentado en la elección de los gobernantes, elecciones que deben necesariamente ser libres, universales, directas y secretas, en condiciones de igualdad y competitividad electoral, tal como lo establecen la Constitución de la República Bolivariana de Venezuela (artículos 63, 64, 65 y 293), la Declaración Universal de Derechos Humanos (artículo 21) y el Pacto Internacional de Derechos

Civiles y Políticos (artículo 25), reiterados en los artículos 3 y 4 de la Carta Democrática Interamericana;

Resuelve

Primero: Denunciar que el Decreto 2.878, mediante el cual se dictaron las "*bases comiciales para la asamblea nacional constituyente*", continúa el fraude cometido al convocar a tal asamblea nacional constituyente sin consulta popular, todo ello con el propósito del Gobierno Nacional de centralizar todas las funciones de los poderes del Estado, incluyendo la función legislativa y conculcar el derecho al sufragio universal, directo y secreto.

Segundo: Denunciar que el Decreto N° 2.878 fija reglas arbitrarias para la designación de los miembros de la fraudulenta e ilegítima asamblea nacional constituyente ciudadana, que violan el principio de universalidad del derecho al sufragio y promueven la sobre representación de electores, todo ello con el propósito de asegurar el control de tal asamblea por el Gobierno Nacional.

Tercero: Desconocer todo el fraudulento e ilegítimo proceso constituyente impulsado por el Gobierno Nacional mediante los Decretos N° 2.830 y 2.878, por cuanto se trata de un proceso derivado de la usurpación de la soberanía popular y del poder constituyente, con lo cual, es un proceso nulo e ineficaz, en los términos del artículo 138 de la Constitución de la República Bolivariana de Venezuela.

Cuarto: Denunciar que cualquier intento por modificar la Constitución de la República Bolivariana de Venezuela a través del fraudulento e ilegítimo proceso constituyente, implicaría la derogatoria *de facto* de esa Constitución, desconociéndose así la disposición del artículo 333 constitucional, conforme al cual, tal Constitución solo puede ser modificada de acuerdo con los mecanismos expresamente previstos en ella.

Quinto: Exigir el restablecimiento inmediato del Estado Democrático de Derecho, el respeto al principio de supremacía constitucional (artículo 7, constitucional), al principio de separación de poderes (artículo 136, constitucional), a las normas constitucionales que regulan los supuestos, límites y procedimiento a seguir para la convocatoria a una asamblea nacional constituyente, y a los derechos fundamentales a la participación ciudadana, al sufragio y a ser electo para el ejercicio de cargos públicos (artículos 62, 63, 64 y 65, constitucionales) postulados constitucionales a los cuales deben someterse todos los órganos del poder público y los ciudadanos.

Aprobado en Caracas, a los treinta (30) días del mes de mayo de dos mil diecisiete (2017), en la sesión N° 839 del Consejo de la Facultad de Derecho de la Universidad Católica Andrés Bello.

EL CONSEJO DE LA FACULTAD DE CIENCIAS JURÍDICAS Y POLÍTICAS DE LA UNIVERSIDAD MONTEÁVILA ANTE LOS DECRETOS PRESIDENCIALES NOS. 2.830 Y 2.831, PUBLICADOS EN LA GACETA OFICIAL N° 6.295 EXTRAORDINARIO DE 1° DE MAYO DE 2017, ANTE LAS BASES COMICIALES PRESENTADAS AL CONSEJO NACIONAL ELECTORAL, CONTENIDAS EN EL DECRETO 2.878, PUBLICADO EN LA GACETA OFICIAL N° 41.156 DEL 23 DE MAYO DE 2017 Y ANTE LA DECISIÓN Nº 378 DEL 31 DE MAYO DE 2017 DE LA SALA CONSTITUCIONAL DEL TRIBUNAL SUPREMO DE JUSTICIA,

Conscientes como venezolanos y parte del sector académico de la sociedad civil de que las Universidades tienen, en primer término, el deber de colaborar en la orientación de la vida del país y contribuir al esclarecimiento de problemas nacionales y en segundo, el deber de colaborar con el restablecimiento de la efectiva vigencia de la Constitución cuando por cualquier acto o medio dejare de observarse, se dirige a todos los venezolanos:

Una Asamblea Nacional Constituyente tiene el objeto de transformar el Estado, crear un nuevo ordenamiento jurídico y redactar una nueva Constitución, en virtud de lo cual su convocatoria corresponde exclusivamente al poder constituyente originario, cuyo único depositario es el pueblo.

La Sala Constitucional del Tribunal Supremo de Justicia ha dado otra muestra de su ordenación ciega al Ejecutivo Nacional en su decisión del día hoy, del 31 de mayo de 2017. Evidenciando su rol de defensa del Gobierno y negando el de garante de la Constitución interpretó "*que no es necesario ni constitucionalmente obligante, un referéndum consultivo previo para la convocatoria de una Asamblea Nacional Constituyente, porque ello no está expresamente contemplado en ninguna de las disposiciones del Capítulo III del Título IX*". Además la decisión contiene una interpretación errónea del ejercicio de la soberanía popular afirmando puede ser canalizada de manera indirecta a través del Gobierno Nacional.

Esa interpretación carece de fundamento constitucional, viola el principio de soberanía popular consagrado en el artículo 5 de la Constitución y lo dispuesto en el artículo 347 ejusdem, en el cual se consagra el principio conforme al cual el pueblo es el único que, en ejercicio del poder constituyente originario, puede convocar a la Asamblea Nacional Constituyente. Convocatoria que necesariamente debe hacerse mediante referendo popular en sufragio directo, universal y secreto, en los términos del artículo 63 de la misma Carta Magna, sin que los representantes en los órganos del Poder Público, poderes constituidos, puedan arrogarse el poder constituyente originario y pretender transformar el Estado y redactar una nueva Constitución de manera unilateral.

El artículo 348 de la Constitución le confiere al Presidente de la República en Consejo de Ministros, al igual que a la Asamblea Nacional, los Concejos Municipales y el 15% de los electores inscritos en el Registro Civil y Electoral únicamente la iniciativa para la convocatoria de una Asamblea Nacional Constituyente.

En tal sentido, la Constitución, conforme a los principios democráticos de respeto a la soberanía popular, distingue entre iniciativa y convocatoria. La primera está dirigida a instar la consulta popular sobre la decisión de convocar o no a una Asamblea Nacional Constituyente y puede ser ejercida por los poderes constituidos; mientras que la segunda está reservada exclusivamente a la expresión directa del pueblo soberano mediante sufragio.

El Ejecutivo Nacional está usurpando el poder del pueblo al decretar la convocatoria a la Asamblea Nacional Constituyente. Las decisiones tendientes a la transformación del Estado y el pacto político recogido en la Constitución no pueden depender de la sola voluntad de los gobernantes u otros Poderes Públicos constituidos.

Los Poderes Públicos constituidos están sujetos a la Constitución, precisamente para preservar la permanencia del pacto político contenido en la Constitución y evitar que quienes ejerzan los poderes constituidos, pretendan adaptar la Constitución a sus intereses, en perjuicio o fraude de la voluntad soberana del pueblo.

Es claro que el pueblo no ha planteado la necesidad de transformar el Estado, por el contrario, está exigiendo activamente el respeto a la Constitución y manifestando su voluntad de cambio de las políticas del Gobierno a fin de solventar la crisis política, económica y social, generada por las violaciones a la Constitución y el secuestro, por parte del Ejecutivo, de los Poderes Ciudadano, Electoral y Judicial.

El presidente Nicolás Maduro desoye el reclamo de los venezolanos, desconoce los derechos a la democracia, a la separación de poderes y al respeto de los derechos humanos, imponiendo fraudulentamente una Asamblea Nacional Constituyente que profundizará los problemas que atraviesa el país, introduciendo una transformación del Estado basada en una estructura comunal que el pueblo rechazó rotundamente en el proyecto de reforma constitucional sometido a referendo en 2007.

Los decretos presidenciales relativos a la convocatoria y bases comiciales, así como la sentencia de la Sala Constitucional violan los derechos a la participación en los asuntos públicos, a ejercer el sufragio universal y a decidir los asuntos de especial trascendencia nacional mediante referendo, conforme a lo dispuesto en los artículos 5, 62, 63, 71 y 347 de la Constitución y usurpan el poder constituyente originario del pueblo, por lo que son nulos de nulidad absoluta e ineficaces, a tenor de los artículos 25 y 138 de la Constitución.

Las Bases Comiciales para la elección de los integrantes de la Asamblea Nacional Constituyente, al definir ámbitos sectoriales y territoriales, violan los principios de universalidad del voto y de representación proporcional.

La elección por sector es discriminatoria y limita el derecho personal de cada elector al sufragio, derecho consagrado en los artículos 63 y 64 de la Constitución, que corresponde a cada venezolano de manera individual y no condicionada a la pertenencia o identificación con sector o grupo social alguno.

Al establecer esas condiciones se violan además los artículos 21 y 62 de la Constitución, el primero relativo al derecho al trato igualitario y el segundo relativo al derecho de todos los ciudadanos a participar libremente en los asuntos públicos, siendo una obligación del Estado generar las condiciones más favorables para su práctica, lo cual se ve comprometido con la definición de ámbitos sectoriales y territoriales, los cuales lejos de promover esa participación o violan los principios de la personalización del sufragio y la representación proporcional, a que hace referencia el artículo 293 de la Constitución.

En estas circunstancias el Consejo de la Facultad de Ciencias Jurídicas y Políticas de la Universidad Monteávila exige al Ejecutivo Nacional que deponga su desconocimiento de la voluntad del pueblo soberano y de los derechos fundamentales de los venezolanos y acate la Constitución.

Instamos al Poder Electoral, al Poder Ciudadano y al Poder Judicial a adoptar, en el ámbito de sus respectivas competencias, las decisiones que correspondan para garantizar la vigencia de la Constitución, el restablecimiento del Estado de Derecho en Venezuela. En ese sentido y dado el anuncio del Consejo Nacional Electoral de celebración de las elecciones regionales - injustificadamente postergadas – en diciembre de 2017, deberá publicar el cronograma electoral para garantizar la celebración de esas elecciones y las municipales, sin perjuicio de otras que por acuerdo nacional se consideren necesarias para la paz de la Nación.

Dado en el salón de sesiones del Consejo de la Facultad de Ciencias Jurídicas y Políticas el 31 de mayo de 2017.

Eugenio Hernández-Bretón
Decano

María Verónica Torres Gianvittorio
Directora

LOS PROFESORES INTEGRANTES DE LAS CÁTEDRAS DE DERECHO CONSTITUCIONAL DE LA UCV EN DEFENSA DE LA CONSTITUCIÓN

Ante las Bases Comiciales para la Convocatoria de la Asamblea Nacional Constituyente "Comunal y Sectorial" presentadas por Nicolás Maduro al Consejo Nacional Electoral, en fecha 23 de mayo de 2017, los profesores de Derecho Constitucional de las Escuelas de Derecho, Estudios Políticos y Estudios Internacionales de la Universidad Central de Venezuela, en atención a lo previsto en el Artículo 2 de la Ley de Universidades, manifiestan su posición en los siguientes términos:

1. Insistimos en denunciar la usurpación que implica arrogarse inconstitucional e ilegalmente la soberanía popular y presentar como un hecho cumplido las Bases de la Convocatoria de la Asamblea Nacional Constituyente, sin haber consultado al pueblo su contenido mediante referendo. Dispone la Constitución que la soberanía reside intransferiblemente en el pueblo y los órganos del Estado, incluido especialmente el Presidente de la República, están sometidos a esa soberanía. Contrasta este fraude constitucional con la "potestad de iniciar" el procedimiento para la convocatoria del Referendo que fue ejercida mediante Decreto N° 3, dictado el 2 de febrero de 1999, publicado en la Gaceta Oficial de la República de Venezuela N° 36.634, de esa misma fecha, tal como lo refiere la Resolución N° 990217-32 del 17 de febrero de 1999, emanada del Consejo Nacional Electoral que convocó al referendo consultivo, en aquel tiempo. La convocatoria la hizo el pueblo participando en el referendo del 25 de abril de 1999. Esto implicaría que el orden constitucional bajo la vigencia de la Constitución de 1961 era más democrático que el que deriva de la Constitución de 1999.

2. Las Bases de la Convocatoria de la Asamblea Nacional Constituyente de 1999 fueron publicadas en la Gaceta Oficial No 36.669 del 25 de marzo de ese año para que el pueblo las aprobara en el referido referendo como único titular de la soberanía popular. Nicolás Maduro, en esta oportunidad, de manera unilateral e inconsulta, las presenta al Consejo Nacional Electoral.

3. En 1999, la elección de los miembros de la Asamblea Nacional Constituyente fue por votación universal, directa y secreta. El período de postulación fue de treinta (30) días contados a partir del 25 de abril, fecha de la convocatoria aprobada por el pueblo. La campaña electoral duró treinta (30) días contados a partir del cumplimiento del lapso de postulación. Ahora Nicolás

Maduro impone simulacros de procesos electorales en violación de los principios de la universalidad, igualdad y libertad del sufragio. En otros términos, el padrón electoral lo definirá el gobierno; el electorado y los elegibles no tendrán plena libertad de participación en el proceso, ya que deben adscribirse a determinados sectores; y el voto de un habitante de los centros urbanos vale sustantivamente menos que los de pequeños municipios. Todo ello configura una usurpación de la soberanía y un fraude a la Constitución. Ello equivale a quitarle el poder al Pueblo.

4. En 1999, el proyecto de Constitución aprobado por la Asamblea Nacional Constituyente fue sometido a la voluntad popular mediante el referendo aprobatorio del 15 de diciembre del mismo año y el funcionamiento de la misma estaba limitado a seis (6) meses. En esta ocasión, la imposición de Nicolás Maduro prescinde, ni más ni menos, de la necesaria y aprobatoria consulta que corresponde al pueblo soberano; tampoco se fija límite temporal al funcionamiento de la Asamblea Nacional Constituyente

5. En definitiva, la misma redacción de las Bases Comiciales, la coyuntura de ruptura del orden constitucional y la represión consustancial a este régimen autoritario, nos lleva a afirmar que esta "Constituyente Comunal y Sectorial" sigue la secuencia de la actuación gubernamental por impedir que el pueblo exprese su voluntad por la vía electoral; actuación que se evidencia en hechos tales como la desproclamación de los diputados de Amazonas, el robo del referendo revocatorio y de las elecciones regionales y locales y las diversas sentencias de la Sala Constitucional para anular a la Asamblea Nacional. Las Bases se apartan de los principios más elementales que ordenan al Estado Constitucional Democrático y no se corresponde ni con el espíritu ni la letra de la Constitución de 1999. La intencionalidad subyacente en la sedicente convocatoria es disuadir y desmoralizar a la ciudadanía de participar en una elección evidentemente amañada. Tratan de desmovilizar y dividir a la sociedad democrática en la defensa de la institucionalidad y sus propios derechos fundamentales. Finalmente, ratificamos nuestra convicción sobre los graves riesgos de una intencionada instigación a la violencia que se traduzca en una conflagración abierta entre venezolanos.

Pronunciamiento que se hace el 24 de Mayo de 2017 en la Ciudad Universitaria de Caracas.

Prof. Tulio Àlvarez
Prof. Nelson Chitty La Roche
Prof. Isabel Cecilia Esté
Prof. Enrique Sánchez Falcón
Prof. Pedro Afonso Del Pino
Prof. Eduardo Sánchez
Prof. Gustavo Manzo
Prof. Rafael Quiñones
Prof. José Augusto Soares
Prof. Leonel Alfonso Ferrer
Prof. Oscar Arnal
Prof. Alberto Blanco-Uribe Q.
Prof. Alfredo Arismendi
Prof. Javier Elechiguerra
Prof. José Luis Rojas
Prof. Luis Molina
Prof. Julio César Fernández
Prof. Carlos Martínez Cerruzzi

Sección Tercera:

RECHAZO A LA PROPUESTA DE ASAMBLEA NACIONAL CONSTITUYENTE

CÁTEDRA DE DERECHO ADMINISTRATIVO DE LA UNIVERSIDAD CENTRAL DE VENEZUELA: LA PROPUESTA DE ASAMBLEA NACIONAL CONSTITUYENTE CONTENIDA EN EL DECRETO Nº 2.830 ES INCONSTITUCIONAL Y CONTRARIA AL ESTADO DE DERECHO

Universidad Central de Venezuela
Facultad de Ciencias Jurídicas y Políticas
Escuela de Derecho
Cátedra de Derecho Administrativo

LA PROPUESTA DE ASAMBLEA NACIONAL CONSTITUYENTE CONTENIDA EN EL DECRETO Nº 2.830 ES INCONSTITUCIONAL Y CONTRARIA AL ESTADO DE DERECHO

1. Manifiestamente, con la única finalidad de desviar la solicitud del pueblo de Venezuela de ejecutar elecciones generales, mediante votaciones libres, y en general de establecer el orden constitucional, el ciudadano Nicolás Maduro Moros, mediante el Decreto Nº 2.830, publicado en la Gaceta Oficial Nº 6.295 Extraordinario de fecha 1° de mayo de 2017, pretende *convocar* una Asamblea Nacional Constituyente ("ANC"), en abierta violación de las previsiones constitucionales que regulan la institución.

2. La pretendida convocatoria a una ANC mediante el Decreto No. 2.830 es la última de varias acciones de diferentes órganos del Poder Público, que coinciden en un mismo objetivo: la ruptura del orden democrático, de derecho y de separación de poderes establecido constitucionalmente. Al igual que

muchas de esas actuaciones, el Decreto N° 2.830 está viciado de nulidad absoluta.

3. El artículo 347 de la Constitución es claro al señalar que el *pueblo de Venezuela*, es el único autorizado para convocar la ANC, por ser el titular del poder constituyente originario. Ello va en sintonía con el artículo 5 constitucional, conforme al cual, la soberanía reside en el *pueblo* quien la ejerce por medio del sufragio o mediante los mecanismos de participación directa enunciados en el artículo 70. Por lo tanto, para que pueda determinarse que el *pueblo de Venezuela* ha convocado a una ANC, debe someterse el asunto a la aprobación de los ciudadanos a través de un referendo, con base en los precitados artículos 5, 70 y 347.

4. De acuerdo con el artículo 348 de la Constitución, la iniciativa para solicitar al Consejo Nacional Electoral la convocatoria de ese referendo reside en varios sujetos, a saber: el Presidente de la República en Consejo de Ministros; la Asamblea Nacional; los Concejos Municipales y el 15% de los electores inscritos. Es decir, que podría cualquiera de ellos tomar la iniciativa de solicitar al Consejo Nacional Electoral la convocatoria al referendo, para que sean entonces los ciudadanos quienes se pronuncien y decidan convocar -o no- una ANC, lo que incluye la aprobación de las *bases comiciales*, o sea, de sus reglas de conformación y elección.

5. Resulta claro entonces que no puede confundirse la iniciativa con la convocatoria, porque los poderes constituidos o una parte de los electores no pueden obligar a la totalidad de los ciudadanos, *el pueblo de Venezuela*, a someterse a un proceso constituyente de transformación del Estado y a que se redacte una nueva Constitución, si la mayoría de los ciudadanos no manifiesta de manera directa esa voluntad

6. Una vez tomada la iniciativa, y debidamente convocada la ANC por el *pueblo de Venezuela* mediante referendo, deberá celebrarse una elección para que los ciudadanos decidan quiénes serán sus representantes en la ANC, también conocidos como constituyentes. Esa elección, en los términos de los artículos 61 y siguientes de la Constitución, debe permitir a cualquier elector postularse al cargo de constituyente y a cualquier elector elegir libremente al candidato de su preferencia, mediante sufragio universal, directo y secreto.

7. En efecto, de acuerdo con los artículos 62 y 63 de la Constitución, así como los tratados en materia de derechos humanos y derechos políticos ratificados por la República, todos los ciudadanos tienen derecho a votar y participar en los asuntos de su interés. Por lo que, reiteramos, la votación tanto en el referendo como en la elección de los constituyentes debe ser, además de directa y secreta, universal.

8. En contradicción con lo señalado hasta ahora, la inconstitucional propuesta contenida en el Decreto N° 2.830 implicaría: (i) que el propio Presidente pretende convocar la ANC mediante Decreto; y (ii) que la elección en la que se elija a los constituyentes no sea universal, sino que se limite el padrón de electores o la postulación de candidatos a los ciudadanos pertene-

cientes a estructuras paraestatales constituidas al margen de la Constitución (misiones populares, consejos comunales, comunas, entre otras).

9. Así las cosas, el artículo 1 del Decreto N° 2.830 contiene la convocatoria a una ANC. Con esa norma, el Decreto usurpó la soberanía popular, pues solo el *pueblo de Venezuela* mediante referendo, como titular del poder constituyente originario derivado de la soberanía popular, puede adoptar la decisión de convocar a la ANC y fijar sus reglas.

10. Por su parte, el artículo 2 del Decreto alude a que la elección de los constituyentes se realizará por *ámbitos sectoriales y territoriales*. Al limitarse la elección a ámbitos sectoriales, ésta deja de ser universal, pues solo podrán postularse (y en su caso, solo podrán elegir) aquellos *representantes* de los sectores previamente determinados por el Gobierno.

11. Por lo tanto, al no ser convocada por los ciudadanos a través de un referendo, y no contemplar la elección de los miembros de la ANC en elección libre, directa, secreta y universal, la propuesta realizada viola los artículos 5, 62, 63, 70, 347 y 348 de la Constitución. Tanto más grave: el Decreto N° 2.830 usurpa la soberanía popular, con lo cual, debe tenerse por nulo. Cualquier proceso derivado de ese Decreto será siempre *de facto,* como parte de la ruptura del orden constitucional y democrático que de manera progresiva y permanente se ha realizado en Venezuela.

12. En virtud de lo anterior, los profesores de la Cátedra de Derecho Administrativo de la Escuela de Derecho de la Universidad Central de Venezuela rechazamos categóricamente la propuesta de la fraudulenta *asamblea nacional constituyente* hecha por el Presidente de la República mediante el Decreto N° 2.830 anteriormente citado.

Caracas, a los cinco (5) días del mes de mayo de dos mil diecisiete (2017)

Prof. Leonel Alfonso Ferrer
Prof. José Ignacio Hernández
Prof. Francisco Paz Yanastacio
Prof. Rodrigo Moncho Stefani
Prof. Alexander Espinoza
Prof. Claudia Nikken
Prof. María Alejandra Correa
Prof. Rafael Chavero
Prof. Carlos García Soto
Prof. Margarita Escudero
Prof. Antonio Silva Aranguren
Prof. Flavia Pesci Feltri
Prof. Armando Rodríguez
Prof. Irene Loreto
Prof. José Gregorio Silva
Prof. Edwin Romero
Prof. Carlos Luis Carrillo A.
Prof. José Peña Solís

FRENTE ZULIANO DE TRABAJADORES EN DEFENSA DE LA CONSTITUCIÓN Y LA DEMOCRACIA: MANIFIESTO

Para todo venezolano es evidente las precarias condiciones de vida y de trabajo, los sueldos y salarios miserables, el incremento de la hambruna, la insalubridad, la inseguridad y la desasistencia en general, que nos han llevado a niveles de pobreza, miseria y ruina nunca antes vistos. Es por ello que los trabajadores nos colocamos en primera fila exigiendo el cumplimiento urgente de nuestros derechos políticos, económicos y sociales, sobre todo al trabajo decente, a salarios dignos, justas pensiones y jubilaciones, al desarrollo sostenido y diversificado de la economía, a la seguridad social, salud, vivienda, respeto por los derechos humanos, civiles y políticos, por la Democracia y sobre todo porque se respete y se cumpla la Constitución de 1999 y todo el ordenamiento legal venezolano.

Ante esta terrible realidad solo hemos tenido como respuesta la cruenta represión contra la legítima protesta del pueblo, los asesinatos contra más de 60 ciudadanos, centenares de heridos, miles de detenciones arbitrarias, entre otras múltiples violaciones de los Derechos Humanos, pretendiendo silenciar la voz que se ha levantado contra la creciente pobreza y el hambre, contra la escasez y el desabastecimiento de alimentos y medicinas y en general contra la violación de todos los derechos sociales contenidos en nuestra Carta Magna.

En lugar de atender la crisis humanitaria que padece toda la población, el Gobierno Nacional convoca a una Asamblea Nacional Constituyente "comunal/sectorial" propuesta para evadir la solución de los problemas que aquejan a la población venezolana, saquear nuestras riquezas y la intención de ganar tiempo en una desenfrenada carrera por seguir manteniéndose en el poder, a costa de la vida de los venezolanos, los derechos democráticos e incluso principios republicanos fundamentales en los que se asienta nuestra nación. Siendo uno de estos el voto universal, directo y secreto para elegir nuestros representantes ante los poderes públicos y decidir el destino honorable y democrático de la República

Por lo tanto, nos dirigimos a la Nación, para expresar nuestro más enérgico rechazo a la ilegitima y fraudulenta constituyente que nos pretenden imponer desde el Ejecutivo Nacional, con el aval de un Consejo Nacional Electoral que está rendido a sus pies, aprobando en tiempo record de apenas dos horas la orden impuesta por el régimen, mientras que colocó un sinfín de obstáculos y tardó casi un año en responder al clamor de los venezolanos que solicitábamos el referendo revocatorio presidencial, para finalmente negarlo y con ello darle un duro golpe a la Constitución y la paz de Venezuela, develando una vez más su conducta segregacionista y la burla a las aspiraciones de cambio de la inmensa mayoría de los venezolanos.

Rechazamos ésta farsa además porque no cabe duda que esta convocatoria a una constituyente "comunal/sectorial" y unas bases comiciales totalmente espurias y antidemocráticas, concatena un cúmulo de delitos, contraviene la Constitución Nacional; además de usurpar las facultades constituyentes que inalienablemente le pertenecen al pueblo, lo instiga a delinquir; pretende legalizar su dictadura totalitaria, para concluir su plan de entrega de la soberanía nacional a las transnacionales, disolver la Asamblea Nacional, la Fiscalía General y toda aquella institución del Estado que no obedezca ordenes de Miraflores, crear el Estado corporativo fascistoide y terminar de saquear el País.

Como plantea la Conferencia Episcopal Venezolana, el pueblo lo que está reclamando es que se respete y se cumpla a cabalidad la Constitución, que se resuelva el problema del hambre y el empobrecimiento generalizado; la escasez de alimentos, medicinas e insumos médicos; la inseguridad y la represión que lo están matando. NO *está pidiendo que se cambie la actual Constitución.*

En consecuencia, asumimos el compromiso de permanecer junto al gigantesco movimiento de protestas que esta en la calle para exigir: 1) Apertura de un canal humanitario para atender la emergencia nacional en materia de alimentos, medicinas e insumos médicos. 2) Libertad para los presos políticos, cese de las persecuciones, inhabilitaciones y regreso de los exiliados. 3) Restablecimiento pleno de las facultades de la Asamblea Nacional y respeto a la separación y autonomía de los Poderes Públicos. 4) Erradicar los grupos paramilitares 5) Realizar las elecciones generales y 6) la restitución del el nivel de vida producto de un trabajo digno, que respete los derechos laborales secuestrados por el régimen.

Finalmente los **Trabajadores Zulianos nos declaramos en emergencia** y asumimos el rol de conformar este gran FRENTE DE TRABAJADORES EN DEFENSA DE LA CONSTITUCIÓN Y LA DEMOCRACIA, quienes participaremos masivamente en las movilizaciones y acciones que requiera nuestra Patria para restablecer la Democracia y la Libertad pisoteada por el régimen

Maracaibo, 31 mayo de 2017

PRONUNCIAMIENTO DE LA ASOCIACIÓN VENEZOLANA DE DERECHO CONSTITUCIONAL EN DEFENSA DE LA CONSTITUCIÓN

La Asociación Venezolana de Derecho Constitucional como organización que agrupa a profesores, investigadores y académicos en el área de Derecho Constitucional, Ciencia Política y disciplinas afines así como a defensores de Derechos Humanos; fundada en 1987, en Maracaibo, como una asociación civil de carácter académico e integrada fundamentalmente por miembros de la Sociedad Civil sin militancia partidista; inspirada en esta oportunidad por las mismas motivaciones que la llevó en el año 2007 a pronunciarse en contra del Proyecto de Reforma Constitucional que fue rechazado por los venezolanos en referendo realizado en diciembre de ese año; en esta oportunidad, a través de su actual Junta Directiva, asume nuevamente la responsabilidad de hacerlo en estos tan graves y difíciles momentos que vive la Nación venezolana y, por ello, se ve obligada, a alzar su voz frente a la pretensión ya inminente de imponer la instalación de una Asamblea Nacional Constituyente mediante un procedimiento inconstitucional, ilegítima y contrario a la Justicia, y en tal sentido, manifestamos que:

1. La Constitución vigente en Venezuela desde el 31 de Diciembre de 1999 es el texto jurídico político que une a todos los venezolanos de las más diversas tendencias e ideologías políticas, que abarcan todos los factores de nuestra sociedad. Si bien nació bajo el signo y el símbolo político de una determinada tendencia política, fue aprobada por el pueblo mediante referendo el 15 de diciembre de 1999, luego de ser redactada por una Asamblea Nacional Constituyente convocada por el pueblo a través de un referendo en el que también se sometieron a consideración las bases comiciales que eligieron los integrantes de esa Asamblea Constituyente de 1999. Ahora bien, con el tiempo se ha ido legitimando cada vez más y se ha ido consolidando como la Constitución de todos los venezolanos.

2. Hace poco más de un mes, el Ejecutivo Nacional mediante el Decreto Nro. 2.830 de fecha 1 de Mayo de 2017 publicado en la Gaceta Oficial Extraordinaria Nro. 6.295 de fecha 3 de Mayo de 2017, "convocó" a una Asamblea Nacional Constituyente atribuyéndose ilegitima e inconstitucionalmente el Poder Constituyente que reside en el Pueblo como lo indican los artículos 5 y

347 de la Constitución que sólo permiten a los ciudadanos en su conjunto, mediante referendo (con base en el derecho y mecanismo de participación política previsto en los artículos 70 de la Constitución), convocar a una Asamblea Nacional Constituyente, poder de convocatoria que es, por su naturaleza y por su esencia, intransferible, con base en el Derecho de Autodeterminación de los Pueblos y el Derecho a una Democracia Participativa y Protagónica previstos en la Constitución de la República como Derechos Humanos.

3. Dicha "convocatoria" ha suscitado el pronunciamiento de los más importantes sectores políticos, académicos, universitarios, gremiales y, en general, de la mayoría de los venezolanos quienes se han expresado en prácticamente todas las entidades del país, en ejercicio de su derecho humano de carácter político tales como a participar libremente en los asuntos públicos y a la manifestación reconocidos por el los artículos 62 y 68 de la Constitución venezolana. Asimismo, ha originado el pronunciamiento de representantes de diversos países en la reunión de Cancilleres realizada por la Organización de Estados Americanos el 31 de mayo de 2017, así como la preocupación de líderes extranjeros y representantes de otros países y organizaciones internacionales.

4. Debemos reiterar que en una interpretación concatenada y armónica de los artículos 5, 63, 70, 347 y 348 de la Constitución, en concordancia con valores constitucionales del pluralismo político, la preeminencia de los Derechos Humanos y la democracia, propugnados por el artículo 2 de la propia Constitución, sólo el Pueblo, mediante un referendo con carácter vinculante puede convocar a una Asamblea Nacional Constituyente.

5. El artículo 348 de la Constitución invocado por el Ejecutivo Nacional para tratar de justificar y darle alguna "legalidad" a su ilegítima e inconstitucional "convocatoria" de Asamblea Nacional Constituyente, no lo faculta para convocar a tan relevante cuerpo colegiado que representaría al Poder Constituyente que reside en el pueblo, únicamente lo faculta para tener la "iniciativa de convocar", es decir, de emprender los trámites para la convocatoria de una Asamblea Nacional Constituyente, lo que implicaría, en su caso, la solicitud ante el Poder Electoral –previo cumplimiento de las formalidades correspondientes–, de un referendo vinculante para que el Pueblo decida si en efecto convoca o no tal Asamblea Nacional Constituyente, todo a tenor de lo previsto en el artículo 70 y 347 de la Constitución.

6. Lamentablemente, se ha hecho una interpretación errada del Texto Constitucional al confundir la "convocatoria", que sólo la puede hacer el Pueblo conforme a lo establecido en el artículo 347 de la Constitución, con la "iniciativa de convocatoria" que permitiría a cualesquiera de los legitimados por el artículo 348 de la Constitución impulsar la convocatoria solicitando ante el órgano electoral un referendo vinculante para que el pueblo decida si convoca o no a una Asamblea Nacional Constituyente.

7. Este 31 de Mayo de 2017, mediante la Decisión N° 378, la Sala Constitucional del Tribunal Supremo de Justicia se ha hecho eco de esa errada y

peligrosa interpretación que le arrebata al Pueblo su legítimo e intransferible derecho político a ser consultado y decidir si convoca o no a una Asamblea Nacional Constituyente, trasladando tal poder ilegítima e inconstitucionalmente a quien detenta la Presidencia de la República, violando, con todo, los principios constitucionales establecidos en los artículos 5, 63, 70, 347 y 348 de la Constitución, en concordancia con valores constitucionales del pluralismo político, la preeminencia de los Derechos Humanos y la democracia participativa y protagónica, propugnados por el Preámbulo y el artículo 2 de la propia Constitución. Tal decisión judicial debe considerarse claramente nula y sin efecto jurídico como consecuencia de lo establecido en el artículo 25 de la Constitución por violación de los Derechos Humanos de carácter político establecidos, en particular, en los artículos 63 y 70 de la Constitución, así como por violación de los principios y valores fundamentales previstos en el Título I de la Carta Magna venezolana, a saber, la soberanía popular (Art. 5), el pluralismo político y la preeminencia de los Derechos Humanos y la Democracia (Art. 2).

8. En definitiva, en lo que se refiere a su "convocatoria", la Asamblea Nacional Constituyente que ha impulsado el Ejecutivo Nacional y que ha refrendado la Sala Constitucional del Tribunal Supremo de Justicia es abiertamente ilegítima e inconstitucional.

9. Mediante Decreto 2.878 de fecha 23 de Mayo de 2017 publicado en la Gaceta Oficial Nro. 41.156 de la fecha, el Ejecutivo Nacional, también, ilegítima e inconstitucionalmente, estableció, sin que mediara una consulta al pueblo mediante referendo (lo cual sí se hizo en 1999), las Bases Comiciales para la elección de la Asamblea Nacional Constituyente "convocada" según Decreto Nro. 2.830 de fecha 01 de Mayo de 2017. Las referidas bases Comiciales violan abiertamente las garantías constitucionales del Derecho al Sufragio reconocido por el Artículo 63 de la Constitución, garantías que se refieren concretamente al principio de universalidad del sufragio, la elección directa por el pueblo de sus representantes, así como los principios de personalización del voto y representación proporcional que, conforme a nuestra Carta Magna, tienen el carácter de garantías constitucionales del Derecho Fundamental al sufragio y que determinan, a su vez, los principios básicos y parámetros mínimos del sistema electoral venezolano. Tales principios resultan absolutamente, menoscabados, manipulados, y abiertamente violados, en fraude a la Constitución, de los electores y del pueblo, en las Bases Comiciales ilegítimamente decretadas por el Ejecutivo Nacional sin que se hayan sometido a la aprobación del pueblo mediante referendo.

10. Cabe destacar, muy especialmente, que la elección de Constituyentes en dos ámbitos, uno territorial y uno sectorial, no garantiza el respeto a los valores fundamentales establecidos en el artículo 2 de la Constitución, referido al pluralismo político y la democracia que la propia Constitución garantiza como base fundamental de todo el ordenamiento jurídico venezolano y premisa en la actuación del Estado y todos sus Poderes Públicos. Además, los 7 ámbitos sectoriales arbitrariamente seleccionados e indicados en el Decreto

mediante el cual se dictaron las Bases Comiciales para elegir a los Constituyentes es una expresión propia de una visión corporativista y, lo que es peor, son ámbitos que no son representativos de todo el amplio espectro de la sociedad venezolana y lejos de reflejarla y representarla evidencia una exclusión ilegítima y antidemocrática de sectores de la población que no estarán representados en, al menos, la mitad de los miembros de la Asamblea Nacional Constituyente. Tal exclusión refleja algo claro: la Asamblea Nacional Constituyente no representará a todos los venezolanos, habrá importantes y amplios sectores de la población abiertamente excluidos, en violación del principio de universalidad del voto y de los valores de pluralismo político y democracia. Se fragmentaría así la sociedad democrática, participativa y protagónica erguida en la Constitución y se reemplazaría, por un discriminatorio sistema corporativista descrito en una especie de estratificación social y política a conveniencia del "poder"; lo que vemos con preocupación, pues se avizora desde ya, la intención manifiesta en el desconocimiento de derechos políticos y en la instauración de graves restricciones políticas y sociales.

11. Por otra parte, de los 7 ámbitos sectoriales seleccionados arbitrariamente (empresarios, campesinos y pescadores, personas con discapacidad, estudiantes, trabajadores, Comunas y Consejos Comunales y Pensionados), se elegirán constituyentes con base en supuestos registros existentes de los integrantes de esos sectores que no tienen garantía alguna de confiabilidad, no han sido auditados por órganos o entes independientes, ni siquiera por el propio órgano electoral de manera transparente, clara y objetiva. Dichos registros no han sido publicados ni son de acceso público. En esto existe una absoluta opacidad que vulnera el principio de transparencia que debe regir todo registro y proceso electoral en Venezuela de conformidad con 294 de la Constitución.

12. En lo que se refiere a la elección de los miembros de la Asamblea Nacional Constituyente, el ilegítimo Decreto que establece las Bases Comiciales evidencia una violación clara al principio de representación proporcional, por una parte, por una subutilización, del sistema del voto lista, pero también por un uso manipulado y arbitrario del voto nominal cuya distribución por Estado y Municipio no guarda relación ni proporción alguna con la densidad poblacional (sobrerepresentando las minorías y desmejorando la representación de las mayorías) de las entidades territoriales que integran el Estado venezolano, todo lo cual refleja, como ya hemos señalado, una violación de las garantías de universalidad del voto que siempre se debe garantizar mediante un sistema electoral que armonice mediante criterios técnicos electorales objetivos y transparentes, los principios de proporcionalidad y personalización del voto que son garantías del derecho humano al sufragio establecido en el artículo 63 de la Constitución y que, además, determinan el sistema constitucional que debe regir el sistema electoral venezolano, para cualquier tipo de elección.

13. En definitiva, las Bases Comiciales "Decretadas" por el Ejecutivo Nacional sin consultar al pueblo como bases para elegir a los Constituyentes son bases comiciales absolutamente inconstitucionales y representan un grave

peligro para el resultado y la "representación" que reflejaría la planteada Asamblea Nacional Constituyente que, al final, sólo estará integrada por un grupo de personas que representarán a un sector muy minoritario de la población venezolana, Constituyente que además, en cuanto a su funcionamiento, no se encontraría limitada en el tiempo, lo cual es aún más grave, ilegítimo y antidemocrático.

14. No podemos dejar de denunciar que el Poder Electoral, sin hacer cumplir armónicamente los principios constitucionales establecidos en el artículo 63 de la Constitución (universalidad del voto, elección directa de los Constituyentes, proporcionalidad y personalización del voto), ha dado curso de manera acelerada y atropellada al proceso de elección de los que serían miembros de la Asamblea Nacional Constituyente, hasta el punto que, en menos de dos semanas de haberse emitido el inconstitucional e ilegítimo Decreto sobre las Bases Comiciales, ha realizado y culminado el proceso de postulación de los candidatos a constituyentistas. Queda de manifiesto, una vez más, la falta de autonomía e independencia del Poder Electoral Venezolano que, con todo, se hace partícipe de un grave proceso ilegítimo y antidemocrático de elección de la Asamblea Nacional Constituyente planteada.

15. Tampoco podemos dejar de advertir e indicar que el "Proceso Constituyente" que se ha iniciado tiene la pretensión clara de establecer y consolidar por una vía antidemocrática e ilegítima, el Proyecto de Reforma de la Constitución que fue rechazado por el pueblo mediante referendo en el año 2007, y también, lo que es más peligroso, el denominado Plan de la Patria, que es un proyecto político ideológico inconstitucional y rechazado por la gran mayoría de los venezolanos, el cual pretende consolidar el llamado "Socialismo del Siglo XXI" que en nada se corresponde con los valores, normas y principios establecidos en la Constitución y que ha llevado a nuestro país a una crisis política, económica y social sin precedentes.

16. Igualmente, advertimos que por todos los anuncios de carácter político que se han emitido hasta ahora por los miembros del Ejecutivo Nacional, del partido de Gobierno y de la Comisión Presidencial designada para todo lo relacionado con el ilegítimo proceso constituyente que se ha iniciado, se pretende una vez más bajo la cuestionable teoría de los "Actos Constituyentes", que la Asamblea Nacional Constituyente que se instale con todos los vicios que hemos denunciado y puesto de manifiesto, pretenda asumir funciones que corresponden exclusivamente a los Poderes Públicos constituidos conforme a la Constitución de 1999, funciones que abarcarían desde algunas de carácter jurisdiccional como otras de carácter legislativo, de control político y de naturaleza jurídico constitucional que sólo corresponden al Parlamento venezolano legítimamente electo por el pueblo el 6 de Diciembre de 2015. Cualquier "Acto Constituyente" que se pretenda erigir por una Asamblea Constituyente que se instale con todas las violaciones a la Constitución que hemos reiteradamente indicado, representarían actos abiertamente ilegítimos y antidemocráticos

17. Es por eso importante dejar claro que el poder constituyente originario no es absoluto, tiene limitaciones consustanciadas con la Doctrina del Constitucionalismo relacionadas con: los derechos humanos, sus garantías y progresividad; la soberanía popular, la democracia y la división de los Poderes; por lo tanto, ningún acto constituyente puede lesionar las garantías del debido proceso, ni disolver la Asamblea Nacional, actualmente en funciones, constitucional, democrática y legítimamente electa; ni ejecutar cualquier otro acto violatorio de los referidos principios del Constitucionalismo Republicano, de gran arraigo en nuestra tradición histórica.

18. Finalmente advertimos que ningún referendo posterior sometiendo a consulta para, su aprobación o no, una nueva Constitución, en caso de realizarse (como se ha planteado en la ilegítima e inconstitucional ampliación de las Bases Comiciales consignadas al órgano electoral el lunes 5 de Junio de 2017), convalidaría ni podría legitimar en modo alguno los grandes y graves vicios de inconstitucionalidad con que se pretende imponer a los venezolanos una Asamblea Nacional Constituyente que pretende arrebatar el único documento en el que hoy por hoy se encuentran y ven reconocidos todos los que habitamos esta Nación.

El titular del Poder Constituyente es el pueblo, ningún poder constituido (poder público) puede atribuirse su voluntad ni ejercer ese poder ilegítimamente sin violentar la Constitución, usurpar la soberanía y con ello pretender arrebatarnos la Constitución vigente, por todo lo cual, todos los venezolanos debemos ahora más que nunca ser defensores de la Constitución con fundamento en el artículo 333 de la Carta Magna.

A los 7 días del mes de junio de 2017, por la Junta Directiva de la Asociación Venezolana de Derecho Constitucional,

José Vicente Haro García
Presidente

María Elena León Álvarez
Primer Vicepresidente

Judith Useche
Segunda Vicepresidente

María A. Bonnemaison
Juan Berríos
David Gómez Gamboa
Pierina Camposeo

Yelitza Barreto
Ronald Chacín
Emercio Aponte
Víctor Genaro Jansen

Por los Ex Presidentes de la AVDC
Argenis Urdaneta

PRONUNCIAMIENTO DEL CONSEJO ACADÉMICO DE LA UNIVERSIDAD METROPOLITANA ANTE EL LLAMADO A UNA SESIÓN EXTRAORDINARIA DEL CONSEJO NACIONAL DE UNIVERSIDADES PARA DISCUTIR COMO PUNTO ÚNICO LA CONVOCATORIA A ASAMBLEA NACIONAL CONSTITUYENTE

El Consejo Académico de la Universidad Metropolitana se pronuncia ante el llamado realizado el pasado martes a una sesión extraordinaria del Consejo Nacional de Universidades, a realizarse este viernes, para discutir como punto único la convocatoria a Asamblea Nacional Constituyente.

Ante esta circunstancia y dada la trascendencia del asunto, este órgano de superior dirección académica considera necesario y pertinente expresar su posición, fundamentalmente desde una perspectiva universitaria, apegado a lo establecido en el artículo 2 de la vigente Ley de Universidades, en los siguientes términos:

En primer lugar resulta importante preguntarse qué horizontes abre el designio constituyente anunciado a la educación universitaria y a su desarrollo autónomo. A partir de esta perspectiva es preocupante la respuesta que se desprende del análisis detenido del Decreto 2.830 que convoca a la Asamblea Nacional Constituyente y del 2.831 que crea una Comisión Presidencial para las bases sectoriales y territoriales y otros aspectos de la Asamblea Nacional Constituyente, publicados en la Gaceta Oficial Extraordinaria N° 6.295 del 1° de mayo de 2017.

En el preámbulo del Decreto 2.830 se proclama la finalidad primordial de la preservación de la paz del país pero de inmediato se hace referencia a "severas amenazas internas y externas de factores antidemocráticos y de marcada postura antipatria". Es decir, nos encontramos ante un designio constituyente con vistas a un enemigo al que hay que derrotar, no con una convocatoria a constatar los disensos existentes en el país y a establecer un marco de consenso entre ellos.

Esta impresión de entrada se confirma al comprobar que en ninguna parte de este Decreto, ni en el siguiente, aparece el principio del pluralismo político consagrado en el artículo 2 de la Constitución vigente. Se habla sí "del carácter pluricultural de la Patria" (objetivo 7 de la Asamblea convocada). De los principios de independencia, soberanía, igualdad, paz, democracia participativa y protagónica, multiétnica y pluricultural, pero nuevamente se elude el pluralismo político. Esta omisión no es inocua, puesto que ni multietnicidad ni pluriculturalidad excluyen de por sí que tales entidades con todo lo plurales y diversas que puedan ser no estén ideológicamente regimentadas. Las universidades cuya misión y esencia se basa en la libertad de pensamiento y crítica no pueden aceptar una intención constituyente que no sea diáfana en cuanto al pluralismo rectamente entendido como garantía del libre desenvolvimiento de ese pensamiento y de la discusión filosófica y científica. Si se afirmara que aún no queda clara la intención hegemónica de una ideología, el segundo considerando del Decreto 2.831 se encarga de disipar toda duda, pues allí se establece como meta a alcanzar el "seguir cimentando las bases del Socialismo Bolivariano del siglo XXI."

Consideración especial como educadores nos merece el que en momentos cuando vastos sectores ciudadanos expresan su inconformidad y disenso con las políticas gubernamentales y jóvenes mueren en las calles como consecuencia de la represión desproporcionada, la máxima autoridad de la Nación se prodigue en danzas y manifestaciones festivas como si a su alrededor no estuviera transcurriendo lo que ya se ha convertido en una verdadera tragedia. Preguntamos: ¿Es conciliable este comportamiento con la garantía del futuro de nuestra juventud?, ¿es la mera inclusión de un capítulo constitucional para consagrar los derechos de la juventud (objetivo 8) una auténtica manifestación de aprecio por la juventud si al mismo tiempo se la reprime y maltrata? ¿Es el modelaje del Presidente de la República el más propicio a la formación ética de la juventud?

Las actuales circunstancias que vive la Nación no ameritan la elaboración de una nueva Constitución en los términos propuestos por los citados Decretos 2.830 y 2.831. Una Constitución se redacta cuando la realidad política y social lo demanda, pero no para satisfacer las aspiraciones de un sector, sino para consolidar un consenso o pacto entre los diversos actores políticos y sociales, de allí su carácter de Constitución "Nacional". De allí que insistamos de nuevo en la pluralidad y cómo garantizar su vigencia y continuidad, puesto que de lo contrario podríamos estar en presencia de un serio riesgo de retroceso republicano y democrático.

Por lo tanto, la inusitada convocatoria a una Asamblea Nacional Constituyente, más que constituir un mecanismo para la solución de los problemas que aquejan a la sociedad hoy día, parece ser un acto de quien ejerce la primera magistratura con el fin de eludir los procesos electorales pendientes, desconocer las instancias de representación política adversas y subvertir el orden constitucional actual en uno que ya fue profusamente rechazado en el referéndum constitucional del año 2007 y que no es otro que el establecimiento de un estado comunal.

Así, pues, ante la consulta que evidencia la convocatoria del Consejo Nacional de Universidades, esta Universidad no puede menos que expresar de manera inequívoca que no apoya la convocatoria de una Asamblea Nacional Constituyente y que sus autoridades esgrimirán oportunamente la argumentación racional, jurídico política que corresponde.

En la ciudad de Caracas, a los cuatro (4) días del mes de mayo del año dos mil diecisiete (2017).

SÉPTIMA PARTE

MANIFESTACIONES DESDE EL EXTERIOR EN RECHAZO A LA PROPUESTA DE ASAMBLEA NACIONAL CONSTITUYENTE

PROFESSORES DE DIREITO CONSTITUCIONAL, E A ASSOCIAÇÃO BRASILEIRA DE CONSTITUCIONALISTAS DEMOCRATAS: A ASSEMBLEIA NACIONAL CONSTITUINTE NA VENEZUELA E SUA INCONSTITUCIONALIDADE: A ASSEMBLEIA NACIONAL CONSTITUINTE NA VENEZUELA E SUA INCONSTITUCIONALIDADE

Os Professores de Direito Constitucional, e a Associação Brasileira de Constitucionalistas Democratas, ABCD, e seus associados *abaixo assinados*, todos brasileiros e domiciliados na República Federativa do Brasil, expressam sua profunda preocupação com as constantes violações aos direitos humanos e ao Estado Democrático de Direito no território venezuelano.

O Decreto do Poder Executivo Nacional número 2.830, de 1 de Maio de 2017, convocou uma Assembleia Constituinte, atribuindo-se assim, um poder que não surge dos dispositivos dos artigos 5,347 e 348, da Constituição vigente. O poder constituinte reside no povo e a interpretação harmônica desses dispositivos conduz a uma única conclusão: somente mediante um referendo com caráter vinculante se pode convocar uma Assembleia Nacional Constituinte.

O artigo 348 da Constituição invocado pelo Poder Executivo para justificar a reforma da lei fundamental não permite, não outorga poderes para convocar uma ANC, mas unicamente faculta a iniciativa de convocar, é dizer, de iniciar os tramites para a convocação de uma Assembleia Nacional Constituintes, o que implica sacar uma solicitação ante o Poder eleitoral para convocar a um referendo vinculante, para que o povo decida se convoca ou não tal Assembleia. Isso com base no que contém o artigo 70 e 347 da Constituição.

É dizer, faz-se confusão intolerável entre a "convocatória" que somente pode fazer o povo venezuelano (conforme o artigo 347 da Constituição venezuelana), com a "iniciativa de convocatória"), que permitiria, a qualquer dos legitimados pelo artigo 348, dar impulso a convocatória solicitando em face do órgão eleitoral um referendo vinculante para que o povo decida se convoca ou não uma Assembleia Nacional Constituinte.

Lamentavelmente, a Sala Constitucional do Tribunal Supremo de Justiça, em 31 de Maio de 2017, mediante a Decisão número 378, avalizou a conduta do Poder Executivo. Essa convocatória claramente inconstitucional se complementa com um sistema eleitoral corporativo, destinado a obter um resultado favorável ao oficialismo, o que implica arrebatar do povo venezuelano o seu sagrado direito de conduzir seus próprios destinos e de suas instituições.

Por fim, as chamadas "*Bases Comiciales*" decretadas unilateralmente pelo Presidente Maduro, ao não estabelecer a representação tomando como base o critério populacional, mas setores e entidades municipais, viola, claramente os princípios da universalidade e igualdade do sufrágio.

São Paulo, Brasil, 20 de Junho de 2017

Marcelo Figueiredo (Presidente)

Roberto Baptista Dias da Silva
Flávia Cristina Piovesan
Monica de Melo
Antônio Carlos Mendes
Carlos Roberto Siqueira Castro
Thiago F. Donnini
Regina Quaresma
Carlos Mário da Silva Velloso
José Ribas Vieira
Fábio P. Calcini
Luiz Viana Queiroz
João Paulo Pessoa
Clóvis Beznos
Cláudio de Araújo Pinho
Alexis Vargas

PROFESORES ARGENTINOS DE DERECHO CONSTITUCIONAL: DECLARACIÓN DE CONSTITUCIONALISTAS ARGENTINOS

Los que abajo suscriben, profesores de Derecho Constitucional de la República Argentina, expresamos nuestra profunda preocupación por la vigencia del Estado de Derecho en el hermano país de Venezuela y por las constantes violaciones a los derechos humanos que allí se registran. El Decreto del Poder Ejecutivo Nacional Nº 2.830, de fecha 1 de mayo de 2017, convocó a una Asamblea Nacional Constituyente atribuyéndose así una facultad que no surge de los arts. 5, 347 y 348 de la constitución vigente. El poder constituyente reside en el pueblo y la interpretación armónica de los arts. 5, 63, 70, 347 y 348 de la carta magna venezolana lleva a concluir que sólo mediante un referendo con carácter vinculante se puede convocar a una Asamblea Nacional Constituyente. El artículo 348 de la Constitución, invocado por el Poder Ejecutivo para justificar su llamado a reformar la ley fundamental, no lo faculta para convocar a la Asamblea Nacional Constituyente, sino que únicamente lo faculta para promover una "iniciativa de convocar", es decir, de iniciar los trámites para la convocatoria de una Asamblea Nacional Constituyente, lo que implica radicar una solicitud ante el Poder Electoral para convocar a un referendo vinculante, para que el pueblo decida si convoca o no tal Asamblea. Ello, a tenor de lo previsto en el artículo 70 y 347 de la Constitución. Es decir, se ha confundido la "convocatoria", que sólo la puede hacer el pueblo (conforme al art. 347 de la Constitución), con la "iniciativa de convocatoria" que permitiría, a cualesquiera de los legitimados por el artículo 348, impulsar la convocatoria solicitando ante el órgano electoral un referendo vinculante para que el pueblo decida si convoca o no a una Asamblea Nacional Constituyente. Lamentablemente, la Sala Constitucional del Tribunal Supremo de Justicia, con fecha 31 de mayo de 2017, mediante la Decisión Nro. 378, ha avalado lo actuado por el Ejecutivo. Esa convocatoria manifiestamente inconstitucional se complementa con un sistema electoral corporativo, destinado a obtener un resultado favorable al oficialismo, lo cual implica arrebatar al pueblo venezolano el derecho de darse sus propias instituciones.

Abad, Mirtha Aquino Britos, Armando Armagnague, Juan F. Badeni, Gregorio Barón Knoll, Silvina Bianchi, Alberto B. Cacace, Alejandro Cayuso, Susana Colombo Murúa, Ignacio Djedjeian, María M. Durante, Alfredo Fontán, Carmen Gallo, Orlando Garat, Pablo Gómez Diez, Ricardo Haro, Ricardo Hernández, Antonio M. Hirschmann, Pablo Ibañez Rosaz, Víctor Iriarte, Luis Laplacette Carlos Loianno, Adelina López Alfonsín Marcelo Luque, Carlos Maldonado Susana Manili, Pablo L. Márquez, Armando M. Midón, Mario Orgaz, Jorge Padilla, Norberto Pancallo D'Agostino, Martín Piccardo Ivana Puccinelli, Oscar Punte, Roberto

Riberi, Pablo Sabsay, Daniel Sagüés, Néstor Salvadores de Arzuaga, Carlos Sammartino, Osvaldo Spota, Alberto A. Terrile, Ricardo Uberti, Mariela Vanossi, Jorge R. Vítolo, Alfredo.

PROFESORES DE DERECHO CONSTITUCIONAL DE ESPAÑA: A LA OPINIÓN PÚBLICA VENEZOLANA Y LATINOAMERICANA, ESPAÑOLA Y EUROPEA

No podemos pasar por alto como juristas ni dejar de denunciar el asalto de la Asamblea Nacional de Venezuela, ignorando la inviolabilidad del parlamento y la dignidad de los representantes del pueblo. Tampoco la violencia con la que han sido disueltas manifestaciones con numerosos muertos y heridos, las reiteradas violaciones de los derechos fundamentales de las personas y de los grupos, en particular, de los derechos democráticos de los ciudadanos y singularmente de los miembros de la oposición política. Del mismo modo, las transgresiones a la separación de poderes y la independencia judicial, reflejadas incluso en sentencias de condena de la Corte Interamericana.

En virtud de esta grave situación y ante el controvertido anuncio de la convocatoria de una asamblea constituyente por el Presidente de la República en vez de llamar a elecciones libres y regulares, los abajo firmantes, profesores y expertos en Derecho Constitucional, instamos a las autoridades y poderes públicos al cumplimiento estricto de la Constitución. Así como al respeto de los derechos allí reconocidos y en la Convención Americana de Derechos Humanos y el Pacto Internacional de Derechos Civiles y Políticos, y de los principios democráticos que forman parte del acervo común al constitucionalismo Latinoamericano, como son el derecho de todo ciudadano a elegir a sus gobernantes, la igualdad y la universalidad del sufragio, las libertades de expresión, asociación y manifestación, y el respeto a los derechos de la oposición política.

Abogamos por una solución negociada y pacífica del actual conflicto político en Venezuela, basada en el diálogo sincero y de buena fe entre todas las partes, el respeto al actual marco constitucional aprobado por el pueblo, el rechazo de toda violencia, y la voluntad de asegurar una democracia representativa, participativa y respetuosa con la cultura del constitucionalismo, incluidos el pluralismo, la tolerancia y el lenguaje de los derechos.

Madrid, 6 de julio de 2017.

Aguiar, Luis.	Universidad Carlos III de Madrid.
Aguado Renedo, César.	Universidad Autónoma de Madrid.

Ahumada Ruiz, Mª Ángeles.	Universidad Autónoma de Madrid.
Alguacil, Jorge.	Universidad Nacional a Distancia.
Alonso, Lucía.	Universidad Loyola de Andalucía
Alzaga, Óscar.	Universidad Nacional de Educación a Distancia.
Aragón Reyes,	Manuel. Universidad Autónoma de Madrid.
Aranda, Elviro.	Universidad Carlos III de Madrid.
Arbós, Xavier.	Universitat de Barcelona.
Arenas, Mónica.	Universidad de Alcalá.
Arlucea Ruiz, Juan Esteban.	Universidad del País Vasco.
Arroyo Gil, Antonio.	Universidad Autónoma de Madrid.
Azpitarte Sánchez, Miguel.	Universidad de Granada.
Baamonde, Laura.	Universidad Carlos III de Madrid.
Bar Cendón, Antonio.	Universidad de Valencia.
Belda, Enrique.	Universidad de Castilla-La Mancha.
Bilbao Ubillos, Juan María.	Universidad de Valladolid.
Blanco Valdés, Roberto.	Universidad de Santiago de Compostela.
Burguera Ameave, Leyre.	Universidad Nacional a Distancia.
Cámara Villar, Gregorio.	Universidad de Granada.
Canosa Usera, Raúl.	Universidad Complutense de Madrid.
Carazo Liébana, Mª José.	Universidad de Jaén
Carmona Cuenca, Encarnación.	Universidad de Alcalá.
Castellá, Josep M.	Universitat de Barcelona
Cidoncha Martín, Antonio.	Universidad Autónoma de Madrid.
Coelho, José María.	Universidad Complutense de Madrid.
Cruz Villalón, Pedro.	Universidad Autónoma de Madrid.
De Miguel Bárcena, Josu.	Universidad Autónoma de Barcelona.
Delgado del Rincón, Luis.	Universidad de Burgos.
Díaz Crego, María.	Universidad de Alcalá.
Díaz Lafuente, José.	Universidad Jaume I de Castellón.
Domínguez Vila, Antonio.	Universidad de La Laguna.
Durán, Juan.	Universidad de Valladolid
Elvira Perales, Ascensión.	Universidad Carlos III de Madrid.
Escajedo, Leire.	Universidad del País Vasco
Espinosa, Ana.	Universidad Carlos III de Madrid.

Fernández Alles, Joaquín.	Universidad de Cádiz
Fernández Miranda, Alfonso.	Universidad Complutense de Madrid.
Fernández Rodríguez, José Julio	Universidade de Santiago de Compostela.
Fernández Valencia, Miguel Ángel	Universidad Complutense de Madrid.
Fernández Vivas, Yolanda.	Universidad de Alcalá.
Gabriel Carranza, Gonzalo.	Universidad Autónoma de Madrid.
García Fernández, Javier.	Universidad Complutense de Madrid.
García Mahamut, Rosario.	Universidad Jaume I de Castellón
García Martínez, Asunción.	Universidad Complutense de Madrid.
García Roca, Javier.	Universidad Complutense de Madrid.
García Ruiz, José Luis.	Universidad de Cádiz.
García Vitoria, Ignacio.	Universidad Complutense de Madrid.
Garrote de Marcos, María.	Universidad Complutense de Madrid.
Giménez Sánchez, Isabel.	Universidad Autónoma de Madrid.
Girón Reguera, Emilia.	Universidad de Cádiz
Goig, Juan Manuel.	Universidad Nacional a Distancia.
Goizueta Vertiz, Juana.	Universidad del País Vasco.
González Alonso, Alicia.	Universidad Autónoma de Madrid.
González Ayala, María Dolores.	Universidad Carlos III de Madrid.
González García, Ignacio.	Universidad de Murcia.
Gordillo Pérez, Luis Ignacio.	Universidad de Deusto (Bilbao).
Guerrera, Matilde.	Universidad Autónoma de Madrid.
Hernández Guijarro, Fernando.	Universidad Jaume I de Castellón.
Hernández Ramos, Mario.	Universidad de Salamanca.
Herreros López, Juan Manuel.	Universidad a Distancia de Madrid.
Ibáñez Macías, Antonio.	Universidad de Cádiz
Jimena Quesada, Luis.	Universidad de Valencia.
Lafuente Balle, José María.	Universitat de Girona.
Lasaga Sanz, Rafael.	Universidad del País Vasco.
López Basaguren, Alberto.	Universidad del País Vasco
López Castillo, Antonio.	Universidad Autónoma de Madrid.
López González, José Luis.	Universidad Autónoma de Madrid.
López Portas, Begoña.	Universidad de Santiago de Compostela.
López Rubio, Daniel.	Universidad Carlos III de Madrid.
López Ulla, Juan Manuel.	Universidad de Cádiz
Lozano Miralles, Jorge.	Universidad de Jaén.

Magdaleno Alegría, Antoni.	Universidad de Cantabria.
Medina Guerrero, Manuel.	Universidad de Sevilla.
Moretón, Arancha.	Universidad de Valladolid.
Navarro Marchante, Vicente J.	Universidad de La Laguna.
Pajares Montolio, Emilio.	Universidad Carlos III de Madrid.
Pauner Chulvi, Cristina.	Universidad Jaume I de Castellón.
Pérez Alberdi, María Reyes.	Universidad Pablo Olavide de Sevilla.
Pérez Sánchez, Gerardo.	Universidad de La Laguna.
Pérez Sola, Nicolás.	Universidad de Jaén.
Pérez Tremps, Pablo.	Universidad Carlos III de Madrid.
Pérez-Moneo, Miguel.	Universitat de Barcelona.
Presno Linera, Miguel Ángel.	Universidad de Oviedo.
Rallo, Artemi.	Universidad Jaume I de Castellón.
Revenga, Miguel.	Universidad de Cádiz.
Reviriego, Fernando.	Universidad Nacional de Educación a Distancia.
Rey Martínez, Fernando.	Universidad de Valladolid.
Ridao i Martín, Joan.	Letrado del Parlamento de Cataluña.
Ridaura, Mª Josefa.	Universidad de Valencia.
Rodríguez Vergara, Ángel.	Universidad de Málaga.
Rosado, Gema.	Universidad Carlos III de Madrid.
Roura Gómez, Santiago A.	Universidade da Coruña.
Rovira, Antonio.	Universidad Autónoma de Madrid.
Rubio, Rafael.	Universidad Complutense de Madrid.
Ruiz Rico, Catalina.	Universidad de Jaén.
Ruiz Rico, Gerardo.	Universidad de Jaén.
Ruiz Ruiz, Juan José.	Universidad de Jaén.
Sáiz Arnáiz, Alejandro.	Universidad Pompeu Fabra de Barcelona.
Salazar Benítez, Octavio.	Universidad de Córdoba.
Salvador Crespo, Mayte.	Universidad de Jaén.
Sánchez de Diego Fernández de la Riva, Manuel.	Universidad Complutense de Madrid
Sánchez Ferro, Susana.	Universidad Autónoma de Madrid.
Sánchez Muñoz, Óscar.	Universidad de Valladolid.
Sánchez Saudinós, José Manuel.	Universidad Carlos III de Madrid.

Sanjurjo Rivo, Vicente Antonio.	Universidad de Santiago de Compostela.
Satrústegui, Miguel.	Universidad Carlos III de Madrid.
Serra, Rosario.	Universidad de Valencia
Serrano, María Isabel.	Universidad Complutense de Madrid
Solozabal, Juan José.	Universidad Autónoma de Madrid
Soriano López, Ildefonso.	Universidad Complutense de Madrid.
Teruel Lozano, Germán M.	Universidad de Murcia
Tomás Mallén, Beatriz.	Universidad Jaume I de Castellón
Torres del Moral, Antonio.	Universidad Nacional de Educación a Distancia
Torres Gutiérrez, Alejandro.	Universidad Pública de Navarra
Troncoso Reigada, Antonio.	Universidad de Cádiz
Tudela Aranda, Jose.	Cortes de Aragón.
Varela Suanzes-Carpegna, Joaquín	Universidad de Oviedo
Vidal Prado, Carlos.	Universidad Nacional a Distancia
Viguri Cordero, Jorge.	Universidad Jaume I de Castellón
Villaverde Menéndez, Ignacio.	Universidad de Oviedo
Vintró, Joan.	Universitat de Barcelona
Vírgala Foruria, Eduardo.	Universidad del País Vasco

DECLARACIÓN DEL INSTITUTO COSTARRICENSE DE DERECHO CONSTITUCIONAL

El Instituto Costarricense de Derecho Constitucional , por este medio externa su profunda consternación por el irrespeto continuo a la vigencia del Estado de Derecho en el hermano país de Venezuela , así como por las sistemáticas violaciones a los derechos humanos que allí se producen cotidianamente.

El decreto del Poder Ejecutivo Nacional N° 2.830, de fecha 1 de mayo de 2017, mediante el cual se convocó a una Asamblea Nacional Constituyente, constituye una flagrante violación no sólo del ordenamiento constitucional venezolano sino también de la Convención Americana sobre Derechos Humanos.

Recordemos que el Poder Constituyente reside en el pueblo, por lo que una interpretación sistemática de los numerales 5, 63, 70, 347 y 348 de la Constitución Política venezolana nos lleva a concluir que sólo mediante un referendo con carácter vinculante es posible, desde el punto de vista jurídico, convocar a una Asamblea Nacional Constituyente.

En efecto, el artículo 348 de la Constitución, invocado por el Poder Ejecutivo para justificar su llamado a reformar la Ley Fundamental, no lo faculta para convocar a la Asamblea Nacional Constituyente, sino que únicamente lo habilita para promover una "iniciativa de convocar", es decir, de iniciar los trámites constitucionales respectivos para la convocatoria de una Asamblea Nacional Constituyente. Para ello, el Poder Ejecutivo debe hacer una solicitud ante el Poder Electoral para que éste convoque a un referendo vinculante. El pueblo decidirá entonces si convoca o no tal Asamblea.

En otros términos, el gobierno venezolano ha confundido ex profeso la "convocatoria", que sólo la puede hacer el pueblo (conforme al art. 347 de la Constitución), con la "iniciativa de convocatoria" que permitiría, a cualesquiera de los legitimados por el artículo 348, impulsar la convocatoria solicitando ante el órgano electoral un referendo vinculante para que el pueblo decida si convoca o no a una Asamblea Nacional Constituyente.

Lamentablemente y como testaferro incondicional del régimen, la Sala Constitucional del Tribunal Supremo de Justicia, con fecha 31 de mayo de 2017, mediante la decisión Nro. 378, avaló lo actuado por el Ejecutivo. Jurídicamente es una monstruosidad, pues tal resolución viola los más elementales principios del Derecho Constitucional y del Estado de Derecho.

Dado que el sistema electoral corporativo venezolano es un apéndice del Poder Ejecutivo, la espuria convocatoria a una Asamblea Constituyente tendrá como resultado lógico que se aprueben todas las reformas que le interesan al régimen. Con ello se arrebatará al pueblo venezolano el derecho de darse sus propias instituciones.

Rubén Hernández Valle
Presidente

PRONUNCIAMIENTO ASOCIACIÓN PERUANA DE DERECHO CONSTITUCIONAL

SOBRE LA CONVOCATORIA A ASAMBLEA NACIONAL CONSTITUYENTE EN VENEZUELA Y SU INCONSTITUCIONALIDAD

La **Asociación Peruana de Derecho Constitucional** expresa su profunda preocupación por las constantes violaciones a los derechos humanos, al orden democrático y al Estado Constitucional que se vienen produciendo en la hermana República de Venezuela.

Así mismo, expresa su rechazo a la convocatoria a una Asamblea Nacional Constituyente efectuada mediante el Decreto N° 2830, por estimar que la misma es inconstitucional, ya que tal decisión sólo corresponde al pueblo venezolano, como titular primigenio y auténtico del poder constituyente, a través del mecanismo previsto en la Constitución Venezolana actualmente vigente, que, como se desprende de una interpretación armónica e integral de sus artículos 347 y 348, concordados con las demás normas constitucionales aplicables, establece que solo mediante un referéndum con carácter vinculante se puede convocar a una Asamblea Nacional Constituyente.

Por lo demás, deja constancia que en tal convocatoria se incurre en una grave tergiversación entre la titularidad del derecho a convocar a Asamblea Nacional Constituyente para transformar el Estado, crear un nuevo ordenamiento jurídico y redactar una nueva Constitución, que sólo pertenece al pueblo de Venezuela como depositario del poder constituyente originario, conforme lo consagra el acotado artículo 347; y la titularidad del derecho de iniciativa de convocatoria a Asamblea Nacional Constituyente, establecida en el también acotado artículo 348 de la Constitución Venezolana, que tan solo habilita a plantearle al pueblo que decida en referéndum si desea convocar o no a Asamblea Nacional Constituyente.

Lima, julio de 2017

Miembros Consejo Directo Presidente Honorario

Ernesto Blume Fortini Domingo García Belaúnde
Presidente

Victor Garcia Toma
Primer Vicepresidente

Jorge Luis Cáceres Arce
Segundo Vicepresidente

Susana Castañeda Otsu
Tesorera

Luis Sáenz Dávalos
Secretario

Carlos Hakansson Nieto
Vocal

Paola Ordoñez Rosales
Pro Secretaria

PRONUNCIAMIENTO DE PROFESORES Y EXMAGISTRADOS ECUATORIANOS SOBRE LA INCONSTITUCIONAL CONVOCATORIA A ASAMBLEA CONSTITUYENTE EN VENEZUELA

El presidente Nicolás Maduro en decreto N° 2.830 del 1 mayo de 2017, convocó a una Asamblea Nacional Constituyente, transgrediendo la Constitución Venezolana que solo permite tal convocatoria mediante un referendo. El Ejecutivo invocó el artículo 348 de la Constitución que no le otorga poderes para convocarla directamente, sino para iniciar los trámites para la convocatoria. Esto es, acudir ante el Poder electoral para convocar a un referéndum vinculante, para que sea el pueblo venezolano quien decida si se convoca o no tal Asamblea Constituyente.

Lamentablemente, la iniciativa del presidente recibió el aval de la Sala Constitucional del Tribunal Supremo de Justicia de ese país, el 31 de mayo de 2017 y se complementó con la ayuda del sistema electoral, con lo cual el poder soberano del pueblo venezolano ha sido desconocido para facilitarle al mandatario establecer la representación en la pretendida asamblea nacional constituyente, no en base al criterio poblacional, sino en base a la integración con sectores y entidades municipales.

Así se violarían los principios de la universalidad, la igualdad del sufragio y conculcaría el derecho del pueblo venezolano a ejercer el poder de decidir sobre la necesidad o no de reformar su carta fundamental y de las instituciones.

Por lo anterior, quienes suscribimos el presente pronunciamiento, nos sumamos al pedido de la comunidad internacional de juristas, para que el Gobierno venezolano desista de la inconstitucional convocatoria, contraria al Estado de Derecho y a los principios de la Democracia.

Dado en Guayaquil, el 25 de julio de 2017.

Dr. Hernán Salgado Pensantes

Expresidente de la Corte Interamericana de Derechos Humanos,

Exmagistrado del Tribunal Constitucional del Ecuador

Profesor de Derecho Constitucional

Ab. León Roldós Aguilera
Exvicepresidente del Ecuador
ExDiputado del Congreso
Exasambleista constituyente
Exrector de la Universidad de Guayaquil

Dr. Santiago Velázquez Coello
Expresidente del Tribunal Constitucional del Ecuador
Exprofesor de Derecho Constitucional

Dr. Jorge Alvear Macías
Exmagistrado del Tribunal Constitucional del Ecuador
Especialista en sistema jurídicos de protección de DDHH
Exprofesor de Maestría en Derecho Procesal Constitucional, UCSG

Dr. Enrique Herrería Bonet
Exmagistrado del Tribunal Constitucional del Ecuador
Exasambleísta de la Asamblea Nacional del Ecuador

Dr. Juan Montalvo Malo
Exmagistrado del Tribunal Constitucional del Ecuador
Exmagistrado de la Corte Suprema de Justicia

Dr. Jorge Zavala Egas
Profesor de Derecho Constitucional
Exdiputado del Congreso Nacional

Dr. Ramón Jiménez Carbo
Ex Procurador General del Estado
Exmagistrado de la Corte Suprema del Ecuador
Exdecano de la Facultad de Jurisprudencia de la UCSG

Dr. Carlos Serrano Aguilar
Expresidente del Corte Superior de Justicia del Azuay
Exmiembro de la Comisión de Legislación del Congreso Nacional

Dr. Hernán Pérez Loose
Magister en Derecho Comparado y en
Ciencias Jurídicas Derecho Comparado por la Universidad de New York,
Doctorado en Ciencias Jurídicas por la Universidad de Harvard

Dr. Rafael Oyarte Martínez
Profesor de Derecho Constitucional de la PUCE
Exasesor del Tribunal Constitucional del Ecuador
, Pontificia Universi

Chile.

Dr. Ignacio Vidal Maspons
Exsuperintendente de Compañías del Ecuador
Exmagistrado de la Corte Superior de Justicia del Guayas

Dr. Juan Pablo Albán Alencastro
Exfuncionario de la Comisión Interamericana de Derechos Humanos,
Máster en Derecho Internacional, University of Notre Dame
Profesor de Derecho Internacional y DDHH de la Universidad San Francisco de Quito

Dra. Elizabeth Ell Egas
Exprofesora de Derecho Constitucional
Exasesora del Tribunal Constitucional del Ecuador

Dr. Santiago Velázquez Velázquez
Especialista en Derecho Constitucional
Profesor de Derecho Constitucional

Ab. Vladimiro Alvarez Grau
Ex Rector de la Universidad Católica de Guayaquil
Ex Decano de la Facultad de Jurisprudencia de la UCSG
Profesor de Derecho Tributario
Ex Ministro de Trabajo, de Educación y de Gobierno
Ex Diputado en el Congreso Nacional
Ex Candidato a la Presidencia de la República

Dr. Íñigo Salvador Crespo
Decano Facultad de Jurisprudencia de la PUCE
Máster en Relaciones Internacionales con Mención en Derecho Internacional por el Institut de Hautes Études Internationales, Ginebra,

Dr. Salim Zaidán Albuja
Magíster en Derecho Constitucional por la UASB
Especialista en Derecho Constitucional
Profesor Facultad de Jurisprudencia de la PUCE

Dr. Ramiro Ávila Santamaría
Master of Laws, Columbia Law School, Nueva York
Profesor de Derecho Constitucional de la UASB

DECLARACIÓN PÚBLICA DE LOS PROFESORES DE DERECHO CONSTITUCIONAL DE COLOMBIA ACERCA DE LA SITUACIÓN DE VENEZUELA

Los profesores de Derecho Constitucional de las universidades colombianas advertimos con especial preocupación la ruptura del orden constitucional en Venezuela, y expresamos nuestra firme solidaridad con quienes en ese país hermano postulan el restablecimiento de la vida republicana.

Nos preocupa el abandono del actual gobierno de Venezuela de la ruta de desarrollo del constitucionalismo democrático y de la defensa de los derechos humanos que habíamos emprendido en la región hace varias décadas.

Nos duele la sangre derramada el los últimos días por más de cien ciudadanos en los enfrentamientos con las fuerzas del régimen bolivariano de Venezuela; sentimos profundamente el padecimiento de nuestros compatriotas venezolanos y recibimos con afecto y solidaridad a su pueblo que hoy atraviesa las fronteras para buscar refugio y seguridad personal y física en nuestro territorio.

Hacemos un llamado vigoroso al gobierno venezolano del Señor Maduro para que desista de conducir a su pueblo al doloroso sacrificio de sus jóvenes y a la violencia generalizada entre hermanos y a que derogue las medidas conducentes a provocar la integración de una Asamblea Constituyente contraria al precario orden constitucional del país vecino.

Exhortamos a quienes ejercen el poder a que recapaciten y rectifiquen, y a que adopten una posición que permita reconciliar a la sociedad venezolana. Ese gobierno retrocede y rompe con los avances del constitucionalismo en nuestro hemisferio, y su retroceso ya no es ocasional.

La defensa del constitucionalismo democrático y de las instituciones republicanas es un deber de los ciudadanos libres y por ello apoyamos a los demócratas de nuestro vecino a mantenerse firmes contra la arbitrariedad, el autoritarismo y la represión.

El constitucionalismo ofrece soluciones inclusivas basadas en el pluralismo democrático. Hacemos votos porque el pueblo hermano de Venezuela encuentre pronto la concordia y la paz, en un marco de libertades públicas.

Bogotá, julio 27 de 2017

Asociación Colombiana de Derecho Constitucional y Ciencia Política
Instituto Iberoamericano de Derecho Constitucional. Sección Colombiana.

DECLARAÇAO DOS PROFESSORES DE DIRETTO CONSTITUTIONAL INTEGRANTES DE ABCD (BRASIL) SOBRE A SITUAÇÀO POLÍTICA ATUAL DE VENEZUELA LA SITUACIÓN DE VENEZUELA

Declaração dos Professores de Direito Constitucional Integrantes da ABCD (BRASIL) sobre a situação política actual da Venezuela

Os professores de Direito Constitucional integrantes da Associação Brasileira de Constitucionalistas Democratas- ABCD, vêm manifestar o seu mais veemente repúdio pela forma arbitrária e ditatorial que vêm sendo conduzido o atual governa nacional da Venezuela.

Os princípios mais comezinhos de Direito, o respeito a diversidade, a pluralidade política e os direitos humanos vêm sendo pisoteados por aqueles que deveriam custodiar o Direito e a Justiça.

O cominho da violência, da discriminação política o ideológica, da perseguição a adversários de ideias com bombas e prisões não é definitivamente a resposta que se espera de uma democracia com a história que a Venezuela detém.

Por isso fazemos um apelo ao Governo de turno que acate o Direito, respeite as determinações da OEA e da comunidade internacional, cesse as prisões e ameaças arbitrárias aos membros do Poder Judiciário e os fiscais da lei que divergem do governo, em nome da Paz e da Solidariedade dos Povos Civilizados.

Por fim apelamos a todas as autoridades civis, militares, eclesiásticas e políticos que respeitem a vontade popular, razão única da existência e continuidade do Estado e dos governos em todos os tempos.

São Paulo, *27* de julho de 2017

Marcelo Figueiredo

Presidente

Rua Michigan, 293 - Brooklin - São Paulo - SP - 04466-000 Brasil

DECLARACIÓN PÚBLICA

EL CENTRO DE ESTUDIOS CONSTITUCIONALES DE CHILE SOBRE VENEZUELA ANTE LA RUPTURA DEL ORDEN CONSTITUCIONAL, LAS VIOLACIONES A LOS DERECHOS HUMANOS Y LA ILEGÍTIMA CONVOCATORIA PRESIDENCIAL A UNA CONSTITUYENTE

El ***Centro de Estudios Constitucionales de Chile*** **(CECOCH),** hace presente su preocupación ante la crisis política institucional y la ruptura del orden constitucional que afronta la hermana República de Venezuela, expresando su solidaridad con el pueblo venezolano que aboga por el restablecimiento del orden constitucional y el respeto a las instituciones democráticas y la plena vigencia de los derechos humanos.

Manifestamos nuestra preocupación por la realización de una Asamblea Constituyente que no es expresión libre de la ciudadanía venezolana a través de elecciones competitivas, informadas, transparentes y limpias, en que cada ciudadano tenga un voto de igual calidad que el de cualquier otro ciudadano, sin manipulaciones a través de una integración sesgada de dicha asamblea con organizaciones corporativas decididas discrecionalmente por el gobierno, ajenas al sistema representativo político del Estado Democrático Constitucional, que restan legitimidad a dicho proceso y que lo conducen hacia un régimen autocrático fuera del marco de la Carta Democrática Interamericana la que se comprometió a respetar el Estado Venezolano.

Hacemos un llamado al Presidente Maduro para que, en estos días previos a la realización de la Asamblea Constituyente, que se concretará al margen del orden constitucional, sin que la ciudadanía haya podido manifestarse sobre su convocación como lo exige la Carta Fundamental, desista de la responsabilidad de encaminar al país a una crisis mayor que ponga fin a la República Democrática y se encamine hacia la autocracia, con el consiguiente desconocimiento del pluralismo político, del respeto a los derechos humanos y de la Constitución vigente.

Exhortamos al gobierno venezolano a restablecer los caminos del dialogo racional, la exclusión de la violencia que ha tronchado ya más de cien vidas de venezolanos durante los dos últimos meses, y el respeto a las instituciones que han surgido de la voluntad legítima de la ciudadanía y de la soberanía popular, garantizando los procedimientos democráticos previstos en la Constitución.

Santiago de Chile, 27 de julio de 2017

DECLARACIÓN DE CONSTITUCIONALISTAS COLOMBIANOS SOBRE LA ASAMBLEA NACIONAL CONSTITUYENTE EN VENEZUELA

Los abajo firmantes, investigadores y profesores de derecho constitucional así como exmagistrados de la Corte Constitucional de la República de Colombia, manifestamos nuestra más profunda preocupación por la crisis constitucional que se encuentra viviendo Venezuela, agudizada por la convocatoria a una Asamblea Nacional Constituyente (ANC) mediante el decreto 2830 de 1 de mayo de 2017, avalada por la Sala Constitucional del Tribunal Supremo de Justicia en decisión del 31 de mayo de 2017.

La convocatoria a la Asamblea mediante decreto presidencial viola los artículos 5, 70, 347 y 348 de la Constitución venezolana. En este sentido, la Asamblea tendría un vicio de origen que resulta insubsanable. El mecanismo empleado carece de la legitimidad popular que requiere cualquier convocatoria de esta naturaleza.

Adicionalmente, la Constitución no autoriza la creación de una Asamblea corporativista que estaría integrada por "sectores sociales" y entidades públicas. La integración de la Asamblea, por tanto, no obedece a criterios democráticos y representativos sino a una decisión voluntarista del gobierno. De esta manera, la Asamblea tampoco tendría una composición democrática acorde con los mandatos y el espíritu de la Constitución venezolana.

El Gobierno venezolano ha sostenido que no se trata de reformar la Constitución sino de recuperar el orden y la división de poderes, entre otras cosas. Sin embargo, si la ANC ejerce el poder para fines distintos para los cuales es creada (reformar la Constitución), incurre en una clara desviación de poder constitucional y sus actos estarían viciados por esta causa.

Finalmente, si la ANC no se convoca para reformar la Constitución sino para finalidades distintas, tendría poderes para clausurar la Asamblea Legislativa, destituir a la Fiscal General, atribuir plenos poderes al Ejecutivo y suprimir las pocas garantías constitucionales que hoy formalmente subsisten en Venezuela, todo lo cual profundiza la crisis constitucional existente.

Por estas razones, apoyamos los llamados de la comunidad internacional para que el Presidente de la República suspenda la convocatoria a la ANC y se logre así una salida pacífica, constitucional, democrática y electoral que permita superar la actual crisis y el pleno respeto de los derechos humanos en Venezuela.

28 de julio de 2017

Juana Acosta López,	Universidad de la Sabana
Natalia Ángel Cabo,	Universidad de los Andes
Carlos Arévalo,	Universidad de la Sabana
Francisco Barbosa,	Universidad Externado de Colombia
Antonio Barreto,	Universidad de Los Andes
Alfredo Beltrán Sierra,	Universidad Libre de Colombia, Exmagistrado
Diana Bernal Camargo,	Universidad del Rosario
Gloria María Borrero Restrepo,	Corporación Excelencia en la Justicia
Andrés Botero,	Universidad Industrial de Santander
Catalina Botero Marino,	Universidad de Los Andes
Lina Fernanda Buchely Ibarra,	Universidad ICESI
María Victoria Calle,	Exmagistrada de la Corte Constitucional
Eduardo Cifuentes Muñoz,	Universidad de Los Andes, Exmagistrado de la Corte Constitucional
Magdalena Correa,	Universidad Externado de Colombia
Natalia Correa Sánchez,	Universidad de los Andes
Camila de Gamboa Tapias,	Universidad del Rosario
Diana Durán,	Universidad de Los Andes
Julio Gaitán,	Universidad del Rosario
María Clara Galvis,	Universidad Externado de Colombia
Laura García Matamoros,	Universidad del Rosario
Mauricio García Villegas,	Universidad Nacional de Colombia
Alejandro Gómez Velásquez,	Universidad EAFIT
Mauricio González Cuervo,	Universidad del Rosario, Ex magistrado
Jorge González Jácome,	Universidad de los Andes
Juan Carlos Henao Pérez,	Universidad Externado de Colombia, Exmagistrado
José Gregorio Hernández Galindo,	Ex magistrado

Esteban Hoyos,	Universidad EAFIT
Jorge Andrés Illera Cajiao,	Universidad ICESI
Paola Iregui,	Universidad del Rosario
Everaldo Lamprea,	Universidad de Los Andes
Julieta Lemaitre Ripoll,	Universidad de Los Andes
Beatriz Londoño Soto,	Universidad del Rosario
Eleonora Lozano Rodríguez,	Universidad de los Andes
Viridiana Molinares Hassan,	Universidad del Norte
Mario Montoya Brand,	Universidad EAFIT
Nataly Montoya Restrepo,	Universidad EAFIT
Néstor Osuna, Universidad	Externado de Colombia
María Teresa Palacios Sanabria,	Universidad del Rosario
Héctor Riveros,	Instituto de Pensamiento Liberal
Jorge Roa,	Universidad Externado de Colombia
César Rodríguez Garavito,	Dejusticia
Camilo Sánchez, U	niversidad Nacional de Colombia
José A. Toro V.,	Universidad EAFIT
Rodrigo Uprimny Yepes,	Universidad Nacional de Colombia
René Urueña Hernández,	Universidad de Los Andes

DECLARACIÓN DE PROFESORES DE DERECHO PÚBLICO DE LA REPÚBLICA DOMINICANA

Los suscritos, profesores de Derecho Público de la República Dominicana, manifestamos nuestra profunda preocupación por la subversión del orden constitucional en la República Bolivariana de Venezuela. La convocatoria inconstitucional de la Asamblea Nacional Constituyente, la cruda represión en contra de los opositores políticos y el control despótico por parte de la Sala Constitucional del Tribunal Supremo de Justicia sobre las funciones parlamentarias demuestran una franca violación de los derechos humanos reconocidos en los tratados, pactos y convenios internacionales, así como de los principios fundamentales que articulan el Estado democrático y social de Derecho y de Justicia que es Venezuela.

En efecto, conforme el artículo 2 de la Constitución venezolana, la República Bolivariana de Venezuela propugna como valores superiores de su ordenamiento jurídico la preeminencia de los derechos humanos, la ética y el pluralismo político. Las graves situaciones suscitadas en ese país dejan en evidencia una tergiversación de estos principios y un grave desconocimiento de las categorías más importantes del constitucionalismo moderno. Decimos esto, pues en la actualidad no hay dudas de que el poder constituyente sólo puede ser convocado por el pueblo como titular legítimo de la soberanía popular, de manera que es una atribución de éste, ya sea por medio de sus representantes o de forma directa a través de un referendo con carácter vinculante, convocar a la Asamblea Nacional Constituyente.

Así lo reconoce la Constitución venezolana al disponer que del pueblo, en su condición de titular de la soberanía, es que "emanan los órganos del Estado" (artículo 5), de modo que es el "depositario del poder constituyente originario" y es quien puede "convocar a una Asamblea Nacional Constituyente con el objeto de transformar el Estado, crear un nuevo ordenamiento jurídico y redactar una nueva Constitución" (artículo 347). De ahí que el Presidente de la República sólo tiene la facultad de promover "la iniciativa de convocatoria" (artículo 348), por lo que no puede arrogarse la función que tiene el pueblo de decidir si convoca o no al poder constituyente.

Partiendo de lo anterior, es evidente que el Decreto Nacional No. 2.830 de fecha 1 de mayo de 2017, así como la Sentencia No. 378 dictada por la Sala Constitucional, subvierten el orden constitucional venezolano y contradicen los principios en los cuáles se fundamenta la República Bolivariana de Venezuela tales como: la libertad, la independencia, la igualdad, la soberanía, la justicia, el imperio de la ley, la democracia y en general, el respeto de los derechos fundamentales y el ejercicio democrático de la voluntad popular.

Es por esta razón que los suscritos, en condición de profesores y expertos en Derecho Público, abogamos por una solución democrática al conflicto político que vive hoy Venezuela, exhortamos a la cancelación inmediata de la ilegítima constituyente e instamos a los órganos que ejercen los poderes públicos a respetar la Constitución vigente como norma suprema y fundamento del ordenamiento jurídico venezolano (artículo 7).

Santo Domingo, República Dominicana, 28 de julio de 2017.

José Alejandro AYUSO, profesor de la Pontificia Universidad Católica Madre y Maestra.

Sigmund FREUND MENA, profesor de la Pontificia Universidad Católica Madre y Maestra.

Juan Manuel GUERRERO, profesor de la Pontificia Universidad Católica Madre y Maestra.

Orlando JORGE MERA, profesor de la Pontificia Universidad Católica Madre y Maestra.

Eduardo JORGE PRATS, profesor de la Pontificia Universidad Católica Madre y Maestra.

Ramón NÚÑEZ NÚÑEZ, profesor de la Pontificia Universidad Católica Madre y Maestra.

Eric RAFUL PÉREZ, profesor de la Universidad Iberoamericana.

Cristóbal RODRÍGUEZ, profesor de la Universidad Iberoamericana.

Ricardo ROJAS LEÓN, profesor de la Pontificia Universidad Católica Madre y Maestra.

José Darío SUAREZ, profesor de la Pontificia Universidad Católica Madre y Maestra.

Luis SOUSA DUVERGÉ, profesor de la Pontificia Universidad Católica Madre y Maestra.

Miguel VALERA MONTERO, profesor de la Pontificia Universidad Católica Madre y Maestra

DECLARACIÓN DEL INSTITUTO IBEROAMERICANO DE DERECHO CONSTITUCIONAL

ACERCA DE LA SITUACIÓN DE VENEZUELA

El Instituto Iberoamericano de Derecho Constitucional, fundado en Buenos Aires en 1974 e integrado por constitucionalistas iberoamericanos y europeos, se ha caracterizado por sus propuestas para el desarrollo del constitucionalismo democrático y la defensa de los derechos humanos.

En los trece congresos iberoamericanos llevados a cabo hasta ahora, y en los múltiples seminarios organizados por las secciones nacionales del Instituto, se han examinado los avances del constitucionalismo en nuestro hemisferio, y también sus ocasionales retrocesos.

La situación de Venezuela ha sido objeto de consideración en varios de nuestros congresos y encuentros. Ahora advertimos con especial preocupación la ruptura del orden constitucional en Venezuela, y expresamos nuestra firme solidaridad con quienes en ese país hermano postulan el restablecimiento de la vida constitucional.

La convocatoria, en estos momentos, a una Asamblea Nacional Constituyente y sus bases comiciales decretadas por el Presidente de la República, configuran una grave violación de principios universales del constitucionalismo democrático, incluido el derecho ciudadano al sufragio universal, igual, libre y secreto. Por ello, dicha Constituyente no hará sino extremar el ambiente de conflicto, en lugar de ser un punto de encuentro para el diálogo y la paz.

Exhortamos a quienes ejercen el poder a que recapaciten y rectifiquen, y a que adopten una posición que permita reconciliar a la sociedad venezolana.

El constitucionalismo ofrece soluciones inclusivas basadas en la tolerancia y el pluralismo democrático. Hacemos votos porque la gran nación venezolana encuentre pronto la concordia y la paz, en un marco de libertades públicas y respeto a los derechos humanos.

Diego Valadés,	Presidente (México)
Domingo García Belaunde,	Secretario General Ejecutivo (Perú)
José Afonso da Silva,	Vicepresidente (Brasil)
Pablo Pérez Tremps,	Vicepresidente (España)

José Ma. Serna de la Garza, Vicepresidente (México)
Jorge Reinaldo Vanossi, Vicepresidente (Argentina)
Carlos Ayala Corao, Vocal (Venezuela)
Marcelo Figueiredo, Vocal (Brasil)
José F. Palomino Manchego, Vocal (Perú)
Antonio María Hernández, Vocal (Argentina)
Julio César Ortiz Gutiérrez, Vocal (Colombia)
Enrique Cáceres Nieto, Tesorero (México)

PRONUNCIAMIENTO DE LA SECCIÓN MEXICANA DEL INSTITUTO IBEROAMERICANO DE DERECHO CONSTITUCIONAL SOBRE LA GRAVE SITUACIÓN QUE VIVE ACTUALMENTE EL PUEBLO DE VENEZUELA

La Sección Mexicana del Instituto Iberoamericano de Derecho Constitucional, preocupada por la situación que vive actualmente el pueblo de Venezuela, expresa a través del presente pronunciamiento su inconformidad y desacuerdo con la inconstitucional convocatoria de una Asamblea Constituyente realizada mediante el Decreto N° 2830 por parte del titular del poder ejecutivo de dicho país hermano.

La mencionada convocatoria contraviene los artículos 347 y 348 de la Constitución de Venezuela, mismos que interpretados de manera armónica y sistemática con diversos artículos de dicha Norma Fundamental (entre ellos los artículos 5, 63 y 70), disponen que solamente a través de un referendo es constitucionalmente posible convocar una Asamblea Nacional Constituyente. Específicamente, el artículo 347 de la Constitución venezolana establece que el único depositario del poder constituyente originario es el pueblo de Venezuela y que, en ejercicio de dicho poder, únicamente el pueblo venezolano es el que puede convocar a una Asamblea Nacional Constituyente con el objeto de transformar el Estado, crear un nuevo ordenamiento jurídico y redactar una nueva Constitución.

Asimismo, por Decreto No.2.878 el Presidente emitió las Bases Comiciales conforme a las cuales se elegirán los representantes a dicha Constituyente. Estas normas disponen la integración de dicho cuerpo a través de ciertos "sectores" sociales y gubernamentales; y en el ámbito territorial, pero sin base alguna ni en proporción a su población. Por ello, estas Bases Comiciales para la elección de la Constituyente violan los principios constitucionales (entre ellos los artículos 63 y 64) e internacionales de la democracia representativa a través del sufragio universal, directo, igual y secreto.

Además, la Sección Mexicana del Instituto Iberoamericano de Derecho Constitucional, considera que el referido Decreto N° 2830 y el entorno que el gobierno venezolano ha construido alrededor de él, violenta los altos valores establecidos en los artículos 2° y 3° de la Constitución venezolana, los cuales definen al Estado de ese país como democrático y social de Derecho y de Justicia, que propugna como valores superiores de su ordenamiento jurídico y de su actuación, la vida, la libertad, la justicia, la igualdad, la solidaridad, la democracia, la responsabilidad social y en general, la preeminencia de los derechos humanos, la ética y el pluralismo político (artículo 2°); e identifican como los fines esenciales del Estado la defensa y el desarrollo de la persona y el respeto a su dignidad, el ejercicio democrático de la voluntad popular, la construcción de una sociedad justa y amante de la paz, la promoción de la prosperidad y bienestar del pueblo y la garantía del cumplimiento de los principios, derechos y deberes consagrados en la propia Constitución (artículo 3°).

Por todo lo anterior, exhortamos al gobierno venezolano a reestablecer el orden constitucional, a través de la derogación del Decreto N° 2830 del 1° de mayo de 2017, y por medio de la generación de un entorno político de reconciliación nacional que sea fiel a los altos valores que consagra la Constitución de Venezuela.

Héctor Fix Fierro	José Ma. Serna de la Garza	Edgar Corzo Sosa
Vicepresidente	Presidente	Secretario

Strasbourg, 21 July 2017 CDL-PI(2017)004

Opinion Nº 894/ 2017 Engl. Only

EUROPEAN COMMISSION FOR DEMOCRACY THROUGH LAW (VENICE COMMISSION)

VENEZUELA

PRELIMINARY OPINION

ON THE LEGAL ISSUES RAISED BY DECREE Nº 2878 OF 23 MAY 2017 OF THE PRESIDENT OF THE REPUBLIC ON CALLING ELECTIONS TO A NATIONAL CONSTITUENT ASSEMBLY

On the basis of comments by
Ms Paloma BIGLINO (Substitute member, Spain)
Ms Veronika BÍLKOVÁ (Member, Czech Republic)
Mr Kaarlo TUORI (Member, Finland)
Mr José Luis SARDON (Member, Peru)
Mr José Luis VARGAS VALDEZ (Substitute member, Mexico)

I. INTRODUCTION

1. By letter of 26 June 2017, the Secretary General of the Organization of American States (OAS) requested the Venice Commission to prepare an opinion on the legal issues raised by the Decree of the President of Venezuela No. 2878 of 23 May 2017 on calling elections to the Constituent Assembly. The Committee of Ministers of the Council of Europe authorized the Venice Commission to proceed on the basis of this request.

2. Ms Paloma Biglino, Ms Veronika Bílková, Mr Kaarlo Tuori, Mr José Luis Sardon and Mr José Luis Vargas Valdez acted as rapporteurs for this opinion.

3. On 28 June 2017, the Secretariat of the Venice Commission wrote a letter to the Ambassador of Venezuela in Belgium, inviting her to inform the authorities of Venezuela about the request for an opinion as well as the availability of a delegation of the Commission to travel to Venezuela and meet with the authorities and other stakeholders. No reply has been received to date.

4. In the light of the nature of the decree and the proximity of the elections to the Constituent Assembly, called for 30 July 2017, the Bureau authorized the rapporteurs to send the OAS and the Venezuelan authorities and to publish a preliminary opinion on this matter prior to the Plenary Session of October 2017.

5. The present preliminary opinion was prepared on the basis of contributions by the rapporteurs and on the basis of the original Spanish version of the Presidential decree.

6. This preliminary opinion was sent to the Organization of American States and to the Venezuelan authorities on 21 July 2017 and was published on the same day on the Venice Commission's website. It will be submitted to the Commission for endorsement at its 112th Plenary Session on 6-7 October 2017.

II. BACKGROUND

7. On 1 May 2017, the President of the Republic of Venezuela, sitting with the Cabinet of Ministers, issued Decree N° 2830 whereby, invoking Articles 348, 70, 236 § 1 and 347 of the Constitution, he called the election of a National Constituent Assembly (NCA) "in the sectorial and territorial fields, which will be organized by the National Electoral Council, through universal, direct and secret ballot" (CDL-REF(2017)032) .

8. On 23 May 2017, the President of the Republic, sitting with the Cabinet of Ministers, issued Decree N° 2878 whereby on the basis of Articles 347, 348 and 70 of the Constitution, in his capacity as "*convocante*" (convener), he fixed the rules for such election ("*bases comiciales*") (CDL-REF(2017)032).

9. On 24 May 2017, the National Electoral Council (CNE) announced that the elections would take place on 30 July 2017.

10. On 4 June 2017, the President of the Republic, through Decree N° 2889, supplemented Presidential decree N° 2878[1] in respect of the *bases comiciales* by exhorting the National Constituent Assembly to be elected on July 30, to submit the draft of the new Constitution for approval in a popular referendum pursuant to Article 70 of the Constitution of 1999.

11. On 6 July 2017, the vice- President of the CNE announced that General assemblies of indigenous peoples would elect their 8 representatives to the Constituent Assembly on 1 August.[2]

III. CONSTITUTIONAL FRAMEWORK

12. The relevant provisions of the 1999 Constitution of the Bolivarian Republic of Venezuela read as follows:

Article 1

The Bolivarian Republic of Venezuela is irrevocably free and independent, basing its moral property and values of freedom, equality, justice and international peace on the doctrine of Simon Bolivar, the Liberator.

Independence, liberty, sovereignty, immunity, territorial integrity and national self-determination are unrenounceable rights of the Nation.

Article 2

Venezuela constitutes itself as a Democratic and Social State of Law and Justice, which holds as superior values of its legal order and actions those of life, liberty, justice, equality, solidarity, democracy, social responsibility and, in general, the pre-eminence of human rights, ethics and political pluralism.

Article 5

Sovereignty resides untransferable in the people, who exercise it directly in the manner provided for in this Constitution and in the law, and indirectly, by suffrage, through the organs exercising Public Power.

The organs of the State emanate from and are subject to the sovereignty of the people.

Article 21

All persons are equal before the law, and, consequently:

1. No discrimination based on race, sex, creed or social standing shall be permitted, nor, in general, any discrimination with the intent or effect of nullifying or encroaching upon the recognition, enjoyment or exercise, on equal terms, of the rights and liberties of every individual. [...]

---

1 https://fr.scribd.com/document/350820952/Gaceta-Extraordinaria-N-6-303.

2 News on the official Web-site of the CNE http://www.cne.gob.ve/web/sala_prensa/noticias.php on 6 July 2017.

Article 23

The treaties, pacts and conventions relating human rights which have been executed and ratified by Venezuela have a constitutional rank, and prevail over internal legislation, insofar as they contain provisions concerning the enjoyment and exercise of such rights that are more favourable than those established by this Constitution and the laws of the Republic, and shall be immediately and directly applied by the courts and other organs of the Public Power.[3]

Article 63

Suffrage is a right. It shall be exercised through free, universal, direct and secret elections. The law shall guarantee the principle of personalization of suffrage and proportional representation.

Article 70

Participation and involvement of people in the exercise of their sovereignty in political affairs can be manifested by: voting to fill public offices, referendum, consultation of public opinion, mandate revocation, legislative, constitutional and constituent initiative, open forums and meetings of citizens whose decisions shall be binding among others; and in social and economic affairs: citizen service organs, self-management, co-management, cooperatives in all forms, including those of a financial nature, savings funds, community enterprises, and other forms of association guided by the values of mutual cooperation and solidarity. The law shall establish conditions for the effective, functioning of the means of participation provided for under the present article.

Article 187

It shall be the function of the National Assembly:

1. To legislate in matters of national competence and as to the functioning of the various branches of National Power. [...]

Article 236

The following are attributions and duties of the President of the Republic:

1. To comply with and enforce this Constitution and the law.

2. To direct the activity of the Government. [...]

8. *To issue executive orders having the force of law, subject to authorization in advance by an enabling act. [...]*

10. To issue regulations for the application of laws, in whole or in part, without altering the spirit, purpose and reason for being of the laws.

---

3 *No similar provision exists to regulate the status of other treaties or of customary international law.*

Article 340

The purpose of an amendment is to add to or modify one or more articles of the Constitution, without altering the fundamental structure of the same.

Article 342

The purpose of constitutional reform is to effect a partial revision of this Constitution and replacement of one or more of the provisions hereof, without modifying the fundamental principles and structure of the text of the Constitution.

The initiative for a constitutional reform emanates from the National Assembly, by resolution approved by a majority vote of the members, from the President of the Republic sitting with the Cabinet of Ministers, or at the request of registered voters constituting at least 15% of the total number registered with the Civil and Electoral Registry.

Article 347

The original constituent power rests with the people of Venezuela. This power may be exercised by calling a National Constituent Assembly for the purpose of transforming the State, creating a new juridical order and drawing up a new Constitution.

Article 348

The initiative for calling a National Constituent Assembly may emanate from the President of the Republic sitting with the Cabinet of Ministers; from the National Assembly, by a two thirds vote of its members; from the Municipal Councils in open session, by a two-thirds vote of their members; and from 15% of the voters registered with the Civil and Electoral Registry.

Article 349

The President of the Republic shall not have the power to object to the new Constitution. The existing constituted authorities shall not be permitted to obstruct the Constituent Assembly in any way. For purposes of the promulgation of the new Constitution, the same shall be published in the Official Gazette of the Republic of Venezuela or in the Gazette of the Constituent Assembly.

Article 350

The people of Venezuela, true to their republican tradition and their struggle for independence, peace and freedom, shall disown any regime, legislation or authority that violates democratic values, principles and guarantees or encroaches upon human rights.

13. Venezuela is a Member of the United Nations, the Organization of American States (OAS)[4] and several specialized international organizations. It has signed and ratified the majority of the UN human rights treaties a including the International Covenant on Civil and Political Rights as well as the 1969 American Convention on Human Rights which, however, it denounced in 2013.

14. Venezuela also signed the Inter-American Democratic Charter.[5]

IV. GENERAL REMARKS AND MAIN APPLICABLE STANDARDS

15. This opinion stems from the premise that constitutional change does not necessarily imply a constitutional break. In a democratic and constitutional State, the fundamental agreement should prevent the constituted ordinary bodies from transforming themselves into the constituent power. Otherwise the Constitution would be subject to the whims of the political majority of the moment and the distinction between ordinary and constitutional politics would disappear. Furthermore, the constitutional procedure to renegotiate the foundational pact should establish mechanisms to guarantee that such renegotiation takes place within the boundaries of democracy and the rule of law. If there is a constitutional procedure to partially or fully change constitutional order, it must be implemented with this basic principle of constitutional technique in mind.

16. Hence, a democratic Constitution must foresee the appropriate mechanisms to implement fundamental changes, including supermajorities, direct approval from the people and other methods of control that ensure constitutional continuity. If these are not included or if the procedure is weak, the Constitution may empower a constituted power to, by itself, control most aspects of constitutional change.[6]

17. The Venice Commission has previously, consistently pointed out that the procedure for adoption of constitutional amendments or, to the extent possible, even new constitutions must abide by the provisions of the Constitution in force. Indeed, the Commission strongly endorses the principle of

4 In April 2017, Venezuela undertook legal steps to withdraw from the OAS; this is an on-going process that will take up to 24 months.

5 http://www.oas.org/charter/docs/resolution1_en_p4.htm.

6 See Vega, Pedro de, "Constitutional Reform and the Issue of Constituent Power" [La reforma constitucional y la problemática del poder constituyente], Madrid, Tecnos, 1985. ISBN 84-309-1217-7. Vega, Pedro de, "Constitutional reform as a defence of the Constitution and the Democracy" ["La reforma constitucional como defensa de la Constitución y de la Democracia"], II Jornadas de Derecho Constitucional sobre la reforma de la Constitución, Zaragoza, Fundación Manuel Giménez Abad de Estudios Parlamentarios y del Estado Autonómico, 2006, págs. 1-27. Hauriou, Maurice, "Principles of public and constitutional law" [Principios de derecho público y constitucional], translated to Spanish by Carlos Ruiz del Castillo, Madrid, Editorial Reus, 1927.

"constitutional continuity", under which even new constitutions should be adopted following the prescribed amendment procedures in the old one – thus strengthening the stability, legality and legitimacy of the new system.[7]

18. Properly conducted amendment procedures, allowing time for public and institutional debate, may contribute significantly to the legitimacy and sense of ownership of the constitution and to the development and consolidation of democratic constitutional traditions over time. In contrast, if the rules and procedures on constitutional change are open to interpretation and controversy, or if they are applied too hastily or without democratic discourse, then this may undermine political stability and, ultimately, the legitimacy of the constitution itself. In this sense, the Commission has repeatedly stressed that a duly, open, informed and timely involvement of all political forces and civil society in the process of reform can strongly contribute to achieving consensus and securing the success of the constitutional revision even if this inevitably takes time and effort. For this to happen, states' positive obligations to ensure unhindered exercise of freedom of peaceful assembly, freedom of expression, as well as a fair, adequate and extensive broadcasting of the arguments by the media are equally relevant.[8]

19. The Venice Commission has also consistently expressed the view that the choice of an electoral system is a sovereign decision of a state through its political system. There are different electoral systems, and multiple options on how they are presented are found across the OSCE region and member states of the Venice Commission. States have wide discretion in designing electoral systems, provided that international conventions and standards, guaranteeing, in particular, universal, equal, free and secret suffrage, are respected.[9]

20. Article 25 of the United Nations International Covenant on Civil and Political Rights guarantees that "*[e]very citizen shall have the right and the opportunity, without any of the distinctions mentioned in article 2 and without unreasonable restrictions: a) To take part in the conduct of public affairs, directly or through freely chosen representatives; b) To vote and to be elected at genuine periodic elections which shall be by universal and equal suffrage and shall be held by secret ballot, guaranteeing the free expression of the will of the electors*".

21. General Comment No. 25: Article 25 (Participation in Public Affairs and the Right to Vote) The Right to Participate in Public Affairs, Voting

---

7 Venice Commission, Report on Constitutional Amendment, CDL-AD(2010)001, and numerous country specific opinions

8 Venice Commission, Report on Constitutional Amendment, CDL-AD(2010)001, §§ 204, 205. 9.

9 Venice Commission, Joint opinion with the OSCE/ODIHR on the draft laws of the Republic of Moldova on amending and completing certain legislative acts (electoral system for the election of the Parliament), CDL-AD(2017)012, § 25.

Rights and the Right of Equal Access to Public Service, in paragraph 6, establishes that "*citizens participate directly in the conduct of public affairs when they exercise power as members of legislative bodies or by holding executive office. This right of direct participation is supported by paragraph (b). Citizens also participate directly in the conduct of public affairs when they choose or change their constitution or decide public issues through a referendum or other electoral process conducted in accordance with paragraph (b).*" Later on, in paragraph 21, the General Comment explains that "[t]he principle of one person, one vote, must apply, and within the framework of each State's electoral system, the vote of one elector should be equal to the vote of another. The drawing of electoral boundaries and the method of allocating votes should not distort the distribution of voters or discriminate against any group and should not exclude or restrict unreasonably the right of citizens to choose their representatives freely."

22. The Code of Good Practice in Electoral Matters of the Venice Commission,[10] sets out the five principles underlying Europe's electoral heritage are universal, equal, free, secret and direct suffrage. In section 2.2, the Code states: "*Equal voting power: seats must be evenly distributed between the constituencies.*

i. This must at least apply to elections to lower houses of parliament and regional and local elections.

ii. It entails a clear and balanced distribution of seats among constituencies on the basis of one of the following allocation criteria: population, number of resident nationals (including minors), number of registered voters, and possibly the number of people actually voting. An appropriate combination of these criteria may be envisaged.

iii. The geographical criterion and administrative, or possibly even historical, boundaries may be taken into consideration.

iv. The permissible departure from the norm should not be more than 10%, and should certainly not exceed 15% except in special circumstances (protection of a concentrated minority, sparsely populated administrative entity)."

23. These principles are also established in regional and transnational declarations such as the American declaration of the rights and duties of man (1948, Article XX), the American Convention on Human Rights (Article 23), the Inter-American Democratic Charter (2001), the African Charter on Human and Peoples' Rights (1981, Article 13.1) and the Asian Charter of Rights (1998, Article 5.2) among other instruments, which declare a general right to political participation to be a fundamental principle.

---

10 *Code of good practice in electoral matters. Guidelines and explanatory report.* Adopted by the Venice Commission at its 52nd session (Venice, 18-19 October 2012), guideline II.2.a.

V. ANALYSIS

A. The power of the President of the Republic to call the election of the National Constituent Assembly

24. The 1999 Constitution makes a distinction between amendments to the Constitution, a constitutional reform (*stricto sensu*) and the preparation of a completely new constitution by a constituent assembly. The three forms of constitutional reforms (*largo sensu*) regulated by Title IX of the Constitution, differ by the extent to which they modify the Constitution. Amendments seek to "*add to or modify one or more articles of the Constitution, without altering the fundamental structure of the same*" (Article 340). A constitutional reform seeks to "*effect a partial revision of this Constitution and replacement of one or more of the provisions hereof, without modifying the fundamental principles and structure of the text of the Constitution*" (Article 342). Finally, a reform through a constituent national assembly is appropriate, when the intention is that of "transforming the State, creating a new juridical order and drawing up a new Constitution" (Article 347).

25. The initiative of President Maduro is aimed at repealing the 1999 Constitution and adopting a new one. Out of the three forms of constitutional reforms, the third one – that of the constituent national assembly – is thus appropriate. This is indeed the form that President Maduro has opted for in his Decrees.

26. According to Article 347, the *original constituent power* of the people of Venezuela may be *exercised by calling a National Constituent Assembly*. In turn, Article 348 lays down that the *initiative* for calling a NCA may *emanate* from the President of the Republic sitting with the Cabinet of Ministers; from the National Assembly, by a two thirds vote of its members; from the Municipal Councils in open session, by a two-thirds vote of their members; and from 15% of the voters registered with the Civil and Electoral Registry.

27. The question has arisen as to whether "initiative" in this context means the right to convene the NCA or only the right to declare a referendum, consulting the people as to whether to convene a National Constituent Assembly or not. The wording of Articles 347-348 may be taken to mean that Article 348 regulates merely the power to initiate the procedure which can lead to the establishment of a National Constituent Assembly, while Article 347 entrusts "the people of Venezuela" with the decision to convene the assembly. The decision should obviously be taken through a referendum. According to this interpretation, the President, too, would only have the power of initiative, and convening the assembly would require the approval of the President's initiative (or that of the other bodies entitled to do so) in a referendum.

28. In its decision 378/2017 of 31 May 2017, the Constitutional Chamber (*Sala constitucional*) of the Supreme Court (*Tribunal Supremo de Justicia*, TSJ), which in the Venezuelan constitutional system is entrusted with constitutional review, instead pronounced the constitutionality of Presidential decree 2830. The TSJ ruled that "it is neither necessary nor constitutionally

mandatory, to call for a consultative referendum prior to calling for a National Constituent Assembly, because that is not explicitly established in any of the provisions in Chapter III of Title IX [of the Constitution].” The TSJ distinguished the current situation from that prior to the adoption of the 1999 Convention, when a referendum on whether to convene a constituent national assembly had been held. According to the TSJ, in 1999 a referendum on the convocation of the National Constituent Assembly was needed because the Constitution then in force did not include any provisions on such an assembly.[11]11

29. Decision 378/2017 of the TSJ does not account for the different wording (the exercise of the original constituent power by the people of Venezuela by calling the election of the NCA vs. the power of the President to take the initiative to call the elections of a NCA), of the constitutional provisions at issue. The TSJ also fails to counter the – apparently evident - explanation to these provisions either: the intention to regulate in the new constitution the procedure for adopting a new constitution which was already followed in 1999 but without an explicit basis in constitutional provisions; a procedure which also includes a referendum on the convocation of a National Constituent Assembly.

30. The TSJ’s decision does not address several other issues. First, while Articles 347 and 348 of the Venezuelan Constitution are unclear about the content and consequences of an initiative to call a National Constituent Assembly, according to Articles 341 § 3 and 344, constitutional amendments and major reforms should be submitted to referendum within 30 days following the congressional approval. If even these minor changes to the constitution are bound to be subject to a public consultation, then it can be reasonably assumed that its major renegotiation should be too. The same logic can be found in Articles 74 and 218, according to which partial or total abrogation of laws should be submitted to referendums. In the Venezuelan system, it is to be expected that in matters of supreme importance for the country, such as the adoption of a new Constitution, the ways allowing the people to express its opinion as broadly and directly as possible, are to be favoured. These encompass, but are not limited to, holding a national referendum on whether to establish the constituent national assembly or not (*ex ante* referendum), creating the assembly through public elections, and having the text of a new constitu-

11 Some authors have expressed the view that the Constitution divides the process of the initiation of the constitutional reform carried out through the constituent national assembly into two stages: the initiative and the convocation of the assembly. Whereas the initiative belongs to all the entities enumerated in Article 348 of the Constitution, the convocation is reserved to the people, which should express its will by means of a referendum (as it did in 1999) See, for instance, Vicente Díaz, Consideraciones sobre una constituyente, El Nacional, 3 de mayo de 2017; A Constituent Assembly in Venezuela is No Substitute for Elections: WOLA Calls on Venezuela to Announce Electoral Timetable, WOLA, 15 May 2017.

tion approved or rejected in a national referendum (*ex post* referendum). Second, Decree 2878 does not allow for a democratic decision regarding the need to revisit the constitution. This could undermine the People's "leadership" and "means of participation" in constituent initiatives (see Articles 5 and 70 of the Constitution). Third, the President's direct call for a NCA assumes that only one of the Public Powers (i.e. the Executive Branch) has enough attributions to impose a renegotiation of the social contract, ignoring the other State organs through which the People of Venezuela exert their sovereignty (e.g. the National Assembly); this raises an issue in terms of democratic and egalitarian principles, and of the separation of powers, as stated in articles 1, 2, 5, 19, 21 and 136 of the Constitution. The Venezuelan President, as only one of the constituted powers, should not be entitled to call for a National Constituent Assembly without calling a referendum.

31. In 1999, both ex ante and ex post referendums were held, giving the people of Venezuela the possibility to get involved in the process and feel ownership over it. Even if holding referendums before and after the Constituent Assembly were not a constitutional requirement under the 1999 Constitution, it would seem appropriate and in line with democratic standards to do so. After all, the Decree 2878 stresses that the main motivation behind the whole process is to give the people the possibility to express its view and to create a system that would overcome internal political tensions and would guarantee peace. This effort can only be successful, if the people - i.e. all parts of the society - get actively involved in the constitutional process. Making the people, the holder of the "the original constituent power" (Article 347), participate in the constitutional reform as broadly as possibly, also is a constitutional requirement, though concrete forms of this participation are to be determined in concrete cases (within the limits of Article 70). The elections of the members of the Assembly, foreseen by Decree 2878, hardly suffice in themselves to satisfy this requirement.

32. In conclusion, in the light of the wording of the relevant constitutional provisions, against the background of the previous constitutional experience of Venezuela and in the absence of compelling arguments to the contrary, the Venice Commission is of the view that the question of whether or not the decision on the convocation of a National Constituent Assembly may only be taken by the people of Venezuela through a referendum may not be considered to have been finally settled.

B. The competence of the President of the Republic to establish the rules for the election of the National Constituent Assembly

33. The 1999 Constitution does not include any explicit provisions on the composition and election of the National Constituent Assembly. Nor does the electoral legislation in force do so. Decree No. 2878 itself fixes these rules ("*bases comiciales*").

34. The Decree bases the power of the President to establish the rules on the election of the NCA on two main arguments. Firstly, the Preamble of the

Decree affirms that he is the authority which has called the Constituent Assembly. Secondly, the same text mentions the powers of the President enumerated in Article 236 § 1 and Article 236 § 2 of the Constitution. However, neither of these arguments seems to be sufficient for justifying the enacting of a new electoral system by decree of the executive power. In fact, Art. 2 of the Constitution states that Venezuela constitutes itself as a Democratic and Social State of Law. According to the democratic principle and the rule of law, the Executive does not have the power to enact a new electoral system that departs from the laws in force.

35. It is true that Art 348 of the Constitution attributes the initiative for calling the National Assembly to the President. However, the power of initiative is only the power of starting the process and not the power of establishing substantive rules on it.

36. The proceedings for the election of the previous National Constituent Assembly called by the former President of the Republic in 1999 are a precedent on this matter that must be taken into account. On this occasion, the rules for the election of the Assembly were proposed by the President and were implemented by the National Electoral Commission, in the "*Bases comiciales para el referendum consultivo sobre la convocatoria de la Asamblea Nacional Constituyente*" of 23 March of 1999. However, this norm was not only approved by these institutions. The *Bases* were submitted to the citizens in the referendum held on 25 April 1999 and were approved by the majority of the voters.

37. Article 236 §1 of the Constitution states that the President has the attribution and the duty to comply with and enforce the Constitution and the law. Article 236 § 2 affirms that the President has the power to direct the activity of the Government. None of these powers gives the President the authority to change the electoral system established by the law. Moreover, the first of these articles obliges the President to comply with the law and the Constitution in force. According to Article 187 § 1 of the Constitution, the National Assembly is the only institution which can enact laws. Article 236 § 8 of the Constitution provides that the President can adopt decrees with force of law only upon explicit authorisation by the "*ley habilitante*", and paragraph 10 of the same article provides that he can "issue regulations for the application of laws, in whole or in part, without altering the spirit, purpose and reason for being of the laws". Now, in the present case neither a general law on the elections of the National Constituent Assembly, nor any "enabling law" have been enacted by parliament. In a state governed by the rule of law, the supremacy of the legislature in adopting legislation must be ensured: the executive may only legislate on the basis of an explicit constitutional provi-

sion, on the basis of a delegation of powers explicitly defined in a legislative act and under the control of parliament and the judiciary.[12]

38. Since the end of the XVIII century, constitutional theory and constitutional norms attribute the passing of laws to parliaments, not only because of the representative nature of these institutions, but also because of their plural composition and the publicity which characterized their proceedings. In parliaments, minorities have the freedom to express their opinion and citizens have the right to know what is decided by their representatives and for which reasons.

39. In Venezuela's constitutional system, the President of the Republic is elected by the people and, for this reason, has direct democratic legitimacy. However, he or she takes decisions without the requirements imposed by public debate. Decree nº 2879 states that the widest sectors of the country have been consulted. However, this type of consultations does not ensure the same guarantees as parliamentary proceedings especially in favour of minorities.

40. The Code of Good Practices on Electoral Matters[13] states some principles that should be followed in order to avoid the problem mentioned above. In order to ensure regulatory levels and stability of electoral law, the Code provides that rules of electoral law must have at least the rank of a statute. The Code gives some powers to the executive in electoral matters, but only for enacting rules on technical matters and details.

41. A further reason why the President cannot legislate on the electoral system lies in his position according to the Constitution. Chapter III of Title IV of the Venezuelan Constitution does not rule only on the changing of the Constitution, as contemporary constitutions usually do, but also on the radical transformation of the State "creating a new juridical order and drawing up a new Constitution". As Article 347 states, this power rests with the people and must be expressed by the National Constituent Assembly. This Assembly is the only institution that is not subordinated to the Constitution in force since it is constituent. Its powers are limited because the Assembly must respect the values declared by Article 350, i.e. democratic values and human rights. However, the Assembly can create a totally new power and establish new relationships between powers and citizens, always respecting these limits.

42. The President of the Republic does not have this high level of power. His is a constituted power, created by the Constitution and under the Constitution and the laws. Neither his direct election nor his power of initiating the calling of the National Assembly suffice to change this subordinate position.

---

12 Venice Commission, Rule of Law checklist, CDL-AD(2016)007, Benchmark A. Legality, item 4. Law-making powers of the executive, http://www.venice.coe.int/webforms/documents/?pdf=CDL-AD(2016)007-e.

13 *Code of good practice in electoral matters.*, guideline II.2.a

43. In the past, the Venice Commission has repeatedly underscored the need for public discussion and broad consultations with all electoral stakeholders with respect to electoral reform.[14] These requirements are still more vital at the moment of enacting norms on the election of a National Constituent Assembly. More than at any other time, electoral rules "should be subject to open debate at the national level, as public discussion will enrich the comparative perspective and the analysis of other experiences. This will also enhance the transparency of the process of developing electoral legislation as well as ensure confidence in the adopted electoral legislation.[15]15

44. In conclusion, in accordance with the principle of the rule of law and with the Constitution of Venezuela, the power to determine the rules for the election of the National Constituent Assembly belongs to the National Assembly only.

C. The rules for the election of the National Constituent Assembly

45. Decree 2878 establishes that the 553 members of the National Constituent Assembly are elected in two different ways: 364 members are elected by territory, and 181 are elected by sectors. 8 members are elected by the General Assemblies of Indigenous Peoples.

46. The Constitution of Venezuela does not include any explicit provisions on the composition and election of the National Constituent Assembly. The Constitution however provides for the recognition of equality as a fundamental value (Articles 1 and 2), equality before the law (Article 21), the right to free, universal, direct and secret elections (Article 63) and elections "by universal, direct, personalized and secret ballot" to the National Assembly (Article 186). The general principles concerning the exercise of public power and the election of the organs exercising this power have also to be respected. These include the principle of equality, which in electoral legislation takes the form of the requirement of one person – one vote as well as the requirement of the equal weight of individual votes; a requirement which can only be deviated from for constitutionally pertinent reasons, such as the objective of guaranteeing the political representation of ethnic minorities or indigenous peoples.

47. The following three main aspects of the electoral rules established by Presidential Decree 2878 will be analyzed below:

1. the election of two thirds of its members in electoral districts that replicate the municipal division of Venezuela's territory;

2. the corporatist election of the remaining third; and

3. the large number of members of the assembly.

---

14 For example in "*Armenia, Second Preliminary Joint Opinion on the Electoral Code, as amended on 30 june 2016*" CDL-AD(2016)031, Para 22

15 *Ibid.*

1. *Electoral districts replicate the municipal division of Venezuela's territory*

48. Of the 553 members of the National Constituent Assembly, 364 will be elected in electoral districts that replicate the municipal division of Venezuela's territory. In Venezuela, there are a total number of 335 municipalities (*municipios*); 23 of them are capitals of regions (*municipios capitales*), and one is the national capital (*distrito capital*). Decree 2.878 apparently attempts to take into account the difference in population between these entities, but its effort is clearly insufficient. The municipalities are divided into three categories: Caracas - the national capital (with a population of 1,943,901,[16] approximately 1/16th of the whole population of Venezuela) - will elect seven members; the 23 regional capitals will elect two members each; and the remaining 311 municipalities will be single member electoral districts.

49. This scheme does not reflect the distribution of Venezuela's population because of two main reasons. First, the electoral districts drawn in this way are unequally large in terms of the number of voters. This entails that the relative political weight of each vote will be very different depending on the place of the residence of the voters.[17] Secondly, whereas in the 311 common *municipios* the majoritarian system is used, in the 23 *municipios capitales* and the single *distrito capital* the proportional system is used. This again gives unequal strength to votes depending on the place of the residence of the voters. In all, this system benefits rural areas with a low number of voters and harms the country's most populated districts.

50. The Venice Commission has stated on many occasions that each country is free to select the electoral system that is in the country's best interest[18]. However, the constitution and international standards establish some limits which must be respected. Equality is guaranteed by Article 1, 2 and 21 of the Constitution of Venezuela. Equality of suffrage is guaranteed, inter alia, by the Universal Declaration of Human Rights (Article 21 § 3) and by the American Convention on Human Rights (Article 23). The Venice Commission's Code of Good Practice in Electoral Matters (para 2) underscores that equal suffrage imposes equal voting power. Equality entails a clear and balanced distribution of seats among constituencies on the basis of people (population,

16 This figure results from the 2011 census. In 2013 the *Instituto Nacional de Estadística* indicated the figure of 2,077,621. More recent official data is not available.

17 The two extremes in the distribution of the Venezuelan population between municipalities are Maroa and Caracas. By 2011 estimates, Maroa has a population of only 2,029, while Caracas has one of 1,943,901. This means that the vote of a citizen in Maroa will have, approximately, 136 times the political weight of one in Caracas.

18 For example, recently in the *Report on proportional electoral systems: the allocation of seats inside the list (open/closed list)*, adopted by the Council for Democratic Elections at its 50th meeting (Venice, 19 March 2015) and by the Venice Commission at its 102nd Plenary Session (Venice, 20-21 March 2015), CDL-AD(2015)001, para 9.

number of resident nationals, number of registered voters and possibly the number of voters) and not territories in the election of lower chambers. The Code recognizes that geographical criteria may be taken into consideration. However, the permissible departure from the norm should not be more than 10% and should certainly not exceed 15% except in special circumstances (protection of a concentrated minority, sparsely populated administrative entity).[19]

51. This territorial criterion also departs from the principles on which the election of Congress (National Assembly) members, legislative and municipal councils, and the design of electoral districts are based, as stated by articles 10,[20]20 12[21],21 13[22]22 and 19[23] of the Organic Law for Electoral Processes of Venezuela.

---

19 Guideline I.2.2.

20 Artículo 10 - Base poblacional para diputados y diputadas. En cada estado y en el Distrito Capital, se elegirán tres diputados o diputadas a la Asamblea Nacional, más un número de diputados y diputadas igual al resultado de dividir el número de su población entre una base de población igual al uno coma uno por ciento (1,1%) de la población total del país

21 Artículo 12 - Integración de los consejos legislativos. Para integrar los consejos legislativos de los estados se elegirá el número de legisladores y legisladoras que resulte de la aplicación de la siguiente escala: Hasta 700.000 habitantes: siete (7) legisladores o legisladoras. De 700.001 a 1.000.000 habitantes: nueve (9) legisladores o legisladoras. De 1.000.001 a 1.3000.000 habitantes: once (11) legisladores o legisladoras. De 1.300.001 a 1.600.000 habitantes: trece (13) legisladores o legisladoras. De 1.600.001 y más habitantes: quince (15) legisladores o legisladoras.

22 Artículo 13 - Integración de los concejos municipales. Para integrar los concejos municipales y demás cuerpos colegiados de elección popular, se elegirá el número de concejales y concejalas que resulte de la aplicación de la siguiente escala: Hasta 15.000 habitantes: cinco (5) concejales o concejalas. De 15.001 a 100.000 habitantes: siete (7) concejales o concejalas. De 100.001 a 300.000 habitantes: nueve (9) concejales o concejalas. De 300.001 a 600.000 habitantes: once (11) concejales o concejalas. De 600.001 y más habitantes: trece (13) concejales o concejalas.

23 Artículo 19 - Circunscripciones electorales. Para la elección de los cargos nominales a los cuerpos deliberantes, el Consejo Nacional Electoral conformará circunscripciones electorales que se regirán por los lineamientos siguientes: 1. Para la elección de cargos nacionales y estadales, la circunscripción electoral podrá estar conformada por un municipio o agrupación de municipios, una parroquia o agrupación de parroquias, o combinación de municipio con parroquia, contiguas y continuas de un mismo estado, a excepción de las circunscripciones indígenas las cuales no tendrán limitación de continuidad geográfica. 2. Para la elección de cargos municipales y demás cuerpos colegiados de elección popular, la circunscripción electoral estará conformada por una parroquia o agrupación de parroquias contiguas y continuas. 3. Para la elección de los cargos señalados en los numerales anteriores, en los municipios o parroquias de alta densidad poblacional, las circunscripciones podrán conformarse en comunidades o comunas, considerando la dinámica política, económica, social y cultural de dichos espacios. 4. Para la conformación de las circunscripciones electorales, se de-

52. In conclusion, the electoral rules based on territorial representation set out in Decree 2878 violate the democratic principle of equal voting power.

2. *The corporatist election of the remaining third of its members*

53. Pursuant to Decree 2878, 181 members of the National Constituent Assembly will be elected through a corporatist system. Decree 2878 identifies seven sectors to be represented in the assembly:

a. Businessmen and businesswomen

b. Peasants and fisherman and fisherwomen

c. People with disabilities

d. Students

e. Workers

f. Communes and Communal Councils

g. Pensioners[24]

54. This system raises two issues:

- the pertinence of the distribution of the population into these categories can be questioned; and
- there is a risk that a large number of people are excluded from this second vote.

55. The number of representatives of each sector is distributed according to the rules stated in Art 2, which establishes that there will be one representative for each 83.000 voters included in the electoral register of each sector. According to Article 5 of Decree 2878, no elector can be registered in more than one sector's register to avoid duplicity of voting. Art 6 states that candidates must be put forward by the sectors with the support of 3% of the regis-

terminará un índice poblacional. A tales fines se establecerá la población general en los estados, Distrito Capital, municipios o ámbito territorial de conformidad con lo establecido en la Ley. Dicha población general se dividirá entre el número de cargos a elegir nominalmente, la cifra resultante será el índice de la población correspondiente. 5. A los fines de que en cada estado, distrito o municipio, los cargos nominales a elegir se correspondan con los índices poblacionales establecidos para la conformación de las circunscripciones electorales, se podrán agrupar municipios o parroquias contiguas y continuas, hasta alcanzar el índice correspondiente o múltiplo de éste. De conformidad con lo establecido en la presente Ley, el Consejo Nacional Electoral establecerá las circunscripciones electorales, aplicando con mayor precisión posible los índices poblacionales.

24 The president of the Venezuelan Electoral Management Body, Tibisay Lucena, subsequently announced the distribution of representatives by sectors as follows: Businesspeople: 5, Peasants and fisherman and fisherwomen: 8, People with disabilities: 5, Students: 24, Workers: 79, Communal councils and communes: 24 and Pensioners: 28.

ter to which they belong. Finally, Art 4 establishes that the constituency for the election of representatives of the Communes is the region and the electoral system is majoritarian. In the case of the other sectors, the constituency is national and the electoral formula is also majoritarian. As a result of these rules, electors are divided by categories; they vote by categories, and are elected only by citizens registered in their category.

56. This is not the first time in history that corporative representation has been established. Under Franco's dictatorship, Article 2 of the Spanish Law of Cortes of 17 July 1942[25] divided voters and representatives by sectors, such as the official Syndicate, families and municipalities. Under Salazar's dictatorship, Article 5 of the Portuguese Constitution of 1933 defined Portugal as a "unitary and corporative republic" and ruled in its Title III and IV on family and other moral and economic corporations that the State should create[26]. In Italy, under Mussolini's dictatorship, Law nº 129 of 19 January 1939[27] abolished the Chamber of Deputies and instituted the Chamber of Fasci and Corporations, which was integrated by the members of the National Council of National Fascist Party and the members of the National Council of Corporations. This last body was organized in seven sections, such as industry, agriculture or commerce.[28]28

57. This kind of representation has at times been defined as "corporative democracy". Nevertheless, it is possible to put in question its democratic character since it has been adopted under notoriously anti-democratic regimes. One of the pillars of democracy is popular sovereignty. Since the beginning of constitutionalism, the nation (in the French tradition) or the people are conceived as an entity created by social contract and which governs directly or through freely chosen representatives.

58. The distinction between constituent power and constituted power that also inspires Chapter III of Title IV of the Venezuelan Constitution is based on this principle. Both categories were identified for the first time by E. Sieyès in *What is the third State?* at the beginning of the French Revolution. According to the author, only the nation has the right to frame the constitution and "no type of delegated power can in any way alter the conditions of this delegation".[29] However, the nation cannot be divided into orders since "a political society cannot be anything but the whole body of the tes".[30]30 As E. Sieyès clearly stated, the nation is "a body of people who join

25 http://ficus.pntic.mec.es/jals0026/documentos/textos/leycortes.pdf.

26 https://www.parlamento.pt/Parlamento/Documents/CRP-1933.pdf .

27 http://storia.camera.it/img-repo/ods/2013/06/25/CD1710000017.pdf.

28 http://www.zaoerv.de/02_1931/2_1931_2_b_628_2_635_1.pdf

29 Emmanuel-Joseph Sieyès, "What is the Third Estate?" 1789, http://pages.uoregon.edu/dluebke/301ModernEurope/Sieyes3dEstate.pdf) pg. 11.

30 30 *Ibid.* pg. 13.

to together to live under common laws and be represented by the same legislative assembly".[31]

59. Since then, democratic representation is based on the idea that people are a unity that expresses its will mainly by the election of a parliamentary chamber. Each representative does not represent only the citizens that have voted for them but all the citizens of the country, and the parliament represents all the people.[32] Some of the requirements of democratic suffrage enumerated by the Code of good practice on electoral matters are based on these deep-rooted ideas. This is the case of equality.

60. Article 1 of Decree 2878 declares that the election of the National Constituent Assembly will be run by "universal, direct and secret vote". However, in a very noteworthy omission, the article does not impose equality as a voting requirement.

61. Contemporary democracies proceed from the idea that all citizens are part of the people and, for this reason, they share an equal juridical status. It means that, in elections, they must have equal voting rights and equal voting power. The division of citizens in various sectors according to professional activities and the existence of separated records, one for each sector, create differences that are not legitimate. It assumes that the members of the occupational and/or interest groups cannot reach a comprehensive understanding of the common good in society. Indeed, the division of electors in sectors not only breaks the electoral body in categories but also breaks the equal position of citizens with regard to the law.

62. The seven sectors identified by Decree 2878 reflect quite different criteria. Arguably, businessmen, workers, pensioners and students may be considered as distinct social categories. However, the categories of people with disabilities, communes, communal councils, peasants and fishermen do not follow the same or even an identifiable logic. The list contained in Decree 2878 therefore appears arbitrary.

63. Such a system can generate negative consequences that infringe international standards on electoral matters and human rights. One significant problem is the way in which electoral registers are prepared. The Code of good practices declares that "the proper maintenance of electoral registers is vital in guaranteeing universal suffrage" and requires that "there must be permanent electoral registers".[33] However, Article 5 of Decree 2878 states

---

31 31 *Ibid.* pg. 3.

32 These ideas were clearly formulated in 1774 by E. Burke in is capital Speech to the Electors of Bristol. He said that "Parliament is not a congress of ambassadors from different and hostile interests", but "Parliament is a deliberative assembly of one nation, with one interest, that of the whole; where, not local purposes, not local prejudices, ought to guide, but the general good, resulting from the general reason of the whole". http://press-pubs.uchicago.edu/founders/documents/v1ch13s7.html.

33 33 Guideline I. 1.2.

that the registers of the various sectors are made up of the data that institutions, guilds and associations provide to the National Electoral Council. Thus, there are no guarantees on the inclusivity and accuracy of these data, which could be easily manipulated by the bodies which provide the information. As the number of sectorial representatives is not clearly specified in the Decree, and the National Electoral Council is allowed to discretionally group those sectors according to their similarities, the election of representatives of labour sectors poses an important risk for democracy, because it opens the door to negotiation of specific candidatures in exchange for benefits in taxation, permits, or others.

64. Furthermore, the Decree imposes that farmers, fishermen, entrepreneurs, students and workers must be associated in order to vote. It should be noted in the first place that the need to have registered at "official institutions, guilds, and legally recognized associations" in order to be eligible to vote as part of these sectors clearly infringes another fundamental right: freedom of association. Indeed, article 20 of the Universal Declaration of Human Rights states that "*no one may be compelled to belong to an association*".

65. In addition, the system assumes that Venezuela's society is divided in occupational and interest groups whose members are duly registered before the State. This assumption would require substantiation. According to a 2012 study by the International Labour Organization (ILO), without taking into account the agricultural sector, 47,5% of the Venezuelan labour force work in the informal economy. This large part of the Venezuelan labour force is not registered in any "official institutions, guilds, and legally recognized associations". The same may be true for businessmen that operate in the informal sector. Therefore, the corporatist election of a third of the members of the National Constituent Assembly will exclude a very significant proportion of Venezuelans who should be able to participate. Indeed, the system entails that those citizens that do not belong to any of the sectors referred in the Decree will be allowed to vote only for the Municipal representatives, whereas those who do belong to those sectors will vote for both the municipal and sectorial representatives. This represents a flagrant violation of the principle of equality of votes.

66. In conclusion, the electoral rules based on sectoral representation set out in Decree 2878 violate the egalitarian principle of "one citizen, one vote", as established by articles 1, 2, 21 and 63 of the Constitution of Venezuela, as well as the democratic principle of equal voting rights.

3. *The large number of members of the Constituent Assembly*

67. The National Constituent Assembly will be composed of a very large number of members: 553. This contrasts with other recent Constituent As-

semblies convened in Latin-America.[34] In terms of size and population, the two most similar Latin-American countries to Venezuela are Colombia and Peru. Both of them rewrote their Constitutions in the 1990s, as Venezuela also did. However, the assemblies that carried out such task were composed of just seventy and eighty members, respectively. Even in Venezuela, the 1999 National Constituent Assembly was composed of just 131 members - a number quite similar to the 130 member assembly that approved Ecuador's 2008 Constitution.

68. As an author rightly notes[35] "the formation of large assemblies /.../ can have an adverse effect on their proceedings". It might be difficult not only to secure consensus among such a large number of members but also to hold debates and complete work within a reasonable time frame. The example of the National Assembly of Kenya, which had 629 members, demonstrates this quite clearly. Indeed, having a higher number of members, even if this number were motivated by a laudable effort to ensure as broad political participation of various social and political groups as possible, might turn out to be counter-productive and actually paralyse the work of the Assembly. To work properly, an assembly must not only be sufficiently representative, but also small enough to allow for meaningful debate.

69. In conclusion, the foreseen number of members of the National Constituent Assembly appears to be too large to enable the Assembly to hold meaningful debates, reach consensus and complete its work within a reasonable timeframe.

VI. CONCLUSION

70. The Venice Commission has been asked by the Organization of American States (OAS) to prepare an opinion on the legal issues raised by the calling by the President of Venezuela of elections to a National Constituent Assembly.

71. President Maduro has issued three decrees (2830 of 1 May 2017, 2878 of 23 May 2017 and 2878 of 4 June 2017), whereby he has called the election of a National Constituent Assembly, has fixed the rules for such election and has encouraged that Assembly to submit the draft constitution to referendum.

72. Decree 2878 establishes that the 553 members of the National Constituent Assembly are to be elected in three different ways: 364 members by territory and 181 by sectors. 8 members are to be elected by the General Assemblies of the Indigenous Peoples. As for the territorial representation, in

34 As an example from another continent, it may be recalled that the Constituent Assembly of Tunisia elected in 2011 was composed of 217 members.

35 Yashi Ghai, The Role of Constituent Assemblies in Constitution Making, International IDEA–2012, http://www.constitu-tionnet.org/vl/item/role-constituent-assemblies-constitution-making-yash-ghai-international-idea-2012.

the 311 common municipalities the majoritarian system is to be used, in the 23 regional capitals and the single national capital the proportional system is to be used. As for the sectoral representation, seven sectors have been identified to be represented in the assembly (businessmen and businesswomen; peasants and fisherman and fisherwomen; people with disabilities; students; workers; communes and communal councils and pensioners).

73. The Decrees under consideration raise several issues which have been analysed in the present opinion.

74. As regards the power to call the elections of the National Constituent Assembly: in the light of the wording of the relevant constitutional provisions, against the background of the previous constitutional experience of Venezuela and in the absence of compelling arguments to the contrary, the Venice Commission is of the view that the question of whether or not the decision on the convocation of a National Constituent Assembly may only be taken by the people of Venezuela through a referendum may not be considered to have been finally settled.

75. As regards the power to establish the rules for the election of the National Constituent Assembly: the Venice Commission considers that, in accordance with the principle of the rule of law and the Constitution of Venezuela, the power to determine the rules for the election of the National Constituent Assembly belongs to the National Assembly only, which has to adopt a specific piece of legislation.

77. As regards the rules for the election of the National Constituent Assembly set out in Decree 2878: the Venice Commission considers that the rules based on territorial representation violate the democratic principle of equal voting power, and the rules based on sectoral representation entail a flagrant violation of the democratic principle of equal voting rights. In addition, the number of members of the National Constituent Assembly appears to be too large to enable the Assembly to hold meaningful debates, reach consensus and complete its work within a reasonable timeframe.

78. The Venice Commission wishes to stress that in the case of the election of a new National Constituent Assembly, the need for consensus must be especially emphasized. As the Venice Commission has previously stated, this procedure is one of the most sensitive issues of any constitution. It is also a highly political issue that can only be determined in light of the history of the country and its political and legal culture. For this reason, the adoption of a new and good Constitution should be based on the widest consensus possible within the society and a wide and substantive debate involving the various political forces, non-government organizations and citizens associations, the academia and the media is an important prerequisite for adopting a sustainable text, acceptable for the whole of the society and in line with democratic standards. For this to happen, states' positive obligations to ensure unhindered exercise of freedom of peaceful assembly, freedom of expression, as well as a fair, adequate and extensive broadcasting of the arguments by the media are equally relevant.

79. The shortcomings of the procedure and of the electoral rules for the election of the National Constituent Assembly of Venezuela are such as to undermine the credibility of the attempt to prepare a new constitution.

80. The Venice Commission remains at the disposal of the authorities of Venezuela and the Organization of American States for any further assistance in this matter they may require.

Octava Parte:

OTROS COMUNICADOS Y PRONUNCIAMIENTOS INSTITUCIONALES Y POLÍTICOS

ASAMBLEA NACIONAL ACUERDO SOBRE LA INCONSTITUCIONALIDAD Y NULIDAD DE LOS DECRETOS N° 2.830 Y 2.831 (GACETA OFICIAL N° 6.295 DEL 1º DE MAYO DE 2017) SOBRE LA FRAUDULENTA CONVOCATORIA DE UNA SUPUESTA ASAMBLEA NACIONAL CONSTITUYENTE HECHA POR EL PRESIDENTE DE LA REPUBLICA EN CONSEJO DE MINISTROS

CONSIDERANDO

Que en el artículo 1 del Decreto Presidencial N° 2.830 se lee: *"...**convoco a una Asamblea Nacional Constituyente,** ciudadana y de profunda participación popular,para que nuestro Pueblo, como depositario del Poder Constituyente Originario, con suvoz suprema, pueda decidir el futuro de la Patria, reafirmando los principios de independencia, soberanía, igualdad, paz, de democracia participativa y protagónica,multiétnica y pluricultural".*

CONSIDERANDO

Que el artículo 348 de la Constitución solamente atribuye al Presidente de la República la iniciativa de convocatoria a una Asamblea Nacional Constituyente y que de conformidad con el artículo 347 ejusdem, esa convocatoria corresponde exclusivamente al pueblo, único depositario del poder constituyente originario.

CONSIDERANDO

Que el Presidente de la República al decretar esa convocatoria usurpa el poder constituyente originario del pueblo, que a tal efecto no puede expresarse a través de los poderes constituidos, sino directamente mediante sufragio universal, directo y secreto.

CONSIDERANDO

Que en el año 1999, con motivo de la iniciativa del presidente Hugo Chávez de convocar a una Asamblea Constituyente y en ausencia de disposiciones que regularan ese mecanismo en la Constitución de 1961, la Sala Político de la Corte Suprema de Justicia sostuvo que "*... conserva así el pueblo su potestad originaria para casos como el de ser consultado en torno a materias objeto de un referendo.*" (Sentencia de fecha 19 de enero de 1999, Exp. N° 15395)

CONSIDERANDO

Que la soberanía reside *intransferiblemente* en el pueblo, quien la ejerce directamente en la forma prevista en la Constitución e indirectamente a través de los órganos que ejercen el Poder Público; que la soberanía popular se basa en la concepción de los ciudadanos como hombres libres y con derecho a la participación en los asuntos públicos, sin discriminación alguna, por lo que todos los electores deben ser consultado mediante referendo, para que sea el pueblo quien decida sobre la convocatoria de la Asamblea Nacional Constituyente.

CONSIDERANDO

Que esa noción de soberanía y la sujeción de los órganos del Poder Público a la Constitución son los pilares fundamentales del Estado de Derecho; que los poderes constituidos son solamente los establecidos en la Constitución.

CONSIDERANDO

Que conforme a esos principios y en aplicación de las disposiciones contenidas en los artículos 5, 62, 63, 64, 70, 71 y 347 de la Constitución, el Presidente no puede convocar a una Asamblea Nacional Constituyente, sin que se le consulte al pueblo – mediante votación libre, universal, directa y secreta - su voluntad respecto de esa iniciativa.

CONSIDERANDO

Que una Asamblea Nacional Constituyente no puede imponerse de manera unilateral, negando el derecho al sufragio de los ciudadanos para expresar su voluntad de iniciar o no ese proceso constituyente.

CONSIDERANDO

Que el Presidente de la República decreta esa convocatoria en fraude de los derechos constitucionales de los ciudadanos y de la democracia, al imponer la trasformación del Estado, en contravención del principio fundamental de preservación del pacto político establecido en la Constitución y al cual el Presidente está sometido.

CONSIDERANDO

Que el Presidente pretende convocar a la Asamblea Nacional Constituyente, evadiendo el necesario referendo popular, porque su gobierno carece de legitimidad popular, al igual que el proyecto de trasformar el Estado en un estado comunal, iniciativa ya rechazada por el pueblo en el referendo del 2 de diciembre de 2007.

CONSIDERANDO

Que el Presidente de la República ha recurrido a este nuevo fraude constitucional, pretendiendo hacer ver ante la comunidad internacional que cede a la celebración de procesos electorales; pero con la exclusión de la consulta popular hace más evidente el carácter dictatorial de su gobierno y la sistemática violación de los derechos humanos.

CONSIDERANDO

Que esa inconstitucional convocatoria a una Asamblea Nacional Constituyente, excluyendo la consulta popular, es la prueba más evidente de la ausencia de voluntad política del gobierno de oír a los venezolanos y de satisfacer sus demandas sociales, mostrándose nuevamente como un gobierno que desconoce los derechos ciudadanos y viola sus derechos a la expresión y participación política, mediante el ejercicio del derecho al sufragio.

CONSIDERANDO

Que desde hace más de un mes los venezolanos se mantienen en las calles protestando pacíficamente, exigiendo respeto a la Constitución y resistiendo a la represión y violación de los derechos humanos a la libertad de opinión y expresión, a la libertad personal y al debido proceso.

CONSIDERANDO

Que en esas circunstancias, es inaceptable que el gobierno le responda al pueblo con la inconstitucional convocatoria a la Asamblea Nacional Constituyente en la cual le niega al pueblo el derecho a elegir y opinar. Igualmente inaceptable es que exprese como motivación para recurrir a una Asamblea Nacional Constituyente, la necesidad de *preservación de la paz*, cuando la paz solamente puede lograrse en una sociedad, cuando sus gobernantes están al servicio de los ciudadanos y respetan sus derechos fundamentales.

CONSIDERANDO

Que en todo caso el mecanismo de la Asamblea Nacional Constituyente no es el idóneo para solventar crisis políticas o de gobierno, porque su objeto es "*transformar el Estado, crear un nuevo ordenamiento jurídico y redactar una nueva Constitución*",como lo dispone el artículo 347 de la Constitución.

CONSIDERANDO

Que según el artículo 2 del Decreto 2.830 los integrantes de la Asamblea Nacional Constituyente serán elegidos en los ámbitos sectoriales y territoriales, bajo la rectoría del Consejo Nacional Electoral. Que esa referencia sectorial amenaza nuevamente el ejercicio del derecho sufragio universal, entendiendo que cualquier discriminación de parte del electorado configura una violación al derecho de todos los ciudadanos a la participación en los asuntos públicos, consagrado en el artículo 62 de la Constitución y al derecho de todas las personas que reúnan las condiciones previstas en los artículos 64 y 65 ejusdem, a ser tenidas como electores y a optar para el ejercicio de cargos de elección popular, teniendo derecho a participar en las consultas populares que se realicen conforme a lo dispuesto en los artículos 71 y 347 de la Constitución, como electores y candidatos elegibles.

CONSIDERANDO

Que el Decreto 2.831 crea una Comisión Presidencial para la elaboración de una propuesta de bases comiciales territoriales y sectoriales, así como para los principales aspectos que servirán de fundamento a la conformación y funcionamiento de la Asamblea Nacional Constituyente, previa consulta a los diversos sectores del país, con lo cual se dispone un mecanismo distinto al del derecho al sufragio universal y directo, única forma válida de consultar al pueblo.

CONSIDERANDO

Que en ese Decreto 2.831, se estructura el proceso en dos etapas, una primera consulta a los distintos sectores, que adelantaría esa comisión presidencial, en clara violación del derecho a la participación directa en los asuntos públicos, además de discriminatorio y restrictivo de ese derecho de todos los ciudadanos.

CONSIDERANDO

Que el artículo 333 de la Constitución emplaza a todo ciudadano a defender la Constitución y restablecer su vigencia, cuando dejare de observarse o fuere derogada por medios distintos a los previstos en ella, deber que los diputados que integran esta Cuerpo Parlamentario asumen a plenitud, en virtud de la autoridad de la cual les invistió el pueblo soberano en las elecciones del 6 de diciembre de 2015.

ACUERDA

PRIMERO: Denunciar el fraude constitucional de la convocatoria a la Asamblea Nacional Constituyente contenida en el Decreto 2830, sin referendo popular, en contravención del artículo 347, conforme al cual el pueblo es el único que en su condición de depositario exclusivo del poder constituyente originario, puede convocar una Asamblea Nacional Constituyente, decisión que necesariamente debe someterse a un referendo decisorio mediante sufragio universal, directo y secreto.

SEGUNDO: Denunciar la usurpación de la convocatoria al poder constituyente originario que corresponde exclusivamente al pueblo y la violación de los derechos políticos de todos los venezolanos a la expresión de su voluntad soberana, en los términos establecidos en los artículos 5, 62, 63, 64, 65, 70 y 347 de la Constitución.

TERCERO: Denunciar la nulidad absoluta de los Decretos 2.830 y 2.831 dictados por el Presidente de la República el 1 de mayo de 2017, publicados en la Gaceta Oficial N° 6.295 de esa misma fecha, por usurpación de poder y violación de derechos políticos, conforme a los señalado en los particulares primero y segundo del presente acuerdo, inconstitucionalidad que determina la nulidad absoluta de esos Decretos, de conformidad con lo dispuesto en el artículo 25 y 138 de la Constitución, en concordancia con los artículos 5, 62, 63, 64, 65, 70 y 347 ejusdem.

CUARTO: Exigir al Poder Electoral respeto a la soberanía popular y a la Constitución, en virtud de lo cual deberá abstenerse de dar curso a esa inconstitucional convocatoria Presidencial a una Asamblea Nacional Constituyente, usurpando el poder constituyente originario del pueblo, so pena de incurrir en responsabilidad personal por la violación de los derechos políticos consagrados en la Constitución, en los términos del artículo 25 de la Constitución.

QUINTO: Denunciar la violación de los derechos políticos ante el Defensor del Pueblo y la Fiscal General de la República, instando a esas autoridades a velar, en el marco de sus respectivas competencias, por el respeto y goce efectivo de los derechos políticos de los venezolanos y ejercer las acciones pertinentes a los fines de hacer efectiva la responsabilidad de los funcionarios que hayan ordenado o ejecutado actos en violación de esos derechos.

QUINTO: Denunciar la violación de los derechos políticos ante los órganos del sistema internacional de protección de derechos humanos, a través del Alto Comisionado de la Organización de Naciones Unidas (ONU) para los Derechos Humanos, al Secretario General y al Consejo Permanente de la Organización de Estados Americanos (OEA), a la Comisión Interamericana de Derechos Humanos (CIDH), de conformidad con lo dispuesto en el artículo 31 de la Constitución y en los tratados, pactos y convenciones internacionales sobre derechos humanos.

SEXTO: Dar publicidad al presente Acuerdo mediante su publicación en la Gaceta Oficial de la República Bolivariana de Venezuela y a través de los medios de difusión de la Asamblea Nacional.

Dado, firmado y sellado en el Palacio Federal Legislativo, sede de la Asamblea Nacional de la República Bolivariana de Venezuela, en Caracas, a los 9 días del mes de mayo de dos mil diecisiete. Años 207° de la Independencia y 157° de la Federación.

JULIO ANDRÉS BORGES JUNYENT
Presidente de la Asamblea Nacional

FREDDY GUEVARA DENNIS FERNÁNDEZ SOLORZANO
Primer Vicepresidente Segundo Vicepresidente

JOSÉ IGNACIO GUEDEZ JOSÉ LUIS CARTAYA
Secretario Subsecretario

ASAMBLEA NACIONAL

ACUERDO EN RECHAZO A LA ACTUACIÓN INCONSTITUCIONAL DEL CONSEJO NACIONAL ELECTORAL RELACIONADA CON LAS ELECCIONES A UNA SUPUESTA ASAMBLEA NACIONAL CONSTITUYENTE, NO CONVOCADA POR EL PUEBLO MEDIANTE REFERENDO

En defensa del Poder Constituyente del Pueblo

CONSIDERANDO

Que Nicolás Maduro Moros dictó el Decreto N° 2.830, del 1 de mayo de 2017, publicado en la Gaceta Oficial N° 6.295 Extraordinario de la misma fecha, en el cual se alude a la convocatoria de una pretendida Asamblea Nacional Constituyente, así como el Decreto N° 2.878, del 23 de mayo de2017, mediante el cual se "establecen las Bases Comiciales para la Asamblea Nacional Constituyente", publicado en la Gaceta Oficial N° 41.156, de la misma fecha;

CONSIDERANDO

Que de acuerdo con la Constitución de la República Bolivariana de Venezuela y los principios democráticos el pueblo es el titular de la soberanía (art. 5), la cual es intransferible y cuya máxima expresión es el ejercicio del poder constituyente, que corresponde igualmente al pueblo (art. 347);

CONSIDERANDO

Que el Presidente de la República y otros órganos del Estado, así como una porción del electorado, tienen iniciativa para que el pueblo determine, mediante referendo, si convoca una Asamblea Nacional Constituyente y en qué términos (arts. 347 y 348);

CONSIDERANDO

Que la Presidenta del Consejo Nacional Electoral, Tibisay Lucena, acogió con entusiasmo la presentación por el Presidente de la República, ante ese ente rector del Poder Electoral, de las pretendidas bases comiciales de la Asamblea Nacional Constituyente y desde entonces se inició en diversas instancias de dicho organismo una carrera vertiginosa para alistar la respectiva elección e iniciar el lapso de postulación de candidaturas, todo ello sin haber examinado en Directorio las mencionadas bases y sin haber aprobado la convocatoria de tales elecciones y el correspondiente cronograma;

CONSIDERANDO

Que el Consejo Nacional Electoral no podía dejar de advertir la manifiesta inconstitucionalidad del planteamiento presidencial, que desconoce la soberanía del pueblo y su poder constituyente y vulnera la universalidad del sufragio correspondiente a toda la ciudadanía, sin segmentaciones o sectorizaciones, y el principio de la representación proporcional (arts. 5, 63 y 347 de la Constitución), así como el derecho al sufragio igual (art. 25 del Pacto Internacional de Derechos Civiles y Políticos);

CONSIDERANDO

Que la Sala Constitucional, en sentencia N° 378/2017, declaró que corresponde a los representantes o gobernantes, no al pueblo, convocar una Asamblea Nacional Constituyente, lo cual equivale nuevamente a un golpe contra la Democracia y la Constitución, que la Sala Constitucional deberá revertir, esta vez sí, mediante sentencia aclaratoria, ya solicitada por la Fiscal General de la República;

CONSIDERANDO

Que la atropellada actuación del Consejo Nacional Electoral se ha producido sin que existan y se hayan publicado registros electorales de los sectores que según las bases comiciales tendrán representantes en la Asamblea Nacional Constituyente y sin que se haya previsto ni anunciado la realización de auditorías sobre los supuestos registros;

CONSIDERANDO

Que esta premura del Consejo Nacional Electoral, lindante con el atropello y la improvisación, contrasta abiertamente con la actitud que asumió en el 2016 respecto de la iniciativa popular referida al referendo revocatorio del mandato del Presidente de la República, a la cual colocó toda clase de obstáculos, para luego plegarse dócilmente ante decisiones emanadas, de manera simultánea y concertada con autoridades ejecutivas, de tribunales manifiestamente incompetentes, que conocieron de denuncias ajenas a la recolección del 1% de los electores que ya había sido realizada válidamente;

CONSIDERANDO

Que la mencionada diligencia del Consejo Nacional Electoral ante el Decreto de convocatoria le ha llevado a posponer las elecciones regionales, que debía realizar en el año 2016 y que se había comprometido luego a celebrar en el primer semestre del 2017, y ha conducido al diferimiento de otros procesos que debían tener lugar este año.

ACUERDA

PRIMERO: Rechazar categóricamente la actuación de la Presidenta y demás Rectoras del Consejo Nacional Electoral, por su complicidad con la usurpación de la soberanía popular perpetrada por quien detenta la Presidencia de la República.

SEGUNDO: Exigir al Consejo Nacional Electoral que suspenda la organización de la elección de los miembros de la Asamblea Nacional Constituyente, hasta que se presenten bases comiciales compatibles con la Democracia y hasta que sea convocado y celebrado un referendo en el que el pueblo resuelva si ejerce el poder constituyente y convoca una Asamblea Nacional Constituyente y en qué términos.

TERCERO: Denunciar ante el Ministerio Público a las Rectoras del Consejo Nacional Electoral que participen en el desconocimiento de la soberanía popular, por los presuntos delitos cometidos al dictar actos arbitrarios en detrimento de los derechos de los venezolanos y venezolanas.

CUARTO: Advertir que la elección de una supuesta Asamblea Nacional Constituyente sin que el pueblo haya aprobado en referendo su convocatoria y las bases comiciales correspondientes representaría una usurpación del poder constituyente del pueblo y una vulneración de los artículos 333 y 350 de la Constitución, por lo que el pueblo de Venezuela enfrentará decididamente tal elección y desconocerá activamente el proceso que se lleve a cabo en contra de la soberanía popular.

QUINTO: Ratificar su compromiso con la protesta y resistencia ciudadana basadas en los artículos 68, 330 y 350 de la Constitución, que se intensificarán y no cesarán hasta la recuperación de la Democracia.

SEXTO: Remitir este Acuerdo al Consejo Nacional Electoral y al Ministerio Público.

SÉPTIMO: Publicar el presente Acuerdo.

Dado, firmado y sellado en el Palacio Federal Legislativo, sede de la Asamblea Nacional de la República Bolivariana de Venezuela, en la ciudad de Caracas, a los seis días del mes de junio del dos mil diecisiete. Año 207° de la Independencia y 158° de la Federación.

JULIO ANDRÉS BORGES JUNYENT
Presidente de la Asamblea Nacional

FREDDY GUEVARA CORTÉZ, Primer Vicepresidente

DENNIS FERNÁNDEZ SOLORZANO, Segunda Vicepresidenta

JOSÉ IGNACIO GUÉDEZ, Secretario

JOSÉ LUIS CARTAYA, Subsecretario

PRONUNCIAMIENTO DE PLATAFORMA CIUDADANA EN DEFENSA DE LA CONSTITUCIÓN: NO A LA ASAMBLEA NACIONAL CONSTITUYENTE ABSTENCION Y VOTO NULO*

La Plataforma Ciudadana en Defensa de la Constitución se pronuncia frente a la convocatoria del CNE a unas elecciones para el próximo domingo 30 de julio, de presuntos constituyentistas a una presunta Asamblea Nacional Constituyente (ANC) convocada usurpadoramente por el Presidente Maduro.

Por otra parte, aunque no es el objetivo principal de este documento, reiteramos nuestro rechazo a la política de la cúpula de la MUD dirigida a generar una fractura institucional a través de la creación de un gobierno y un Estado paralelo con el apoyo de Washington, con todas las implicaciones conocidas que esto tiene. Al colocarse al margen de la constitución, esto atiza aún más la violencia y va a contravía de una salida constitucional y pacífica a la crisis.

1. Decimos usurpación porque el Art. 347 de la Constitución le asigna al pueblo de Venezuela y sólo a él, por ser el depositario del poder constituyente originario, la autoridad para convocar una Asamblea Nacional Constituyente con facultades para transformar el Estado, crear un nuevo ordenamiento jurídico y redactar una nueva Constitución.

Convocar a una Asamblea Nacional Constituyente es prerrogativa exclusiva del pueblo de Venezuela en su conjunto, consultado en Referendo. El Presidente en Consejo de Ministros, las 2/3 partes de la Asamblea Nacional y el 15 % del Registro Electoral Permanente (REP), de acuerdo al Art. 348 de la Constitución, pueden tener la iniciativa para llamar a ese Referendo. Lo que no pueden hacer es ignorarlo. Esa es la usurpación que denunciamos por parte del Presidente Maduro.

No ignoramos que la razón verdadera para no convocar ese Referendo es que el Gobierno sabe perfectamente que lo perdería en una forma apabullante.

2. Al delito de usurpación realizado en la convocatoria, le sigue el atropello expresado en las Bases Comiciales. En primer lugar, mediante la sobre-

---

* Publicado el 25/07/17 en www.aporrea.org/actualidad/n311966.html

representación de los municipios con menor población, y sub-representación de la población de los municipios con mayor población. Violando los principios constitucionales de la representación proporcional (Artículos 63 y 293 de la Constitución) y de igualdad entre todos los ciudadanos (un ciudadano un voto), los votos de habitantes de los municipios donde el gobierno considera que cuenta con mayor apoyo electoral valen mucho más que los votos de los habitantes de los principales centros urbanos, donde reside la mayor parte de los habitantes del país y donde es mayor el rechazo al gobierno. De acuerdo al último censo nacional de población del año 2011, los diez (10) municipios de mayor población contaban con una población de 8.354.071 habitantes, lo que representaba el 32% de la población total del país: Distrito Capital, Maracaibo, Valencia, Caroní, Iribarren, Sucre, San Francisco, Maturín, Girardot y Simón Bolívar (Barcelona). Por la forma tramposa como se han diseñado las bases comiciales, estos diez municipios solo contarían con 22 representantes territoriales en la Asamblea Nacional Constituyente, esto es, una representación de solo 6,0% de los miembros escogidos territorialmente. En contraste con esto, los 212 municipios que tienen una población menor de 50 mil habitantes, que en total cuentan con una población mucho menor que la población de los diez municipios más poblados, contarían con 212 miembros escogidos territorialmente, esto es, 58% del total de los integrantes de la ANC electos territorialmente. El Municipio Simón Rodríguez del Estado Táchira con 2.445 habitantes elegiría un representante, mientras que en el Distrito Capital se elegiría un representante por cada 277.700 habitantes (siete representantes por 1.943.901 habitantes).

El número de representantes de cada estado tiene poco que ver con su población. Los estados Táchira y Falcón son los estados que tienen mayor número de representantes (30 y 26 respectivamente). Siete estados (Anzoátegui, Aragua, Bolívar, Carabobo, Lara Miranda y Zulia y el Distrito Capital) tienen mayor población que estos dos estados y sin embargo tienen un número menor de representantes. La población del Estado Zulia es aproximadamente cuatro veces mayor que la del Estado Falcón, y sin embargo tiene menos representantes. El Estado Táchira con una población de 1.168.908 habitantes tendría 30 representantes mientras que el Distrito Capital con 1.943.901 habitantes tendría solo siete representantes.

De acuerdo al Decreto Presidencial que establece las bases comiciales para las elecciones de la ANC, se elegirían Constituyentes Sectoriales en representación de cada uno de los siguientes sectores: 1) Trabajadores y Trabajadoras. 2) Campesinos y Campesinas, Pescadores y Pescadoras. 3) Los y las Estudiantes. 4) Personas con discapacidad. 5) Pueblos Indígenas. 6) Pensionados y Pensionadas. 7) Empresarios y Empresarias. 8) Comunas y Consejos Comunales. Se establece igualmente que por cada ochenta y tres mil (83.000) electores del registro electoral se elegirá un representante sectorial. (Decreto Nº 2.878 del 23 de mayo, 2017). El CNE ha anunciado que habrá un total de 173 representantes sectoriales. Esto define arbitrariamente un universo de 14.359.000 electores y electoras con derecho a participar en la elección de los representantes sectoriales, dejando afuera de las representaciones sectoriales a aproximadamente cinco millones de electores y electoras del país. Violando el principio básico de igualdad contemplado en la Constitución, se definen de esta manera ciudadanos y ciudadanas de primera, que podrán votar dos veces (voto territorial y voto sectorial) y unos cinco millones de ciudadanos de segunda que solo podrán votar una vez (voto territorial).

Las listas de electores y electoras correspondientes a cada uno de los sectores que han sido definidos en las bases comiciales no han sido auditadas, sobre estas listas no existe control externo alguno. De acuerdo al CNE, "El Consejo Nacional Electoral solicitará los registros de los sectores a las instituciones oficiales, gremios y asociaciones, debidamente establecidos." (Resolución del 7 de junio de 2017). La mayor parte de estas listas son controladas directamente por el gobierno o por los gremios u organizaciones privadas.

3. Desde el punto de vista de la profunda crisis de la sociedad venezolana, es esta una constituyente innecesaria. Los problemas principales que hoy confronta la población (inseguridad, escasez de alimentos y medicamentos básicos, inflación, violencia) no son problemas de origen jurídico-constitucional. El gobierno cuenta hoy con todos los instrumentos jurídicos y los poderes del Estado para confrontar la crisis, mediante políticas públicas. No es mediante la constitucionalización de las Misiones y los CLAP, que se van a resolver los problemas de la inseguridad, la escasez, la inflación.

4. No hay garantía alguna de que los resultados de la Asamblea Nacional Constituyente vayan a ser sometidos a la consideración de la población de Venezuela, tal como sí ocurrió con la Constitución del año 1999. La garantía de esa consulta no está contemplada ni en el decreto de convocatoria de la Asamblea Nacional Constituyente (decreto N° 2.830, del primero de mayo de 2017), ni en el decreto que establece las bases comiciales (Decreto N° 2.878 del 23 de mayo de 2017). Lo único que existe en este sentido es una exhortación no vinculante "a las y los integrantes de la Asamblea Nacional Constituyente que resultaren electas y electos, a que, el proyecto de Constitución que se redacte en su seno sea sometido a referéndum aprobatorio popular, en los términos previstos en el artículo 70 de la constitución de la República Bolivariana." realizada mediante una resolución del CNE (7 de junio del 2017) que no compromete en nada a la Asamblea Nacional Constituyente. Queda en manos de esta asamblea que asumirá inconstitucionalmente poderes supra-constitucionales decidir si se hace o no un referéndum para aprobar la nueva constitución. Es posible, por lo tanto, que independientemente del nivel de participación en las elecciones del 30 de julio, los resultados de esta Constituyentes sean impuestos al conjunto de la sociedad sin consultar a la población venezolana.

5. Tiene poca credibilidad que uno de los objetivos de la Constituyente sea la "*Reivindicación del carácter pluricultural de la Patria*", cuando después de 18 años del proceso bolivariano los derechos de los pueblos indígenas, claramente establecidos en la Constitución del año 1999, no se han hecho efectivos y no se ha avanzado en la reclamación principal de estos pueblos, el reconocimiento y la demarcación de sus territorios.

Tampoco puede esperarse que una Asamblea Nacional Constituyente contribuya a *"La preservación de la vida en el planeta, desarrollando constitucionalmente, con mayor especificidad los derechos soberanos sobre la protección de nuestra biodiversidad y el desarrollo de una cultura ecológica en nuestra sociedad.*" Hay en la actualidad una amplia gama de normas jurídicas de protección ambiental que han sido violadas sistemáticamente por el Estado. Lo que se requiere no es la creación de nuevas normas y regulaciones, sino que se cumpla lo que está establecido en la Constitución del 1999 y las leyes derivadas de ésta.

6. El gobierno ha anunciado insistentemente que se trataría de una Asamblea Nacional Constituyente plenipotenciaria. De acuerdo a Elías Jaua, Presidente de la Comisión Presidencial para la Constituyente, ésta sería "supra constitucional, originaria y todo órgano del Poder Público quedan subordinados a esta asamblea..." Diosdado Cabello ha afirmado que "No habrá instancia alguna, poder constituido que pueda oponerse a las decisiones que soberanamente" tomará la Asamblea Nacional Constituyente. Esto implicaría que a partir del momento en que se instalase la Asamblea Nacional Constituyente, ésta concentraría todos los poderes del Estado. De hecho, desde ese momento quedaría derogada la Constitución del año 1999 con todos sus derechos y garantías y se establecería un régimen que no podría ser calificado sino de autoritario ya que concentraría todo el poder en una sola instancia que estaría lejos de ser representativa del conjunto de la sociedad. Esa presunta ANC es un poder derivado, representativo, no es el poder originario que reside intransferiblemente en el pueblo (art. 5).

7. El gobierno ha respondido a la crisis debida a la caída de los precios del petróleo y la imposibilidad de continuar con el mismo grado de dependencia de los hidrocarburos optando por otro modelo extractivista aún más depredador: el extractivismo minero. Con la apertura del llamado Arco Minero del Orinoco, 112 mil kilómetros cuadrados del territorio nacional, han sido dispuestos para la explotación por parte de las grandes corporaciones mineras transnacionales. El gobierno esperaba la llegada acelerada al país de grandes volúmenes de inversiones. Sin embargo, en la medida en que las decisiones en torno al Arco Minero se han realizado en violación abierta de la Constitución y de las principales leyes ambientales, laborales y de los derechos de los pueblos indígenas, la grandes empresas consideran que no cuentan con la seguridad jurídica requerida para realizar grandes inversiones que solo serían rentables a mediano y largo plazo. ¿Será que uno de los objetivos principales de la Asamblea Nacional Constituyente, que explica lo acelerado que ha sido el proceso de convocatoria, consiste precisamente en garantizarle a las transnacionales la seguridad jurídica que están exigiendo?

8. Además de su carácter no constitucional, ha habido un abuso sistemático del poder por parte del gobierno para imponer, a como dé lugar, este proyecto de Asamblea Nacional Constituyente. Eso ha operado fundamentalmente por dos vías. En primer lugar, mediante el uso apabullante de los medios de comunicación del Estado para hacerle propaganda a esta convocatoria negándole la participación a toda opinión crítica. En segundo lugar, ha habido una sostenida ofensiva de chantajes dirigido a los empleados del Estado y de las empresas públicas, y a los receptores de los programas de las misiones y de los CLAP, amenazando con la pérdida de sus empleos o beneficios como si el Estado y los recursos de los programas sociales fuesen propiedad privada del PSUV y del alto gobierno.

Presidente Maduro y otros voceros del gobierno han argumentado que con esta Constituyente se busca la paz y el diálogo. Nada más lejos de la verdad. Con una Constituyente ilegítima y mono-partidista podrían cerrarse en forma definitiva las posibilidades de diálogos y negociaciones, con lo cual podría quedar la violencia como la única alternativa para procesar las profundas diferencias que existen hoy en la sociedad venezolana.

Estas son las razones por las que llamamos a todo el pueblo que pueda hacerlo, a abstenerse de votar y expresar de esta forma rotunda su rechazo a la usurpación de la soberanía popular y a las violaciones a la Constitución que significan las Bases Comiciales. A quienes su circunstancia particular les obligue a votar, les llamamos a que voten nulo para deslegitimar, de esa contundente forma, la pretensión de "fiesta democrática" con la que el Gobierno pretende hacer pasar la usurpación.

¡¡¡ABSTENTE PARA RECHAZAR LA ANC!!!
¡¡SI TE OBLIGAN VOTA NULO!!!

Caracas 26 de julio de 2017

Por la Plataforma Ciudadana en Defensa de la Constitución

Héctor Navarro, Oly Millán Campos, Esteban Emilio Mosonyi, Edgardo Lander, Ana Elisa Osorio, Gustavo Márquez Marín, Santiago Arconada, Freddy Gutiérrez Trejo, Cliver Alcalá Cordones, Gonzalo Gómez, Carlos Carcione, Juan García, Roberto López Sánchez.

CONFERENCIA EPISCOPAL VENEZOLANA ANTE LAS ELECCIONES PARA LA CONSTITUYENTE

Dios no hizo la muerte ni se recrea en la destrucción de los vivientes (Sabiduría 1,13)

1.- Faltando pocas horas para las elecciones de la Asamblea Nacional Constituyente, la Presidencia de la Conferencia Episcopal Venezolana reitera su rechazo a esa iniciativa, por considerarla inconstitucional, pero además, innecesaria, inconveniente y dañina para el pueblo venezolano. En efecto: no ha sido convocada por el pueblo, tiene bases comiciales inaceptables, y en ella estarán representados sólo los partidarios del oficialismo. Será un instrumento parcializado y sesgado que no resolverá, sino agravará los agudos problemas del alto costo de la vida, la escasez de alimentos y medicamentos que sufre el pueblo, y ahondará y empeorará la profunda crisis política que padecemos actualmente.

2.- Vivimos horas difíciles cargadas de incertidumbres y contradicciones, lo que en otras latitudes es expresión normal de la ciudadanía, entre nosotros se convierte en enfrentamientos de creciente intensidad y con un ventajismo desgarrador: efectivos militares y policiales, y grupos civiles armados afectos al gobierno, obran coordinadamente atropellando al pueblo que manifiesta su descontento y su rechazo a la asamblea constituyente.

3.- Una vez más alzamos nuestras voces contra la violencia, venga de donde venga. Es preciso que si se da ese proceso, que no apoyamos, se desarrolle sin violencia. La violencia no puede ser nunca la forma de solucionar los conflictos sociales que se agravan día a día en nuestra sociedad venezolana. La represión desmedida con saldo de heridos, muertos y detenidos genera mayor violencia.

4.- Queremos recordarle a la FANB, responsable en estos días con el Plan República, que su primera obligación es con el pueblo y está llamada constitucionalmente a defender la vida de todos los ciudadanos, sin distingos de ninguna clase ni parcializaciones políticas. Los hechos del día de ayer no parece que vayan en esa línea; por tanto, que en estos momentos de tensión no sea la irracionalidad y la fuerza bruta la que pretenda solucionar el reclamo de buena parte de la sociedad.

5.- El papel primario de la FANB es mantener la paz y el orden para que la racionalidad y el actuar de las partes en conflicto tienda puentes que superen el caos en el que estamos sumidos. No aumentemos más el sufrimiento y la angustia de tanta gente que quiere vivir en paz, que se escuche y respete su voz de protesta y se encuentren caminos de entendimiento y bien para todos. Como nos dice el Papa Francisco "el conflicto no puede ser ignorado o disimulado. Ha de ser asumido. Pero si quedamos atrapados en él, perdemos perspectivas, los horizontes se limitan y la realidad misma queda fragmentada" (EG 226).

7.-Desde el fondo de nuestro corazón y como expresión de fraternidad surgen dos expresiones muy humanas y cristianas: un "no matarás" física o moralmente en forma de violencia y represión que generan muertos, heridos y encarcelados; y un "cultiva la vida" en medio del pueblo por la solidaridad que comparte el pan, el medicamento, la vida en común, la verdad que enaltece, el bien que nos hace mejores, la fe que siembra esperanza.

8.- Que el Señor y la Virgen de Coromoto bendigan a Venezuela y que los venezolanos podamos resolver nuestros conflictos de manera pacífica. Amén.

Caracas, 27 de julio de 2017

FRENTE ZULIANO DE TRABAJADORES EN DEFENSA DE LA CONSTITUCION Y LA DEMOCRACIA: MANIFIESTO

Para todo venezolano es evidente las precarias condiciones de vida y de trabajo, los sueldos y salarios miserables, el incremento de la hambruna, la insalubridad, la inseguridad y la desasistencia en general, que nos han llevado a niveles de pobreza, miseria y ruina nunca antes vistos. Es por ello que los trabajadores nos colocamos en primera fila exigiendo el cumplimiento urgente de nuestros derechos políticos, económicos y sociales, sobre todo al trabajo decente, a salarios dignos, justas pensiones y jubilaciones, al desarrollo sostenido y diversificado de la economía, a la seguridad social, salud, vivienda, respeto por los derechos humanos, civiles y políticos, por la Democracia y sobre todo porque se respete y se cumpla la Constitución de 1999 y todo el ordenamiento legal venezolano.

Ante esta terrible realidad solo hemos tenido como respuesta la cruenta represión contra la legítima protesta del pueblo, los asesinatos contra más de 60 ciudadanos, centenares de heridos, miles de detenciones arbitrarias, entre otras múltiples violaciones de los Derechos Humanos, pretendiendo silenciar la voz que se ha levantado contra la creciente pobreza y el hambre, contra la escasez y el desabastecimiento de alimentos y medicinas y en general contra la violación de todos los derechos sociales contenidos en nuestra Carta Magna.

En lugar de atender la crisis humanitaria que padece toda la población, el Gobierno Nacional convoca a una Asamblea Nacional Constituyente "comunal/sectorial" propuesta para evadir la solución de los problemas que aquejan a la población venezolana, saquear nuestras riquezas y la intención de ganar tiempo en una desenfrenada carrera por seguir manteniéndose en el poder, a costa de la vida de los venezolanos, los derechos democráticos e incluso principios republicanos fundamentales en los que se asienta nuestra nación. Siendo uno de estos el voto universal, directo y secreto para elegir nuestros representantes ante los poderes públicos y decidir el destino honorable y democrático de la República

Por lo tanto, nos dirigimos a la Nación, para expresar nuestro más enérgico rechazo a la ilegitima y fraudulenta constituyente que nos pretenden imponer desde el Ejecutivo Nacional, con el aval de un Consejo Nacional Electoral que está rendido a sus pies, aprobando en tiempo record de apenas dos horas la orden impuesta por el régimen, mientras que colocó un sinfín de obstáculos y tardó casi un año en responder al clamor de los venezolanos que solicitábamos el referendo revocatorio presidencial, para finalmente negarlo y con ello darle un duro golpe a la Constitución y la paz de Venezuela, develando una vez más su conducta segregacionista y la burla a las aspiraciones de cambio de la inmensa mayoría de los venezolanos.

Rechazamos ésta farsa además porque no cabe duda que esta convocatoria a una constituyente "comunal/sectorial" y unas bases comiciales totalmente espurias y antidemocráticas, concatena un cúmulo de delitos, contraviene la Constitución Nacional; además de usurpar las facultades constituyentes que inalienablemente le pertenecen al pueblo, lo instiga a delinquir; pretende legalizar su dictadura totalitaria, para concluir su plan de entrega de la soberanía nacional a las transnacionales, disolver la Asamblea Nacional, la Fiscalía General y toda aquella institución del Estado que no obedezca ordenes de Miraflores, crear el Estado corporativo fascistoide y terminar de saquear el País.

Como plantea la Conferencia Episcopal Venezolana, el pueblo lo que está reclamando es que se respete y se cumpla a cabalidad la Constitución, que se resuelva el problema del hambre y el empobrecimiento generalizado; la escasez de alimentos, medicinas e insumos médicos; la inseguridad y la represión que lo están matando. NO *está pidiendo que se cambie la actual Constitución*

En consecuencia, asumimos el compromiso de permanecer junto al gigantesco movimiento de protestas que esta en la calle para exigir: 1) Apertura de un canal humanitario para atender la emergencia nacional en materia de alimentos, medicinas e insumos médicos. 2) Libertad para los presos políticos, cese de las persecuciones, inhabilitaciones y regreso de los exiliados. 3) Restablecimiento pleno de las facultades de la Asamblea Nacional y respeto a la separación y autonomía de los Poderes Públicos. 4) Erradicar los grupos paramilitares 5) Realizar las elecciones generales y 6) la restitución del el nivel de vida producto de un trabajo digno, que respete los derechos laborales secuestrados por el régimen.

Finalmente los **Trabajadores Zulianos nos declaramos en emergencia** y asumimos el rol de conformar este gran FRENTE DE TRABAJADORES EN DEFENSA DE LA CONSTITUCIÓN Y LA DEMOCRACIA, quienes participaremos masivamente en las movilizaciones y acciones que requiera nuestra Patria para restablecer la Democracia y la Libertad pisoteada por el régimen

Maracaibo, 31 mayo de 2017

A MANERA DE EPÍLOGO

CARTA A UN PRESIDENTE DESCONOCIDO

Laureano Márquez*

Presidente, a estas alturas, para imponer su proyecto no le queda otro camino que el ejercicio de una violencia muy extrema en contra de sus conciudadanos. Es un grave error de cálculo pensar que las armas pueden sustituir a los votos

Presidente:

Me animo a escribirle esta carta como recurso extremo ante el momento de desesperación que vive el país, aún a riesgo de que caiga en el saco roto. Venezuela se halla en una de las encrucijadas más difíciles de su historia. La posibilidad de un estado de violencia desbordado y anárquico se cierne sobre

* En *TalCual*, 29 de julio de 2017, en http://www.talcualdigital.com/Nota/145665/carta-a-un-presidente-desconocido-por-laureano-marquez

nosotros como una amenaza terrible. No evitarlo sería un acto de insensatez de gran irresponsabilidad. Con facilidad se pierde la paz de una nación, que tomará luego muchos años, cargados de dolor, odios y sacrificios recuperar. Es verdad que todos debemos contribuir a la paz, pero quien detenta el poder tiene una especial responsabilidad: lleva en sus manos el rumbo del país, tiene suficiente fuerza para propiciar el desastre o frenarlo.

Los venezolanos estamos cansados, desilusionados, deprimidos e indignados. Creo que lo intuye por la forma como ha frenado algunos procesos electorales mientras propicia otros –como el de la asamblea constituyente–, convocados bajo premisas de representación que permiten obtener una mayoría con el voto de unos pocos, para imponer un proyecto político que el país no está dispuesto a aceptar, que no propicia el consenso, sino la exclusión.

No hay justificación posible para que después de transitar la bonanza petrolera más esplendorosa de nuestra historia, Venezuela este al borde de la ruina. Ecuador y Bolivia son regímenes afines al suyo, sin embargo allí no se observa la misma debacle económica que impera entre nosotros, por el contrario hay progreso. ¿En verdad usted cree que el 80% de la población venezolana es fascista? ¿En verdad piensa que los siete millones y medio de personas que rechazaron la constituyente están financiados por el imperialismo yanqui?

La sociedad venezolana se ha rebelado y no parece que usted haya percibido la gravedad de la rebelión. El país de progreso de sus arengas es una fantasía para la mayoría. La realidad es gente comiendo de la basura, mortalidad infantil, inseguridad, enfermedad, sufrimiento y muerte. El sector productivo ha sido selectivamente destruido, el Estado convertido en máquina de demolición de todo aquello que alguna vez funcionó, el poder judicial pervertido a extremos inimaginables y la Fuerza Armada asimilada a su partido político.

La gente se cansó y frente a este cansancio solo le queda a usted el recurso de la fuerza, ejercida con una crueldad e indolencia pocas veces vista en nuestra historia. La represión nos ha asesinado, encarcelado, envilecido y ha exaltado los radicalismos de todos lados. Un pueblo acosado por la brutalidad se alza con lo que puede y la nefasta idea del ojo por ojo, comienza a hacerse apetecible. Presidente, a estas alturas, para imponer su proyecto no le queda otro camino que el ejercicio de una violencia muy extrema en contra de sus conciudadanos. Es un grave error de cálculo pensar que las armas pueden sustituir a los votos.

Me gustaría que el pajarito volviera a hablarle en estos días y le recordará el tiempo en que la pesadilla que padecemos hoy, fue un sueño debo suponer que honesto– de transformación y cambio en el que una mayoría creyó durante largo tiempo. Y desde esta reflexión profunda examine cuánto se parece la Venezuela de hoy a los ideales que sirvieron de punto de partida. Los defensores de los pobres de ayer son los multimillonarios de hoy, las nuevas cúpulas podridas, con fortunas construidas sobre el empobrecimiento de una nación.

Presidente, la vida es breve y la eternidad demasiado larga. Cada uno escoge la manera como ha de trascender. Venezuela llegó al llegadero. Le tomó 18 años de progresivo maltrato y abuso, de desmantelamiento institucional y confiscación de la democracia, rebelarse, pero lo ha hecho y no tiene marcha atrás. Ojalá tenga usted el tino de ofrecer una salida a Venezuela que no sea la del incendió y la barbarie, que tanto dolor y sufrimiento ha causado en nuestra historia.

26 de julio de 2017

¿QUÉ VA A PASAR A PARTIR DEL 30 DE JULIO?*

José Ignacio Hernández H.

Para muchos, la fecha está marcada en el calendario con cierto aire fatídico. Desde que el gobierno anunció que el 30 de julio se realizaría la elección de la fraudulenta e ilegítima Asamblea Nacional Constituyente, los venezolanos —y la comunidad internacional— han estado atentos a lo que podría pasar a partir de ese día.

Al día de hoy lo más probable es que el 30 de julio se realice la elección de la ilegítima constituyente. A partir de ese día, surgen distintas preguntas sobre lo que podría pasar en el país.

En tal sentido, he resumido las catorce principales preguntas que me han venido haciendo sobre este punto, y he tratado de exponer las respuestas de manera clara y sincera.

1. ¿Cuál es el verdadero motivo de la constituyente?

Lo que pasará a partir del 30 de julio, depende en buena medida de cuál sea el objetivo de la fraudulenta constituyente. Más allá de las formas, es claro que el objetivo no es dictar una nueva Constitución, que es para lo único que sirve una constituyente. Al día de hoy, poco o nada se ha dicho sobre el contenido de la "nueva" Constitución, y más bien se ha señalado, contradictoriamente, que no se pretende modificar el fondo de la Constitución de 1999.

El objetivo probable de esta ilegítima constituyente, por ello, es preservar y consolidar el poder absoluto para una minoría que no se atreve a contarse. Por eso se trata de un fraude: se acudió a la figura de la Asamblea Nacional Constituyente no para dictar una nueva Constitución (que nadie necesita), sino para consolidar el poder absoluto.

Queda, en todo caso, una importante pregunta: ¿quién consolidará ese poder absoluto? La respuesta evidente (el poder absoluto lo consolidará el Gobierno) es altamente insatisfactoria, pues hay bastantes evidencias para soste-

---

* Véase en *Prodavinci*, 28 de julio de 2017, en http://prodavinci.com/blogs/constituyente-que-va-a-pasar-a-partir-del-30-de-julio-por-jose-ignacio-hernandez/

ner que no hay una sola posición dentro del Gobierno en este sentido (y probablemente en muchos otros), con lo cual, esta fraudulenta e ilegítima asamblea constituyente se nos presenta como una especie de evento interno que pretende dilucidar qué grupo dentro del Gobierno intentará consolidar el poder absoluto.

2. ¿Cuándo se instala la Asamblea Nacional Constituyente?

Electa la fraudulenta e ilegítima Asamblea Nacional Constituyente, ésta deberá instalarse dentro de las 72 horas siguientes a la proclamación de sus miembros. Asumiendo que el lunes el CNE proclame a los constituyentes, la instalación podría realizarse a partir del martes 1° de agosto.

¿Dónde se va a instalar? Según el artículo 10 del Decreto N° 2.878, la fraudulenta constituyente "tendrá como sede el Salón Elíptico del Palacio Federal". En realidad, hay allí algo que no cuadra: la asamblea tendrá 545 miembros, que difícilmente caben dentro del Salón Elíptico.

Más allá de ese detalle, ya esta instalación anuncia un primer conflicto, pues el Palacio Federal Legislativo es un inmueble que únicamente puede emplearse como sede del Poder Legislativo. A la Asamblea Nacional, en ejercicio de sus atribuciones, le corresponde custodiar ese inmueble, aun cuando físicamente esa custodia esté bajo la Unidad Especial de la Guardia Nacional Bolivariana, que en el pasado reciente ha fallado en sus labores de custodia de esas instalaciones.

3. ¿Cuáles son las reglas de funcionamiento de la Asamblea Nacional Constituyente?

Luego de su instalación, la fraudulenta constituyente deberá dictar sus estatutos, o sea, sus reglas internas de gobierno, lo que pasa por designar a los miembros de su Junta Directiva, incluyendo a su Presidente.

Y aquí vendrá el segundo conflicto, pues los diversos grupos presentes en esta fraudulenta constituyente intentarán asumir su control a través de su junta directiva. Para ello, al menos, bastará con tener el voto de 273 constituyentes para decidir.

4. ¿La Asamblea Constituyente será originaria?

Instalada la fraudulenta asamblea y dictadas sus reglas de funcionamiento, con toda seguridad, declarará mediante "Acuerdo" su carácter originario, lo que en la práctica significa que tal asamblea asumirá el control absoluto de todos los Poderes Públicos, colocándose —de hecho— por encima de la propia Constitución de 1999.

Ni siquiera de haber sido electa democráticamente la constituyente podría adoptar esa decisión, pues hay un solo poder constituyente originario, y éste reside exclusivamente en la soberanía popular.

Sin embargo, como expliqué, tal carácter "originario" es la verdadera finalidad tras esta Asamblea Nacional Constituyente, pues su verdadero propósito, razonablemente, es legitimar su poder supremo y absoluto invocando su carácter "originario".

5. ¿Puede la Asamblea Nacional Constituyente cambiar al Gobierno?

De acuerdo con la Constitución de 1999, la fraudulenta Asamblea Constituyente no puede adoptar ninguna decisión con relevancia jurídica, pues ella es resultado de un golpe de Estado. Y en caso de haber sido electa democráticamente, es asamblea solo hubiese podido dictar una nueva Constitución, con lo cual, en el deber ser, la asamblea no puede cambiar al Gobierno.

Pero en la práctica, como expliqué, la fraudulenta constituyente asumirá un poder absoluto, y en tal virtud, podría cambiar al Gobierno. Hace algunas semanas se anunció que Maduro pondría su cargo a la disposición de la constituyente. Así sucedió en 1999, con la importante diferencia que el entonces Presidente Chávez tenía control político sobre aquella constituyente. La incertidumbre es tal que, sin embargo, Maduro podría poner su cargo a la disposición de la fraudulenta constituyente y ésta podría, entonces, designar a un nuevo Presidente.

Esto sería, paradójicamente, un golpe de Estado dentro del golpe de Estado. Maduro, quien promovió la constituyente para ejercer poder absoluto, sería "devorado" por su propia constituyente.

6. ¿Puede la Asamblea Nacional Constituyente cambiar a los otros titulares de los Poderes Públicos?

Apartando el "deber ser", como dije, la fraudulenta constituyente, invocando su falso carácter originario, podrá remover a cualquiera de los titulares de los Poderes Públicos. Una alta probabilidad es que la constituyente remueva a la Fiscal General de la República, cuya remoción —por alguna razón— no avanzó en el Tribunal. Pero también podría la constituyente, dependiendo del sector que la controle, remover y designar al Defensor del Pueblo, al Contralor y a los Magistrados del Tribunal Supremo de Justicia.

7. ¿Puede la Asamblea Nacional Constituyente disolver a la Asamblea Nacional?

Por la vía de los hechos, es probable que la fraudulenta constituyente acuerde la disolución formal de la Asamblea Nacional, lo que entre otras cosas implicaría dejar sin efecto la inmunidad parlamentaria de los diputados. Para ello le bastará con invocar, falsamente, su carácter originario.

8. ¿Y las elecciones?

La fraudulenta asamblea, si lo desea, puede suspender o diferir cualquier elección, algo probable si recordamos que la convocatoria e instalación de tal asamblea no fue resultado de procesos electorales legítimos. Esto además, sería coherente con la intención de implementar el Plan de la Patria. De acuerdo con ese Plan, la democracia no puede ser representativa sino "participativa", pero a través de las instancias asamblearias del Estado Comunal controladas por la fraudulenta constituyente.

9. ¿Qué otras decisiones puede adoptar la constituyente?

Como sea que la fraudulenta constituyente asumirá su carácter originario, podrá —en los hechos— adoptar cualquier decisión. De eso se trata, precisamente, el poder absoluto e ilimitado que la fraudulenta constituyente podrá ejercer.

Lo que probablemente sucederá es que Venezuela pase por una suerte de "espejo de Alicia", conforme al cual, todo lo que hoy es constitucional será inconstitucional, y todo lo que hoy es inconstitucional será constitucional.

Limitándonos a las decisiones más probables, es factible que la fraudulenta constituyente asuma el ejercicio de la función legislativa para dictar nuevas Leyes, como por ejemplo, Leyes de control de precio, como se anunció. Asimismo, es probable que se generalicen los juicios militares, pudiendo la constituyente suprimir formalmente las garantías que, hoy día, son sistemáticamente violadas. El derecho a la protesta sería igualmente regulado para hacerlo desaparecer en la práctica, otorgándole reconocimiento a las prácticas que, hoy día, constituyen técnicas de represión. La libertad de expresión, con toda probabilidad, sería sometida al arbitrio de la constituyente.

10. ¿Y qué podría hacer la constituyente con la economía?

Desde su carácter originario, la fraudulenta constituyente podría adoptar cualquier decisión sobre la economía. Vistos los anuncios y los propios antecedentes, es probable que la constituyente avance en el "sistema económico comunal", esto es, el modelo basado en el control centralizado de la economía, bajo el cual se reconoce prioritariamente la "propiedad social" sobre activos empresariales, esto es, la propiedad pública.

Asimismo, la fraudulenta constituyente podría asumir también la función de control sobre la gestión presupuestaria y las operaciones de crédito público. Esto contribuirá a elevar más el riesgo país, reduciendo las posibilidades de éste de acceder a los mercados nacionales internacionales en condiciones económicas racionales.

11. ¿Y tendríamos dos Constituciones?

Algunos me han preguntado si luego de la instalación de la fraudulenta constituyente tendríamos dos Constitución en vigor.

En realidad, lo que va a pasar es que no vamos a tener ninguna Constitución. La Constitución de 1999, por la fuerza de los hechos, terminará de ser derogada por la "originaria" constituyente. Y la nueva Constitución, por su parte, solo sería dictada luego de que el grupo que controle la constituyente logre consolidar su poder absoluto. Algo que, como se ha asomado, podría tardar meses, e incluso, años.

12. ¿Y la nueva Constitución sería sometida a referendo?

Es irrelevante analizar si la nueva Constitución sería sometida a referendo, pues al ser todo el proceso producto de un fraude constitucional, la nueva Constitución sería ilegítima, incluso, pasando por ese referendo aprobatorio.

Pero, en cualquier caso, lo más probable es que la nueva Constitución no sea sometida a referendo. Como mucho, sería sometida a fraudulentas "consultas", en especial, invocando la "transformación" de la democracia, que quedaría reducida a los mecanismos de participación asamblearios del estado comunal.

13. ¿Quién gobernaría en Venezuela?

No debemos preguntarnos solo *quién* gobernará en Venezuela, pues además, debemos preguntarnos *qué* se gobernará y *cómo* se gobernará.

En cuanto a lo primero, como dije, gobernará (o intentará gobernar) el grupo que logre controlar la mayoría de miembros de la fraudulenta constituyente. Además, se gobernará con métodos claramente represivos, con el "barniz de legitimidad" que, en vano intento, pretenderá derivarse de esta fraudulenta asamblea.

Más difícil es responder a la última pregunta. Pues la instalación de esta fraudulenta constituyente debilitará todavía más la gobernabilidad en Venezuela, en un contexto en el que se incrementará no solo la conflictividad política, sino además, la conflictividad económica y social. En este contexto, muy poco quedaría por gobernar.

14. ¿Y qué hacer a partir del 30 de julio?

El panorama a partir del 30 de julio, en el probable evento de que se lleve a cabo la elección de esta fraudulenta constituyente, hará todavía más compleja la precaria situación institucional en Venezuela. Para no perderse en esta maraña, creo importante repetir tres reglas, que son válidas hoy y lo serán todavía más a partir del 30.

Primera regla. Todo el proceso constituyente, incluyendo la elección de la asamblea y su instalación, responden a un intento por derogar la Constitución de 1999 por mecanismos no previstos en ella, con lo cual, todos esos actos deben tenerse como inexistentes. La fraudulenta Asamblea Nacional Constituyente no tendrá autoridad para imponer órdenes de obligatorio cumplimiento.

Segunda regla. La Constitución formalmente vigente es y será la de 1999. Todos tendremos la obligación de hacerla cumplir, tal y como ordena su artículo 333. Ello incluye en especial a los funcionarios e integrantes de la Fuerza Armada, tal y como se asentó en la consulta popular del 15 de julio.

Tercera regla. La Asamblea Nacional electa en diciembre de 2015 es el legítimo y exclusivo representante del pueblo. La fraudulenta constituyente podrá intentar disolver o afectar el funcionamiento de la Asamblea, pero jurídicamente, insisto, todos esos actos deberán tenerse por inexistentes. Los ciudadanos solo debemos obediencia a la Constitución de 1999 y los actos que, en ejecución de ésta, sean dictados por los legítimos Poderes Públicos, principalmente, por la Asamblea Nacional.

28 de julio de 2017

ÍNDICE GENERAL

CONTENIDO GENERAL 7

NOTA DE LOS COORDINADORES 17

A MANERA DE INTRODUCCIÓN:

EL PODER CONSTITUYENTE DE SIEYÈS A MADURO
Eduardo Jorge Prats 19

VENEZUELA Y LA IZQUIERDA
Diego Valadés 23

CRIMEN CON PREAVISO
Luis Ugalde 25

LA INCONSTITUCIONAL CONVOCATORIA DE UNA ASAMBLEA NACIONAL CONSTITUYENTE EN 2017 COMO UNA MUESTRA MÁS DE DESPRECIO A LA CONSTITUCIÓN
Allan R. Brewer-Carías 27

PRIMERA PARTE:

ASPECTOS GENERALES SOBRE EL PROCESO CONSTITUYENTE EN EL CONTEXTO HISTÓRICO

«LA CONSTITUCIÓN SIRVE PARA TODO» "Dentro de la Constitución todo, fuera de la Constitución nada" (Hugo Chávez)
Juan Carlos Rey 41

PRESENTACIÓN 41

LA CONSTITUCIÓN Y EL "CONSTITUCIONALISMO" COMO IDEOLOGÍAS POLÍTICAS 42

LA SOBERANÍA DE LA CONSTITUCIÓN 44

FORMA DE ESTADO Y FORMA DE GOBIERNO: POSIBLES INCONGRUENCIAS ENTRE AMBAS 46

LA PERSPECTIVA CONSTITUCIONAL PARA EL ANÁLISIS POLÍTICO 47

LA CONSTITUCIÓN COMO EXPRESIÓN DE LA VOLUNTAD UNITARIA DEL PUEBLO FRENTE A LA CONSTITUCIÓN COMO UN PACTO NEGOCIADO 50
LA ASAMBLEA CONSTITUYENTE DE 1999 COMO PODER REVOLUCIONARIO TOTAL 51
UNA REFORMA URGENTE, INTEGRAL Y PROFUNDA DE LA CONSTITUCIÓN DE 1999 53
¿ESTADO SOCIAL O ESTADO SOCIALISTA? 55
ESTADO DEMOCRÁTICO Y SOCIAL DE DERECHO Y DE JUSTICIA 57
LA *MOVILIZACIÓN TOTAL* PARA LA GUERRA ASIMÉTRICA DE TODO EL PUEBLO Y LA FRUSTRADA REFORMA CONSTITUCIONAL 59
LA "NUEVA GEOMETRÍA DEL PODER" 62
EL *ESTADO SOCIAL* COMO TRANSACCIÓN O CONVENIO 64
CONSTITUCIONALIDAD Y "ORDEN" POLÍTICO 66
LA ASAMBLEA NACIONAL CONSTITUYENTE 70
REFERENCIAS BIBLIOGRÁFICAS 72

LA ASAMBLEA NACIONAL CONSTITUYENTE DE 2017 EN SU CONTEXTO HISTÓRICO, **Carlos García Soto** 73
INTRODUCCIÓN 75
I. UNA NOTA SOBRE LAS ASAMBLEAS CONSTITUYENTES EN LA HISTORIA DE VENEZUELA 76
1. *El primer Congreso constituyente: el Supremo Congreso de Venezuela y la Constitución de 1811* 76
2. *Las Constituciones del siglo XIX* 77
3. *Las Constituciones del siglo XX* 78
4. *El proceso constituyente de 1999: el último "proceso constituyente"* 79
5. *De la Constitución de 1999 a la ANC de 2017* 79
II. EL PRIMER PROCESO CONSTITUYENTE EN VENEZUELA (1811) 80
1. *El primer Congreso constituyente: el Supremo Congreso de Venezuela* 80
2. *La elección de los Diputados del Congreso* 80
3. *La instalación del Supremo Congreso de Venezuela* 81
4. *El proyecto de Constitución* 81
5. *Los debates* 81

6. *La aprobación de la Constitución* 81
7. *Algunos rasgos de la Constitución de 1811* 81
A. *La Constitución como acuerdo* 82
B. *Separación de poderes* 82
C. *Federalismo* 82
D. *Bicameralismo* 82
E. *Triunvirato* 82
F. *Supremacía de la Ley* 83
G. *Sistema electoral* 83
H. *Reconocimiento amplio de derechos* 83
8. *La relativa pérdida de vigencia de la Constitución de 1811* 83
III. EL PROCESO CONSTITUYENTE DE 1999 84
1. *Introducción* 84
2. *El contexto en el cual se plantea el tema constituyente* 85
3. *La propuesta del candidato Chávez sobre la Constituyente* 85
4. *La propuesta de la Constituyente en el marco de la Constitución de 1961* 86
5. *La elección del candidato Hugo Chávez como Presidente y la convocatoria a la Asamblea Nacional Constituyente* 86
6. *Las sentencias de la Corte Suprema de Justicia sobre el carácter del referendo consultivo* 87
A. *¿Qué se planteó a la Corte Suprema de Justicia?* 87
B. *Las respuestas de la Corte Suprema de Justicia* 88
C. *La ambigüedad de los criterios de la Corte Suprema de Justicia y la interpretación de parte de la prensa* 90
7. *El referendo consultivo convocado por el Presidente Chávez* 92
8. *Las reacciones al Decreto N° 3 y la Resolución del Consejo Supremo Electoral que fijó la fecha de celebración del referendo consultivo* 93
9. *La modificación de la pregunta sobre las "bases comiciales"* 94
10. *La celebración del referendo consultivo sobre la Constituyente*.. 95
11. *La elección de los miembros a la ANC* 95
12. *La instalación de la ANC* 95
13. *La redacción de la Constitución de 1999* 96
14. *Aprobación, sanción, promulgación en 1999 y promulgación en 2000* 98

15. *La intervención de los Poderes Públicos* 98
A. *El Estatuto de Funcionamiento de la ANC y la intervención de los Poderes Públicos* 98
B. *La ratificación del Presidente Chávez* 99
C. *El Decreto de reorganización de los Poderes Públicos* 99
D. *La reorganización del Poder Judicial* 99
E. *La regulación de las funciones del Poder Legislativo* 100
F. *La suspensión de las elecciones municipales* 100
G. *La ANC luego de la Constitución de 1999* 100
IV. UNA NOTA SOBRE EL ORIGEN DE LA ANC EN LA CONSTITUCIÓN DE 1999 100
1. *El contexto en el cual llega la figura de la ANC a la Constitución de 1999* 100
2. *La regulación de la ANC en el proyecto de Constitución preparado por el entonces Presidente Chávez* 101
3. *La propuesta sobre la ANC del entonces presidente Chávez y las discusiones en la ANC de 1999* 102

REEMBOZALANDO AL PITBULL. *Consideraciones sobre el proceso que culminó con la puesta en vigor de la Constitución de 1999 y el que está en marcha para sustituirla*
Gustavo A. Grau Fortoul 103
I. PRELIMINARES 103
II. SOBRE EL PROCESO CONSTITUYENTE DE 1999: 105
III. SOBRE EL PROCESO EN MARCHA EN 2017: 109

GÉNESIS DEL AUTORITARISMO DEL SIGLO XXI EN VENEZUELA. ASAMBLEA CONSTITUYENTE 1999. DERECHO CONSTITUCIONAL COMPARADO,
Humberto Briceño León 113
I. INTRODUCCIÓN 115
II. HACIA UN "MOMENTO CONSTITUYENTE" 120
III. PRIMERA DIMENSIÓN, LA ILIMITADA SOBERANÍA DEMOCRÁTICA Y EL CONSTITUCIONALISMO COMO HERRAMIENTAS ENCUBRIDORAS 123
V. SEGUNDA DIMENSIÓN. LA ASAMBLEA CONSTITUYENTE DE 1999 Y EL CONTROL POLÍTICO DE LOS PODERES PÚBLICOS 133
VI. CONCLUSIONES 135

SEGUNDA PARTE:
SOBRE LA CONVOCATORIA DE LA ASAMBLEA NACIONAL CONSTITUYENTE

RÉGIMEN JURÍDICO DEL PROCESO CONSTITUYENTE EN LA CONSTITUCIÓN DE VENEZUELA
Rafael Badell Madrid 137
INTRODUCCIÓN 137
I. EL PROCESO CONSTITUYENTE DE 1999 140
II. DISTINCIÓN ENTRE PROCESO CONSTITUYENTE, PODER CONSTITUYENTE Y ASAMBLEA NACIONAL CONSTITUYENTE 142
1. *Punto previo* 142
2. *Proceso constituyente* 145
2.1. *Concepto de proceso constituyente* 145
i. *Enmienda constitucional* 146
ii. *Reforma constitucional* 147
2.2. *Fases del proceso constituyente* 147
i. *Fase 1* 148
a. *Iniciativa de convocatoria (art. 348)* 148
a.1 *Inconstitucionalidad de la convocatoria de una Asamblea Nacional Constituyente mediante Decreto 2.830* 149
a. 2 *Inconstitucionalidad de la sentencia N° 378 de la Sala Constitucional en interpretación de los artículos 347 y 348 de la Constitución* 151
b. *Sobre la falta de necesidad del referendo consultivo* 153
c. *Sobre la no previsión del referendo consultivo para la convocatoria de la Asamblea Nacional Constituyente en la Constitución de 1999* 154
d. *Sobre la usurpación de la soberanía popular* 157
e. *Consulta popular* 161
i. *Convocatoria de la Asamblea Nacional Constituyente (art. 347)* 161
ii. *Aprobación de las normas comiciales* 164
III. COMENTARIOS SOBRE LAS BASES COMICIALES DECRETADAS POR EL PRESIDENTE DE LA REPÚBLICA 165
1. *Consideraciones generales* 165
2. *Inconstitucionalidad por usurpación de poderes del pueblo Soberano.* 167

3. *Inconstitucionalidad por la limitación del derecho de participación ciudadana* 168
4. *Inconstitucionalidad por condicionamiento de la selección de los miembros de la Asamblea Nacional Constituyente.* 168
5. *Inconstitucionalidad por violación del principio de la representación proporcional.* 170
6. *Inconstitucionalidad por exclusión de los partidos políticos del régimen de postulaciones.* 171
7. *Inconstitucionalidad por discriminación y exclusión de los electores venezolanos por naturalización y con doble nacionalidad* 172
8. *Sobre el Decreto que complementa las bases comiciales* 173
9. *Contenido de la función constituyente* 173
   ii. *Fase 2* 174
      a. E*lección de la Asamblea Nacional Constituyente* 174
      b. *Instalación y sesión de la Asamblea Nacional Constituyente para la elaboración del proyecto de Constitución* 174
   ii. *Fase 3* 174
      a. *Consulta popular para aprobar el proyecto de Constitución* 175
      b. *Publicación y entrada en vigor de la nueva Constitución* 176
10. *Poder constituyente* 176
   10.1 *Concepto de poder constituyente* 176
   10.2 *Titularidad del poder constituyente* 177
   10.3 *Características del poder constituyente* 179
      i. *Es ilimitado* 179
      ii. *Es originario* 180
      iii. *Es autónomo* 183
   10.4 *Modos de manifestación del Poder Constituyente* 184
      i. *Aclamación* 184
      ii. *Convenciones Constituyentes* 184
      iii. *Plebiscito constituyente.* 185
      iv. *Asambleas constituyentes* 185
11. *Asamblea Nacional Constituyente* 185
   11.1 *Concepto de Asamblea Nacional Constituyente* 185

11.2. *Límites de la actuación de la Asamblea Nacional Constituyente* 186

11.2.1. *Límites establecidos por el Poder Constituyente originario* 187

11.2.2 *Límites establecidos en el sistema jurídico vigente* 188

11.2.2.1 *Principios constitucionales que rigen el proceso constituyente* 190

i. *El principio de la democracia y la soberanía popular (artículos 2 y 5 de la Constitución)* 190

a. *Bases federales del Estado venezolano como principio de organización democrática (Preámbulo y artículo 4)* 191

b. *Ejercicio democrático de la voluntad popular (artículo 3)* 192

c. *Pluralismo político (artículo 2)* 193

d. *Carácter democrático de las entidades políticas que componen el Estado (artículo 6)* 194

e. *Respeto a los derechos políticos (artículo 39)* 194

f. *Participación libre en los asuntos públicos (artículo 62)* 194

g. *Derecho al sufragio (artículo 63)* 194

ii. *Principio legalidad (artículo 137)* 194

iii *Principio de separación de poderes (artículo 136)* 195

iv. *Principio de progresividad de los derechos (artículo 19)* 195

v. *Principios y valores de nuestra historia republicana (artículo 350)* 196

vi. *Principio de responsabilidad patrimonial del Estado (artículo 140)* 198

vii. *Acuerdos y tratados internacionales (artículo 23)* 199

IV. BIBLIOGRAFÍA 200

ALGUNAS REFLEXIONES SOBRE ESTE ASUNTO DE LA CONSTITUYENTE
Claudia Nikken 205

LA TRAGEDIA DE VENEZUELA Y LA "CONSTITUYENTE" DE NICOLÁS MADURO
José Rafael Bermúdez 211

GÉNESIS Y PERSPECTIVAS DE CIERTA ASAMBLEA NACIONAL CONSTITUYENTE. UNA MIRADA POLITOLÓGICA
Humberto Njaim 219
GÉNESIS 220
A) *Eludir elecciones* 220
B) *Una elección más atractiva que las usuales* 221
PERSPECTIVAS: 222
LOS OBJETIVOS DEL DECRETO 2830 223
EXASPERACIÓN DEL CONFLICTO: 225
ESTABILIDAD: 226
CONCLUSIÓN 227

LA ASAMBLEA NACIONAL CONSTITUYENTE DE MADURO-2017: FRAUDE CONSTITUCIONAL Y USURPACIÓN DE LA SOBERANÍA POPULAR (Inconstitucionalidad e inconvencionalidad de la Convocatoria y las Bases Comiciales)
Carlos Ayala Corao 229
INTRODUCCIÓN 229
I. LA COMPOSICIÓN, POSTULACIÓN DE CANDIDATOS Y NORMAS DE FUNCIONAMIENTO 230
II. LA FIJACIÓN DE ELECCIONES CONSTITUYENTES Y LA PUBLICACION DE LAS BASES COMICIALES POR EL CNE.... 231
III. LAS INCONSTITUCIONALIDADES E INCONVENCIONALIDADES DE LAS BASES COMICIALES 233
1. *El fraude constitucional y la usurpación de la soberanía popular* 234
2. *La violación del principio de la universalidad del voto* 238
A. *En primer lugar, en el ámbito sectorial, por la exclusión de determinados grupos de la población* 238
B. *En segundo lugar, por la exclusión de ciudadanos venezolanos del derecho a postularse* 240
C. *En tercer lugar, la postulación por sectores viola la universalidad del voto* 242
D. *En cuarto lugar, la representación territorial por municipios sin proporción a la base poblacional, viola la universalidad del voto y el carácter del Estado federal descentralizado* 243
3. *La violación del principio de la igualdad del voto* 245
A. *En el **ámbito sectorial*** 247
B. *En el **ámbito territorial*** 249
IV. CONCLUSIONES Y REFLEXIÓN FINAL 253

BOICOT A LA CONSTITUYENTE COMUNAL
Froilán Barrios Nieves 257

COMENTARIOS SOBRE LA CONVOCATORIA DE UNA SUPUESTA ASAMBLEA NACIONAL CONSTITUYENTE CONTENIDA EN EL DECRETO N° 2.830, DEL 1° DE MAYO DE 2017
Jesús M. Casal 259

1. *El Presidente de la República decidiendo en nombre del pueblo la convocatoria de la ANC* 260
2. *Una ANC corporativa, orgánica o sectorial* 264
3. *¿Una ANC?* 265
4. *Conclusión* 266

LA ILEGÍTIMA E INCONSTITUCIONAL CONSTITUYENTE CONVOCADA POR MADURO
Juan Manuel Raffalli. 267

¿Qué es una Constituyente? 267
¿Puede El Presidente Convocar una Constituyente? 268
¿Cuál debería ser el objeto de una Constituyente? 269
¿Entonces cuál sería la verdadera intención de Maduro al Convocar la Constituyente? 269
¿Y dónde estaría la trampa? 270
¿Sería válida una Constituyente así? 270

TEMAS BÁSICOS QUE UD. DEBE CONOCER CON OCASIÓN DE LA TENTATIVA DE USURPACIÓN DEL PODER CONSTITUYENTE ORIGINARIO EN CURSO
Jesús J. Ortega Weffe 273

INTRODUCCIÓN 273

I. ¿EN QUÉ CONSISTE UNA INICIATIVA EN LO QUE SE REFIERE AL EJERCICIO DE POTESTADES DE DERECHO PÚBLICO Y, ESPECIALMENTE, EN CUANTO A LA CONVOCATORIA DE UNA ANC? 274
   1. *Rumbo al absurdo* 274
   2. *El poder del ejemplo* 276

II. ¿MEDIANTE QUÉ TIPO DE REFERENDO CONVOCA EL PUEBLO SOBERANO UNA ANC? 278
   1. *Una curiosidad histórica* 278
   2. *Dilucidado lo anterior ¿cuál es la naturaleza jurídica de ese referendo así convocado?* 281
      A. *El antecedente* 281

B. *La omisión de denominación y la justificación de su empleo* 282

C. *¿Cuáles son?* 283

III. INCONSTITUCIONALIDAD DE LA *"CORPORATIVIZACIÓN"* DE LA ELECCIÓN –Y CONFORMACIÓN– DE UNA ANC POR *"SECTORES"* 286

1. *El corporativismo* 286

2. *El pluralismo político* 289

IV. ¿EXISTE COMO TAL EL "PODER CONSTITUYENTE ORIGINARIO"? ¿ES CORRECTA SU MENCIÓN POR LA NORMA QUE LO CONTEMPLA? 292

LA ILEGÍTIMA Y FRAUDULENTA CONVOCATORIA A UNA "ASAMBLEA NACIONAL CONSTITUYENTE CIUDADANA"

José Ignacio Hernández G. 297

INTRODUCCIÓN 297

I. EL DECRETO N° 2.830 INTERPRETA ERRADAMENTE EL ARTÍCULO 348 DE LA CONSTITUCIÓN 298

II. EL DESCONOCIMIENTO DEL ARTÍCULO 5 DE LA CONSTITUCIÓN 302

III. ES IRRELEVANTE QUE LA CONSTITUCIÓN NO EXIJA EXPRESAMENTE LA NECESIDAD DE CONSULTAR AL PUEBLO SOBRE LA CONVOCATORIA DE LA CONSTITUYENTE 306

V. A INTERPRETACIÓN DE LA CONSTITUCIÓN A FAVOR DE LOS DERECHOS HUMANOS RESPALDA EL ORIGEN POPULAR DE LA CONVOCATORIA DE LA CONSTITUYENTE 307

VI. LA DESNATURALIZACIÓN DEL CONCEPTO CONSTITUCIONAL DE PUEBLO 308

VII. LA DESVIACIÓN DE PODER: LA ILEGÍTIMA CONVOCATORIA DE LA ASAMBLEA NACIONAL CONSTITUYENTE Y LA RUPTURA DEL ORDEN CONSTITUCIONAL 308

VIII. LAS ILEGÍTIMAS REGLAS ELECTORALES DE LA FRAUDULENTA CONSTITUYENTE 310

IX. A MODO DE CONCLUSIÓN: EL DERECHO N° 2.830 ES ILEGÍTIMO Y FRAUDULENTO AL USURPAR LA SOBERANÍA POPULAR. POR LO TANTO, ES INEFICAZ 311

CONSTITUYENTE CORTINA DE HUMO
Jorge Kiriakidis 315

DEL ABUSO EN LA PRETENDIDA CONSTITUYENTE
José Gregorio Silva 323

CONSTITUYENTE DE 2017: FRAUDE A LA CONSTITUCIÓN
Manuel Rojas Pérez 329

IMPLICACIONES Y CONSECUENCIAS DEL FRAUDE CONSTITUYENTE
Miguel J. Mónaco 335

I. INTRODUCCIÓN 335
II. LA INCONSTITUCIONAL CONVOCATORIA A UNA ANC 336
III. SOBRE LA SENTENCIA Nº 378 DE LA SALA CONSTITUCIONAL 338
IV. SOBRE EL FALAZ ARGUMENTO DE LA INTENCIÓN DEL CONSTITUYENTE 340
V. SOBRE LA INICIATIVA DE CONVOCATORIA 341
VI. SOBRE LA NATURALEZA JURÍDICA DE UNA CONVOCATORIA A UNA ANC 342
VII. SOBRE EL INTENTO DE DEROGATORIA DE LA CRBV POR MECANISMOS NO ESTABLECIDOS EN ELLA 344

CONSTITUYENTE: TODO EL PODER PARA EL FRENTE FRANCISCO DE MIRANDA
Néstor Ecarri Angola 347

LA ASAMBLEA NACIONAL CONSTITUYENTE COMO MECANISMO DE ANIQUILACIÓN REPUBLICANA
Rafael J. Chavero Gazdik 353

I. INTRODUCCIÓN 353
II. LA ILEGÍTIMA CONVOCATORIA 354
III. LOS FRAUDULENTOS MOTIVOS DE LA CONVOCATORIA... 358
IV. LA ILEGITIMIDAD DE LAS BASES COMICIALES Y EL REGRESO DE LOS PODERES SIN CONTROLES 359

LAS FACULTADES (I) LIMITADAS DE LA ASAMBLEA NACIONAL CONSTITUYENTE DE ACUERDO A LA CONSTITUCIÓN DE LA REPÚBLICA
Fernando Sanquírico Pittevil 363

UN ANTECEDENTE AMBIGUO Y DESAFORTUNADO 363
UNA CONFUSIÓN INNECESARIA 365
LAS FACULTADES LIMITADAS DE LA ASAMBLEA NACIONAL CONSTITUYENTE 368

ASAMBLEA NACIONAL CONSTITUYENTE 2017 VS. CONSTITUYENTE PROGRESIVA EN VENEZUELA
Humberto Briceño León 371

I. INTRODUCCION 371
II. TENSIÓN ENTRE DEMOCRACIA Y CONSTITUCIÓN 372
III. CONSTITUCIÓN Y POLÍTICA NOMINALISMO CONSTITUCIONAL 373
IV. EL "MISTERIOSO" ROL DE LAS CONSTITUCIONES EN VENEZUELA 376
V. CONTROL JUDICIAL DE LA CONSTITUCIONALIDAD. CONCILIACIÓN ENTRE DEMOCRACIA Y CONSTITUCIÓN... 378
VI. CONCLUSIÓN 380

TERCERA PARTE

SOBRE LAS BASES COMICIALES DE LA CONVOCATORIA DE LA ASAMBLEA NACIONAL CONSTITUYENTE DE 2017

COMENTARIOS A LOS DECRETOS N° 2.830, 2.831 y 2.878 SOBRE LA PRETENDIDA ASAMBLEA NACIONAL CONSTITUYENTE Y SUS BASES COMICIALES NO APROBADAS POR EL PUEBLO
Juan Domingo Alfonzo Paradisi 381

I. COMENTARIOS EN CUANTO AL DISCURSO EXPRESADO POR EL PRESIDENTE MADURO EL 1 DE MAYO DE 2017 EN CUANTO A LA PRETENDIDA CONVOCATORIA A UNA ASAMBLEA NACIONAL CONSTITUYENTE 381
II. DECRETO N° 2.830 DE 1 DE MAYO DE 2017 PUBLICADO EN LA GACETA OFICIAL N° 6.295 EXTRAORDINARIO DE 1° DE MAYO DE 2017 382
1. *Distinción entre Inicio del Procedimiento a una Asamblea Nacional Constituyente de la Convocatoria misma:* 382

2. *Consulta al pueblo sobre las bases Comiciales* 385

A. *La predeterminación de las bases comiciales por El Presidente de la República mediante el Decreto 2.830 de 1 de mayo de 2017* 386

B. *De la Inconstitucionalidad de los objetivos programáticos establecidos por el Presidente de la República mediante el decreto N° 2.830 y su equivalencia con el modelo propuesto en la reforma constitucional rechazada por el pueblo venezolano en el año 2007* 389

III. DECRETO N° 2.831 DE 1° DE MAYO DE 2017 PUBLICADO EN LA GACETA OFICIAL nº 6.295 EXTRAORDINARIO DE 1° DE MAYO DE 2017 MEDIANTE EL CUAL SE CREA LA COMISIÓN PRESIDENCIAL PARA LA ELABORACIÓN DE LA PROPUESTA DE BASES COMICIALES 396

IV. EL DECRETO PRESIDENCIAL N° 2.878 DE FECHA 23 DE MAYO DE 2017 PUBLICADO EN LA GACETA OFICIAL N° 41.156 DE FECHA 23 DE MAYO DE 2017 MEDIANTE EL CUAL SE ESTABLECEN LAS BASES COMICIALES PARA LA ASAMBLEA NACIONAL CONSTITUYENTE 397

1 *La inconstitucional predeterminación de las bases comiciales territoriales y sectoriales por el Presidente de la República* 397

2 *La limitación del voto y la limitación de la capacidad de postulación dado por el artículo sexto del Decreto de 23 de mayo de 2017* 405

3 *Se reconoce carácter originario a la Asamblea Nacional Constituyente en el artículo Decimo Primero del Decreto N° 2.878:* 406

V. SENTENCIA N° 378 DE LA SALA CONSTITUCIONAL DEL TSJ DE FECHA 31 DE MAYO DE 2017 ESTABLECE QUE NO ES NECESARIO REFERÉNDUM PARA CONVOCAR UNA ASAMBLEA NACIONAL CONSTITUYENTE 406

VI. SENTENCIA N° 455 DEL 12 DE JUNIO DE 2017 DE LA SALA CONSTITUCIONAL DEL TRIBUNAL SUPREMO DE JUSTICIA MEDIANTE LA CUAL SE DECLARA LA CONSTITUCIONALIDAD DEL DECRETO 2.878 PUBLICADO EN LA GACETA OFICIAL N° 41.156 DEL 23 DE MAYO DE 2017 QUE ESTABLECE LAS BASES COMICIALES 407

VII. CONCLUSIÓN: 408

EL VENENO ESCONDIDO EN LAS BASES COMICIALES

Juan Manuel Raffalli 409

BASES COMICIALES DECRETADAS POR EL PRESIDENTE DE LA REPÚBLICA MEDIANTE DECRETO N° 2.878
Rafael Badell Madrid 413

I. INCONSTITUCIONALIDAD POR USURPACIÓN DE PODERES DEL PUEBLO SOBERANO 414

II. INCONSTITUCIONALIDAD POR LA LIMITACIÓN DEL DERECHO DE PARTICIPACIÓN CIUDADANA 415

III. INCONSTITUCIONALIDAD POR CONDICIONAMIENTO DE LA SELECCIÓN DE LOS MIEMBROS DE LA ASAMBLEA NACIONAL CONSTITUYENTE 416

IV. INCONSTITUCIONALIDAD POR VIOLACIÓN DEL PRINCIPIO DE LA REPRESENTACIÓN PROPORCIONAL 417

V. INCONSTITUCIONALIDAD POR EXCLUSIÓN DE LOS PARTIDOS POLÍTICOS DEL RÉGIMEN DE POSTULACIONES 418

LAS BASES COMICIALES PARA LA ASAMBLEA NACIONAL CONSTITUYENTE. ESPECIAL REFERENCIA A LA TEORÍA DE LOS ACTOS DE EJECUCIÓN DIRECTA E INMEDIATA DE LA CONSTITUCIÓN Y AL PRINCIPIO DE RESERVA LEGAL EN MATERIA ELECTORAL
Alexander Espinoza Rausseo 419

INTRODUCCIÓN 419

I. LA NATURALEZA JURÍDICA DE LOS ACTOS BAJO ESTUDIO 420

1. *El Decreto de las bases comiciales dictado por el Presidente de la República* 420

2. *La Resolución del Consejo Nacional Electoral sobre las bases comiciales* 422

II. LA POTESTAD REGLAMENTARIA DEL CNE 423

1. *La falta de ejercicio de la potestad reglamentaria* 423

2. *La falta de aplicación de principios y reglas constitucionales* 423

3. *Aplicación directa de la ley* 424

III. LOS ACTOS DEL CNE COMO DE EJECUCIÓN DIRECTA E INMEDIATA 425

1. *Antecedentes de la calificación como actos de ejecución directa e inmediata de la Constitución* 425

2. *Los actos dictados en ejecución directa e inmediata de la Constitución* 427

A. *Los demás actos con rango de ley de los cuerpos legislativos nacionales* 427
B. *Actos de cuerpos deliberantes de los Estados y Municipios* 428
C. *Los actos con rango de ley dictados por el Ejecutivo Nacional* 428
D. *Otros actos en ejecución directa e inmediata de la Constitución* 429
3. *Características de los actos en ejecución directa e inmediata de la Constitución* 429
4. *Aplicación de la teoría a las bases comiciales* 432
IV. LA COMPETENCIA PARA ORGANIZAR LOS PROCESOS ELECTORALES 433
V. EL FUNDAMENTO JURÍDICO DE LOS ACTOS BAJO ESTUDIO 434
BIBLIOGRAFÍA 435

OBSERVACIONES PRELIMINARES SOBRE LA INCONSTITUCIONALIDAD DEL DECRETO PRESIDENCIAL N° 2878, DE 23-5-2017, CONTENTIVO DE LAS BASES COMICIALES DE LA ASAMBLEA NACIONAL CONSTITUYENTE "CONVOCADA" POR NICOLÁS MADURO
José Peña Solís 439
I. PREMISAS BÁSICAS QUE SERVIRÁN DE BASE A LAS OBSERVACIONES SOBRE LA INCONSTITUCIONALIDAD DEL DECRETO PRESIDENCIAL N° 2878 439
II. LOS VICIOS MÁS RESALTANTES DEL DECRETO N° 2878 CONTENTIVO DE LAS BASES COMICIALES 440

ESTUDIO SOBRE LAS BASES COMICIALES DE LA CONVOCATORIA PRESIDENCIAL A UNA ASAMBLEA NACIONAL CONSTITUYENTE
Juan Alberto Berríos Ortigoza 447
I. INTRODUCCIÓN 447
II. FORMA DE ELECCIÓN DE LOS INTEGRANTES DE LA ASAMBLEA NACIONAL CONSTITUYENTE 449
1. *Ámbito electoral territorial* 450
2. *Ámbito electoral de los pueblos indígenas* 452
3. *Ámbito electoral sectorial* 454

III. POSTULACIÓN DE CANDIDATOS Y CONDICIONES DE ELEGIBILIDAD 456
IV. INSTALACIÓN DE LA ASAMBLEA NACIONAL CONSTITUYENTE 457
V. CARÁCTER ORIGINARIO Y LÍMITES DE ACTUACIÓN DE LA ASAMBLEA NACIONAL CONSTITUYENTE 458
VI. REFERENDO APROBATORIO DEL PROYECTO DE CONSTITUCIÓN 462
VII. CONCLUSIONES 462

NOCIÓN DE PUEBLO EN LAS BASES COMICIALES Y EN LA SENTENCIA N° 378 DE LA SALA CONSTITUCIONAL
Ramón Escovar León 465

I. INTRODUCCIÓN 465
II. LA NOCIÓN DE PUEBLO EN LOS DISCURSOS DE HUGO CHÁVEZ Y DE NICOLÁS MADURO 466
III. REFLEXIONES SOBRE LA SENTENCIA DE LA SALA CONSTITUCIONAL N° 24/22.01.2003 468
IV. INTERPRETACIÓN DE LOS DERECHOS CONSAGRADOS EN LOS ARTÍCULOS 333 Y 350 DE LA CONSTITUCIÓN 469
V. UNA REFLEXIÓN A PARTIR DE HENRY DAVID THOREAU.. 471
VI. LA ASAMBLEA CONSTITUYENTE ORIGINARIA SIN CONSULTA POPULAR 472
1. *Roberto Viciano Pastor y Rubén Martínez Dalmau* 472
2. *La posición de Antonio Negri* 473
3. *La opinión de Carl Schmitt* 473
4. *Comentario adicional sobre la falta de consulta popular* 474
VII. LA "SENTENCIA" "N° 378/31.05.2017 DE LA SALA CONSTITUCIONAL 474
VIII. LA "SENTENCIA" 378/2017 CARECE DE MOTIVACIÓN 475
IX. LA CRISIS DE LA JUSTICIA CONSTITUCIONAL Y LA PROPUESTA DE JEREMY WALDRON 476
X. EL USO DE LA TÉCNICA DEL *GERRYMANDERING* 477
XI. CONCLUSIONES 477

CUARTA PARTE
EL JUEZ CONSTITUCIONAL Y EL PROCESO CONSTITUYENTE

EL JUEZ CONSTITUCIONAL vs EL PUEBLO COMO PODER CONSTITUYENTE ORIGINARIO. *De cómo la Sala Constitucional del Tribunal Supremo de Justicia de Venezuela avaló la inconstitucional convocatoria por el Ejecutivo Nacional de una Asamblea Nacional Constituyente, arrebatándole al pueblo su derecho exclusivo de convocarla*
Allan R. Brewer-Carías 481

I. SOBRE LA NECESARIA E INDISPENSABLE PARTICIPACIÓN DEL PUEBLO EN LOS PROCESOS DE REVISIÓN O REFORMA DE LA CONSTITUCIÓN 481

II. EL FRAUDE A LA CONSTITUCIÓN Y A LA VOLUNTAD POPULAR POR PARTE DE LA SALA CONSTITUCIONAL DEL TRIBUNAL SUPREMO AL NEGARLE AL PUEBLO SU PODER EXCLUSIVO DE CONVOCAR UNA ASAMBLEA NACIONAL CONSTITUYENTE 484

III. EL DESPRECIO A LAS PREVISIONES CONSTITUCIONALES DE 1999 POR EL JUEZ CONSTITUCIONAL, CONSIDERANDO AJUSTADAS A LAS MISMAS LAS INCONSTITUCIONALES "BASES COMICIALES" DICTADAS PARA LA CONFORMACIÓN DE LA ASAMBLEA NACIONAL CONSTITUYENTE 489

EL APARTHEID CRIOLLO SOCIALISTA: LA INTERPRETACIÓN CONSTITUCIONAL COMO CREADORA DE DISCRIMINACIÓN POLÍTICA. LOS EFECTOS DE LA SENTENCIA 455/2017 DE LA SALA CONSTITUCIONAL CONSTITUYENTE
Emilio J. Urbina Mendoza 495

I. LA SENTENCIA Nº 455/2017 Y LA CRISTALIZACIÓN DE LA LÓGICA ABERRANTE COMO FUNDAMENTO Y BLINDAJE DE LA CONVOCATORIA Y BASES COMICIALES DE LA PROPUESTA CONSTITUYENTE 495

1. *El falseamiento evidente y el desprecio argumental como ADN de la Sala Constitucional Constituyente.* 496

A. *Las advertencias de la Sala con otro thema decidendum no planteado por nosotros en la demanda.* 497

B. *La falta de motivación al basar su justificación en razones inexistentes o "Sucitamente".* 499

2. *La solicitud de aclaratoria de sentencia ante la redacción oscura de algunos párrafos de la sentencia 455.* 500

II. LA DISCRIMINACIÓN COMO TESIS DE LA SALA CONSTITUCIONAL CONSTITUYENTE. LA INTRODUCCIÓN DE LOS PRIVILEGIOS POR EL LEGISLADOR Y LA CONCRECIÓN DE LOS VOTANTES DE PRIMERA Y DE SEGUNDA EN LA SUPUESTA ESCOGENCIA DE LA ANC. 503

1. *La democracia directa según el TSJ: La concreción del privilegio sectorial y la quiebra del principio de igualdad formal ante la ley. El Apartheid socialista.* 504

III. LA DESTRUCCIÓN DE LOS PRINCIPIOS BÁSICOS DE LA SUPREMACÍA CONSTITUCIONAL Y EL ESTADO DE DERECHO. LA EQUIPARACIÓN DE LA NACIÓN CON EL ESTADO Y EL RETROCESO EN MATERIA DE REPRESENTACIÓN PROPORCIONAL POBLACIONAL. 506

1. *El fin del concepto de fraude constitucional y la equiparación de la Nación al concepto de Estado o el retroceso a las concepciones monistas del siglo XIX.* 506

A.1.1. *El nuevo concepto de acto estatal: la irrelenvancia de los considerandos.* 508

B.1.2. *La destrucción del principio de supremacía constitucional y la naturaleza de las bases comiciales.* ..509

2. *La aniquilación del principio de representación proporcional de la población y la infundada medida de "corrección numérica" de constituyentistas o de cómo se impone el principio de soberanía territorial a través del Municipio en desmedro del modelo federal.* 510

EL JUEZ CONSTITUYENTE COMO PATOLOGÍA DEL GOBIERNO "A LA CRIOLLA" DE LOS JUECES. LA CRUCIFIXIÓN DE LA CONSTITUCIÓN, EL PUEBLO Y LA DEMOCRACIA "EN SU NOMBRE" POR LA SALA CONSTITUCIONAL CONSTITUYENTE

Emilio J. Urbina Mendoza 515

I. LAS INCONVENIENCIAS DE UNA JUSTICIA CONSTITUCIONAL <<NEOCONSTITUCIONALISTA>> PARA SOCIEDADES PATOLÓGICAMENTE AFECTAS A IDEARIOS NO DEMOCRÁTICOS. O DE CÓMO UNA MAL PREPARADA SALA CONSTITUCIONAL IMPONE SU INTERPRETACIÓN PARA CO-GOBERNAR CON EL PODER EJECUTIVO 515

1. *El gobierno de la autopoiesis.* 517

II. EL JUEZ CONSTITUYENTE COMO PATOLOGÍA DEL GOBIERNO CRIOLLO DE LOS JUECES. LA VISIÓN DE LA SALA CONSTITUCIONAL SOBRE LO QUE AUTOPOIÉTICAMENTE DEBE ENTENDERSE POR EL PODER PÚBLICO. LAS SENTENCIAS 155 Y 156 DE MARZO 2017. 518

1. *Construyendo sentencias de gobierno para crear el <<juez constituyente constitucional>>* 518

2. *El juez constituyente que nadie eligió y que no somete sus decisio0nes la consulta popular.* 519

3. *La perversión de los mecanismos procesales sobre sentencias, desfigurada por el juez constituyente.* 521

4. *¿Qué es el juez constituyente?* 523

III. LA RELIQUIA DE LA ASAMBLEA NACIONAL CONSTITUYENTE Y LA JUSTICIA CONSTITUCIONAL VENEZOLANA. LOS FALSEAMIENTOS DE LA LÓGICA JURÍDICA IMPUESTOS POR LA SALA CONSTITUCIONAL CONSTITUYENTE DEL TSJ EN LAS SENTENCIAS 355 Y 378/2017 525

1. *Las Asambleas Nacionales Constituyentes como reliquias del constitucionalismo liberal de la superada ilustración.* 525

2. *La constituyente rupestre de Nicolás Maduro y sus incongruencias con el artículo 347 de la Constitución.* 526

3. *La incongruencia de la ANC madurista con los criterios del Juez Constituyente. O de cómo el Decreto 2.830 se enfrenta a la Sala Constitucional Constituyente.* 529

4. *La desfiguración del principio constitucional de la universalidad del sufragio al contemplar la representación sectorial.* ... 537

5. *La intervención del juez constituyente para contribuir en la santificación constitucional de la ANC madurista. El insólito caso de las sentencias nº 355 y 378 de 2017 que equipara sufragio a voto asambleario y además niega la iniciativa exclusiva del pueblo para la convocatoria de una ANC.* 540

6. *Las bases comiciales del fascismo y el retorno al principio de soberanía territorial desterrada de la Constitución de 1999. El desprecio al pueblo venezolano y la frenética imposición de una ANC.* 550

   A. *Fraude a la Constitución y manipulación del mecanismo de la ANC para modificar la "Nación Venezolana" e imponer el modelo económico "socialista". La conceptualización de fraude según el juez constituyente.* ... 550

   B. *La falta de consulta popular de las bases comiciales de 2017 y su contradicción con las bases comiciales dictadas por el Consejo Nacional Electoral, legítimamente consultadas por vía de referendum el 25.04.1999.* ... 555

C. *Usurpación de la Soberanía Popular por la Soberanía Territorial al contemplar las bases comiciales inconstitucionales que los constituyentes territoriales representarán a los municipios y no a los ciudadanos.* 558

7. *Los representantes sectoriales de sectores impuestos por el Presidente de la República. La desfiguración de la universalidad del sufragio* 564

IV. LAS PARADOJAS DE LA AUTOPOIESIS: LA AUTODESTRUCCIÓN Y LA DESTRUCCIÓN DE LOS LÍMITES DEL SISTEMA ¿CÓMO PUDIERA LA SALA CONSTITUCIONAL DESTRUIR A LA SALA CONSTITUCIONAL CONSTITUYENTE? 565

QUINTA PARTE
ALGUNOS ARTÍCULOS DE OPINIÓN

FRAUDE CONSTITUCIONAL INACEPTABLE
Oswaldo Álvarez Paz: 569

LA CONSTITUYENTE
Eduardo Fernández 571

LA ASAMBLEA CONSTITUYENTE
Carlos Canache Mata 573

"LA GRAN SORPRESA"
Hildegard Rondón de Sansó 575

BOICOT A LA CONSTITUYENTE COMUNAL
Froilán Barrios Nieves 579

DICTADURA DEL SIGLO XXI O LAS MALDADES CONSTITUYENTES
Eduardo Semtei 581

OTRO GOLPE DE ESTADO EN VENEZUELA, EL DE LA LUCENA
Asdrúbal Aguiar 585

EL DERECHO AL REFERENDO Y LA SALA CONSTITUCIONAL
Jesús M. Casal H. 587
Intención de los constituyentes 588
Limitar o hacer valer el poder constituyente 588

MADURO Y SU CONSTITUYENTE ESPUREA.
Luis Granados 591

MAMARRACHO CONSTITUYENTE Y SALIDA DE MADURO
Carlos Blanco 595

SEXTA PARTE
COMUNICADOS Y PRONUNCIAMIENTOS INSTITUCIONALES

Sección Primera:
SOBRE LA CONVOCATORIA A LA ASAMBLEA NACIONAL CONSTITUYENTE

PRONUNCIAMIENTO CONJUNTO DE LAS ACADEMIAS NACIONALES.
LA CONVOCATORIA PRESIDENCIAL A UNA ASAMBLEA NACIONAL CONSTITUYENTE ES UN FRAUDE A LA DEMOCRACIA 597

COMUNICADO DEL GRUPO DE PROFESORES DE DERECHO PÚBLICO DE LAS UNIVERSIDADES VENEZOLANAS ANTE LA PRETENDIDA CONVOCATORIA A UNA ASAMBLEA NACIONAL CONSTITUYENTE HECHA POR EL PRESIDENTE DE LA REPÚBLICA, CIUDADANO NICOLÁS MADURO MOROS 601
LA PRETENDIDA CONVOCATORIA ES VIOLATORIA DEL DERECHO A LA PARTICIPACIÓN POPULAR 601
LA PRETENDIDA CONVOCATORIA CARECE DE JUSTIFICACIÓN LEGÍTIMA 602
LA PRETENDIDA CONVOCATORIA ES USURPADORA DE LA SOBERANÍA POPULAR 602
LA PRETENDIDA CONVOCATORIA OTORGA, ARBITRARIAMENTE, PODERES NORMATIVOS AL PRESIDENTE DE LA REPÚBLICA Y AL PODER ELECTORAL 603

ACCESO A LA JUSTICIA: EL FRAUDE DEL PODER PARA EL PODER 607
Acceso a la Justicia: Sin pueblo no hay Constituyente 609

FACULTAD DE DERECHO DE LA UNIVERSIDAD CATÓLICA ANDRÉS BELLO: COMUNICADO DE 2 DE MAYO DE 2017 611

DECLARACIÓN DE LA FACULTAD DE CIENCIAS JURÍDICAS Y POLÍTICAS DE LA UNIVERSIDAD MONTEÁVILA EN RECHAZO A LA CONVOCATORIA A UNA ASAMBLEA NACIONAL CONSTITUYENTE COMUNAL ANUNCIADA POR EL PRESIDENTE NICOLÁS MADURO MOROS 615

COMUNICADO DE LA PRESIDENCIA DE LA CONFERENCIA EPISCOPAL VENEZOLANA: NO REFORMAR LA CONSTITUCIÓN SINO CUMPLIRLA 617

LOS PROFESORES INTEGRANTES DE LAS CÁTEDRAS DE DERECHO CONSTITUCIONAL DE LA UCV. EN DEFENSA DE LA CONSTITUCIÓN 617

PRONUNCIAMIENTO DEL CONSEJO UNIVERSITARIO DE LA UNIVERSIDAD DE LOS ANDES SOBRE LA CONVOCATORIA A UNA ASAMBLEA NACIONAL CONSTITUYENTE POR PARTE DEL PRESIDENTE DE LA REPÚBLICA 619

Sección Segunda:

SOBRE LAS BASES COMICIALES DE LA ASAMBLEA NACIONAL CONSTITUYENTE

ACADEMIA DE CIENCIAS POLÍTICAS Y SOCIALES PRONUNCIAMIENTO SOBRE LA INCONSTITUCIONALIDAD E INCONVENCIONALIDAD DE LAS BASES COMICIALES DECRETADAS PARA LA ELECCIÓN DE LA ASAMBLEA NACIONAL CONSTITUYENTE 625

ACCESO A LA JUSTICIA: CONSTITUYENTE SIN ELECCIONES DEMOCRÁTICAS, NO ES CONSTITUYENTE 629

ACCESO A LA JUSTICIA: BASES COMICIALES DE CONSTITUYENTE DESCONOCEN LA SOBERANÍA POPULAR ... 631

ACCESO A LA JUSTICIA: 8 CLAVES PARA ENTENDER EL SISTEMA ELECTORAL DE LAS BASES COMICIALES 633

FACULTAD DE DERECHO DE LA UNIVERSIDAD CATÓLICA ANDRÉS BELLO: COMUNICADO DE 30 DE MAYO DE 2017 637

EL CONSEJO DE LA FACULTAD DE CIENCIAS JURÍDICAS Y POLÍTICAS DE LA UNIVERSIDAD MONTEÁVILA ANTE LOS DECRETOS PRESIDENCIALES NOS. 2.830 Y 2.831, PUBLICADOS EN LA GACETA OFICIAL N° 6.295 EXTRAORDINARIO DE 1° DE MAYO DE 2017, ANTE LAS BASES COMICIALES PRESENTADAS AL CONSEJO NACIONAL ELECTORAL, CONTENIDAS EN EL DECRETO 2.878, PUBLICADO EN LA GACETA OFICIAL N° 41.156 DEL 23 DE MAYO DE 2017 Y ANTE LA DECISIÓN Nº 378 DEL 31 DE MAYO DE 2017 DE LA SALA CONSTITUCIONAL DEL TRIBUNAL SUPREMO DE JUSTICIA,.......... 641

LOS PROFESORES INTEGRANTES DE LAS CÁTEDRAS DE DERECHO CONSTITUCIONAL DE LA UCV EN DEFENSA DE LA CONSTITUCIÓN.......... 645

Sección Tercera:
RECHAZO A LA PROPUESTA DE ASAMBLEA NACIONAL CONSTITUYENTE

CÁTEDRA DE DERECHO ADMINISTRATIVO DE LA UNIVERSIDAD CENTRAL DE VENEZUELA: LA PROPUESTA DE ASAMBLEA NACIONAL CONSTITUYENTE CONTENIDA EN EL DECRETO Nº 2.830 ES INCONSTITUCIONAL Y CONTRARIA AL ESTADO DE DERECHO..... 647

LA PROPUESTA DE ASAMBLEA NACIONAL CONSTITUYENTE CONTENIDA EN EL DECRETO N° 2.830 ES INCONSTITUCIONAL Y CONTRARIA AL ESTADO DE DERECHO...... 647

FRENTE ZULIANO DE TRABAJADORES EN DEFENSA DE LA CONSTITUCIÓN Y LA DEMOCRACIA: MANIFIESTO.. 651

PRONUNCIAMIENTO DE LA ASOCIACIÓN VENEZOLANA DE DERECHO CONSTITUCIONAL EN DEFENSA DE LA CONSTITUCIÓN.......... 653

PRONUNCIAMIENTO DEL CONSEJO ACADÉMICO DE LA UNIVERSIDAD METROPOLITANA ANTE EL LLAMADO A UNA SESIÓN EXTRAORDINARIA DEL CONSEJO NACIONAL DE UNIVERSIDADES PARA DISCUTIR COMO PUNTO ÚNICO LA CONVOCATORIA A ASAMBLEA NACIONAL CONSTITUYENTE.......... 659

SÉPTIMA PARTE

MANIFESTACIONES DESDE EL EXTERIOR EN RECHAZO A LA PROPUESTA DE ASAMBLEA NACIONAL CONSTITUYENTE

PROFESSORES DE DIREITO CONSTITUCIONAL, E A ASSOCIAÇÃO BRASILEIRA DE CONSTITUCIONALISTAS DEMOCRATAS: A ASSEMBLEIA NACIONAL CONSTITUINTE NA VENEZUELA E SUA INCONSTITUCIONALIDADE: A ASSEMBLEIA NACIONAL CONSTITUINTE NA VENEZUELA E SUA INCONSTITUCIONALIDADE 663

PROFESORES ARGENTINOS DE DERECHO CONSTITUCIONAL: DECLARACIÓN DE CONSTITUCIONALISTAS ARGENTINOS 665

PROFESORES DE DERECHO CONSTITUCIONAL DE ESPAÑA: A LA OPINIÓN PÚBLICA VENEZOLANA Y LATINOAMERICANA, ESPAÑOLA Y EUROPEA 667

DECLARACIÓN DEL INSTITUTO COSTARRICENSE DE DERECHO CONSTITUCIONAL 673

PRONUNCIAMIENTO ASOCIACIÓN PERUANA DE DERECHO CONSTITUCIONAL SOBRE LA CONVOCATORIA A ASAMBLEA NACIONAL CONSTITUYENTE EN VENEZUELA Y SU INCONSTITUCIONALIDAD 675

PRONUNCIAMIENTO DE PROFESORES Y EXMAGISTRADOS ECUATORIANOS SOBRE LA INCONSTITUCIONAL CONVOCATORIA A ASAMBLEA CONSTITUYENTE EN VENEZUELA 677

DECLARACIÓN PÚBLICA DE LOS PROFESORES DE DERECHO CONSTITUCIONAL DE COLOMBIA ACERCA DE LA SITUACIÓN DE VENEZUELA 681

DECLARAÇAO DOS PROFESSORES DE DIRETTO CONSTITUTIONAL INTEGRANTES DE ABCD (Brasil) SOBRE A SITUAÇÀO POLÍTICA ATUAL DE VENEZUELA LA SITUACIÓN DE VENEZUELA 683

DECLARACIÓN PÚBLICA

EL CENTRO DE ESTUDIOS CONSTITUCIONALES DE CHILE SOBRE VENEZUELA ANTE LA RUPTURA DEL ORDEN CONSTITUCIONAL, LAS VIOLACIONES A LOS DERECHOS HUMANOS Y LA ILEGÍTIMA CONVOCATORIA PRESIDENCIAL A UNA CONSTITUYENTE 685

DECLARACIÓN DE CONSTITUCIONALISTAS COLOMBIANOS SOBRE LA ASAMBLEA NACIONAL CONSTITUYENTE EN VENEZUELA 687

DECLARACIÓN DE PROFESORES DE DERECHO PÚBLICO DE LA REPÚBLICA DOMINICANA 691

DECLARACIÓN DEL INSTITUTO IBEROAMERICANO DE DERECHO CONSTITUCIONAL ACERCA DE LA SITUACIÓN DE VENEZUELA 693

PRONUNCIAMIENTO DE LA SECCIÓN MEXICANA DEL INSTITUTO IBEROAMERICANO DE DERECHO CONSTITUCIONAL SOBRE LA GRAVE SITUACIÓN QUE VIVE ACTUALMENTE EL PUEBLO DE VENEZUELA 695

EUROPEAN COMMISSION FOR DEMOCRACY THROUGH LAW (VENICE COMMISSION) 697

PRELIMINARY OPINION 697

I. INTRODUCTION 698

II. BACKGROUND 698

III. CONSTITUTIONAL FRAMEWORK 699

IV. GENERAL REMARKS AND MAIN APPLICABLE STANDARDS 702

V. ANALYSIS 705

A. The power of the President of the Republic to call the election of the National Constituent Assembly 705

B. The competence of the President of the Republic to establish the rules for the election of the National Constituent Assembly 707

C. The rules for the election of the National Constituent Assembly 710

1. *Electoral districts replicate the municipal division of Venezuela's territory* 711

2. *The corporatist election of the remaining third of its members* 713

3. *The large number of members of the Constituent Assembly* 716

VI. CONCLUSION 717

OCTAVA PARTE:
OTROS COMUNICADOS Y PRONUNCIAMIENTOS INSTITUCIONALES Y POLÍTICOS

ASAMBLEA NACIONAL

ACUERDO SOBRE LA INCONSTITUCIONALIDAD Y NULIDAD DE LOS DECRETOS N° 2.830 Y 2.831 (GACETA OFICIAL N° 6.295 DEL 1º DE MAYO DE 2017) SOBRE LA FRAUDULENTA CONVOCATORIA DE UNA SUPUESTA ASAMBLEA NACIONAL CONSTITUYENTE HECHA POR EL PRESIDENTE DE LA REPUBLICA EN CONSEJO DE MINISTROS .. 721

ASAMBLEA NACIONAL

ACUERDO EN RECHAZO A LA ACTUACIÓN INCONSTITUCIONAL DEL CONSEJO NACIONAL ELECTORAL RELACIONADA CON LAS ELECCIONES A UNA SUPUESTA ASAMBLEA NACIONAL CONSTITUYENTE, NO CONVOCADA POR EL PUEBLO MEDIANTE REFERENDO 727

PRONUNCIAMIENTO DE PLATAFORMA CIUDADANA EN DEFENSA DE LA CONSTITUCIÓN: NO A LA ASAMBLEA NACIONAL CONSTITUYENTE ABSTENCION Y VOTO NULO 731

CONFERENCIA EPISCOPAL VENEZOLANA ANTE LAS ELECCIONES PARA LA CONSTITUYENTE 737

FRENTE ZULIANO DE TRABAJADORES EN DEFENSA DE LA CONSTITUCION Y LA DEMOCRACIA: MANIFIESTO .. 739

A MANERA DE EPÍLOGO

CARTA A UN PRESIDENTE DESCONOCIDO
Laureano Márquez 741

¿QUÉ VA A PASAR A PARTIR DEL 30 DE JULIO?
José Ignacio Hernández H. 745

ÍNDICE GENERAL 751

www.ingramcontent.com/pod-product-compliance
Lightning Source LLC
Chambersburg PA
CBHW021840020426
42334CB00013B/129

* 9 7 8 9 8 0 3 6 5 4 0 3 0 *